Habentur hoc uolumine hæc, uidelicet.

V ita, & Fabellæ Aeſopi cum interpretatione latina, ita tamen ut ſeparari a græco poſsit pro uniuſcuiuſq; arbitrio. quibus traducendis multum certe elaborauimus. nam quæ ante tralata habebantur, infida admodũ erant, quod facillimum erit conferenti cognoſcere.

G abriæ fabellæ tres & quadraginta ex trimetris iambis, præter ultimam ex Scazonte, cum latina interpretatiõe. Quas idcirco bis curauimus in formãdas, quia priores, ubi latinum a græco ſeiungi poteſt, admodum quam incorrecte excuſæ fuerant exempli culpa. quare nacti emendatum exemplum, operæpretium uiſum eſt iterum excudendas curare, ut ex ſecundis prima queant corrigi.

P hurnutus ſeu, ut alii, Curnutus de natura deorum.
P alæphatus de non credendis hiſtoriis.
H eraclides Ponticus de Allegoriis apud Homerum.
O ri Apollinis Niliaci hieroglyphica.
C ollectio prouerbiorum Tarrhæi, & Didymi, item eorum, quæ apud Sudam, aliosq; habentur per ordinem literarum.
E x Aphthonii exercitamentis de fabula. Tum de formicis, & cicadis græce, & latine.
D e Fabula ex imaginibus Philoſtrati græce, & latine.
E x Hermogenis exercitamentis de fabula Priſciano interprete.
A pologus Aeſopi de Caſsita apud Gellium.

AL DVS

Ὁ μῦθος ποιητῶν μὲν προῆλθε, γεγένηται δὲ καὶ ῥητόρων κοινὸς ἐκ παραινέσεως. ἔστι δὲ μῦθος λόγος ψευδὴς εἰκονίζων ἀλήθειαν. καλεῖται δὲ συβαριτικὸς, καὶ κίλιξ, καὶ κύπριος πρὸς τοὺς εὑρόντας μεταθεὶς τὰ ὀνόματα. νικᾷ δὲ μᾶλλον αἰσώπειος λέγεσθαι, τῷ τὸν αἴσωπον ἄριστα πάντων συγγράψαι τοὺς μύθους. τοῦ δὲ μύθου τὸ μέν ἐστι λογικὸν, τὸ δὲ ἠθικὸν, τὸ δὲ, μικτόν. καὶ λογικὸν μὲν, ἐν ᾧ τι ποιῶν ἄνθρωπος πέπλασται. ἠθικὸν δὲ τὸ τῶν ἀλόγων ἦθος ἀπομιμούμενον. μικτὸν δὲ τὸ ἐξ ἀμφοτέρων ἀλόγου, καὶ λογικοῦ. τὴν δὲ παραίνεσιν δι' ἣν ὁ μῦθος τέτακται, προτάττων μὲν, ὀνομάσεις προμύθιον, ἐπιμύθιον δὲ τελευταῖον ἐπινεγκών.

Μῦθος ὁ τῶν μυρμήκων, καὶ τῶν τεττίγων προτρέπων τοὺς νέους εἰς πόνους.

Θέρους ἦν ἀκμή. καὶ οἱ μὲν τέττιγες, μουσικὴν ἀνεβάλλοντο σύντονον, τοῖς μύρμηξι δὲ πονεῖν ἐπῄει, καὶ συλλέγειν καρπούς, ἐξ ὧν ἔμελλον τοῦ χειμῶνος τραφήσεσθαι. χειμῶνος δὲ ἐπιγενομένου, μύρμηκες μὲν οἷς ἐπόνουν ἐτρέφοντο, τοῖς δὲ ἡ τέρψις ἐτελεύτα πρὸς ἔνδειαν. οὕτω νεότης πονεῖν οὐκ ἐθέλουσα, παρὰ τὸ γῆρας κακοπραγεῖ.

Ἐκ τῶν φιλοστράτου εἰκόνων.

ΜΥΘΟΙ.

Φοιτῶσιν οἱ μῦθοι παρὰ τὸν Αἴσωπον, ἀγαπῶντες αὐτὸν, ὅτι αὐτῶν ἐπιμελεῖται. ἐμέλησε μὲν γὰρ καὶ Ὁμήρῳ μύθου, καὶ Ἡσιόδῳ. ἔτι δὲ καὶ Ἀρχιλόχῳ πρὸς Λυκάμβην. ἀλλ' Αἰσώπῳ πάντα τὰ τῶν ἀνθρώπων ἐκμεμύθωται. καὶ λόγου τοῖς θηρίοις μεταδέδωκε, λόγου ἕνεκα. πλεονεξίαν τε γὰρ ἐπικόπτει, καὶ ὕβριν ἐλαύνει, καὶ ἀπάτην. καὶ ταῦτα λέων τις αὐτῷ ὑποκρίνεται, καὶ ἀλώπηξ, καὶ ἵππος νὴ Δία, καὶ οὐδὲ ἡ χελώνη ἄφωνος. ὑφ' ὧν τὰ παιδία μαθηταὶ γίνονται τῶν τοῦ βίου πραγμάτων. εὐδοκιμοῦντες οὖν οἱ μῦθοι διὰ τὸν Αἴσωπον, φοιτῶσιν ἐπὶ τὰς θύρας τοῦ σοφοῦ, ταινίας αὐτῷ ἀναδήσοντες, καὶ στεφανώσοντες αὐτὸν θαλλοῦ στεφάνῳ. ὁ δὲ, οἶμαι, τινὰ ὑφαίνει μῦθον. τὸ γὰρ μειδίαμα τοῦ προσώπου, καὶ οἱ ὀφθαλμοὶ, κατὰ τῆς γῆς ἑστῶτες, τοῦτο δηλοῦσιν. οἶδεν ὁ ζωγράφος, ὅτι αἱ τῶν μύθων φροντίδες, ἀνειμένης τῆς ψυχῆς δέονται. φιλοσοφεῖ δὲ ἡ γραφὴ καὶ τὰ τῶν μύθων σώματα. θηρία γὰρ συμβάλλουσα ἀνθρώποις, περιΐστησι χορὸν τῷ Αἰσώπῳ, ἀπὸ τῆς ἐκείνου σκηνῆς συμπλάσασα. κορυφαία δὲ τοῦ χοροῦ ἡ ἀλώπηξ γέγραπται. χρῆται γὰρ αὐτῇ ὁ Αἴσωπος διακόνῳ τῶν πλείστων ὑποθέσεων, ὥσπερ ἡ κωμῳδία τῷ Δάῳ.

Ex Aphthonii sophistæ exercitamentis.

Fabula profecta quidem est a poetis, sed & rhetoribus cõmunis facta est admonendi gratia. Est autem fabula sermo fictus imagine quadam repræsentãs ueritatem. Atq; alia sybaritica, alia cilix, alia cypria dicitur, accepto ab inuentoribus nomine. Verum quoniã Aesopus egregie præter cæteros conscripsit fabulas, euicit ut potius æsopia diceref. Ea uero est triplex rationalis. moralis. mista. Rationalis, in qua aliquid ab homine geri confingitur. moralis, quæ eorum imitatur mores, quæ sunt rationis expertia. mista uero, quæ rationale, irrationale'q; complectitur. Eam autem admonitionem, cuius causa fabulam constitueris, antefabulationem præpositam, postpositam uero affabulationem dices.

Fabula, qua formicarum, & cicadarum exemplo hortantur iuuenes ad laborem.

Cicadæ olim æstate assiduis cantibus indulgebãt. formicæ uero hyemis memores, laboribus, fructibus'q; colligendis operam dabant. Verum cum hyems aduenisset, formicæ iis, quæ collegerant, pascebantur. Cicadas autem delectatio illa, & canendi uoluptas, eo indigentiæ, miseriæ'q; perduxit, ut ęsurirent omnes, & fame conficerentur. sic iuuentus laborũ fugitans, male habet in senectute.

Ex Philostrati imaginibus.

Fabulæ.

Fabulæ se ad Aesopum, suam in eum beneuolentia conferunt, quod satagat sui. fabula quippe & Homero, & Hesiodo, nec nõ & Archilocho in Lycamben curæ fuit, sed ab Aesopo humana oĩa ad fabellas redacta sũt, sermone brutis non temere impertito. nã & cupiditatẽ tollit, & libidinẽ insectatur, & fraudem. Atq; hæc ei Leo quispiã agit, & Vulpes, & ꝑ Iouẽ equus, nec testudo muta, ex quibus pueri discunt, quæ in uita gerãtur. habentur igitur in pretio fabulæ propter Aesopum. Accedunt ad ianuam docti huius, uittis eũ deuincturæ, corona'q; oleagina coronaturæ. hic ut puto fabulam aliquam texit. risus enim faciei, & oculi in terram defixi id præ se ferunt. pictorem, fabularum curas remissiore animo indigere nõ latuit. Philosophatur autẽ & fabularũ corpora. Bruta enim cum hominibus conferens cœtum circa Aesopum statuit ex illius scena confictum. Chori dux uulpes depicta est. Vtif enim ea Aesopus ministra argumentorum plurium, ceu Dauo Comœdia.

AESOPI FABVLATORIS VITA A MAXIMO PLANVDE COMPOSITA.

Erum humanarum naturam persecuti sunt & alii,
& posteris tradiderunt. Aesopus uero uidetur
non absq; diuino afflatu cũ moralem disciplinam at-
r tigerit, magno iteruallo multos eoꝝ supasse. &.n.neq;
definiendo, neq; ratiocinando, neque ex
historia, quam ante ipsius ætatem tulit tempus,
admonendo, sed fabulis penitus erudiendo,
sic audientium uenatur animos, ut pudeat ratione præditos fa
cere, aut sentire, quæ neq; aues, neq; uulpes. & rursus non uacare il-
lis, quibus pleraq; bruta tempore prudenter uacasse finguntur.
ex quibus aliqua, pericula imminentia effugerunt, aliqua maximã uti-
litatẽ ĩ opportunitatib⁹ cõsecuta sunt. Hic igiť, q uitã suã philosophicæ
reip. imaginem ꝓposuerat, & operibus magis, q̃ uerbis philosophatus,
gen⁹ qdẽ traxit ex Ammorio oppido Phrygiæ, cognomĩto magnæ, sed
fortuna fuit seru⁹. Quare & magnope mihi uideť Platonis illud ĩ Gor
gia pulchre simul, & uere dictum. plerunq; enim hæc inquit con-
traria inter se sunt, natura simul, ac lex. Nam Aesopi animum na-
tura liberum reddidit, sed hominum lex corpus in seruitium
tradidit. Potuit tamen ne sic quidem animi libertatem corrumpere.
Sed quamuis ad res uarias, & in diuersa loca corpus transferret, a ꝓpria
tamen sede illum traducere non potuit. Fuit autem non solũ seruus,
sed & deformissimus omnium suæ ætatis hominum. nam acu-
to capite fuit. ꝓssis narib⁹. depresso collo. ꝓminentib⁹ labris. niger. uñ &
nomen adeptus est. Idem.n. Aesopus, qđ æthiops. uentrosus. ualgus. &
incuruus. forte & homericum Thersiten turpitudine formæ su-
perans. hoc uero omnium in eo pessimum erat, tardiloquentia, &
uox obscura simul, & inarticulata. Quæ oĩa etiã uideñť seruitutẽ Aeso-
po parasse. Et enim mirum fuisset, si sic indecenti cor-
pore, potuisset seruientium retia effugere. Sed
corpore sane tali, animo uero solertissimo natura extitit, & ad
omne commentum felicissimus. Possessor igitur ipsius tanq̃ ad nul-
lum domesticũ opus commodũ, ad fodiendũ agrũ emisit. ille uero di-
gressus alacriter operi incumbebat. profecto uero aliquãdo & hero ad
agros, ut opera specularetur, agricola quidam ficos egregias
decerptas dono tulit. ille uero fructus delectat⁹ pulchritudine, Agatho-
podi ministro (hoc enim erat nomen puero) seruare iussit, ut
sibi post balneum apponeret. cum uero ita euenisset, atq; Aesopo ob
quandam necessitatem ingresso in domum, occasione capta, Agathop⁹
consilium huiusmodi conseruo cuidam offert. impleamur si placet, fi-
cibus heus tu. ac si herus noster has requisierit, nos uero cõtra Aesopũ
testificabimur ambo, q in domum ingressus sit, & ficus clam
comederit, & sup uero fundamĩto uidelicet igressione ĩ domũ, multa

ΑΙΣΩΠΟΥ ΒΙΟΣ, ΤΟΥ ΜΥΘΟΠΟΙΟΥ, ΜΑΞΙΜΩι ΤΩι ΠΛΑΝΟΥΔΗι ΣΥΓΓΡΑΦΕΙΣ.

ϖ ραγμάτων φύσιν τῶν ἐν ἀνθρώποις ἠκρίβωσαν μὲν καὶ ἄλλοι, καὶ τοῖς μετ' αὐτοὺς παρέδωκαν φέροντες. αἴσωπος δὲ δοκεῖ μὴ πόρρω θειοτέρας ἐπιπνοίας τῆς ἠθικῆς διδασκαλίας ἁψάμενος, πολλῷ τῷ μέσῳ τοὺς πολλοὺς αὐτῶν παρελάσαι. καὶ γὰρ οὔτ' ἀποφαινόμενος, οὔτε συλλογιζόμενος, οὔτε μὴν ἐξ ἱστορίας, ἣν ὁ πρὸ τῆς κατ' αὐτὸν ἡλικίας ἤνεγκε χρόνος, τὴν νουθεσίαν διατιθέμενος, ἀλλὰ μύθοις τὰ πάντα παιδαγωγῶν, οὕτω τὰς τῶν ἀκροωμένων ἀγρεύει ψυχὰς, ὡς αἰσχύνεσθαι τοὺς λογικοὺς ποιεῖν, ἢ φρονεῖν, ἃ μήτ' ὄρνιθες μήτ' ἀλώπεκες. καὶ αὖ πάλιν μὴ προσέχειν ἐκείνοις, οἷς πολλὰ τῶν ἀλόγων ἐν καιρῷ συνεχῶς προσεσχηκότα μυθεύεται. ἐξ ὧν, ἃ μὲν κινδύνους ἐπηρμένους αὐτοῖς διέδρα, ἃ δὲ μεγίστης ἐν τοῖς καιροῖς τῆς ὠφελείας ἔτυχεν. οὗτος τοίνυν ὁ τὸν καθ' αὑτὸν βίον φιλοσόφου πολιτείας εἰκόνα προθέμενος, καὶ ἔργοις μᾶλλον, ἢ λόγοις φιλοσοφήσας, τὸ μὲν γένος ἐξ ἀμορίου τῆς φρυγίας κατῆγε τῆς μεγάλης ἐπίκλησιν. τὴν δὲ τύχην γέγονε δοῦλος. ἐφ' ᾧ καὶ σφόδρα μοι δοκεῖ, τὸ τοῦ πλάτωνος ἐν γοργίᾳ καλῶς ἅμα καὶ ἀληθῶς εἰρῆσθαι. ὡς τὰ πολλὰ γὰρ ταῦτα φησὶν ἐναντία ἀλλήλοις ἐστὶν, ἥ, τε φύσις καὶ ὁ νόμος. αἰσώπου γὰρ τὴν ψυχὴν, ἡ μὲν φύσις ἐλευθέραν ἀπέδωκεν. ὁ δὲ παρ' ἀνθρώπων νόμος τὸ σῶμα πρὸς δουλείαν ἀπέδοτο. ἴσχυσε μέντοι οὐδ' οὕτω τὴν τῆς ψυχῆς ἐλευθερίαν λυμήνασθαι. ἀλλὰ καίτοι πρὸς πολλὰ καὶ πολλαχόσε μεταφέρων τὸ σῶμα, τῆς οἰκείας ἐκείνην ἕδρας οὐχ οἷός τ' ἐγένετο μεταστῆσαι. ἐτύγχανε δ' ὢν οὐ μόνον δοῦλος, ἀλλὰ καὶ δυσειδέστατα τῶν ἐπ' αὐτοῦ πάντων ἀνθρώπων εἶχε. καὶ γὰρ φοξὸς ἦν. σιμὸς τὴν ῥῖνα. σιμὸς τὸν τράχηλον. πρόχειλος. μέλας. ὅθεν καὶ τοῦ ὀνόματος ἔτυχε. ταυτὸν γὰρ αἴσωπος, τῷ αἰθίοπι. προγάστωρ. βλαισός. καὶ κυφός. τάχα καὶ τὸν ὁμηρικὸν θερσίτην τῇ αἰσχρότητι τοῦ εἴδους ὑπερβαλλόμενος. τὸ δὲ δὴ πάντων ἐν αὐτῷ χείριστον ἦν, τὸ βραδύγλωσσον, καὶ τὸ τῆς φωνῆς ἄσημόν τε καὶ ἀδιάρθρωτον. ἃ πάντα καὶ δοκεῖ τὴν δουλείαν αἰσώπῳ παρασκευάσαι. καὶ γὰρ δὴ καὶ θαῦμα ἂν ἦν, εἰ οὕτως ἀτόπως ἔχοντι τοῦ σώματος, ἐξεγένετο τὰς τῶν δουλούντων ἄρκυς διαφυγεῖν. ἀλλὰ τὸ μὲν σῶμα τοιοῦτον ἦν τῷ ἀνδρί. τὴν δὲ ψυχὴν, ἀγχινούστατος ἐπεφύκει, καὶ πρὸς ἐπίνοιαν πᾶσαν ἐπηβολώτατος. ὁ κεκτημένος τοίνυν αὐτὸν, ἅτε πρὸς οὐδὲν οἰκίας ἔργον οἰκείως ἔχοντα, σκάπτειν εἰς ἀγρὸν ἐξαπέστειλεν. ὁ δ' ἀπελθὼν, προθύμως τοῦ ἔργου εἴχετο. ἀφικομένῳ δέ ποτε καὶ τῷ δεσπότῃ πρὸς τὸν ἀγρὸν, ἐφ' ᾧ τῶν ἔργων ἐπισκοπὴν θέσθαι, γεωργός τις σῦκα τῶν ἀγαθῶν δρεψάμενος, δῶρον ἤνεγκεν. ὁ δ' ἡσθεὶς τῷ τῆς ὀπώρας ἤθει ὡραίῳ, ἀγαθόποδι τῷ οἰκέτῃ, τοῦτο γὰρ ἦν ὄνομα τῷ παιδὶ, φυλάττειν ἐκέλευσεν, ὡς αὐτὸ μετὰ τὸ λουτρὸν παραθεῖναι. συνέβη δ' οὕτω, καὶ τοῦ αἰσώπου κατά δή τινα χρείαν εἰσελθόντος εἰς τὴν οἰκίαν, ἀφορμῆς ὁ ἀγαθόπους λαβόμενος, βουλὴν τοιάνδε τῶν συνδούλων τινὶ προτείνει. ἐμφορηθῶμεν εἰ δοκεῖ τῶν σύκων ὧν τούτων. κἂν ὁ δεσπότης ἡμῶν ταῦτα ζητήσῃ, ἀλλ' ἡμεῖς τοῦ αἰσώπου καταμαρτυρήσομεν ἄμφω, ὡς εἰς τὴν οἰκίαν εἰσδραμόντος, καὶ τὰ σῦκα λάθρα καταφαγόντος, καὶ ἐπὶ ἀληθεῖ θεμελίῳ τῇ πρὸς τὸν οἶκον εἰσόδῳ, πολλὰ τὰ ψευδῶν ἐποικοδομήσομεν, καὶ τὸ μηδὲν ἔσται ὅ γε εἷς πρὸς τοὺς δύο, καὶ ταῦτα μὴ δ' ἄλλον ἐλέγχων διᾶραί ποτε τὴν γλῶτταν δυνάμενον ἔχων. δόξαντος δὴ τούτου πρὸς τοὔργον ἐχώρησαν. καὶ τῶν σύκων ἐσθιόντων, ἔλεγον ἐφ' ἑκάστῳ σὺν γέλωτι, φεῦ σοι δύστηνε αἴσωπε. ὁ τοίνυν δεσπότης ἐπανελθὼν ἀπὸ τοῦ λουτροῦ, καὶ τὰ σῦκα ζητήσας, καὶ ἀκούσας, ὡς αἴσωπος αὐτὰ κατεδήδοκε, τόν τε αἴσωπον σὺν ὀργῇ κελεύει κληθῆναι, καὶ κληθέντι φησί. λέγε μοι ὦ κατάρατε, οὕτω μου κατεφρόνησας, ὡς εἰς τὸ ταμιεῖον εἰσελθεῖν, καὶ τὰ ἑτοιμασθέντα μοι σῦκα θοινήσασθαι, ὁ δὲ, ἀκούων μὲν καὶ συνιεὶς ἦν. λαλεῖν δὲ εἶχεν οὐδ' ὁπωσοῦν διὰ τὸ βραδύγλωσσον. μέλλων δὲ ἤδη τύπτεσθαι, τῶν κατηγόρων σφοδροτέρων ἐπικειμένων, πεσὼν πρὸς τοὺς τοῦ δεσπότου πόδας, ἀνασχέσθαι μικρὸν ἐδεῖτο. δραμὼν δὲ καὶ χλιαρὸν ὕδωρ προσενεγκὼν, τοῦτό τε πέπωκε, καὶ τοὺς δακτύλους εἰς τὸ στόμα καθεὶς, αὖθις τὸ ὑγρὸν μόνον ἀνέβαλεν. οὔπω γὰρ τροφῆς ἁψάμενος ἔτυχεν. ἠντιβόλει γοῦν αὐτὸ τοῦτο καὶ τοὺς διώκοντας δρᾶσαι, ὡς ἂν δῆλον γένηται, τίς ὁ τὰ σῦκα διαφορήσας. ὁ δὲ δεσπότης τὸ νόημον αὐτοῦ θαυμάσας, οὕτω ποιεῖν καὶ τοὺς ἄλλους ἐπέταξεν. οἱ δ' ἐβουλεύσαντο πιεῖν μὲν τοῦ ὕδατος, μὴ μέντοι καθεῖναι κατὰ τοῦ λαιμοῦ τοὺς δακτύλους, ἀλλ' ἐπὶ τὰ πλάγια τῶν γνάθων αὐτοὺς παραφέρειν. οὐκ ἔφθασαν δὲ πιόντες, καὶ τὸ χλιαρὸν ὕδωρ ἐκεῖνο ναυτίαν τοῖς πεπωκόσι παραχρῆμα ἐπενεγκὸν, αὐτομάτην παρέσχε τὴν ὀπώραν ἀναδοθῆναι. τότε τοίνυν πρὸ ὀφθαλμῶν πεσόντος, τοῦ, τε κακουργήματος τῶν οἰκετῶν καὶ τῆς συκοφαντίας, ὁ μὲν δεσπότης ἐκέλευσεν αὐτοὺς γυμνωθέντας μαστίζεσθαι. οἱ δ' ἐπέγνωσαν σαφῶς κατὰ τὸν εἰπόντα, ὡς ὅς τις καθ' ἑτέρου δόλια μηχανεύεται, αὐτῷ λέληθε τὸ κακὸν ἀρχιτεκτονῶν. τῇ δ' ἐπιούσῃ, τοῦ μὲν δεσπότου εἰς ἄστυ ἐπαναζεύξαντος, τοῦ δ' αἰσώπου σκάπτοντος ἐν προστοίχει, ἱερεῖς τῆς ἀρτέμιδος εἴτ' ἄλλοι τινὲς ἄνθρωποι τῆς ὁδοῦ πλανηθέντες, καὶ τῷ αἰσώπῳ περιτυχόντες, προὐτρέποντο πρὸς διὸς ξενίου τὸν ἄνδρα, τὴν εἰς ἄστυ φέρουσαν αὐτοῖς ἀποδεῖξαι. ὁ δ' ὑπὸ σκιὰν δένδρου τοὺς ἄνδρας ἀπαγαγὼν πρότερον, λιτὸν παραθέμενος δεῖπνον, εἶτα καὶ ἡγησάμενος αὐτοῖς, εἰς ἣν ἐζήτουν ὁδὸν εἰσήνεγκεν. οἱ μὲν οὖν τοῦτο μὲν ἐπὶ τῇ ξενίᾳ, τοῦτο δὲ καὶ ἐπὶ τῇ ὁδηγίᾳ διαφερόντως τοῦ ἀνδρὸς ἐξαρτηθέντες, τάς τε χεῖρας εἰς οὐρανὸν ἦραν, καὶ εὐχῇ τὸν εὐεργέτην ἠμείψαντο. αἴσωπος δ' ὑποστρέψας, καὶ εἰς ὕπνον καταπεσὼν, ὑπό τε τοῦ συνεχοῦς πόνου καὶ καύματος, ἔδοξεν ἰδεῖν τὴν τύχην ἐπιστᾶσαν αὐτῷ, καὶ λύσιν τῆς γλώττης καὶ λόγου δρόμον καὶ σοφίαν τὴν τῶν μύθων χαριζομένην. εὐθὺς οὖν διυπνισθεὶς φησὶ, βαβαὶ πῶς ἡδέως κεκοίμημαι. ἀλλὰ καὶ καλὸν ὄνειρον ἰδεῖν ἔδοξα. καὶ ἰδοὺ ἀκωλύτως λαλῶ. βοῦς. ὄνος. δίκελλα. νὴ τοὺς θεοὺς συνῆκα πόθεν μοι τἀγαθὸν προσεγένετο τοῦτο. εὐσεβήσας γὰρ εἰς τοὺς ξένους, ἀντιλαμβανομένου τοῦ κρείττονος ἔτυχον. ἄρ' οὖν τὸ εὖ ποιεῖν ἀγαθῶν ἐστι πλῆρες ἐλπίδων. οὕτω μὲν οὖν αἴσωπος ὑπερησθεὶς τῷ πράγματι, πάλιν ἤρξατο σκάπτειν. τοῦ δ' ἐφεστηκότος τῷ ἀγρῷ, ζηνᾶς ἦν αὐτῷ τοὔνομα, πρὸς τοὺς ἐργαζομένους ἐλθόντος, καὶ τούτων ἕνα, ἐπειδὴ μικρὸν ἐσφάλη τοῦ ἔργου, τῇ ῥάβδῳ πατάξαντος, αἴσωπος παραχρῆμα ἀνέκραγεν. ἄνθρωπε, τί τὸν μηδὲν ἠδικηκότα οὕτως αἰκίζῃ, καὶ πᾶσιν εἰκῇ πληγὰς ἐμφορεῖς δι' ἡμέρας. πάντως ἀπαγγελῶ ταῦτα τῷ κεκτημένῳ. ζηνᾶς δὲ ταῦτα τοῦ αἰσώπου ἀκούσας, ἐξεπλάγη τε οὐ μετρίως, καὶ πρὸς ἑαυτὸν εἶπεν, αἴσωπος λαλεῖν ἀρξάμενος, οὐδὲν ἐμὸν ὄφελος

mendacia inædificabimus, & nihil unus ad duos fuerit,præser tim cum ne sine probationibus quidem diducere unquam os q̄at.uiso uero hoc,ad opus accesserunt,& ficus deuorantes,dicebant in singulis cum risu,Væ tibi infelix Aesope.cum igitur herus rediisset a lauacro,& ficus petiisset,& audiuisset ꝙ Aesopus eas comederit,& Aesopum cum ira iubet uocari,& uocato ait.dic mihi o execrande,ita me contempsisti,ut in penu ingredereris,& paratas mihi ficus cōederis?ille audiebat qdē, & itelligebat, sed loqui poterat nullo modo ob liguæ tarditatem.cū iā uerberandus eēt, & delatores uehementiores instarent,procūbens ad heri pedes ut sustineret se parū,orabat.cum autē accurrisset,& tepidā aquam attulisset, eam bibit,& digitis in os demissis,rursum humorem solum reiecit.non dum enim cibum attigerat.orabat igitur ut idem & accusantes facerent,quo manifestum fieret,quis nam ficus dissipasset.herus autem ingenium hominis admiratus,sic facere & alios iussit.illi autē deliberauerant bibere quidem aquā,non tñ demitteṙ in guttur digitos,sed per obliqua maxillarum eos circunferre.uix dum autem biberant,cum tepida illa aqua nauseā potis inducta effecit,ut sponte fructus redderetur.Tunc igitur ante oculos posito & maleficio ministrorum,& calumnia,herus iussit eos nudos flagro uapulare.illi uero cognouerūt manifeste dictū illud, qui ĭ alterū dolos struit,sibi inscius malum fabricat.sequenti uero die hero in urbem reuecto,Aesopo uero fodiente quemadmodum iussus fuerat,sacerdotes Dianæ,siue alii quipiam homines uia errantes,& Aesopum nacti exhortabantur per Iouem hospitalem hominē,ut quæ ĭ urbē duceret,uiā ostēderet.ille cū sub umbrā arboris uiros adduxisset prius,& frugalem apposuisset cœnam,inde et dux factus ipsis,in quā quærebāt uiam iduxit.illi aūt tum ob hospitalitatē, tum ob ducatum,mirum in modum uiro deuincti & manus ĭ cœlū eleuarūt,& ꝑcib⁹ benefactorē remunerati sunt. Aesopus uero reuersus,& in somnum lapsus,& assiduo labore,& æstu, uisus ē uidere fortunā astantē sibi,& solutionē linguæ,& sermonis cursum,& eā,q̄ fabulaꝝ est,doctrinā largientē.statim igiṫ excitatus ait, papæ ut suauiter dormiui.sed & pulchrū somniū uidere uisus sum.& ecce expedite loquor Bos.Asinus.rastrum.per deos itelligo unde mihi bonum accesserit hoc.quia enim pius fui in hospites,propitium numen consecutus sum.Ergo benefacere bona plenum est spe.sic igitur Aesopus lætatus facto,rursum cœpit fodere.Sed præfecto agri(zenas erat ipsi nomen)ad operarios profecto,& horum unum,quoniam parum errauerat in opere,uirga uerberante,Aesopus statim exclamauit,hō cuius gratia eū,qui nulla iniuria affecit,sic uerberas?& oībus temere plagas ingeris quotidie?oīo renūtiabo hæc hero.Zenas autem hæc ab Aesopo audiens obstupuit, non mediocriter,& secum ait,ꝙ Aesopus loqui cœperit,nulla mihi u-

ψευδῶν ἐπιβουλευθήσομαι, καὶ εἰ μηδὲν ἔσται ὅ γε εἷς πρὸς τοὺς δύο, καὶ ταῦτα μὴ ἔχων ἐλέγχων διὰ τὸ ποτε τὴν γλῶτταν ἀδύναμον ἔχων. δόξαντος δὴ τούτου πρὸς τὸ ἔργον ἐχώρησαν. καὶ τῶν σύκων ἐσθίοντες, ἔλεγον ἐφ᾽ ἑκάστῳ σὺν γέλωτι, φεῦ σοι δύστηνε αἴσωπε. ὁ τοίνυν δεσπότης ἐπανελθὼν ἀπὸ τοῦ λουτροῦ, καὶ τὰ σῦκα ζητήσας, καὶ ἀκούσας, ὡς αἴσωπος αὐτὰ κατεδηδόκει, τόν τε αἴσωπον σὺν ὀργῇ κελεύει κληθῆναι, καὶ κληθέντι φησί. λέγε μοι ὦ κατάρατε, οὕτω μου κατεφρόνησας, ὡς εἰς τὸ ταμιεῖον εἰσελθεῖν, καὶ τὰ ἐμοὶ μαθέντα μοι σῦκα θοινήσασθαι, ὁ δὲ, ἀκούων μὲν καὶ συνιεὶς ἦν. λαλεῖν δὲ εἶχεν οὐδ᾽ ὁπωσοῦν διὰ τὸ βραδύγλωσσον. μέλλων δὲ ἤδη τύπτεσθαι, τῶν κατηγόρων σφοδροτέρων ἐπικειμένων, πεσὼν πρὸς τοὺς τοῦ δεσπότου πόδας, ἀναμεῖναι μικρὸν ἐδεῖτο. δραμὼν δὲ καὶ χλιαρὸν ὕδωρ προσενεγκὼν, τοῦτό τε πέπωκε, καὶ τοὺς δακτύλους εἰς τὸ στόμα καθεὶς, αὖθις τὸ ὑγρὸν μόνον ἀνέβαλεν. οὔπω γὰρ τροφῆς ἁψάμενος ἐτύγχανεν. ἠντιβόλει γοῦν αὐτὸ τοῦτο καὶ τοὺς διώκοντας δρᾶσαι, ὡς ἂν δῆλον γένηται, τίς ὁ τὰ σῦκα διαφορήσας. ὁ δὲ δεσπότης τὸ νόημα αὐτοῦ θαυμάσας, οὕτω ποιεῖν καὶ τοὺς ἄλλους ἐπέταξεν. οἱ δὲ ἐβουλεύσαντο πιεῖν μὲν τοῦ ὕδατος, μὴ μέντοι καθεῖναι κατὰ τοῦ λαιμοῦ τοὺς δακτύλους, ἀλλ᾽ ἐπὶ τὰ πλάγια τῶν γνάθων αὐτοὺς παραφέρειν. οὐκ ἔφθασαν δὲ πιόντες, καὶ τὸ χλιαρὸν ὕδωρ ἐκεῖνο ναυτίαν τοῖς πεπωκόσι παραχρῆμα ἐπενεγκὸν, αὐτομάτην παρέσχε τὴν ὀπώραν ἀναδοθῆναι. τότε τοίνυν πρὸ ὀφθαλμῶν πεσόντος, τοῦ, τε κακουργήματος τῶν οἰκετῶν καὶ τῆς συκοφαντίας, ὁ μὲν δεσπότης ἐκέλευσεν αὐτοὺς γυμνωθέντας μαστίζεσθαι. οἱ δ᾽ ἐπέγνωσαν σαφῶς κατὰ τὸν εἰπόντα, ὡς ὅς τις καθ᾽ ἑτέρου δόλια μηχανεύεται, αὐτῷ λέληθε τὸ κακὸν ἀρχιτεκτονῶν. τῇ δ᾽ ἐπιούσῃ, τοῦ μὲν δεσπότου εἰς ἄστυ ἐπαναζεύξαντος, τοῦ δ᾽ αἰσώπου σκάπτοντος ἐκ προστάξεως, ἱερεῖς τῆς ἀρτέμιδος εἴτ᾽ ἄλλοι τινὲς ἄνθρωποι τῆς ὁδοῦ πλανηθέντες, καὶ τῷ αἰσώπῳ περιτυχόντες, προσεῖπον τοῦτον πρὸς διὸς ξενίου τὴν ἀτραπὸν, τὴν εἰς ἄστυ φέρουσαν αὐτοῖς ἀποδεῖξαι. ὁ δ᾽ ὑπὸ σκιάν τε δένδρου τοὺς ἄνδρας ἀπαγαγὼν πρότερον, λιτὸν παραθέμενος δεῖπνον, εἶτα καὶ ἡγησάμενος αὐτοῖς, εἰς ἣν ἐζήτουν ὁδὸν εἰσήνεγκεν. οἱ μὲν οὖν τοῦτο μὲν ἐπὶ τῇ ξενίᾳ, τοῦτο δὲ καὶ ἐπὶ τῇ ὁδηγίᾳ διαφερόντως τοῦ ἀνδρὸς ἐξαρτηθέντες, τάς τε χεῖρας εἰς οὐρανὸν ἦραν, καὶ εὐχῇ τὸν εὐεργέτην ἠμείψαντο. αἴσωπος δ᾽ ὑποστρέψας, καὶ εἰς ὕπνον καταπεσὼν, ὑπό τε τοῦ συνεχοῦς πόνου καὶ καύματος, ἔδοξεν ἰδεῖν τὴν τύχην ἐπιστᾶσαν αὐτῷ, καὶ λύσιν τῆς γλώττης καὶ λόγου δρόμον καὶ σοφίαν τὴν τῶν μύθων χαριζομένην. εὐθὺς οὖν διυπνισθεὶς φησὶ, βαβαὶ πῶς ἡδέως κεκοίμημαι. ἀλλὰ καὶ καλὸν ὄνειρον ἰδεῖν ἔδοξα. καὶ ἰδοὺ ἀκωλύτως λαλῶ. βοῦς. ὄνος. δίκελλα. νὴ τοὺς θεοὺς συνῆκα πόθεν μοι τἀγαθὸν προσεγένετο τοῦτο. εὐσεβήσας γὰρ εἰς τοὺς ξένους, ἀντιλαμβανομένων τῶν κρειττόνων ἔτυχον. ἆρ᾽ οὖν τὸ εὖ ποιεῖν ἀγαθῶν ἐστὶ πλῆρες ἐλπίδων. οὕτω μὲν οὖν αἴσωπος ὑπερησθεὶς τῷ πράγματι, πάλιν ἤρξατο σκάπτειν. τοῦ δ᾽ ἐφεστηκότος τῷ ἀγρῷ, ζηνᾶς ἦν αὐτῷ τοὔνομα, πρὸς τοὺς ἐργαζομένους ἐλθόντος, καὶ τούτων ἕνα, ἐπειδὴ μικρὸν ἐσφάλη τοῦ ἔργου, τῇ ῥάβδῳ πατάξαντος, αἴσωπος παραχρῆμα ἀνέκραγεν. ἄνθρωπε, τοῦ χάριν τὸν μηδὲν ἠδικηκότα οὕτως αἰκίζῃ, καὶ πᾶσιν εἰκῇ πληγὰς ἐμφορεῖς δι᾽ ἡμέρας. πάντως ἀπαγγελῶ ταῦτα τῷ κεκτημένῳ. ζηνᾶς δὲ ταῦτα τοῦ αἰσώπου ἀκούσας, ἐξεπλάγη τε οὐ μέσως, καὶ πρὸς ἑαυτὸν εἶπεν, αἴσωπος λαλεῖν ἀρξάμενος, οὐδὲν ἐμὸν ὄφε-

λος

mendacia inædificabimus, & nihil unus ad duos fuerit, præser
tim cum ne sine probationibus quidem diducere unquam os q̃at. uiso
uero hoc, ad opus accesserunt, & ficus deuorantes, dicebant in sin-
gulis cum risu, Væ tibi infelix Aesope. cum igitur herus rediisset a
lauacro, & ficus petiisset, & audiuisset ꝙ Aesopus eas come-
derit, & Aesopum cum ira iubet uocari, & uocato ait. dic
mihi o execrande, ita me contempsisti, ut in penu ingredereris, &
paratas mihi ficus cõederis? ille audiebat qdẽ, & itelligebat, sed loqui
poterat nullo modo ob liguæ tarditatem. cũ iã uerberandus eẽt, & de
latores uehementiores instarent, procũbens ad heri pedes ut sustine
ret se parũ, orabat. cum autẽ accurrisset, & tepidã aquam attulisset, e-
am bibit, & digitis in os demissis, rursum humorem so-
lum reiecit. non dum enim cibum attigerat. orabat igitur ut i-
dem & accusantes facerent, quo manifestum fieret, quis nam ficus dissi
passet. herus autem ingenium hominis admiratus, sic facere & ali-
os iussit. illi autẽ deliberauerant bibere quidem aquã, non tñ demitter
in guttur digitos, sed per obliqua maxillarum eos circun-
ferre. uix dum autem biberant, cum tepida illa aqua nauseã po-
tis inducta effecit, ut sponte fructus redde
retur. Tunc igitur ante oculos posito & maleficio ministro-
rum, & calumnia, herus iussit eos nudos
flagro uapulare. illi uero cognouerũt manifeste dictũ illud, qui ĩ alterũ
dolos struit, sibi inscius malum fabricat. sequenti uero die
hero in urbem reuecto, Aesopo uero fodiente quemadmodum iussus
fuerat, sacerdotes Dianæ, siue alii quipiam homines uia erran-
tes, & Aesopum nacti exhortabantur per Iouem hospitalem
hominẽ, ut quæ ĩ urbẽ duceret, uiã ostẽderet. ille cũ sub umbrã arboris
uiros adduxisset prius, & frugalem apposuisset cœnam, inde et dux
factus ipsis, in quã quærebãt uiam ĩduxit. illi aũt tum ob hospitalitatẽ,
tum ob ducatum, mirum in modum uiro deuincti &
manus ĩ cœlũ eleuarũt, & ꝑcibꝰ benefactorẽ remunerati sunt. Aesopus
uero reuersus, & in somnum lapsus, & assiduo labore, & æstu,
uisus ẽ uidere fortunã astantẽ sibi, & solutionẽ linguæ, & sermonis cur
sum, & eã, q̃ fabulaꝝ est, doctrinã largientẽ. statim igit᷑ excitatus ait, pa-
pæ ut suauiter dormiui. sed & pulchrũ somniũ uidere uisus sum. & ecce
expedite loquor Bos. Asinus. rastrum. per deos ĩtelligo unde mihi bo-
num accesserit hoc. quia enim pius fui in hospites, propitium
numen consecutus sum. Ergo benefacere bona plenum est spe. sic
igitur Aesopus lætatus facto, rursum cœpit fodere. Sed præ-
fecto agri (zenas erat ipsi nomen) ad operarios profe-
cto, & horum unum, quoniam parum errauerat in opere, uirga uebe-
rante, Aesopus statim exclamauit, hõ cuius gratia eũ, qui nulla iniuria
affecit, sic uerberas? & oĩbus temere plagas ingeris quotidie? oĩo renũ-
tiabo hæc hero. Zenas autem hæc ab Aesopo audiens obstupuit,
non mediocriter, & secum ait, ꝙ Aesopus loqui cœperit, nulla mihi u-

tilitas erit.præueniens igitur ipse accusabo eũ coram domino,anteq̃ ip
se hoc idem faciat,& me herus procuratione priuet .his di-
ctis,urbem uersus ad dominum uectus est.cæterum turbatus cũ ac-
cessisset,salue inquit Here.Ille uero,quid perturbatus ades iquit?& Ze-
nas,res quædam monstrosa in agro contigit.& herus,nunquid ar-
bor præter tẽpus fructũ tulit?aut iumentũ aliqđ præter naturã genuit?
& ille,non ita,sed Aesopus,qui antea erat mutus,nunc loqui cœpit, &
herus,sic tibi nihil boni fiat ho c existimandi monstrum esse.
& ille,& sane inquit,nã quæ ĩ me cõtumeliose dixit,sponte ꝑtereo here,
in te autem,& deos intolerabiliter co nuitiatur.his ira percitus he-
rus,Zenæ ait,ecce tibi traditus est Aesopus.uende.dona.quod
uis de eo fac.Cum Zenas autem in potestate sua accepisset Ae-
sopũ,& quod in eum haberet imperium ei renuntiasset,ille,quodcunq;
uolenti tibi licet,inquit,efficce.forte uero cum uir quidam iu-
menta quæreret emere,& propterea per agrum illũ,iter faceret,& Zenã
rogaret,ille iumẽtũ nõ licet mihi ĩquit uendere,sed mancipiũ masculũ,
quod si uis emere,adest.cum uero mercator dixisset ostendi
sibi seruulum,& Zenas Aesopum accersisset,mercator
uidens ipsum,& cachinnatus unde tibi inquit ad Zenam hæc olla?u-
trum truncus est arboris,an homo?hic nisi uocem haberet,fere
uideretur uter inflatus.Quare mihi iter ĩterrupisti huiusce pia
culi gratia?his dictis,abiit suam uiã.Aesopus uero insecutus
ipsum,mane inquit.ille autem conuersus,abi inquit a me sordidissime
canis.& Aesopus,dic mihi cuius rei causa huc uenisti?& mercator,
scelleste,ut aliqđ boni emerẽ.tñ,ꝙ ĩutilis,& marcidus sis,nõ egeo.
& Aesopus,eme me,& siqua est fides,multum te iuuare potis sum.
ille,qua in re a te iuuari possem,cũ sis odiũ penit⁹?& Aesopus.no ne ad
sunt tibi pueruli domi turbulenti,& flentes?his præfice me pæda-
gum.omnino eis pro larua ero.Ridens igitur de hoc
mercator,inquit Zenæ.Quanti malum hoc uẽdis uas?ille uero, tribus
inquit obolis.mercator autem statim tres obolos soluit,dicens,
nihil exposui,& nihil emi.Cum igitur iter fecissent,ac perue-
nissent ĩ suã domũ,pueruli duo,qui adhuc sub matre erant,Aesopo ui-
so perturbati exclamauerunt,& Aesopus statim mercatori ĩquit, habes
meæ pollicitationis probationẽ,ille uero ridens,ingressus ĩquit saluta
conseruos tuos,introgressum autem,ac salutantem uidentes illi,qđ nã
malum nostro hero inquiunt contigit?ut seruulum deformem adeo
emerit?sed ut uidetur,pro fascino domus hunc emit.non multo uero
post,& mercator ingressus apparari res ad iter seruis iussit,
quod postridie in asiã profecturus esset.illi igitur statim uasa distribue
bant.at Aesopus rogabat leuissimum onus sibi concedi tanq̃
nuper empto,& nondum ad hæc ministeria exercitato.his autem & si
nihil tollere uelit ueniam præbentibus,ille nõ oportere dixitt oĩbus la
borantibus se solum inutilem esse. his quod attollere uellet permitten
tibus,huc & illuc cũ circũspexisset,& uasa cõgregasset diuersa,saccos, &

λος ἔσται. φθάσας τοίνυν αὐτὸς κατηγορήσω αὐτοῦ πρὸς τὸν δεσπότην, πρὶν αὐτὸς τοῦτ' αὐτὸ δράσῃ, καί με ὁ δεσπότης τῆς ἐπιστασίας παραλύσει. ταῦτ' εἰπὼν, εὐθὺ τῆς πόλεως πρὸς τὸν δεσπότην ἤλαυνε. καὶ δὴ σὺν θορύβῳ προσελθὼν, χαῖρέ φησι δέσποτα. ὁ δὲ, τί τεθορυβημένος πάρει φησί. καὶ ὁ Ζηνᾶς, χρῆμά τι τερατῶδες ἐν τῷ ἀγρῷ συνέβη. καὶ ὁ δεσπότης, ἦ πού τι δένδρον παρὰ καιρὸν καρπὸν ἤνεγκεν; ἢ τῶν κτηνῶν τι παρὰ φύσιν ἐγέννησε; καὶ

λ ὅς, οὐχ οὕτως, ἀλλ' Αἴσωπος ἄναυδος τὸ πρότερον ὢν, νυνὶ λαλεῖν ἤρξατο. καὶ ὁ δεσπότης, οὕτω σοι μηδὲν τῶν ἀγαθῶν γένοιτο, τοῦτο νομίζοντι τέρας εἶναι. ὁ δὲ, καὶ μάλα φησίν. ἃ μὲν γὰρ εἰς ἐμὲ περιύβρισεν, ἑκὼν παρίημι δέσποτα. εἰς δὲ σὲ καὶ θεοὺς οὐ φορητὰ βλασφημεῖ. ἐπὶ τούτοις ὀργῇ ληφθεὶς ὁ δεσπότης, τῷ Ζηνᾷ φησιν. ἰδού σοι παραδέδοται Αἴσωπος. ἀπόδου, δώρησαι, ὃ βούλει ἐπ' αὐτῷ ποίησον. τοῦ δὲ Ζηνᾶ ἐπ' αὐτοφώρῳ γενόμενον παραλαβόντος τὸν Αἴσωπον, καὶ τὴν κατ' αὐτοῦ δεσποτείαν αὐτῷ ἀναγγείλαντος, ἐκεῖνος δ', ὅ τι δή ποτε βουλομένῳ σοι ἐστί φησιν ἔργασαι. κατὰ δὲ δή τινα τύχην ἀνδρός τινος κτήνη ζητοῦντος πρίασθαι, καὶ διὰ ταῦτα τὸν ἀγρὸν διιόντος ἐκεῖνον, καὶ τὸν Ζηνᾶν ἐρομένου, ἐκεῖνος θρέμμα μὲν, οὐκ ἔστι μοί φησιν ἀποδόσθαι, σωμάτιον δὲ ἄρρεν ὅπερ εἰ θέλεις ὠνήσασθαι, πάρεστι. τοῦ δὲ ἐμπόρου φήσαντος ὑποδειχθῆναι αὐτῷ τὸ σωμάτιον, καὶ τοῦ Ζηνᾶ τὸν Αἴσωπον μεταπεμψαμένου, ὁ ἔμπορος ἰδὼν αὐτὸν καὶ ἀνακαγχάσας, πόθεν σοι φησὶ πρὸς τὸν Ζηνᾶν ἡ δεῖνα χύτρα. πότερον, στέλεχός ἐστι δένδρου, ἢ ἄνθρωπος. οὗτος εἰ μὴ φωνὴν εἶχεν, οὐδὲν ἂν ἔδοξε μὴ οὐχὶ δοκεῖν ἀσκοκήλη. ἵνα τί μοι τὴν πορείαν διέκοψας τουτουὶ τοῦ καθάρματος ἕνεκεν. ταῦτ' εἰπὼν, ἀπῄει τὴν ἑαυτοῦ ὁδόν. ὁ δ' Αἴσωπος μεταδιώξας αὐτὸν, μεῖνόν φησιν. ὁ δὲ, μεταστραφεὶς, ἄπιθι φησὶν ἀπ' ἐμοῦ ῥυπαρώτατε κύων. καὶ ὁ Αἴσωπος, εἰπέ μοι τίνος ἕνεκεν δεῦρο ἐλήλυθας. καὶ ὁ ἔμπορος. κάθαρμα, ἵνά τι χρηστὸν πρίωμαι. σοῦ δὲ ἀχρήστου καὶ σαπροῦ ὄντος, οὐ χρήζω. καὶ ὁ Αἴσωπος, ὤνησαί με, καὶ εἴ τις ἐστὶ πίστις, πολλά σε ὠφελῆσαι οἷός τ' εἰμί. καὶ ὅς, τί δ' ἂν σοῦ ὀναίμην, συγκρίματος ὄντος αὐτόχρημα; καὶ ὁ Αἴσωπος, οὐ πάρεισί σοι παιδία οἴκοι ἀτακτοῦντα καὶ κλαίοντα; τούτοις ἐπίστησόν με παιδαγωγὸν, καὶ πάντως αὐτοῖς ἀντὶ μορμοῦς ἔσομαι. γελάσας οὖν ἐπὶ τούτῳ ὁ ἔμπορος, φησὶ τῷ Ζηνᾷ. πόσου τὸ κακὸν τοῦτο πωλεῖς ἀγγεῖον; ὁ δὲ, τριῶν φησιν ὀβολῶν. ὁ δ' ἔμπορος αὐτίκα τοὺς τρεῖς ὀβολοὺς καταβαλλόμενος λέγων, οὐδὲν κατεθέμην, καὶ οὐδὲν ἐπριάμην. ὁδευσάντων τοιγαροῦν καὶ ἀφικομένων αὐτῶν οἴκαδε, παιδάρια δύο ἔτι ὑπὸ μητρὶ τελοῦντα, τὸν Αἴσωπον ἰδόντα καὶ συγχυθέντα, ἀνέκραξε. καὶ ὁ Αἴσωπος εὐθὺς τῷ ἐμπόρῳ φησὶν, ἔχεις μου τῆς ἐπαγγελίας ἀπόδειξιν. ὁ δὲ γελάσας, εἰσελθὼν φησὶν, ἄσπασαι τοὺς συνδούλους σου. τὸν δὲ εἰσελθόντα καὶ ἀσπασάμενον, ἰδόντες ἐκεῖνοι, τί ποτε ἄρα κακὸν τῷ ἡμῶν δεσπότῃ φασὶ συμβέβηκεν, ὅτι σωμάτιον αἰσχρὸν οὕτως ἐπρίατο. ἀλλ' ὡς ἔοικεν, ἀντὶ βασκανίου τοῦτο τῆς οἰκίας ὠνήσατο. μετ' οὐ πολὺ καὶ ὁ ἔμπορος εἰσελθὼν, τὰ πρὸς ὁδὸν εὐτρεπισθῆναι τοῖς δούλοις ἐπέσκηψε. μέλλειν γὰρ τὴν ἐπιοῦσαν εἰς Ἀσίαν πορεύεσθαι. οἱ μὲν οὖν αὐτίκα τὰ σκεύη διεμερίζοντο. ὁ δ' Αἴσωπος ἐδεῖτο τοῦ κουφοτάτου τῶν φορτίων αὐτῷ παραχωρεῖν, ἅτε δὴ νεωνήτῳ, καὶ μήπω πρὸς τὰς τοιαύτας ὑπουργίας γεγυμνασμένῳ. τῶν δὲ, καὶ εἰ μηδὲν αἴρειν βούλεται συγγνώμην παρεχομένων, ἐκεῖνος οὐδὲν ἔλεγε πάντων κοπιώντων αὐτὸν μόνον ἀσυντελῆ τυγχάνειν. τῶν δὲ, ὅπερ ἂν αἴρειν βούληται ἐπιτρεψάντων, δεῦρο κἀκεῖσε περιβλεψάμενος, καὶ σκεύη ἀθροίσας διάφορα, σάκκους, καὶ στρώματα καὶ γυργάθους, ἄλλα γύργαθον ἄρτων πεπληρωμένον, ὃν δύο βαστάζειν ἔμελλον, αὐτῷ ἐπιτεθῆναι κελεύει. οἱ δὲ γελάσαντες, καὶ μηδὲν εἶναι μωρότερον τοῦ χυδαίου τούτου καθάρματος φάμενοι, ὃς μικρῷ μὲν ἔμπροσθεν τὸ κουφότατον ἐλέσθαι ἆραι τῶν φορτίων, νῦν δὲ τὸ πάντων βαρύτατον εἵλετο. χρῶνται μέντοι τὴν ἐπιθυμίαν αὐτοῦ πληρῶσαι, ὑπολαβόντες τὸν γύργαθον, ἐπιτιθέασι τῷ Αἰσώπῳ. ὁ δὲ, κατὰ τῶν ὤμων τὸ φορτίον ἀπηχθισμένος, δεῦρο κἀκεῖσε διεκλονεῖτο. τοῦτον δὲ ἰδὼν ὁ ἔμπορος, ἀπεθαύμασεν, καὶ φησὶν, Αἴσωπος εἰς τὸ πονεῖν πρόθυμος ὢν, ἤδη τὴν ἑαυτοῦ τιμὴν ἐξέτισε. κτήνους γὰρ φόρτον ἤρατο. ἐπεὶ δὲ ὥρας οὔσης ἀρίστου καταλῦσαι, Αἴσωπος κελευσθεὶς ἀρτοδοτῆσαι, ἡμιδεᾶ τὸν γύργαθον πολλῶν φαγόντων ἐποίησεν. ὅθεν καὶ μετὰ τὸ ἄριστον κουφοτέρου τοῦ φορτίου γεγονότος, προθυμότερον ἤλαυνε. καὶ δὴ καὶ ἑσπέρας δὲ κατήχθισαν πάλιν ἀρτοδοτήσας, τῇ ἐφεξῆς ἡμέρᾳ κενὸν παντάπασιν ἐπὶ τῶν ὤμων ἀνέχων τὸν γύργαθον, πρῶτος ἁπάντων ᾔει, ὡς καὶ τοῖς συνδούλοις προσέχοντας τοῦτον ὁρῶσιν ἀμφίβολα γίνεσθαι, πότερον ὁ σαπρὸς ᾖ Αἴσωπος, ἤ τις ἕτερος. καὶ καταμαθοῦσιν ἐκεῖνον εἶναι, θαυμάζειν ὅπως τὸ μεμελανωμένον ἀνθρώπιον, συνεχέστερα πάντων ἔπραξε τοὺς ῥᾳδίως διαπονουμένους ἄρτους ἀράμενον, ἐκείνων τὰ στρώματα καὶ τὰ λοιπὰ τῶν σκευῶν πεφορτισμένων, ἃ μὴ φύσιν ἔλαχεν οὕτω δαπανᾶσθαι. ὁ μὲν οὖν ἔμπορος ἐπὶ τῇ Ἐφέσῳ γενόμενος, τὰ μὲν ἄλλα τῶν ἀνδραπόδων σὺν κέρδει ἀπέδοτο. ὑπελείφθη δ' αὐτῷ τρία. γραμματικὸς, ψάλτης, καὶ ὁ Αἴσωπος. τῶν δέ τις αὐτῷ συνήθων συμβουλεύσαντος εἰς Σάμον ἀπᾶραι, ὡς ἐκεῖ δὴ σὺν μείζονι κέρδει ἀπεμπολήσοντι τὰ σωμάτια, πείθει. καὶ ὁ ἔμπορος ἐπιβὰς τῆς Σάμου, τὸν μὲν γραμματικὸν σὺν τῷ ψάλτῃ καινὰς στολὰς ἀμφιέσας, ἵστησιν ἄμφω ἐπὶ τοῦ πρατηρίου. τὸν δ' Αἴσωπον, ἐπεὶ μηδαμόθεν εἶχε κοσμῆσαι, ὅλος γὰρ ἦν ἁμάρτημα, ἐσθῆτα σάκκου τούτῳ περικαθάψας, μέσον ἀμφοῖν ἵστησιν, ὡς καὶ τοὺς ὁρῶντας ἐξίστασθαι λέγοντας, πόθεν οὗτος τὸ βδέλυγμα, ὃ καὶ τοὺς ἄλλους ἀφανίζον. Αἴσωπος δὲ, καίπερ ὑπὸ πολλῶν σκωπτόμενος, ἵστατο μέντοι τολμηρὰ πρὸς αὐτοὺς ἀτενίζων. Ξάνθος δὲ ὁ φιλόσοφος εἷς τῶν ἐνοικούντων ὢν τηνικαῦτα τῇ Σάμῳ, προελθὼν εἰς τὴν ἀγορὰν, καὶ θεασάμενος τοὺς μὲν δύο παῖδας σὺν εὐπρεπείᾳ παρισταμένους, μέσον δὲ τούτων τὸν Αἴσωπον, ἠγάσατο τὴν τοῦ ἐμπόρου ἐπίνοιαν, ὅπως τὸν αἰσχρὸν ἐν τῷ μεταξὺ τέταχεν, ὡς τῇ παραθέσει τοῦ δυσειδοῦς, καλλίους ἑαυτῶν τοὺς νεανίας φανῆναι. ἐγγυτέρω δ' ἐπιστὰς, ἐπύθετο τοῦ ψάλτου, πόθεν ἂν εἴη, καὶ ὃς, Καππαδόκης. καὶ ὁ Ξάνθος. τί οὖν οἶδας ποιεῖν; ὁ δὲ, πάντα. καὶ ἐπὶ τούτοις Αἴσωπος ἐξεγέλασε. τῶν δὲ σχολαστικῶν, οἳ τῷ Ξάνθῳ συνῆσαν, ὡς εἶδον αὐτὸν γελάσαντα καὶ παραφήναντα τοὺς ὀδόντας ἐξαίφνης, καί τι τέρας ὁρᾶν δοξάντων, καὶ τοῦ μὲν, ἦ που κήλην ὀδόντας ἔχουσαν λέγοντος, τοῦ δὲ, τί ποτε ἄρα ἰδὼν ἐγέλασε, τοῦ δ' ὡς οὐκ ἐγέλασεν, ἀλλ' ἐῤῥίγωσε. πάντων δὲ βουλομένων γνῶναι τίς ποτε ἦν ὁ γέλως, εἷς τις αὐτῶν προσελθὼν τῷ Αἰσώπῳ φησὶν, ὅτου χάριν ἐγέλασας; καὶ ὃς, ἀποχώρει θαλάττιον πρόβατον. τοῦ δὲ, ἀμηχανήσαντος τοῖς ὅλοις ἐπὶ τῷ λόγῳ, κἀκ τοῦ εὐθέως ἀναχωρήσαντος, ὁ Ξάνθος τῷ ἐμπόρῳ φησὶ, πόσου τιμήματος ὁ ψάλτης; τοῦ δὲ, χιλίων ὀβολῶν ἀποκριναμένου, πρὸς τὸν ἕτερον ἦλθεν, ὑπερβάλλον ἀκούσας τὸ τίμημα. καὶ μέντοι καὶ τοῦτον ἐρομένου τοῦ φιλοσόφου, πόθεν ἂν εἴη, καὶ ἀκούσαντος ὅτι Λυδὸς, καὶ ἐπανερομένου, τί οὖν οἶδας ποιεῖν; κἀκείνου φαμένου πάντα, πάλιν ἐγέλασεν Αἴσωπος. τῶν δὲ σχολαστικῶν τινος ἐρομένου, τί δή-

ποτε

stramenta,& canistros,unum canistrũ panis plenũ,quem duo baiulare debebant,sibi imponi iubet. Illi autem ridentes,& nihil esse stultius uili hoc scelesto inquientes,qui paulo ante leuissi-
mum rogabat tollere onus,nunc omniũ grauissimũ elegit.oportere tamen desyderium eius explere,sullatum canistrum imposue
runt Aesopo.ille uero humeris onere grauatis huc et il-
luc dimouebat.hunc uidens mercator,admiratus est,& inquit,Aesopus cũ ad laborandũ prõptus sit,iam suum pretiũ persoluit. iumẽti.n.onus sustulit.cum uero hora prandii diuertissent,Aesopus iussus panes dispẽ sare,semiuacuũ canistrũ multis comedentibus fecit.unde etiã post prã dium leuiore onere facto alacrius incedebat. uerum uespe-
re quoq; illic,quo diuerterãt pane distributo,postera die uacuum omni no humeris sullato canistro, primus omnium ibat,ut & conser-
uis præcurrentem hunc uidentibus dubium faceret,utrum putridus eẽt Aesopus,an quis alius.& cũ cognouissent illũ esse,admirarentur,qđ de nigratus homuncio solertius oĩbus fecerit, qm̃, qui facile absumerent panes,sustulit.cum illi stramenta,& reliquam supellectilem baiularent,quæ nõ est sortita naturã,ut sic absumeretur. mercator itaq; cum esset Ephesi alia quidem mancipia cum lucro uendidit.
remanserunt autẽ ei tria,grammaticus,cãtor.& Aesopus.cũ uero quidã ex familiaribus ei suasisset,ĩ Samum ut nauigaret tanq̃ ibi cum maiore lucro diuẽdituro seruulos,persuadet. & mercator cũ peruẽisset ĩ samũ, grammaticũ quidẽ & cantorem utrunq; noua ueste indutum,statuit in foro,sed Aesopum qm̃ necunde poterat ornare(totus enim erat men-dosus)ueste ex sacco ei circũposita,mediũ inter utrunq; constituit,ut & uidentes stuperent dicentes,unde hæc abhominatio,quæ & ali
os obscurat? Aesopus autem quamuis a multis morderetur,stabat tam̃ audacter ad ipsos intuens.Xanthus uero philosophus habitans
tunc Sami profectus in forum,& uidens duos quidem
pueros cum ornatu astantes,medium uero horũ Aesopũ,admiratus est mercatoris commentum,q᷑ turpem in medio collocauerat,ut appo-sitione deformis pulchriores se ipsis adolescẽtuli apparerẽt.ꝓpius aũt a-stans,ꝑcontatus est cantorem,cuias esset.& is,cappadox.tum Xanctus, q̃d igiť scis facere? hic,oĩa,atq; ad hæc Aesopus risit.Sed discipulis,qui cum Xantho unã erant,ut uiderunt ipsum risisse,& ostendisse den tes statim,& aliqđ monstꝝ uidere arbitrantibꝰ,& uno certe hernia ẽ dẽ tes habens dicente,alio uero quid nam uidens,risit? alio,nõ risisse,sed ri guisse,omnibus autem uolentibus cognosceř,cur risisset,unus ipsoꝝ ac cedens Aesopo inquit,cuius rei gratia risisti? & is abscede marina
ouis.illo uero confuso funditus eo sermone,repenteq;
secedente,Xanthus inquit mercatori,quanto pretio cantor? illo autem milli obolorum respondente,ad alterum iuit,immenso au-
dito pretio.atqui & hunc rogitante philosopho, cuias nam foret,& audito lydũ esse,rursusq;,rogante, quid ergo scis facere? & illo dicẽte, omnia, iterũ risit Aesopus.ex scholasticis aũt quodam dubitãte, quid

nam hic ad omnes ridet? alius ei dixit, si uis & tu marinus hircus uocari, roga. Xanthus autem & rursus rogauit mercatoré, quanto pretio grámaticus? & illo tribus millibus obolorum respódente, ægre philosophus tulit immensum pretium, & auersus discedebat. scholasticis aút petétibus, an nó placuerit ei seruulus? næ í quit, sed decretum est, non emere mancipium pretiosum. uno autem ipsorum dicente, sed si hæc ita se habent, igitur turpem hunc nulla lex impedimento est, ne ematur. idem enim & hic ministerium afferet. & nos pretium huius exponemus. Xanthus ait, sed ridiculum esset, uos soluisse pretium, me autem seruum emisse. alioqui, & uxorcula mea munditiæ studiosa non ferret a deformi seruulo seruiri sibi. at scholasticis rursus dicentibus, sed prope est sententia, ne pareatur fœminæ, philosophus dixit, faciamus prius periculú, an sciat aliqd ne & pretium incassum pereat. adiens igitur Aesopum, gaude inquit, & ille num nam tristabar? & Xanthus saluto te, & ille, & ego te, & Xanthus uná cum aliis inexpectato, & prompto responso stupefactus, rogauit cuias es? ille, niger. & Xanthus, non hoc inquam, sed, unde natus sis, & is, ex uentre matris meæ. non hoc dico, sed in quo loco natus sis, & ille nó renuntiauit mihi mater mea utrú in sublimi loco, an í humili, & philosophus, quid uero facere nosti? & ille, nihil, & Xanthus, quo modo? quoniam hi omnia nosse professi sunt, mihi autem reliquerunt nihil, atq; his scholastici uehementer admirati, per diuinam prouidentiam dixerunt, ualde bene respondit. nullus enim est homo, qui omnia norit, & propterea scilicet & risit. rursus igitur Xanthus inquit, uis emam te? & Aesopus. me hac in re consultore eges? utrum tibi uidetur melius, aut emere, aut non, fac. nullus enim quidq́ ui facit. hoc in tua positum est uoluntate, & si uolueris, crumenæ ianuá aperiés argétú numera, sin uero minime, ne cauillare. rursus igr scholastici inter se dixerunt, per deos superauit præceptorem. Xanth9 uero cú dixisset, si emero te, fugere uoles? ridens Aesopus ait, hoc si uoluero facere nullo modo utar te consultore, ut & tu paulo ante me. & Xanthus, bene dicis. sed deformis es. & ille, mentem inspicere oportet o philosophe, & non faciem. tunc mercatorem adiens Xanthus, inquit, quanti hunc uendis? & ille, ut uituperes ades meas merces, quoniá te dignos pueros dimittés, deformé hunc eligis. alterum horum eme. húc autem auctarium accipe. & xanthus non certe, sed hunc. & mercator sexaginta obolis eme. et scholastici confestim collatos exposuerunt. xanthus autem possedit. Itaq; publicani uenditione cognita, aderant indagantes, quis uendiderit, quis emerit, at cum puderet utrunq; se pronuntiare, propter uilitatem pretii, Aesopus stans in medio exclamauit, qui uenditus est, ego sum, qui emit, hic, qui uendidit, ille. si uero ipsi tacuerint, ego igitur liber sum. publicani uero diffusi gaudio, donato xantho uectigali, abierunt.

æsopus igiť sequebatur in domum eunté xanthum, cú meridianus aút

ποτε οὗτος πρὸς πάντας γελᾷ; ἕτερος πρὸς αὐτὸν εἶπεν· εἰ βούλει καὶ σὺ θαλάττιος τράγος ἀκοῦσαι, ἐρώτησον. ὁ δὲ Ξάνθος, καὶ αὖθις ἤρετο τὸν ἔμπορον, πόσου τιμήματος ὁ γραμματικός. κἀκείνου τρισχιλίων ὀβολῶν ἀποκεκριμένου, δυσφόρως ὁ φιλόσοφος ἤνεγκε τὴν ὑπερβολὴν τοῦ τιμήματος, καὶ στραφεὶς ἀπῄει. τῶν δὲ σχολαστικῶν ἐρομένων, εἰ μὴ ἤρεσεν αὐτῷ τὰ σωμάτια, ναί φησιν. ἀλλὰ δόγμα κεῖται, μὴ ἀνδράποδον ὠνεῖσθαι τῶν πολυτίμων. εἶτα δὲ τούτων φαμένων ἀλλ' εἰ ταῦθ' οὕτως ἔχει, τὸν γοῦν αἰσχρὸν τοῦτον οὐδεὶς νόμος ἐμποδὼν ἵσταται μὴ ὠνήσασθαι. τὴν αὐτὴν γὰρ καὶ οὗτος λειτουργίαν εἰσοίσει. καὶ ἡμεῖς τὸ τίμημα τούτου καταθησόμεθα, ὁ Ξάνθος ἔφη. ἀλλὰ γελοῖον ἂν εἴη ὑμᾶς ἐκτῖσαι τὸ τίμημα, ἐμὲ δὲ τὸν δοῦλον ὠνήσασθαι. ἄλλως τε, καὶ τὸ γύναιόν μου καθάρειον ὄν, οὐκ ἂν ἀνάσχοιτο ὑπ' αἰσχροῦ σωματίου ὑπηρετεῖσθαι. τῶν δὲ σχολαστικῶν αὖθις εἰπόντων, ἀλλ' ἔστω γε ἡ γνώμη, κατὰ τὸ μὴ πείθεσθαι γυναικί, ὁ φιλόσοφος εἶπε. λάβωμεν πρότερον πεῖραν, εἰ οἶδέ τι. μήποτε καὶ τὸ τίμημα μάτην ἀπόληται. προσελθὼν γοῦν τῷ Αἰσώπῳ, χαῖρέ φησι. καὶ ὅς, μὴ γὰρ ἐλυπούμην. καὶ ὁ Ξάνθος, ἀσπάζομαί σε. κἀκεῖνος, κἀγώ σε. καὶ ὁ Ξάνθος, ἅμα τοῖς ἄλλοις ἐπὶ τῷ παραλόγῳ καὶ ἑτοίμῳ τῆς ἀποκρίσεως ἐκπλαγείς, ἤρετο, ποταπὸς εἶ. ὁ δέ, μέλας φησί. καὶ ὁ Ξάνθος, οὐ τοῦτό φημι, ἀλλὰ πόθεν γεγέννησαι. καὶ ὅς, ἐκ τῆς γαστρὸς τῆς μητρός μου. καὶ ὁ Ξάνθος, οὐ τοῦτο λέγω, ἀλλ' ἐν ποίῳ τόπῳ γεγέννησαι. κἀκεῖνος, οὐκ ἀπήγγειλέ μοι ἡ μήτηρ μου, πότερον ἐν ἀνωγέῳ, ἢ καταγέῳ. καὶ ὁ φιλόσοφος, τί δὲ πράττειν ἐπίστασαι, κἀκεῖνος, οὐδέν. καὶ ὁ Ξάνθος, τίνα τρόπον; ὁ δέ, ἐπειδὴ ἕτεροι οὗτοι πάντα ἐπίστασθαι ἐπηγγείλαντο, ἐμοὶ δὲ κατέλιπον οὐδὲ ἕν. καὶ ἐπὶ τούτοις οἱ σχολαστικοὶ ὑπερφυῶς ἀγάμενοι, νὴ τὴν θείαν πρόνοιαν ἔφασαν, πάνυ καλῶς ἀπεκρίνατο. οὐδὲ γὰρ ἐστὶν ἄνθρωπος ὃς ἂν πάντα εἰδείη. διὰ γὰρ ταῦτα, δηλαδὴ καὶ ἐγέλα. αὖθις οὖν ὁ Ξάνθος φησί, βούλει πρίωμαί σε; καὶ ὁ Αἴσωπος, ἐμοῦ πρὸς τοῦτο συμβούλου δέῃ; ὁπότερόν σοι δοκεῖ βέλτιον, ἢ πρίασθαι, ἢ μή, ποίει. οὐδεὶς γὰρ οὐδὲν πρὸς βίαν ποιεῖ, τοῦτο παρὰ τῇ σῇ κεῖται γνώμῃ, κἂν μὲν βούλῃ, βαλαντίου θύραν ἀνοίξας, ἀργύριον ἀρίθμει. εἰ δὲ μή, σκῶπτε. πάλιν οὖν οἱ σχολαστικοὶ πρὸς ἀλλήλους ἔφασαν, νὴ τοὺς θεοὺς νενίκηκε τὸν καθηγητήν. τοῦ δὲ Ξάνθου φήσαντος, ἐὰν πρίωμαί σε δραπετεῦσαι βουλήσῃ; γελάσας ὁ Αἴσωπος ἔφη, τοῦτο εἰ βουλήσομαι πρᾶξαι, οὐ πάντως χρήσομαί σοι συμβούλῳ, ὡς δὴ καὶ σὺ μικρῷ πρόσθεν ἐμοί. καὶ ὁ Ξάνθος, καλῶς μὲν λέγεις, ἀλλ' αἰσχρὸς εἶ. κἀκεῖνος, εἰς τὸν νοῦν ἀφορᾶν δεῖ φιλόσοφε, καὶ μὴ εἰς τὴν ὄψιν. τότε τῷ ἐμπόρῳ προσελθὼν ὁ Ξάνθος φησί, πόσου τοῦτον πωλεῖς, καὶ ὅς, κερτομῆσαί μου πάρει τὴν ἐμπορείαν, ὅτι τοὺς ἀξίους σου παῖδας ἀφείς, τὸν αἰσχρὸν τοῦτον εἵλου. θάτερον τῶν λοιπῶν ὤνησαι. τοῦτον δέ, πρόσδομα λάβε. καὶ ὁ Ξάνθος, οὐ δῆτα, ἀλλὰ τοῦτον. καὶ ὁ ἔμπορος, ἑξήκοντα ὀβολῶν ὤνησαι. καὶ οἱ μὲν σχολαστικοὶ παραχρῆμα συνεισενεγκόντες, κατέθεντο. ὁ δὲ Ξάνθος, ἐκτήσατο. οἱ τοίνυν τελῶναι τὴν πρᾶσιν μεμαθηκότες, παρῆσαν ἀνακρίνοντες, τίς μὲν ὁ ἀπεμπολήσας, τίς δ' ὁ πριάμενος, αἰσχυνομένων δ' ἀμφοτέρων ἑαυτοὺς ἀνειπεῖν διὰ τὸ πενιχρὸν τοῦ τιμήματος, ὁ Αἴσωπος στὰς εἰς τὸ μέσον ἀνέκραξεν, ὁ μὲν πραθείς, ἐγώ. ὁ πριάμενος δ' οὑτοσί, καὶ ὁ πωλήσας ἐκεινοσί. εἰ δ' αὐτοὶ σιωπῶσιν, ἐγὼ ἄρα ἐλεύθερός εἰμι. οἱ δὲ τελῶναι διαχυθέντες, ἐχαρίσαντό τε τῷ Ξάνθῳ τὸ τέλος, καὶ ἀπηλλάγησαν. ὁ μὲν οὖν Αἴσωπος, ἠκολούθει πρὸς τὴν οἰκίαν ἀπιόντι τῷ Ξάνθῳ. μεσημβρινοῦ δὲ καύματος ὄντος, ὁ ξάνθος ἐν τῷ περιπατεῖν, τὸν χιτῶνα ἀνασυράμενος, ἐξεούρει. ὁ δὲ ἰδὼν αἴσωπος, καὶ τῶν ἱματίων ἐκείνου δραξάμενος ὄπισθεν, πρὸς ἑαυτὸν εἵλκυσε. καὶ φησὶ, τὴν ταχίστην με πώλησον, ἐπεὶ δραπετεύσω. καὶ ὁ ξάνθος, ἀνθ' ὅτου; ὅτι φησὶν οὐκ ἂν δυναίμην τοιούτῳ ὑπηρετεῖσθαι δεσπότῃ. εἰ γὰρ σὺ δεσπότης ὢν καὶ μηδένα φοβούμενος, ὅμως ἄνεσιν οὐ παρέχεις τῇ φύσει, ἀλλὰ βαδίζων οὐρεῖς, εἰ τύχοι τὸν δοῦλον ἐμὲ πρός τινα σταλῆναι διακονίαν, κἂν τῷ μεταξὺ τῆς πορείας τοιόνδε τι ἀπαιτήσαι τὴν φύσιν, ἀνάγκη πᾶσα πετόμενόν με ἀποπατεῖν. καὶ ὁ ξάνθος, τοῦτό σε θορυβεῖ; τρία κακὰ βουλόμενος διαδρᾶναι, βαδίζων οὐρῶ. καὶ ὅς, ποῖα; κἀκεῖνος, ἴσθι τί μοι, τὴν μὲν κεφαλὴν κατέκαυσεν ἂν ὁ ἥλιος. τοὺς δὲ πόδας, τὸ τῆς γῆς ἔδαφος ὂν ἐκπεπυρωμένον. ἡ δὲ τοῦ οὔρου δριμύτης, τὴν ὄσφρησιν ἂν ἐλυμήνατο. καὶ ὁ αἴσωπος, βάδιζε, πέπεικάς με. ἐπεὶ δὲ καὶ τῇ οἰκίᾳ ἐπέστησαν, ὁ ξάνθος παρεκέλευσε τῷ αἰσώπῳ μένειν πρὸ τοῦ πυλῶνος, ἐπειδὴ καθάριον ὂν αὐτῷ τὸ γύναιον ᾔδει, καὶ οὐκ ἐχρῆν ἐξαπίνης τοιοῦτον αἶσχος αὐτῇ φανῆναι, πρίν τινα καὶ πρὸς αὐτὴν ἀστεΐσηται, αὐτὸς δ' εἰσελθὼν, λέγει. κυρία, οὐκέτι μεταντεῦθεν ὀνειδιεῖς τῆς θεραπείας, ἧς πρὸς τῶν θεραπαινίδων τῶν σῶν ἀπολαύω. ἤδη γὰρ κἀγὼ παῖδά σοι ἐπριάμην, οὗ καὶ ὄψει κάλλος οἷον οὔπω τεθέασαι, ὃς καὶ ἤδη πρὸ τοῦ πυλῶνος ἕστηκε. κἀκεῖνος μὲν ταῦτα. αἱ δέ γε θεραπαινίδες ἀληθῆ νομίσασαι τὰ λεχθέντα, πρὸς ἀλλήλας οὐκ ἀγεννῶς ἠμφισβήτουν, περὶ τοῦ, τίνι τούτων νυμφίος ὁ νεώνητος ἔσται. τῆς δὲ τοῦ ξάνθου γυναικὸς εἴσω κληθῆναι τὸν νεώνητον κελευσάσης, μία τῶν ἄλλων μᾶλλον ὀργῶσα, καὶ ὡς ἀρραβῶνα τὴν κλῆσιν ἁρπάσασα, τὸν νεώνητον ἐκδραμοῦσα ἐκάλει. κἀκείνου φαμένου, ἰδοὺ ἐγὼ πάρειμι, ἐκπλαγεῖσα σύ φησιν εἶ; καὶ ὅς, ναί. κἀκείνη, ἀβάσκαντα, μὴ εἰσέλθῃς εἴσω, καὶ πάντες φύγωσι. καὶ μὲν δὴ καὶ ἄλλης ἐξελθούσης, καὶ ὡς εἶδεν αὐτὸν, παταχθείη σου φαμένης τὸ πρόσωπον, καὶ δεῦρο εἴσελθε, ἀλλὰ μὴ προσεγγίσῃς μοι, εἰσελθὼν ἔστη ἀντικρὺ τῆς δεσποίνης. ἡ δὲ, τοῦτον θεασαμένη, τὰς ὄψεις ἀπέστρεψε πρὸς τὸν ἄνδρα, φαμένη, πόθεν μοι τοῦτο τὸ τέρας ἤνεγκας; ἔκβαλε αὐτὸν τοῦ προσώπου μου. κἀκεῖνος ἅλις σοι κυρία. μὴ ὑπόσκωπτέ μου τὸν νεώνητον. ἡ δὲ, δῆλος εἶ ξάνθε μισήσας με, ἑτέραν ἀγαγέσθαι βουλόμενος, καὶ ἴσως αἰδούμενος φράσαι μοι, ὡς τῆς σῆς οἰκίας ἀναχωρήσω, τὸν κυνοκέφαλόν μοι τοῦτον κεκόμικας, ὡς ἂν τὴν αὐτοῦ δυσανασχετοῦσα λατρείαν, φύγω. δὸς οὖν μοι τὴν προῖκά μου καὶ πορεύσομαι. πρὸς ταῦτα τοῦ ξάνθου μεμψαμένου τὸν αἴσωπον, ὡς κατὰ μὲν τὴν ὁδὸν ἀστεῖά τινα φθεγξαμένου περὶ τῆς ἐν τῷ βαδίζειν οὐρήσεως, νυνὶ δὲ πρὸς τὴν γυναῖκα μηδὲν λέγοντος, αἴσωπος ἔφη. βάλε αὐτὴν εἰς τὸ βάραθρον. καὶ ὁ ξάνθος, παῦε κάθαρμα, ἢ οὐκ οἶδας ὅτι ταύτην ὡς ἐμαυτὸν στέργω. καὶ ὁ αἴσωπος, ἐρᾷς τοῦ γυναίου; κἀκεῖνος, πάνυ μὲν οὖν δραπέτα. καὶ πρὸς τοῦτο αἴσωπος κροτήσας εἰς τὸ μέσον τὸν πόδα, μεγάλως ἀνέκραγε, ξάνθος ὁ φιλόσοφος γυναικοκρατεῖται. καὶ στραφεὶς πρὸς τὴν αὐτοῦ δέσποιναν ἔφη. σὺ ὦ δέσποινα ἐβούλου τὸν φιλόσοφον ὠνήσασθαί σοι δοῦλον, νέον, εὐσωματοῦντα, σφριγῶντα, ὃν ἔδει γυμνήν σε κἀν τῷ βαλανείῳ θεᾶσθαι, καί σοι προσπαίζειν τὰ εἰς αἰσχύνην τοῦ φιλοσόφου. εὐριπίδη, χρυσοῦν ἐγώ σου φημὶ τὸ στόμα, τοιαῦτα λέγοντος·

» πολλαὶ μὲν ὀργαὶ κυμάτων θαλαττίων, πολλαὶ δὲ ποταμῶν, καὶ πυρὸς θερμοῦ
» πνοαί. δεινὸν δὲ πενία, δεινὰ δ' ἄλλα μυρία, πλὴν οὐδὲν οὕτω δεινὸν, ὡς γυνὴ
» κακή. σὺ δ' ὦ δέσποινα φιλοσόφου γυνὴ οὖσα, ὑπὸ καλῶν νεανίσκων ὑπηρετεῖσθαι μὴ θέλε. μή πως ὕβριν τῷ ἀνδρί σου προστρίψῃς. ἡ δὲ ταῦτα ἀκούσασα,

σα, καὶ

æstus esset, xanthus inter deambulandum pallium trahẽdo mingebat. quod uidens Aesopus, uestibus illius prensis retro, ad se ipsum traxit, atq; inquit, quam celerrime me uende, quoniam fugiã. & xãthus, quamobrem? quoniam inquit non possem tali seruire hero. si. n. tu, qui herus es, & neminẽ times, tamẽ relaxationẽ non præbes naturæ, sed eundo mingis, si obtigerit seruum me ad aliquod mitti ministeriũ, & intereundum tale quid exigat natura, necesse omnino fuerit uolando cacare. & xanthus, hoc te turbat? tria mala uolens euitare, eundo mingo, & ille, quæ? & hic, stanti mihi caput perussisset sol, pedes uero terræ solum torridum. lotii autem acrimonia olfactum offendisset. & Aesopus, uade, persuasisti mihi. Postquam autem domi fuerunt, xanthus iubẽs Aesopo manere ante uestibulum, quoniam elegantiusculã esse sibi muliercululam sciebat, neq; oportere illico talẽ turpitudinẽ ei ostẽdi, ante quã aliqs ipsi urbana diceret. ipse aũt ingressus dicit, domina nõ ẽt posthac obiicies ministerium quod mihi tuæ pedissequæ præstent. iã. n. & ego puerũ tibi emi, ĩ quo uidebis pulchritudinẽ qualẽ nũq; uidisti, qui & iam ante uestibulum stat. & ille quidem hæc. pedissequæ autẽ uera existimãtes quæ dicta fuerãt, inter se nõ mediocriter cõtendebant cui nã ipsarũ sponsus nuper emptus futurus sit, xanthi uero uxore intro uocari nouitium iubente mancipiũ, una ex aliis magis accelerans, & ut arrabonem uocationẽ arripiens nouitium seruũ egressa arcessebat, & illo dicente, ecce ego adsum, stupefacta tu inquit es? & hic næ. & illa sine inuidia, ne ingrediaris intro, & omnes fugiant. & tamen & alia egressa, ac ut uidit ipsum, cædatur tua dicente facies, & huc ĩgredere, sed ne appropinques mihi, ingressus stetit coram domina quæ cum eum uidisset, oculos auertit ad uirum, inquiens unde mihi hoc monstrum attulisti? abiice ipsum a facie mea, & ille satis tibi dña. ne meũ submorde nouitiũ seruũ. hæc ãt uideris xãthe osus me, aliam inducere uelle, & forte dum pudet dicere mihi, ut tua domo abscedam, canicipitem mihi hunc apportasti, ut eius ægre latura ministerium, fugiam. da igitur mihi dotem meam, atq; ibo. ad hæc xantho increpante Aesopum tanquam in itinere urbana quædam locutum de mictu intereundum, nunc uero mulieri nihil dicentem, Aesopus, ait, proiice ipsam in barathrum, & xanthus, tace scelus, an nescis me hanc, ut me ipsum, amare? & Aesopus amas mulierculã? & ille, admodũ quidẽ fugitiue. & ad hoc Aesop9 pulsato medio pede, ualde exclamauit, xanthus philosophus uxorius est. & uersus ad suam dominam ait, tu o domina uelles philosophum emisse tibi seruum iuuenem, bono habitu uigentem, qui te nudam in balneo spectaret, & tecum luderet in dedecus philosophi. O Euripides, aureum ego tuum inquã os talia dicẽs, multi impetus fluctuũ marinorum, multi fluminum, & ignis calidi flatus. dura res paupertas, dura & alia infinita, tñ nihil æque dur ut mulier mala. tu uero o domina philosophi uxor a pulchris adulescentulis seruiri tibi noli, ne quo pacto cõtumeliã uiro tuo inflixeris. illa hæc audi-

Ex Hermogenis exercitamentis Prisciano interprete.

FAbula est oratio ficta uerisimili dispositione imaginem exhibens ueritatis. Ideo autem hanc primam tradere pueris solēt oratores, quia animos eorum adhuc molles ad meliores facile uias rite institu-ūt. Vsi sunt ea tamen uetustissimi quoq; autores, ut Hesiodus. Archilochus. Horatius. Hesiodus quidem lusiniæ, Archilochus autem uulpis. Horatius muris. Nominātur autem ab inuentoribus fabularū, aliæ æsopiæ, aliæ cypriæ, aliæ libycæ, aliæ sybariticæ, omnes autem communiter æsopiæ dicuntur, quoniam in conuentibus frequenter solebat æsopus fabulis uti. mendacem quidem esse uolunt fabulam, sed ad uitā utilem, necnon & uerisimilem. est autem uerisimilis, si res, quæ subiectis accidunt personis apte reddantur, utputa de pulchritudine aliquis certat, pauo supponatur hic. oportet alicui astutiam tribuere, uulpecula est subiicienda. imitatores aliquos hominum uolumus ostendere, hic simiis est locus. Oportet igitur modo breuiter, modo latius eas differere. quomodo autem hoc fiet? si nunc narratione simplici proferantur, nunc etiam sermo inductis fingatur personis exempli causa. Simiæ cōuenerunt, & consilium habuerunt de urbe condenda, & quia placuit illis, paratæ erant incipere ædificationem, sed uetus Simia prohibuit ab incepto, eas docens, quod facile capiantur, si intra muros cōcludantur. sic breuiter dices. si uelis producere, sic. Simiæ conuenerunt, & cōsiliabantur de urbe condenda, quarum una in medium ueniens cōcionata est, quia oportet ipsas quoq; ciuitatem habere. Videtis enim aiebat, q̃ ciuitatē habendo felices hoīes sint. domos ēt habent singuli & in contionē uniuersi, & in theatrū ascendentes delectant aīos spectationib⁹, & auditionibus uariis. Et sic proferes orationem in orando dicens, q̃ & plebiscitum scriptum est, & finges etiam orationem ueteris simiæ. Expositio autem fabularum uult circuitionibus carere, & iucundior esse. Sed oratio, qua utilitas fabulæ retegitur, quam ἐπιμύθιον uocant, quod nos affabulationem possumus dicere, a quibusdam prima, a plerisq; rationabilius postrema ponitur. Sciendum uero, q̃ etiam oratores inter exempla solent fabulis uti.

Ex Auli Gelii libro secundo. Capite undetrigesimo.

Apologus Aesopi phrygis memoratu non inutilis.

AEsopus ille e phrygia fabulator haud immerito sapiens existimatus est, cum quæ utila monitu, suasu'q; erant, non seuere, non imperiose præcepit, & censuit, ut philosophis mos est, sed festiuos, delectabilesq; apologos commētus, res salubriter, ac prospicienter, animaduersas in mentes, animos'q; hominum cum audiendi quadam illecebra induit. uelut hæc eius fabula de auiculæ nidulo lepide, atque iucunde præmonet, spem, fiduciam'q; rerum, quas efficere quis possit, haud unquam in alio, sed in semetipso habendam. Auicula inquit est parua, nomen est Cassita.habitat,nidulatur'q; in segetibus,id ferme temporis, ut appetat messes, pullis iam iam plumantibus. Ea Cassita in sementes forte concesserat tempestiuiores. propterea frumentis flauescentibus, pulli etiam tunc inuolucres erant. Cum.igitur ipsa iret cibum pullis quæsitum,monet eos,ut siquid ibi nouæ rei fieret, diceretur'ue,animad uerterent,idque sibi,ubi redisset,renuntiarent. Dominus postea segetum illarum filium adulescentem uocat. Et uides ne inquit hæc ematuruisse? & manus iam postulare? Iccirco die crastino,ubi primum dilu culabit,fac amicos adeas,& roges,ueniât,operam'q; mutuâ dent,& messem hanc nobis adiuuēt. hæc ubi ille dixit,discessit. atq; ubi redit cassita,pulli trepiduli circunstrepere, orare'q; matrem,ut statim iam properet,atq; alium in locum sese asportet.nam dominus inquiunt,misit qui amicos rogaret,uti luce oriente ueniant,& metant. Mater iubet eos a metu ociosos esse. Si enim dominus inquit messem ad amicos reiicit, crastino seges non metetur,neque necesse est,hodie uti uos auferam. Die igitur postero mater in pabulum uolat, dominus quos rogauerat, opperitur.sol feruit,& fit nihil,& amici nulli erant.Tum ille rursum ad filium,amici isti inquit magnam in partem cessatores sunt. Quin potius imus,& cognatos,affines'que nostros oramus,ut adsint cras tempori ad metendum? Itidē hoc pulli pauefacti matri nuntiant. Mater hortatur,ut tum quoq; sine metu,ac sine cura sint.cognatos,affines'q; nullos ferme tam obsequibiles esse ait, ut ad laborem capescendum nihil cuntentur,& statim dicto obediant.uos modo inquit aduertite, si modo qd denuo dicetur. Alia luce orta auis in pastū ꝓfecta est.cognati, & affines operam,quam dare rogati sunt,supersederunt. Ad postremum igitur dominus filio ualeât inquit amici cum propinquis. Afferes prima luce falces duas,unam egomet mihi,& tu capies alteram.& frumētum nosmetipsi manibus nostris cras metemus.Id ubi ex pullis dixisse dominum mater audiuit,tempus inquit est cedendi, & abeundi. fiet nūc dubio procul,quod futurum dixit. In ipso enim iam uertitur, cuia est res,non in alio,unde petitur. Atq; ita cassita nidum migrauit. & seges a domino demessa est. Hæc quidem est Aesopi fabula de amicorum, & propinquorum leui plerunq;,& inani fiducia. Sed quid aliud sanctiores libri philosophorum monent,q̄ ut in nobis tantum ipsis nitamur? Alia autem omnia quæ extra nos, extra'q; nostrum animum sunt, neq; pro nostris,neq; pro nobis ducamus? Hunc Aesopi apologum. Q.Ennius in satyris scite admodū, & uenuste uersibus quadratis composuit, quorum duo postremi isti sunt,quos habere cordi,& memoriæ operæpretium esse hercle puto.

Hoc erit tibi argumentum semper in promptu situm,
Nequid expectes amicos, quod tu possis per te agere.

ens cũ nihil contradicere posset, unde uir inquit pulchritudinẽ hanc uenatus es? sed & loquax putridus hic uidetur, & facetus, reconciliabor igitur ei. tum xanthus. Aesope reconciliata est tibi tua hera, & Aesopus ironice loquens magna res inquit placare mulierem. & xanthus tace posthac, emi enim te ad seruiendum, non ad contradicendũ. postera die xanthus Aesopo sequi iusso ad hortum quendam iuit empturus olera. cum uero olitor fasciculum olerum messuisset, accepit Aesopus. Xantho autem soluturo iam hortulano pecuniam, hortulanus dimitte domine inquit, unũ problema a te desydero. & xãthus qd nam? tum ille, quid ita quæ a me plantantur olera, quamuis diligenter & fodiantur, & irrigentur, tardum tamen suscipiunt incrementũ, quibus uero spontanea e terra pululatio, & si nulla cura adhibetur, iis tamen celerior germinatio? xanthus igitur licet philosophi q̃stio foret, cũ nihil aliud sciret dicere, a diuina ꝓuidentia & hoc iter cætera gubernari inquit. Aesopus uero, (aderat enim) risit. ad quem philosophus, rides ne, an derides? & Aesopus, derideo inquit, sed nõ te, uerũ qui te docuit. quæ. n. a diuina prouidẽtia fiũt, hæc a sapientibus uiris solutionem sortiũtur. oppone itaq; me, & ego soluã problema. interim itaq; xanthus conuersus inquit olitori minime omnium decens est o amice me, qui in tãtis auditoriis disceptauerim, nunc in horto soluere sophismata. puero aũt huic meo, qui consequentia multorũ callet, si proposueris, solutionẽ consequeris quæsiti, & olitor, hic turpis literas nouit? o infelicitatem, sed narra o optime, si quæsiti declarationem nosti, & Aesopus, mulier inquit, cum ad secundas nuptias iuerit, liberis ex priore uiro susceptis, si uirum quoq; inuenerit filios ex priore uxore genuisse, quos ipsa filios adduxit, horum mater est, quos inuenit penes uirum, horum est nouerca. multam igitur in utrisq; ostendit differentiã. nam quos ex se genuit amanter, & accurate nutrire perseuerat, alienos uero partus, odit, & inuidia utens illorum cibum diminuens suis addit filiis. illos enim natura quasi proprios amat, odio ãt habet, qui uiri sunt, quasi alienos. eodem modo & terra, eorum, quæ ipsa ex se genuit, mater est, quæ autem tu plantas, horum ẽ nouerca. huius rei gratia quæ sua sunt, ut legitima magis nutrit, ac fouet, a te aũt plantatis ut spuriis non tantum alimenti tribuit. his delectatus olitor, crediderіs mihi iquit, ꝙ me graui sollicitudine ac garrulitate leuaris. abi gratis ferens olera, & quoties tibi his opꝰ est, tanq̃ i propriũ hortũ uadẽs, accipe. post dies aliquot rursus i balneum profecto xantho, & quibusdam ibi amicis inuentis, & ad Aesopum locuto, ut & in domum curreret, & lentem in ollam iniectam coqueret, ille abiens granum unum lentis in ollam coquit iactum, xanthus ergo una cum amicis lotus uocauit hos compransuros, ꝑfatus tñ & qđ tenuis esset futura cœna utpote ex lẽte, quod'q; ñ oporteret uarietate ferculorum ámicos iudicare, sed probare uoluntatem. his uero profectis, & in domum ingressis, xanthus inquit, da nobis a balneo bibere Aesope. illo uero ex defluxu balnei accipiente

σα, καὶ πρὸς μηδὲν ἀντειπεῖν δυνηθεῖσα, πόθεν αὕτη φησὶ τὸ κάλλος τοῦτο τε-
θήρακας. ἀλλὰ καὶ λάλος ὁ σαπρὸς οὗτος φαίνεται καὶ εὐτράπελος. διαλλα-
γήσομαι τοίνυν αὐτῷ. καὶ ὁ ξάνθος, αἴσωπε, διήλλακταί σοι ἡ σὴ δέσποινα. καὶ
ὁ αἴσωπος εἰρωνευσάμενος, μέγα τι χρῆμά φησι τὸ πραῧναι γυναῖκα. καὶ ὁ ξάν-
θος, σιώπα τοὐντεῦθεν. ὠνησάμην γάρ σε εἰς δουλείαν, οὐκ εἰς ἀντιλογίαν. τῇ
δ' ὑστεραίᾳ ξάνθος ἕπεσθαι τῷ αἰσώπῳ κελεύσας, πρός τινα τῶν κήπων ἧκεν
ὠνησόμενος λάχανα. τοῦ δὲ κηπωροῦ δέσμην λαχάνων θερίσαντος, ἀνέλαβεν
αἴσωπος. τοῦ δὲ ξάνθου μέλλοντος ἤδη τῷ κηπωρῷ καταβαλεῖν τὸ κέρμα, ὁ κη-
πωρὸς, ἔα κύριέ φησιν, ἑνὸς προβλήματος παρὰ σοῦ δέομαι. καὶ ὁ ξάνθος, τί-
νος; καὶ ὅς, τί δή ποτε τὰ μὲν παρ' ἐμοῦ φυτευόμενα τῶν λαχάνων, καίπερ
ἐπιμελῶς σκαλιζόμενά τε καὶ ἀρδευόμενα, βραδεῖαν ὅμως ποιεῖται τὴν αὔ-
ξησιν. οἷς δ' αὐτομάτη ἐκ γῆς ἡ ἀνάδοσις, καίτοι μηδεμιᾶς ἐπιμελείας ἀξιου-
μένοις, τούτοις ὀξυτέρα ἡ βλάστησις. ὁ μὲν οὖν ξάνθος, καίτοι φιλοσόφου τῆς
ζητήσεως οὔσης, μηδὲν ἕτερον συννοήσας εἰπεῖν, τῇ θείᾳ προνοίᾳ καὶ τοῦτο πρὸς
τοῖς ἄλλοις διοικεῖσθαί φησιν. ὁ δ' αἴσωπος, παρῆν γὰρ, ἐγέλασε. καὶ πρὸς
αὐτὸν ὁ φιλόσοφος, πότερον, γελᾷς, ἢ καταγελᾷς. καὶ ὁ αἴσωπος, καταγελῶ
φησιν, ἀλλ' οὐ σοῦ, τοῦ δὲ διδάξαντός σε. ἃ γὰρ ὑπὸ θείας προνοίας γίνεται, ταῦθ'
ὑπὸ σοφῶν ἀνδρῶν τυγχάνει τῆς λύσεως. προβαλοῦ τοίνυν ἐμὲ, κἀγὼ λύσω
τὸ πρόβλημα. ἐν τούτῳ τοίνυν ὁ ξάνθος ἐπιστραφεὶς, λέγει τῷ κηπωρῷ. ἥκι-
στα πάντων εὐπρεπές ἐστιν ὦ τᾶν, ἐμὲ τὸν ἐν τοσούτοις ἀκροατηρίοις διαλεχθέν-
τα, τὰ νῦν ἐν κήπῳ λύειν σοφίσματα. παῖς δέ μοι οὑτοσὶ πολλῶν πεῖραν ἔχων
ἀκολουθίας, τούτῳ προσανατιθέμενος, τῆς λύσεως τεύξῃ τοῦ ζητουμένου. καὶ
ὁ κηπωρὸς, οὗτος ὁ αἰσχρὸς γράμματα οἶδεν, οἴμοι τῆς δυστυχίας. ἀλλὰ φρά-
σον ὦ λῷστε, εἰ τοῦ ζητουμένου τὴν διασάφησιν ἔγνωκας. καὶ ὁ αἴσωπος, ἡ γυ-
νή φησιν ἐπειδὰν πρὸς δεύτερον γάμον ἔλθῃ, τέκνα ἐκ τοῦ προτέρου ἀνδρὸς
ἔχουσα, εἶτα εὕροι καὶ τὸν ἄνδρα τέκνα ἐκ τῆς προτέρας γυναικὸς τεκνοποιη-
σάμενον, ὧν μὲν αὐτὴ τέκνα ἐπηγάγετο, τούτων μήτηρ ἐστίν. ἃ δ' εὗρεν ἐν τῷ ἀν-
δρὶ, τούτων ἐστὶ μητρυιά. πολλὴν οὖν ἐν ἑκατέροις ἐνδείκνυται τὴν διαφοράν.
τὰ μὲν γὰρ ἐξ αὐτῆς, φιλοστόργως καὶ ἐπιμελῶς τρέφουσα διάγεται. τὰ δ' ἐξ
ἀλλοτρίων ὠδίνων, μισεῖ. καὶ ζηλοτυπίᾳ χρωμένη, τὴν ἐκείνων τροφὴν περικό-
πτουσα, τοῖς ἑαυτῆς προστίθεται τέκνοις. τὰ μὲν γὰρ, φύσει ὡς οἰκεῖα φιλεῖ,
ἀποστέργει δὲ τὰ τοῦ ἀνδρὸς ὡς ἀλλότρια. τὸν ἴσον δὴ καὶ ἡ γῆ τρόπον, τῶν μὲν
αὐτομάτως ἐξ αὐτῆς φυομένων, μήτηρ ἐστίν. ἃ δ' αὐτὸς ἐμφυτεύεις, τούτων
γίνεται μητρυιά. τὸ χαίρειν, καὶ μᾶλλον ὡς γνήσια τὰ οἰκεῖα τρέφει καὶ θάλπει. τοῖς
δὲ παρὰ σοῦ φυτευομένοις, οὐ τοσαύτην ὡς νόθοις τὴν τροφὴν νέμει. ἐπὶ τούτοις
ἡσθεὶς ὁ κηπωρὸς, πιστεύσαις ἄν μοί φησιν, ὅτι με ἀμηχάνου λύπης, καὶ ἀδο-
λεσχίας ἐκούφισας. ἄπιθι προῖκα φέρων τὰ λάχανα. καὶ ὁσάκις σοι τούτων
δεῖ, ὡς εἰς οἰκεῖον κῆπον βαδίζων λάμβανε. μεθ' ἡμέρας δὲ πάλιν εἰς τὸ βαλα-
νεῖον ἐλθόντος τοῦ ξάνθου, καί τισιν ἐντυχόντος ἐκεῖ τῶν φίλων, καὶ πρὸς τὸν
αἴσωπον εἰρηκότος, εἴς τε τὴν οἰκίαν προσδραμεῖν, καὶ φακῆν εἰς τὴν χύτραν ἐμ-
βαλόντα ἑψῆσαι, ἐκεῖνος ἀπελθὼν, κόκκον ἕνα φακῆς εἰς τὴν χύτραν ἔψει βα-
λών. ὁ δὲ δὴ ξάνθος ἅμα τοῖς φίλοις λουσάμενος, ἐκάλει τούτους συναριστήσον-
τας. προεῖπε μέντοι καὶ ὡς λιτῶς, ἐκ φακῆς γὰρ ἔσται τὸ δεῖπνον, καὶ ὡς μὴ δεῖν
τῇ ποικιλίᾳ τῶν ἐδεσμάτων τοὺς φίλους κρίνειν, ἀλλὰ δοκιμάζειν τὴν προθυ-
μίαν. τῶν δὲ εἰξάντων, καὶ πρὸς τὴν οἰκίαν ἀφικομένων, ὁ ξάνθος φησὶ, δὸς
ἡμῖν ἀπὸ λουτροῦ πιεῖν αἴσωπε. τοῦ δ' ἐκ τῆς ἀπορροίας τοῦ λουτροῦ λαβόντος

καὶ ἐπιδεδωκότος, ὁ ξάνθος τῆς δυσωδίας ἀναπλησθεὶς, φεῦ τί τοῦτο φησὶν ὦ αἴσωπε. καὶ ὃς, ἀπὸ λουτροῦ ὡς ἐκέλευσας. τοῦ δὲ ξάνθου τῇ παρουσίᾳ τῶν φίλων τὴν ὀργὴν ἐπισχόντος, καὶ λεκάνην αὐτῷ παρατεθῆναι κελεύσαντος, αἴσωπος τὴν λεκάνην θεὶς ἵστατο. καὶ ὁ ξάνθος, οὐ νίπτεις; κἀκεῖνος. ἐντέταλταί μοι ταῦτα ποιεῖν, ὅσα ἂν ἐπιτάξῃς. σὺ δὲ νῦν οὐκ εἶπας, βάλε ὕδωρ εἰς τὴν λεκάνην, καὶ νίψον τοὺς πόδας μου, καὶ θὲς τὰς ἐμβάδας, καὶ ὅσα ἐφεξῆς. πρὸς δὴ ταῦτα τοῖς φίλοις ὁ ξάνθος ἔφη. μὴ γὰρ δοῦλον ἐπριάμην, οὐκ ἔστιν ὅπως, ἀλλὰ διδάσκαλον. ἀνακλιθέντων τοίνυν αὐτῶν, καὶ τοῦ ξάνθου τὸν αἴσωπον ἐρωτήσαντος, εἰ ἕψηται ἡ φακῆ, δοίδυκι λαβὼν ἐκεῖνος τῆς φακῆς κόκκον ἀνέδωκεν. ὁ δὲ ξάνθος λαβὼν, καὶ οἰηθεὶς ἕνεκα τοῦ πεῖραν λαβεῖν τῆς ἑψήσεως τὴν φακῆν δέξασθαι, τοῖς δακτύλοις διατρίψας ἔφη, καλῶς ἕψηται. κόμισον. τοῦ δὲ, μόνον τὸ ὕδωρ κενώσαντος ἐν τοῖς τρυβλίοις καὶ παραθέντος, ὁ ξάνθος, ποῦ ἐστιν ἡ φακῆ φησί. καὶ ὃς, ἔλαβες αὐτήν. καὶ ὁ ξάνθος, ἕνα κόκκον ἕψησας, καὶ ὁ αἴσωπος, μάλιστα. φακῆν γὰρ ἑνικῶς εἶπας, ἀλλ' οὐ φακὰς, ὃ δὴ πληθυντικῶς λέγεται. ὁ μὲν οὖν ξάνθος ἀπορήσας τοῖς ὅλοις, ἄνδρες ἑταῖροι ἔφη, οὗτος εἰς μανίαν με περιτρέψει. εἶτα στραφεὶς πρὸς τὸν αἴσωπον, εἶπεν. ἀλλ' ἵνα μὴ δόξω κακὲ δοῦλε τοῖς φίλοις ἐνυβρίζειν, ἀπελθὼν ὤνησαι πόδας χοιρείους τέτταρας, καὶ διὰ ταχέων ἑψήσας παράθες. τοῦ δὲ σπουδῇ τοῦτο ποιήσαντος, καὶ τῶν ποδῶν ἑψομένων, ὁ ξάνθος εὐλόγως θέλων τύψαι τὸν αἴσωπον, αὐτοῦ περί τι τῶν εἰς χρείαν ἀσχολουμένου, ἕνα τῶν ποδῶν ἐκ τῆς χύτρας λαθραίως ἀνελόμενος, ἔκρυψε. μετὰ μικρὸν δὲ καὶ ὁ αἴσωπος ἐλθὼν, καὶ τὴν χύτραν ἐπισκεψάμενος, ὡς τοὺς τρεῖς μόνους πόδας ἑώρακε συνῆκεν ἐπιβουλὴν αὐτῷ τινα γεγονυῖαν. καὶ δὴ καταδραμὼν εἰς τὴν αὐλὴν, καὶ τοῦ σιτευομένου χοίρου τὸν ἕνα τῶν ποδῶν τῇ μαχαίρᾳ περικλῶν, καὶ τῶν τριχῶν ψιλώσας, εἰς τὴν χύτραν ἔρριψε, καὶ συνέψει τοῖς ἄλλοις. ξάνθος δὲ δείσας, μή πως αἴσωπος τὸν ὑφαιρεθέντα τῶν ποδῶν οὐχ εὑρὼν ἀποδράσῃ, αὖθις εἰς τὴν χύτραν αὐτὸν ἐνέβαλε. τοῦ δ' αἰσώπου τοὺς πόδας εἰς τὸ τρύβλιον κενώσαντος, καὶ πέντε τούτων ἀναφανέντων, ὁ ξάνθος, τί τοῦτο φησὶν αἴσωπε, πῶς πέντε. κἀκεῖνος, τὼ δύω χοίρω πόσους ἔχετον πόδας, καὶ ὁ ξάνθος, ὀκτώ. καὶ ὁ αἴσωπος, εἰσὶν οὖν ἐνταῦθα πέντε. καὶ ὁ σιτευόμενος χοῖρος νέμεται κάτω τρίπους. καὶ ὁ ξάνθος πάνυ βαρέως ἔχων, πρὸς τοὺς φίλους φησίν. οὐχὶ μικρῷ πρόσθεν εἶπον, ὡς τάχιστά με πρὸς μανίαν οὗτος δὴ περιτρέψει; καὶ ὁ αἴσωπος, δέσποτα, οἶσθ' ὅτι τὸ ἐκ προσθέσεώς τε καὶ ἀφαιρέσεως εἰς τὸ κατὰ λόγον ποσὸν συγκεφαλαιούμενον, οὐκ ἔστιν ἁμάρτημα. ὁ μὲν οὖν ξάνθος μηδεμίαν αἰτίαν εὐπρόσωπον εὑρηκὼς μαστιγῶσαι τὸν αἴσωπον, ἡσύχασε.

τῇ δ' ὑστεραίᾳ τῶν σχολαστικῶν τις πολυτελὲς εὐτρεπίσας δεῖπνον, σὺν ἄλλοις σχολαστικοῖς, καὶ τὸν ξάνθον κέκληκεν. εὐωχουμένων τοίνυν, ὁ ξάνθος μερίδας ἐκ τῶν παρακειμένων ἀνελόμενος ἐπιλέκτους, καὶ τῷ αἰσώπῳ ὄπισθεν ἐφεστῶτι δοὺς, τῇ εὐνοούσῃ μοι φησὶ πρὸς αὐτὸν ταῦτα ἐπίδος ἀπελθών. ὁ δ' ἀπιὼν, καθ' ἑαυτὸν ἐνενόει, νῦν καιρὸς τίσασθαί μου τὴν δέσποιναν, ἀνθ' ὧν με ἡνίκα νεώνητος ἦλθον ἔσκωπτεν. ὄψεται τοίνυν εἰ τῷ δεσπότῃ μου εὐνοεῖ. ἀφικόμενος οὖν εἰς τὴν οἰκίαν, καὶ καθίσας ἐν τῷ προδόμῳ, καὶ τὴν δέσποιναν ἐκκαλέσας, τὴν σπυρίδα τῶν μερίδων ἔμπροσθεν αὐτῆς τέθεικε. καὶ φησὶ, δέσποινα, ταῦτα πάντα ὁ δεσπότης πέπομφεν οὐ σοὶ, ἀλλὰ τῇ εὐνοούσῃ. καὶ τὴν κύνα καλέσας, καὶ εἰπὼν ἐλθὲ λύκαινα φάγε, σοὶ γὰρ ὁ δεσπότης ταῦτα ἐπέταξεν δοθῆναι, ἀνὰ μέρος τῇ κυνὶ πάντα παρέβαλε. μετὰ δὲ τοῦτο πρὸς τὸν δεσπότην πάλιν ἐλθὼν, καὶ ἐρωτηθεὶς εἰ

& tradente, xanthus fœtore repletus, hem quid hoc inquit Aesope? & ille a balneo, ut iussisti. xantho autem præsentia amicorum iram compescente, & peluim sibi apponi iubente, Aesopus pelui apposita, stabat. & Xanthus, non lauas? tum ille iussum est mihi ea facere, quæ iusseris, tu nunc non dixisti, iniice aquam in peluim, & laua pedes meos, & pone soleas, & quæcunq; deinceps. ad hæc igitur amicis xanthus ait, num enim seruum emi? nullo modo, sed magistrum. discumbentibus itaq; ipsis, & Xantho Aesopum rogante an cocta sit lens, cocleari acceptum ille lentis granum tradidit, xanthus accipiens, ac ratus gratia faciendi periculum coctionis lentem accepisse, digitis conterens ait, bene cocta est. affer. illo solum aquam uacuante in scutellas, & apponente, xanthus ubi est lens inquit, & is iaccepisti ipsam. & xanthus unũ granũ coxisti? tũ Aesopus, magnope. lentem. n. singulariter dixisti, ñ lẽtes, qđ pluratiue dicitur. xanthus ergo prorsus consilii inops, uiri socii ait, hic ad insaniam me rediget. deinde conuersus ad æsopum ait, sed ne uidear improbe serue amicis iniurius, abiens eme pedes porcinos quatuor, & perceleriter coctos appone. ab eo autẽ festine hoc facto, ac dum coquerentur pedes, xanthus iure uolens uerberare Aesopum, cum esset in re aliqua ad usum occupatus, unũ ex pedibus ex olla clanculum auferens, occulit. paulo post autem & æsopus ueniens, & ollam perscrutatus, ut tres solos pedes uidit, cognouit insidias sibi aliquas factas, & accurrens in stabulum, & saginati porci unum ex quatuor cultro amputans, & pilis nudans in ollam iecit, ac concoxit cum cæteris. Xanthus uero ueritus ne Aesopus subreptum pedem non inueniens, fugeret, rursus in ollam ipsum iniecit, Aesopo autem in patinam pedes euacuante, ac quinq; his apparentibus, xanthus quid hoc inquit Aesope? quomõ quinq;? & ille, duo porci quot habent pedes? & xanthus octo, tum æsopus, sunt ergo hic quinq;, & saginatus porcus inferius tripes pascitur. & Xanthus admodum moleste ferens, amicis inquit, non'ne paulo ante dixi, q celerrime hic me ad insaniam rediget? & æsopus, here nosti id, qđ ex additione, & subductione in q̃titatẽ secundũ rõnalẽ summam colligitur, non esse errorem? Xanthus igitur nullam causam honestam inueniẽs uerberãdi æsopũ, qeuit. Postridie aũt ex scholasticis qdã sumptuosam apparans cœnam cum aliis discipulis, & xanthum inuitauit. cœnantibus igitur xanthus partes ex appositis accepit electas, & æsopo pone stanti dedit, beneuolæ'q; meæ, inquit ei hæc trade abiens, ille uero decedẽs, secum cogitabat, nunc occasio ẽ ulcisci meã dñam, propterea qđ me cũ nouitius ueni, cauillata est. uidebit igitur an hero meo bene uelit. profectus itaq; in domum, & sedens in uestibulo, & hera accita sportulam partium coram ipsa posuit, ac inquit, Hera hæc omnia Herus misit non tibi, sed beneuolæ. & cane uocata, atq; dicto, ueni Lycæna, comede, tibi enim herus hæc iussit dari, particulatim cani omnia proiecit. At post hoc ad herum regressus, & rogatus an

beneuolæ dederit omnia. omnia inquit, & coram me omnia co-
medit. illo uero iterum rogante, & quid ná edés ait? & is mihi quidē
nihil quidq̄ dixit. sed secum tibi gratias habebat. uxor tamen xan-
thi eam rem calamitosam esse arbitrata, tanquā secunda cani redarguta
erga uiꝝ bñuolentia, ac subdens certe ñ amplius in posterū cohabiturā
cum eo, ingressa cubiculum plorabat. potu autem procedente, &
quæstionibus alternis propositis, ac uno ex ipsis ambigente
qñ futura esset ingens inter homines turbatio, æsopus ponè stans, ait,
cum resurrexerint mortui, repetentes quæ possederint, & o schola-
stici ridendo dixerunt, igeniosus est nouitius hic. alio uero rursus ꝓpo
nente, quam ob rem ouis ad cædem tracta, non exclamat, sus autem q̄
maxime uociferatur, æsopus rursus ait, quoniam ouis assueta mul-
geri, aut etiam uelleris onus deponere, tacite sequitur. ideo etiā pedibus
arrepta, & ferrum uidens, nihil graue suspicatur, sed illa familiaria, &
sola uidetur passura. sed sus, ut qui neq; mulgetur, neq; tondetur, ne-
q; nouit ad horum aliquid trahi, sed carnes suas
tantum usui esse, merito uociferatur. his sic dictis, discipuli rursus
laudauerunt ipsum uersi in risum. Finito conuiuio, & xan-
tho in domum reuerso, & uxorem pro more agresso
alloqui, illa ipsum auersata, inquit, ne mihi propinquus fias, da mihi
dotem meam, & abibo. non enim manserim tecum posthac.
tu autē abiens cani adulare, cui misisti partes. & xanthus stupefa-
ctus ait, non pōt aliquo mō ñ cōdiuisse mihi mali aliqd rursus æsop⁹, &
uxori inquit, domina num me poto, tu ebria es? cui partes
misi, nō'ne tibi? nō p Iouē, mihi qdē minime inqt illa, sed cani, & xāth⁹
Aesopo accito inquit, cui dedisti partes? & ille, beneuolæ tuæ,
& uxori xanthus, nihil accepisti? & illa, nihil. & Aesopus, cui
enim iussisti here partes dari? & ille, beneuolæ meæ, &
Aesopus cane uocata, hæc tibi inquit bñuult. ná mulier & si bñ uelle di
catur, tamen minima quaq; recula offensa cōtradicit. conuitiatur. abit.
canem tamen uerberato. expellito. non tamē discedet, sed oblita oium
statim benigne blanditur & cum gratia hero. oportebat igit̄ dicere he-
re, uxori has partes ferto, & non beneuolæ, & xanthus
uides domina non meam esse culpam, sed eius qui tulit? tolera itaq;
nec deerit mihi occasio, qua eum uerberem. illa uero non credente, ue-
rum clam ad suos parentes regressa, Aesopus inquit, non recte
dixi o here canem tibi magis beneuelle, quam meam herā? diebus aūt
aliquot præteritis, & uxore irreconciliata manente, & Xantho
affines quosdam ad ipsam, ut reuerteretur domum mittente, illa
uero cum cedere nollet, & inde xanthus in mœrore esset, Aeso-
pus adiens ad eum, inquit, ne te afflictes here, ego. n. eā cras uenire spon
te, & citissime faciam ad te. & accepta pecunia in fo-
rum iuit. ac emptis anseribus, & gallinis, & aliis quibusdam ad conui-
uium idoneis, ambulans, domos circuibat. transibat igitur & ante
domum parentum hæræ suæ, ignorare simulans
illorum esse, & in ea heram manere. & cum in quendam

τῇ εὐνοούσῃ δέδωκα πάντα, πάντα φησί. καὶ ἐνώπιον ἐμοῦ πάντα κατέφαγε. τοῦ δὲ ἐπανερομένου καὶ τί ποτε ἄρα ἐσθίουσα ἔλεγεν; ἐκεῖνος, ἐμοὶ μὲν φησὶν οὐδ᾽ ὁτιοῦν εἴρηκε· καθ᾽ ἑαυτὴν δέ σοι χάριτας ἔλεγε. ἡ μέντοι γυνὴ τοῦ ξάνθου συμφορὰν τὸ πρᾶγμα ποιησαμένη, ἅτε δὴ δευτέρα τῆς κυνὸς ἐλεγχθεῖσα τῇ πρὸς τὸν ἄνδρα εὐνοίᾳ, καὶ ἐπειποῦσα ἦ μὴν μηκέτι τοῦ λοιποῦ συνοικήσειν αὐτῷ, εἴσω παρελθοῦσα τοῦ κοιτῶνος ἐθρήνει. τοῦ δὲ πότου προκόπτοντος, καὶ ζητημάτων πρὸς ἀλλήλους προτεινομένων, καί τινος αὐτῶν ἀπορήσαντος, πηνίκα ἂν γένοιτο μεγάλη ἐν ἀνθρώποις ταραχή, Αἴσωπος ὄπισθεν ἑστὼς εἶπεν· ἡνίκα ἂν οἱ νεκροὶ ἀνιστάμενοι, τὰ ἑαυτῶν ἀπαιτήσωσι κτήματα. καὶ οἱ σχολαστικοὶ γελάσαντες ἔφασαν, νοήμων ἐστὶν ὁ νεώνητος. ἑτέρου δὲ πάλιν προβαλόντος, ὅτου χάριν τὸ μὲν πρόβατον εἰς σφαγὴν ἑλκόμενον οὐ βοᾷ, ὁ δὲ χοῖρος ὅτι μάλιστα κράζει, Αἴσωπος αὖθις ἔφη, ὅτι τὸ μὲν πρόβατον κατὰ τὸ εἰωθὸς ἀμελγόμενον, ἢ καὶ τὸ τοῦ πόκου βάρος ἀποτιθέμενον, σιγῇ ἕπεται. διὸ καὶ ὑποσκελιζόμενον καὶ τὸν σίδηρον ὁρῶν, οὐδὲν δεινὸν ὑποπτεύει, ἀλλ᾽ ἐκεῖνα τὰ συνήθη καὶ μόνα δοκεῖ πείσεσθαι. ὁ δὲ χοῖρος ἅτε δὴ μήτ᾽ ἀμελγόμενος, μήτε κειρόμενος, μηδὲ συνειδὼς ἑαυτῷ πρός τι τῶν τοιούτων ἑλκόμενος, ἀλλ᾽ ὅτι τῶν σαρκῶν αὐτοῦ μόνων ἐστὶ χρεία, εἰκότως βοᾷ. τούτων οὕτω ῥηθέντων, οἱ σχολαστικοὶ πάλιν ἐπῄνεσαν αὐτόν, ἐκπεσόντες εἰς γέλωτα. παυσαμένου μέντοι τοῦ πότου, καὶ τοῦ ξάνθου πρὸς τὴν οἰκίαν ἀπονοστήσαντος, καὶ τῇ γυναικὶ συνήθως ὁρμήσαντος προσλαλεῖν, ἐκείνη ἐξ ἐναντίας ἀποστραφεῖσα, φησὶ μή μου πλησίον γένῃ. δός μοι τὴν προῖκά μου, καὶ ἀπελεύσομαι· οὐδὲ γὰρ ἂν μείναιμι σὺν σοὶ τοὐντεῦθεν. σὺ δ᾽ ἀπελθὼν τὴν κύνα κολάκευε, ᾗ πέπομφας τὰς μερίδας. καὶ ὁ ξάνθος ἐκπλαγεὶς λέγει, οὐκ ἔστιν ὅπως οὐκ ἤρτυσέ μοί τι κακὸν πάλιν Αἴσωπος. καὶ πρὸς τὴν γυναῖκα φησί, κυρία, ἐμοῦ πεπωκότος σὺ μεθύεις; τίνι τὰς μερίδας πέπομφα, οὐχὶ σοί; μὰ Δί᾽, ἐμοὶ μὲν οὔ φησιν ἐκείνη, τῇ δὲ κυνί. καὶ ὁ ξάνθος τῷ Αἰσώπῳ κληθέντι φησί, τίνι δέδωκας τὰς μερίδας; κἀκεῖνος τῇ εὐνοούσῃ σοι. καὶ πρὸς τὴν γυναῖκα ὁ ξάνθος, οὐδὲν ἔλαβες; κἀκείνη οὐδέν. καὶ ὁ Αἴσωπος, τίνι γοῦν ἐκέλευσας δέσποτα τὰς μερίδας δοθῆναι; κἀκεῖνος, τῇ εὐνοούσῃ μοι. καὶ ὁ Αἴσωπος τὴν κύνα φωνήσας, αὕτη σοι φησὶν εὐνοεῖ. ἡ γὰρ γυνὴ κἂν εὐνοεῖν λέγηται, ἀλλ᾽ ἐπ᾽ ἐλαχίστῳ ἀλγήσασα, ἀντιλέγει, λοιδορεῖται, ἀναχωρεῖ. τὴν μέντοι κύνα, τύψον, ἀπέλασον, καὶ οὐκ ἀναχωρήσειεν ἄν, ἀλλ᾽ ἐπιλαθομένη πάντων αὐτίκα φιλοφρόνως σαίνει, καὶ σὺν χάριτι τὸν δεσπότην. ἔδει σε οὖν εἰπεῖν δέσποτα, τῇ γυναικὶ τὰς μερίδας κόμισον, καὶ μὴ τῇ εὐνοούσῃ. καὶ ὁ ξάνθος, ὁρᾷς κυρία ὡς οὐκ ἐμὸν τὸ ἁμάρτημα, ἀλλὰ τοῦ κομίσαντος; ἀνάσχου τοιγαροῦν, καὶ οὐκ ἀπορήσω προφάσεως, δι᾽ ἣν αὐτὸν μαστιγώσω. τῆς δὲ μὴ πειθομένης, ἀλλὰ λάθρα πρὸς τοὺς ἑαυτῆς γονεῖς ἀποχωρησάσης, Αἴσωπος εἶπεν, οὐκ ὀρθῶς εἶπον ὦ δέσποτα, ὡς ἡ κύων σοι μᾶλλον εὐνοεῖ, καὶ οὐχ ἡ ἐμὴ δέσποινα; ἡμερῶν δέ τινων παρῳχηκυιῶν, καὶ τῆς γυναικὸς ἀδιαλλάκτου μενούσης, καὶ τοῦ ξάνθου τῶν προσηκόντων τινὰς ὡς αὐτὴν ὡς ἂν ὑποστρέψειεν οἴκαδε πέμψαντος, τῆς δὲ μὴ ὑπείκειν θελούσης, καὶ τοῦ ξάνθου δι᾽ αὐτὴν εἰς ἀθυμίαν πεσόντος, Αἴσωπος προσελθὼν αὐτῷ φησι, μὴ ἀνιῶ δέσποτα. ἐγὼ γὰρ αὐτὴν αὔριον ἥκειν αὐθαίρετον, καὶ ἀπαράλλακτον δράσω πρὸς σέ. καὶ λαβὼν κέρμα, πρὸς τὴν ἀγορὰν ἦλθε. καὶ ὠνησάμενος χῆνας καὶ ὄρνιθας, καὶ ἄλλ᾽ ἄττα τῶν πρὸς εὐωχίαν ἐπιτηδείων, βαδίζων τὰς οἰκίας περιενόστει. παρῄει τοίνυν καὶ τὴν τῶν τῆς αὐτοῦ δεσποίνης γεννητόρων οἰκίαν, μήτε ταύτην εἰδέναι προσποιούμενος ἐκείνων τυγχάνουσαν, μήτε μὴν ἐν αὐτῇ τὴν δέσποιναν μένουσαν. καὶ δή τινι τῶν τῆς οἰκίας ἐκείνης ἐντυχὼν, ἠρώτα εἴ τι που τῶν εἰς γάμους χρησίμων οἱ κατὰ τὴν οἰκίαν ἔχοιεν αὐτῷ πωλῆσαι. τοῦ δὲ, καὶ τίς τούτων ἔχει τὴν χρείαν πυθομένου, ξάνθος φησὶν ὁ φιλόσοφος. αὔριον γὰρ γυναικὶ μέλλει συνάπτεσθαι. τοῦ δὲ ἀναβάντος, καὶ τῇ γυναικὶ ταῦτα τοῦ ξάνθου ὡς ἤκουσεν ἀπαγγείλαντος, ἐκείνη σὺν δρόμῳ καὶ σπουδῇ πρὸς τὸν ξάνθον ἦλθεν αὐτίκα. καὶ αὐτοῦ κατεβόα λέγουσα πρὸς τοῖς ἄλλοις καὶ ταῦτα, ὡς οὐκ ἂν ἐμοῦ ζώσης ὦ ξάνθε ἑτέρᾳ γυναικὶ δυνηθήσῃ συναρμοσθῆναι. καὶ οὕτως ἔμεινεν αὖθις τῆς οἰκίας δι' αἰσώπου, ὡς καὶ δι' ἐκεῖνον ἀπῆρε. μετὰ δ' ἡμέρας πάλιν τινὰς, καλέσας ὁ ξάνθος σχολαστικοὺς εἰς ἄριστον, τῷ αἰσώπῳ φησὶν, ὀψώνησον ἀπελθὼν πᾶν ὅ,τι χρηστότατόν τε καὶ βέλτιστον. ὁ δὲ ἀπιὼν, καθ' ἑαυτὸν ἔλεγεν, ἐγὼ διδάξω τὸν δεσπότην μὴ μωρὰ διατάττεσθαι. γλώττας οὖν μόνας ὑείους πριάμενος καὶ ἑτοιμάσας, ἀνακλιθεῖσι, γλῶτταν ὀπτὴν ἑκάστῳ σὺν ὀξυγάρῳ παρέθηκε. τῶν δὲ σχολαστικῶν ἐπαινεσάντων ὡς φιλόσοφον τὸ πρῶτον ἔδεσμα, διὰ τὴν τῆς γλώττης πρὸς τὸν λόγον ὑπηρεσίαν, πάλιν αἴσωπος ἑφθὰς γλώττας παρέθηκε. καὶ αὖθις αὖ βρώματος αἰτηθέντος ἄλλου καὶ ἄλλου, ὁ δ' οὐδὲν ἕτερον ὅτι μὴ γλώττας προσετίθει. τῶν δὲ σχολαστικῶν αὖθις τῷ ταυτῷ τῆς τροφῆς ἀγανακτησάντων, μέχρι τίνος γλώττας εἰπόντων, καὶ ὡς ἡμεῖς δι' ἡμέρας γλώττας ἐσθίοντες τὰς ἡμετέρας ἠλγήσαμεν, ὁ ξάνθος φησὶ πρὸς ὀργὴν, οὐδέν σοι πάρεστιν ἕτερον αἴσωπε; καὶ ὃς, οὐ δῆτα. κἀκεῖνος, οὐκοῦν ἐνετειλάμην σοι κατάρατε ἀνθρώπιον πᾶν ὅ,τι χρηστότατόν τε καὶ ἄριστον ὀψωνῆσαι; καὶ ὁ αἴσωπος, πολλὰς ὁμολογῶ σοι τὰς χάριτας μεμφομένῳ με φιλοσόφων παρόντων. τί ἂν οὖν γένοιτο γλώττης χρηστότερόν τε καὶ βέλτιον ἐν τῷ βίῳ; πᾶσα γὰρ παιδεία καὶ φιλοσοφία, δι' αὐτῆς παιδεύεται καὶ διδάσκεται. δι' αὐτῆς δόσεις. λήψεις. ἀγοραί. ἀσπασμοί. εὐφημίαι. μοῦσαι πᾶσαι. δι' αὐτῆς γοῦν συγκροτοῦνται γάμοι. πόλεις ἀνορθοῦνται. ἄνθρωποι διασώζονται. καὶ συνελόντι φάναι, δι' αὐτῆς ἅπας ὁ βίος ἡμῶν συνέστηκεν. οὐδὲν ἄρα τῆς γλώττης ἄμεινον. αὖθις τούτοις οἱ σχολαστικοὶ τὸν μὲν αἴσωπον ὀρθῶς λέγειν φάμενοι, ἡμαρτηκέναι δὲ τὸν διδάσκαλον, διαλελύκασιν ἕκαστος εἰς οἶκον. τῇ δ' ὑστεραίᾳ πάλιν αἰτιωμένων αὐτῶν τὸν ξάνθον, ἐκεῖνος ἀπολογεῖτο μὴ κατὰ γνώμην αὐτοῦ ταῦτα γεγονέναι, ἀλλὰ τοῦ ἀχρείου δούλου τῇ κακουργίᾳ. σήμερον δὲ διαμείψει τὸ δεῖπνον. κἀγὼ δὲ παρόντων ὑμῶν αὐτῷ διαλέξομαι. καὶ καλέσας αὐτὸν, πᾶν ὅτι φαυλότατόν τε καὶ χείριστον ὀψωνῆσαι κελεύει, ὡς τῶν σχολαστικῶν σὺν αὐτῷ δειπνησόντων. ὁ δὲ, μηδὲν διαταπεὶς, πάλιν γλώσσας ἐπρίατο. καὶ ἑτοιμάσας, ἀνακλιθεῖσι παρέθηκεν. οἱ δὲ, πρὸς ἀλλήλους ὑπεφώνουν, χοίρειαι πάλιν γλῶσσαι. καὶ μετὰ μικρὸν αὖθις γλώττας παρέθηκε. καὶ μάλα αὖθις καὶ αὖθις. τοῦ ξάνθου δὲ δυσανασχετήσαντος, καὶ τί τοῦτο αἴσωπε εἰρηκότος, μὴ πάλιν ἐνετειλάμην σοι πᾶν ὅ,τι χρηστότατόν τε καὶ βέλτιστον ὀψωνῆσαι, οὐχὶ πᾶν ὅ,τι φαυλότατόν τε καὶ χείριστον; ὁ δὲ, καὶ τί ποτε χεῖρον τῆς γλώττης ὦ δέσποτα. οὐ πόλεις δι' αὐτῆς καταπίπτουσιν; οὐκ ἄνθρωποι δι' αὐτῆς ἀναιροῦνται; οὐ ψεύδη πάντα καὶ βλασφημίαι καὶ ἐπιορκίαι διὰ ταύτης περαίνονται; οὐ γάμοι καὶ ἀρχαὶ καὶ βασιλεῖαι δι' αὐτῆς ἀνατρέπονται; οὐχ ὡς κεφάλαιον εἰπεῖν, ὁ βίος δι' αὐτῆς ἅπας μυρίων πλημμελημάτων γέμει; ταῦτα τοῦ αἰσώπου φαμένου, τῶν τις συνανακειμένων τῷ ξάνθῳ φησίν. οὗτος, εἰ μὴ πάνυ σεαυτὸν ἀσφαλίσῃ, οὐκ ἂν ἄωρος εἴη μανίας ἀφορμή σοι γενέσθαι. οἵα γοῦν ἡ μορφὴ, τοιάδε καὶ ἡ ψυχή. καὶ ὁ αἴσωπος πρὸς αὐτὸν σύ μοι δοκεῖς ἄνθρωπε κακεντρεχής τις καὶ περίεργος εἶναι, δεσπότην παροξύνων κατὰ οἰκέτου. καὶ ὁ

ex domo illa incidisset, rogabat, an aliquid ad nuptias utile domestici possent sibi uendere, illo autem, & cui est opus his rogitante, Xantho inquit philosopho. cras enim uxori copulãdus est. eo uero ascendente, & uxori hæc Xanthi, ut audiuit, renuntiante, illa cursim, & propere ad xanthum iuit statim, & contra ipsum clamabat dicens inter alia & hæc, non me uiuente o xanthe alteri uxori coniungi poteris, & sic mansit in domo per Aesopũ, quẽadmodũ pp illũ discesserat. Post rursus dies aliquot, iuitãs xãth' discipulos ad prandium æsopo inquit, i, eme, optimum quodque & præstantissimum. ille inter eundum secum dicebat, ego docebo herũ non stulta mandare. cũ linguas igitur solũ suillas emisset, & apparasset discũbentibus, linguam axatã singulis cũ salsamẽto apposuit. discipulis laudantibus ut philosophicum primum ferculum, propter linguæ ad locutionẽ ministeriũ, rursus elixas æsop' linguas apposuit, atq; iterũ ẽt ferculo alio, atq; alio petito, ille nihil aliud q̃ linguas proponebat. discipulis autẽ eodẽ subinde cibo repetito indignatis, quousque linguas inquientibus, quippe nos per diem linguas edendo, nostras doluimus, Xanthus inquit iratus, nihil aliud tibi est æsope? & is, non certe. tum ille. non'ne mandaui tibi sordidissime homulẽ optimum quodq;, & præstantissimũ obsonari? & æsopus multas habeo tibi gratias increpanti me philosophis præsentibus. quid igr̃ fuerit lingua melius & præstantius in uita? omnis enim doctrina, & philosophia per ipsam monstratur ac tradir̃. per ipsã dationes. acceptiones. fora. salutationes. benedicẽtiæ. musa omnis. per ipsam celebrañr nuptiæ. ciuitates eriguntur. homines seruantur. &, ut breuiter dicam, per ipsam tota uita nostra consistit. nihil ergo lingua melius. ob hæc discipuli Aesopum recte loqui dicentes, aberrasse uero magistrum, abiere singuli in domum. Postridie rursus accusantibus ipsis xanthum, ille respõdebat, non secundum uoluntatẽ suã hæc fuisse, sed inutilis serui nequitia, hodie autem permutabit cœnam, & ipse præsentibus uobis cum eo colloquar, ac uocato eo, uilissimum quodque, & pessimum obsonari iubet, quod discipuli secum forent cœnaturi. ille autem nihil mutatus, rursus linguas emit, & apparatas discumbentibus apposuit. hi inter se submurmurabãt, porcinæ rursus linguæ. & paulo post iterum linguas apposuit. & ualde iterum, atque iterum. Xantho autẽ iniquo aĩo ferente, & q̃d hoc æsope dicente, nũ rursus mãdaui tibi optimũ quodq;, & præstantissimũ obsonari? ac nõ poti' uilissimũ quodq;, & pessimũ? ille autẽ, & quid unq̃ pei' lingua o here? nõ'ne urbes per ipsam corruunt? non hoĩes per ipsam interficiuntur? nõ mendacia omnia, & maledicta, & periuria per ipsam perficiuntur? non nuptiæ, & principatus, & regna per ipsam, euertuñr? non, ut summatim dicam, uita omnis per ipsam infinitorum errorum referta est? hæc Aesopo dicẽte, quidã ex discũbentibus una, xantho ĩquit, hic, nisi ualde te ipsum munieris, non dubia erit insaniæ causa tibi. qualis enim forma, talis & anima. & Aesopus ad eum, tu mihi uideris o homo prauus quidam, & curiosus esse, herum irritans contra seruum. &

Xanthus ad hæc,causam cupiens uerberandi hominem,fugiti ue inquit, qm̃ curiosum dixisti amicum,ostende mihi incuriosũ hoiẽ adductum.egressus igitur postridie in plateam Aesopus & eos,qui præteribant,circumspiciẽs,uidet q̃ndã in loco quodã diu sedentẽ, quẽ iudicans secum ociosum,& simplicem esse,accedens inquit,herus te inuitat secum pransurum.& rusticus ille nihil scisci tatus,neque quis esset a quo inuitaretur,ingressus est in domum, & cũ ipsis calceis ut erant uiles,discubuit,rogante autem Xantho qs hic? Aesopus ait incuriosus homo.& xanthus in aurem fatus uxori,ut sibi obsequeretur,& quod ipse iusserit,faceret,ut honesta ratione plagas Aesopo inferret,deinde coram omnibus inquit, domina,aquam in peluim iniice,& pedes hospitis laua. cogitabat enim secum omnino hospitem recusaturum,Aesopum uero,quia ille curiosus esset,uerberibus cæsumiri.illa igitur iacta aqua in peluim ibat pedes hospitis lotura.at ille cognoscens hanc esse domus dominam,secum loquebatur,honorare me omnino uult,atq; hui' rei gr̃a suis manibus pedes meos uult lauare,cum ancillis queat hoc mandare.extensis igitur pedibus,laua inquit hera,ac lotus discubuit.Xantho autem iubente uinum hospiti dari bibere,rursus ille consyderabat secum,ipsos ante oportere bibere,sed quia sic ipsis uisum est,non opus mihi hæc inquirere.& accipiens bibit,prandẽtibus uero,& ferculo quodã hospiti apposito,atq; illo suauiter comedente,Xanthus cocum,q̄ male hoc condiuisset,criminabatur,atq; etiã nudũ uerberibus afficiebat.rusticus ãt secũ dicebat, ferculũ quidẽ optĩe coctũ ẽ,& nihil ei deest,quo minus recte paratũ sit,si ãt absq; causa uult suum seruum flagellare pater familias, quid ad me? Xantho aũt ægreferente,neq; iucũde affecto,quoniã nihil hospes curiose inqrebat,tãdẽ placẽtæ allatæ sũt,hospes uero tanq̃ nunq̃ placẽtã gustasset,conuoluens,& accipiens ipsas,ut panes comedebat,xantho autẽ pistorem accusante,& cur nam o execrande dicente & absque melle,ac pipere placentas præparasti? ille inquit si cruda est o here placẽta,me uerbera,si uero nõ ut oportebat p̃parata ẽ, ñ me sed heram accusa.& Xanthus si a mea hoc factum est uxore,uiuam ipsam nunc comburam.atq; iteℝ uxori innuit,ut sibi obsequeret̃ propter Aesopum.iusso igitur sarmenta in medium afferri,pyrã succendit,& arreptam uxorem prope pyram egit,expectaturus ipsã in ignẽ imittere.differebat ãt aliquo mõ,& circunspiciebat rusticũ siquo modo assurgens a tali audacia ꝓhibere ipsũ aggrederet̃, sed is secum rursus consyderabat,cum nulla adsit causa,quid nam sic irascitur? deinde inqt o pr̃ familias,si hoc iudicas oportet̃ fieri,expecta me parũp dum digressus adducam & ipse meam ex agro uxorem,ut ambas simul comburas.hæc a uiro Xanthus audiens,& huius synceritatem,ac generositatẽ admirat',Aesopo inquit,ecce uere homo icuriosus.hẽs accepta p̃mia uictoriæ o æsope.satis ẽ tibi d̃ cætero. dein uero libertatem tuam assequeris.postridie autem Xanthus iussit Aesopo in balneas ire,& scrutari,an multa adesset

ξάνθος πρὸς ταῦτα, προφάσεως ἐφιέμενος μαστιγῶσαι τὸν ἄνθρωπον, ὁρᾷς τί φησὶν, ἐπεὶ περίεργον ἀπαιτεῖς τὸν φίλον, δεῖξόν μοι ἀπερίεργον ἄνθρωπον ἀγαπῶν. ἐξελθὼν τοίνυν τῆς ἐπιούσης ἐπὶ τῆς λεωφόρου ὁ αἴσωπος, καὶ τοὺς παριόντας περισκοπῶν, ὁρᾷ τινα ἐφ' ἑνὸς τόπου ἱκανὸν χρόνον καθίσαντα, ὃν καὶ δοκιμάσας καθ' αὑτὸν ἀπράγμονά τινα καὶ ἁπλοῦν εἶναι, προσελθὼν φησὶν, ὁ δεσπότης σε καλεῖ σὺν αὐτῷ ἀριστῆσαι. καὶ ὁ ἄγροικος ἐκεῖνος μηδὲν περιεργασάμενος, μήτε τίς ὢν ὑπὸ τίνος καλεῖται, εἰσῆλθεν εἰς τὴν οἰκίαν. καὶ σὺν αὐτοῖς ὑποδήμασι, φαύλοις οὖσιν, ἀνέπεσεν. ἐρομένου δὲ τοῦ ξάνθου τίς οὗτος, αἴσωπος εἶπεν, ἀπερίεργος ἄνθρωπος. καὶ ὁ ξάνθος εἰς οὖς εἰπὼν τῇ γυναικὶ συνυποκριθῆναι αὐτῷ, καὶ ὅπερ ἂν αὐτὸς ἐπιτάττῃ ποιεῖν, ὡς ἂν εὐπροσώπῳ λόγῳ πληγὰς τῷ αἰσώπῳ ἐντείνειεν. εἶτα ἐν ἐπηκόῳ πάντων φησί, κυρία, ὕδωρ ἐπὶ τῆς λεκάνης βαλοῦσα, τοὺς πόδας τοῦ ξένου νίψον. διενοεῖτο γὰρ καθ' αὑτὸν, ὡς πάντως ὁ μὲν ξένος εὐλαβηθήσεται, ὁ δ' αἴσωπος ὡς ἐκείνου περιέργου φανέντος, πληγὰς λήψεται. ἡ μὲν οὖν βαλοῦσα τὸ ὕδωρ εἰς τὴν λεκάνην, ᾔει τοὺς πόδας τοῦ ξένου νίψουσα. ὁ δὲ γνοὺς ταύτην εἶναι τὴν τοῦ οἴκου δέσποιναν, καθ' ἑαυτὸν εἶπε. τιμῆσαί με πάντως βούλεται. καὶ τούτου δὲ χάριν αὐτοχειρίᾳ τοὺς πόδας μου βούλεται νίψαι. ἐπεὶ θεραπαινίσιν εἶχεν ἂν τοῦτ' ἐπιτάξαι. προτείνας οὖν τοὺς πόδας, νίψον κυρία φησί. καὶ νιψάμενος ἀνεκλίνη. τοῦ δὲ ξάνθου κελεύσαντος οἶνον τῷ ξένῳ δοθῆναι πιεῖν, πάλιν ἐκεῖνος διελογίσατο καθ' αὑτὸν, ὡς αὐτοὺς μὲν τὸ πρότερον ἔδει πιεῖν. ἐπεὶ δ' οὕτως αὐτοῖς ἔδοξεν, οὐδὲν ἔργον ἐμοὶ τὰ τοιαῦτα ἐρευνᾷν. καὶ λαβὼν ἔπιεν. ἀριστώντων δὲ, καί τινος ἐδέσματος τῷ ξένῳ παρατεθέντος, κἀκείνου ἡδέως ἐσθίοντος, ὁ ξάνθος τῷ μαγείρῳ ὡς κακῶς τοῦτο ἀρτύσαντι ἐνεκάλει. καὶ μέντοι καὶ ἀποδυθέντι πληγὰς ἐνεφόρει. ὁ δ' ἀγρότης καθ' αὑτὸν ἔλεγε, τὸ μὲν ἔδεσμα ἄριστα ἕψηται, καὶ οὐδενὸς αὐτῷ δεῖ πρὸς τὸ καλῶς ἔχειν. εἰ δὲ καὶ δίχα προφάσεως βούλεται τὸν αὑτοῦ δοῦλον μαστιγῶσαι ὁ οἰκοδεσπότης, τί πρὸς ἐμέ. τοῦ δὲ ξάνθου ἀσχάλλοντος καὶ οὐχ ἡδέως διακειμένου, ἐπεὶ μηδὲν ὁ ξένος περιειργάζετο, τέλος πλακοῦντες ἠνέχθησαν. ὁ δὲ ξένος ἅτε δὴ μή πω πλακοῦντος γευσάμενος, σωρηδὸν καὶ συνειλῶν αὐτοὺς ὡς ψωμοὺς ἤσθιε. τοῦ δὲ ξάνθου τὸν ἀρτοποιὸν αἰτιασαμένου, καὶ τί δή ποτε ὦ κατάρατε φαμένου καὶ μέλιτος δίχα καὶ πεπέρεως τοὺς πλακοῦντας ἐσκεύασας, ἐκεῖνος ἔφη, εἰ μὲν ὠμός ἐστιν ὦ δέσποτα ὁ πλακοῦς, ἐμὲ τύπτε. εἰ δ' οὐχ ὡς ἔδει ἐσκεύασται, μὴ ἐμὲ ἀλλὰ τὴν δέσποιναν αἰτιῶ. καὶ ὁ ξάνθος, εἰ πρὸς τῆς ἐμῆς τοῦτο γέγονε γυναικὸς, ζῶσαν αὐτὴν ἀρτίως κατασκευάσω. καὶ πάλιν τῇ γυναικὶ νεύει αὐτῷ συνυποκριθῆναι δι' αἴσωπον. κελεύσας οὖν κληματίδας εἰς τὸ μέσον ἀχθῆναι, πυρὰν ἀνῆψε. καὶ λαβόμενος τῆς γυναικὸς, ἐγγὺς τῆς πυρᾶς ἤγαγε, προσδοκήσιμος ὢν αὐτὴν εἰς τὸ πῦρ ἐπαφεῖναι. διέτριβε δέ πως καὶ περιέβλεπε τὸν ἄγροικον, εἴπως ἀναστὰς τοῦ τοιούτου τολμήματος εἴρξαι αὐτὸν ἐγχειρήσειεν. ὁ δὲ, καθ' αὑτὸν αὖθις διεσκόπει, ὡς αἰτίας μὴ παρούσης, τί δή ποτε οὕτως ὀργίζεται. εἶτα φησὶν οἰκοδέσποτα, εἰ τοῦτο κέκρικας δεῖν γενέσθαι, ὑπόμεινόν με μικρὸν μέχρις ἂν ἀπελθὼν ἐνέγκω μου καὶ αὐτὸς ἐξ ἀγροῦ τὴν γυναῖκα, ὡς ἂν ἄμφω κατὰ τὸ αὐτὸ κατακαύσῃς. ταῦτα τοῦ ἀνδρὸς ὁ ξάνθος ἀκούσας, καὶ τὸ τούτου ἀκέραιον καὶ γενναῖον θαυμάσας, τῷ αἰσώπῳ φησὶν, ἰδὲ ἀληθῶς ἄνθρωπος ἀπερίεργος. ἔχεις τὰ νικητήρια λαβὼν αἴσωπε. ἅλις ἔχει σοι τοῦ λοιποῦ. τὸ δ' ἐντεῦθεν, ἐλευθερίας τῆς σῆς ἐπιτεύξῃ. τῆς δ' ἐπιούσης ὁ ξάνθος ἐπέταξε τῷ αἰσώπῳ εἰς τὸ βαλανεῖον ἀπελθεῖν καὶ σκέψασθαι, εἰ μὴ πολὺς πάρεστιν

ὄχλος. βούλεσθαι γὰρ αὐτὸν λουθῆναι. ἀπιόντι δὲ, ὁ στρατηγὸς συναντήσας, καὶ τοῦ ξάνθου γνοὺς αὐτὸν ὄντα, ἤρετο ποῖ πορεύοιτο. τοῦ δὲ, οὐκ οἶδα φαμένου, νομίσας ὁ στρατηγὸς τὴν ἐρώτησιν οὗτου παρ' οὐδὲν λογισθῆναι, εἰς εἱρκτὴν αὐτὸν ἀπαχθῆναι κελεύει. ἀπαγόμενος τοίνυν ὁ αἴσωπος ἔκραξεν, ὁρᾷς ὦ στρατηγὲ, ὅπως ὀρθῶς ἀπεκρίθην; οὐ γὰρ μὴ προσεδόκησα, καὶ συνήντησά σοι, καὶ εἰς εἱρκτὴν ἤδη ἀπάγομαι. καὶ ὁ στρατηγὸς ἐκπλαγεὶς ἐπὶ τῷ τῆς ἀπολογίας ἑτοίμῳ, ἀφῆκεν ἀπιέναι. αἴσωπος δὲ παραγενόμενος εἰς τὸ βαλανεῖον, καὶ πλῆθος ἐν αὐτῷ θεασάμενος ὄχλου, καὶ λίθον ὁρᾷ κατὰ τὸ τῆς εἰσόδου μεσαίτατον κείμενον, ἐφ' ὃν ἕκαστος τῶν εἰσιόντων τε καὶ ἐξιόντων, τὸν πόδα προσέπταιε. ἕτερον δὲ εἷς τις εἰσιὼν ἐφ' ᾧ λούσασθαι, ἄρας μετέθηκεν. ὑποστρέψας οὖν πρὸς τὸν δεσπότην, εἰ κελεύεις φησὶ δέσποτα λούσασθαι, ἕνα ἄνθρωπον ἐν τῷ βαλανείῳ τεθέαμαι. καὶ τοῦ ξάνθου ἐλθόντος, καὶ τὸ πλῆθος τῶν λουομένων ἰδόντος, καὶ τί τοῦτο εἰπόντος αἴσωπε, οὐχ ἕνα ἄνθρωπον ἔφης ἑωρακέναι; ὁ αἴσωπος, ναί φησιν. τὸν γὰρ λίθον ἐκεῖνον τῇ χειρὶ δείξας, πρὸ τῆς εἰσόδου κείμενον εὗρον. ἐφ' ὃν οἱ εἰσιόντες πάντες καὶ ἐξιόντες προσέπταιον. εἷς δέ τις πρὶν ἢ προσπταῖσαι, ἄρας μετέθηκεν. ἐκεῖνον οὖν ἕνα ἄνθρωπον εἶπον ἑωρακέναι, προτιμήσας τῶν ἄλλων. καὶ ὁ ξάνθος, οὐδὲν παρὰ τῷ αἰσώπῳ ἀργὸν εἰς ἀπολογίαν. ἄλλο τέ ποτε τοῦ ξάνθου ἐξ ἀφέδρου ἐπανιόντος, καὶ πυθομένου τὸν αἴσωπον, τί δή ποτε οἱ ἄνθρωποι μετ' ἀπόπατον τὰ τῆς γαστρὸς ἐκκρίματα βλέπουσιν, ἐκεῖνος ἔφη. κατὰ τοὺς παλαιοὺς χρόνους ἀνήρ τις τῶν τρυφερώτερον ζώντων, πολὺν χρόνον ὑπὸ σπατάλης ἐν ἀφόδρῳ ἐκάθητο, ὡς καὶ τὰς οἰκείας ἐκεῖ διατρίβων, ἀποπατῆσαι φρένας. ἐξ ἐκείνου τοίνυν δεδοικότες οἱ λοιποὶ τῶν ἀνθρώπων, πρὸς τὰ τῆς γαστρὸς ἀφορῶσι λύματα, μή πως καὶ αὐτοὶ τοῦτο πεπόνθασιν. ἀλλά σοι δέσποτα μὴ φοβοῦ. οὐ γὰρ ἔχεις φρένας. ἐν ἡμέρᾳ δέ τινι συμποσίου συγκροτηθέντος, καὶ τοῦ ξάνθου σὺν τοῖς ἄλλοις τῶν φιλοσόφων ἀνακλινθέντος, καὶ τοῦ πότου ἤδη ἐπικρατήσαντος, συχνὰ προβλήματα μεταξὺ τούτων ἐκαλινδεῖτο. καὶ τοῦ ξάνθου ἀρξαμένου ταράττεσθαι, αἴσωπος παρεστὼς ἔφη. δέσποτα ὁ διόνυσος τρεῖς κέκτηται κράσεις. τὴν μὲν πρώτην, ἡδονῆς. τὴν δὲ δευτέραν, μέθης. τὴν δὲ τρίτην, ὕβρεως. καὶ ὑμεῖς οὖν πεπωκότες ἤδη καὶ ἡσθέντες, τὰ ἐφεξῆς καταλίπετε. καὶ ὁ ξάνθος, ἤδη μεθύων φησὶ σιώπα. τοῖς ἐν ᾅδῃ συμβούλευε. καὶ ὁ αἴσωπος, οὐκοῦν καὶ εἰς ᾅδου κατασπασθήσῃ. τῶν δὲ σχολαστικῶν τις ὑποβεβρεγμένον ἤδη τῇ μέθῃ τὸν ξάνθον ἰδὼν, καὶ ὅλον ὄντα οἰνοπλῆγα, καθηγητά φησι, δύναταί τις ἐκπιεῖν τὴν θάλατταν ἄνθρωπος; καὶ ὅς, πάνυ μὲν οὖν. ἐγὼ γὰρ αὐτὸς ταύτην ἐκπίομαι. καὶ ὁ σχολαστικὸς, εἰ δ' οὐ δυνήσῃ, τί ποτέ σοι τίμημα ἐπιγράψω; καὶ ὁ ξάνθος, τὴν οἰκίαν μου τίθημι πᾶσαν. καὶ ἐπὶ τούτοις καταθέμενοι τοὺς δακτυλίους, τὰς συνθήκας ἐκύρωσαν. τότε μὲν οὖν διελύθησαν. τῇ δ' ὑστεραίᾳ πρωΐας ἐξεγερθέντος τοῦ ξάνθου, καὶ τήν τε ὄψιν νιψαμένου, καὶ τὸν δακτύλιον ἐν τῷ νίπτεσθαι μὴ ἰδόντος, καὶ τὸν αἴσωπον περὶ αὐτοῦ πυθομένου, ἐκεῖνος οὐκ οἶδα φησὶ τί ποτε γέγονεν. ἓν δ' οἶδα μόνον, ὅτι τῆς οἰκίας σαυτοῦ ἀλλότριος γέγονας. καὶ ὁ ξάνθος, ὅτι τί δή; καὶ ὁ αἴσωπος, ὅτι τὴν χθὲς μεθύων, συνέθου τὴν θάλατταν ἐκπιεῖν. κἀπὶ ταῖς ὁμολογίαις κατέθου καὶ τὸν δακτύλιον. κἀκεῖνος, καὶ πῶς ἄρ' ἐγὼ μεῖζον πίστεως ἔργον δυνήσομαι. ἀλλά σου νῦν δέομαι, εἴ τις σύνεσις, εἴ τις δεινότης καὶ ἐμπειρία, ξυμπαρίστασο καὶ βοήθειαν ὄρεγε, ὡς περιγενέσθαι, ἢ τάς γε συνθήκας λῦσαι. καὶ ὁ αἴσωπος, περιγενέσθαι μὲν οὐκ ἔνι, λυθῆναι δὲ τὰς ὁμολογίας ποιήσω. ἐπειδὰν γὰρ αὖθις τήμερον εἰς ταυτὸ συνέλ-

turba, uelle enim lauari. abeunti autem prætor occurrens, & xanthi ipsum esse cognoscens, iterrogauit, quo ná iret, illo nescio dicente, existimans prætor interrogationem suam floccipendi, in carceré ipsum abduci iubet, inter abducendũ igiť Aesopus clamauit, uides o ptor queádmodũ recte respóderi? quæ.n. ñ expectaui, & occurri tibi, & in carcerem iam trahor. tum prætor stupefactus responsi promptitudine, siuit abire. Aesopus aũt profectus in balneas, & multitudiné in ipsis intuitus turbæ, & lapidé uidet in medio ingressu positum, in quem singuli igredientes, & egrediétes offendebát. húc aũt un⁹ qs ingrediés ut lauareť, sublatũ tráspos uit. reuersus igiť ad herum, si uis inquit here lauari unum hominem in balneis uidi. & Xantho profecto, ac multitudinem lauantium uidente & qd hoc dicéte o Aesope, nõ ne unũ hominé dixisti te uidisse? æsopus certe inquit. ná lapidé illũ (manu ostendens) añ ingressũ positũ reperi, in qué ingredientes oés, & exeuntes offendebát. unus uero qdá añq̃ illideret eleuatũ transposuit. illũ igiť unũ hoĩnem dixi uidisse, pluris faciens q̃ alios. tũ Xanthus nihil apud Aesopũ tardũ est ad responsioné. aliquando alias Xantho ex latrina redeunte, & interrogante Aesopũ, quid ita homines post cacationem, uentris excrementa aspiciunt? ille ait. Antiquis temporibus uir quidam delicatius uiuens multo tempore præ delitiis in latrina sedebat, ut & suam illic immorans cacauerit præcordia, ex illo tempore igitur timentes cæteri homines uentris inspiciunt sordes, ne quo modo & ipsi hoc patiantur. sed tu here, ne time. nõ.n. sunt tibi præcordia. Die aũt quodá celebrato conuiuio, & Xantho cum aliis philosophis discumbente, & potu iam inualescente, crebræ quæstiones inter hos uersabantur, atq; xantho incipiente turbari, Aesopus adstans ait, here, bacchus tria possidet temperamenta, primum uoluptatis, secundum ebrietatis, tertium contumelæ. & uos igitur poti iam, & lætati, quæ reliqua sunt, obmittite. tum Xanthus iá ebrius, ait, tace. inferis consule. & Aesopus, igitur & in infernum distrahere.

Ex discipulis autem quidá subebriũ iá Xanthũ uidés, & ut in uniuersũ dicam, temulétum, o præceptor inquit, potest ne quis ebibere mare homo? & ille, admodum quidem. ego enim ipse hoc ebibá. & discipulus, at si nõ poteris, quá ná tibi multá irrogabo? tũ Xanth⁹, domũ meá depono totam. atq; interim depositis anulis pacta firmauerunt. tum discesserunt. Postridie diluculo, excitato Xantho, ac faciem lauante, & anulum inter lauandum non uidente, & Aesopum de eo interrogante, ille nescio inquit quid nam factum fuerit, sed unum scio tantum, quod a domo decideris tua. tũ Xanthus, quamobrem? & Aesopus, quoniam heri ebrius pepigisti mare ebibere, atq; in pactis deposuisti & anulum. & is, tum quomodo maius fide opus potero? uerum te nunc rogo siqua cognitio, siqua prudentia, siqua experientia, præsto sis, ac opem porrige, ut uincam, aut pacta dissoluá. & Aesopus, uincere quidé haud licet, sed ut soluas pacta, efficiam. Cum hodie rursus in unum conuene-

ritis,nullo modo uidearis timere,uerum quæ pactus es ebrius, eadem sobrius quoq; dic.iube itaq; stramenta,& mensam in litore poni,& pueros paratos cum poculis porrigere tibi mariná aquam.cũ autem omnem uideris turbam concurrisse ad spectaculum,ipse discumbens iube ex mari impleri poculum,atq; hoc accepto omnibus audientibus,dic pactis præfecto,quæ nam apud uos fœdera iniuimus?atq; is respondebit tibi,q pepigeris mare ebibere. conuersus igitur tu ad omnes,sic dicito,Viri Samii,scitis & uos penitus q̃plurimos fluuios prorumpere in mare,ego autem pepigi mare solum ebibere,non etiam exeuntia in ipsum flumina.hic itaq; scholasticus eat prius contenturus flumina omnia,deinde statim mare solum ebibam.Xanthus autem futurá ex hoc pacti solutioné cognoscés,uehemẽter lætatus ẽ. populo igitur ad litus confluente ad spectaculum eius,quod faciendum erat,cum'q; Xanthus quæ edoctus fuerat ab Aesopo fecisset,ac dixisset,Samii acclamarunt laudantes ipsum,et admirantes,sed scholasticus Xanthi pedibus obuolutus,et uictum se confitebatur, & pacta rogabat dissolui,quod & fecit Xanthus exorante populo. Profectis autem ipsis in domum,Aesopus adiens Xanthum, inquit, per omnẽ tibi uitá gratificatus ego,non'ne dignus sum o here cõsequi libertatem?& Xanthus obiurgando ipsum repulit,dicens,an nolo ipse hoc facere?sed exi ante uestibulum,& speculare,& si uideris duas cornices,renũtia mihi.bonũ.n.auguriũ hoc.q si uná uideas,hoc malũ.accedés igit Aesopus,atq; cũ forte duas ita cornices super quadá uidesset arbore sidétes,accedens Xátho renũtiauit. exeunte aũt Xantho,altera harũ euolauit, & Xanthus alterá solam uidens ait, nonne dixisti mihi execrande duas uidisse te?& is,ita,sed altera euolauit.tũ Xanthus,deerat tibi fugitiue deridere me.& iubet eum denudatum uerberari.at dũ Aesopus uerberabat, profectus quidá iuitauit ad cœná Xanthum, ac Aesopus inter uerbera exclamauit,hei mihi misero. ego .n.q duas uidi cornices,uerberor,tu uero, q uná tantũ,in cõuiuiũ abis. uanũ itaq; fuit augurium.tum Xanthus solertiam eius admiratus, cessare iubet uerbera.non multis auté post diebus philosophos, & rhetoras cum inuitasset Xanthus,iussit Aesopo ante uestibulum stare,& nullum indoctum ingredi sinere,sed doctos solos,
hora autem prandii clauso uestibulo, Aesopus intus sedebat. ex inuitatis autem quodam profecto,& ianuam pulsante,Aesopus intus ait,quid mouet canis?ille putans canis uocari,iratus discessit.
sic ergo unusquisq; ueniens rursus abibat iratus putans iniuria affici Aesopo eadem omnes iterrogante.cum auté unus ipsorũ pulsasset,& quid mouet canis audiuisset,& caudam, & aures respondente,Aesopus ipsum recte iudicans respondisse,aperta ianua ad herum duxit,ac inquit,nullus philosophus ad conuiuium tuũ uenit o here,præter hunc solũ.& Xanthus ualde tristatus est, deceptũ se existimás ab inuitatis. postridie cum uenissent inuitati ad literarium ludum, accusabant Xanthũ dicétes,ut uideris o præceptor,cupiebas quidé ipse

contemnere

θητε, μηδ' ὁπωσοῦν φανῇς δεδιακὼς. ἀλλ' ἅπερ ὡμολόγησας παροινῶν, ταῦτα
καὶ νήφων λέγε. κέλευσον μὲν οὖν στρώματα καὶ τραπέζας παρὰ τὴν ἠϊόνα τεθῆ
ναι, καὶ παῖδας ἑτοίμους σὺν ἐκπώμασιν ὀρέγειν σοι τὸ θαλάττιον ὕδωρ. ἐπει-
δὰν δὲ σύμπαντα θεάσῃ τὸν ὄχλον συνδεδραμηκότα ἐπὶ τὴν θέαν, αὐτὸς ἀνα
πεσὼν, κέλευσον ἐκ τῆς θαλάττης πληρωθῆναι τὸ ἔκπωμα. καὶ τοῦτο λαβὼν ἐν
ἐπηκόῳ πάντων, εἰπὲ τῷ συνθηκοφύλακι, τίνας παρ' ὑμῖν πεποιήκαμεν τὰς
συνθήκας. καὶ ὃς ἀποκρινεῖταί σοι, ὡς ὡμολόγησας τὴν θάλασσαν ἐκπιεῖν.
στραφεὶς οὖν σὺ πρὸς ἅπαντας, οὕτω φράσον. ἄνδρες σάμιοι, ἴστε καὶ ὑμεῖς
πάντως πλείστους ὅσους ποταμοὺς ἐκβάλλοντας εἰς τὴν θάλασσαν. ἐγὼ δὲ συ
νεθέμην μόνην τὴν θάλατταν ἐκπιεῖν, οὐ μὴν καὶ τοὺς εἰσιόντας εἰς αὐτὴν ποτα
μούς. οὗτος οὖν ὁ σχολαστικὸς ἀπελθὼν πρότερον, ἐπισχέτω τοὺς ποταμοὺς ἅ-
παντας, εἶτα δ' εὐθὺς ἐγὼ τὴν θάλατταν μόνην ἐκπίομαι. ὁ δὲ ξάνθος τὴν μέλ-
λουσαν ἐκ τούτου τῆς συνθήκης διάλυσιν ἔσεσθαι γνοὺς, ὑπερήσθη. τοῦ δήμου
τοίνυν παρὰ τὸν αἰγιαλὸν συρρεύσαντος ἐπὶ θέαν τοῦ πραχθήσεσθαι μέλλον-
τος, καὶ τοῦ ξάνθου κατὰ τὰ διδαχθέντα πρὸς τοῦ αἰσώπου δράσαντος καὶ
εἰπόντος, οἱ σάμιοι ἀνεβόησαν εὐφημοῦντες αὐτὸν καὶ θαυμάζοντες. ὁ δὲ σχο
λαστικὸς προσπεσὼν τηνικαῦτα τῷ ξάνθῳ, νενικῆσθαί τε ὡμολόγει, καὶ τὰς
συνθήκας ἐδεῖτο λῦσαι, ὃ καὶ πεποίηκε ξάνθος, δυσωπούμενος τὸν δῆμον.
ἀφικομένων δ' αὐτῶν εἰς τὴν οἰκίαν, αἴσωπος προσελθὼν τῷ ξάνθῳ φησίν.
ὁ πάντα σοι τὸν βίον χαρισάμενος, ἐγὼ, οὐκοῦν ἄξιός εἰμι δέσποτα τυχεῖν
ἐλευθερίας; καὶ ὁ ξάνθος λοιδορήσας αὐτὸν ἀπήλασε, λέγων, μὴ γὰρ οὐ βου-
λομένῳ μοι ἦν τοῦτο πρᾶξαι; ἀλλ' ἔξελθε πρὸ τοῦ πυλῶνος καὶ σκέψαι. κἂν
ἴδῃς δύο κορώνας, ἀνάγγειλόν μοι. ἀγαθὸς γὰρ οἰωνὸς οὗτος. ἐπεὶ εἰ μίαν ἴδῃς
τοῦτο πονηρόν. προσελθὼν οὖν ὁ αἴσωπος, καὶ συμβὰν οὕτω δύο κορώνας ἐπί
τινος ἰδὼν δένδρου καθεζομένας, προσελθὼν τῷ ξάνθῳ ἀνήγγειλεν. εἰσιόντι δὲ
τῷ ξάνθῳ, ἡ ἑτέρα τούτων ἀπέπτη. καὶ ὁ ξάνθος θατέραν μόνην ἰδὼν, ἔφη, οὐκ
εἶπάς μοι κατάρατε δύο ἑωρακέναι; καὶ ὃς, οὕτως. ἀλλ' ἡ ἑτέρα ἀπέπτη. καὶ ὁ
ξάνθος, ἐπέλιπέ σοι δραπέτα τὸ χλευάζειν με. καὶ κελεύει αὐτὸν γυμνωθέντα
τύπτεσθαι. τοῦ δ' αἰσώπου μαστιγουμένου, προσελθών τις ἐκάλει ἐπὶ τὸ δεῖπνον
τὸν ξάνθον. καὶ ὁ αἴσωπος ἔτι τυπτόμενος ἀνεβόησεν. οἴμοι τῷ δυστήνῳ. ἐγὼ μὲν
γὰρ ὁ τὸ δικόρωνον ἰδὼν, τύπτομαι. σὺ δ' ὁ μίαν ἰδὼν μόνην, εἰς εὐωχίαν ἄπει.
ἕωλος ἄρ' ἦν ἡ οἰωνοσκοπία. καὶ ὁ ξάνθος τὴν ἀγχίνοιαν αὐτοῦ θαυμάσας, παύ
σασθαι κελεύει τυπτόμενον. μετὰ δ' οὐ πολλὰς ἡμέρας φιλοσόφους καὶ ῥήτο
ρας καλέσας ὁ ξάνθος, ἐκέλευσε τῷ αἰσώπῳ πρὸ τοῦ πυλῶνος στῆναι, καὶ με-
δένα τῶν ἰδιωτῶν εἰσελθεῖν συγχωρῆσαι, ἀλλ' ἢ τοὺς σοφοὺς μόνους. τῇ
δὲ ὥρα τοῦ ἀρίστου κλείσας αἴσωπος τὸν πυλῶνα, ἔνδον ἐκαθέζετο. τῶν κε-
κλημένων δέ τινος ἐλθόντος, καὶ τὴν θύραν κόπτοντος, αἴσωπος ἔνδοθεν ἔ-
φη, τί σείει ὁ κύων; ὁ δὲ, νομίσας κύων κληθῆναι, ὀργισθεὶς ἀνεχώρησεν.
οὕτως οὖν ἕκαστος ἀφικνούμενος, αὖθις ἀπῄει σὺν ὀργῇ, νομίζων ὑβρίζε-
σθαι, τοῦ αἰσώπου ταυτὰ πάντας ἔνδοθεν ἐρωτῶντος. εἷς δ' αὐτῶν κόψαν-
τος, καὶ τί σείει ὁ κύων ἀκούσαντος, καὶ τήν τε κέρκον, καὶ τὰ ὦτα ἀποκριθέν
τος, αἴσωπος αὐτὸν ὀρθῶς δοκιμάσας ἀποκεκρίσθαι, ἀνοίξας πρὸς τὸν δεσπό-
την ἤγαγε, καὶ φησὶν, οὐδεὶς τῶν φιλοσόφων συνεστιαθῆναί σοι ἦλθεν ὦ δέσπο
τα, πλὴν οὗτος μόνος, καὶ ὁ ξάνθος σφόδρα ἠθύμησε, παραλελογίσθαι οἰηθεὶς
ὑπὸ τῶν κληθέντων. τῆς δ' ὑστεραίας συνελθόντες οἱ κληθέντες εἰς τὴν διατριβὴν,
ἐνεκάλουν τῷ ξάνθῳ, φάσκοντες, ὡς ἔοικας ὦ καθηγητὰ, ἐπεθύμεις μὲν αὐτὸς

ἐξουδενῶσαι ἡμᾶς. αἰδούμενος δὲ, τὸν σαπρὸν εὐθὺ τοῦ πυλῶνος ἔστησας αἴσωπον, ὡς προσπηλακίσαι καὶ κύνας ἡμᾶς ἀποκαλέσαι. καὶ ὁ ξάνθος, ὄναρ τοῦτ' ἐστὶν, ἢ ὕπαρ; κἀκεῖνοι, εἰ μὴ ῥέγχομεν, ὕπαρ. καὶ δὴ τάχος μετακληθεὶς αἴσωπος, καὶ ἐρωτηθεὶς σὺν ὀργῇ, τοῦ χάριν τοὺς φίλους ἀτίμως ἀπέστρεψεν, ἔφη. οὐχὶ σύ μοι δέσποτα ἐνετείλω, μή τινα τῶν ἰδιωτῶν καὶ ἀμαθῶν ἀνθρώπων ἐᾶσαι πρὸς τὴν σὴν συνελθεῖν εὐωχίαν, ἀλλ' ἢ τοὺς σοφοὺς μόνους; καὶ ὁ ξάνθος, καὶ τίνες οὗτοι, οὐ τῶν σοφῶν; καὶ ὁ αἴσωπος, οὐδὲ μιᾷ μηχανῇ. αὐτῶν καὶ γὰρ κοπτόντων τὴν θύραν, κἀμοῦ ἔνδοθεν ἐρωτῶντος, τί ποτε σείει ὁ κύων, οὐδ' ὁστισοῦν αὐτῶν συνῆκε τὸν λόγον. ἐμοῦ γοῦν ὡς ἀμαθῶν πάντων φανέντων, οὐδένα τούτων εἰσήγαγον, πλὴν τὸν σοφὸν τοῦτον ἀποκριθέντα μοι. οὕτως οὖν τοῦ αἰσώπου ἀπολελογημένου, ὀρθῶς δὲ πάντες λέγειν αὐτὸν ἐψηφίσαντο. καὶ μεθ' ἡμέρας πάλιν τινὰς, ὁ ξάνθος ἑπομένου τοῦ αἰσώπου, πρὸς τὰ μνήματα παρεγένετο, καὶ ἃ ἐν ταῖς λάρναξιν ἐπιγράμματα ἦν ἀναγινώσκων, ἑαυτὸν ἔτερπε. τοῦ δ' αἰσώπου ἔν τινι τούτων ἐγκεχαραγμένα στοιχεῖα ταῦτα ἰδόντος, α. β. δ. ο. ε. θ. χ, ἐπιδείξαντός τε τῷ ξάνθῳ, καὶ ἐρομένου εἰ ἄρα ταῦτα εἰδείη, ἐπιμελῶς ἐκεῖνος σκεψάμενος, οὐχ οἷός τ' ἐγένετο τὴν τούτων εὑρεῖν διασάφησιν, καὶ ὡμολόγησεν ἀπορῆσαι τοῖς ὅλοις. καὶ ὁ αἴσωπος, εἰ διὰ ταύτης τῆς στήλης ὦ δέσποτα θησαυρὸν ὑποδείξω σοι, τίνι με ἀμείψῃ; καὶ ὃς θάρσει. λήψῃ γοῦν τὴν ἐλευθερίαν σου, καὶ τὸ ἥμισυ τοῦ χρυσίου. τότε ὁ αἴσωπος ἀποσχὼν τῆς στήλης βήματα τέσσαρα, καὶ ὀρύξας, ἀνέλαβέ τε τὸν θησαυρὸν, καὶ ἤνεγκε τῷ δεσπότῃ, λέγων, δός μοι τὴν ἐπαγγελίαν, δι' ἧς εὗρον τὸν θησαυρόν. καὶ ὁ ξάνθος, οὐχ ὅσα κἀμὲ εἰδέναι, εἰ μὴ καὶ τὸν νοῦν τῶν στοιχείων μοι φράσῃς. τὸ γὰρ μαθεῖν τοῦτο, πολὺ τοῦ εὑρήματος ἐμοὶ τιμιώτερον. καὶ ὁ αἴσωπος, ὁ τὸν θησαυρὸν κατορύξας ἐνταῦθα, ὡς σοφὸς ἀνὴρ τὰ στοιχεῖα διεχάραξε ταῦτα. ἃ καί φησιν, α, ἀποβὰς. β, βήματα. δ, τέσσαρα. ο, ὀρύξας. ε, εὑρήσεις. θ, θησαυρόν. χ, χρυσίου. καὶ ὁ ξάνθος, ἐπειδήπερ οὕτως ἐπήβολος εἶ καὶ πανοῦργος, οὐ λήψῃ σὺ τὴν ἐλευθερίαν. καὶ ὁ αἴσωπος, ἀναγγελῶ δοθῆναι ὦ δέσποτα τὸ χρυσίον τῷ βασιλεῖ βυζαντίων. ἐκείνῳ γὰρ τεταμίευται. καὶ ὁ ξάνθος, πόθεν τοῦτ' οἶσθα. κἀκεῖνος, ἐκ τῶν στοιχείων. τοῦτο γάρ φησιν. α, ἀπόδος. β, βασιλεῖ. δ, διονυσίῳ. ο, ὃν εὗρες. θ, θησαυρόν. χ, χρυσίου. καὶ ὁ ξάνθος ἀκούσας τοῦ βασιλέως εἶναι τὸ χρυσίον, τῷ αἰσώπῳ ἔφη. λαβὼν τὸ ἥμισυ τοῦ ἑρμαίου, ἡσύχασον. κἀκεῖνος, οὐ σύ μοι νῦν τοῦτο παρέχεις, ἀλλ' ὁ χρυσίον ἐνταυθοῖ κατορύξας. καὶ ὅπως, ἄκουσον. ταῦτα γοῦν λέγει τὰ γράμματα. α, ἀνελόμενοι. β, βαδίσαντες. δ, διέλεσθε. ο, ὃν εὕρετε. θ, θησαυρόν. χ, χρυσίου. καὶ ὁ ξάνθος, δεῦρό φησιν εἰς τὴν οἰκίαν, ὡς ἂν καὶ τὸν θησαυρὸν διελώμεθα, καὶ σὺ τὴν ἐλευθερίαν ἀπολάβῃς. ἐλθόντων οὖν, ὁ ξάνθος φοβούμενος τὸ τοῦ αἰσώπου λάλον, εἰς εἱρκτὴν αὐτὸν ἐκέλευσεν ἐμβληθῆναι. καὶ ὁ αἴσωπος ἀπαγόμενος, τοιαῦταί φησιν εἰσὶν αἱ ὑποσχέσεις τῶν φιλοσόφων; οὐχ ὅτι γε οὐκ ἀπολαμβάνω μου τὴν ἐλευθερίαν, ἀλλὰ καὶ εἰς δεσμωτήριον κελεύεις βληθῆναί με. ὁ μὲν οὖν ξάνθος ἐκέλευσεν αὐτὸν ἀπολυθῆναι. καὶ πρὸς αὐτὸν ἔφη. πάνυ καλῶς φής. ἵν' ἐλευθερίας τυχὼν, σφοδρότερός μου γένῃ κατήγορος. ὁ δὲ αἴσωπος εἶπεν, ὅ, τι ποτέ με ἔχεις κακὸν ποιεῖν, ποίει. πάντως καὶ ἄκων ἐλευθερώσεις με. κατὰ δὲ τοὺς καιροὺς τούτους, συνέπεσέ τι τοιοῦτον ἐν σάμῳ. πανδήμου ἑορτῆς ἀγομένης, αἴφνης ἀετὸς καταπτὰς, καὶ τὸν δημόσιον ἁρπάσας δακτύλιον, εἰς δούλου κόλπον ἀφῆκεν. οἱ μὲν οὖν σάμιοι θορυβηθέντες, καὶ εἰς πλείστην περὶ τοῦ σημείου πεσόντες τὴν ἀγωνίαν, κατὰ ταυτὸν ἀθροισθέντες, ἤρξαντο δεῖσθαι

τοῦ

contemnere nos,sed ueritus,putridum in uestibulo constituisti Aesopum,ut nos iniuria afficeret,& canes uocaret. & xãthus insomniũ ne id est,an uera res? tum illi,nisi stertimus,uera res. & celeriter uocatus Aesopus,& rogatus cũ ira, cuius rei gratia amicos ignominiose amolitus esset,ait,nõ tu mihi here mandasti ne,quẽ uulgariũ,ac indoctũ hominem permitterem in tuum conuenire conuiuiũ,sed solos doctos? tũ xanthus,& quales hi,non'ne docti? & Aesopus,nullo pacto,ipsis & enim pulsantibus ianuã,& me intus rogitante,qd nam moueat canis,neq; quisquã eorũ ĩtellexit sermonẽ.ego igitur cũ indocti oẽs uiderentur,nullum ipsorum introduxi,nisi hunc,q̃ docte respondit mihi. sic igitur cũ Aesopus respondisset,recte omnes dicere ipsum confirmarunt. Ac post dies rursus aliquot xanthus sequente Aesopo ad monimenta accessit,& quæ in arcis erant epigrammata legens,se ipsum delectabat.at Aesopo in quadã ex ipsis inscalptas literas has uidente,α·β·δ·ο·ε·θ·χ· ostendente'q; xantho,atq; rogante, an hasce nouisset,diligenter ille scrutatus,non potis fuit harum inuenire declarationem,ac fassus est dubitare omnino.tũ Aesopus si p hãc columnulã o here thesaurũ ostendã tibi,q̃ re me remunerabis? & is,confide.accipies.n.libertatem tuam,atq; dimidium auri.tunc Aesopus,distans a cippo passus quatuor,& fodiens,accepit'q; thesaurum,& tulit hero,dicens,da mihi promissum,per quod inuenisti thesaurum.& xanthus non si & ego sapiam,nisi,& sensum literarum mihi dixeris,nam scire hoc multo re inuenta mihi pretiosius.& Aesopus,qui thesaurum infodit hic,ut uir eruditus literas inscalpsit has,quæ & inquiunt,α,recedens·β·passus δ·quatuor,ο,fodiens ε inuenies·θ· thesaurum·χ·auri.& xanthus,quia ita solers es,& astutus,non accipies tuam libertatem.& Aesopus,renuntiabo dandum aurum o domine regi bysantinorum.illi enim reconditum est.& xanthus,unde hoc nosti? & ille,ex literis.hoc enim inquiunt,α·redde,β·regi·δ.Dionysio,o quem,ε.inuenisti·θ·thesaurũ,χ·auri. &,xanthus audiens regis esse aurum,Aesopo ait,accepto dimidio lucri,taceto.& ille non tu mihi nunc hoc præbes,sed qui aurum hic infodit.ac quemadmodum,audi.hoc enim dicunt literæ,α,acceptum·ς·uadentes·δ· diuidite·ο quẽ ε.inuenistis·θ·thesaurũ. χ·auri.& xanthus.eia inquit in domum,ut & thesaurum diuidamus,& tu libertatem accipias.profectis ergo,xanthus timens Aesopi loquacitatẽ,in carcerẽ ipsum iussit iniici.& Aesopus ĩter abducendũ,huiusmodi inqt sunt promissa philosophorũ? nõ solũ.n.nõ accipio meam libertatem,sed & in carcerem iubes iniici me. xanthus igitur iussit ipsum solui,& ait ei nimirum recte inquis, ut parta libertate,uehemẽtior sis cõtra me accusator.tũ Aesopus dixit, quodcunq; mihi potes facere,fac malum.oĩo uel inuitus liberabis me. Ea uero tempestate huiusmodi res Sami obtigit,cum publice festũ celebraretur,repente aquila deuolans,& publicum rapiens anulum,in serui sinum demisit.Itaq; Samii perterriti,& in plurimum ob hoc prodigium cũ incidissent mœrorem,in unum coacti,cœperunt rogare

Xanthum q primus ciuium esset,& philosophus,ut sibi iudicium
prodigii manifestaret, at ille omnino ambigens tempus petiit,& profe-
ctus domũ,multũ erat tristis, & solicitudinib⁹ imersus,ut q nihil iudicar
posset.sed æsopus mœrore xanthi cognito,adiens a-
it,qua causa o here sic perseueras tristari?mihi committe salute
dicta mœrori.cras in forum profectus dic Samiis,
ego neq; prodigia soluere didici,neq; augurari,sed puer mihi est
multarum rerum peritus.ipse uobis quæsitum soluet.& si ipse conse-
cutus fuero solutionem hēe,tu gloriam reportabis tali utens seruo, sin
minus fuero consecutus,mihi soli hinc erit dedecus.persuasus igit xan-
thus,& postero die in theatrum profectus,& astans in medio secundum
admonitiones Aesopi cõcionatus est iis,q conuenerãt.illi uõ stati roga-
bant æsopũ acciri.qui cum uenisset.staret'q in medio,Samii facie
ipsius consyderata deridentes clamabant,hæc facies prodigiũ soluet?
ex deformi hoc quid unq boni audiemus?atq; ridere cœperunt.& æso-
pus extenta manu silentio petito,inquit,uiri Sa-
mii,quid faciem meam cauillamini?non faciem, sed animum respicere
oportet.sæpe enim ĩ turpi forma bonũ animũ natura imposuit.an uos
exteriorẽ testarũ formã consyderatis,ac non poti⁹ interiorẽ uini gustũ?
hæc ab æsopo cũ audissẽt oẽs,dixerũt,Aesope, si qd potes,dic ciuitati.&
ille audacter ait,uiri Samii,qm fortuna,quæ contẽtionis studiosa ẽ,glo-
riæ certamen proposuit domino,& seruo,& si seru⁹ iferior uideat dño,
uerberib⁹ cæsus abibit,sin aũt pstantior,nihilo min⁹ & sic uerberib⁹ lace
rabit,si uos p meã libertatẽ loquendi mihi fiduciã idulseritis,ego nunc
uobis intrepide quæsitum narrabo. tũc populus uno ore clamabant ad
xanthũ,libertate dona Aesopũ,obtempera Samiis,largire libertatẽ eius
ciuitati.at xanthus non annuebat,& prætor ait,xanthe si tibi nõ placet
auscultare pupulo,ego hac hora æsopum libertate donabo,
& tunc tibi æqualis fuerit.tunc igitur xanthus necessario liberta
tem reddidit.& pco clamauit,xanth⁹ philosophus liberũ Samiis largit
Aesopum.atq; interim finem sermo Aesopi accepit dicentis xantho
uel iuitus me libertate donabis.Aesopus itaq; libertatẽ cõsecutus, stãs ĩ
medio ait,uiri Samii aquila ut scitis regina auiũ est.quoniam aũt impe-
ratorium anulum hæc raptum demisit in serui sinum,hoc signifi-
care uult,quendã ex iis,qui nunc sunt,regẽ,uelle uestram libertatẽ i ser-
uitutem redigere,atq; sancitas leges irritas facere.his auditis
Samii mœror repleti sunt.Sed nõ multo post tẽpore & literæ a Crœso
Lydoꝝ rege uenerũt ad Samios,iubẽtes eis ab illo tpe ut tributa sibi pẽ
derẽt, sin minus obtẽperauerint,ut ad pugnã se pararẽt.cõsultabãt igit
uniuersi.Timuerunt.n.subditi fieri Crœso,conducibile tñ esse & æsopũ
consulere.& ille cõsultus,ait,cũ principes uestri sententiã diexrint de tri
buto dãdo obtẽperandũ esse regi,cõsiliũ iã minie,sed narrationẽ uobis
afferã.& scietis qd cõducat.fortũa duas uias ostẽdit ĩ uita,alterã liberta
tis,cuius principium accessu difficile,sed finis planus,alteram seruitutis,
cuius principium facile,& accessibile,finis autem laboriosus,his au-
ditis,Samii exclamauerũt.nos cũ simus liberi,serui esse gratis nolumus

τοῦ ξάνθου, ἅτε πρώτου τῶν πολιτῶν ὄντος καὶ φιλοσόφου, σαφῆ τὴν κρίσιν τοῦ σημείου διασαφῆσαι. ὁ δὲ, τοῖς ὅλοις ἐπαπορῶν, χρόνον ᾔτησε. καὶ ἀφικόμενος οἴκαδε, πολὺς ἦν ἀθυμῶν, καὶ τῇ λύπῃ βαπτιζόμενος, οἷα δὴ μηδὲν κρίναι δυνάμενος. ὁ δ᾽ αἴσωπος τὴν ἀθυμίαν συννοήσας τοῦ ξάνθου, προσελθὼν λέγει. τοῦ χάριν ὦ δέσποτα οὕτω διατελεῖς ἀθυμῶν, ἐμοὶ προσανάθου, χαίρειν εἰπὼν τῷ λυπεῖσθαι. αὔριον δ᾽ εἰς ἀγορὰν προσελθὼν, εἰπὲ τοῖς σαμίοις, ὡς ἐγὼ μὲν οὔτε σημειολυτεῖν ἔμαθον, οὔτ᾽ οἰωνοσκοπεῖν. παῖς δέ μοι πρόσεστι πολλῶν πεῖραν εἰδὼς, αὐτὸς ὑμῖν τὸ ζητούμενον λύσει. κἂν μὲν αὐτὸς ἐπιτύχω τῆς λύσεως δέσποτα, σὺ τὴν δόξαν ἀποίσῃ τοιούτῳ χρώμενος δούλῳ. ἂν δ᾽ ἀποτύχω, ἐμοὶ μόνῳ ἡ ἐντεῦθεν προστεθήσεται ὕβρις. πεισθεὶς οὖν ὁ ξάνθος, καὶ τῆς ὑστεραίας εἰς τὸ θέατρον ἀπαντήσας, καὶ καταστὰς εἰς τὸ μέσον, κατὰ τὰς ὑποθήκας αἰσώπου διελέχθη τοῖς συνελθοῦσιν. οἱ δ᾽ εὐθέως ἠξίουν τὸν αἴσωπον κληθῆναι. τοῦ δ᾽ ἀφικομένου καὶ στάντος εἰς τὸ μέσον, οἱ σάμιοι τὴν ὄψιν αὐτοῦ κατανοήσαντες, ἐρεσχελοῦντες, ἐφώνουν, αὕτη ἡ ὄψις σημεῖον λύσει; ἐκ τοῦ αἰσχροῦ τούτου τί ποτε καλὸν ἀκουσόμεθα; καὶ γελᾶν ἤρξαντο. καὶ ὁ αἴσωπος κατασείσας τῇ χειρὶ, καὶ ἡσυχίαν αἰτήσας γενέσθαι, φησίν. ἄνδρες σάμιοι, τί μου τὴν ὄψιν σκώπτετε. οὐκ εἰς τὴν ὄψιν, ἀλλ᾽ εἰς τὸν νοῦν ἀποβλέπειν χρή. πολλάκις γὰρ καὶ τῇ φαύλῃ μορφῇ χρηστὸν νοῦν ἡ φύσις ἐνέθηκεν. ἢ τὴν ἔξωθεν τῶν κεραμίων μορφὴν σκοπεῖτε ὑμεῖς, ἀλλ᾽ οὐ τὴν ἐντὸς γεῦσιν τοῦ οἴνου. ταῦτα τοῦ αἰσώπου πάντες ἀκούσαντες, ἔλεγον. αἴσωπε, εἴ τι δύνασαι, λέγε τῇ πόλει. καὶ ὃς, μετὰ παρρησίας ἔφη. ἄνδρες σάμιοι, ἐπειδή περ ἡ τύχη φιλόνεικος οὖσα δόξης ἀγῶνα τέθεικε δεσπότῃ καὶ δούλῳ, κἂν μὲν ὁ δοῦλος ἥττων φανῇ τοῦ δεσπότου, μετὰ μαστίγων ἐλαθήσεται, εἰ δ᾽ ἀμείνων, οὐδὲν ἔλαττον καὶ οὕτω πληγαῖς ξανθήσεται. εἰ ὑμεῖς οὖν τῆς ἐμῆς ἐλευθερίας παρρησίαν χαρίσοισθέ μοι, ἐγὼ νῦν ὑμῖν ἀδεῶς τὸ ζητούμενον φράσω. τότε ὁ δῆμος ἀπὸ μιᾶς γλώττης πρὸς τὸν ξάνθον ἐβόων, ἐλευθέρωσον αἴσωπον. ὑπάκουσον σαμίοις. χάρισαι τὴν ἐλευθερίαν αὐτοῦ τῇ πόλει. ὁ δὲ ξάνθος, οὐκ ἐπένευε. καὶ ὁ πρύτανις ἔφη. ξάνθε, εἰ μή σοι δοκεῖ ὑπακοῦσαι τῷ δήμῳ, ἐγὼ τῆσδε τῆς ὥρας αἴσωπον ἐλεύθερον ἂν ποιήσαιμι. καὶ τότε σοι ὁμότιμος ἔσται. τηνικαῦτα τοίνυν ὁ ξάνθος ἀνάγκῃ τὴν ἐλευθερίαν ἀπέδωκε. καὶ ὁ κῆρυξ ἐβόα, ξάνθος ὁ φιλόσοφος ἐλευθεροῖ σαμίοις τὸν αἴσωπον. κἀν τούτῳ πέρας ὁ τοῦ αἰσώπου λόγος εἰλήφει, φαμένου πρὸς τὸν ξάνθον, ὡς καὶ ἄκων ἐλευθερώσεις με. αἴσωπος οὖν ἐλευθερίας τυχὼν, στὰς εἰς τὸ μέσον ἔφη. ἄνδρες σάμιοι, ὁ μὲν ἀετὸς ὡς ἴστε, βασιλεὺς τῶν ὀρνίθων ἐστίν. ὅτι δὲ τὸν στρατηγικὸν δακτύλιον οὗτος ἁρπάσας ἀφῆκεν εἰς δούλου κόλπον, τοῦτο σημειώσειν βούλεται, ὅτι τῶν νῦν βασιλέων τὶς βούλεται ὑμῶν τὴν ἐλευθερίαν δουλῶσαι, καὶ τοὺς κυρίους νόμους ἀκύρους δεῖξαι. ταῦτα οἱ μὲν σάμιοι ἀκούσαντες, κατηφείας ἐπλήσθησαν. μετὰ δ᾽ οὐ πολὺν χρόνον καὶ γράμματα παρὰ κροίσου τοῦ λυδῶν βασιλέως ἧκε σαμίοις, κελεύοντα τὸ ἀπὸ τοῦδε φόρους αὐτῷ παρέχειν. εἰ δὲ μὴ πείθοιντο, πρὸς μάχην ἑτοίμους εἶναι. ἐβουλεύσαντο μὲν οὖν ἅπαντες. ἔδοξαν γὰρ ὑπήκοοι γενέσθαι τῷ κροίσῳ. συμφέρον μέντοι εἶναι καὶ αἴσωπον ἐρωτῆσαι. κἀκεῖνος ἐρωτηθεὶς εἶπε. τῶν ἀρχόντων ἡμῶν γνώμην δεδωκότων εἰς φόρου ἀπαγωγὴν ὑπακούειν τῷ βασιλεῖ, συμβουλὴν μὲν οὐ δώσω, λόγον δὲ ἐρῶ ὑμῖν. καὶ εἴσεσθε τὸ συμφέρον. ἡ τύχη δύο ὁδοὺς ἔδειξεν ἐν τῷ βίῳ. θατέραν μὲν ἐλευθερίας, ἧς ἡ μὲν ἀρχὴ δύσβατος, τὸ δὲ τέλος ὁμαλόν. θατέραν δὲ δουλείας. ἧς ἡ μὲν ἀρχὴ, εὐπετής τε καὶ βάσιμος, τὸ δὲ τέλος ἐπίπονον. ταῦτα ἀκούσαντες οἱ σάμιοι, ἀνεβόησαν. ἡμεῖς ἐλεύθεροι ὄντες, ἑκόντες οὐ γινόμεθα δοῦλοι. καὶ τὸν πρεσβευτὴν οὐ σὺν εἰρήνῃ ἀπέπεμψαν. ὁ μὲν οὖν κροῖσος ταῦτα μαθών, ἐβουλεύσατο πόλεμον κατὰ σαμίων κινεῖν. ὁ δὲ πρεσβευτὴς ἀνήνεγκεν, ὡς οὐκ ἂν δυνηθείη σαμίους ὑπὸ χεῖρα λαβεῖν, αἰσώπου παρ' αὐτοῖς ὄντος, καὶ γνώμας ὑποτιθέντος. δεῖν δὲ μᾶλλον εἶπεν ὦ βασιλεῦ, πρέσβεις ἀποστείλας, ἐξαιτῆσαι παρ' αὐτῶν αἴσωπον, ὑποσχόμενος αὐτοῖς ἀντ' αὐτοῦ χάριτας ἄλλας τε δώσειν, καὶ λύσιν τῶν ἐπιταττομένων φόρων. καὶ τότε τάχα οἷός τε ἔσῃ τούτων περιγενέσθαι. καὶ ὁ μὲν κροῖσος κατὰ ταῦτα πρεσβευτὴν ἀποστείλας, ἔκδοτον ᾔτει τὸν αἴσωπον. σάμιοι δὲ τοῦτον ἐκδοῦναι γνώμης ἐγένοντο. αἴσωπος δὲ τοῦτο μαθών, ἐν μέσῳ δὲ τῆς ἀγορᾶς ἔστη. καὶ φησίν, ἄνδρες σάμιοι, κἀγὼ μὲν περὶ πολλοῦ ποιοῦμαι παρὰ τοὺς πόδας ἀφικέσθαι τοῦ βασιλέως. ἐθέλω δὲ ὑμῖν ἕνα μῦθον εἰπεῖν. καθ' ὃν χρόνον ὁμόφωνα ἦν τὰ ζῶα. πόλεμον οἱ λύκοι τοῖς προβάτοις συνῆψαν. τῶν δὲ κυνῶν συμμαχούντων τοῖς θρέμμασι, καὶ τοὺς λύκους ἀποσοβούντων, οἱ λύκοι πρεσβευτὴν ἀποστείλαντες, ἔφασαν τοῖς προβάσιν, εἰ βούλοιντο βιοῦν ἐν εἰρήνῃ καὶ μηδένα πόλεμον ὑποπτεύειν, τοὺς κύνας αὐτοῖς ἐκδοῦναι. τῶν δὲ προβάτων ὑπ' ἀνοίας πεισθέντων, καὶ τοὺς κύνας ἐκδεδωκότων, οἱ λύκοι τούς τε κύνας διεσπάραξαν, καὶ τὰ πρόβατα ῥᾷστα διέφθειραν. οἱ σάμιοι τοίνυν τὸ τοῦ μύθου βούλημα συννοήσαντες, ὥρμησαν μὲν παρ' ἑαυτοῖς κατασχεῖν τὸν αἴσωπον. ὁ δὲ οὐκ ἠνέσχετο. ἀλλὰ τῷ πρεσβευτῇ συναποπλεύσας, πρὸς κροῖσον ἀπῄει. ἀφικομένων δ' αὐτῶν εἰς λυδίαν, ὁ βασιλεὺς ἔμπροσθεν αὐτοῦ στάντα τὸν αἴσωπον θεασάμενος, ἠγανάκτησε λέγων, ἴδε ποταπὸν ἀνθρώπιον ἐμποδών μοι γέγονε νῆσον ὑποτάξαι τοσαύτην. καὶ ὁ αἴσωπος, μέγιστε βασιλεῦ; οὐ βίᾳ οὐδὲ ἀνάγκῃ πρὸς σὲ παρεγενόμην, ἀλλ' αὐθαίρετος πάρειμι. ἀνάσχου δέ μου μικρὸν ἀκοῦσαι. ἀνήρ τις ἀκρίδας συλλέγων καὶ ἀποκτιννύς, εἷλε καὶ τέττιγα. ἐπεὶ δὲ κἀκεῖνον ἠβούλετο κτεῖναι, φησὶν ὁ τέττιξ. ἄνθρωπε μή με μάτην ἀνέλῃς. ἐγὼ γὰρ οὔτε στάχυν βλάπτω, οὔτ' ἄλλο τι τῶν ἁπάντων σε ἀδικῶ. τῇ κινήσει δὲ τῶν ἐν ἐμοὶ ὑμένων ἡδὺ φθέγγομαι, τέρπων τοὺς ὁδοιπόρους. φωνῆς οὖν παρ' ἐμοὶ πλέον οὐδὲν εὑρήσεις. κἀκεῖνος ταῦτα ἀκούσας, ἀφῆκεν ἀπιέναι. κἀγὼ τοίνυν ὦ βασιλεῦ τῶν σῶν ποδῶν ἅπτομαι, μή με εἰκῇ φονεύσῃς. οὐδὲ γὰρ οἷός τ' εἰμὶ ἀδικῆσαί τινα. ἐν εὐτελείᾳ δὲ σώματος γενναῖον φθέγγομαι λόγον. ὁ δὲ βασιλεὺς θαυμάσας ἅμα καὶ οἰκτείρας αὐτόν, ἔφη. αἴσωπε, οὐκ ἐγώ σοι δίδωμι τὸ ζῆν, ἀλλ' ἡ μοῖρα. ὃ γοῦν θέλεις, αἴτει καὶ λήψῃ. καὶ ὅς, δέομαί σου βασιλεῦ, διαλλάγηθι σαμίοις. τοῦ δὲ βασιλέως εἰπόντος διήλλαγμαι, πεσὼν ἐκεῖνος ἐπὶ τὴν γῆν, χάριτάς τε αὐτῷ ὡμολόγει, καὶ μετὰ ταῦτα τοὺς οἰκείους συγγραψάμενος μύθους, τοὺς μέχρι καὶ νῦν φερομένους, παρὰ τῷ βασιλεῖ κατέλιπε. δεξάμενος δὲ παρ' αὐτοῦ γράμματα πρὸς σαμίους, ὡς εἵνεκεν αἰσώπου τούτοις διήλλακται, καὶ δῶρα πολλά, πλεύσας ἐπανῆλθεν εἰς σάμον. οἱ μὲν οὖν σάμιοι τοῦτον ἰδόντες, στέμματά τε αὐτῷ προσήνεγκαν. καὶ χοροὺς ἐπ' αὐτῷ συνεστήσαντο. ὁ δ' αὐτοῖς τά τε τοῦ βασιλέως ἀνέγνω γράμματα, καὶ ἀπέδειξεν ὡς τὴν εἰς αὐτὸν γενομένην παρὰ τοῦ δήμου ἐλευθερίαν, ἐλευθερίᾳ πάλιν ἠμείψατο. μετὰ δὲ ταῦτα τῆς νήσου ἀπάρας, περιῄει τὴν οἰκουμένην, τοῖς ἁπανταχοῦ τῶν φιλοσόφων διαλεγόμενος. ἀφικόμενος δὲ καὶ πρὸς βαβυλῶνα, καὶ τὴν ἑαυτοῦ σοφίαν ἐπιδειξάμενος, μέγας παρὰ τῷ βασιλεῖ λυκήρῳ ἐγένετο. κατ' ἐκείνους γὰρ τοὺς χρόνους οἱ βασιλεῖς πρὸς ἀλλήλους εἰρήνην ἔχοντες, καὶ τέρψεως χάριν προβλήματα τῶν σοφιστικῶν πρὸς ἀλλήλους γράφοντες ἔπεμπον. ἅπερ οἱ μὲν ἐπιλυόμενοι, φόρους ἐπὶ ῥητοῖς πρὸς τῶν πεμπόντων ἐλάμβανον. οἱ δὲ μή, τοὺς ἴσους παρεῖχον. ὁ τοίνυν αἴσωπος τὰ πεμπόμενα τῶν προ-

βλημάτων

& oratorem infecta pace remiserunt.his ergo cognitis, Crœsus decreuit bellum in Samios mouere,sed legatus retulit,non,
poteris Samios debellare,quandiu est apud eos Aesopus,& consilia suggerit.potes autem magis ait o rex,legatis missis,petere ab ipsis Aesopum pollicitus eis & gratias alias relaturum,& solutionem iussorum tributorum.& tunc forte poteris eos superare.& Crœsus his persuasus legato misso dedi sibi petebat Aesopũ.Samii autem hunc tradere decreuerunt.quo cognito,Aesopus in media concione stetit,ac inquit.Viri Samii,& ego permulti facio ad regis pedes proficisci.sed uolo uobis fabulam dicere.Quo tempore animalia inter se loquebãtur,lupi bellum ouibus intulerunt,una uero cum ouibus canibus præliantibus,ac lupos arcentibus,lupi legato misso dixerunt ouibus,si uoluerint uiuere in pace,& nullum suspicari bellum,ut canes sibi traderent, ouibus ob stultitiam persuasis,& canibus traditis,lupi & canes dilacerarunt,& oues facillime occiderunt.Samii igitur fabulæ sensu cognito,decreuerunt apud se detinere Aesopum.ille uero nõ tulit,sed cum legato unà soluit, & ad Crœsum se conferebat.profectus autem in lydiam,Rex ante se stantem Aesopũ uidens indignatus est dicens.uide q̃lis homuncio ĩpedimento mihi ad tantã insulã subigẽdam fuit.tũ æsopus maxime rex,nõ ui neq; necessitate coactus ad te ueni,sed sponte adsum.patere autem me paru̇per audire.Vir qdã cũ locustas caperet,occideretq;,cepit & cicadã, cũ & illam uellet occidere,inquit cicada,o homo ne me frustra occidas. ego enim neq; spicã lædo,neq; alia in re quapiã iniuria te afficio. motu uõ,q̃ in me sunt,membranulaꝝ,suauiter cãto,delectãs uiatores.ꝑter igĩ uocẽ ĩ me amplius nihil ĩuenies,& ille his auditis,permisit abire. & ego itaq; o rex tuos attingo pedes,ne me sine causa occidas.non.n.possum iniuria quẽq̃ afficere,sed ĩ uili corpore generosum loquor sermõem.rex aũt miratus simul & miseratus ipsum ait,æsope,non ego tibi largior uitam,sed fatũ.ergo quod uis,pete,& accipies.& ille rogo te o rex recõciliare Samiis cumq; rex dixisset reconciliatus sum.procidens ille in terram,gratiasq; ei agebat. Et post hæc suas conscripsit fabulas,quas in hunc usq; diẽ extantes apud regẽ reliquit. acceptis aũt ab ipso literis ad Samios,ꝙ Aesopi gratia eis reconciliatus fuerit, atq; muneribus multis,nauigauit in Samum.Samii igitur hunc uidentes,coronasq; ei intulerunt,& tripudia eius gratia constituerunt. ille autem & regis literas legit,& ostendit quod si bi donatam a populo libertatẽ libertate rursus remuneratus fuerit.post hæc uero ab insula decedens circuibat orbem ubiq; cum phi losophis disputando.profectus & in Babylonem,& suam ipsius doctrinam demonstrando magnus apud regem Lycerum euasit.Illis enim temporibus reges inuicem pacem habentes,atq; delectationis gratia quæstiones uicissim sophistarum scribendo mittebant,quas qui soluerent,tributa pacta a mittentibus accipiebant,qui uero non,æqualia præbebant.Aesopus igitur quæ mittebantur pro-

blemata Lycero intelligens dissoluebat, & clarū reddebat regē, & ipse Lyceri noīe altera itidē regibus remittebat.q̄ cū remanerent īsoluta, tributa rex quamplurima exigebat. Aesopus autem cū nō genuisset filios nobilē quendam Ennum nomine adoptauit, atq; ut legitimum filium Regi, allatum, commendauit. non multo autē post tempore Ennus cū adoptantis concubina rem habuit, hoc sciens æsopus expulsurus erat domo Ennum. qui in illum ira correptus, epistolam'q; fictam ab Aesopo scilicet ad eos q sophismatis cū lycero certabāt, q̄ ipsis parat⁹ esset adhærere magis, quam Lycero, Regi dedit Aesopi signatam anulo. Rex & sigillo credens, atq; inexorabili ira percitus, statim Hermippo iubet ut nulla examinatiōe facta, ut proditorē occideret æsopū. at Hermipp⁹ & amic⁹ fuerat Aesopo, & tunc se amicum ostendit. in sepulchro. n. quodā nemine sciente occultauit hominem, & secreto nutriuit. Ennus autem regis iussu omnem æsopi administratiōem suscepit. Sed quodā post tpe Nectenabo rex ægyptiorum audiens æsopum occidisse, mittit Lycero statim epistolam architectos sibi mittere iubentem, qui turrim ædificēt neq; cœlum, neq; terrā attingentem, & responsurū semp aliquē ad oīa quæcunq; rogauerint, qd̄ si fecisset, tributa exigeret, sin min⁹, solueret. his lectis Lycerus mœrore affectus est cum nullus ex amicis posset quæstionem de turri intelligere. Rex tamen & columnam sui regni dicebat interiisse Aesopum. Hermippus autem dolore regis ob Aesopum cognito, adiit ad regem & uiuere illū renūtiauit, addidit'q; ipsius causa æsopū nō pemisse, sciēs q̄ pœniteret aliquando regem sententiæ. Rege autem uehementer his lætato, Aesopus sordens, ac squalens totus adductus est, cum'q; rex ut eum uidit illachrymasset, atq; ut lauaretur, alia'q; cura afficeretur, iussisset, Aesopus post hoc & de quibus accusatus fuerat, causas confutauit. ob quæ cum rex Ennum esset occisurus, Aesopus ei ueniam petiit. post hæc autem rex ægyptii epistolam Aesopo dedit legendā. at ille statim solutione cognita quæstionis, risit, ac rescribere iussit, ut cum hyems præteriisset missumiri & q turrim essent ædificaturi, & respōsurū aliquē ad rogata. Rex igitur ægyptios legatos remisit. Aesopo autem pristinā administrationē tradidit omnē, deditū ei tradens & Ennum. at Aesopus acceptum Ennum nulla in re tristitia affecit, sed ut filio rursus recepto aliis'q;, atq; his admonuit uerbis.

Filli ante omnia cole deum. Regem honora. Inimicis tuis terribilē te ipsum præbe, ne te cōtemnant. amicis facilem, & communicabilē, quo lōge beneuolētiores tibi sint. itē inimicos male habere precare, & esse pauperes, ne te posint offendere. at amicos in omnibus bene ualere uelis. semper uxori tuæ bene adhære, ne alterius uiri periculum facere uelit. leue enim mulierū est genus, ac adulatum minus malum cogitat. uelocem ad sermōem ne posside auditū. līguæ continēs esto. bene agētibus ne iuide, sed cōgratular. iuidens. n. te ipm magis offendes. Domesticoꝝ tuoꝝ satage, ut te n̄ solū ut dn̄ū timeāt,

βλήματα τῷ Λυκήρῳ συνῳδὰ ἐπέλυε. καὶ εὐδοκιμεῖν ἐποίει τὸν βασιλέα. καὶ αὐτὸς δὲ διὰ Λυκήρου ἕτερα τοῖς βασιλεῦσιν ἀντέπεμπεν. ὧν ἀλύτων μενόντων, φόρους ὁ βασιλεὺς ὅτι πλείστους εἰσέπραττεν. Αἴσωπος δὲ μὴ παιδοποιησάμενος, ἕνα τινὰ τῶν εὐγενῶν Αἶνον τὴν κλῆσιν εἰσεποιήσατό τε, καὶ ὡς γνήσιον παῖδα τῷ βασιλεῖ προσενέγκας, συνέστησε. μετὰ δ' οὐ πολὺν χρόνον τοῦ Αἴνου τῇ τοῦ θεμένου παλλακῇ συμφθαρέντος, Αἴσωπος τοῦτο γνούς, ἀπελαύνειν ἔμελλε τῆς οἰκίας. ὁ δὲ, τῇ κατ' ἐκείνου ὀργῇ ληφθεὶς, ἐπιστολήν τε πλασάμενος παρ' Αἰσώπου δῆθεν πρὸς τοὺς ἀντισοφιζομένους Λυκήρῳ, ὡς αὐτοῖς ἑτοιμός ἐστι προστίθεσθαι μᾶλλον ἢ τῷ Λυκήρῳ, τῷ βασιλεῖ ἐνεχείρισε, τῷ τοῦ Αἰσώπου ταύτην σφραγισάμενος δακτυλίῳ. ὁ δὲ βασιλεὺς τῇ τε σφραγῖδι πεισθεὶς, καὶ ἀπαραιτήτῳ ὀργῇ χρησάμενος, παραχρῆμα τῷ Ἑρμίππῳ κελεύει μηδὲν ἐξετάσαντα, οἷα δὴ προδότην διαχειρίσασθαι Αἴσωπον. ὁ δὲ Ἕρμιππος, φίλος τε ἦν τῷ Αἰσώπῳ, καὶ τότε δὴ τὸν φίλον ἐπέδειξεν. ἔν τινι γὰρ τῶν τάφων μηδενὸς εἰδότος κρύψας τὸν ἄνδρα, ἐν ἀπορρήτοις ἔτρεφεν. Αἶνος δὲ, τοῦ βασιλέως κελεύσαντος, πᾶσαν τὴν διοίκησιν Αἰσώπου παρέλαβε. μετὰ δέ τινα χρόνον Νεκτεναβὼ βασιλεὺς Αἰγυπτίων πυθόμενος Αἴσωπον τεθνηκέναι, πέμπει Λυκήρῳ παραχρῆμα ἐπιστολὴν, οἰκοδόμους αὐτῷ ἀποστεῖλαι κελεύουσαν, οἳ πύργον οἰκοδομήσουσι, μήτ' οὐρανοῦ, μήτε γῆς ἁπτόμενον, καὶ τὸν ἀποκρινούμενον ἀεὶ πρὸς πάνθ' ὅσα ἂν ἐρωτῶσι. καὶ τοῦτο ποιήσαντα, φόρους εἰσπράττειν. εἰ δὲ μὴ, κατατίθεσθαι. ταῦτα τῷ Λυκήρῳ ἀναγνωσθέντα, ἀθυμίαν ἐνέβαλε, μηδενὸς τῶν φίλων δυναμένου, τὸ πρόβλημα τὸ περὶ τοῦ πύργου συνεῖναι. ὁ μέντοι βασιλεὺς, καὶ κίονα τῆς ἑαυτοῦ βασιλείας ἔλεγεν ἀπολωλεκέναι τὸν Αἴσωπον. Ἕρμιππος δὲ τὴν τοῦ βασιλέως δι' Αἴσωπον λύπην μαθὼν, προσῆλθέ τε τῷ βασιλεῖ. καὶ ζῆν ἐκεῖνον εὐηγγελίσατο, προσθεὶς αὐτοῦ δὴ χάριν αὐτὸν οὐκ ἀνεῖλεν, εἰδὼς ὡς μελήσῃ ποτὲ τῷ βασιλεῖ τῆς ἀποφάσεως. τοῦ δὲ βασιλέως διαφερόντως ἐπὶ τούτοις ἡσθέντος, Αἴσωπος ἐν πίνῳ καὶ αὐχμῷ ὅλος προσηνέχθη. καὶ τοῦ βασιλέως ὡς εἶδεν αὐτὸν, δακρύσαντος, λούσασθαί τε καὶ τῆς ἄλλης ἐπιμελείας ἀξιωθῆναι κελεύσαντος, Αἴσωπος μετὰ τοῦτο καὶ ὑπὲρ ὧν κατηγορήθη τὰς αἰτίας ἀπεσκευάσατο. ἐφ' οἷς καὶ τοῦ βασιλέως τὸν Αἶνον ἀναιρεῖν μέλλοντος, Αἴσωπος αὐτῷ συγγνώμην ᾐτήσατο. ἑπομένως δὲ τούτοις, ὁ βασιλεὺς τὴν τοῦ Αἰγυπτίου ἐπιστολὴν τῷ Αἰσώπῳ ἐπέδωκεν ἀναγνῶναι. ὁ δ' αὐτίκα τὴν λύσιν συνεὶς τοῦ προβλήματος, ἐγέλασέ τε καὶ ἀντιγράφειν ἐκέλευσεν, ὡς ἐπειδὰν ὁ χειμὼν παρέλθῃ, πεμφθῆναι τούς τε τὸν πύργον οἰκοδομήσοντας, καὶ τὸν ἀποκρινούμενον πρὸς τὰ ἐπερωτώμενα. ὁ βασιλεὺς οὖν τοὺς μὲν Αἰγυπτίους πρέσβεις ἀπέστειλεν. Αἰσώπῳ δὲ τὴν ἐξ ἀρχῆς διοίκησιν ἐνεχείρισεν ἅπασαν, ἔκδοτον αὐτῷ παραδοὺς καὶ τὸν Αἶνον. ὁ δὲ Αἴσωπος παραλαβὼν τὸν Αἶνον, οὐδὲν ἀηδὲς αὐτὸν ἔδρασεν. ἀλλ' ὡς υἱῷ πάλιν προσχὼν, ἄλλους τε καὶ τούτους ὑπετίθει τοὺς λόγους. τέκνον, πρὸ πάντων, σέβου τὸ θεῖον. τὸν βασιλέα δὲ τίμα. καὶ τοῖς μὲν ἐχθροῖς σου, δεινὸν σεαυτὸν παρασκεύαζε, ἵνα μὴ καταφρονῶσί σου. τοῖς δὲ φίλοις πρᾶον καὶ εὐμετάδοτον, ὡς εὐνουστέρους σοι μᾶλλον γίνεσθαι. ἔτι τοὺς μὲν ἐχθροὺς νοσεῖν εὔχου καὶ πένεσθαι, ὡς μὴ οἵους τε εἶναι λυπεῖν σε. τοὺς δὲ φίλους κατὰ πάντα, εὖ πράττειν βούλου. ἀεὶ τῇ γυναικί σου χρηστῶς ὁμίλει, ὅπως ἑτέρου ἀνδρὸς πεῖραν μὴ ζητήσῃ λαβεῖν. κοῦφον γὰρ τὸ τῶν γυναικῶν ἐστι φῦλον. καὶ κολακευόμενον ἐλάττω φρονεῖ κακά. ὀξεῖαν μὴ πρὸς λόγον κτῆσαι τὴν ἀκοήν. τῆς δὲ γλώττης ἐγκρατὴς ἔσο. τοῖς εὖ πράττουσι μὴ φθόνει, ἀλλὰ σύγχαιρε. φθονῶν γὰρ σεαυτὸν μᾶλλον βλάψεις. τῶν οἰκετῶν σου ἐπιμελοῦ, ἵνα μὴ μόνον ὡς δεσπότην σε φοβῶνται,

ἀλλὰ καὶ ὡς εὐεργέτην αἰδῶ ται. μὴ αἰσχύνου μανθάνειν ἀεὶ τὰ κρείττω. τῇ γυ-
ναικὶ μηδέ ποτε πιστεύσῃς ἀπόρρητα. ἀεὶ γὰρ ὁπλίζεται, πῶς σου κυριεύσει.
καθ' ἡμέραν καὶ εἰς τὴν αὔριον ἀποταμιεύου. βέλτιον γὰρ τελευτῶντα ἐχθροῖς
καταλεῖψαι, ἢ ζῶντα τῶν φίλων ἐπιδεῖσθαι. εὐπροσήγορος ἔσο τοῖς συναν-
τῶσιν, εἰδὼς ὡς καὶ τῷ κυναρίῳ ἄρτον ἡ οὐρὰ προσπορίζει. ἀγαθὸς γενόμενος μὴ
μετανόει, ψίθυρον ἄνδρα ἔκβαλε τῆς οἰκίας. τὰ γὰρ ὑπὸ σοῦ λεγόμενα καὶ πρατ-
τόμενα ἑτέροις φέρων ἀναθήσει. πράττε μὴ τὰ λυπήσοντά σε. ἐπὶ δὲ τοῖς συμ-
βαίνουσι μὴ λυποῦ. μήτε πονηρὰ βουλεύσῃ ποτέ, μήτε τρόπους κακῶν μιμήσῃ.
τούτοις τοῦ αἰσώπου τὸν αἶνον νουθετήσαντος, ἐκεῖνος τοῖς τε λόγοις καὶ τῇ οἰκείᾳ
συνειδήσει οἷά τινι βέλει πληγεὶς τὴν ψυχήν, μετ' οὐ πολλὰς ἡμέρας τὸν βίον
μετήλλαξεν. αἴσωπος δὲ τοὺς ἰξευτὰς πάντας προσκαλεσάμενος, ἀετῶν νε-
οττοὺς τέτταρας συλληφθῆναι κελεύει. συλληφθέντας δὲ οὕτως, ἔθρεψεν ὡς λέ-
γεται καὶ ἐπαίδευσεν, ὅπερ οὐ πάνυ τί με πειθόμενον ἔχει, ὥστε παιδάρια διὰ θυ-
λάκων αὐτοῖς προσηρτημένων βαστάζοντας εἰς ὕψος αἴρεσθαι. καὶ οὕτως ὑπηκό-
ους τοῖς παισὶν εἶναι, ὡς ὅπουπερ ἂν ἐκεῖνοι βούλοιντο ἵπτασθαι, ἄν τε εἰς ὕψος,
ἄν τε εἰς γῆν χαμᾶζε. τῆς δὲ χειμερινῆς ὥρας παραδραμούσης, καὶ ἦρος διαγε-
λάσαντος, ἅπαντα τὰ πρὸς τὴν ὁδὸν συσκευασάμενος αἴσωπος, καὶ τούς τε
τε παῖδας λαβὼν καὶ τοὺς ἀετούς, ἀπῆρεν εἰς αἴγυπτον, πολλῇ φαντασίᾳ καὶ δό-
ξῃ πρὸς κατάπληξιν τῶν ἐκεῖ κεχρημένος. νεκτεναβὼ δ' ἀκούσας παραγεγο-
νέναι τὸν αἴσωπον, ἐνηδρεύθην, φησὶ τοῖς φίλοις, μεμαθηκὼς αἴσωπον τεθνηκέ-
ναι. τῇ δ' ἐπιούσῃ κελεύσας ὁ βασιλεὺς πάντας τοὺς ἐν τέλει λευκὰς περιβα-
λέσθαι στολάς, αὐτὸς ἐρεᾶν ἐνεδύσατο. καὶ διάδημα, καὶ διάλιθον κίταριν. καὶ κα-
θεσθεὶς ἐφ' ὑψηλοῦ δίφρου, καὶ τὸν αἴσωπον εἰσαχθῆναι κελεύσας, τίνι με εἰκάζεις
εἰσελθόντι φησὶν αἴσωπε, καὶ τοὺς σὺν ἐμοί; καὶ ὅς, σὲ μὲν ἡλίῳ ἐαρινῷ, τοὺς δὲ
περὶ σὲ τούτους, ὡραίοις στάχυσι. καὶ ὁ βασιλεὺς θαυμάσας αὐτόν, καὶ δώροις ἐδεξι-
ώσατο. τῇ δὲ μετ' ἐκείνην ἡμέρᾳ πάλιν, ὁ μὲν βασιλεὺς λευκοτάτην ἐνσκευασά-
μενος, τοῖς δὲ φίλοις φοινικᾶς κελεύσας λαβεῖν, εἰσελθόντα τὸν αἴσωπον, τὴν
προτέραν αὖθις πεῦσιν ἐπύθετο. καὶ ὁ αἴσωπος, σὲ μὲν εἶπεν εἰκάζω ἡλίῳ. τοὺς
δὲ περὶ σὲ τούτους ἀκτῖσι. καὶ ὁ νεκτεναβώ, οἶμαι μηδὲν εἶναι λυκηρὸν πρὸς τὴν
ἐμὴν βασιλείαν. καὶ ὁ αἴσωπος μειδιάσας, μὴ εὐχερῶς οὕτω περὶ ἐκείνου λέγε ὦ
βασιλεῦ. πρὸς μὲν γὰρ τὸ ὑμέτερον ἔθνος ἡ ὑμῶν ἐπιδεικνυμένη βασιλεία, δίκην
ἡλίου σελαγεῖ. εἰ δὲ λυκήρῳ παραβληθείη, οὐδὲν ἂν δέοι μὴ τὸ φῶς τοῦτο ζόφον
ἀποδειχθῆναι. καὶ ὁ νεκτεναβὼ τὴν τῶν λόγων εὐστοχίαν ἐκπλαγείς, ἤνεγκας ἡμῖν
ἔφη τοὺς μέλλοντας τὸν πύργον οἰκοδομεῖν. καὶ ὅς, ἕτοιμοί εἰσιν, εἰ μόνον ὑποδεί-
ξεις τὸν τόπον. μετὰ τοῦτο ἐξελθὼν ἔξω τῆς πόλεως ὁ βασιλεὺς εἰς τὸ πεδίον,
ὑπέδειξε διαμετρήσας τὸν χῶρον. ἀγαγὼν τοίνυν αἴσωπος ἐπὶ τὰς ὑποδειχθείσας
τοῦ τόπου γωνίας τέτταρας τοὺς τέτταρας τῶν ἀετῶν, ἅμα τοῖς παισὶ διὰ
τῶν θυλάκων ἀπηρτημένοις, καὶ οἰκοδόμων τοῖς παισὶ μετὰ χεῖρας δοὺς ἐρ-
γαλεῖα, ἐκέλευσεν ἀναπτῆναι. οἱ δὲ πρὸς ὕψος γενόμενοι, δότε ἡμῖν ἐφώνουν
λίθους. δότε κονίαν. δότε ξύλα. καὶ τἄλλα τὰ πρὸς οἰκοδομὴν ἐπιτήδεια. ὁ δὲ
νεκτεναβὼ τοὺς παῖδας θεασάμενος ὑπὸ τῶν ἀετῶν εἰς ὕψος ἀναφερομένους,
ἔφη. πόθεν ἐμοὶ πτηνοὶ ἄνθρωποι. καὶ ὁ αἴσωπος, ἀλλὰ λυκοῦργος ἔχει. σὺ δὲ
θέλεις ἄνθρωπος ὢν ἰσοθέῳ ἐρίζειν βασιλεῖ; καὶ ὁ νεκτεναβώ, αἴσωπε, ἥττημαι.
ἐρήσομαι δέ σε. σὺ δέ μοι ἀπόκριναι. καὶ φησίν, εἰσί μοι θήλειαι ὧδε ἵπποι. αἵπερ
ἐπειδὰν ἀκούσωσι τῶν ἐν βαβυλῶνι ἵππων χρεμετιζόντων, εὐθὺς συλλαμβά-
νουσιν. εἴ σοι πρὸς τοῦτο πάρεστι σοφία, ἐπίδειξαι. καὶ ὁ αἴσωπος, ἀποκρινοῦ-

μαι

sed ẽt ut benefactorẽ uenerentur. Ne pudeat discere semp̃ meliora. Mulieri nõ unquã credas secreta. nã semper armat, quo modo tibi dñetur. Quotidie in diem crastinum reconde. melius enim mortuum inimicis relinquere, quã uiuentẽ amicorũ indigere. Salutato facile, q tibi occurrunt, sciens & catulo caudam panem comparare. Bonum esse ne pœniteat. Susurronem uirum eiice domo tua. nam quæ a te dicunt, ac si unt, aliis communicabit. Fac, quæ te non mœstificent. Contingentibus ne tristare. Neq̃ praua cõsulas unq̃, neq̃ malorũ mores imiteris. His ab Aesopo Ennus admonitus tum sermone, tum sua conscientia, ut sagitta quadã percussus animũ, paucis post diebus e uita discessit. Aesopus autem aucupes omneis accersiuit, atq̃ aquilarũ pullos quatuor ut caperent, iubet. sic itaq̃ captos nutriuit, ut dicitur, ac instruxit, cui rei non magnã fidem adhibemus, ut pueros in sportis ipsis appensis gestando in altum uolarent, atq̃ ita obedientes pueris essent, ut quocunq̃ illi uellent, uolarent siue in altum, siue in terram in humum. præterito uero hyemali tẽpore, ac uere arridẽte, cum ad iter omnia parasset Aesopus, & pueros accepisset, & aqlas, decessit in ægyptũ multa imaginatiõe, & opiniõe ad stupefactionẽ illorum homĩnũ usus. Sed Nectenabo audito adesse Aesopũ, insidiis circunuẽtus sum inqt amicis, qa intellexerã æsopũ mortuũ esse. postridie aũt iussit rex ut omnes magistratus cãdidis circũdarent uestibus, ipse eream* iduit, & coronã, ac gẽmatam Citari, cũq̃ sedens in alto solio, Aesopum introduci iussisset, cui me assimilas ingrediẽti inqt æsope, & eos qui mecũ sunt? & ille, te quidẽ Soli uerno, q uero te circunstant, maturis aristis. & rex admiratus ip̃m, & donis eũ p̃secutus est. postero autem die rursus rex candidissimam indutus, amicis purpureas iussis accipere, ingredientem Aesopum iterum rogauit. & æsopus, te inquit comparo Soli, hos aũt qui stant circũ, radiis solaribus. & Nectenabo puto nihil ẽe Lycerũ præ meo regno. & æsopus subridens, ne facile de illo sic loquere o rex. nam genti uestræ uestrum regnum collatum instar Solis lucet, at si Lycero cõparetur, nihil aberit quin splẽdor hic, tenebræ appareãt. & Nectenabo apposita uerborũ respõsione stupefact⁹, attulisti nobis ait, qui turrim ædificent? & ille, parati sunt, si modo ostendes locum postea egressus extra urbem rex in planiciem, ostendit dimensum locum. adductis igitur Aesopus ad ostensos loci angulos quatuor, quatuor aquilis una cum pueris per sacculos appensis, ac puerorum manibus fabrorum datis instrumentis, iussit euolare. illi uero sublimes date nobis clamabant lapides. date calcẽ. date ligna, & alia, quæ ad ædificationẽ apta sunt, sed Nectenabo uisis pueris ab aquilis in altum sullatis ait, unde mihi uolucres homines? & æsopus. sed Lycerus habet. tu autẽ hõ cũ sis, uis cũ æquo diis rege cõtendere? & nectenabo, æsope, uict⁹ sum. percontabor aũt te, tu responde. & ait, sunt mihi fœminæ hic æque, quæ cum audiuerint eos, qui in Babylone sunt, equos hinnientes, statim concipiunt. Si tibi ad hoc est doctrina, ostende. & æsopus respon-

debo tibi cras o rex. profectus uero, ubi, hospitabaẽ, felem iubet pueris comprehendi, & captum publice circunduci uerberando. ægyptii autẽ illud animal colentes, sic male tractari ipsum uidentes, concurrerunt, & felem e manu uerberantium eripuerunt, ac celeriter rem renuntiant regi, qui uocato æsopo nesciebas inquit æsope tanquam deum a nobis coli felem? quare igitur hoc fecisti? & ille, Lycerum regem iniuria affecit o rex præterita nocte hic felis. gallum enim eius occidit pugnacem, & generosum, præterea & horas ei noctis nuntiantem. & rex, non pudet te mentiri æsope? Quo nam modo una nocte felis ab ægypto iuit in Babylonem? tũ ille, subridendo inq̃t, & quo modo o rex Babylone equis hinnientibus, hic equæ fœminæ concipiunt? Rex autem his auditis, prudentiam æsopi felicem esse dixit. Post hæc aũt cũ adciuisset ex heliopoli uiros quæstionum sophisticarum peritos, atq; de æsopo cũ eis disputasset, inuitauit una cũ æsopo ad conuiuiũ. discũbentibus igitur ipsis, quidam heliopolita inquit æsopo, missus sum a deo meo quæstionẽ quandã rogare te, ut ipam solueres. & æsop⁹, mẽtiris. deo. n. ab homine nihil opus est discere. tu autẽ non solũ te ipsum accusas, sed & Deum tuũ. Alius rursus ait. est templũ ingens, & in ęo columna duodecim urbes cõtinens, quarũ singulæ triginta trabibus fulciunẽ quas circuncurrũt duæ mulieres. tum æsopus ait, hanc quæstionẽ apud nos soluent & pueri. templum enim est hic mundus. columna, annus. Vrbes, menses, & trabes horum, dies. Dies autem, & nox, duæ mulieres, quæ uicissim sibi succedunt. Postridie conuocatis amicis omnibus, Nectenabo inquit, propter æsopum hunc debebimus tributa regi Lycero. At ex his unus ait, Iubebimus ei quæstiones dicere nobis ex iis, q̃ neq; scimus, neq; audiuimus. & ille, cras hac de re uobis respondebo. decedens igitur, & cõposito scripto, in quo continebatur, Nectenabo confitens mille talenta Lycero debere. mane reuersus Regi scriptum reddidit. Regis autem amici priusquam aperiretur scriptum omnes dixerunt, & scimus hoc & audiuimus, & uere scimus. & æsopus, habeo uobis gratiam restitutionis causa. at Nectenabo confessione debiti lecta, ait me nihil Lycero debente, omnes uos testificamini? & illi mutati dixerunt, neq; scimus, neq; audiuimus. & æsopus, & si hæc ita se habent, solutum est quæsitũ. & Nectenabo ad hæc, felix est Lycerus talem doctrinã in regno suo possidens. Ergo pacta tributa tradidit æsopo, atq; in pace remisit. At æsopus in Babylonem profectus & narrauit Lycero acta in ægypto omnia, & tributa reddidit. Lycerus autem iussit statuam auream Aesopo erigi. Non multo autem post tẽpore, æsopus in græciã decreuit nauigare. atq; cũ rege cõpositione facta discessit, iuratus ei prius, proculdubio rediturum se in Babylonem atq; illic reliquũ uitæ uicturũ. peragratis autẽ græcis urbibus, & sua doctrina patefacta, peruenit & delphos. uerũ Delphi differentẽ quidẽ audiuerũt libenter, sed honore, & obseruantia eũ affecerũt nulla. is ãt ad eos suscipiens ait. Viri Delphi succurrit mihi ligno uos cõparare q̃d in mari

μαί σοι αὔριον βασιλεῦ. ἐλθὼν δ' οὗ κατήγετο, αἴλουρον τοῖς παισὶν ἐκέλευσε συλλαβεῖν, καὶ συλληφθέντα, δημοσίᾳ περιάγεσθαι μαστιζόμενον. οἱ δὲ αἰγύπτιοι τὸ ζῶον σεβόμενοι, οὕτω κακῶς πάσχον αὐτὸ θεασάμενοι, συνέδραμον. καὶ τὸν αἴλουρον τῆς χειρὸς τῶν μαστιγούντων ἐξαρπάσαντες, ἀναγγέλλουσιν ὡς τάχος τῷ βασιλεῖ τὸ πάθος. ὁ δὲ, καλέσας τὸν αἴσωπον, οὐκ ᾔδεις φησὶν αἴσωπε, ὡς θεὸς σεβόμενος παρ' ἡμῖν ἐστὶν αἴλουρος; ἵνα τί γοῦν τοῦτο πεποίηκας. καὶ ὅς, λυκῆρον τὸν βασιλέα ἠδίκησεν ὦ βασιλεῦ τῆς παρελθούσης νυκτὸς οὗτος ὁ αἴλουρος. ἀλεκτρυόνα γὰρ αὐτοῦ πεφόνευκε μάχιμον καὶ γενναῖον, προσέτι γε μὴν καὶ τὰς ὥρας αὐτῷ τῆς νυκτὸς σημαίνοντα. καὶ ὁ βασιλεὺς, οὐκ αἰσχύνῃ ψευδόμενος αἴσωπε; πῶς γὰρ ἐν μιᾷ νυκτὶ αἴλουρος ἀπ' αἰγύπτου ἦλθεν εἰς βαβυλῶνα. κἀκεῖνος μειδιάσας φησίν. καὶ πῶς ὦ βασιλεῦ ἐν βαβυλῶνι τῶν ἵππων χρεμετιζόντων, αἱ ἐνθάδε θήλειαι ἵπποι συλλαμβάνουσιν. ὁ δὲ βασιλεὺς ταῦτα ἀκούσας, τὴν φρόνησιν αὐτοῦ ἐμακάρισε. μετὰ δὲ ταῦτα μεταπεμψάμενος ἀφ' ἡλίου πόλεως ἄνδρας ζητημάτων σοφιστικῶν ἐπιστήμονας. καὶ περὶ τοῦ αἰσώπου διαλεχθεὶς αὐτοῖς ἐκάλεσεν ἅμα τῷ αἰσώπῳ ἐπ' εὐωχίαν. ἀνακλιθέντων οὖν αὐτῶν, τῶν ἡλιουπολιτῶν τίς φησι πρὸς τὸν αἴσωπον. ἀπεστάλημεν παρὰ τοῦ θεοῦ μου πεῦσίν τινα πυθέσθαι σου, ὡς ἂν αὐτὴν ἐπιλύσῃς. καὶ ὁ αἴσωπος, ψεύδῃ. θεὸς γὰρ παρὰ ἀνθρώπου οὐδὲν δεῖται μαθεῖν. σὺ δ' οὐ μόνον σαυτοῦ κατηγορεῖς, ἀλλὰ καὶ τοῦ θεοῦ σου. ἕτερος πάλιν εἶπεν. ἔστι ναὸς μέγας. καὶ ἐν αὐτῷ στύλος, δώδεκα πόλεις ἔχων. ὧν ἑκάστη, τριάκοντα δοκοῖς ἐστέγασται. ταύτας δὲ περιίασι δύο γυναῖκες. καὶ ὁ αἴσωπος ἔφη. τοῦτο τὸ πρόβλημα καὶ οἱ παρ' ἡμῖν ἐπιλύσονται παῖδες. ναὸς μὲν γάρ ἐστιν οὗτος ὁ κόσμος. στύλος δ' ὁ ἐνιαυτός. αἱ δὲ πόλεις οἱ μῆνες. καὶ δοκοὶ αἱ τούτων ἡμέραι. ἡμέρα δὲ καὶ νύξ, αἱ δύο γυναῖκες, αἳ παραλλὰξ ἀλλήλας διαδέχονται. τῇ δὲ ἐφεξῆς ἡμέρᾳ συγκαλέσας τοὺς φίλους ἅπαντας ὁ νεκτεναβώ, φησί. διὰ τὸν αἴσωπον τοῦτον ὀφλήσομεν φόρους τῷ βασιλεῖ λυκήρῳ. εἷς δέ τις αὐτῶν εἶπε. κελεύσωμεν αὐτῷ προβλήματα φράσαι ἡμῖν. περὶ ὧν οὔτ' οἴδαμεν, οὔτ' ἠκούσαμεν. καὶ ὅς, αὔριον περὶ τούτου ὑμῖν ἀποκρινοῦμαι. ἀπελθὼν οὖν καὶ συνταξάμενος γραμματεῖον, ἐν ᾧ περιείχετο νεκτεναβὼ ὁμολογοῦντα χίλια τάλαντα τῷ λυκήρῳ ὀφείλειν, πρωΐας ἐπανελθών, τῷ βασιλεῖ τὸ γραμματεῖον ἐπιδέδωκεν. οἱ δὲ τοῦ βασιλέως φίλοι πρὶν ἀνοιχθῆναι τὸ γραμματεῖον, πάντες ἔλεγον. καὶ εἴδομεν τοῦτο καὶ ἠκούσαμεν, καὶ ἀληθῶς ἐπιστάμεθα. καὶ ὁ αἴσωπος, χάριν ὑμῖν οἶδα τῆς ἀποδόσεως εἵνεκεν. ὁ δὲ νεκτεναβὼ τὴν ὁμολογίαν τῆς ὀφειλῆς ἀναγνοὺς, εἶπεν. ἐμοῦ λυκήρῳ μηδὲν ὀφείλοντος, πάντες ὑμεῖς μαρτυρεῖτε; κἀκεῖνοι μεταβαλόντες, εἶπον. οὔτ' εἴδομεν οὔτ' ἠκούσαμεν. καὶ ὁ αἴσωπος, καὶ εἰ ταῦθ' οὕτως ἔχει, λέλυται τὸ ζητούμενον. καὶ ὁ νεκτεναβὼ πρὸς ταῦτα. μακάριός ἐστι λυκῆρος τοιαύτην σοφίαν ἐν τῇ βασιλείᾳ ἑαυτοῦ κεκτημένος. τοὺς οὖν συμφωνηθέντας φόρους παραδοὺς τῷ αἰσώπῳ, ἐν εἰρήνῃ ἀπέστειλεν. αἴσωπος δ' εἰς βαβυλῶνα παραγενόμενος, διεξῆλθέ τε λυκήρῳ τὰ ἐν αἰγύπτῳ πραχθέντα πάντα, καὶ τοὺς φόρους ἀπέδωκε. λυκῆρος δ' ἐκέλευσεν ἀνδριάντα χρυσοῦν τῷ αἰσώπῳ ἀνατεθῆναι. μετὰ δ' οὐ πολὺν χρόνον αἴσωπος εἰς ἑλλάδα ἐβουλεύσατο πλεῦσαι. καὶ δὴ τῷ βασιλεῖ συνταξάμενος ἀπεδήμησεν, ὅρκους δοὺς αὐτῷ πρότερον, ἦ μὴν ἐπανήξειν εἰς βαβυλῶνα, κἀκεῖ τοῦ λοιποῦ διαβιώσειν. περιιὼν δὲ τὰς ἑλληνίδας πόλεις, καὶ τὴν ἑαυτοῦ σοφίαν ἐπιδεικνύμενος, ἦλθε καὶ εἰς δελφούς. οἱ δὲ δελφοὶ, διαλεγομένου μὲν ἠκροῶντο ἡδέως. τιμῆς δὲ καὶ θεραπείας εἰς αὐτὸν ἔδρασαν οὐδοτιοῦν. ὁ δὲ, πρὸς αὐτοὺς ὑπολαβὼν ἔφη. ἄνδρες δελφοί, ἐπεισί μοι ξύλῳ ὑμᾶς εἰκάζειν τῷ ἐν θαλάττῃ φε φερομένῳ, κἀκεῖνο γὰρ ὁρῶντες ἐκ πολλοῦ διαστήματος ὑπὸ κυμάτων φερόμενον, ἄλλου τινὸς ἄξιον εἶναι οἰόμεθα· ἐπειδὰν δ' ἐγγυτάτω προσέλθῃ, εὐτελέστατον φαίνεται. κἀγὼ γοῦν πόρρωθεν τῆς ὑμῶν πόλεως ὤν, ὥς τινας τῶν ἀξίων λόγου ὑμᾶς ἐθαύμαζον. νυνὶ δ' ἐλθὼν ὡς ὑμᾶς, πάντων ὡς εἰπεῖν ἀνθρώπων εὗρον ἀχρειοτέρους, οὕτω πεπλάνημαι. ταῦτα ἀκούσαντες οἱ Δελφοί, καὶ δείσαντες μὴ τὸν Αἴσωπον καὶ πρὸς τὰς ἄλλας πόλεις βαδίζων κακῶς αὐτοὺς λέγῃ, βουλὴν ἐβουλεύσαντο δόλῳ τὸν ἄνθρωπον ἀνελεῖν. καὶ δή τινα χρυσῆν φιάλην ἐκ τοῦ παρ' αὐτοῖς ἱεροῦ τοῦ Ἀπόλλωνος ἀνελόμενοι, λάθρα τοῖς Αἰσώπου κατέκρυψαν στρώμασι. τοῦ δ' Αἰσώπου τὸ ὑπ' αὐτῶν ἀγνοοῦντος σκευωρηθέν, ἐξελθὼν ἐπορεύετο πρὸς Φωκίδα. οἱ Δελφοὶ δ' ἐπιδραμόντες, καὶ κατασχόντες αὐτόν, ἀνέκρινον, ὡς ἱεροσυληκότα. τοῦ δ' ἀρνουμένου μηδὲν πεπραχέναι τοιοῦτον, ἐκεῖνοι πρὸς βίαν τὰ στρώματα ἀναπτύξαντες, τὴν χρυσῆν εὗρον φιάλην. ἣν καὶ ἀναλαβόντες, τοῖς ἐν τῇ πόλει πᾶσιν ἐπεδείκνυσαν σὺν ὀλίγῳ θορύβῳ. ὁ μὲν οὖν Αἴσωπος τὴν ἐκείνων συννοήσας ἐπιβουλήν, ἐδεῖτο αὐτὸν ἀπολυθῆναι. οἱ δ' οὐ μόνον οὐκ ἀπέλυσαν, ἀλλ' ὡς ἱεροσυλήσαντα, καὶ εἰς τὸ δεσμωτήριον ἐνέβαλον, θάνατον αὐτοῦ καταψηφισάμενοι. Αἴσωπος δὲ μηδεμιᾷ μηχανῇ τῆς πονηρᾶς ταύτης τύχης σωθῆναι δυνάμενος, ἔσω τῆς εἱρκτῆς ἐθρήνει καθήμενος. τῶν συνήθων δέ τις αὐτῷ, Δημᾶς τοὔνομα, πρὸς αὐτὸν εἰσελθών, καὶ ἰδὼν οὕτως ὀλοφυρόμενον, τὴν αἰτίαν τοῦ πάθους ἤρετο. καὶ ὃς ἔφη· γυνή τις προσφάτως τὸν ἑαυτῆς ἄνδρα θάψασα, καθ' ἡμέραν ἀπιοῦσα πρὸς τὸ μνημεῖον, ἐθρήνει. ἀροτριῶν δέ τις οὐ πόρρω τοῦ μνήματος, εἰς ἐπιθυμίαν ἧκε τῆς γυναικός· καὶ καταλιπὼν τοὺς βόας, ἦλθε καὶ αὐτὸς πρὸς τὸ μνῆμα· καὶ καθίσας, συνεθρήνει τῇ γυναικί. τῆς δὲ πυθομένης τί δήποτε καὶ αὐτὸς οὕτως ὀδύρεται, ὅτι κἀγὼ φησὶν εὐπρεπῆ γυναῖκα κατώρυξα· καὶ ἐπειδὰν κλαύσω, τῆς λύπης κουφίζομαι. ἡ δέ, κἀμοὶ τοῦτ' αὐτὸ προσγίνεται. κἀκεῖνος, εἰ τοίνυν τοῖς αὐτοῖς περιπεπτώκαμεν πάθεσι, τί δήποτε ἀλλήλοις μὴ συνῶμεν; ἐγώ τε γὰρ φιλήσω σε ὡς ἐκείνην, καὶ σὺ πάλιν ὡς τὸν σαυτῆς ἄνδρα. ταῦτα ἔπεισε τὴν γυναῖκα, καὶ δὴ συνῆλθον. ἐν τούτῳ δὲ κλέπτης ἐλθών, καὶ τοὺς βόας λύσας, ἀπήλασεν. ὁ δ' ἐπανελθών, καὶ τοὺς βόας μὴ εὑρηκώς, κόπτεσθαί τε καὶ οἰμώζειν ἰσχυρῶς ἐνεστήσατο. ἐλθοῦσα δὲ καὶ ἡ γυνή, καὶ ὀλοφυρόμενον εὑροῦσα, φησί· πάλιν κλαίεις; κἀκεῖνος, νῦν ἔστιν ἐπ' ἀληθείας κλαίω. κἀγὼ γοῦν πολλοὺς διαδρὰς κινδύνους, νῦν τῷ ὄντι θρηνῶ, λύσιν τοῦ κακοῦ μηδαμόθεν εὑρίσκων. μετὰ ταῦτα παρῆσαν καὶ οἱ Δελφοί· καὶ ἐκβαλόντες αὐτὸν τῆς εἱρκτῆς, εἷλκον βιαίως ἐπὶ τοῦ κρημνοῦ. ὁ δὲ πρὸς αὐτοὺς ἔλεγεν· ὅτε ἦν ὁμόφωνα τὰ ζῷα, μῦς βατράχῳ φιλιωθείς, εἰς δεῖπνον αὐτὸν ἐκάλεσε. καὶ ἀπαγαγὼν εἰς ταμιεῖον πλουσίου, ἔνθα πλεῖστα τῶν ἐδωδίμων ἦν, ἐσθίε φησὶ φίλε βάτραχε. μετὰ δὲ τὴν ἑστίασιν, καὶ ὁ βάτραχος τὸν μῦν εἰς τὴν οἰκίαν ἐκάλεσε δίαιταν. ἀλλ' ἵνα μὴ ἀποκάμῃς φησὶ νηχόμενος, μηρίνθῳ λεπτῇ τὸν σὸν πόδα τῷ ἐμαυτοῦ προσαρτήσω. καὶ τοῦτο πράξας, ἥλατο εἰς τὴν λίμνην. αὐτοῦ δὲ καταδυομένου εἰς βάθος, ὁ μῦς ἀποπνιγόμενος, καὶ θνήσκων εἶπεν. ἐγὼ μὲν ὑπὸ σοῦ θνήσκω. ἐκδικηθήσομαι δὲ ὑπὸ μείζονος. ἐπιπλέοντος οὖν τοῦ μυὸς ἐν τῇ λίμνῃ νεκροῦ, καταπτὰς ἀετός, τοῦτον ἀφήρπασε. σὺν αὐτῷ δὲ προσηρτημένον ὁμοῦ καὶ τὸν βάτραχον. καὶ οὕτως ἄμφω κατεθοινήσατο. κἀγὼ τοίνυν βίᾳ πρὸς ὑμῶν ἀποθνήσκων, ἕξω τὸν ἀμυνοῦντα. Βαβυλὼν γὰρ καὶ Ἑλλὰς πᾶσα τὸν ἐμὸν παρ' ὑμῶν ἀπαιτήσουσι θάνατον. οἱ μὲν οὖν Δελφοί, οὐδ' ὣς ἐφείδοντο τοῦ Αἰσώπου. ὁ δ' ἐπὶ τὸ τοῦ Ἀπόλλωνος κατέφυγεν ἱερόν. οἱ δέ, κἀκεῖθεν ἀποσπάσαντες μετ' ὀργῆς, ἐπὶ τὸν κρημνὸν αὖθις εἷλκον. ὁ δ' ἀπαγόμενος ἔλεγεν.

fertur. illud & enim uidentes ex multa distantia dũ fluctibus agitaᷓ magni pretii esse existimamus, postquã aũt proxime aduenerit, uilissimũ apparet. & ego itaq; cũ ꝑcul essẽ ab urbe uẽa, ut eos, q existimatione digni sunt, uos admirabar. nũc ãt ad uos ꝑfect⁹ oĩbus, ut ita dexeri, lueni inutiliores. sic deceptus sum. hæc cũ audiuissent delphi, & timerẽt ne aliquo modo æsopus & ad alias urbes accedens male de se diceret, decreuerũt dolo hoĩem occidere, atq; igitur auream phialã ex eo, qđ apud se erat, sacello Apollinis accipientes, clam in æsopi absconderunt stratis. cũ æsopus uero ignoraret quæ ab ipsis dolo facta fuerant, egressus ibat in Phocidem. at Delphi aggressi, & detinentes ipsum, percontabantur ut sacrilegum. illō autem negante aliquid fecisse eiusmodi, illi ui stratis euolutis auream inuenerunt phialam, quam etiam acceptam omnibus ciuibus ostenderunt non cum paruo tumultu. Igitur æsopus cognitis illorũ insidiis, rogabat eos, ut solueretur. hi aũt nō solum non soluerunt, sed ut sacrilegum in carcerem quoq; iniecerunt, morte eius suffragiis decreta. æsopus autem cũ nulla astutia a mala hac fortuna liberari posset, se ipsum in carcere lugebat sedens. ex familiarib⁹ aũt ipsius quidã, Damas noĩe, ad ipm ingressus, & uidẽs eũ sic lamẽtari, causam rei rogauit, & ille ait, mulier quædã cum recenter suum uirum sepeliuisset, quotidie profecta ad tumulũ, plorabat. Arans autẽ quidã nō procul a sepulchro amore captus est mulieris, & derelictis bobus, iuit & ipse ad tumulũ, ac sedens una cum muliere plorabat. cũ illa rogaret, cur nam & ipse sic lugeret. qm̃ & ego ĩquit decentẽ mulierẽ sepeliui. & posteaq̃ plorauero, mœstitia leuor. illa aũt, & mihi id ipsum accidit. & ille, si igitur in eadem incidimus mala, cur nam inuicẽ non coniũgimur? ego etenim amabo te, ut illã, & tu me rursus ut tuum uirum? his persuasit mulieri, & conuenerunt. interim autem fur profectus, & boues soluens, abegit. ille autẽ reuersus non inuentis bob⁹, & plangere & lugere uehementer ĩstituit. profecta igĩ & mulier, & lamtantem inueniens inquit, iterum ploras? & ille nunc ait uere ploro. & ego itaq; multis euitatis ꝑiculis, nũc uere fleo solutionẽ mali necunde inueniens. Posthæc affuerũt & delphi, & extractum ipsum e carcere trahebant ĩ præcipitium. ille aũt eis dicebat. qñ colloquebanᷓ animalia bruta, mus ranæ amic⁹ factus ad cœnã eã ĩuitauit, & abducta ĩ penariũ diuitis, ubi multa comestibilia erant, comede inqt amica rana Post epulationem & rana murem in suam inuitauit cœnationem. Sed ne defatigere inquit natando, filo tenui tuum pedem meo alligabo. atq; hoc facto saltauit in paludem. ea autem urinata in profundum, mus suffocabatur, & moriens ait, ego quidem per te morior, sed me uindicabit maior. supernatante igitur mure in palude mortuo, deuolans aquila hunc arripuit, cum eo autem appensam una etiam ranam, & sic ambos deuorauit. Et ego igitur qui ui per uos morior habebo ultorem. Babylon enim & græcia omnis meã a uobis exigent mortem. Delphi tamen ne sic quidem pepercerunt æsopo. Ille aũt in Apollinis confugit sacellũ, sed illi & illic extraxerunt irati, & ĩ præcipitiũ rursus traxerũt. æsopus cũ abduceretᷓ, dicebat, audite me Delphi, lepus aquila insectante in lustrum scarabei confugit rogãs, ut ab eo seruaretur. scarabeus aũt rogabat aquilã, ne occideret supplicem obtestando ipsam per maximũ Iouẽ, saltẽ ne despiceret paruitatem suam. Illa uero irata ala percutiens scarabeum, leporem raptum depasta est. scarabeus autem & cũ aquila uolauit, ut nidum eius disceret, ac iam profectus oua eius deuoluta dirupit. illa autem cũ graue existimaret siquis hoc ausus fuisset, & i altiore loco secundo nidificasset, & illic rursus scarabeus iisdem hanc affecit. Sed aquila inops consilii penitus, ascendit ad Iouẽ, (i eius .n. tutela ẽe dicit) & in ipsius genib9 tertiã fœturã ouorũ posuit, deo ipsa cõmendans, & supplicãs ut custodiret. sed scarabeus e stercore pilula facta, ascendit, & in sinum Iouis eam demisit. Iupiter assurgens ut fimum excuteret, & oua abiecit oblitus, quæ & cõtriuit deiecta. Sed cum didicisset a scarabeo, ꝙ hæc fecisset ut aquilã ulcisceretur, non enim scarabeum tantum illa affecit iniuria, sed & in Iouem ipsum impia fuit, aquilæ reuersæ ait, scarabeũ esse qui affecit mœrore, & certe iure affecisse. nolens igitur aquilarum genus deficere, consuluit scarabeo, ut aquilæ reconciliaretur. cum hic non paruisset, ille in aliud tempus transposuit aquilarum partum, cum non appareant scarabei. Et uos igitur o uiri Delphi, ne despicite hunc deũ, ad quẽ profugi, & si paruũ sortitus est delubrũ, neq; .n. impios negliget. Delphi uero hæc parum curantes, recta ad mortem itidem agebant. æsopus nulla re a se dicta uidens eos flecti, rursus ait, uiri crudeles, & interfectores, audite, Agricola quidam in agro cõsenuit, cũ nunq̃ ingressus esset in urbẽ, precabatur domesticos, ut eã uideret. at illi iunctis asellis, atq; in curru eo imposito, solum iusserunt agere. eunti autem procella, & turbine aerem occupantibus, & tenebris factis, aselli a uia aberrantes in præcipitium quoddam deduxerunt senem. at ille iam præcipitandus, o Iupiter ait, qua in re te iniuria affeci, quoniã sic iniq; occidor, presertim'q; neq; ab equis generosis, neq; a mulis bonis, sed ab asellis uilissimis. & ego itaq; eodem modo nunc tristor, qm̃ nõ ab honoratis uiris, et elegantib9 uerum ab inutilibus, & pessimis interficior. Iam'q; præcipitandus eiusmodi dixit rursus fabulam. Vir quidam suam deamans filiam, rus misit uxorem, solam autem filiam receptam uiolauit, illa autem pater ait scelesta facis, optarem tamen a multis uiris dedecore hoc affici, quam a te, qui genuisti. hoc nunc & in uos o iniq delphi dico, ꝙ eligerẽ in Scyllã, & Charybdim potius incidere, ac in Africæ syrteis, quam per uos iniuste, atq; indigne mori. execror igitur uestram patriam, & deos testor, me præter omnem iustitiam interire, qui me ulciscentur exauditũ. Præcipitem igitur ipsum dederunt de rupe & mortuus est. nõ multo post aũt pestilẽtia laborãtes, oraculũ acceperũt expiãdã ẽe æsopi mortẽ. cui, ꝙ & cõscii sibi essẽt iniuste eũ ĩterfecisse, ẽt cippũ erexerunt. Sed primates Græciæ, ac doctissimi quiq; cum & ipsi quæ in æsopũ facta fuissent, intellexissent, & in delphos profecti sunt, & cũ illis habita inquisitione, ultores æsopi mortis fuerunt. FINIS.

γεν. ἀκούσατέ μου Δελφοὶ, λαγωὸς ὑπ' ἀετοῦ διωκόμενος, πρὸς καὶ τὴν κανθάρου
κατέφυγε, δεόμενος ὑπ' αὐτοῦ σωθῆναι. ὁ δὲ κάνθαρος ἠξίου τὸν ἀετὸν,
μὴ ἀνελεῖν τὸν ἱκέτην, ὁρκίζων αὐτὸν κατὰ τοῦ μεγίστου Διὸς, ἢ μὴν μὴ καταφρονῆσαι
τῆς μικρότητος αὐτοῦ. ὁ δὲ, μετ' ὀργῆς τῇ πτέρυγι ῥαπίσας τὸν κάνθαρον,
τὸν λαγωὸν ἁρπάσας κατέφαγεν. ὁ δὲ κάνθαρος τῷ τε ἀετῷ συναπέπτη,
ὡς τὴν καλιὰν τούτου καταμαθεῖν. καὶ δὴ προσελθὼν, τὰ ὠὰ τούτου κατακυλίσας
διέφθειρε. τοῦ δὲ, δεινὸν ποιησαμένου εἴ τις τοῦτο τολμήσειε, κἀπὶ
μετεωροτέρου τόπου τὸ δεύτερον νεοττοποιησαμένου, κἀκεῖ πάλιν ὁ κάνθαρος
τὰ ἴσα τοῦτον διέθηκεν. ὁ δ' ἀετὸς ἀμηχανήσας τοῖς ὅλοις, ἀναβὰς ὡς τὸν
Δία, τούτου γὰρ ἱερὸς εἶναι λέγεται, τοῖς αὐτοῦ γόνασι τὴν τρίτην γονὴν τῶν ὠῶν ἔθηκε,
τῷ θεῷ ταῦτα παραθέμενος, καὶ ἱκετεύσας φυλάττειν. ὁ κάνθαρος δὲ κόπρου
σφαῖραν ποιήσας, καὶ ἀναβὰς, ἐπὶ τοῦ κόλπου τοῦ Διὸς ταύτην καθῆκεν. ὁ δὲ Ζεὺς
ἀναστὰς ἐφ' ᾧ τὴν ὄνθον ἀποτινάξασθαι, καὶ τὰ ὠὰ διέρριψεν ἐκλαθόμενος, ἃ καὶ
συνετρίβη πεσόντα. μαθὼν δὲ πρὸς τοῦ κανθάρου, ὅτι ταῦτ' ἔδρασε τὸν ἀετὸν
ἀμυνόμενος, οὐ γὰρ δὴ τὸν κάνθαρον ἐκεῖνος μόνον ἠδίκησεν, ἀλλὰ καὶ εἰς τὸν
Δία αὐτὸν ἠσέβησε, πρὸς τὸν ἀετὸν εἶπεν ἐλθόντα. κάνθαρον εἶναι τὸν λυποῦντα,
καὶ δὴ καὶ δικαίως λυπεῖν. μὴ βουλόμενος οὖν τὸ γένος τῶν ἀετῶν σπανισθῆναι,
συνεβούλευε τῷ κανθάρῳ διαλλαγὰς πρὸς τὸν ἀετὸν θέσθαι. τοῦ δὲ,
μὴ πειθομένου, ἐκεῖνος εἰς καιρὸν ἕτερον τὸν τῶν ἀετῶν μετέθηκε τοκετὸν, ἡνίκα ἂν
μὴ φαίνωνται κάνθαροι. καὶ ὑμεῖς οὖν ὦ ἄνδρες Δελφοὶ, μὴ ἀτιμάσητε τοῦτον
δὴ τὸν θεὸν, εἰς ὃν κατέφυγον, εἰ καὶ μικροῦ τετύχηκεν ἱεροῦ. οὐδὲ γὰρ ἀσεβεῖς περιόψεται.
οἱ δὲ Δελφοὶ τούτων ὀλίγα φροντίζοντες, τὴν ἐπὶ τὸν θάνατον ὁμοίως
ἦγον. Αἴσωπος δὲ μηδενὶ τῶν ὑπ' αὐτοῦ λεγομένων ὁρῶν καμπτομένους, πάλιν
φησίν. ἄνδρες ἀνήμεροι καὶ φονῶντες, ἀκούσατε. γεωργός τις ἐπ' ἀγροῦ
γεγηρακὼς, ἐπεὶ μηδέποτε εἰσῆλθεν εἰς ἄστυ, παρεκάλει τοὺς οἰκείους τοῦτο θεάσασθαι.
οἱ δὲ, ζεύξαντες ὀνάρια, καὶ ἐπὶ τῆς ἀπήνης αὐτὸν ἀναβιβασάμενοι,
μόνον ἐκέλευσαν ἐλαύνειν. ἐλαύνοντι δὲ, χειμῶνος καὶ θυέλλης τὸν ἀέρα καταλαβόντων,
καὶ ζόφου γενομένου, τὰ ὀνάρια τῆς ὁδοῦ πλανηθέντα, εἴς τινα κρημνὸν
ἐξετόπισαν τὸν πρεσβύτην. ὁ δὲ μέλλων ἤδη κατακρημνίζεσθαι, ὦ Ζεῦ
εἶπε. τί ποτέ σε ἠδίκησα, ὅτι οὕτω παρὰ λόγον ἀπόλλυμαι; καὶ ταῦτα οὐδ'
ὑφ' ἵππων γενναίων, οὐδ' ἡμιόνων ἀγαθῶν, ἀλλ' ὀναρίων εὐτελεστάτων. κἀγὼ
τοίνυν ἐπὶ τοῖς ἴσοις νῦν δυσχεραίνω, ὅτι μὴ ὑπ' ἐντίμων ἀνδρῶν, ἢ ἐλλογίμων,
ἀλλ' ὑπ' ἀχρείων καὶ κακίστων ἀπόλλυμαι. μέλλων δὲ ἤδη κατὰ τοῦ κρημνοῦ ἀφίεσθαι,
τοιοῦτον εἴρηκε πάλιν μῦθον. ἀνήρ τις τῆς οἰκείας ἐρασθεὶς θυγατρὸς, εἰς
ἀγρὸν ἀπέστειλε τὴν γυναῖκα. μόνην δὲ τὴν θυγατέρα ἀπολαβὼν, ἐβιάζετο. ἡ
δὲ, πάτερ εἶπεν ἀνόσια πράττεις, ηὐχόμην μέντοι ὑπὸ πολλῶν ἀνδρῶν αἰσχυνθῆναι,
ἢ ὑπὸ σοῦ τοῦ γεννησαμένου. τοῦτο τοίνυν καὶ ἐφ' ὑμῶν ὦ παράνομοι Δελφοὶ
λέγω. ὡς ᾑρούμην Σκύλλῃ καὶ Χάρυβδει περιπεσεῖν, καὶ ταῖς ἐν Ἀφρικῇ Σύρτεσιν,
ἢ παρ' ὑμῶν ἀδίκως καὶ ἀναξίως ἀποθανεῖν. καταρῶμαι γοῦν ὑμῶν τῇ
πατρίδι. καὶ θεοὺς μαρτύρομαι, ὡς ἔξω πάσης δίκης ἀπόλλυμαι. οἵ μοι τιμωρήσουσιν
εἰσακούσαντες. ἔρριψαν μὲν οὖν αὐτὸν οἱ Δελφοὶ κατὰ τοῦ κρημνοῦ καὶ ἀπέθανεν.
οὐ πολλῷ δ' ὕστερον λοιμῷ συσχεθέντες, χρησμὸν ἔλαβον ἐξιλάσκεσθαι
τὸν Αἰσώπου θάνατον. ᾧ καὶ ὡς συνειδότες ἑαυτοῖς ἀδίκως φονεῦσαι, καὶ στήλην
ἀνέστησαν. οἱ δ' ἐν τῇ Ἑλλάδι πρωτεύοντες, καὶ ὅσοι τῶν σοφωτέρων, καὶ αὐτοὶ τὰ
εἰς Αἴσωπον πεπραγμένα μαθόντες, εἴς τε Δελφοὺς παρεγένοντο. καὶ ζῶν ἐκείνοις
σκεψάμενοι, τιμωροὶ καὶ αὐτοὶ τῷ Αἰσώπου θανάτῳ γεγόνασιν.

Ἀετὸς καὶ ἀλώπηξ φιλιωθέντες, πλησίον ἀλλήλων οἰκεῖν ἔγνωσαν, βεβαίωσιν φιλίας ποιούμενοι τὴν συνήθειαν. ὁ μὲν οὖν ἐφ' ὑψηλοῦ δένδρου τὴν καλιὰν ἐπήξατο. ἡ δ' ἀλώπηξ, ἐν τοῖς ἐγγίστα θάμνοις ἐτεκνοποιήσατο. ἐπὶ νομὴν οὖν ποτε τῆς ἀλώπεκος προελθούσης, ὁ ἀετὸς τροφῆς ἀπορῶν, καταπτὰς ἐπὶ τῶν θάμνων, καὶ τὰ τέκνα ταύτης ἀναρπάσας, ἅμα τοῖς αὐτοῦ νεοττοῖς ἐθοινήσατο. ἡ δ' ἀλώπηξ ἐπανελθοῦσα, καὶ τὸ πραχθὲν μαθοῦσα, οὐ τοσοῦτον ἐπὶ τῷ τῶν τέκνων ἠνιάθη θανάτῳ, ὅσον ἐπὶ τῷ τῆς ἀμύνης ἀπόρῳ. χερσαία γὰρ οὖσα, πτηνὸν διώκειν οὐχ οἵα τε ἦν. διὸ καὶ πόρρωθεν στᾶσα, τοῦθ' ὃ καὶ τοῖς ἀδυνάτοις ἐστὶν εὔπορον, τῷ ἐχθρῷ κατηρᾶτο. οὐ πολλῷ δ' ὕστερον, αἶγά τινων ἐπ' ἀγροῦ θυόντων, καταπτὰς ὁ ἀετὸς, μέρος τι τῶν θυμάτων σὺν ἐμπύροις ἄνθραξιν ἥρπασε, κἀπὶ τὴν νεοττιὰν ἤγαγεν. ἀνέμου δὲ σφοδροῦ πνεύσαντος τηνικαῦτα, καὶ φλογὸς ἀναφθείσης, οἱ ἀετιδεῖς ἀπτῆνες ἔτι τυγχάνοντες, ὀπτηθέντες εἰς γῆν κατέπεσον. ἡ δ' ἀλώπηξ ἐπιδραμοῦσα, ἐν ὄψει τοῦ ἀετοῦ πάντας κατέφαγεν.

Ἐπιμύθιον.

Ὁ μῦθος δηλοῖ, ὅτι οἱ φιλίαν παρασπονδοῦντες, κἂν τὴν ἐκ τῶν ἠδικημένων φύγωσι τιμωρίαν δι' ἀσθένειαν, ἀλλὰ τήν γε θείαν δίκην οὐ διακρούσονται.

Ἀετὸς, καὶ κάνθαρος.

Λαγωὸς ὑπ' ἀετοῦ διωκόμενος, πρὸς κοίτην κανθάρου κατέφυγε, δεόμενος ὑπ' αὐτοῦ σωθῆναι. ὁ δὲ κάνθαρος ἠξίου τὸν ἀετὸν μὴ ἀνελεῖν τὸν ἱκέτην, ὁρκίζων αὐτὸν κατὰ τοῦ μεγίστου Διὸς, ἢ μὴν μὴ καταφρονῆσαι τῆς μικρότητος αὐτοῦ. ὁ δὲ, μετ' ὀργῆς τῇ πτέρυγι ῥαπίσας τὸν κάνθαρον, τὸν λαγωὸν ἁρπάσας κατέφαγεν. ὁ δὲ κάνθαρος τῷ τε ἀετῷ συναπέπτη, ὡς τὴν καλιὰν τούτου καταμαθεῖν. καὶ δὴ προσελθὼν, τὰ ᾠὰ τούτου κατακυλίσας διέφθειρε. τοῦ δὲ δεινὸν ποιησαμένου, εἴ τις τοῦτο τολμήσειε, κἀπὶ μετεωροτέρου τόπου τὸ δεύτερον νεοττοποιησαμένου, κἀκεῖ πάλιν ὁ κάνθαρος τὰ ἴσα τοῦτον διέθηκεν. ὁ δ' ἀετὸς ἀμηχανήσας τοῖς ὅλοις, ἀναβὰς ἐπὶ τὸν Δία τούτου γὰρ ἱερὸς εἶναι λέγεται, τοῖς αὐτοῦ γόνασι τὴν τρίτην γονὴν τῶν ᾠῶν ἔθηκε, τῷ θεῷ ταῦτα παραθέμενος, καὶ ἱκετεύσας φυλάττειν. ὁ κάνθαρος δὲ κόπρου σφαῖραν ποιήσας, καὶ ἀναβὰς, ἐπὶ τοῦ κόλπου τοῦ Διὸς ταύτην καθῆκεν. ὁ δὲ Ζεὺς ἀναστὰς, ἐφ' ᾧ τὴν ὄνθον ἀποτινάξασθαι, καὶ τὰ ᾠὰ διέρριψεν ἐκλαθόμενος. ἃ καὶ συνετρίβη πεσόντα. μαθὼν δὲ πρὸς τοῦ κανθάρου, ὅτι ταῦτ' ἔδρασε τὸν ἀετὸν ἀμυνόμενος, οὐ γὰρ μὴ τὸν κάνθαρον ἐκεῖνος μόνον ἠδίκησεν, ἀλλὰ καὶ εἰς τὸν Δία αὐτὸν ἠσέβησε, πρὸς τὸν ἀετὸν εἶπεν ἐλθόντα, κάνθαρον εἶναι τὸν λυποῦντα, καὶ δὴ καὶ δικαίως λυπεῖν. μὴ βουλόμενος οὖν τὸ γένος τῶν ἀετῶν σπανισθῆναι, συνεβούλευε τῷ κανθάρῳ διαλλαγὰς πρὸς τὸν ἀετὸν θέσθαι. τοῦ δὲ, μὴ πειθομένου, ἐκεῖνος εἰς καιρὸν ἕτερον τὸν τῶν ἀετῶν μετέθηκε τοκετὸν, ἡνίκα ἂν μὴ φαίνωνται κάνθαροι.

Ἐπιμύθιον.

Ὁ μῦθος δηλοῖ, μηδενὸς καταφρονεῖν, λογιζομένους, ὡς οὐδείς ἐστιν, ὃς προπηλακισθεὶς, οὐκ ἂν δυνηθείη ἑαυτῷ ἐπαμῦναι.

Ἀηδὼν,

AQuila & Vulpes inita amicitia ꝑpe habitare decreue rũt cõfirmationẽ amicitiæ faciẽdo conſuetudinẽ. Aquila ſuper alta arbore nidum affixit, Vulpes uero in proximis arbuſtis filios peperit. ad pabulũ igit͛ aliqñ uulpe profecta, aquila cibi indigens, deuolans in arbuſta, & filios huius raptos una cum ſuis pullis deuorauit. Vulpes uero reuerſa, & re cognita non tam filiorum triſtata eſt morte, quam uindictæ inopia. quia. n. terreſtris eſſet, uolucrẽ perſequi haud poterat. quare ꝑcul ſtans quod ẽt impotẽtibus eſt facile, inimicæ maledicebat. nõ multo ãt poſt, caprã quibuſdã in agro ſacrificantibus euolans aquila partem uictimæ cum ignitis carbonibus rapuit, & in nidum tulit. uento autem uehementi tunc flante, & flamma excitata, aquilæ pulli inuolucres adhuc cum eſſent, aſſati in terram decidunt, uulpes uero accurrens in conſpectu aquilæ omnes deuorauit.

Affabulatio.

Fabula ſignificat eos, qui amicitiam uiolarint, licet ab affectis iniuria fugiant ultionem ob ĩpotentiã, diuinũ tamẽ ſupplicium nõ depulſuros.

Aquila, & ſcarabeus.

LEpus aquila inſectante in luſtrum ſcarabei profugit, rogãs ut ab eo ſeruaret. Scarabeus ãt rogabat aqlã ne occideret ſupplicem, obteſtans ipſam per maximum Iouem, ne ſcilicet contemneret paruitatem ſuam. illa uero irata ala percuſsit ſcarabeum, & leporem arreptum deuorauit. at ſcarabeus & cum aquila uolauit, ut nidum eius diſceret, & iam profectus oua ipſius deuoluta dirupit, illa indigne ferente, ꝙ quis hoc auſus fuiſſet, & in ſublimiore loco ſecundo nido conſtructo, & illic rurſus ſcarabeus eiſdem eam affecit. Aquila autem conſilii inops penitus, aſcendit ad Iouẽ, (hui⁹ enim ſacra eſſe dicitur.) in eius genibus tertium partum ouorum poſuit deo ipſa commendans, ac ſupplicans ut cuſtodiret. Scarabeus ãt ex fimo pilula facta, & aſcendit, & in ſinum Iouis eam demiſit, ſed Iupiter cum ſurrexiſſet, ut fimum excuteret, & oua proiecit oblitus, quæ & contriuit deiecta. cognito a ſcarabeo ꝙ hoc feciſſet ut aquilã ulciſceretur, nã nõ modo ſcarabeũ illa iniuria affecit, ſed & in Iouem ipſum impia fuit, reuerſæ aquilæ ait Iupiter, ſcarabeum eſſe qui mœſtitiæ cauſa fuerit, & certe iure fuiſſe. nolens igitur genus aquilarum rareſcere, conſuluit ſcarabeo, ut aquilæ conciliaretur, ſed eo nõ parente, Iupiter in aliud tempus aquilarũ tranſmutauit partum, cum ſcarabei non appareant.

Affabulatio.

Fabula ſignificat nullũ eſſe contemnendũ, conſyderando nõ eſſe queq̃ qui laceſsitus ſe ulciſci non queat.

Γαβρίου ἕλληνος τετράστιχα.

Περὶ ἀνθρώπου, καὶ λιθίνου λέοντος.

Ἀνδρὸς ποσὶν πατεῖτο πέτρινος λέων.
καί τις λέων, τί φησι τὴν ἰσχὺν βλέπεις;
ἀλλ' εἰ λέοντες εἶπεν ᾔδεισαν γλύφειν,
πολλοὺς ἂν εἶδες ὄντας ἀνθρώπους λίθους.
Ἐπιμύθιον, ὅτι ἐπ' ἀρετῇ, οὐ δεῖ σεμνύνεσθαι.

Gabrii græci tetraſtica.

De homine, & Leone lapideo.

Viri pedibus calcabatur lapideus Leo.
Et quis Leo, quid robur ĩquit ĩtueris?
At ſi Leones ait ſciuiſſent ſcalpere,
Multos uidiſſes eſſe homines lapides.
Affabulatio. Qđ nõ oporteat inflari uirtute.

Περὶ λέοντος κοιμωμένου, καὶ μυός.

Λέοντος ὑπνώττοντος, αὐχένος μέσον
διέδραμεν μῦς, ὃς δ' ἀνέστη συντόμως.
γελᾷ δ' ἀλώπηξ, καὶ λέων ἀπεκρίθη,
οὐ μὲν πτοοῦμαι, τὴν ὁδὸν δ' ἀνατρέπω.
Ἐπιμύθιον, ὅτι οὐ δεῖ καὶ μικρὰν περιφρόνησιν ἀ-
ποστρέφεσθαι.

De Leone dormiente, & mure.

Leone dormiente, per mediam ceruicem
Percurrit mus. is autem ſurrexit illico.
Ridet Vulpes. ac Leo reſpondit,
Non timeo, ſed interrumpo iter.
Affabulatio, Quod non oporteat ne paruum
quidem contemptum negligere.

Περὶ λέοντος καὶ κάπρου, καὶ γυπῶν.

Λέων μάχην ἔστησε πρὸς τὸν κάπρον.
γῦπες δ' ἄνωθεν ἐσκόπουν τὴν ἔριν,
βρῶσιν ἂν ἡττηθέντα ποιῆσαι τάχα.
φίλους δ' ὁρῶντες ἠστόχουν τῶν ἐλπίδων.
Ἐπιμύθιον, ὅτι οὐ δεῖ ἀλλοτρίοις κακοῖς ἐπιχαίρειν.

De Leone, & Apro, & Vulturibus.

Leo pugnam parauit aduerſus aprum.
Vultures uero deinſuper ſpeculabãtur litem,
Vt deuorarent ſtatim, qui uinceretur.
Sed amicis iiſdem uiſis, fruſtrati ſunt ſpe.
Affabulatio, qđ ñ oporteat alienis malis lætari.

Περὶ δορκάδος καὶ λέοντος θυμωθέντος.

Λέοντα δορκὰς ὡς ἴδεν μεμηνότα,
ὦ μοῖρα θηρῶν εἶπεν ἀθλιωτάτη.
εἰ σωφρονῶν γε, δυσκάθεκτος εἶ λέων,

πῶς νῦν μανεὶς οὐ μεστὰ δακρύων δράσεις;
Ἐπιμύθιον, ὅτι ἐξουσίαν ἔχοντα οὐ δεῖ θυμοῦσθαι.

De Caprea, & Leone furente.

Leonem caprea ut uidit furentem,
O fatum ferarum ait miserrimum.
Si compos mentis intolerabilis es leo,
Quó nũc furens nõ plena facies lachrymas?

Affabulatio, Quod non oporteat, eum qui potestatem habet, excandescere.

Περὶ λέοντος, ὄνου, ἀλώπεκος.

Λέων, ὄνος, κερδώ, τε πρὸς θήραν ἴσαν·
ὄνου δὲ ταύτην εἰς τρίτον δεδασμένου,
λέων κατεσπάραξε, κερδὼ δὲ πλέον
ἔνειμεν αὐτῷ, σωφρονισθεῖσ' ἐξ ὄνου.

Ἐπιμύθιον, ὅτι δεῖ ἐξ ὧν πάσχουσιν ἕτεροι, παιδεύεσθαι.

De Leone. Asino. Vulpe.

Leo. Asinus. Vulpes ad prædam iere.
In treis parteis eam cum asinus diuisisset,
A leone dilaceratus est. at uulpes plus
Ei tribuit edocta ab asino.

Affabulatio, Quod ex iis, quæ alii patiuntur, doceri oporteat.

Περὶ ὄνου βαστάζοντος εἴδωλον.

Ὤμοις ὄνος παρῆγεν ἀργυροῦν βρέτας,
ὅπερ συναντῶν, πᾶς τις αὐτὸ προσκυνεῖ.
τύφῳ δ' ἐπαρθεὶς, μὴ θέλων μένειν ὄνος,
ἤκουσεν, οὐ θεὸς σὺ, τὸν θεὸν δ' ἄγεις.

Ἐπιμύθιον, ὅτι τοὺς ἐν ἀξιώμασι τιμωμένους δεῖ γινώσκειν, ὅτι ἄνθρωποί εἰσιν.

De Asino gestante simulacrum.

Humeris asinus gestabat simulacrum argenteũ,
Quod unusquisq; occurrens adorabat.
Superbia uero elatus, nolens manere asinus,
Audiuit, non es tu deus, sed fers deum.

Affabulatio, Qđ oporteat eos, q in dignitatib⁹ constituti sunt, cognoscere se esse hoĩes.

Περὶ παιδὸς ἐσθίοντος σπλάγχνα.

Βοὸς φαγὼν παῖς εἰς ἑορτὴν ἔγκατα,
οἴμοι κέκληγ' ὡς σπλάγχνα μῆτερ ἐκχέω.
ἡ δ' αὖ γελῶσα μὴ φοβοῦ τέκνον ἔφη.
τῶν σῶν γὰρ οὐδὲν, ἀλλ' ἐμεῖς ἀλλοτρίων.

Ἐπιμύθιον. ὅτι δεῖ τὰ ἀλλότρια ἀποστρέφειν, καὶ μὴ γογγύζειν.

De puero comedente intestina.

Bouis puer festo die cum comedisset uiscera,
Hei mihi clamabat, ꝙ ĩtestina effũdo mater.

Quære reliquũ in medio sequẽtis quaternionis.

Philomela, & Accipiter.

PHilomela super arbore sedens de more canebat, Accipiter autē uidens, ac cibi indigens uolando corripuit. quæ cum occidenda foret, orabat accipitrem, ne deuoraretur. neq; enim satis esse ad accipitris uentrē iplendū, sed oportere ipsū cibo egentē ad maiores aues cōuerti. at accipiter suscipiens ait, sed ego certe demens essem, si q in manibus paratus est, cibo dimisso, quæ non uident, psequar. Affabulatio. Fabula significat, plerosq; hoies eodē mō esse iconsultos, qui spe maiorum incertorum, quæ in manibus habentur, amittant.

Vulpes, & Hircus.

VVlpes, & Hirc⁹ sitientes in puteū descenderūt, sed postq̄ biberūt, Hirco indagante ascensum, uulpes ait, confide, utile quid in utriusq; etiam salutem excogitaui. si enim rectus steteris, & anteriores pedes parieti firmaueris, & cornua pariter in anteriorē partē inclinaueris, cū pcurreri ipsa p tuos humeros & cornua, & extra puteum illinc exiluerim, & te postea extraham hinc. ab hirco autem ad hoc prompte officio præstito, illa cum ex puteo sic exiluisset, exultabat circum os læta, hircus autem ipsam accusabat, q̄ transgressa fuerit conuentiones, illa autē, sed si tot inqt mētes possideres, quot in barba pilos, non ante descendisses, q̄ ascensum consyderasses. Affabulatio.

Fabula significat, sic prudentem uirum oportere prius fines consyderare rerum, deinde sic ipsas aggredi.

Vulpes, & Leo.

VVlpes cum nunquam uidisset Leonem, cum ei casu quodā occurrisset, primum sic timuit, ut fere moreretur. Deinde cum secundo uidisset, timuit certe, non tamen ut prius. Tertio āt cum ipsum uidisset, sic contra eum ausa est, ut & accederet, & colloqueretur. Affabulatio.

Fabula significat conuersatione terribilia quoq; accessu facilia fieri.

Feles, & Gallus.

FEles comprehenso Gallo, cum rationabili ipsum causa uolebat deuorare. cæterum accusabat ipsum, dicendo molestū esse hominibus nocte clam: item, neq; permittentem somno frui. eo uero respondente ad illorum utilitatem id se facere, ut ad consueta opera excitarentur, rursus feles causam afferebat, q̄ impius esset erga naturā cum matri, ac sororibus coeundo, eo autem & hoc ad utilitatem dominorum facere dicente, cum multa ipsis hinc oua pariantur, feles præfatus, sed si tu multis abundas euidentibus responsionib⁹, ego tamen ieiunus non perstabo, ipsum deuorauit. Affabulatio.

Fabula significat prauam naturam peccare uolentē, si non uerisimili cū prætextu facere id possit, aperte tamen malignari.

Vulpes.

VVlpes laqueo capta cum abscisa cauda euasisset, nō uiuendā p̄ pudore existimabat uitā. decreuit itaq; & aliis uulpibus hoc idem persuadere, ut communi malo suum cœla-

Ἀηδὼν, καὶ ἱέραξ.

ἀ ηδὼν ἐπὶ δένδρου καθεζομένη, κατὰ τὸ σύνηθες ᾖδεν. ἱέραξ δὲ θεασάμενος καὶ τροφῆς ἀπορῶν, συνέλαβεν ἐπιπτάς. ἡ δ' ἀναιρεῖσθαι μέλλουσα, ἐδεῖτο τοῦ ἱέρακος μὴ βρωθῆναι. μὴ δὲ γὰρ ἱκανὴ εἶναι ἱέρακος γαστέρα πληροῦν. δεῖν δὲ αὐτὸν τροφῆς προσδεόμενον, ἐπὶ τὰ μείζω τῶν ὀρνέων τρέπεσθαι. καὶ ὁ ἱέραξ ὑπολαβὼν εἶπεν, ἀλλ' ἔγωγε ἄφρων ἂν εἴην, εἰ τὴν ἐν χερσὶν ἑτοίμην τροφὴν ἀφεὶς, τὰ μὴ φαινόμενά πω διώκοιμι.

Ἐπιμύθιον.

Ὁ μῦθος δηλοῖ, ὅτι καὶ τῶν ἀνθρώπων οὕτως ἀλόγιστοί εἰσιν, οἳ δι' ἐλπίδα μειζόνων ἀδήλων, τὰ ἐν χερσὶ προϊέμενοι.

Ἀλώπηξ, καὶ τράγος.

ἀ λώπηξ καὶ τράγος διψῶντες, εἰς φρέαρ κατέβησαν. μετὰ δὲ τὸ πιεῖν, τοῦ τράγου σκεπτομένου τὴν ἄνοδον, ἡ ἀλώπηξ ἔφη, θάρσει. χρήσιμόν τι καὶ εἰς τὴν ἀμφοτέρων σωτηρίαν ἐπινενόηκα. ἐὰν γὰρ ὄρθιος σταθείς, τοὺς ἐμπροσθίους τῶν ποδῶν τῷ τοίχῳ προσερείσῃς, καὶ τὰ κέρατα ὁμοίως εἰς τοὔμπροσθεν κλινεῖς, ἀναδραμοῦσα διὰ τῶν σῶν αὐτὴ νώτων καὶ κεράτων, καὶ ἔξω τοῦ φρέατος ἐκεῖθεν πηδήσασα, καὶ σὲ μετὰ ταῦτα ἀνασπάσω ἐντεῦθεν. τοῦ δὲ τράγου πρὸς ταῦτα ἑτοίμως ὑπηρετησαμένου, ἐκείνη τοῦ φρέατος οὕτως ἐκπηδήσασα, ἐσκίρτα περὶ τὸ στόμιον ἡδομένη. ὁ δὲ τράγος αὐτὴν ἐμέμφετο, ὡς παραβαίνουσαν τὰς συνθήκας. ἡ δ' ἀλλ' εἰ τοσαύτας φρένας ἐκέκτησο, ὁπόσας ἐν τῷ πώγωνι τρίχας, οὐ πρότερον ἂν κατέβης, πρὶν ἢ τὴν ἄνοδον σκέψασθαι.

Ἐπιμύθιον.

Ὁ μῦθος δηλοῖ, ὅτι οὕτω καὶ τὸν φρόνιμον ἄνδρα δεῖ πρότερον τὰ τέλη σκοποῦντα τῶν πραγμάτων, εἶθ' οὕτως αὐτοῖς ἐγχειρεῖν.

Ἀλώπηξ, καὶ λέων.

ἀ λώπηξ μήπω θεασαμένη λέοντα, ἐπειδὴ κατά τινα τύχην αὐτῷ συνήντησε, τὸ μὲν πρῶτον οὕτως ἐφοβήθη, ὡς μικροῦ καὶ ἀποθανεῖν. ἔπειτα τὸ δεύτερον θεασαμένη, ἐφοβήθη μὲν, οὐ μὴν ὡς τὸ πρότερον. ἐκ τρίτου δὲ τοῦτον θεασαμένη, οὕτως αὐτὸν κατεθάρρησεν, ὡς καὶ προσελθοῦσα, διαλεχθῆναι.

Ἐπιμύθιον.

Ὁ μῦθος δηλοῖ, ὅτι ἡ συνήθεια, καὶ τὰ φοβερὰ τῶν πραγμάτων εὐπρόσιτα ποιεῖ.

Αἴλουρος, καὶ ἀλεκτρυών.

ἀ ἴλουρος συλλαβὼν ἀλεκτρυόνα, μετ' εὐλόγου τοῦτον αἰτίας ἠβουλήθη καταφαγεῖν. καὶ δὴ κατηγόρει αὐτοῦ, λέγων ὡς ὀχληρὸς εἴη τοῖς ἀνθρώποις, νύκτωρ κεκραγώς, καὶ μὴ συγχωρῶν ὕπνου τυγχάνειν. τοῦ δὲ ἀπολογουμένου, ἐπὶ τῇ ἐκείνων ὠφελείᾳ τοῦτο ποιεῖν, ὡς ἐπὶ τὰ συνήθη τῶν ἔργων ἐγείρεσθαι, πάλιν ὁ αἴλουρος αἰτίαν ἐπέφερεν, ὡς ἀσεβὴς εἴη περὶ τὴν φύσιν, μητρὶ καὶ ἀδελφαῖς συμμιγνύμενος. τοῦ δὲ, καὶ τοῦτο πρὸς ὠφέλειαν τῶν δεσποτῶν πράττειν φήσαντος, πολλῶν αὐτοῖς ἐντεῦθεν ᾠῶν τικτομένων, ὁ αἴλουρος εἰπών, ἀλλ' εἰ σύ γε πολλῶν εὐπορεῖς εὐπροσώπων ἀπολογιῶν, ἔγωγε μέντοι ἄτροφος οὐ μενῶ, τοῦτον κατεθοινήσατο.

Ἐπιμύθιον.

Ὁ μῦθος δηλοῖ, ὅτι ἡ πονηρὰ φύσις πλημμελεῖν αἱρουμένη, εἰ μὴ μετ' εὐλόγου δυνηθείη προσχήματος, ἀπαρακαλύπτως γε μὴν πονηρεύεται.

Ἀλώπηξ.

ἀ λώπηξ ἐν παγίδι ληφθεῖσα, καὶ ἀποκοπείσης τῆς οὐρᾶς διαδρᾶσα, ἀβίωτον ὑπ' αἰσχύνης ἡγεῖτο τὸν βίον. ἔγνω οὖν καὶ τὰς ἄλλας ἀλώπεκας τοῦτ' αὐτὸ νουθετῆσαι, ὡς ἂν τῷ κοινῷ πάθει τὸ ἴδιον συγκαλύ-

φεισι λοιπὸν ἀλόγως. καὶ δὴ πολλὰς ἀθροίσασα, παρῄνει τὰς οὐρὰς ἀποκόπτειν, ὡς οὐκ ἀπρεπὲς μόνον ὄντος τοῦ μέλους ὄν, ἀλλὰ καὶ περιττὸν βάρος προσηρτημένον. ὑπολαβοῦσα δέ τις αὐτῶν εἶπεν, ὦ αὕτη, ἀλλ᾽ εἰ οὐ σοὶ τοῦτο συνέφερεν, οὐκ ἂν ἡμῖν αὐτὸ συνεβούλευσας. Επιμύθιον.

Ο μῦθος δηλοῖ, ὅτι οἱ πονηροὶ τῶν ἀνθρώπων, οὐ δι᾽ εὔνοιαν τὰς πρὸς τοὺς πέλας ποιοῦνται συμβουλίας, ἀλλὰ διὰ τὸ αὐτοῖς συμφέρον.

Αλώπηξ, καὶ βάτος.

α Λώπηξ φραγμὸν ἀναβαίνουσα, ἐπειδὴ ὀλισθήσασα, κατὰ πίπτειν ἔμελλεν, ἐπελάβετο πρὸς βοήθειαν βάτου. καὶ δὴ τοὺς πόδας ὑπὸ τοῖς ἐκείνης κέντροις αἱμάξασα, καὶ ἀλγήσασα, πρὸς αὐτὴν εἶπεν. οἴμοι. καταφυγούσαν με γὰρ ἐπὶ σὲ ὡς ἐπὶ βοηθὸν, σὺ χεῖρον διέθηκας. ἀλλ᾽ ἐσφάλης ὦ αὕτη φησὶν ἡ βάτος, ἐμοῦ βουληθεῖσα ἐπιλαβέσθαι, ἥτις πάντων ἐπιλαμβάνεσθαι εἴωθα. Επιμύθιον.

Ο μῦθος δηλοῖ, ὅτι οὕτω καὶ τῶν ἀνθρώπων μάταιοι. ὅσοι βοηθοῖς προσφεύγουσιν, οἷς τὸ ἀδικεῖν μᾶλλον ἔμφυτον.

Αλώπηξ, καὶ κροκόδειλος.

Λώπηξ, καὶ κροκόδειλος ἠμφισβήτουν περὶ εὐγενείας. πολλὰ δὲ τοῦ
α κροκοδείλου ὑπερηφανία περὶ τῆς τῶν προγόνων διεξιόντος λαμπρότητος, ὡς γεγυμνασιαρχηκότων, ἡ ἀλώπηξ ὑπολαβοῦσα, ὦ τᾶν εἶπεν, ἀλλὰ κἂν μὴ σὺ λέγῃς, ἀπὸ τοῦ δέρματος γε φαίνῃ, ὡς ἐκ παλαιῶν ἐτῶν εἶ γεγυμνασμένος. Επιμύθιον.

Ο μῦθος δηλοῖ, ὅτι τῶν ψευδομένων ἀνδρῶν, ἔλεγχος τὰ πράγματα γίνεται.

Αλεκτρυόνες, καὶ πέρδιξ.

Λεκτρυόνας τις ἔχων ἐπὶ τῆς οἰκίας, πριάμενος καὶ πέρδικα ἥμερον ἐκεί-
α νοις ἀφῆκε νέμεσθαι. τῶν δὲ, τυπτόντων αὐτὸν καὶ ἀπελαυνόντων, ἐκεῖνος ἠθύμει σφόδρα, νομίζων, ὡς ἀλλόφυλος ταῦτα πάσχειν ὑπὸ τῶν ἀλεκτρυόνων. ὡς δὲ μετὰ μικρὸν κἀκείνους ἑώρακε μαχομένους καὶ ἀλλήλους κόπτοντας, τῆς λύπης ἀπολυθεὶς, εἶπεν. ἀλλ᾽ ἔγωγε ἀπὸ τοῦ νῦν οὐ λυπήσομαι, ὁρῶν καὶ αὐτοὺς μαχομένους ἀλλήλοις. Επιμύθιον.

Ο μῦθος δηλοῖ, ὅτι οἱ φρόνιμοι, ῥᾳδίως φέρουσι τὰς παρὰ τῶν ἀλλοτρίων ὕβρεις, ὅταν αὐτοὺς ἴδωσι μηδὲ τῶν οἰκείων ἀπεχομένους.

Αλώπηξ.

Λώπηξ εἰς οἰκίαν ἐλθοῦσα ὑποκριτοῦ, καὶ ἕκαστα τῶν αὐτοῦ σκευῶν δι-
α ερευνωμένη, εὗρε καὶ κεφαλὴν μορμολυκείου εὐφυῶς κατεσκευασμένην. ἣν καὶ ἀναλαβοῦσα ταῖς χερσὶν ἔφη. ὢ οἵα κεφαλὴ, καὶ ἐγκέφαλον οὐκ ἔχει. Επιμύθιον.

Ο μῦθος πρὸς ἄνδρας μεγαλοπρεπεῖς μὲν τῷ σώματι, κατὰ δὲ ψυχὴν ἀλογίστους.

Ανθρακεὺς, καὶ κναφεύς.

Νθρακεὺς ἐπί τινος οἰκῶν οἰκίας, ἠξίου καὶ κναφέα παραγενόμενον
α αὐτῷ συνοικῆσαι. ὁ δὲ κναφεὺς ὑπολαβὼν ἔφη, ἀλλ᾽ οὐκ ἂν τοῦτο δυναίμην ἔγωγε πρᾶξαι. δέδια γὰρ, μή πως ἃ ἐγὼ λευκαίνω, αὐτὸς ἀσβόλης πληροῖς. Επιμύθιον.

Ο μῦθος δηλοῖ, ὅτι πᾶν τὸ ἀνόμοιον ἀκοινώνητον.

Αλιεῖς.

α Λιεῖς εἷλκον σαγήνην. βαρείας δὲ αὐτῆς οὔσης, ἔχαιρον καὶ ἐσκίρτων πολλὴν εἶναι τὴν ἄγραν νομίζοντες. ὡς δ᾽ ἐπὶ τῆς ἠϊόνος ταύτην ἑλ-

ret dedecus. & iã collectis omnibus suadet caudas abscindere, quod nõ indecens solum hoc membrum sit, sed & superuacuũ onus appensum. respondens autem ex ipsis quædã ait, heus tu, nisi tibi hoc conduceret, nobis non consuleres. Affabulatio.

Fabula significat prauos homines non beneuolentia in propinquos consulere, sed suo commodo.

Vulpes, & Rubus.

VVlpes sepe conscensa, cum lapsa casura foret, apprendit in adiutorium rubum. Qua re cũ pedibus suis illius aculeis laceratis doloret, ad eam dixit, hei mihi, confugi enim ad te tanq̃ ad auxiliatorẽ, sed tu peius me tractasti. sed errasti, heus tu inquit rubus, quæ me apprẽdere uoluisti, quæ omnes apprẽdere soleo. Affabulatio.

Fabula significat, sic homines quoq; esse stultos, q ad eos auxilii gr̃a accurrunt, quibus magis iniuria afficere natura insitum est.

Vulpes, & Crocodilus.

VVlpes & Crocodilus contendebant de nobilitate, cũ multa aũt Crocodilus superba de progenitorum narrasset splendor, q̃ exercitationũ pricipes fuerint, Vulpes suscipiẽs o amicissime ait, sed si ipse nihil dicas, tamen ex cute uideris antiquis temporibus esse exercitatus. Affabulatio.

Fabula significat mendaces uiros res ipsas arguere.

Galli, & perdix.

GAllos quidam habens domi, emptam & perdicem cum illis pasci dimisit, qui cum ipsam uerberarent, ac expellerent, illa tristabatur ualde, existimans ut alienigenam hæc se pati á gallis. Cum uero paulo post & illos uideret pugnare, & se ipsos cædere, mœrore soluta, ait, sed ego posthac non tristabor uidens & ipsos pugnare inter se. Affabulatio.

Fabula significat prudentes facile ferre ab alienis iniurias, cum ipsos uideant neq; a suis abstinere.

Vulpes.

VVulpes in domum mimi profecta, & singula ipsius uasa perscrutata, inuenit & caput laruæ ingeniose fabricatum, quo & accepto manibus, ait, o quale caput, & cerebrum non habet. Affabulatio.

Fabula in uiros magnificos quidem corpore, sed animo inconsultos.

Carbonarius, & fullo.

CArbonarius in q̃dã habitãs domo, rogabat ut & fullo accederet, & secum cohabitaret, sed fullo respondendo ait, sed non hoc possem ego facere. timeo enim ne quæ ego dealbo, tu fuligine repleas. Affabulatio.

Fabula significat omne dissimile esse insociabile.

Piscatores.

PIscatores trahebãt uerriculũ qđ cũ graue foret, gaudebãt, & exultabant multũ inesse prædæ existimantes, sed cum in litus ipsũ traxissent, pisces'q; paucos qdē, sed lapidem in eo pmagnū inuenissent, tristari & mœrere cœperunt non tam piscium paucitate, q̄ quod & cōtraria antea aīo præsūpserāt. qdā aūt iter eos natu grādior dixit, ne tristemur o socii, nam uoluptati ut uidetur, soror est tristitia, & nos igitur oportebat tantum ante lætatos, omnino aliqua in re ēt tristari.

Affabulatio.

Fabula significat non oportere tristari frustrata spe.

Iactator.

VIr quidam peregrinatus, deinde in suam patriam reuersus, alia'q; multa in diuersis uiriliter gessisse locis iactabat, atq; etiam Rhodi saltasse saltum, quem nullus eius loci potuerit saltare, ad hoc & testes, qui ibi interfuerunt, dicebat habere. qdā āt ex iis, qui aderant, suscipiēs ait, heus tu, si uer hoc est non est tibi opus testibus. En Rhodus, en saltus. Affabulatio.

Fabula significat nisi prompta rei demonstratio sit, omnem sermonem uanum esse, & superuacuum.

Impossibilia promittens.

VIr pauper ægrotans, & male affectus, cum a medicis desperatus esset, deos rogabat, pollicens si sanitatem sibi rursus restituissent, centum boues ipsis oblaturum esse in sacrificium. uxore autem eius audiente, & ubi tibi hæc, si conualueris? ille ait, putas enim surgere me hinc, ut dei hæc a me repetant?

Affabulatio.

Fabula significat, multos facile polliceri, quæ re comprobare non sperent.

Malignus.

VIr malignus ad eum, qui in Delphis est, iuit Appolinē tētatur' ipsum. Atq; ideo comprehenso passerculo manu, & eo ueste contecto, stetit'q; proxime tripodem, ac rogauit Deum dicendo, o Apollo, quod manibus fero, utrum, uiuum'ne est, an mortuum? nam si mortuū diceret, uiuū ostensur' erat passerculū, sin uiuū, stati suffocatū mortuum illum efferre. Sed deus, maligna ipsius cognita mente, ait, utrum uis heus tu facere facito, penes te enim est istud facere, siue uiuū quod contines, siue mortuū ostendere. Affabulatio.

Fabula significat, numen neq; decipi posse, neq; quicquam latere.

Piscatores.

PIscatores egressi ad uenationem, cum multo tempore defatigati, nihil cepissent, & admodum tristabantur, & discedere apparabant, sed statim Thunnus maximo quodam insectāte pisce, in nauigiū ipsorum insiluit, quo capto, læti abiere.

Affabulatio.

Fabula significat, sæpe quæ ars non præbuit, ea donasse fortunam.

Deceptor.

VIr pauper ægrotans, orabat deos, si euaderet, boues centum ī sacrificium oblaturum. sed dei tentaturi a morbo liberarunt, at ille surgens, qm̄ bobus carebat, ex adipe boues centum a se for

κύσαντες, τῶν μὲν ἰχθύων βάρος ὀλίγους, λίθοι δὲ ἐν αὐτῇ παμμεγέθεις, ἀθυ-
μεῖν ἤρξαντο καὶ ἀλύειν, οὐ τοσοῦτον ἐπὶ τῇ τῶν ἰχθύων ὀλιγότητι, ὅσον ὅτι
καὶ τἀναντία προϋπειλήφασιν. εἷς δέ τις ἐν αὐτοῖς πρεσβύτερος εἶπε, μὴ
ἀχθώμεθα ὦ ἑταῖροι. τῇ γὰρ ἡδονῇ ὡς ἔοικεν, ἀδελφή ἐστιν ἡ λύπη. καὶ ἡμᾶς
οὖν ἔδει τοσαῦτα προησθέντας, πάντως τι καὶ λυπηθῆναι.

Ἐπιμύθιον.

Ὁ μῦθος δηλοῖ, ὅτι οὐ δεῖ λυπεῖσθαι ἐπὶ ταῖς ἀποτυχίαις.

Κομπαστής.

Νήρ τις ἀποδημήσας, εἶτα δὲ πάλιν πρὸς τὴν ἑαυτοῦ γῆν ἐπανελθών,
α ἄλλα τε πολλὰ ἐν διαφόροις ἀνδραγαθηκέναι χώραις ἐκόμπαζε, καὶ
δὴ καὶ ἐν τῇ Ῥόδῳ πεπηδηκέναι πήδημα, οἷον οὐδεὶς τῶν ἐπ' αὐτοῦ δυ-
νατὸς ἂν εἴη πηδῆσαι. πρὸς τοῦτο δὲ καὶ μάρτυρας τοὺς ἐκεῖ παρόντας ἔλε-
γεν ἔχειν. τῶν δὲ παρόντων τις ὑπολαβών, ἔφη. ὦ οὗτος, εἰ ἀληθές τοῦτ' ἐστιν,
οὐδὲν δεῖ σοι μαρτύρων. ἰδοὺ Ῥόδος, ἰδοὺ καὶ τὸ πήδημα. Ἐπιμύθιον.

Ὁ μῦθος δηλοῖ, ὅτι ἐὰν μὴ πρόχειρος ἡ τοῦ πράγματος ἀπόδειξις ᾖ, πᾶς λό-
γος περιττός ἐστιν.

Ἀδύνατα ἐπαγγελλόμενος.

Νὴρ πένης νοσῶν, καὶ κακῶς διακείμενος, ἐπειδὴ πρὸς τῶν ἰατρῶν ἀπε-
α γνώσθη, τῶν θεῶν ἐδεῖτο, ὡς εἰ τὴν ὑγείαν αὐτῷ πάλιν ἐπανελθεῖν
ποιήσειαν, ἑκατὸν βόας αὐτοῖς προσοίσειν ὑπισχνούμενος εἰς θυσίαν.
τῆς δὲ γυναικὸς αὐτοῦ πυθομένης, καὶ ποῦ σοι ταῦτα ἂν ὑγιάνῃς, ἐκεῖνος ἔφη,
οἴει γὰρ ἀναστῆναί με ἐντεῦθεν, ἵν' οἱ θεοὶ ταῦτά με ἀπαιτήσωσιν.

Ἐπιμύθιον.

Ὁ μῦθος δηλοῖ, ὅτι πολλοὶ ῥαδίως κατεπαγγέλλονται, ἃ πρὸς τελέσαι ἔργῳ
οὐ προσδοκῶσιν.

Κακοπράγμων.

Νὴρ κακοπράγμων εἰς τὸν ἐν Δελφοῖς ἧκεν Ἀπόλλωνα, πειρᾶσαι τοῦ-
α τον βουλόμενος. καὶ δὴ λαβὼν στρουθίον ἐν τῇ χειρί, καὶ τοῦτο τῇ ἐσθῆ-
τι σκεπάσας, ἔστη τε τοῦ τρίποδος ἔγγιστα. καὶ ἤρετο τὸν θεὸν λέγων,
Ἄπολλον, ὃ μετὰ χεῖρας φέρω πότερον ἔμπνουν ἐστίν, ἢ ἄπνουν, βουλόμενος ὡς
εἰ μὲν ἄπνουν εἴποι, ζῶν ἀναδεῖξαι τὸ στρουθίον. εἰ δ' ἔμπνουν, εὐθὺς ἀποπνίξας,
νεκρὸν ἐκεῖνο προενεγκεῖν. ὁ δέ γε θεὸς τὴν κακότεχνον αὐτοῦ γνοὺς ἐπίνοιαν,
εἶπεν. ὁπότερον ὦ οὗτος βούλει ποιῆσαι, ποίησον. παρὰ σοὶ κεῖται γὰρ τοῦτο
πρᾶξαι, ἤτοι ζῶν ὃ κατέχεις, ἢ νεκρὸν ὑποδεῖξαι. Ἐπιμύθιον.

Ὁ μῦθος δηλοῖ, ὅτι τὸ θεῖον ἀπαραλόγιστον καὶ ἀλάθητον.

Ἁλιεῖς.

Λιεῖς ἐξελθόντες εἰς ἄγραν, ἐπειδὴ πολὺν χρόνον ταλαιπωρήσαν-
α τες, οὐδὲν εἷλον, σφόδρα τε ἠθύμουν, καὶ ἀναχωρῆσαι παρεσκευά-
ζοντο. εὐθὺς δὲ θύννος ὑπὸ τῶν μεγίστων διωκόμενος ἰχθύων, εἰς τὸ πλοῖον
αὐτῶν εἰσήλατο. οἱ δὲ τοῦτον λαβόντες, μεθ' ἡδονῆς ἀνεχώρησαν.

Ἐπιμύθιον.

Ὁ μῦθος δηλοῖ, ὅτι πολλάκις ἃ μὴ τέχνη παρέσχε, ταῦτα τύχη ἐδωρήσατο.

Φέναξ.

Νὴρ πένης νοσῶν, ηὔξατο τοῖς θεοῖς εἰ διασωθείη, βοῦς ἑκατὸν εἰς θυσί-
α αν προσοίσειν. οἱ δὲ θεοὶ πειρᾶσαι τοῦτον βουλόμενοι, τοῦ πάθους ἀπήλ-
λαξαν. ὁ δ' ἀναστάς, ἐπειδὴ βοῶν ἠπόρει, στεατίνους βοῦς ἑκατὸν πλά-

σας ἤδη τοῦ βωμοῦ θεὸν ὁλοκαυτώσειν. οἱ δὲ θεοὶ βουλόμενοι αὐτὸν ἀμυνά-
σθαι, ὄναρ ἐπιστάντες αὐτῷ εἶπον· ἄπελθε εἰς τὸν αἰγιαλὸν ἐς τόνδε τὸν τόπον.
ἐκεῖ δὲ ἀττικὰς χιλίας εὑρήσεις. ἐκεῖνος δὲ διυπνισθεὶς, σὺν ἡδονῇ καὶ σπου-
δῇ πρὸς τὸν ὑποδειχθέντα τόπον ἀφίκετο, τὸ χρυσίον διερευνῶν. ἐκεῖ ἤδη πει-
ραταῖς περιτυχὼν, ὑπ' αὐτῶν συνελήφθη. ἁλοὺς δὲ ἤδη, ἀφεθῆναι τῶν πει-
ρατῶν ἐδεῖτο, χίλια χρυσίου τάλαντα δώσειν αὐτοῖς ὑπισχνούμενος. ὡς δ' οὐκ
ἐπιστεύθη, ἀπαχθεὶς ὑπ' αὐτῶν ἀπεμπολήθη χιλίων δραχμῶν.

Επιμύθιον.

Ο μῦθος δηλοῖ, ὅτι τοῖς ψεύδεσι τῶν ἀνθρώπων ἐχθραίνει τὸ θεῖον.

Βάτραχοι.

Βάτραχοι δύο ἐν λίμνῃ ἐνέμοντο. θέρους δὲ ξηρανθείσης τῆς λίμνης, ἐκεί-
ϐ νην καταλιπόντες, ἐπεζήτουν ἑτέραν. καὶ δὴ βαθεῖ περιέτυχον φρέ-
ατι. ὅπερ ἰδὼν ἅτερος, θατέρῳ φησί· συγκατέλθωμεν ὦ οὗτος εἰς τόδε
τὸ φρέαρ. ὁ δὲ, ὑπολαβὼν εἶπεν· ἂν οὖν καὶ τὸ ἐνθάδε ὕδωρ ξηρανθῇ, πῶς ἀνα-
βησόμεθα.

Επιμύθιον.

Ο μῦθος δηλοῖ, ὅτι οὐ δεῖ ἀπερισκέπτως προσιέναι τοῖς πράγμασι.

Γέρων, καὶ θάνατος.

Γέρων ποτὲ ξύλα τεμὼν ἐξ ὄρους, καὶ ἐπὶ τῶν ὤμων ἀράμενος, ἐπειδὴ
γ πολλὴν ὁδὸν ἐπιφορτισμένος ἐβάδισεν, ἀπειρηκὼς, ἀπέθετό τε τὰ ξύ-
λα, καὶ τὸν θάνατον ἐλθεῖν ἐπεκαλεῖτο. τοῦ δὲ θανάτου εὐθὺς ἐπιστάντος,
καὶ τὴν αἰτίαν πυνθανομένου δι' ἣν αὐτὸν καλοίη, ὁ γέρων ἔφη, ἵνα τὸν φόρτον
τοῦτον ἄρας ἐπιθῇς μοι.

Επιμύθιον.

Ο μῦθος δηλοῖ, ὅτι πᾶς ἄνθρωπος φιλόζωος ὢν, κἂν μυρίοις κινδύνοις περι-
πεσὼν δοκῇ θανάτου ἐπιθυμεῖν, ὅμως τὸ ζῆν πολὺ πρὸ τοῦ θανάτου αἱρεῖται.

Γραῦς, καὶ ἰατρός.

Γυνὴ γραῦς ἀλγοῦσα τοὺς ὀφθαλμοὺς, ἐκάλεσέ τινα τῶν ἰατρῶν ἐπὶ
γ μισθῷ, συμφωνήσασα, ὡς εἰ μὲν θεραπεύσειεν αὐτὴν, τὸν ὁμολογη-
θέντα μισθὸν αὐτῷ δώσειν. εἰ δὲ μὴ, μηδὲν δώσειν. ἐνεχείρησε μὲν οὖν
ὁ ἰατρὸς τῇ θεραπείᾳ. καθ' ἡμέραν δὲ φοιτῶν ὡς τὴν πρεσβῦτιν, καὶ τοὺς ὀφθαλ-
μοὺς αὐτῇ χρίων, ἐκείνης μηδαμῶς ἀναβλέπειν ἐχούσης τὴν ὥραν ἐκείνην ὑπὸ
τοῦ χρίσματος, αὐτὸς ἕν τι τῶν τῆς οἰκίας σκευῶν ὑφαιρούμενος, ὁσημέραι
ἀπῄει. ἡ μὲν οὖν γραῦς, τὴν ἑαυτῆς περιουσίαν ἑώρα καθ' ἑκάστην ἐλαττουμένην
ἤδη τοσοῦτον, ὡς καὶ τέλος παντάπασιν αὐτῇ θεραπευθείσῃ μηδὲν ὑπολει-
φθῆναι. τοῦ δ' ἰατροῦ τοὺς συμφωνηθέντας μισθοὺς αὐτὴν ἀπαιτοῦντος ὡς
καθαρῶς βλέπουσαν ἤδη, καὶ τοὺς μάρτυρας παραγαγόντος, μᾶλλον μὲν οὖν
εἶπεν ἐκείνη τανῦν οὐδὲν ἐπιβλέπω. ἡνίκα μὲν γὰρ τοὺς ὀφθαλμοὺς ἐνόσουν,
πολλὰ τῶν ἐμῶν κατὰ τὴν ἐμαυτῆς ἔβλεπον οἰκίαν. νῦν δ' ὅτε με σὺ βλέ-
πειν φὴς, οὐδὲ ποῦ ἐκείνων ὁρῶ.

Επιμύθιον.

Ο μῦθος δηλοῖ, ὅτι οἱ πονηροὶ τῶν ἀνθρώπων ἐξ ὧν πράττουσι, λανθάνουσι καθ'
ἑαυτῶν τὸν ἔλεγχον ἐπισπώμενοι.

Γεωργὸς, καὶ παῖδες αὐτοῦ.

Γεωργός τις μέλλων καταλύειν τὸν βίον, καὶ βουλόμενος τοὺς ἑαυτοῦ
γ παῖδας πεῖραν λαβεῖν τῆς γεωργίας, προσκαλεσάμενος αὐτοὺς, ἔφη·
παῖδες ἐμοὶ, ἐγὼ μὲν ἤδη τὸν βίον ὑπέξειμι. ὑμεῖς δ' ἅπερ ἐν τῇ ἀμ-
πέλῳ μοι κέκρυπται ζητήσαντες εὑρήσετε πάντα. οἱ μὲν οὖν οἰηθέντες θη-
σαυρὸν ἐκεῖ που κατορωρύχθαι, πᾶσαν τὴν τῆς ἀμπέλου γῆν μετὰ τὴν ἀποβίω-

matos, in ara positos sacrificauit. Sed Dei ipsum ulti-
ri, in somniis adfuerunt ei, dicentes, abi ad litus ad eum locum,
illic enim atticas mille drachmas inuenies. ille autē excitatus, lætus & a-
lacer ad demonstratum locum perrexit aurum disquirens. sed illic in pi
ratas incidit, & ab ipsis comprehensus ē. captus ergo, ut dimitteretur pi-
ratas orabat, mille auri talenta daturum ipsis promittens. sed cum non
crederetur, abactus ab ipsis diuenditus est mille drachmis.

Affabulatio.

Fabula significat mendaciis hominum inimicum esse deum.

Ranæ.

RAnæ duæ in palude pascebantur. æstate autem siccata palude, il-
la derelicta, quærebant aliam, cæterum profundū inuenerunt pu
teum, quo uiso, altera alteri inquit, descendamus heus tu in hunc
puteum, illa respondendo ait, si igitur & hic aqua aruerit, quomodo a-
scendemus?

Affabulatio.

Fabula declarat non oportere inconsyderate res aggredi.

Senex, & Mors.

SEnex quondam incisis in monte lignis, ac in humeris eleuatis, ubi
multam uiam oneratus iuit, defessus & deposuit li-
gna, & mortem ut ueniret inuocabat. at morte illico adstante
& causam rogante, qua se uocasset, senex ait, ut onus
hoc sullatum mihi imponeres.

Affabulatio.

Fabula significat oēm hoiem uitæ studiosū ēe, & licet infinitis piculis i-
mersus uideať mortē appetere, tñ uiuere multo magis, q̃ mori eligere.

Anus, & Medicus.

MVlier anus dolens oculos, conduxit medicum quendam
mercede, conuentione facta, si se curaret, pa-
ctam mercedem ei daturam, sin āt minime, nihil daturā. aggressus ē igť
medicus curam. Quotidie uero accedens ad uetulam, & ocu-
los ei ungens, cum illa nequaquam uidere posset ea hora ob
unctionem, ipse uas aliquod ex domo auferens, quotidie
discedebat. Anus igiť suam supellectilē uidebat singulis diebus minui
adeo ut tandem omnino liberatæ nihil relinque-
retur. At medico pactam mercedem ab ea afflagitante quasi
pure iam uidente, & testes adducente, magis certe
ait illa nunc nihil uideo. nam cum oculis laborabam,
multa mea in mea uidebam domo, nunc autem cum me tu ui-
dere inquis, nihil omnino ex illis uideo.

Affabulatio.

Fabula significat prauos homines ex iis quæ agant, ignaros contra
se ipsos argumentum afferre.

Agricola, & filii ipsius.

AGricola quidam uita excessurus, ac uolens suos
filios periculum facere de agricultura, uocatis ipsis, ait,
filii mei, ego iam e uita discedo, uos autem si quæ in ui-
nea a me occultata sunt, quæsieritis, inuenietis omnia. illi igiť rati the-
saurum illic defossum esse, omnem uineæ terram post inte-

ritum patris defoderunt,ac thesaurum non inuenerunt, sed uinea pulchre fossa multiplicem fructum reddidit. Affabulatio.
Fabula significat laborem thesaurum esse hominibus.

Herus,& Canes.

VIr quidam a tempestate in suo suburbio deprehensus primum oues comedit,hinc capras.tempestate autem inualescente,& operarios boues iugulatos comedit.canes uero his uisis,dixerunt inter se,sed fugiamus nos hinc.
si enim operarioꝝ boū herus nr̄ nō abstinet,quo mō nr̄um abstinebit?

Affabulatio.

Fabula significat,eos maxime fugere,& cauere oportere,qui neq; suorum abstinent.

Mulier,& Gallina.

MVlier q̄dā uidua gallinā hēbat singulis diebus ouū sibi pariētē, rata uero si plus gallinæ ordei proiiceret,bis parituram die,hoc fecit.sed gallina pinguefacta ne semel quidem die parere potuit. Affabulatio.
Fabula significat,eos,qui ob auaritiam plurium sunt appetentes,& quæ adsunt,amittere.

Morsus a Cane.

Mors⁹ a cane qdā medicatuꝝ circuibat q̄rēs,cū āt occurrisset qdā ei,& cognosceret,qđ q̄rebat,heus tu ait,si sanari uis accipe panē atq; eo sanguinem uulneris sicca,& ei q momordit cani ad edendū præbe.& is ridendo ait,sed si hoc fecero, oportebit me ab omnibus qui in urbe sunt,canibus,morderi. Affabulatio.
Fabula significat prauos etiā hoīes beneficio affectos magis ad īferēdā iniuriam exacui. Adolescentuli.

DVo adolescētuli apud cocum assidebant, & coco in aliquo domestico ope occupato,alter hoꝝ,partē quandā carniū subreptam in alterius demisit sinum.conuerso autem coco & carnē quærente,qui abstulerat, iurabat nō habere, qui autē habebat, non abstulisse.cocus uero cognita malitia ipsorum,ait,sed & si me latueritis,peieratum deum non latebitis.

Affabulatio.

Fabula significat,φ licet homines peierantes lateamus,deum tamen non latebimus.

Inimici.

DVo quidam inter se inimici,in eadem naui nauigabāt, quoꝝ alter in puppi,alter in prora sedebat.tempestate autem superueniente,& naue iam submergenda qui erat in puppi gubernatorem rogabat,utra pars nauigii prius obruenda esset, cumq; ille prora dixisset,sed mihi non erit graue ait mors,si uisurus sum ante me inimicum morientem. Affabulatio.
Fabula significat,multos homines nihil suum nocumentum curare,si modo inimicos suos uideant ante se malo affectos.

σιν τοῦ παιδὸς κατέσκαψαν. καὶ θησαυρῷ μὲν οὐ περιέτυχον. ἡ δὲ ἄμπελος κα-
λῶς σκαφεῖσα, πολλαπλασίονα τὸν καρπὸν ἀνέδωκεν. Ἐπιμύθιον.

Ὁ μῦθος δηλοῖ, ὅτι ὁ κάματος, θησαυρός ἐστι τοῖς ἀνθρώποις.

Δεσπότης, καὶ κύνες.

νήρ τις ὑπὸ χειμῶνος ἐν τῷ αὐτοῦ προαστείῳ ἀποληφθεὶς, πρῶτα μὲν,
ἀ τὰ πρόβατα κατέφαγεν, εἶτα τὰς αἶγας. τοῦ δὲ χειμῶνος ἐπικρα-
τοῦντος, καὶ τοὺς ἐργάτας βοῦς σφάξας, ἐθοινήσατο. οἱ δὲ κύνες ταῦ-
τα ἰδόντες, διελέχθησαν πρὸς ἀλλήλους, φεύγωμεν ἀλλ' ἡμεῖς γε ἐντεῦθεν.
εἰ γὰρ τῶν ἐργατῶν βοῶν ὁ δεσπότης ἡμῶν οὐκ ἐφείσατο, πῶς ἡμῶν φείσεται;

Ἐπιμύθιον.

Ὁ μῦθος δηλοῖ, ὅτι τούτους μάλιστα φεύγειν καὶ φυλάττεσθαι χρὴ, οἵ τισιν
οὐδὲ τῶν οἰκείων ἀπέχονται.

Γυνὴ, καὶ ὄρνις.

υνὴ χήρα τις ὄρνιν εἶχεν, καθ' ἑκάστην ἡμέραν ᾠὸν αὐτῇ τίκτουσαν. νο-
γ μίσασα δὲ ὡς εἰ πλείους τῇ ὄρνιθι κριθὰς παραβάλλοι, δὶς τέξεται
τῆς ἡμέρας, τοῦτο πεποίηκεν. ἡ δ' ὄρνις πιμελὴς γενομένη, οὐδ' ἅπαξ
τῆς ἡμέρας τεκεῖν ἠδύνατο. Ἐπιμύθιον.

Ὁ μῦθος δηλοῖ, ὅτι οἱ διὰ πλεονεξίαν τῶν πλειόνων ἐπιθυμοῦντες, καὶ τὰ
παρόντα ἀποβάλλουσι.

Κυνόδηκτος.

ηχθείς τις ὑπὸ κυνὸς, τὸν ἰασόμενον περιῄει ζητῶν. ἐντυχὼν δέ τις αὐ-
δ τῷ, καὶ γνοὺς ὃ ζητεῖ, ὦ οὗτος εἶπεν, εἰ σώζεσθαι βούλει, λαβὼν ἄρτον,
καὶ τούτῳ τὸ αἷμα τῆς πληγῆς ἐκμάξας, τῷ δακόντι κυνὶ φαγεῖν ἐπί-
δος. κἀκεῖνος γελάσας ἔφη. ἀλλ' εἰ τοῦτο ποιήσω, δεῖ με ὑπὸ πάντων τῶν ἐν τῇ
πόλει κυνῶν δηχθῆναι. Ἐπιμύθιον.

Ὁ μῦθος δηλοῖ, ὅτι καὶ τῶν ἀνθρώπων οἱ πονηροὶ εὐεργετούμενοι, μᾶλλον ἀδι-
κεῖν παροξύνονται.

Νεανίσκοι, καὶ μάγειρος.

υο νεανίσκοι μαγείρῳ παρεκάθηντο. καὶ δὴ τοῦ μαγείρου περί τι τῶν οἰ-
δ κείων ἔργων ἀσχολουμένου, ἅτερος τούτων μέρος τι τῶν κρεῶν ὑφελό-
μενος, εἰς τὸν θατέρου καθῆκε κόλπον. ἐπιστραφέντος δὲ τοῦ μαγείρου
καὶ τὸ κρέας ἐνταῦθα ζητοῦντος, ὁ μὲν εἰληφὼς ὤμνυε μὴ ἔχειν. ὁ δὲ ἔχων,
μὴ εἰληφέναι. ὁ δὲ μάγειρος αἰσθόμενος τὴν κακουργίαν αὐτῶν, εἶπεν. ἀλλὰ κἂν
ἐμὲ λάθητε, τόν γ' ἐπιορκούμενον θεὸν οὔκουν λήσεσθε.

Ἐπιμύθιον.

Ὁ μῦθος δηλοῖ, ὅτι κἂν ἀνθρώπους ἐπιορκοῦντες λάθωμεν, ἀλλὰ τόν γε θεὸν
οὐ λήσομεν. Ἐχθροί.

υο τινὲς ἀλλήλοις ἐχθραίνοντες, ἐνταῦθα τῆς αὐτῆς νεὼς ἔπλεον. ὧν ἅτε-
τ ρος μὲν ἐνταῦθα τῆς πρύμνης, ἅτερος δὲ ἐνταῦθα τῆς πρῴρας ἐκάθητο. χει-
μῶνος δὲ ἐπιγενομένου, καὶ τῆς νεὼς μελλούσης ἤδη καταποντίζεσθαι,
ὁ ἐνταῦθα τῆς πρύμνης τὸν κυβερνήτην ἤρετο, πότερον τῶν μερῶν τοῦ πλοίου πρό-
τερον μέλλει καταβαπτίζεσθαι. τοῦ δὲ τὴν πρῷραν εἰπόντος, ἀλλ' ἔμοι γε οὐκ
ἔστι λυπηρὸν εἶπεν ὁ θάνατος, εἴ γε ὁρᾶν μέλλω πρὸ ἐμοῦ τὸν ἐχθρὸν ἀποθνή-
σκοντα. Ἐπιμύθιον.

Ὁ μῦθος δηλοῖ, ὅτι πολλοὶ τῶν ἀνθρώπων οὐδὲν τῆς ἑαυτῶν βλάβης φροντί-
ζουσιν, εἰ τοὺς ἐχθροὺς μόνον ἴδωσι πρὸ αὐτῶν κακουμένους.

Αἴλουρος, καὶ μύες.

Ν οἰκίᾳ τινὶ πολλῶν μυῶν ὄντων, αἴλουρος τοῦτο γνοὺς ἧκεν ἐνταῦθα.
ἐ καὶ καθ' ἕκαστον αὐτῶν συλλαμβάνων κατήσθιεν. οἱ δὲ, καθ' ἑκάστην ἑαυ-
τοὺς ἀναλισκομένους ὁρῶντες, ἔφασαν πρὸς ἀλλήλους, μηκέτι κάτω
κατέλθωμεν, ἵνα μὴ παντάπασιν ἀπολώμεθα. τοῦ γὰρ αἰλούρου μὴ δυναμέ-
νου δεῦρο ἐξικνεῖσθαι, ἡμεῖς σωθησόμεθα. ὁ δὲ αἴλουρος μηκέτι τῶν μυῶν κα-
τιόντων, ἔγνω δι' ἐπινοίας αὐτοὺς σοφιζόμενος ἐκκαλέσασθαι. καὶ δὴ ἀπὸ
πασσάλου τινὸς ἑαυτὸν ἀναβὰς ἀπῃώρησε, καὶ προσεποιεῖτο νεκρὸν εἶναι.
τῶν δὲ μυῶν τις παρακύψας καὶ ἰδὼν αὐτὸν, ἔφη· ὦ οὗτος, κἂν θύλαξ γένῃ,
οὐ προσελεύσομαί σοι.

ΕΠΙΜΥΘΙΟΝ.

Ο μῦθος δηλοῖ, ὅτι τῶν ἀνθρώπων οἱ φρόνιμοι, ὅταν τῆς ἐνίων μοχθηρίας
πειραθῶσιν, οὐκέτι αὐτῶν ἐξαπατῶνται ταῖς ὑποκρίσεσιν.

Ἀλώπηξ, καὶ πίθηκος.

Ν συνόδῳ ποτὲ τῶν ἀλόγων ζώων ὀρχησάμενος πίθηκος. καὶ εὐδοκιμή-
ἐ σας, βασιλεὺς ὑπ' αὐτῶν ἐχειροτονήθη. ἀλώπηξ δ' αὐτῷ φθονήσα-
σα, ὡς ἔν τινι παγίδι κρέας ἐθεάσατο, τὸν πίθηκον λαβοῦσα, ἐνταῦ-
θα ἤγαγεν, ὡς εὕροι μὲν αὐτὴ λέγουσα θησαυρὸν τοῦτον, μὴ μέντοι καὶ χρήσα-
σθαι αὐτῷ. τῷ βασιλεῖ γὰρ τοῦτον ὁ νόμος δίδωσι. καὶ προὐτρέπετο αὐτὸν ὡς
ἅτε δὴ βασιλέα τὸν θησαυρὸν ἀνελέσθαι. ὁ δ' ἀπερισκέπτως προσελθὼν, καὶ
συλληφθεὶς ὑπὸ τῆς παγίδος, ὡς ἐξαπατήσασαν ἐμέμφετο τὴν ἀλώπεκα.
ἡ δὲ πρὸς αὐτὸν, ὦ πίθηκε, τοιαύτην σὺ μωρίαν ἔχων, τῶν ἀλόγων βασιλεύ-
σεις;

ΕΠΙΜΥΘΙΟΝ.

Ο μῦθος δηλοῖ, ὅτι οἱ πράξεσί τισιν ἀπερισκέπτως ἐπιχειροῦντες, δυστυχή-
μασι περιπίπτουσι.

Θύννος, καὶ δελφίν.

Υννος διωκόμενος ὑπὸ δελφῖνος, καὶ πολλῷ τῷ ῥοίζῳ φερόμενος, ἐπει-
θ δὴ καταλαμβάνεσθαι ἔμελλεν, ἔλαθεν ὑπὸ σφοδρᾶς ῥύμης ἐκ πε-
σὼν εἰς τινα νῆσον. ὑπὸ δὲ τῆς ὁμοίας ῥύμης καὶ ὁ δελφὶν αὐτῷ συνε-
ξώκειλεν. ὁ δὲ θύννος ἐπιστραφεὶς, καὶ λιποψυχοῦντα τὸν δελφῖνα ἑωρακὼς,
εἶπεν. οὐκέτι μοι ὁ θάνατος λυπηρὸς, ὁρῶντι τὸν αἴτιον γεγονότα μοι τούτου,
σὺν ἐμοὶ ἀποθνήσκοντα.

ΕΠΙΜΥΘΙΟΝ.

Ο μῦθος δηλοῖ, ὅτι ῥᾳδίως τὰς συμφορὰς οἱ ἄνθρωποι φέρουσι, τοὺς τούτων
αἰτίους δυστυχοῦντας ὁρῶντες.

Ἰατρὸς, καὶ νοσῶν.

Ατρὸς νοσοῦντα ἐθεράπευε. τοῦ δὲ νοσοῦντος ἀποθανόντος, ἐκεῖνος πρὸς
ἰ τοὺς ἐκκομίζοντας ἔλεγεν. οὗτος ὁ ἄνθρωπος εἰ οἴνου ἀπείχετο, καὶ
κλυστῆρσιν ἐχρῆτο, οὐκ ἂν ἐτεθνήκει. τῶν δὲ παρόντων ὑπολαβών τις
ἔφη. βέλτιστε, οὐκ ἔδει σε ταῦτα νῦν λέγειν, ὅτε μηδὲν ὄφελός ἐστιν. ἀλλὰ τότε
παραινεῖν, ὅτε τούτοις χρῆσθαι ἠδύνατο.

ΕΠΙΜΥΘΙΟΝ.

Ο μῦθος δηλοῖ, ὅτι δεῖ τοὺς φίλους, ἐν καιρῷ ἀνάγκης τὰς βοηθείας παρέχειν,

Ἰξευτὴς, καὶ ἔχις.

Ξευτὴς ἰξὸν ἀναλαβὼν καὶ καλάμους, πρὸς ἄγραν ἐξῆλθεν. ἰδὼν δὲ
ἰ κίχλαν ἐφ' ὑψηλοῦ δένδρου καθεζομένην, καὶ τοὺς καλάμους ἀλλή-
λοις ἐπὶ μῆκος συνάψας ἄνω πρὸς αὐτὴν, συλλαβεῖν βουλόμενος
ἐφεώρα. καὶ δὴ λαθὼν, ἔχιν κοιμωμένην ὑπὸ πόδας ἐπάτησε. τῆς δ'
ὀργισθείσης καὶ δακούσης αὐτὸν, ἐκεῖνος ἤδη λειποψυχῶν ἔλεγε. δύστηνος

Felis, & mures.

IN domo quadã cum multi essent mures, felis hoc cognito iuit eõ, ac eorum singulos captos deuorabat. at illi quotidie cum se absumi uiderent, dixerunt inter se, ne posthac infra descendamus, ne penitus pereamus. nam si felis non potest huc uenire, nos salui erimus. sed felis non amplius muribus descendentibus, decreuit p astutiam eos fallens euocare. cæterum conscẽso pessulo quodam, de eo se suspendit, & mortuum simulabat. ex muribus autẽ qdã aclinatus, uiso'q eo inqt heus tu, & si saccul' fieres, non te adibo. Affabulatio.

Fabula significat prudentes homines, cum aliquorum prauitatem experti fuerint, non amplius eorum falli simulationibus.

Vulpes, & Simius.

IN concilio quondã irrationaliũ aialiũ saltauit Simius, & approbatus, rex ab ipsis electus est. Vulpes autem ei inuidens, ut in casse quodam carnem uidit, Simium secum illuc duxit, q inuenisset ipsa thesaurum illum dicens, non tamen & uti eo, quippe quem lex regi tribueret, atq hortata est ipsum ut regem, thesaurum accipere. at ille inconsyderate profectus, & captus a casse, q decepisset, accusabat uulpem. illa autem ei, o Simie talem tu habens dementiam brutis dominaberis? Affabulatio.

Fabula significat, eos q actiones aliquas inconsulte aggrediunt, in isfortunia incidere.

Thunnus, & Delphin.

THunnus Delphino persequente, magno impetu ferebatur. cum capiendus foret, inscius ob uehementem impetum decidit in insulam quandam. ab eodem uero impetu & Delphin cũ eo electus est. Thunnus autem conuersus, cũ agentẽ aiam delphinũ uidisset, ait, nõ amplius mihi mors molesta est, cũ eũ uideã, q mihi cã fuit ipsius, una' mecum perire. Affabulatio.

Fabula significat facile miserias ferre homines, si eos, qui illarum autores fuerunt, infeliciter agere uideant.

Medicus, & ægrotans.

MEdicus ægrotum curabat, ægroto autem mortuo, ille efferentibus dicebat, homo hic si uini abstinuisset, & clysteribus usus fuisset, nõ interiisset. qdã autẽ ex iis, qui aderãt rñdendo ait, optime, non oportebat te hæc nũc dicere, cũ nulla utilitas est, sed tũc admonere, cum his uti poterat. Affabulatio.

Fabula significat oportere amicos tempore necessitatis præbere auxilia

Auceps, & Vipera.

AVceps uisco accepto, & arundinibus, aucupatũ egressus ẽ, uiso autem turdo super alta arbore sedente, & arundinibus inter se in longitudinem coniunctis, sursum, eum comprehensurus, suspiciebat. cæterum ignarus uiperã dormientẽ conculcauit. hæc uero irata momordit ipsum. ille iam agens animam dicebat, me miserum alium enim captaturus, ipse ab alio captus sum ad mortem.

Affabulatio.

Fabula significat eos, qui proximis insidiantur, ignaros sæpe ab aliis id ipsum pati.

De Fibro.

Fiber animal est quadrupes in Stagnis plerunq; degens, cuius pudenda dicunt usui esse medicis. hic igitur cum ab hominibus persequentibus iam capiendus sit, cognito cuius gratia petatur, abscisa sua pudenda proiicit persequentibus, & sic salutem consequitur.

Affabulatio.

Fabula significat homines prudentes pro sua salute nullum agere respectum pecuniarum.

Canis, & Cocus.

Canis irrumpens in culinam, & Coco occupato, corde arrepto fugit. at cocus conuersus ut uidit ipsum fugientem, ait, heus tu scito ubi ubi tu fueris, me te obseruaturum. non. n. mihi cor abstulisti, sed dedisti potius.

Affabulatio.

Fabula significat, sæpe mala hominibus documenta esse.

Canis, & Lupus.

Canis ante stabulũ quoddã dormiebat, cũ Lupus irrupisset, & deuoraturus eum esset, rogabat, ne tunc se mactaret. nunc enim inquit tenuis sum, & macilẽtus, si autem parumper expectaueris, mei domini facturi sunt nuptias, & ego tunc multa depastus, pinguior ero, & tibi suauior cibus fiam. Lupus igitur persuasus, abiuit. post aliquot dies reuersus, inuenit supi⁹ sup domicilio canẽ dormientem, & stans inferius ad se uocabat, admonens eum fœderis, & Canis, o lupe, si posthac ante stabulum me uideris dormientem, non amplius expectes nuptias.

Affabulatio.

Fabula significat prudentes homines, cum aliqua in re periclitati salui facti fuerint, cauere ab ea quandiu uixerint.

Canis, & Gallus.

Canis, & Gallus inita societate iter faciebant, uespera autem superueniente Gallus conscensa arbore, dormiebat, at canis ad radicem arboris excauatæ. cum Gallus, ut assolet, noctu cantasset, uulpes, ut audiuit, accurrit, & stans inferius, ut ad se descenderet, rogabat, qđ cupet cõmẽdabile adeo cantu animal complecti. cũ autem is dixisset, ut ianitorẽ prius excitaret ad radicem dormientem, ut cum ille aperuisset, descenderet, & illa quærente, ut ipsum uocaret, canis statim prosiliens eam dilacerauit

Affabulatio.

Fabula significat, prudentes homines inimicos insultantes, ad fortiores astu mittere.

Leo, & Rana.

Leo audita aliquando Rana ualde clamante, uertit se ad uocem, ratus magnũ aliquod animal esse, parũper aũt expectãdo, ut uidit stagno egressam, accedens propius proculcauit.

Affabulatio.

ἀπώ. ἕτερον γὰρ θηρεῦσαι βουλόμενος, αὐτὸς ὑφ' ἑτέρου ἠγρεύθη εἰς θάνατον.

Ἐπιμύθιον.

Ὁ μῦθος δηλοῖ, ὅτι οἱ τοῖς πέλας ἐπιβουλεύοντες, λανθάνουσι πολλάκις ὑφ' ἑτέρων τοῦτ' αὐτὸ πάσχοντες.

Κάστωρ.

ϑ Κάστωρ, ζῶόν ἐστι τετράπουν, ἐν λίμναις τὰ πολλὰ διαιτώμενον. οὗ τὰ αἰδοῖά φασιν ἰατροῖς χρήσιμα εἶναι. οὗτος οὖν ἐπειδὰν ὑπ' ἀνθρώπων διωκόμενος καταλαμβάνηται, γινώσκων οὗ χάριν διώκεται, ἀποτεμὼν τὰ ἑαυτοῦ αἰδοῖα ῥίπτει πρὸς τοὺς διώκοντας, καὶ οὕτω σωτηρίας τυγχάνει.

Ἐπιμύθιον.

Ὁ μῦθος δηλοῖ, ὅτι οὕτω καὶ τῶν ἀνθρώπων οἱ φρόνιμοι, ὑπὲρ τῆς ἑαυτῶν σωτηρίας, οὐδένα λόγον τῶν χρημάτων ποιοῦνται.

Κύων, καὶ μάγειρος.

κ Υων εἰσπηδήσας εἰς μαγειρεῖον, καὶ τοῦ μαγείρου ἀσχολουμένου, καρδίαν ἁρπάσας ἔφυγεν. ὁ δὲ μάγειρος ἐπιστραφείς, ὡς εἶδεν αὐτὸν φεύγοντα, εἶπεν. ὦ οὗτος, ἴσθι ὡς ὅπου περ ἂν ᾖς, φυλάξομαί σε. οὐ γὰρ ἀπ' ἐμοῦ καρδίαν εἴληφας, ἀλλ' ἐμοὶ καρδίαν ἔδωκας. Ἐπιμύθιον.

Ὁ μῦθος δηλοῖ, ὅτι πολλάκις τὰ παθήματα τοῖς ἀνθρώποις, μαθήματα γίνονται.

Κύων, καὶ λύκος.

κ Υων πρό τινος ἐπαύλεως ἐκάθευδε. λύκου δ' ἐπιδραμόντος, καὶ βρῶμα μέλλοντος θήσειν αὐτόν, ἐδεῖτο μὴ νῦν αὐτὸν καταθῦσαι. νῦν μὲν γάρ φησι λεπτός εἰμι καὶ ἰσχνός. ἂν δὲ μικρὸν ἀναμείνῃς, μέλλουσιν οἱ ἐμοὶ δεσπόται ποιήσειν γάμους. κἀγὼ τηνικαῦτα πολλὰ φαγών, πιμελέστερος ἔσομαι. καὶ σοὶ ἡδύτερον βρῶμα γενήσομαι. ὁ μὲν οὖν λύκος πεισθείς, ἀπῆλθε. μεθ' ἡμέρας δ' ἐπανελθών, εὗρεν ἄνω ἐπὶ τοῦ δώματος τὸν κύνα καθεύδοντα. καὶ στὰς κάτωθεν, πρὸς ἑαυτὸν ἐκάλει, ὑπομιμνήσκων αὐτὸν τῶν συνθηκῶν. καὶ ὁ κύων, ἀλλ' ὦ λύκε εἰ τὸ ἀπὸ τοῦδε πρὸ τῆς ἐπαύλεως με ἴδοις καθεύδοντα, μηκέτι γάμους ἀναμείνῃς. Ἐπιμύθιον.

Ὁ μῦθος δηλοῖ, ὅτι οἱ φρόνιμοι τῶν ἀνθρώπων ὅταν περί τι κινδυνεύσαντες σωθῶσι, διὰ βίου τοῦτο φυλάττονται.

Κύων, καὶ ἀλεκτρυών.

κ Υων καὶ ἀλεκτρυὼν ἑταιρείαν ποιησάμενοι, ὥδευον. ἑσπέρας δὲ καταλαβούσης, ὁ μὲν ἀλεκτρυὼν ἐπὶ δένδρου ἐκάθευδεν ἀναβάς. ὁ δὲ κύων, πρὸς τῇ ῥίζῃ τοῦ δένδρου κοίλωμα ἔχοντος. τοῦ δὲ ἀλεκτρυόνος κατὰ τὸ εἰωθὸς νύκτωρ φωνήσαντος, ἀλώπηξ ἀκούσασα πρὸς αὐτὸν ἔδραμε. καὶ στᾶσα κάτωθεν πρὸς ἑαυτὴν κατελθεῖν ἠξίου. ἐπιθυμεῖν γὰρ ἀγαθὴν οὕτω φωνὴν ζῶον ἔχον ἀσπάσασθαι. τοῦ δ', εἰπόντος τὸν θυρωρὸν πρότερον διυπνίσαι ὑπὸ τὴν ῥίζαν καθεύδοντα, ὡς ἐκείνου ἀνοίξαντος κατελθεῖν, κἀκείνης ζητούσης αὐτὸν φωνῆσαι, ὁ κύων αἴφνης πηδήσας, αὐτὴν διεσπάραξεν.

Ἐπιμύθιον.

Ὁ μῦθος δηλοῖ, ὅτι οἱ φρόνιμοι τῶν ἀνθρώπων τοὺς ἐχθρούς, ἐπελθόντας, πρὸς ἰσχυροτέρους πέμπουσι παραλογιζόμενοι.

Λέων, καὶ βάτραχος.

λ Εων ἀκούσας ποτὲ βατράχου μέγα βοῶντος, ἐπεστράφη πρὸς τὴν φωνήν, οἰόμενος μέγα τι ζῶον εἶναι. προσμείνας δὲ μικρόν, ὡς εἶδεν αὐτὸν προσελθόντα τῆς λίμνης, προσελθὼν αὐτὸν κατεπάτησεν. Ἐπιμύθιον.

Ο μῦθος δηλοῖ, μὴ δεῖν πρὸ τῆς ὄψεως δι' ἀκοῆς μόνης ταράττεσθαι.

Λέων, καὶ ὄνος, ἀλώπηξ.

Λέων, καὶ ὄνος, καὶ ἀλώπηξ, κοινωνίαν ποιησάμενοι, ἐξῆλθον πρὸς
λ ἄγραν. πολλῆς οὖν θήρας συλληφθείσης, προσέταξεν ὁ λέων τῷ ὄνῳ
διελεῖν αὐτοῖς. ὁ δὲ, τρεῖς μερίδας ποιησάμενος ἐκ τῶν ἴσων, ἐκλέξασθαι τούτοις προὔτρεπε. καὶ ὁ λέων θυμωθεὶς, τὸν ὄνον κατέφαγεν. εἶτα τῇ ἀλώπεκι μερίζειν ἐκέλευσεν. ἡ δ' εἰς μίαν μερίδα πάντα σωρεύσασα, ἑαυτῇ βραχύ τι κατέλιπεν. καὶ ὁ λέων πρὸς αὐτὴν, τίς σε ὦ βελτίστη διαιρεῖν οὕτως ἐδίδαξεν. ἡ δ' εἶπεν, ἡ τοῦ ὄνου συμφορά.

Επιμύθιον.

Ο μῦθος δηλοῖ, ὅτι σωφρονισμοὶ γίνονται τοῖς ἀνθρώποις τὰ τῶν πέλας δυστυχήματα.

Λέων, καὶ ἄρκτος.

Εων, καὶ ἄρκτος ὁμοῦ βουβάλῳ περιτυχόντες, περὶ τούτου ἐμάχοντο.
λ δεινῶς οὖν ὑπ' ἀλλήλων διατεθέντες, ὡς ἐκ τῆς πολλῆς μάχης καὶ σκοτοδινιάσαι, ἀπαυδήσαντες ἔκειντο. ἀλώπηξ δὲ κύκλῳ περιιοῦσα, πεπτωκότας αὐτοὺς ἰδοῦσα, καὶ τὸν βούβαλον ἐν τῷ μέσῳ κείμενον, τοῦτον διὰ μέσου ἀμφοῖν διαδραμοῦσα καὶ ἁρπάσασα, φεύγουσα ᾤχετο. οἱ δὲ, βλέποντες μὲν αὐτὴν, μὴ δυνάμενοι δὲ ἀναστῆναι, δείλαιοι ἡμεῖς εἶπον ὅτι δι' ἀλώπεκα ἐμοχθοῦμεν.

Επιμύθιον.

Ο μῦθος δηλοῖ, ὅτι ἄλλων κοπιώντων, ἄλλοι κερδαίνουσιν.

Μάντις.

Αντις ἐπ' ἀγορᾶς καθήμενος, διελέγετο. ἐπιστάντος δέ τινος ἄφνω καὶ ἀ-
μ παγγείλαντος, ὡς αἱ τῆς οἰκίας αὐτοῦ θυρίδες ἀναπεπταμέναι τε πᾶσαι εἶεν, καὶ πάντα τὰ ἔνδον ἀφῃρημένα, ἀνεπήδησέ τε στενάξας, καὶ δρομαῖος ᾔει. τρέχοντα δέ τις αὐτὸν θεασάμενος, ὦ οὗτος εἶπεν, ὁ τἀλλότρια πράγματα προειδέναι ἐπαγγελλόμενος, τὰ σαυτοῦ οὐ προεμαντεύου.

Επιμύθιον.

Ο μῦθος, πρὸς τοὺς τὸν μὲν ἑαυτῶν βίον φαύλως διοικοῦντας, τῶν δὲ μηδὲν αὐτοῖς προσηκόντων προνοεῖσθαι πειρωμένους.

Μύρμηξ, καὶ περιστερά.

Υρμηξ διψήσας, κατελθὼν εἰς πηγὴν, παρασυρεὶς ὑπὸ τοῦ ῥεύματος
μ ἀπεπνίγετο. περιστερὰ δὲ τοῦτο θεασαμένη, κλῶνα δένδρου περικλοῦσα, εἰς τὴν πηγὴν ἔρριψεν. ἐφ' οὗ καὶ καθίσας ὁ μύρμηξ διεσώθη. ἰξευτὴς δέ τις μετὰ τοῦτο τοὺς καλάμους συνθεὶς, ἐπὶ τὸ τὴν περιστερὰν συλλαβεῖν ᾔει. τοῦτο δ' ὁ μύρμηξ ἑωρακὼς, τὸν τοῦ ἰξευτοῦ πόδα ἔδακεν. ὁ δὲ, ἀλγήσας, τούς τε καλάμους ἔρριψε, καὶ τὴν περιστερὰν αὐτίκα φυγεῖν ἐποίησεν.

Επιμύθιον.

Ο μῦθος δηλοῖ, ὅτι δεῖ τοῖς εὐεργέταις χάριν ἀποδιδόναι.

Νυκτερὶς, καὶ βάτος, καὶ αἴθυια.

Υκτερὶς, καὶ βάτος, καὶ αἴθυια ἑταιρείαν ποιησάμεναι, ἐμπορικὸν διέ-
ν γνωσαν βίον ζῆν. ἡ μὲν οὖν νυκτερὶς ἀργύριον δανεισαμένη, κατέθηκεν εἰς τὸ μέσον. ἡ δὲ βάτος, ἐσθῆτα μεθ' ἑαυτῆς ἔλαβεν. ἡ δὲ αἴθυια τρίτη, χαλκὸν, καὶ ἀπέπλευσαν. χειμῶνος δὲ σφοδροῦ γενομένου, καὶ τῆς νεὼς περιτραπείσης, πάντα ἀπολέσαντες αὐτοὶ ἐπὶ τὴν γῆν διεσώθησαν. ἐξ ἐκείνου τοίνυν ἡ μὲν αἴθυια τοῖς αἰγιαλοῖς ἀεὶ παρεδρεύει, μή που τὸν χαλκὸν ἐκβάλλῃ ἡ θάλαττα. ἡ δὲ νυκτερὶς τοὺς δανειστὰς φοβουμένη, τῆς μὲν ἡμέρας οὐ φαίνεται, νύκτωρ δ' ἐπὶ νομὴν ἔξεισιν. ἡ δὲ βάτος, τῆς τῶν παριόντων ἐσθῆτος ἐπιλαμβάνεται,

Fabula significat non oportere ante q̃ uideas, uoce sola perturbari.

Leo,& Asinus,& Vulpes.

LEo,& Asinus,& Vulpes, inita societate egressi sunt ad uenandum. multa igitur præda capta, iussit Leo Asino, ut diuideret sibi. At ille tribus partibus factis æqualiter, ut eligerent, eos hortabatur. & Leo iratus, Asinum deuorauit. Inde Vulpi, ut diuideret, iussit. illa uero in unã partem omnibus cõgestis, sibi minimum quiddam reliquit. tum Leo ipsi, quis te o optima diuidẽ sic docuit? ea inquit, Asini calamitas. Affabulatio.

Fabula significat, castigamenta hominibus esse aliorum infortunia.

Leo,& Vrsus.

LEo,& Vrsus simul magnum nacti hinnulum, de eo pugnabant. grauiter igitur a se ipsis affecti, ut ex multa pugna etiã uertigine corriperentur, defatigati iacebant. Vlpes ãt circũcirca eũdo, ubi ꝓstratos eos uidit, & hinnulum in medio iacentem, hunc per utrosq; percurrendo, rapuit, fugiensq; abiuit. at illi uidebant quidem ipsam, sed quia non poterant surgere, nos miseros dicebant. q̃a Vulpi laborauimus. Affabulatio.

Fabula significat, aliis laborantibus, alios lucrari.

Vates.

VAtes in foro sedens disserebat, cũ ãt supuenisset q̃dã derepẽte, & nuntiasset, ꝙ domus ipsius & fenestræ apertæ omnes essent, & quæ intus, ablata omnia, exiluit suspirando, & currendo ibat. at cũ quidam uidisset ipsum currentem, heus tu inq̃t, q̃ alienas res præscire profiteris, tuas ipsius non præuaticinabare.

Affabulatio.

Fabula in eos, qui cum suam uitam praue gubernant, quæ nihil ad se attinent, præscire conantur.

Formica,& Columba.

FOrmica sitiens descendit in fontem, ac tracta a fluxu, suffocabatur. Columba uero hoc uiso, ramum arboris acceptum in fontem proiecit, super quo sedendo formica, euasit. auceps autẽ q̃dã post hoc calamis cõpositis ad columbã cõprehendẽdã ibat. hoc autem uiso, formica aucupis pedem momordit, qui dolens & calamos proiecit, & columba fugeret autor fuit.

Affabulatio.

Fabula significat, oportere benefactoribus gratiam referre.

Vespetilio,& rubus,& Mergus.

VEspertilio,& Rubus,& Mergus inita societate mercatoriã decreuerunt uitam agere. Itaq; Vespertilio argentum mutuata ꝓiecit in medium, rubus uestem secum accepit, Mergus tertius, æs. & nauigauerũt. tempestate autem uehementi oborta, & naui euersa, omnibus perditis, ipsi in terram euaserunt. ex illo igitur mergus litoribus semper assidet, num quopiam æs eiiciat mare. Vespertilio uero creditores timens, interdiu non apparet, noctu ad pabulum exit. Rubus prætereuntium uesti inhæ-

ret, sicubi suam cognoscat quærendo. Affabulatio.

Fabula significat, in ea, quibus incumbimus, in posterum recidere.

Aegrotus, & Medicus.

AEgrotus quidã a medico rogatus, quomodo ualuisset, plus ait q̃ oporteret sudasse. ille aũt bonũ ait hoc esse. secũdo uero ab ipso iterum rogat⁹, quomodo habuisset. horrore correptũ ait ualde cõcussum fuisse. ille & hoc bonũ esse ait. Tertio rogatus quomodo ualuisset, ait in intercutem incidisse. ille & hoc rursus bonum ait esse. inde ex domesticis quodam ipsum rogante, ut habes, ego ait heus tu ex bonis occidor Affabulatio.

Fubula significat maxime ex hominibus odio haberi, qui ĩ grãm sẽper loqui student.

Lignator, & Mercurius.

LIgnator quidam apud fluuium suam amisit securim, inops igitur consilii iuxta ripã sedẽdo plorabat. Mercurius ãt intellecta causa, & miseratus hominem, urinatus in fluuium, aureã sustulit securim, & an hæc esset, quã perdiderat, rogauit, illo nõ eã ẽe dicente, iterum urinatus, argenteã sustulit, illo neq; hanc esse suam dicente, Tertio urinatus, illam ipsam sustulit, illo hanc uere esse deperditam dicente, Mercurius probata ipsius æquitate, omnes ei donauit. ille profectus omnia sociis, quæ acciderant, narrauit. Quorum unus eadem facere decreuit, & ad fluuium profectus, & suam securim consulto demisit in profluentum, & plorans sedebat. apparuit igitur Mercuri⁹ & illi, & causa ĩtellecta plorat⁹, urinat⁹ similiter aureã securi extulit, & rogauit an hãc amisisset, illo lætabundo & uere hæc est dicente. perosus deus tantam impudentiã, non solũ illã detinuit, sed ne ꝓpriã qdẽ reddidit.

Affabulatio.

Fabula significat, quantum iustis deus auxiliatur, tantum iniustis esse contrarium.

Asinus, & hortulanus.

ASinus seruiens olitori, quoniam parum comedebat, plurimũ laborabat, precatus est Iouem, ut ab olitore liberatus, alteri uenderetur domino, cum Iupiter exoratus, iussisset ipsum figulo uendi, iterum iniquiore animo perferebat, q̃ prius onera, & cœnum, & tegulas ferre. Rursus igitur, ut mutaret dominum rogauit, & coriario uenundatus est. peiorem itaq; prioribus herum nactus, uidens quæ ab eo fierent, suspirando ait, hei mihi misero melius erat mihi apud priores heros manere. hic enim ut uideo, & pellem meam operabitur. Affabulatio.

Fabula significat tunc maxime priores dominos a famulis expeti, cum de secundis periculum fecerint.

Auceps, & Cassita.

AVceps auibus struxerat laqueos, Alauda uero hunc ꝓcul uidens rogauit, quid nã operaret, eo urbẽ condere dicente, deinde procul regresso, & abscondito, Galerita uiri

λαμβάνεται, εἴ που τὴν οἰκείαν ἐπιγνοίη ζητοῦσα. Ἐπιμύθιον.

Ο μῦθος δηλοῖ, ὅτι περὶ ἃ σπουδάζομεν, τούτοις ἐσύστερον περιπίπτομεν.

Νοσῶν, καὶ ἰατρός.

Οσῶν τις καὶ ὑπὸ τοῦ ἰατροῦ ἐρωτώμενος ὅπως διετηρήθη, πλέον εἶπε τοῦ δέοντος ἱδρωκέναι. ὁ δὲ, ἀγαθὸν ἔφη τοῦτ' εἶναι. ἐκ δευτέρου δὲ παρ' αὐτοῦ πάλιν ἐρωτηθεὶς ὅπως ἔχοι, φρίκῃ συσχεθεὶς εἶπε σφοδρῶς διατετινάχθαι. ὁ δὲ, καὶ τοῦτ' ἀγαθὸν ἔφησεν εἶναι. ἐκ δὲ τρίτου αὖθις ὅπως διεγένετο, εἶπεν ὑδέρῳ περιπεπτωκέναι. ὁ δὲ, καὶ τοῦτο πάλιν ἀγαθὸν εἶπεν εἶναι. εἶτα τῶν οἰκείων τινὸς αὐτὸν ἐρωτήσαντος ὅπως ἔχοι, ἐγὼ εἶπεν ὦ οὗτος, ὑπὸ τῶν ἀγαθῶν ἀπόλλυμαι. Ἐπιμύθιον.

Ο μῦθος δηλοῖ, ὅτι μάλιστα τῶν ἀνθρώπων δυσχεραίνομεν, τοὺς πρὸς χάριν ἀεὶ βουλομένους λέγειν.

Ξυλευόμενος, καὶ ἑρμῆς.

Υλευόμενός τις παρὰ τῷ ποταμῷ, τὸν οἰκεῖον ἀπέβαλε πέλεκυν. ἀμηχανῶν τοίνυν παρὰ τὴν ὄχθην καθίσας ὠδύρετο. ἑρμῆς δὲ μαθὼν τὴν αἰτίαν, καὶ οἰκτείρας τὸν ἄνθρωπον, καταδὺς εἰς τὸν ποταμὸν χρυσοῦν ἀνήνεγκε πέλεκυν. καὶ εἰ οὗτός ἐστιν ὃν ἀπώλεσεν ἤρετο. τοῦ δὲ, μὴ τοῦτον εἶναι φαμένου, αὖθις καταβὰς ἀργυροῦν ἀνεκόμισε, τοῦ δὲ, μηδὲ τοῦτον εἶναι τὸν οἰκεῖον εἰπόντος, ἐκ τρίτου καταβὰς ἐκεῖνον τὸν οἰκεῖον ἀνήνεγκε. τοῦ δὲ, τοῦτον ἀληθῶς εἶναι τὸν ἀπολωλότα φαμένου, ἑρμῆς ἀποδεξάμενος αὐτοῦ τὴν δικαιοσύνην, πάντας αὐτῷ ἐδωρήσατο. ὁ δὲ, παραγενόμενος, πάντα τοῖς ἑταίροις τὰ συμβάντα διεξελήλυθεν. ὧν εἷς τις τὰ ἴσα διαπράξασθαι ἐβουλεύσατο. καὶ παρὰ τὸν ποταμὸν ἐλθὼν, καὶ τὴν οἰκείαν ἀξίνην ἐξεπίτηδες ἀφεὶς εἰς τὸ ῥεῦμα, κλαίων ἐκάθητο. ἐπιφανεὶς οὖν ὁ ἑρμῆς κἀκείνῳ, καὶ τὴν αἰτίαν μαθὼν τοῦ θρήνου, καταβὰς ὁμοίως χρυσῆν ἀξίνην ἐξήνεγκεν. καὶ ἤρετο εἰ ταύτην ἀπέβαλε. τοῦ δὲ, σὺν ἡδονῇ, ναὶ ἀληθῶς ἥδ' ἐστὶ φήσαντος, μισήσας ὁ θεὸς τὴν τοσαύτην ἀναίδειαν, οὐ μόνον ἐκείνην κατέσχεν, ἀλλ' οὐδὲ τὴν οἰκείαν ἀπέδωκεν.

Ἐπιμύθιον.

Ο μῦθος δηλοῖ, ὅτι ὅσον τοῖς δικαίοις τὸ θεῖον συναίρεται, τοσοῦτον τοῖς ἀδίκοις ἐναντιοῦται.

Ονος, καὶ κηπωρός.

Νος ὑπηρετούμενος κηπωρῷ, ἐπειδὴ ὀλίγα μὲν ἤσθιε, πλεῖστα δ' ἐμόχθει, ηὔξατο τῷ Διῒ, ὥστε τοῦ κηπωροῦ ἀπαλλαγεὶς ἑτέρῳ ἀπεμποληθῆναι δεσπότῃ. τοῦ δὲ Διὸς ἐπακούσαντος καὶ κελεύσαντος αὐτὸν κεραμεῖ πραθῆναι, πάλιν ἐδυσφόρει πλέον, ἢ πρότερον ἀχθοφορῶν, καὶ τόν τε πηλὸν, καὶ τὰς κεράμους κομίζων. πάλιν οὖν ἀμεῖψαι τὸν δεσπότην ἱκέτευε. καὶ βυρσοδέψῃ ἀπεμπολεῖται. εἰς χείρονα τοίνυν τῶν προτέρων δεσπότην ἐμπεσὼν, καὶ ὁρῶν τὰ παρ' αὐτοῦ πραττόμενα, μετὰ στεναγμῶν ἔφη· οἴμοι τῷ ταλαιπώρῳ. βέλτιον ἦν μοι παρὰ τοῖς προτέροις δεσπόταις μένειν. οὗτος γὰρ ὡς ὁρῶ, καὶ τὸ δέρμα μου κατεργάσεται. Ἐπιμύθιον.

Ο μῦθος δηλοῖ, ὅτι τότε μάλιστα τοὺς προτέρους δεσπότας οἱ οἰκέται ποθοῦσιν, ὅταν τῶν δευτέρων λάβωσι πεῖραν.

Ορνιθοθήρας, καὶ κορυδαλός.

Ρνιθοθήρας ὄρνισιν ἵστη παγίδας. κορυδαλὸς δὲ τοῦτον πόῤῥωθεν ἰδὼν, ἐπυνθάνετο τί ποτ' ἐργάζοιτο. τοῦ δὲ, πόλιν κτίζειν φαμένου, εἶτα δὲ πορρωτέρω ἀποχωρήσαντος καὶ κρυβέντος, ὁ κορυδαλὸς τοῖς τοῦ ἀνδρὸς λόγοις πιστεύσας, προσελθὼν εἰς τὸν βρόχον ἑάλω. τοῦ δὲ ὀρνιθοθήρα ἐπιδραμόντος, ἐκεῖνος εἶπεν. ὦ οὗτος, εἰ τοιαύτην πόλιν κτίζεις, οὐ πολλοὺς εὑρήσεις τοὺς ἐνοικοῦντας. Ἐπιμύθιον.

ὁ μῦθος δηλοῖ, ὅτι τότε μάλιστα οἶκοι καὶ πόλεις ἐρημοῦνται, ὅταν οἱ προεστῶτες χαλεπαίνωσιν.

Οδοιπόρος.

δοιπόρος πολλὴν ἀνύσας ὁδὸν, ηὔξατο, εἰ ἄρα εὑρήσει τί, τὸ ἥμισυ τού-
ὁ τoff τῷ Ἑρμῇ ἀναθήσειν. περιτυχὼν δὲ πήρᾳ μεστῇ φοινίκων καὶ ἀμυγ-
δάλων, καὶ ταύτην ἀνελόμενος, ἐκείνους μὲν ἔφαγε. τὰ δὲ τῶν φοινίκων ὀστᾶ, καὶ τὰ τῶν ἀμυγδάλων κελύφη ἐπί τινος ἀνέθηκε βωμοῦ, φήσας. ἀπέχεις ὦ Ἑρμῆ τὴν εὐχήν. τοῦ γὰρ εὑρεθέντος τὰ ἐκτὸς καὶ ἐντὸς, πρὸς σὲ διανενέμημαι. Ἐπιμύθιον.

ὁ μῦθος, πρὸς ἄνδρα φιλάργυρον, καὶ τοὺς θεοὺς διὰ πλεονεξίαν κατασοφιζόμενον.

Παῖς, καὶ μήτηρ.

αῖς ἐκ διδασκαλείου τὴν τοῦ συμμαθητοῦ δέλτον κλέψας, ἤνεγκε τῇ
π μητρί. τῆς δὲ μὴ ἐπιπληξάσης, μᾶλλον μὲν οὖν ἀποδεξαμένης, προϊ-
ὼν τοῖς χρόνοις ἤρξατο καὶ τὰ μείζω κλέπτειν. ἐπ' αὐτοφώρῳ δέ ποτε ληφθεὶς, ἀπήγετο τὴν πρὸς θάνατον. τῆς δὲ μητρὸς ἑπομένης καὶ ὀλοφυρομένης, ἐκεῖνος τῶν δημίων ἐδεῖτο βραχέα τινὰ τῇ μητρὶ διαλεχθῆναι πρὸς τὸ οὖς. τῆς δὲ ταχέως τῷ στόματι τοῦ παιδὸς προσθείσης, ἐκεῖνος τὸ οὖς τοῖς ὀδοῦσι δακὼν ἀφείλετο. τῆς δὲ μητρὸς καὶ τῶν ἄλλων κατηγορούντων, ὡς οὐ μόνον κέκλοφεν, ἀλλ' ἤδη καὶ εἰς τὴν μητέρα ἠσέβηκεν, ἐκεῖνος εἶπεν. αὕτη γάρ μοι τῆς ἀπωλείας γέγονεν αἴτιος. εἰ γὰρ ὅτε τὴν δέλτον ἐκεκλόφειν ἐπέπληξέ μοι, οὐκ ἂν μέχρι τούτων χωρήσας νῦν ἠγόμην ἐπὶ τὸν θάνατον. Ἐπιμύθιον.

ὁ μῦθος δηλοῖ, ὅτι τῶν μὴ κατ' ἀρχὰς κολαζομένων, ἐπὶ μεῖζον αὐξάνει τὰ κακά.

Ποιμὴν, καὶ θάλασσα.

οιμὴν ἐν παραθαλασσίῳ τόπῳ ποίμνιον νέμων, ἑωρακὼς γαληνιῶσαν
ϖ τὴν θάλατταν, ἐπεθύμησε πλεῦσαι πρὸς ἐμπορίαν. ἀπεμπολήσας
οὖν τὰ πρόβατα, καὶ φοινίκων βαλάνους πριάμενος, ἀνήχθη. χειμῶνος δὲ σφοδροῦ γενομένου, καὶ τῆς νεὼς κινδυνευούσης βαπτίζεσθαι, πάντα τὸν φόρτον ἐκβαλὼν εἰς τὴν θάλατταν, μόλις κενῇ τῇ νηὶ διεσώθη. μετὰ δ' ἡμέρας οὐκ ὀλίγας παριόντος τινὸς, καὶ τῆς θαλάττης, ἔτυχε γὰρ αὕτη γαληνιῶσα, τὴν ἠρεμίαν θαυμάζοντος, ὑπολαβὼν οὗτος εἶπε. φοινίκων αὖθις ὡς ἔοικεν ἐπιθυμεῖ, καὶ διὰ τοῦτο φαίνεται ἡσυχάζουσα. Ἐπιμύθιον.

ὁ μῦθος δηλοῖ, ὅτι τὰ παθήματα τοῖς ἀνθρώποις, μαθήματα γίνονται.

Ῥοιὰ, καὶ μηλέα.

οιὰ καὶ μηλέα περὶ κάλλους ἤριζον. πολλῶν δ' ἀμφισβητήσεων μεταξὺ
ρ γενομένων, βάτος ἐκ τοῦ πλησίον ἀκούσασα φραγμοῦ, παυσώμεθα
εἶπεν ὦ φίλαι ποτὲ μαχόμεναι. Ἐπιμύθιον.

ὁ μῦθος δηλοῖ, ὅτι ἐν ταῖς τῶν ἀμεινόνων στάσεσι, καὶ οἱ μηδενὸς ἄξιοι πειρῶνται εἶναί τι.

Ασπάλαξ.

Ασπάλαξ τυφλὸν ζῶόν ἐστι. φησὶν οὖν ποτε τῇ μητρὶ, συκαμινέαν μῆ-
ὁ τερ ὁρῶ. εἶτα αὖθις φησὶ, λιβανίου ὀσμῆς πεπλήρωμαι. κἀκ τρίτου
πάλιν, χαλκῆς φησι ψηφῖδος κτύπον ἀκούω. ἡ δὲ μήτηρ ὑπολαβοῦσα εἶπεν. ὦ τέκνον. ὡς ἤδη καταμανθάνω, οὐ μόνον ὄψεως ἐστέρησαι, ἀλλὰ καὶ ἀκοῆς, καὶ ὀσφρήσεως. Ἐπιμύθιον.

ὁ μῦθος

uerbis credendo, accessit ad cassem, & capta est. at aucupe accurrente, illa dixit, heus tu, si talem urbem condis, non multos inuenies incolentes. Affabulatio.

Fabula significat, tunc maxime domos & urbes desolari, cum præfecti molesti fuerint.

Viator.

VIator multa confecta uiá, orauit, siquid inuenerit, dimidium Mercurio dedicaturũ. nactus igitur peram cariotarum, & amygdalarum plenam, atq; ea accepta, eas comedit. sed cariotarum ossa, & amygdalarũ cortices super altari quodã imposuit, locutus habes o Mercuri uotum. nam r ei inuẽtæ exteriora & interiora tecũ partior. Affabulatio.

Fabula aduersus uirum auarum, qui & deos ob cupiditatem fallit.

Puer & Mater.

PVer ex literario ludo condiscipuli librum furatus, tulit matri, cum ea uero non corripuisset, sed potius amplexata fuisset, prouectus ætate cœpit & maiora furari. in ipso autem furto aliquando deprehensus, ducebatur recta ad mortem. at sequente, & lugente matre, ille carnifices orabat, ut breuia quædam matri narraret in aurem. quæ cum illico ori filii se admouisset, ille aurem dentibus demorsam abscidit. matre autem, & aliis accusantibus, quia non solũ furatus sit, sed & in matrem impius esset, ille ait, hæc enim mihi perditionis fuit causa. si enim cũ librum furatus fui, me corripuisset, non ad hæc usq; procedendo, nunc ducerer ad mortem. Affabulatio.

Fabula significat, eorũ, quæ nõ in princiqio puniuntur, in maius augeri mala.

Pastor, & Mare.

PAstor in maritimo loco armentum pascens uiso tranquillo mari, desyderauit nauigare ad mercaturam, uenditis igitur ouibus, & palmarum fructibus emptis, soluit. tempestate uero uehementi facta, & naui in periculo ut submergeretur, omni onere eiecto in mare, uix uacua naui euasit inculumis. post uero dies nõ paucos transeunte quodam, & maris (erat enim id forte tranqnillum) quietẽ admirante, suscepto sermone, hic ait, cariotas iterũ ut uidetur desyderat, & propterea uidetur quietum. Affabulatio.

Fubula significat calamitates hominibus documento esse.

Punica, & Malus.

PVnica, & malus de pulchritudine contendebãt multis contẽtionibus interim factis, rubus ex proxima sepe audiens desinamus ait o Amice aliquando pugnare. Affabulatio.

Fabula significat in præstantiorum seditionibus, uilissimos quoq; conari esse aliquos.

Talpa.

TAlpa cæcum animal est. dixit igitur aliquando matri, morũ mater uideo, deinde rursus ait, thuris odore plena sum. & tertio iterum, ærei inquit lapilli fragorem audio, Mater uero respondendo ait, o filia ut iam percipio, non solum uisu priuata es, sed & auditu, & olfactu. Affabulatio.

Fabula significat,non nullos lactabundos,impossibilia promittere, & in minimis redargui.

Vespæ,& perdices.

VEspæ,& perdices sitibundæ ad agricolam iuerunt ab eo petentes bibere,promittentes pro aqua hanc gratiam reddituram,perdices fodere uineas,uespæ circum circa eundo aculeis arcere fures,at agricola ait,sed mihi sunt duo boues,qui nihil promittendo,omnia faciunt, melius igitur est illis dare,quam uobis. Affabulatio.

Fabula in uiros perniciosos,qui promittunt quidem iuuare,lædunt autem admodum.

Pauo,& Monedula.

AVibus creaturis regem,Pauo,orabat ut se ob pulchritudinē eligerēt.eligētibus āt eū oibus,monedula suscepto sermōe ait.sed si te regnāte, aquila nos perseq aggressa fuerit,quomodo nobis opem feres? Affabulatio.

Fabula significat,principes nō mō propter pulchritudinem,sed & fortitudinē,& prudentiam eligi oportere.

Singularis animal,& Vulpes.

SIngularis agrestis super quadā sidens arbore dentes acuebat. uulpe rogante causam,quare nulla præposita necessitate dentes acueret,ait.nō ab re hoc facio.nā si me periculū inuaserit, minie aūt me tunc acuendis dentibus occupatum ēe oportebit,sed potius paratis uti. Affabulatio.

Fabula significat aduersus periculum præparatum esse oportere.

Cassita.

Cassita laqueo capta plorans dicebat,hei mihi miseræ, & infelici uolucri.Non aurū surripui cuiusquā,nō argentū,nō aliud quicquam prætiosum.Granum autē tritici paruum mortis mihi cā fuit. Affabulatio.

Fabula in eos,qui ob uile lucrum,mugnum subeunt periculum.

Hinnulus.

HInnulus aliquando ceruo ait,Pater tu & maior,& celerior canibus,& cornua præterea ingentia gestas ad uindictam,cur nam igitur sic eos times? & ille ridens ait,uera quidem hæc inquis fili.unū uero scio,ꝙ cū canis latratū audiuero,statim ad fugam nescio quomodo efferor. Affabulatio.

Fabula significat,natura timidos nulla admonitione fortificari.

Lepores,& Ranæ.

LEpores aliquando in unum profecti,suam ipsorum deplorabāt uitā,qđ foret periculis obnoxia,& timoris plēa, ꝙ & ab hominibus,& canibus,& aquilis,& aliis multis consumantur.melius itaq ēe mori semel,q̄ toto uitæ tpe timerī.hoc igī firmato,ipetū fecerūt simul in paludem,quasi in eam insulturi,& suffocandi.sed cum ranæ,quæ circum paludem sedebant,cursus strepitu percepto,illico in hanc insiluissent,ex leporibus quidam prudentior esse uisus aliis;

ὁ μῦθος δηλοῖ, ὅτι ἔνιοι τῶν ἀλαζόνων, τὰ ἀδύνατα κατεπαγγέλλονται. καὶ ἐν τοῖς ἐλαχίστοις ἐλέγχονται.

Σφῆκες, καὶ πέρδικες.

σ

φῆκες καὶ πέρδικες δίψῃ συνεχόμενοι, πρὸς γεωργὸν ἦλθον παρ' αὐτοῦ αἰτοῦντες πιεῖν, ἐπαγγελλόμενοι ἀντὶ τοῦ ὕδατος ταύτην τὴν χάριν ἀποδώσειν. οἱ μὲν πέρδικες, σκάψειν τὰς ἀμπέλους. οἱ δὲ σφῆκες κύκλῳ περιιόντες, τοῖς κέντροις ἀποσοβεῖν τοὺς κλέπτας. ὁ δὲ γεωργὸς ἔφη· ἀλλ' ἔμοιγέ εἰσι δύο βόες, οἳ μηδὲν ἐπαγγελλόμενοι, πάντα ποιοῦσιν. ἄμεινον οὖν ἐστιν ἐκείνοις δοῦναι, ἤπερ ὑμῖν.

Ἐπιμύθιον.

ὁ μῦθος πρὸς ἄνδρας ἐξώλεις, ὠφελεῖν μὲν ἐπαγγελλομένους, βλάπτοντας δὲ μεγάλα.

Ταώς, καὶ κολοιός.

τ

ῶν ὀρνίθων βουλομένων ποιῆσαι βασιλέα, ταὼς ἑαυτὸν ἠξίου διὰ κάλλος χειροτονεῖν. αἱρουμένων δὲ τοῦτο πάντων, κολοιὸς ὑπολαβὼν ἔφη· ἀλλ' ἐὰν σοῦ βασιλεύοντος ἀετὸς ἡμᾶς καταδιώκειν ἐπιχειρήσει, πῶς ἡμῖν ἐπαρκέσεις.

Ἐπιμύθιον.

ὁ μῦθος δηλοῖ, ὅτι τοὺς ἄρχοντας οὐ διὰ κάλλος μόνον, ἀλλὰ καὶ ῥώμην καὶ φρόνησιν ἐκλέγεσθαι δεῖ.

Μονιὸς, καὶ ἀλώπηξ.

μ

ονιὸς ἄγριος ἐπί τινος ἑστὼς δένδρου, τοὺς ὀδόντας ἔθηγεν. ἀλώπεκος δὲ ἐρομένης τὴν αἰτίαν, ὅτι μηδεμιᾶς προσκειμένης ἀνάγκης, τί τοὺς ὀδόν- θήγει, ἔφη, οὐκ ἀλόγως τοῦτο ποιῶ. εἰ γάρ με κίνδυνος περισταίη, οὐκ ἄν με τηνικαῦτα πρὸς τοὺς ὀδόντας ἀκονᾶν ἀσχολεῖσθαι δεήσει, ἀλλὰ μᾶλλον ἑτοίμοις οὖσι χρῆσθαι.

Ἐπιμύθιον.

ὁ μῦθος δηλοῖ, ὅτι δεῖ πρὸ τῶν κινδύνων παρασκευάζεσθαι.

Κορυδαλός.

κ

ορυδαλὸς εἰς παγὴν ἁλοὺς, θρηνῶν ἔλεγεν· οἴμοι τῷ ταλαιπώρῳ, καὶ δυστήνῳ πτηνῷ. οὐ χρυσὸν ἐνοσφισάμην τινός. οὐκ ἄργυρον. οὐκ ἄλλο τι τῶν τιμίων. κόκκος δὲ σίτου μικρὸς, τὸν θάνατόν μοι προὐξένησεν.

Ἐπιμύθιον.

ὁ μῦθος, πρὸς τοὺς διὰ κέρδος εὐτελὲς, μέγαν ὑφισταμένους κίνδυνον.

Νεβρός.

ν

εβρός ποτε πρὸς τὴν ἔλαφον εἶπε· πάτερ, σὺ καὶ μείζων καὶ ταχύτερος κυνῶν πέφυκας. καὶ κέρατα πρὸς τούτοις ὑπερφυῆ φέρεις πρὸς ἄμυναν. τί δήποτ' οὖν οὕτω τούτους φοβῇ. κἀκεῖνος γελῶν εἶπεν. ἀληθῆ μὲν ταῦτα φὴς τέκνον. ἓν δ' οἶδα, ὡς ἐπειδὰν κυνὸς ὑλακὴν ἀκούσω, αὐτίκα πρὸς φυγὴν οὐκ οἶδ' ὅπως ἐκφέρομαι.

Ἐπιμύθιον.

ὁ μῦθος δηλοῖ, ὅτι τοὺς φύσει δειλοὺς, οὐδεμία παραίνεσις ῥώννυσιν.

Λαγωοὶ, καὶ βάτραχοι.

ο

ι λαγωοί ποτε συνελθόντες, τὸν ἑαυτῶν πρὸς ἀλλήλους ἀπεκλαίοντο βίον, ὡς ἐπισφαλὴς εἴη καὶ δειλίας πλέως. καὶ γὰρ καὶ ὑπ' ἀνθρώπων, καὶ κυνῶν, καὶ ἀετῶν, καὶ ἄλλων πολλῶν ἀναλίσκονται. βέλτιον οὖν εἶναι θανεῖν ἅπαξ, ἢ διὰ βίου τρέμειν. τοῦτο τοίνυν κυρώσαντες, ὥρμησαν κατὰ ταὐτὸν εἰς τὴν λίμνην, ὡς εἰς αὐτὴν ἐμπεσούμενοι καὶ ἀποπνιγησόμενοι. τῶν δὲ καθημένων κύκλῳ τῆς λίμνης βατράχων ὡς τὸν τοῦ δρόμου κτύπον ᾔσθοντο, εὐθὺς εἰς ταύτην εἰσπηδησάντων, τῶν λαγωῶν τις ἀγχινούστερος εἶναι δοκῶν τῶν ἄλλων, ἔφη· σῆτε ἑταῖροι· μηδὲν δεινὸν ὑμᾶς αὐτοὺς διαπράξησθε. ἤδη ὡς ὁρᾶτε καὶ ἡμῶν ἕτερα ἐστὶ ζῷα δειλότερα. ΕΠΙΜΥΘΙΟΝ.

Ο μῦθος δηλοῖ, ὅτι οἱ δυστυχοῦντες, ἐξ ἑτέρων χείρονα πασχόντων παραμυθοῦνται.

Ονος, καὶ ἵππος.

ο Νος ἵππον ἐμακάριζεν, ὡς ἀφθόνως τρεφόμενον, καὶ ἐπιμελῶς, αὐτὸς μὴ δ' ἀχύρων ἅλις ἔχων. καὶ ταῦτα πλεῖστα ταλαιπωρῶν. ἐπεὶ δὲ καιρὸς ἐπέστη πολέμου, καὶ ὁ στρατιώτης ἔνοπλος ἀνέβη τὸν ἵππον πανταχόσε τοῦτον ἐλαύνων, καὶ δὴ καὶ μέσον τῶν πολεμίων εἰσήλασε, καὶ ὁ ἵππος πληγεὶς ἔκειτο, ταῦτα ἑωρακὼς ὁ ὄνος, τὸν ἵππον μεταβαλλόμενος ἐταλάνιζεν. ΕΠΙΜΥΘΙΟΝ.

Ο μῦθος δηλοῖ, ὅτι οὐ δεῖ τοὺς ἄρχοντας καὶ πλουσίους ζηλοῦν, ἀλλὰ τὸν κατ' ἐκείνων φθόνον, καὶ τὸν κίνδυνον ἀναλογιζομένους τὴν πενίαν ἀγαπᾶν.

Φιλάργυρος.

φ Ιλάργυρός τις ἅπασαν αὐτοῦ τὴν οὐσίαν ἐξαργυρισάμενος, καὶ χρυσοῦν βῶλον ποιήσας, ἔν τινι τόπῳ κατώρυξε, συγκατορύξας ἐκεῖ καὶ ψυχὴν ἑαυτοῦ καὶ τὸν νοῦν. καὶ καθ' ἡμέραν ἐρχόμενος αὐτὸν ἔβλεπε. τῶν δ' ἐργατῶν τις αὐτὸν παρατηρήσας, καὶ τὸ γεγονὸς συννοήσας, ἀνορύξας τὸν βῶλον ἀνείλετο. μετὰ δὲ ταῦτα κἀκεῖνος ἐλθών, καὶ κενὸν τὸν τόπον ἰδών, θρηνεῖν ἤρξατο, καὶ τίλλειν τὰς τρίχας. ἕτερος δέ τις ὀλοφυρόμενον οὕτως ἰδών, καὶ τὴν αἰτίαν πυθόμενος, μὴ οὕτως εἶπεν ὦ οὗτος ἀθύμει. οὐδὲ γὰρ ἔχων τὸν χρυσὸν εἶχες. λίθον οὖν ἀντὶ χρυσοῦ λαβὼν θές. καὶ νόμιζέ σοι τὸν χρυσὸν εἶναι. τὴν αὐτὴν γάρ σοι πληρώσει χρείαν. ὡς ὁρῶ γὰρ οὐδ' ὅτε ὁ χρυσὸς ἦν, ἐν χρήσει ἦσθα τοῦ κτήματος. ΕΠΙΜΥΘΙΟΝ.

Ο μῦθος δηλοῖ, ὅτι οὐδὲν ἡ κτῆσις, ἐὰν μὴ ἡ χρῆσις προσῇ.

Χῆνες, καὶ γέρανοι.

χ Ηνες καὶ γέρανοι ἐπὶ τοῦ αὐτοῦ λειμῶνος ἐνέμοντο. τῶν δὲ θηρευτῶν ἐπιφανέντων, οἱ μὲν γέρανοι κοῦφοι ὄντες, ταχέως ἀπέπτησαν. οἱ δὲ χῆνες διὰ τὸ βάρος τοῦ σώματος μείναντες, συνελήφθησαν. ΕΠΙΜΥΘΙΟΝ.

Ο μῦθος δηλοῖ, ὅτι καὶ ἐν ἁλώσει πόλεως, οἱ μὲν ἀκτήμονες εὐχερῶς φεύγουσιν· οἱ δὲ πλούσιοι δουλεύουσιν ἁλισκόμενοι.

Χελώνη, καὶ ἀετός.

χ Ελώνη ἀετοῦ ἐδεῖτο ἵπτασθαι ταύτην διδάξαι. τοῦ δέ, παραινοῦντος πόρρω τοῦτο τῆς φύσεως αὐτῆς εἶναι, ἐκείνη μᾶλλον τῇ δεήσει προσέκειτο. λαβὼν οὖν ταύτην τοῖς ὄνυξι, καὶ εἰς ὕψος ἀνενεγκών, εἶτ' ἀφῆκεν. ἡ δέ, κατὰ πετρῶν πεσοῦσα, συνετρίβη. ΕΠΙΜΥΘΙΟΝ.

Ο μῦθος δηλοῖ, ὅτι πολλοὶ ἐν φιλονεικίαις τῶν φρονιμωτέρων παρακούσαντες, ἑαυτοὺς ἔβλαψαν.

Ψύλλα.

ψ Υλλα ποτὲ πηδήσασα, ἐπὶ πόδα ἀνδρὸς ἐκάθισεν. ὁ δέ, τὸν ἡρακλῆν ἐπὶ συμμαχίαν ἐκάλει. τῆς δέ, ἐκεῖθεν αὖθις ἀφαλομένης, στενάξας εἶπεν. ὦ ἡράκλεις, εἰ ἐπὶ ψύλλης οὐ συνεμάχησας, πῶς ἐπὶ μείζοσιν ἀνταγωνισταῖς συνεργήσεις. ΕΠΙΜΥΘΙΟΝ.

Ο μῦθος δηλοῖ, μὴ δεῖν ἐπὶ τῶν ἐλαχίστων τοῦ θείου δεῖσθαι, ἀλλ' ἐπὶ τῶν ἀναγκαίων.

Ελαφος.

ε Λαφος τὸν ἕτερον πεπηρωμένη τῶν ὀφθαλμῶν, ἐπ' ἠϊόνος ἐνέμετο, τὸν μὲν ὑγιᾶ τῶν ὀφθαλμῶν πρὸς τὴν ξηρὰν διὰ τοὺς κυνηγετοῦντας ἔχουσα, τὸν δὲ λοιπόν, πρὸς θάλατταν, ὅθεν οὐδὲν ὑπώπτευε. παραπλέοντες δέ τινες, καὶ τούτου στοχασάμενοι, αὐτῆς κατετόξευσαν. ἡ δὲ ἑαυτὴν ὀλο-

φύρομ

ait sistite o socii, nulla re graui uos ipsos afficite, iam ut uidetis, & nobis alia sunt animalia timidiora. Affabulatio.

Fabula significat, miseros grauioribus aliorum consolari calamitatibus.

Asinus, & equus

ASinus equũ beatũ putabat ꝙ abundãter nutriret, & accurate, cũ ipse neq; pal earũ satis haberet, præsertim'ꝙ defatigatus. cũ ãt tẽpus institit belli, & miles armatum ascendit equum huc, illuc ipsum impellendo, cæterum & in medios hostes insiluit, & equus uulneratus iacebat. his uisis asinus equum mutata sententia miserum existimabat. Affabulatio.

Fabula significat, non oportere principes, & diuites imitari, sed in illos inuidia, & periculo consyderatis, paupertatem amare.

Auarus.

AVarus quidam cum omnia sua bona uendidisset, & auream glebam fecisset, in loco quodam infodit, unà defosso illic & animo suo, & mente, atq; quotidie eundo, ipsam uidebat. id autem ex operis quædam obseruando cognouit, & refossam glebam abstulit. post hæc & ille profectus, & uacuum locum uidens, lugere cœpit, & capillos euellere. hunc cũ quidã uidisset sic plorantẽ, & causam audiuisset, ne sic ait o tu tristare. neq; enim habens aurum, habebas. lapidẽ igitur pro auro acceptũ reconde, & puta tibi aurũ ẽe. eũdem enim tibi usum præstabit. nam, ut uideo, neq; cum aurum erat, utebare. Affabulatio.

Fabula significat, nihil esse possessionem, nisi usus adfuerit.

Anseres, & Grues.

ANseres, & Grues in eodem prato pascebantur. uenatoribus ãt uisis, grues, quod essent leues, statim euolauerunt, anseres uero ob onus corporum cum mansissent, capti fuerunt. Affabulatio.

Fabula significat, & in expugnatione urbis, inopes facile fugere, diuites aũt seruire captos.

Testudo, & Aquila.

TEstudo orabat aquilam, ut se uolare doceret. ea ãt admonente ꝓcul hoc a natura ipsius esse, illa magis precibus instabat. accepit igitur ipsam unguibus, & in altum sustulit, inde demisit, hæc autem in petras cecidit, & contrita est. Affabulatio.

Fabula significat, multos, quia in cõtentionibus prudentioribus nõ audiuerint, se ipsos læsisse.

Pulex.

PVlex aliquando saltans, uiri pedi inhæsit, hic autem Herculem in auxilium inuocabat. at hic cum illinc rursus saltasset, suspirãdo ait, o Hercules, si cõtra pulicẽ nõ auxiliatus es, quomõ cõtra maiores aduersarios adiuuabis? Affabulatio.

Fabula significat non oportere in minimis Deum rogare, sed in necessariis.

Cerua.

CErua altero obcæcata oculo, in litore pascebatur, sanum oculum ad terram propter uenatores habens, alterum uero ad mare, unde nihil suspicabatur. præternauigãtes aũt qdã, & hoc cõiectãtes, ipsam sagittarũt. hæc ãt seipsam lugebat, qđ unde timuerat, nihil passa foret, qđ nõ putabat malũ illaturũ, ab eo proditam. Affabulatio.

Fabula significat, sæpe quæ nobis noxia uidentur, utilia fieri. quæ uero utilia, noxia.

Cerua, & Leo.

CErua uenatores fugiẽs in speluncã ingressa est, i Leonẽ ãt ibi cũ i cidisset, ab eo cõprehensa est. moriẽs ãt dicebat. hei, mihi ꝙ hoies fugiens, in ferarum immitissimum incidi. Affabulatio.

Fabula significat, multos homines dum parua fugiunt pericula, iñ magna incurrere.

Cerua, & Vitis.

CErua uenatores fugiẽs, sub uite delituit. cum præteriissent ãt parũ per illi, cerua prorsus iam latere arbitrata, uitis folia pasci incepit. illis uero agitatis, uenatores conuersi, & quod erat uerum arbitrati, animal aliquod sub foliis occultari. sagittis confecerunt ceruã. hæc aũt moriẽs talia dicebat, iusta passa sum, non enim offendere oportebat, quæ me seruarat, Affabulatio.

Fabula significat, qui iniuria benefactores afficiunt, a Deo puniri.

Asinus, & Leo.

CVm Asino Gallus aliquãdo pascebat. Leonẽ aũt aggresso asinũ, gallus exclamauit, & leo (aiunt enim hunc galli uocem timere) fugit. at asinus ratus propter se fugere aggressus est statim leonẽ, ut uero ꝓcul hũc persecutus est, quo nõ amplius galli ꝑueniebat uox, cõuersus leo deuorauit. hic uero moriẽs clamabat, me miserũ, & dementem. ex pugnacibus enim non natus parentibus, cuius gratia in aciem irrui? Affabulatio.

Fabula significat, plerosq; hoies, inimicos, q se de industria humiliarũt, aggredi, atq; ita ab illis occidi.

Olitor, & Canis.

OLitoris canis in puteum decidit, olitor autem ipsum illinc extracturus, descendit & ipse in puteum. ratus autem canis accessisse ut se inferius magis obrueret, olitorem uersus momordit. hic ãt cũ dolore reuersus, iusta inquit patior. nã cur unq̃ sui interfectorem seruare studui? Affabulatio.

Fabula in iniustos, & ingratos.

Sus, & canis.

SVs, & canis mutuo conuitiabantur. & sus iurabat per Venerẽ proculdubio dentibus discissurum canẽ. canis uero ad hæc dissimulanter dixit. bene per Venerem nobis iuras. significas enim ab ipsa uehementer amari, quæ impuras tuas carnes degustantẽ, nullo pacto in sacellũ admittit. & sus pp hoc igr̃ magis ꝓfessert dea amare me. nam occidentẽ, aut alio quouis modo lædentẽ oĩno auersatur. tu tamen male oles & uiua, & mortua.

Affabulatio.

Fubula significat, prudentes oratores, quæ ab inimicis obiiciuntur, artificiose in laudem conuertere.

φύρετο, ὡς ὑφ' ἧς μὲν ἐδεδοίκει, μηδὲν παθοῦσα, ἣν δ' οὐκ ᾤετο κακὸν ἐπάξειν,
ὑπὸ ταύτης προδεδομένη. ἐπιμύθιον.
Ὁ μῦθος δηλοῖ, ὅτι πολλάκις ἡμῖν τὰ βλαβερὰ δοκοῦντα ὠφέλιμα γίνεται,
τὰ δ' ὠφέλιμα, βλαβερά.

Ἔλαφος, καὶ λέων.

λαφος κυνηγοὺς φεύγουσα, εἰς ἄντρον εἰσέδυ. λέοντι δ' ἐκεῖ περιτυχοῦ-
ξ σα, ὑπ' αὐτοῦ συνελήφθη. θνήσκουσα δ' ἔλεγεν, οἴμοι ὅτι ἀνθρώπους φεύ-
γουσα, τῷ τῶν θηρίων ἀγριωτάτῳ περιέπεσον. ἐπιμύθιον.
Ὁ μῦθος δηλοῖ, ὅτι πολλοὶ τῶν ἀνθρώπων μικροὺς κινδύνους φεύγοντες, με-
γάλων ἐπειράθησαν.

Ἔλαφος, καὶ ἄμπελος.

λαφος κυνηγοὺς φεύγουσα, ὑπ' ἀμπέλῳ ἐκρύβη. παρελθόντων δ' ὀ-
ξ λίγον ἐκείνων, ἡ ἔλαφος τελέως ἤδη λαθεῖν δόξασα, τῶν τῆς ἀμπέ-
λου φύλλων ἐσθίειν ἤρξατο. τούτων δὲ σειομένων, οἱ κυνηγοὶ ἐπιστραφέν-
τες, καὶ ὅπερ ἦν ἀληθὲς νομίσαντες, τὸ ζῶον ὑπὸ τοῖς φύλλοις τι κρύπτεσθαι,
βέλεσιν ἀνεῖλον τὴν ἔλαφον. ἡ δὲ θνήσκουσα, τοιαῦτ' ἔλεγε. δίκαια πέπονθα.
οὐ γὰρ ἔδει τὴν σώσασάν με λυμαίνεσθαι. ἐπιμύθιον.
Ὁ μῦθος δηλοῖ, ὅτι οἱ ἀδικοῦντες τοὺς εὐεργέτας, ὑπὸ θεοῦ κολάζονται.

Ὄνος, καὶ λέων.

νῳ ποτὲ ἀλεκτρυὼν συνεβόσκετο. λέοντος δ' ἐπελθόντος τῷ ὄνῳ, ὁ
ζ ἀλεκτρυὼν ἐφώνησε. καὶ ὁ μὲν λέων, φασὶ γὰρ τοῦτον τὴν ἀλεκτρυόνος φω-
νὴν φοβεῖσθαι, ἔφυγεν. ὁ δ' ὄνος νομίσας δι' αὐτὸν πεφευγέναι, ἐπι-
δραμὼν εὐθὺς τῷ λέοντι. ὡς δὲ πόρρω τοῦτον ἐδίωξεν, ἔνθα μηκέτι ἡ τοῦ ἀλε-
κτρυόνος ἐφικνεῖτο φωνή, στραφεὶς ὁ λέων κατεθοινήσατο. ὁ δὲ, θνήσκων ἐβόα. ἄ-
θλιος ἐγὼ καὶ ἀνόητος. πολεμιστῶν γὰρ μὴ ὢν γονέων, τίνος χάριν εἰς πόλεμον
ἐξωρμήθην. ἐπιμύθιον.
Ὁ μῦθος δηλοῖ, ὅτι πολλοὶ τῶν ἀνθρώπων ταπεινουμένοις ἐπίτηδες τοῖς ἐχθροῖς
ἐπιτίθενται. καὶ οὕτως ὑπ' ἐκείνων ἀπόλλυνται.

Κηπωρὸς, καὶ κύων.

ηπωροῦ κύων εἰς φρέαρ κατέπεσεν. ὁ δὲ κηπωρὸς βουλόμενος αὐτὸν
κ ἐκεῖθεν ἀνενεγκεῖν κατῆλθε καὶ αὐτὸς εἰς τὸ φρέαρ. οἰηθεὶς δ' ὁ κύων, ὡς
κατωτέρω μᾶλλον αὐτὸν παραγέγονε καταδῦσαι, τὸν κηπωρὸν στρα-
φεὶς ἔδακεν. ὁ δὲ, μετ' ὀδύνης ἐπανιών, δίκαιά φησι πέπονθα. τί δή ποτε γὰρ
τὸν αὐτόχειρα σῶσαι ἐσπούδασα. ἐπιμύθιον.
Ὁ μῦθος, πρὸς ἀδίκους, καὶ ἀχαρίστους.

Σῦς, καὶ κύων.

ς καὶ κύων ἀλλήλοις διελοιδοροῦντο. καὶ ἡ μὲν σῦς, ὤμνυε κατὰ τῆς
σ Ἀφροδίτης ἦ μὴν τοῖς ὀδοῦσιν ἀναρρήξειν τὴν κύνα. ἡ δὲ κύων πρὸς ταῦ-
τα εἰρωνικῶς εἶπε. καλῶς κατὰ τῆς Ἀφροδίτης ἡμῖν ὀμνύεις. δη-
λοῖς γὰρ ὑπ' αὐτῆς ὅτι μάλιστα φιλεῖσθαι. ἣ τὸν τῶν σῶν ἀκαθάρτων σαρκῶν
γευόμενον, οὐδόλως εἰς ἱερὸν προσίεται. καὶ ἡ σῦς, διὰ τοῦτο μὲν οὖν μᾶλλον δή-
λη ἐστὶν ἡ θεὸς στέργουσά με. τὸν γὰρ κτείναντα, ἢ ἄλλως λυμαινόμενον παντά-
πασιν ἀποστρέφεται. σὺ μέντοι κακῶς ὄζεις καὶ ζῶσα καὶ τεθνηκυῖα.

ἐπιμύθιον.

Ὁ μῦθος δηλοῖ, ὅτι οἱ φρόνιμοι τῶν ῥητόρων, τὰ ὑπὸ τῶν ἐχθρῶν ὀνείδη, εὐμε-
θόδως εἰς ἔπαινον μετασχηματίζουσιν.

Ὗς, καὶ κύων.

Σ, καὶ κύων περὶ εὐτοκίας ἤριζον. ἔφη δὲ ἡ κύων εὔτοκος εἶναι μάλιστα
υ πάντων τῶν πεζῶν. καὶ ἡ ὗς ὑποτυχοῦσα πρὸς ταῦτά φησιν. ἀλλ' ὅταν
τοῦτο λέγῃς, ἴσθι ὅτι καὶ τυφλοὺς τοὺς σαυτῆς σκύλακας τίκτεις.

Ἐπιμύθιον.

Ὁ μῦθος δηλοῖ, ὅτι οὐκ ἐν τῷ τάχει τὰ πράγματα, ἀλλ' ἐν τῇ τελειότητι κρί-νεται.

Ὄφις, καὶ καρκῖνος.

φις καρκίνῳ συνδιῃτᾶτο, ἑταιρείαν πρὸς αὐτὸν ποιησάμενος. ὁ μὲν
ο οὖν καρκίνος ἁπλοῦς ὢν τὸν τρόπον, μεταβαλέσθαι κἀκεῖνον παρῄνει
τῆς πανουργίας. ὁ δὲ, οὐδὲν τι οὖν ἑαυτὸν παρεῖχε πειθόμενον. ἐπιτηρήσας δ' ὁ καρκίνος αὐτὸν ὑπνοῦντα, καὶ ὅσον οἷόν τε πιέσας, φονεύει. τοῦ δ' ὄφεως μετὰ θάνατον ἐκταθέντος, ἐκεῖνος εἶπεν. οὕτως ἔδει καὶ πρόσθεν εὐθὺν καὶ ἁπλοῦν εἶναι. οὐδὲ γὰρ ἂν ταύτην τὴν δίκην ἔτισας.

Ἐπιμύθιον.

Ὁ μῦθος δηλοῖ, ὅτι οἱ τοῖς φίλοις σὺν δόλῳ προσιόντες, αὐτοὶ μᾶλλον βλάπτονται.

Ποιμὴν, καὶ λύκος.

Οιμὴν νεογνὸν λύκου σκύμνον εὑρὼν, καὶ ἀνελόμενος, σὺν τοῖς κυσὶν
π ἔτρεφεν. ἐπεὶ δ' ηὐξήνθη, εἴποτε λύκος πρόβατον ἥρπασε, μετὰ τῶν κυ-
νῶν καὶ αὐτὸς ἐδίωκε. τῶν δὲ κυνῶν ἔσθ' ὅτε μὴ δυναμένων καταλαβεῖν τὸν λύκον, καὶ διὰ ταῦτα ὑποστρεφόντων, ἐκεῖνος ἠκολούθει, μέχρις ἂν τοῦτον καταλαβὼν οἷα δὴ λύκος συμμετάσχῃ τῆς θήρας, εἶτα ὑπέστρεφεν. εἰ δὲ μὴ λύκος ἔξωθεν ἁρπάσειε πρόβατον, αὐτὸς λάθρα θύων, ἅμα τοῖς κυσὶν ἐθοινεῖτο. ἕως ὁ ποιμὴν στοχασάμενος, καὶ συνεὶς τὸ δρώμενον, εἰς δένδρον αὐτὸν ἀναρτήσας ἀπέκτεινεν.

Ἐπιμύθιον.

Ὁ μῦθος δηλοῖ, ὅτι φύσις πονηρὰ, χρηστὸν ἦθος οὐ τρέφει.

Λέων, καὶ λύκος.

Εων γηράσας, ἐνόσει κατακεκλιμένος ἐν ἄντρῳ. παρῆσαν δ' ἐπισκεψό-
λ μενα τὸν βασιλέα πλὴν ἀλώπεκος, τἄλλα τῶν ζώων. ὁ τοίνυν λύκος
λαβόμενος εὐκαιρίας, κατηγόρει παρὰ τῷ λέοντι τῆς ἀλώπεκος, ἅτε δὴ παρ' οὐδὲν τιθεμένης τὸν πάντων αὐτῶν κρατοῦντα, καὶ διὰ ταῦτα μηδ' εἰς ἐπίσκεψιν ἀφιγμένης. ἐν τοσούτῳ δὲ παρῆν καὶ ἡ ἀλώπηξ. καὶ τῶν τελευταίων ἠκροάσατο τοῦ λύκου ῥημάτων. ὁ μὲν οὖν λέων κατ' αὐτῆς ἐβρυχᾶτο. ἡ δ' ἀπολογίας καιρὸν αἰτήσασα, καὶ τίς ἔφη τῶν συνελθόντων τοσοῦτον ὠφέλησεν, ὅσον ἐγὼ πανταχόσε περινοστήσασα, καὶ θεραπείαν ὑπὲρ σοῦ παρ' ἰατρῶν ζητήσασα, καὶ μαθοῦσα. τοῦ δὲ λέοντος εὐθὺς τὴν θεραπείαν εἰπεῖν κελεύσαντος, ἐκείνη φησὶν, εἰ λύκον ζῶντα ἐκδείρας, τὴν αὐτοῦ δορὰν θερμὴν ἀμφιέσῃ. καὶ τοῦ λύκου κειμένου, ἡ ἀλώπηξ γελῶσα εἶπεν: οὕτως οὐ χρὴ τὸν δεσπότην πρὸς δυσμένειαν κινεῖν, ἀλλὰ πρὸς εὐμένειαν.

Ἐπιμύθιον.

Ὁ μῦθος δηλοῖ, ὅτι ὁ καθ' ἑκάστην μηχανώμενος, καθ' ἑαυτοῦ τὴν πάγην περιτρέπει.

Γυνή.

Υνή τις ἄνδρα μέθυσον εἶχε. τοῦ δὲ πάθους αὐτὸν ἀπαλλάξαι θέλου-
γ σα, τοιόνδε τι σοφίζεται. κεκαρωμένον γὰρ αὐτὸν ὑπὸ τῆς μέθης πα-
ρατηρήσασα, καὶ νεκροῦ δίκην ἀναισθητοῦντα, ἐπ' ὤμων ἄρασα, εὐθὺ τὸ πολυάνδριον ἀπενεγκοῦσα κατέθετο καὶ ἀπῆλθεν. ἡνίκα δ' αὐτὸν ἤδη ἀνανήφειν ἐστοχάσατο, προσελθοῦσα τὴν θύραν ἔκοπτε τοῦ πολυανδρίου. ἐκείνου δὲ φήσαντος τίς ὁ τὴν θύραν κόπτων, ἡ γυνὴ ἀπεκρίνατο, ὁ τοῖς νεκροῖς τὰ σιτία κομίζων, ἐγὼ πάρειμι. κἀκεῖνος, μή μοι φαγεῖν ἀλλὰ πιεῖν ὦ βέλτιστε μᾶλλον προσένεγκε.

Sus,& canis.

SVs,& canis de fœcũditate certabãt,dixit aũt canis fœcũda ẽe maxi- me pedestrium omnium.& sus occurrẽs ad hæc inquit,sed cũ hæc dicis,scito & cæcos tuos te catulos parere.

Affabulatio.

Fabula significat non in celeritate res,sed in perfectione iu- dicari.

Serpens,& Cancer.

SErpens una cum Cancro uiuebat,inita cum eo societate. Itaq; cancer simplex moribus,ut & ille mutaret admonebat astutiam.hic autem minime obediebat.cum obseruas- set igit cancer ipm dormientẽ,& pro uiribus cõpressisset,occidit.at ser- pente post mortem extenso,ille ait,sic oportebat ante hac rectum,& simplicem esse.neq; enim hanc pœnam dedisses.

Affabulatio.

Fabula significat,qui cum dolo amicos adeunt,ipsos offen- di potius.

Pastor,& Lupus.

PAstor nuper natum lupi catulũ reperit,ac sustulit,unaq; cũ canibus nutriuit.at cum adoleuisset,siquãdo lupus ouem rapuisset,cũ cani bus & ipse persequebatur.cũ canes uero aliquando non possent assequi lupum,atque ideo reuerterentur,ille sequebatur,ut cum ipsum assecutus esset,ut lupus particeps foret uenationis.inde redibat. sin ãt lu pus extra non rapuisset ouem,ipse clam occidens,unã cũ canibus come debat,donec pastor cum coniectasset,& intellexisset rẽ,de arbore ipm su spendit,& occidit

Affabulatio.

Fabula significat,naturam prauam bonos mores non nutrire.

Leo,& Lupus.

LEo cum consenuisset,ægrotabat iacens in antro,accesserant ãt uisi tatura regem præter uulpem,cætera animalia.lupus igitur capta occasine accusabat apud Leonem uulpem quasi nihili facientem suum omnium dominum,& propterea neq; ad uisi tationem profectam.interim affuit & uulpes,& ultima audiuit lupi uerba.Leo igitur contra eam infremuit,sed defen- sionis tpe petito,& qs inquit eorum,q conuenerunt tantũ ꝓfuit,quantũ ego,quæ in omnẽ partẽ circuiui,& medicamentũ pro te a medico q̃siui, & didici?cum autem leo statim ut medicamentũ diceret,iperasset,illa i- quit,si lupo uiuente excoriato,ipsius callidam pellem indueris.& lupo iacente,uulpes ridens ait,sic non oportet dominum ad maleuolentiam mouere,sed ad beneuolentiam.

Affabulatio.

Fabula significat,eum,qui quotidie machinatur,in se ipsum laqueũ uer- tere.

Mulier.

MVlier quædã uirum ebriũ habebat.ipsum aũt a morbo liberatu ra,tale qd cõmenta est.aggrauatũ.n.ipm ab ebrietate cũ obser- uasset,& mortui instar insensatum,in humeros eleuatum in sepulcrhetum allatum deposuit,& abiuit.cum uero ipsum iam sobrium esse coniectata est,profecta ianuam pulsauit sepulchreti,ille autem cũ di ceret,quis est,qui pulsat ianuam?uxor respondit,mortuis cibaria fe- rens ego adsum.& ille,nõ mihi comesse,sed bibere o optime potius af-

fer, tristificas enim me, cũ cibi, non potus meministi. hæc ãt pectus plã-gendo, hei mihi miseræ inquit, nam neq; astu profui. tu enim uir non solũ non emẽdatus es, sed peior quoq; te ipso euasisti. ĩ habitũ tibi dedu ctus est morbus. Affabulatio.

Fabula significat nõ oportere ĩ malis actibus ĩmorari. nã & nolẽtẽ quã doque hominem consuetudo inuadit.

Cycnus.

VIr diues anserem'q; simul, & cycnum nutriebat nõ ad eadem tamen, sed alterũ cãtus, alterũ mẽsæ gratia. cũ ãt oporteret anserẽ pati ea quorũ causa nutriebať, nox erat, ac discernere tẽpus nõ permisit utrunq;. cycnus aũt ꝓ ansere abductus, cãtat cantũ quendã, mortis exordium, & cantu significat naturam, mortẽ uero effugit suauitate canẽdi.

Affabulatio.

Fabula significat, sæpe Musicen differre mortem.

Aethiops.

AEthiopem quidam emit, talem ei colorẽ inesse ratus negligẽtia eius, qui prius habuit. ac assumpto in domum, omnes ei adhibuit abstersiones. omnibus lauacris tentauit mũdare, & colorem quidẽ transmutare non potuit, sed morbum dolor parauit. Affabulatio.

Fabula significat, manere naturas, ut a principio prouenerunt.

Hirundo, & Cornix.

HIrundo, & Cornix de pulchritudine cõtendebant. respondẽs aũt cornix ei dixit. sed tua pulchritudo uerno tempore floret, meum uero corpus etiam hyeme durat. Affabulatio.

Fabula significat durationem corporis decore meliorem esse.

Butalis.

BVtalis a fenestra quadam pendebat, uespertilio aũt profecta rogauit causam, qua re die silet, nocte canit. cum autem id ea non incassum hoc facere dixisset, nam die canendo olim capta fuerat, & propterea ex illo prudens euasit, uespertilio ait, sed non nũc te cauere oportet, cum nulla utilitas, sed ante quã capereris. Affabulatio.

Fabula significat in infortuniis inutilem esse pœnitentiam.

Cocleæ.

RVstici filius assabat cocleas. cũ aũt audiret eas stridẽtes, ait o pessimæ aiantes domibus uestris icensis uos canitis. Affabulatio.

Fabula significat omne intempestiue factum, uituperabile.

Mulier, & Ancillæ.

MVlier uidua operosa ancillas habens, has solebat noctu excitare ad opera ad Gallorum cantus. hæ uero assidue defatigatæ labore, uisum est oportere domesticum occidere gallum, tanquam illum qui noctu excitaret heram. euenit aũt ipsis hoc facto, ut in grauiora inciderent mala. nam hera ignorans gallorum horam, temporius eas excitabat. Affabulatio.

Fabula significat plerisq; hominibus consilia esse malorum causas.

Mulier uenefica.

MVlier uenefica diuinarum irarũ propulsiones promittens, multa facere perseuerabat, & lucrũ inde facere. quidam igĩ accusauerũt

νεικε. λυπεῖς γάρ με βρώσεως ἀλλὰ μὴ πόσεως μνημονεύων. ἡ δὲ, τὸ στῆθος πατάξασα, οἴμοι τῇ δυστήνῳ φησίν. οὐδὲ γὰρ οὐδὲ σοφισαμένη ὤνησα. σὺ γοῦν ἀνὴρ οὐ μόνον οὐκ ἐπαιδεύθης, ἀλλὰ καὶ χείρων σαυτοῦ γέγονας, εἰς ἕξιν σοι καταστάντος τοῦ πάθους. Ἐπιμύθιον.

Ὁ μῦθος δηλοῖ, ὅτι οὐ δεῖ ταῖς κακαῖς πράξεσιν ἐγχρονίζειν. ἔστι γὰρ ὅτε καὶ μὴ θέλοντι τῷ ἀνθρώπῳ τὸ ἔθος ἐπιτίθεται. Κύκνος.

ἀ νὴρ εὔπορων, χῆνά τε ἅμα καὶ κύκνον ἔτρεφεν. οὐκ ἐπὶ τοῖς αὐτοῖς μέντοι. τὸν μὲν γοῦν, ᾠδῆς, τὸν δὲ, τραπέζης ἕνεκεν. ἐπεὶ δὲ ἔδει τὸν χῆνα παθεῖν ἐφ' οἷς ἐτρέφετο, νὺξ μὲν ἦν. καὶ διαγινώσκειν ὁ καιρὸς οὐκ ἀφῆκεν ἑκάτερον. ὁ δὲ κύκνος ἀντὶ τοῦ χηνὸς ἀπαχθεὶς, ᾄδει τι μέλος θανάτου προοίμιον. καὶ τῇ μὲν ᾠδῇ μηνύει τὴν φύσιν. τὴν δὲ τελευτὴν, διαφεύγει τῷ μέλει.

Ἐπιμύθιον.

Ὁ μῦθος δηλοῖ, ὅτι πολλάκις ἡ μουσικὴ, τελευτῆς ἀναβολὴν ἀπεργάζεται.

Αἰθίοψ.

ἀ ἰθίοπά τις ὠνήσατο, τοιοῦτον αὐτῷ τὸ χρῶμα εἶναι δοκῶν, ἀμελείᾳ τοῦ πρότερον ἔχοντος. καὶ παραλαβὼν οἴκαδε, πάντα μὲν αὐτῷ προσῆγε τὰ ῥύμματα, πᾶσι δὲ λουτροῖς ἐπειρᾶτο καθαίρειν. καὶ τὸ μὲν χρῶμα μεταβαλεῖν οὐκ εἶχε. νοσεῖν δὲ τὸ πονεῖν παρεσκεύασεν. Ἐπιμύθιον.

Ὁ μῦθος δηλοῖ, ὅτι μένουσιν αἱ φύσεις, ὡς προῆλθον τὴν ἀρχήν.

Χελιδὼν, καὶ κορώνη.

χ ελιδὼν, καὶ κορώνη περὶ κάλλους ἐφιλονείκουν. ὑποτυχοῦσα δὲ ἡ κορώνη πρὸς αὐτὴν εἶπεν. ἀλλὰ τὸ μὲν σὸν κάλλος τὴν ἐαρινὴν ὥραν ἀνθεῖ. τὸ δ' ἐμὸν σῶμα καὶ χειμῶνι παρατείνεται. Ἐπιμύθιον.

Ὁ μῦθος δηλοῖ, ὅτι ἡ παράτασις τοῦ σώματος, εὐπρεπείας κρείττων ἐστί.

Βουταλίς.

β ουταλὶς ἀπό τινος θυρίδος ἐκρέματο. νυκτερὶς δὲ προσελθοῦσα, ἐπυνθάνετο τὴν αἰτίαν, δι' ἣν ἡμέρας μὲν ἡσυχάζει, νύκτωρ δὲ ᾄδει. τῆς δὲ, μὴ μάτην τοῦτο ποιεῖν λεγούσης, ἡμέρας γάρ ποτε ᾄδουσα συνελήφθη, καὶ διὰ τοῦτο ἀπ' ἐκείνου ἐσωφρονίσθη, ἡ νυκτερὶς εἶπεν. ἀλλ' οὐ νῦν σε φυλάττεσθαι δεῖ, ὅτε μηδὲν ὄφελος. ἀλλὰ πρὶν, ἢ συλληφθῆναι. Ἐπιμύθιον.

Ὁ μῦθος δηλοῖ, ὅτι ἐπὶ τοῖς ἀτυχήμασιν ἀνόητος ἡ μετάνοια.

Κοχλίαι.

γ εωργοῦ παῖς ὤπτα κοχλίας. ἀκούσας δὲ αὐτῶν τριζόντων, ἔφη. ὦ κάκιστα ζῶα, τῶν οἰκιῶν ὑμῶν ἐμπιπραμένων, αὐτοὶ ᾄδετε; Ἐπιμύθιον.

Ὁ μῦθος δηλοῖ, ὅτι πᾶν τὸ παρὰ καιρὸν δρώμενον ἐπονείδιστον.

Γυνὴ, καὶ θεράπαιναι.

γ υνὴ χήρα φιλεργὸς θεραπαινίδας ἔχουσα, ταύτας εἰώθει νυκτὸς ἐγείρειν ἐπὶ τὰ ἔργα, πρὸς τὰς τῶν ἀλεκτρυόνων ᾠδάς. αἱ δὲ, συνεχῶς τῷ πόνῳ ταλαιπωρούμεναι, ἔγνωσαν δεῖν τὸν ἐπὶ τῆς οἰκίας ἀποκτεῖναι ἀλεκτρυόνα, ὡς ἐκείνου νύκτωρ ἐξανιστάντος τὴν δέσποιναν. συνέβη δ' αὐταῖς τοῦτο διαπραξαμέναις, χαλεπωτέροις περιπεσεῖν τοῖς δεινοῖς. ἡ γὰρ δέσποινα ἀγνοοῦσα τὴν τῶν ἀλεκτρυόνων ὥραν, ἐνυχώτερον ταύτας ἀνίστη. Ἐπιμύθιον.

Ὁ μῦθος δηλοῖ, ὅτι τοῖς πολλοῖς ἀνθρώποις, τὰ βουλεύματα κακῶν αἴτια γίνεται.

Γυνὴ μάγος.

γ υνὴ μάγος θείων μηνιμάτων ἀποτροπιασμοὺς ἐπαγγελλομένη, πολλὰ διετέλει ποιοῦσα, καὶ κέρδος ἐντεῦθεν ἔχουσα. γραψάμενοι δέ τινες αὐτὴν ἀσεβείας, εἷλον. καὶ καταδικασθεῖσαν, ἀπῆγον εἰς θάνατον. ἰδὼν δέ τις ἀπαγομένην αὐτὴν ἔφη· ἡ τὰς τῶν θεῶν ὀργὰς ἀποτρέπειν ἐπαγγελλομένη, πῶς οὐδὲ ἀνθρώπων βουλὴν μεταπεῖσαι ἠδυνήθης. Ἐπιμύθιον.

Ὁ μῦθος δηλοῖ, ὅτι πολλοὶ μεγάλα ἐπαγγέλλονται, μηδὲ μικρὰ ποιῆσαι δυνάμενοι.

Γαλῆ.

γ Αλῆ εἰς ἐργαστήριον εἰσελθοῦσα χαλκέως, τὴν ἐκεῖ κειμένην περιέλειχε ῥίνην. ξυομένης δὲ τῆς γλώττης, αἷμα πολὺ ἐφέρετο. ἡ δὲ, ἥδετο, νομίζουσά τι τοῦ σιδήρου ἀφαιρεῖν, ἄχρις οὗ παντελῶς πᾶσαν τὴν γλῶσσαν ἀνήλωσεν. Ἐπιμύθιον.

Ὁ μῦθος, πρὸς τοὺς ἐν φιλονεικίαις ἑαυτοὺς βλάπτοντας.

Γεωργός.

γ Εωργός τις σκάπτων, χρυσίῳ περιέτυχε. καθ' ἑκάστην οὖν, τὴν γῆν ὡς ὑπ' αὐτῆς εὐεργετηθεὶς ἔστεφε. τῷ δὲ, ἡ τύχη ἐπιστᾶσα, φησίν. ὦ οὗτος, τί τῇ γῇ τὰ ἐμὰ δῶρα προσανατίθης, ἅπερ ἐγώ σοι δέδωκα, πλουτίσαι σε βουλομένη. εἰ γὰρ ὁ καιρὸς μεταβάλοι, καὶ πρὸς ἑτέρας χεῖρας τοῦτό σοι τὸ χρυσίον ἔλθοι, οἶδ' ὅτι τηνικαῦτά με τὴν τύχην μέμψῃ. Ἐπιμύθιον.

Ὁ μῦθος δηλοῖ, ὅτι χρὴ τὸν εὐεργέτην ἐπιγινώσκειν, καὶ τούτῳ χάριτας ἀποδιδόναι.

Ὁδοιπόροι.

δ Ὑο τινὲς κατὰ ταυτὸν ὡδοιπόρουν. καὶ θατέρου πέλεκυν εὑρόντος, ἅτερος ὁ μὴ εὑρὼν παρῄνει αὐτὸν μὴ λέγειν εὕρηκα, ἀλλ' εὑρήκαμεν. μετὰ μικρὸν δὲ ἐπελθόντων αὐτοῖς τῶν τὸν πέλεκυν ἀποβεβληκότων, ὁ ἔχων αὐτὸν διωκόμενος, πρὸς τὸν μὴ εὑρόντα συνοδοιπόρον ἔλεγεν, ἀπολώλαμεν. ὁ δ' εἶπεν, ἀπόλωλα λέγε, οὐκ ἀπολώλαμεν. καὶ γὰρ καὶ ὅτε τὸν πέλεκυν εὗρες, εὕρηκα ἔλεγες, οὐχ εὑρήκαμεν. Ἐπιμύθιον.

Ὁ μῦθος δηλοῖ, ὅτι οἱ μὴ μεταλαμβάνοντες τῶν εὐτυχημάτων, οὐδ' ἐν ταῖς συμφοραῖς βέβαιοί εἰσι φίλοι.

Βάτραχοι.

δ Ὑο βάτραχοι ἀλλήλοις ἐγειτνίων. ἐνέμοντο δὲ, ὁ μὲν εἰς ἐν βαθείᾳ καὶ πόρρω τῆς ὁδοῦ λίμνῃ. ὁ δὲ, ἐν ὁδῷ, μικρὸν ὕδωρ ἔχων. καὶ δὴ τοῦ ἐν τῇ λίμνῃ θατέρῳ παραινοῦντος πρὸς αὐτὸν μεταβῆναι, ὡς ἂν ἀσφαλεστέρας διαίτης μεταλάβῃ, ἐκεῖνος οὐκ ἐπείθετο, λέγων δυσαποσπάστως ἔχειν τῆς τοῦ τόπου συνηθείας. ἕως οὗ συνέβη ἅμαξαν παρελθοῦσαν αὐτὸν συνθλάσαι. Ἐπιμύθιον.

Ὁ μῦθος δηλοῖ, ὅτι καὶ τῶν ἀνθρώπων οἱ τοῖς φαύλοις ἐπιχειροῦντες, φθάνουσιν ἀπολλύμενοι πρὶν ἐπὶ τὸ βέλτιον τρέπεσθαι.

Μελιττουργός.

ε Ἰς μελιττουργεῖόν τις εἰσελθὼν, τοῦ κεκτημένου ἀπόντος, τὸ κηρίον ἀφείλετο. ὁ δὲ, ἐπανελθὼν, ἐπειδὴ τὰς κυψέλας εἶδεν ἐρήμους, εἱστήκει τὸ κατ' αὐτὰς διερευνώμενος. αἱ δὲ μέλισσαι ἀπὸ τῆς νομῆς ἐπανήκουσαι, ὡς κατέλαβον αὐτὸν, τοῖς κέντροις ἔπαιον, καὶ τὰ χείριστα διετίθουν. ὁ δὲ, πρὸς αὐτάς, κάκιστα ζῷα, τὸν μὲν κλέψαντα ὑμῶν τὰ κηρία ἀθῷον ἀφήκατε, ἐμὲ δὲ τὸν ἐπιμελούμενον ὑμῶν πλήττετε; Ἐπιμύθιον.

Ὁ μῦθος δηλοῖ, ὅτι οὕτω τῶν ἀνθρώπων τινὲς, δι' ἄγνοιαν τοὺς ἐχθροὺς μὴ φυλαττόμενοι, τοὺς φίλους ὡς ἐπιβούλους ἀπωθοῦνται.

Ἀλκυών.

Ἀλκυὼν ὄρνις ἐστὶ φιλέρημος, ἀεὶ τῇ θαλάττῃ διαιτωμένη. ταύτην λέγεται τὰς τῶν ἀνθρώπων θήρας φυλαττομένην, ἐν σκοπέλοις παραθαλατ-

τίοις

eam impietatis,& conuicerunt,& damnatā ducebant ad mortē,uidēs āt quidam eam duci,ait tu quæ deorum iras auertere promittebas,quomodo neq; hominum consiliū mutare potuisti? Affabulatio.
Fabula significat multos magna promittentes,ne parua qdē facere posse.

Mustela.

MVstela in officinam ingressa ferrarii,ibi iacentem circumlambebat limā,rasa igitur lingua,sanguis multus ferebatur. hæc āt lætabatur,rata ex ferro aliquid auferre,donec penitus totam linguam absumpsit. Affabulatio.
Fabula in eos,qui in contentionibus se ipsos offendunt.

Agricola.

AGricola quidam fodiendo aurū reperit.quotidie igitur terrā ut ab ea beneficio affectus coronabat.cui aūt fortuna adstans inqt heus tu,cur terræ mea munera attribuis,quæ ego tibi dedi ditatura te?nam si tempus immutetur,& in alias manus hoc tuum aurum eat,scio te tunc me fortunā accusaturum. Affabulatio.
Fabula significat,oportere benefactorem cognoscere,atq; huic gratiā referre.

Viatores.

DVo quidam una itinerabantur,& cum alter securim reperisset,alter,q nō īuenit,admōebat ipm,ne diceret īueni,sed īuenim⁹. sed paulo post,cū aggrederentur ipsos,q securim perdiderant,habēs ipsam,persequentibus illis,ad eū,q una itinerabatur,dicebat,periimus,hic āt ait,perii dic,non periimus. etenim & tunc,cū securim inuenisti,inueni dixisti,non inuenimus. Affabulatio.
Fabula significat,qui non fuerunt participes felicitatum,neq; in calamitatibus firmos esse amicos.

Ranæ.

DVæ ranæ uicinæ sibi erant.pascebātur aūt,altera in profundo,& procul a uia stagno,altera in uia parū aquæ habens.uerū,cū q̄ in stagno,alteram admoneret,ut ad se migraret,ut tutiore cibo frueretur,illa non paruit,dicens firmissima teneri huiusce loci cōsuetudine,quousq; obtigit currū ꝑtereuntē ipsam confringere. Affabulatio.
Fabula significat,homines quoq; praua aggredientes citius mori,quam mutentur in melius.

Apiarius.

IN mellarium ingressus quidam domino absente fauum abstulit.hic autem reuersus,ut alueolos uidit inanes,stando quod in his erat,perscrutabatur.Apes autem e pastu redeuntes,ut deprehenderunt ipsum,aculeis percutiebāt. pessimeq; tractabāt. hic autem ad eas,o pessimæ animantes,furatū uestros fauos illæsum dimisistis,me uero satagentem uestri percutitis. Affabulatio.
Fabula significat,sic hominū quosdā ob ingnorantiā inimicos non cauere,amicos autem ut insidiatores repellere.

Alcedo.

ALcedo auis est solitaria semper in mari uitam degens,hanc dicitur,hominum uenationes cauentem,in scopulis mariti-

m ag. p̄mittētes... m p̄c̄ sa... Coro...

Hæc ridendo ait, ne timeas fili.
Nõ enim ex tuis quicq̃, sed uomis ex alienis.
Affabulatio, Quod oporteat aliena restituere,
& non murmurare.

Περὶ ἀλώπεκος καὶ βάτου.

Φραγμοὺς ἀλώπηξ ὡς ὑπερβαίνειν ἤθελεν,
ὀλισθάνουσα, καὶ βάτου δεδραγμένη,
ἔξεσε πέλμα, λοιδορεῖ δὲ τὴν βάτον·
μέμφου σεαυτήν, μή μέ, περ κεῖνος φάτο.
Ἐπιμύθιον πρὸς τοὺς τὰ ἑαυτῶν κακὰ σιωπῶντας,
τὰ δὲ τῶν ἑτέρων κατηγοροῦντας.

De Vulpe, & Rubo.

Sepem Vulpes transilire ut uoluit,
Lapsa, ac rubo innixa
Percussa planta, conuitia dicebat Rubo.
Increpa te ipsam, non me ille ait.
Affabulatio, Aduersus eos, q̃ sua tacẽt uitia, &
aliena reprehendunt.

Περὶ κώνωπος, καὶ ταύρου.

Κώνωψ καθῆστο πρὸς κέρας ταύρου πάλαι,
ὅνπερ κέλευσεν εἴπερ ἐκπτῆναι θέλει,
ἤκουσε δ' ὥσπερ οὐκ ἔγνω καθημένον,
οὕτω δὲ μὴ πτήσαντος αἴσθησιν λάβῃ.
Ἐπιμύθιον πρὸς τοὺς λογιζομένους ἑαυτοὺς εἶναι
ἢ σοφούς· ἢ δυνατούς, ἢ φρονίμους, μὴ ὄντας δέ.

De Culice & tauro.

Culex olim in cornu tauri sedebat,
Quem dicere iussit, an se uolare uelit,
Audiuit, quemadmodũ nõ nouerat sedentẽ,
Ita neq; euolantem sentiret.
Affabulatio, Aduersus eos, qui uolũt esse docti,
potentes ue, aut prudentes, nec sunt.

Περὶ ἐλάφου, καὶ ἀμπέλου.

Ἔλαφον ἐζήλαυνον οἱ κυνηγέται,
ἥτις δασείαις ἀμπέλοις ἀπεκρύβη.
τὰ φύλλα βιβρώσκουσα δὲ τῶν ἀμπέλων.
κυνηγετοῦσιν ἐνδίκως ἐθηράθη.
Ἐπιμύθιον πρὸς τοὺς κακοποιοῦντας τοὺς αὐτῶν
εὐεργέτας.

De Cerua, & uite.

Ceruam persequebantur uenatores,
Quæ densis in uitibus delituit.
Sed folia uitium cum comederet,
Venatoribus iure præda fuit.
Affabulatio Aduersos eos, qui malefaciunt be-
nefactoribus suis.

Περὶ ὄφεως, καὶ γεωργοῦ.

Ο φιν θέλων τὶς αὐτ᾽ ὀλέθρου παιδίου,
πλήττειν, πέτραν τ᾽ ἔσχιζε, καὶ φιλεῖν θέλει.
ὄφις δέ φησι, πῶς γένοιντο συμβάσεις,
ἕως σὺ τύμβον, κἀγὼ πέτρον βλέπω;

Ἐπιμύθιον, ὅτι αἱ μεγάλαι ἔχθραι, ἀδιάλλακτοί εἰσιν.

De Serpente, & Agricola.

S erpentem quis pro filii interitu
Percussurus, petrãq; scidit, & amare uolebat.
Sed ait serpens. quomõ fient conuentiones,
Quandiu tu tumbã, hunc ego lapidẽ uideo?

Affabulatio magnas inicitias, ẽe irrecõciliabiles

Περὶ παιδὸς, καὶ σκορπίου.

Ω ς ἀκρίδας θήρευε παῖς τις, σκορπίῳ
προὔτεινε χεῖρας· ὃς δὲ, μὴ ψαύσῃς ἔφη.
ὡς εἴ γέ μου ψαύσειας, ἐκ κόλπων σέθεν,
καὶ τὰς ἀληθεῖς ἐκκενώσεις ἀκρίδας.

Ἐπιμύθιον ὅτι δεῖ κακοῖς ἀνθρώποις, μὴ συμμίγνυσθαι.

De Puero, & scorpio.

C um locustas cepisset puer quidam, scorpioni
Porrigebat manus, is autem, ne attigeris ait.
Nam si me tetigeris, suspirando ex sinu
Veras quoq; locustas abiicies.

Affabulatio, Cum malis hominibus conuersari non oportere.

Περὶ συὸς, καὶ μυός.

Σ ῦς εἷλκέ τις μυῶ ἔργον ὄντ᾽ ἀσιτίας.
οὓς χαλκέας βλέποντες, ἔστησαν γέλων.
ὁ μῦς δ᾽ ἔτι ζῶν, εἶπε μεστὸς δακρύων,
ὡς οὐδὲ σῦν δύνασθε κἂν τρέφειν ἕνα.

Ε πιμύθιον πρὸς τοὺς τὰ ἑαυτῶν παραπτώματα παραβλέποντας, τὰ δὲ τῶν ἑτέρων γελῶντας.

De sue, & Mure.

S us quidam murẽ trahebat ad sedandã esuriẽ
Quos uidentes fabri ferrarii, riserunt.
Mus uero adhuc uiuẽs ait lachrymaꝝ plenꝰ,
ne unum quidem potestis pascere suem.

A ffabulatio, Aduersus eos, qui suos casus negligunt, alienos uero derident.

Περὶ ὄνου, καὶ λεοντῆς.

Φ έρων λέοντος δέρμα τοῖς ὤμοις ὄνος,
ηὔχει λέων εἶναί τις, αἰπόλους βλέπων.
ἐπεὶ δὲ γυμνὸς τῆς λεοντῆς εὑρέθη,
ἔσχατον μύλων ἔμνησε τῆς ἀταξίας.

Ε πιμύθιον· ὁ μῦθος δηλοῖ, ὅτι αἱ παρ᾽ ἀξίαν τιμαὶ, τάχιστα λύονται.

Quære reliquũ ĩ medio sequẽtis quaternionis.

mis nidificare. cætetum aliquando paritura, pullos fecit. egressa autem ea ad pabulum, euenit mare a uehementi concitatum uento, eleuari supra nidum, atq; hoc submerso, pullos perdere. hæc uero reuersa, re cognita, ait, me miseram, quæ terram ut insidiatricem cauens, ad hoc confugi, quod mihi longe est infidius.

Affabulatio.

Fabula significat homines etiam quosdam ab inimicis cauendo, ignaros in multo grauiores inimicis amicos incidere.

Piscator.

PIscator in fluuio quodã piscabatur. extẽsis autem retibus, & fluxu comprehenso utrinq;, funi alligato lapide, aquam uerberabat, ut pisces fugientes incaute in retia inciderent. cum quidã uero ex iis, q circa locũ habitabant, id facere uideret, increpabat, quod fluuium turbaret, & claram aquam nõ sineret bibere, & is respondit, sed nisi sic fluuius perturbetur, me oportebit esurientem mori.

Affabulatio.

Fabula significat, ciuitatum etiam rectores tunc maxime operari, cum patrias in seditionem induxerint.

Simius, & delphis.

MOris cũ esset nauigãtibus melitẽses catulos, & simios adducere in solamen nauigationis. quidam habebat secum & simium. cum autem peruenissent ad Sunium atticæ promontorium, tempestatem uehementem fieri contigit. naui autem euersa, & omnibus natantibus, natabat & simius. Delphis quis ipsum conspicatus, & hominem esse ratus digressus leuabat ad terram perferens. ut uero in Piræo fuit Atheniensium nauali, rogauit simium an genere esset atheniensis. cum autem hic diceret & claris hic esse parentibus, rogauit, an & piræum sciret. ratus autem simius de homine eum dicere, ait, & ualde amicũ esse ei, & familiarẽ, & delphis tãto mendacio indignatus submergens ipsum occidit.

Affabulatio.

Fabula in uiros qui ueritatem ignorantes existimant se decipere.

Muscæ.

IN cella quadam melle effuso, muscæ aduolãtes comedebãt. implicitis autem eaꝝ pedibus euolare nõ poterant. cũ uero suffocarent, dicebant. Miseræ nos. quia ob modicum cibum perimus.

Affabulatio.

Fabula significat, multis gulam multorum malorum esse causam.

Mercurius, & Statuarius.

MErcurius scire uolens quanti apud homines esset, iuit in Statuarii, transformatus in hominem, & uisa statua Iouis, rogabat, quanti quis ipsam emere posset. hic autem cum dixisset drachma, risit, & quanti Iunonis ait, cum dixisset, pluris, uisa & sua ipsius statua, ac opinatus cum nuntius sit deorum, & lucrosus, maximam de se apud homines haberi rationem, rogauit de se. statuarius uero ait, si hasce emeris, & hanc additamentum do.

Affabulatio.

Fabula in uirum gloriosum, qui nullius apud alios est pretii.

πίοις νεοττοποιεῖσθαι. καὶ δή ποτε τίκτειν μέλλουσα, ἐνεοττοποιήσατο. ἐξελθούσης δέ ποτε αὐτῆς εἰς νομήν, συνέβη τὴν θάλασσαν ὑπὸ λάβρου κυματωθεῖσαν πνεύματος, ὑπεραρθῆναι τῆς καλιᾶς, καὶ ταύτην ἐπικλύσασαν, τοὺς νεοττοὺς διαφθεῖραι. ἡ δέ, ἐπανελθοῦσα καὶ γνοῦσα τὸ πραχθέν, εἶπε· δειλαία ἔγωγε, ἥτις τὴν γῆν ὡς ἐπίβουλον φυλαττομένη, ἐπὶ ταύτην κατέφυγον· ἥ μοι πολλῷ γέγονεν ἀπιστοτέρα.

Ἐπιμύθιον.

Ὁ μῦθος δηλοῖ, ὅτι καὶ τῶν ἀνθρώπων ἔνιοι τοὺς ἐχθροὺς φυλαττόμενοι, λανθάνουσι πολλῷ χαλεπωτέροις τῶν ἐχθρῶν φίλοις ἐμπίπτοντες.

Ἁλιεύς.

α

λιεὺς ἔν τινι ποταμῷ ἡλίευεν. διατείνας δὲ τὰ δίκτυα, καὶ τὸ ῥεῦμα περιλαβὼν ἑκατέρωθεν, καλωδίῳ προσδήσας λίθον, τὸ ὕδωρ ἔτυπτεν. ὅπως οἱ ἰχθύες φεύγοντες, ἀπαραφυλάκτως τοῖς βρόχοις ἐμπέσωσι. τῶν δὲ περὶ τὸν τόπον οἰκούντων τις θεασάμενος τοῦτο ποιοῦντα, ἐμέμφετο ὡς τὸν ποταμὸν θολοῦντα καὶ διειδὲς ὕδωρ μὴ συγχωροῦντα πίνειν. καὶ ὅς, ἀπεκρίνατο· ἀλλ' εἰ μὴ οὕτως ὁ ποταμὸς ταράττεται, ἐμὲ δεήσει λιμώττοντα ἀποθανεῖν.

Ἐπιμύθιον.

Ὁ μῦθος δηλοῖ, ὅτι καὶ τῶν πόλεων οἱ δημαγωγοί, τότε μάλιστα ἐργάζονται, ὅταν τὰς πατρίδας εἰς στάσιν περιάγωσιν.

Πίθηκος, καὶ δελφίς.

π

θους ὄντος τοῖς πλέουσι μελιταῖα κυνίδια καὶ πιθήκους ἐπάγεσθαι πρὸς παραμυθίαν τοῦ πλοῦ, πλέων τις, εἶχε σὺν ἑαυτῷ καὶ πίθηκον. γενομένων δ' αὐτῶν κατὰ τὸ Σούνιον, τὸ τῆς Ἀττικῆς ἀκρωτήριον, χειμῶνα σφοδρὸν συνέβη γενέσθαι. τῆς δὲ νεὼς περιτραπείσης, καὶ πάντων διακολυμβώντων, ἐνήχετο καὶ ὁ πίθηκος. δελφὶς δέ τις αὐτὸν θεασάμενος, καὶ ἄνθρωπον εἶναι ὑπολαβών, ἀπελθὼν ἀνεῖχε διακομίζων ἐπὶ τὴν χέρσον. ὡς δὲ κατὰ τὸν Πειραιᾶ ἐγένετο τὸ τῶν Ἀθηναίων ἐπίνειον, ἐπυνθάνετο τοῦ πιθήκου, εἰ τὸ γένος ἐστὶν Ἀθηναῖος. τοῦ δέ, εἰπόντος καὶ λαμπρῶν ἐνταῦθα τετυχηκέναι γονέων, ἐπανήρετο εἰ καὶ τὸν Πειραιᾶ ἐπίσταται. ὑπολαβὼν δὲ ὁ πίθηκος περὶ ἀνθρώπου αὐτὸν λέγειν, ἔφη, καὶ μάλα φίλον εἶναι αὐτῷ καὶ συνήθη. καὶ ὁ δελφὶς τῷ τοσούτῳ ψεύδει ἀγανακτήσας, βαπτίζων αὐτὸν ἀπέκτεινεν.

Ἐπιμύθιον.

Ὁ μῦθος πρὸς ἄνδρας, οἳ τὴν ἀλήθειαν οὐκ εἰδότες, ἀπατᾶν νομίζουσιν.

Μυῖαι.

ε

Ν τινι ταμείῳ μέλιτος ἐκχυθέντος, μυῖαι προσπτᾶσαι κατήσθιον. ἐμπαγέντων δὲ τῶν ποδῶν αὐτῶν, ἀναπτῆναι οὐκ εἶχον. ἀποπνιγόμεναι δ' ἔλεγον, ἄθλιαι ἡμεῖς, ὅτι διὰ βραχεῖαν βρῶσιν ἀπολλύμεθα.

Ἐπιμύθιον.

Ὁ μῦθος δηλοῖ, ὅτι πολλοῖς ἡ λιχνεία, πολλῶν κακῶν αἰτία γίνεται.

Ἑρμῆς, καὶ ἀγαλματοποιός.

ε

Ρμῆς γνῶναι βουλόμενος ἐν τίνι τιμῇ παρ' ἀνθρώποις ἐστίν, ἧκεν εἰς ἀγαλματοποιοῦ, ἑαυτὸν εἰκάσας ἀνθρώπῳ. καὶ θεασάμενος ἄγαλμα τοῦ Διός, ἠρώτα πόσου τις αὐτὸ πρίασθαι δύναται. τοῦ δέ, εἰπόντος δραχμῆς, γελάσας, πόσου τὸ τῆς Ἥρας ἔφη. εἰπόντος δὲ πλείονος, ἰδὼν καὶ τὸ ἑαυτοῦ ἄγαλμα, καὶ νομίσας ὡς ἐπειδὴ ἄγγελός ἐστι θεῶν καὶ κερδῷος, πολὺν αὐτοῦ παρὰ τοῖς ἀνθρώποις εἶναι τὸν λόγον, ἤρετο περὶ αὐτοῦ. ὁ δ' ἀγαλματοποιὸς ἔφη, ἐὰν τούτους ὠνήσῃ, καὶ τοῦτον προσθήκην σοι δίδωμι.

Ἐπιμύθιον.

Ὁ μῦθος πρὸς ἄνδρα κενόδοξον, οὐδεμιᾷ παρὰ ἄλλοις ὄντα τιμῇ.

Ἑρμῆς, καὶ τειρεσίας.

ε ρμῆς βουλόμενος τὴν τειρεσίου μαντικὴν εἰ ἀληθής ἐστι γνῶναι, κλέψας τὰς αὐτοῦ βοῦς ἐξ ἀγροικίας, ἧκεν ὡς αὐτὸν εἰς ἄστυ ὁμοιωθεὶς ἀνθρώπῳ· καὶ παρ' αὐτῷ κατήχθη. τῆς δὲ τῶν βοῶν ἀπωλείας ἀπαγγελθείσης τῷ τειρεσίᾳ, ἐκεῖνος παραλαβὼν τὸν ἑρμῆν ἐξῆλθεν, οἰωνόν τινα περὶ τοῦ κλέπτου σκεψόμενος· καὶ τούτῳ παρῄνει φράζειν αὐτῷ, ὅν τινα ἂν τῶν ὀρνίθων θεάσηται. ὁ δ' ἑρμῆς τὸ μὲν πρῶτον θεασάμενος ἀετὸν ἐξ ἀριστερῶν ἐπὶ τὰ δεξιὰ διιπτάμενον, ἔφρασε. τοῦ δέ, φήσαντος μὴ πρὸς αὐτοὺς εἶναι τοῦτον, ἐκ δευτέρου κορώνην εἶδεν ἐπί τινος δένδρου καθημένην, καὶ ποτὲ μὲν ἄνω βλέπουσαν, ποτὲ δὲ πρὸς τὴν γῆν κατακύπτουσαν· καὶ τῷ μάντει φράζει. καὶ ὅς, ὑποτυχὼν εἶπεν. ἀλλ' αὕτη γε ἡ κορώνη διόμνυται τόν τε οὐρανὸν καὶ τὴν γῆν, ὡς ἐὰν σὺ θέλης, τὰς ἐμὰς ἀπολήψομαι βοῦς.

Ἐπιμύθιον.

τούτῳ τῷ λόγῳ χρήσαιτο ἄν τις, πρὸς ἄνδρα κλέπτην.

Κύνες.

ε χων τις δύο κύνας, τὸν μὲν ἕτερον θηρεύειν ἐδίδαξε, τὸν δὲ λοιπὸν οἰκοφυλακεῖν. καὶ δὴ εἴ ποτε ὁ θηρευτικὸς ἠγρευέ τι, καὶ ὁ οἰκουρὸς συμμετεῖχεν αὐτῷ τῆς θοίνης. ἀγανακτοῦντος δὲ τοῦ θηρευτικοῦ κἀκεῖνον ὀνειδίζοντος, εἴγε αὐτὸς μὲν καθ' ἑκάστην μοχθεῖ, ἐκεῖνος δὲ μηδὲν πονῶν τοῖς αὐτοῦ τρέφεται πόνοις, ὑπολαβὼν αὐτὸς εἶπε· μὴ ἐμέ, ἀλλὰ τὸν δεσπότην μέμφου ὃς οὐ πονεῖν με ἐδίδαξεν, ἀλλὰ πόνους ἀλλοτρίους ἐσθίειν. Ἐπιμύθιον.

Ὁ μῦθος δηλοῖ, ὅτι καὶ τῶν νέων οἱ μηδὲν ἐπιστάμενοι, οὐ μεμπτοί εἰσιν, ὅταν αὐτοὺς οἱ γονεῖς οὕτως ἄγωσιν.

Ἀνὴρ, καὶ γυνή.

ε χων τις γυναῖκα, πρὸς τοὺς κατ' οἶκον ἅπαντας ἀπεχθῶς ἔχουσαν, ἠβουλήθη γνῶναι εἰ καὶ πρὸς τοὺς πατρῴους οἰκέτας οὕτω διάκειται. διὸ δὴ καὶ μετ' εὐλόγου προφάσεως πρὸς τὸν αὐτῆς αὐτὴν ἀποστέλλει πατέρα. μετὰ δ' ὀλίγας ἡμέρας ἐπανελθούσης αὐτῆς, ἐπυνθάνετο πῶς πρὸς τοὺς ἐκεῖ διεγένετο. τῆς δὲ φαμένης ὡς οἱ βουκόλοι καὶ οἱ ποιμένες με ὑπέβλεποντο, πρὸς αὐτὴν ἔφη. ἀλλ' ὦ γύναι, εἰ τούτοις ἀπηχθάνου, οἳ ὄρθρου μὲν τὰς ποίμνας ἐξελαύνουσιν, ὀψὲ δὲ εἰσίασι, τί χρὴ προσδοκᾶν περὶ τούτων, οἷς πᾶσαν συνδιέτριβες τὴν ἡμέραν. Ἐπιμύθιον.

Ὁ μῦθος δηλοῖ, ὅτι οὕτω πολλάκις ἐκ τῶν μικρῶν τὰ μεγάλα, κἀκ τῶν προδήλων τὰ ἄδηλα γνωρίζεται.

Ἔριφος, καὶ λύκος.

ε ριφος ὑστερήσασα τῆς ποίμνης, ὑπὸ λύκου κατεδιώκετο. ἐπιστραφεῖσα δὲ πρὸς αὐτὸν εἶπεν. ὦ λύκε, ἐπεὶ πέπεισμαι ὅτι σὸν βρῶμα γενήσομαι, ἵνα μὴ ἀηδῶς ἀποθάνω, αὔλησον πρῶτον ὅπως ὀρχήσωμαι. τοῦ δὲ λύκου αὐλοῦντος, καὶ τῆς ἐρίφου ὀρχουμένης, οἱ κύνες ἀκούσαντες τὸν λύκον ἐδίωκον. ὁ δὲ ἀποστραφεὶς τῇ ἐρίφῳ φησί. δικαίως ταῦτά μοι γίνεται. ἔδει γάρ με μάγειρον ὄντα, αὐλητὴν μὴ μιμεῖσθαι. Ἐπιμύθιον.

Ὁ μῦθος δηλοῖ, ὅτι οἱ τῶν μὲν πρὸς ἃ πεφύκασιν ἀμελοῦντες, τὰ δὲ ἑτέρων ἐπιτηδεύειν πειρώμενοι, δυστυχίαις περιπίπτουσιν.

Καρκίνος, καὶ ἀλώπηξ.

κ Αρκίνος ἀπὸ τῆς θαλάσσης ἀναβάς, ἐπί τινος ἐνέμετο τόπου. ἀλώπηξ δὲ λιμώττουσα ὡς ἐθεάσατο, προσελθοῦσα συνέλαβεν αὐτόν. ὁ δὲ μέλ-

Mercurius, & Tiresias.

MErcurius uolēs Tiresiæ uaticiniū an uer̃ eet, cognoscere, furat⁹ ipsius boues ex rure uenit ad ipsum in urbem similis factus homini, & ad ipsum diuertit. boum autem amissione renuntiata Tirisiæ, ille assumpto Mercurio exiuit augurium aliquod de fure consyderaturus, & huic iubet dicere sibi, quam nam auim uiderit. Mercurius autem primum uidisse aquilam a sinistris ad dextra uolantem dixit, hic non ad se id esse cum dixisset, secundo cornicē super arbore quadā sedentem uidit, & modo supi⁹ aspiciētē, modo ad terram declinatam, & uati refert. & is rē cognita ait, sed hæc cornix iurat & cœlum, & terram, si tu uelis, meas me recepturum boues.

Affabulatio.

Hoc sermone uti quispiam poterit aduersus uirum furacem.

Canes.

HAbens quidā duos canes, alter̃ uenari docuit, alterum domum seruare. Cæter̃ siqñ uenaticus caperet aliquid, & domituus particeps unà cum eo erat cœnæ. ægre ferente autem uenatico, & illi obiiciente, ꝙ ipse quotidie laboraret, ille nihil faciens suis nutriretur laboribus, respondens ipse ait, nō me, sed herum rephēde, qui non laborare me docuit, sed labores alienos comesse. Affabulatio. Fabula significat adolescētes, qui nihil sciunt, haud esse rephēdēdos, cū eos parentes sic educauerint.

Maritus, & uxor.

Habens quidā uxorem, quæ domesticis omnibus inimica erat, uoluit scire an etiam erga paternos domesticos ita afficeret, quapp cum ratiōabili prætextu ad suum ipsam misit patrem, paucis uero post diebus ea reuersa, rogauit quomodo aduersus illos habuisset, hæc uero cum dixisset, bubulci, & pastores me suspectabant, ad eam ait, sed o uxor, si eos odisti, qui mane greges agunt, sero autem redeunt, qd sperare oportet in iis, qbus cum tota cōuersaris die?

Affabulatio.

Fabula significat sic sæpe ex paruis magna, & ex manifestis incerta cognosci.

Hedus, & lupus.

HEdus derelictus a grege, persequente lupo, conuersus ad eum dixit, o lupe, quoniam credo me tuum cibum futurum, ne iniucunde moriar, cane tibia primum, ut saltem. lupo aūt canente tibia, atq; hedo saltante, canes cum audiuissent, lupū ꝑsecuti sūt. hic cōuersus, hedo inqt, merito hæc mihi fiūt, oportebat enim me cocus cum sim, tibicinem non agere. Affabulatio. Fabula significat, qui ea, quibus natura apti sunt, negligunt, q̃ uō alioꝝ sunt, exercere conantur, in infortunia incidere.

Cancer, & Vulpes.

CAncer e mari cum ascendisset, in loco quodam pascebat. Vulpes exuriens ut uidit, accessit, ac eum rapuit. ille deuorandus ait, sed ego condigna patior, qui marinus cum sim, terrestris esse uolui. Affabulatio.

Fabula significat homines etiam, qui propriis derelictis exercitiis, ea, quæ nihil conueniunt, aggrediuntur, merito infortunatos esse.

Citharœdus.

CItharœd⁹ rudis ĩ domo calce ĩcrustata familiariter ut solebat canẽs, & cõtra resonãte ĩ se uoce existimabat ualde canor⁹ ẽe. ueꝶ elatus sup hoc, cogitauit & in theatro sese cõmittere oportere. ꝑfect⁹uõ ad se oñdendũ, cũ male admodũ caneret, lapidib⁹ipsũ explosũ abegerũt

Affabulatio.

Fabula significat, sic ex rhetoribus quosdam, qui in scholis putant esse aliqui, cum ad resp. se conferunt, nullius pretii esse.

Fures.

FVres in domũ q̃dam ingressi, nihil inuenerunt, nisi gallum, atq; hoc capto, abierunt. hic ab eis occidendus, rogabat, ut se dimitterent, dicens, utilem esse hominibus noctu eos ad opa excitãdo, hi uõ dixerũt, sed pp hoc te tãto magis occidim⁹. illos. n. excitando, furari nos non sinis. Affabulatio.

Fabula significat ea maxime prauis esse aduersa, quæ bonis sunt beneficio. Cornix, & Coruus.

COrnix Coruo inuidens, quod is per auguria hominibus uaticinaretur, ob idq; crederetur uti futura prædicens, conspicata uiatores quosdã prætereuntes iuit super arborẽ quandã, stans'q; ualde crocitauit, illis uero ad uocem conuersis, & admiratis re cognita qdã inquit. abeamus he⁹ uos, cornix. n. est, q̃ crocitauit, & augurium non habet. Affabulatio.

Fabula significat, eodem modo & homines præstantioribus certantes præter q̃, quod non ad æqua perueniunt, risum quoq; debere.

Cornix, & Canis.

COrnix mineruæ sacrificãs, canẽ ĩuitauit ad epulas, ille uõ ad eã dixit, qd frustra sacrificia absumis? dea. n. adeo te odit, ut ex peculari b⁹ quoq; tibi auguriis fidem subtulerit. cui cornix ob id magis ei sacrifico, ut reconcilietur mihi. Affabulatio.

Fabula significat, plerosq; ob lucrum nõ uereri inimicos bñficiis ꝑseq.

Coruus, & Serpens.

COruus cibi ĩdigẽs, ut serpẽtẽ ĩ aprico quodã loco dormiẽtẽ uidit hunc deuolando rapuit. hic cũ se uertisset, atq; momordisset ipsũ, coruus moriturus dixit, me miserum, qui tale reperi lucrum, quo etiam pereo. Affabulatio.

Fabula in uirum, qui ob thesauroꝶ inuentionem de salute periculatur.

Monedula, & columbæ.

MOnedula ĩ colũbario quodã columbis uisis bñ nutritis dealbauit sese, iuit'q;, ut & ipsa eodem cibo impertiretur. hæ uero, donec tacebat, ratæ eam esse columbam, admiserunt. sed cum aliquando oblita uocem emisisset, tunc eius cognita na

λων κατὰ βιβρώσκεσθαι, ἔφη· ἀλλ' ἔγωγε δίκαια πέπονθα. ὃς θαλάττιος ὢν
χερσαῖος ἠβουλήθην γενέσθαι. Ἐπιμύθιον.
Ο μῦθος δηλοῖ, ὅτι καὶ τῶν ἀνθρώπων οἱ τὰ οἰκεῖα καταλιπόντες ἐπιτηδεύ-
ματα, καὶ τοῖς μηδὲν προσήκουσιν ἐπιχειροῦντες, εἰκότως δυστυχοῦσιν.

Κιθαρῳδός.

Ιθαρῳδὸς ἀφυὴς ἐν οἴκῳ κεκονιαμένῳ συνήθως ᾄδων, καὶ ἀντηχοῦ-
κ σης αὐτῷ τῆς φωνῆς, ᾠήθη σφόδρα εὔφωνος εἶναι. καὶ δὴ ἐπαρθεὶς
ἐπὶ τούτῳ, ἔγνω δεῖν καὶ θεάτρῳ ἑαυτὸν ἐπιδοῦναι. ἀφικόμενος δὲ
ἐπιδείξασθαι, καὶ κακῶς ᾄδων πάνυ, λίθοις αὐτὸν ἐξώσαντες ἀπήλασαν.

Ἐπιμύθιον.

Ο μῦθος δηλοῖ, ὅτι οὕτω καὶ τῶν ῥητόρων ἔνιοι ἐν ταῖς σχολαῖς δοκοῦντες εἶναί
τινες, ὅταν ἐπὶ τὰς πολιτείας ἀφίκωνται, οὐδενὸς ἄξιοί εἰσιν.

Κλέπται.

Λέπται εἴς τινα εἰσελθόντες οἰκίαν, οὐδὲν εὗρον, ὅτι μὴ ἀλεκτρυόνα. καὶ
κ τοῦτον λαβόντες ἀπῄεσαν. ὁ δὲ μέλλων ὑπ' αὐτῶν θύεσθαι, ἐδεῖτο ὡς ἂν
αὐτὸν ἀπολύσωσι. λέγων, χρήσιμος εἶναι τοῖς ἀνθρώποις, νυκτὸς αὐ-
τοὺς ἐπὶ τὰ ἔργα ἐγείρων. οἱ δὲ ἔφασαν, ἀλλὰ διὰ τοῦτό σε μᾶλλον θύομεν. ἐκεί-
νους γὰρ ἐγείρων, κλέπτειν ἡμᾶς οὐκ ἐᾷς. Ἐπιμύθιον.
Ο μῦθος δηλοῖ, ὅτι ταῦτα μάλιστα τοῖς πονηροῖς ἐναντιοῦται, ἃ τοῖς χρηστοῖς
ἐστὶν εὐεργετήματα.

Κορώνη, καὶ κόραξ.

Ορώνη φθονήσασα κόρακι, ἐπὶ τῷ δι' οἰωνῶν τοῖς ἀνθρώποις μαντεύε-
κ σθαι, καὶ διὰ τοῦτο μαρτυρουμένῳ ὡς προλέγοντι τὸ μέλλον, θεασα-
μένη τινὰς ὁδοιπόρους παριόντας, ἧκεν ἐπί τι δένδρον. καὶ στᾶσα, με-
γάλως ἔκραξεν. τῶν δὲ πρὸς τὴν φωνὴν ἐπιστραφέντων, καὶ καταπλαγέντων,
ὑποτυχών τις ἔφη· ἀπίωμεν ὦ οὗτοι. κορώνη γάρ ἐστιν, ἥ τις κέκραγε· καὶ οἰωνι-
σμὸν οὐκ ἔχει. Ἐπιμύθιον.
Ο μῦθος δηλοῖ, ὅτι οὕτω καὶ τῶν ἀνθρώπων οἱ τοῖς κρείττοσιν ἁμιλλώμενοι,
πρὸς τῷ τῶν ἴσων μὴ ἐφικέσθαι καὶ γέλωτα ὀφλισκάνουσι.

Κορώνη, καὶ κύων.

Ορώνη ἀθηνᾷ θύουσα, κύνα ἐπὶ ἑστίασιν ἐκάλει. ὁ δὲ, πρὸς αὐτὴν ἔφη,
κ τί μάτην τὰς θυσίας ἀναλίσκεις. ἡ γὰρ θεὸς οὕτω σε μισεῖ, ὡς καὶ τῶν
συζόφων σοι οἰωνῶν τὴν πίστιν περιελεῖν. καὶ ἡ κορώνη πρὸς αὐτὸν, διὰ
τοῦτο μᾶλλον αὐτῇ θύω, ἵνα διαλλαγῇ μοι. Ἐπιμύθιον.
Ο μῦθος δηλοῖ, ὅτι πολλοὶ διὰ κέρδος τοὺς ἐχθροὺς εὐεργετεῖν οὐκ ὀκνοῦσιν.

Κόραξ, καὶ ὄφις.

όραξ τροφῆς ἀπορῶν, ὡς κατεῖδεν ἔν τινι εὐηλίῳ τόπῳ ὄφιν κοιμώμενον,
κ τοῦτον καταπτὰς ἥρπασε. τοῦ δὲ, ἐπιστραφέντος καὶ δακόντος αὐτὸν,
ἀποθνήσκειν μέλλων εἴρηκε. δείλαιος ἔγωγε, ὃς τοιοῦτον εὗρον ἕρμαιον,
ἐξ οὗ καὶ ἀπόλλυμαι. Ἐπιμύθιον.
Ο μῦθος πρὸς ἄνδρα, διὰ θησαυρῶν εὕρεσιν ἐπὶ σωτηρίᾳ κινδυνεύσαντα.

Κολοιὸς, καὶ περιστεραί.

Ολοιὸς ἔν τινι περιστερεῶνι περιστερὰς ἰδὼν καλῶς τρεφομένας, λευ-
κ κάνας ἑαυτὸν ἦλθεν, ὡς καὶ αὐτὸς τῆς αὐτῆς διαίτης μεταληψόμε-
νος. αἱ δὲ, μέχρι μὲν ἡσύχαζεν, οἰόμεναι περιστερὰν αὐτὸν εἶναι, προσί-
εντο. ἐπεὶ δέ ποτε ἐκλαθόμενος ἐφθέγξατο, τηνικαῦτα τὴν αὐτοῦ γνοῦσαι φύ-

σιν, ἐξήλασαν παίουσαι. καὶ ὅς, ἀποτυχὼν τῆς ἐνταῦθα τροφῆς, ἐπανῆκε πρὸς
τοὺς κολοιοὺς πάλιν. κἀκεῖνοι διὰ τὸ χρῶμα αὐτὸν οὐκ ἐπιγνόντες, τῆς μετ'
αὐτῶν διαίτης ἀπεῖρξαν. ὥστε δυοῖν ἐπιθυμήσαντα μηδετέρας τυχεῖν.

Επιμύθιον.

Ο μῦθος δηλοῖ, ὅτι δεῖ καὶ ἡμᾶς τοῖς ἑαυτῶν ἀρκεῖσθαι. λογιζομένους, ὅτι ἡ
πλεονεξία πρὸς τῷ μηδὲν ὠφελεῖν, ἀφαιρεῖται καὶ τὰ προσόντα πολλάκις.

Κολοιός.

ολοιόν τις συλλαβὼν καὶ δήσας αὐτοῦ τὸν πόδα λίνῳ, τῷ ἑαυτοῦ πα
κ ρέδωκε παιδί. ὁ δὲ, μὴ ὑπομείνας τὴν μετ' ἀνθρώπων δίαιταν, ὡς
πρὸς ὀλίγον ἀδείας ἔτυχε, φυγὼν ἧκεν εἰς τὴν ἑαυτοῦ καλιάν. περιει
ληθέντος δὲ τοῦ δεσμοῦ τοῖς κλάδοις, ἀποπτῆναι μὴ δυνάμενος, ἐπειδὴ ἀπο-
θνήσκειν ἔμελλε, πρὸς ἑαυτὸν ἔφη. δείλαιος ἔγωγε, ὃς τὴν παρ' ἀνθρώποις μὴ
ὑπομείνας δουλείαν, ἔλαθον ἐμαυτὸν τῆς ζωῆς στερήσας. Επιμύθιον.

Ο μῦθος δηλοῖ, ὅτι τινὲς ἔσθ' ὅτε μετρίων κινδύνων ἑαυτοὺς βουλόμενοι ῥύσα
σθαι, εἰς μείζονας περιπίπτουσιν.

Ερμῆς.

εὺς ἑρμῆν προσέταξε πᾶσι τοῖς τεχνίταις ψεύδους φάρμακον ἐγχεῖν.
ζ ὁ δὲ, τοῦτο τρίψας, καὶ μέτρον ποιήσας, ἴσον ἑκάστῳ ἐνέχεεν. ἐπεὶ δὲ μό
νου τοῦ σκυτέως ὑπολειφθέντος, πολὺ κατελέλειπτο φάρμακον, ὅλην
λαβὼν τὴν θυείαν ἐνέχεεν αὐτῷ. κἀκ τούτου συνέβη τοὺς τεχνίτας ἅπαντας
ψεύδεσθαι, μάλιστα δὲ πάντων τοὺς σκυτέας. Επιμύθιον.

Ο μῦθος, πρὸς ψευδολόγους τεχνίτας.

Ζεύς.

εὺς πλάσας τοὺς ἀνθρώπους, τὰς μὲν ἄλλας διαθέσεις αὐτοῖς ἐνέθη-
ζ κε. μόνην δ' ἐνθεῖναι τὴν αἰσχύνην ἐπελάθετο. διὸ καὶ μὴ ἔχων πόθεν
ἂν αὐτὴν εἰσαγάγῃ, διὰ τοῦ ὄχλου αὐτὴν εἰσελθεῖν ἐκέλευσεν. ἡ δὲ, τὸ
μὲν πρῶτον ἀντέλεγεν ἀναξιοπαθοῦσα. ἐπεὶ δὲ σφόδρα αὐτῇ ἐνέκειτο, ἔφη.
ἀλλ' ἔγωγε ἐπὶ ταύταις εἰσέρχομαι ταῖς ὁμολογίαις, ὡς ἂν ἔρως μὴ εἰσέλθῃ.
ἂν δ' εἰσέλθῃ, αὐτὴ ἐξελεύσομαι παραυτίκα. ἀπὸ δὴ τούτου συνέβη πάντας
τοὺς πόρνους ἀναισχύντους εἶναι. Επιμύθιον.

Ο μῦθος δηλοῖ, ὅτι τοὺς ὑπ' ἔρωτος κατεχομένους, ἀναισχύντους εἶναι συμβαίνει.

Ζεύς.

εὺς γάμους τελῶν, πάντα τὰ ζῶα εἱστία. μόνης δὲ τῆς χελώνης ὑστερη-
ζ σάσης, διαπορῶν τὴν αἰτίαν τῆς ὑστερήσεως, ἐπυνθάνετο αὐτῆς, τίνος
χάριν αὐτὴ ἐπὶ τὸ δεῖπνον οὐ παρεγένετο. τῆς δὲ εἰπούσης, οἶκος φί-
λος, οἶκος ἄριστος, ἀγανακτήσας κατ' αὐτῆς, κατεδίκασε τὸν οἶκον βαστάζου-
σαν περιφέρειν. Επιμύθιον.

Ο μῦθος δηλοῖ, ὅτι οἱ πολλοὶ τῶν ἀνθρώπων αἱροῦνται μᾶλλον λιτῶς παρ' ἑαυ
τοῖς ζῆν, ἢ παρ' ἄλλοις πολυτελῶς.

Λύκος, καὶ πρόβατον.

Υκος ὑπὸ κυνῶν δηχθεὶς, καὶ κακῶς πάσχων, ἐβέβλητο. τροφῆς δὲ ἀπο-
λ ρῶν, θεασάμενος πρόβατον, ἐδεῖτο ποτὸν ἐκ τοῦ παραρρέοντος αὐτῷ
ποταμοῦ κομίσαι. εἰ γάρ σύ μοι φησὶ δώσεις ποτὸν, ἐγὼ τροφὴν ἐμαυτῷ εὑρή-
σω. τὸ δὲ, ὑποτυχὸν, ἔφη. ἀλλ' ἐὰν ἐγὼ ποτὸν ἐπιδῶ σοι, σὺ καὶ τροφῇ μοι χρήσῃ.

Επιμύθιον.

Ο μῦθος, πρὸς ἄνδρα κακοῦργον, δι' ὑποκρίσεως ἐνεδρεύοντα.

tura, expulerunt percutiendo, eaq; priuata eo cibo rediit ad monedulas rursum, & illæ ob colorem, cum ipsam non nossent, à suo cibo abegerunt, ut duorum appetens, neutro potiretur.

Affabulatio.

Fabula significat, oportere & nos nostris contentos esse, considerantes auaritiá, præter q̃ quod nihil iuuat, auferre sæpe & quæ adsunt bona.

Monedula.

MOnedulam cum quis cepisset, & pedem alligasset filo, suo tradidit filio. hæc non ferendo uictum inter homines, ubi parúper libertatẽ nacta est, fugit, in suum'q; nidum se cõtulit. circumuoluto uero ramis uinculo, euolare haud ualens, cum moritura esset, secum loquebatur, me miseram. quæ apud homines non ferendo seruitutem, incaute me me uita priuaui. Affabulatio.

Fabula significat, nõnunq̃ quosdá, dú se a mediocrib⁹ studẽt piculis liberare, in maiora incidere.

Mercurius.

IVpiter Mercurio iussit, ut artificib⁹ oib⁹ mẽdacii medicamẽtũ misceret, hic, eo trito, & ad mẽsurá facto, æquabiliter singulis miscet. cũ uero solo relicto sutore, multum superesset medicamenti, totum acceptum mortarium ei miscuit. atq; hinc contigit artifices omneis mentiri, maxime uero omnium sutores. Affabulatio.

Fabula in mendaces artifices.

Iupiter.

IVpiter formatis hominibus, omneis illis affectus indidit, solum indere pudorem oblitus est. quapp, non habens, unde nam ipsum introduceret, per turbam ingredi cum iussit, hic uero primum cõtradicebat, q; indigna ferret, uehementius uero eo istáte, ait, Sed ego sané his ingredior pactis, si amor non ingrediatur. sin ingrediatur, ipse exibo quamprimum. ex hoc sané euenit, omnia scorta inuerecunda esse, Affabulatio.

Fabula significat, captos amore inuerecundos esse.

Iupiter.

IVpiter nuptias celebrás, oia aialia accipiebat, sola uero testudine tarde profecta, admirans causam tarditatis, rogauit eam quamobrem ipsa ad cœnam non accesserat, cum hæc dixisset, domus cara, domus optima. Iratus ipsi, damnauit, ut domum baiulans circunferret. Affabulatio.

Fabula significat plerosq; homines eligere parce potius apud se uiuere, q̃ apud alios laute.

Lupus, & Ouis.

LVpus a canib⁹ morsus, & male affect⁹ abiect⁹ iacebat, cibi uero idigens uisa oue, rogabat ut potum ex præterfluente flumine sibi afferret. si. n. tu mihi inquit dederis potum, ego cibú mihi ipsi inueniá, illa re cognita, ait sed si ego potum do tibi, tu & cibo me uteris.

Affabulatio.

Fabula in uirum maleficum per simulationem insidiantem.

Lepores.

LEpores olim belligerantes cum aquilis, inuocarunt in auxiliũ uulpes, hæ aũt dixerunt, uobis auxiliaremur, nisi sciremus q uos estis, & cum qbus bellamini.

Affabulatio.

Fabula significat, eos qui cũ præstantioribus certant, suam salutem contemnere.

Formica.

QVæ nunc formica, homo olim fuit. hic agriculturæ assidue incumbens, nõ erat propriis laboribus cõtẽtus, sed & uicinorũ fructus surripiebat. Iupiter ãt indignatus huius auaritia, trãsmutauit eum in hoc animal, quæ formica appellatur. uerum cum mutasset formam, nõ & affectum mutauit. nam usq; nũc arua circũeundo, aliorum labores surripit, & sibi recondit.

Affabulatio.

Fabula significat, natura prauos, & si maxime speciem transmutarint, mores non mutare.

Vespertilio, & Mustela.

VEspertilio ĩ terrã cũ cecidisset, a mustela capta ẽ, & cũ occidẽda foret, pro salute rogabat, hac uero dicente, non posse ipsam dimittere, q natura uolucribus omnibus inimica foret, ait, non auẽ, sed murẽ esse, & sic dimissa est. postremo ãt cũ iterũ cecidisset, & ab alia capta mustela, ne uoraretur orabat. hac aũt dicẽte cũctis inimicã esse muribus, hæc ñ mus, sed uespertilio esse dicebat. & rursus dimissa ẽ, atq; ita euenit bis mutato nomine, salutem consecutam fuisse.

Affabulatio.

Fabula significat, neq; nos in iisdem semper esse oportere, consyderãtes eos, qui ad tempus mutantur, plerunq; pericula effugere.

Viatores.

VIatores secũdũ litus quoddã iter faciẽtes, iuerũt ĩ speculã q̃dã, & illinc conspicati sarmenta procul natantia nauim esse magnam existimarunt, quamobrem expectarunt, tanq̃ appulsura ea esset, cum uero a uento lata sarmenta propius forent, nõ nauim amplius, sed scaphã uidere uidebant. aduectis autẽ illis, cũ sarmẽta esse uidissẽt, inter se dixerunt, ut nos igitur frustra, quod nihil est, expectabamus.

Affabulatio.

Fabula significat, non nullos hoies, qui ex ĩprouiso terribiles esse uidẽt, cum periculum feceris, nullius esse pretii, inueniri.

Asinus syluestris.

ASinus syluestris asino uiso domestico ĩ loco quodã aprico pfectus ad ipsũ, beatũ dicebat & corporis habitudine, & cibi perceptione. Deinde uero cum uidisset eũ ferentẽ onera, & agasonẽ retro sequẽtẽ, & baculis ipsũ pcutientẽ, ait, ast ego nõ amplius beatũ te existimabo. uideo.n. non sine magnis malis hẽre te felicitatem.

Affabulatio.

Fabula significat, ñ esse æmulãda lucra, in qbus insũt picula, & miseriæ.

Asini.

ASini oli ppterea, qđ assidue onera ferrẽt, & fatigarẽt, legatos miserunt ad Iouem solutionẽ laborũ petentes. hic ãt oñdere ipsis uolens, id non posse fieri, ait, tunc eos liberatumiri

Λαγωοί.

Αγωοί ποτε πολεμοῦντες ἀετοῖς, παρεκάλουν εἰς συμμαχίαν ἀλώ-
λ πεκας. αἱ δὲ, ἔφασαν· ἐβοηθήσαμεν ἂν ὑμῖν, εἰ μὴ ᾔδειμεν τίνες ἐστὲ,
καὶ τίσι πολεμεῖτε. Ἐπιμύθιον.
Ὁ μῦθος δηλοῖ, ὅτι οἱ τοῖς κρείττοσι φιλονεικοῦντες, τῆς ἑαυτῶν σωτηρίας κα-
ταφρονοῦσι.

Μύρμηξ.

ύρμηξ ὁ νῦν, τὸ παλαιὸν ἄνθρωπος ἦν. καὶ τῇ γεωργίᾳ διηνεκῶς προ-
μ σέχων, οὐ τοῖς ἰδίοις ἠρκεῖτο πόνοις· ἀλλὰ καὶ τοὺς τῶν γειτόνων καρ-
ποὺς ὑφῃρεῖτο. ὁ δὲ Ζεὺς ἀγανακτήσας ἐπὶ τῇ τούτου πλεονεξίᾳ, μετε-
μόρφωσεν αὐτὸν εἰς τοῦτο τὸ ζῶον, ὃ μύρμηξ καλεῖται. ὁ δὲ τὴν μορφὴν ἀλλά-
ξας, τὴν διάθεσιν οὐ μετέβαλε. μέχρι γὰρ τοῦ νῦν τὰς ἀρούρας περιιὼν, τοὺς
τῶν ἑτέρων πόνους συλλέγει, καὶ ἑαυτῷ ἀποθησαυρίζει. Ἐπιμύθιον.
Ὁ μῦθος δηλοῖ, ὅτι οἱ φύσει πονηροὶ κἂν τὰ μάλιστα τὸ εἶδος μεταβληθῶσι, τὸν
τρόπον οὐ μεταβάλλονται.

Νυκτερὶς, καὶ γαλῆ.

υκτερὶς ἐπὶ γῆς πεσοῦσα, ὑπὸ γαλῆς συνελήφθη. καὶ μέλλουσα ἀναι-
ν ρεῖσθαι, περὶ σωτηρίας ἐδεῖτο. τῆς δὲ, φαμένης μὴ δύνασθαι αὐτὴν
ἀπολῦσαι, φύσει γὰρ πᾶσι τοῖς πτηνοῖς πολεμεῖν, αὐτὴ ἔλεγεν οὐκ ὄρ-
νις ἀλλὰ μῦς εἶναι. καὶ οὕτως ἀφείθη. ὕστερον δὲ πάλιν πεσοῦσα, καὶ ὑφ' ἑτέ-
ρας συλληφθεῖσα γαλῆς, μὴ βρωθῆναι ἐδεῖτο. τῆς δὲ, εἰπούσης ἅπασιν ἐχθραί-
νειν μυσὶν, αὐτὴ μὴ μῦς, ἀλλὰ νυκτερὶς ἔλεγεν εἶναι. καὶ πάλιν ἀπελύθη. καὶ
οὕτω συνέβη δὶς αὐτὴν ἀλλαξαμένην τὸ ὄνομα, σωτηρίας τυχεῖν.

Ἐπιμύθιον.

Ὁ μῦθος δηλοῖ, ὅτι δεῖ καὶ ἡμᾶς μὴ τοῖς αὐτοῖς ἀεὶ ἐπιμένειν. λογιζομένους,
ὡς οἱ τοῖς καιροῖς συμμετασχηματιζόμενοι, πολλάκις τοὺς κινδύνους ἐκφεύγου-
σιν.

Ὁδοιπόροι.

δοιπόροι κατά τινα αἰγιαλὸν ὁδεύοντες, ἦλθον ἐπί τινα σκοπιάν. κἀ-
ο κεῖθεν θεασάμενοι φρύγανα πόρρωθεν ἐπιπλέοντα, ναῦν εἶναι μεγά-
λην ᾠήθησαν. διὸ δὴ προσέμενον ὡς μελλούσης αὐτῆς προσορμίζεσθαι.
ἐπεὶ δὲ ὑπὸ ἀνέμου φερόμενα τὰ φρύγανα ἐγγυτέρω ἐγένετο, οὐκέτι ναῦν, ἀλλὰ
πλοῖον ἐδόκουν βλέπειν. ἐξενεχθέντα δ' αὐτὰ φρύγανα ὄντα ἰδόντες, πρὸς
ἀλλήλους ἔφασαν· ὡς ἄρα μάτην ἡμεῖς τὸ μηδὲν ὂν προσεδεχόμεθα.

Ἐπιμύθιον.

Ὁ μῦθος δηλοῖ, ὅτι τῶν ἀνθρώπων ἔνιοι ἐξ ἀπροόπτου δοκοῦντες φοβεροὶ εἶναι,
ὅταν εἰς πεῖραν ἔλθωσιν, οὐδενὸς εὑρίσκονται ἄξιοι.

Ὄνος ἄγριος.

νος ἄγριος ὄνον ἰδὼν ἥμερον ἔν τινι εὐηλίῳ τόπῳ, προσελθὼν αὐτὸν
ο ἐμακάριζεν, ἐπί τε τῇ εὐεξίᾳ τοῦ σώματος, καὶ τῇ τῆς τροφῆς ἀπολαύ-
σει. ὕστερον δὲ ἰδὼν αὐτὸν ἀχθοφοροῦντα, καὶ τὸν ὀνηλάτην ὄπισθεν ἑπό-
μενον, καὶ ῥοπάλοις αὐτὸν παίοντα, ἔφη· ἀλλ' ἔγωγε οὐκέτι σε εὐδαιμονίζω.
ὁρῶ γὰρ, ὡς οὐκ ἄνευ κακῶν μεγάλων τὴν εὐδαιμονίαν ἔχεις. Ἐπιμύθιον.
Ὁ μῦθος δηλοῖ, ὅτι οὐκ ἔστι ζηλωτὰ τὰ μετὰ κινδύνων καὶ ταλαιπωριῶν κέρδη.

Ὄνοι.

νοι ποτὲ ἐπὶ τῷ συνεχῶς ἀχθοφορεῖν καὶ ταλαιπωρεῖν, πρέσβεις ἔπεμ-
ο ψαν πρὸς τὸν Δία, λύσιν τῶν πόνων αἰτούμενοι. ὁ δ' αὐτοῖς ἐπιδεῖξαι
βουλόμενος ὅτι τοῦτο ἀδύνατόν ἐστιν, ἔφη, τότε αὐτοὺς ἀπαλλαγήσεσθαι

τῆς κακοπαθείας, ὅταν οὐροῦντες ποιήσωσι ποταμόν· κἀκεῖνοι αὐτὸν ἀληθεύειν ὑπολαβόντες, ἀπ' ἐκείνου καὶ μέχρι τοῦ νῦν ἔνθα οὖρον ἑτέρων ἴδωσιν ὄνων, ἐνταῦθα καὶ αὐτοὶ παριστάμενοι οὐροῦσιν. Ἐπιμύθιον.

Ὁ μῦθος δηλοῖ, ὅτι ἑκάστῳ τὸ πεπρωμένον ἀθεράπευτόν ἐστιν.

Ὄνος, καὶ ἀλώπηξ.

Ὄνος ἐνδυσάμενος λεοντῆν, περιῄει τὰ ἄλλα τῶν ζώων ἐκφοβῶν. καὶ δὴ θεασάμενος ἀλώπεκα, ἐπειρᾶτο καὶ ταύτην δεδίττεσθαι. ἡ δέ, ἐτύγχανε γὰρ αὐτοῦ φθεγξαμένου προακηκοῦια, πρὸς αὐτὸν ἔφη· ἀλλ' εὖ ἴσθι, ὡς καὶ ἐγώ ἄν σε ἐφοβήθην, εἰ μὴ ὀγκωμένου ἤκουσα. Ἐπιμύθιον.

Ὁ μῦθος δηλοῖ, ὅτι ἔνιοι τῶν ἀπαιδεύτων, τοῖς ἔξω δοκοῦντές τινες εἶναι, ὑπὸ τῆς ἰδίας γλωσσαλγίας ἐλέγχονται.

Ὄνος, καὶ βάτραχοι.

Ὄνος ξύλα βαστάζων, διέβαινέ τινα λίμνην. ὀλισθήσας δέ, ὡς κατέπεσεν, ἐξαναστῆναι μὴ δυνάμενος, ὠδύρετό τε καὶ ἔστενεν. οἱ δὲ ἐν τῇ λίμνῃ βάτραχοι τῶν στεναγμῶν τούτου ἀκούσαντες, ὦ οὗτος ἔφασαν, καὶ τί ἂν ἐποίησας, εἰ τοσοῦτον ἐνταῦθα χρόνον διέτριβες ὅσον ἡμεῖς, ὅτε πρὸς ὀλίγον πεσών, οὕτως ὀδύρῃ. Ἐπιμύθιον.

Τούτῳ τῷ λόγῳ χρήσαιτ' ἄν τις πρὸς ἄνδρα ῥᾴθυμον ἐπ' ἐλαχίστοις πόνοις δυσφοροῦντα, αὐτὸς τοὺς πλείους ῥᾳδίως ὑφιστάμενος.

Ὄνος, καὶ κόραξ.

Ὄνος ἡλκωμένος τὸν νῶτον, ἔν τινι λειμῶνι ἐνέμετο. κόρακος δὲ ἐπικαθίσαντος αὐτῷ, καὶ τὸ ἕλκος ξαίνοντος, ὁ ὄνος ὠγκᾶτο καὶ ἥλατο. τοῦ δὲ ὀνηλάτου πόῤῥωθεν ἑσταμένου καὶ γελῶντος, λύκος παριὼν αὐτὸν εἶδε καὶ ἔφη· ἄθλιοι ἡμεῖς, οἳ κἂν μόνον ὀφθῶμεν αὐτῷ διωκόμεθα, τούτῳ δὲ καὶ προσγελῶσιν. Ἐπιμύθιον.

Ὁ μῦθος δηλοῖ, ὅτι οἱ κακοῦργοι τῶν ἀνθρώπων, καὶ μόνον φανέντες δῆλοί εἰσιν.

Ὄνος, καὶ ἀλώπηξ.

Ὄνος, καὶ ἀλώπηξ κοινωνίαν συνθέμενοι πρὸς ἀλλήλους, ἐξῆλθον εἰς ἄγραν. λέοντος δὲ αὐτοῖς περιτυχόντος, ἡ ἀλώπηξ τὸν ἐπηρτημένον ὁρῶσα κίνδυνον, προσελθοῦσα τῷ λέοντι, παραδώσειν αὐτῷ τὸν ὄνον ὑπέσχετο, ἐὰν αὐτῇ τὸ ἀκίνδυνον ἐπαγγείληται. τοῦ δὲ ἀπολύσειν αὐτὴν φήσαντος, ἐκείνη παραγαγοῦσα τὸν ὄνον, εἴς τινα πάγην ἐμπεσεῖν παρεσκεύασε. καὶ ὁ λέων ὁρῶν ἐκεῖνον φεύγειν μὴ δυνάμενον, πρώτην τὴν ἀλώπεκα συνέλαβεν. εἶθ' οὕτως ἐπὶ τὸν ὄνον ἐτράπη. Ἐπιμύθιον.

Ὁ μῦθος δηλοῖ, ὅτι οἱ τοῖς κοινωνοῖς ἐπιβουλεύοντες, λανθάνουσι πολλάκις καὶ αὐτοὺς προσαπολοῦντες.

Ὄρνις, καὶ χελιδών.

Ὄρνις ὄφεως ᾠὰ εὑροῦσα, ἐπιμελῶς ἐκθερμάνασα ἐξεκόλαψε. χελιδὼν δὲ θεασαμένη αὐτήν, ἔφη· ὦ ματαία, τί ταῦτα τρέφεις, ἅπερ αὐξηθέντα, ἀπὸ σοῦ πρώτης τοῦ ἀδικεῖν ἄρξεται. Ἐπιμύθιον.

Ὁ μῦθος δηλοῖ, ὅτι ἀτιθάσευτός ἐστιν ἡ πονηρία, κἂν τὰ μέγιστα εὐεργετῆται.

Κάμηλος.

Ὅτε πρῶτον κάμηλος ὤφθη, οἱ ἄνθρωποι φοβηθέντες, καὶ τὸ μέγεθος καταπλαγέντες, ἔφευγον. ὡς δὲ χρόνου προϊόντος, συνεῖδον αὐτῆς τὸ πρᾶον, ἐθάῤῥησαν μέχρι τοῦ προσελθεῖν. αἰσθόμενοι δὲ κατὰ μικρὸν τὸ ζῶον ὡς χολὴν οὐκ ἔχει, εἰς τοσοῦτον καταφρονήσεως ἦλθον, ὥστε καὶ χαλι-

laboribus,cum mingendo fluuium fecerint.ac illi eum uerum dicere existimantes, ex illo & nunc usq;,ubi aliorum urinam uiderint asinorum,illic & ipsi circunstando mingunt. Affabulatio.
Fabula significat,unicuiq; quod fatale est,incurabile esse.

Asinus,& Vulpes.

ASinus idutus pelle Leonis uagabat reliq̃ bruta pterrẽdo. cæteris uisa uulpe, tentauit & hanc perterrefacere.hæc autem(casu enim ipsius uocem audiuerat)ad ipsum ait.sed bene scias, q & ego timuissem,nisi rudentem audiuissem. Affabulatio.
Fabula significat,ñ nullos idoctos,q iis,q extra sunt, aliq esse uident,ex sua linguacitate redargui.

Asinus,& ranæ.

ASinus ligna ferens pertrãsibat paludem q̃dam.lapsus ãt, ut decidit,nec surgere posset,lamentabatur,ac suspirabat. Ranæ aũt q̃ erant in palude auditis suspiriis,heus tu dixerunt,& quid faceres,si tanto hic tempore,quanto nos fuisses,cũ,qa ad breue tempus cecidisti,sic lamenteris? Affabulatio.
Hoc sermone uti qspiã poterit ĩ uirũ segnẽ,q ob minimos quosq labores tristatur,cum ipse maioribus facile resistat.

Asinus,& Coruus.

ASinus ulcerato dorso in prato quodã pascebat.coruo ãt insidendo sibi,& ulcus percutiendo,Asinus rudebat,ac saltabat.sed agasone procul stante,ac ridente,lupus præteriens,ipsum uidit, & dixit.miseri nos,quos si tãtum uiderit, persequitur,huic autem & arrident. Affabulatio.
Fabula significat maleficos homines,si tantum appareant,dignosci.

ASinus,& Vulpes inita inter se societate,exiuerunt ad uenationem,Leo uero cum occurrisset ipsis,uulpes imminens periculum uidens profecta ad Leonem tradituram ei asinum pollicita est,si sibi impunitatem promiserit. qui cum dimissurũ eam dixisset,illa adducto Asino in casses quosdam ut incideret, fecit. sed Leo uidẽs illum fugere minime posse, primã uulpem cõphendit. deinde sic ad asinum uersus est. Affabulatio.
Fabula significat eos,qui sociis insidiantur,sæpe & se ipsos nescios perdere.

Gallina & Hirundo.

GAllina serpentis ouis inuentis diligẽter calefacta excudit, hirũdo autem cũ eam uidisset,ait o demens, qd hæc nutris? q̃ cũ excreuerint a te prima iniuriam auspicabuntur. Affabulatio.
Fabula significat,iplacabilẽ ẽe prauitatẽ,licet afficiat maximis bñficiis.

Camelus.

CVm primũ uisa est Camelus,hoĩes pterriti,& magnitudinẽ admirati,fugiebãt,ubi uero pcedẽte tẽpore cognouerũt ipsius mãsuetudinẽ,confisi sunt eo usq;,ut ad eã accederent. at intellecto paulo post belluæ non inesse bilem,eo contemptus iere,ut & fre-

na ei imponerent, & pueris agendam traderent. Affabulatio.
Fabula significat terribiles res consuetudine contemptiles fieri.

Serpens.

SErpens a multis hominibus pessundatus Iouē postulauit. Iupiter āt ad eum dixit, sed si qui prior conculcauit, pupugisses, nequaquam id facere secundus aggressus fuisset. Affabulatio.
Fabula significat, eos, qui prius inuadentibus resistunt, aliis formidolosos fieri.

Columba.

COlumba siti correpta, ut uidit quodam in loco poculum aquæ depictum, uerum rata, atq; multo elata impetu inscia in tabulam offendit, ut & pennis ipsius perfractis in terram decideret, atq; a quodam occurentium caperetur. Affabulatio.
Fabula significat non nullos homines ob uehementes alacritates inconsulto res aggredienteis, inicere sese in perniciem.

Columba, & Cornix.

COlumba in columbario quodam nutrita fœcunditate supbiebat Cornix uero ea audita, ait, sed heus tu, desine hac re gloriari. nam quo plures paris, eo plus mœroris accumulas. Affabulatio.
Fabula significat, ex famulis quoq; eos esse infelicissimos, q in seruitute multos filios faciunt.

Diues.

DIues duas habens filias, altera mortua, præficas con duxit cum uero altera filia dixisset, ut nos miseræ, ipsæ, ad q̄s pertinet luctus, lamentari nescimus, hæ uero ñ necessariæ sic uehementer plangunt. mater ait, ne mirare filia, si hæ ita lamentantur. nam numorum gratia id agunt. Affabulatio.
Fabula significat non nullos homines ob auaritiam non uereri alienis calamitatibus quæstum facere.

Pastor.

PAstor actis in quercetum quoddam ouibus, strata sub quercu ueste, ascendit, & fructum decutiebat. oues uero inter edendum glandes, nesciæ & uestes unà deuorarunt. at cum pastor descēdisset, ut qđ erat actū, uidit, o pessima ait aīalia, uos cæteris uellera ac uestes præbetis, a me uero, qui uos nutrio, & uestem surripitis.

Affabulatio.

Fabula significat, plerosq; homines ob dementiam eos, qui nihil attinent, beneficio afficere, in domesticos mala operari.

Piscator, & Cerrus.

PIscator demisso reti in mare retulit Cerrum, qui paruus cum esset, supplicabat ipsum ne tunc se caperet, sed dimitteret, qđ paruus foret. at cum creuero, & magnus inquit euasero, me capere poteris, quoniam & maiori tibi ero utilitati. tum piscator ait, sed ego demēs fueri, si qđ ī manibus est, dimisso lucro, licet sit puū, expectan do magnum, sperem. Affabulatio.

τοὺς αὐτῇ περιθέντες, παισὶν ἐλαύνειν δεδώκασιν. Ἐπιμύθιον.

Ὁ μῦθος δηλοῖ, ὅτι τὰ φοβερὰ τῶν πραγμάτων, ἡ συνήθεια εὐκαταφρόνητα ποιεῖ.

Ὄφις.

φις ὑπὸ πολλῶν ἀνθρώπων πατούμενος, τῷ Διὶ ἐνετύγχανεν. ὁ δὲ Ζεὺς
ὀ πρὸς αὐτὸν εἶπεν· ἀλλ' εἰ τὸν πρότερον πατήσαντα ἔπληξας, οὐκ ἂν
ὁ δεύτερος ἐπεχείρησε τοῦτο ποιῆσαι. Ἐπιμύθιον.

Ὁ μῦθος δηλοῖ, ὅτι οἱ τοῖς πρότερον ἐπιβαίνουσιν ἀνθιστάμενοι, τοῖς ἄλλοις φοβεροὶ γίνονται.

Περιστερά.

εριστερὰ δίψῃ συνεχομένη, ὡς ἐθεάσατο ἔν τινι τόπῳ κρατῆρα ὕδατος
π γεγραμμένον, ἐνόμισεν ἀληθινὸν εἶναι. διὸ καὶ πολλῷ τῷ ῥοίζῳ ἐνεχθεῖ-
σα, ἔλαθεν ἑαυτὴν τῷ πίνακι ἐμπεσοῦσα, ὥστε καὶ τῶν πτερῶν αὐτῆς περικλασθέντων καταπεσεῖν ἐπὶ τὴν γῆν, καὶ ὑπό τινος τῶν παρατυχόντων ἁλῶναι.

Ἐπιμύθιον.

Ὁ μῦθος δηλοῖ, ὅτι ἔνιοι τῶν ἀνθρώπων διὰ σφοδρὰς προθυμίας, ἀπερισκέπτως πράγμασιν ἐγχειροῦντες, ἐμβάλλουσιν ἑαυτοὺς εἰς ὄλεθρον.

Περιστερά, καὶ κορώνη.

εριστερὰ ἔν τινι περιστερεῶνι τρεφομένη, ἐπὶ πολυτεκνίᾳ ἐφρυάττετο.
π κορώνη δ' αὐτῆς ἀκούσασα ἔφη· ἀλλ' ὦ αὕτη, παῦσαι ἐπὶ τούτῳ σε-
μνυνομένη. ὅσῳ γὰρ ἂν πλείονα τίκτῃς, τοσούτῳ καὶ πλείους λύπας συνάγεις.

Ἐπιμύθιον.

Ὁ μῦθος δηλοῖ, ὅτι καὶ τῶν οἰκετῶν δυστυχέστατοί εἰσιν, ὅσοι ἐν τῇ δουλείᾳ πολλὰ τέκνα ποιοῦσιν.

Πλούσιος.

λούσιος δύο θυγατέρας ἔχων, τῆς μιᾶς ἀποθανούσης, θρηνούσας ἐμι-
π σθώσατο. τῆς δὲ ἑτέρας παιδὸς λεγούσης, ὡς ἄθλιαι ἡμεῖς, αἵ γε αὐ-
ταὶ ὧν ἐστὶ τὸ πένθος θρηνεῖν οὐκ ἴσμεν, αἱ δὲ μὴ προσήκουσαι οὕτω σφοδρῶς κόπτονται, ἡ μήτηρ ἔφη· μὴ θαύμαζε τέκνον, εἰ αὗται οὕτω θρηνοῦσιν. ἐπὶ γὰρ ἀργυρίῳ τοῦτο ποιοῦσιν. Ἐπιμύθιον.

Ὁ μῦθος δηλοῖ, ὅτι ἔνιοι τῶν ἀνθρώπων διὰ φυλαργυρίαν οὐκ ὀκνοῦσιν ἀλλοτρίας συμφορὰς ἐργολαβεῖν.

Ποιμήν.

οιμὴν ἐλάσας εἰς τινὰ δρυμῶνα τὰ πρόβατα, ὑποστρώσας ὑπὸ δρυῒ
π τὸ ἱμάτιον, καὶ ἀναβὰς τὸν καρπὸν κατέσειε. τὰ δὲ πρόβατα ἐσθίον-
τα τὰς βαλάνους, ἔλαθον καὶ τὰ ἱμάτια συγκαταφαγόντα. ὁ δὲ ποιμὴν καταβὰς, ὡς εἶδε τὸ γεγονὸς, ὦ κάκιστα ἔφη ζῶα· ὑμεῖς τοῖς λοιποῖς ἔρια εἰς ἐσθῆτας παρέχετε, ἐμοῦ δὲ τρέφοντος ὑμᾶς, καὶ τὸ ἱμάτιον ἀφείλεσθε.

Ἐπιμύθιον.

Ὁ μῦθος δηλοῖ, ὅτι καὶ πολλοὶ τῶν ἀνθρώπων δι' ἄνοιαν, τοὺς μηδὲν προσήκοντας εὐεργετοῦντες, κατὰ τῶν οἰκείων φαῦλα ἐργάζονται.

Ἁλιεὺς, καὶ σμαρίς,

λιεὺς τὸ δίκτυον χαλάσας ἐν τῇ θαλάττῃ, ἀνήνεγκε σμαρίδα. σμικρὰ
ἁ δὲ οὖσα, ἱκέτευεν αὐτὸν νῦν μὲν μὴ λαβεῖν αὐτὴν, ἀλλ' ἐᾶσαι διὰ τὸ
σμικρὰν τυγχάνειν. ἀλλ' ὅταν αὐξηθῶ καὶ μεγάλη φησὶ γένωμαι, συλλαβεῖν με δυνήσῃ, ἐπεὶ καὶ εἰς μείζονά σοι ὠφέλειαν ἔσομαι. καὶ ὁ ἁλιεὺς εἶπεν· ἀλλ' ἔγωγε ἄνους ἂν εἴην, εἰ τὸ ἐν χερσὶ παρεὶς κέρδος κἂν σμικρὸν ᾖ, τὸ προσδοκώμενον κἂν μέγα ὑπάρχῃ ἐλπίζειν. Ἐπιμύθιον.

Ὁ μῦθος δηλοῖ, ὅτι ἀλόγιστος ἂν εἴη, ὁ δι᾽ ἐλπίδας μείζονος, τὰ ἐν χερσὶν ἀφεὶς σμικρὰ ὄντα.

Ἵππος, καὶ ὄνος.

Νθρωπός τις εἶχεν ἵππον καὶ ὄνον. ὁδευόντων δὲ ἐν τῇ ὁδῷ, εἶπεν ὁ ὄνος
ἀ τῷ ἵππῳ· ἆρον ἐκ τοῦ ἐμοῦ βάρους, εἰ θέλεις εἶναί με σῶν. ὁ δὲ οὐκ ἐπεί-
σθη. ὁ δὲ ὄνος πεσὼν ἐκ τοῦ κόπου ἐτελεύτησεν. τοῦ δὲ δεσπότου πάντα
ἐπιθέντος αὐτῷ καὶ αὐτὴν τὴν ὄνου δορὰν, θρηνῶν ὁ ἵππος ἐβόα· οἴμοι τῷ πα-
ναθλίῳ, τί μοι συνέβη τῷ ταλαιπώρῳ· μὴ θελήσας γὰρ μικρὸν βάρος λαβεῖν,
ἰδοὺ ἅπαντα βαστάζω, καὶ τὸ δέρμα.

Ἐπιμύθιον.

Ὁ μῦθος δηλοῖ, ὅτι τοῖς μικροῖς οἱ μεγάλοι συγκοινωνοῦντες, ἀμφότεροι σωθήσονται ἐν βίῳ.

Ἄνθρωπος, καὶ σάτυρος.

Νθρωπός τις πρὸς σάτυρον φιλίαν ποιησάμενος, συνεσθίων ἦν αὐτῷ.
ἀ χειμῶνος δὲ καὶ ψύχους γενομένου, ὁ ἄνθρωπος τὰς χεῖρας αὐτοῦ προσ-
φέρων τῷ στόματι ἐπέπνει. τοῦ δὲ σατύρου ἐπερωτήσαντος, δι᾽ ἣν αἰτί-
αν τοῦτο πράττει, ἔφη· τὰς χεῖράς μου θερμαίνω ἐκ τοῦ κρύους. μετὰ μικρὸν δὲ
ἐδέσματος θερμοῦ προσενεχθέντος, ὁ ἄνθρωπος προσφέρων τῷ στόματι ἐφύ-
σα αὐτό. πυνθανομένου δὲ πάλιν δι᾽ ἣν αἰτίαν τοῦτο πράττει, ἔφη· τὸ ἔδεσμα κα-
ταψύχω. ὑπολαβὼν δὲ ὁ σάτυρος, ἀλλ᾽ ἔγωγε ἔφη ἀπὸ τοῦ νῦν ἀποτάσσομαί
σου τῆς φιλίας, ὅτι ἐκ τοῦ αὐτοῦ στόματος τὸ θερμὸν καὶ τὸ ψυχρὸν ἐξάγεις.

Ἐπιμύθιον.

Ὁ μῦθος δηλοῖ, ὅτι δεῖ φεύγειν ἡμᾶς τὰς φιλίας, ὧν ἀμφίβολός ἐστιν ἡ διάθεσις.

Ἀλώπηξ, καὶ δρυοτόμος.

Λώπηξ κυνηγοὺς φεύγουσα, καὶ ἐν ἐρημίᾳ πολὺν δρόμον ἀνύουσα, ἄν-
ἀ δρα δρυοτόμον εὑρίσκει ἐν τῇ ὕλῃ. ὃν καθικέτευε τοῦ κρύψαι αὐτήν.
τοῦ δὲ ὑποδείξαντος αὐτῇ τὴν ἑαυτοῦ καλύβην, εἰσελθοῦσα ἐκρύπτε-
το εἰς τὰς γωνίας. τῶν δὲ κυνηγετῶν ἐλθόντων, καὶ ἐρωτώντων τὸν ἄνδρα, οὗ-
τος τῇ μὲν φωνῇ ἠρνεῖτο μηδὲν εἰδέναι. τῇ δὲ χειρὶ αὐτοῦ τὸν τόπον ὑπεδείκνυ. οἱ
δὲ μὴ προσχόντες, ἀπῆλθον παραχρῆμα. ὡς οὖν εἶδεν αὐτοὺς ἡ ἀλώπηξ παρελ-
θόντας, ἐξῆλθεν οὐ προσφωνοῦσα. μεμφομένου δὲ αὐτὴν ἐκείνου, ὡς σωθεῖσαν
μὲν δι᾽ αὐτοῦ, χάριτας δὲ αὐτῷ οὐχ ὁμολογοῦσαν, ἡ ἀλώπηξ ἐπιστραφεῖσα ἔφη·
ὦ οὗτος, ἀλλ᾽ ἔγωγε ᾔδειν ἄν σοι χάριτας, εἰ τοῖς λόγοις ὅμοια καὶ τὰ ἔργα τῆς
χειρὸς, καὶ τοὺς τρόπους εἶχες.

Ἐπιμύθιον.

Ὁ μῦθος, πρὸς τοὺς χρηστὰ μὲν ἐπαγγελλομένους τοῖς λόγοις, ἐναντία δὲ ποιοῦντας τοῖς ἔργοις.

Ἄνθρωπος, καταθραύσας ἄγαλμα.

Νθρωπός τις ξύλινον ἔχων θεὸν, καθικέτευε τοῦ ἀγαθοποιῆσαι αὐτόν.
ἀ ὡς οὖν ταῦτα ἔπραττεν, καὶ οὐδὲν ἧττον ἐν πενίᾳ διῆγε, θυμωθεὶς, ἄρας
αὐτὸν τῶν σκελῶν, ἔρριψεν εἰς τὸ ἔδαφος. προσκρουσάσης οὖν τῆς κε-
φαλῆς καὶ αὐτίκα κλασθείσης, χρυσὸς ἔρρευσεν ὅτι πλεῖστος. ὃν περ δὴ συνά-
γων ὁ ἄνθρωπος ἐβόα· στρεβλὸς ὑπάρχεις ὥς γε οἶμαι καὶ ἀγνώμων. τιμῶντά
σε γὰρ ἥκιστά με ὠφέλησας· τύψαντα δέ σε, πολλοῖς καλοῖς ἀμείβῃ.

Ἐπιμύθιον.

Ὁ μῦθος δηλοῖ, ὅτι οὐκ ὠφελήσῃ τιμῶν πονηρὸν ἄνθρωπον. τύπτων δὲ αὐτὸν μᾶλλον ὠφελήσῃ.

Fabula significat, īconsyderatū esse, q̄ spe maioris rei, quæ īter manus ē, amittat, quia parua fuerit.

Equus, & asinus.

HOmo quidā hēbat equū, & asinū. cū āt iter facerent ī uia ait asinꝰ equo. tolle a me oneris partem, si uis me esse saluum. illo nō persuaso, asinus cecidit, atq; e labore mortuus est. ab hero autem omnibus impositis ei, & ipsa asini pelle, conquerens equus clamabat. hei mihi miserrimo, quid mihi obtigit afflicto? quia enim parū oneris nolui accipe, ecce omnia gesto, & pellem.

Affabulatio.

Fabula significat, si magni cum paruis iungantur, utrosq; seruari in uita.

Homo, & Satyrus.

HOmo quidam cum satyro inita societate una cū eo comedebat. hyems uero, & frigus cum foret, homo manus suas admotas ori afflabat. rogante autem satyro, quam ob causam hoc faceret, ait, manus meas calfacio propter frigus. Sed paulo post edulio calido allato, homo admotum ori insufflabat ipsum. consulente rursus, qua re id faceret, ait ferculum frigefacio, suscepto sermone satyrus sed ego ait, ex nunc renuntio tuam amicitiam. quia ex eodem ore & calidum emittis, & frigidum.

Affabulatio.

Fabula significat, fugere nos amicitias oportere, quarum anceps est affectio.

Vulpes, & lignator.

VVlpes uenatores fugiens, & in deserto multa decursa uia, uirum lignatorem in eo īuenit, cui supplicabat, ut se absconderet. a quo ei ostenso suo tugurio, ingressa delituit in angulis. at uenatoribus profectis, & uirum rogantibus, hic uoce quidem negabat scire quicquam, sed manu ibi locū ostendebat. hi uero cum id non egissent, statim abiere. ut igitur uidit eos uulpes præteriisse, exiuit nihil allocuta. eo ipsam accusante, quod seruata a se, gratias sibi non ageret, uulpes conuersa ait, heus tu. ego uero egissem tibi gratias, si uerbis similes & manuum gestus, & mores habuisses.

Affabulatio.

Fubula in eos, qui uerbis quidem utilia promittunt, sed contraria rebus faciunt.

Homo perfrastor statuæ.

HOmo quidā ligneū cū haberet deū, supplicabat, ut sibi bn̄faceret, cū igr̄ hæc faceret, & nihilo minꝰ ī pauptate degeret, iratꝰ eleuatū ipsum cruribus, proiecit in pauimentum. illiso igitur capite, ac statim diffracto, auri quam plurimū effluxit, quod iam ille dū colligeret, exclamabat, peruersus es ut puto, & ingratus. colenti enī mihi nequaquā profuisti, uerberanti aūt te, multa donasti bōa.

Affabulatio.

Fabula significat, nō profuturū te tibi, honorādo prauū hoīem, sed uerberando ipsum, profuturum magis.

Homo, & canis.

HOmo quidam parabat cœnã accepturus amicũ quendã suũ, & familiaré, canis ité ipsius aliũ inuitando cané dicebat, o amice ueni cœna unã mecum. is cũ accessisset lætus astabat magnã spectans cœnã secũ loquens. papæ, quanta mihi lætitia nuper derepéte oblata est. nã & nutriar, & ad satietatem cœnabo, ita ut nullo modo cras esuriam, hæc secum dum diceret canis, simul'q; moueret caudam, ut qui iam amico fideret, cocus ut uidit ipsum huc, & illuc caudam circum-agentem, arreptis ipsius cruribus eiecit statim de fenestris. at is cum decidisset, ibat uehementer exclamando. sed canis quidam cũ illi in uia occurrisset, percuntabat, ut belle cœnatus es amice? is suscipiés ei dixit. multo potu inebriatus supra satietaté ne ipsam qdé uiam, qua egressus sum, noui.

Affabulatio.

Fabula significat, nõ oportet cõfidere iis, q ex alienis bñfacet pollicent.

Piscator.

PIscator piscandi rudis acceptis tibiis, ac retibus perrexit ad mare, & stans super petra quadã, primũ quidé sonabat tibiis, existimans ad uocis suauitatem pisces assilire. ut uero multum contendens, nihil profecit, depositis tibiis, assumit rete, ac iacto in aquam, multum piscium cepit, quibus euacuato reti, ut salientes uidit, ait o pessimi animantes, cum sonarem tibia, non saltabatis, cum uero cessaui, id agitis.

Affabulatio.

Fabula in eos, qui præter rationem, & inopportune aliquid agunt.

Bubulcus.

BVbulcus armentum taurorum pascés, amisit uitulum, lustrãdo omné solitudiné indagãdo morã traxit. ubi iuenire nihil potuit, pcatus est Ioué, si furem, qui uitulũ cepit, ostenderit, hedũ in sacrificiũ oblaturũ. cæterũ proficiscés in quercetũ quoddã, inuenit a leone deuorari uitulum trepidus igitur, & perterrefactus, eleuatis manibus suis i cœlũ, ait, o domine Iupiter, promiseram tibi hedũ me daturũ esse, si furem inueniré, nunc taurum tibi recipio sacrificaturũ, si huius manus effugero.

Affabulatio.

Fabula in homines infortunatos, qui dum carent, ut inueniant, precant, cum inuenerint, quærunt effugere.

Coruus.

COru' ægrotãs ait matri, mater pcare deũ, nec lamẽtare, ea uõ suscipiens ait, quis deus o fili miserebitur tui? cuius enim tu carnes nõ es furatus?

Affabulatio.

Fabula significat, q in uita multos inimicos habent, amicũ i necessitate inuenturos neminem.

Aquila.

SVper petra aquila sedebat, leporem captura, hanc autem quidam percussit sagitta, quæ intra ipsam ingressa est. sed crena cum pennis ante oculos stabat, quam cum uidisset, & hoc mihi altera mœstitia, q; propriis pennis interceam.

Affabulatio.

Fabula significat, durum esse, cum quis a suis periculum patiatur.

Ἄνθρωπος, καὶ κύων.

(ἀ) νθρωπός τις ἡτοίμαζε δεῖπνον, ἑστιάσων τινὰ τῶν φίλων αὐτῷ καὶ οἰκείων. ὁ δὲ κύων αὐτοῦ ἄλλον κύνα ἐκάλει λέγων, ὦ φίλε, δεῦρο συνδείπνησόν μοι. ὁ δὲ, προσελθὼν, χαίρων ἵστατο βλέπων τὸ μέγα δεῖπνον, βοῶν ἐν τῇ καρδίᾳ, βαβαί. πόση μοι χαρὰ ἄρτι ἐξαπιναίως ἐφάνη. τραφήσομαί τε γὰρ καὶ εἰς κόρον δειπνήσω, ὥστε με αὔριον μηδαμῆ γε πεινάσαι. ταῦτα καθ' ἑαυτὸν λέγοντος τοῦ κυνὸς, καὶ ἅμα σείοντος τὴν κέρκον, ὡς δὴ εἰς τὸν φίλον θαῤῥοῦντος, ὁ μάγειρος ὡς εἶδε τοῦτον ὧδε κἀκεῖσε τὴν κέρκον περιστρέφοντα, κατασχὼν τὰ σκέλη αὐτοῦ, ἔῤῥιψε παραχρῆμα ἔξωθεν τῶν θυρίδων. ὁ δὲ κατιὼν, ἀπῄει μεγάλως κράζων. τῶν τις δὲ κυνῶν, τῶν καθ' ὁδὸν αὐτῷ συναντώντων, ἐπηρώτα, πῶς ἐδείπνησας φίλος. ὁ δὲ πρὸς αὐτὸν ὑπολαβὼν ἔφη. ἐκ τῆς πολλῆς πόσεως μεθυσθεὶς ὑπὲρ κόρον, οὐδὲ τὴν ὁδὸν αὐτὴν ὅθεν ἐξῆλθον οἶδα.

ΕΠΙΜΥΘΙΟΝ.

Ὁ μῦθος δηλοῖ, ὅτι οὐ δεῖ θαῤῥεῖν τοῖς ἐξ ἀλλοτρίων εὖ ποιεῖν ἐπαγγελλομένοις.

Ἁλιεύς.

(α) λιεὺς ἁλιευτικῆς ἄπειρος, λαβὼν αὐλοὺς καὶ δίκτυα, παρεγένετο εἰς τὴν θάλασσαν. καὶ στὰς ἐπί τινος πέτρας, τὸ μὲν πρῶτον ηὔλει, νομίζων πρὸς τὴν ἡδυφωνίαν τοὺς ἰχθύας ἐφάλλεσθαι. ὡς δ' ἐπὶ πολὺ διατεινόμενος ἤνυσεν οὐδὲν, ἀποθέμενος τοὺς αὐλοὺς, ἀναλαμβάνει τὸ ἀμφίβληστρον. καὶ βαλὼν κατὰ τοῦ ὕδατος, πολλοὺς ἰχθύας ἤγρευσεν. ἐκβαλὼν δὲ αὐτοὺς ἀπὸ τοῦ δικτύου, ὡς εἶδε πηδῶντας, ἔφη. ὦ κάκιστα ζῶα, ὅτε ηὔλουν, οὐκ ὠρχεῖσθε. ὅτε δὲ πέπαυμαι, τοῦτο ποιεῖτε.

ΕΠΙΜΥΘΙΟΝ.

Ὁ μῦθος, πρὸς τοὺς παρὰ λόγον καὶ παρὰ καιρόν τι πράττοντας.

Βουκόλος.

(β) ουκόλος ἀγέλην ταύρων βόσκων, ἀπώλεσε μόσχον. περιελθὼν δὲ πᾶσαν τὴν ἔρημον διέτριβεν ἐρευνῶν. ὡς δὲ οὐδὲν εὑρεῖν ἐδυνήθη, ηὔξατο τῷ Διὶ, ἂν τὸν λαβόντα μόσχον κλέπτην ὑποδείξῃ, ἔριφον εἰς θυσίαν προσάξειν. καὶ δὴ ἐρχόμενος εἴς τινα δρυμῶνα, εὑρίσκει λέοντα κατεσθίοντα τὸν μόσχον. ἔμφοβος οὖν γενόμενος, καὶ μέγα δειλιάσας, ἐπάρας τὰς χεῖρας αὐτοῦ εἰς τὸν οὐρανὸν, εἶπεν. ὦ δέσποτα Ζεῦ, ἐπηγγειλάμην σοι ἔριφον δώσειν, ἐὰν τὸν κλέπτην εὕρω, νῦν ταῦρόν σοι θύσειν ὑπισχνοῦμαι, ἐὰν τούτου τὰς χεῖρας ἐκφύγω.

ΕΠΙΜΥΘΙΟΝ.

Ὁ μῦθος πρὸς ἄνδρας δυστυχεῖς, οἳ τινὸς ἀποροῦντες μὲν, εὔχονται εὑρεῖν. εὑρόντες δὲ, ζητοῦσιν ἀποφυγεῖν.

Κόραξ.

(κ) όραξ νοσῶν ἔφη τῇ μητρὶ, μῆτερ εὔχου τῷ θεῷ καὶ μὴ θρήνει. ἡ δ' ὑπολαβοῦσα ἔφη. τίς σε ὦ τέκνον τῶν θεῶν ἐλεήσει. τίνος γὰρ κρέας ὑπὸ σοῦ γε οὐκ ἐκλάπη.

ΕΠΙΜΥΘΙΟΝ.

Ὁ μῦθος δηλοῖ, ὅτι οἱ πολλοὺς ἐχθροὺς ἐν βίῳ ἔχοντες, οὐδένα φίλον ἐν ἀνάγκῃ εὑρήσουσιν.

Ἀετός.

(ὑ) περάνωθεν πέτρας ἀετὸς ἐκαθέζετο, λαγωὸν θηρεῦσαι ζητῶν. τοῦτον δέ τις ἔβαλε τοξεύσας. καὶ τὸ μὲν βέλος, ἐντὸς αὐτοῦ εἰσῆλθεν. ἡ δὲ γλυφὴ σὺν τοῖς πτεροῖς πρὸ τῶν ὀφθαλμῶν εἱστήκει. ὁ δὲ ἰδὼν ἔφη. καὶ τοῦτό μοι ἑτέρα λύπη, τὸ τοῖς ἰδίοις πτεροῖς ἐναποθνήσκειν.

ΕΠΙΜΥΘΙΟΝ.

Ὁ μῦθος δηλοῖ, ὅτι δεινόν ἐστιν, ὅταν τις ἐκ τῶν ἰδίων κινδυνεύσῃ.

Τέττιξ, καὶ μύρμηκες.

Ειμῶνος ὥρᾳ τὸν σῖτον βραχέντα, οἱ μύρμηκες ἔψυχον. τέττιξ δὲ λι-
χ μώττων, ᾔτει αὐτοὺς τροφήν. οἱ δὲ μύρμηκες εἶπον αὐτῷ, διατί τὸ θέρος
οὐ συνῆγες τροφήν. ὁ δὲ εἶπεν, οὐκ ἐσχόλαζον, ἀλλ᾽ ᾖδον μουσικῶς. οἱ δὲ,
γελάσαντες εἶπον· ἀλλ᾽ εἰ θέρους ὥραις ηὔλεις, χειμῶνος ὀρχοῦ. Ἐπιμύθιον.

Ο μῦθος δηλοῖ, ὅτι οὐ δεῖ τινα ἀμελεῖν ἐν παντὶ πράγματι, ἵνα μὴ λυπηθῇ καὶ
κινδυνεύσῃ.

Σκώληξ, καὶ ἀλώπηξ.

Τῷ πηλῷ κρυπτόμενος σκώληξ εἰς γῆν ἐξελθὼν, ἔλεγε πᾶσι τοῖς ζώ-
ὁ οις. ἰατρός εἰμι φαρμάκων ἐπιστήμων· οἷός ἐστιν ὁ τῶν θεῶν ἰατρὸς Παιών.
καὶ πῶς εἶπεν ἀλώπηξ ἄλλους ἰώμενος, σαυτὸν χωλὸν ὄντα οὐκ ἰάσω.

Ἐπιμύθιον.

Ο μῦθος δηλοῖ, ὅτι ἐὰν μὴ πρόχειρος ἡ πεῖρα, πᾶς λόγος ἀργὸς ὑπάρχει.

Ορνις χρυσοτόκος.

Ρνιθά τις εἶχεν ᾠὰ χρυσᾶ τίκτουσαν. καὶ νομίσας ἔνδον αὐτῆς ὄγκον
ζ χρυσίου εἶναι, κτείνας εὕρηκεν ὁμοίαν τῶν λοιπῶν ὀρνίθων. ὁ δὲ ἀθρό-
ον πλοῦτον ἐλπίσας εὑρήσειν, καὶ τοῦ μικροῦ ἐστέρηται ἐκείνου.

Ἐπιμύθιον.

Ο μῦθος δηλοῖ, ὅτι δεῖ τοῖς παροῦσιν ἀρκεῖσθαι, καὶ τὴν ἀπληστίαν φεύγειν.

Λέων, καὶ ἀλώπηξ.

Εων γηράσας, καὶ μὴ δυνάμενος διαρκέσαι αὐτῷ εἰς τροφὴν, ἔγνω δι᾽
λ ἐπινοίας τι πρᾶξαι. καὶ δὴ παραγενόμενος ἐν σπηλαίῳ τινὶ καὶ κα-
τακλιθεὶς, προσεποιεῖτο νοσεῖν. παραγενόμενα οὖν τὰ ζῶα ἐπισκέ-
ψεως χάριν, συλλαμβάνων κατήσθιεν αὐτά. πολλῶν οὖν ζώων ἀναλωθέντων,
ἀλώπηξ τὸ τέχνασμα τοῦτο γνοῦσα, παρεγένετο πρὸς αὐτόν. καὶ στᾶσα ἔξω-
θεν τοῦ σπηλαίου, ἐπυνθάνετο πῶς ἔχει. τοῦ δὲ εἰπόντος κακῶς, καὶ τὴν αἰτίαν
πυνθανομένου δι᾽ ἣν οὐκ εἰσέρχεται, ἡ ἀλώπηξ ἔφη, ὅτι ὁρῶ ἴχνη πολλῶν εἰσιόν-
των, ὀλίγων δὲ ἐξιόντων. Ἐπιμύθιον.

Ο μῦθος δηλοῖ, ὅτι οἱ φρόνιμοι τῶν ἀνθρώπων, ἐκ τεκμηρίων προορώμενοι τοὺς
κινδύνους ἐκφεύγουσιν.

Λύκος, καὶ γραῦς.

Υκος λιμώττων, περιῄει ζητῶν τροφήν. γενόμενος δὲ κατά τινα τόπον,
λ ἤκουσε παιδίου κλαίοντος καὶ γραὸς λεγούσης αὐτῷ, παῦσαι τοῦ κλαί-
ειν. εἰ δὲ μὴ, τῇ ὥρᾳ ταύτῃ ἐπιδώσω σε τῷ λύκῳ. οἰόμενος δὲ ὁ λύκος ὅτι ἀληθεύει
ἡ γραῦς, ἵστατο πολλὴν ἐκδεχόμενος ὥραν. ὡς δ᾽ ἑσπέρα κατέλαβεν, ἀκούει πά-
λιν τῆς γραὸς κολακευούσης τὸ παιδίον καὶ λεγούσης αὐτῷ, ἐὰν ἔλθῃ ὁ λύ-
κος δεῦρο, φονεύσομεν ὦ τέκνον αὐτόν. ταῦτα ἀκούσας ὁ λύκος, ἐπορεύετο λέ-
γων, ἐν ταύτῃ τῇ ἐπαύλει, ἄλλα μὲν λέγουσιν, ἄλλα δὲ πράττουσιν. Ἐπιμύθιον.

Ο μῦθος πρὸς ἀνθρώπους, οἵ τινες τὰ ἔργα τοῖς λόγοις οὐκ ἔχουσιν ὅμοια.

Ερριφος, καὶ λύκος.

Ριφος ἐπί τινος δώματος ἑστὼς, ἐπειδὴ λύκον παριόντα εἶδεν, ἐλοιδό-
ε ρει καὶ ἔσκωπτεν αὐτόν. ὁ δὲ λύκος ἔφη, ὦ οὗτος, οὐ σύ με λοιδορεῖς, ἀλλ᾽
ὁ τόπος. Ἐπιμύθιον.

Ο μῦθος δηλοῖ, ὅτι πολλάκις καὶ ὁ τόπος καὶ ὁ καιρὸς δίδωσι τὸ θράσος κατὰ
τῶν ἀμεινόνων.

Ημίονος.

ἡ Μίονος ἐκ κριθῆς παχυνθεὶς, ἀνεσκίρτησε βοῶν καὶ λέγων, πατήρ μου
ἐστὶν ἵππος ὁ ταχυδρόμος, κἀγὼ αὐτῷ ὅλος ἀφωμοιώθην. καί ποτε

ἀνάγκης

Cicada,& formicæ.

HYemis tpe cũ triticũ efferueret,formicæ refrigerabãt.cicada ãt e-surient petebat ab eis cibum,formicæ uero dixerũt ei,cur æstate non colligebas alimentũ? hæc ait non erã ociosa,sed canebã musice. tũ hæ ridẽdo dixerũt,si æstiuo tpe modulabaris,nũc salta. Affabulatio.

Fabula significat,non oportere quenq̃ aliq̃ in re esse negligentẽ,ne mœreat,ac periculetur.

Vermis,& uulpes.

QVi sub cœno cælabat̃ uermis sup terrã egressus dicebat oib⁹ animalib⁹,medic⁹ sum medicaminũ doct⁹,q̃lis est Pæon deorũ medic⁹.& quõ ait uulpes alios curãs,te ip̃m claudũ ñ curas?

Affabulatio.

Fabula significat,nisi præsto experientia fuerit,omne uerbũ inane esse.

Gallina auripera.

GAllinam quis habens oua aurea parientẽ, ratus intra ipsam auri massam inesse,occisam aliis gallinis similem reperit.hic multum sperans inuenire diuitiarum,& exiguis illis priuatus est.

Affabulatio.

Fabula significat,oportere contentũ ẽe p̃sentib⁹,& fuger̃ iexplebilitatẽ.

Leo,& uulpes.

LEo senio cõfectus,cum suppeditare sibi cibũ nõ posset, decreuit astu id facere,itaq; profectus in antrum quoddam,& deiectus simulabat ægrotare.Aduenientes igitur animantes uisitationis gratia,cõprehensas deuorabat.multis igitur absumptis aiantibus uulpes ea arte cognita,accessit ad ipsum,& stans extra speluncã rogitabat quõ se haberet,cum ãt is dixisset,male,causam'q; rogaret,quã ob rem nõ ingrederetur,uulpes ait, q̃a me uestigia terrent omnia ad introrsum spectantia,nulla retrorsum. Affabulatio.

Fabula significat,prudentes homines coniecturis præuisa pericula euitare.

Lupus,& Vetula.

LVpus esuriens circuibat quærẽdo cibũ,p̃fectus ãt ad locũ quẽdã, audiuit lugentem puerulum,ei'q; dicentem anum,desine plorare,sin minus hac hora tradam te lupo.ratus igitur lupus serio loqui aniculam,expectabat ad multã horã,sed cũ aduenisset uespera,audit rursus anum blandientem puerulo,ac dicentem,si uenerit lupus huc,interficiemus eum fili.his auditis,lupus eundo dicebat,in hoc tugurio,aliud dicunt,aliud faciunt. Affabulatio.

Fabula in homines,quorum facta uerbis non respondent.

Hedus,& lupus.

HEdus super domo quadam cum staret,uiso lupo prætereunte,cõuitiabat̃,& mordebat ipsum,sed lupus ait,heus tu,nõ tu mihi,sed locus conuitiatur. Affabulatio.

Fabula significat,plerunq; & locum & tẽpus præbere audaciã aduersus præstantiores.

Mulus.

MVlus ordeo pinguefactus,lasciuiebat clamãs,ac dicẽs pater me⁹ est equus cursor,& ego ei totus sum similis.atq; aliquando

cum necesse foret ei currere,ut a cursu cessauit,patris asini
statim recordatus est. Affabulatio.

Fabula significat,&si tēpus ad gloriā promoueat aliquē,nō suæ tñ ipsi⁹ fortunæ obliuiscatur.instabilis enim est uita hæc.

Serpens,& agricola.

SErpēs ī agricolæ uestibulis delitescēs,sustulit eius infantē puerulū. luctus autem parentibus fuit magnus.At pater præ mœrore accepta securi agressum serpentem occisurus erat.ut uero declinauit parumper,festinando agricola,ut ipsum percuteret, errauit,tantū percusso foraminis orificio.digresso āt serpēte,agricola ratus serpētē nō ampli⁹ iniuriæ meminisse,accepit panē,& salē,apposuit'ꝗ ī foramie.sed serpēs tenui sibilo ait,nō erit nobis a mō fides,amicitia'ue,ǭdiu ego lapidē uideo,tu tui filii tumulum. Affabulatio.

Fabula significat nullum odii,aut uindictæ obliuisci quandiu uidet monimentum,quo tristatus est.

Tubicen.

TVbicen exercitum congregans,ac superatus ab hostibus clamabat,ne me temere,& frustra uiri occidite.nō.n.uestrū quēꝗ occidi.nam præter æs hoc possideo aliud nihil.& hi ad ipsum dixere,ob id magis morieris.qui cum nequeas ipse pugnare,omnes ad pugnam excitas. Affabulatio.

Fabula significat plus peccare,qui malos,ac graueis principes concitant ad male agendum.

Arundo,& Oliua.

DE tolerantia,& uiribus,& qete,arundo, & oliua contendebāt,cū arundini oliua conuitium faceret utpote imbecillæ,ac facile cedenti uentis omnibus,arundo tacendo nihil locuta est. ac parumper præstolata,ubi acer afflauit uentus,arundo succussa,& declinata uentis facile euasit,oliua autem cum uentis restitisset,ui diffracta est. Affabulatio.

Fabula significat eos,qui tempori,ac præstantioribus non resistunt, meliores esse iis,qui cum potentioribus contendunt.

Lupus,& Grus.

LVpus gutturi osse infixo mercedem grui præbiturum dixit,si capite iniecto,os ex gutture sibi extraxerit.hæc autem eo extracto quippe quæ procero esset collo,mercedē efflagitabat, ꝗ subridendo,dentes'ꝗ exacuendo,sufficiat tibi ait illa sola merces, quod ex ore lupi,& dentibus saluum caput,& illæsum exemeris.

Affabulatio.

Fabula in uiros qui, a periculo seruati bene de se meritis eam gratiam referunt.

ἀνάγκης ἀπελθούσης βρέχειν, ἐπειδὴ τοῦ δρόμου ἐπαύσατο, τοῦ παιδὸς ὄνου
αὐθὺς ὑπεμνήσθην. Ἐπιμύθιον.

Ὁ μῦθος δηλοῖ, ὅτι κἂν ὁ χρόνος εἰς δόξαν φέρῃ τινά, τῆς ἑαυτοῦ γενομένης τύχης
μὴ ἐπιλανθανέσθω· ἀβέβαιος γάρ ἐστιν ὁ βίος οὗτος.

Ὄφις, καὶ γεωργός.

φις ἐν γεωργοῦ προθύροις φωλεύων, ἀνεῖλεν αὐτοῦ τὸν νήπιον παιδίον.
ὄ πένθος δὲ τοῖς γονεῦσιν ἐγένετο μέγα. ὁ δὲ πατὴρ ὑπὸ τῆς λύπης πέλε-
κυν λαβών, ἔμελλεν τὸν ὄφιν ἐξελθόντα φονεύσειν. ὡς δὲ ἔκυψε μι-
κρόν, σπεύσας ὁ γεωργὸς τοῦ πατάξαι αὐτόν, ἠστόχησε, μόνον κρούσας τὴν τῆς
ζώγλης ὀπήν. ἀπελθόντος δὲ τοῦ ὄφεως, ὁ γεωργὸς νομίσας τὸν ὄφιν μηκέτι
μνησικακεῖν, λαβὼν ἄρτον καὶ ἅλας ἔθηκεν ἐν τῇ ζώγλῃ. ὁ δὲ ὄφις λεπτὸν συ-
ρίξας, εἶπεν· οὐκ ἔσται ἡμῖν ἀπάρτι πίστις ἢ φιλία· ἕως ἂν ἐγὼ τὴν πέτραν ὁρῶ,
σὺ δὲ τὸν τύμβον τοῦ σοῦ τέκνου. Ἐπιμύθιον.

Ὁ μῦθος δηλοῖ, ὅτι οὐδεὶς μίσους, ἢ ἀμυνῆς ἐπιλανθάνεται, ἐφ' ὅσον βλέπει
μνημόσυνον, δι' οὗ ἐλυπήθη.

Σαλπικτής.

Αλπικτὴς στρατὸν ἐπισυνάγων, καὶ κρατηθεὶς ὑπὸ τῶν πολεμίων,
σ ἐβόα· μὴ κτείνετέ με ὦ ἄνδρες εἰκῇ καὶ μάτην· οὐδένα γὰρ ὑμῶν ἀπέκτει-
να· πλὴν γὰρ τοῦ χαλκοῦ τούτου οὐδὲν ἄλλο κτῶμαι. οἱ δὲ πρὸς αὐτὸν ἔφα-
σαν, διὰ τοῦτο γὰρ μᾶλλον τεθνήξῃ, ὅτι σὺ μὴ δυνάμενος πολεμεῖν, τοὺς πάν-
τας πρὸς μάχην ἐγείρεις. Ἐπιμύθιον.

Ὁ μῦθος δηλοῖ, ὅτι πλέον πταίουσιν οἱ τοὺς κακοὺς καὶ βαρεῖς δυνάστας ἐπε-
γείροντες, εἰς τὸ κακοποιεῖν.

Κάλαμος, καὶ ἐλαία.

ιὰ καρτερίαν καὶ ἰσχὺν καὶ ἡσυχίαν κάλαμος καὶ ἐλαία ἤριζον. τοῦ δὲ
δ καλάμου ὀνειδιζομένου ὑπὸ τῆς ἐλαίας, ὡς ἀδυνάτου καὶ ῥᾳδίως
ὑποκλινομένου πᾶσι τοῖς ἀνέμοις, ὁ κάλαμος σιωπῶν οὐκ ἐφθέγξατο.
καὶ μικρὸν ὑπομείνας, ἐπειδὴ ἄνεμος ἔπνευσεν ἰσχυρός, ὁ μὲν κάλαμος ὑπο-
σεισθεὶς καὶ ὑποκλινθεὶς τοῖς ἀνέμοις ῥᾳδίως, διεσώθη. ἡ δ' ἐλαία ἐπειδὴ ἀν-
τέτεινε τοῖς ἀνέμοις, κατεκλάσθη τῇ βίᾳ. Ἐπιμύθιον

Ὁ μῦθος δηλοῖ, ὅτι οἱ τῷ καιρῷ καὶ τοῖς κρείττοσιν αὐτῶν μὴ ἀνθιστάμενοι, κρείτ-
τονές εἰσι τῶν πρὸς μείζονας φιλονεικούντων.

Λύκος, καὶ γέρανος.

ύκου λαιμῷ ὀστέον ἐπεπήγει. ὁ δὲ γεράνῳ μισθὸν παρέξειν εἶπεν, εἰ τὴν κε-
λ φαλὴν αὐτῆς ἐπιβαλοῦσα, τὸ ὀστοῦν ἐκ τοῦ λαιμοῦ αὐτοῦ ἐκβάλοι. ἡ
δὲ τοῦτ' ἐκβαλοῦσα, δολιχόδειρος οὖσα, τὸν μισθὸν ἐπεζήτει. ὅστις γε-
λάσας, καὶ τοὺς ὀδόντας θήξας, ἀρκεῖ σοι μισθὸς ἔφη τοῦτο καὶ μόνον, ὅτι ἐκ
λύκου στόματος καὶ ὀδόντων ἐξῆρας κάραν σῶαν μηδὲν παθοῦσαν.

Ἐπιμύθιον.

Ὁ μῦθος πρὸς ἄνδρας, οἳ τινὲς ἀπὸ κινδύνων διασωθέντες, τοῖς εὐεργέταις
τοιαύτας ἀπονέμουσι χάριτας.

Νόσῳ ποσὶν πατεῖτο πέζινος λέων.
καί τις λέων, τί φησιν τὴν ἰσχὺν βλέπω,
ἀλλ' οἱ λέοντες εἶπεν ἤδησαν γλύφειν,
πολλοὺς ἂν εἶδες ὄντας ἀνθρώπους λίθους.

ΕΠΙΜΥΘΙΟΝ.

Ὅτι ἐπ' ἀρετῇ, οὐ δεῖ σεμνύνεσθαι.

Λέοντος ὑπνώττοντος, αὐχένος μέσον
διέδραμε μῦς. ὁ δ' αὖ ἔστη συντόμως.
γελᾷ δ' ἀλώπηξ, καὶ λέων ἀπεκρίθη,
οὐ μὴν πτοοῦμαι, τὴν ὁδὸν δ' αἰαζέπω.

ΕΠΙΜΥΘΙΟΝ.

Ὅτι οὐ δεῖ καὶ μικρὰν περιφρόνησιν ἀποστρέφεσθαι.

Λέων μάχην ἔστησε πρὸς ποτὲ κάπρῳ.
γύπες δ' αἴωθεν ἐσκόπευον τὴν ἔριν.
βρῶσιν ποιῆσαι τὸν ἡττηθέντα τάχα.
φίλους δ' ὁρῶντες ἠστόχουν τῶν ἐλπίδων.

ΕΠΙΜΥΘΙΟΝ.

Ὅτι οὐ δεῖ ἀλλοτρίοις κακοῖς ἐπιχαίρειν.

Λέοντα δεσμοῖς ὡς εἶδεν μεμηνότα,
ὦ μοῖρα θηρῶν εἶπεν ἀθλιωτάτη.
ἀσώφρων ὤν τε, δυσκάθεκτος εἶ λέων,
πῶς οὐ μανεὶς δράσειας μετὰ δακρύων.

ΕΠΙΜΥΘΙΟΝ.

Ὅτι τὸν ἐξουσίαν ἔχοντα οὐ δεῖ θυμοῦσθαι.

Λέων. ὄνος. κερδώ, τε πρὸς θήραν ἴον.
ὄνου δὲ ταύτην εἰς τρίτον δεδασμένον,
λέων κατεσπάραξε, κερδῶ τε πλέον
ἔνειμεν αὐτῷ, σωφρονισθεῖσ' ἐξ ὄνου.

ΕΠΙΜΥΘΙΟΝ.

Ὅτι δεῖ ἐξ ὧν πάσχουσιν ἕτεροι, παιδεύεσθαι.

Ὤμοις ὄνος φέρησιν ἀργυροῦν βρέτας
ᾧ περ συναντῶν, ἅπας τίς προσεκύνει.
τύφῳ δ' ἐπαρθεὶς, μὴ θέλων μένειν ὄνος,
ἤκουσεν οὐ θεὸς σύ, τὸν θεὸν δ' ἄγεις

ΕΠΙΜΥΘΙΟΝ.

Ὅτι τοὺς ἐν ἀξιώμασι τιμωμένους δεῖ γινώσκειν,
ὅτι ἄνθρωποί εἰσιν.

Βοὸς φαγὼν παῖς ἑορτὴν ἔγκατα,
εἴ μοι κέκληγ' ὡς σπλάγχνα μῆτερ ἐκχέω.
ἡ δ' αὖ γελῶσα μὴ φοβοῦ τέκνον ἔφη.
τῶν σῶν γὰρ οὐδὲν, ἀλλ' ἐμεῖς ἀλλοτρίων.

ΕΠΙΜΥΘΙΟΝ.

Ὅτι δεῖ τὰ ἀλλότρια ἀντιστρέφειν, καὶ μὴ νοσφίζειν.

Φραγμοὺς ἀλώπηξ ὡς ὑπερβαίνειν θέλει,
ὀλισθαίνουσα καὶ βάτου δεδραγμένη,
ἔξεσε πέλμα, λοιδορεῖ δὲ τὴν βάτον.

μέμφου

Gabrii græci tetrasticha.

Viri pedibus calcabatur lapideus leo.
Et quis leo quid robur inquit intueris?
At si leones ait sciuissent scalpere,
Multos uidisses esse homines lapides.

Affabulatio.

Quod non oporteat inflari uirtute.

Leone dormiente, per mediam ceruicem
Percurrit mus. is autem surrexit illico.
Ridet uulpes. ac leo respondit,
Non timeo, sed interrumpo iter.

Affabulatio.

Qđ ñ oporteat ne puũ qdẽ contẽptũ negligeř.

Leo pugnam parauit aduersus aprum.
Vultures uero deinsuper speculabantur litẽ,
Vt deuorarent statim qui uinceretur.
Sed amicis iisdem uisis, frustrati sunt spe.

Affabulatio.

Quod non oporteat alienis malis lætari.

Leonem caprea ut uidit furentem,
O fatum ferarum ait miserrimum.
Si compos mentis intolerabilis es leo,
Quõ nũc furẽs nõ plena facies lachrymarũ?

Affabulatio.

Qđ ñ oporteat, eũ q potestatẽ hẽt excãdescere.

Leo. Asinus. Vulpes ad prædam iere.
In treis parteis eam cum asinus diuisisset,
A leone dilaceratus est. at uulpes plus
Ei tribuit edocta ab asino.

Affabulatio.

Quod ex iis, quæ alii patiũtur doceri oporteat.

Humeris asinus gestabat simulachrũ argenteũ,
Quod unusquisq; occurrens adorabat.
Superbia uero elatus, nolens manere asinus,
Audiuit, non es tu deus, sed fers deum.

Affabulatio.

Qđ oporteat, eos q ĩ dignitatib' cõstituti sunt,
cognoscere se esse homines.

Bouis puer cum festo die comedisset uiscera,
hei mihi clamabat, q̄ ĩtestina mater effundo,
Hæc ridendo ait, ne timeas fili.
Nõ enim ex tuis quicq̃, sed uomis ex alienis.

Affabulatio.

Qđ oporteat aliena restitueř, & ñ murmurare.

Sepem uulpes transilire ut uoluit,
Lapsa, ac rubo innixa
Percussa planta conuitia dicebat rubo.

Increpa te ipsam, non me ille ait.

Affabulatio.

A duersus eos, qui sua tacent uitia, &
aliena reprehendunt.

C ulex olim in cornu tauri sedebat,
Quem dicere iussit, an se uolare uelit,
Audiuit, quemadmodū nō nouerat sedentē,
Ita neq; euolantem sentiret.

A ffabulatio.

A duersus eos, qui uolūt esse docti,
potentes'ue, aut prudentes, nec sunt.

C eruam persequebantur uenatores,
Quæ densis in uitibus delituit.
Sed folia uitium cum comederet,
Venatoribus iure præda fuit.

Affabulatio.

A duersus eos, q malefaciunt bñfactorib9 suis.

S erpentem quidam pro filii interitu
Percussurus, petrāq; scidit, & amare uolebat.
Sed ait serpens. quomō fient conuentiones,
Quandiu tu tumbā, hunc ego lapidē uideo?

Affabulatio.

M agnas inimicitias esse irreconciliabiles.

C um locustas cepisset puer quidam, scorpioni
Porrigebat manus, is autem, ne attigeris ait.
Nam si me tetigeris, suspirando ex sinu
Veras quoq; locustas abiicies.

Affabulatio.

C ū malis hominibus conuersari nō oportere.

S us quidam murē trahebat ad sedandā esuriē,
Quos uidentes fabri ferrarii, riserunt.
Mus uero adhuc uiuēs ait lachrymaꝝ plen9,
Ne unum quidem potestis pascere suem.

Affabulatio.

A duersus eos, qui suos casus negli-
gunt, alienos uero derident.

L eonis pellem humeris ferens asinus,
Iactabat esse leo quispiam uidēdo caprarios.
Sed ubi sine leonis inuentus est pelle,
Pistrinū eum memorē turbationis reddidit.

Affabulatio.

Fabula significat, imeritos honores q̄primū
solui.

H ircum uitis adlocuta est. offendis tu me
Tondendo folia. num nam non est herba?
Quam uis enim nocueris. Inueniam statim
Ad mactationem tui erga deos uinū ut scaturiat.

μέμφου σεαυτῷ μὴ φύσιν ἐμὴν ἔφη.

ΕΠΙΜΥΘΙΟΝ.

Πρὸς τοὺς τὰ ἑαυτῶν κακὰ σιωπῶντας, τὰ δὲ τῶν ἑτέρων κατηγορούντων.

Κώνωψ ἠθῆστο πρὸς κέρας ταύρου πάλαι,
ὅν ποτε κέλευσεν εἴ ποτ' ἐκπτῆναι θέλει.
ἤκουσε δ' ὡς ποτ' οὐκ ἔγνω καθημένον,
οὕτως οὐδὲ πτάσαντος αἴσθησιν λάβῃ.

ΕΠΙΜΥΘΙΟΝ.

Πρὸς τοὺς λογιζομένους ἑαυτοὺς, ἢ σοφοὺς, ἢ δυνατοὺς, ἢ φρονίμους, μὴ ὄντας δέ.

Ἔλαφον ἐξήλαυνον οἱ κυνηγέται,
ἥ τις δασείαις ἀμπέλοις ἀπεκρύβη.
φύλλα δὲ βιβρώσκουσα τὰ τῶν ἀμπέλων,
κυνηγετοῦσιν ἐνδίκως ἐθηράθη.

ΕΠΙΜΥΘΙΟΝ.

Πρὸς τοὺς κακοποιοῦντας, τοὺς ἑαυτοῖς εὐεργέτας.

Ὄφιν θέλων τὶς αὐτ' ὀλέθρου παιδίου,
πλήττειν πέζαν ἔσχιζε καὶ φιλεῖν θέλει.
ὄφις δέ φησι, πῶς γένοιντο συμβάσεις
ἕως σὺ τύμβον, καὶ πέζον ἐγὼ βλέπω;

ΕΠΙΜΥΘΙΟΝ.

Ὅτι αἱ μεγάλαι ἔχθραι, ἀδιάλλακτοί εἰσιν.

Ὡς ἀκρίδας θήρευε παῖς τὶς, σκορπίῳ
προύτεινε χεῖρας. ὃς δὲ, μὴ ψαύσῃς ἔφη.
ὡς εἴ γέ μου ψαύσειας, ἐκ κόλπων σέθεν,
καὶ τὰς ἀληθεῖς ἐκκενώσειας ἀκρίδας.

ΕΠΙΜΥΘΙΟΝ.

Ὅτι δεῖ κακοῖς ἀνθρώποις, μὴ συμμίγνυσθαι.

Σῦς ἦγε τὶς μαγείρων ὄντ' ἀσιτίας.
σῦς χαλκέως βλέποντες, ἔστησαν γέλων.
ὁ μῦς δ' ἔτι ζῶν, εἶπε μεστὸς δακρύων,
ὡς οὐδὲ σοῦ δυνάσθαι κἂν ζέφειν ἵνα.

ΕΠΙΜΥΘΙΟΝ.

Πρὸς τοὺς τὰ ἑαυτῶν παραπτώματα παραβλέποντας, τὰ δὲ τῶν ἑτέρων γελώντων.

Φέρων λέοντος δέρμα τοῖς ὤμοις ὄνος,
ηὔχει λέων εἶναί τις αἰπόλους βλέπων.
ἐπεὶ δὲ γυμνὸς τῆς λεοντῆς εὑρέθη,
ἔπειτα μύλων ἔμνησε τῆς ἀταξίας.

ΕΠΙΜΥΘΙΟΝ.

Ὁ μῦθος δηλοῖ, ὅτι αἱ παρ' ἀξίαν τιμαὶ, τάχιστα λύονται.

Τράγῳ προσεῖπεν ἄμπελος, βλάπτεις σύ με
κείρων τὰ φύλλα. μὴ γὰρ οὐκ ἔστι χλόη.
ὅσον γοῦν ἂν βλάψειας εὑρήσω. τάχα
πρὸς θυσίαν σὴν, εἰς θεοὺς οἶνον βλύσαι.

ἘΠΙΜΎΘΙΟΝ.

Ὅτι πολλάκις θέλων τις ἀδικεῖν τινα, ὠφελεῖ αὐτόν.

Ἀνὴρ γαλῆν γυναῖκα πρὸς δόμους ἄγε.
παρῆν δὲ Κύπρις εἰς ἑορτὴν τοῦ γάμου.
νύμφη δὲ μῦν βλέψασα, συντόμῳ τάχει
δίωκε τοῦτον, μὴ ξαπεῖσα τὴν φύσιν.

ἘΠΙΜΎΘΙΟΝ.

Ὅτι τὸ ἐκ φύσεως ὄν, οὐ μετατρέπεται.

Γηραιᾶς ἑαυτῆς δορκὰς ὁρῶσα θέαν,
λεπτοὺς πόδας μωμεῖτο, χαίρει δ' εἰς κέρας.
λέων δ' ἐπεὶ δίωκε τούτους ἠγάπα.
κέρας καθυβρίζουσα, θήρας ὡς πάγην.

ἘΠΙΜΎΘΙΟΝ.

Ὅτι πολλάκις τις ὠφελεῖται ἐξ ὧν δοκεῖ βλάπτεσθαι.

Κερδὼ βότρυν βλέπουσα μακρᾶς ἀμπέλου
πρὸς ὕψος ἦρτο. καὶ κάμνουσα πολλάκις
ἑλεῖν ἀπεῖπε. πρὸς δ' ἑαυτὴν ταῦτ' ἔφη,
μὴ κάμνε, ῥᾶγες ὀμφακίζουσι μάλα.

ἘΠΙΜΎΘΙΟΝ.

Πρὸς τοὺς ποιοῦντας τὴν ἀνάγκην φιλοτιμίαν.

Τυρὸν κόραξ ἔδακνε, κερδὼ δ' ἠπάτα.
εἰ γλῶσσαν εἶχες, ξηνὸς εἷς ὄρνις μέγας.
εὐθὺς δῶρον ἔρριψεν ἡ δ' αὐτὸν φάγεν.
ἔχεις κόραξ ἅπαντα, νοῦν κτῆσαι μόνον.

ἘΠΙΜΎΘΙΟΝ.

Πρὸς τοὺς ἐπὶ κολακείαις χαίροντας.

Γάμοις ἔχαιρον βάτραχοι τοῦ ἡλίου,
καί τις πρὸς αὐτοὺς εἶπεν, ὦ δειλὸν γένος.
εἰ γὰρ μόνας τρέμοιμεν αὐγὰς ἡλίου,
τίς εἴγε τεκνώσει δῶρον βαστάζει.

ἘΠΙΜΎΘΙΟΝ.

Πρὸς τοὺς ἐπὶ ἰδίᾳ βλάβῃ ἐξ ἀγνωσίας χαίροντας.

Ἔτικτε χρυσοῦν ᾠὸν ὄρνις εἰσάπαξ,
καί τις πλανηθεὶς χρυσεραστὴς τὴν φρένα,
ἔκτεινε ταύτην χρυσὸν ὡς λαβεῖν θέλων.
ἐλπὶς δὲ, μεῖζον δῶρον ὤλεκε τύχης.

ἘΠΙΜΎΘΙΟΝ

Πρὸς τοὺς ἐλπίδι, εἰς ζημίαν ἐκ μικροψυχίας ἐμπίπτοντας.

Ἄστροις περισκοπῶν τις ἀστροσκόπος,
πίπτει λεληθώς. πρὸς φρέαρ δέ τις
ὁδοιπόρος στένοντι, ταῦτ' ἔφη λέγων,
νοῦ θεὶς ἄνω, βέλτιστε τὴν γῆν οὐ βλέπεις.

ἘΠΙΜΎΘΙΟΝ.

Ὅτι πολλοὶ τὰ ἐνεστῶτα μὴ γινώσκοντες, τὰ μέλλοντα καυχῶνται γινώσκειν.

θεῖζον

Affabulatio.

Quod pleruncꝫ uolens quis aliquem iniuria afficere, iuuet eum.

Vir felem uxorem in domum duxit,
Adfuit uenus in nuptiarum solennitate.
Sponsa uero uiso mure contenta celeritate
eum persecuta est, non mutata natura.

Affabulatio.

Quod id, quod a natura est, non transmutatur.

In fontibus suam imaginem uidens caprea
Tenueis carpebat pedes. sed gaudebat cornibus.
Cum uero leo persecutus est ipsam, eos amabat
Cornua reprehendens ut prædæ laqueum.

Affabulatio.

Quod pleruncꝫ quis iuuatur ex quibus lædi uidetur.

Vulpes racemum proceræ uidens uitis
In altum eleuabatur, cum'cꝫ diu laboraſſet,
Vt capet, defatigata est. sed secum hæc locuta est,
Ne labora. Acini uuæ exacerbescunt admodum.

Affabulatio.

Ad eos, qui de necessitate uoluntatem faciunt.

Caseum coruus mordebat, sed uulpes decipiebat,
Si linguam haberes, esses magna Iouis auis.
Continuo uero is eum abiecit. ea autẽ comedit.
Habes corue omnia. mentem solam compara.

Affabulatio.

Aduersus eos, qui adulationibus delectantur.

Ob nuptias solis lætabantur ranæ
Quædam'cꝫ ad eas ait, o miserum genus.
Nam si solos radios solis timemus,
Si genuerit filios, quis eum feret?

Affabulatio.

Aduersus eos, q suo damno præ ignorãtia gaudent.

Ouum aureum gallina semel peperit.
Quidam'cꝫ auarus deceptus animo
Eam occidit aurum accepturus,
Sed spes perdidit maius fortunæ donum.

Affabulatio.

In eos, qui spe lucri, in damnum ex pusillanimitate incidunt.

Stellis intentus quidam stellarum speculator
Cadit ĩprudenter in puteũ, sed quidã supueniens
Viator suspiranti hæc inquit dicendo,
Aĩum applicãdo sursum o optĩe terrã non uides.

Affabulatio.

Quod plericꝫ, cum præsentia nesciant, futura cognoscere gloriantur.

Pugnabat Equus cum ferocissimo Apro.
Impetum uero feræ equus cum penitus non sustineret,
Sese dedidit, inuento socio
Viro iugulandæ feræ perito.
Affabulatio.
Quod non nulli ob inimicitias in seruitutem sese dedunt.
Amicas duas habebat uir misticapillus.
Aetate autē & moribus omnino dissimiles,
Altera nigros capillos, albos altera euellebant.
quapropter depilatus, omnibus ridiculo fuit.
Affabulatio.
Aduersus eos, qui in duas res contrarias sese iniiciunt.
Agnum deuolans Aquila cum rapuisset,
id'q̃ uidisset monedula, in ariete facit eadē.
Quam pastor cepit. filius autem clamabat tale quid,
Mihi monedula, aquila autem sibi est.
Affabulatio.
Quod non oporteat imitari præstantiores.
Alienis pennis induta
Gloriabatur cornicula præstare auibus.
Primum donum hirundo rapuit.
Post eam, omnes. hinc nuda inuenta est.
Affabulatio.
Quod ex collatione pulchritudo dissoluatur.
Sagitta pectus Aquila uulnerata est olim.
Dolens autē postea sedebat admodū plorās.
Videns autem sagittam pennatam ait,
Papæ', penna me pennatam occidit.
Affabulatio.
In eos, qui a suis mala patiuntur.
Omnes inter se feræ, & uolucres concertabant.
Capta ē strutio libyca, quæ hasce decipiebat.
Esse quidem auis, ex parte uero fera,
Volucribus caput, feris pedes ostendens.
Affabulatio.
Aduersus eos, qui duobus seruiendo dominis, utrosq̃ decipiunt.
Hirundo fixit nidulum in prætorio,
Cuius prolem lædit serpens.
Hæc autem dixit, o ingemiscendam fortunā
Vbi. n. ultio est, sola offensa sum.
Affabulatio.
Ad eos, qui malum a bonis patiūtur.
Concordes pascebantur tres simul boues,

Ἠ εἶξεν ἵππος ἀγριωτάτῳ κάπρῳ.
θηρὸς δὲ ὁρμὴν οὐ στένων ὅλως,
ἑαυτὸν ἐκδέδωκεν, εὑρὼν σύμμαχον
ἄπειρον ἄνδρα, πρὸς σφαγὴν τοῦ θηρείου.

ἘΠΙΜΎΘΙΟΝ.

Ὅτι δι' ἔχθρας τινὲς, καὶ εἰς δουλείαν ἑαυτοὺς ἐμβάλλουσιν.

Ἐρωμένας δύ' εἶχεν ἀνὴρ μιξόθριξ.
χρόνῳ δ' ἐνηνοχυῖαι πάντῃ καὶ τρόπῳ,
ἡ μὲν μελαίνας, ἡ δὲ λευκὰς ἐκφέρειν.
ἐξ ὧν ψιλωθεὶς, πᾶσιν ὠράθη γέλως.

ἘΠΙΜΎΘΙΟΝ.

Πρὸς τοὺς εἰς δύο ἐναντία πράγματα, ἑαυτοὺς ἐμβάλλοντας.

Ἄρνα καταπτὰς αἰετὸς καθαρπάσας,
ἰδὼν κολοιὸς ἐν κενῷ, πράττει τάδε.
ὃν εἷλε ποιμήν. παῖς δ' ἐφώνει τοῦτο· τί
ἐμοὶ, κολοιὸς αἰετὸς δ' αὐτῷ πέλει.

ἘΠΙΜΎΘΙΟΝ.

Ὅτι οὐ δεῖ μιμεῖσθαι τοὺς κρείττονας.

Ἀλλοτρίοις πτεροῖσιν ἠμφιεσμένος
ηὔχει κολοιὸς, ὀρνέων ὑπερφέρειν.
πρῶτον δὲ δῶρον ἡ χελιδὼν ἠρπάκει.
μεθ' ἣν ἅπαντες, εἶτα γυμνὸς εὑρέθη.

ἘΠΙΜΎΘΙΟΝ.

Ὅτι τὸ ἐξ ἐράνου κάλλος, διαλύεται.

Βέλει πρὸς στῆθος αἰετὸς πάλαι τρώθη.
ἀλγῶν δὲ λοιπὸν ἧστο πολλὰ δακρύων.
βλέπων δ' ὀϊστὸν εἶπεν ἐπτερωμένον.
βαβαὶ, πτερόν με, τὸν πτερωτὸν ὀλλύει.

ἘΠΙΜΎΘΙΟΝ.

Πρὸς τοὺς ἐκ τῶν ἰδίων κακῶς πάσχοντας.

Πᾶσι πέφυκε θηρσί καὶ πτηνοῖς μάχη.
ἥλω λίβυσσα ἡ πάντας τούσδε ἐσφάλλα.
εἶναι μὲν ὄρνις ἐκ μέρους δὲ θηρίον.
πτηνοῖς κάραν δεικνῦσα, τοῖς θηρσὶ πόδας.

ἘΠΙΜΎΘΙΟΝ.

Ὁ μῦθος δηλοῖ, ὅτι τὸ ἀμφίβολον, ἐν κοινωνίαις ἄπιστον.

Πῆξε χελιδὼν, νοσσιὰν κεντηρίου
ὕπερθεν, ἧς περ τὴν γονὴν βλάπτει δράκων.
ἡ δ' ἀντέφησεν ὦ πολυστόνου τύχης,
ὅπου περ ἐκδίκησις ἐβλάβη μόνη.

ἘΠΙΜΎΘΙΟΝ.

Πρὸς τοὺς παθόντας κακὸν, ἀπὸ καλῶν αὐτῶν.

Ὁμόφρονες νέμοντο τρεῖς ὁμοῦ βόες.

οὗς οὐδὲ θὴρ ἔβλαπτε πολλάκις λέων·
ἐχθρὰς δὲ μίσει καὶ μάχης διασχίσας,
ἕκαστον ἐκβέβρωκε γυμνὸν ὡς εἶα.

ΕΠΙΜΥΘΙΟΝ.

Πρὸς τοὺς σχιζομένους ἐκ τῶν ἰδίων, καὶ διὰ τοῦτο κακῶς πάσχοντας.

Ἐθνὴ γεράνων πῆξαί τις ἀροτρεὺς πάγην.
μεθ' ὧν πελαργὸν εἷλεν ὃς θρήνει μέγα.
ἔφη δ' ἀροτρεὺς ὡς φίλος μὲν εἶ σύ μοι·
ἀλλ' ἡ πάγη λαβοῦσα, σὺν κακοῖς ἔχει.

ΕΠΙΜΥΘΙΟΝ.

Πρὸς φίλον τινὸς, ἑνούμενον τοῖς ἐχθροῖς τοῦ φίλου αὐτοῦ.

Φέρον ποταμοῦ πλησίον κύων κρέας,
κύψας ἑαυτὸν ἄλλον εἰς ὕδωρ βλέπει·
χανὼν δὲ λοιπὸν τοὐκείνου λαβεῖν κρέας,
ἀπεστερεῖτο καὶ τοῦ ὅπερ ἐκράτει.

ΕΠΙΜΥΘΙΟΝ.

Ὅτι ὁ πλεονεκτῶν μᾶλλον ζημιοῦται.

Γερῶν ποταμὸν φόρτον ἦγ' ἅλας ὄνος,
ἐν ᾧ περ καὶ πέπτωκε κουφισθεὶς βάρος.
σπόγκων δ' ἔπειτα πλῆθος οὕτως ὡς φέρει,
πεσὼν ἑκοντὶ, δυστυχῶς ἀπεπνίγη.

ΕΠΙΜΥΘΙΟΝ.

Ὅτι πολλάκις προσδοκία κέρδους, εἰς ζημίαν καταντᾷ.

Κυρτὴ θεὸν κάμηλος ἐζήτει κέρας·
ἣν ἐξεμυκτήρισε τῆς ἀβουλίας
σημοῖ γοῦν αὐτὴν λοιπὸν, ὦτα καὶ κέρα,
ὡς ἄν γε πάντα πᾶσιν αἰσχίστη πέλῃ.

ΕΠΙΜΥΘΙΟΝ.

Ὅτι δεῖ παρὰ τοῦ θεοῦ, αἰτεῖν τὰ προσήκοντα.

Λύκος πρὸς ἄρνα φησὶν, ὦ πρόβατον σύ μου
ὕδωρ ταράττεις, ἄρτι γαστρὸς ἐξέφυν.
καὶ πῶς ὕδωρ ταράττειν ἀγνοῶ πότε.
θοίνη γένῃ μοι κἂν θέμις, κἂν μὴ θέμις.

ΕΠΙΜΥΘΙΟΝ.

Πρὸς τοὺς ἀδίκους, φανερῶς ἀδικοῦντας.

Δειλὸς κυνηγὸς πρός τιν' εἶπε ποιμένα,
εἴπου λέοντος ἴχνος εἶδές μοι φράσον.
σὺ τοῦτον εἶπεν ἐθέλῃς δείξω, πέλας
ἴχνους. κυνηγὸς εἶπεν, οὐ ζητῶ πλέον.

ΕΠΙΜΥΘΙΟΝ.

Πρὸς ἀνθρώπους θρασεῖς, πρὸς λόγους δὲ καὶ ἔργα δειλούς.

Ἤιτει λαβεῖν ἀγροῖκον λαγὼν ἱππότης.

λαβὼν

Quos ne fera quidem lædebat Leo.
Cum uero inimicitiarum odio, & pugna dissensissent,
Singulos deuorauit nudos ut unum.

Affabulatio.

Aduersus eos, qui a suis diffident, & propterea mala patiuntur.

Gruibus tetendit Agricola quidam laqueum,
Cum quibus ciconiam cepit, quæ uehementer lugebat.
Ait autem Agricola, ut amica quidem tu mihi es,
Sed laqueus, qui cepit, te cum malis tenet.

Affabulatio.

In amicum cuiusdam coniunctum cum inimicis amici ipsius.

Canis secundum flumen carnes ferens,
cum se acclinasset, alium in aqua uidet.
Hiscens autẽ ut inferiores alias carnes capet,
Priuatus & iis est, quarum dominus erat.

Affabulatio.

Quod cupidus magis damno afficitur.

Transeundo fluuium onus salis portabat Asinus.
In quo etiam cecidit leuatus onere.
Dehinc cum itidem multũ spongiaꝶ ferret,
Cecidit sponte, & infeliciter soffocatus est.

Affabulatio.

Quod plerunq; expectatio lucri in damnum incurrit.

Curua Camelus a deo petebat cornua
Quam derisit malo consilio.
Minuit enim ei de cætero aures, & caput,
Vt ab omni parte foret turpissima.

Affabulatio.

Quod oporteat a deo conuenientia petere.

Lupus Agno inquit, non'ne dudum tu mihi
Aquã perturbasti? nuper ex uentre natus sũ,
Et quomodo Aquã ꝑturbarim nescio qñ.
Cœna fies mihi & iure, & iniuria.

Affabulatio.

Aduersus eos, qui intrepide palam iniurii sunt.

Timidus uenator pastori cuidam ait,
Sicubi Leonis uestigium nosti, dic mihi.
Tu hoc ait uis, ostendam, prope
Vestigium. Venator ait, nõ quæro amplius.

Affabulatio.

Aduersus homines audaces uerbis, & factis timidos.

Petebat leporem ab agricola, ut acciperet miles,

De Asino, & pelle leonis.

L eonis pellem humeris ferens asinus,
Iactabat esse leo quispiam, uidẽdo caprarios.
Sed ubi sine leonis inuentus est pelle,
Pistrinũ eum memorẽ turbationis reddidit.

Affabulatio, Fabula significat, immeritos honores quamprimum solui.

Π ερὶ τράγου, καὶ ἀμπέλου.

Τ ράγῳ προσεῖπεν ἄμπελος, βλάπτεις σύ με
κείρων τὰ φύλλα· μὴ γὰρ οὐκ ἔστι χλόη;
ὅσον γὰρ ἂν βλάψειας, εὑρήσω τάχα
πρὸς θυσίαν σὴν, εἰς θεοὺς οἶνον βλύσαι.

Ε πιμύθιον ὅτι πολλάκις θέλων τὶς ἀδικεῖν τινα, ὠφελεῖ αὐτὸν.

De hirco, & uite.

H ircum uitis adlocuta est. offendis tu me
Tondendo folia. num nam non est herba?
Quam uis enim nocueris. Inueniam statim
Ad mactationem tui erga deos, uinũ ut scaturiat.

Affabulatio, Quod plerunq; uolens quis aliquẽ iniuria afficere, iuuet eum.

Π ερὶ ἀνδρὸς, καὶ γαλῆς γυναικός.

Α νὴρ γαλῆν γυναῖκα πρὸς δόμους ἄγε·
παρῆν δὲ κύπρις εἰς ἑορτὴν τοῦ γάμου·
νύμφη δὲ μῦν βλέψασα, συντόνῳ τάχει
δίωκε τοῦτον, μὴ τραπεῖσα τὴν φύσιν·

Ε πιμύθιον ὅτι τὸ ἐκ φύσεως ὂν, οὐ μετατρέπεται.

De uiro, & fele uxore.

V ir felem uxorem in domum duxit,
Adfuit uenus in nuptiarum solennitate.
Sponsa uero uiso mure, contenta celeritate
eum persecuta est, non mutata natura.

Affabulatio Quod id, quod a natura est, nõ transmutetur.

Π ερὶ δορκάδος τὴν τῶν ποδῶν λεπτότητα μεμφομένης.

Π ηγαῖς ὁρῶσα δορκὰς αὐτῆς τοιδέαν,
λεπτοὺς πόδας μωμεῖτο, χαῖρε δ᾽ εἰς κέρα.
λέων δ᾽ ἐπεὶ δίωκε, τούτους ἠγάπα.
κέρα καθυβρίζουσα, θήρας ὡς πάγην.

Ε πιμύθιον ὅτι πολλάκις τὶς ὠφελεῖται, ἐξ ὧν δοκεῖ βλάπτεσθαι.

De caprea reprehendente pedum tenuitatem.

I n fontibus suam imaginem uidens caprea,
Tenueis carpebat pedes. sed gaudebat cornibus.
Cum uero leo persecutus est ipsam, eos amabat
Cornua reprehendens ut prædæ laqueum.

A ffabulatio, Quod plerunque quis iuuatur ex quibus uidetur lædi.

Π ερὶ ἀλώπεκος, καὶ σταφυλῆς.

Κ ερδὼ βότρυν βλέπουσα μακρᾶς ἀμπέλου
πρὸς ὕψος ἦρτο· καὶ καμοῦσα πολλάκις
ἑλεῖν ἀπεῖπε. πρὸς δ' ἑαυτὴν ταῦτ' ἔφη,
μὴ κάμνε, ῥᾶγες ὀμφακίζουσιν μάλα:

Ἐ πιμύθιον πρὸς τοὺς ποιοῦντας τὴν ἀνάγκην φιλοτιμίαν

De uulpe, & uua.

V ulpes racemum proceræ uidens uitis,
In altum eleuabatur. cum'que diu laborasset,
Vt caperet, defatigata est. sed secum hæc locuta est,
Ne labora. Acini uuæ exacerbescunt admodum.

Affabulatio, Ad eos, qui de necessitate uoluntatem faciunt.

Π ερὶ κόρακος, καὶ ἀλώπεκος.

Τ υρὸν κόραξ ἔδακνε, κερδὼ δ' ἠπάτα.
εἰ γλῶσσαν εἶχες, Ζηνὸς εἶς ὄρνις μέγας.
εὐθὺς δ' ὁ τοῦτον ῥῖψεν, ἡ δ' αὐτὸν φάγεν.
ἔχεις κόραξ ἅπαντα, νοῦν κτῆσαι μόνον.

Ἐ πιμύθιον πρὸς τοὺς ἐπὶ κολακείαις χαίροντας.

De coruo, & uulpe.

C aseum coruus mordebat, sed uulpes decipiebat,
Si linguam haberes, esses magna Iouis auis.
Continuo uero is eum abiecit. ea autē comedit.
Habes corue omnia. mentem solam compara.

Affabulatio, Aduersus eos, q adulatiōibus delectant.

Π ερὶ βατράχων, καὶ ἡλίου.

Γ άμοις ἔχαιρον βάτραχοι τοῦ ἡλίου,
καί τις πρὸς αὐτοὺς εἶπεν, ὦ δειλὸν γένος.
εἰ γὰρ μόνας τρέμοιμεν αὐγὰς ἡλίου,
τίς εἴ γε τεκνώσειε, τοῦτον βαστάσει;

Ἐ πιμύθιον πρὸς τοὺς ἐπὶ ἰδίᾳ βλάβῃ ἐξ ἀγνωσίας χαί-
ροντας.

De ranis, & sole.

O b nuptias solis lætabantur ranæ,
Quædam'que ad eas ait, o miserum genus.
Nam si solos radios solis timemus,
Si genuerit filios, quis eum feret?

A ffabulatio, Aduersus eos, q suo damno præ ignorātia gaudent.

Π ερὶ ὄρνιθος ᾠὸν χρυσοῦν τικτούσης καὶ φιλαργύρου.

Ἔ τικτε χρυσοῦν ᾠὸν ὄρνις εἰσάπαξ,
καί τις πλανηθεὶς χρυσεραστὴς τὴν φρένα,
ἔκτεινε ταύτην χρυσὸν ὡς λαβεῖν θέλων.
ἐλπὶς δὲ μεῖζον δῶρον ὤλεσε τύχης.

Accepto eo manibus, rogabat, quanti?
Et equum admisit. Agricola autem ait,
Ne festina. tibi donũ hoc offero.

Affabulatio.

Aduersus eos, qui necessario recusant res suas.

Ex Asino clauum dentibus extraxit Lupus,
Petens mercedem, percutitur calcibus genam.
Lupus autem inquit, quomodo cocus cum essem olim,
Medicinæ opera indigne exercui?

Affabulatio.

In eos qui propriam artem derelinquunt, & aliam agrediuntur incommode.

In lupi gutture os infixum erat.
Mercede autem cum extraxisset grus, petebat pretium.
Saluum collum ex lupi gutture ferens,
Nullam aliam mercedem, q̃ hoc consydera.

Affabulatio.

In eos, qui periculosum negocium aggrediuntur, & post conuentionem quærunt mercedem.

Expellebat taurum ex suo stabulo hircus,
Quem fera leo insectabatur, ait autem suspirans
Nisi me leonis timor perterreret,
Scires quanta tauri & hirci uis sit.

Affabulatio.

Ad eos, qui affici iniuria ferunt a paruis metu maiorum.

Petebat a formica cicada cibum.
Sed formica ait, quid æstate faciebas?
Quod acute æstate caneret dixit.
Hyeme salta inquit, ne ama cibum.

Affabulatio.

Aduersus eos, qui in iuuentute nolunt laborare, & propterea in senectute mendicant.

Agricola quidam in sinu fouit serpentem
Frigoribus, ubi autem calorem sensit,
Percussit eum qui fouit, atq; occidit statim.
Sic mali tractant benefactores.

Procul ab agro Hirundo euolauit.
Reperit autem in desertis sidentem syluis
Acute canentem Lusciniam. ea uero lugebat
Itym immaturum excessisse e uita.
Et Hirundo inquit, carissima salua sis,
Primum hodie te post thraciam uideo.
Sed ueni rus, & in domum hominum,
Contubernalis nobis, & cara habitabis,

λαβὼν δὲ χερσὶ τοῦτον, ἠρώτα πόσον
καὶ πῶλον ἐξήλαυνεν, ἀγροῖκος ἔφη·
καὶ αὐτὸν δέ σοι δώρημα τοῦτο προσφέρω.

ΕΠΙΜΥΘΙΟΝ.

Πρὸς τοὺς ἐξ ἀνάγκης, παραιτουμένους τὰ ἴδια.

Ὀδοῦσιν ἧλον εἷλεν ἐξ ὄνου λύκος.
αἰτῶν δὲ μισθὸν πλήττεται λὰξ τὴν γένυν.
λύκος δέ φησι πῶς μάγειρος ὢν πάλαι
ἰατρικῆς μετῆλθον ἔργ' ἀναξίως.

ΕΠΙΜΥΘΙΟΝ.

Πρὸς τοὺς τὴν ἰδίαν τέχνην καταλιμπάνοντας, καὶ ἑτέραν μετερχομένους ἐπὶ βλάβῃ.

Εἰς λαιμὸν ὀστοῦν ἐμπέπηγε τοῦ λύκου.
μισθῷ δ' ἑλὼν τις γέρανος, εἶπε χαίρειν,
σῶον τράχηλον ἐξ ἐμοῦ λαιμοῦ φέρων,
μὴ δ' ἄλλο μηδὲν πλὴν τοῦτο σκόπει.

ΕΠΙΜΥΘΙΟΝ.

Πρὸς τοὺς ἐπικίνδυνον πρᾶξιν ἐγχειρήσαντας, καὶ μετὰ τὸ σωθῆναι ζητοῦντας μισθόν.

Ἤλαυνε ταῦρον ἐξ ἑῆς κοίτης τράγος.
ὃν θὴρ λέων δίωκεν· εἶπε δὲ στένων.
εἴπερ με μὴ λέοντος ἐπτόει φόβος,
ἔγνως ὅσον ταύρου τε καὶ τράγου σθένος.

ΕΠΙΜΥΘΙΟΝ.

Πρὸς τοὺς καταδεχομένους ὑβρίζεσθαι ὑπὸ μικρῶν, διὰ φόβον ἑτέρων μειζόνων.

Ἤιτει τροφὴν μύρμηκα τέττιξ ἐν κρύει.
μύρμηξ δ' ἔφησε, τί θέρους ὄντος ἔδρας;
ὡς ἐν θέρει εἴρηκεν ᾖδον ὀξέως,
χειμῶνος ὀρχοῦ φησι, μὴ τροφῆς ἔρα.

ΕΠΙΜΥΘΙΟΝ.

Πρὸς τοὺς μὴ θέλοντας ἐν νεότητι κοπιᾶν, καὶ διὰ τοῦτο ἐν τῷ γήρᾳ πτωχεύοντας.

Ἔθαλπέ τις γεωργὸς ἐν κόλποις ὄφιν,
ὥρᾳ κρύους. ἐπεὶ δὲ θέρμης ᾔσθετο,
ἔπληξε τὸν θάλψαντα κἄκτεινε τάχος.

ΕΠΙΜΥΘΙΟΝ.

Οὕτως οἱ κακοὶ ποιοῦσι τοὺς εὐεργέτας.

Ἀγροῦ χελιδὼν μακρὰν ἐξεποτήθη.
εὗρε δ' ἐρήμοις ἐγκαθημένην ὕλαις
ἀηδὸν' ὀξύφωνον· ἡ δ' ἀπεθρήνει
τὸν Ἴτυν, ἄωρον ἐκπεσόντα τῆς ὥρης.
χ' ἡ μὲν χελιδὼν ἔφη, φιλτάτη ζώοις
πρῶτον βλέπω σε σήμερον μετὰ Θρᾴκην.
ἀλλ' ἔλθ' ἐς ἀγρὸν καὶ πρὸς οἶκον ἀνθρώπων.
σύσκηνος ἡμῖν καὶ φίλη κατοικήσεις,

ὅσου γεωργοῖς, κοὐχὶ θηρίοις ᾄσεις.
τὴν δ' αὖ τ' ἀηδὼν ὀξύφωνος ἠμείφθη,
ἔα με πέτραις ἐμμένειν ἀοικήτοις.
οἶκος δέ μοι πᾶς, ἐπίμιξις τ' ἀνθρώπων,
μνήμην παλαιῶν συμφορῶν ἀναφλέγει.

Ἐπιμύθιον.

Ο μῦθος δηλοῖ, ὅτι κρεῖττον ἐν ἐρήμοις ζῆν ἀλύπως, ἢ συνοικεῖν ἐν πόλεσι τοῖς κακοῖς.

Αλέκτορες.

α Λεκτόρων δύο μαχομένων περὶ θηλειῶν ὀρνίθων, ὁ εἷς τὸν ἕτερον κατετροπώσατο. καὶ ὁ μὲν ἡττηθεὶς εἰς τόπον κατάσκιον ἀπιὼν ἐκρύβη. ὁ δὲ νικήσας, εἰς ὕψος ἀρθεὶς, καὶ ἐφ' ὑψηλοῦ τοίχου στὰς, μεγαλοφώνως ἐβόησε. καὶ παρευθὺς ἀετὸς καταπτὰς, ἥρπασεν αὐτόν. ὁ δ' ἐν σκότῳ κεκρυμμένος ἀδεῶς ἔκτοτε ταῖς θηλείαις ἐπίβαινε. Ἐπιμύθιον.

Ο μῦθος δηλοῖ, ὅτι κύριος ὑπερηφάνοις ἀντιτάσσεται, ταπεινοῖς δὲ δίδωσι χάριν.

Γέρων, καὶ θάνατος.

γ Ερων ποτὲ ξύλα κόψας, καὶ ταῦτα φέρων, πολλὴν ὁδὸν ἐβάδιζε. καὶ διὰ τὸν πολὺν κόπον ἀποθέμενος ἐν τόπῳ τινὶ τὸ φορτίον, τὸν θάνατον ἐπεκαλεῖτο. τοῦ δὲ θανάτου παριόντος, καὶ πυνθανομένου τὴν αἰτίαν δι' ἣν αὐτὸν ἐκάλει, δειλιάσας ὁ γέρων, ἔφη· ἵνα μου τὸ φορτίον ἄρῃς. Ἐπιμύθιον.

Ο μῦθος δηλοῖ, ὅτι πᾶς ἄνθρωπος φιλοζωεῖ, εἰ καὶ δυστυχεῖ, καὶ πτωχὸς ᾖ.

Βάτραχοι.

β Ατραχοι δύο ξηρανθείσης τῆς λίμνης ἐν ᾗ κατῴκουν, περιῄεσαν ζητοῦντες ποῦ καταμεῖναι. καὶ ἐλθόντες εἰς φρέαρ βαθὺ, καὶ κύψαντες κάτω, καὶ ἰδόντες τὸ ὕδωρ, ὁ μὲν εἷς συνεβούλευεν ἵνα πηδήσωσι παρευθὺς κάτω. ὁ δ' ἕτερος εἶπεν, εἰ δὲ καὶ τοῦτο ξηρανθῇ, πῶς δυνησόμεθα ἀναβῆναι.

Ἐπιμύθιον.

Ο μῦθος δηλοῖ, ἄνευ συμβουλῆς μὴ ποιεῖν τι.

Αρνὸς, καὶ λύκος.

α Ρνὸς ἐφ' ὑψηλοῦ τόπου ἱστάμενος, λύκον κάτωθεν παριόντα τὴν ὁδὸν ἔσκωπτε. καὶ θηρίον κακὸν ἀπεκάλει καὶ ὠμοβόρον. ὁ δὲ λύκος στραφεὶς εἶπε πρὸς αὐτόν. οὐ σύ με λοιδορεῖς, ἀλλ' ὁ πύργος ἐν ᾧ ἵστασαι. Ἐπιμύθιον.

Ο μῦθος, πρὸς τοὺς ὑπομένοντας ὕβριν ἀπὸ ἀναξίων ἀνθρώπων, διαφόβον ὑψηλοτέρων.

Κώνωψ, καὶ λέων.

κ Ωνωψ πρὸς λέοντα ἐλθὼν εἶπε· οὐδὲ φοβοῦμαί σε οὐδὲ δυνατώτερός μου εἶ. εἰ δὲ μὴ, τί σοί ἐστιν ἡ δύναμις, ὅτι ξύεις τοῖς ὄνυξι, καὶ δάκνεις τοῖς ὀδοῦσι. τοῦτο καὶ γυνὴ τῷ ἀνδρὶ μαχομένη ποιεῖ. ἐγὼ δὲ λίαν ὑπάρχω σου ἰσχυρότερος. εἰ δὲ θέλεις, ἔλθωμεν καὶ εἰς πόλεμον. καὶ σαλπίσας ὁ κώνωψ, ἐνεπήγετο δάκνων τὰ περὶ τὰς ῥῖνας αὐτοῦ ἄτριχα πρόσωπα. ὁ δὲ λέων τοῖς ἰδίοις ὄνυξι κατέλυεν ἑαυτὸν, ἕως οὗ ἠγανάκτησεν. ὁ δὲ κώνωψ νικήσας τὸν λέοντα, καὶ σαλπίσας, καὶ ἐπινίκιον ᾄσας, ἔπτατο. ἀράχνης δὲ δεσμῷ ἐμπλακεὶς, ἐσθιόμενος ἀπωδύρετο. ὅτι μεγίστοις πολεμῶν, ὑπὸ εὐτελοῦς ζώου τοῦ ἀράχνης ἀπώλετο. Ἐπιμύθιον.

Ο μῦθος, πρὸς τοὺς καταβάλλοντας μέγα, καὶ ὑπὸ μικρῶν καταβαλλομένους.

Τέλος τῶν τε αἰσώπου, καὶ γαβρείου μύθων.

Vbi agricolis,& non feris cantabis.
Cui Luscinia canora respondit,
Sine me in petris manere desertis.
Nam domus omnis,& consuetudo hominum
Memoriam antiquarum calamitatum reaccendet.

A ffabulatio.

Fabula significat,præstare sine dolore uiuere in desertis,q̃ cum malis habitare in ciuitatibus.

Galli.

DVobus gallis pugnantibus de gallinis fœminis,alter alteꝝ in fugam uertit,ac uictus in locum obscuꝝ ꝓfectus,delituit.sed q uicit,in altum eleuatus,stans'q; super alto pariete magna uoce clamauit,& statim aduolans aquila eum rapuit.at qui in tenebris delitescebat,ex illo intrepide gallinas conscendit. Affabulatio.

Fabula significat dominum superbis opponi,dare autem humilibus gratiam.

Senex,& Mors.

SEnex olim incisa a se ligna cum ferret,multam ibat uiam,ac ob multum laborem deposito in loco quodam onere, mortem inuocabat.sed mors cum adesset,causam'q; peteret,propter quam se uocaret,perterrefactus senex ait,ut meũ onus attollas. Affabulatio.

Fabula significat,omnem hoiẽ esse uitæ studiosum,licet infortunatus sit & mendicus.

Ranæ.

DVæ Ranæ siccata palude,ubi habitabant,circuibant quærendo ubi manerent,ac ꝓfectæ in ꝓfundũ puteũ,& acclinatæ deorsum uisa aqua,altera consulebat,ut saltarent continuo deorsũ,altera uero ait,si & hic aruerit,quomõ poterimꝰ ascendeꝛ?

Affabulatio.

Fabula significat ne quid inconsulto fiat.

Agnus,& lupus.

AGnus in alto cum staret loco,Lupum inferius prætereuntẽ uiã, mordebat,& ferã malã,& crudiuorã appellabat.sed lupꝰcõuersꝰ ait ad ipsũ,non tu cõtumeliaris mihi,sed ubi stas,turris. Affabulatio.

Fabula ad eos,qui ferunt iniurias ab indignis hominibus metu sublimiorum.

De Culice,& leone.

CVlex ad leonem accedens,ait,neq; timeo te,neq; fortior me es.sin minꝰ.qđ tibi est robur:'q; laceras unguibus, & mordes dentibus:'hoc & fœmina cum uiro pugnans facit.ego uero longe sum te fortior.si uero uis,ueniamus ad pugnam,& cũ tuba cecinisset culex, inhæsit mordens circa nares ipsius leueis genas.leo autem ꝓpriis unguibus dilaniauit se ipm.donec idignatus est.culex ãt uicto leõe cũ sonuisset tuba,& epiniciũ cecinisset,euolauit. araneæ uõ uinculo iplicitus cũ deuoraretur,lamẽtabatur,q; cũ maximis pugnãs, a uili aĩali aranea occideretur Affabulatio.

Fabula in eos qui prosternunt magnos,& a paruis prosternuntur.

FINIS AESOPI,ET GABRIAE FABVLARVM.

E πιμύθιον, πρὸς τοὺς ἐλπίδι κέρδους εἰς ζημίαν
ἐκ μικροψυχίας ἐμπίπτοντας.

De Gallina aureum ouum pariente, & auaro.

O uum aureum Gallina semel peperit.
Quidam'q; auarus deceptus animo,
Eam occidit aurum accepturus.
Sed spes perdidit maius fortunæ donum.

A ffabulatio, in eos qui spe lucri, in damnum
ex pusillanimitate incidunt.

Περὶ ἀστροσκόπου, καὶ ὁδοιπόρου.

Ἄ στροις περισκοπῶν τις ἀστροσκόπος,
πίπτει λεληθὼς πρὸς φρέαρ, τυχὼν δέ τις
ὁδοιπόρος, στένοντι ταῦτ' ἔφη λέγων,
νοῦν θεὶς ἄνω, βέλτιστε τὴν γῆν οὐ βλέπεις.

Ε πιμύθιον, ὅτι πολλοὶ τὰ ἐνεστῶτα μὴ γινώσκοντες,
τὰ μέλλοντα καυχῶνται γινώσκειν.

De stellarum speculatore, & uiatore.

S tellis intentus quidam stellarum speculator
Cadit ĩprudẽter in puteũ, sed qdã supueniẽs
Viator suspiranti hæc inquit dicendo,
Aium applicãdo sursũ o optĩe terrã ñ uides.

A ffabulatio, Quod pleriq;, cum præsentia nesci
ant, futura cognoscere gloriantur.

Περὶ ἵππου, καὶ κάπρου.

Ἤ ριζεν ἵππος ἀγριωτάτῳ κάπρῳ.
ὁρμὴν δὲ θηρὸς ἵππος οὐ σθένων ὅλως,
ἑαυτὸν ἐκδέδωκεν, εὑρὼν σύμμαχον
ἔμπειρον ἄνδρα πρὸς σφαγὴν τοῦ θηρίου.

Ε πιμύθιον, ὅτι δι' ἔχθραν τινὲς, καὶ εἰς δουλείαν
ἑαυτοὺς ἐμβάλλουσιν.

De Equo, & Apro.

P ugnabat Equus cum ferocissimo Apro.
Impetũ uõ feræ equus cũ penit⁹ ñ sustineret,
Sese dedidit, inuento socio
Viro iugulandæ feræ perito.

A ffabulatio, Quod non nulli ob inimicitias in
seruitutem sese dedunt.

Περὶ ἀνδρὸς μιξόθριχος, καὶ δυεῖν ἑταίραιν.

Ε ρωμένας δύ' εἶχεν ἀνὴρ μιξόθριξ.
χρόνῳ δ' ἐνηνοχυῖαι πάντῃ καὶ τόπῳ,
ἡ μὲν μελαίνας, ἡ δὲ λευκὰς ἔκφερον.
ἐξ ὧν ψιλωθεὶς, πᾶσιν ὤφθη γέλως.

Ε πιμύθιον, πρὸς τοὺς εἰς δύο ἐναντία πράγματα
ἑαυτοὺς ἐμβάλλοντας.

De uiro misticapillo, & duabus amicis.

A micas duas habebat uir misticapillus.

ΦΟΥΡΝΟΥΤΟΥ ΘΕΩΡΙΑ, ΠΕΡΙ ΤΗΣ ΤΩΝ ΘΕΩΝ ΦΥΣΕΩΣ.

Περὶ οὐρανοῦ.

Οὐρανὸς ὦ παιδίον, περιέχει κύκλῳ τὴν γῆν καὶ τὴν θάλατταν, καὶ τὰ ἐπὶ γῆς καὶ τὰ ἐν θαλάττῃ πάντα. διὰ τοῦτο ταύτης ἔτυχε τῆς προσηγορίας. οὖρος ὢν ἄνω πάντων, καὶ ὁρίζων τὴν φύσιν. ἔνιοι δέ φασιν ἀπὸ τοῦ ὁρᾶν αὐτόν, ἢ ὀρέγειν τὰ πάντα, ὅ ἐστι φυλάττειν, οὐρανὸν καλεῖσθαι. ἀφ' οὗ καὶ ὁ θυρωρὸς ὠνομάσθη καὶ τὸ πολυωρεῖν. ἄλλοι δ' αὐτὸν ἀπὸ τοῦ ὁρᾶσθαι ἄνω ἐτυμολογοῦσι. καλεῖται δὲ σὺν πᾶσιν οἷς περιέχει κόσμος, ἀπὸ τοῦ κάλλιστα διακεκοσμῆσθαι. τινὲς δὲ τῶν ποιητῶν ἄκμονος αὐτὸν ἔφασαν εἶναι υἱόν. τὸ ἄκμητον τῆς περιφορᾶς αἰνιττόμενοι. ἢ ὑπολαβόντες ὅτι ἄφθαρτός ἐστι, διὰ τοῦτο παριστῶσι διὰ τῆς ἐτυμολογίας. κεκμηκέναι γὰρ λέγομεν τοὺς τετελευτηκότας. ἡ δ' οὐσία αὐτοῦ πυρώδης ἐστίν, ὡς δῆλον ἔκ τε ἡλίου. καὶ ἐκ τῶν ἄλλων ἄστρων, ὅθεν καὶ αἰθὴρ ἐκλήθη, τὸ ἐξώτατον μέρος τοῦ κόσμου, ἀπὸ τοῦ αἴθεσθαι. τινὲς δέ φασιν ἀπὸ τοῦ ἀεὶ θεῖν οὕτως αὐτὸν ὀνομάζεσθαι. ὅ ἐστι, ῥοίζῳ φέρεσθαι. καὶ τὰ ἄστρα γάρ, διονεὶ ἄστατά εἰσι, καὶ οὐδέποτε ἱστάμενα, ἀλλ' ἀεὶ κινούμενα. Εὔλογον δὲ καὶ τοὺς θεοὺς ἀπὸ τῆς θέσεως ἐσχηκέναι τὴν προσηγορίαν. πρώτους γοῦν οἱ ἀρχαῖοι θεοὺς ὑπελάμβανον εἶναι, οὓς ἑώρων ἀδιαπτώτως φερομένους, αἰτίους αὐτοὺς νομίσαντες εἶναι τῶν τοῦ ἀέρος μεταβολῶν, καὶ τῆς σωτηρίας τῶν ὅλων. ταῦτα δ' ἂν εἶεν οἱ θεοί, θετῆρες καὶ ποιηταὶ τῶν γινομένων ὅλων.

αἰθὴρ ἄστρα θεοὶ

Περὶ τοῦ Διός.

ὠ σπερ δὲ ἡμεῖς ἀπὸ ψυχῆς διοικούμεθα, οὕτω καὶ ὁ κόσμος ψυχὴν ἔχει τὴν συνέχουσαν αὐτόν, καὶ αὕτη καλεῖται Ζεύς. πότερον διὰ τὸ σώζουσα καὶ αἰτία οὖσα τοῖς ζῶσι τοῦ ζῆν, διὰ τοῦτο βασιλεύειν ὁ Ζεὺς λέγεται τῶν ὅλων, ἢ ὡσὰν καὶ ἐν ἡμῖν ἡ ψυχὴ καὶ ἡ φύσις ἡμῶν βασιλεύειν ῥηθείη. Δία δ' αὐτὸν καλοῦμεν, ὅτι δι' αὐτὸν γίνεται καὶ σώζεται τὰ πάντα. παρ' ἐνίοις δὲ καὶ Δεὺς λέγεται, τάχα ἀπὸ τοῦ δεύειν τὴν γῆν. ἢ μεταδιδόναι τοῖς ζῶσι ζωτικῆς ἰκμάδος. καὶ ἡ γενικὴ πτῶσις, ἀπ' αὐτῆς ἐστι Διός. παρακειμένη πως τῇ Δεός. οἰκεῖν δὲ ἐν τῷ οὐρανῷ λέγεται, ἐπεὶ ἐκεῖ τὸ κυριώτατον μέρος τῆς τοῦ κόσμου ψυχῆς. καὶ γοῦν αἱ ἡμέτεραι ψυχαί, πῦρ εἰσι.

Περὶ τῆς Ἥρας.

Γ γυνὴ δὲ καὶ ἀδελφὴ αὐτοῦ παραδίδοται ἡ Ἥρα, ἥτις ἐστὶν ἀήρ. συνῆπται γὰρ εὐθὺς αὐτῷ καὶ κεκόλληται, αἰρομένη ἀπὸ τῆς γῆς, ἐκείνου αὐτῆς ἐπιβεβηκότος. καὶ γεγόνασιν ἐπὶ τῆς αὐτῆς ῥύσεως. ῥυεῖσα γὰρ εἰς λεπτότητα ἡ οὐσία, τό τε πῦρ, καὶ τὸν ἀέρα ὑφίστησιν. ἐφ' ᾧ καὶ Ῥέαν τὴν μητέρα αὐτῶν ἐμυθολόγησαν εἶναι. πατέρα δὲ τὸν Κρόνον. ἤτοι διὰ τὸ ἐν τεταγμένοις μέτροις χρόνου γενέσθαι ταῦτα, ἢ διὰ τὸ κατὰ σύγκρισιν καὶ βρασμὸν τῆς ὕλης, τὴν εἰς τὰ στοιχεῖα διάκρισιν ἀποτελεῖσθαι. ἢ ὅπερ πιθανώτερον, διὰ τὸ τηνικαῦτα ὑφίστασθαι τὸν ἀέρα, ἡνίκ' ἂν ἐκ πυρὸς ἐκινεῖτο ἡ φύσις, ἐπὶ τὸ κραίνειν καὶ ἀποτελεῖν τὰ ὄντα.

Περὶ τοῦ Ποσειδῶνος.

λ ια δὲ ταύτην τὴν αἰτίαν, καὶ τὸν Ποσειδῶνα ἔφασαν οἱ ἀρχαῖοι εἶναι, Κρόνου καὶ Ῥέας υἱόν. καὶ γὰρ τὸ ὕδωρ ἐκ τῆς εἰρημένης μεταβολῆς γίνεται. Ποσειδῶν δέ ἐστιν ἡ ἀπεργαστικὴ ἐν τῇ γῇ καὶ περὶ τὴν γῆν ὑγροῦ δαίμονα. ἤτοι ἀπὸ τῆς πόσεως οὕτω κληθεῖσα, καὶ τοῦ διδόναι ταύτην. ἢ καθ' ἕτερον λόγον ποσειδῶν ὠνόμασται, διὰ τὴν παρακολουθησομένην αὐτῷ, ἰδιότητα.

Περὶ τοῦ ἅδου.

ἁ

Δελφὸς δὲ αὐτῶν καὶ ὁ ἅδης εἶναι λέγεται. οὗτος δ' ἐστὶν ὁ παχυμερέστατος καὶ προσγειότατος ἀήρ. ὁμοῦ γὰρ γίνεται, καὶ ἄρχεται κραίνειν καὶ ῥεῖν τὰ ὄντα. κατὰ τοὺς ἐν αὐτῷ λόγους τῆς φύσεως. καλεῖται δὲ ἅδης, ἢ ὅτι καθ' αὑτὸν ἀόρατός ἐστιν, ὅθεν καὶ διαιροῦντες ἄϊδα αὐτὸν ὀνομάζομεν, ἢ κατὰ ἀντίφρασιν, ὡσανεὶ ὁ ἀνδάνων ἡμῖν τοῦ θανάτου. καὶ πλούτων δὲ ἐκλήθη, διὰ τὸ πάντων ὄντων φθαρτῶν, μηδὲν εἶναι ὃ μὴ τελευταῖον εἰς αὐτὸν κατάγεται, καὶ αὐτοῦ κτῆμα γίνεται.

Περὶ τῆς ῥέας.

τ

Ης δὲ ῥέας κατὰ τὴν παραδεδομένην ῥύσιν εἰδοποιουμένης, εἰκότως ἤδη καὶ τὴν τῶν ὄμβρων αἰτίαν ἀνατιθέασιν αὐτῇ. ὅτι ὡς ἐπὶ τὸ πολύ, μετὰ βροντῶν καὶ ἀστραπῶν συμβαίνει γίνεσθαι. καὶ ταύτην παρεισάγουσι τυμπάνοις καὶ κυμβάλοις, καὶ κεραυνοῖς, ἢ λαμπαδηφορίαις χαίρουσαν. ἐπεὶ δὲ ἄνωθεν ὄμβροι καταῤῥάσσουσι, πολλαχοῦ δὲ καὶ ἀπὸ τῶν ὀρῶν κατερχόμενοι φαίνονται. πρῶτον μὲν τὴν ἴδην ἐπωνόμασαν αὐτῆς μετέωρον ὄρος. καὶ ὃ μακρόθεν ἐστὶν ἰδεῖν, ὀρείαν αὐτὴν προσαγορεύοντες. καὶ τὰ γενναιότατα τῶν ἐν τοῖς ὄρεσι γινομένων ζώων, τοὺς λέοντας ὑπ' αὐτῆς παρεισάγουσι. τάχα ἐπεὶ καὶ οἱ χειμῶνες ἀγριωπόν τι ἔχουσι. πυργωτὸν δὲ περίκειται στέφανον, ἤτοι διὰ τὸ κατ' ἀρχὰς ἐπάνω τῶν ὀρῶν τίθεσθαι τὰς πόλεις ὀχυρότητος ἕνεκεν, ἢ ἐπεὶ ἀρχηγός ἐστι τῆς πρώτης καὶ ἀρχετύπου οὐσίας τοῦ κόσμου. καρδίαν δ' ἀνατιθέασιν αὐτῇ, παριστάντες ὅτι αἰτία τῆς ζωογονίας αὐτὴ ἐγένετο. κατὰ τοῦτο δὲ καὶ ἄλλους τινὰς τύπους περὶ τὸ στῆθος αὐτῆς περιτιθέασιν, ὡς τῆς τῶν ὄντων ποικιλίας, καὶ παντὸς χρώματος αὐτῆς γεγονυίας. ἔοικε δὲ ἡ αὐτὴ καὶ ἡ παρὰ σύροις ἀταργάτη εἶναι. ἣν διὰ τὸ περιστερᾶς καὶ ἰχθύος ἀπέχεσθαι τιμῶσι, σημαίνοντες ὅτι τὰ μάλιστα δηλοῦντα τὴν τῆς οὐσίας αἵρεσιν, ἀὴρ καὶ ὕδωρ ἐστί. φρυγία δ' ἰδίως εἴρηται, διὰ τὸ θρησκεύεσθαι παρὰ τοῖς φρυξὶν ἐξόχως. παρ' οἷς καὶ ἡ τῶν γάλλων ἐπιπόλασε παρεδρία. τάχα τι τοιοῦτον ἐμφαίνουσα, ὁποῖον καὶ παρὰ τοῖς ἕλλησι περὶ τῆς τοῦ οὐρανοῦ ἐκτομῆς μεμύθευται. πρῶτον μὲν γὰρ ὁ κρόνος λέγεται καταπίνειν τὰ ἐκ τῆς ῥέας αὐτῷ γινόμενα τέκνα. εἴληπται μὲν οὖν οὕτω πάνυ εἰκότως. ἐπειδὴ ὅσα ἂν γίνονται κατὰ τὸν εἰρημένον τῆς κινήσεως λόγον, πάλιν κατὰ τὸν αὐτὸν ἐν περιόδῳ ἀφανίζεται. καὶ ὁ χρόνος δὲ τοιοῦτόν ἐστι. δαπανᾶται γὰρ ὑπ' αὐτοῦ τὰ γινόμενα. εἶτα τὴν ῥέαν φασὶ γεννωμένου αὐτῇ τοῦ διός, λίθον ἀντ' αὐτοῦ προσενεγκεῖν ἐσπαργανωμένον τῷ κρόνῳ, τοῦτον εἰποῦσα τετοκέναι. κἀκεῖνον μὲν καταποθῆναι ὑπ' αὐτοῦ. τὸν δὲ δία τραφέντα, βασιλεῦσαι τοῦ κόσμου. ἐνταῦθα οὖν ἄλλως εἴληπται ἡ κατάποσις. συντέτακται γὰρ ὁ μῦθος περὶ τῆς τοῦ κόσμου γενέσεως, ἐν ᾧ τότε ἀνετράφη ἡ διοικοῦσα αὐτὸν φύσις. καὶ ἐπεκράτησεν, ὅ τε εἰς τὸ μεσαίτατον αὐτοῦ ὁ λίθος οὗτος, ὃν καλοῦμεν γῆν, οἱονεὶ καταποθεὶς, ἐγκατεστηρίχθη. οὐ γὰρ ἂν ἄλλως συνέστη τὰ ὄντα, εἰ μὴ ἐπάνω θεμελίῳ ταῦτα ἐρείσθη, γινομένων καὶ τρεφομένων ἐντεῦθεν πάντων.

Περὶ τοῦ κρόνου.

τ

Εως δὲ ὁ κρόνος ἱστορεῖται συνεχῶς κατιὼν ἐπάνω τῷ μίγνυσθαι τῇ γῇ. τοῦτον δὲ ἐκτεμεῖν καὶ παῦσαι τῆς ὕβρεως. ὁ μὲν γὰρ ζεὺς ἐκβαλὼν αὐτὸν τῆς βασιλείας, κατεταρτάρωσε. διὰ γοῦν τούτων αἰνίττονται,

Aetate autẽ & moribus omnino dissimiles,
Altera nigros capillos, albos altera euellebant.
quapropter depilatus, omnibus ridiculo fuit.
Affabulatio aduersos eos, qui in duas res contrarias sese iniiciunt.

Περὶ ἀετοῦ τε, καὶ κολοιοῦ.

Ἀρνὸν κατὰ πτᾶσ' ἀετὸς καθαρπάσας,
ἰδὼν κολοιὸς, ἐν κριῷ προσέπτη τάχα.
ὃν εἷλε ποιμὴν, παῖς δ' ἐφώνει τοῦτό τι,
ἐμοὶ κολοιὸς, ἀετὸς δ' αὐτῷ πέλει.
Ἐπιμύθιον, ὅτι οὐ δεῖ μιμεῖσθαι τοὺς κρείττονας.

De Aquila & Cornicula.

Agnum deuolans Aquila cum rapuisset,
id quod uidisset monedula, in ariete facit eadẽ.
Quam pastor cepit. filius autem clamabat tale quid,
Mihi monedula, aquila autem sibi est.
Affabulatio, Quod non oporteat imitari præstantiores.

Περὶ κολοιοῦ τε, καὶ ἄλλων ὀρνέων.

Ἀλλοτρίοις πτεροῖσιν ἠμφιεσμένος
ηὔχει κολοιὸς ὀρνέων ὑπερφέρειν.
πρῶτον δὲ δῶρον ἡ χελιδὼν ἥρπακει.
μεθ' ἣν ἅπαντες, εἶτα γυμνὸς εὑρέθη.
Ἐπιμύθιον, ὅτι τὸ ἐξ ἐράνου κάλλος διαλύεται.

De Cornicula, & cæteris auibus.

Alienis pennis induta
Gloriabatur cornicula præstare auibus.
Primum donum hirundo rapuit.
Post eam, omnes. hinc nuda inuenta est.
Affabulatio, Quod ex collatione pulchritudo dissoluatur.

Περὶ ἀετοῦ τε, καὶ ὀϊστοῦ.

Βέλει τὸ στῆθος ἀετὸς τρωθεὶς πάλαι.
ἀλγῶν δὲ λοιπὸν ἧστο πολλὰ δακρύων.
βλέπων δ' ὀϊστὸν εἶπεν ἐπτερωμένον.
βαβαὶ, πτερόν με τὸν πτερωτὸν ὀλλύει.
Ἐπιμύθιον, πρὸς τοὺς ἐκ τῶν ἰδίων κακῶς πάσχοντας.

De Aquila, & sagitta.

Sagitta pectus Aquila uulnerata est olim.
Dolens autẽ postea sedebat admodũ plorãs.
Videns autem sagittam pennatam ait,
Papæ, penna me pennatam occidit.
Affabulatio, in eos, qui a suis mala patiuntur.

Περὶ θηρῶν, καὶ ὀρνέων μάχης, καὶ στρουθοῦ.

Γᾶσι πέφυκε θηρσὶ, καὶ πτηνοῖς μάχη.
ἥλω λίβυσσα στρουθὸς, ἡ τοῦδ' ἐπαλαία.
εἶναι μὲν ὄρνις, ἐκ μέρους δὲ θήρειον.
πτηνοῖς κάραν δεικνῦσα, τοῖς θηρσὶ πόδας.

Ε πιμύθιον, πρὸς τοὺς δυσὶ κυρίοις δουλεύοντας, καὶ πλανῶντας ἀμφοτέρους.

De pugna ferarum, ac uolucrum, & strutione.

O mnes inter se feræ, & uolucres concertabant.
Capta ē strutio libyca, quæ hasce decipiebat.
Esse quidem auis, ex parte uero fera,
Volucribus caput, feris pedes ostendens.

A ffabulatio, Aduersus eos, qui duobus seruien- do dominis, utrosque decipiunt.

περὶ χελιδόνος, καὶ κριτηρίου.

Π ῆξε χελιδὼν, νοσσιὰν κριτηρίου
ὕπερθεν, ἧς τὴν γονὴν βλάπτει δράκων.
ἡ δ' αὖτ' ἔφησεν, ὦ πολυστόνου τύχης,
ὅπου γὰρ ἐκδίκησις ἐβλάβην μόνη.

Ε πιμύθιον, πρὸς τοὺς πάσχοντας κακὸν, ἀπὸ καλῶν ἀνθρώπων.

De Hirundine, & prætorio.

H irundo fixit nidulum in prætorio,
Cuius prolem lædit serpens.
Hæc autem dixit, o ingemiscendam fortunā
Vbi.n.ultio est, sola offensa sum.

Affabulatio ad eos, qui malū a bonis patiūtur.

περὶ τριῶν βοῶν ὁμοφρόνων, εἶτα ἀσυμφώνων· καὶ λέοντος.

Ο μόφρονες ἐνέμοντο τρεῖς ὁμοῦ βόες·
οὓς οὐδὲ θὴρ ἔβλαπτε πολλάκις λέων·
ἔχθραις δὲ μίσει, καὶ μάχης διασχίσας,
ἕκαστον ἐκβέβρωκε γυμνὸν ὡς ἕνα.

Ε πιμύθιον, πρὸς τοὺς σχιζομένους ἐκ τῶν ἰδίων, καὶ διὰ τοῦτο κακῶς πάσχοντας.

De tribus bobus cōcordibus, inde discordibus, & leone.

C oncordes pascebantur tres simul boues,
Quos ne fera quidem lædebat Leo.
Cum uero inimicitiarum odio, & pugna dissensissent,
Singulos deuorauit nudos ut unum.

A ffabulatio Aduersus eos, qui a suis dissident, & propterea mala patiuntur.

περὶ γεωργοῦ, καὶ γεράνου.

Γ εράνοις γεωργὸς πῆξέ τις παγίδα,
μεθ' ὧν πελαργὸν εἷλεν, ὃς θρήνει μέγα,
ἔφη δ' ἀγροῖκος ὡς φίλος μὲν εἶ σύ μοι.
ἀλλ' ἡ πάγη λαβοῦσα, σὺν κακοῖς ἔχει.

Ε πιμύθιον, πρὸς φίλον τινὸς, συνούμενον τοῖς ἐχθροῖς τοῦ φίλου αὐτοῦ.

De Agricola, & Ciconia.

G ruibus tetendit Agricola quidam laqueum,
Cum quibus ciconiam cepit, quæ uehementer lugebat.
Agricola, ut amica quidem tu mihi es,

ὅτι ἡ τῆς ὅλης γενέσεως τάξις ἣν ἔφαμεν ἀπὸ τοῦ κραίνειν, κρόνον εἰρῆσθαι. τὴν γινομένην πως πολλὴν ῥύσιν τοῦ περιέχοντος ἐπὶ τὴν γῆν ἔστειλε, λεπτοτέρας ποιήσασα τὰς ἀναθυμιάσεις. ἡ δὲ τοῦ κόσμου φύσις ἐπιχύσεις ἐπιχύσασα, ἣν καὶ Δία ἐλέγομεν καλεῖσθαι, τὸ λίαν φερόμενον τῆς μεταβολῆς ἐπέσχε. καὶ ἐπιπέδησε μακροτέρου διεξαγωγῆς, καὶ δοὺς αὐτῷ τῷ κόσμῳ. πάνυ δ' εἰκότως καὶ ἀγκυλομήτην καλοῦσι τὸν κρόνον, ἀγκύλων ὄντων καὶ δυσπαρακολουθήτων, ἃ μὴ τελέσαι τοσούτοις ἀριθμοὺς ἐξελίττων.

Περὶ τοῦ ὠκεανοῦ.

Ἀτ' ἄλλον δὲ λόγον τὸν ὠκεανὸν ἔφασαν ἀρχηγὸν εἶναι πάντων. οὐ γὰρ
κ μία μυθολογία περὶ τὸν αὐτὸν ἐγένετο τόπον. ἔστι δ' ὠκεανὸς μὲν, ὁ ὠκέως νέων κύκλος. καὶ ἐφεξῆς μεταβάλλων. Τηθὺς δὲ ἡ δὲ τῶν ποιοτήτων ἐπιμονή. ἐκ γὰρ τῆς τούτων συγκράσεως, ἢ μίξεως, ὑφίσταται τὰ ὄντα. οὐδὲν δ' ἂν ἦν, εἰ θάτερον ἄμικτον ἐπεκράτει.

Περὶ τοῦ Διός.

Ἐπὶ δὲ ταῦτα, ἄλλως ὁ Ζεὺς πατὴρ λέγεται θεῶν καὶ ἀνθρώπων,
μ διὰ τὴν τοῦ κόσμου φύσιν αἰτίαν γεγονέναι τῆς τούτων ὑποστάσεως, ὡς οἱ πατέρες γεννῶσι τὰ τέκνα. νεφεληγερέτην δὲ καὶ ἐρίγδουπον αὐτὸν καλοῦσι, τῷ αἴτιον ὑπὲρ ἡμᾶς νέφη καὶ βροντὰς συνίστασθαι καὶ τοὺς κεραυνοὺς ἐκεῖθεν, καὶ τὰς καταιγίδας ἐνσκήπτειν. ἄλλως, ἤδη τῷ τὸν οὐρανὸν λελογχότι θεῷ πάντας τοὺς ὑπὲρ γῆν τόπους ἀπονεμομένους. διὰ μὲν τὰς αἰγίδας ὡς δὴ ἀπὸ τοῦ ἀίσσειν τοῦ ὁρμᾶν, τὸ ὄνομα αἰγίοχος ἐκλήθη. δι' ἄλλας δὲ ὁμοιοειδεῖς καὶ εὐεπιγνώστους αἰτίας, ὑέτιος, καὶ ἐπικάρπιος, καὶ καταβάτης, καὶ ἀστραπαῖος, καὶ ἄλλως δὲ πολλαχῶς, κατὰ διαφόρους ἐπινοίας. καὶ σωτῆρα. καὶ ἕρκιον. καὶ πολιέα. καὶ πατρῷον. καὶ ὁμόγνιον. καὶ ξένιον. καὶ κτήσιον. καὶ βουλαῖον. καὶ τροπαιοῦχον. καὶ ἐλευθέριον αὐτὸν προσαγορεύουσιν, ἀπεριλήπτων ὅσων ὀνομασιῶν αὐτῷ τούτων οὐσῶν. ἐπεὶ διατέτακεν εἰς πᾶσαν δύναμιν καὶ σχέσιν, καὶ πάντων αἴτιος καὶ ἐπόπτης ἐστίν. Οὕτω δὲ ἐρρέθη καὶ τῆς δίκης πατὴρ εἶναι. ὁ γὰρ παραγαγὼν εἰς τὰ πράγματα τὴν κοινωνίαν τῶν ἀνθρώπων, καὶ παραγγείλας αὐτοῖς μὴ ἀδικεῖν ἀλλήλους, οὗτός ἐστι. καὶ τῶν χαρίτων, ἐνταῦθα γάρ εἰσιν αἱ τοῦ χαρίζεσθαι καὶ εὐεργετεῖν ἀρχαί. καὶ τῶν ὡρῶν τῶν κατὰ τὰς τοῦ περιέχοντος ποιουσῶν μεταβολὰς σωτηρίους. καὶ τῶν γινομένων ἐπὶ τῆς γῆς ἄλλων, καὶ ὠνομασμένων ἀπὸ τῆς φύσεως, οὗτός ἐστι παροχεύς. παρεισάγουσι δ' αὐτὸν τελείου ἀνδρὸς ἡλικίαν ἔχοντα, ἐπεὶ οὔτε τὸ παρηκμακὸς, οὔτε τὸ ἐλλιπὲς ἐμφαίνει. τὸ δ' ἢ κατηρτηκὸς οἰκεῖον. διὰ τοῦτο καὶ τέλεια αὐτῷ θύουσι. τὸ δὲ σκῆπτρον, τῆς δυναστείας αὐτοῦ σύμβολόν ἐστι. πολλαχοῦ δὲ καὶ νίκην κρατῶν, πλάττεται. περίεστι γὰρ πάντων οὐδὲν ἡττᾶν αὐτοῦ δύναται. ἱερὸς δὲ ὄρνις αὐτοῦ, ὁ ἀετὸς λέγεται εἶναι, διὰ τὸ ὀξύτατον αὐτὸν εἶναι τῶν ἄλλων πτηνῶν. στέφεται δὲ ἐλαίᾳ, διὰ τὸ ἀειθαλὲς καὶ λιπαρὸν καὶ πολύχρηστον. ἢ διὰ τὴν ἐμφέρειαν τῆς πρὸς τὸν οὐρανὸν γλαυκότητος. λέγεται δὲ ὑπό τινων καὶ ἀλάστωρ καὶ παλαμναῖος, τῷ τοὺς ἀλάστορας καὶ παλαμναίους κολάζειν. τῶν μὲν ὠνομασμένων ἀπὸ τοῦ τὰ τοιαῦτα ἁμαρτάνειν, ἐφ' οἷς ἔστιν ἀλαστῆσαι καὶ στενάξαι. τῶν δὲ ἀπὸ τοῦ τὰς παλάμας μιάσματος ἀνεκπλύτοις ἀποτελεῖν.

Περὶ τῶν ἐριννύων.

Ἀπὸ τὸν αὐτὸν λόγον καὶ αἱ λεγόμεναι γεγόνασιν ἐριννύες, ἐρευνητῆρες
κ τῶν ἁμαρτανόντων οὖσαι. μέγαιρα, τισιφόνη, καὶ ἀληκτώ. ὡς περεὶ

μεταίροντος τούτοις τοῦ θεοῦ καὶ τιννυμένου. ἤγουν τιμωρουμένας τοὺς γινομένους ὑπ' αὐτῶν φόνους, καὶ ἀλήκτως καὶ ἀπαύστως τοῦτο ποιοῦντος. σεμναὶ δ' αὗται ὄντως αἱ θεαί, καὶ εὐμενίδες κατὰ τὴν εἰς τοὺς ἀνθρώπους εὐμένειαν τῆς φύσεως διατάττεσθαι. καὶ τὴν πονηρίαν κολάζεσθαι. φρικώδεις δὲ τὰς ὄψεις ἔχουσαί εἰσι, καὶ πυρὶ καὶ μάστιξι τοὺς ἀσεβεῖς διώκουσαι, καὶ ὄφεις πλοκάμους ἔχουσαι, τῷ τοιαύτην φαντασίαν τοῖς κακοῖς ποιεῖν, ὡς ἂν ἀποτίνωσι ποινὰς ἀντὶ τῶν πλημμελημένων. ἐν ᾅδη οἰκεῖν λέγονται, διὰ τὸ ἐν ἀσαφεῖ κεῖσθαι τὰς τούτων αἰτίας καὶ ἀπροόρατον ὑφίστασθαι τὴν φοίτησιν αὐτῶν τοῖς ἀξίοις.

Ἔτι περὶ τοῦ Διός.

Καλῶς δὲ τούτοις λέγεται, καὶ ὅτι πάντ' ἐφορᾷ Διὸς ὀφθαλμός,
α ι καὶ πάντ' ἐπακούει. πῶς γὰρ οἷόν τέ ἐστι τὴν πάντων διοικοῦσαν δύναμιν λανθάνειν τί τῶν ἐν τῷ κόσμῳ γινομένων. προσαγορεύουσι δὲ καὶ μειλίχιον τὸν Δία, εὐμείλικτον ὄντα τοῖς ἐξ ἀδικίας μετατιθεμένοις. οὐ δὲ γὰρ ἀδιαλλάκτως ἔχει πρὸς αὐτούς. διὰ τοῦτο γὰρ καὶ ἱκεσίου Διός εἰσι βωμοί.

Περὶ τῶν λιτῶν.

Αἱ τὰς λιτὰς ὁ ποιητὴς ἔφη, Διὸς θυγατέρας εἶναι. χωλὰς μὲν οὔ-
κ σας, διὰ τὸ πίπτειν τοὺς γονυπετοῦντας. ἐπὶ παραστάσει δὲ τῆς ἀσθενείας αὐτῶν, πάλιν ῥυσάς. παραβλῶπας δὲ, διὰ τὸ παρειδόντας τινὰς τινά, ὕστερον ἀνάγκην ἔχειν λιτανείας. Ἔτι εἰδωλοποιεῖ τὰς λιτὰς ὁ ποιητής, ὡς δαίμονάς τινας. χωλὰς μὲν αὐτὰς κέκληκε, διὰ τὸ βραδέως καὶ μόλις προσιέναι. καὶ λιτανεύειν τούτους τοὺς προηδικηκότας ὦσι. ῥυσὰς δὲ καὶ διαστρόφους τὰς ὄψεις, ἐπεὶ βαρέως καὶ οὐ γεγηθότι τῷ προσώπῳ προσορᾶν δύνανται τοὺς προηδικημένους, παρ' ὧν αἰτοῦνται συγγνώμην. Διὸς δὲ θυγατέρας γενεαλογεῖ, ὥστε σεβασμίας εἶναι.

Περὶ τῶν μοιρῶν.

Ζεὺς δέ ἐστι καὶ ἡ μοῖρα, διὰ τὸ μὴ ὁρωμένην διανέμησιν εἶναι τῶν ἐπι-
δ βαλλομένων ἑκάστῳ. ἐντεῦθεν ἤδη τῶν ἄλλων μερίδων μοιρῶν ὠνομασμένων. Αἶσα δέ ἐστιν ἡ ἄϊστος καὶ ἄγνωστος αἰτία τῶν γινομένων. ἐμφαίνεται δὲ νῦν ἡ τῶν κατὰ μέρος ἀδηλία, ἢ ὡς οἱ πρεσβύτεροι, ἡ ἀεὶ οὖσα. Εἱμαρμένη δέ ἐστι, καθ' ἣν μεμοίραται καὶ συνείληπται πάντα ἐν τάξει στοιχείου, μὴ ἔχοντος πέρας γινόμενα, ἅπερ ἡ πρώτη συλλαβὴ περιέχει, καθάπερ καὶ ἐν τῷ εἱρμῷ. Ἀνάγκη δέ ἐστιν ἣν ἄξαι καὶ ἧς περιγενέσθαι οὐκ ἔστιν, ἢ ἐφ' ἣν πάντα γοῦν ἃ ἂν γένηται τὴν ἀναγωγὴν λαμβάνει. Κατ' ἄλλον δὲ τρόπον, τρεῖς μοῖραι παρεισάγονται, κατὰ τὸ τριοδὸν τῷ χρόνῳ. Καὶ Κλωθὼ μὲν ὠνόμασται μία, ἀπὸ τοῦ κλώσει ἐρίων ἐοικέναι τὰ γινόμενα, ἄλλων ἄλλοις ἐμπιπτόντων. καθὸ καὶ νήθειν αὐτὴν οἱ πρεσβύτατοι διατυποῦσιν. Ἄλλην δὲ Λάχεσιν ἀπὸ τοῦ τῇ κατὰ κλήρους λήξει τὰ ἀποδιδόμενα ἑκάστῳ προσεοικέναι. Ἄτροπος δ' ἡ τρίτη, διὰ τὸ ἀτρέπτως ἔχειν τὰ κατ' αὐτὴν διατεταγμένα. Ἡ δ' αὐτῶν δύναμις οἰκείως ἂν δόξαι τῶν τριῶν προσηγοριῶν τυγχάνειν. Αὕτη δέ ἐστι καὶ Ἀδράστεια. ἤτοι παρὰ τὸ ἀνέκφευκτος, καὶ ἀναπόδραστος εἶναι ὠνομασμένη, ἢ παρὰ τὸ ἀεὶ δρᾶν τὰ κατ' αὐτήν. ὡσανεὶ ἀειδράστεια οὖσα: ἢ τοῦ στερητικοῦ μορίου νῦν, τὸ πολὺ ἐπιδηλοῦντος. ὡς ἄξυλος ὕλη. πολυδράστεια γάρ ἐστι. Νέμεσις δὲ, ἀπὸ τῆς νεμέσεως προσηγορεύθη. Ὄπις δὲ, ἀπὸ τοῦ λανθάνειν ὄπισθεν, καὶ παρατηρεῖν τὰ πραττόμενα ὑφ' ἡμῶν, κολάζειν τὰ κολάσεως ἄξια.

Sed laqueus, qui cepit, te cum malis tenet.
A ffabulatio, In amicum cuiusdam coniúctum
cum inimicis amici ipsius.

Π ερὶ κυνὸς καὶ εἰδώλου αὐτοῦ ἐν τῷ ὕδατι.
Φ έρων ποταμοῦ πλησίον κύων κρέας,
κύψας ἑαυτὸν, ἄλλον εἰς ὕδωρ βλέπει.
χανὼν δὲ λοιπὸν τοῦ κάτω λαβεῖν κρέας,
ἀπεστερεῖτο καὶ τοῦ, οὗπερ ἐκράτει
Ε πιμύθιον, ὅτι ὁ πλεονεκτῶν μᾶλλον ζημιοῦται.

De Cane, & imagine ipsius in aqua.
C anis secundum flumen carnes ferens,
cum se acclinasset, alium in aqua uidet.
Hiscens auté ut inferiores alias carnes capet,
Priuatus & iis est, quarum dominus erat.
A ffabulatio, qđ cupidus magis damno afficit.

Π ερὶ ὄνου καὶ ἁλὸς, καὶ σπόγγων.
Π εραῶν ποταμὸν, φέρτον ἦγ᾽ ἁλὸς ὄνος,
ἐν ᾧ τε καὶ πέπτωκε κουφισθεὶς βάρους.
σπόγγων δ᾽ ἔπειτα πλῆθος οὕτως ὡς φέρων,
πεσὼν ἑκόντι, δυστυχῶς ἀπεπνίγη.
Ε πιμύθιον, ὅτι πολλάκις προσδοκία κέρδους, εἰς
ζημίαν καταντᾷ.

De Asino & sale, & spongiis.
T ranseundo fluuiú onus salis portabat Asin⁹.
In quo etiam cecidit leuatus onere.
Dehinc cum itidem multú spongiarū ferret,
Cecidit sponte, & infeliciter soffocatus est.
A ffabulatio, Quod plerunq; expectatio lucri in
dannum incurrit.

Π ερὶ καμήλου, καὶ διός.
Κ υρτὴ θεὸν κάμηλος ἐξήτει κέρα.
ἣν ἐξεμυκτήρισε τῆς ἀβουλίας.
ζημοῖ γὰρ αὐτὴν λοιπὸν, ὦτα, καὶ κάρα,
ὡς ἂν γε παντάπασιν αἰσχίστη πέλῃ.
Επιμύθιον, ὅτι δεῖ παρὰ τοῦ θεοῦ, αἰτεῖν τὰ προσήκοντα

De Camelo, & Ioue
C urua Camelus a deo petebat cornua
Quam derisit malo consilio.
Minuit enim ei de cætero aures, & caput,
Vt ab omni parte foret turpissima.
a ffabulatio, qđ oporteat a deo cōueniétia peter

Περὶ λύκου, καὶ ἀρνός.
Λ ύκος πρὸς ἄρνα φησὶν, οὐ πρόσθεν σύ μοι
ὕδωρ ταράττεις; ἄρτι γαστρὸς ἐξέφυν.
καὶ πῶς ὕδωρ ταράττον ἀγνοῶ, πότε.
θοίνη γένῃ μοι κἂν θέμις, κἂν μὴ θέμις.

Ἐπιμύθιον, πρὸς τοὺς ἀδίκως, φανερῶς ἀδικοῦντας.

De Lupo, & Agno.

Lupus Agno inquit, non'ne dudum tu mihi
Aquā perturbasti? nuper ex uentre natus sũ,
Et quomodo Aquā pturbarim nescio qñ.
Cœna fies mihi & iure, & iniuria.

Affabulatio, aduersus eos, qui intrepide palam
iniurii sunt.

Περὶ δειλοῦ κυνηγοῦ, καὶ ποιμένος.

Δειλὸς κυνηγὸς πρός τιν' εἶπε ποιμένα,
εἴ που λέοντος ἴχνος εἶδες, μοὶ φράσον.
σὺ τοῦτον εἶπεν εἰ θέλεις, δείξω, πέλας
ἴχνος. κυνηγὸς εἶπεν, οὐ ζητῶ πλέον.

Ἐπιμύθιον, πρὸς ἀνθρώπους θρασεῖς πρὸς λόγους,
καὶ πρὸς ἔργα δειλούς.

De Venatore timido, & pastore.

Timidus uenator pastori cuidam ait,
Sicubi Leonis uestigium nosti, dic mihi.
Tu hoc ait uis, ostendam, prope
Vestigium. Venator ait. nõ quæro amplius.

Affabulatio, aduersus homines audaces uerbis,
& factis timidos.

Περὶ ἱππότου, καὶ ἀγροικοῦ.

Ηἴτει λαβεῖν ἀγροῖκον λαγὼν ἱππότης.
λαβὼν δὲ χερσὶ τοῦτον, ἠρώτα πόσου;
καὶ πῶλον ἐξήλαυνεν, ἀγροῖκος δ' ἔφη.
μὴ σπεῦδε, σοὶ δώρημα τοῦτο προσφέρω.

Ἐπιμύθιον, πρὸς τοὺς ἐξ ἀνάγκης, προϊεμένους τὰ ἴδια

De equite, & Agricola.

Petebat leporē ab agricola, ut accipet miles,
Accepto eo manibus, rogabat, quanti?
Et equum admisit, Agricola autem ait,
Ne festina. tibi donũ hoc offero.

Affabulatio, aduersos eos, qui necessario recu-
sant res suas.

Περὶ λύκου, καὶ ὄνου.

Ὀδοῦσιν ἧλον εἷλεν ἐξ ὄνου λύκος.
αἰτῶν δὲ μισθὸν πλήττεται λὰξ τὴν γένυν.
λύκος δέ φησι πῶς μάγειρος ὢν πάλαι,
ἰατρικῆς μετῆλθον ἔργ' ἀναξίως;

Ἐπιμύθιον, πρὸς τοὺς τὴν ἰδίαν τέχνην καταλιμ-
πάνοντας, καὶ ἑτέρας μετερχομένους ἐπὶ βλάβῃ.

De Lupo, & Asino.

Ex Asino clauum dentibus extraxit Lupus,
Petens mercedem, percutitur calcibus genā.
Lupus autem inquit, quõ cocus cũ essē olim

Περὶ τῶν μουσῶν.

Λέγεται δ' ἐκ μνημοσύνης γεννῆσαι τὰς μούσας ὁ ζεύς. ἐπειδὴ καὶ τῶν λ κατὰ παιδείαν μαθημάτων, εἰσηγητὴς ἐγένετο. ἃ δὴ καὶ ἐκ μελέτης καὶ κατοχῆς ἀναλαμβάνεσθαι πέφυκε. καὶ ὡς ἀναγκαιότατα πρὸς τὸ ζῆν εὖ ὄντα. καλοῦνται δὲ μοῦσαι, ἀπὸ τῆς μώσεως, ὅ ἐστι ζητήσεως, καθὼς εἴρηται. μὴ τὰ μαλακὰ μώσο, μὴ τὰ σκληρὰ ἔχῃς. ἐννέα δ' εἰσὶ διὰ τὸ τετραγώνους, ὥς φησί τις καὶ περιττοὺς προσήκοντας αὐταῖς ἀποτελεῖν. τοιοῦτος γάρ ἐστιν ὁ τῶν ἐννέα ἀριθμός, συνιστάμενος κατὰ τὸ ἐφ' ἑαυτὸν γενέσθαι, καὶ τὸ τοῦ πρώτου ἀπὸ τῆς τελειότητος κατά τινας μετέχειν δοκοῦντος ἀριθμοῦ. λέγονται δὲ παρά τισι καὶ δύο μόνον εἶναι. παρ' οἷς δὲ τρεῖς, παρ' οἷς δὲ τέσσαρες, παρ' οἷς δὲ ἑπτά. τρεῖς μὲν, διὰ τὴν προειρημένην τῆς τριάδος τελειότητα, ἢ διὰ τὸ τρία γένη θεωρημάτων εἶναι, δι' ὧν ὁ κατὰ φιλοσοφίαν λόγος συμπληροῦται. δύο δὲ, ἀπὸ τοῦ θεωρεῖν τε καὶ πράττειν τὰ δέοντα, καὶ ἐν δυσὶ τούτοις συνιστάναι τὴν παιδείαν. τέσσαρας δὲ καὶ ἑπτά, τάχα διὰ τὰ παλαιὰ τῶν μουσικῶν ὀργάνων τοσούτους φθόγγους ἐσχηκέναι. θήλειαι δὲ παρήχθησαν, τῷ τὰς ἀρετὰς καὶ τὴν παιδείαν, θηλυκὰ ὀνόματα ἐκ τύχης ἔχειν. πρὸς σύμβολον δὲ τοῦ ἑδραιότατον τοῦ τὴν πολυμάθειαν περιποιεῖσθαι. ἔστι δ' εἰπεῖν καὶ διὰ τὸ γόνιμον, ὃ ψυχῆς διαγνώσει ἐνεστι. συνῳδοῦσι δὲ καὶ συγχορεύουσιν ἀλλήλαις, πρὸς παράστασιν τοῦ τὰς ἀρετὰς ἀχωρίστους αὐτῶν καὶ διαζεύκτους εἶναι. περὶ τοὺς τῶν θεῶν δὲ ὕμνους καὶ τὴν θεραπείαν καταγίνονται μάλιστα, ἐπειδὴ στοιχεῖον καὶ ἀρχὴ παιδείας ἐστὶ τὸ ἀφορᾶν πρὸς τὸ θεῖον. καὶ τοῦτ' ὑπόδειγμα τοῦ βίου ποιησαμένους, ἀσόμακ ἔχειν δεῖ.

Ἄλλως δὲ, κλειὼ μὲν μία τῶν μουσῶν ἐστιν, ἀπὸ τοῦ κλέους τυγχάνειν τοὺς πεπαιδευμένους καὶ τοὺς ἑτέρους κλεΐζειν. Εὐτέρπεια δὲ, ἀπὸ τοῦ τὰς ὁμιλίας αὐτῶν εὐτερπεῖς καὶ εὐαγώγους εἶναι. Θάλεια δὲ, ἤτοι διὰ τὸ θάλλειν τὸν βίον αὐτῶν, ἢ διὰ τὸ ἔχειν αὐτοὺς καὶ τὴν συμποτικὴν ἀρετὴν, ἐπιδεξίως καὶ ἐμμούσως ἀναστρεφομένους ἐν ταῖς θαλείαις. Μελπομένη δὲ, ἀπὸ τῆς μολπῆς καὶ τῆς γλυκείας φωνῆς μετὰ μέλους οὔσης. μέλπονται γοῦν οἱ ἀγαθοὶ ἀπὸ πάντων, καὶ μέλπουσι καὶ αὐτοὶ τοὺς θεοὺς, καὶ τοὺς πρὸ αὐτῶν γεγονότας. Τερψιχόρη δὲ, διὰ τὸ τέρπεσθαι καὶ χαίρειν αὐτῇ τὸ πλεῖστον μέρος τοῦ βίου. ἢ καὶ διὰ τὸ ἀπὸ τοῦ ὁρᾶσθαι παρέχειν τέρψιν τοῖς προσπελάζουσιν αὐτῇ. εἶδος στοιχείου πλεονάζοντος ἐν τῷ ὀνόματι. τάχα δὲ ἐπεὶ καὶ χοροὺς ἵστησαν οἱ παλαιοὶ τοῖς θεοῖς. συντιθέντων αὐτοῖς τὰς ᾠδὰς τῶν σοφωτέρων. Ἡ δ' ἐρατὼ, πότερον ἀπὸ τοῦ ἔρωτος λαβοῦσα τὴν ὀνομασίαν τὴν περὶ πᾶν εἶδος φιλοσοφίας παρείσησιν, ἢ τοῦ περὶ τὸ ἐρέσθαι καὶ ἀποκρίνεσθαι ἐπιστήμονας εἶναι ὡς διαλεκτικῶν ὄντων καὶ τῶν σπουδαίων. Πολύμνια δέ ἐστιν, ἡ πολύυμνος ἀρετή. ἢ μᾶλλον, ἡ πολλοὺς ὑμνοῦσα, καὶ ὅσα περὶ τῶν προγενεστέρων ὑμνεῖται παρειληφυῖα, καὶ τῆς ἔκ τε τῶν ποιημάτων, καὶ τῶν ἄλλων συγγραμμάτων ἱστορίας ἐπιμελουμένη. Οὐρανία δέ ἐστιν, ἡ περὶ τὰ οὐράνια καὶ τὴν τῶν ὅλων φύσιν ἐπιστήμη. τὸν γὰρ ὅλον κόσμον, οὐρανὸν ἐκάλουν οἱ παλαιοί. Καλλιόπη δὲ, ἡ καλλίφωνος καὶ καλλιεπὴς ῥητορική, δι' ἧς πολιτεύονται, καὶ δήμοις προσφωνοῦσιν ἄγοντες πειθοῖ καὶ οὐ βίᾳ ἐφ' ὅ, τι ἂν προαιρῶνται. δι' ἣν αἰτίαν, ταύτην μάλιστά φησιν βασιλεῦσιν ἅμ' αἰδοίοισιν ὀπηδεῖν. Ἀποδίδονται δὲ αὐτῇ ποικίλα, ἔργα ἐμφαίνουσαι ἑκάστου, ὅτι ἥρμοσται, καὶ σύμφωνος αὐτῷ αὐτὸς, καὶ ὁμολογούμενος, ὁ τῶν ἀγαθῶν βίος ἐστί. συγχορεύει δὲ αὐταῖς καὶ ὁ ἀπόλλων διὰ τὴν κοινωνίαν τῆς μουσικῆς. παραδέδοται γὰρ καὶ οὗτος κιθαριστής, δι' ἣν εἴσῃ μετ' ὀλίγον αἰτίαν. αἱ δὲ τοῖς ὄρεσί φασι θηρεύειν, ἐπειδὴ καὶ χρείαν ἔχωσι τοῦ μεμονωμένως καὶ συνεχῶς εἰς τὴν ἠρεμίαν ἀναχωρεῖν οἱ φιλοσοφοῦντες. ἧς χωρὶς, οὐδὲν σεμνὸν εὑρίσκεται κατὰ τὸν κωμικόν. τούτου δ' ἕνεκε, καὶ ἐννέα λέγεται ὁ Ζεὺς συγγενόμενος τῇ μνημοσύνῃ γεννῆσαι αὐτάς. καὶ γὰρ τῆς ἐννυκτὶ ζητήσεως δεῖ πρὸς τὰ κατὰ παιδείαν. Εὐφρόνην γὰρ οἱ ποιηταὶ οὐδ' ἄλλο τι τὴν νύκτα ἐκάλεσαν, ἢ διὰ τὸ εὖ φρονεῖν ἐν αὐτῇ, ὡς καὶ ἐπίχαρμος. εἴτε τί φησι ζητεῖς σοφὸν, τῆς νυκτὸς ἐνθυμητέον. καὶ πάντα τὰ σπουδαῖα νυκτὶ μᾶλλον εὑρίσκεται. τινὲς δ' οὐρανοῦ καὶ γῆς ἔφασαν αὐτὰς φῦναι, ὡς ἀρχαιότατα ἡγεῖσθαι τὸν περὶ τούτου λόγον δέοντος. στεφανοῦνται δὲ φοίνικι, ὡς μέν τινες νομίζουσι, διὰ τὴν ὁμωνυμίαν ἀπὸ τῶν φοινίκων δοκεῖν εὑρήματα εἶναι τὰ γράμματα. ὡς δ' εὐλογώτερόν ἐστι, διὰ τὸ ζυφερὸν καὶ εὐεργὲς καὶ ἀείζωον, καὶ δυσανάβατον, καὶ γλυκύκαρπον τοῦ φυτοῦ.

Περὶ τῶν χαρίτων.

πιβαλλόντως δ' ἡμῖν ὡς εἴρηται καὶ εὐεργετικοὺς εἶναι, παραδεδώ-
ἐ κασιν οἱ πλεῖστοι, Διὸς θυγατέρας χάριτας. οἱ μὲν, ἐξ εὐρυδομένης αὐ-
τὰς γεγονυίας τῷ μάλιστα ἀπὸ ἐξηρημένων, καὶ διαβεβοημένων δόμων, τὰς δωρεὰς φιλεῖν δίδοσθαι. οἱ δ' εὐρυνόμης. καὶ τούτῳ παριστῶντες ὅτι χαριστικώτεροί πως εἰσὶν, ἢ ὀφείλουσιν εἶναι οἱ μεγάλους κλήρους νεμόμενοι. τινὲς δὲ ἐξ εὐρυμεδούσης, εἰς ταυτὸ συντείνοντες καὶ τοῦτο τοῦ ἐτύμου. κυριεύουσι γὰρ τῶν ἰδίων οἱ ἄνθρωποι. τὴν δ' ἥραν ἄλλοι διδόασιν αὐταῖς μητέρα καθὸ εὐγενέσταται τῶν θεῶν εἰσι. πρὸς ἄλλην δὲ ἔμφασιν γυμναὶ παρεισάγονται, ὡς καὶ τῶν μηδὲν κτῆμα ἐχόντων, ὑπουργεῖν τινὰ, καὶ ὠφελίμως χαρίζεσθαι πάντως. ἵνα τις εὐεργετικὸς ᾖ δεόντως ὡς εἴρηται. καὶ τὸ, ξενίων δέ τε θυμὸς ἄριστος. τινὲς δὲ οἴονται διὰ τῆς γυμνητείας αὐτῶν παρίστασθαι τὸ εὐλύτως καὶ ἀνεμποδίστως δεῖν ἔχειν πρὸς τὸ χαρίζεσθαι. λέγονται δ' ὑφ' ὧν μὲν, δύο· ὑφ' ὧν δὲ, τρεῖς. δύο μὲν, ἐπειδὴ τοὺς μὲν δεῖ προκατάρχειν χάριτος. τοὺς δὲ, ἀμείβεσθαι. τρεῖς δὲ, ἐπειδὴ οὐ καλῶς ἔχει τὸν τετυχότα ἀμοιβῆς ἵστασθαι χαριστικῆς· ἀλλὰ πάλιν χαρίζεσθαι. ἵνα ἀκατάπαυστος τοῦτο γίνηται. καὶ τοῦθ' ὅτι δεῖ γίνεσθαι, καὶ τῆς χορείας αὐτῶν ἐμφαινούσης. ἕτεροι δ' ἔφασαν μίαν μὲν εἶναι χάριν τὴν περὶ τὸν ὑπουργοῦντά τι ὠφελίμως. ἑτέραν δὲ τὴν περὶ τὸν δεχόμενον τὴν ὑπουργίαν. καὶ ἐπιτηροῦντα τὸν καιρὸν ἀμοιβῆς. τρίτην δὲ περὶ τὸν ἀνθυπουργοῦντα, κατ' αὐτόν που τὸν καιρόν. ἱλαρῶν δ' εὐεργετῶν οὐσῶν, καὶ ἱλαροὺς ποιουσῶν τοὺς εὐεργετουμένους τῶν χαρίτων, πρῶτον μὲν, κοινῶς ἀπὸ τῆς χαρᾶς, χάριτες ὠνομάσθησαν. καὶ εὔμορφοι δὲ λέγονται εἶναι, διὰ τὸ εὐειδίαν καὶ πιθανότητα χαρίζεσθαι. εἶτα κατ' ἰδίαν, ἡ μὲν, ἀγλαΐα προσηγόρευται. ἡ δὲ, θάλεια. ἡ δὲ, εὐφροσύνη. διὰ τοῦτο ἔνιοι εὐανθῆν ἔφασαν τὴν μητέρα αὐτῶν εἶναι. τινὲς δ' αἴγλην. συνοικεῖν δ' ὅμηρος ἔφη μίαν τῶν χαρίτων ἡφαίστῳ, τάχα διὰ τὸ ἐπιχάριτα εἶναι τὰ τεχνικὰ ἔργα.

Περὶ τοῦ ἑρμοῦ.

γεμόνα δὲ παραδεδώκασιν αὐτῶν τὸν ἑρμῆν, ἐμφαίνοντες ὅτι εὐλογίστως
ἡ δεῖ χαρίζεσθαι καὶ μὴ εἰκῇ· ἀλλὰ τοῖς ἀξίοις. ὁ γὰρ ἀχαριστηθεὶς ὀκνη-
ρότερος γίνεται πρὸς τὸν εὐεργέτην. τυγχάνει δὲ ἑρμῆς ὁ λόγος ὢν ὃν ἀπέστειλαν πρὸς ἡμᾶς οἱ θεοὶ, μόνον τὸν ἄνθρωπον ἀπὸ τῶν ἐπὶ γῆς ζώων, λογικὸν ζῶον ποιήσαντες, ὃ παρὰ τἄλλα ἐξοχώτατον εἶχον αὐτοί. ὠνόμασται

δὲ, ἀπὸ

Medicinæ opera indigne exercui?
Affabulatio, In eos qui propriam artem derelin
quunt, & aliam agrediuntur incommode.

περὶ λύκου, καὶ γεράνου.

ε ἰς λαιμὸν ὀστοῦν ἐμπέπηγε τοῦ λύκου·
μισθῷ δ' ἑλὼν γέρανος, ἤτει τὴν χάριν,
σῶον τράχηλον ἐκ λύκου λαιμοῦ φέρων,
μὴ δ' ἄλλο μηδὲν μισθὸν, ἢ τοῦτο σκόπει.
ε πιμύθιον, πρὸς τοὺς ἐπικίνδυνον πρᾶξιν ἐγχειρή-
σαντας, καὶ μετὰ τὸ συνθήμα ζητοῦντας μισθόν.

De Lupo, & Grue.

I n lupi gutture os infixum erat.
Mercede át cũ extraxisset grus, petebat ꝑtiũ.
Saluum collum ex lupi gutture ferens,
Nullam aliam mercedem, q̃ hoc consydera.
A ffabulatio, In eos, q ꝑiculosũ negociũ aggre-
diunt, & post cõuentionem q̃runt mercedẽ.

περὶ ταύρου, καὶ τράγου.

η λαυνε ταῦρον ἐξ εὐνῆς κοίτης τράγος,
ὃν θὴρ λέων δίωκεν, εἶπε δὲ στένων,
εἴπερ με μὴ λέοντος ἐπτόει φόβος,
ἔγνως ὅσον ταύρου τε, καὶ τράγου σθένος.
ε πιμύθιον, πρὸς τοὺς καταδεχομένους ὑβρίζεσθαι
ὑπὸ μικρῶν, διὰ φόβον ἑτέρων μειζόνων.

De Tauro, & hirco.

E xpellabat taurum ex suo cubili hircus,
Qué fera leo insectabatur, ait autem suspirás
Nisi me leonis timor perterreret,
Scires quanta tauri & hirci uis sit.
A ffabulatio, Ad eos, qui affici iniuria ferunt a
paruis metu maiorum.

περὶ μύρμηκος, καὶ τέττιγος.

η τει τροφὴν μύρμηκα τέττιξ ἐν κρύει·
μύρμηξ δ' ἔφησε, τί θέρους ὄντος ἔδρας;
ὡς ἐν θέρει εἴρηκεν ᾖδον ὀξέως.
χειμῶνος ὀρχοῦ φησι, μὴ τροφῆς ἔρα.
ε πιμύθιον, πρὸς τοὺς μὴ θέλοντας ἐν νεότητι κοπι-
ᾶν, καὶ διὰ τοῦτο ἐν τῷ γήρᾳ πτωχεύοντας.

De Formica, & Cicada.

P etebat a formica cicada cibum.
Sed formica ait, quid æstate faciebas?
Quod acute æstate caneret dixit,
Hyeme salta inquit, ne ama cibum.
Affabulatio, aduersus eos, q in iuuentute nolũt
laborare, & ꝑpea in senectute mendicant.

περὶ ὄφεως, καὶ γεωργοῦ.

θάλπε τις γεωργὸς ἐν κόλποις ὄφιν,

ὥρᾳ κρύους. ἐπεὶ δὲ θέρμης ᾔσθετο,
ἔπληξε τὸν θάλψαντα, κἄκτεινε τάχος.
οὕτω κακοὶ ποιοῦσι τοὺς εὐεργέτας.

De ſerpente, & Agricola.

Agricola quidam in ſinu fouit ſerpentem
Frigoribus, ubi autem calorem ſenſit,
Percuſſit eum qui fouit, atq; occidit ſtatim.
Sic mali tractant benefactores.

Περὶ χελιδόνος, καὶ ἀηδόνος.

Ἀγροῦ χελιδὼν μακρὰν ἐξεπωτήθη,
εὗρε δ᾽ ἐρήμοις ἐγκαθημένην ὕλαις
ἀηδόν᾽ ὀξύφωνον. ἡ δ᾽ ἀπεθρήνει
τὸν Ἴτυν, ἄωρον ἐκπεσόντα τῆς ὥρης.
χ᾽ ἡ μὲν χελιδὼν φησι φιλτάτη ζώοις,
πρῶτον βλέπω σε σήμερον μετὰ θρᾴκην.
ἀλλ᾽ ἔλθ᾽ ἐς ἀγρὸν, καὶ πρὸς οἶκον ἀνθρώπων.
σύσκηνος ἡμῖν, καὶ φίλη κατοικήσεις,
ὅπου γεωργοῖς, κοὐχὶ θηρίοις ᾄσεις.
τὴν δ᾽ αὖτ᾽ ἀηδὼν ὀξύφωνος ἠμείφθη,
ἔα με πέτραις ἐμμένειν ἀοικήτοις.
οἶκος δέ μοι πᾶς, ἥτε μίξις ἀνθρώπων
μνήμην παλαιῶν συμφορῶν ἀναφλέξει.

Ἐπιμύθιον, ὁ μῦθος δηλοῖ, ὅτι κρεῖττον ἐν ἐρήμοις
ζῆν ἀλύπως, ἢ συνοικεῖν ἐν πόλεσι τοῖς κακοῖς.

De Hirundine, & Philomela.

Procul ab agro Hirundo euolauit,
Reperit autem in deſertis ſidentem ſyluis
Acute canentem Luſciniam. ea uero lugebat
Itym immaturum exceſſiſſe e uita.
Et Hirundo inquit, cariſſima ſalua ſis,
Primum hodie te poſt thraciam uideo.
Sed ueni rus, & in domum hominum,
Contubernalis nobis, & cara habitabis,
Vbi agricolis, & non feris cantabis.
Cui Luſcinia canora reſpondit,
Sine me in petris manere deſertis.
Nam domus omnis, & conſuetudo hominū
memoriā antiquaꝝ calamitatum reaccēdet.

Affabulatio, fabula ſignificat, ꝑſtare ſine dolorẽ
uiuere in deſertis, q̃ cū malis habitarẽ in ciuita
tibus.

Ald. Lectori. S.

Hæc Gabrii trimetra cum Scazonte ultimo epi
grãmate nacti correctius exemplum, iterum
imprimenda curauimus, ut perperam excuſa
ante, hiſce queas corrigere. Vale.

δέ, ἀπὸ τοῦ ἐρεῖν καὶ μήσασθαι, ὅ ἐστι λέγειν· ἢ ἀπὸ τοῦ ἔρυμα ἡμῶν εἶναι καὶ οἷον ὀχύρωμα. ἐνθένδε πρῶτον μὲν διάκτορος κέκληται. ἤτοι ἀπὸ τοῦ διάτορος εἶναι καὶ τρανός, ἢ ἀπὸ τοῦ διαλέγειν τὰ νοήματα ἡμῶν εἰς τὰς τῶν πλησίον ψυχάς, καθὸ καὶ τὰς γλώσσας αὐτῷ καθιεροῦσιν. εἶτα ἐριούνιος ὀνομάζεται, ἀπὸ τοῦ μεγαλωφελής πως εἶναι, καὶ καθ' ὑπερβολὴν ὀνεῖν τοὺς χρωμένους αὐτῷ. καὶ σῶκος, ὡσανεὶ σωτὴρ τῶν οἴκων ὑπάρχων, ἢ ὡς τινὲς ἰσχυρός. καὶ τὸ ἀκάκητον λέγεσθαι τοιούτου τινὸς σημεῖόν ἐστιν. οὐ γὰρ πρὸς τὸ κακοῦν καὶ βλάπτειν. ἀλλὰ πρὸς τὸ σώζειν μᾶλλον γέγονεν ὁ λόγος. ὅθεν καὶ τὴν ὑγείαν αὐτῷ συνῴκισαν, ἀργειφόντης δέ ἐστιν, οἱονεὶ ἀργεφάντης, ἀπὸ τοῦ ἀργῶς πάντα φαίνειν καὶ σαφηνίζειν. τὸ γὰρ λευκόν, ἀργὸν ἐκάλουν οἱ παλαιοί, ἢ ἀπὸ τῆς κατὰ τὸ φοιτᾶν ταχύτητος. καὶ γὰρ τὸ ταχύ, ἀργὸν λέγεται κατὰ ἀντίφρασιν. χρυσόρραπις δέ, ὅτι πολύτιμός ἐστι καὶ ὁ ἐξ αὐτοῦ ῥαπισμός. πολλοῦ γὰρ ἀξία ἐστὶν ἡ εὔκαιρος νουθεσία καὶ ἐπιστροφὴ τῶν αὐτῇ προσεχόντων. παραδέδοται δὲ καὶ κῆρυξ θεῶν, καὶ διαγγέλλειν αὐτὸν ἔφασαν τὰ παρ' ἐκείνων τοῖς ἀνθρώποις. κῆρυξ μέν, ἐπεὶ διὰ φωνῆς γεγωνυίας παριστᾷ, τὰ κατὰ τὸν λόγον σημαινόμενα ταῖς ἀκοαῖς. ἄγγελος δέ, ἐπεὶ τὸ βούλημα τῶν θεῶν γινώσκομεν ἐκ τῶν ἐνδεδομένων ἡμῖν κατὰ τὸν λόγον ἐννοιῶν. πέδιλα δὲ φέρει πτερωτὰ καὶ δι' ἀέρος φέρεται συμφώνως τῷ ὁμήρῳ, καθάπερ εἴρηται τὰ ἔπη πτερόεντα. καὶ γὰρ τὴν ἶριν ποδήνεμον διὰ τοῦτο καὶ ἀελλόποδα καλοῦσιν ἄγγελον, ἀπὸ τοῦ ὀνόματος παρεισάγοντες. ψυχοπομπὸν δὲ τὸν ἑρμῆν ἐμυθεύσαντο εἶναι, συμβάλλοντες ὅτι περ ἴδιον αὐτοῦ ἐστι τὸ ψυχαγωγεῖν. διὰ τοῦτο καὶ ῥάβδον αὐτῷ ἐγχειρίζουσι, τῇ τ' ἀνδρῶν ὄμματα θέλγει, τὰ τῆς διανοίας δηλονότι. τοὺς δ' αὖτε καὶ ὑπνώοντας ἐγείρει. καὶ παρορμᾶν τε τοὺς παρειμένους ῥᾳδίως, καὶ καταστέλλειν τοὺς παρωρμηκότας δυνατός ἐστι. ἐντεῦθεν ἤδη τοὺς ὀνείρους ἐπιπέμπειν ἔδοξε, καὶ μάντις εἶναι διὰ τοῦ τοιούτου τρόπου, τρέπων ὡς βούλεται τὰς φαντασίας. θεῶν τ' ἄγγελοι ὄνειροι. οἱ δ' ἀποπληροῦντες περὶ τὴν εἰρημένην ῥάβδον, τὸ τοῦ κηρυκείου σχῆμα δράκοντες, σύμβολόν ἐστι τοῦ καὶ τοὺς θηριώδεις ὑπ' αὐτοῦ κηλεῖσθαι λύοντας τὰς ἐν αὐτοῖς διαφοράς, καὶ συνδέοντας αὐτοὺς ἅμματι δυσλύτῳ. διὰ τοῦτο γὰρ καὶ εἰρηνοποιὸν δοκεῖ τὸ κηρύκιον εἶναι. φέρουσι δ' ἄλλως οἱ μετιόντες τὴν εἰρήνην, καὶ θαλλοὺς ἀνὰ χεῖρας πρὸς ὑπόμνησιν τοῦ γεωργεῖσθαι θέλειν τὴν χώραν, καὶ φειδώ τινα εἶναι τῶν ἡμέρων, καὶ καρποφόρων φυτῶν. ἐκ δὲ μαίας ἔφασαν γεγεννῆσθαι δὴ τὸν ἑρμῆν. ἀποδηλοῦντες πάλιν διὰ τούτου θεωρίας καὶ ζητήσεως εἶναι γέννημα τὸ ζῶον. καὶ γὰρ αἱ μαῖαι, μαιούμεναι τὰς γυναῖκας, ἐντεῦθεν εἴρηνται μαῖαι, τῷ ὡσανεὶ ἐξερευνήσει προάγειν εἰς φῶς τὰ βρέφη. πλάττεται δὲ καὶ ἄχειρ καὶ ἄπους, καὶ τετράγωνος τῷ σχήματι ὁ ἑρμῆς. τετράγωνος μέν, τῷ τὸ ἑδραῖόν τε καὶ ἀσφαλὲς ἔχειν. ὥστε καὶ τὰς πτώσεις αὐτοῦ βάσιν εἶναι. ἄχειρ δὲ καὶ ἄπους, ἐπεὶ οὔτε ποδῶν οὔτε χειρῶν δεῖται πρὸς τὸ ἀνύειν τὸ προκείμενον αὐτῷ. οἱ δ' ἀρχαῖοι τοὺς μὲν πρεσβυτέρους καὶ γενειῶντας τὸν ἑρμῆν, ὀρθὰ ἐποίουν τὰ αἰδοῖα ἔχοντας. τοὺς δὲ νεωτέρους καὶ ἀγενείους παρειμένους. παριστῶντες, ὅτι ἐν ταῖς προβεβηκόσι ταῖς ἡλικίαις γόνιμος ὁ λόγος καὶ τέλειός ἐστιν. ὃς δὴ καὶ τυχὼν τῷ ὄντι ἐστὶ τυγχάνων ὧν ἂν προέληται. ἐν δὲ ταῖς ἀώροις, ἄγονος καὶ ἀτελής. ἵδρυται δὲ καὶ ἐν ταῖς ὁδοῖς. καὶ ἐνόδιος λέγεται καὶ ἡγεμόνιος, ὡς αὐτῷ εἰς πᾶσαν πρᾶξιν ἡγεμόνι χρῆσθαι. καὶ αὐτοῦ ὄντος τοῦ ἐν ταῖς βουλαῖς εἰς τὴν δέουσαν ἡμᾶς ἀνάγοντος. τάχα δὲ καὶ ἐπ' ἐρημίας, ἐπειδὴ κἀκεῖ τῆς παρασκευῆς αὐτοῦ καὶ τῆς θεραπείας δεῖ. διὰ δὲ τὸ κοινὸν αὐτὸν εἶναι ἔν τε ἀνθρώποις πᾶσι καὶ πᾶσι τοῖς θεοῖς, ὅταν τίς εὕρῃ τι προσάπτων ἐν ὁδῷ, συνήθες ἐπιφθέγγεσθαι κοινὸν ἐστὶ τὸν ἑρμῆν, ὃς δὴ συνίστωρ ἐστὶ τῆς εὑρέσεως ἐνόδιος ὤν, ἐμφαίνοοῦντες ὅτι κοινὸν ἀξιοῦσιν εἶναι καὶ τῶν ἐπιζημίων, ἐντεῦθεν καὶ τῶν εὑρημάτων ἑρμαίων λεγομένων. προσωρεύουσι δὲ τοὺς λίθους τοῖς ἑρμαῖς. ἑκάστου τῶν παριόντων, ἕνα τινὰ αὐτοῖς προστιθέντος, ἢ ὡς χρήσιμόν τι καὶ κοινωνικὸν τὸ παρ' αὐτοῦ ἕκαστος ποιῶν διὰ τοῦ καθαίρειν τὴν ὁδόν, εἴτε μαρτυροποιούμενος τὸν ἑρμῆν, εἴτε ὡς ἐπισημαινόμενος τὴν εἰς αὐτὸν τιμήν, εἰ μηδὲν ἄλλο ἔχει προσενεγκεῖν αὐτῷ, εἴτε ἐκ δηλότερον τοῖς παριοῦσι τὸ ἀφίδρυμα ποιῶν, εἴτε πρὸς σύμβολον τοῦ ἐκ μικρῶν μερῶν συνεστάναι τὸν προφορικὸν λόγον. λέγεται δὲ καὶ ἀγοραῖος πρώτως, εἰκότως. ἐπίσκοπος γὰρ τῶν ἀγοραζόντων τε καὶ πιπρασκόντων, ὡς μετὰ λόγου πάντα ποιεῖν δεόντως. ἐντεῦθεν καὶ τῶν ἐμπορειῶν ἐπιστάτης ἔδοξεν εἶναι, καὶ ἐμπολαῖος, καὶ κερδῷος ἐπωνομάσθη. τῆς δὲ λύρας εὑρετής ἐστιν οἷον τῆς συμφωνίας καὶ ὁμονοίας. καθ' ἣν οἱ ζῶντες εὐδαιμονοῦσιν, ἡρμοσμένην ἔχει τὴν διάθεσιν ἐμβάλλων. παραστῆσαι δ' αὐτῷ τὴν δύναμιν, καὶ τὴν τῶν ἀπεμφαινόντων θέλοντες, κλέπτην αὐτὸν παρέδωκαν, καὶ δολίου ἑρμοῦ ἱδρύσαντο. λανθάνει γὰρ ὑφαιρούμενος τὸν προσδοκώμενον τοῖς ἀνθρώποις, καὶ κλέπτων ἔσθ' ὅτε τῇ πιθανότητι τὴν ἀλήθειαν. ὅθεν φενάς καὶ ἐπικλόποις λόγοις χρῆσθαι λέγουσι, καὶ γὰρ τὸ σοφίζεσθαι τῶν εἰδότων λόγῳ χρῆσθαι ἴδιόν ἐστι. νόμιος δὲ λέγεται, τῷ ἐπανορθώσει νόμος εἶναι προστακτικὸς τῶν, ὡς ἐν κοινωνίᾳ ποιητέων. διὰ γοῦν ὁμόνοιαν μετέχειν καὶ ἐσθῆτα τὴν τῶν λέγων ἐπιμέλειαν. σέβονται δὲ αὐτὸν καὶ ἐν ταῖς παλαίστραις μετὰ τοῦ ἡρακλέους ἐν τῇ ἰσχύϊ μετὰ λογισμοῦ χρῆσθαι δέοντος. τῶν γὰρ τι ποιούντων μόνῃ τῇ τοῦ σώματος δυνάμει, τοῦ δὲ λόγου ἐς καὶ τέχνας εἰς τὸν βίον ἤγαγεν ἀμελούντων, πάνυ ἂν τις οἰκείως ἐπείποι, δαιμόνιε, φθίσει σε τὸ σὸν μένος.

περὶ τῶν παραδεδομένων μύθων.

Οὐ δεῖ δὲ ἄλλας καὶ ποικίλας περὶ θεῶν γεγονέναι παρὰ τοῖς παλαιοῖς ἕλλησι μυθοποιίας, ὡς ἄλλαι μὲν ἐπὶ μάγοις γεγόνασιν, ἄλλαι δὲ παρ' αἰγυπτίοις καὶ κελτοῖς, καὶ λίβυσι, καὶ τοῖς ἄλλοις ἕλλησι. μαρτύριον δ' ἄν τις λάβοι τὸ παρ' ὁμήρῳ λεγόμενον ὑπὸ διὸς, πρὸς τὴν ἥραν, τοῦτον τὸν τρόπον.

» ἦ οὐ μέμνῃ ὅτ' ἐκρέμω ὑψόθεν, ἐκ δὲ ποδοῖιν, ἄκμονας ἧκα δύω. ἔοικεν ὁ ποιητὴς μύθου παλαιοῦ παραφέρειν τοῦτο, καθ' ὃν ὁ ζεὺς ἐμυθεύετο κεκρεμακέναι τὴν ἥραν χρυσαῖς ἁλύσεσι, τῷ χρυσοφανές τι ἔχειν τὰ ἄστρα, καὶ ἐκ τῶν ποδῶν αὐτῆς δύο ἄκμονας ἐξηρτηκέναι, τὴν γῆν δηλονότι, καὶ τὴν θάλατταν, ὑφ' ὧν τείνεται κάτω ὁ ἀὴρ μηδετέρωθεν ἀποσπασθῆναι δυνάμενος. ἑτέρου δὲ μύθου μέμνηται τοῦ κατὰ τὴν θέτιν, ὡς ὑπ' αὐτοῦ σεσωσμένου τοῦ διός.

» ὁππότε μιν ξυνδῆσαι ὀλύμπιοι ἤθελον ἄλλοι,
» ἥρη τ' ἠδὲ ποσειδάων καὶ παλλὰς ἀθήνη.

φαίνεται δ' ὅτι κατ' ἰδίαν τούτων ἕκαστος τῶν θεῶν ἐπεβούλευε τῷ διῒ συνεχῶς. μέλλων ἐμποδίζειν ταύτην τὴν διακόσμησιν. ὅπερ ἐγένετο, εἰ τὸ ὑγρὸν ἐπεκράτησε καὶ ἐξυδατώθη πάντα, ἢ τὸ πῦρ, καὶ ἐξεπυρώθη ὁ ἀήρ. ἡ δὲ κατὰ τρόπον διαθεῖσα πάντα θέτις, ἤτοι πρόνοια, τὸν ἑκατόγχειρα βριάρεων, ἤτοι τὴν θείαν δύναμιν ἀντέταξε τοῖς θεοῖς, καθ' ἣν ἴσως διανέμονται πανταχόθεν αἱ ἐκ τῆς γῆς ἀναθυμιάσεις, ὡς διὰ πολλῶν χειρῶν τῆς εἰς πάντας τοὺς ἀριθμοὺς διαιρέσεως γινομένης. Σκέψαι δ' εἰ περὶ τὸ αἴρειν ὥσπερ εἰ βορὰν τῶν τοῦ κόσμου μερῶν, ὠνόμασαι βριάρεων. Αἰγαίων δ' ἐστὶν ὁ ἀεὶ πιθηλῶς καὶ γαίων. δεῖ δὲ μὴ συγχεῖν τοὺς μύθους, μηδ' ἑτέρων τὰ ὀνόματα, ἐφ' ἑτέρους μεταφέρειν. μηδ' εἴ τι προσεπλάσθη τῶν κατ' αὐτοὺς παραδεδομέναις γενεαλογίαις, ἀναλόγως ἰθεάζειν. πάλιν οὖν ἐμυθεύσαντο χάος γενέσθαι, καθάπερ ἡσίοδος ἱστορεῖ. μετ' αὐτὸ δὲ τὴν γῆν καὶ τὸν τάρταρον, καὶ τὸν ἔρωτα. ἐκ δὲ τοῦ χάους, τὸ ἔρεβος καὶ τὴν νύκτα φῦναι. ἐκ δὲ τῆς νυκτὸς, τὸν αἰθέρα καὶ τὴν ἡμέραν. Εἰδέναι γοῦν δεῖ, ὅτι ἡσίοδος μετὰ τὸ χάος ἔφησε γενέσθαι τὴν γῆν. λέγων, ἤτοι μὲν πρώτιστα μεταξὺ τοῦ οὐρανοῦ καὶ τῆς γῆς, ὁ τόπος χάος ἐγένετο, αὐτὰρ ἔπειτα.

ΗΣΙΟΔΟΥ.

» Γαῖα τ' εὐρύστερνος πάντων ἕδος ἀσφαλὲς αἰεὶ
» ἀθανάτων, οἳ ἔχουσι κάρη νιφόεντος ὀλύμπου.
» τάρταρα τ' εὐρυόεντα μυχῷ χθονὸς εὐρυοδείης.
» ἠδ' ἔρος ὃς κάλλιστος ἐν ἀθανάτοισι θεοῖσι.
» λυσιμελὴς πάντων τε θεῶν, πάντων τ' ἀνθρώπων,
» δάμναται ἐν στήθεσσι, νόον καὶ ἐπίφρονα βουλήν.
» νυκτὸς δ' αὖτ' αἰθήρ τε, καὶ ἡμέρα ἐξεγένοντο.
» ἐκ χάεος δ' ἔρεβός τε μέλαινά τε νὺξ ἐγένοντο.

Η γῆ μὲν κατὰ συνίζησιν γέγονεν. ὁ ἀὴρ δὲ κατὰ ἀνάδοσιν. τὸ δὲ λεπτομερὲς τοῦ ἀέρος, γέγονε πῦρ. ἡ δὲ θάλαττα, κατὰ ἐκμύζησιν. τὰ δὲ ὄρη, κατὰ ἐξοστρακισμὸν τῆς γῆς. Νυκτὸς δ' αὖτ' αἰθήρ τε. ὅτι ὁρῶμεν τὸν αἰθέρα τοῖς ἄστρασιν ἐν τῇ νυκτὶ, καὶ πάλιν εἰ μὴ ὑποχωρήσει ἡ νὺξ ἡμέρα οὐ γίνεται. ἔστι δὲ χάος μὲν, τὸ πρὸ τῆς διακοσμήσεως γινόμενον ὑγρὸν ἀπὸ τῆς χύσεως οὕτως ὠνομασμένον, ἢ τὸ πῦρ ὅ ἐστι καῦος, καὶ αὐτὸ κέχυται διὰ τὴν λεπτομέρειαν. ἦν δέ ποτε ὦ παῖ πῦρ τὸ πᾶν, καὶ γενήσεται πάλιν ἐν περιόδῳ. σβεσθέντος δ' εἰς ἀέρα αὐτοῦ, ἡ μεταβολὴ ἀθρόα γίνεται εἰς ὕδωρ. ὃ δὴ λαμβάνει τὰ μὲν ἀφισταμένα μέρη τῆς οὐσίας κατὰ πύκνωσιν, τοῦ δὲ λεπτυνομένου, κατὰ ἀραίωσιν. εἰκότως οὖν ἔφασαν μετὰ τὸ χάος τὴν γῆν γενέσθαι, καὶ τὰ ἠερόεντα τάρταρα. ἃ δὲ μυχὸν γῆς ὠνόμασεν ὁ προειρημένος ποιητὴς, τῷ προσειληφέναι αὐτὸν κεκρύφειν. τὸν δὲ ἔρωτα σὺν αὐτοῖς γεγονέναι ἐρρέθη, ἡ ὁρμὴ ἐπὶ τὸ γεννᾶν. ἅμα γάρ τις ἔκ τινος γίνεται, καὶ παρεῖναι νομιστέον ταύτην τὴν δύναμιν καλλίστην καὶ ἀξιοθέατον οὖσαν. τὸ δὲ ἔρεβος, ἐκ τοῦ χάους ἐγένετο. ὁ περὶ τὸ ἐρέφεσθαι καὶ περιλαμβάνεσθαί τι ὑφ' ἑτέρου λόγος, καθὸ καὶ τούτου τυχοῦσα ἡ γῆ παραχρῆμα ὁμοιόσχημον αὐτῇ τὴν γῆν ἐγέννησεν. ἵνα περὶ πᾶσαν τὴν γῆν, εἴη μακάρεσσι θεοῖς ἕδος ἀσφαλές. ἀεὶ τοῖς ἐπ' αὐτῷ θέουσιν ἄστροις μακάρεσσι, ἤγουν μακραίωσιν, ἀσφαλὲς οἰκητήριον. ἐγέννησε δ' ἡ γῆ ἐκ τῶν ἀναθυμιάσεων τὸν οὐρανόν. οὐρανοῦ νῦν λεγομένου κοινότερον παντὸς τοῦ περὶ αὐτὸν λεπτομεροῦς. τοῦ χάους δὲ θυγάτηρ ἐστὶ καὶ ἡ γῆ. ὁ γὰρ πρῶτος ἀρθεὶς ἀπὸ τοῦ ἀρχεγόνου ὑγροῦ ἀὴρ, ζοφώδης καὶ σκοτεινὸς ἦν. εἶτα λεπτυνόμενος, εἰς αἰθέρα καὶ φῶς μετέβαλεν. εὐλόγως οὖν τοῦτον ἐκ τῆς γῆς γεγονέναι ἐρρέθη. ἡ δὲ γῆ, τὰ ὄρη, καὶ τὸ πέλαγος, ἐξ ἧς λέγεται γενέσθαι, ἄτερ φιλότητος ἐφιμέρου. ἥ τε γὰρ θάλασσα ὑπέμεινεν ἐν τοῖς κοίλοις αὐτῶν μέρεσι μεταβολὴν ὑποστᾶσα. τὰς δὲ παρὰ τὸ ἀνώμαλον τῆς συνιζήσεως, τὰς ἐξοχὰς ἔλαβε. μετὰ δὲ ταῦτα, ἡ τῶν λεγομένων ἐστὶ γένεσις τιτάνων. οὗτοι δ' ἂν εἶεν διαφοραὶ τῶν ὄντων, ὡς ἐμπεδοκλῆς ἐξαριθμεῖται. φυσώ τε καὶ φθιμένην, εὐναίην τε, καὶ ἔγερσιν. κινώ τε, καὶ ἀστεμφῆ. πολυστέφανον, καὶ μεγιστώ. φορίην, καὶ σοφὴν, καὶ ὀμφαλὴν, καὶ πολλὰς ἄλλας, τὴν εἰρημένην ποικιλίαν τῶν ὅλων αἰνιττόμενος. οὗτος ἀπὸ τῶν παλαιῶν, ἰαπετὸς μὲν ὠνομάσθη ὁ λόγος. καθ' ὃν καὶ φωνητικὰ ζῶα ἐγένετο. καὶ τὸ ὅλον ψόφος ἀπετελέσθη, ἰακετός τις ὤν. ἰὰ γὰρ ἡ φωνή. κοῖος δὲ καθ' ὃν ποῖά τινα τὰ ὄντα ἐστί. τῷ γὰρ κ̄ πολλαχοῦ οἱ ἴωνες ἀντὶ τοῦ π̄ χρῶνται. ἢ ὁ τοῦ κοεῖν αἴτιος, ἤγουν τοῦ νοεῖν, ἢ φοναι. κοῖος δὲ, καθ' ὃν ἄρχει καὶ διακρίνει τῶν πραγμάτων, τὰ δ' ὑποτάττεται καὶ διακρίνεται. ἐντεῦθεν τάχα καὶ τοῦ ἐν τοῖς ποιμνίοις κριοῦ προσαγορευομένου. ὑπερίων, καθ' ὃ ὑπεράνω τινὰ ἑτέρων περιπορεύεται. ὠκεανὸς δὲ, καθ' ὃν ἐν τάχει ἀνύεται, ὃς δὴ καὶ ἀγκυλαρρείτας τὴν κλῆσιν ἔχει, τῷ ἡσυχῇ τε καὶ σκολιὰν τὴν ῥύσιν αὐτοῦ, ὡς τὴν τοῦ ἡλίου κίνησιν ἐμφαίνειν. καὶ βαθυδίνης, τῷ εὐθέως κινεῖσθαι. τηθὺς δὲ, ἡ καθαρά τινα καὶ λαμπρὰ εἶναι τὰ πάντα ποιοῦσα, καὶ συνεκδέχεσθαι τούτοις τὰς τῶν ἐναντίων χύσεων αἰτίας δέοντος. μνημοσύνη δὲ, ἡ τοῦ συναφαιρεῖν τὰ γεγονότα αἰτία. θέμις δὲ, ἡ τοῦ συντίθεσθαί τι μεταξὺ ἡμῶν καὶ φυλάττεσθαι. κρόνος δὲ, ὁ προειρημένος πάντων τῶν ἀποτελεσμάτων λόγος, δεινότατος ὢν τῶν παίδων. ὁπλότατον δ' αὐτὸν γενέσθαι φασὶ διὰ τὸ καὶ μετὰ τῶν εἰρημένων γένεσιν ἐπιμένειν αὐτὸν, ὥσπερ ὄντα ἐν γενέσει. ἀλλὰ τῆς μὲν ἡσιόδου, τελειότερον τότ' ἂν ἡ ἐξήγησις γένοιτο, τὰ μὲν τινὰ ὡς οἶμαι παρὰ τῶν ἀρχαιοτέρων αὐτοῦ παρειληφότος. τὰ δὲ, μυθικώτερον ὑπ' αὐτοῦ προσθέντος. ᾧ τρόπῳ καὶ πλεῖστα θεολογίας διεφθάρη. νῦν δὲ τὰ διαβεβοημένα παρὰ τοῖς πλείστοις ἐπισκεπτέον.

Περὶ τοῦ Προμηθέως.

ϖ Αραδεδομένου τοίνυν ἄνωθεν ὅτι ὁ προμηθεὺς ἐκ γῆς τὸ τῶν ἀνθρώπων γένος ἔπλασεν, ὑπονοητέον προμηθέα, τὴν ἐν τῇ τῶν ὅλων ψυχῇ κυρίαν, ἣν ἐκάλεσαν οἱ νεώτεροι πρόνοιαν. κατὰ γὰρ ταύτην τά τ' ἄλλα ἐγένετο καὶ ἐκ τῆς γῆς ἔφυσαν οἱ ἄνθρωποι. ἐπιτηδείως πρὸς τοῦτο ἐχούσης κατ' ἀρχὰς, τῆς τοῦ κόσμου συστάσεως. λέγεται καὶ συνεῖναι ποτὲ ὁ προμηθεὺς τῷ διΐ. πολλῆς γὰρ προμηθείας, πᾶσα μὲν ἀρχὴ καὶ προστάσεως πλειόνων, μάλιστα δὲ ἡ τοῦ διὸς δεῖται. καὶ κλέψαι δέ φασιν αὐτὸν τὸ πῦρ τοῖς ἀνθρώποις, ὡς τῆς ἡμετέρας ἤδη συνέσεως καὶ προνοίας ἐπινοησάσης τὴν χρῆσιν τοῦ πυρός. κατενηνέχθαι δὲ αὐτὸ ἐμυθεύσαντο ἐκ τοῦ οὐρανοῦ, διὰ τὸ πλεονάζειν ἐκεῖ, ἢ ἐπεὶ οἱ κεραυνοὶ ἐκεῖθεν κατασκήπτουσι διὰ πληγῆς τἀνθάδ' ἐξάπτοντες. τάχα τι τοῦτο καὶ διὰ τοῦ νάρθηκος αἰνιττόμενος. δεθεὶς δ' ἐπὶ τούτῳ ὁ προμηθεὺς ἐκολάσθη, τοῦ ἥπατος αὐτοῦ ὑπ' ἀετοῦ καταβιβρωσκομένου. ἡ γὰρ ἡμετέρα ἀγχίνοια, τὸ προειρημένον πλεονέκτημα σὺν τοῖς ἄλλοις ἔχουσα, πειρᾶταί τινος παρ' ἑαυτὴν δυσχρηστείας, προσδεδεμένη ταῖς κατὰ τὸν βίον φροντίσιν ὀδυνηραῖς οὔσαις, καὶ ὥσπερ εἰς τὰ σπλάγχνα ἐκλεπτομέρ υπνοίας ἐκβιβρωσκομένη. ἀδελφὸν δ' ἔφασαν εἶναι νεώτερον τοῦ προμηθέως τὸν ἐπιμηθέα. εὐηθέστερόν πως ὄντα τὸν τρόπον, διὰ τὸ προτερεῖν τῇ τάξει τὴν πρόορασιν τῆς ἐκ τῶν ἀποβαινόντων παιδείας καὶ ἐπιμαθείας. τῷ γὰρ ὄντι ῥεχθὲν, καὶ παθὼν νήπιος ἔγνω. διὰ τοῦτο δὲ τῇ πρώτῃ γενομένῃ γυναικὶ, συνοικῆσαι τοῦτον ἔφασαν. ἀφρονέστερον γάρ πως δεῖ καὶ τὸ θῆλυ εἶναι, καὶ ἐπιμηθεῖσθαι μᾶλλον, ἢ προμηθεῖσθαι πεφυκός. λέγεται δὲ ὑπό τινων καὶ τῶν τεχνῶν εὑρετὴς γενέσθαι ὁ προμηθεὺς δι' οὐδὲν ἄλλο, ἢ ὅτι συνέσεως καὶ προμηθείας δεῖ πρὸς τὴν εὕρεσιν αὐτῶν.

Περὶ τοῦ Ἡφαίστου.

ο Ι πλείους μέντοι ἐν τῇ ἀθηνᾷ καὶ τῷ ἡφαίστῳ αὐτὰς ἀνατιθέασι. τὴν μὲν ἀθηνᾶν, ἐπειδὴ φρόνησις καὶ ἀγχίνοια εἶναι δοκεῖ. τῷ δὲ ἡφαίστῳ, διὰ τὰς πλείστας τῶν τεχνῶν διὰ πυρὸς τὰ ἑαυτῶν ἔργα ἀποδιδόναι. ὁ μὲν γὰρ αἰθὴρ, καὶ τὸ διαυγὲς καὶ καθαρὸν πῦρ, ζεύς ἐστι. τὸ δ' ἐν χρήσει καὶ ἀερομιγὲς, ἥφαιστος, ἀπὸ τοῦ ἧφθαι ὠνομασμένος ὅθεν καὶ ἐκ διὸς καὶ ἥρας

ἔφασαν

ἔφασαν αὐτὸν γενέσθαι, τινὲς δὲ μόνης τῆς ἥρας. αἱ γὰρ φλόγες παχυμερέστεραί πως οὖσαι, ὡς ἐκ μόνου τοῦ ἀέρος διακαιομένου τὴν ὑπόστασιν λαμβάνουσι. χωλὸς δὲ παραδέδοται, τάχα μὲν διὰ τὸ παχεῖαν τὴν τῆς ὕλης φορὰν ποιεῖσθαι τοῖς ἐπισκιάζουσιν ὁμόνοιαν. τάχα δὲ καὶ ἀπὸ τοῦ μὴ δύνασθαι προβαίνειν δίχα ξυλώδους τινὸς ὡσανεὶ βάκτου. τινὲς δὲ διὰ τὸ τὴν αὐτοῦ κίνησιν τῆς κάτω πρὸς τροφὴν ἄνισον καὶ ἀνώμαλον ποιεῖσθαι. βραδυτέρας αὐτοῦ οὔσης, χωλεύειν αὐτὸν ἔφασαν. ἐρρίφθαι δὲ ὑπὸ τοῦ διὸς ἐξ οὐρανοῦ εἰς γῆν λέγεται, διὰ τὸ τοὺς πρώτους ἴσως ἀρξαμένους χρῆσθαι πυρὶ ἐκ κεραυνοβόλου καιομένου τούτου περιτυχεῖν, μηδέπω ἐπινοίᾳ τοῖς πυρείοις ἐπιπεσεῖν δυναμένους. γυναῖκα δ' αὐτοῦ τὴν ἀφροδίτην ἔφασαν εἶναι, καθ' ὃν λόγον καὶ τὴν χάριν, μίαν. ὡς γὰρ χάριν φαμὲν ἔχειν τὰ τεχνικὰ ἔργα, οὕτω καὶ τὴν ἀφροδίτην τινὰ αὐτοῖς ἐπιτρέχειν λέγομεν. εἰ μὴ πρὸς παράστασιν, πολὺ τὸ πυρῶδες εἶναι, ἐν ταῖς πρὸς τὰς μίξεις ὁρμαῖς πέπλασται τοῦτο. ἠδικηκέναι δὲ μυθεύονται τὸν ἄρη, μοιχεύοντα τὴν γυναῖκα. καὶ γὰρ ὁ μῦθος παρὰ τῷ ποιητῇ ἐστι, παλαιότατος ὤν. ἐπειδὴ τῇ τοῦ πυρὸς δυνάμει ὁ σίδηρος καὶ ὁ χαλκὸς δαμάζεται. τὸ δὲ τῆς μοιχείας πλάσμα παρίστησιν, ὅτι οὐ πάνυ μὲν πέφυκε κατάλληλον τὸ μάχιμον καὶ βίαιον, τῷ ἱλαρῷ καὶ μειλιχίῳ. οὐ δὲ κατὰ τὸν φυσικὸν αὐτὸν νόμον ἐπιπλέκεται. ἀντιποιούμενον δέ πως τῆς μίξεως αὐτῶν, καλὸν καὶ γενναιότερον γέννημα, τὴν ἐξ ἀμφοῖν ἁρμονίαν ἀποτελεῖν εἴωθε. λέγεται δὲ ἥφαιστος μαιώσασθαι τὸν δία, ὅτε τὴν ἀθηνᾶν ὤδινε. διελὼν γὰρ αὐτοῦ τὴν κεφαλὴν, ἐκθορεῖν ἐκείνην ποιῆσαι. τῷ γὰρ πυρὶ ᾧ χρῶνται αἱ τέχναι συνεργὸν πρὸς τὴν ἀπόδειξιν τῆς φυσικῆς τῶν ἀνθρώπων ἀγχινοίας γενόμενον, ὥσπερ κεκρυμμένην αὐτὴν εἰς φῶς προήγαγε. τοὺς δὲ ζητοῦντας τί εἰ προσευρέθη κύειν αὐτὸ, καὶ ὠδίνειν φαμέν.

Περὶ τῆς Ἀθηνᾶς.

ἡ δ' ἀθηνᾶ ἐστιν ἡ τοῦ διὸς σύνεσις, ἡ αὐτὴ οὖσα τῇ ἐν αὐτῷ προνοίᾳ, καθὸ καὶ προνοίας ἀθηνᾶς ἱδρύονται ναοί. γενέσθαι δὲ αὐτὴν ἐκ τῆς τοῦ διὸς κεφαλῆς λέγεται, τάχα μὲν τῶν ἀρχαίων ὑπολαβόντων τὸ ἡγεμονικὸν τῆς ψυχῆς ἐντεῦθεν, καθάπερ καὶ ἕτεροι τῶν μετὰ ταῦτα ἔγνωσαν. τάχα δ' ἐπεὶ τοῦ ἀνθρώπου τὸ μὲν ἀνώτερον μέρος τοῦ σώματος ἡ κεφαλή ἐστι. τοῦ δὲ κόσμου ὁ αἰθήρ. ὅπου τὸ ἡγεμονικὸν αὐτοῦ ἐστι, καὶ ἡ τῆς φρονήσεως αἰτία. κορυφὴ δὲ θεῶν κατ' εὐριπίδην, ὁ περὶ χθόνα ἔχων φαεινὸς αἰθήρ. ἀμήτωρ δὲ ἡ ἀθηνᾶ, διὰ τὸ ἀλλοίαν εἶναι τὴν τῆς ἀρετῆς γένεσιν, καὶ οὐχ οἵαν τῶν ἐκ συνδυασμοῦ γενομένων. τὴν μῆτιν οὖν καταπιὼν ὁ ζεὺς, ἐγέννησεν αὐτήν. ἐπειδὴ μητίετης καὶ συνετὸς ὤν, οὐδαμόθεν ἢ ἐκ τῆς καθ' ἑαυτὸν βουλῆς τὴν ἀρχὴν ἔχει τοῦ φρονεῖν. τὸ δ' ὄνομα τῆς ἀθηνᾶς, δυσετυμολόγητον διὰ τὴν ἀρχαιότητα. τῶν μὲν ἀπὸ τοῦ ἀθρεῖν πάντα ἀθρηνᾶν αὐτὴν εἰπόντων εἶναι. τῶν δὲ, διὰ τὸ καίπερ θήλειαν οὖσαν, ἥκιστα θηλύτητος καὶ ἐκλύσεως μετέχειν τὴν ἀθηνᾶν. ἄλλοι δὲ ἀπὸ τοῦ μὴ πεφυκέναι θήνεσθαι καὶ ὑποτάττεσθαι τὴν ἀρετὴν, τάχα δ' ἀπὸ τοῦ αἰθέρος, ὡς καὶ οἱ παλαιοὶ ταύτην ἔλεγον αἰθερονάαν. ἡ δὲ παρθενία αὐτῆς, τοῦ καθαροῦ καὶ ἀμιάντου σύμβολόν ἐστι. τοιοῦτον γάρ τι ἡ ἀρετή. καθωπλισμένη γ' ἐπλάττετο, καὶ οὕτως ἱστοροῦσιν αὐτὴν γεγονέναι, παριστάντες ὅτι αὐτάρκως πρὸς τὰς μεγίστας καὶ δυσφορωτάτας πράξεις παρασκευάζεται ἡ φρόνησις. μέγιστα γὰρ δοκοῦσιν ὠφελεῖν οἱ

ὡπλισμένοι. διὰ δὲ ταύτην τὴν αἰτίαν καὶ τὸ ἔπανδρον καὶ γοργωπὸν αὐτῇ ἀνατεθείκασι πολὺ ἔχειν. τοιοῦτόν τι ἐμφαινούσης καὶ τῆς γλαυκότητος αὐτῆς. καὶ γὰρ τῶν θηρίων τὰ ἀλκιμώτατα, οἷον αἱ παρδάλεις καὶ οἱ λέοντες, γλαυκά εἰσι, δυσαντίβλεπτον στίλβοντα ἀπὸ τῶν ὀμμάτων. ἔνιοι δέ φασι τοιαύτην αὐτὴν παρεισάγεσθαι διὰ τὸ τὸν ἀέρα γλαυκὸν εἶναι. πάνυ δ' εἰκότως συμμετέχει τῷ Διῒ τῆς αἰγίδος, οὐχ ἑτέρα οὖσα τοῦ παρ' ὃ δοκεῖ διαφέρειν ἁπάντων καὶ περιγίνεσθαι ὀξύς. κεφαλὴ δ' ἐν αὐτῇ Γοργόνος ἐστὶ κατὰ μέσον τῆς θεᾶς τὸ στῆθος ἔξω προβεβηκυῖα τὴν γλῶτταν, ὡς ἂν ἐκφανεστάτου ὄντος ἐν τῇ τῶν ὅλων οἰκονομίᾳ τοῦ λόγου. οἱ δὲ δράκοντες καὶ ἡ γλαὺξ διὰ τὸ ἐμφερὲς τῶν ὀνομάτων ἀνατίθενται ταύτῃ τῇ γλαυκώπιδι οὔσῃ. σμερδαλέον γὰρ ὁ δράκων δέδορκε, καὶ φυλακτικόν τι ἔχει καὶ ἄγρυπνον, καὶ ἀθήρατος εἶναι δοκεῖ.
» οὐ χρὴ γὰρ παννύχιον εὕδειν βουληφόρον ἄνδρα. λέγεται δὲ ἀτρυτώνη, ὡσανεὶ οὐ τρυομένη ὑπ' οὐδενὸς πόνου, ἢ ὡς ἂν τρίτου τοῦ αἰθέρος ὄντος. τριτογένεια δὲ, ὅτι ἡ τοῖς κακοῖς ἐμποιοῦσα τὸ τρεῖν, καὶ τρέμειν, αὕτη ἐστίν. αἵρηται γὰρ πόλεμον πρὸς τὴν κακίαν. ἄλλοι δέ φασι τὰ τρία γένη τῶν σκεμμάτων τὴν κατὰ φιλοσοφίαν θεωρίαν, πανουργητέραν διόρθωσιν; ἢ κατὰ τὴν ἀρχαίαν ὁλοσχέρειαν ἔχοντος τούτου. λαοσσόον δ' αὐτὴν ἐπονομάζουσι, διὰ τὸ σεύειν ἐν ταῖς μάχαις τὸν λαόν. ληῗτις ἐκλήθη ἀπὸ τῆς λείας, ἢ μᾶλλον διὰ τὸ σώτειραν αὐτὴν τῶν χρημάτων καὶ τῶν λαῶν εἶναι. καὶ πόλεως γὰρ καὶ οἴκου, καὶ τοῦ βίου παντὸς προστάτην οἱ ποιηταὶ τὴν φρόνησιν. ἀφ' οὗ δὴ καὶ ἐρυσίπολις αὕτη, καὶ πολιὰς ὠνομάσθη, ὥσπερ δὴ καὶ ὁ Ζεύς. ἐπίσκοποι γὰρ ἀμφότεροι τῶν πόλεων. παλλὰς δὲ λέγεται διὰ τὴν μεμυθευμένην περὶ αὐτὴν νεότητα, ἀφ' οὗ καὶ πάλληκες, καὶ παλλακαὶ προσαγορεύονται. σκιρτικὸν δὲ καὶ παλλόμενον τῶν νέων. ἵδρυνται δὲ ἐν ταῖς ἀκροπόλεσι μάλιστα, καὶ δυσκαταγώνιστον, καὶ δυσπολιόρκητον ἐμφῆναι θέλοντες, ἢ τὸ ἄνωθεν ὁρᾶν τοὺς πεφευγότας αὐτήν, εἶτα μετεωροτάτους καθιστᾶν, καθὸ μέρος ἐστὶ τῆς φύσεως. ἀλαλκομενηΐδα δὲ αὐτὴν καλοῦσι, καὶ ἀγελεΐδα, τὸ μὲν ἀπὸ τοῦ ἀλαλκεῖν παράγοντες, ἱκανὴ γάρ ἐστιν ἐπαμύνειν καὶ προσβοηθεῖν, ἐξ οὗ καὶ νίκη προσαγορεύεται, τὸ δὲ ἀπὸ τοῦ ἄγειν αὐτὴν τοὺς λαούς, ἢ ἀπὸ τοῦ ἀδάμαστον εἶναι ταῖς ἀγελαίαις βουσίν, ὁμοίως. ἃς μάλιστα θύουσιν αὐτῇ. τοὺς δ' αὐλοὺς εὑρεῖν μὲν καθάπερ καὶ τἆλλα ἐν ταῖς τέχναις γλαφυρά. ἀφ' οὗ καὶ ἐπιστάτις ταλασιουργίας ἐστί. ῥῖψαι δὲ ὡς ἐκθηλύνοντος τὰς ψυχὰς τοῦ δι' αὐτῶν ἀποδιδομένου μέλους. καὶ ἥκιστα ἐπάνδρου, καὶ πολεμικοῦ δοκοῦντος εἶναι. ἡ δ' ἐλαία δῶρόν ἐστι, διὰ τὸ θάλλειν καὶ διὰ τὸ γλαυκωπόν τι ἔχειν, καὶ τὸ ἔλαιον οὐκ ἀνόθευτόν ἐστι δι' ἄλλου ὑγροῦ, ἀλλὰ καθαρὸν ἀεὶ μένει, ὡς τῇ παρθένῳ κατάλληλον δοκεῖ. ἀρεία δ' ἐκλήθη, τῷ στρατηγικὴ εἶναι, καὶ διοικητικὴ πολέμων, καὶ ὑπερμαχητικὴ τοῦ δικαίου. δεινότης γὰρ πάντων, ἔστι γε κεφάλαιον πασῶν τῶν ἀρετῶν. καὶ ἱππείαν δὲ καὶ δαμνίππον, καὶ δρευκέντορα καὶ πολλαχῶς ἄλλως αὐτὴν προσαγορεύουσι. καὶ ἀνιστᾶσιν αὐτῇ ξόανα ἐκ ξύλων ἐλαΐνων. μάλιστα δὲ καὶ τὴν νίκην αὐτῇ πάρεδρον διδόασιν, ἥτις νικᾶν τῷ περιγενομένῳ ποιεῖ. πτερωτὴ παρεισάγεται, διὰ τὸ ὀξύρροπον καὶ ἀμετάβολον τῶν πράξεων. καὶ ἐν τῇ πρὸς τοὺς γίγαντας δὲ μάχῃ παραδίδοται ἠριστευκυῖα ἡ ἀθηνᾶ. καὶ γιγαντοφόντις ἐπονομάζεται, κατὰ τοιοῦτον λόγον. τοὺς γὰρ πρώτους ἐκ τῆς γῆς γενομένους ἀνθρώπους εὔλογον βιαίους καὶ θυμικοὺς κατ' ἀλλήλων γενέσθαι, διὰ τὸ μηδέπω δεδύνασθαι διακρίνεσθαι, μηδὲ εἴξασθαι τὸ ἐ-

νόντα

νόντα αὐτοῖς ἀπενθῆρα τῆς κοινωνίας. οἱ δὲ θεοὶ ὡς περιθρύπτοντες καὶ ὑπομιμνήσκοντες αὐτοὺς τῶν ἀνοιῶν, περιγεγόνασι. καὶ μάλιστα ἡ κατὰ λόγον ἀζίχεια, κατεπολέμησεν αὐτοὺς καὶ ὑπέταξεν οὕτως, ὡς ἐξεληλακέναι, καὶ ἀνῃρηκέναι αὐτοὺς δηλονότι μεταβεβληκέναι. ἄλλοι γὰρ αὐτοὶ τῆς ἐκ μεταβολῆς ἐγένοντο. καὶ οἱ γεγονότες ἐξ αὐτῶν, συμπεπλασθέντες εἰσὶν ὑπὸ τῆς παλλάδος ἀθηνᾶς, δηλαδὴ τῆς γνώσεως.

Περὶ Ἄρεως, καὶ Ἐνυοῦς.

α Ἄλλοι δὲ περὶ τὰ πολιτικὰ ἀναστρέφονται θεοί, μὴ καθ᾽ ὁμοίως τῷ δυσαθοῦς καὶ τοῦ κατὰ λόγον στοχαζόμενοι. ταραχωδέστεροι δέ πως ὅ, τε ἄρης καὶ ἡ ἐνυώ. καὶ τούτοις δὲ τὰ πράγματα ὁ ζεὺς ἐρεθίσας κατ᾽ ἀλλήλων τὰ ζῶα. οὐκ ἄχρηστον γὰρ τοῦτο οὐδὲ τοῖς ἀνθρώποις. ἔστι γοῦν ὅτε τὴν δι᾽ ὅπλων διάκρισιν ἐμβάλλει, ἵνα τὸ γενναῖον καὶ ἀνδρεῖον αὐτοί τε ἑαυτοῖς, καί γε ἐπ᾽ ἀλλήλους τὸ οἰκεῖον τῆς ἀρετῆς εὐμενίζουσι, διὰ ταύτην τὴν αἰτίαν διὸς υἱὸς ὁ ἄρης παραδίδοται. τὴν δὲ ἐνυώ, οἱ μὲν τροφόν, οἱ δὲ μητέρα, οἱ δὲ θυγατέρα ἄρεως παρέδωκαν. διαφέρουσι δὲ οὐδέν. Ἐνυὼ δέ ἐστιν ἡ ἐνιοῦσα θυμὸν καὶ ἀλκὴν τοῖς μαχομένοις. ἢ κατ᾽ εὐφημισμὸν ἀπὸ τοῦ ἥκιστα ἐνηὴς καὶ ἐπιεικὴς εἶναι. ὁ δ᾽ ἄρης τὴν ὀνομασίαν ἔσχεν, ἀπὸ τοῦ αἴρειν καὶ ἀναιρεῖν, ἢ ἀπὸ τῆς ἀρῆς, ἥ ἐστι βλάβη, ἢ πάλιν κατὰ ἀντίφρασιν, ὥσπερ ἐκμαλισσομένων αὐτὸν τῶν προσαγορευόντων. ἀπὸ τοῦ ἀρέσαι ὅ ἐστιν ἁρμόσαι. ἡ γοῦν δραστικὴ δύναμις, προσαρμόζει τὰ πράγματα. τοιοῦτον τάχα τινὸς ἐχομένης καὶ τῆς ἁρμονίας, ἣν ἐμύθευσαν ἐξ αὐτοῦ γενέσθαι. εἰκότως δὲ καὶ μιαιφόνος λέγεται, καὶ βροτολοιγὸς, καὶ ἀλαλάξιος, καὶ μυώπιος, μεγίστης ἐν ταῖς πράξεσιν ὑπὸ τῶν μαχομένων, ἀφιεμένης φωνῆς. ὅθεν τινὲς, καὶ ἵππους αὐτῷ σφαγιάζουσι διὰ τὸ ταραχῶδες καὶ γεγωνὸς τῆς ὀγκώσεως. οἱ πλεῖστοι δὲ κύνας, διὰ τὸ θρασὺ καὶ ἐπιθετικὸν τοῦ ζώου. τιμᾶσθαι δὲ, ὑπὸ θρᾳκῶν μάλιστα καὶ σκυθῶν, καὶ τῶν τοιούτων ἐθνῶν λέγεται, ἐπεὶ παρ᾽ ἐκείνοις τῶν πολεμικῶν ἡ ἄσκησις εὐδοκιμεῖ, καὶ τὸ ἀνεπιστρεφὲς τῆς δίκης. γύπα δ᾽ ἱερὸν φασὶν αὐτῷ ὄρνιν εἶναι, διὰ τὸ πλεονάζειν τὰ ὄρνεα ταῦτα, ὅπου ἂν εἴη πτώματα πολλὰ ἀρηίφθορα ὄντα.

Περὶ τοῦ Ποσειδῶνος.

μ Μετὰ δὲ ταῦτα, περὶ τοῦ ποσειδῶνος ὦ παῖ λεκτέον. προείρηται μὲν ὅτι αὐτός ἐστιν ἡ τεταγμένη κατὰ τὸ ὑγρὸν δυνάμει. νῦν δὲ παραμυθητέον τοῦτο. πρῶτον μὲν οὖν φυτάλμιον αὐτὸν ἐπωνόμασαν, ἐπειδὴ τοῦ φύεσθαι τὰ ἐκ τῆς γῆς γινόμενα, ἡ ἐν αὐτῇ δηλονότι ἰκμὰς παραίτιός ἐστιν. ἐνοσίχθονα, καὶ ἐννοσίγαιον, καὶ σεισίχθονα, καὶ τινάκτορα γαίης, ὥσπερ ἄλλην αἰτίαν τῶν σεισμῶν γινομένων, ἢ παρὰ τὸ τοὺς ἐν τῇ γῇ σήραγγας, ἐκπίπτωσιν τῆς θαλάσσης, καὶ τῶν ἄλλων ὑδάτων δέχεσθαι. στενοχωρούμενα γοῦν τὰ ἐν αὐτῇ πνεύματα καὶ ἔξοδον ζητοῦντα, κλονεῖσθαι καὶ ῥήγνυσθαι αὐτὴν ποιεῖ. ἀποτελουμένων ἔσθ᾽ ὅτε καὶ μυκημάτων κατὰ τὴν ῥῆξιν εὐλόγως. ὑπό τινων δὲ καὶ μυκητὰς εἴρηται, τῆς θαλάσσης τινὰ τοιοῦτον ἦχον ἀποτελούσης. ἀφ᾽ οὗ καὶ ἠχήεσσα, καὶ ἀγάστονος, καὶ πολύφλοισβος εἴρηται. ἐντεῦθεν καὶ οἱ ταῦροι αὐτῷ προσήκουσι. καὶ θύουσιν αὐτῷ ταύρους παμμέλανας, διὰ τὴν χροιὰν τοῦ πελάγους. ἐπεὶ δ᾽ ἄλλως τὸ ὕδωρ μέλαν εἶναι λέγουσιν, εὐλόγως ἤδη κυανοχαίτην αὐτὸν εἰρήκασιν, καὶ ἐν ἐσθῆτι ἀσάγουσι τοιαύτῃ. τούτου δ᾽ ἕνεκεν καὶ τοὺς ποταμοὺς κερασφόρους. καὶ ταυρωποὺς ἀναπλάττουσιν. ὡσανεὶ βίαιόν τι τῆς φορᾶς αὐτῶν καὶ μυκητικὸν ἐχούσης, καὶ γὰρ ὁ σκάμανδρος παρὰ τῷ ποιητῇ, ἤϋσεν, ὡς ὅτε ταῦρος. κατ' ἄλλον δὲ τρόπον γαιήοχος λέγεται ὁ ποσειδῶν, καὶ θεμελιοῦχος ὑπό τινων. καὶ θύουσιν αὐτῷ ἀσφαλαίῳ πολλαχοῦ. ὡσανεὶ ἐπ' αὐτῷ κειμένου τοῦ ἀσφαλῶς ἑστάναι τὰ οἰκήματα ἐπὶ τῆς γῆς. φέρει δὲ τρίαιναν, πότερον ἐπεὶ αὐτῇ χρῶνται πρὸς τὴν τῶν ἰχθύων θήραν, ἢ ὡς ἐπιτηδείου τούτου τοῦ ὀργάνου πρὸς τὴν κίνησιν τῆς γῆς. εἴρηται γοῦν οὕτως.

» καὶ δ' αὐτὸς ἐννοσίγαιος ἔχων χείρεσσι τρίαιναν,
» ἡγεῖτ'. ἐκ δ' ἄρα πάντα θεμέθλια θῆκε θύραζε.

ἐνδέχεταί τινος ἀποκεκρυμμένου, οἶμαι δ' ἀπὸ τοῦ τρίπωνος. ὅθεν ἀμφιτρίτη. ὁ δὲ τρίτων, εἴτουν ἀπὸ τῆς ῥύσεως οὕτως ὠνόμασται πλεονάσαντος τοῦ τ στοιχείου, εἴτ' ἀπὸ τοῦ τρεῖν τὸ τρέμειν κατὰ ἀντίφρασιν. δίμορφος δὲ ὁ τρίτων. καὶ τὸ μὲν ἔχει μέρος ἀνθρώπου, τὸ δὲ κήτους. ἐπειδὴ καὶ τὸ εἰρημένον ὑγρὸν, τὴν μὲν ὠφελητικὴν δύναμιν, τὴν δὲ βλαπτικὴν ἔχει. καλεῖται δ' εὐρύστερνος ὁ ποσειδῶν, διὰ τὸ πλάτος τῆς θαλάττης, ὡς εἴρηται καὶ ἐπ' εὐρέα νῶτα θαλάσσης. λέγεται δὲ κατὰ τοῦτο, καὶ εὐρυμέδων, καὶ εὐρυβίας. ἵππιος δὲ, τάχα ἀπὸ τοῦ ταχεῖαν τὴν διὰ θαλάσσης ὁδὸν εἶναι, καθάπερ ἵπποις ἡμῶν ταῖς ναυσὶ χρωμένων. ἐντεῦθεν ἤδη καὶ ἐπίσκοπος αὐτὸ εἶναι τῶν ἵππων παραδεξαμένων τῶν μετὰ ταῦτα. λέγεται δὲ παρά τισι καὶ νυμφαγέτης. καὶ κρηνοῦχος, διὰ τὰς προειρημένας αἰτίας. νύμφαι γάρ εἰσιν αἱ τῶν ποτίμων ὑδάτων πηγαὶ, ἀπὸ τοῦ ἀεὶ νέαι φαίνεσθαι, ἢ ἀπὸ τοῦ φαίνειν οὕτως ὠνομασμέναι. τὰς δὲ γαμουμένας νύμφας καλοῦσιν, ἀπὸ τοῦ νέω πρώτως φαίνεσθαι κρυπτομένας τέως. τοῦ δ' αὐτοῦ λόγου ἔχεται, καὶ τὸ ποσειδῶνος υἱὸν εἶναι τὸν πήγασον, ἀπὸ τῶν πηγῶν ὠνομασμένον. διὰ δὲ τὴν θεωρουμένην βίαν παρὰ τὴν θάλασσαν. καὶ πάντας τοὺς βιαίους καὶ μεγαλεπιβούλους γινομένους, ὡς τὸν κύκλωπα, καὶ τὰς λεστρυγόνας, καὶ τοὺς ἀλωΐδας, ποσειδῶνος ἐμύθευσαν ἐκγόνους εἶναι.

Περὶ τοῦ Νηρέως.

Δὲ νηρεὺς, ἡ θάλασσά ἐστι, τοῦτον ὠνομασμένη τὸν τρόπον, ἀπὸ τοῦ νεῖσθαι
ὁ δι' αὐτῆς. καλοῦσι δὲ τὸν νηρέα γέροντα, διὰ τὸ ὥσπερ πολιὸν ἐπανθεῖν
τοῖς κύμασι τὸν ἀφρόν. καὶ γὰρ ἡ λευκοθέα τοιοῦτόν τι ἐμφαίνει. ἣ πα-
λέγεται θυγάτηρ νηρέως εἶναι, δηλονότι τὸ λευκὸν τοῦ ἀφροῦ.

Περὶ τῆς Ἀφροδίτης.

Ἰθανὸν δὲ καὶ τὴν ἀφροδίτην μὴ δι' ἄλλο τι παραδεδόσθαι γεγονυῖαν ἐν τῇ
ϖ θαλάσσῃ, ἢ ἐπειδὴ πρὸς τὴν τοῦ πάντα γίνεσθαι αἰτίαν, κινήσεως δεῖ
καὶ ὑγρασίας. ἅπερ ἀμφοτέρως δαψιλῆ κατὰ τὴν θάλατταν ἐστίν. ἐστοχάσαντο δὲ τοῦτο, καὶ οἱ διώνης αὐτὴν θυγατέρα εἶναι εἰπόντες. διερὸν γὰρ τὸ ὑγρόν. ἀφροδίτη δέ ἐστιν, ἡ συνάγουσα τὸ ἄρρεν καὶ τὸ θῆλυ δύναμις, τάχα διὰ τὸ ἀφρώδη τὰ σπέρματα τῶν ζώων εἶναι, ταύτην ἐσχηκυῖα τὴν ὀνομασίαν, ἢ ὡς εὐριπίδης ὑπονοεῖ, διὰ τοὺς ἡττημένους αὐτῆς ἄφρονας εἶναι. καλλίστη δὲ παράγεται, διὰ τὸ μάλιστα ἀνηροκέναι τὴν αἰσθήσει τὴν κατὰ συμπλοκὴν ἡδονὴν, ὡς πάντων τῶν ἄλλων διαφέρουσαν. λέγεται δὲ φιλομειδὴς, διὰ τοῦτο. οἰκεῖα γὰρ τὰ μειδιάματα καὶ ἡ ἱλαρότης τῶν τοιούτων συνόδων ἐστί. παρέδρους τε καὶ συνέδρους τὰς χάριτας ἔχει, καὶ τὴν πειθὼ καὶ τὸν ἑρμῆν, διὰ τὸ πειθοῖ προσάγεσθαι καὶ λόγῳ καὶ χάρισι τοὺς ἐρωμένους, ἢ διὰ τὸ περὶ τὰς συνουσίας ἀγωγόν. κυθέρεια δ' εἴρηται, διὰ

πασ

τὰς ἐκ τῶν μίξεων γινομένας κυήσεις. διὰ δὲ τὸ κρύπτεσθαι τὰ πολλὰ τὰς τῶν
ἀφροδισίων ἐπιθυμίας. ἐκ τούτου δὴ καὶ ἱερὰ τῆς ἀφροδίτης ἡ τῶν κυθήρων
νῆσος εἶναι δοκεῖ. τάχα δὲ καὶ ἡ κύπρος συνᾴδουσά πως. κατὰ τοὔνομα τῇ
κρύψει. ἡ δὲ πάφος ἴδιον αὐτῆς οἰκητήριόν ἐστι παφίας λεγομένης τάχα κατ'
ἔλλειψιν, ἀπὸ τοῦ ἀπαφίσκειν, ὅ ἐστιν ἀπατᾶν. ἔχει γὰρ κατὰ μὲν τὸν ἡσίοδον μει-
διήματά τ', ἐξαπάτας τε. κατὰ δὲ τὸν ὅμηρον.
» πάρφασιν ἥ τ' ἔκλεψεν, καὶ πύκα περ φρονέοντα.
ὁ δὲ κεστὸς ἱμάς, ὡς οἷον κεκασμένος ἐστίν. ἢ ὁ διακέντημος, καὶ ποικίλην δυνά-
μιν ἔχων, τοῦ δεῖν καὶ σφίγγειν. καλεῖται δὲ οὐρανία τε καὶ πάνδημος καὶ
ποντία, διὰ τὸ καὶ ἐν τῷ οὐρανῷ καὶ ἐν τῇ γῇ καὶ θαλάσσῃ τὴν δύναμιν αὐτῆς
θεωρεῖσθαι. ἀκύρους δὲ οὐκ ἐμποινίμους ἔφασαν τοὺς ἀφροδισίους ὅρκους εἶναι.
παρ' ὅσον καὶ ῥᾳδία παραχωθῆναι, μεθ' ὅρκων ἐπάγεσθαι συμβέβηκε τοὺς
πειρῶντας. περιστερὰ δὲ τῶν ὀρνέων χαίρει μάλιστα, τὸ καθαρὸν εἶναι τὸ ζῶον,
καὶ φιλοφρονητικόν, διὰ τῶν ὡσανεὶ φιλημάτων. ἀνάπαλιν δ' ὗς, διὰ τὴν ἀκα-
θαρσίαν ἀλλοτρία αὐτῆς εἶναι δοκεῖ. τῶν γε μὴν φυτῶν, ἡ μὲν μυρσίνη διὰ τὴν
φιλοφροσύνην, ἀφροδίτης εἶναι διείληπται. ἡ δὲ φιλύρα διά τε τοὔνομα,
ὅτι τὸ φιλεῖν παρακειμένως ἐξενήνεκται. καὶ πρὸς τὰς στεφάνων πλοκὰς
εἰώθασιν αὐτῇ κεχρῆσθαι μᾶλλον. τὸν δὲ πύξον φυλάττονται τῇ θεῷ προσφέ-
ρειν, ἀφιερωσάμενοί πως ἐπ' αὐτοῖς τὴν πυγμήν.

Περὶ τοῦ ἔρωτος.

Ὑδὲν παράδοξον ἐν τοιαύτῃ οὔσῃ συντιμᾶται αὐτῇ καὶ συμπαραγίνε-
ὁ ται ὁ ἔρως, τῶν πλείστων καὶ ἀφροδίτης υἱὸν αὐτὸν παραδεδωκότων.
ὃς δὴ παῖς μέν ἐστι διὰ τὸ ἀτελῆ τὴν γνώμην, καὶ εὐεξαπάτητον ἔχειν
τοὺς ἐρῶντας. πτερωτὸς δέ, ὅτι καὶ φόνους ποιεῖ, ἢ ὅτι ὡς ὄρνις προσίπταται
ταῖς διανοίαις ἀθρόως. τοξότης δέ, ἐπεὶ πληγῇ τινὶ ὅμοιον ἀπὸ τῆς προσό-
ψεως οἱ ἁλισκόμενοι αὐτῷ πάσχουσιν. ἔτι πλησιάσαντες οὐδαμῶς οἱ τῶν καλῶν,
ἀλλὰ μακρόθεν αὐτοὺς ἰδόντες. ἀναδίδοται δὲ λαμπὰς αὐτῷ, πυροῦν δο-
κοῦντι τὰς ψυχάς. ἔρωτα αὐτὸν εἰρῆσθαι, πιθανὸν ἀπὸ τῆς ζητήσεως τῶν ἐρω-
μένων. τάττεται γοῦν ἤδη τὸ ζητεῖν τὸ ἐρᾶν, ὡς εἴρηται. ἴθ' αὐτοῦ θ' ἱππόους ἐρέ-
ων. ἐντεῦθεν οἶμαι καὶ τῆς ἐρεύνης ὠνομασμένης. καὶ πλείους δὲ ἔρωτες παρα-
δίδονται διὰ τὴν πολυτροπίαν τῶν ἐρώντων, καὶ τὸ πολλοῖς τοιούτοις ὁμαδοῖς
κεχορηγεῖσθαι τὴν ἀφροδίτην. καλεῖται δὲ καὶ ἵμερος. ἤτοι παρὰ τὸ ἵεσθαι
καὶ φέρεσθαι ἤδη τὴν ἀπόλαυσιν τῶν ὡραίων ὠνομασμένων. ἢ κατὰ μίμησιν
τῆς περὶ τὴν διάνοιαν ἐκτάσεως, ὡς ἀναμεμωρεῖσθαι περὶ ταύτην. πόθος δέ,
ἀπὸ τῆς τῶν φιλημάτων μιμήσεως. ὅθεν ἔσχε τὴν κλῆσιν καὶ ὁ παπαῖς, ἢ ἀπὸ
τοῦ πολλὰ πυνθάνεσθαι περὶ τῶν ἐρωμένων τοὺς ἐρῶντας, καὶ αὐτῶν ἐκείνων,
πόθεν ἔρχονται καὶ ποῦ ἦσαν. ἔνιοι δὲ καὶ τὸν ὅλον κόσμον νομίζουσιν ἔρωτα
εἶναι, καλόν τε καὶ ἐπαφρόδιτον καὶ νεαρὸν ὄντα, καὶ πρεσβύτατον ἅμα
πάντων, καὶ πολλῷ κεχρημένῳ πυρί, καὶ ταχεῖαν ὥσπερ ἀπὸ τῆς τοξείας, ἢ
διὰ πτερῶν τὴν κίνησιν ποιούμενον.

Περὶ τοῦ ἄτλαντος.

Οὗτοι δ' ἄλλως εἶναι καὶ ἄτλαντα καὶ ἀταλαιπώρως ἀποδιδόντα,
7 τὰ κατὰ τοὺς ἐμπεριεχομένους ἐν αὐτῷ λόγους γιγνόμενα, καὶ οὕτω
τὸν οὐρανὸν βαστάζοντα. ἔχειν δὲ κίονας μακράς, τὰς τῶν στοιχείων δυνά-
μεις. καθ' ἃς τὰ μέν, ἀνωφερῆ ἐστι, τὰ δὲ κατωφερῆ. ὑπὸ τούτων γοῦν διακρατεῖ-
σθαι τὴν γῆν. ὀλοόφρονα δ' αὐτὸν εἰρῆσθαι, διὰ τὸ περὶ τῶν ὅλων φροντίζειν.

καὶ προνοεῖσθαι τῆς πάντων αὐτοῦ μερῶν σωτηρίας. ἐκ δ' αὐτοῦ τὰς πλειά-
δας γεγονέναι, παρισταμένους ὅτι τὰ ἄστρα πάντα πλείονα ὄντα ἐγέννησεν,
ἀστερωπῷ τε καὶ ἀδάμαντι, ὅτι ὁ αὐτὸς ὤν. ἔστι γὰρ ἵσταται τὸ σύνολον ἀνηρέμη-
τος ὑπάρχων, ἐν καὶ ὅτι μάλιστα διαβεβηκέναι δοκεῖ. καὶ ἀπόλλακτος εἶναι, καὶ
θαυμασμὸν τοῖς ἐφεστῶσιν ἐπὶ τὴν διάταξιν αὐτοῦ, πολλὴν ἐμποιεῖ.

Περὶ τοῦ Πανός.

Οὗτον εἶναι καὶ τὸν Πᾶνα, ἐπειδὴ τοῦ παντὸς ὁ αὐτός ἐστι. καὶ τὰ μὲν
9 κάτω λάσια καὶ τραγώδη, διὰ τὴν τῆς γῆς τραχύτητα ἔχει. τὰ δ' ἄνω ἀν-
θρωπόμορφα, διὰ τὸ τὸν αἰθέρα τὸ ἡγεμονικὸν εἶναι τοῦ κόσμου. ὃ δὲ
λογικόν ἐστι. λάγνον δὲ καὶ ὀχευτὴν αὐτὸν παρεισάγουσι, διὰ τὸ πλῆθος ὧν περ
σπερματικῶν λόγων εἴληφε, καὶ τῶν κατὰ σύμμιξιν ἐξ αὐτῶν γιγνομένων. ἐν
ταῖς ἐρήμοις δὲ διατρίβειν, μάλιστα τὴν μονότητα αὐτοῦ διὰ τούτου παριστα-
μένους. εἷς γὰρ καὶ μονογενὴς ὁ κόσμος ἐστί. τὰς δὲ νύμφας διώκει, ἐπειδὴ χαί-
ρει ταῖς ἐκ τῶν ὑγρῶν ἀναθυμιάσεσιν, ὧν χωρὶς οὐδ' οἷόν τε ὅλον ἐμφαίνει. νε-
βρίδα δὲ ἢ πάρδαλιν αὐτῶν ἐνῆφθαι, διὰ τὴν ποικιλίαν τῶν ἄλλων καὶ τῶν
ἄλλων χρωμάτων, ἃ θεωρεῖται ἐν αὐτῷ. σύριγγι δὲ εἶναι, τάχα μὲν διὰ τὸ ὑπὸ
παντοίων ἀνέμων διαπνεῖσθαι. τάχα δ' ἐπεὶ τὴν ἐμμέλειαν ἀγριοφανῆ καὶ αὐ-
στηρὰν, ἀλλ' οὐ πρὸς ἐνάλλαξιν ἔχειν. τὸ δ' ἐν τοῖς ὄρεσιν αὐτὸν, καὶ τοῖς σπηλαί-
οις διαιτᾶσθαι, καὶ τὸ τῆς πίτυος στέμμα ἐπηκολούθησεν, ὄρθιόν τι καὶ μεγαλο-
πρεπὲς ἔχοντος τοῦ φυτοῦ. ἔστι δὲ τὸ πανικὰς λέγεσθαι ταραχὰς τὰς ἀφνιδίους
καὶ ἀλόγους. οὕτω γάρ πως, καὶ αἱ ἀγέλαι, καὶ τὰ αἰπόλια πτοεῖται, ψόφου
τινὸς ἐξ ὕλης, ἢ τῶν ὑπάντρων καὶ σφαραγωδῶν τόπων ἀκούσαντα. οἰκείως
δὲ καὶ τῶν ἀγελαίων θρεμμάτων ἐπίσκοπον ἐποιήσαντο. τάχα μὲν διὰ τοῦτο
καὶ κεράστην καὶ δίχηλον πλάττοντες, τάχα δὲ τὸ δίπλουν τῶν ἐξεχόντων αὐτῷ
ὤτων αἰνιττόμενοι. ἴσως δ' ἂν οὗτος καὶ ὁ Πρίαπος εἴη, καθ' ὃν προῆλθεν εἰς φῶς
πάντα. τῶν ἀρχαίων δ' εἰσὶ δαιμόνων, καὶ ἀφροδίτην αὐτὸν δι' ἢ ἐφρόνουν περὶ
τῆς τοῦ κόσμου φύσεως παριστάντων. ἐμφαίνει γοῦν τὸ μέγεθος τῶν αἰδοίων,
τὴν πλεονάζουσαν ἐν τῷ αἰδοίῳ σπερματικὴν δύναμιν. ἡ δ' ἐν τοῖς κόλποις
αὐτοῦ πάγκαρπος, τὴν δαψίλειαν τῶν ἐν ταῖς οἰκείαις ὥραις αὐτὸς τοῦ κόλπου
φυομένων, καὶ ἀναδεικνυμένων καρπῶν. παρεισάγεται δὲ καὶ αὐτὸς φύλαξ
τῶν τε κήπων, καὶ τῶν ἀμπέλων, ἐπειδὴ κατὰ τὸ γεννῶντά ἐστι καὶ τὸ σώζειν
ἃ γεννᾷ, καὶ τοῦ Διὸς ἐντεῦθεν σωτῆρος εἶναι λεγομένου. καὶ τὸ μὲν πολύφω-
ρον καὶ καθαρὸν αἱ ἄμπελοι παριστῶσι. μάλιστα δὲ τὸ ποικίλον καὶ τὸ ἐπι-
τερπὲς, καὶ ῥᾳδίαν τὴν γένεσιν ποιούμενοι οἱ κῆποι. τοιαύτην ὡς ἐπίπαν αὐ-
τοῦ καὶ τὴν ἐσθῆτα ἔχοντος. δρέπανον δὲ ἐν τῇ δεξιᾷ χειρὶ προτείνει, πότε-
ρον ἐπεὶ τούτῳ χρῶνται πρὸς τὴν κάθαρσιν τῶν ἀμπέλων, ἢ ἐπεὶ κατὰ τὸν τη-
ροῦντά τι ἐστι. καὶ καθώπλισται πρὸς ἀσφάλειαν αὐτοῦ, ἢ ὡς τοιαύτης δυνά-
μεως μετὰ τὸ ἐνεγκεῖν τὰ ὄντα, ἐκτεμνούσης αὐτὰ καὶ διαφθειρούσης. ἀγαθὸς
δὲ δαίμων, ἤτοι πάλιν ὁ κόσμος ἐστὶ βρίθων καὶ αὐτὸς τοῖς καρποῖς, ἢ ὁ προ-
εστὼς αὐτοῦ λόγος, καθ' ὅσον δεῖται καὶ διαμερίζει τὸ ἐπιβάλλον, ἀγαθὸς διαι-
ρέτης ὑπάρχων. τεχνίτης δὲ καὶ σωτὴρ τῶν οἰκείων ἐστὶ, τὸ σώζειν καλῶς τὸν
ἴδιον οἶκον, καὶ ὑπόδειγμα παρέχειν ἑαυτὸν καὶ τοῖς ἄλλοις. τὸ δὲ τῆς Ἀμαλ-
θείας κέρας, οἰκεῖον αὐτῷ φρόνημά ἐστιν. ἐν ᾧ ἅμα πάντα διώκει τὰ κατὰ
τοὺς οἰκείους καιροὺς φυόμενα, ἀλλ' οὐ παρ' ἰδὲν τι αὐτὸν γιγνόμενον. περὶ πολ-
λὰ δ' ἀθρόως καὶ ποικιλίᾳ ἐμπεριόδως ἀμαλθεύει. ἢ πάλιν κεραΐζει πάν-
τα, διὰ τὴν γενομένην ἐξ αὐτοῦ πρὸς τὸ ποιεῖν προθυμίαν. ὡς τῶν ἀγαθῶν τοῖς
μὴ μαλακιζομένοις προσγινομένων.

Περὶ τῆς Δήμητρος, καὶ τῆς Ἑστίας.

Ἑξῆς δὲ περὶ τῆς Δήμητρος καὶ Ἑστίας ἐστὶ λεκτέον. ἑκατέρα δ' ἔοικεν οὐχ ἑτέρα τῆς γῆς εἶναι. ταύτην μὲν γὰρ διὰ τὸ ἑστάναι διὰ παντὸς, Ἑστίαν προσηγόρευσαν οἱ παλαιοί. ἢ διὰ τὸ ἐπ' αὐτῆς ὥσπερ ἐπὶ θεμελίου τὸν ὅλον ἑστάναι κόσμον. διὰ δὲ τὸ μητρὸς τρόπον φύειν τε καὶ τρέφειν πάντα, Δήμητραν· οἱονεὶ γῆς μήτραν οὖσαν, ἢ Δηὼ μητέρα, τὸ καὶ αὐτὸς τὰ ἐπ' αὐτοῖς ἀφθόνως ἐφεῖσθαι τοῖς ἀνθρώποις, δατεῖσθαι καὶ δαίνυσθαι, ἢ ἀπὸ τοῦ δηεῖν, ὅ ἐστιν εὑρίσκειν, ἃ μάλιστα ἐπιζητοῦσι. παρεισάγεται δ' ἡμῖν Ἑστία παρθένος, διὰ τὸ τὴν ἀκινησίαν μηδενὸς εἶναι γεννητικήν, καὶ τούτου χάριν ὑπὸ παρθένων νεωκορεῖται. ἡ δὲ Δημήτηρ οὐκ ἔτι. ἀλλὰ τὴν κόρην τετοκυῖα δοκεῖ τὸν κόρον, ἢ πρὸς τὸ τρέφεσθαι μέχρι κόρου ὕλη. τὸ δ' ἀείζωον πῦρ ἀποδίδοται τῇ Ἑστίᾳ, διὰ τὸ καὶ αὐτὴν δοκεῖν εἶναι τοῦτ' ὄν. τάχα δ' ἐπεὶ τὰ πυρὰ τὰ ἐν τῷ κόσμῳ ἐντεῦθεν τρέφεται, καὶ διὰ ταύτην ὑφέστηκεν, ἢ ἐπεὶ ζείδωρος ἄρουρά ἐστι καὶ ζώων μήτηρ, ἧς ἐστιν αἴτιον τοῦ ζῆν τὸ πυρῶδες. στρογγύλως δὲ πλάττεται, καὶ κατὰ μέσους ἵδρυται τοὺς οἴκους διὰ τὸ καὶ τὴν γῆν τοιαύτην εἶναι καὶ οὕτως ἱδρῦσθαι συμπεπιλημένην. ὅθεν κατὰ μίμησιν, γῆ τε, καὶ χθὼν προσηγόρευται. τάχα δὲ ἀπὸ τοῦ χεῖσθαι ἡ γῆ, ἢ τῷ χωρεῖν πάντα οὕτως ἐκλήθη ὡς εἴρηται, τὸ, ὅλως ἀμφοτέρων ἐπιδέχεται. μυθεύεται δὲ προτέρα καὶ ἐσχάτη γενέσθαι, τῷ εἰς ταύτην ἀναλύεσθαι τὰ ἀπ' αὐτῆς γινόμενα, καὶ ἐξ αὐτῆς συνίστασθαι. κατὰ τοῦτο καὶ ταῖς θυσίαις, οἱ Ἕλληνες ἀπὸ ταύτης πρώτης τε αὐτῆς ἤρχοντο, καὶ εἰς ἐσχάτην αὐτὴν κατέπαυον. στέμματα δ' αὐτῇ λευκὰ περίκειται τῷ στέφεσθαι καὶ καλύπτεσθαι πανταχόθεν αὐτὴν ὑπὸ τοῦ λευκοτάτου στοιχείου. ἡ μέντοι Δημήτηρ κατὰ τὸ ἀναδοτικὸν τῶν σπερμάτων εἰδοποιουμένη, πάνυ οἰκείως εἰσάγεται στάχυσιν ἐστεφανωμένη. τῶν γὰρ ἀναγκαιοτάτων ὧν κεχείρισται τοῖς ἀνθρώποις ἡ ἥμερος τροφή ἐστι. ταύτην δὲ μυθεύεται σπεῖραι διὰ τῆς οἰκουμένης ὁ Τριπτόλεμος ὁ Ἐλευσίνιος, ἀναβιβάσης αὐτὸν ἐπὶ πτερωτῶν δρακόντων ὄχημα τῆς Δημήτρος. ἔοικε γοῦν πρῶτόν τις τῶν παλαιῶν δραμεῖν, καὶ συνιέναι θεοῦ τινος ἐπὶ μετεωροτέραν ἐπίνοιαν ἀναβιβάσαντος, τὸν μεταχειρισμὸν τῆς κριθῆς, ὃν τρόπον κρινομένη καὶ διατριβομένη διὰ τοῦ εἰς τὸν ἀέρα ἀναρριπτεῖσθαι ἀπὸ τῶν ἀχύρων. ὅθεν καὶ κριθὸς ἐπιτηδείως ἔχει πρὸς τὴν σποράν. ἐντεῦθεν δὲ τὴν ὀνομασίαν εἴληφεν ὁ τρίψας τὰς οὐλάς. οὐλαὶ δὲ λέγονται αἱ κριθαί. Ἐλευσὶς δὲ ὁ τόπος ὅπου πρότερον εὑρέθησαν. καὶ ἡ Δημήτηρ Ἐλευσινία, ἀπὸ τῆς αὐτόθι πρῶτον εὑρέσεως γενομένης τοῖς ἀνθρώποις εἰς οὐράνιον βίον ὄντως. ἁρπάσαι δ' ὁ ᾍδης τὴν θυγατέρα τῆς Δημήτρος ἐμυθεύθη, διὰ τὸν γινόμενον ἐπὶ χρόνον τινὰ τῶν σπερμάτων κατὰ γῆς ἀφανισμόν. προσεπλάσθη δ' ἡ κατήφεια τοῦ θεοῦ καὶ ἡ διὰ τοῦ κόσμου ζήτησις. τοιοῦτος γάρ τι καὶ παρ' Αἰγυπτίοις, ὁ ζητούμενος καὶ ἀνευρισκόμενος ἀφανισμὸς ἀπὸ τῆς Ἴσιδος, Ὄσιρις ἐμφαίνει. ὁ παρ' ἀνὰ μέρος παρ' ἓξ μῆνας, ὑπὲρ γῆν τε καὶ ὑπὸ γῆν γιγνόμενος Ἄδωνις, ἀπὸ τοῦ ἁδεῖν τοῖς ἀνθρώποις, οὕτως ὠνομασμένος τοῦ δημητριακοῦ καρποῦ. ὗς δὲ πλήξας προσανελεῖν λέγεται, διὰ τὸ τὰς ὗς δοκεῖν λυμβότειρας εἶναι. ἢ τὸ τῆς ὕνεως ὀδόντα αἰνιττομένων αὐτῶν, ὑφ' οὗ κατὰ γῆς κρύπτεται τὸ σπέρμα. διατετάχθαι δὲ ὧδε παρά τε τῇ Ἀφροδίτῃ, τὸν ἴσον χρόνον μένειν τὸν Ἄδωνιν, καὶ παρὰ τῇ Περσεφόνῃ, δι' ἣν εἴπομεν αἰτίαν. ἐκάλεσαν δὲ Περσεφόνην τὴν τῆς Δημήτρος θυγατέρα, διὰ τὸ ἐπίπονον εἶναι καὶ πόνων οἰστικὴν ἐργασίαν, ἢ τῷ ἐκ πάντων ὑπομονῆς φέρεσθαι. νηστεύουσι δὲ εἰς τιμὴν τῆς Δήμητρος ἢ γεραίροντες αὐτὴν ἰδίῳ τρόπῳ τινὶ ἀπ' αὐτῆς, ἢ διὰ τὸ πρὸς μίαν ἡμέραν ἀπέχεσθαι τῶν διδομένων αὐτοῖς ὑπ' αὐτῆς, ἢ κατ' εὐλάβειαν ἐνδείας παρὰ τῆς θεοῦ ποτε γενομένης, ἐπειδὴ δὲ ἔσπειρον, ἀφῄρουν ἀπὸ τῶν ἰδίων χρειῶν, καθὸ καὶ περὶ τὸν τοῦ σπόρου καιρὸν αὐτῆς ἄγουσι τὴν ἑορτήν. περὶ δὲ τὸ ἔαρ Δημήτρι Χλόῃ θύουσι μετὰ παιδιᾶς καὶ χαρᾶς, ἰδόντες χλοάζοντα καὶ ἀφθονίας αὐτοῖς ἐλπίδα ἐπιδεικνύοντα. ἐντεῦθεν δὲ καὶ ὁ Πλοῦτος τῆς Δημήτερος εἶναι υἱός. καλῶς γοῦν εἴρηται τό,

» Σίτου καὶ κριθῆς ὦ νήπιε πλοῦτος ἄριστος.

καὶ ἐναντίον πως ἐστὶ τῷ λιμώττειν τὸ περιουσιάζεσθαι. ὡς ὃ καὶ ἀπιδὼν Ἡσίοδός φησιν.

» Ἐργάζευ Πέρση δῖον γένος· ὄφρά σε λιμὸς
» ἐχθαίρῃ· φιλέῃ δέ σ' ἐϋστέφανος Δημήτηρ.

Θύουσι δ' ὗς ἐγκύμονας Δημήτρι, πάνυ οἰκείως· τὸ πολύγονον καὶ εὐσύλληπτον καὶ τελεσφόρον παριστάντες. ἀνατιθέασι δ' αὐτῇ καὶ τὰς μήκωνας κατὰ τὸν λόγον. τό, τε γὰρ στρογγύλον καὶ περιφερὲς αὐτῶν παρίστησι τὸ σχῆμα τῆς γῆς σφαιροειδοῦς οὔσης. ἥ, τε ἀνωμαλία, τὰς κοιλότητας καὶ τὰς ἐξοχὰς τῶν ὀρῶν. τὰ δ' ἐντός, τοῖς ἀντρώδεσι καὶ ὑπονόμοις ἔοικε. σπέρματά τε ἀναρίθμητα γεννῶσιν ἡ γῆ. διὰ δὲ τὴν ἀφθονίαν τῶν σιτηρῶν ἐπαύσαντο δυσφέριστον καὶ ἀμφισβήτειστον τὴν τροφὴν ἔχοντες. ὅθεν καὶ συντιθέμενοί τινα πρὸς ἀλλήλους περὶ τῶν κατὰ τὰ ἠλλοτριωμένα μέτρων, καὶ διανεμόμενοι τὰ γεννώμενα. δικαίως δὲ ἀρχηγὸν ἔλεγον νόμων καὶ θεσμῶν τὴν Δήμητρα αὐτοῖς γεγονέναι. ἐντεῦθεν καὶ θεσμοθέτιν αὐτὴν προσηγόρευσαν, οἷον νομοθέτιν οὖσαν. οὐκ ὀρθῶς τινῶν ὑπολαβόντων εἰρῆσθαι, ἀπὸ τοῦ τὸν καρπὸν ἀποτίθεσθαι καὶ θησαυρίζειν. μυστήρια δ' ἄγειν ἤρξαντο αὐτῇ φιλοσοφοῦντες ἅμα τῇ εὑρέσει τῶν πρὸς τὸν βίον χρησίμων, καὶ τῇ πανηγύρει χαίροντες ὡς μαρτυρίῳ χρώμενοι τοῦ πεπαῦσθαι μαχομένους αὐτοὺς περὶ τῶν ἀναγκαίων. μυστιᾶν γάρ ἐστι τὸ κορέσθαι. πιθανὸν γὰρ ἐντεῦθεν ὀνομάζεσθαι τὰ μυστήρια, ὅθεν καὶ μυστία παρὰ Ἴωσι λέγεται.

Περὶ τῶν ὡρῶν.

δ ιὰ δὲ ταύτην τὴν αἰτίαν καὶ ἐκ Θέμιδος ὁ Ζεὺς λέγεται γεννῆσαι τὰς ὥρας· ὑφ' ὧν τὰ ἀγαθὰ πάντα ἐν ἡμῖν ὀρέγεται καὶ φυλάττεται. καλεῖται δὲ αὐτῶν ἡ μὲν εὐνομία, ἀπὸ τοῦ ἐπιβάλλοντος τῆς διανεμήσεως. ἡ δὲ δίκη, ἀπὸ τοῦ δίχα χωρίζειν ἀπ' ἀλλήλων τοὺς διαφερομένους. ἡ δὲ εἰρήνη, ἀπὸ τοῦ διὰ λόγου καὶ οὐ δι' ὅπλων διακρίνεσθαι ποιεῖν. ἐκάλουν γὰρ τὸν λόγον εἰρήνην. ὁ δὲ πόλεμος, ἀπὸ τοῦ πολλοὺς ὀλλύναι οὕτως ὠνόμασται, ἢ ἀπὸ τοῦ παλάμαις σπεύδειν, περιγίνεσθαι τῶν ἐναντίων.

Περὶ τοῦ Διονύσου.

οἰ κείως δ' ἔδοξεν εἰρήνη κατά τι καὶ ὁ Διόνυσος εἰρῆσθαι. τῶν ἡμέρων δένδρων ἐπίσκοπος ὢν καὶ σωτὴρ θεός. ἐπεὶ καὶ διὰ ταῦτα σπονδὰς ποιοῦνται. δενδροσκοποῦνται γὰρ αἱ χῶραι τοῖς πολέμοις. ἐν εἰρήνῃ δὲ τὰ τῶν εὐωχιῶν θάλλει, οἷς ἀναγκαιότατον ὁ οἶνός ἐστι. τυγχάνει δὲ καὶ Διόνυσος, ἤτοι διόνυξος ὤν, ἢ διαίνυσός τις παρὰ τὸ διαίνειν ἡμᾶς ἡδέως, ἢ ὡσανεὶ διάλυσος, τροπῇ τοῦ α εἰς ο, καὶ τοῦ λ εἰς ν. ἀφ' οὗ καὶ ἀλύσιον αὐτόν, καὶ λυαῖον ἐπωνόμασαν, λύοντα τὰς μερίμνας. τινὲς δέ φασιν ἀπὸ τοῦ εἰς τὸ σίτιον ἔρος φῦναι πρῶτον τὴν ἄμπελον, παρεληλυθέναι τοῦτο τὸ ὄνομα εἰς τὴν συνήθειαν. λέγεται δὲ διὰ πυρὸς λοχευθῆναι, τὸ θερμὸν αὐτοῦ καὶ πυρωτικὸν τῶν σωμάτων παριστάντος τοῦ μύθου. οὕτω γοῦν οἶνός ἐστι, πυρὶ ἶσον μένος ἔχων κατὰ τοὺς ποιητάς, ἐῤῥάφθαι δ' εἰς τὸν μηρὸν τοῦ Διὸς ἐκεῖ τελεσφορηθῆναι, διὰ τὸ πεπαίνεσθαι καὶ τελειοῦσθαι τὸν οἶνον τοῖς μηροῖς ἐκ δευτέρου. πεπανθεὶς γὰρ πρότερον ὅτι ἀτελής ἐστι πρὸς χρῆσιν, ὕστερον δὲ πατηθεὶς τοῖς ποσί, τέλειος γίνεται. πρώτη γὰρ ἐκείνη γέννησίς ἐστιν ἡ κατὰ τὴν πέπανσιν τῆς ὀπώρας, ἥ τις γίνεται τῶν καυμάτων ἀκμαζόντων. δευτέρα δ' ἡ κατὰ τὴν πάτησιν ἐκθλιβομένου τοῖς ποσὶν αὐτῶν. καὶ τοιοῦτόν τι ἐκ τοῦ μηροῦ συνεκδέχεσθαι δέοντος. βρόμιός τε δὲ καὶ βάκχος καλεῖται, διὰ τὸ τὰς τοιαύτας αὐτὸν πρῶτον χρῆσθαι. εἶτα καὶ νῦν, ἕως μέθης μέχρι ταύτας χρωμένους ἀφιέναι ταῖς ἐν τοῖς τόποις τελείαις.

ἐκστάσεως δὲ σύμβολόν εἰσιν οἱ σάτυροι. τὴν ὀνομασίαν ἐσχηκότες ἀπὸ τοῦ σεσηρέναι, καὶ οἱ σκιρτοὶ ἀπὸ τοῦ σκαίρειν. καὶ οἱ σειληνοί, ἀπὸ τοῦ σιλαίνειν. καὶ οἱ σεισινίδαι, ἀπὸ τοῦ σεύειν, ὅ ἐστιν ὁρμᾶν. διὰ τοῦτο δ' ἴσως παρεισάγεται τὸ ὡς ἀνδρεῖον μετ' ἐκλύσεως καὶ θηλύτητος παραφρόνων τῶν πινόντων. τούτου δ' ἕνεκα καὶ θηλύμορφος πλάττεται καὶ κέρατα ἔχει, ὡς τοὺς μὲν τόνους ἀποβαλόντων τῶν μεθυόντων. βίᾳ δὲ χρωμένων, καὶ δυσκάθεκτόν τι, καὶ ὁρμητικὸν ἐχόντων. καὶ τὸ μὲν, τῆς ἐσθῆτος ἀνθηρόν, τὴν ποικιλίαν παρείσησι τῆς ὀπώρας. ἡ δὲ τοῖς πλείστοις τῶν πλασμάτων γυμνότης, τὸν παρὰ τοὺς πότους γινόμενον ἀπαμφιασμὸν τοῦ τρόπου. καθὸ δοκεῖ καὶ τὸ οἶνος ἀληθῶς εἰρῆσθαι. τάχα διὰ τοῦτο καὶ μαντεία ἔσθ' ὅτε τοῦ Διονύσου γινομένη. τὸ δὲ θορυβῶδες τῶν μεθυσκομένων, οἰκεῖόν τι ἔδοξεν ἔχειν καὶ ὁ τῶν ῥόπτρων ψόφος καὶ τῶν τυμπάνων. ἃ παραλαμβάνουσιν εἰς τὰ ὄργια αὐτοῦ. χρῶνται δὲ πολλοὶ καὶ αὐλοῖς παρὰ τὴν συγκομιδὴν τοῦ καρποῦ, καὶ ἄλλοις τοιούτοις ὀργάνοις. ὁ δὲ θύρσος, ἐμφαίνει τὸ μὴ ἀρκεῖσθαι τοῖς ἑαυτῶν ποσὶ τοὺς μεθυσκομένους, τῶν δ' ὑποστηριζόντων αὐτοὺς δεῖσθαι. τινὲς δὲ τὸν θύρσον, καὶ ἐπιδορατίδας κρυπτομένας ὑπὸ τῶν φύλλων ἔχουσιν. ὡς καὶ ὀδυνηφόρου τινὸς ἔσθ' ὅτε κρυπτομένου τῇ παρὰ τὴν πολυποσίαν ἱλαρότητι, εἰς ὕβρεις ἐνίων καὶ παρακοπὰς ἐμπιπτόντων, ἀφ' οὗ δὴ καὶ μαινόλης ὁ Διόνυσος ἐκλήθη, καὶ μαινάδες αἱ περὶ αὐτὸν γυναῖκες. πλάττεται δὲ καὶ νέος καὶ πρεσβύτης διὰ τὸ πάσῃ ἡλικίᾳ πρόσφορος εἶναι. τῶν μὲν νέων λαβρότερον αὐτῷ χρωμένων, τῶν δὲ πρεσβυτέρων ἡδύτερον. οἱ δὲ παρεισάγονται ταῖς νύμφαις ἥδιον αὐταῖς ἐπιμιγνύμενοι. καὶ τὰς μὲν πειρῶντες, τὰς δὲ μετὰ παιδειᾶς βιαζόμενοι, τῷ τὴν πρὸς τὸ ὕδωρ κρᾶσιν τοῦ οἴνου συνῆφθαι χρησίμην οὖσαν. τὰς δὲ παρδάλεις ὑποζευγνύασι τῷ Διονύσῳ, καὶ παρακολουθούσας εἰσάγουσιν, ἤτοι διὰ τὸ ποικίλον τῆς χροιᾶς, ὡς καὶ νεβρίδας αὐτὸς περιῆπται καὶ αἱ βάκχαι, ἢ ὡς καὶ τὰ ἀγριώτατα τῶν ἀνθρώπων ἤθη τῆς συμμέτρου οἰνώσεως ἐξημερούσης. τὸν δὲ τράγον αὐτῷ θύουσι, διὰ τὸ λυμαντικὸν δοκεῖν τῶν ἀμπέλων καὶ τῶν συκῶν εἶναι τὸ ζῶον τοῦτο, καθὸ καὶ ἐκδαίροντες αὐτόν, εἰς τὸν ἀσκὸν ἐμβάλλονται κατὰ τὰς Ἀττικὰς κώμας, οἱ γεωργῶν νεανίσκοι. τάχα δ' ἂν χαίροι τοιούτῳ θύματι ὁ Διόνυσος, διὰ τὸ ἑαυτὸν εἶναι τὸν τράγον, ἀφ' οὗ καὶ οἱ ὄνοι ἐν ταῖς πομπαῖς αὐτοῦ θαμίζουσι, καὶ οἱ φαλλοὶ αὐτῷ ἀνατίθενται, καὶ τὰ σφαλαγώγια ἄγεται. καὶ κινητικὸς γὰρ πρὸς τὴν συνουσίαν ὁ οἶνος. διὰ τοῦτο ἐνίων κοινῇ μεθυόντων Διονύσῳ καὶ Ἀφροδίτῃ. ὁ δὲ νάρθηξ, διὰ τῆς σκολιότητος τῶν κώλων ἐμφαίνει, τὸ τῇδε, κἀκεῖσε περιφέρεσθαι τοὺς μεθύοντας. ἅμα δὲ καὶ ἐλαφρούς, καὶ εὐβαστάκτους αὐτοὺς εἶναι. τὸ δὲ ἄναρθρον τῆς λαλιᾶς αὐτῶν, ὡσανεὶ ἄρθρα ἔχων παρείσησιν. ὀρείφοιτοι δ' εἰσὶ καὶ φιλέρημοι αἱ βάκχαι, διὰ τὸ μὴ ἐν ταῖς πόλεσιν, ἀλλ' ἐνθάδε τῶν χωρίων γεννᾶσθαι τὸν οἶνον. διθύραμβος ὁ Διόνυσος ἐκλήθη, πότερον διὰ τὸ δίθυρον τὸ στόμα ποιεῖν διά τε τὸ ἀναβαίνειν καὶ ἐκφερομυθεῖν ποιεῖν τὰ ἀπόρρητα. ἢ ὡς αὐτὸς ὢν ὁ ποιῶν ἐνθεῖ τὰς θύρας ἀναβαίνειν τοὺς νέους, ἢ ἐκβαίνειν εἰς αὐτὰς καὶ ἐκπίπτειν, καὶ διασαλεύειν τὰ κλεῖθρα. ὁ δὲ θρίαμβος, ἀπὸ τοῦ θροεῖν καὶ ἰαμβίζειν τὴν κλῆσιν ἔλαχεν. ὅθεν καὶ οἱ τοῖς κατὰ τὸν πόλεμον θριάμβοις, πολλοῖς ἀκκαίστοις σκώπτοντες χρῶνται. καὶ τὴν κίτταν ὡς λάλον ὄρνεον ἀφιεροῦσιν αὐτῷ, καὶ βασσαρέα καλοῦσιν ἀπὸ τοῦ βάζειν, καὶ εἰραφιώτην ἀπὸ τοῦ ἔριν ἀφιέναι. καθαιρετικὸς δὲ παντὸς οὐτινοσοῦν ὑπάρχων, ἔδοξε καὶ πολεμιστὴς εἶναι. καὶ πρῶτος καταδεδειχέναι, τὸν ἐν ταῖς πολεμικαῖς ἀγόμενον θρίαμβον. τῷ δὲ κιττῷ στέφεται, διὰ τὴν πρὸς τὴν ἄμπελον ἐμφέρειαν αὐτοῦ, καὶ τὴν πρὸς τοὺς βότρυς ὁμοιότητα, κορυμβάδων. πέφυκε δὲ καὶ σφάλλειν τὰ δένδρα ἀνέρπων δι' αὐτῶν, καὶ περιπλεκόμενος βιαιοτέροις τοῖς πρέμνοις. τὰ δὲ θυμελικὰ ἀκροάματα, τὸν διόνυσον θεραπεύει, διὰ τὴν πρὸς τὰς θαλίας αὐτῶν οἰκειότητα. οἷον ᾠδῆς καὶ κιθάρας. τὰ γὰρ, ἀναθήματα τῆς δαιτός. μυθολογεῖται δ' ὅτι διασπασθεὶς ὑπὸ τῶν τιτάνων, συνετέθη πάλιν ὑπὸ τῆς ῥέας, αἰνιττομένων τῶν παραδόντων τὸν μῦθον, ὅτι οἱ γεωργοὶ θρέμματα γῆς ὄντες, συνέχεαν τοὺς βότρυς, καὶ τοῦ ἐν αὐτῷ διονύσου τὰ μέρη ἐχώρισαν ἀπ' ἀλλήλων. ἃ δὴ πάλιν ἡ εἰς αὐτὸ σύρρευσις τοῦ γλεύκους συνήγαγε, καὶ ἓν σῶμα ἐξ αὐτῶν ἀπετέλεσε. καὶ ὁ παρὰ τῷ ποιητῇ δὲ μῦθος, ὡς φεύγων ποτὲ τὴν τοῦ λυκούργου ἐπιβουλὴν θεὸς εἰς τὰ κατὰ τῆς θαλάττης. εἶθ' ἡ θέτις αὐτὸν διέσωσεν, ἐμφαινὴ τὴν διάνοιαν ἔχει. τιθῆναι μὲν γάρ εἰσι τοῦ διονύσου αἱ ἄμπελοι. ταύτας δὲ ὁ λυκοῦργος συγκτητὴς ὢν, ἐσκύλευσε καὶ ἀπεκόσμησεν. εἶθ' ὁ οἶνος θαλάττῃ μιγεὶς, ἀσφαλῶς ἀπετέθη. καὶ περὶ μὲν διονύσου τοσαῦτα.

Περὶ Ηρακλέους.

Ρακλῆς δέ ἐστιν ὁ ἐν τοῖς ὅλοις λόγος, καθ' ὃν ἡ φύσις, ἰσχυρὰ καὶ κρα-
ἡ ταιά ἐστιν, ἀνίκητος καὶ ἀπεριγέννητος οὖσα. μεταδοτικὸς ἰσχύος, καὶ τῆς κατὰ μέρος ἀλκῆς ὑπάρχων. ὠνόμασται δὲ τάχα ἀπὸ τοῦ διατείνειν εἰς τοὺς ἥρωας, ὡς αὐτοῦ ὄντος τοῦ κλείζεσθαι τοὺς γενναίους ποιοῦντος. ἥρωας γὰρ ἐκάλουν οἱ παλαιοὶ τοὺς ἀνδρείους τῷ σώματι καὶ ταῖς ψυχαῖς, καὶ κατὰ τοῦτο τοῦ θείου γένους μετέχειν δοκοῦντας. οὐδ' ὑπὸ νεωτέρας ἱστορίας ἐπιταράττεσθαι. δι' ἀρετὴν ἠξιώθη τῷ θεῷ τοιαύτης προσηγορίας ἀλκμήνης καὶ ἀμφιτρύωνος υἱὸς ὤν. τὸ δὲ δυσδιάκριτα γεγονέναι τὰ τοῦ θεοῦ ἴδια, ἀπὸ τῶν περὶ τοῦ ἥρωος ἱστορουμένων. τάχα δ' ἂν ἡ λεοντῆ καὶ τὸ ῥόπαλον, ἐκ τῆς παλαιᾶς θεολογίας ἐνθεῖ τοῦτο μετενηνεγμένα εἴη. στρατηγὸν γὰρ αὐτὸν γενόμενον ἀγαθὸν, καὶ πολλὰ μέρη τῆς γῆς μετὰ δυνάμεως ἀπελθόντα, οὐχ οἷόν τε γυμνὸν ἔδοξαν περιεληλυθέναι ξύλῳ μόνῳ ὡπλισμένον, ἀλλὰ τοῖς ἐπισήμοις τοῦ θεοῦ μετὰ τὸν ἀπαθανατισμὸν ὑπὸ τῶν εὐεργετουμένων κεκοσμῆσθαι. σύμβολον γὰρ ἑκάτερον εἴη ῥώμης καὶ γενναιότητος. ὁ μὲν γὰρ λέων, τὸ γενναιότατον τῶν θηρίων ἐστί. τὸ δὲ ῥόπαλον, τὸ καρτερώτατον τῶν ὅπλων. καὶ τοξότης δ' ἂν ὁ θεὸς παρεισάγοιτο, κατά τε τὸ πανταχοῦ διικνεῖσθαι, κατὰ τὸ ἐντονόν τι ἔχειν καὶ τὴν τῶν βελῶν φοράν. στρατηλάτην δ' οὐκ ἄλογον τοὔτοις ὅπλοις πεποιθότα εἰς τὰς παρατάξεις ἀπαντᾶν. οἰκείως δὲ παρέδοσαν αὐτὸν κοινοῖ τῇ ἥβῃ συνοικοῦντα, ὁλοσχερέστερον τὴν διάνοιαν ὄντα. ὡς γὰρ νέοντι δρᾶν εὐτονώτεραι αἱ χεῖρες, οὕτω ψυχὰς ἀμείνους τῶν γεραιτέρων πολύ. ὑπονοῶ δὲ τὴν παρ' ὀμφάλῃ λατρείαν, ἐκείνῳ πιθανωτέραν εἶναι προσήκειν, ἐμφαινόντων πάλιν διὰ τούτου τῶν παλαιῶν, ὅτι καὶ τοὺς ἰσχυροτάτους ὑποτάττειν δεῖ ἑαυτοὺς τῷ λόγῳ, καὶ τὰ ὑπὸ τούτου προστάττομενα ποιεῖν εἰ καὶ θηλύτερόν τι κατὰ τὴν θεωρίαν καὶ τὴν λογικὴν σκέψιν προσπίπτει τῆς ἐμφῆς. ἐν οὐχ

ἑτέραν αὖ δόξαιμεν ὀμφαλοῦ προσηγορηκέναι. τοὺς δὲ δώδεκα ἄθλους, ἐνδέχεται μὲν ἀναγαγεῖν οὐκ ἀλλοτρίως ἐπὶ τὸν θεὸν, ὡς καὶ κλεάνθης ἐποίησεν. οὐ δεῖ δὲ δοκεῖν πανταχοῦ, εὑρεσίλογον πρεσβύτην.

Περὶ τοῦ Ἀπόλλωνος, καὶ τῆς Ἀρτέμιδος.

Ἐχομένως τοίνυν ὦ τέκνον ἀπόλλων ὁ ἥλιός ἐστιν, ἄρτεμις δὲ ἡ σελήνη. διὰ τοῦτο γὰρ καὶ τοξότας ἀμφοτέρους παρήγαγον, τὴν ὥσπερ ἄφεσιν πόρρω τῶν ἀκτίνων αἰνιττόμενοι. καλοῦνται δὲ, ὁ μὲν ἕκατος, ἡ δὲ, ἑκάτη, διὰ τὸ ἕκαθεν δεῦρο ἀφιέναι καὶ ἀποστέλλειν τὸ φῶς. ὅθεν παρακειμένως, καὶ ἑκατηβόλους αὐτοὺς προσηγόρευσαν. ἔνιοι δὲ τὸν ἕκατον, καὶ τὴν ἑκάτην, ἄλλως ἐτυμολογοῦσιν, ὡς τῶν τεθεικότων αὐτοῖς τὰ ὀνόματα ταῦτα, ἑκὰς αὐτὰ εἶναι εὐχομένων, καὶ τὴν πρὸς αὐτῶν βλάβην, μὴ προσπελάζειν αὐτοῖς. δοκοῦσι γὰρ ἔσθ' ὅτε καὶ φθείρειν τὸν ἀέρα, καὶ τῶν λοιμικῶν καταστάσεων αἴτιοι γίνεσθαι. διὸ καὶ τοὺς ὀξὺς αὐτοῖς ἀνετίθεσαν οἱ πάλαι. καὶ ὡς ὁ ποιητὴς ἐν τῷ λοιμῷ παρεισάγει τὸν ἀχιλλέα λέγοντα ὅτι ζητητέον μάντιν,

» Ὅς κ' εἴποι ὅτι τόσσον ἐχώσατο φοῖβος ἀπόλλων.

τούτου δ' ἕνεκεν δοῦνται κατ' εὐφημισμὸν τὴν ἄρτεμιν ἀπὸ τοῦ ἀρτεμέας ποιεῖν, ὅ ἐστιν ὑγιεῖς, ὠνομάσθαι. τὸν δ' ἀπόλλωνα, ὡς ἀπολύοντα ἡμᾶς τῶν νόσων, ἢ ἀπελαύνοντα ἀφ' ἡμῶν αὐτὰς, ἢ ἀπολύοντα, ταύτης τετυχηκέναι τῆς προσηγορίας. καθ' ἣν ἔννοιαν καὶ παιήων ἐκλήθη, καὶ ἰατρὸς ἔδοξεν εἶναι. τινὲς δὲ αὐτόθεν ἀπόλλωνα, ἀπὸ τοῦ ἀπολλύναι αὐτὸν εἰρῆσθαι. καὶ γὰρ τὸν ἀπολλῶντα ταύτην τὴν διακόσμησιν τοιοῦτον εἶναι, διὰ τοῦ κομίζειν ἀδιαλείπτως πάντοθεν αὐτῇ τὸ ὑγρὸν, καὶ τῷ αἰθέρι προσκατατάττειν. τάχα δ' ἂν καὶ ἀπὸ τοῦ ἁπλοῦν καὶ λύειν τὸ συνεστὼς τῆς οὐσίας, ἢ καὶ τὸ σκότος ὥσπερ ἂν ἁπλῶς εἰρημένον εἴη. οἰκείως δὲ καὶ ἀδελφοὺς αὐτοὺς παρεισάγουσιν ἐμφερεῖς ἀλλήλοις ὄντας, καὶ ὁμοειδῆ κίνησιν κινουμένους, καὶ δύναμιν παραπλησίαν ἐν τοῖς ὅλοις ἔχοντας, καὶ τρέφοντας ὁμοίως τὰ ἐπὶ τῆς γῆς. εἶτα ὁ μὲν ἀπόλλων ἄρρην ἀνεπλάσθη. θερμότερον γὰρ τὸ πῦρ καὶ δραστικώτερον. ἡ δ' ἄρτεμις θήλεια, ὡς ἀμβλυτέραν καὶ ἀσθενῆ τὴν δύναμιν ἔχουσα. βούπαιδος δ' ἡλικίαν ὁ ἀπόλλων ἔχει, καθ' ἣν καὶ οἱ ἄνθρωποι εὐειδέστεροι ἑαυτῶν φαίνονται. κάλλιστος γὰρ ὀφθῆναι καθαρὸς ὢν καὶ λαμπρός. ἐπὶ δὲ τοῖς ἄλλοις οἰκείως εἰς αὐτὸν χρῶνται, χρυσοκόμαν καὶ ἀκειρεκόμαν προσαγορεύοντες, ἐπειδὴ χρυσωπός ἐστι, καὶ ἔξω παντὸς καθεστὼς διὰ τὴν ἁγνότητα. καὶ δήλιον δὲ αὐτὸν ὠνόμασαν καὶ φαναῖον, ἀπὸ τοῦ δηλοῦσθαι δι' αὐτοῦ τὰ ὄντα, καὶ φωτίζεσθαι τὸν κόσμον, ὡς καὶ ἀναφαίου ἀπόλλωνος ἱερὸν ἱδρύσαντο τοῦ ἀναφαίνοντος πάντα. τούτῳ δ' ἠκολούθησε, καὶ τὴν δῆλον καὶ ἀνάφην ἱερὰς αὐτῷ νομισθῆναι. διὰ δὲ τὸν εἰρημένον σαφηνισμὸν τῶν πραγμάτων, καὶ τὴν μαντικὴν αὐτῷ προσάψαι. καὶ εὑρεθὲν τὸ ἐν δελφοῖς μαντεῖον τῷ ἀπόλλωνι, προσωνόμασαν πύθιον, ἀπὸ τοῦ δεῦρο τοὺς ἀνθρώπους ἐρχομένους, πυνθάνεσθαι τὰ καθ' ἑαυτούς. ἐλέχθη δὲ καὶ ὁ τόπος ὀμφαλὸς τῆς γῆς, οὐχ ὡς μεσαίτατον ὢν αὐτῆς, ἀλλ' ἀπὸ τῆς ἀναδιδομένης ἐν αὐτῷ ὀμφῆς, ἥ τίς ἐστι θεία φωνή. λοξῶν δὲ καὶ περισκελῶν ὄντων τῶν χρησμῶν ὧν δίδωσι, λοξίας ὠνόμασται, ἢ ἀπὸ τῆς λοξότητος τῆς πορείας, ἣν ποιεῖται διὰ τοῦ ζῳδιακοῦ κύκλου. μουσικὸς δὲ καὶ κιθαριστὴς παρεισῆκται, τὸ κρούειν ἐναρμονίως πᾶν μέρος τοῦ κόσμου, καὶ συνῳδὸν αὐτὸν πᾶσι τοῖς μέρεσι ποιεῖν μηδεμιᾶς αὐτὸν ἐμμελείας ἐν τοῖς οὖσι θεωρουμένης, ἀλλὰ καὶ τὴν τῶν χρόνων πρὸς ἀλλήλους συμμετρίαν, ἐπ' ἄκρον ὡς ἐν ῥυθμῷ τηροῦντος αὐτοῦ. καὶ τὰς τῶν ζώων δὲ φωνὰς, ὧν αὐτὸς τῶν ἄλλων σωμάτων ψόφος ἰδία τὸ ξηραίνεσθαι πρὸς ἀνάγκας ποιεῖ. ἀπ' αὐτῆς δὲ τῆς ἀρχῆς καὶ μουσηγέτης ἐκλήθη καὶ ἐπίσκοπος, καὶ παίζειν μετὰ τῶν μουσῶν εἰσομίσθη.

» Ἐκ γὰρ μουσάων καὶ ἑκηβόλου ἀπόλλωνος,
» ἄνδρες ἀοιδοὶ ἔασιν ἐπιχθόνιοι βασιλῆες,

φησὶν ὁ ἡσίοδος. διὰ τοῦτο καὶ ἱερὸς αὐτῷ ὁ κύκνος, τῷ μουσικώτατον καὶ λευκότατον ἅμα εἶναι τῶν ὀρνέων. ὁ δὲ κόραξ ἀλλότριος, διά τε τὸ μιαρὸς εἶναι, καὶ τὴν χροιάν. ἡ δὲ δάφνη, καὶ περὶ δαφοινή τις οὖσα, στέμμα αὐτοῦ ἐστιν, ἐπειδὴ εὐεργός τε καὶ ἀειθαλὲς φυτόν ἐστι. τυγχάνει δὲ καὶ εὐέκκαυστός πως οὖσα καὶ πρὸς τὰς καθάρσεις οἰκείως τι ἔχουσα. ὥστε μὴ ἀλλοτρίως ἀνακεῖσθαι τῷ καθαρωτάτῳ καὶ καυστικωτάτῳ θεῷ. τάχα δὲ καὶ τὸ ὄνομα αὐτῆς προσέχων πως τῷ διαβαίνειν, ἐπιτηδείαν αὐτὴν ἐποίησε πρὸς τὰς μαντείας εἶναι δοκεῖν. ὁ δὲ τρίπους, διὰ τὴν τελειότητα τοῦ τῶν τριῶν ἀριθμοῦ δέδοται αὐτῷ. δύναται δὲ καὶ ἀπὸ τῶν τριῶν παραλλήλων κύκλων, ὧν δύο μὲν τέμνει κινούμενος τὴν ἐνιαύσιον κίνησιν ὁ ἥλιος· ἑνὸς δ' ἐφάπτεται. ἐπεὶ δὲ ἐν τοῖς λοιμοῖς ὡς ἐπὶ πᾶν δοκεῖ τὰ θρέμματα ποιμαίνεται, πρῶτον καὶ συνεχέστερον κατ' ἀρχὰς φθείρεται λοιμικῶς. κατὰ τοῦτο καὶ τὴν τῶν ποιμνίων ἐπιμέλειαν ἀνέθεσαν αὐτῷ, λύκιον καὶ λυκοκτόνον προσαγορεύοντες. ἀγυιεὺς δὲ ἐπονομάζεται δεόντως ἱδρυθεὶς ἐν ταῖς ἀγυιαῖς. καταυγάζει γὰρ ταύτας, καὶ πληροῖ φωτὸς ἀνατέλλων, ὡς ἀπὸ τοῦ ἐναντίου εἴρηται τὸ,

» Δύσετό τ' ἠέλιος, σκιόωντό τε πᾶσαι ἀγυιαί.

Καὶ λεσχηνόριον δ' αὐτὸν προσηγόρευσαν, διὰ τὸ τὰς ἡμέρας ταῖς λέσχαις καὶ τῷ ὁμιλεῖν ἀλλήλοις συνέχεσθαι τοὺς ἀνθρώπους, τὰς νύκτας δὲ καθ' ἑαυτοὺς ἀναπαύεσθαι. παιᾶνα δ' αὐτὸν καλέσαντες, εἴτ' οὖν κατὰ ἀντίφρασιν ἐξιλαστικῶς, ἵνα μὴ νόσους αὐτοῖς ἀναπέμπῃ, μηδὲ φθείρῃ τὸν ἀναπνεόμενον ὑπ' αὐτοῦ ἀέρα. εἴτε καὶ ὡς αὐτῷ ὄντι τῷ ὑγείας τοῦ σώματος αἰτίῳ γινομένῳ, διὰ τῆς τοῦ περιέχοντος εὐκρασίας.

Περὶ τοῦ Ἀσκληπιοῦ.

Ατ' ἀκόλουθον πάλιν, τὸν ἀσκληπιὸν υἱὸν αὐτοῦ ἔφασαν γενέσθαι, τὸν
κ δεδωκότα τοῖς ἀνθρώποις ὑποδεδειχέναι τὴν ἰατρικήν. ἐχρῆν γὰρ καὶ
τούτῳ τῷ τόπῳ, θεῖόν τι ἐπιστῆσαι. ὠνομάσθη δὲ ἀσκληπιὸς ἀπὸ τοῦ ἠπιῶσθαι καὶ ἀναβάλλεσθαι, τὴν κατὰ τὸν θάνατον γινομένην ἀπόκλισιν. διὰ τοῦτο γὰρ καὶ δράκοντα αὐτῷ παριστῶσιν, ὅτι ὅμοιόν τι τούτῳ πάσχουσιν οἱ χρώμενοι τῇ ἰατρικῇ κατὰ τὸ οἱονεὶ ἀνανεάζειν ἐκ τῶν νόσων καὶ ἀποδύεσθαι τὸ γῆρας, ἅμα δ' ἐπεὶ προσοχῆς ὁ δράκων σημεῖον, ἧς πολλῆς δεῖ περὶ τὰς θεραπείας. καὶ τὸ βάκτρον δὲ, τοιούτου τινὸς ἔοικεν εἶναι σύμβολον. παρίσταται γὰρ δι' αὐτοῦ, ὅτι εἰ μὴ ταύταις ταῖς ἐπινοίαις ἐπεστηριζόμεθα, ἐπὶ τὸ συνεχὲς ἂν εἰς ἀρρωστίαν θᾶττον τοῦ δέοντος σφαλλόμενοι κατεπίπτομεν. λέγεται δ' ὁ χείρων τετροφέναι τὸν ἀσκληπιὸν, κἂν τοῖς τῆς ἰατρικῆς θεωρήμασι τοῦ ἀσκληπιοῦ, ἠπιόνην. τοῦ ὀνόματος οὐκ ἀργῶς εἰς τὸν μῦθον παρειλημμένου. δηλοῦντος δὲ τὸ πραϋντικὸν τῶν ὀχλήσεων, διὰ τῆς τοῦ ἠπίου φαρμακείας.

Ἰδία περὶ Ἀρτέμιδος.

Ἡ δ' ἄρτεμις φωσφόρος μὲν ἐπωνομάσθη, διὰ τὸ καὶ αὐτὴν σέλας βάλ-
η λειν, καὶ φωτίζειν ποσῶς τὸ περιέχον, ὁπόταν μάλιστα πανσέληνος ᾖ.
δίκτυνναν δ' αὐτὴν λέγουσι, διὰ τὸ βάλλειν δεῦρο τὰς ἀκτῖνας. δικεῖν γὰρ τὸ βάλλειν, ἢ ἀπὸ τοῦ δικνεῖσθαι τὴν δύναμιν αὐτῆς εἰς πάντα τὰ ἐπὶ γῆς ὡς δικτύννης αὐτῆς οὔσης. κυνηγέτιν δ' αὐτὴν καὶ θηροκτόνον, καὶ ἐλαφηβόλον,

καὶ

καὶ ὀρεσιφοίτην παρεισάγουσιν, ἤτοι διώκειν τὰ ἄγρια βουλόμενοι τὴν ἐξ αὐτῆς βλάβην, ἢ ἐπειδὴ μάλιστα νυκτὸς καταφαίνεται. πολλὴ δὲ ἐν τῇ νυκτὶ ἡσυχία πανταχοῦ, καθάπερ ἐν ταῖς ὕλαις καὶ ἐν ταῖς ἐρημίαις ἐστὶν, ὥστε ἐν τοιούτοις τισὶ χωρίοις αὐτὴν πλάζεσθαι δοκεῖν, ἔξωθεν ἤδη τούτου προσαναπλασμένου τοῦ κυνηγετεῖν αὐτὴν τοξότιν οὖσαν. συνῳδὸν δὲ τούτῳ, καὶ τὸ τοὺς κύνας ἱεροὺς αὐτῆς νομισθῆναι, πρός τε τὰς θήρας ἔχοντας ἐπιτηδείως, καὶ ἀγρυπνεῖν ἐν ταῖς γυναιξὶ, καὶ ὑλακτεῖν πεφυκότας. κυνηγετικὴ δὲ ἔοικε καὶ τὸ μὴ διαλείπειν αὐτὴν, ὅτε μὲν διώκουσαν τὸν ἥλιον, ὅτε δὲ φεύγουσαν. εἶτ' ἐν τῷ ζωδιακῷ μετερχομένην καὶ συνιοῦσαν ταχέως τὰ ζώδια. οἰκεῖον γὰρ τῇ κυνηγεσίᾳ καὶ τὸ τάχος. προσγειοτάτην τε τῶν οὐρανίων οὖσαν αὐτὴν, περὶ τὰς κορυφὰς τῶν ὀρῶν ἔφασαν ἀναστρέφεσθαι. οὐχ ἑτέρα δὲ οὖσα αὐτῆς ἡ ἑκάτη. τρίμορφος εἰσῆκται διὰ τὸ τρία σχήματα γενικώτατα ἀποτελεῖν τὴν σελήνην, μηνοειδῆ γενομένην καὶ πανσέληνον. καὶ τρίτον τι ἄλλην χύσιν πλάττουσιν ἀναλαμβάνεσθαι. καθὸ πεπλήρωται μὲν αὐτῆς ὁ μηνίσκος, οὐ πεπλήρωται δ' ὁ κύκλος. ἐντεῦθεν δ' ἤδη καὶ τριοδῖτις ἐπεκλήθη, καὶ τῶν τριόδων ἐπόπτις ἐνομίσθη, διὰ τὸ τριχῶς μεταβάλλειν ὁδεύουσα διὰ τῶν ζῴων. τοῦ δ' ἡλίου διὰ τῆς ἡμέρας μόνον φαινομένου, αὐτὴν καὶ νυκτὸς καὶ σκότους ὁρωμένην καὶ μεταβάλλουσαν, νυχίαν τε, καὶ νυκτιπόλον, καὶ χθονίαν ἐκάλεσαν. καὶ τοῖς κατὰ χθονίοις θεοῖς δεῖπνα ἐμφέροντες αὐτῇ ἤρξαντο συντιμᾶν. προσανεπλάσθη δὲ τούτῳ καὶ τὸ μιαίνεσθαι τὴν καὶ μιαίνειν ὥσπερ τοὺς κατοιχομένους. καὶ τὸ ταῖς φαρμακίσι συνεργεῖν καὶ ἐπάγεσθαι ταῖς οἰκίαις. εἶτά τε δαλιαῖον τὸ πένθεσι καὶ φόνῳ χαίρειν. ἐξ οὗ τινὲς προήχθησαν καὶ τὸ θυσίαις αὐτὴν ἀτόποις καὶ σφαγιασμοῖς ἀνθρώπων ἱλάσκεσθαι θέλειν. καθιέρωσαν δὲ καὶ τρίγλαν αὐτῇ, διὰ τοὔνομα. ἐνοδία δὲ ἐστὶν οὐ δι' ἄλλο τι, ἢ διὸ καὶ ἀπόλλωνος ἀγυιεύς. δοκεῖ δὲ καὶ πλείστοις ἡ αὐτὴ εἶναι καὶ εἰλείθυια, ἀπαύστως εἰλουμένη, καὶ θέουσα περὶ τὴν γῆν. ἣν εὔχονται ἐλθεῖν αὐταῖς ἠπίαν καὶ λυσίζωνοι αἱ ὠδίνουσαι, λύουσαι τὸ ἐσφιγμένον τῶν κόλπων πρὸς τὸ ῥᾷον, καὶ ἀπονώτερον ποιοῦσαι ποιεῖν τὸ κυϊσκόμενον, λεγομένης αὐτῆς καὶ ἐλευθοῦς. πλείους δ' εἰλείθυιαι παραδίδονται, καθ' ὃν λόγον καὶ πλείους ἔρωτες. πολύτροποι γὰρ οἱ τοκετοὶ τῶν γυναικῶν, ὡς τῶν ἐρώντων αἱ ἐπιθυμίαι. φανερὰ δ' ἡ σελήνη τελεσφορεῖσθαι ποιεῖ τὰ συλλαμβανόμενα. καὶ ταύτης, τό, τε αὔξειν αὐτὰ καὶ τὸ ἀπολλύειν, καὶ τὸ φανερῶς πεπονθέναι. οὐ θαυμαστὸν δ' εἰ κατ' ἄλλην μὲν ἔμφασιν ἀρχαίαν ὑπενόησαν τὴν ἄρτεμιν, ἄχραντον καὶ ἁγνὴν οὖσαν ὁμοίως τῷ ἡλίῳ. κατ' ἄλλην δὲ ἐπίκουρον τῶν τικτουσῶν, ἐπ' αὐτῇ κειμένου τοῦ εὐτοκεῖσθαι τὰ τικτόμενα. κατὰ ταύτην δὲ φρικῶδές τι καὶ χαλεπὸν ἔχουσαν, οἵαν ἔφαμεν περὶ τῆς ἑκάτης, ὑπόνοιαν εἶναι.

Περὶ τοῦ ᾅδου.

Ελδιαῖον δὲ, τὸν δεχόμενον τὰς ψυχὰς ἀέρα ᾅδην, ὡς ἔφησαν διὰ τὸ ἀΐ-
9 δὲς προσηγόρευσαν. μὴ φαινομένων δ' ἡμῖν τῶν ὑπὸ γῆν ἐκεῖσε χωρούντων,
διαλάθοντα ἐβόησαν. κλύμενος ὁ αὐτὸς λέγεται, τῷ αἴτιος εἶναι τοῦ κλύειν. ἀὴρ γὰρ πεπληγμένος ἡ φωνή. εὔβουλον δὲ καὶ εὐβουλέα, κατὰ ἀποδυσπέτησιν ὠνόμασαν αὐτὸν, ὡς καλῶς περὶ τῶν ἀνθρώπων βουλομένων, διὰ τὸ παύειν αὐτούς ποτε τῶν πόνων καὶ τῶν φροντίδων.

Τέλος, τοῦ περὶ τῆς τῶν θεῶν φύσεως, Κουρνούτου.

ΠΑΛΑΙΦΑΤΟΥ, ΠΕΡΙ ΑΠΙΣΤΩΝ ΙΣΤΟΡΙΩΝ.

Τάδε, περὶ ἀπίστων συγγέγραφα. τῶν ἀνθρώπων οἱ μὲν γὰρ πείθονται πᾶσι τοῖς λεγομένοις, ὡς ἀνομίλητοι σοφίας καὶ ἐπιστήμης. οἱ δὲ
9 πυκνότεροι τὴν φύσιν καὶ πολυπράγμονες, ἀπιστοῦσι τὸ παράπαν, μηδὲν γενέσθαι τούτων. ἐμοὶ δὲ δοκεῖ γενέσθαι πάντα τὰ λεγόμενα. οὐ γὰρ ὄνομα μόνον ἐγένοντο, λόγος δὲ περὶ αὐτῶν οὐδεὶς ὑπῆρξεν, ἀλλὰ πρότερον τὰ ἔργα, εἶθ' οὕτως ὁ λόγος ὁ περὶ αὐτῶν. ὅσα δὲ εἴδη καὶ μορφαί εἰσι λεγόμεναι, καὶ γενόμεναι τότε, αἳ νῦν οὐκ εἰσί, τὰ τοιαῦτα οὐκ ἐγένετο. εἰ γάρ τι ποτὲ, καὶ ἄλλοτε ἐγένετο, καὶ νῦν τε γίνεται, καὶ αὖθις ἔσται. ἀεὶ δὲ ἔγωγε ἐπαινῶ τοὺς συγγραφέας μέλισσον καὶ λαμίσκον τὸν σάμιον, ἐν ἀρχῇ λέγοντας, ἔστιν ἃ ἐγένετο, καὶ νῦν ἔσται. γενόμενα δέ τινα, οἱ ποιηταὶ καὶ λογογράφοι, παρέτρεψαν εἰς τὸ ἀπιστότερον καὶ θαυμασιώτερον, τοῦ θαυμάζειν ἕνεκα τοὺς ἀνθρώπους. ἐγὼ δὲ γινώσκω, ὅτι οὐ δύναται τὰ τοιαῦτα εἶναι, οἷα καὶ λέγεται. τοῦτο δὲ καὶ διείληφα, ὅτι εἰ μὴ ἐγένετο, οὐκ ἂν ἐλέγετο. ἐπελθὼν δὲ καὶ πλείστας χώρας, ἐπυνθανόμην ἐκ πρεσβυτέρων, ὡς ἀκούοιεν περὶ ἑκάστου αὐτῶν. συγγράφω δὲ, ἃ ἐπυθόμην περὶ αὐτῶν. καὶ τὰ χωρία αὐτὸς εἶδον, ὡς ἔστιν ἕκαστον ἔχον. καὶ γέγραφα ταῦτα, οὐχ οἷα ἦν λεγόμενα, ἀλλ' αὐτὸς ἐπελθὼν καὶ ἱστορήσας..

Περὶ κενταύρων.

Κένταυροι ὡς θηρία ἐγένοντο, καὶ ἵππων μὲν εἶχον ὅλην τὴν ἰδέαν, πλὴν
α τῆς κεφαλῆς. εἴ τις οὖν πείθεται τοιοῦτον γενέσθαι θηρίον, ἀδυνάτῳ πεπίστευκεν. οὔτε γὰρ ἡ φύσις σύμφωνος ἵππου καὶ ἀνδρὸς, οὔτε ἡ τροφὴ ὁμοία, οὔτε διὰ στόματος καὶ φάρυγγος ἀνθρωπείου δυνατὸν ἵππου τροφὴν διελθεῖν. εἰ δὲ τοιαύτη ἰδέα τότε ἦν, καὶ νῦν ὑπῆρχε. τὸ δ' ἀληθὲς ἔχει ὧδε. ἰξίονος βασιλέως ὄντος θεσσαλίας, ἐν τῷ πηλείῳ ὄρει, ἀπηγριώθη ταύρων ἀγέλη. καὶ τὰ λοιπὰ τῶν ὀρῶν ἄβατα ἐποίει. εἰς γὰρ τὰ οἰκούμενα κατιόντες οἱ ταῦροι, ἔσινον τὰ δένδρα καὶ τοὺς καρποὺς, καὶ τὰ ὑποζύγια διέφθειρον. ἐκήρυξεν οὖν ὁ ἰξίων, ὡς εἴ τις οὖν ἐλάσοι τοὺς ταύρους, τούτῳ δώσει χρήματα πάμπολλα. νεανίσκοι δέ τινες ἐκ τῆς ὑπωρείας, ἐκ κώμης τινὸς καλουμένης νεφέλης, ἐπινοοῦσιν ἵππους κέλητας διδάξαι. πρότερον γὰρ οὐκ ἠπίσταντο ἐφ' ἵππων ὀχεῖσθαι, ἀλλὰ μόνον ἅρμασιν ἐχρῶντο. οὗτοι δὲ ἀναβαίνοντες, τοὺς κέλητας ἤλαυνον ἐφ' οὗ οἱ ταῦροι ἦσαν. καὶ ἐπεισβάλλοντες τῇ ἀγέλῃ, ἠκόντιζον. καὶ ὅτε μὲν ἐδιώκοντο ὑπὸ τῶν ταύρων, ἀπέφευγον οἱ νεανίαι. ποδωκέστεροι γὰρ ἦσαν οἱ ἵπποι. ὅτε δὲ ἔστησαν οἱ ταῦροι, ὑποστρέφοντες ἠκόντιζον. καὶ τοῦτον τὸν τρόπον ἀνεῖλον αὐτούς. καὶ τὸ μὲν ὄνομα ἐντεῦθεν ἔλαβον οἱ κένταυροι, ὅτι τοὺς ταύρους κατεκέντουν. οὐδὲν γὰρ πρόσεστι ταύρου τοῖς κενταύροις, ἀλλ' ἵππου καὶ ἀνδρὸς ἰδέα. ἀπὸ τοῦ ἔργου λαβόντες γοῦν οἱ κένταυροι παρὰ ἰξίονος χρήματα, καὶ γαυριῶντες ἐπὶ τῇ πράξει καὶ τῷ πλούτῳ, ὑβρισταὶ ὑπῆρχον, καὶ ὑπερήφανοι, καὶ πολλὰ κακὰ εἰργάζοντο, καὶ δὴ καὶ κατ' αὐτοῦ ἰξίονος, ὃς ᾤκει τὴν νῦν καλουμένην λάρισαν πόλιν. οἱ δὲ τότε τοῦτο τὸ χωρίον οἰκοῦντες, λαπίθαι ἐκαλοῦντο. κεκλημένοι δὲ οἱ κένταυροι παρὰ τῶν λαπιθῶν ἐπὶ θοίνην, μεθυσθέντες, ἁρπάζουσι τὰς γυναῖκας αὐτῶν, καὶ ἀναβιβάσαντες ἐπὶ τοὺς ἵππους αὐτὰς, ᾤχοντο φεύγοντες εἰς τὴν οἰκείαν ὅθεν ὡρμῶντο. ἐπολέμουν οὖν τοῖς λαπίθαις, καὶ καταβαίνοντες διὰ νυκτὸς εἰς τὰ πεδία, ἐνέδρας ἐποίουν. ἡμέρας δὲ γενομένης, ἁρπάζοντες ἀπέτρεχον ἐπὶ

τὰ ὄρη. οὔπω δ' ἀπερχομένων αὐτῶν, ἵππων οὐρὰς, καὶ ἀνθρώπων κεφαλὰς μόνον ἐφαίνοντο. ξένην οὖν ὁρῶντες θέαν ἔλεγον, οἱ κένταυροι ἡμᾶς κατατρέχοντες ἐκ νεφέλης, πολλὰ κακὰ ἐργάζονται. ἀπὸ δὴ ταύτης τῆς ἰδέας τοῦ λόγου, ὁ μῦθος ἀπίστως ἐπλάσθη, ὡς ἐκ τῆς νεφέλης ἵππος τε καὶ ἀνὴρ ἐγεννήθη ἐν τῷ ὄρει.

Περὶ Πασιφάης.

Λέγεται ὅτι ἠράσθη ταύρου νεμομένου. δαίδαλον δὲ ποιῆσαι βοῦν ξυλίνην, καὶ ἐγκλεῖσαι τὴν πασιφάην εἰς αὐτήν. οὕτω τε τὸν ταῦρον ἐπιβαίνοντα, μιγῆναι τῇ γυναικί. τὴν δὲ κυῆσαι παῖδα, ἔχοντα μὲν σῶμα ἀνδρὸς, κεφαλὴν δὲ βοός. ἐγὼ δὲ οὔ φημι τοῦτο γενέσθαι. πρῶτον μὲν γὰρ, ἀδύνατον ἐρασθῆναι ζῶον ἕτερον ἑτέρου. οὐ γὰρ δυνατὸν κύνα καὶ πίθηκον, λύκον τε καὶ ὕαιναν, ἀλλήλοις συμμιγῆναι, οὐδὲ βούβαλον ἐλάφῳ. ἑτερογενῆ γάρ εἰσι. ταῦρος δὲ οὐ δοκεῖ μοι βοῒ ξυλίνῃ ἀναμιχθῆναι. οὐκ ἂν δὲ ἠνέσχετο καὶ γυνὴ ταύρου ἐπιβαίνοντος, οὐδὲ φέρειν ἠδύνατο γυνὴ ἔμβρυον ἔχον γε κέρατα. τὸ δ' ἀληθὲς ἔχει οὕτως. μίνωά φασιν ἀλγοῦντα τὰ αἰδοῖα, θεραπευθῆναι ὑπὸ κρίδος τοῦ πανδίονος. κατ' ἐκεῖνον δὲ τὸν τῆς θεραπείας καιρὸν, ἠκολούθει τῷ μίνωι νεανίας εὐειδὴς ὀνόματι ταῦρος. οὗ πασιφάη ἔρωτι ἁλοῦσα, μίγνυται αὐτῷ καὶ γεννᾷ παῖδα. μίνως δ' ἐπιλογισάμενος τὸν χρόνον τῆς ἀλγηδόνος τῶν αἰδοίων, καὶ γνοὺς ὡς οὐκ ἔστιν ἐξ αὐτοῦ ὁ παῖς, διὰ τὸ μὴ συγκοιμᾶσθαι αὐτὸν τῇ πασιφάῃ, ἔγνω ὡς ἐκ τοῦ ταύρου ἐστὶ τὸ κυηθέν, ἀποκτεῖναι μὲν οὐκ ἤθελε τὸν παῖδα, διὰ τὸ δοκεῖν ἀδελφὸν εἶναι τῶν ἑαυτοῦ παίδων. ἀποπέμπει δὲ αὐτὸν εἰς ὄρος, ὡς ἐν θεράποντος μοίρᾳ ὑπάρχειν τοῖς ποιμέσιν. ὁ δὲ, οὐχ ὑπετάσσετο τοῖς βουκόλοις. πυθόμενος δὲ ὁ μίνως τὰ κατ' αὐτὸν, ἐκέλευσεν αὐτὸν παρὰ τῶν πολιτῶν κρατηθῆναι. καὶ εἰ μὲν ἕποιτο, λελυμένον ἐλθεῖν. εἰ δὲ μὴ, δέσμιον. αἰσθόμενος δὲ ὁ νεανίας, ἀφίσταται εἰς τὰ ὄρη. καὶ ἁρπάζων βοσκήματα οὕτω διέζη. πέμψαντος δὲ μίνωος καὶ ἕτερον ὄχλον πλείονα διὰ τὸ συλλαβεῖν αὐτὸν, ὁ νεανίας ὄρυγμα ποιήσας βαθὺ, καθεῖρξεν ἑαυτὸν ἐς ἐκεῖνο. ἔνθα ὄντος τοῦ ταύρου, εἴ ποτε παρὰ τοῦ μίνωος ἐκρατήθη τις ἀδικῶν, παρὰ τὸν ταῦρον ἐπέμπετο, ὡς ὁ ταῦρος αὐτὸν τιμωρήσαιτο. καὶ λαβὼν οὖν ποτε μίνως τὸν θησέα πολέμιον, ἐπὶ τὸν ταῦρον ἀπέστειλεν, ὡς ἀποθανούμενον. γνοῦσα δὲ τοῦτο ἡ ἀριάδνη, προεισπέμπει ξίφος εἰς τὴν εἱρκτὴν, δι' οὗ ὁ θησεὺς ἀναιρεῖ τὸν μινώταυρον.

Περὶ τοῦ Ἀκταίωνος.

Φασὶν ἀκταίωνα ὑπὸ τῶν ἰδίων κυνῶν καταβρωθῆναι. τοῦτο δὲ ψευδές. κύων γὰρ, τὸν δεσπότην καὶ μάλιστα φιλεῖ. ἄλλως τε, καὶ αἱ θηρευτικαὶ, πάντας ἀνθρώπους σαίνουσιν. ἔνιοι δέ φασιν, ὅτι ἀρτέμιδος αὐτὸν μεταβαλούσης εἰς ἔλαφον, ἀνεῖλον αὐτόν. ἐμοὶ δὲ δοκεῖ ἄρτεμιν οὐ δύνασθαι, ὃ θέλει ποιῆσαι. οὐ μέντοι δὲ ἀληθὲς, ἔλαφον ἐξ ἀνδρὸς γενέσθαι, ἢ ἐξ ἐλάφου ἄνδρα. τοὺς δὲ μύθους τούτους, συνέθεσαν οἱ ποιηταὶ, ἵνα οἱ ἀκροώμενοι, μὴ ὑβρίζωσιν εἰς τὸ θεῖον. τὸ δὲ ἀληθὲς, οὕτως ἔχει. ἀκταίων, ἀνὴρ ἦν, τὸ γένος ἀρκάδιος. φιλοκυνήγος. οὗτος ἔτρεφε κύνας πολλὰς, καὶ ἐθήρευεν ἐν τοῖς ὄρεσι, τοῦ δ' ἀγαθοῦ πράγματος ἠμέλει. οἱ γὰρ τότε ἄνθρωποι, αὐτουργοὶ πάντες ἦσαν. οἰκέτας δὲ εἶχον οὐδ' ὅλως, ἀλλ' αὐτοὶ ἐγεώργουν. καὶ οὗτος ἦν πλουσιώτατος, ὃς ἐγεώργει, καὶ ἐργαστικώτατος ὑπῆρχε. τῷ δὲ ἀκταίωνι ἀμελοῦντι τῶν οἰκείων, μᾶλλον δὲ κυνηγετοῦντι, διεφθάρη ὁ βίος. ὅτε δὲ οὐκέτι εἶχεν οὐδὲν, ἔλεγον αὐτῷ οἱ ἄνθρωποι, δειλὲ ἀκταίων. ὃς ὑπὸ τῶν ἰδίων κυνῶν κατεβρώθης. ἐπεὶ τὸ καὶ νῦν πορνοβοσκῶν δυστυχήσεις, εἰώθασι λέγειν, ὅτι ὑπὸ τῶν ἵππων κατεβρώθη, τοιοῦτον καὶ περὶ τὸν ἀκταίωνα γέγονεν.

Περὶ τῶν ἀνθρωποφάγων ἵππων Διομήδους.

Ερὶ τῶν διομήδους ἵππων, φασὶν ὅτι αὗται κατήσθιον. τοῦτο δὲ γελοῖον.
π τὸ γὰρ ζῶον τοῦτο, κριθῇ καὶ χόρτῳ ἥδεται μᾶλλον, ἢ κρέασιν ἀνθρωπίνοις.
ἡ δὲ ἀλήθεια ἥδε. τῶν παλαιῶν ἀνδρῶν ὄντων αὐτουργῶν, καὶ τροφὴν καὶ
περιουσίαν πλείστην κεκτημένων, ἅτε τὴν γῆν ἐργαζομένων, ἱπποτροφεῖν τε ἐπε-
λάβετο. καὶ μέχρι τούτου ἵπποις ἥδετο, ἕως οὗ τὰ αὑτοῦ ἀπώλεσε, καὶ πάν-
τα πωλῶν κατηνάλωσεν εἰς τὴν τῶν ἵππων τροφήν. οἱ οὖν φίλοι τοὺς ἵππους
ἀνδροφάγους ὠνόμασαν. οὗ γενομένου, προήχθη ὁ μῦθος.

Περὶ ὠρίωνος.

Ιδα ποσειδῶνος, καὶ ἑρμοῦ παῖς. ὑριεὺς ποσειδῶνος καὶ ἀλκυόνης μιᾶς
λ τῶν ἄτλαντος θυγατέρων. ᾤκει μὲν ἐν τανάγρᾳ τῆς βοιωτίας. φιλο-
ξενώτατος δὲ, ὑπεδέξατό ποτε τοὺς θεούς. ζεὺς δὲ, καὶ ποσειδῶν, καὶ ἑρ-
μῆς ἐπιξενωθέντες αὐτῷ, καὶ φιλοφροσύνην ὑποδεξάμενοι, παρήνεσαν αἰ-
τεῖν, ὅ, τι ἂν βούλοιτο. ὁ δὲ ἄτεκνος ὢν, ᾐτήσατο παῖδα. λαβόντες δὲ οἱ θεοὶ
τὴν τοῦ ἱερουργηθέντος αὐτοῖς βοὸς βύρσαν, ἀπεσπέρμηναν εἰς αὐτήν. καὶ ἐκέ-
λευσαν κρύψαι κατὰ γῆν, καὶ μετὰ δέκα μῆνας ἀνελέσθαι. ὧν διελθόντων,
ἐγένετο ὁ οὐρίων. οὕτως ὀνομασθεὶς, διὰ τὸ οὐρῆσαι ὥσπερ τοὺς θεούς. ἔπειτα
κατ' εὐφημισμὸν, ὠρίων. συγκυνηγῶν δὲ οὗτος ἀρτέμιδι, ἐπιχείρησεν αὐτὴν
βιάσασθαι. ὀργισθεῖσα δὲ ἡ θεὸς, ἀνέδωκεν ἐκ τῆς γῆς σκορπίον. ὃς αὐτὸν πλή-
ξας κατὰ τὸν ἀστράγαλον, ἀπέκτεινε. ζεὺς δὲ συμπαθήσας, κατηστέρωσεν αὐ-
τόν.

Περὶ τῶν σπαρτῶν γιγάντων.

Εγεται ὡς ὁ κάδμος, ὥς φασιν, ἀποκτείνας τὸν ἐν λέρνῃ δράκοντα, καὶ
λ τοὺς ὀδόντας ἐκλεξάμενος, ἔσπειρεν ἐν τῇ ἰδίᾳ γῇ. ἔπειτα ἐξεφύη-
σαν ἄνδρες τε καὶ ὅπλα. εἰ δὲ αὐτὸ ἦν ἀληθὲς, οὐδεὶς ἂν τῶν ἀνθρώπων
ἔσπειρεν ἄλλο τι ἢ ὀδόντας δρακόντων. τὸ δὲ ἀληθὲς οὕτως ἔχει. κάδμος, τὸ
γένος ἦν φοῖνιξ. ἀφίκετο εἰς θήβας, πρὸς τὸν ἀδελφὸν φοίνικα, ἀμφισβητοῦ-
ντος περὶ τῆς βασιλείας, ἔχων ἄλλα τε πολλὰ ὡς βασιλεὺς, ἀλλὰ δὴ καὶ ὀδόν-
τας ἐλεφάντων. ἦν δὲ ὁ βασιλεὺς τῶν θηβῶν δράκων, ἄρεως παῖς. ὃν ὁ κάδ-
μος ἀποκτείνας, ἐβασίλευσεν. οἱ δὲ φίλοι τοῦ δράκοντος, ἐπολέμουν αὐτῷ.
ἀνέστησαν δὲ κατὰ κάδμον, καὶ οἱ παῖδες τοῦ δράκοντος. ἐπεὶ οὖν οἱ φίλοι καὶ
οἱ παῖδες ἥττους ἐγένοντο, ἁρπάσαντες τὰ χρήματα τοῦ κάδμου, καὶ τοὺς
ἐλεφαντίνους ὀδόντας, ἔφυγον ὅθεν ὥρμηντο. ἄλλοι δ' ἀλλαχῆ διεσπάρησαν.
οἱ μὲν, εἰς τὴν ἀττικὴν, οἱ δὲ, εἰς τὴν πελοπόννησον. ἄλλοι δὲ εἰς φωκίδα. ἕτεροι δὲ,
εἰς λοκρίδα. ἀφ' ὧν χωρῶν ἐρχόμενοι, ἐπολέμουν τοῖς θηβαίοις. ἦσαν ἀργα-
λέοι πολεμισταί. ἐπεὶ οὖν τοὺς ἐλεφαντίνους ὀδόντας οὓς εἶχεν ὁ κάδμος ἁρ-
πάσαντες ἔφυγον, ἔλεγον οἱ θηβαῖοι, ὅτι τοιαῦτα δεινὰ ὁ κάδμος ἐπήγαγεν
ἡμῖν ἀποκτείνας τὸν δράκοντα. ἐκ τῶν ἐκείνου ὀδόντων, πολλοὶ καὶ ἀγαθοὶ
ἄνδρες σπαρτοὶ πολεμοῦσιν ἡμῖν. τούτου δὴ τοιούτου συμβάντος, ὁ μῦθος
προσανεπλάσθη.

Περὶ τῆς σφιγγός.

Ερὶ τῆς καδμείας σφιγγὸς, λέγουσιν ὡς θηρίον ἐγένετο, σῶμα μὲν ἔχον
π ὡς κυνὸς, κεφαλὴν δὲ καὶ πρόσωπον κόρης. πτέρυγας, ὄρνιθος, φω-
νὴν δὲ, ἀνθρώπου. καθεζομένη δὲ ἐπὶ τοῦ σφικίου ὄρους, αἴνιγμά τι τῶν
πολιτῶν ἑκάστῳ ἔλεγε, καὶ τὸν μὴ εὑρόντα ἀνῄρει. εὑρόντος δὲ τοῦ οἰδίποδος τὸ
αἴνιγμα, ῥίψασα ἑαυτὴν ἀνεῖλεν. ἔστι δὲ ἄπιστος καὶ ἀδύνατος ὁ λόγος. οὔτε γὰρ

ἰδέα

ἰδίᾳ τοιαύτῃ δύναται γενέσθαι. τό, τε τοὺς τὰ αἰνίγματα μὴ διαλύοντας
ὑπ' αὐτῆς ἀποκτείνεσθαι, παιδαριῶδες. τό, τε τοὺς καδμείους μὴ κατατοξεῦσαι
τὸ θηρίον, ἀλλὰ περιορᾶν τοὺς πολίτας ὡς πολεμίους κατεσθιομένους, μάταιον.
ἔχει δὲ ἡ ἀλήθεια ὧδε. κάδμος ἔχων γυναῖκα ἀμαζονίδα, ᾗ ὄνομα σφίγξ, ἦλθεν
εἰς ἀθήνας. καὶ ἀποκτείνας τὸν δράκοντα, τὴν τούτου βασιλείαν παρέλαβε.
μετὰ δὲ καὶ τὴν ἀδελφὴν δράκοντος. ᾗ ὄνομα ἁρμονία. αἰσθομένη δὲ ἡ σφίγξ
ὅτι καὶ ἄλλην ἔγημε, πείσασα τοὺς πολλοὺς τῶν πολιτῶν συναπαίρειν αὐτῇ,
καὶ τῶν χρημάτων τὰ πλεῖστα ἁρπάσασα, καὶ τὸν ποδώκην κύνα, ὃν ἦγε κάδμος ἄγων
λαβοῦσα, μετὰ τούτων ἀπῆρεν εἰς τὸ λεγόμενον ὄρος σφικίον, καὶ ἐντεῦθεν ἐπολέ-
μει τῷ κάδμῳ. ἐνέδρας δὲ ποιουμένη καθ' ἑκάστην ὥραν, ἀνῄρει. καλοῦσι δὲ οἱ θη-
βαῖοι τὴν ἐνέδραν, αἴνιγμα. ἐθρύλλουν δὲ οἱ πολῖται λέγοντες, σφίγξ ἡμᾶς ἡ
ἀγρία, αἴνιγμά τι λέγουσα, διαρπάζει. ἐξευρεῖν δὲ τὸ αἴνιγμα οὐδεὶς δύνα-
ται. κηρύττει δὲ ὁ κάδμος, τῷ ἀποκτενοῦντι τὴν σφίγγα, δώσειν χρήματα πολ-
λά. ἐλθὼν οὖν ὁ οἰδίπους ἀνὴρ κορίνθιος, τά τε πολεμικὰ ἀγαθός, ἔχων ἵπ-
πον ποδώκη, καί τινας λαβὼν μεθ' ἑαυτοῦ τῶν καδμείων, νυκτὸς ἀνιὼν ἐπὶ τὸ
ὄρος, ἀπέκτεινε τὴν σφίγγα. τούτων οὕτως συμβάντων, ὁ μῦθος ἐπιτηδεύθη.

Περὶ τῆς ἀλώπεκος.

Λέγουσι περὶ τῆς τελμησίας ἀλώπεκος, ὡς ἁρπάζουσα τοὺς καδμείους
φ κατήσθιεν. ἔστι δὲ εὔηθες. οὐδὲ ἄλλο τι ζῷον, ὃ δύναται ἁρπάσαι ἄνθρωπον,
καὶ φέρειν, χερσαῖον ὄν. ἀλώπηξ δέ, μικρόν ἐστι ζῷον, καὶ ἀσθενές. ἐγένε-
το δέ τι τοιοῦτον. ἀνὴρ θηβαῖος καλὸς κἀγαθός, ἐκαλεῖτο ἀλώπηξ. ὃς ἦν πα-
νοῦργος. οὗτος συνέσει πάντας ἀνθρώπους ἐνίκα. δεδιὼς δὲ ὁ βασιλεὺς μὴ ἐπιβου-
λεύσῃ αὐτῷ, ἐξελαύνει αὐτὸν ἐκ τῆς πόλεως. συναγαγὼν δὲ ἐκεῖ πολὺν στρα-
τόν, καὶ ἄλλους μισθοφόρους, τὸν καλούμενον λόφον τελμήσιον κατέλαβεν.
ὅθεν ἐκπηδῶν, ἐσύλα τοὺς θηβαίους. ἔλεγον δὲ οἱ ἄνθρωποι, ἀλώπηξ ἡμᾶς κατατρέ-
χων ὑποχωρεῖ. ἀφικνεῖται δ' ἀνὴρ κέφαλος ὀνόματι, τὸ γένος ἀθηναῖος, πο-
λὺν ἔχων στρατόν, ἐπίκουρος τοῖς θηβαίοις. οὗτος τόν τε ἀλώπεκα ἀπέκτεινε,
καὶ τὸν στρατὸν ἐξήλασεν ἐκ τοῦ τόπου.

Περὶ νιόβης.

Λέγουσιν ὡς νιόβη ζῶσα, λίθος ἐγένετο ἐπὶ τῷ τύμβῳ τῶν παίδων. ὅστις
φ δὲ πείθεται ἐκ λίθου γενέσθαι ἄνθρωπον, ἢ ἐξ ἀνθρώπου λίθον, εὐήθης ἐστί. τὸ δ' ἀλη-
θὲς ἔχει ὧδε. νιόβη ἀποθανόντων τῶν ἑαυτῆς παίδων, ποιήσασα ἑαυτῇ
εἰκόνα λιθίνην, ἔστησεν ἐπὶ τῷ τύμβῳ τῶν παίδων. καὶ ἡμεῖς ἐθεασάμεθα αὐ-
τήν, οἵα καὶ λέγεται.

Περὶ λυγκέως.

υγκέα λέγουσιν, ὡς τὰ ὑπὸ γῆν ἑώρα. τοῦτο δέ, ψεῦδος. τὸ δὲ ἀληθὲς ἔχει
λ ὧδε. λυγκεὺς πρῶτος ἤρξατο μεταλλεύειν χαλκὸν καὶ ἄργυρον, καὶ τὰ
λοιπά. ἐν δὲ τῇ μεταλλεύσει λύχνους μεταφέρων ὑπὸ τὴν γῆν, τοὺς μέν,
κατέλιπεν ἐκεῖσε, αὐτὸς δὲ ἀνέφερε τὸν χαλκὸν καὶ τὸν σίδηρον. ἔλεγον οὖν οἱ ἄν-
θρωποι, ὅτι λυγκεύς, καὶ τὰ ὑπὸ γῆν ὁρᾷ. καὶ καταδύων, ἀργύριον ἀναφέρει.

Περὶ καινέως.

αινέα φασίν, ὅτι ἄτρωτος ἦν. ὅς δ' ὑπολαμβάνει ἄτρωτον ἀπὸ σιδήρου ἄνθρωπον,
κ εὐήθης ἐστίν. ἡ δὲ ἀλήθεια ἔχει οὕτως. καινεὺς ἦν θετταλὸς τῷ γένει. ἀγα-
θὸς τὰ πολεμικά, καὶ ἐπιστήμων τοῦ μάχεσθαι. γενόμενος δὲ ἐν πολλαῖς
μάχαις, οὐδέ ποτε ἐτρώθη. οὔτε λαπίθαις συμμαχῶν, πρὸς τῶν κενταύρων ἀπέ-
θανεν, ἀλλὰ συλλαβόντες αὐτὸν μόνον, κατέχωσαν, καὶ οὕτως ἐτελεύτησεν.
ἔλεγον οὖν οἱ λαπίθαι ἀνελόμενοι τὸν νεκρὸν αὐτοῦ, καὶ εὑρόντες μὴ τετρωμένον
τὸ σῶμα, καινεὺς τόν γε ἄλλον βίον ἄτρωτος ἦν, καὶ ἀπέθανεν ἄτρωτος.

Περὶ Κύκνου.

Αὐτὸς λόγος καὶ περὶ Κύκνου τοῦ ἐν Κολώναις. καὶ γὰρ ἐκεῖνόν φασιν, ὅτι
ο ἄτρωτος ἦν. καὶ αὐτὸς ἦν αἰχμητὴς, καὶ ἐπισήμως μάχης. ἐν δὲ Τροίᾳ ὑπ'
Ἀχιλλέως λίθῳ πληγεὶς, οὐκ ἐτρώθη. ἔλεγον οὖν οἱ ἄνθρωποι ὁρῶντες
τὸν νεκρὸν αὐτοῦ ὅτι ἄτρωτος ἦν καὶ αὐτὸς, οὕτω κἀκεῖνος ἄτρωτος ἐκλήθη. κα-
τηγορεῖ δὲ τοῦτον τοῦ λόγου καὶ ἐμοὶ συμμαρτυρεῖ, Αἴας ὁ Τελαμώνιος. καὶ γὰρ
κἀκεῖνος ἐλέγετο ἄτρωτος, ἀναιρεθεὶς ξίφει ὑφ' ἑαυτοῦ.

Περὶ Δαιδάλου, καὶ Ἰκάρου.

Ασὶν ὅτι Μίνως Δαίδαλον καὶ Ἴκαρον, καθεῖρξε διά τινα αἰτίαν, υἱοὺς
φ αὐτοῦ ὄντας. Δαίδαλος δὲ ποιήσας πτέρυγας προσθετὰς, ἐξῆλθε μετὰ
τοῦ Ἰκάρου. νοῆσαι δὲ ἄνθρωπον πετόμενον ἀμήχανον. καὶ ταῦτα πτέρυ-
γας ἔχοντα προσθετάς. τὸ οὖν λεγόμενον, ἦν τοιοῦτον. Δαίδαλος ὢν ἐν εἱρκτῇ,
καθεὶς ἑαυτὸν διὰ θυρίδος, καὶ σκαφίδι ἐμβὰς, εἰς θάλασσαν ἔπλεεν. αἰσθό-
μενος δὲ ὁ Μίνως, πέμπει πλοῖα διώξοντα. ὡς ᾔσθοντο δὲ Ἴκαρός τε καὶ Δαίδα-
λος διωκόμενοι, ἀνέμου λάβρου καὶ σφοδροῦ ὄντος, πετόμενοι, ἤγουν πλέον-
τες, ἐν τῷ πελάγει, περιτρέπονται. καὶ ὁ μὲν Δαίδαλος σώζεται εἰς τὴν γῆν.
ὁ δὲ Ἴκαρος, τελευτᾷ ἐν τῷ πελάγει. ὅθεν ἀπ' ἐκείνου Ἰκάριον πέλαγος ἐκλή-
θη. ἐκβληθεὶς δὲ ὁ Ἴκαρος ὑπὸ τῶν κυμάτων, παρὰ τοῦ πατρὸς ἐτάφη.

Περὶ Ἀταλάντης, καὶ Μηλανίωνος.

Εγουσι περὶ Ἀταλάντης, καὶ Μηλανίωνος, ὡς ἡ μὲν, ἐγένετο λέαινα,
λ ὁ δὲ, λέων. τὸ δ' ἀληθὲς, ἦν τοιοῦτον. Ἀταλάντη καὶ Μηλανίων, ἐκυνή-
γουν. ἀναπείθει δὲ τὴν κόρην Μηλανίων μιγῆναι αὐτῷ. εἰσέρχεται δὲ εἴς
τι σπήλαιον μιχθησόμενος. ἦν δὲ ἐν τῷ ἄντρῳ εὐνὴ λέοντος καὶ λεαίνης. οἱ καὶ
ἀκούσαντες φωνῆς, ἐξελθόντες, ἀναιροῦσι τοὺς περὶ Ἀταλάντην. μετὰ δὲ χρό-
νον τῆς λεαίνης καὶ τοῦ λέοντος ἐξελθόντων, οἱ κυνηγετοῦντες σὺν Μηλανί-
ωνι, εἰς ταῦτα τὰ ζῷα ἔδοξαν αὐτοὺς μεταβεβλῆσθαι. εἰσβάλλοντες οὖν
εἰς τὴν πόλιν, διεφήμιζον οἱ περὶ Ἀταλάντην καὶ Μηλανίωνα, ὡς εἰς λέοντας
μετεβλήθησαν.

Περὶ Καλλιστοῦς.

Αἰ ὁ περὶ Καλλιστοῦς λόγος τοιοῦτος. ὡς κυνηγετοῦσα ἄρκτος ἐγένετο.
κ ἐγὼ δέ φημι καὶ ταύτην εἰς ὄρος καταντήσασαν, ὅπου ἐτύγχανεν ἄρ-
κτος, θηρεύουσαν καταβρωθῆναι. τοὺς δὲ κυνηγετοῦντας ἰδόντας μὲν τὴν
τὴν τῆς ἄρκτου κοίτην, μηκέτι δὲ ἐξερχομένην, εἰπεῖν ὡς ἡ κόρη ἄρκτος ἐγένετο.

Περὶ τῆς Εὐρώπης.

Ασὶν Εὐρώπην τὴν Φοίνικος, ἐπὶ ταύρου ὀχουμένην διὰ τῆς θαλάττης ἐκ Τύ-
φ ρου εἰς Κρήτην ἀφικέσθαι. ἐμοὶ δὲ δοκεῖ, οὔτε ταῦρον, οὔθ' ἵππον τοσοῦ-
τον πέλαγος διανήξασθαι δύνασθαι, οὔτε κόρην ἐπὶ ταῦρον ἄγριον ἀνα-
βῆναι. ὅ, τε Ζεὺς εἰ ἐβούλετο Εὐρώπην εἰς Κρήτην ἐλθεῖν, εὗρεν ἂν αὐτῇ ἑτέραν
πορείαν καλλίονα. τὸ δὲ ἀληθὲς ἔχει ὧδε. ἀνὴρ Κνώσιος, ὀνόματι Ταῦρος, ἐπολέ-
μει τῇ Τυρηνίᾳ χώρᾳ. τελευταῖον δ' ἐκ Τύρου ἥρπασεν ἄλλας τε κόρας, ἀλλὰ
δὴ καὶ τὴν τοῦ βασιλέως θυγατέρα Εὐρώπην. ἔλεγον οὖν οἱ ἄνθρωποι, Εὐρώπην τὴν τοῦ βα-
σιλέως, Ταῦρος ἔχων ᾤχετο. τούτου δὲ γενομένου, προσανεπλάσθη ὁ μῦθος.

Περὶ τοῦ δουρείου ἵππου, καὶ τῆς Τροίας.

Ασὶν ὡς Ἀχαιοὶ οἱ ἐν ξυλίνῳ ἵππῳ κατεπόρθησαν τὴν Ἴλιον. ἔστι δὲ μυθώ-
φ δης ἄγαν ὁ λόγος. ἡ δὲ ἀλήθεια ἐστὶν αὕτη. ἵππον κατεσκεύασαν ξύλινον,
πρὸς μέγεθος μετεωρότερον τῶν πυλῶν, ὅπως μὴ ἑλκόμενος εἰσέλθῃ,
ἀλλ' ὑπερέχει τῷ μεγέθει. οἱ δὲ λοχαγοὶ ἐκάθηντο ἐν κοίλῳ χωρίῳ πρὸς τὴν πόλιν,

ὁ ἀργείων

τῶν ἀργείων λόχος ἐκαλεῖτο μέχρι τοῦ νῦν. αὐτόμολος δὲ ἐλθὼν ὁ σίνων εἰς ἴλι-
ον. φράζει τοῖς ἰλιεῦσιν εἰσαγαγεῖν τὸν ἵππον. προσθεὶς καὶ τὸ μὴ εἰσελθεῖν τοὺς
ἕλληνας. οὐ ὑπακούσαντες οἱ τρῶες, καὶ τὰς πύλας καθελόντες, εἰσάγουσι τὸν
ἵππον. εὐωχουμένων δὲ αὐτῶν, ἐπεισέρχονται οἱ ἕλληνες, καὶ οὕτως ἑάλω ἡ τροία.

Περὶ τοῦ αἰόλου.

Ἱστοροῦσιν ὅτι αἴολος ἦν κυριεύων τῶν πνευμάτων. ὅς τις ἔδωκεν ὀδυσσεῖ
λ τοὺς ἀνέμους ἐν ἀσκῷ. περὶ δὲ τούτου ὡς οὐχ οἷόν τε δῆλον εἶναι πᾶ-
σιν οἶμαι. εἰκὸς δὲ ἀστρολόγον γενόμενον αἴολον, φράσαι ὀδυσσεῖ τοὺς χρό-
νους καθ' οὓς ἐπιτολαί τινων ἀνέμων γενήσονται. φασὶ δὲ ὅτι καὶ χαλκοῦν τεῖ-
χος τῇ πόλει αὐτοῦ περιεβέβλητο. ὅπερ ἐστὶ ψευδές. ὁπλίτας γὰρ ὡς οἶμαι
εἶχε, τὴν πόλιν αὐτοῦ φυλάττοντας.

Περὶ ἑσπερίδων.

Ἱστοροῦσιν ὅτι γυναῖκές τινες ἦσαν αἱ ἑσπερίδες. ταύταις δὲ ἦν μῆλα χρυ-
λ σᾶ ἐπὶ μηλέας, ἣν ἐφύλαττε δράκων. ἐφ' ἃ μῆλα καὶ ἡρακλῆς ἐστρα-
τεύσατο. ἔχει δὲ ἡ ἀλήθεια ὧδε. ἕσπερος ἦν ἀνὴρ μιλήσιος, ὃς ᾤκει ἐν τῇ καρίᾳ.
καὶ εἶχε θυγατέρας δύο, αἳ ἐκαλοῦντο ἑσπερίδες. τούτῳ δὲ ἦσαν ὄϊς κα-
λαὶ καὶ ἔγκαρποι, οἷαι καὶ νῦν αἱ ἐν μιλήτῳ. ἐπὶ τούτῳ δὴ ὀνομάζονται χρυσαῖ.
κάλλιστον γὰρ ὁ χρυσός. ἦσαν δὲ ἐκεῖναι κάλλισται. μῆλα δὲ καλεῖται τὰ πρόβα-
τα. ἃ περιιδὼν ὁ ἡρακλῆς βοσκόμενα περὶ τὴν θάλατταν, περιελάσας ἐνέθετο
εἰς τὴν ναῦν. καὶ τὸν ποιμένα αὐτῶν ὀνόματι δράκοντα, εἰσήγαγεν εἰς οἶκον,
οὐκέτι ζῶντος τοῦ ἑσπέρου, ἀλλὰ τῶν παίδων αὐτοῦ. ἔλεγον οὖν οἱ ἄνθρω-
ποι, ἐθεασάμεθα χρυσᾶ μῆλα, ἃ ἡρακλῆς ἤγαγεν ἐξ ἑσπερίδων, τὸν φύλακα
ἀποκτείνας δράκοντα, καὶ ἔνθεν ὁ μῦθος προσανεπλάσθη.

Περὶ κόττου, καὶ βριαρέως.

Λέγουσι περὶ τούτων, ὡς ἔσχον ἑκατὸν χεῖρας ἄνδρες ὄντες. πῶς δὲ οὐκ
φ εὐηθὲς τὸ τοιοῦτον. τὸ δ' ἀληθὲς, οὕτως. τῇ πόλει ὄνομα, ἑκατογχει-
ρία, ἐν ᾗ ᾤκουν. ἦν δὲ πόλις τῆς νῦν καλουμένης ὀρεστιάδος. ἔλεγον οὖν οἱ
ἄνθρωποι, κόττος καὶ βριάρεως καὶ γύγης οἱ ἑκατοντάχειροι, βοηθήσαντες τοῖς
θεοῖς, αὐτοὶ ἐξήλασαν τοὺς τιτᾶνας ἐκ τοῦ ὀλύμπου.

Περὶ σκύλλης.

Ἱστοροῦσι περὶ σκύλλης, ὡς ἦν ἐν τυρρηνίᾳ, θηρίον τι. γυνὴ μὲν μέχρι τοῦ ὀμφα-
λ λοῦ. κυνῶν δὲ ἐντεῦθεν αὐτῇ προσπεφύκασι κεφαλαί. τὸ δ' ἄλλο σῶμα,
ὄφεως. τοιαύτην δὲ φύσιν ἐννοεῖν πάνυ εὐηθές. ἡ δὲ ἀλήθεια αὕτη. τυῤῥη-
νῶν νῆσοι ἦσαν. αἳ ἐλῄζοντο τὰ περὶ χώραν τῆς σικελίας, καὶ τὸν ἰόνιον κόλπον.
ἦν δὲ ναῦς τριήρης ταχεῖα τότε, ὄνομα σκύλλα. αὕτη ἡ τριήρης, τὰ λοιπὰ τῶν πλοί-
ων συλλαμβάνουσα, πολλάκις εἰργάζετο βρῶμα. καὶ λόγος ἦν περὶ αὐτῆς πολύς.
ταύτην τὴν ναῦν ὀδυσσεὺς, σφοδρῷ καὶ λαύρῳ πνεύματι χρησάμενος, διέφυ-
γε. διηγήσατο δὲ ἐν κερκύρᾳ τῷ ἀλκινόῳ, πῶς ἐδιώχθη, καὶ πῶς ἐξέφυγε, καὶ τὴν
ἰδέαν τοῦ πλοίου, ἀφ' ὧν προσανεπλάσθη ὁ μῦθος.

Περὶ Δαιδάλου.

Ἱστοροῦσι περὶ δαιδάλου, ὡς ἀγάλματα κατεσκεύαζε πορευόμενα. τὸ δὲ
λ ἀνδριάντα δι' αὐτοῦ βαδίζειν, ἀδύνατον εἶναι δοκεῖ ἔμοιγε. τὸ δὲ ἀ-
ληθὲς, τοιοῦτον. οἱ τότε ἀνδριαντοποιοὶ, καὶ ἀγαλματοποιοὶ, κατεσκεύ-
αζον ἀνδριάντας, συμπεφυκότας ἔχοντας καὶ τοὺς πόδας. δαίδαλος δὲ ἐποίει
διαβεβηκότας τὸν ἕνα πόδα. οἱ δὲ ἄνθρωποι ἔλεγον ὁδοιποροῦν τοῦτο τὸ ἄγαλ-
μα, ὃ εἰργάσατο δαίδαλος, ἀλλ' οὐχὶ ἑστηκὸς, ὡς καὶ νῦν λέγομεν. εἰσὶ δὲ καὶ μα-
χόμενοι ἄνδρες γεγραμμένοι, καὶ τρέχοντες ἵπποι, καὶ χειμαζομένη ναῦς.

Περὶ Φινέως.

στοροῦσι περὶ Φινέως, ὡς διεφόρουν Ἅρπυιαι τὸν νοῦν αὐτοῦ. δοκοῦ-
ι σι δὲ οὗτοι, θηρία καὶ πετεινὰ ταῦτα, ἁρπάζοντα ἀπὸ τῆς τραπέζης τὸ
Φινέως τὸ δεῖπνον. ἡ δὲ ἀλήθεια ἔχει ὧδε. Φινεὺς ἦν Παιονίας βασιλεύς.
γέροντα δὲ αὐτὸν γεγονότα, ἡ ὄψις ἀπέλιπεν. οἵ τε ἄρρενες παῖδες ἀπέθανον.
θυγατέρες δὲ ἦσαν αὐτῷ, Πυρεία, καὶ Ἐρασία, αἵ τινες τὸν τοῦ πατρὸς βίον διέ-
φθειρον. ἔλεγον οὖν οἱ ποιηταί, δύστηνος ὁ Φινεύς, ὅτι αἱ Ἅρπυιαι, τὸν βίον αὐ-
τοῦ διαφθείρουσιν. οἰκτείραντες δὲ αὐτόν, Ζῆθος καὶ Κάλαϊς ἀστυγείτονες αὐ-
τῶν, Βορέου παῖδες ἀνδρὸς οὐκ ἀσήμου, βοηθήσαντες αὐτῷ, τὰς θυγατέρας
ἐξήλασαν ἐκ τῆς πόλεως. καὶ τὰ χρήματα συναθροίσαντες, ἐπίτροπόν τινα
κατέστησαν τῶν Θρᾳκῶν.

Περὶ Μήδας.

ερὶ Μήδας τῆς Ἐρισίχθονος φασίν, ὡς ὁ ποιητὴς βούλοιτο, ἀλλάσσειν
π τὴν ἰδέαν. ὁ δὲ μῦθος καταγέλαστος. πῶς γὰρ εἰκὸς ἐκ κόρης γενέσθαι
βοῦν, καὶ αὖθις κύνα, ἢ ὄρνεον. τὸ δ᾽ ἀληθὲς ἔχει ὧδε. Ἐρισίχθων ἦν
ἀνὴρ Θετταλός. καὶ διαφθείρας τὰ χρήματα, πένης ἐγένετο. ἦν δὲ θυγάτηρ
αὐτῷ, καλὴ καὶ ὡραία, Μήδα τὸ ὄνομα. ὅστις δὲ εἶδεν αὐτήν, ἤρα ταύτης. ἀρ-
γυρίῳ μὲν οὖν οἱ τότε ἄνθρωποι οὐκ ἐμνηστεύοντο. ἐδίδοσαν δέ, οἱ μέν, ἵππους.
οἱ δέ, βοῦς. τινὲς δέ, πρόβατα. ἢ ὃ ἂν ἐθέλῃ ἡ Μήδα. ἔλεγον δὲ οἱ Θετταλοὶ ὁρῶντες
ἀθροιζόμενον τῷ Ἐρισίχθονι τὸν βίον, ὅτι ἐγένετο ἐκ Μήδας αὐτῷ, καὶ ἵππος
καὶ βοῦς καὶ τἄλλα, ἀφ᾽ ὧν ὁ μῦθος προσανεπλάσθη.

Περὶ Γηρυόνου.

ηρυόνην φασίν, ὅτι τρικέφαλος ἦν. ἀδύνατον δέ, σῶμα τρεῖς κεφαλὰς
γ ἔχειν. ἦν δὲ τοιόνδε τοῦτο. πόλις ἐστὶν ἐν τῷ Εὐξείνῳ πόντῳ, Τρικαρηνία
καλουμένη. ἦν δὲ Γηρυόνης ἐν τοῖς τότε ἀνθρώποις ὀνομαστός, πλούτῳ
τε, καὶ ἄλλοις διαφέρων. εἶχε δὲ καὶ βοῶν ἀγέλην θαυμαστήν, ἐφ᾽ ἣν ἐλθὼν Ἡρα-
κλῆς, ἀντιποιούμενον Γηρυόνην ἔκτεινεν. οἱ δὲ θεώμενοι περιελαυνομένας τὰς
βοῦς, ἐθαύμαζον. ἦσαν γὰρ τὸ μὲν μέγεθος, μικραί. ἀπὸ δὲ κεφαλῆς εὐθὺ τῇ
ὀσφύϊ μικραί, καὶ σιμαί, κέρατα οὐκ ἔχουσαι. ὀστᾶ δέ, μακρὰ καὶ πλατέα.
πρὸς τοὺς πυνθανομένους οὖν ἔλεγόν τινες, Ἡρακλῆς ταύτας περιήλασεν οὔσας
Γηρυόνου τοῦ Τρικαρήνου. τινὲς δὲ ἐκ τοῦ λεγομένου, ὑπέλαβον αὐτὸν τρεῖς ἔχειν
κεφαλάς.

Περὶ Γλαύκου τοῦ Σισύφου.

ασὶν ὅτι καὶ οὗτος κατεβρώθη ὑπὸ τῶν ἵππων. ἀγνοοῦντες ὅτι, ἱππο-
φ τροφῶν, καὶ τῶν οἰκείων οὐδενὸς ἐπιμελούμενος, καὶ μεγάλας δαπάνας
ποιούμενος, ἐπετρίβη καὶ ἀπέλιπεν αὐτὸν ὁ βίος.

Περὶ ἑτέρου Γλαύκου, τοῦ Μίνωος.

αὶ οὗτος ὁ μῦθος παγγέλοιος. ὡς δὴ τοῦ Γλαύκου ἀποθανόντος ἐν τῷ
κ μέλιτι, ὁ Μίνως ἐν τῷ τύμβῳ κατώρυξε τὸν τοῦ Κοιράνου Πολύειδον,
ὃς ἦν ἐκ τοῦ Ἄργους. ὃς ἰδὼν δράκοντα ἑτέρῳ δράκοντι πόαν ἐπιθέν-
τα τεθνεῶτι, καὶ ἀναστήσαντα αὐτόν, καὶ οὕτω τὸ αὐτὸ ποιήσας εἰς τὸν Γλαῦ-
κον, ἀνέστησεν. τοῦτο δὲ ἀδύνατον. ἐγένετο δὲ τοιόνδε τι. Γλαῦκος πιὼν μέλι,
ἐταράχθη. χολῆς δὲ αὐτῷ πλείονος κινηθείσης, ἐλειποθύμησεν ὁ Γλαῦκος. ἀ-
φίκοντο δ᾽ οὖν οἵ τε δὴ ἄλλοι ἰατροί, ἅτε δὴ χρήματα ληψόμενοι, ἀλλὰ δὴ καὶ
Πολύειδος. ὃς ἰδὼν τὴν πόαν ἣν ἔμαθε παρά τινος ἰατροῦ, ᾧ ὄνομα ἦν Δράκων,
καὶ ταύτῃ τῇ βοτάνῃ χρησάμενος, ὑγιᾶ ἐποίησε τὸν Γλαῦκον. ἔλεγον οὖν τι-
νες, ὅτι Πολύειδος τὸν Γλαῦκον, ὑπὸ μέλιτος θανόντα ἀνέστησεν.

Περὶ γλαύκου τοῦ θαλαττίου.

Λέγεται ὅτι καὶ οὗτος ὁ γλαῦκος πόαν φαγών ποτε, ἀθάνατος ἐγένετο. καὶ νῦν ἐν τῇ θαλάττῃ οἰκεῖ. τὸ δὲ τὴν πόαν ταύτην μόνον γλαῦκον ἐντυχεῖν, καὶ λίαν εἰσὶν εὐήθεις, τό, τε ἄνθρωπον ἐν θαλάττῃ, ἢ ἄλλο τι τῶν χερσαίων ζῆν. ἔχει δὲ τὸ ἀληθὲς οὕτω. γλαῦκος ἦν ἀνὴρ ἁλιεὺς, ἀνθηδόνιος τὸ γένος. ἦν δὲ κολυμβητὴς, ἐν τούτῳ ὑπερφέρων πάντων κολυμβητῶν, κολυμβῶντος δὲ ἐν τῷ λιμένι, ὁρώντων αὐτὸν τῶν ἐν τῇ πόλει, αὐτὸς διακολυμβήσας εἰς τινὰ τόπον, καὶ μὴ ὀφθεὶς τοῖς οἰκείοις ἐπὶ ἡμέρας ἱκανὰς, διακολυμβήσας πάλιν, ὤφθη αὐτοῖς. πυνθανομένων δὲ τῶν οἰκείων ποῦ διέτριβεν, αὐτὸς ψευδόμενος ἔφη ἐν τῇ θαλάττῃ. καὶ συγκλείων εἰς αὐτὸν ἰχθύας, ὁπότε χειμὼν γένοιτο, καὶ μηδεὶς τῶν ἄλλων ἁλιέων ἰχθῦς δύναιτο λαμβάνειν. καὶ ἔλεγε τῶν πολιτῶν, τίνας βούλοιντο τῶν ἰχθύων ἀποκομισθῆναι αὐτοῖς. καὶ κομίζων οὓς ἂν ἤθελον, γλαῦκος θαλάσσιος ἐκλήθη. καὶ περιτυχὼν θηρίῳ θαλαττίῳ, ἀπώλετο. μὴ ἐλθόντος δὲ αὐτοῦ ἐκ τῆς θαλάττης, ἐμύθευσαν οἱ ἄλλοι, ὡς ἐν θαλάττῃ οἰκεῖ, κἀκεῖ μένει.

Περὶ βελλεροφόντου.

Φασὶν ὅτι βελλεροφόντην ὑπόπτερος ἵππος πήγασος ἔφερεν. ἐμοὶ δὲ ἵππον οὐδέποτε δοκεῖ δύνασθαι ἵπτασθαι, οὐδ' ἂν πάντα τὰ πτηνῶν πτερὰ λάβῃ. εἰ γάρ ποτε τοιοῦτον ζῶον ἦν, καὶ νῦν ἂν ἦν. τοῦτον δέ φασι καὶ τὴν ἀμισωδάρου χίμαιραν ἀνελεῖν. ἦν δὲ ἡ χίμαιρα ὥς φασιν, ἔμπροσθεν μὲν λέων, ὄπισθεν δὲ δράκων, μέση δὲ χίμαιρα. ἔνιοι δὲ δοκοῦσι τοιοῦτον γενέσθαι θηρίον, τρεῖς ἔχον κεφαλάς. ἀδύνατον δὲ λέοντα, ὁμοίᾳ τροφῇ χρῆσθαι. καὶ τὸ θηρίον τὴν ἔχον φύσιν πῦρ ἀποπνεῖν, εὔηθες. ποίαις δὲ τῶν κεφαλῶν τὸ σῶμα ἐπηκολούθει. τὸ δὲ ἀληθὲς, ὧδ' ἔχει. βελλεροφόντης ἦν φρύγιος ἀνήρ. τὸ γένος κορίνθιος, καλὸς καὶ ἀγαθός. οὗτος πλοῖον κατασκευάσας μακρὸν, ἐλῄζετο τὰ παραθαλάσσια χωρία. ὄνομα δὲ ἦν τῷ πλοίῳ πήγασος, ὡς καὶ νῦν ἕκαστον τῶν πλοίων, ὄνομα ἔχει. μᾶλλον δὲ δοκεῖ πλοίῳ, ἢ ἵππῳ ὄνομα εἶναι πήγασος. βασιλεὺς δὲ ἀμισώδαρος ᾤκει ἐπὶ τῷ ξάνθῳ ποταμῷ. ὄρος δὲ ἦν ὑψηλὸν ὑπὲρ αὐτὸ ᾧ ὄνομα τελμισσός. πρὸς ὃ δὴ ὄρος, προβάσεις εἰσὶ δύο ἔμπροσθεν ἐκ πόλεως τῶν ξανθίων. τρίτη δὲ ὄπισθεν τῆς καρίας. τὰ δ' ἄλλα κρημνώδη. ἐν δὲ τῷ μέσῳ αὐτῶν χάσμα ἐστὶ τῆς γῆς μέγα. ἐξ οὗ δὴ καὶ πῦρ ἀναδίδοται. ἐπὶ τούτοις δέ ἐστιν ἕτερον ὄρος, ᾧ ὄνομα χίμαιρα. τότε δὲ ἦν ὡς λέγουσιν οἱ προσχώριοι, κατὰ μὲν τὴν πρόβασιν οἰκῶν, λέων ἔμπροσθεν. ὄπισθεν δὲ δράκων. οἳ δὴ καὶ ἔσινον τοὺς νομέας, καὶ τοὺς ὑλοτόμους. τότε δὴ καὶ βελλεροφόντης ἐλθὼν, τὸ ὄρος ἐνέπρησε. καὶ ἡ τελμισσὸς κατεκάη, καὶ τὰ θηρία ἀπώλετο. ἔλεγον οὖν οἱ προσχώριοι, βελλεροφόντην ἀφικόμενον μετὰ πηγάσου, τὴν ἀμισωδάρου χίμαιραν ἀπολέσαι. τούτου δὲ γεγονότος, προσανεπλάσθη ὁ μῦθος.

Περὶ πέλοπος, καὶ τῶν ἵππων.

Φασὶν ὅτι πέλοψ ἦλθεν ἔχων, ἵππους ὑποπτέρους εἰς πῖσαν, μνηστευσόμενος ἱπποδάμειαν τὴν οἰνομάου θυγατέρα. ἐγὼ δὲ τὰ αὐτὰ λέγω καὶ περὶ τοῦ πέλοπος, ἅπερ καὶ περὶ τοῦ πηγάσου. εἰ γὰρ οἰνόμαος ᾔδει ὑποπτέρους τοὺς τοῦ πέλοπος ἵππους, οὐκ ἂν δὴ τὴν θυγατέρα αὐτοῦ ἔδωκεν ἐπὶ τὸ ἅρμα αὐτοῦ ἀναβιβάσαι. ῥητέον οὖν ὅτι πέλοψ ἦλθεν ἔχων πλοῖον. ἐγέγραπτο δὲ ἐπὶ τοῦ πλοίου ἵπποι ὑπόπτεροι. ἁρπάσας δὲ τὴν κόρην, ᾤχετο φεύγων, ἀφ' οὗ ὁ μῦθος προσανεπλάσθη.

Περὶ φρίξου, καὶ ἕλλης.

Σ τοροῦσιν ὡς ὁ κριὸς αὐτῷ προὔλεγεν, ὅτι ὁ πατὴρ αὐτοῦ μέλλει θύ-
ι ειν. καὶ λαβὼν τὴν ἀδελφὴν αὐτοῦ, ἀναβάς τε ἐπ' αὐτὸν ξὺν αὐτῇ, διὰ τῆς θαλάσσης ἀφίκοντο εἰς τὸν εὔξεινον πόντον, ὅπερ ἐστὶ δύσπιστον, τὸ ὡς πλοῖον τὸν κριὸν διανήχεσθαι, καὶ ταῦτα βαστάζοντα δύο ἀνθρώπους. καὶ ποῦ τὰ σιτία, καὶ ποτὰ, καὶ αὐτοῦ καὶ ἐκείνων. οὐ γὰρ δή που ἄσιτοι τοσοῦτον χρόνον διέμειναν. εἶτα φρίξος τὸν τὴν σωτηρίαν αὐτῷ φράσαντα κριὸν, καὶ διασώσαντα σφάξας, καὶ τὸ δέρμα ἀποδείρας, ἔδωκεν ἕδνον αἰήτῃ. ὁ δὲ, ἔδωκε τὴν ἑαυτοῦ θυγατρός. ὁ δὲ αἰήτης τῶν κόλχων τότε ἐβασίλευεν. ὅρα δὲ, τότε πῶς καὶ τὰ δέρματα σπάνια ἦν, ὡς τὸν βασιλέα ἕδνον ἰδίας θυγατρὸς τὸ κώδιον λαβεῖν, οὕτω τὸ μηδενὸς ἀξίαν τὴν ἑαυτοῦ θυγατέρα ἐνόμιζεν. ἤδη δέ τινες ἵνα τὸν γέλωτα ἐκφύγωσι, χρυσοῦν φασὶν εἶναι τὸ δέρμα τούτου. εἰ χρυσοῦν τὸ δέρμα ἦν, οὐκ ἐχρῆν τὸν βασιλέα λαβεῖν παρὰ ἀνδρὸς ξένου. λέγεται δὲ, ὅτι καὶ ἰάσων ἐπὶ τὸ κώδιον τοῦτο τὴν ἀργὼ ἔστειλε, καὶ τοὺς ἀρίστους τῶν ἑλλήνων. ἀλλ' οὐδ' ὁ φρίξος οὕτως ἀχάριστος ἦν, ὥστε τὸν εὐεργέτην ἀνελεῖν, οὔτ' εἰ σμαράγδινον ἦν τὸ κώδιον, ἐπιπλεῦσαι ἡ ἀργὼ δι' αὐτό. τὸ δ' ἀληθὲς, οὕτως ἔχει. ἀθάμας ὁ αἰόλου τοῦ ἕλληνος, ἐβασίλευσε τῆς φρυγίας. ἦν δὲ αὐτῷ ἀνὴρ ἐπίτροπος τῶν χρημάτων, ὃν μάλιστα πιστὸν ἡγεῖτο, ὀνόματι κριός. ὃς αἰσθόμενος τὸν ἀθάμαντα ἀποκτεῖναι ἐθέλοντα τὸν φρίξον, δηλοῖ τοῦτο τῷ φρίξῳ. ὁ δὲ φρίξος κατεσκεύασε ναῦν, καὶ ἐνέθετο ἐν αὐτῇ χρήματα πάμπολλα. ἐν ᾗ ἦν καὶ ἡ μήτηρ πέλοπος. ὄνομα δὲ αὐτῇ, ἠώς. καὶ αὕτη ἐκ τῶν αὐτῆς χρημάτων εἰκόνα ποιησαμένη χρυσῆν, ἐνέθετο. ξὺν τοῖς χρήμασι τούτοις καὶ φρίξον καὶ ἕλλην ὁ κριὸς ἐν ταύτῃ ἐνθεὶς, ᾤχετο ἀπιών. ἡ μὲν οὖν ἕλλη κατὰ τὸν πλοῦν ἀσθενήσασα, ἀπέθανεν. ἐξ ἧς καὶ ἑλλήσποντος ἐκλήθη. αὐτοὶ δὲ ἀφικόμενοι εἰς τὸν φάρον, κατοικοῦσιν αὐτοῦ. καὶ γαμεῖ φρίξος τὴν τοῦ τῶν κόλχων βασιλέως θυγατέρα αἰήτου, δοὺς ἕδνα τούτῳ, τὴν χρυσῆν εἰκόνα τῆς ἠοῦς. ἀλλ' οὐχὶ δέρμα κριοῦ. οὕτως ἡ ἀλήθεια ἔχει.

Περὶ τῶν τοῦ φόρκυνος θυγατέρων.

Αι περὶ τούτων πολὺ γελοιότερος φέρεται λόγος, ὡς ὁ φόρκυς εἶχε
κ θυγατέρας τρεῖς, αἵ τινες ἕνα ὀφθαλμὸν ἔχουσαι, ἀνὰ μέρος ἐχρῶντο. τούτῳ δὲ ἡ χρωμένη, ἐνετίθει αὐτὸν εἰς τὴν κεφαλὴν, καὶ οὕτως ἔβλεπε. καὶ μιᾶς αὐτῶν τῇ ἑτέρᾳ ἀποδιδούσης τὸν ὀφθαλμὸν, ἔβλεπον πᾶσαι. ἐλθὼν δ' ὁ περσεὺς ὄπισθεν αὐτῶν ἐν ἑρμαίῳ βαδίσματι, κρατήσας τὴν κατέχουσαν τὸν ὀφθαλμὸν, καὶ τὸ ξίφος γυμνώσας, φησὶ δεῖξαι αὐτῷ τὴν γοργόνα. ἐὰν δὲ μὴ φράσωσιν, ἀποκτεῖναι αὐτάς. αἱ φοβούμεναι, φράζουσιν. ὁ δὲ, ἀποτεμὼν τὴν κεφαλὴν τῆς γοργόνος, εἰς ἀέρα ἦλθε. καὶ δείξας ταύτην τῷ πολυδέκτῃ, λίθινον τοῦτον ἐποίησε. καὶ τοῦτο δὲ γελοιότερον, τὸ, ἄνδρα ζῶντα, νεκροῦ κεφαλὴν ἰδόντα ἀπολιθωθῆναι. τίς γὰρ δύναμις τοῦ νεκροῦ. ἐγένετο δὲ, τοιοῦτόν τι. φόρκυς ἦν ἀνὴρ κυρηναῖος. οἱ δὲ κυρηναῖοι, κατὰ γένος μέν εἰσιν αἰθίοπες. οἰκοῦσι δὲ νῆσον τὴν κυρήνην, ἔξω οὖσαν τῶν ἡρακλείων στηλῶν. ἀροῦσι δὲ λιβύην περὶ τὸν ἄννωνα ποταμὸν κατὰ καρχηδόνα. εἰσὶ δὲ σφόδρα χρυσοί. οὗτος φόρκυς ἐβασίλευσε τῶν ἡρακλείων στηλῶν. εἰσὶ δὲ τρεῖς. καὶ ποιεῖ τετράπηχυ ἄγαλμα ἀθηνᾶς χρυσοῦν. καλοῦσι δὲ τὴν ἀθηνᾶν κυρηναῖοι γοργόνην, ὥσπερ τὴν ἄρτεμιν θρᾷκες βένδειαν, κρῆτες δὲ δίκτυνναν, λακεδαιμόνιοι δὲ, οὖπιν. ὁ μὲν οὖν φόρκυς ἀποθνήσκει, πρὶν εἰς τὸ ἱερὸν ἀναθεῖναι τὸ ἄγαλμα. κατέλιπε δὲ κόρας τρεῖς. σθενώ. εὐρυάλην. καὶ μέδουσαν. αὗται μὲν γήμασθαι οὐδενὶ ἠβουλήθησαν. διελόμεναι δὲ τὴν οὐσίαν, ἑκάστη μιᾶς ἦρχε νήσου. τὴν δὲ γοργόνην, οὔτε ἀναθεῖναι

τὸ ἱερὸν αὐταῖς ἔδοσαν, οὔτε διελεῖν, ἀλλ' ἐν μέρει κατετίθεντο ἐναλλὰξ, θησαυρὸν ἑαυταῖς. ἦν δὲ τῷ φόρκυνι ἑταῖρος καλὸς καὶ ἀγαθὸς ἀνὴρ, καὶ αὐτῷ ἐν παντὶ πράγματι ἐχρῶντο, ὥσπερ ὀφθαλμῷ. περσεὺς δ' ἀνὴρ φυγὰς ἐξ ἄργους, ἐληΐζετο τὰ κατὰ θάλατταν, ἔχων πλοῖα καὶ ἰσχύν τινα περὶ αὐτὸν, πυθόμενος δὲ ταύτην τὴν γοργόνα βασίλισσαν εἶναι γυναικῶν, καὶ πολύχρυσον μὲν, ὀλιγάνδρον δὲ, πρῶτα μὲν ναυλοχεῖ ἐν τῷ πορθμῷ. καὶ μεταξὺ τῆς κυρήνης καὶ τῆς σαρδοῦς διαπλέων, τὰ παρὰ τῆς ἑτέρας εἰς τὴν ἑτέραν τὸν ὀφθαλμὸν λαμβάνει. ὧν μία φράζει αὐτῷ, ὅτι ἄλλο μὲν οὐδὲν ἔχει λαβεῖν παρ' αὐτῶν, εἰ μὴ τὴν γοργόνα. μηνύει τε αὐτῷ τὸ πλῆθος τοῦ χρυσοῦ. αὗται οὖν αἱ κόραι, ἐπεὶ οὐκ εἶχον τὸν ὀφθαλμὸν ἐν τῷ μέρει κατὰ τὸν εἰρημένον λόγον, συνῆσαν ὁμόσε, καὶ ᾐτιῶντο ἑτέρα τὴν ἑτέραν. ὁπότε δὲ ἐπινοοῦντο μὴ ἔχειν, ἐθαύμαζον τί ἂν εἴη τὸ γεγονός. ἐν τούτῳ προσπλεῖ αὐταῖς ὁ περσεὺς, καὶ φράζει ὡς αὐτὸς ἔχει τὸν ὀφθαλμόν. καὶ φησὶ μὴ ἀποδοῦναι αὐταῖς, ἐὰν μὴ φράσωσιν ὅπου ἐστὶν ἡ γοργώ. ἐπηπείλει δὲ καὶ προσκατακτενεῖν, μὴ εἰπούσαις. ἡ μὲν οὖν μέδουσα, οὐ φράζει δεῖξαι. ἡ δὲ σθενὼ, καὶ εὐρυάλη, ἔδειξαν. τὴν μὲν οὖν μέδουσαν ἀποκτείνει. ταῖς δὲ ἄλλαις τὸν ὀφθαλμὸν ἀποδίδωσι. λαβὼν δὲ τὴν γοργόνα κατέκοψεν. ἀπαυτήσας δὲ τριήρη, ἀπέθηκε τῆς γοργόνος τὴν κεφαλὴν ἐπ' αὐτὴν, καὶ τῇ νηῒ ὄνομα ἔθετο γοργών. ἐν ταύτῃ δὲ περιπλέων, χρήματα παρὰ τῶν νησιωτῶν εἰσεπράττετο. καὶ τοὺς μὴ διδόντας, ἀνῄρει. οὕτω δὴ καὶ τοὺς σερίφους ᾔτει προσπλεύσας ἐκείνοις χρήματα. καὶ συναγαγόντων αὐτῶν, ὁ περσεὺς ἧκε πάλιν εἰς τὴν ἀγορὰν. οἱ καὶ ἐκλιπόντες τὴν σέριφον, ᾤχοντο. προσπλεύσας οὖν πάλιν ὁ περσεὺς ἐπὶ τὴν ἀπαίτησιν τῶν χρημάτων, καὶ ἐλθὼν εἰς τὴν ἀγορὰν, ἄνθρωπον μὲν οὐδένα εὗρε. λίθους δὲ ἀνδρομήκεις. τοῖς οὖν λοιποῖς τῶν νησιωτῶν ἔλεγεν ὁ περσεὺς, ἐπειδὰν μὴ παρέχωσι τὰ χρήματα, ὁρᾶτε μὴ ὡς σέριφοι, τῆς γοργόνος θεασάμενοι τὴν κεφαλὴν ἀπολιθώθησαν, τοῦτο πάθητε καὶ ὑμεῖς.

Περὶ ἀμαζόνων.

π ερὶ ἀμαζόνων τάδε λέγουσιν. ὅτι οὐ γυναῖκες ἦσαν, ἀλλ' ἄνδρες βάρβαροι. ἐφόρουν δὲ χιτῶνας ποδήρεις, ὥσπερ αἱ θρῇσσαι. καὶ τὴν κόμην ἀνεδοῦντο μίτραις. τοὺς δὲ πώγωνας ἐξυρῶντο, καὶ διὰ τοῦτο ἐκαλοῦντο πρὸς τῶν πολεμίων γυναῖκες. ἀμαζόνες δὲ τὸ γένος μάχεσθαι ἀγαθοὶ ἦσαν. στρατείαν δὲ γυναικὸς, οὐδέποτε εἰκὸς γενέσθαι. οὐδὲ γὰρ νῦν οὐδαμοῦ.

Περὶ ὀρφέως.

ψ ευδὴς καὶ ὁ περὶ τοῦ ὀρφέως μῦθος, ὅτι κιθαρίζοντι αὐτῷ, ἐφείπετο τὰ τετράποδα, καὶ τὰ ὄρνεα καὶ δένδρα. δοκεῖ δέ μοι ταῦτα εἶναι, βάκχαι μανεῖσαι, πρόβατα διέσπασαν ἐν τῇ πιερίᾳ. πολλὰ δὲ καὶ ἄλλα βιαίως εἰργάζοντο. τρεπόμεναί τε εἰς τὸ ὄρος, διέτριβον ἐκεῖ τὰς ἡμέρας. ὡς δὲ ἔμειναν, οἱ πολῖται δεδιότες περὶ τῶν γυναικῶν καὶ θυγατέρων, μεταπεμψάμενοι τὸν ὀρφέα, ἐδέοντο μηχανήσασθαι, ὃν τρόπον καταγάγοι αὐτὰς ἐκ τοῦ ὄρους. ὁ δὲ συνταξάμενος τῷ διονύσῳ ὄργια, κατάγει αὐτὰς βακχευούσας κιθαρίζων. αἱ δὲ, νάρθηκας τότε πρῶτον ἔχουσαι, κατέβαινον ἐκ τοῦ ὄρους, καὶ κλῶνας δένδρων παντοδαπῶν. τοῖς δ' ἀνθρώποις θαυμαστὰ τότε θεασαμένοις, ἐφαίνετο πρῶτον τὰ ξύλα καταγόμενα. καὶ ἔφασαν, ὅτι ὀρφεὺς κιθαρίζων, ἄγει τὴν ὕλην ἐκ τοῦ ὄρους, καὶ ἐκ τούτου ὁ μῦθος ἀνεπλάσθη.

Περὶ πανδώρας.

Περὶ πανδώρας οὐκ ἀληθὴς λόγος. ὡς γῆς ἀναπλασθείσης ἀναδοῦ-
ο ναι αὐτὴν, καὶ ἄλλοις τὸ πλάσμα. ἐμοὶ δὲ δοκεῖ τοῦτο. πανδώρα γυνὴ
ἐγένετο ἕλληνος, μάλιστα πλουσία. καὶ ὅτε ἐξῄει, ἐκοσμεῖτο, καὶ ἐχρί-
ετο πολλῇ τῇ γῇ. καὶ τὸ μὲν ἔργον, οὕτως ἔχει. ὁ δὲ λόγος, εἰς τὸ ἀμήχανον ἐξέπη.

Περὶ μελίων γενεᾶς.

Αἱ τί φαυλότερόν ἐστι, τοῦ πρῶτον γένος ἐκ μελίας γενέσθαι. ἀλλὰ μέ-
α λιός τις ἐγένετο, καὶ μέλιαι ἐκλήθησαν ἀπὸ τούτου, ὥσπερ ἕλληνες,
ἀπὸ ἕλληνος, καὶ ἴωνες, ἀπὸ ἴωνος. σιδηρᾶ δὲ καὶ χαλκῆ γενεὰ, οὐδέποτε
ἐγένετο.

Περὶ Ηρακλέους.

Εγεται ὡς ἐφ' ἑαυτῷ ἔχει φύλλα. ὁ δὲ ὢν φυλλίτης, εἰ καὶ ἰδιώτης ὑ-
λ πῆρχεν, ἐπινοήσας, ἔκαυσεν. ὁ δὲ λόγος αὐτόθεν ἐλέγχει ὅπως.

Περὶ τοῦ κήτους.

Εερὶ τοῦ κήτους τάδε λέγεται. ὡς τοῖς τρωσὶν ἐκ τῆς θαλάττης ἐφοίτα. καὶ
π εἰ μὲν αὐτῷ δοῖεν κόρας, ἀπήρχετο. εἰ δὲ μὴ, τὴν χώραν αὐτῶν ἐλυ-
μαίνετο. ὡς δὲ μάταιον τὸ ἄνδρας ἐκτίθεσθαι τὰς ἑαυτῶν θυγατέρας,
τίς οὐκ οἶδεν. ἀλλ' ἦν ἀνὴρ βασιλεὺς μέγας, καὶ πολλὴν ἔχων δύναμιν, καὶ
ναυτικὸν πολύ. ὃς κατέστρεψε τὸ παραθαλάσσιον τῆς ἀσίας ὅλον, ὃ τρῶες ἐ-
κτῶντο. ἐλάμβανε δὲ φόρον, ὃν τινὲς δασμὸν καλοῦσιν. ἀργυρίῳ μὲν οὖν οἱ τό-
τε ἄνθρωποι οὐκ ἐχρῶντο, ἀλλὰ σκεύεσι. προσέταξε δὲ, ὁ βασιλεὺς ᾧ ὄνομα κή-
των, τῶν πόλεων τινὰς μὲν, ἵππους διδόναι, τινὰς δὲ κόρας. τὸν δὲ βασιλέα
ᾧ ὄνομα κήτων, οἱ βάρβαροι ἐκάλουν κῆτος. περιέπλει δὲ ὁ κήτων κατὰ τὸν
δέοντα χρόνον, ἀπαιτῶν τὸν δασμόν. τῶν δὲ μὴ ἀποδιδόντων, ἐκάκου τὰς χώ-
ρας. ἐξέρχεται δὲ εἰς τροίαν, καθ' ὃν χρόνον καὶ ἡρακλῆς ἧκεν, ἔχων στρατιὰν
τῶν ἑλλήνων. μισθοῦται δὲ τὸν ἡρακλέα λαομέδων ὁ βασιλεὺς, ἀρῆξαι τοῖς
τρωσίν. ἀποβιβάσας δὲ τὴν στρατιὰν ὁ κήτων, ὡδοιπόρει. ὑπαντήσαντες δὲ αὐ-
τῷ ἡρακλῆς, καὶ λαομέδων, ἀναιροῦσιν αὐτόν. οὗ γενομένου, προσανεπλάσθη
ὁ μῦθος.

Περὶ ὕδρας.

Εγεται δὲ περὶ ὕδρας, ὅτι λερναῖος ὄφις ἦν, ἔχων πεντήκοντα κε-
λ φαλὰς, σῶμα δὲ ἕν, καὶ ἐπειδὴ αὐτῆς ἀνέλοι κεφαλὴν μίαν, δύο ἀναφύε-
σθαι, καὶ τὸν καρκίνον ἐλθόντα, βοηθεῖν τῇ ὕδρᾳ. τοιοῦτον δὲ εἴ τις
πείθεται γενέσθαι, μάταιός ἐστι. τὸ δ' ἀληθὲς ἔχει ὧδε. λέρνος ἦν βασιλεύς.
ᾤκουν δὲ πάντες οἱ ἄνθρωποι κατὰ κώμας. ἦσαν δὲ καὶ βασιλεῖς ἐφ' ἑκάστῳ
τῶν χωρίων τούτων. σθένελος δὲ ὁ τοῦ περσέως, εἶχε τὸ μέγιστον καὶ πολυανθρω-
πότατον, τὴν μυκήνην. ὁ δὲ λέρνος, οὐκ ἤθελεν αὐτῷ ὑποτετάχθαι. ἐπολέμουν
οὖν οἱ δύο ἀλλήλοις. ἐν δὲ τῇ εἰσβολῇ τῆς χώρας, ἦν ἐπὶ λέρνῳ πολίχνιόν τι καρ-
τερὸν, καὶ ἐφρούρουν αὐτὸ, πεντήκοντα τοξόται ἀνδρεῖοι, οὓς ἐπέστησαν ἐπὶ
τῷ πύργῳ ἀδιαλείπτως νύκτα καὶ ἡμέραν. ὄνομα δὲ ἦν τῷ πολιχνίῳ ὕδρα.
πέμπει οὖν εὐρυσθεὺς ἡρακλέα, καὶ ἐκπορθεῖ αὐτὸς τὸ πολίχνιον. οἱ δὲ ἐπὶ τῷ
πύργῳ ἐπυρπολοῦντο τοῖς ἐπὶ τῷ πύργῳ τοξόταις. ὁπότε δέ τις πληγεὶς πέ-
σοι, ἀνέβαινον δύο τοξόται ἀνθ' ἑνός, ἐπειδὴ ἀνδρεῖος ἦν ὁ προανῃρημένος.
ἐπειδὴ δὲ συνείχετο ὁ λέρνος ὑπὸ τοῦ ἡρακλέους τῷ πολέμῳ, μισθοῦται ἔνθεν
στρατόν. ἦλθε δὲ αὐτῷ ἄγων τὴν στρατιὰν, καρκῖνος ὄνομα τῷ ἀνδρί. μέγας
τὴν ἰσχὺν καὶ πολεμικὸς, καὶ σὺν τούτῳ ἀντεῖχον πρὸς τὸν ἡρακλέα. εἶτα βοη-
θεῖ ὁ ἰόλεως ὁ ἰφικλέους, ἀδελφιδοῦς ὢν τῷ ἡρακλεῖ, ἔχων στρατιὰν ἀπὸ θη-
βῶν, καὶ τὸν πεφυκότα πύργον πρὸς τῇ ὕδρᾳ, προσελθὼν ἐνέπρησε, καὶ σὺν

ταύτῃ τῇ δυνάμει ἐπόρθησεν αὐτοὺς ὁ ἡρακλῆς· καὶ τὴν ὕδραν ἀναιρεῖ, καὶ τὴν στρατιὰν ἀπόλλυσιν. οὗ γενομένου, ὁ μῦθος ἀνεπλάσθη. καὶ γράφουσι τὴν ὕδραν ὄφιν, καὶ τὸν μῦθον ἀναπλάττουσιν.

Περὶ κερβέρου.

λ έγουσι περὶ κερβέρου, ὡς κύων ἦν, ἔχων τρεῖς κεφαλάς. δῆλον δὲ ὅτι καὶ οὗτος ἀπὸ τῆς πόλεως ἐκλήθη τρικάρηνος, ὥσπερ ὁ γηρυόνης. ἔλεγον δὲ οἱ ἄνθρωποι, καλός τε καὶ μέγας ὁ τρικάρηνος κύων. λέγεται δὲ περὶ αὐτοῦ, ὡς ἡρακλῆς ἐξ ᾅδου ἀνήγαγεν. ἐγένετο δὲ τοιοῦτόν τι. γηρυόνῃ ἐπὶ ταῖς βουσὶν ἦσαν κύνες μεγάλαι καὶ γενναῖαι. ὄνομα δὲ ἦν αὐταῖς, τάδε. τῷ μὲν, κέρβερος. τῷ δὲ, ὄρθρος. τὸν μὲν οὖν ὄρθρον, ἡρακλῆς ἐν τρικαρηνίᾳ πρὶν ἢ περιελεῖν τὰς βοῦς ἀναιρεῖ. ὁ δὲ κέρβερος συνηκολούθει ταῖς βουσί. ἐπιθυμήσας δὲ τοῦ κυνὸς ἀνὴρ μυκηναῖος τοὔνομα μολοττὸς, τὸν μὲν πρῶτον ᾔτει τὸν εὐρυσθέα ἀποδόσθαι τὸν κύνα. οὐ βουλομένου δὲ τοῦ εὐρυσθέως, ἀναπείθει τοὺς βουκόλους, καὶ τὸν κύνα καθειργνύουσιν ἐν τῇ λακωνικῇ ἐπὶ ταινάρῳ ἐν σπηλαίῳ τινὶ, καὶ ἀφιᾶσιν αὐτῷ κύνας θηλείας συμβατεύειν. εὐρυσθεὺς δὲ, πέμπει ἡρακλέα ἐπὶ ζήτησιν τοῦ κυνός. ὁ δὲ πᾶσαν περιιὼν τὴν πελοπόννησον, ἦλθεν ὅπου ὁ κύων αὐτῷ ἐμηνύθη. καὶ καταβὰς, ἀνάγει ἐκ τοῦ ἄντρου τὸν κύνα. ἔλεγον οὖν οἱ ἄνθρωποι, ὅτι διὰ τοῦ ἄντρου καταβὰς εἰς ᾅδου ὁ ἡρακλῆς, ἀνήγαγε τὸν κύνα.

Περὶ ἀλκήστιδος.

λ έγεται μῦθος τραγικώδης, ὡς δὴ μέλλοντός ποτε τοῦ ἀδμήτου θανεῖν, αὕτη ἥλετο ὑπὲρ αὐτοῦ θανεῖν. καὶ ἡρακλῆς αὐτὴν διὰ τὴν εὐσέβειαν ἀφελόμενος, καὶ ἀναγαγὼν ἐκ τοῦ ᾅδου, ἀπέδωκεν ἀδμήτῳ. ἐμοὶ δὲ δοκεῖ μηδένα ἀποθανόντα δύνασθαι τινὰ ἀναβιῶσαι. ἀλλ' ἐγένετό τι τοιοῦτον. ἐπειδὴ πελίαν ἀπέκτειναν αἱ θυγατέρες, καὶ ἄκαστος ὁ πελίου ἐδίωκεν αὐτάς, τὰς λαμβανομένας μὲν. ἄλκηστις δὲ καταφεύγει εἰς φερὰς πρὸς ἄδμητον τὸν ἀνεψιὸν αὐτῆς. καὶ καθεζομένης ἐπὶ τῆς ἑστίας, οὐκ ἐβούλετο ἄδμητος ἀκάστῳ ἔκδοτον ἐξαιτουμένῳ δοῦναι. ὁ δὲ, πολλὴν στρατιὰν παραγαγὼν τὴν πόλιν ἐνεπυρπόλει αὐτούς. ἐπεξιὼν δὲ ὁ ἄδμητος, ἔχων καὶ λοχαγοὺς νύκτωρ, συνελήφθη ζῶν. ἠπείλει δὲ ἄκαστος ἀποκτείνειν αὐτόν. πυθομένη δὲ ἡ ἄλκηστις ὅτι μέλλει ἀναιρεῖσθαι ἄδμητος δι' αὐτὴν, ἐξελθοῦσα, ἑαυτὴν παρέδωκε. τὸν ἄδμητον ἀφίησιν ὁ ἄκαστος, ἐκείνην δὲ συλλαμβάνει. ἔλεγον οὖν οἱ ἄνθρωποι, ἀνδρεία γε ἄλκηστις, ἑκοῦσα ὑπεραπέθανεν ἀδμήτου. τοιοῦτο μέντοι οὐκ ἐγένετο ὡς ὁ μῦθος φησί. κατὰ τοῦτον τὸν καιρὸν τοῦτον, ἡρακλῆς ἧκεν, ἄγων ἔκ τινων τόπων τὰς διομήδους ἵππους. τοῦτον ἐκεῖσε πορευόμενον ἐξένισεν ἄδμητος. ὀδυρομένου δὲ ἀδμήτου τὴν συμφορὰν τῆς ἀλκήστιδος, ἀγανακτησάμενος ἡρακλῆς, ἐπιτίθεται τῷ ἀκάστῳ, καὶ τὴν στρατιὰν αὐτοῦ διαφθείρει. καὶ τὰ μὲν λάφυρα, τῇ αὐτοῦ στρατιᾷ διανέμει. τὴν δὲ ἄλκηστιν, τῷ ἀδμήτῳ παραδίδωσιν. ἔλεγον οὖν οἱ ἄνθρωποι, ὡς ἐντυχὼν ἡρακλῆς, ἐκ τοῦ θανάτου ἐρρύσατο τὴν ἄλκηστιν. τούτων γενομένων, ὁ μῦθος προσανεπλάσθη.

Περὶ ζήθου.

ι στοροῦσιν ἄλλοι τε καὶ ἡσίοδος, ὅτι κιθάρᾳ τὸ τεῖχος τῶν θηβῶν ἐτείχισαν. δοκοῦσι δὲ ἔνιοι κιθαρίζειν αὐτούς, καὶ τοὺς λίθους ἐπὶ τὸ τεῖχος αὐτομάτως ἀναβαίνειν. τὸ δὲ ἀληθὲς ἔχει ὧδε. κιθαρῳδοὶ οὗτοι ἄριστοι ἐγένοντο, καὶ ἀπεδείκνυντο μισθῷ. ἀργύριον δὲ οὐκ εἶχον τότε οἱ ἄνθρωποι. ἐκέλευον οὖν οἱ περὶ τὸν ἀμφίονα, καὶ εἴ τις βούλοιτο ἀκοῦσαι αὐτῶν, ἐρχόμενος ἐργάζεσθαι ἐπὶ τὸ τεῖχος. ὃ μέντοι οἱ λίθοι ἀκροώμενοι ἵσταντο.

αὐλόντος οὕτω οἱ ἄνθρωποι ἔλεγον, λύρᾳ τὸ τεῖχος ἐκτίσθη.

Περὶ Ἰοῦς.

ασὶ τὴν Ἰὼ ἐκ γυναικὸς, βοῦν γεγονέναι, καὶ ἐξοιστρήσασαν, ἐξ Ἄργους
φ διὰ τῆς θαλάσσης εἰς Αἴγυπτον ἀφικέσθαι. τὸ δ' ἀληθὲς, ἔχει ὧδε. Ἰὼ,
βασιλέως τῶν Ἀργείων ἦν θυγάτηρ. ταύτῃ οἱ ἀπὸ τῆς πόλεως τιμὴν
ἔδωκαν, τὸ, ἱέρειαν εἶναι τῆς Ἀργείας Ἥρας. αὕτη ἔγκυος γεγονυῖα, καὶ δεί-
σασα τὸν πατέρα καὶ τοὺς πολίτας, ἔφυγεν ἐκ τῆς πόλεως. οἱ δὲ Ἀργεῖοι
κατὰ ζήτησιν ἐξιόντες ὅπου ἂν εὕροιεν συλλαμβάνοντες, ἐν δεσμοῖς ἦγον. ἔλε-
γον δὲ, ὅτι ὥσπερ βοῦς οἰστρήσασα, διαφεύγει εἰς Αἴγυπτον. ἔνθα ἀφικομένη,
τίκτει. ὅθεν ὁ μῦθος προσανεπλάσθη.

Περὶ Μηδείας.

ασὶν ὡς ἀφέψουσα τοὺς πρεσβυτέρους, νέους ἐποίει. ἐγένετο δὲ τοιοῦ-
φ τον. Μήδεια πρώτη τοιοῦτον ἄνθος εὗρε, δυνάμενον καὶ λευκὰς ποιῆσαι
τὰς τρίχας καὶ μελαίνας. τοὺς οὖν χαίροντας, ἐκ τοῦ πολιὰς ἔχειν, μελαί-
νας τρίχας ἐποίει φαίνεσθαι. πυρίαν οὖν πρώτη Μήδεια ἐξεῦρεν. ἐπυρία οὖν τοὺς
βουλομένους οὐκ ἐν τῷ προφανεῖ, ἵνα μή τις μάθῃ τῶν ἰατρῶν. ὄνομα δὲ ἦν τῷ πράγ-
ματι, παρέψησις. οἱ γοῦν ἄνθρωποι ταῖς πυριάσεσιν ἐγίνοντο κουφότεροι, καὶ
ὑγιέστεροι. ἐκ δὴ τούτου, ὁρῶντες τὴν παρασκευὴν, λέβητας, καὶ ξύλα, καὶ πῦρ,
ἐνόμισαν ὡς ἕψει τοὺς ἀνθρώπους. ὁ δὲ Πελίας ἄνθρωπος γέρων καὶ ἀσθενὴς,
πυρίᾳ χρώμενος ἐτελεύτησε.

Περὶ Ὀμφάλης.

έγεται ὡς λατρεύει Ἡρακλῆς ταύτῃ. ὁ δὲ λόγος μάταιος. ἐξὸν γὰρ κἀ-
λ κείνης καὶ τῶν ὑπαρχόντων αὐτῇ διασώζειν, ἐγένετο τοιόνδε τι. Ὀμ-
φάλη ἦν Ἰορδάνου θυγάτηρ Λυδῶν βασιλέως. αὕτη ἀκούσασα τὴν
ἰσχὺν Ἡρακλέους, προσεποιήθη ἐρᾶν αὐτοῦ. Ἡρακλῆς πλησιάσας, ἔρωτι ἑάλω
αὐτῆς. γεννᾷ δὲ ἐξ αὐτῆς υἱὸν Λαομήδην. ἡδόμενος δ' αὐτῇ, ἐποίει ὅτι προσ-
έταττεν ἡ Ὀμφάλη. οἱ δὲ εὐήθεις, ὑπέλαβον λατρεύειν αὐτὸν αὐτῇ.

Περὶ τοῦ κέρατος, τῆς Ἀμαλθείας.

ασὶν ὡς Ἡρακλῆς τοῦτο ἔφερε πανταχοῦ, ἐξ οὗ ἐγίνετο αὐτῷ ὅσα ἐβού-
φ λετο. ἡ δὲ ἀλήθεια οὕτως. Ἡρακλῆς ἀποδημῶν κατὰ Βοιωτίαν, κατὰ Ἰο-
λάου τοῦ ἀδελφιδοῦ. καταλύει ἐν Θεσπιαῖς ἔν τινι πανδοχείῳ. ἐν ᾧ ἦν
τις γυνὴ καλουμένη Ἀμάλθεια, ὡραία καὶ καλή. ὁ δὲ Ἡρακλῆς ἡδόμενος αὐτῇ,
πλείονα χρόνον ἐξενίζετο. Ἰόλαος δὲ βαρέως φέρων, ἐπινοεῖ τὴν ἐμπολὴν τῆς
Ἀμαλθείας ἐν κέρατι κειμένην ἀφελέσθαι. ἐξ ἧς ἐμπολῆς, εἴ τι ἤθελεν ὠνεῖ-
το τῷ Ἡρακλεῖ. ἔλεγον οὖν οἱ συνέκδημοι, Ἡρακλῆς τὸ κέρας ἔχει τῆς Ἀμαλθεί-
ας, ἐξ οὗ ὠνεῖτο ὅσα βούλοιτο ἐπ' αὐτῷ. ἐξ οὗ ὁ μῦθος προσανεπλάσθη.

Περὶ Ὑακίνθου, διήγημα.

άκινθος, Ἀμυκλαῖον ἦν μειράκιον ὡραῖον καὶ καλόν. εἰς τοῦτον εἶδε μὲν ὁ
υ Ἀπόλλων. εἶδε καὶ ὁ Ζέφυρος. καὶ ἄμφω κατείχοντο τῇ μορφῇ. καὶ φιλό-
τιμος ἦν ἀφ' ὧν εἶχεν ἑκάτερος. ἐτόξευε μὲν ὁ Ἀπόλλων, ἔπνει δὲ ὁ Ζέ-
φυρος. μέλη μὲν ἦν τὰ παρ' ἐκείνου καὶ ἡδονὴ, φόβος δὲ τὰ παρὰ τούτου καὶ
ταραχή. ῥέπει πρὸς τὸν δαίμονα τὸ μειράκιον, καὶ Ζέφυρον ὑπὸ ζηλοτυπίας
ὁπλίζει πρὸς πόλεμον. μετὰ ταῦτα ἦν γυμνασία τῷ μειρακίῳ, καὶ τιμω-
ρία παρὰ Ζεφύρου. δίσκος ἦν ὁ πρὸς τὴν ἀναίρεσιν ἐκείνου διακονήσας. ὑπὸ τού-
του μὲν ἀφεθεὶς, ὑπ' ἐκείνου δὲ ἐνεχθείς. καὶ ὁ μὲν, ἐτεθνήκει. τὴν γῆν δὲ οὐκ ἦν
ἔρημον ὑπομνήματος ἀφεῖναι τὴν συμφορὰν, ἀλλὰ τὸ ἄνθος ἀντὶ τοῦ μειρακίου

γίνεται, καὶ τοὔνομα δέχεται. λέγουσι δὲ ὅτι καὶ τῆς προσηγορίας ἐν φύλλοις ἐπιγέγραπται τὸ προοίμιον.

Περὶ Μαρσύου, διήγημα.

Μαρσύας, ἀγροῖκος ἦν. γίνεται δὲ οὗτος μουσικός. ἐμίσησεν Ἀθηνᾶ τοὺς αὐλούς. οὐκ ὀλίγον γὰρ ἀφῃροῦντο τοῦ κάλλους. ἡ πηγὴ τὴν εἰκόνα δεξαμένη, τὸ συμβὰν ἐπέδειξεν. οὕτω δὲ ἐρριμμένων τῶν αὐλῶν, ὁ Μαρσύας ὑφίσταται. προσέπτη οὖν τοῖς χείλεσιν αὐλῶν αὐτοὺς ὁ ποιμήν. οἱ δὲ ᾖδον θεῖα λαλήματα, καὶ ἄκοντος τοῦ χρωμένου. τέχνην ὁ Μαρσύας ἐνόμισεν τὴν λαλιάν. καὶ χωρεῖ μὲν κατὰ μουσῶν, χωρεῖ δὲ κατὰ Ἀπόλλωνος. λίπων οὐδὲ θέλειν εἶναι λοιπόν, ἀλλ᾽ μὴ πλεονεκτήσῃ τοῦ δαίμονος. ἐν ἐκείνῃ τῇ φιλονεικίᾳ νικᾶται, καὶ τὸ δέρμα μετὰ τὴν ἧτταν ἐκδύεται. ὁρᾶν ἐστὶ ποταμὸν ἐν Φρυγίᾳ, Μαρσύας ὄνομα τῷ ποταμῷ. καὶ ἔλεγον οἱ Φρύγες, ὅτι τὸ ῥεῦμα ἐστὶν ἐξ αἵματος ὂν τοῦ Μαρσύου.

Περὶ Φάωνος.

Τῷ Φάωνι βίος ἦν, τὸ πλοῖον εἶναι καὶ θάλατταν. πορθμὸς ἦν θάλαττα. ἔπλημα δὲ οὐδὲν παρ᾽ οὐδενὸς ἐκομίζετο. ἐπεὶ καὶ μέτριος ἦν, καὶ παρὰ τῶν ἐχόντων μόνον ἐδέχετο. θαῦμα ἦν τοῦ τρόπου παρὰ τοῖς Λεσβίοις. ἐπαινεῖ τὸν ἄνθρωπον ἡ θεός. Ἀφροδίτην λέγουσι τὴν θεόν, καὶ ὑποδῦσα δὲ ἀνθρώπου γυναικὸς ἤδη γεγηρακυίας, τῷ Φάωνι διαλέγεται περὶ πλοῦ. ταχὺς ἦν ἐκεῖνος καὶ θεραπεῦσαι, καὶ διακομίσαι, καὶ μηδὲν ἀπαιτῆσαι. τί οὖν ἐπὶ τούτοις ἡ θεός, ἀμείψασθαί φασι τὸν ἄνθρωπον, καὶ ἀμείβεται νεότητι καὶ κάλλει τὸν γέροντα. οὗτος ὁ Φάων ἐστίν, ἐφ᾽ ᾧ τὸν ἔρωτα αὐτῆς ἡ Σαπφὼ πολλάκις ᾆσμα ἐποίησε.

Περὶ Λάδωνος, διήγημα.

Δοκεῖ τῇ γῇ, Λάδωνι τῷ ποταμῷ πρὸς συνουσίαν ἐλθεῖν. καὶ ἐπεὶ συνῆλθον ἀλλήλοις, κύει μὲν ἡ γῆ. τίκτει δὲ Δάφνην. φιλεῖ δὲ ἐκείνην ὁ Πύθιος, καὶ ῥήματα ἦν ἐραστοῦ πρὸς κόρην. ἀλλ᾽ ἡ Δάφνη τὴν σωφροσύνην ἐφίλει. διώκειν οὖν ἔδει, καὶ ἐδιώκετο. πρὶν δὲ ἀπειπεῖν ἐν τῇ φυγῇ, παρακαλεῖ τὴν μητέρα αὐτῆς πάλιν αὐτὴν εἴσω ποιῆσαι, καὶ τηρῆσαι οἷα γεγέννηται. ἡ μὲν οὖν ὧδε ἐποίει, καὶ τὴν Δάφνην εἶχεν ἐν ἑαυτῇ. κατὰ δὲ τὸ μέρος ἐκεῖνο, εὐθὺς ἀνεπήδα φυτόν. καὶ παραπεσὼν αὐτῷ κατὰ τὴν ἀκμὴν τοῦ ἔρωτος ὁ θεός, οὐκ εἶχεν ὅπως ἀποστῇ τοῦ φυτοῦ. ἀλλ᾽ αἵ τε χεῖρες ἀνελαμβάνοντο, καὶ ἡ κεφαλὴ τὸ λοιπὸν ἐκοσμεῖτο. λέγεται δὲ καὶ ὁ τρίπους, οὐκ ἄνευ τῆς Δάφνης ἱδρύσθαι κατὰ Βοιωτίαν ἐπὶ τοῦ χάσματος.

Περὶ Ἥρας.

Ἀργεῖοι πολιοῦχον αὐτοῖς τὴν Ἥραν ἡγοῦνται. καὶ διὰ τοῦτο καὶ πανήγυριν αὐτῇ τεταγμένην ἄγουσιν. ὁ δὲ τρόπος τῆς ἑορτῆς, ἅμαξα βοῶν, τὸ χρῶμα λευκῶν. ἀπὸ δὲ τῆς ἁμάξης εἶναι δεῖ τὴν ἱέρειαν. ὅπου δὲ ἔχειν ἄχρι τοῦ νεώ. τὸ δὲ ἱερόν, ἔξω τοῦ ἄστεος. ἧκεν οὖν ποτε ὁ χρόνος φέρων τὴν ἑορτήν. ὁ δὲ νόμος ἀπὸ τῶν βοῶν οὐκ ὄντων, ἐκώλυεν. ἀλλ᾽ ἐσοφίσατο τὴν ἀπορίαν ἡ ἱέρεια, μήτηρ οὖσα νεανίσκων, ἀντὶ βοῶν τῷ σχήματι γενομένων. ἐπεὶ τοίνυν τὸ παρὰ τῶν βοῶν, παρὰ τῶν παίδων ἐγένετο, στᾶσα κατὰ τὸ ἄγαλμα, μισθὸν ἀπῄτει τοῦ πόνου, καὶ ἔδωκε φασὶν ἡ θεός. ὕπνος ἦν ὁ ἆθλος, καὶ τοῦ βίου πέρας γενόμενος.

Τέλος, τοῦ περὶ ἀπίστων ἱστοριῶν Παλαιφάτου, χρησίμου συντάγματος.

ΗΡΑΚΛΕΙΤΟΥ ΤΟΥ ΠΟΝΤΙΚΟΥ, ΑΛΛΗΓΟΡΙΑΙ ΣΟΦΩΤΑΤΑΙ, ΚΑΙ ΕΙΔΙΚΟΤΑΤΑΙ, ΕΙΣ ΤΑ ΤΟΥ ΟΜΗΡΟΥ ΠΕΡΙ ΘΕΩΝ ΕΙΡΗΜΕΝΑ, ΚΑΙ ΑΝΤΙΡΡΗΣΕΙΣ ΤΩΝ ΚΑΤ' ΑΥΤΟΥ ΒΛΑΣΦΗΜΗΣΑΝΤΩΝ.

ΕΓας ἀπ' οὐρανοῦ καὶ χαλεπὸς ἀγὼν, Ὁμήρῳ καταγγέλλεται περὶ τῆς εἰς τὸ θεῖον ὀλιγωρίας· πάντη γὰρ ἠσέβησεν, εἰ μηδὲν ἠλληγόρησεν. ἱερόσυλοι δὲ μῦθοι καὶ θεομάχου γέμοντες ἀπονοίας, δι' ἀμφοτέρων τῶν σωματίων μεμήνασιν· ὥστε εἴ τις ἄνευ φιλοσόφου θεωρίας μηδενὸς αὐτοῖς ὑφεδρεύοντος ἀλληγορικοῦ τρόπου νομίζοι, κατὰ ποιητικὴν παράδοσιν εἰρῆσθαι, σαλμωνεὺς ἂν Ὅμηρος εἴη καὶ Τάνταλος ἀκόλαστον γλῶσσαν ἔχων αἰσχίστην νόσον. ὥστε ἔμοι γε καὶ σφόδρα συμβέβηκε θαυμάζειν, πῶς ὁ δεισιδαίμων βίος ὁ ναοῖς καὶ τεμένεσι καὶ ταῖς δι' ἔτους ἐν ταῖς περὶ θεῶν προπεμπόμενος ἑορταῖς, οὕτω τὴν ὁμηρικὴν ἀσέβειαν ἠγκάλισται φιλοσόφως, τοὺς ἐναγεῖς λόγους διὰ στόματος ᾄδων. εὐθὺς γὰρ ἐκ πρώτης ἡλικίας τὸ νήπιον τῶν ἀρτιμαθῶν παίδων, διδασκαλίᾳ παρ' ἐκείνῳ τιθηνεῖται, καὶ μονονοὺ ἐνσπαργανούμενοι τοῖς ἔπεσιν αὐτοῦ καθάπερ ἀπὸ ποτίμου γάλακτι τὰς ψυχὰς ἐπάρδομεν· ἀρχομένῳ δ' ἑκάστῳ συμπαρέστηκε, καὶ κατ' ὀλίγον ἀπανδρουμένῳ. τελείοις δ' ἐνακμάζει, καὶ κόρος οὐδὲ εἷς ἄχρι γήρως, ἀλλὰ παυσάμενοι διψῶμεν αὐτοῦ πάλιν. καὶ σχεδὸν ἓν πέρας Ὁμήρῳ παρ' ἀνθρώποις, ὃ καὶ τοῦ βίου. δι' ὧν σαφὲς οἶμαι καὶ πᾶσιν ἔκδηλον, ὡς μία κηλὶς ἐκ τῶν μύθων τοῖς ἔπεσιν ἐναπόκειται· καθαρὰ δὲ καὶ παντὸς ἁγνεύουσαι λύσσ. Ἰλιὰς πρώτη, καὶ μετὰ ταύτην Ὀδύσσεια, σύμφωνον ἑκατέρα περὶ τῆς ἰδίας εὐσεβείας κέκραγε φωνήν· οὐκ ἂν ἔτω γε θεοῖσιν ἐπουρανίοισι μαχοίμην. νήπιοι οἳ Ζηνὶ μενεαίνομεν ἰσοφαρίζειν. οἷος μὲν ἐν οὐρανῷ διὰ τῶν ἐπῶν καθιέρωται Ζεὺς, ἀφανεῖ νεύματι σείων· ὡς δὲ Ποσειδῶνος ὁρμίσαντος ἀφνιδίως, τρέμεν οὔρεα μακρὰ καὶ ὕλη. τὰ αὐτὰ δ' ὑπὲρ Ἥρας ἄν τις εἴποι. σείσατο δ' εἰνὶ θρόνῳ, ἐλέλιξε δὲ μακρὸν Ὄλυμπον. ὁμοίως δὲ Ἀθηνᾶ παρίσταται. θάμβησεν δ' Ἀχιλλεὺς, μετὰ δ' ἐτράπετ'· αὐτίκα δ' ἔγνω, Παλλάδ' Ἀθηναίην. δεινὼ δέ οἱ ὄσσε φάανθεν. οἵη δ' Ἄρτεμις εἶσι κατ' οὔρεα ἰοχέαιρα, ἢ κατὰ Τηΰγετον περιμήκετον, ἢ Ἐρύμανθον, τερπομένη κάπροισι, καὶ ὠκείῃς ἐλάφοισι. ἃ μὴν γὰρ ἐξ ἴσου καὶ κατὰ κοινὸν ὑπὲρ ἁπάντων ἱεροπρεπῶς θεολογεῖται, τί δεῖ καὶ λέγειν. μάκαρες θεοὶ αἰὲν ἐόντες, καὶ ἄφθιτα μήδε' ἔχοντες, ἢ ἐνὶ δίκα δωτῆρες ἐάων καὶ ῥεῖα ζώοντες. οὐ γὰρ σῖτον ἔδουσ', οὐ πίνουσ' αἴθοπα οἶνον· τοὔνεκ' ἀναίμονές εἰσι, καὶ ἀθάνατοι καλέονται. τίς οὖν τοὺς τοῖς Ὅμηρον ἀσεβῆ λέγειν τολμᾷ. Ζεῦ κύδιστε, μέγιστε, κελαινεφὲς αἰθέρι ναίων. Ἠέλιός θ', ὃς πάντ' ἐφορᾷς, καὶ πάντ' ἐπακούεις. καὶ ποταμοὶ καὶ γαῖα, καὶ οἳ ὑπένερθε καμόντας ἀνθρώπους τίνυσθον ὅτις κ' ἐπίορκον ὀμόσσῃ. ὑμεῖς μάρτυρες ἔστε τῆς Ὁμήρου θεοσεβοῦς προαιρέσεως, ὅτι πάθεσιν ἐξαιρέτοις ἐπάνω νεωκορεῖ τὸ δαιμόνιον, ἐπεὶ καὶ αὐτὸς ἦν θεῖος. εἰ δ' ἀμαθῶς τινες οὐ τὴν ὁμηρικὴν ἀλληγορίαν ἀγνοοῦσιν, οὐδ' εἰς τὰ μυχία τῆς ἐκείνου σοφίας καταβεβήκασιν, ἀλλ' ἀβασάνιστος αὐτοῖς ἡ τῆς ἀληθείας κρίσις ἔρριπται, καὶ τὸ φιλοσόφως ῥηθὲν οὐκ εἰδότες, ὃ μυθικῶς δοκεῖ πλάσαι προσαρμόζουσιν, οὗτοι μὲν ἐρρέτωσαν. ἡμεῖς δ' οἱ τῶν ἀβεβήλων ἐντὸς περιρραντηρίων ἡγνίσμεθα, σεμνὴν ὑπὸ νόμῳ τῶν ποιημάτων τὴν ἀλήθειαν ἰχνεύωμεν. ἐρρίφθω δὲ καὶ Πλάτων ὁ κόλαξ, Ὁμήρου συκοφάντης, ἔνδοξον ἀπὸ τῆς ἰδίας πολιτείας τὸν φυγάδα προπέμπων, λευκοῖς ἱερεῖς ἀνεστεμμένοι καὶ πολυτελεῖ μύρῳ, τὴν κεφαλὴν διάβροχοι. οὐδ' Ἐπικούρου φροντὶς ἡμῖν, ὃς τῆς ἀσέμνου περὶ τοὺς ἰδίους κήπους ἡδονῆς γεωργός ἐστιν, ἅπασαν ὁμοῦ ποιητικὴν ὥσπερ ὀλέθριον μύθων δέλεαρ ἀφοσιούμενος. πρὸς οὓς μέγα δή τι στενάξας, εἴποιμ' ἂν εὐλόγως, ὢ πόποι. οἷον δή νυ θεοὺς βροτοὶ αἰτιόωνται. καὶ τὸ πικρότατον ἀρχὴν ἑκάτεροι τῶν παρ' ἑαυτοῖς δογμάτων ἔχοντες ὅμηρον, ἀφ' οὗ τὰ πλεῖστα τῆς ἐπιστήμης ὠφέληνται, περὶ τοῦτον ἀχαρίστως εἰσὶν ἀσεβεῖς. ἀλλὰ περὶ μὲν ἐπικούρου καὶ πλάτωνος, αὖθις ἐξέσται λέγειν. νυνὶ δ' ἀναγκαῖον ἴσως μικρὰ καὶ σύντομα περὶ τῆς ἀλληγορίας τεχνολογῆσαι. σχεδὸν γὰρ αὐτὸ τοὔνομα καὶ λίαν ἐτύμως εἰρημένον, ἐλέγχει τὴν δύναμιν αὐτῆς. ὁ γὰρ ἄλλα μὲν ἀγορεύων τρόπος, ἕτερα δὲ ὧν λέγει σημαίνων, ἐπωνύμως ἀλληγορία καλεῖται. καθάπερ ἀρχίλοχος μὲν ἐν τοῖς θρακικοῖς ἀπειλημμένος δεινοῖς, τὸν πόλεμον εἰκάζει θαλαττίῳ κλύδωνι, λέγων ὧδέ πως. Γλαῦκ' ὅρα. βαθὺς γὰρ ἤδη κύμασι ταράσσεται πόντος. ἀμφὶ δ' ἄκρα γύρεον ὀρθὸν ἵσταται νέφος. σῆμα χειμῶνος. κιχάνει δ' ἐξ ἀελπτίης φόβος. ἐν ἱκανοῖς δὲ καὶ τὸν μυτιληναῖον μελοποιὸν εὑρήσομεν ἀλληγοροῦντα. τὰς γὰρ τυραννικὰς ταραχὰς ἐξ ἴσου χειμερίῳ προσεικάζει καταστήματι. θαλάσσης ἀσυνέτημι τῶν ἀνέμων στάσιν. τὸ μὲν γὰρ ἔνθεν κῦμα κυλίνδεται, τὸ δ' ἔνθεν. ἄμμες δ' ἂν τὸ μέσσον ναῒ φορήμεθα σὺν μελαίνᾳ, χειμῶνι μοχθεῦντες μεγάλῳ μάλα. πὲρ μὲν γὰρ ἄντλος ἱστοπέδαν ἔχει. λαῖφος δὲ πᾶν ζάδηλον ἤδη καὶ λακίδες μεγάλαι κατ' αὐτό. χαλάσι δ' ἄγκυραι. τίς οὐκ ἂν εὐθὺς ἐκ τῆς προτρεχούσης περὶ τὸν πόντον εἰκασίας, ἀνδρῶν πλωϊζομένων θαλάττιον εἶναι νομίσειε φόβον. ἀλλ' οὐχ οὕτως ἔχει. μύρσιλος γὰρ ὁ δηλούμενός ἐστι, καὶ τυραννικὴ κατὰ μυτιληναίων ἐγειρομένη σύστασις. ὁμοίως δὲ τὰ ὑπὸ τούτου αἰνιττόμενος, ἑτέρωθί που λέγει. τὸ δ' ηὖτε κῦμα τῶν προτέρων ἐμωσίχει. παρέξει δ' ἄμμι πόνον πολὺν ἀντλῆν. ἐπεὶ καὶ ναὸς ἐμβαίνει. κατακόρως ἐν ταῖς ἀλληγορίαις ὁ νησιώτης θαλασσεύει. καὶ τὰ πλεῖστα τῶν διὰ τοὺς τυράννους ἐπεχόντων κακῶν, πελαγίοις χειμῶσιν εἰκάζει. καὶ μὴν ὁ τήιος ἀνακρέων ἑταιρικὸν φρόνημα, καὶ σοβαρᾶς γυναικὸς ὑπερηφανίαν ὀνειδίζων, τὸν ἐν αὐτῇ σκιρτῶντα νοῦν ὡς ἵππου ἠλληγόρησεν οὕτω λέγων. πῶλε θρηκίη, τί δή με λοξὸν ὄμμασι βλέπουσα, νηλεῶς φεύγεις. δοκεῖς δέ μ' οὐδὲν εἰδέναι σοφόν. ἴσθι τοι καλῶς μὲν ἄν τοι τὸν χαλινὸν ἐμβάλοιμι. ἡνίας δ' ἔχων, στρέφοιμί σ' ἀμφὶ τέρματα δρόμου. νῦν δὲ λειμῶνάς τε βόσκεαι κοῦφά τε σκιρτῶσα παίζεις. δεξιὸν γὰρ ἱπποπείρην οὐκ ἔχεις ἐπεμβάτην. καὶ καθόλου μακρὸς ἂν εἴη ἐπεξιὼν ἕκαστα τῶν παρὰ ποιηταῖς τε καὶ συγγραφεῦσιν ἠλληγορημένων. ἀπόχρη δ' ὀλίγαις εἰκόσι τὴν ὅλην τοῦ πράγματος τεκμηριώσασθαι φύσιν. ἀλλ' οὐδ' αὐτὸς ὅμηρος ἀμφιβόλοις ἔσθ' ὅτε καὶ ζητουμέναις ἔτι ταῖς ἀλληγορίαις εὑρίσκεται χρώμενος. ἐν ἀρχῇ γοῦν τοσοῦτον ἡμῖν τῆς ἑρμηνείας παραδέδωκεν εἶδος. ἐν οἷς ὀδυσσεὺς τὰ πολέμου καὶ μάχης κακὰ διεξιὼν φησίν, ὡς ὅτε πλείστην μὲν καλάμην χθονὶ χαλκὸς ἔχευεν, ἄμητος δ' ὀλίγιστος ἐπὴν κλίνῃσι τάλαντα Ζεύς. τὸ μὲν γὰρ λεγόμενόν ἐστι γεωργία. τὸ δὲ νοούμενον, μάχη. πλὴν ὅμως δι' ἐναντίων ἀλλήλοις πραγμάτων τὸ δηλωθὲν ἐπέγνωμεν. ὁπότ' οὖν συνήθης μὲν ἅπασι τοῖς ἄλλοις ὁ τῆς ἀλληγορίας τρόπος, ἡμῖν οὐδὲ παρ' ὁμήρῳ, τί παθόντες ὅσα φαύλως ἔχειν δοκεῖ περὶ θεῶν, τὸ διὰ ταύτης ἀπολογίας θεραπεύσομεν. τάξις δέ μοι γενήσεται τῆς λέπων ἡ τῶν ὁμηρικῶν ἐπῶν τάξις. ἐν ἐκείνῃ ῥαψῳδίᾳ διὰ λεπτῆς ἐπιστήμης ἐπιδεικνύουσα τὰ περὶ θεῶν ἠλληγορημένα. ὁ τοίνυν μιαρὸς ἀεὶ καὶ βάσκανος φθόνος, εὐθὺς τῆς πρώτης ἐν ἀρχῇ πέφυρται. πολὺς δ᾽ αὐτῷ θρυλλεῖται περὶ τῆς ἀπόλλωνος ὀργῆς λόγος, ὅτι τοὺς οὐδὲν αἰτίους ἕλληνας, οἱ μάτην ἀφεθέντες ὀϊστοὶ παρανάλωσαν. καὶ οὔπω δίκαιος ἐστὶν ἡ τούτου μῆνις. ὥσθ᾽ ὁ μὲν ὑβρίσας χρύσην ἀγαμέμνων, οὐδὲν ἐξαίρετον ἔπαθεν. ὀφείλων ἅπερ ἠδίκει κολασθῆναι. οἱ δ᾽ ἐπιβοήσαντες, αἰδεῖσθαί θ᾽ ἱερῆα καὶ ἀγλαὰ δέχθαι ἄποινα, τῆς ἀγνωμοσύνης τοῦ μὴ πεπεισμένου γεγόνασι παρανάλωμα. πλὴν ἔστω γε, τὴν ὑπολελειμμένην ἐν τοῖς ἔπεσιν ἀλήθειαν ἀκριβῶς διαθρήσας, οὐκ ἀπόλλωνος ὀργὴν οἶμαι ταύτην, λοιμικῆς δὲ νόσου κακόν. οὐ θεόπεμπτον ἀλλ᾽ αὐτόματον φθορὰν συστάντος τότε, καὶ πολλαχῆ. ὥς τε καὶ μέχρι τῶν δεῦρο χρόνων ἐκνέμεσθαι τὸν ἀνθρώπινον βίον. ὅτι μὲν τοίνυν ὁ αὐτὸς ἀπόλλων ἡλίῳ. καὶ θεὸς εἷς δυσὶν ὀνόμασι κοσμεῖται, σαφὲς ἡμῖν ἔκ τε τῶν μυστικῶν λόγων οὓς αἱ ἀπόρρητοι τελεταὶ θεολογοῦσι, καὶ τὸ δημῶδες ἄνω καὶ κάτω θρυλούμενον. ἥλιος ἀπόλλων. ὁ δέ γε ἀπόλλων ἥλιος. ἠκρίβωται δ᾽ ἡ περὶ τούτων ἀπόδειξις καὶ ἀπολλοδώρῳ, περὶ πᾶσαν ἱστορίαν ἀνδρὶ δεινῷ. τοῦτ᾽ ἔστω γε τὴν ἐπὶ πλέον ἐπεργασίαν, καὶ ἀκαίρου λόγου περιττὸν ὑπερθήσομαι μῆκος. ἐκεῖνο δ᾽ ὃ ἐκ τῆς ἡμετέρας εἰκασίας ἀναγκαῖον εἰπεῖν οὐ παρήσω. δείκνυς, ὅτι καὶ καθ᾽ ὅμηρον αὐτός ἐστιν ἀπόλλων καὶ ἥλιος. εὐθὺς δ᾽ ἂν λεπτῶς ἐθέλει σκοπεῖν τις ἐξ ἁπάντων εὑρήσει τῶν ἐπιθέτων γνώριμον. ἀμέλει φοῖβον αὐτὸν εἴωθε συνεχῶς ὀνομάζειν. οὐ μὰ δία οὐκ ἀπὸ φοίβης ἣν λητοῦς φασιν εἶναι μητέρα. συνήθες γὰρ ὁμήρῳ τοῖς πατρόθεν ἐπιθέτοις χρῆσθαι. τὰ δ᾽ ἐκ μητέρων, οὐκ ἂν εὕροι τις ὅλως παρ᾽ αὐτῷ. φοῖβον οὖν ἀπὸ τῶν ἀκτίνων λαμπρὸν αὐτὸν ὀνομάζει. τὸ μόνον ἡλίῳ προσὸν, ἐξ ἴσου κοινώσας ἀπόλλωνι. καὶ μὴν οὐδ᾽ ἑκάεργον εἰκός ἐστιν ἑκαέργης ὁμώνυμον εἶναι τῆς ἐξ ὑπερβορέων ἀπαρχὰς ἐπὶ δῆλον ἐνεγκούσης, ἀλλ᾽ ἔστιν ἐτύμως ἑκάεργος, ὁ τὰ ἕκαθεν ἐργαζόμενος. τουτέστιν ὁ ἥλιος, ὁ πόρρωθεν ἀφεστὼς τῆς ἡμετέρας γῆς. ὡρῶν ἐπιγείων γεωργός. εὐκαίρως ἐφίσταται τῇ γῇ χειμῶσιν ἀντιμεστῶν, καὶ πλωτὰ ἀρότου τε, καὶ σπορᾶς, ἀμητοῦ τε καὶ τῶν κατὰ γεωργίαν ἔργων, αἴτιος ἀνθρώποις γενόμενος. λυκηγενέτην δὲ προσηγόρευσεν αὐτόν. οὐχ ὡς ἐν λυκίᾳ γεγενημένον. ἔξω γὰρ οὖν τῆς ὁμηρικῆς ἀναγνώσεως οὗτος ὁ νεώτερος μῦθος. ἀλλ᾽ ὥσπερ οἶμαι τὴν ἡμέραν ἠριγένειαν ὀνομάζει τὴν τὸ ἦρ, γεννῶσαν, ὅπερ ἐστὶν ὄρθρον, οὕτω λυκηγενῆ προσηγόρευσε τὸν ἥλιον, ἐπειδὴ τοῦ κατὰ τὴν ὄρθρειον ὥραν λυκαυγοῦς, αὐτός ἐστιν αἴτιος. ἢ ὅτι τὸν λυκάβαντα γεννᾷ, τουτέστι τὸν ἐνιαυτόν. ὅρος γὰρ ἐτησίου χρόνου διαδραμὼν ἥλιος ἐν μέρει τὰ δώδεκα ζώδια. καὶ μὴν χρυσάορον αὐτὸν ὠνόμασεν, οὐχ ὡς ὑπεζωσμένον χρυσοῦν ξίφος. ἀνοίκειον γὰρ ἀπόλλωνι τὸ ὅπλον. τοξότης γὰρ ὁ θεός. ἀλλ᾽ ἐπειδὴ πρὸς ἐξ ἀνατολῶν χρυσῷ μάλιστα τὸ φέγγος ὁραθὲν ἔοικεν, εὗρε δὴ πρέπον ἐπίθετον τῷ ἡλίῳ, διὰ τὰς ἀκτῖνας ὁ χρυσάορ. ὅθεν οἶμαι κἂν τῇ θεομαχίᾳ ποσειδῶν ἵσταται διαμιλλώμενος. αἰεὶ γοῦν ἄπιστος ἔχθρα πυρὶ καὶ ὕδατι. τῶν δύο στοιχείων ἐναντίαν πρὸς ἄλληλα φύσιν ἀποκεκληρωμένων. διὰ τοῦθ᾽ ὁ ποσειδῶν ὑγρά τις ὢν ὕλη, καὶ περὶ τὴν πόσιν οὕτως ὠνομασμένος, ἐξ ἀντιπάλου μάχεται ταῖς διαπύροις ἀκτῖσι τοῦ ἡλίου. πρὸς γὰρ ἀπόλλωνα ποίαν ἔχει πρόφασιν ἐξαίρετον ἀπεχθείας. ταῦτα τοίνυν εἰρήσθω, ἀνθ᾽ ὅτου ποτὲ τὸν αὐτὸν ἀποφαίνομεν ἥλιον ἀπόλλωνι. καὶ τί πειρώμενος κατασκευάζειν. αἱ λοιμικαὶ νόσοι τὴν

μεγίστην ἔχουσι τῆς φθορᾶς πρόφασιν τὸν ἥλιον. ὅταν μὲν γὰρ ἡ θέρειος αὐ-
γὴ μαλακὴ καὶ πραεῖα δι' εὐκράτου τῆς ἀλέας ἡσυχῆ διαβάλλῃται, σωτή-
ριον ἀνθρώποις ἐπιμειδιᾷ φέγγος. αὐχμηρὰ δὲ καὶ διάπυρος ἐκκαεῖσα, νοση-
ροὺς ἀπὸ γῆς ἀτμοὺς ἐφέλκεται. κάμνοντα δὲ τὰ σώματα καὶ διὰ τὴν ἀή-
θη τοῦ περιέχοντος ῥοπὴν νοσοῦντα, λοιμικοῖς πάθεσιν ἁλίσκονται. τῶν
δ' ὀξέων συμφορῶν, αἴτιον ὅμηρος ὑπεστήσατο τὸν ἀπόλλωνα. διαῤῥήδην τοῖς
αἰφνιδίοις θανάτοις ἐπιγράφων τὸν θεόν. φησὶ γὰρ, ἐλθὼν ἀργυρότοξος
ἀπόλλων ἀρτέμιδι ξὺν, οἷς ἀγανοῖς βελέεσσιν ἐποιχόμενος κατέπεφνεν.
ἐπειδὴ περ οὖν εἷς μὲν καὶ τὸν αὐτὸν ὑφίσταται τῷ ἀπόλλωνι τὸν ἥλιον, ἐκ
δὲ τοῦ ἡλίου τὰ τοιαῦτα τῶν παθημάτων συνίσταται, φυσικῶς ἐπέστησε
τῷ λοιμῷ τὸν ἀπόλλωνα. καὶ ὅτι καθ' ὃν καιρὸν συνέβαινε τοὺς ἕλληνας ἐν
τῷ λοιμῷ νοσεῖν θέρειος ἦν ὁ καιρὸς, ἤδη πειράσομαι διδάσκειν· ὥστε οὐκ ὀρ-
γὴν ἀπόλλωνος ἀλλ' αὐτομάτου φθορὰν ἀέρος εἶναι τὸ συμβεβηκός. αὐτί-
κα τῶν ἡμερῶν τὸ μῆκος εἰς πλείστην ἀμετρίαν ἐκτεινόμενον, ἐλέγχει τὴν ἀκ-
μὴν τοῦ θέρους. ὅτε τ' ἤματα μακρὰ πέλονται. μία γὰρ ἀπὸ τῆς ἀγαμέ-
μνονος ἀριστείας ἐπὶ τὴν ἀχιλλέως ἔνοπλον ἔξοδον ἡμέρα παρατείνεται.
καὶ τὸ μεῖζον οὐδ' ὁλόκληρα. ἠέλιον γὰρ ἀκάμαντα βοῶπις πότνια ἥρη,
πέμψεν ἐπ' ὠκεανοῖο ῥοὰς ἀέκοντα νέεσθαι. χρεοκοπήσασα τῶν ὑπολειπο-
μένων ὡρῶν οὐκ ὀλίγον οἶμαι μέρος. αἱ δὲ μεταξὺ πράξεις εἰς ὀκτὼ ῥαψω-
δίας μερίζονται. καὶ πρώτη μὲν, ἡ ἐπὶ δυάδι μάχη, πολλὰς ἀνδραγαθί-
ας ἑκατέρων ἐμπεριέχουσα. μετ' αὐτὴν δὲ, ἡ παρὰ τοῖς ἑλληνικοῖς τείχεσι.
καὶ τρίτην προστίθημι τὴν ἐπὶ ναυσὶ μάχην, τὰς ἄχρι τῆς ἀναιρέσεως τοῦ
πατρόκλου. καὶ τῆς δι' ἐκεῖνον ἀχιλλέως ἐξόδου. πλὴν ὅμως τὸν ἀριθμὸν οὔ-
πω πολλῶν ὄντα τῶν ἔργων, οὐκ ἄπιστος ἡ θέρειος ὥρα πεποίηκεν. αἵ τε νύκτες
ἥκιστα χειμέριοι. πῶς γὰρ ἂν κρύβδην ἐτόλμησεν ἕκτωρ ταῖς ἀχαϊκαῖς ἐπινυκτε-
ρεύσαι ναυσίν. οὐδ' ἂν αὐλῶν συρίγγων τ' ἐνοπὴ, διὰ τοῦ βαρβαρικοῦ στρα-
τεύματος ἐπανηγυρίζετο. στιβὰς γὰρ ἀλεεινὴ καὶ στρατόπεδα τοῖς πολεμοῦσι
χειμῶνος δυσριπίζεται, τῶν δ' ὑπαίθρων ἀγώνων ἐκτός εἰσιν. ὥστ' οὐκ ἂν ἕκτωρ
τὴν πόλιν ἐκλιπὼν ἐν ᾗ μετ' ἀσφαλείας διέτριβεν, ἐλθὼν ἂν ἐπὶ τῇ θα-
λάττῃ, γυμνὰ τὰ στρατεύματα καθίδρυσε. πῶς δὲ τῶν κατὰ συμμαχίαν
ἐληλυθότων οὕτω φιλοκίνδυνος ἕκαστος ἦν, ὡς παρ' ὥραν ἐφεδρεύειν τοῖς
πολεμίοις, καὶ μάλιστα τῆς ἴδης ὑπερκειμένης, ὄρους δυσχειμέρου, καὶ ῥεῖ-
θρα ποταμῶν ἄπειρα πηγαζούσης. ἐκρήγνυνται γὰρ ἀπὸ τῶν κατὰ μέρη λα-
γόνων. ῥῆσός θ' ἑπτάπορός τε, κάρησός τε, ῥόδιός τε. γρήνικός τε, καὶ αἴση-
πος, δῖός τε σκάμανδρος. καὶ σιμόεις, οἳ δίχα τῶν ἀπ' οὐρανοῦ φερομένων
ὑετῶν ἱκανοὶ τὸ πεδίον ἦσαν ἐκλιμνάσαι. φέρε δοίην ὑπ' ἀναισθησίας τοὺς
βαρβάρους τὸ ἀσύμφορον ἑλέσθαι, τί ποιεῖν ἂν τι τίνος. οἱ πάντα φρο-
νήσει διαφέροντες ἕλληνες ἐπιλεξάμενοι τοὺς ἀρίστους, ἐπὶ τὴν κατα-
σκοπὴν νύκτωρ ἀποπέμπουσιν. ἵν' ἐκ τοῦ κατορθῶσαί τι τηλικοῦτον ὠφε-
ληθῶσιν, ὁπόση βλάβη διαμαρτόντων ἀπήντα. νιφετὸς γὰρ εἰς, καὶ χει-
μερίων ὑδάτων ἐπομβρία, ῥᾳδίως ἂν ἀμφοτέρους κατέκλυσεν. ἐγὼ μὲν δὲ
αὐτὴν νομίζω τὴν ἀπὸ τῆς πόλεως ἔξοδον ἐπὶ τὴν μάχην, οὐκ ἄλλου τι-
νὸς εἶναι καιροῦ σημεῖον, ἢ θέρους. ἅπας γὰρ ἀναπαύεται πόλεμος ἐν χειμῶνι,
καὶ τὴν πρὸς ἀλλήλους ἐκεχειρίαν ἄγουσιν. οὐθ' ὅπλα δυνάμενοι βαστάζειν,
οὔτε τὰς πολεμικὰς ὑπηρεσίας φέρειν. πῶς γὰρ, ἢ διῶξαι ῥᾴδιον, ἢ φυγεῖν.

πῶς δ' αὖ, αἱ χεῖρον εὐστοχίας βάλλοιεν ὑπὸ τοῦ κρύους δεδεμέναι. θέρει δὲ τῷ
μεσαιτάτῳ τὰ πλήθη τέτακται πρὸς τὴν μάχην, καὶ τοῦθ' ὅτι τοιοῦτον ἦν,
ἀπ' οὐδεμιᾶς εἰκασίας, ἀλλ' ἐναργῶς σκεπτέον. μετὰ γὰρ τὴν στρατηγικὴν Ἀγα-
μέμνονος διάπειραν, ἐξαναστάντες οἱ Ἕλληνες, ἤδη τὰς ναῦς καθέλκουσιν.
ὑπὸ δ' ᾕρεον ἕρματα νηῶν. δῆλον οὖν, ἢ κατὰ πρώραν ἐναντίων ἑστηκότων ἀνέμων.
οὐδ' ἀπειλούσης τῆς θαλάσσης. τίς γοῦν ἂν ἦν κυβερνήτης ἤδη προδήλου οὔ-
πω κινδύνου ἐξιοῦσιν. ἄλλως τε μὴ δ' ὀλίγην περαιοῦσθαι μέλλουσιν αὐτοῖς
θάλασσαν. οὐ γὰρ εἰς Τένεδον ἀπῆρον, οὐδ' ἤδη Λέσβου, καὶ Χίου, παραβυ-
ζεντίζοντο τὸν πλοῦν. ἡ δ' Ἑλλὰς ἀπῴκιστο πόρρω, καὶ τὸ πέλαγος ἦν χαλεπόν.
ὃ καὶ θέρους ποτὲ πλέοντες, ἐσφάλησαν. ἔτι τοίνυν φερομένων ἀπὸ τῆς ἐκ-
κλησίας αὐτῶν, ἐγείρετο δεμελὴς κόνις. οἱ δ' ἀλαλητῷ νῆας ἐπεσσεύοντο.
ποσσὶν δ' ὑπένερθε κονίη ἵστατ' ἀειρομένη. τίνι τρόπῳ τῆς γῆς ἔτι διάβροχον
ἐχούσης τοὔδαφος, εἶτα ταῖς ἐφεξῆς παρατάξεσιν, εἴωθε συνεχῶς λέγειν,
λευκοὶ ὕπερθε γένοντο κονισάλῳ. ὅν ῥα δι' αὐτῶν, οὐρανὸν ἐς πολύχαλ-
κον ἐπέπληγον πόδες ἵππων. τί δ' ἐπὶ τοῦ τετρωμένου Σαρπηδόνος. ὃ εἰ μὴ βό-
ρειος ζώγρει ἐπιπνείουσα κακῶς κεκαφηότα θυμόν. ἀναψύξεως δεομένου
τοῦ σώματος ἐν ἀέρι διαπύρῳ. καὶ πάλιν ἱδρῶθί που. δίψῃ καὶ καρχα-
λέοι κεκονιμένοι ἐκ πεδίοιο. καὶ ἱδρῶ, ἀπεψύχοντο ποθεῦντ' ἀκέοντό τε δί-
ψαν. ἅπερ ἐν χειμῶνι μὲν ἀμήχανα συμβῆναί τινι. θέρους δὲ μαχομένοις ἦν
ἀλεξήματα. τί δεῖ τὰ πολλὰ μηκύνειν. σχεδὸν γὰρ ἀπόχρη, κἂν εἴ τι τῶν εἰρη-
μένων ἐν ἀπελέγξαμεν ἐκφῆναι τοῦ ἔτους τὸν καιρόν. καίοντο πτελέαι τε καὶ
ἰτέαι ἠδὲ μυρῖκαι. καίετο δὲ λωτός τε ἰδὲ θρύον ἠδὲ κύπειρον. εἰ δὲ θέρος μὲν
ὁμολογεῖται κατ' ἐκεῖνον εἶναι τὸν χρόνον. αἱ δὲ νόσοι, περὶ τὴν ὥραν συνί-
στανται. τῶν δὲ λοιμικῶν παθημάτων προστάτης Ἀπόλλων, τί λοιπὸν, ἢ δο-
κεῖν τὸ συμβεβηκὸς οὐ θεοῦ μῆνιν, ἀλλὰ συντυχίαν ἀέρος γενέσθαι. σφόδρα
γοῦν πιθανῶς Ἡρόδικος ἀποφαίνεται. μὴ δ' ὅλην τὴν δεκαετίαν ἐν Ἰλίῳ με-
μενηκέναι τοὺς Ἕλληνας. ἀλλ' ἤδη τέλει τοῦ καθειμαρμένου χρόνου τῆς ἁ-
λώσεως ἐληλυθέναι. καὶ γὰρ ἦν ἄλογον εἰδότας ἐξ ὧν προεῖπεν ὁ Κάλχας.
ὅτι τῷ δεκάτῳ πόλιν αἱρήσουσιν εὐρυάγυιαν, ἐπ' οὐδενὶ χρησίμῳ, τοσούτων ἐτῶν
ἀργίαν ἀναλίσκειν. ἀλλ' εἰκὸς ἐν τοῖς μεταξὺ καιροῖς περιπλέοντας ἄνω
καὶ κάτω τὴν Ἀσίαν, ἅμα τοῖς τε πολεμιστηρίοις ἀσκήσεσιν ὑπογυμνάζειν,
καὶ λαφύρων τὸ στρατόπεδον ἐμπιπλάναι. τοῦ δεκάτου δ' ἐνστάντος ἔτους ἐν
ᾧ πεπρωμένον ἦν τὸ τῆς ἁλώσεως τέλος, ἀθρόους κατασχῆναι. κοῖλα δ'
αὐτοὺς τενάγη καὶ τόπος ἑλώδης ἐξεδέχετο. καὶ διὰ τοῦτο θέρους ἐνστάντος,
ἡ λοιμικὴ νόσος ἐνκατέσκηψε. νῦν τοίνυν καὶ τὰ κατὰ μέρος εἰρημένα περὶ τῆς
νόσου διασκεψώμεθα. σχεδὸν γοῦν ἅπαντα συνᾴδει τοῖς ὑφ' ἡμῶν λεγομένοις.
καὶ πρῶτόν γε φησὶν ὑπεστήσατο τὴν φερομένην ἀπὸ τῶν ὀϊστῶν φωνήν. οὐ μὰ
δί' οὐ μυθικῶς βέλη φθεγγόμενα τερατευόμενος, ἀλλ' ἔστιν ἐν τῷ στίχῳ θεωρία
φιλόσοφος. Ἔκλαγξαν δ' ἄρ' ὀϊστοὶ ἐπ' ὤμων χωομένοιο αὐτοῦ κινηθέντος. εἰσὶ
γ' εἰσί τινες οὐράνιοι μεθ' ἁρμονίας ἐμμελεῖς ἦχοι κατὰ τὴν ἀΐδιον φορὰν ἀπο-
ψαλλόμενοι. μάλιστα δὲ τῆς ἡλιακῆς περιόδου συντόνως φερομένης. ὃ γ' δήπου
ῥάβδῳ μεθ' ὑγρᾶς πλήξας τις εἰκῇ τὸν ἀέρα, καὶ λίθον ἀπὸ σφενδόνης ἀφεὶς, ῥοί-
ζον ἀποτελεῖ καὶ συριγμὸν οὕτω βαρύφθογγον. τηλικούτων γὰρ σωμάτων ἡ κυκλο-
φόρος βία δρόμοις ἀπ' ἀνατολῶν εἰς δύσιν ἁρματηλατουμένη μεθ' ἠχίας, τὸν
σφοδρὸν ὁ διαπορεῖ νόμον. τούτοις δὲ τοὺς διηνεκῶς οὐρανῷ πελωμένους φθόγ-
γοις

γονὸς ἀγνοοῦμεν, ἢ διὰ τὴν ἀπὸ πρώτης γονῆς συνήθειαν ἐνδελεχῶς ἐνηχοῦσαν
ἡμῖν, ἢ διὰ τὴν ἄμετρον ὑπερβολὴν τοῦ διαστήματος. ἐκλυομένου τοῦ ψόφου
τῷ διείργοντι μέσῳ· καὶ τοῦθ' ὅτι τοιοῦτόν ἐστιν, ὁ φυγαδεύων Ὅμηρον ἐκ τῆς ἰδί-
ας πολιτείας συγκατανεύει Πλάτων, οὕτω λέγων. ἔτι δὲ τῶν κύκλων αὐτοῦ
ἄνωθεν ἐφ' ἑκάστου βεβηκέναι σειρῆνα συμπεριφερομένην φωνὴν ἱεῖσαν ἕκα-
στον. ἁπασῶν δ' ὀκτὼ οὐσῶν, μίαν ἁρμονίαν συμφωνεῖν. ὁμοίως δὲ καὶ ὁ
ἐφέσιος Ἀλέξανδρος, ἐπεξελθὼν ὅπως κατὰ τάξιν οἱ πλάνητες ἀστέρες
ὁδεύουσιν, ἐπάγει περὶ τῶν ἑκάστου φθόγγων. πάντες δ' ἑπτατόνοιο λύρης
φθόγγοισι συνῳδὸν ἁρμονίην προσάγουσι, διαστὰς ἄλλος ἀπ' ἄλλου. διόπερ
ἂν γνώριμον ὡς οὐ κωφὸς οὐδ' ἄφθογγός ἐστιν ὁ κόσμος. ἀρχὴ δὲ ταύτης τῆς
δόξης Ὅμηρος, εἰπὼν τὰς ἡλιακὰς ἀκτῖνας ἀλληγορικῶς βέλη. προσθεὶς δ' ὅτι,
φερόμεναι διὰ τοῦ ἀέρος, ἔκλαγξαν ἰδίαν ἔνθεόν τινα φωνήν. τὰ κοινὰ δὲ
τῶν φθόγγων παραστήσας, εὐθὺ τὸ ἴδιον εὐθὺς τοῦ λόγου μετέβη. προσθεὶς,
ὁ δ' ἤϊε νυκτὶ ἐοικώς. οὐ γὰρ ἀκήρατον φῶς. οὐδ' ἄμικτος ἀχλύος μελαίνης
ὑφίσταται τὸ τοῦ ἡλίου. νυκτὶ δ' αὖ τὸν ἐθόλωσεν ὁποῖα σχεδὸν ἄνωθεν ἐν τοῖς
λοιμικοῖς πάθεσιν ἐπιπροσθεῖν, τῷ δ' ἡμέρας φέγγει. πῶς γε μὴν τοξάζειν
ἐσπουδακὼς ἀπόλλων. Ἕζετ' ἔπειτ' ἀπάνευθε νεῶν, μετὰ δ' ἰὸν ἕηκεν.
Δεινὴ δὲ κλαγγὴ γένετ' ἀργυρέοιο βιοῖο. εἰ γὰρ ὄντως δι' ὀργὴν ἐτόξευεν, ἐγγὺς
ἐχρῆν τοῖς τιμωρουμένοις ἑστάναι τὸν βάλλοντα. νῦν δ' ἀλληγορῶν τὸν ἥλιον, εἰ-
κότως ἄπωθεν αὐτοῦ τὴν φορὰν τῆς λοιμικῆς ἀκτῖνος ὑπεστήσατο. καὶ μὴν
ἐναργέστατον ἐπιφέρει μετὰ τοῦτο σημεῖον εἰπών. Οὐρῆας μὲν πρῶτον ἐπῴ-
χετο καὶ κύνας ἀργούς. οὐ γὰρ οὕτως ἄκαιρον ἦν παρανάλωμα τῆς Ἀπόλ-
λωνος ὀργῆς τὰ ἄλογα τῶν ζώων. οὐδ' αὖ ὁ θυμὸς ἀφρόνως ἡμιόνοις ἐνήκ-
μαζε καὶ κυσίν, ὡς τὸ Θρακικὸν ἀνδράποδον Ὁμήρου κατεξανίσταται. λέγω
δὲ, τὸν Ἀμφιπολίτην Ζωΐλον αὐτῷ καὶ κατὰ τοιούτους τινὰς λήρους φληνα-
φοῦντα. Ὅμηρος δὲ, καὶ σφόδρα φυσικῶς, τὴν περὶ τὰ λοιμικὰ τῶν παθη-
μάτων συντυχίαν διὰ τούτου παρέστησεν. αἱ γὰρ ἐμπειρίαι, ἰατρικῆς τε καὶ
φιλοσοφίας ἔχουσαι δι' ἀκριβοῦς παρατηρήσεως, ἔγνωσαν ἐν ταῖς λοιμικαῖς
νόσοις, τὸ δεινὸν ἀπὸ τῶν τετραπόδων ζώων ἀρχόμενον. κατ' ἄμφω δ' ἡ πρόφα-
σίς ἐστιν εὔλογος, ὥστ' εὐάλωτα πρὸς τὸ δεινὸν εἶναι. τῆς τε γὰρ διαίτης τὸ
ἀκριβὲς ἤρηται. δι' ἣν ἀταμιεύτως σιτίων τε καὶ ποτῶν πιμπλάμενα δια-
φθείρεται, μηδενὸς λογισμοῦ τὴν εὐθὺ τὸ πλεῖον ὁρμὴν χαλινοῦντος. ἔπειθ' ὃ
καὶ μᾶλλον ἀληθές ἐστιν, οἱ μὲν ἄνθρωποι μεταρσίοις ταῖς ἀναπνοαῖς τὸν κα-
θαρώτατον ἕλκοντες ἀέρα, βραδύτερον ἁλίσκονται τῷ πάθει. τὰ δ' εὐθὺ
γῆς ἐρριμμένα ζῷα, τοὺς νοσώδεις ἐκεῖθεν ἀτμοὺς εὐμαρέστερον ἕλκει. πά-
νυ γε μὴν ἀληθῶς οὐκ ἐν ἀρτίαις ἡμέραις τὴν ἀπαλλαγὴν τῆς νόσου δεδήλω-
κεν, ἀλλ' ἐν περιτταῖς. Ἐννῆμαρ μὲν ἀνὰ στρατὸν ᾤχετο κῆλα θεοῖο. μάλιστα
γὰρ ἐν τῇ παρ' ἕκαστα πείρᾳ γνώριμόν ἐστι τοῦθ' ὅτι, κρίσιμοι τῶν σωματικῶν
παθημάτων, αἱ περιτταὶ γίγνονται τῶν ἡμερῶν. λυτὴρ δ' Ἀχιλλεὺς τῆς νόσου.
Χείρων γὰρ αὐτὸν ἐδίδαξε δικαιότατος κενταύρων, ὃς πάσῃ μὲν ἐκέκαστο
σοφίᾳ. περιττὸς δὲ ἦν τὴν ἰατρικὴν, ὅπου γνώριμον αὐτῷ φασιν εἶναι καὶ
Ἀσκληπιόν. προσέθηκε δ' Ἀχιλλεῖ θεραπεύοντι φυσικῶς ἀλληγορήσας θεὰν
Ἥραν. Τῷ γὰρ ἐπὶ φρεσὶ θῆκε θεὰ λευκώλενος Ἥρη. δύο γὰρ ὄντων κατὰ τοὺς
φυσικοὺς τῶν πνευματικῶν στοιχείων αἰθέρος τε καὶ ἀέρος, τὸν μὲν Δία, τὴν πυ-
ρώδη φαμὲν οὐσίαν. ἡ δὲ Ἥρα, μετ' αὐτὸν ὁ ἀὴρ μαλακώτερον στοιχεῖον, διὰ τοῦτο
καὶ θῆλυ. τὰ δ' ἀκριβῆ περὶ τούτου διαλεξόμεθα μικρὸν ὕστερον. νῦν δ' ἀφ-

χρὴ τοσοῦτον εἰπεῖν, ὅτι τοῦ πάλαι θολεροῦ διαχυθέντος ἀέρος, αἰφνιδίως
διεκρίθη τὸ συμβάν. οὐδὲ γὰρ ἀλόγως λευκώλενον εἶπε τὴν Ἥραν. ἀλλ' ἀπὸ τοῦ
συμβεβηκότος. ὅτι τῇ νυκτὶ προσοικείαν ἀχλὺν, ὁ λευκὸς ἀὴρ τότε τὸ καθαρώ-
τερον ἐλάμπρυνεν. εἶτ' αὐτόθεν τῆς νόσου τὸ ἑλληνικὸν πλῆθος, τότε τὴν σωτή-
θη τοῖς ἀπηλλαγμένοις ὁδὸν ἐξέτεινε. λέγω δὲ τοὺς ὀνομαζομένους ἀποτροπιασ-
μούς τε καὶ καθαρμούς. οἱ δ' ἀπελυμαίνοντο, καὶ εἰς ἅλα λύματ' ἔβαλλον. δο-
κεῖ δέ μοι καὶ ὀδυσσεὺς οὐδένα ἄλλον, ἢ τὸν ἥλιον ἱλάσκεσθαι, δι' ἧς προσενήνοχε
θυσίας. ἀμέλει πανημέριοι μολπῇ θεὸν ἱλάσκοντο. ἦμος δ' ἠέλιος κατέ-
δυ, καὶ ἐπὶ κνέφας ἦλθε, δὴ τότε κοιμήσαντο παρὰ πρυμνήσια νηός. πέρας
γὰρ ἦν τῆς εὐσεβείας ἡ δύσις. ἕως ἀκούοντα καὶ βλέποντα τὸν θεὸν ἐτίμων.
μηκέτι δ' αὐτοῦ τοῖς τελουμένοις παρεῖναι τὸ λοιπὸν δυνάμενον, τὸ τῆς ἑορτῆς
πέπαυται, πρός γε μὴν βαθὺν τὸν ὄρθρον ἀναχθέντων, φησὶν ὁ ποιητής.
τοῖσιν δ' ἴκμενον οὖρον ἵει ἑκάεργος ἀπόλλων. τὸ περὶ τὸν ἥλιον ἐσπουδασμένως
ἰδίωμα δηλοῦν. ἄχρι γὰρ οὐδέ πω φλογώδης οὐδ' ἔμπυρος εἰς μεσημβρίαν ὁ
δρόμος αὐτοῦ νένευκεν, ἡ δροσώδης ἰκμὰς ὑγρὸν τὸ περιέχον ἀφεῖσα, ἀμυ-
δρὰ καὶ νοθῆ παραπέμπεται τὰ πρὸς ἕω πνεύματα. διατεταγμένως τὸν ὄρθριον ὁ ἥλιος
αὐτοὺς ἐναυστόλησεν, ἱκανὸν ἀποστείλας ἄνεμον τὸν ἐκ τῆς ἰκμάδος πνέοντα.
τὴν μὲν οὖν πρώτην ἀλληγορίαν ἐπελέξαμεν, οὐ θυμὸν ἀπόλλωνος ὀργισα-
μένου μάτην, ἀλλὰ φυσικῆς θεωρίας φιλοσοφοῦσαν ἔννοιαν. ἐφεξῆς δ' ἡμῖν
σκεπτέον ὑπὲρ τῆς ἐφισταμένης ἀθηνᾶς ἀχιλλεῖ. ἕλκε γὰρ ἐκ κολεοῖο μέ-
γα ξίφος, ἦλθε δ' ἀθήνη οὐρανόθεν. πρὸ γὰρ ἧκε θεὰ λευκώλενος ἥρη.
ἄμφω ὁμῶς θυμῷ φιλέουσά τε κηδομένη τε. στῆ δ' ὄπιθεν. ξανθῆς δὲ κόμης
ἕλε πηλείωνα, οἴῳ φαινομένη. τῶν δ' ἄλλων οὔ τις ὁρᾶτο. θάμβησεν δ' ἀχι-
λεύς, μετὰ δ' ἐτράπετ'. αὐτίκα δ' ἔγνω, παλλάδ' ἀθηναίην. δεινὼ δέ οἱ ὄσσε φάαν-
θεν. τὸ μὲν γὰρ πρόχειρον ἐκ τῶν λεγομένων ἐστὶν εἰπεῖν. ὅτι μεταξὺ τοῦ σπωμέ-
νου σιδήρου. θεὰ παντὸς ὀξυτέρα τάχος τὸν οὐράνιον ἐκλιποῦσα διατριβὴν,
ἐμποδὼν ἔστη τῇ μιαιφονίᾳ. πάνυ γραφικῷ σχήματι τῆς κόμης ἀπρὶξ ὄπισθεν
ἀχιλλέως λαβομένη. λαμπρά γε μὴν καὶ λίαν φιλόσοφος ὑφέρπει τοῖς νοου-
μένοις κατ' ἀλληγορίαν ἐπιστήμη. πάλιν γὰρ ὁ πρὸς ὅμηρον ἀχάριστος ἐν τῇ πο-
λιτείᾳ πλάτων ἐλέγχεται διὰ τούτων τῶν ἐπῶν τὸ περὶ τῆς ψυχῆς δόγμα νο-
σφισάμενος ἀπ' αὐτοῦ. τὴν γὰρ ὅλην ψυχὴν διήρηκεν εἰς γένη δύο. τό, τε λο-
γικὸν, καὶ τὸ ἄλογον ὑπ' αὐτοῦ προσαγορευόμενον. τοῦ δὲ ἀλόγου μέρους, ἰδιο-
τικωτέραν ὑφίσταται διαίρεσιν, εἰς δύο μερίζων. καὶ τὸ μὲν ἐπιθυμητικὸν ὀνο-
μάζει. τὸ δ' ἕτερον, θυμοειδές. καθάπερ δὲ οἴκους τινὰς ἑκάστῳ μερίζει, καὶ
διατριβὰς ἐν τῷ σώματι διένειμεν. τὸ μὲν οὖν λογικὸν τῆς ψυχῆς, ἀκρό-
πολίν τινα τὴν ἀνωτάτω τῆς κεφαλῆς μοῖραν εἰληχέναι νομίζει. πᾶσι τοῖς
αἰσθητηρίοις ἐν κύκλῳ δορυφορούμενον. τοῦ δ' ἀλόγου μέρους ὁ μὲν θυμὸς οἰκεῖ
περὶ τὴν καρδίαν. αἱ δὲ τῶν ἐπιθυμιῶν ὀρέξεις, ἐν ἥπατι. ταῦτα δὲ ἀλ-
ληγορικῶς ἐν τῷ φαίδρῳ προσωμοίωσεν ἵπποις τε καὶ ἡνιόχῳ, διαῤῥήδην
λέγων. ὁ μὲν τοίνυν αὐτῶν ἐν τῇ καλλίονι στάσει ὢν, τό τ' εἶδος ὀρθὸς, καὶ δι-
ηρθρωμένος. ὑψαύχην. ἐπίγρυπος. λευκὸς ἰδεῖν. μελανόμματος. τιμῆς ἐρα-
στὴς, μετὰ σωφροσύνης τε καὶ αἰδοῦς. δόξης ἑταῖρος. ἄπληκτος. κελεύσματι
καὶ λόγῳ μόνῳ ἡνιοχεῖται. ταῦτα μὲν περὶ θατέρου μέρους τῆς ψυχῆς. περὶ δὲ τοῦ
λοιποῦ φησιν. ὁ δ' αὖ σκολιός. πολύς. εἰκῇ συμπεφορημένος. κρατεραύχην. βρα-
χυτράχηλος. σιμοπρόσωπος. μελανόχρως. γλαυκόμματος. ὕφαιμος. ὕβρεως καὶ
ἀλαζονείας ἑταῖρος. περιωτάλασιος. ὑπόκωφος. μάστιγι μετὰ κέντρου μόλις ὑπεί-
κων.

κῶν τὸ μέντοι λογικὸν μέρος τῆς ψυχῆς ὃ ἐν τῇ κεφαλῇ καθίδρυται, τῶν ὅλων περιγίνεται ἡνίοχον, οὑτωσὶ λέγων· τὸ δὲ τοῦ κυριωτάτου παρ' ὑμῖν ψυχῆς εἴδους, διανοεῖσθαι δεῖ τῇδε· ὡς ἄρα αὐτὸ δαίμονα θεὸς ἑκάστῳ δέδωκε, ὃ δή φαμεν οἰκεῖν μὲν ἡμῶν ἐπ' ἄκρῳ τῷ σώματι· πρὸς δὲ τὴν ἐν οὐρανῷ ξυγγένειαν ἀπὸ γῆς ἡμᾶς αἴρειν, ὡς ὄντας φυτὸν οὐκ ἔγγειον, ἀλλ' οὐράνιον· ταῦτα τοίνυν ὥσπερ ἐκ τῆς γῆς τῶν ὁμηρικῶν ἐπῶν εἰς τοὺς ἰδίους διαλόγους ὁ πλάτων μετήρδευσεν· καὶ πρῶτόν γε περὶ τῶν ἀλόγων μερῶν τῆς ψυχῆς σκεπτέον. ὅτι μὲν γὰρ ὁ θυμὸς εἴληχε τὸν ὑποκάρδιον χῶρον, ὁ δυνατὸς εἶναι ποιήσει σαφὲς ἐν τῇ κατὰ μνηστήρων ὀργῇ· καθάπερ οἰκεῖόν τινα τῆς μισοπονηρίας θυροκρουστῶν τὴν καρδίαν. Στῆθος δὲ πλήξας κραδίην ἠνίπαπε μύθῳ· τέτλαθι δὴ κραδίη, καὶ κύντερον ἄλλο ποτ' ἔτλης. ἀφ' ἧς γὰρ αἱ θυμικαὶ ῥέουσι πηγαί, πρὸς ταύτην ὁ λόγος ἀποκλίνων. τόν γε μὴν τιτυὸν ἐρασθέντα τῶν διὸς γάμων, ἀφ' οὗ μέρους ἤρξατο νοεῖν, εἰς τοῦτο ὑφίσταται κολαζόμενος. γῦπε δέ μιν ἑκάτερθε παρημένω ἧπαρ ἔκειρον. ἀντὶ τίνος ὅμηρε· λητὼ γὰρ ἥλκυσε διὸς κυδρὴν παράκοιτιν. ὥσπερ δὲ οἱ νομοθέται τοὺς πατροτύπτας χειροκοποῦσι. τὸ διασεβῆσαν αὐτῶν μέρος ἐξαιρέτως ἀποτέμνοντες, οὕτως ὅμηρος ἐν ἥπατι κολάζει τὸν διὰ τὸ ἧπαρ ἀσεβήσαντα. περὶ μὲν δὴ τῶν ἀλόγων τῆς ψυχῆς μερῶν, οὑτωσὶ πεφιλοσόφηκεν. λοιπὸν οὖν καταλείπεται ζητεῖν ἐν ᾧ τόπῳ τὸ λογικὸν ἵδρυται μέρος. ἔστι τοίνυν ἡ κεφαλὴ καθ' ὅμηρον ἐν τῷ σώματι τὴν κυριωτάτην εἰληχυῖα τάξιν. ὅλον οὖν εἴωθεν ὀνομάζειν τὸν ἄνθρωπον ἐξαιρέτως ἀπ' αὐτοῦ τοῦ κρατίστου τὰ λοιπὰ δηλῶν. τοίην γὰρ κεφαλὴν ἕνεκ' αὐτῶν γαῖα κατέσχε, τὸν αἴαντα. καὶ σαφέστερον ἔτι τοῦ νέστορος ἵππου, κυριώτατον ἀποφαίνεται τοῦτο τὸ μέρος. ὅθι τε πρῶται τρίχες ἵππων κρανίῳ ἐμπεφύασι. μάλιστα δὲ καίριόν ἐστι. ταύτην δὲ τὴν δόξαν ἀλληγορικῶς βεβαιῶν, τὰ κατὰ τὴν ἀθηνᾶν ἡμῖν παραδέδωκεν. ἐπειδὴ γὰρ ὁ ἀχιλλεὺς ὑπὸ πολλῆς ὀργῆς γενόμενος ὥρμησεν ἐπὶ τὸν σίδηρον, ἐπισκοτουμένου τοῦ κατὰ τὴν κεφαλὴν λογισμοῦ τοῖς περὶ τὰ στέρνα θυμοῖς, κατ' ὀλίγον ἐκ τῆς ἀγανακτούσης μέθης ὁ νοῦς ἐπὶ τὸ βέλτιον ἀνένηψεν. ἡ δὲ ἐπὶ φρονήσει μετάνοια, δικαίως ἐν τοῖς ποιήμασιν ἀθηνᾶ νομίζεται. αὐτὸν γὰρ ἡ θεός, οὐκ ἄλλου τινός, ἡ συνέσεως ἐπώνυμός ἐστιν ἀθρηνᾶ τις οὖσα καὶ πάντα τοῖς λεπτοτάτοις ὄμμασι τῶν λογισμῶν διαθροῦσα. διὸ δὴ καὶ παρθένον αὐτὴν ἐτήρησαν. ἄφθορον γὰρ ἀεὶ τὸ φρόνημα, οὐδεμιᾷ κηλῖδι μιανθῆναι δυνάμενον. ἔκ τε τῆς τοῦ διὸς κεφαλῆς γεγεννῆσθαι δοκεῖ. τοῦτο γὰρ ἀπεφηνάμεθα τὸν χῶρον ἰδίως λογισμῶν εἶναι μητέρα. καὶ τί δεῖ τὰ πολλὰ μηκύνειν. οὐδὲν, ἡ τελείως φρόνησις αὕτη. τοιγαροῦν ἀπὸ τῶν διαφλεξάντων ἀχιλλέα θυμῶν, ὥσπερ τι σβεστήριον κακοῦ φάρμακον ἐπέστη. ξανθῆς δὲ κόμης ἕλε πηλείωνα. παρ' ὃν μὲν γὰρ ὀργίζεται καιρόν, ἐν τοῖς στέρνοις ὁ θυμὸς ἕστηκεν. ἕλκων γὰρ τὸ ξίφος, στήθεσσι λασίοισι διάνδιχα μερμήριξεν. ἡνίκα δ' ἡ ὀργὴ πέπειρα γίνεται. μετειλήχασι δ' αὐτὸν οἷα μετανοοῦντα ἤδη λογισμοί, τῆς κεφαλῆς ἀπρὶξ ἡ φρόνησις εἴληπται. θάμβησεν δ' ἀχιλλεύς. τὸ πρὸς πάντα κίνδυνον ἀτρεμὲς αὐτοῦ καὶ ἀκατάπληκτον ὁρῶν, ἐφοβήθη τὴν ἐκ λογισμῶν ἔννοιαν. ἐπιγνοὺς δ' εἰς οἷον κακὸν προκυλισθῆναι παρὰ μικρὸν ἔμελλεν, ὡς ἡνίοχον εὐλαβήθη τὸν ἐφεστῶτα νοῦν. ὅθεν οὐδὲ παντελῶς ἀπήλλακται τῆς ὀργῆς. ἐπιφέρει γοῦν. ἀλλ' ἤτοι ἔπεσι μὲν ὀνείδισον, ὡς ἔσεταί περ. θεὰ μὲν οὖν βοηθοῦσα, πάντως ἄν, ὁλόκληρον εἰρήνην τοῦ πάθους κατεσκεύασεν. ἐπειδὴ δὲ λογισμὸς ἀνθρώπινος ἦν, τὸ ξίφος ἀνεῖρξεν ἀναγκαίως. καὶ τὸ μὲν ἄχρι τῶν ἐρώτων τολμηρὸν ἐκκέκοπται· ὑπομένει δὲ ἔτι λείψανα τῆς ὀργῆς. οὐ γὰρ ἀθρόως ὑφ' ἕνα καιρὸν οἱ μεγάλοι θυμοὶ τῶν παθῶν ἀποκόπτονται. καὶ τὰ μὲν περὶ ἀθηνᾶς ἣν μεσῖτιν ὑπεστήσατο τοῦ πρὸς ἀγαμέμνονα θυμοῦ, αὐτῆς ἀλληγορίας ἀξιούσθω. βαρύτατον δ' ἔγκλημα κατὰ ὁμήρου καὶ πάσης καταδίκης ἄξιον ὅπερ ἄρα μεμυθεύκασιν ὡς ἐν τοῖς ἐφεξῆς ἔνεστιν εὑρεῖν. ὅτε τὸν ἁπάντων ἡγεμόνα ξυνδῆσαι ὀλύμπιοι ἤθελον ἄλλοι. ἥρη τ' ἠδὲ ποσειδάων καὶ παλλὰς ἀθήνη. ἀλλὰ σὺ τόν γ' ἐλθοῦσα θεὰ ὑπελύσαο δεσμῶν ὦχ', ἑκατόγχειρον καλέσασ' ἐς μακρὸν ὄλυμπον, ὃν βριάρεων καλέουσι θεοί, ἄνδρες δέ τε πάντες αἰγαίων', ὁ γὰρ αὖτε βίῃ οὗ πατρὸς ἀμείνων. ἐν τούτοις τοῖς στίχοις ἄξιός ἐστιν ὅμηρος οὐκ ἐκ μιᾶς τῆς πλάτωνος ἐλαύνεσθαι πολιτείας, ἀλλ' ὑπὲρ ἡρακλέους φασὶν ἐσχάτας στήλας. καὶ τὴν ἄβατον ὠκεανοῦ θάλασσαν. ζεὺς γ' ὀλίγου δεσμῶν πεπείραται, καὶ τὴν ἐπιβουλὴν αὐτῷ συνιστᾶσιν οὐχ οἱ τιτᾶνες, οὐδὲ τὸ κατὰ παλλήνην θράσος γιγάντων, ἀλλ' ἥρα δὴ τὸ πλοῦν ὄνομα φύσεως καὶ συμβιώσεως. ὅ τ' ἀδελφὸς ποσειδῶν ἐξ ἴσου νεμηθεὶς ἅπαντα. καὶ οὐχὶ τοῦ διαμαρτεῖν ἧς ὤφειλε τιμῆς ἀξιωθείς, κατὰ τοῦ πλεονεκτήσαντος ἠγανακτηκώς, ἔτι δ' ἀθηνᾶ διὰ μιᾶς ἐπιβουλῆς εἰς πατέρα καὶ μητέρα δυσσεβοῦσα. νομίζω δ' ἔγωγε τῆς ἐπιβουλῆς δὲ τὴν σωτηρίαν ἀπρεπεστέραν. θέτις γὰρ αὐτὸν ἀπήλλαξε τῶν δεσμῶν καὶ βριάρεως. ἀπρεπεῖς δ' αἱ τοιαῦται ἐλπίδες ὡς τοιούτων δεηθῆναι συμμάχων. ταύτης τοίνυν τῆς ἀσεβείας, ἓν ἔστιν ἀντιφάρμακον, ἐὰν ἐπιδείξωμεν ἠλληγορημένον τὸν μῦθον. ἡ γὰρ ἀρχέγονος ἁπάντων καὶ πρεσβυτέρα φύσις, ἐν τούτοις τοῖς ἔπεσι θεολογεῖται. καὶ τῶν φυσικῶν κατὰ στοιχεῖα δογμάτων ἐστὶν ἀρχηγὸς ὅμηρος. ἐκείνῳ τοίνυν τοῖς μετ' αὐτὸν ἧς ἔδοξαν εὑρεῖν ἐπινοίας γεγονὼς διδάσκαλος. θάλητα μέν γε τὸν μιλήσιον ὁμολογοῦσι πρῶτον ὑποστήσασθαι τῶν ὅλων, κοσμογόνον στοιχεῖον τὸ ὕδωρ. ἡ γὰρ φύσις εὐμαρῶς εἰς ἕκαστα μεταπλαττομένη, πρὸς τὸ ποικίλον εἴωθε μορφοῦσθαι. τό, τε γὰρ ἐξατμιζόμενον αὐτῆς ἀεροῦται. καὶ τὸ λεπτότατον ἀπὸ ἀέρος αἰθὴρ ἀνάπτεται, συνιζάνον τε τὸ ὕδωρ, καὶ μεταβαλλόμενον εἰς ἰλὺν ἀπογαιοῦται. διὸ δὴ τῆς τετράδος τῶν στοιχείων ὥσπερ αἰτιώτατον ὁ θαλῆς ἀπεφήνατο στοιχεῖον εἶναι τὸ ὕδωρ. τίς οὖν ἐγέννησε ταύτην τὴν δόξαν. οὐχ ὅμηρος; εἰπών, ὠκεανός, ὅσπερ γένεσις πάντεσσι τέτυκται. φερωνύμως μὲν ὠκεανὸν εἰπὼν τὴν ὑγρὰν φύσιν, παρὰ τὸ ὠκέως νάειν. τοῦτον δ' ὑποστησάμενος ἁπάντων γενεάρχην. ἀλλ' ὁ κλαζομένιος ἀναξαγόρας κατὰ διαδοχὴν γνώριμος ὢν θάλητος, συνέζευξε τῷ ὕδατι, δεύτερον στοιχεῖον τὴν γῆν. ἵνα ξηρῷ μιχθὲν ὑγρόν, ἐξ ἀντιπάλου φύσεως, εἰς μίαν ὁμόνοιαν ἀνακραθῇ. καὶ ταύτην δὲ τὴν ἀπόφασιν πρῶτος ὅμηρος ἐγεώργησεν, ἀναξαγόρᾳ σπέρματα τῆς ἐπινοίας χαρισάμενος. ἐν οἷς φησι. ἀλλ' ὑμεῖς μὲν πάντες ὕδωρ καὶ γαῖα γένοισθε. πᾶν γὰρ τὸ φυόμενον ἔκ τινων, εἰς ταῦτα ἀναλύεται διαφθειρόμενον. ὥσπερ εἰ τῆς φύσεως ἃ δεδάνεικεν ἐν ἀρχῇ χρέα κομιζομένης ἐν τῷ τέλει. διὸ δὴ τοῖς κλαζομενίοις δόγμασιν ἑπόμενος εὐριπίδης φησί. χωρεῖ δ' ὀπίσω. τὰ μὲν ἐκ γαίας φύντα, εἰς γαῖαν. τὰ δ' ἀπ' αἰθερίου βλαστόντα γονῆς, εἰς αἰθέρα. καταρώμενος οὖν ὁ ποιητὴς τοῖς ἕλλησι, μίαν εὗρεν ἀρχὴν φιλόσοφον. εἰ πάλιν ὕδωρ καὶ γῆ γένοιντο διαλυθέντες εἰς ταῦτα ἀφ' ὧν ἐπήχθησαν ὅτε ἐγεννῶντο. ἐσχάτη τοίνυν ὑπὸ τῶν μεγίστων φιλοσόφων ἡ τελεία τετρὰς ἐν τοῖς στοιχείοις συνεπληρώθη. δύο μὲν γὰρ ὑλικά φασιν εἶναι, γῆν τε, καὶ ὕδωρ. δύο δὲ πνευματικά, αἰθέρα τε καὶ ἀέρα. τούτων δὲ τὰς φύσεις ἀλλήλαις ἐναντία φρονούσας, ὅταν εἰς τὸ αὐτὸ κραθῶσιν, ὁμονοεῖν. ἆρ'

οὖν

οὕτω δή τις θέλοι τἀληθὲς ἐξετάζειν, οὐχὶ καὶ ταῦτα τὰ στοιχεῖα παρ' Ὁμήρῳ φιλοσοφεῖται; καὶ περὶ μὲν τῶν Ἥρας δεσμῶν, ἐν οἷς ἡ τάξις ἠλληγόρηται τῶν τεττάρων στοιχείων, εὐκαιρότερον αὖθις ἐροῦμεν. νῦν δ' ἀποχρῶσιν οἱ κατὰ τὴν τρίτην ῥαψῳδίαν ὅρκοι τὸ λεγόμενον ὑφ' ἡμῶν βεβαιῶσαι. Ζεῦ κύδιστε μέγιστε κελαινεφὲς αἰθέρι ναίων. Ἠέλιός θ' ὃς πάντα τ' ἐφορᾷς καὶ πάντ' ἐπακούεις. Καὶ ποταμοὶ καὶ γαῖα, καὶ οἳ ὑπένερθε καμόντας, Ἀνθρώπους τίνυσθον ὅστις κ' ἐπίορκον ὀμόσσῃ. πρῶτον ἐπικαλεῖται τὸν ὀξύτατον αἰθέρα τὴν ἀνωτάτω τάξιν εἰληχότα. πυρὸς γὰρ εἰλικρινὴς φύσις ἅτ' οἶμαι κουφοτάτη τὸν ὑψηλότατον ἀποκεκλήρωται χῶρον. εἴη δ' ἂν οἶμαι οὗτος Ζεὺς ἐπώνυμος, ἤτοι τὸ ζῆν παρεχόμενος ἀνθρώποις, ἢ παρὰ τὴν ἔμπυρον ζέσιν οὕτως ὠνομασμένος. ἀμέλει δὲ καὶ ὁ Εὐριπίδης τὸν ὑπερτεταμένον αἰθέρα φησίν· ὁρᾷς τὸν ὑψοῦ, τόνδ' ἄπειρον αἰθέρα, καὶ γῆν πέριξ ἔχοντα ὑγραῖς ἐν ἀγκάλαις; τοῦτον νόμιζε Ζῆνα. τόνδ' ἡγοῦ θεόν. ὁ μὲν οὖν πρῶτος αἰθήρ, καλεῖται μεσίτης τῶν ὅρκων. ποταμοὶ δὲ καὶ γῆ, τὰ ὑλικὰ στοιχεῖα μετὰ τὴν πρώτην φύσιν αἰθέρος· τὸν δ' ὑπένερθεν ᾅδην, ἀλληγορικῶς ἀέρα προσαγορεύει. μέλαν γὰρ τουτὶ στοιχεῖον, ὡς ἂν οἶμαι παχυτέρας καὶ διύγρου λαχὸν μοίρας. δίχα γοῦν τῶν καταφωτίζειν δυναμένων, ἀλαμπής ἐστιν. ὅθεν εὐλόγως αὐτὸν, ᾅδην προσηγόρευσεν. τί οὖν τὸ πέμπτον ὁ ἥλιος. ἵνα τι καὶ περιττὸν τοῖς φιλοσόφοις χαρίσηται Ὅμηρος ἐπεκαλέσατο. καὶ τοῦτο γὰρ ἀξιοῦσιν ἕτερον τοῦ πυρὸς εἶναι ταύτην τὴν φύσιν, ἣν κυκλοφορητικὴν ὀνομάζουσι, πέμπτον εἶναι τοῦτο τὸ στοιχεῖον ὁμολογοῦντες. ὁ μὲν γὰρ αἰθὴρ διὰ τὴν κουφότητα πρὸς τοὺς ἀνωτάτω χωρεῖ τόπους. ἥλιος δὲ καὶ σελήνη καὶ τῶν ὁμοδρόμων αὐτοῖς ἕκαστον ἄστρων, τὴν ἐν κύκλῳ φορὰν δινούμενα διατελεῖ, τῆς πυρώδους οὐσίας ἄλλην τινὰ δύναμιν ἔχοντα. διὰ τούτων ἁπάντων ὑποσήμηνεν ἡμῖν τὰ πρωτόπαγῆ στοιχεῖα τῆς φύσεως. καὶ περὶ αὐτοῦ μηδεὶς λεγέτω, πῶς μὲν ὁ αἰθὴρ προσαγορεύεται Ζεύς. ᾅδην δ' ὀνομάζει τὸν ἀέρα, καὶ συμβολικοῖς ὀνόμασι τὴν φιλοσοφίαν ἀμαυροῖ. παράδοξον γὰρ οὐδὲν εἰ ποιητὴς ὢν ἀλληγορεῖ. καὶ τῶν προηγουμένως φιλοσοφούντων τούτῳ τῷ τρόπῳ χρωμένων. ὁ γοῦν σκοτεινὸς Ἡράκλειτος, ἀσαφῆ καὶ διὰ συμβόλων εἰκάζεσθαι δυνάμενα θεολογεῖ τὰ φυσικά. δι' ὧν φησί· θεοὶ θνητοί τ' ἄνθρωποι, ἀθάνατοι ζῶντες τὸν ἐκείνων θάνατον, θνήσκοντες τὴν ἐκείνων ζωήν. καὶ πάλιν ποταμοῖς τοῖς αὐτοῖς ἐμβαίνομέν τε καὶ οὐκ ἐμβαίνομεν. εἶμέν τε καὶ οὐκ εἶμεν. ὅλον τε τὸ περὶ φύσεως αἰνιγματῶδες ἀλληγορεῖ. τί δ' ὁ Ἀκραγαντῖνος Ἐμπεδοκλῆς; οὐχὶ τὰ τέτταρα στοιχεῖα βουλόμενος ἡμῖν ὑποσημῆναι τὴν Ὁμηρικὴν ἀλληγορίαν μεμίμηται; Ζεὺς ἀργής, Ἥρη τε φερέσβιος ἠδ' Ἀϊδωνεύς. Νῆστίς θ' ἣ δακρύοις τέγγει κρούνωμα βρότειον. Ζῆνα μὲν εἶπε τὸν αἰθέρα. γῆν δὲ τὴν Ἥραν. Ἀϊδωνέα δὲ, τὸν ἀέρα. τὸ δὲ δακρύοις τεγγόμενον κρούνωμα βρότειον, τὸ ὕδωρ. οὐ δὴ παράδοξον εἰ τῶν προηγουμένως ὁμολογούντων φιλοσοφεῖν ἀλληγορικοῖς ὀνόμασι χρησαμένων, ὁ ποιητικὴν ἐπαγγελλόμενος ἐξ ἴσου τοῖς φιλοσόφοις ἠλληγόρησε. λοιπὸν οὖν σκοπῶμεν, εἰ ἡ κατὰ Διὸς ἐπιβουλὴ τῶν στοιχείων ἐστὶν ἀπαρίθμησις. καὶ φυσικωτέρας ἅπτεται θεωρίας. φασὶ τοίνυν οἱ δοκιμώτατοι φιλόσοφοι ταῦτα, περὶ τῆς διαμονῆς τῶν ὅλων. ἕως μὲν ἂν ἀφιλόνεικος ἡ ἁρμονία τὰ τέτταρα στοιχεῖα διακρατῇ, μηδενὸς ἐξαιρέτως ὑπερδυναστεύοντος, ἀλλ' ἑκάστου κατ' ἐμμέλειαν ἣν εἴληχε τάξιν οἰκονομοῦντος, ἀκινήτως ἕκαστα μένειν. εἰ δ' ἐπικρατήσαι τι τῶν ἐν αὐτοῖς, καὶ τυραννήσαν εἰς πλείω φορὰν παρέλθοι, τὰ λοιπὰ συγχυθέντα, τῇ τοῦ κρατοῦντος ἰσχύϊ μετ' ἀνάγκης ὑπείξειν. πυρὸς μὲν ἀθρόως ἐκζέσαντος, ἀπανπων ἔσεσθαι κοινὴν ἐκπύρωσιν· ἀλλ' ἀθρόον ὕδωρ ἐκραγὲν, κατακλυσμῷ τὸν κόσμον ἀπολεῖσθαι. διὰ τούτων τοίνυν τῶν ἐπῶν μέλλουσάν τινα ταραχὴν ἐν τοῖς ὅλοις ὅμηρος ὑποσημαίνει. δοκεῖ γὰρ ἡ δυναστικωτάτη φύσις ὑπὸ τῶν ἄλλων ἐπιβουλεύεσθαι στοιχείων· ἥρας μὲν, τοῦ ἀέρος· ποσειδῶνος δὲ, τῆς ὑγρᾶς φύσεως· ἀθηνᾶς δὲ, τῆς γῆς· ἐπεὶ δημιουργός ἐστιν ἁπάντων καὶ θεὸς ἐργάνη. ταῦτα δὲ τὰ στοιχεῖα, πρῶτον μὲν συγγενῆ διὰ τὴν ἐν ἀλλήλοις ἀνάκρασιν· εἶτα συγχύσεως παρὰ μικρὸν αὐτοῖς γενομένης, εὑρέθη βοηθὸς ἡ πρόνοια. θέτιν δ' αὐτὴν εὐλόγως ὠνόμασεν. αὕτη γ' ὑπέστη τῶν ὅλων εὔκαιρον ἀπόθεσιν· ἐν τοῖς ἰδίοις νόμοις ἱδρύσασα τὰ στοιχεῖα. σύμμαχος δ' αὐτῇ γέγονεν, ὁ βριάρεως καὶ πολύχειρας δύναμις. τὰ γὰρ τηλικαῦτα τῶν πραγμάτων νοσήσαντα, πῶς ἄλλως λύοιτο, πλὴν μηδὲ μεγάλης βίας ἀπερρωσθῆναι. καὶ τὸ μὲν ἄφυκτον ἔγκλημα περὶ τῶν διὸς ἀσεβῶν δεσμῶν, οὕτω φυσικὴν ἀλληγορίας ἔχει θεωρίαν. Εγκαλοῦσι δ' ὁμήρῳ περὶ τῆς ἡφαίστου ῥίψεως. τὸ μὲν πρῶτον, ὅτι χωλὸν αὐτὸν ὑφίσταται τὴν θείαν ἀκρωτηριάζων φύσιν· εἶθ' ὅτι καὶ παρὰ μικρὸν ἦκε κινδύνου· φησὶ γοῦν, πᾶν ἦμαρ φερόμην· ἅμα δ' ἠελίῳ καταδύντι, κάππεσον ἐν λήμνῳ· ὀλίγος δ' ἔτι θυμὸς ἐνῆεν. καὶ τούτοις δ' ὑποκρύπτεταί τις ὁμήρῳ φιλόσοφος νοῦς· οὐ πλάσμασι ποιητικοῖς τοὺς ἀκούοντας τέρπων. αὐτίκα χωλὸν ἡμῖν παραδέδωκεν ἥφαιστον· οὐκ ἐξ ἥρας καὶ διὸς μυθολογούμενον παῖδα. τοῦτο γὰρ ἀπρεπὲς οὕτως ἱστορεῖν περὶ θεῶν. ἀλλ' ἐπεὶ ἡ πυρὸς οὐσία διπλῆ, καὶ τὸ μὲν αἰθέριον ὡς ἔναγχος εἰρήκαμεν ἐστὶ τῆς ἀνωτάτω τοῦ παντὸς αἰώρας, οὐδὲν ὑστεροῦν ἔχει πρὸς τελειότητα· τοῦ δὲ παρ' ἡμῖν πυρὸς ἡ ὕλη πρόσγειος οὖσα, φθαρτή. καὶ διὰ τῆς ὑποτρεφούσης παρ' ἕκαστα ζωπυρουμένη, διὰ τοῦτο τὴν ὀξυτάτην φλόγα συνεχῶς, ἥλιόν τε, καὶ δία προσαγορεύει. τὸ δ' ἐπὶ γῆς πῦρ, ἥφαιστον, ἑτοίμως ἀπτόμενόν τε καὶ σβεννύμενον. ὅθεν εἰκότως κατὰ σύγκρισιν ἐκείνου τοῦ ὁλοκλήρου, τοῦτο νενόμισται χωλὸν εἶναι τὸ πῦρ. ἄλλως τε, καὶ πᾶσα ποδῶν πήρωσις, ἀεὶ τοῦ διαστηρίζοντος ἐπιδεῖται βάκτρου. τὸ δὲ παρ' ἡμῖν πῦρ ἄνευ τῆς τῶν ξύλων παραθέσεως οὐ δυνηθὲν ἂν ἐπὶ πλεῖον παραμεῖναι, συμβολικῶς χωλὸν εἴρηται. τὸν γοῦν ἥφαιστον οὐκ ἀλληγορικῶς ἐν ἑτέροις, ἀλλὰ διαρρήδην φησὶν ὅμηρος εἶναι πῦρ. Σπλάγχνα δ' ἄρ' ἀμπείραντες, ὑπείρεχον ἡφαίστοιο. μεταληπτικῶς ὑπὸ τοῦ ἡφαίστου τὰ σπλάγχνα φησὶν ὀπτᾶσθαι. καὶ μὴν ἀπ' οὐρανοῦ ῥιπτόμενον αὐτὸν ὑφίσταται. φυσικῶς γὰρ κατ' ἀρχὰς οὐδέ πω, τῆς τοῦ πυρὸς χρήσεως ἐπιπολαζούσης, ἄνθρωποι χρονικοῖς χαλκοῖς τισιν ὀργάνοις κατεσκευασμένοις, ἐφειλκύσαντο τοὺς ἀπὸ τῶν μετεώρων φερομένους σπινθῆρας, κατὰ τὰς μεσημβρίας ἐναντία τῷ ἡλίῳ τὰ ὄργανα τιθέντες. ὅθεν προμηθεὺς δοκεῖ ἀπ' οὐρανοῦ διακλέψαι τὸ πῦρ. ἐπειδὴ περὶ τέχνης προμήθεια τῶν ἀνθρώπων ἐπινόησε τὴν ἐκεῖθεν ἀπόρροιαν αὐτοῦ. λῆμνον δὲ πρῶτον οὐκ ἀλόγως ἐμύθευσε τὴν ὑποδεξαμένην τὸ θεόβλητον πῦρ. ἐνταῦθα γοῦν ἀνίεται ἐγγηγενοῦς πυρὸς αὐτόματοι φλόγες. δηλοῖ δὲ σαφῶς ὅτι τοῦτο θεωρητόν ἐστι τὸ πῦρ, ἐξ ὧν ἐπήνεγκεν, ὀλίγος δέ τι θυμὸς ἐνῆεν. ἀπόλλυται γὰρ εὐθέως μαρανθέν. εἰ μὴ λάβοιτο τῆς διαφυλάττειν αὐτὸ δυναμένης προνοίας. καὶ ταῦτα μὲν περὶ ἡφαίστου φιλοσοφητέον. ἐῶ γὰρ ἐπὶ τοῦ παρόντος ὡς περαιτέραν τινὰ τὴν κράτητος φιλοσοφίαν, ὅτι δοκεῖ ἀναμέτρησιν τοῦ παντὸς ἐσπουδακὼς γενέσθαι, δύο πυρσοῖς ἰσοδρομοῦσιν, ἡφαίστῳ τε καὶ ἡλίῳ διετεκμήρατο τοῦ κόσμου τὰ διαστήματα. τὸν μὲν, ἄνωθεν ἀπὸ τοῦ βηλοῦ καλουμένου ῥίψας, τὸν δ' ἀπ' ἀνατολῆς εἰς δύσιν ἀφεὶς φέρεσθαι. διὰ τοῦτ' ἀμφότερα καὶ συνεχρόνισαν. ἅμα γὰρ ἠλίῳ καταδύντι, κάππεσεν ἥφαιστος ἐν λήμνῳ. τοῦτο τοίνυν εἴτε κοσμική τις ἀνάμιξις, εἴθ' ὃ μᾶλλον ἀληθές ἐστιν ἀλληγορική τις καθ' ἡμᾶς πυρὸς ἀνθρώποις παράδοσις, οὐδὲν ἀσεβὲς ὑπὲρ Ἡφαίστου παρ' Ὁμήρῳ λέλεκται. καὶ μὴν ἤδη τῆς δευτέρας ῥαψῳδίας ἀνακομιζομένων τῶν Ἑλλήνων Ὀδυσσεῖ διαποροῦντι, παρέστηκεν, οὐκ ἄλλη τις ἀληθεία φρόνησις, ἣν Ἀθηνᾶν ὀνομάζει. καὶ τὴν ἀποστελλομένην Ἶριν ἄγγελον τοῦ Διός, τὸν εἴροντα λόγον ὑφίσταται, ὥσπερ Ἑρμῆν τὸν ἑρμηνεύοντα. δύο γὰρ ἄγγελοι θεῶν. οὐδ' ἑνὸς ἄλλου πλὴν ἐπώνυμοι τῆς κατὰ τὸν λόγον ἑρμηνείας. ἀλλ' ἅπερ ἐπὶ τοῖς Ἀφροδίτη μαστροπεύει πρὸς Ἀλέξανδρον Ἑλένην. ἀγνοοῦσι γὰρ ὅτι νῦν λέγει τὴν ἐν τοῖς ἐρωτικοῖς πάθεσιν ἀφροσύνην, ἣ μεσῖτίς ἐστι, καὶ διάκονος ἀεὶ μειρακιώδους ἐπιθυμίας. αὕτη καὶ τόπον εὗρεν ἐπιτήδειον, ὅπου τὸν Ἑλένης δίφρον ἀφιδρύσει, καὶ ποικίλοις μαγγανείοις ἑκατέρων κινεῖ τὸν πόθον, Ἀλεξάνδρου μὲν ἐρωτικῶς ἔτι διακειμένου, τῆς δὲ Ἑλένης μετανοεῖν ἀρχομένης. διὸ δὴ κατ' ἀρχὰς ἀπειποῦσα, τοὔσχατον ὑπείκει μεταξὺ δυοῖν φερομένη παθῶν. ἔρωτός τε τοῦ πρὸς Ἀλέξανδρον, καὶ αἰδοῦς τῆς πρὸς Μενέλαον. ἥ γε μὴν εὐωχουμένοις ὑποδιακονουμένη, κατ' ἀρχὰς Ἥβη τις ἂν εἴη, πλὴν ἡ συνεχῶς ἐν ταῖς εὐφροσύναις νεότης. οὐδὲν γὰρ ἐν οὐρανῷ γῆρας. οὐδ' ὑπέστι γε τῆς θείας φύσεως ἔσχατον βίου νόσημα. ταῖς δ' ἐξαιρέτως θυμηδίας ὥσπερ ἂν συνεκτικοῦ ὀργανόν ἐστιν ἡ τῶν συνεληλυθότων ἤδη τὴν εὐφροσύνην ἀκμή. περὶ μέν γε τῆς Ἔριδος οὐδ' ὑπεσταλμένως ἠλληγόρησεν. οὐδ' ὥστε δεῖσθαι λεπτῆς τινος ἐξετασίας. ἀλλ' ἐκ τοῦ φανεροῦ τὰ κατ' αὐτὴν πεπόμπευκεν. Ἥ τ' ὀλίγη μὲν πρῶτα κορύσσεται. αὐτὰρ ἔπειτα. Οὐρανῷ ἐστήριξε κάρη, καὶ ἐπὶ χθονὶ βαίνει. διὰ γὰρ τούτων τῶν ἐπῶν οὐ θεά τις οὕτω παντάπασιν τερατώδης ὑφ' Ὁμήρου μεμόρφωται τὰς πρὸς ἑκάτερον μεταβολὰς τοῦ σώματος ἀπίστους ἔχουσα. καὶ ποτὲ μὲν ἤδη γῆς ἐρριμμένη ταπεινή. ποτὲ δ' εἰς ἄπειρον ἐκτεινομένη μέγεθος. ἀλλ' ὃ συμβέβηκεν ἀεὶ τοῖς φιλονεικοῦσι πάθος, ἐκ ταύτης τῆς ἀλληγορίας διετύπωσεν. ἀρξαμένη γοῦν ἀπὸ λιτῆς αἰτίας ἡ ἔρις, ἐπειδὰν ὑποκινηθῇ, πρὸς μέγα δή τι κακοῦ διογκοῦται, καὶ ταυτὶ μὲν ἴσως μετριώτερα. Πολλὴ δὴ καθ' Ὁμήρου τραγῳδία σκηνοβατεῖται παρὰ τοῖς ἀγνωμόνως αὐτὸν ἐθέλουσι συκοφαντεῖν, ὅτι παρεισάγει κατὰ τὴν πέμπτην ῥαψῳδίαν τιτρωσκομένους θεούς. Ἀφροδίτην τὸ πρῶτον ὑπὸ Διομήδους, εἶτ' Ἄρην. προστιθέασι δὲ τούτοις, ὅσα κατὰ παρηγορίαν ἡ Διώνη περὶ τῶν ἔτι πρότερον ἠτυχηκότων ἀπαγγέλλει θεῶν. ἐν μέρει δ' ὑπὲρ ἑκάστου τὸν λόγον ἀποδώσομεν ἡμεῖς, οὐδεμιᾶς ἐκτὸς ὄντας φιλοσοφίας. Διομήδης γοῦν Ἀθηνᾶν ἔχων σύμμαχον, τουτέστι τὴν φρόνησιν, ἔτρωσεν Ἀφροδίτην τὴν ἀφροσύνην. οὐ μὰ Δία, οὐ θεάν τινα. τὴν δὲ τῶν μαχομένων βαρβάρων ἀλογιστίαν. αὐτὸς μὲν γὰρ ἅτε διὰ πάσης ἐληλυθὼς πολεμικῆς μαθήσεως, καὶ τοῦτο μὲν ἐν Θήβαις, τοῦτο δ' ἐν Ἰλίῳ, δεκαέτη χρόνον ἐμφρόνως τοῦ μάχεσθαι προϊστάμενος, ἐξ εὐμαροῦς διώκει τοὺς βαρβάρους. οἱ δ' ἀναίσθητοι καὶ λογισμῶν ὀλίγα κοινωνοῦντες, ὑπ' αὐτοῦ διώκονται. καθάπερ ἔστι δὲ πολυπάμμονος ἀνδρὸς ἐν αὐλῇ. πολλῶν γὰρ φονευομένων, ἀλληγορικῶς Ὅμηρος τὴν βαρβαρικὴν ἀφροσύνην ὑπὸ Διομήδους τιτρῶσθαι παρεισήγαγεν. ὁμοίως δὲ ὁ Ἄρης οὐδέν ἐστιν ἄλλο, πλὴν ὁ πόλεμος παρὰ τὴν ἀρὴν ὠνομασμένος, ὅπερ ἐστὶ βλάβη. γένοιτο δ' ἂν ἡμῖν τοῦτο σαφές, ἐκ τοῦ λέγειν αὐτὸν μαινόμενον τυκτὸν κακόν, ἀλλοπρόσαλλον. ἑτέρωθί που διὰ πλειόνων ἐξηγεῖται λέγων, Ξεῖνος ἐνυάλιος. καί τε κτανέοντα κατέκτα. νεμεσηταὶ γὰρ αἱ πολέμων ἐπ' ἀμφότερα ῥοπαί. καὶ τὸ νικηθὲν οὐδὲ προσαντῆσαν, αἰφνιδίως πολλάκις ἐκράτησεν. ὥστε τῆς ἐν ταῖς μάχαις ἀμφιβολίας ἄλλο τε πρὸς ἄλλους μεταφοιτῶσιν, ἐτύμως καὶ ἀλλοπρόσαλλον εἴρηκε πρὸς τὸν πόλεμον. ἐτρώθη δὲ ὑπὸ διομήδους ἄρης, οὐκ ἄλλο τι μέρος, ἀλλὰ νείατον ἐς κενεῶνα. σφόδρα πιθανῶς. ἰθὺ γὰρ τὰ κατὰ τῆς μὴ πάνυ φρουρουμένης αὐτοῖς παλαιᾶς τάξεως παρεισελθὼν, εὐμαρῶς ἔτρωσε τοὺς βαρβάρους. καὶ μὴν χάλκεον λέγει τὸν ἄρην. τὰς τῶν μαχομένων πανοπλίας ὑποσημαίνων. σπάνιος γὰρ ἦν ὁ σίδηρος ἐν τῷ τότε πάλαι χρόνῳ. τὸ δὲ σύμπαν ἐσκέπετο χαλκῷ. διὰ τοῦτό φησιν, Ὄσσε δ' ἄμερδεν αὐγὴ χαλκείη κορύθων ἄπο λαμπομενάων θωρήκων τε νεοσμήκτων. ἀνεβόα δὲ τρωθεὶς ὅσον τ' ἐννεάχιλοι ἐπίαχον ἢ δεκάχιλοι. καὶ τοῦτο δὲ τεκμήριον πολλῶν διωκομένων πολεμίων. οὐ γὰρ ἂν εἷς θεὸς ἀνεβόησε τοσοῦτον, ἀλλ' ἡ φεύγουσα μυρίανδρος οἶμαι τῶν βαρβάρων φάλαγξ. ὥστ' ἐναργέσι τεκμηρίοις καὶ διὰ τῶν κατὰ μέρος ἐλέγξαμεν, οὐκ ἄρην τὸν τετρωμένον ὑπὸ διομήδους, ἀλλὰ τὸν πόλεμον. αὗται δ' ἐν παρεκβάσει τῶν προτέρων ἀλληγοριῶν. δι' ὧν τεχνικωτέραν ἔχουσιν ἐμπειρίαν. ἐν οἷς φησι. Τλῆ μὲν ἄρης ὅτε μιν ὦτος κρατερός τ' ἐπιάλτης. Παῖδες ἀλωῆος δῆσαν κρατερῷ ἐνὶ δεσμῷ. γενναῖοι γὰρ οὗτοι οἱ κατ' ἀλκὴν νεανίαι ταραχῆς καὶ πολέμου μεστὸν ᾔδεσαν τὸν βίον. οὐδεμιᾶς δ' εἰρηνικῆς ἀναπαύσεως μέσης τοὺς παρ' ἕκαστα κάμνοντας ἀνοίας, ἰδίοις ὅπλοις ἐκστρατευσάμενοι, τὴν ἐπιπολάζουσαν ἀηδίαν ἔστησαν. ἄχρι μὲν οὖν τρισκαίδεκα μηνῶν, ἀκλινὴς καὶ ἀστασίαστος αὐτῶν ὁ οἶκος. ἐν ὁμονοίᾳ τε τὴν εἰρήνην διεστρατήγει. μητρυιὰ δὲ παρεξανεσοῦσα καὶ φιλόνεικος οἰκίας νόσος ἀνέζεσε τὴν προτέραν εὐστάθειαν. ἐκ δευτέρου δὲ πάλιν ὁμοίας ταραχῆς ἀναφθείσης, ἔδοξεν ὁ ἄρης ἀπὸ τοῦ δεσμωτηρίου λελύσθαι. τουτέστιν, ὁ πόλεμος. ἡρακλέα δὲ νομιστέον, οὐκ ἀπὸ σωματικῆς δυνάμεως ἀναχθέντα τοσοῦτον ἰσχῦσαι τοῖς τότε χρόνοις. ἀλλ' ἀνὴρ ἔμφρων καὶ σοφίας οὐρανίου μύστης, ὡσπερεὶ κατὰ βαθείας ἀχλύος, ἐπιδεδυκυῖαν ἐφώτισε τὴν φιλοσοφίαν. καθάπερ ὁμολογοῦσι καὶ στωικῶν οἱ δοκιμώτατοι. περὶ μὲν οὖν τῶν ἄλλων ἄθλων, ὁπόσοι τῆς παρ' ὁμήρῳ μνήμης ὑστεροῦσι, τί δεῖ παρὰ καιρὸν ἐκμηκύνειν φιλοτεχνοῦντας. ὅτι κάπρον μὲν εἷλε τὴν ἐπιπολάζουσαν ἀνθρώποις ἀκολασίαν. λέοντα δὲ τὴν ἀκρίτως ὁρμῶσαν ἐφ' ἃ μὴ δεῖ φοράν, κατ' αὐτὸ δὲ θυμοὺς ἀλογίστους πεδήσας, τὸν ὑβριστὴν ταῦρον ἐνομίσθη δεδεκέναι. δειλίαν γε μὴν ἐφυγάδευσεν ἐκ τοῦ βίου τὴν κεραυνίαν ἔλαφον. καί τις ἀπρεπῶς ὀνομαζόμενος ἆθλος ἐκμεμόχθηται. διακαθήραντος αὐτοῦ τὴν ἐπιβρέχουσαν ἀηδίαν. ὄρνεις δὲ τὰς συνηνέμους ἐλπίδας, αἳ βόσκουσι τὸν βίον ἡμῶν. ἀπεσκέδασε δὲ καὶ τὴν πολύχρουν κόπρον. καὶ πολυκέφαλον ὕδραν, ἥ τις ὅταν ἐκκοπῇ, πάλιν ἄρχεται βλαστάνειν. ὥσπερ ὕδραν τινὰ διὰ πυρὸς τῆς παραινέσεως ἐξέκοψεν. αὐτός γε μὴν ὁ τρικέφαλος δειχθεὶς ἡλίῳ κέρβερος. εἰκότως ἂν τὴν τριμερῆ φιλοσοφίαν ὑπαινίττεται. τὸ μὲν γάρ, αὐτῆς λογικόν, τὸ δέ, φυσικόν. τὸ δέ, ἠθικόν, ὀνομάζεται. ταῦτα δ' ὥσπερ ἀφ' ἑνὸς αὐχένος ἐκπεφυκότα, τριχῆ κατὰ τὴν κεφαλὴν μερίζεται. περὶ μὲν δὴ τῶν ἄλλων ὥσπερ εἰπεῖν ἄθλων ἐν συντόμῳ δεδήλωται. τετρωμένην δ' ὅμηρος ὑπεστήσατο τὴν ἥραν. τοῦτο ἀκριβῶς παραστῆσαι βουλόμενος, ὅτι τὸν θολερὸν ἀέρα καὶ πρὸ τῆς ἑκάστου δ' ἀνοίας ἐπαχλύοντα πρῶτος ἡρακλῆς θείῳ χρησάμενος λόγῳ, διήρθρωσε τὴν ἑκάστου τῶν ἀνθρώπων ἀμαθίαν. πολλαῖς νουθεσίαις κατατρώσας. ὅθεν ἀπὸ γῆς εἰς οὐρανὸν ἀφίησι τὰ τόξα. πᾶς γὰρ ἀνὴρ φιλόσοφος ἐν θνητῷ καὶ ἐπιγείῳ τῷ σώματι, πτηνὸν ὥσπερ τι βέλος τὸν νοῦν εἰς τὰ μετάρσια διαπέμπεται. τεχνικῶς δὲ προσέθηκεν εἰπών, ἰῷ τριγλώχινι βαλών. ἵνα διὰ συντόμου τὴν τριμερῆ φιλοσοφίαν ὑπὸ τοῦ τριγλώχινος ὑποσημήνῃ βέλους. μεθ' ἡμέραν δὲ τετόξευκε καὶ τὸν ᾅδην. οὐδεὶς γὰρ ἄβατος φιλοσοφίας χῶρος, ἀλλὰ μετ' οὐρανὸν, ἐξήτασε τὴν κατωτάτω φύσιν, ἵνα μηδὲ τῶν νέρθεν ἀμύητος ᾖ. τὸν οὖν ἀλαμπῆ καὶ πᾶσιν ἀνθρώποις ἄβατον ᾅδην, ὁ τῆς σοφίας οἰστὸς εὔστοχα βληθεὶς διευκρίνησεν. ὥσθ' Ἡρακλέους χεῖρες ἁγνεύουσι πάντως ὀλυμπίου μύσους. ἀρχηγὸς δὲ πάσης σοφίας γενόμενος, ἀλληγορικῶς παρέδωκε τοῖς μετ' αὐτὸν ἀρύσασθαι κατὰ μέρη πάνθ' ὅσα πρῶτος πεφιλοσόφηκε. Νομίζουσι τοίνυν ἔνιοι μηδὲ Διόνυσον εἶναι παρ' Ὁμήρῳ θεόν. ἐπειδήπερ ὑπὸ Λυκούργου διώκεται καὶ μόλις δοκεῖ σωτηρίας τυχεῖν, Θέτιδος αὐτῷ παραστάσης. τὸ δὲ ἔστιν οἴνου συγκομιδῆς γεωργοῖς ἀλληγορία. δι' ὧν φησιν· Ὅς ποτε μαινομένοιο Διωνύσοιο τιθήνας, σεῦε κατ' ἠγάθεον Νυσήϊον. αἳ δ' ἅμα πᾶσαι θύσθλα χαμαὶ κατέχευαν ὑπ' ἀνδροφόνοιο Λυκούργου, θεινόμεναι βουπλῆγι. Διόνυσος δὲ φοβηθεὶς, Δῦσεθ' ἁλὸς κατὰ κῦμα. Θέτις δ' ὑπεδέξατο κόλπῳ δειδιότα. μαινόμενον μὲν εἴρηκεν ἀντὶ Διονύσου τὸν οἶνον. ἐπειδήπερ οἱ πλείονες τῷ ποτῷ χρώμενοι, τοῦ λογισμοῦ διασφάλλονται. ὥσπερ τὸ δέος εἰ τύχοι χλωρὸν λέγει, καὶ πευκεδανὸν πόλεμον. ἃ γὰρ ἀπ' αὐτῶν συμβαίνει, ταῦτα ἑκάστοις περιῆψεν, ὅθεν ἄρχεται τὰ πάθη. Λυκοῦργος δὲ ἀνὴρ εὐαμπέλου λήξεως δεσπότης, μετὰ τὴν ὀπωρινὴν ὥραν ὅτι συγκομιδὴ τῶν διονυσιακῶν καρπῶν ἐστιν, εὐθὺ τὴν εὐφορωτάτην ἐξεληλύθει Νύσαν. τιθήνας δὲ νομίζειν δεῖ τὰς ἀμπέλους. καὶ μετὰ τοῦτο ἔτι δρεπομένων τῶν βοτρύων, φησί. Διόνυσος δὲ φοβηθείς. ἐπειδήπερ ὁ μὲν φόβος εἴωθε τρέπειν τὴν διάνοιαν, ὁ δὲ τῆς σταφυλῆς καρπὸς τρέπεται θλιβόμενος εἰς οἶνον. ἔθος γε μὴν τοῖς πολλοῖς ἐπὶ φυλακῇ τοῦ διαμένειν ἀκλινῆ τὸν καρπὸν ἐπικεράσαι θαλαττίῳ ὕδατι. παρὰ τοῦτο ὁ Διόνυσος δῦσεθ' ἁλὸς κατὰ κῦμα. Θέτις δ' ὑπεδέξατο κόλπῳ. ἡ τελευταία μετὰ τὴν ἀπόθλιψιν τοῦ καρποῦ θέσις. αὕτη γὰρ ἐσχάτη δέχεται τὸν οἶνον. δειδιότα τὸν ἐν ἀρχῇ τοῦ νεοθλιβοῦς γλεύκους παλμὸν, καὶ τὴν μεθαρμόζουσαν ὁρμὴν, δέος εἶπε γὰρ τὸν τρόμον. οὕτως Ὅμηρος οὐ φιλοσοφεῖν μόνον ἀλληγορικῶς, ἀλλὰ καὶ γεωργεῖν θεωρητικῶς ἐπίσταται. φυσικῆς δὲ ἅπτεται θεωρίας, καὶ ὅταν ὁ Ζεὺς εἰς τὸ αὐτὸ συναθροίσας ἅπαντας, ἄρχηται τῶν μεγάλων ἀπειλῶν ἀκροτάτῃ κορυφῇ πολυδειράδος Οὐλύμποιο. πρῶτος ἕστηκεν αὐτός. ἐπειδὴ τὴν ἀνωτάτω τάξιν ὥσπερ ἐδηλοῦμεν ἡ αἰθερώδης ἐπέχει φύσις. σειρὰν δ' ἀπήρτησεν ἀπὸ τοῦ αἰθέρος εὐθὺ πάντα χρυσῆν. οἱ γὰρ δεινοὶ τῶν φιλοσόφων περὶ ταῦτα, ἀνάμματα πυρὸς εἶναι τὰς τῶν ἀστέρων περιόδους νομίζουσι. τὸ δὲ σφαιρικὸν ἡμῖν τοῦ κόσμου σχῆμα, δι' ἑνὸς ἐμέτρησε στίχου. τόσσον ἔνερθ' ἀΐδεω, ὅσον οὐρανός ἐστ' ἀπὸ γαίης. μεσαιτάτη γὰρ ἁπάντων ἐστί πως οὖσα καὶ δύναμιν κέντρου ἐπέχουσα, καθίδρυται βεβαίως ἡ γῆ πᾶσα. κύκλῳ δ' ὥσπερ αὐτὴν οὐρανὸς ἀπαύστοις περιφοραῖς εἰλούμενος ἀπ' ἀνατολῆς εἰς δύσιν, τὸν ἀεὶ δρόμον ἐλαύνει. συγκαθέλκεται δ' ἡ τῶν ἀπλανῶν σφαῖρα. πᾶσαι γε μὴν αἱ ἀπὸ τοῦ περιέχοντος ἀνωτάτω κυκλοφορούμεναι πρὸς τὸ κέντρον εὐθεῖαι, καὶ κατ' ἀνάγκας εἰσὶν ἀλλήλαις ἴσαι. διὰ τοῦτο γεωμετρικῇ θεωρίᾳ, τὸ σφαιρικὸν σχῆμα διεμέτρησεν εἰπών. τόσσον ἔνερθ' ἀΐδεω, ὅσον οὐρανός ἐστ' ἀπὸ γαίης. ἔνιοι δ' εἰσὶν οὕτως ἀμαθεῖς, ὡς αἰτιᾶσθαι τὸν Ὅμηρον καὶ περὶ τῶν λιτῶν, εἰς τὰς Διὸς γονὰς οὕτως ὕβρισε, διάστροφον αὐταῖς περιθεὶς ἀμορφίας χαρακτῆρα. Καὶ γάρ τε λιταί εἰσι Διὸς κοῦραι μεγάλοιο. χωλαί τε ῥυσαί τε παραβλῶπές τ' ὀφθαλμώ. αἱ δὲ τούτοις τοῖς ἔπεσι, τὸ τῶν ἱκετευόντων σχῆμα διαπέπλασται. πᾶσα γὰρ οὖν συνείδησις ἁμαρτόντος ἀνθρώπου, βραδεῖα. καὶ μόλις οἱ δεόμενοι τοῖς ἱκετευομένοις προσέρχονται, τὴν αἰδῶ κατὰ ῥῆμα μετροῦντες. οὔτε μὴν ἀτρεμὲς δεδόρκασιν, ἀλλ' ὀπίσω τὰς τῶν

ὀμμάτων βολὰς ἀποστρέφουσι. καὶ μὴν ἔν γε τοῖς πρώτοις, οὐδὲν γεγηθὸς τῶν
ἱκετευόντων ἡ διάνοια περιτίθησιν ἔρευθος, ἀλλ᾽ ὠχρὰ καὶ κατηφής, διὰ τῆς
πρώτης ὄψεως ἐκκαλουμένη τὸν ἔλεον. ὅθεν Λιτὰς, οὐ τὰς Διὸς θυγατέρας,
ἀλλὰ τοὺς ἱκετεύοντας ἀπεφήνατο. χωλάς τε, ῥυσούς τε, παραβλῶπάς τ᾽
ὀφθαλμώ. τοὔμπαλιν δὲ τὴν ἄτην, σθεναρήν τε καὶ ἀρτίποδα. κρατερὸν γὰρ
αὐτῆς τὸ ἄφρον. ἀλογίστου γὰρ ὁρμῆς ὑπόπλεως, δρομὰς ὡς ἐπὶ πᾶσαν ἀδικί-
αν ἵεται. παθῶν οὖν ἀνθρωπίνων ὥσπερ ἐν ζωγράφος ἔμπειρος ἐστίν. ἀλληγορι-
κῶς τὸ συμβαῖνον ἡμῖν, θεῶν περιθεὶς ὀνόμασιν. οἶμαι δ᾽ ἔγωγε καὶ τὸ ἑλληνικὸν
τεῖχος ὃ πρὸς καιρὸν ἔρυμα τῆς ἰδίας ἀσφαλείας ἐπύργωσαν, οὐχ ὑπὸ τοῦ συμ-
μάχου καθῃρῆσθαι Ποσειδῶνος. ἀλλ᾽ ὡς ὑετοῦ δαψιλοῦς γενομένου. καὶ τῶν
ἀπ᾽ Ἴδης ποταμῶν πλημμυρησάντων, συνέβη καταρριφῆναι. ὅθεν ἐπώνυμος
τοῦ πάθους γέγονεν ὁ τῆς ὑγρᾶς φύσεως προστάτης Ποσειδῶν. εἰκὸς δὲ καὶ σει-
σμοῖς διατιναχθὲν ὑπονοστῆσαι τὸ κατασκεύασμα. δοκεῖ δὲ ὁ Ποσειδῶν ἐνοσίγαι-
ος, καὶ σεισίχθων εἶναι τοῖς τοιούτοις τῶν παθημάτων ἐπιγραψάμενος. ἀμέ-
λει φησίν. αὐτὸς δ᾽ ἐννοσίγαιος ἔχων χείρεσσι τρίαιναν, ἡγεῖτ᾽. ἐκ δ᾽ ἄρα πάν-
τα θεμείλια κύμασι πέμπε. φιτρῶν καὶ λάων, τὰ, θέσαν μογέοντες Ἀχαιοί. σει-
σμοῦ τινος φορᾷ διαδονήσας ἐκ βάθρων τὰ τοῦ τείχους θεμέλια. δοκεῖ δέ μοι λε-
πτῶς ἐξετάζοντι τὰ τοιαῦτα, μὴ δὲ τὸ κατὰ τὴν τρίαιναν ἀφιλοσόφητον
εἶναι, δι᾽ ἧς ὑφίσταται τοὺς λίθους ἀναμεμοχλεῦσθαι τοῦ τείχους. τὰ γάρ τοι
σεισμῶν διαφέροντα τοῖς παθήμασιν, οἱ φυσικοὶ λέγουσιν εἶναι ἴσα. καὶ τινας
ἰδίους χαρακτῆρας ὀνομάτων ἐπιγράφουσιν αὐτοῖς, βρασματίας τινὰς καὶ
κλιματίας προσαγορεύοντες. τριπλαῖς οὖν καθώπλισεν ἀκμαῖς τὸν τῶν σει-
σμῶν αἴτιον θεόν. ἀμέλει πρὸς βραχὺ κινηθέντος αὐτοῦ. τρέμε δ᾽ οὔρεα μακρὰ
καὶ ὕλη, τὸ τῶν σεισμῶν ἰδίωμα τοῦ ποιητοῦ διασημήναντος ἡμῖν. ἔτι τοίνυν
πολλήν τινα χλεύην καὶ μακρὸν ἡγοῦνται κατὰ γέλωτα τοὺς ἀκαίρους Διὸς
ὕπνους ἐν Ἴδῃ, καὶ τὴν ὄρφνην ὥσπερ ἀλόγοις ζώοις ὑπεστρωμένην εὐνήν, ἐν ᾗ, δυ-
σὶ τοῖς ἀφρονεστάτοις πάθεσι δεδούλωται Ζεύς, ἔρωτι, καὶ ὕπνῳ. νομίζω τοί-
νυν ἔγωγε αὐτὰ ταῦτα δι᾽ ἀλληγορίας ἐαρινὴν ὥραν ἔχοντα εἶναι. καθ᾽ ἣν ἅπαν-
τα φυτὰ καὶ πᾶσα ἐκ γῆς ἀνίεται χλόη, τοῦ παγετώδους ἡσυχῇ δυομένου κρύ-
ους. ὑφίσταται δὲ τὴν Ἥραν, τουτέστι τὸν ἀέρα στυγνὸν ἀπὸ τοῦ χειμῶνος ἔτι καὶ
κατηφῆ. διὰ τοῦτο οἶμαι πιθανῶς αὐτῆς στυγερὸς ἔπλετο θυμός. μετὰ μικρὸν δὲ
ἀποκρουσαμένη τὸ συννεφὲς τῆς ἀηδίας, λύματα πάντα κάθηρεν. ἀλείψα-
το δὲ λίπ᾽ ἐλαίῳ. ἀμβροσίῳ ἑανῷ τό ῥά οἱ τεθυωμένον ἦεν. ἡ λιπαρὰ καὶ
γόνιμος ὥρα, μετὰ τῆς τῶν ἀνθέων εὐωδίας, ὑποσημαίνεται τοιούτῳ χρί-
σματι τῆς Ἥρας ἀλειψαμένης, τούς τε πλοκάμους φησὶν αὐτὴν ἀναπλέξα-
σθαι, καλοὺς ἀμβροσίους ἐκ κράατος ἀθανάτοιο, τὴν τῶν φυτῶν αἰνιττόμενος αὔ-
ξησιν. ἐπειδὴ δένδρον ἅπαν κομᾷ καὶ θριξὶν ὁμοίως ἀπὸ τῶν κλάδων ἀπαρ-
τᾶται τὰ φύλλα. δίδωσι δὲ ἐγκόλπιον τῷ ἔαρι καὶ τὸν κεστὸν ἱμάντα. ἔνθ᾽ ἔνι
μὲν φιλότης. ἐν δ᾽ ἵμερος. ἐν δ᾽ ὀαριστύς. ἐπειδὴ περ αὕτη μάλιστα τοῦ ἔτους
ἡ ὥρα τὸ τερπνότατον ἐπλήρωσε τῶν ἡδονῶν μέρος. οὔτε γὰρ λίαν ὑπὸ τοῦ
κρύους πεπήγαμεν, οὔτε ἄγαν θαλπόμεθα. μεταίχμιον δέ τι τῆς ἑκατέρωθεν
εὐκρασίας ἐν τοῖς σώμασιν ἀνεῖται. τοῦτον τοίνυν τὸν ἀέρα συνέμιξεν Ὅμηρος
μετὰ μικρὸν τῷ αἰθέρι. διὰ τοῦτο ἤδη τῆς ὑψηλοτάτης ἀκρωρείας καταλαμ-
βάνεται Ζεύς, ἐν ᾗ δι᾽ ἠέρος αἰθέρ᾽ ἵκανεν. ἐνθάδε κιρνᾶται, καθ᾽ ἓν ἀναμιχθεὶς
ὁ ἀὴρ τῷ αἰθέρι. ἐμφαντικῶς οὖν τοῖς ὀνόμασιν εἶπεν. Ἥρην τ᾽ ἀγκὰς ἔμαρπτε
Κρόνου παῖς ἣν παράκοιτιν. ἀγκαλίζεται γὰρ ἐν κύκλῳ περιέχων ὁ αἰθὴρ ὑφη-

πελαζομένου αὐτῷ τὸν ἀέρα. τῆς δὲ συνόδου καὶ κράσεως αὐτῶν τὸ πέρας, ἐδήλωσε τὴν ἐαρινὴν ὥραν. τοῖσι δ' ὑπὸ χθὼν δῖα φύεν νεοθηλέα ποίην. λωτόν θ' ἑρσήεντα, ἰδὲ κρόκον, ἠδ' ὑάκινθον πυκνὸν καὶ μαλακόν, ὃς ἀπὸ χθονὸς ὑψόσ' ἔεργε. ἴδια στέφη ταῦτα τῆς ἀμφιθαλοῦς ὥρας. ἐπειδὰν ἐκ τῶν χειμερίων παγετῶν ἡ στερεὰ φύσις καὶ μεμυκυῖα, πηγὰς κυοφορουμένας ἔνδον ὠδῖνας ἐκφύῃ. προσεπισφραγιζόμενος δὲ τοῦτο, τὸ λωτὸν εἶπεν ἑρσήεντα, τὸ δροσερὸν τῆς ἐαρινῆς καταστάσεως ἐμφανέστερον ποιῶν τοῦ καιροῦ. ἐπεὶ δὲ νεφέλην ἕσσαντο καλὴν χρυσείην. στιλπναὶ δ' ἀπέπιπτον ἔερσαι. τίς ἀγνοεῖ τοῦθ' ὅτι χειμῶνος μὲν ἐπάλληλα πυκνώματα τῶν νεφῶν ἐκμελαίνεται. καὶ μετὰ θολερᾶς ἀχλύος κατηφὴς ἅπας ὁ οὐρανὸς ἀμαυροῦται. τοῦ δὲ ἀέρος ὑποχάζοντος, ἀργὰ τὰ νέφη μαλακῶς ὑπαιωρεῖται ταῖς ἡλιακαῖς ἀκτῖσιν ἀνακαλιζόμενα. καὶ παραπλήσιόν τι χρυσαῖς μαρμαρυγαῖς ἀποστίλβει. τοῦτο δὴ τὸ περὶ τὴν ἴδην κορυφαῖον ἡμῖν νέφος, ὁ τῆς ἐαρινῆς ὥρας δημιουργὸς Ὅμηρος ἐδήλωσεν. ἀλλ' ἐφεξῆς ἡ τῶν ἐπιφυομένων αὐτῷ τόλμα, τοὺς Ἥρας δεσμοὺς αἰτιᾶται. καὶ νομίζουσιν ὕλην τινὰ δαψιλῆ, τῆς ἀθέου πρὸς Ὅμηρον ἔχειν μανίας. Ἦ οὐ μέμνη ὅτε τ' ἐκρέμω ὑψόθεν, ἐκ δὲ ποδοῖιν ἄκμονας ἧκα δύω. περὶ χερσὶ δὲ δεσμὸν ἴηλα. χρύσεον ἄρρηκτον. σὺ δ' ἐν αἰθέρι καὶ νεφέλῃσιν ἐκρέμω. λέληθε δ' αὐτοὺς ὅτι τούτοις τοῖς ἔπεσιν ἡ τοῦ παντὸς ἐκτεθεολόγηται γένεσις. καὶ τὰ συνεχῶς ᾀδόμενα τέτταρα στοιχεῖα τούτων τῶν στίχων ἐστὶ τάξις, καθάπερ ἤδη μοι λέλεκται. πρῶτος αἰθήρ, καὶ μετὰ τοῦτον ἀήρ. εἶθ' ὕδωρ τε καὶ γῆ. τελευταῖα πάντων δημιουργὰ στοιχεῖα. ταῦτα δ' ἀλλήλοις ἐπικεραννύμενα ζωογονεῖται. καὶ τῶν ἀψύχων ἀρχέγονα καθίσταται. Ζεὺς τοίνυν ὁ πρῶτος τὸν ἑαυτοῦ ἀέρα κατήρτηκε. στερεοὶ δ' ἄκμονες ὑπὸ ταῖς ἐσχάταις ἀέρος βάσεσιν ὕδωρ τε καὶ γῆ. καὶ τοῦθ' ὅτι τοιοῦτόν ἐστιν, ἐφ' ἑκάστης λέξεως εἴ τις ἀκριβῶς ἐθέλει σκοπεῖν, τἀληθὲς εὑρήσει. Ἦ οὐ μέμνη ὅτε τ' ἐκρέμω ὑψόθεν. ἀπὸ γὰρ τῶν ἀνωτάτω καὶ μετεώρων τόπων φασὶν αὐτὴν ἀπηρτῆσθαι. περὶ χερσὶ δεσμὸν ἴηλα, χρύσεον, ἄρρηκτον. τί δὲ τοῦτο καινὸν αἴνιγμα τῆς κολακευούσης τιμωρίας. πῶς ὀργιζόμενος Ζεὺς πολυτελεῖ δεσμῷ τὴν κολαζομένην ἠμύνατο, χρυσοῦν ἀντὶ τοῦ κραταιοτάτου σιδήρου τὸν δεσμὸν ἐπινοήσας. ἀλλ' ἔοικε τὸ μεταίχμιον αἰθέρος τε καὶ ἀέρος, χρυσῷ μάλιστα τὴν χρόαν ἐμφερὲς εἶναι. πάνυ δὴ πιθανῶς καθ' ὃ μέρος ἀλλήλοις ἐπισυνάπτουσι. λήγων μὲν ὁ αἰθήρ, ἀρχόμενος δὲ μετ' ἐκεῖνον ὁ ἀήρ, χρυσοῦν ὑπεστήσατο δεσμόν. ἐπιφέρει γοῦν. Σὺ δ' ἐν αἰθέρι καὶ νεφέλῃσιν ἐκρέμω, τὸν ἄχρι νεφῶν τόπον ὁρίσας μέσον ἀέρος. ἐκ δὲ τῶν τελευταίων μερῶν τοῦ ἀέρος ἀνακαλεῖται πόδας, ἀπήρτησε στιβαρὰ βρίθη, γῆν τε καὶ ὕδωρ. Ἐκ δὲ ποδοῖιν ἄκμονας ἧκα δύω. πῶς ἂν εἴποι δεσμὸν ἄρρηκτον αὐτίκα τῆς Ἥρας λυθείσης, ἄγε τῷ μύθῳ προσεκτέον. ἀλλ' ἐπειδὴ περὶ τὴν τῶν ὅλων ἁρμονίαν δεσμοῖς ἀρραγέσι συνωχύρωται, καὶ δυσχερὴς ἡ τοῦ παντὸς εἰς τἀναντία μεταβολή, τὸ μὴ δυνηθῆναι διαζευχθῆναί ποτε, κυρίως ὠνόμασεν ἄρρηκτον. ταύτην δὲ τὴν τετράδα τῶν στοιχείων, καὶ μετὰ μικρὸν ἐν τοῖς ὅρκοις διεσάφησεν Ἥρα. Ἴστω νῦν τόδε, γαῖα. καὶ οὐρανὸς εὐρὺς ὕπερθε, καὶ τὸ κατειβόμενον Στυγὸς ὕδωρ. τρισὶ γὰρ ὅρκοις τὴν ὁμόφυλον αὐτῆς συγγενῆ φύσιν ὠνόμασεν. ὕδωρ τε καὶ γῆν, τὸν ὕπερθεν οὐρανόν. τουτέστι, τὸν αἰθέρα. τέταρτον γοῦν στοιχεῖον ἦν ἡ ὀμνύουσα. οὐ παρῶν γέ τοι καὶ ἐνταῦθα καλλοίᾳ ἀλληγορικῶς παριστάναι βουλόμενος ταῦτα τὰ στοιχεῖα, καὶ μετ' ὀλίγον ἐν τοῖς Ποσειδῶνος πρὸς Ἶριν λόγοις αὐτὰ ταῦθ' ὑφίστασθαι λέγειν. ἤτοι ἐγὼν ἔλαχον πολιὴν ἅλα ναιέμεν αἰεί, παλλομένων. Ἀΐδης δ' ἔλαχε ζόφον ἠερόεντα. Ζεὺς δ' ἔλαχ' οὐρανὸν εὐρὺν ἐν αἰθέρι καὶ νεφέλῃσι· γαῖα δ' ἔτι ξυνὴ πάντων καὶ μακρὸς Ὄλυμπος. οὐ μὰ Δί' οὐ κλῆρος ὁ μυθολογούμενος ἐν Σικυῶνι ταῦτα, καὶ διαίρεσις ἀδελφῶν οὕτως ἀνώμαλος ὡς οὐρανὸν ἀντιθεῖναι θαλάττῃ, καὶ Ταρτάρῳ. πᾶς γὰρ ὁ μῦθος ἠλληγόρηται περὶ τῶν ἐπ' ἀρχαῖς τεττάρων στοιχείων. Κρόνον μὲν γὰρ ὀνομάζει τὸν χρόνον κατὰ μετάληψιν ἑνὸς στοιχείου. πατὴρ δὲ τῶν ὅλων ὁ χρόνος. καὶ τελέως ἀμήχανόν τι γενέσθαι τῶν ὄντων δίχα χρόνου. διὸ δὴ εἰκότως τῶν τεττάρων στοιχείων οὗτός ἐστι. μητέρα δ' αὐτῆς οἶμαι εἶναι Ῥέαν, ἐπειδὴ ῥύσει τινὶ καὶ ἀενάῳ κινήσει, τὸ πᾶν οἰκονομεῖται. Χρόνου δὴ καὶ ῥύσεως τέκνα, γῆν τε καὶ ὕδωρ, αἰθέρα τε καὶ ἀέρα Ζῆν αὐτῷ ὑπεστήσατο. καὶ τῇ μὲν πυρώδει φύσει, τόπον οἶμαι οὐρανόν. τὴν δ' ὑγρὰν οὐσίαν Ποσειδῶνι προσέθηκε. τρίτον δὲ Ἀΐδην τὸν ἀφώτιστον ἀέρα δηλοῖ. κοινὸν δὲ πάντων καὶ ἑδραιότατον ἀπεφήνατο στοιχεῖον εἶναι τὴν γῆν, ὥσπερ ἑστίαν τινὰ τῆς τῶν ὅλων δημιουργόν. γαῖα δ' ἐστὶ ξυνὴ πάντων καὶ μακρὸς Ὄλυμπος. διὰ τοῦτο δέ μοι δοκεῖ συνεχῶς ἀλληγορεῖν ὑπὲρ αὐτῶν, ἵν' ἡ δοκοῦσα τοῖς ἔπεσιν ἐφεδρεύειν ἀσάφεια, τῷ διηνεκεῖ τῆς παραδόσεως ᾖ γνωριμωτέρα. τά γε μὴν αὖθι Σαρπηδόνι δάκρυα, λύπην μὲν αὐτὰ καταψεύδεται θεοῦ. ὃ καὶ παρ' ἀνθρώποις νόσημα. αὐτῷ δὲ βουλομένῳ τἀκριβὲς ἐρευνᾶν, ἐπινοεῖται τρόπος ἀλληγορουμένης ἀληθείας. πολλάκις γοῦν ἐν ταῖς μεταβολαῖς τῶν μεγάλων πραγμάτων, ἱστοροῦσι τεράστια τῷ βίῳ συμφέρεσθαι σημεῖα, ποταμῶν τε καὶ πηγῶν, ναμάτων αἱμοφύρτοις ῥεύμασιν ἐκμαινομένων. ὡς ἐπ' Ἀσωποῦ τε καὶ Δίρκης παραδεδώκασιν οἱ παλαιοὶ μῦθοι. λόγος δ' ἔχει καὶ κατὰ νεφῶν ψεκάδας ὕεσθαι φόνου τισὶ κηλῖσιν, ἐπικεχρωσμένας. ἐπεὶ τοίνυν ἡ μεταβολὴ τῆς μάχης ἀθρόαν φυγὴν ἐμποιήσειν ἔμελλε τοῖς βαρβάροις, ἐγγὺς δ' ἦν ὁ τοῦ κατ' ἀλκὴν ἀρίστου Σαρπηδόνος ὄλεθρος, ὥσπερ ἐν τεράστια πρόφανῆ ταύτης τῆς συμφορᾶς ἀγγελτικά. αἱματοέσσας δὲ ψεκάδας κατέχευεν ἔραζε. τοῦτον δὴ τὸν φόνιον ὄμβρον, ἀλληγορικῶς εἴρηκεν αἰθέρος δάκρυα. Δῖος μὲν οὔ. ἄκλαυστος γάρ. ἐκ δὲ τῶν ὑπεράνω τόπων, ὡσπερεὶ θρήνοις μεμιγμένου κατ' ἀρραγέντος ὑετοῦ. ταυτὶ μὲν ἴσως ἐλάττω τεκμήρια περὶ τῶν ἠλληγορημένων. αὖθι μέντοι τῆς ὁπλοποιΐας, μεγάλῃ καὶ κοσμοτόκῳ διανοίᾳ, τὴν τῶν ὅλων περιήθροισε γένεσιν. ὅθεν γὰρ αἱ πρῶται τοῦ παντὸς ἔφυσαν ἀρχαί, καὶ τίς ὁ τούτων δημιουργός, καὶ πῶς ἕκαστα πληρωθέντα διεκρίθη, σαφέσι τεκμηρίοις παρέστησε, τὴν Ἀχιλλέως ἀσπίδα τῆς κοσμικῆς περιόδου χαλκευσάμενος εἰκόνα. καὶ τὸν πρῶτον ὑπεστήσατο, τῆς παντελοῦς δημιουργίας νύκτα καιρόν. ἐπειδήπερ αὐτῇ χρόνου πέρα πάντεια πρεσβεῖα κεκλήρωται. καὶ πρὶν διακριθῆναι τὰ νῦν βλεπόμενα, νὺξ ἦν τὸ σύμπαν. ὃ δὴ χάος, ποιητῶν ὀνομάζουσι παῖδες. οὐ γὰρ οὕτως ἄθλιόν τινα καὶ κακοδαίμονα παρεισάγει τὸν Ἥφαιστον, ὡς μηδὲ νυκτὸς ἀνάπαυσιν ἔχειν, τῆς χειρωνακτικῆς ἐργασίας. ὅπου γε καὶ παρ' ἀνθρώποις ἀθλίοις ἄτοπον εἶναι δοκεῖ, τὸ μὴ δὲ νύκτα τῶν πόνων ἐκεχειρίαν ἄγειν. ἀλλ' οὐκ ἔστι ταῦτα, χαλκεύων Ἀχιλλεῖ πανοπλίαν Ἥφαιστος, οὐδ' ἐν οὐρανῷ βωμοὶ χαλκοῦ καὶ κασσιτέρου ἀργύρου τε, καὶ χρυσοῦ εἰσιν. ἀμήχανον γὰρ τὰς ἀκλεεῖς καὶ φιλαργύρους γῆς νόσους, ἐπ' οὐρανὸν ἀναβῆναι. φυσικῶς δὲ τῆς ἀμόρφου τε καὶ μὴ διακεκριμένης ὕλης τὸν καιρὸν ἀποφηνάμενος εἶναι νύκτα δημιουργόν, ἡνίκα ἔμελλε πάντα μορφοῦσθαι τὸν Ἥφαιστον ἐπέστησε. τουτέστι, τὴν θερμὴν οὐσίαν. πυρός γε δὴ κατὰ τὸν φυσικὸν Ἡράκλειτον, ἀμοιβῇ τὰ πάντα γίνεται. ὅθεν συνοικοῦσαν οὐκ ἀπιθάνως τῷ τῶν ὅλων ἀρχιτέκτονι πεποίηκε τὴν χάριν. ἔμελλε γὰρ ἤδη τῷ κόσμῳ χαρίεσθαι τὸν ἴδιον κόσμον. ὕλαι δέ τινες αὐτοῦ τῆς κατασκευῆς. χαλκὸν δ' ἐν πυρὶ βάλλεν ἀτειρέα,

ρέα,

ρία, καὶ τὸ τρίτον τε. ἐν μὲν Ἀχιλλεῖ κατεσκεύασε πανοπλίαν, πάντα ἔνδον χρυ-
σοῦν εἶναι. καὶ γὰρ οἶμαι σχέτλιον Ἀχιλλέα, μὴ δὲ Γλαύκῳ κατὰ τὴν πολυτέ-
λειαν ἴσον εἶναι. νυνὶ δὲ τὰ τέτταρα στοιχεῖα κεράννυται. καὶ χρυσὸν μὲν ὠνόμα-
σε τὴν αἰθερώδη φύσιν, ἄργυρον δὲ, τὸν αὐτῇ τῇ χρόᾳ συνομοιούμενον ἀέρα. χαλ-
κὸς δὲ καὶ κασσίτερος, ὕδωρ τε καὶ γῆ προσαγορεύεται, διὰ τὴν ἐν ἀμφοτέροις
βαρύτητα. πρώτη δὲ ἀπὸ τούτων τῶν στοιχείων ἀσπὶς ὑπ' αὐτοῦ χαλκεύεται,
σφαιροειδὲς ἔχουσα τὸ σχῆμα. δι' οὗ τὸν κόσμιον ἡμῖν ἐμφανῶς ἐσήμηνεν. ὃν οὐκ
ἀπὸ τῆς ὁπλοποιΐας μόνον, ἀλλὰ καὶ δι' ἄλλων τεκμηρίων ἐπίσταται κυκλοει-
δῆ. συντόμως δὲ ἐν παρεκβάσει τοῖς ὑπὲρ τούτων φιλοτεχνοῦσιν ἀποδεί-
ξεις δηλώσομεν. συνεχῶς τοίνυν τὸν ἥλιον ἀκάμαντα καὶ ἠλέκτορα, καὶ ὑπε-
ρίονα προσαγορεύει διὰ τῶν ἐπιθέτων, οὐκ ἄλλο τι πλὴν τοῦτο τὸ σχῆμα σημαί-
νων. ὅτι γὰρ ἀκάμας ὁ μὴ κάμνων ἔοικεν ὅρους ἔχειν οὐκ ἀνατολὴν καὶ δύσιν,
ἀλλὰ τὴν ἀεὶ περίδρομον ἀνάγκην. ἠλέκτωρ δὲ δυοῖν θάτερον, ἢ ἤλεκτος ὁ θεὸς
ὀνομάζεται μηδέ ποτε κοίτης ἐπιψαύων, ἢ τάχα πιθανώτερον ἤδη ἐλίκτωρ
τίς ὤν, καὶ κυκλοτερεῖ φορᾷ δι' ἡμέρας καὶ νυκτὸς ἀναμετρούμενος τὸν κό-
σμον. ὑπερίονα δὲ νομιστέον αὐτὸν τὸν ὑπεριέμενον ἀεὶ τῆς γῆς, ὥσπερ οἶμαι καὶ
ξενοφάνης ὁ κολοφώνιός φησιν. ἠέλιός θ' ὑπεριέμενος γαῖάν τ' ἐπιθάλπων. εἰ
γὰρ παρωνυμικῶς αὐτὸν ἠθέλησεν ὀνομάζειν, εἶπεν ἄν, ὑπεριονίδην, ὡς ἀτρεί-
δην εἰ τύχοι τὸν ἀγαμέμνονα, καὶ πηλείδην τὸν ἀχιλλέα: ἥ τε θοὴ νὺξ οὐκ ἄλλο
τι σημαίνει, πλὴν τὸ σφαιροειδὲς ὅλου τοῦ κόσμου σχῆμα. τὸν γὰρ αὐτὸν ἡλίῳ
δρόμον ἡ νὺξ ἀνύει. καὶ πᾶς ὁ καταλειφθεὶς ὑπ' ἐκείνου τόπος, εὐθὺς ὑπὸ ταύ-
της ἐκμελαίνεται. σαφῶς γοῦν ἑτέρωθί που τοῦτο μηνύων, φησί. ἐν δ' ἔπεσ'
ὠκεανῷ λαμπρὸν φάος ἠελίοιο, ἕλκον νύκτα μέλαιναν ἐπὶ ζείδωρον ἄρου-
ραν. ὥσπερ γὰρ ἀπηρτισμένην ἑαυτοῦ τὴν νύκτα κατόπιν ἐφέλκεται συγχρο-
νοῦσαν τοῖς ἡλίου τάχεσιν. εἰκότως οὖν αὐτὴν ὅμηρος εἴρηκε θοήν. δυνατοὶ
γε μὴν πιθανώτερόν τις ἐπιχειρῶν, θοὴν ὀνομάζειν μεταληπτικῶς, οὐ τὴν κα-
τὰ κίνησιν ὀξεῖαν, ἀλλὰ τὴν κατὰ σχῆμα. καὶ γὰρ ἑτέρωθί που φησίν. ἔνθεν δ' αὖ
νήσοισιν ἐπιπροέηκα θοῇσιν. οὐ τὸ τάχος τῶν ἐρριζωμένων νήσων ἠλιθίως
δηλώσειν ἐσπουδακὼς, ἀλλὰ τὸ σχῆμα πρὸς ὀξεῖαν ἀπολήγουσαν ἀποτελοῦν
γραμμήν. εἰκότως οὖν νύκτα θοὴν ὠνόμασε, τὴν εἰς ὀξὺ τέλος τῆς ἐσχάτης σκι-
ᾶς ἀποτερματίζουσαν. φυσικῶς δὲ περὶ τούτου ὁ λόγος ἀποδείκνυσιν, ὅτι σφαι-
ροειδής ἐστιν ὁ κόσμος. τριχῇ γοῦν οἱ μαθηματικοὶ τὰ σχήματα τῶν σκιῶν φασιν
ἀποπίπτειν. ἐπειδὰν γὰρ ἔλαττον ᾖ τὸ περιλάμπον τοῦ καταλαμπομένου, τὴν
σκιὰν συμβέβηκε καλαθοειδῶς ἐπὶ τὴν ὑστάτην πλατύνεσθαι βάσιν. ἀπὸ
λεπτῆς ἀνισταμένην τῆς κατὰ κορυφὴν ἀρχῆς. ὅταν δὲ μεῖζον ᾖ τὸ καταλάμ-
πον φῶς τοῦ καταλαμπομένου τόπου, κωνοειδῆ συμβέβηκε τὴν σκιὰν ἀπὸ πλα-
τείας τῆς ἀρχῆς εἰς λεπτὸν ἀποστενοῦσθαι πέρας. ἐπειδὰν γε μὴν ἴσον ᾖ τῷ
καταλαμπομένῳ τὸ καταλάμπον, κυλίνδρου δίκην, ἡ σκιὰ πρὸς ἴσον ἐν ταῖς
ἑκατέρωθεν ἔχει γραμμαῖς. βουλόμενος οὖν ὅμηρος τὸν ἥλιον ἄλλως μείζονα
τῆς γῆς κατὰ τὴν τῶν πλείστων φιλοσόφων ἔννοιαν ἀποδεῖξαι, εὐλόγως θοὴν
τὴν νύκτα, προσηγόρευσεν, εἰς ὀξὺ τὸ πρὸς τῷ πέρατι σχῆμα λήγουσαν. ἅτε οἶ-
μαι μήτε κυλινδροειδῶς μήτε καλαθοειδῶς τῆς σκιᾶς πίπτειν δυναμένης. ἀλ-
λὰ τὸν λεγόμενον κῶνον ἀποτελούσης. ὃ δὴ πρῶτος ὅμηρος ἐκ μιᾶς λέξεως
ὑπαινιξάμενος, τὰς μυρίας τῶν φιλοσόφων ἁμίλλας ἐπιτετίμηται. καὶ
μὴν αἱ φοραὶ τῶν ἐναντίων ἀνέμων, δηλοῦσι τὸ τοῦ κόσμου σφαιροειδές. βορέας

μὲν γὰρ ἀπὸ τῆς ἀρκτῴου πνέων μετέωρος, μέγα κῦμα κυλίνδει. τὴν γὰρ ἀπὸ τοῦ μεταρσίου φορὰν εὐθὺ τὸ ταπεινότερον, ἐκ μιᾶς λέξεως κατεκύλυσεν ὁ στίχος. τοὔμπαλιν δὲ εὐθὺ τοῦ νότου πνέοντος ἀπὸ τῶν κάτω τόπων ἱστόρησεν. ἔνθα νότος μέγα κῦμα ποτὶ σκαιὸν εἶσον ὠθεῖ, τὴν ἀπὸ τοῦ ταπεινοτέρου κίνησιν εἰς τὸ μετέωρον ἀνακυλεῖ. ἔτι γε μὴν μετὰ τῶν ἄλλων ἀπείρονα γαῖαν ὀνομάζει. καὶ πάλιν ἐπὶ τῆς Ἥρας. εἶμι γὰρ ὀψομένη πολυφόρβου πείρατα γαίης. οὐδέ που μαχομέναις δόξαις πρὸς αὐτὸν στασιάζων. ἀλλ' ἐπειδὴ πᾶν σφαιροειδὲς σχῆμα καὶ ἀπειρόν ἐστι καὶ πεπερασμένον, τὸ μὲν γὰρ, ὅρον τινὰ καὶ περιγραφὴν ἔχειν. εὐλόγως αὐτὸ πεπειρᾶσθαι νομιστέον. ἄπειρον δ' αὖ ὁ κύκλοσ ὀνομάζοιτο δικαίως, ἐπειδήπερ ἀμήχανόν ἐστι δεῖξαι πέρασ ἐν αὐτῷ τι. τὸ γὰρ νομισθὲν εἶναι τέλος, εὐθὺ ἴσου γένοιτ' ἂν, ἀρχή. τουτὶ μὲν οὖν ἀθρόα τεκμήρια τοῦ σφαιροειδῆ τὸν κόσμον εἶναι παρ' Ὁμήρῳ. τὸ δὲ ἐναργέστατόν ἐστι σύμβολον τῇ Ἀχιλλέως ἀσπίδος κατασκευῇ. κυκλοτερὲς γὰρ τῷ σχήματι κεχάλκευκεν ὅπλον Ἥφαιστος, ὥσπερ εἰκόνα τῆσ κοσμικῆς περιόδου. μυθικῶσ μὲν οὖν ἀσπίδα χαλκευομένην ὑποστησάμενος, ἁρμόζουσαν Ἀχιλλεῖ, τὴν διὰ παντὸς ἐνεχάραξε πορείαν. τίσ δὲ ἦν αὕτη, στησάμενοι δ' ἐμάχοντο μάχην ποταμοῖο παρ' ὄχθασ. βάλλον δ' ἀλλήλους χαλκήρεσιν ἐγχείῃσιν. ἐν δ' ἔρις ἐν δὲ κυδοιμὸς ὁμίλεον, ἐν δ' ὀλοὴ κήρ. ἄλλον ζωὸν ἔχουσα νεούτατον ἄλλον ἄουτον. ἄλλον τεθνειῶτα κατὰ χθονὸσ ἕλκε ποδοῖιν. ταῦτα γὰρ ἦν ὁ διηνεκὴς Ἀχιλλέωσ βίος. νῦν δὲ Ὅμηρος ἰδίᾳ φιλοσοφίᾳ δημιουργῶν τὸν κόσμον, εὐθὺς τὰ μέγιστα τῆσ προνοίασ ἔργα μετὰ τὴν ἀδιευκρίνητον καὶ κεχυμένην ὕλην ἐχάλκευσεν. ἐν μὲν γαῖαν ἔτευξ' ἐν δ' οὐρανὸν, ἐν δὲ θάλατταν. ἠέλιόν τ' ἀκάμαντα, σελήνην τε πλήθουσαν. ἡ τῆσ κοσμικῆσ γενέσεωσ εἱμαρμένη. πρῶτον θεμέλιον γὰρ ἐκρότησε τὴν γῆν. εἶτα εὐθὺ ταύτῃ, καθάπερ τινὰ θείαν στέγην τὸν οὐρανὸν ἐπωρόφωσε. καὶ κατὰ τῶν ἀναπεπταμένων αὐτοῦ κόλπων, ἀθρόαν ἔχεε τὴν θάλατταν. εὐθύσ τε ἡλίῳ τε καὶ σελήνῃ, τὰ διακριθέντα τῶν στοιχείων ἀπὸ τοῦ πάλαι χάους ἐφώτισεν. ἐν δὲ τὰ τείρεα πάντα τά τ' οὐρανὸς ἐστεφάνωται. δι' οὗ μάλιστα σφαιροειδῆ παραδέδωκεν ἡμῖν τὸν κόσμον. ὥσπερ γὰρ ὁ στέφανος κυκλοτερὴσ τῆς κεφαλῆς κόσμόσ ἐστιν, οὕτω τὰ διεζωκότα τὴν οὐράνιον ἁψῖδα κατὰ σφαιροειδοῦς ἐσπαρμένα σχήματος, εἰκότωσ οὐρανοῦ στέφανος ὠνόμασται. διακριβολογησάμενος δ' ὑπὲρ τῶν ὁλοσχερῶν ἀστέρων, καὶ κατὰ μέρος ἐπιφανέστατα δεδήλωκεν. οὐ γὰρ ἠδύνατο πάντα θεολογεῖν ὥσπερ Εὔδοξος ἢ Ἄρατος, Ἰλιάδα γράφων, ἀντὶ τῶν φαινομένων ὑποστησάμενος ἑαυτῷ. μεταβέβηκεν οὖν ἀλληγορικῶς εὐθὺ τὰς δύο πόλεις. τὴν μὲν εἰρήνησ, τὴν δὲ, πολέμου παρεισάγων, ἵνα μὴ δ' Ἐμπεδοκλῆς ὁ Ἀκραγαντῖνος ἀπ' ἄλλου τινὸς, ἢ παρ' Ὁμήρου τὴν Σικελικὴν ἀρύσηται δόξαν. ἅμα γὰρ τοῖς τέσσαρσι στοιχείοις, κατὰ τὴν φυσικὴν θεωρίαν παραδέδωκε τὸ νεῖκοσ καὶ τὴν φιλίαν. τύπον δ' ἑκάτερον Ὅμηρος ὑποσημαίνων, πόλεις ἐνεχάλκευσε τῇ ἀσπίδι. τὴν μὲν, εἰρήνης. τουτέστι, τῆς φιλίασ. τὴν δὲ, πολέμου. τουτέστι, νείκουσ. πτύχασ δ' ὑπεστήσατο τῆς ἀσπίδοσ πέντε. ζωνῶν οὐκ ἄλλό τι, πλὴν οὐκ ἐμπεποικιλμένασ τῷ κόσμῳ ζώνασ ὑπαινιξάμενος. ἡ μὲν γὰρ, ἀνωτάτω περὶ τὸν βόρειον ἀνειλεῖται πόλον. ἀρκτικὴν δ' αὐτὴν ὀνομάζουσιν. ἡ δ' ἐφεξῆς, εὔκρατός ἐστιν, εἶτα τὴν μέσην διακεκαυμένην καλοῦσιν. ἡ δὲ τετάρτη ὁμωνύμως τῇ δευτέρᾳ, πρότερον εὔκρατος ὀνομάζεται. πέμπτη δ' ἐπωνύμως τοῦ νοτίου μέρουσ. ἡ νότιός τε καὶ ἀνταρκτικὸς καλουμένη. τούτων αἱ μὲν δύο τελέως ἀοίκητοι διὰ τὸ κρύος. ἥ τε τὸν βόρειον ἀληχῆα πόλον, καὶ τὸν ἀπαντικρὺ νότιον. ὁμοίως δ' ἐν αὐταῖς ἡ διακεκαυμένη καθ' ὑπερβολὴν τῆς πυρώδους οὐσίας, οὐδενὶ βατὴ ζώῳ. δύο δὲ τὰς εὐκράτους φησὶν οἰκεῖσθαι τὴν μέσην ἀφ' ἑκατέρας ζώνης κρᾶσιν ἐπιδεξαμένας. ὁ γοῦν Ἐρατοσθένης, καὶ σαφέστερον ἐν τῷ Ἑρμῇ ταύτῃ διηκρίβωσεν ἐπῶν. πέντε δέ οἱ ζῶναι περιηγέες ἐσπείρηντο. αἱ δύο μὲν γλαυκοῖο κελαινότεραι κυάνοιο. ἡ δὲ μία, ψαφαρή τε καὶ ἔκπυρος οἷον ἐρυθρή. τυπτομένη φλογμοῖσιν, ἐπεί ῥά ἑ μοῖραν ὑπ' αὐτὴν, κεκλιμένην ἀκτῖνες ἀειθερέες πυρόωσιν. αἱ δὲ δύο ἑκάτερθε πόλοιο περιπεπηγυῖαι. αἰεὶ κρυμαλέαι. αἰεὶ δ' ὕδατι μογέουσαι. ταύτας οὖν Ὅμηρος πτύχας ὠνόμασεν ὅταν φησὶν, ἐπεὶ πέντε πτύχας ἤλασε κυλλοποδίων, τὰς δύο χαλκείας, δύο δ' ἔνδοθι κασσιτέροιο. τὴν δὲ μίαν χρυσῆν. τὰς μὲν ἀνωτάτω κατὰ τὸν ἀλαμπῆ μυχὸν τοῦ κόσμου κειμένας δύο ζώνας χαλκῷ προσεικάσας. ψυχρὰ γὰρ ἡ ὕλη καὶ κρύους μεστή. λέγει γοῦν ἑτέρωθί που, ψυχρὸν δ' ἕλε χαλκὸν ὀδοῦσι. τὴν δὲ μίαν χρυσῆν τὴν διακεκαυμένην, ἐπειδήπερ ἡ πυρώδης οὐσία κατὰ τὴν χρόαν ἐμφερεστάτη χρυσῷ. δύο δ' ἔνδοθι κασσιτέροιο, τὰς εὐκράτους ὑποσημαίνων. ὑγρὰ γὰρ ἡ ὕλη καὶ τελέως εὔθικτος ἡ τοῦ κασσιτέρου. δι' ἧς τὸ περὶ τὰς ζώνας εὐαφὲς ἡμῖν καὶ μαλθακὸν δεδήλωκεν. τὸ μὲν οὖν ἐν οὐρανῷ σεμνὸν ἐργαστήριον Ἡφαίστου, τὴν ἱερὰν φύσιν οὕτως ἐδημιούργησεν. ἀνίσταται δ' εὐθὺς ὁ φρενώδης καὶ χαλεπὸς ἐφ' Ὁμήρῳ τῶν συκοφαντούντων φθόνος ὑπὲρ τῆς θεομαχίας. οὐκ ἔτι Τρώων καὶ Ἀχαιῶν φύλοπις αἰνὴ παρ' αὐτῷ συνέρρωγεν, ἀλλ' οὐράνιαι ταραχαὶ καὶ στάσεις τὸ θεῖον ἀπονέμονται. ἤτοι μὲν γὰρ ἔναντα Ποσειδάωνος ἄνακτος ἵστατ' Ἀπόλλων Φοῖβος ἔχων ἰὰ πτερόεντα. ἄντα δ' Ἐνυαλίοιο θεὰ γλαυκῶπις Ἀθήνη. Ἥρῃ δ' ἀντέστη χρυσηλάκατος κελαδεινὴ, Ἄρτεμις ἰοχέαιρα, κασιγνήτη ἑκάτοιο. Λητοῖ δ' ἀντέστη σῶκος ἐριούνιος Ἑρμῆς. ἄντα δ' ἄρ' Ἡφαίστοιο, μέγας ποταμὸς βαθυδίνης. οὐκέτι τοῦθ' Ἕκτωρ πρὸς Αἴαντα μαχόμενος, οὐδ' Ἀχιλλεὺς πρὸς Ἕκτορα. καὶ μετὰ Πατρόκλου Σαρπηδών. ἀλλὰ τὸν μέγαν οὐρανοῦ πόλεμον ἀγωνοθετήσας Ὅμηρος, οὐδ' ἄχρι μελλήσεως τὸ κακὸν ὥπλισεν, ἀλλ' ὁμόσε τοὺς θεοὺς συνέρραξεν ἀλλήλοις. ἑπτὰ μὲν γὰρ Ἄρης ἐπέσχε πέλεθρα πεσὼν, ἐκόνισε δὲ χαίτας. μετὰ ταῦτα δ' Ἀφροδίτης λῦτο γούνατα καὶ φίλον ἦτορ. Ἄρτεμις δὲ καὶ προσεξύβρισται τοῖς ἰδίοις τόξοις ὡς νηπία κόρη σωφρονισθεῖσα. Ξάνθος δὲ παρ' ὀλίγον οὐδὲ ποταμὸς ἐρρύη διὰ Ἥφαιστον. ὅμως δ' οὖν πάντα ταῦτα κατ' ἀρχὰς μὲν, ὅλως σφόδρα πείθειν δύναται τοὺς πολλούς. εἰ δ' ἐθελήσει τις ἐνδοτέρω καταβὰς τῶν ὁμηρικῶν ὀργίων, ἐποπτεῦσαι τὴν μυστικὴν αὐτοῦ σοφίαν, ἐπιγνώσεται τὸ δοκοῦν αὐτῷ ἀσέβημα πηλίκης μεστόν ἐστι φιλοσοφίας. ἐνίοις μὲν οὖν ἀρέσκει τὴν τῶν ἑπτὰ πλανήτων ἀστέρων ἐν ἑνὶ ζῳδίῳ σύνοδον ὑφ' Ὁμήρου διὰ τούτων δὴ λεχθεῖσαν. φθορὰ δὲ παντελὴς, ὅταν τοῦτο γένηται. σύγχυσιν οὖν τοῦ παντὸς ἐπαινίττεται. συνιόντων εἰς ἓν Ἀπόλλωνα, τουτέστιν ἥλιον, καὶ Ἄρτεμιν, ἣν φαμὲν εἶναι σελήνην, τόν τε τῆς Ἀφροδίτης καὶ Ἄρεως. ἔτι δὲ καὶ Ἑρμοῦ, καὶ Διὸς ἀστέρα. ταύτην μὲν οὖν πιθανότητος μᾶλλον ἢ ἀληθείας ἐχομένην τὴν ἀλληγορίαν, ἄχρι τοῦ μὴ δοκεῖν ἀγνοεῖν παρειλήφαμεν. ἀλλ' ἔστιν ἐναργέστερα καὶ τῆς Ὁμήρου σοφίας ἐχόμενα, ταῦτα δὴ σκοπεῖν ἀναγκαῖον. ἀντέταξε γοῦν κακίαις μὲν ἀρετάς. ταῖς δὲ μαχομέναις φύσεσι, τὰς ἀντιπάλους. αὐτίκα τῶν θεῶν ἡ ζεῦξις, ὅπως πεφιλοσόφηται τῆς μάχης. Ἀθηνᾶ καὶ Ἄρης, τουτέστιν ἀφροσύνη καὶ φρόνησις. ὁ μὲν γὰρ ὥσπερ ἔφην μαινόμενός ἐστι τυκτὸν κακὸν ἀλλοπρόσαλλον. ἡ δ' ἐν πᾶσι θεοῖς μέν τί τε κλέεται καὶ κέρδεσι. ἀδιάλλακτός γε μὴν ἔχθρα τοῖς τὰ βέλτιστα διανεμοῦσι λογισμοῖς πρὸς τὴν οὐδὲν ὁρῶσαν ἀφροσύνην. ὡς δὲ μάλιστα τὸν βίον ὀνήσειν ἔμελλεν, οὕτω τὰ τῆς μάχης διακείνησεν. ἐγγὺς ἡ μεμηνυῖα, καὶ παράπληξ ἀναισθησία, τῆς συνέσεως γέγονε κρείσσων. εἰκότως δὲ ἀθηνᾶ τὸν ἄρην καὶ κατὰ γῆς ἐξέτεινεν, ἐπειδήπερ ἅπασα κακία χαμαιπετὴς ἐν τοῖς ταπεινοτάτοις ἔρριπται βαράθροις, πατούμενον νόσημα, καὶ πρὸς πᾶσαν ὕβριν ὑποκείμενον. ἀμέλει συνεξέτεινεν αὐτῷ τὴν ἀφροδίτην, τουτέστι, τὴν ἀκολασίαν. τὰ μὲν γὰρ ἄμφω κεῖντο ἐπὶ χθονὶ πουλυβοτείρῃ, συγγενῆ καὶ τοῖς πάθεσι γειτνιῶντα τὰ νοσήματα. λητοῖ δ' ἀντέστη κατ' ἑρμῆς, ἐπειδήπερ ὁ μὲν, οὐδὲν ἄλλο πλὴν λόγος ἐστὶ τῶν ἔνδον ἐν ἡμῖν παθῶν. λόγῳ δὲ παντὶ μάχεται λητὼ, ὥσπερ ληθώ τις οὖσα κατ' εἶδος στοιχείου μετάθεσιν. τὸ γὰρ ἀμνημονούμενον οὐκ ἔτι ἀπαγγελθῆναι δύναται. διὸ δὴ καὶ μητέρα μουσῶν μνημοσύνην ἱστοροῦσι, τὰς προστάτιδας τοῦ λόγου θεὰς ὑπὸ μνήμης γεγεννῆσθαι λέγοντες. εἰκὸς οὖν τὴν λήθην πρὸς ἀντίπαλον ἅμιλλαν ἐξωρμηκέναι. δικαίως δ' ὑπεῖξεν αὐτῇ. λόγου γὰρ ἐναντία λήθη. καὶ τὸ φανερὸν ὑπ' ἀμνηστίας ἐν κωφῇ νενίκηκε σιωπῇ. τῶν γε μὴν ὑπολειπομένων θεῶν ἡ μάχη φυσικωτέρα. ἔνθα μὲν γὰρ ἔναντα ποσειδάωνος ἄνακτος, ἵστατ' ἀπόλλων φοῖβος, ὕδατι πῦρ ἀντέθηκε. τὸν μὲν ἥλιον, ἀπόλλωνα προσαγορεύσας, τὴν δ' ὑγρὰν φύσιν ποσειδῶνα. τούτων δ' ἑκάτερον ὡς ἐναντίαν ἔχει δύναμιν, τί δεῖ καὶ λέγειν. φθαρτικὸν ἀεὶ κατ' ἐπικράτειαν θατέρου θάτερον. καὶ μὴν ὑπὸ λεπτῆς τῆς περὶ τὴν ἀλήθειαν θεωρίας, διαλύει ἀμφοῖν τὴν μάχην. ἐπειδήπερ ἡλίου τροφὴν ἀπεφήναμεν ἅμα τὴν ἔνυγρον οὐσίαν, καὶ μάλιστα τὴν ἁλμυράν, λεληθότως γὰρ ἀπὸ γῆς τὸ δίυγρον ἀνασπῶν τῆς ἀτμίδος, τούτῳ μάλιστα τὴν πυρώδη φύσιν αὔξει. χαλεπὸν δ' ἦν τῷ τρέφοντι, τὸ τρεφόμενον ἀνθιστάμενον. διὰ τοῦθ' ὑπεῖξαν ἀλλήλοις. ἥρῃ δ' ἀντέστη χρυσηλάκατος κελαδεινή, ἄρτεμις ἰοχέαιρα. οὐδὲ τοῦτ' ἀλόγως εἰσήγαγεν ὅμηρος. ἀλλ' ὥσπερ ἔφην, ἥρα μέν ἐστιν ἀήρ. τὴν δὲ σελήνην, ἄρτεμιν ὀνομάζει. πᾶν δὲ τὸ τεμνόμενον, ἀεὶ πολέμιόν ἐστι τῷ τέμνοντι. καὶ διὰ τοῦτο ἐχθρὰν ἀέρι τὴν σελήνην ὑπεστήσατο, τὴν ἐν ἀέρι αὐτῆς φορὰν καὶ τὸν δρόμον ὑποσημαίνων. εἰκὸς δὲ ταχέως νενικῆσθαι τὴν σελήνην. ἐπειδήπερ ὁ μὲν ἀὴρ πολὺς καὶ πάντῃ κεχυμένος. ἡ δ' ἐλάττων καὶ συνεχῶς ὑπὸ τῶν ἀερίων παθημάτων ἀμαυρουμένη. τοῦτο μὲν ἐκλείψεσι, τοῦτο δ' ἀχλύϊ. καὶ ταῖς ὑποτρεχούσαις νεφέλαις. διὰ τοῦτο τῆς νίκης τὰ βραβεῖα τῷ μείζονι καὶ συνεχῶς βλάπτοντι προσέθηκεν. ἄντα δ' ἄρ' ἡφαίστοιο μέγας ποταμὸς βαθυδίνης. ἐν τοῖς ὑπὲρ ἀπόλλωνος, καὶ ποσειδῶνος λόγοις τὸν οὐράνιον ἡμῖν αἰθέρα, καὶ τὴν ἀκήρατον ἡλίου φλόγα δηλώσας, νῦν μεταβέβηκεν ἐπὶ τὸ θνητὸν πῦρ. καὶ τοῦτο ἀνθώπλισε ποταμῷ, τὴν διάφορον ἑκατέρου φύσιν εἰς μάχην παροξύνας. πρότερον μὲν οὖν ἐνικῶντα τὸν ἥλιον ποσειδῶνι παρεισάγει. νῦν δὲ, τὴν ὑγρὰν οὐσίαν ὑπὸ τῆς πυρώδους ἡττωμένην. δυνατώτερον γὰρ τόδε τὸ στοιχεῖον θατέρου. τίς οὖν οὕτω μέμηνεν, ὡς θεοὺς μαχομένους ἀλλήλοις παρεισάγειν, ὁμήρου φυσικῶς ταῦτα δι' ἀλληγορίας θεολογήσαντος. ἐπὶ τέλει οὖν τῆς ἰλιάδος, καὶ σφόδρα τὸν ἑρμῆν ἐναργῶς ἀκολουθοῦντα πριάμῳ δεδήλωκεν ἀλληγορήσας. οὐδὲν γὰρ ἔοικεν οὕτω πειθήνιον ἀνδράσιν ὀργιζομένοις. οὐκ ἄργυρος, οὐ χρυσὸς, οὐδὲ ἡ διὰ δώρων πολυτέλεια. μειλίχιοι δὲ καὶ προσηνεῖς ἱκεσίας ὅπλον ἐστὶν, ἡ διὰ τοῦ λόγου πειθώ. πάνυ γοῦν ἀληθῶς εὐριπίδης, οὐκ ἔστι πειθοῦς ἱερὸν ἄλλο πλὴν λόγος. τούτῳ τε πρίαμος ὥσπερ ὀχυρᾷ πανοπλίᾳ καθώπλισται. ᾧ καὶ μάλιστα

τὴν

τὴν ἀχιλλέως ἐπέκλασεν ὀργήν. οὐκ ἐν ἀρχῇ λέξας δώδεκα πέπλους. δώδε-
κα δ' ἁπλοΐδας χλαίνας. τά τε λοιπὰ τῶν κομισθέντων δώρων. ἀλλ' αἱ πρῶ-
ται τῆς ἱκεσίας φωναὶ τοὺς ἄρσενας αὐτοῦ θυμοὺς ἐξεθήλυναν. μνῆσαι
πατρὸς σοῖο, θεοῖς ἐπιείκελ' ἀχιλλεῦ. τηλίκου ὅσσου ἐγὼν ὀλοῷ ἐπὶ γήραος οὐ-
δῷ. δι' ὀλίγου προοιμίου τῶν λόγων συνήρπασεν ἀχιλλέα. καὶ αὐτόθεν αὐτὸ
πριάμου γέγονε πηλεύς. ἀλλ' ἕκτωρ ἠλέηται μὲν ἄχρι βαπτίζησ. λουσθεὶς δὲ κοσ-
μηθεὶς ἀποδίδοται τὸ ἕκτορος σῶμα. τοσοῦτον ἴσχυσεν ὁ τῶν παθῶν ἑρμηνεὺς
λόγος, ὃν ἀπέστειλεν ὅμηρος ἀντὶ τῆς ἱκεσίας παράκλητον. ἀλλ' οὐκ ἀπάρχῃ δι'
ὅλης τῆς ἰλιάδος συνᾴδουσα καὶ διηνεκὴς ἡ ὁμήρου φιλοσοφία, αἱ δὲ τὰ περὶ
θεῶν ἠλληγόρησε. ζητοῦμεν δὲ τούτων τί περιττότερον. καὶ μετὰ τοσαύτας ἀπο-
δείξεις οὐδὲν ἔτι τὰ κατὰ τὴν ὀδύσσειαν ἡγούμεθα. πλὴν ὅμως ἀκόρεστοι ἅπαν
τὸ καλόν, ἀπὸ τῆς ἐναγωνίου καὶ πολεμικῆς ἰλιάδος ἐπὶ τὴν ἠθικὴν μεταβῶμεν
ὀδύσσειαν. οὐδὲ γὰρ αὕτη τελέως ἀφιλοσόφητος. ἀλλ' ἐν ἑκατέροις τοῖς σωμα-
τίοις ὅμοιον εὑρίσκομεν ὅμηρον μηδὲν περὶ θεῶν ἀπρεπὲς ἱστοροῦντα. δίχα δὲ
τῆς τοιαύτης ἐμπειρίας αἰνιττόμενον. αὐτίκα τοίνυν ἐν ἀρχῇ τὴν ἀθηνᾶν ὑπὸ
διὸς ἀποστελλομένην πρὸς τηλέμαχον εὑρίσκομεν, εὐλόγως. ἐπειδὴ ἐκ τῆς ἄγαν
νεότητος ἤδη τὴν εἰκοσαετῆ ἡλικίαν ὑπερκύπτων μετέβαινεν ἐπὶ τὸν ἄνδρα.
καὶ τίς αὐτὸν ὑπέδραμε τῶν γιγνομένων λογισμός, ὡς οὐκ ἔτι χρὴ διαμαρτυ-
ρεῖν ἐπὶ τῇ [illegible] τῶν μνηστήρων ἀσωτίᾳ. τοῦτον οὖν τὸν ἀθροιζόμενον ἐν τη-
λεμάχῳ λογισμόν, ἀθηνᾶς ἐπιφάνειαν ἠλληγόρησεν. ὁμοιωθεῖσα γὰρ γέροντι ἥκει.
παλαιὸς γοῦν ὁμολογεῖται ξένος ὀδυσσέως ὁ μέντης εἶναι. πολιὰ δὲ καὶ γῆ-
ρας ἱερὸς τῶν τελευταίων χρόνων λιμένες. ἀσφαλὲς ἀνθρώποις ὅρμισμα. καὶ
ὅσον ἡ τοῦ σώματος ἰσχὺς ὑποφθίνει, τοσοῦτον ἡ τῆς διανοίας αὔξεται ῥῶσις.
τίνα τοίνυν παρεισελθὼν ὁ νοῦς ἐξεπαίδευσε τὸν τηλέμαχον, οὐ θεᾶς παρα-
καθημένης, καὶ ταῦθ' ἃ λέγει παραινέσεις [illegible]. ἄγε δή φησιν ὦ τηλέ-
μαχε, μειρακίου γὰρ ἤδη τι φρονεῖς πλέον. τῇ ἄρσας ἐρέτησιν ἐείκοσιν ἥτις
ἀρίστη, ἔρχεο πευσόμενος πατρὸς δὴν οἰχομένοιο. πρῶτος εὐσεβὴς καὶ δίκαιος
ἐκ βαθείας ἀφροσύνης ὑπεισῆλθε λογισμός, ὡς οὐκ ἄξιόν ἐστιν ἀργοὺς ἐν ἰθά-
κῃ κατατρίβειν χρόνους, ἀμνηστίαν ἔχοντας τοῦ γεγεννηκότος. ἀλλ' ἀναγκαῖον
ἤδη ποτὲ τὸν φιλοπάτορα, ναῦν εὐτρεπισάμενον ἐπὶ τὰς διαποντίους ἐκδρα-
μεῖν κληδόνας. ἵνα τὴν ὀδυσσέως ἀπόδημον ἄγνοιαν ἀνιχνεύσῃ. δεύτερον δὲ τοῦ
τούτοις διεσκέψατο, ὅπου μάλιστα δεῖ τὴν πατρώαν ἐρευνῆσαι τύχην. ὑπηγό-
ρευσε δ' ἡ φρόνησις, ἐπ' ἴχνος αὐτοῦ καθεζομένη. πρῶτον μὲν ἐς πύλον ἐλθὲ καὶ εἴ-
ρεο νέστορα δῖον. κεῖθεν δέ, σπάρτηνδε παρὰ ξανθὸν μενέλαον. ὁ μὲν γὰρ εἶχε
τὴν ἀπὸ γήρως ἐμπειρίαν. ὁ δ' ἀπὸ τῆς ὀκταετοῦς πλάνης ἐπανεληλύθει νεω-
στί. δεύτατος γὰρ ἦλθεν ἀχαιῶν χαλκοχιτώνων. ἔμελλεν οὖν ὠφέλιμος αὐ-
τῷ παραινῶν γενήσεσθαι νέστωρ. τἀληθῆ δὲ περὶ τῆς ὀδυσσέως πλάνης ἐρεῖν
μενέλαος. ἅμα δὲ ταῦτ' ἐννοούμενος, ὥσπερ εἰ παρακροτῶν ἑαυτὸν εἶπεν. οὐδέ
τί σε χρὴ νηπιάας ὀχέειν. ἐπεὶ οὐκ ἔτι τηλίκος ἐσσί. ὥσπερ εἰ παιδαγωγὸς
καὶ πατὴρ ὁ λογισμὸς αὐτοῦ τὸ μεθεκτικὸν τῶν φροντίδων ἀνήγειρεν. εἶτα
καθ' ὁμοίωσιν ἡλικιώτιδος ἀρετῆς, εἰς τὴν ἴσην φρόνησιν αὐτὸν παρακέκλη-
κεν. ἢ οὐκ ἀΐεις οἷον κλέος ἔλαβε δῖος ὀρέστης πάντας ἐπ' ἀνθρώπους, ἐπεὶ
ἔκτανε πατροφονῆα, τοιούτοις ἐπαρθεὶς λογισμοῖς, εὐλόγως μετέωρον αὐτοῦ
τὴν διάνοιαν ἐλαφρίζει, διὸ καὶ προσείκασεν αὐτὴν ὅμηρος ὄρνιθι λέγων, ὄρ-
νις δ' ὣς ἀνόπαια διέπτατο. μεταρσία γὰρ ἡ φρόνησις ὡς ἂν οἶμαι τηλικοῦτον

ὄγκον ἐν αὐτῇ πραγμάτων, κυοφοροῦσαι διανέστησαν. ἀμέλει ταχέως ἐκκλησία συναθροίζεται, καὶ παντοίοις λόγοις ἀγορεύει. τὸν δ' ἀπόπλουν ἐξαρτίζει ὁ τῆς ἀλληγορίας ἐπώνυμος φρονίου μὲν υἱὸς, νοήμων δὲ τοὔνομα. δι' ὧν ἀμφοτέρων οὐδὲν ἄλλο, πλὴν τοὺς ὑπογύους αὐτοῦ λογισμοὺς ὑποσημαίνει. ἐπιβαίνοντι δ' αὐτῷ τῆς νεὼς, συμβέβηκεν ἀθηνᾶ μὲν περὶ τὴν μορφὴν εἰκασμένη. πάλιν ἀνδρὶ πρὸς φροντίδας τὴν διάνοιαν ἔχοντι φρονήσεως μητέρα. δι' ὧν ἁπάντων ἡ κατ' ὀλίγον ἐν τῷ τηλεμάχῳ τρεφομένη σύνεσις, ἐν τοῖς ἔπεσιν ἱστόρηται. καὶ μὴν ὁ περὶ πρωτέως λόγος οὔπω πολὺς ἐκταθεὶς ὑπὸ μενελάου, τὴν ἐξαπατῶσαν εὐθὺς ἔχει φαντασίαν, πάνυ μυθώδης γεγονέναι τῆς ἐν αἰγύπτῳ νησιώδους ἄθλιον ἔποικον, εἰς ἀθανάτου μοῖραν τιμωρίας παρειλημμένον. ᾧ βίος ἠπείρου καὶ θαλάττης κοινὸς, ἀτυχεῖς ὕπνους μετὰ φωκῶν κοιμωμένῳ, ἵν' αὐτοῦ κολάζηται καὶ τὸ τερπνόν. θυγάτηρ δ' εἰδοθέα διὰ πάθος ἀδικίας ξένον δὴ ποιοῦσα, καὶ γενομένη προδότις αὐτοῦ. δεσμοὶ μετὰ ταῦτα καὶ μενέλαος ἐνεδρεύων. εἶθ' ἡ πολυπρόσωπος εἰς ἅπαντα ἃ βούλεται πρωτέως μεταμόρφωσις, ποιητικοὶ καὶ τεράστιοι μῦθοι δοκοῦσιν. εἰ μή τις οὐρανίῳ ψυχῇ, τὰς ὀλυμπίους ὁμήρου τελετὰς ἱεροφαντήσει. τὴν ἔξω προμήτορα τῶν ὅλων ὑφίσταται γένεσιν, ἀφ' ἧς τὸ πᾶν ἐρριζώθη, εἰς ὃ νῦν βλέπομεν ἥκει κατάστημα. παλαιοὶ γὰρ ἦσάν ποτε χρόνοι, καθ' οὓς ἄτυπον ἡ ὑπόλιμνος ἦν. οὐδέ πω κεκριμένοις χαρακτῆρσιν εἰς τέλεον ἥκουσα μορφῆς. οὔτε γὰρ γῆ τῇ τῶν ὅλων ἑστίᾳ κέντρον ἐπεπήγει βέβαιον, οὔτ' οὐρανὸς περὶ τὴν ἀΐδιον φορὰν ἱδρυμένος ἐκυκλεῖτο. πάντα δ' ἦν ἀνήλιος ἐρημία καὶ κατηφοῦσα σιγή. καὶ πλέον οὐδὲν ἦν ἢ κεχυμένης ὕλης ἄμορφος ἀργία, πρὶν ἡ δημιουργὸς ἁπάντων καὶ κοσμοτόκος ἀρχὴ σωτήριον ἑλκύσασα τῷ βίῳ τύπον, τὸν κόσμον ἀπέδωκε τῷ κόσμῳ. διεζεύγνυτο μὲν οὐρανὸν γῆς, ἐχώριζε δὲ τὴν ἤπειρον θαλάττης. τέτταρα δὲ στοιχεῖα τῶν ὅλων ῥίζα καὶ γέννα, αἱ τάξει τὴν ἰδίαν μορφὴν ἐκομίζετο. τούτων δὲ προμηθῶς κεκραμένων, ὁ θεὸς μηδεμιᾶς οὔσης διακρίσεως περὶ τὴν ἄμορφον ὕλην. πρωτέως δὲ θυγάτηρ εἰδοθέα δικαίως εἴδους ἑκάστου γενομένη θέα. διὰ τοῦτο μία τὸ πρὶν ὢν φύσις ὁ πρωτεὺς, εἰς πολλὰς ἐμερίζετο μορφὰς ὑπὸ τῆς προνοίας διαπλαττόμενος. ἤτοι μὲν πρώτιστα λέων γένετ' ἠϋγένειος, αὐτὰρ ἔπειτα δράκων καὶ πάρδαλις ἠδὲ μέγας σῦς. γίνετο δ' ὑγρὸν ὕδωρ καὶ δένδρον ὑψιπέτηλον. διὰ μὲν οὖν τοῦ λέοντος ἐμπύρου ζώου, τὸν αἰθέρα δηλοῖ. δράκων δ' ἐστὶν ἡ γῆ. τὸ γὰρ αὐτόχθον αὐτοῦ καὶ γηγενὲς, οὐδὲν ἄλλο πλὴν τοῦτο σημαίνει. δένδρον γε μὴν ἅπαν αὐξανόμενον καὶ τὴν ἀπὸ γῆς ὁρμὴν μετάρσιον ἀεὶ λαμβάνον, συμβολικῶς εἶπεν ἀέρα. τὸ μὲν γὰρ ὕδωρ εἰς ἀσφαλεστέραν ὧν προηνίξατο δήλωσιν ἐκ τοῦ φανερωτέρου παρέστησεν εἰπών. γίνετο δ' ὑγρὸν ὕδωρ. ὥστε εὔλογον τὴν μὲν ἄμορφον ὕλην πρωτέα καλεῖσθαι. τὴν δ' εἰδωλοπλαστήσασαν ἕκαστα πρόνοιαν, εἰδοθέαν. ἐξ ἀμφοῖν δὲ πᾶν διακριθὲν, εἰς τὰ συνεχῆ καὶ προστακτικὰ τῶν ὅλων ἀλωθῆναι. πιθανῶς δὲ καὶ τὴν νῆσον ἐν ᾗ ταῦτα διέπλασεν φάρον ὠνόμασεν, ἐπειδήπερ εἴδει φέρουσα τὸ γεννῆσαν. καὶ τὴν γῆν ἀφάρωτον ὁ καλλίμαχος εἶπε τὴν ἄγονον. ἀφάρωτος δ' οἷον γυνή. φυσικῶς οὖν τὸν ἁπάντων πατέρα χῶρον ὠνόμασε φάρον. ἐκ τῆς γονίμου προσηγορίας, ὃ μάλιστα ἐβούλετο σημήνας. τίσι γε μὴν ἐπιθέτοις καὶ τὸν πρωτέα κεκόσμηκεν, ἤδη σκοπῶμεν. πωλεῖταί τις δεῦρο γέρων ἅλιος νημερτής. τὸ μὲν γέρον οἶμαι, τῆς ἀρχεγόνου καὶ πρώτης οὐσίας γεραίτερον, ὥστε ἀρσιμνῶσαι τῇ πολιτείᾳ τοῦ χρόνου τὴν ἄμορφον ὕλην. ἅλιον δὲ ὠνόμασεν, οὐ μὰ δί' οὐ θαλάττιόν τινα δαίμονα καὶ κατὰ κυμάτων ζῶντα. τὸ δ' ἐκ πολλῶν

καὶ

καὶ παντοδαπῶν συνηλισμένον, ὅπερ ἔδει συνηθεισμένον. ὑπερτάτη δ' εὐλόγως
εἴρηται. τί γὰρ ταύτης τῆς οὐσίας ἀληθουργέστερον, ἐξ ἧς ἅπαντα γεγενῆσθαι
νομιστέον. καὶ μὴν καὶ ἡ Καλυψώ, τὴν πειθὼ τῶν ποικίλων παρ' Ὀδυσσέως λό-
γων Ἑρμῆν προσηγόρευσε. μόγις μὲν ἀλλ' ὅμως καταθέλξαντος αὐτοῦ τὸν ἔρω-
τα τῆς νύμφης ἵν' εἰς Ἰθάκην προσπεμφθείη. διὰ τοῦτ' ὄρνιθι προσωμοιωμένος Ἑρ-
μῆς ἐλήλυθεν ἀπ' Οὐλύμπου. πτερόεντα γοῦν τὰ ἔπη κατὰ τὸν Ὅμηρον, καὶ τά-
χιον οὐδὲν ἐν ἀνθρώποις λόγου. δεῖ δὲ ἡμᾶς οὐδὲ τὰ μικρὰ παροδεύειν, ἀλλὰ καὶ
δι' ἐκείνων τὴν λεπτὴν ἐξετάζειν Ὁμήρου φροντίδα. τὸν γὰρ ἡμέρας καὶ ὡρίωνος
ἔρωτα, πάθος ἐν ἀνθρώποις εὐσχήμον ἠλληγόρησεν. ὡς μὲν Ὠρίων' ἕλετο ῥο-
δοδάκτυλος Ἠώς. παρεισάγει γὰρ αὐτὸν, ἔτι νεανίαν ἐν ἀκμῇ τοῦ σώματος
ὑπὸ τοῦ χρεὼν πρὸ μοίρας συνηρπασμένον. ἦν δὲ παλαιὸν ἔθος τὰ σώματα
τῶν καμνόντων ἐπειδὰν ἀναπαύσηται τοῦ βίου, μήτε νύκτωρ ἐκκομίζειν,
μήθ' ὅταν ὑπὲρ γῆς τὸ μεσημβρινὸν ἐπιτείνηται θάλπος, ἀλλὰ πρὸς βαθὺ
ὄρθρον ἀπύροις ἡλίου ἀκτῖσιν ἀνιόντος. ἐπειδὰν οὖν εὐγενὴς νεανίας ἅμα καὶ
κάλλει προέχων τελευτήσῃ, τὴν ὄρθριον ἐκκομιδὴν εὐφήμως ἡμέρας ἁρπα-
γὴν ὡς οὐκ ἀποθανόντος, ἀλλὰ δι' ἐρωτικὴν ἐπιθυμίαν ἀνηρπασμένου. καθ' Ὅμη-
ρον δὲ ἑτέρῳ φησίν. Ἰασίων ἀνὴρ γεωργίας ἐπιμελούμενος, καὶ δαψιλῶς τοὺς
ἀπὸ τῶν ἰδίων ἀγρῶν καρποὺς λαμβάνων. εἰκότως ὑπὸ τῆς Δήμητρος ἔδοξεν
ἠγαπῆσθαι. διὰ τοῦτ' Ὅμηρος οὐκ ἀσελγεῖς ἔρωτας ἱστορεῖ θεῶν, οὐδ' ἀκολασίας.
σημαίνει δὲ τοῖς εὐαγεστάτοις, ἡμέραν τε καὶ Δήμητραν, τοῖς εὐσεβῶς ἐρανιᾶν ἐθέ-
λουσι, φυσικῆς ἀκριβοῦς θεωρίας ἀφορμὴν χαρίζεται. νῦν ἅπαντα τἄλλα ἀφέν-
τες, αὐτὴν τὴν διηνεκῆ καὶ χαλεπῶς θρυλλουμένην ὑπὸ τῶν συκοφαντῶν κατηγο-
ρίαν ἐξετάσωμεν. ἄνω γοῦν οὖν καὶ κάτω ῥαψῳδοῦσι τὰ περὶ Ἄρεος καὶ Ἀφροδί-
της ἀσεβῶς διαπεπλάσθαι λέγοντες. ἀκολασίαν γὰρ ἐμπεπολίτευκεν οὐρανῷ.
καὶ τὸ παρ' αὐτοῖς ὅταν γένηται θανάτου τιμώμενον, οὐκ ἐδυσωπήθη παρὰ θεοῖς
ἱστορῆσαι. λέγω δὲ μοιχείαν. ἀμφ' Ἄρεος φιλότητος εὐστεφάνου τ' Ἀφροδίτης.
ὡς τὰ πρῶτα μίγησαν ἐν Ἡφαίστοιο δόμοισιν. εἶτα μετὰ ταῦτα δεσμοὶ καὶ θεῶν
γέλωτες. ἱκεσία τε πρὸς Ἥφαιστον Ποσειδῶνος. ἅπερ οἱ θεοὶ νοσοῦσιν, οὐκ ἔτι τοὺς
παρ' αὐτοῖς ἀδικοῦντας ἔδει κολάζεσθαι. νομίζω δ' ἔγωγε καίπερ ἐν Φαίαξιν ἀν-
θρώποις ἡδονῇ δεδουλωμένοις ᾀδόμενα ταῦτα φιλοσόφου τινὸς ἐπιστήμης ἔχε-
σθαι. τὰ γὰρ Σικελικὰ δόγματα, καὶ τὴν Ἐμπεδόκλειον γνώμην ἔοικεν ἀπὸ τού-
των βεβαιοῦν. Ἄρην μὲν ὀνομάσας τὸ νεῖκος, τὴν δ' Ἀφροδίτην φιλίαν. τού-
τους οὖν διεστηκότας ἐν ἀρχῇ παρεισήγαγεν Ὅμηρος ἐκ τῆς πάλαι φιλονεική-
ας εἰς μίαν ὁμόνοιαν κεκραμένους. ὅθεν εὐλόγως ἐξ ἀμφοῖν ἁρμονία γεγένηται,
τοῦ παντὸς ἀσαλεύτως καὶ κατ' ἐμμέλειαν ἁρμοσθέντος. γελᾶν δὲ ἐπὶ τούτοις
εἰκὸς ἦν καὶ συνήδεσθαι τοὺς θεούς, ἅτε δὴ τῶν ἰδίων χαρίτων οὐκ ἐπὶ φθοραῖς
διεσταμένων, ἀλλ' ὁμονοοῦσαν εἰρήνην ἀγόντων. δύναται γε μὴν καὶ περὶ τῆς
χαλκευτικῆς τέχνης ἀλληγορεῖν. ὁ μὲν γὰρ Ἄρης, εἰκότως ἂν ὀνομάζοιτο σίδη-
ρος. τοῦτον δὲ ῥᾳδίως Ἥφαιστος ἐχειρώσατο. τὸ γὰρ πῦρ, ἅτ' οἶμαι σιδήρου κραται-
οτέρας δυνάμεως μετειληχὸς, εὐκόλως ἐν αὐτῷ τὴν ἐκείνου στερρότητα θη-
λύνει. δεῖ δὲ τῷ τεχνίτῃ πρὸς τὸ κατασκευαζόμενον, καὶ Ἀφροδίτης. ὅθεν
οἶμαι διὰ πυρὸς μαλάξας τὸν σίδηρον, ἐπαφροδίτῳ τινὶ τέχνῃ, τὴν ἐργασίαν
κατώρθωσε. Ποσειδῶν δ' ὁ ῥυόμενος παρ' Ἡφαίστου τὸν Ἄρη πιθανῶς. ἐπειδή-
περ ἐκ τῶν βαναύσων διὰ πυρὸς ὁ τοῦ σιδήρου μύδρος ἑλκυσθεὶς, ὕδατι βα-
πτίζεται. καὶ τὸ φλογῶδες ὑπὸ τῆς ἰδίας φύσεως ὕδατι κατασβεσθὲν
ἀναπαύεται. καθόλου δὲ τὴν Ὀδυσσέως πλάνην εἴ τις ἀκριβῶς ἐθέλει σκο-

πεῖν, ἠλληγορημένην εὑρήσει· πάσης γὰρ ἀρετῆς καθάπερ ὄργανόν τι τὸν
ὀδυσσέα παραστησάμενος ἑαυτῷ· διὰ τούτου πεφιλοσόφηκεν· ἐπειδὴ τὰς ἐκνεμο-
μένας τὸν ἀνθρώπινον βίον, ἤχθηρε κακίας· ἡδονὴν μὲν, τὸν λωτοφάγων χω-
ρίον ξένης γεωργὸν ἀπολαύσεως· ἣν ὀδυσσεὺς ἐγκρατῶς παρέπλευσε· τὸν δ'
ἄγριον ἑκάστου θυμὸν, ὥσπερ ἐκκαυτηρίῳ τῇ παραινέσει τῶν λόγων ἐπήρωσε.
κύκλωψ δὲ οὗτος ὠνόμασται, ὁ τοὺς λογισμοὺς ὑποκλωπεύων· τί δ' οὐχὶ πρῶτος
ἄδηλον πλοῦν δι' ἐπιστήμης ἀστρονόμου τεκμηράμενος ἔδοξεν ἀνέμους δεδέσθαι.
φαρμάκων τε τῶν παρὰ κίρκης γέγονε κρείττων, ὑπὸ πολλῆς σοφίας τι μμάτων
ἐπεισάκτων κακῶν οὐχ ἡττώμενος. ἡ δὲ φρόνησις ἕως ᾅδου καταβέβηκεν, ἵνα
μὴ δὲ τῶν νέρθεν ἀδιερεύνητον ᾖ. τίς δὲ σειρήνων ἀκούει τὰς πολυπείρους ἱστορί-
ας παντὸς αἰῶνος ἐκμαθών. καὶ χάρυβδις μὲν ἡ δάπανος ἀσωτία, καὶ περὶ τοὺς
πότους ἄπληστος, εὐλόγως ὠνόμασται. σκύλλαν τε, τὴν πολύμορφον ἀναίδειαν ἠλ-
ληγόρησε. διὸ δὴ κυνὸς οὐκ ἀλόγως ὑπέζωσται, προτομαῖς ἁρπαγῇ τόλμῃ
καὶ πλεονεξίᾳ πεφραγμένας. αἱ δ' ἡλίου βόες, ἐγκράτεια γαστρός εἰσιν. εἰ μὴ
δὲ λιμὸν ἔχων ἀδικίας ἀρχήν. ἃ δὴ μυθικῶς μὲν ἐστιν εἰρημένα περὶ τοὺς ἀκού-
οντας. εἰ δ' ἔλθοι τὴν ἠλληγορημένην σοφίαν καταβέβηκεν, ὠφέλιμα ταῦτα τοῖς
μυουμένοις γενήσεται. τὸν μὲν γὰρ αἴολον, ἐξαιρέτως ἔγωγε νομίζω τὸν ἐνι-
αυτὸν ἐν τοῖς δωδεκαμήνοις τοῦ χρόνου περιόδοις ἐνδεδεμένον. ὠνόμασται γοῦν αἴο
λος τουτέστι ποικίλος. ἐπειδήπερ οὐκ ἰσοχρόνῳ καὶ μονοειδεῖ κατὰ πᾶσαν ὥραν
τῇ φύσει συνήνωται. διάφοροι δ' αὐτὸν αἱ παρ' ἕκαστα μεταβολαὶ ποικίλλου-
σιν. ἔκ τε γὰρ ἀργαλαίου κρύους, εἰς πραεῖαν ἡδονὴν ἔαρος ἐκεῖνου μεταβάλ-
λει, καὶ τὸ νοτερὸν τῆς ἐαριζούσης καταστάσεως, ἔμπυρος ἡ τοῦ θέρους βία πυ-
κνοῖ. μετόπωρον δὲ φθινὰς ὥρα καρπῶν ἐπετησίων τὸ θέρειον ἐκλύσασα θάλπος,
ὥραις χειμερίαις προοιμιάζεται. ταύτης δὲ τῆς ποικιλίας ὁ ἐνιαυτὸς ὢν πα-
τὴρ, εἰκότως αἴολος ὠνόμασται. παῖδα δὲ αὐτὸν ὠνόμασεν ἱππότου. τί δ' ἐξύ-
τερον χρόνου. τί δ' οὕτω ποδῶκες ἀεὶ φερομένῳ καὶ ῥέοντι τῷ τάχει τοῦ ὅλου
αἰῶνος ἐκμεζουμένου. δώδεκα δ' αὐτοῦ παῖδές εἰσιν οἱ μῆνες. ἓξ μὲν θυγατέρες.
ἓξ δ' υἱέες ἡβώοντες. τὸ μὲν ἄκαρπον καὶ γόνιμον τῶν τὸ θέρος ἐμπιμ-
πλάντων μηνῶν, θηλείᾳ γονῇ προσείκασε. τὸ δὲ στερρὸν καὶ πεπηγὸς
τῶν χειμερίων ἠρρένωσεν. οὐκ ἀσεβὴς δ' οὐδ' ὁ περὶ τῶν γά-
μων μῦθος. ἀλλὰ τοὺς ἀδελφοὺς αὐτὸς μίξει ταῖς ἀδελ-
φαῖς, ἐπειδήπερ ὑπ' ἀλλήλων συμβέβηκε τὰς
ὥρας ὀχεῖσθαι. ταμίας δ' ἐστὶν ἀνέμων.
ἠ μὲν παυέμεν, ἠδ' ὀρνύμεν ὅν κ' ἐ-
θέλῃσιν. ἔμμηνοι γὰρ αἱ τού-
των φοραὶ, καὶ κατὰ
προθεσμίαν πνέ
ουσαι.

ΩΡΟΥ ΑΠΟΛΛΩΝΟΣ ΝΕΙΛΩΟΥ, ΙΕΡΟΓΛΥΦΙΚΑ, Α ΕΞΗΝΕΓΚΕ ΜΕΝ ΑΥΤΟΣ ΑΙΓΥΠΤΙΑι ΦΩΝΗι, ΜΕΤΕΦΡΑΣΕ ΔΕ, ΦΙΛΙΠΠΟΣ ΕΙΣ ΤΗΝ ΕΛΛΑΔΑ ΔΙΑΛΕΚΤΟΝ.

Πῶς αἰῶνα σημαίνει.

ιῶνα σημαίνοντες, ἥλιον καὶ σελήνην γράφουσι, διὰ τὸ αἰώνια εἶναι στοιχεῖα. αἰῶνα δ' ἑτέρως γράψαι βουλόμενοι, ὄφιν ζωγραφοῦσιν, ἔχοντα τὴν οὐρὰν ὑπὸ τὸ λοιπὸν σῶμα κρυπτομέ-
α νην, ὃν καλοῦσιν αἰγύπτιοι, οὐραῖον, ὅ ἐστιν ἑλληνιστὶ βασιλίσκον. ὅνπερ χρυσοῦν ποιοῦντες, θεοῖς περιτιθέασιν. αἰῶνα δὲ λέγουσιν αἰγύπτιοι, διὰ τοῦδε τοῦ ζώου δηλοῦσθαι. ἐπειδὴ τριῶν γενῶν ὄφεων καθεστώτων, τὰ μὲν λοιπὰ, θνητὰ ὑπάρχει, τοῦτο δὲ μόνον ἀθάνατον. ὃ καὶ προσφυσῆσαν ἑτέρῳ παντὶ ζώῳ δίχα τοῦ δακεῖν, ἀναιρεῖ. ὅθεν ἐπειδὴ δοκεῖ ζωῆς καὶ θανάτου κυριεύειν, διὰ τοῦτο αὐτὸν ἐπὶ τῆς κεφαλῆς τῶν θεῶν ἐπιτιθέασιν.

Πῶς κόσμον.

όσμον βουλόμενοι γράψαι, ὄφιν ζωγραφοῦσι τὴν ἑαυτοῦ οὐρὰν ἐσθίοντα οὐ-
κ ρὰν, ἐστιγμένον φολίσι ποικίλαις. διὰ μὲν τῶν φολίδων αἰνιττόμενοι τοὺς ἐν τῷ κόσμῳ ἀστέρας. βαρύτατον δὲ τὸ ζῶον, καθάπερ καὶ ἡ γῆ. λειότατον δὲ ὥσπερ ὕδωρ. καθ' ἕκαστον δὲ ἐνιαυτὸν τὸ γῆρας ἀφεὶς, ἀποδύεται. καθ' ὃ καὶ ὁ ἐν τῷ κόσμῳ ἐνιαύσιος χρόνος ἐναλλαγὴν ποιούμενος, νεάζει. τὸ δὲ ὡς τροφῇ χρῆσθαι τῷ ἑαυτοῦ σώματι, σημαίνει, τὸ πάντα ὅσα ἐκ τῆς θείας προνοίας ἐν τῷ κόσμῳ γεννᾶται, ταῦτα πάλιν καὶ τὴν μείωσιν εἰς αὐτὸν λαμβάνειν.

Πῶς ἐνιαυτόν.

νιαυτὸν δὲ βουλόμενοι δηλῶσαι, ἶσιν, τουτέστι γυναῖκα ζωγραφοῦσι.
ἐ τῷ δὲ αὐτῷ, καὶ τὴν θεὸν σημαίνουσιν. ἶσις δὲ παρ' αὐτοῖς ἐστιν, ἀστὴρ αἰγυπτιστὶ καλούμενος σῶθις. ἑλληνιστὶ δὲ, ἀστροκύων, ὃς καὶ δοκεῖ βασιλεύειν τῶν λοιπῶν ἀστέρων. ὁτὲ μὲν μείζων, ὁτὲ δὲ ἥττων ἀνατέλλων. καὶ ὁτὲ μὲν λαμπρότερος, ὁτὲ δὲ, οὐχ οὕτως. ἔτι δὲ καὶ διότι κατὰ τὴν τούτου τοῦ ἄστρου ἀνατολὴν, σημειούμεθα περὶ πάντων τῶν ἐν τῷ ἐνιαυτῷ μελλόντων τελεῖσθαι. διόπερ οὐκ ἀλόγως τὸν ἐνιαυτὸν, ἶσιν λέγουσιν. καὶ ἑτέρως δὲ ἐνιαυτὸν γράφοντες, φοίνικα ζωγραφοῦσι, διὰ τὸ δένδρον τοῦτο μόνον τῶν ἄλλων κατὰ τὴν ἀνατολὴν τῆς σελήνης, μίαν βάϊν γεννᾶν, ὡς ἐν ταῖς δώδεκα βάϊσιν ἐνιαυτὸν ἀπαρτίζεσθαι.

Πῶς μῆνα.

ῆνα δὲ γράφοντες, βάϊν ζωγραφοῦσιν, ἢ σελήνην ἐπεστραμμένην εἰς τὸ
μ κάτω. βάϊν μὲν, τῆς προειρημένης περὶ τοῦ φοίνικος αἰτίας χάριν. σελήνην δὲ ἐπεστραμμένην εἰς τὸ κάτω, ἐπειδή φασιν ἐν τῇ ἀνατολῇ πεντεκαίδεκα μοίρας ὑπάρχουσαν, πρὸς τὸ ἄνω τοῖς κέρασιν ἐσχηματίσθαι. ἐν δὲ τῇ ἀποκρούσει, τὸν ἀριθμὸν τῶν τριάκοντα ἡμερῶν πληρώσασαν, εἰς τὸ κάτω τοῖς κέρασι νεύειν.

Πῶς τὸ ἐνιστάμενον ἔτος.

τος τὸ ἐνιστάμενον γράφοντες, τέταρτον ἀρούρας γράφουσιν. ἔστι δὲ μέ-
ἔ τρον γῆς ἡ ἄρουρα, πηχῶν ἑκατόν. βουλόμενοί τε ἔτος εἰπεῖν, τέταρτον λέγουσιν. ἐπειδή φασι κατὰ τὴν ἀνατολὴν τοῦ ἄστρου τῆς σώθεως, μέχρι τῆς ἄλλης ἀνατολῆς, τέταρτον ἡμέρας προστίθεσθαι. ὡς εἶναι τὸ ἔτος τοῦ θεοῦ, τριακοσίων ἑξήκοντα πέντε ἡμερῶν. ὅθεν καὶ διὰ τετραετηρίδος περισ-

σιν ἡμέρας ἀριθμοῦσιν αἰγύπτιοι· τὰ δὲ τέσσαρα τέταρτα, ἡμέραν ἀπαρτίζει.

Τί δηλοῦσιν ἱέρακα γράφοντες.

ς Θεὸν βουλόμενοι σημῆναι, ἢ ὕψος, ἢ ταπείνωσιν, ἢ ὑπεροχὴν, ἢ αἷμα, ἢ νίκην, ἢ ἄρεα, ἢ ἀφροδίτην, ἱέρακα ζωγραφοῦσι. θεὸν μὲν, διὰ τὸ πολύγονον εἶναι τὸ ζῶον, καὶ πολυχρόνιον. ἔτι γε μὴν, ἐπεὶ καὶ δοκεῖ εἴδωλον ἡλίου ὑπάρχειν παρὰ πάντα τὰ πετεινὰ πρὸς τὰς αὐτοῦ ἀκτῖνας ὀξυωπῶν, ἀφ' οὗ καὶ οἱ ἰατροὶ πρὸς ἴασιν ὀφθαλμῶν τῇ ἱερακίᾳ βοτάνῃ χρῶνται. ὅθεν καὶ τὸν ἥλιον ὡς κύριον ὄντα ὁράσεως, ἔσθ' ὅτε ἱερακόμορφον ζωγραφοῦσιν. ὕψος δὲ, ἐπεὶ τὰ μὲν ἕτερα ζῶα εἰς ὕψος πέτεσθαι προαιρούμενα, πλαγίως φέρεται, ἀδυνατοῦντα κατ' εὐθὺ χωρεῖν. μόνος δὲ ἱέραξ εἰς ὕψος κατ' εὐθὺ πέτεται. ταπείνωσις δὲ, ἐπεὶ τὰ ἕτερα ζῶα, οὐ κατὰ κάθετον χωρεῖ πρὸς τοῦτο. πλαγίως δὲ καταφέρεται. ἱέραξ δὲ κατ' εὐθὺ, ἐπὶ τὸ ταπεινὸν ῥίπτεται. ὑπεροχὴν δὲ, ἐπειδὴ δοκεῖ πάντων τῶν πετεινῶν διαφέρειν. αἷμα δὲ, ἐπειδή φασι τοῦτο τὸ ζῶον, ὕδωρ μὴ πίνειν, ἀλλ' αἷμα. νίκην δὲ, ἐπειδὴ δοκεῖ τοῦτο τὸ ζῶον, πᾶν νικᾶν πετεινόν. ἐπειδὰν γὰρ ὑπὸ ἰσχυροτέρου ζώου καταδυναστεύηται, τὸ τηνικαῦτα ἑαυτὸ ὑπτιάσας ἐν τῷ ἀέρι, ὡς τοὺς μὲν ὄνυχας αὐτοῦ ἐν τῷ ἄνω σχηματίσαι, τὰ δὲ πτερὰ, καὶ τὰ ὀπίσθια εἰς τὸ κάτω, τὴν μάχην ποιεῖται. οὕτω γὰρ ἀντιμαχόμενον αὐτῷ ζῶον, τὸ αὐτὸ ποιῆσαι ἀδυνατοῦν, εἰς ἧτταν ἔρχεται.

Πῶς δηλοῦσι ψυχήν.

ζ Ἔτι γε μὴν καὶ ἀντὶ ψυχῆς ὁ ἱέραξ τάσσεται, ἐκ τῆς τοῦ ὀνόματος ἑρμηνείας. καλεῖται γὰρ παρ' αἰγυπτίοις ὁ ἱέραξ, βαιήθ. τοῦτο δὲ τὸ ὄνομα διαιρεθὲν, ψυχὴν σημαίνει καὶ καρδίαν. ἔστι γὰρ τὸ μὲν βαὶ, ψυχή. τὸ δὲ ἢθ, καρδία. ἡ δὲ καρδία κατ' αἰγυπτίους, ψυχῆς περίβολος. ὥστε σημαίνειν τὴν σύνθεσιν τοῦ ὀνόματος, ψυχὴν ἐγκαρδίαν. ἀφ' οὗ καὶ ὁ ἱέραξ διὰ τὸ πρὸς τὴν ψυχὴν συμπαθεῖν, ὕδωρ οὐ πίνει τὸ καθόλου ἀλλ' αἷμα, ᾧ καὶ ἡ ψυχὴ τρέφεται.

Πῶς ἄρεα, καὶ ἀφροδίτην.

η Ἄρεα δὲ γράφοντες καὶ ἀφροδίτην, δύο ἱέρακας ζωγραφοῦσιν. ὧν τὸν ἀρσενικὸν εἰκάζουσιν ἄρει. τὴν δὲ θήλειαν ἀφροδίτῃ. ἐπειδὴ τὰ μὲν ἄλλα θηλυκὰ ζῶα, πρὸς πᾶσαν μῖξιν τῷ ἀνδρὶ οὐχ ὑπακούει καθάπερ ἱέραξ. τριακοντάκις γὰρ τῆς ἡμέρας βασανιζομένη, ἐπειδὰν ἀναχωρήσῃ, φωνηθεῖσα ὑπὸ τοῦ ἄρσενος, πάλιν ὑπακούει. διὸ καὶ πᾶσαν θήλειαν τῷ ἀνδρὶ πειθομένην, αἰγύπτιοι ἀφροδίτην καλοῦσι. τὴν δὲ μὴ πειθομένην, οὐχ οὕτω προσαγορεύουσι. διὰ τοῦτο καὶ ἡλίῳ τὸν ἱέρακα ἀνέθεσαν. παραπλησίως δὲ τῷ ἡλίῳ τὸν τριάκοντα ἀριθμὸν ἐν τῷ πλησιασμῷ τῆς θηλείας ἀποδίδωσιν. ἑτέρως δὲ τὸν ἄρεα καὶ τὴν ἀφροδίτην γράφοντες, δύο κορώνας ζωγραφοῦσιν, ὡς ἄνδρα καὶ γυναῖκα. ἐπεὶ τοῦτο τὸ ζῶον, δύο ὠὰ γεννᾷ. ἀφ' ὧν ἄρρεν καὶ θῆλυ γεννᾶσθαι δεῖ. ἐπειδὰν δὲ γεννήσῃ ὅπερ σπανίως γίνεται δύο ἀρσενικὰ, ἢ δύο θηλυκὰ, τὰ ἀρσενικὰ τὰς θηλείας γαμήσαντα, οὐ μίσγεται ἑτέρᾳ κορώνῃ. οὐδὲ μὴν ἡ θήλεια κορώνη ἑτέρᾳ μέχρι θανάτου. ἀλλὰ μόνα τὰ ἀπο ζυγέντα διατελεῖ. διὸ καὶ μιᾷ κορώνῃ συναντήσαντες, οἰωνίζονται οἱ ἄνθρωποι, ὡς χηρεύοντι συνηντηκότες ζώῳ. τῆς δὲ τοιαύτης αὐτῶν ὁμονοίας χάριν, μέχρι νῦν οἱ ἕλληνες ἐν τοῖς γάμοις, ἐκκορὶ κορὶ, κορώνην λέγουσιν ἀγνοοῦντες.

Πῶς γάμον.

θ Γάμον δὲ δηλοῦντες, δύο κορώνας πάλιν ζωγραφοῦσι, τοῦ λεχθέντος χάριν.

πῶς μονογενές.

μ ονογενὲς δὲ δηλοῦντες, ἢ γένεσιν, ἢ πατέρα, ἢ κόσμον, ἢ ἄνδρα, κάνθαρον ζωγραφοῦσι. μονογενὲς μὲν, ὅτι αὐτογενές ἐστι τὸ ζῶον, ὑπὸ θηλείας μὴ κυοφορούμενον. μόνη γὰρ γένεσις αὐτοῦ τοιαύτη ἐστίν. ἐπειδὰν ὁ ἄρσην βούληται παιδοποιήσασθαι, βοὸς ἄφοδευμα λαβὼν, πλάσσει σφαιροειδὲς παραπλήσιον τῷ κόσμῳ σχῆμα. ὃ ἐκ τῶν ὀπισθίων μερῶν κυλίσας ἀπὸ ἀνατολῆς εἰς δύσιν, αὐτὸς πρὸς ἀνατολὴν βλέπει, ἵνα ἀποδῷ τὸ τοῦ κόσμου σχῆμα. αὐτὸς γὰρ ἀπὸ τοῦ ἀπηλιώτου, εἰς λίβα φέρεται. ὁ δὲ τῶν ἀστέρων δρόμος, ἀπὸ λιβὸς εἰς ἀπηλιώτην. ταύτην οὖν τὴν σφαῖραν κατορύξας εἰς γῆν, κατατίθεται ἐπὶ ἡμέρας εἰκοσιοκτὼ, ἐν ὅσαις καὶ ἡ σελήνη ἡμέραις τὰ δώδεκα ζώδια κυκλεύει. ὑφ᾽ ἣν ἀπομένον, ζωογονεῖται τὸ τῶν κανθάρων γένος. τῇ ἐνάτῃ δὲ καὶ εἰκοστῇ ἡμέρᾳ ἀνοίξας τὴν σφαῖραν, εἰς ὕδωρ βάλλει. ταύτην γὰρ τὴν ἡμέραν νομίζει σύνοδον εἶναι σελήνης καὶ ἡλίου, ἔτι τε καὶ γένεσιν κόσμου. ἧς ἀνοιγομένης ἐν τῷ ὕδατι, ζῶα ἐξέρχεται. τουτέστιν οἱ κάνθαροι. γένεσιν δὲ, διὰ τὴν προειρημένην αἰτίαν. πατέρα δὲ, ὅτι ἐκ μόνου πατρὸς, τὴν γένεσιν ἔχει ὁ κάνθαρος. κόσμον δὲ, ἐπειδὴ κοσμοειδῆ τὴν γένεσιν ποιεῖται. ἄνδρα δὲ, ἐπειδὴ θηλυκὸν γένος αὐτοῖς οὐ γίνεται. εἰσὶ δὲ καὶ κανθάρων ἰδέαι τρεῖς. πρώτη μὲν, αἰλουρόμορφος, καὶ ἀκτινωτὴ, ἣν ἡλίῳ ἀνέθεσαν διὰ τὸ σύμβολον. φασὶ γὰρ τὸν ἄρρενα αἴλουρον, συμμεταβάλλειν τὰς κόρας τοῖς τοῦ ἡλίου δρόμοις. ὑπεκτείνονται μὲν γὰρ κατὰ πρωῒ πρὸς τὴν τοῦ θεοῦ ἀνατολήν. στρογγυλοειδεῖς δὲ γίνονται κατὰ τὸ μέσον τῆς ἡμέρας, ἀμαυρότεραι δὲ φαίνονται, δύειν μέλλοντος τοῦ ἡλίου. ὅθεν καὶ τὸ ἐν ἡλίου πόλει ξόανον τοῦ θεοῦ, αἰλουρόμορφον ὑπάρχει. ἔχει δὲ πᾶς κάνθαρος καὶ δακτύλους τριάκοντα, διὰ τὴν τριακονταήμερον τοῦ μηνὸς, ἐν αἷς ὁ ἥλιος ἀνατέλλων, τὸν ἑαυτοῦ ποιεῖται δρόμον. δευτέρα δὲ γενεὰ, ἡ δίκερως καὶ ταυροειδὴς, ἣ καὶ τῇ σελήνῃ καθιερώθη, ἀφ᾽ οὗ καὶ τὸν ἐν οὐρανῷ ταῦρον, ὕψωμα τῆς θεοῦ ταύτης λέγουσιν εἶναι παῖδες αἰγυπτίων. τρίτη δὲ, ἡ μονόκερως καὶ ἰβιόμορφος. ἣν ἑρμῇ διαφέρειν ἐνόμισαν. καθὰ καὶ ἶβιν τὸ ὄρνεον.

τί γῦπα γράφοντες δηλοῦσι.

μ ητέρα δὲ γράφοντες, ἢ βλέψιν, ἢ ὅριον, ἢ πρόγνωσιν, ἢ ἐνιαυτὸν, ἢ οὐρανίαν, ἢ ἐλεήμονα, ἢ ἀθηνᾶν, ἢ ἥραν, ἢ δραχμὰς δύο, γῦπα ζωγραφοῦσι. μητέρα μὲν, ἐπειδὴ ἄρρεν ἐν τούτῳ τῷ γένει τῶν ζώων οὐχ ὑπάρχει. ἡ δὲ γένεσις αὐτῶν, γίνεται τρόπῳ τοιῷδε. ὅταν ὀργήσῃ πρὸς σύλληψιν ἡ γὺψ, τὴν φύσιν ἑαυτῆς ἀνοίξασα πρὸς βορέαν ἄνεμον, ὑπὸ τούτου ὀχεύεται ἐπὶ ἡμέρας πέντε. ἐν αἷς, οὔτε βρωτοῦ οὔτε ποτοῦ μεταλαμβάνει, ποθοῦσα παιδοποιΐαν. ἔστι δὲ καὶ ἄλλα γένη γυπῶν, ἃ ὑπὸ ἀνέμου συλλαμβάνονται, ὧν τὰ ὠὰ πρὸς βρῶσιν αὐτοῦ μόνον, οὐκέτι δὲ πρὸς ζωογονίαν ἐστὶ χρήσιμα. γυπῶν δὲ ὑπηνέμιον ποιουμένων τὴν ὀχείαν, ἡ τῶν ὠῶν γένεσις ζωογονεῖται. βλέψιν δὲ, ἐπειδὴ τῶν ἄλλων ζώων ἁπάντων, ὀξυωπέστερον ὁρᾷ ἡ γὺψ. ἐν μὲν ἀνατολῇ τοῦ ἡλίου ὄντος, πρὸς δύσιν βλέπουσα, ἐν δύσει δὲ τοῦ θεοῦ ὑπάρχοντος, πρὸς ἀνατολὴν, ἐξ ἱκανοῦ διαστήματος πορίζομένη τὰ πρὸς χρῆσιν αὐτῇ βρώσιμα. ὅριον δὲ, διότι πολέμου μέλλοντος τελεῖσθαι, τὸν τόπον ὁρίζει, ἐν ᾧ μέλλει ὁ πόλεμος γίνεσθαι, πρὸ ἡμερῶν ἑπτὰ ἐπ᾽ αὐτὸν παραγινομένη. πρόγνωσιν δὲ, διά τε τὰ προειρημένα, καὶ ὅτι πρὸς τοὺς πλείονας σφαζομένους καὶ ἡττωμένους βλέπει. ταμιευομένη τὴν ἑαυτῆς ἐκ τῶν πτωμάτων τροφὴν, παρ᾽ ὃ καὶ οἱ ἀρχαῖοι βασιλεῖς, κατασκόπους ἔπεμπον σκεπτόμενοι κατὰ ποῖον τοῦ πολέμου αἱ γῦπες βλέπουσι μέρος· ἐντεῦθεν σημειούμενοι τοὺς ἡττωμένους. ἐνιαυτὸν δὲ, ἐπειδὴ ἐν τούτῳ τῷ ζώῳ τριακοσίας ἑξήκοντα πέντε ἡμέρας τοῦ ἔτους διαιρεῖσθαι. ἐν αἷς ὁ ἐνιαύσιος ἐκτελεῖται χρόνος· ἑκατὸν γὰρ εἴκοσι ἡμέρας ἔγκυος μένει· καὶ τὰς ἴσας τοὺς νεοσσοὺς ἐκτρέφει· τὰς δὲ λειπούσας ἑκατόν· τὴν ἑαυτῆς ἐπιμέλειαν ποιεῖται, μήτε κυοφοροῦσα, μήτε τρέφουσα· παρασκευάζουσα δὲ ἑαυτὴν εἰς ἑτέραν σύλληψιν. τὰς δὲ λοιπὰς πέντε τοῦ ἔτους ἡμέρας ὡς ἤδη προεῖπον, εἰς τὴν τοῦ ἀνέμου ὀχείαν καταναλίσκει. ἐλεήμονα δὲ, ὅπερ δοκεῖ παρά τισιν ἐναντιώτατον ὑπάρχειν, ἐπεὶ ἐστὶ τὸ ζῶον πάντα ἀναιρεῖ· ἠνεχέσθησαν δὲ αὐτὸν γράψαι, ἐπειδὴ ἐν ταῖς ἑκατὸν εἴκοσι ἡμέραις, ἐν αἷς τὰ ἑαυτῆς ἐκτρέφει τέκνα, οὐδὲ πλεῖον οὐ πίπτεται· περὶ δὲ τοὺς νεοσσοὺς καὶ τὴν τούτων τροφὴν ἀσχολεῖται, ἐν αἷς ἀπορήσασα τροφῆς ἣν παράσχηται τοῖς νηπίοις, τὸν ἑαυτῆς μηρὸν ἀνατεμοῦσα, παρέχει τοῖς τέκνοις τοῦ αἵματος μεταλαμβάνειν, ὡς μὴ ἀπορήσαντα τροφῆς ἀναιρεθῆναι. ἀθηνᾶν δὲ καὶ ἥραν, ἐπειδὴ δοκεῖ παρ' αἰγυπτίοις ἀθηνᾶ μὲν τὸ ἄνω τοῦ οὐρανοῦ ἡμισφαίριον ἀπειληφέναι· τὸ δὲ κάτω, ἥρα. ὅθεν καὶ ἄτοπον ἡγοῦνται ἀρσενικῶς δηλοῦν τὸν οὐρανὸν, διότι καὶ ἡ γένεσις ἡλίου καὶ σελήνης καὶ τῶν λοιπῶν ἄστρων, ἐν αὐτῷ ἀποτελεῖται, ὅπερ ἐστὶ θηλείας ἔργον, καὶ τὸ τῶν γυπῶν δὲ ὡς προεῖπον γένος, θηλειῶν ἐστι γένος μόνον. δι' ἣν αἰτίαν καὶ παντὶ θηλυκῷ ζῳδίῳ οἱ αἰγύπτιοι, γῦπα ὡς βασίλειον ἐπιτιθέασιν, ἀφ' οὗ καὶ πᾶσαν θεὰν, ἵνα μὴ καθ' ἑκάστης γράφων, μηκύνω τὸν λόγον   αἰγύπτιοι,   μητέρα δὲ θέλοντες σημῆναι, γῦπα ζωγραφοῦσι· μήτηρ γάρ ἐστι θηλυκοῦ ζώου· οὐρανίαν δὲ οὐ γὰρ ἀρέσκει αὐτοῖς τὸν οὐρανὸν λέγειν καθὼς προεῖπον, ἐπεὶ τούτου ἡ γένεσις ἐκεῖθέν ἐστι. δραχμαὶ δὲ δύο, διότι παρ' αἰγυπτίοις μονάς ἐστιν αἱ δύο γραμμαί. μονὰς δὲ, παντὸς ἀριθμοῦ γένεσις. εὐλόγως οὖν δύο δραχμὰς βουλόμενοι δηλῶσαι, γῦπα γράφουσιν, ἐπεὶ μήτηρ δοκεῖ καὶ γένεσις εἶναι, καθάπερ καὶ ἡ μονάς.

πῶς ἥφαιστον γράφουσι.

Ἥφαιστον δὲ γράφοντες, κάνθαρον καὶ γῦπα ζωγραφοῦσιν· ἀθηνᾶν δὲ γῦπα καὶ κάνθαρον· δοκεῖ γὰρ αὐτοῖς ὁ κόσμος συνεστάναι· οὔτε ἀρσενικοῖς.   ἐπὶ δὲ τῆς ἀθηνᾶς τὴν γῦπα γράφουσιν· οὗτοι γὰρ μόνοι θεῶν παρ' αὐτοῖς, ἀρσενοθήλεις ὑπάρχουσι.

τί ἀστέρα γράφοντες δηλοῦσι.

Θεὸν δὲ ἐγκόσμιον σημαίνοντες, ἢ εἱμαρμένην, ἢ τὸν πέντε ἀριθμὸν, ἀστέρα ζωγραφοῦσι· θεὸν μὲν, ἐπειδὴ πρόνοια θεοῦ, τὴν νίκην προστάσσει, ἣ τῶν ἄστρων καὶ τοῦ παντὸς κόσμου κίνησις ἐκτελεῖται. δοκεῖ γὰρ αὐτοῖς δίχα θεοῦ, μηδὲν ὅλως συνεστάναι. εἱμαρμένην δὲ, ἐπεὶ αὕτη ἐξ ἀστρικῆς οἰκονομίας συνίσταται. τὸν δὲ πέντε ἀριθμὸν, ἐπειδὴ πλήθους ὄντος ἐν οὐρανῷ, πέντε μόνοι ἐξ αὐτῶν κινούμενοι, τὴν τοῦ κόσμου οἰκονομίαν ἐκτελοῦσι.

τί κυνοκέφαλον γράφοντες δηλοῦσι.

Σελήνην δὲ γράφοντες, ἢ οἰκουμένην, ἢ γράμματα, ἢ ἱερέα, ἢ ὀργὴν, ἢ κόλυμβον, κυνοκέφαλον ζωγραφοῦσι· σελήνην μὲν, ἐπειδὴ τὸ ζῶον ἐστὶ, συμπάθειάν τινα πρὸς τὴν τοῦ θεοῦ σύνοδον ἐκτήσατο. ὅταν γὰρ ἐν τῷ μέρει τῆς ὥρας ἡ σελήνη συνοδεύουσα ἡλίῳ ἀφώτιστος γένηται, τότε ὁ μὲν ἄρσεν κυνοκέφαλος, οὐ βλέπει, οὐδὲ ἐσθίει· ἄχθεται δὲ εἰς τὴν γῆν νενευκώς· καθάπερ πενθῶν τὴν τῆς σελήνης ἁρπαγήν. ἡ δὲ θήλεια μετὰ τὸ μὴ ὁρᾶν, καὶ ταὐτὰ τῷ ἄρσενι πάσχειν, ἔτι καὶ ἐκ τῆς ἰδίας φύσεως αἱμάσσεται. διὸ καὶ μέχρι τοῦ νῦν ἐν τοῖς ἱεροῖς τρέφονται κυνοκέφαλοι, ὅπως ἐξ αὐτῶν γινώσκηται τοῦ ἡλίου καὶ σελήνης μέρος τῆς ἀνόδου. οἰκουμένην δέ, ἐπειδὴ ἑβδομήκοντα δύο χώρας τὰς ἀρχαίας φασὶ τῆς οἰκουμένης εἶναι. τούτους δὲ τρεφομένους ἐν τοῖς ἱεροῖς, καὶ ἐπιμελείας τυγχάνοντας, οὐ καθάπερ τὰ λοιπὰ ζῶα ἐν ἡμέρᾳ μιᾷ τελευτᾷ, οὕτω καὶ τούτους, ἀλλὰ μέρος αὐτῶν καθ' ἑκάστην ἡμέραν νεκρούμενον, ὑπὸ τῶν ἱερέων θάπτεσθαι, τοῦ λοιποῦ σώματος ἐν τῷ κατὰ φύσιν ὄντος. ἕως δ' ἂν αἱ ἑβδομήκοντα καὶ δύο πληρωθῶσιν ἡμέραι, τότε ὅλως ἀποθνήσκει. γράμματα δέ, ἐπειδὴ ἔστι συγγένεια κυνοκεφάλων αἰγυπτίοις ἐπισταμένων γράμματα. παρ' ὃ εἰς ἱερὸν ἐπειδὰν πρῶτα κομισθῇ κυνοκέφαλος, δέλτον αὐτῷ παρατίθησιν ὁ ἱερεύς, καὶ σχοινίον, καὶ μέλαν, πειράζων εἰ ἐκ τῆς ἐπισταμένης ἐστὶ συγγενείας γράμματα. ἢ ἐγγράφει. ἔτι δὲ καὶ τὸ ζῶον τῷ ἑρμῇ ἀνέμεθη τῷ πάντων μετέχοντι γραμμάτων. ἱερέα δέ, ὅτι φύσει ὁ κυνοκέφαλος ἰχθὺν οὐκ ἐσθίει, ἀλλ' οὐδὲ ἰχθυώμενος ἄρτον. καθάπερ καὶ οἱ ἱερεῖς ἐκτός. γεννᾶται δὲ περιτετμημένος, ἣν καὶ οἱ ἱερεῖς ἐπιτηδεύουσι περιτομήν. ὀργὴν δέ, ἐπεὶ καθάπερ τὸ ζῶον τοῦτο παρὰ τὰ ἄλλα θυμικώτατόν τε καὶ ὀργίλον ὑπάρχει. κολυμβὸν δέ, διότι τὰ μὲν ἄλλα ζῶα κολυμβῶντα, ῥυπαρὰ φαίνονται, μόνον δὲ τοῦτο, εἰς ὃν τόπον προαιρεῖται πορευθῆναι κολυμβᾷ, κατὰ μηδὲν τῷ ῥύπῳ παραφερόμενον. σχήματα.

Πῶς γράφουσι σελήνης ἀνατολήν.

σ Ελήνης δὲ ἀνατολὴν γράφειν βουλόμενοι, πάλιν κυνοκέφαλον ζωγραφοῦσι, τρόπῳ τοιῷδε. ἑστῶτα καὶ τὰς χεῖρας εἰς οὐρανὸν ἐπαίροντα. βασίλειόν τε ἐπὶ τῆς κεφαλῆς ἔχοντα. τοῦτο γράφουσι τὸ σχῆμα ἐπὶ τῆς ἀνατολῆς ὁ κυνοκέφαλος ποιεῖται ὡς εἰπεῖν, προσευχόμενος τῇ θεῷ. ἐπειδὴ ἀμφότεροι φωτὸς μετειλήφασι.

Πῶς ἰσημερίας δύο.

ι Σημερίας δὲ πάλιν σημαίνοντες, κυνοκέφαλον καθήμενον ζωγραφοῦσι ζῶον. ἐν ταῖς δυσὶ γὰρ ἰσημερίαις τοῦ ἐνιαυτοῦ, δωδεκάκις τῆς ἡμέρας καθ' ἑκάστην ὥραν οὐρεῖ. τὸ δὲ αὐτὸ καὶ ταῖς δυσὶ νυξὶ ποιεῖ. διόπερ οὐκ ἀλόγως ἐν τοῖς ὑδρολογίοις αὐτῶν αἰγύπτιοι κυνοκέφαλον καθήμενον γλύφουσιν. ἐκ δὲ τοῦ μορίου αὐτοῦ, ὕδωρ ἐπιρρέον ποιοῦσιν. ἐπεὶ ὡς προεῖπον τὰς τῆς ἰσημερίας δώδεκα σημαίνει ὥρας. ἵνα δὲ μὴ εὐρύτερον τὸ ὕδωρ κατασκεύασμα τὰ ὑπάρχει. δι' οὗ τὸ ὕδωρ εἰς τὸ ὡρολόγιον ἀποκρίνεται, μήτε πάλιν στενότερον, ἀμφοτέρων γὰρ χρεία. τὸ μὲν γὰρ εὐρύτερον, ταχέως ἐκφέρον τὸ ὕδωρ, οὐχ ὑγιῶς τὴν ἀναμέτρησιν τῆς ὥρας ἀποτελεῖ. τὸ δὲ στενώτερον, κατ' ὀλίγον καὶ βραδέως ἀπολύον τὸν κρουνόν, ἕως τῆς οὐρᾶς τρίχα διαφράξαντες, πρὸς τὸ πάχος, σίδηρον κατασκευάζουσι πρὸς τὴν προκειμένην χρείαν. τοῦτο δὲ αὐτοῖς ἀρέσκει ποιεῖν, οὐκ ἀπ' ἄλλου τινὸς καὶ οὐδὲ ἐπὶ τῶν ἄλλων. καὶ ὅτι ἐν ταῖς ἰσημερίαις, μόνος τῶν ἄλλων ζώων δωδεκάκις τῆς ἡμέρας κράζει καθ' ἑκάστην ὥραν.

Πῶς θυμὸν δηλοῦσι.

θ Υμὸν δὲ βουλόμενοι δηλῶσαι, λέοντα ζωγραφοῦσι. κεφαλὴν γὰρ ἔχει μεγάλην τὸ ζῶον. καὶ τὰς μὲν κόρας πυρώδεις, τὸ δὲ πρόσωπον, στρογγύλον. καὶ περὶ αὐτὸ ἀκτινοειδεῖς τρίχας, κατὰ μίμησιν ἡλίου. ὅθεν καὶ ὑπὸ τὸν θρόνον τοῦ ὥρου, λέοντας ὑποτιθέασι, δεικνύντες τὸ πρὸς τὸν θεὸν τοῦ ζώου σύμβολον. ἥλιος δὲ ὁ ὧρος ἀπὸ τοῦ ὡρῶν κρατεῖν.

Πῶς ἀλκὴν γράφουσι.

α Λκὴν δὲ γράφοντες, λέοντος τὰ ἔμπροσθεν ζωγραφοῦσι, διὰ τὸ εὐσθενέστερα αὐτῷ ὑπάρχειν ταῦτα τὰ μέλη τοῦ σώματος.

Πῶς ἐγρηγορότα γράφουσιν.

ε Γρηγορότα δὲ γράφοντες, ἢ καὶ φύλακα, λέοντος γράφουσι κεφαλήν. ἐπειδὴ ὁ λέων ἐν τῷ ἐγρηγορέναι, μέμυκε τοὺς ὀφθαλμοὺς, κοιμώμενος δὲ, ἀνεῳγότας τούτους ἔχει. ὅπερ ἐστὶ τοῦ φυλάττειν σημεῖον. διόπερ καὶ συμβολικῶς τοῖς κλείθροις τῶν ἱερῶν, λέοντας ὡς φύλακας παρειλήφασι.

Πῶς φοβερόν.

φ Οβερὸν δὲ σημαίνοντες, τῷ αὐτῷ χρῶνται σημείῳ, ἐπειδὴ ἀλκιμώτατον ὑπάρχον τοῦτο τὸ ζῶον, πάντας εἰς φόβον τοὺς ὁρῶντας φέρει.

Πῶς νείλου ἀνάβασιν.

ν Είλου δὲ ἀνάβασιν σημαίνοντες, ὃν καλοῦσιν αἰγυπτιστὶ νοῦν. ἑρμηνευθὲν δὲ σημαίνει νέον, ποτὲ μὲν λέοντα γράφουσι, ποτὲ δὲ τρεῖς ὑδρίας μεγάλας. ποτὲ δὲ οὐρανὸν καὶ γῆν, ὕδωρ ἀναβλύζουσαν. λέοντα μὲν, ἐπειδὴ ὁ ἥλιος εἰς λέοντα γενόμενος, πλείονα τὴν ἀνάβασιν τοῦ νείλου ποιεῖται. ὥστε ἐμμένοντος τοῦ ἡλίου τῷ ζωδίῳ τούτῳ, τὸ δίμοιρον τοῦ νέου ὕδατος πλημμυρεῖ πολλάκις. ὅθεν καὶ τὰς χολέδρας, καὶ τοὺς εἰσαγωγεῖς τῶν ἱερῶν κρηνῶν, λεοντομόρφους κατεσκεύασαν, οἱ τῶν ἱερατικῶν ἔργων προστάται. ἀφ' οὗ καὶ μέχρι νῦν κατ' εὐχὴν πλεονασμὸν ὑγρότητος

Τρεῖς δὲ ὑδρίας, ἢ οὐρανὸν καὶ γῆν ὕδωρ βλύζουσαν. τὸ ὁμοιοῦντες καρδίᾳ γλῶσσαν ἐχούσῃ. καρδίᾳ μὲν, ἐπειδὴ παρ' αὐτοῖς τὸ ἡγεμονικόν ἐστι τοῦ σώματος αὕτη, καθάπερ ὁ νεῖλος τῆς αἰγυπτίας ἡγεμὼν καθέστηκε. γλώσσῃ δὲ, ὅτι διαπαντὸς ἐν ὑγρῷ ὑπάρχουσαν ταύτην, καὶ γενέτειραν τοῦ εἶναι καλοῦσι. τρεῖς δὲ ὑδρίας καὶ οὔτε πλείονα οὔτε ἥττονα, ἐπειδὴ ἡ τῆς ἀναβάσεως ἐργασία κατ' αὐτοὺς, τριμερὴς ὑπάρχει. ἓν μὲν ὑπὲρ τῆς αἰγυπτίας γῆν τάξαντες. ἐπειδὴ ἐστὶ καθ' αὑτὴν ὕδατος γεννητική. ἕτερον δὲ, ὑπὲρ τοῦ ὠκεανοῦ. καὶ γὰρ ἀπὸ τούτου, ὕδωρ παραγίνεται εἰς αἴγυπτον ἐν τῷ τῆς ἀναβάσεως καιρῷ. τρίτον δὲ ὑπὲρ τῶν ὄμβρων, οἳ γίνονται κατὰ τὰ νότια τῆς αἰθιοπίας μέρη, κατὰ τὸν τῆς ἀναβάσεως τοῦ νείλου καιρόν. ὅτι δὲ γεννᾷ ἡ αἴγυπτος τὸ ὕδωρ, δυνατόν ἐστιν ἐντεῦθεν μαθεῖν. ἐν γὰρ τῷ λοιπῷ κλίματι τοῦ κόσμου, αἱ τῶν ποταμῶν πλημμύραι ἐν τῷ χειμῶνι ἀποτελοῦνται, ὑπὸ τῶν συνεχῶν ὄμβρων τοῦ τοιούτου συμβαίνοντος, μόνη δὲ ἡ αἰγυπτίων γῆ, ἐπεὶ μέση τῆς οἰκουμένης ὑπάρχει. καθάπερ ἐν τῷ ὀφθαλμῷ ἡ λεγομένη κόρη, θέρους ἄγει τὴν τοῦ νείλου ἑαυτῇ ἀνάβασιν.

Πῶς αἴγυπτον γράφουσιν.

α Ἴγυπτον δὲ γράφοντες, θυμιατήριον καιόμενον ζωγραφοῦσι, καὶ ἐπάνω καρδίαν. δηλοῦντες ὅτι ὡς ἡ τοῦ ζηλοτύπου καρδία, διαπαντὸς πυροῦται, οὕτω ἡ αἴγυπτος ἐκ τῆς θερμότητος, διαπαντὸς ζωογονεῖ τὰ ἐν αὐτῇ ἢ παρ' αὐτῇ ὑπάρχοντα.

Πῶς ἄνθρωπον μὴ ἀποδημήσαντα τῆς πατρίδος

α Νθρωπον τῆς πατρίδος μὴ ἀποδημήσαντα σημαίνοντες, ὀνοκέφαλον ζωγραφοῦσιν, ἐπειδὴ οὔτε ἀκούει τινὸς ἱστορίας, οὔτε τῶν ἐπὶ ξένης γινομένων αἰσθάνεται.

Πῶς φυλακτήριον.

Υλακτήριον δὲ γράφειν βουλόμενοι, δύο κεφαλὰς ἀνθρώπων ζωγρα
φ φοῦσι, τὴν μὲν τοῦ ἄρσενος, ἔσω βλέπουσαν, τὴν δὲ θηλυκὴν ἔξω. οὕτω
γάρ φασιν οὐδὲν τῶν δαιμονίων ἐφάπτεται. ἐπειδὴ καὶ χωρὶς γραμ-
μάτων, ταῖς δυσὶ κεφαλαῖς ἑαυτοὺς φυλακτηριάζουσι.

Πῶς ἄνθρωπον ἄπλαστον γράφουσι.

ἀ πλαστον δὲ ἄνθρωπον γράφοντες, βάτραχον ζωγραφοῦσι. ἐπειδὴ τού-
του ἡ γένεσις ἐκ τῆς τοῦ ποταμοῦ ἰλύος ἀποτελεῖται. ὅθεν καὶ ἔσθ' ὅτε
ὁρᾶται τῷ μὲν ἑτέρῳ μέρει αὐτοῦ, βατράχῳ. τῷ δὲ λοιπῷ, γεώδει τινὶ ἐμφε-
ρὴς. ὡς καὶ ἐκλιπόντι τῷ ποταμῷ, συνεκλίπειν.

Πῶς ἄνοιξιν.

ἀ νοιξιν δὲ θέλοντες δηλῶσαι, λαγωὸν ζωγραφοῦσι. διὰ τὸ πάντοτε τοὺς
ὀφθαλμοὺς, ἀνεῳγότας ἔχειν τοῦτο τὸ ζῶον.

Πῶς τὸ λέγειν.

Ο λέγειν δὲ γράφοντες, γλῶσσαν ζωγραφοῦσι, καὶ ὕφαιμον ὀφθαλ-
τ μόν. τὰ μὲν πρωτεῖα τῆς λαλιᾶς, τῇ γλώσσῃ μερίζοντες. τὰ δευτε-
ρεῖα δὲ ταύτης, τοῖς ὀφθαλμοῖς. οὕτω γὰρ οἵ τε λόγοι τελείως τὴν ψυ-
χὴν καθεστήκασι πρὸς τὰ κινήματα αὐτῆς συμμεταβάλλοντες, ἐπειδὴ καὶ ἑτέ-
ρα λαλιὰ παρ' αἰγυπτίοις ὀνομάζεται. ἑτέρως δὲ τὸ λέγειν σημαίνοντες, γλῶσ-
σαν καὶ χεῖρα ὑποκάτω γράφουσι. τῇ μὲν γλώσσῃ, τὰ πρωτεῖα τοῦ λόγου φέρειν
δεδωκότες. τῇ δὲ χειρὶ, ὡς τὰ τῆς γλώσσης βουλήματα ἀνυούσῃ, τὰ δεύτερα.

Πῶς ἀφωνίαν.

φωνίαν δὲ γράφοντες, ἀριθμὸν, ά. ς΄. ε. γράφουσιν, ὃς τελείους τοῦ χρό
ἀ νου ἀριθμὸς ἐκ τριακοσίων ἑξηκονταπέντε ἡμερῶν τοῦ ἔτους ὑπάρ-
χων. ἐφ' ὃν χρόνον μὴ λαλῆσαν τὸ παιδίον, σημειοῦται ὡς παρέμ-
ποδισμένον τῇ γλώσσῃ.

Πῶς φωνὴν μακρόθεν.

ωνὴν δὲ μακρόθεν βουλόμενοι δηλῶσαι, ὃ καλεῖται παρ' αἰγυπτίοις
φ οὐαιέ, ἀέρος φωνὴν γράφουσι. τουτέστι βροντὴν, ἧς οὐδὲν καταφθέγγεται
μεῖζον, ἢ δυναμικώτερον.

Πῶς ἀρχαιογονίαν.

ἀ ρχαιογονίαν δὲ γράφοντες, παπύρου ζωγραφοῦσι δέσμην, διὰ τούτου
δηλοῦντες τὰς πρώτας τροφάς. τροφῶν γὰρ οὐκ ἄν τις εὕροι, ἢ γονῆς
ἀρχήν.

Πῶς γεῦσιν.

Εῦσιν δὲ δηλοῦντες, ἀρχὴν στόματος ζωγραφοῦσιν. ἐπειδὴ πᾶσα γεῦ-
γ σις μέχρι ταύτης σώζεται. γεῦσιν δὲ λέγω τελείαν. γεῦσιν δὲ μὴ τε-
λείαν δηλοῦντες, γλῶσσαν ἐπὶ ὀδόντων ζωγραφοῦσιν,, ἐπειδὴ πᾶσα
γεῦσις τούτοις τελεῖται.

Πῶς ἡδονήν.

Δονὴν δὲ δηλῶσαι βουλόμενοι δεκαὲξ ἀριθμὸν γράφουσιν. ἀπὸ γὰρ ἑξκαιδε-
ἡ κάτων τῶν ἐτῶν, ἀρχὴν τῆς πρὸς γυναῖκας συνουσίας καὶ πρὸς, τέκνα
γενέσεως, οἱ ἄνδρες ἔχουσι.

Πῶς συνουσίαν.

Υνουσίαν δὲ δηλοῦντες, δύο δεκαὲξ ἀριθμὸν γράφουσιν. ἐπειδὴ γὰρ τὰ
σ τέκνα ἑξκαιδεκαετῶν, ἀρχόμενον ἐστίν. ἡ δὲ συνουσία, ἐκ δύο ἡδονῶν συνέστηκεν, ἔκ
τε τοῦ ἀνδρὸς, καὶ τοῦ γυναικὸς, διὰ τοῦτο τὰ ἄλλα δεκαὲξ προσγράφουσι.

Πῶς ψυχὴν, ἐνταῦθα πολὺν χρόνον διατρίβουσαν.

Υχὴν ἐνταῦθα πολὺν χρόνον διατρίβουσαν βουλόμενοι γράψαι, ἢ πλημ
ψ μύραν, φοίνικα τὸ ὄρνεον ζωγραφοῦσι. ψυχὴν μὲν ἐπειδὴ πάντων τῶν
ἐν τῷ κόσμῳ πολυχρονιώτατον ὑπάρχει τοῦτο τὸ ζῶον. πλημμύραν δὲ,
ἐπειδὴ ἡλίου ἐστὶν ὁ φοῖνιξ σύμβολον, οὗ μηδέν ἐστι πλεῖον κατὰ τὸν κόσμον.

πάντων γοῦν ἐπιβαίνειν. καὶ πάντας ξηραίνει ὁ ἥλιος. ἀφ' οὗ οὕτω πολὺς ὀνομασθήσεται. Πῶς τὸν χρονίως ἀπὸ ξένης ἐπιδημοῦντα.

αὶ τὸν χρονίως δὲ ἀπὸ ξένης ἐπιδημοῦντα δηλοῦντες, πάλιν φοίνικα
κ τὸ ὄρνεον ζωγραφοῦσιν. οὗτος γὰρ εἰς αἴγυπτον, ἐπὰν ὁ χρόνος τῆς μοιριδίου αὐτὸν καταλαμβάνειν μέλλῃ, διὰ πεντακοσίων ἐτῶν παραγίνεται. καὶ ἀποδοὺς, ἐὰν φθάσῃ εἰς τῆς αἰγυπτίας τὸ χρεὼν, κηδεύεται μυστικῶς. καὶ ὅσα ἐπὶ τῶν ἄλλων ἱερῶν ζώων αἰγύπτιοι τελοῦσι, ταῦτα καὶ τῷ φοίνικι ὑπάρχειν ὀφείλει. λέγεται γὰρ μᾶλλον τῶν ἄλλων ἀνθρώπων ἡλίῳ χαίρειν ὑπ' αἰγυπτίων. διὸ καὶ τὸν νεῖλον αὐτοῖς πλημμυρεῖν, ὑπὸ τῆς θερμότητος τούτου τοῦ θεοῦ. περὶ οὗ μικρὸν ἔμπροσθεν ὁ λόγος ἀποδοθήσεται παρ' ἡμῶν.

Πῶς καρδίαν γράφουσι.

αρδίαν βουλόμενοι γράφειν, ἶβιν ζωγραφοῦσι. τὸ γὰρ ζῶον, ἑρμῇ ᾠκείωται,
κ πάσης καρδίας καὶ λογισμοῦ δεσπότῃ, ἐπεὶ καὶ ἡ ἶβις αὐτὴ καθ' αὑτὴν τῇ καρδίᾳ ἐστὶν ἐμφερής. περὶ οὗ λόγος ἐστὶ πλεῖστος παρ' αἰγυπτίοις φερόμενος. Πῶς παιδείαν.

αιδείαν δὲ γράφοντες, οὐρανὸν δρόσον βάλλοντα ζωγραφοῦσι. δη-
π λοῦντες, ὅτι ὥσπερ δρόσος πίπτουσα εἰς πάντα τὰ φυτὰ χωρεῖ. καὶ τὰ μὲν φύσιν ἔχοντα ἁπαλύνεσθαι, ἁπαλύνει, τὰ δὲ σκληρὰ μένοντα ἐκ τῆς ἰδίας φύσεως ἀδυνατεῖ τὸ αὐτὸ τοῖς ἑτέροις ἐκτελεῖν, οὕτω καὶ ἐπὶ τῶν ἀνθρώπων, ἡ μὲν παιδεία κοινὴ καθέστηκεν ἣν ὥσπερ ὁ μὲν εὐφυὴς, ὡς δρόσον ἁρπάζει. ὁ δὲ ἀφυὴς, ἀδυνατεῖ ἐκείνην δρέψασθαι. Πῶς αἰγύπτια γράμματα.

ἰγύπτια δὲ γράμματα δηλοῦντες, ἢ ἱερογραμματέα, ἢ πέρας μέλαν
α καὶ κόσκινον, καὶ σχοινίον ζωγραφοῦσιν αἰγύπτια μὲν γράμματα, διὰ τὸ τούτοις πάντα παρ' αἰγυπτίοις τὰ γραφόμενα, ἐκτελεῖσθαι. σχοίνῳ γοῦν γράφουσι καὶ οὐκ ἄλλῳ τινί. κόσκινον δὲ, ἐπειδὴ τὸ κόσκινον πρῶτον ὑπάρχον σκεῦος ἀρτοποιίας, ἐκ σχοίνου γίνεται. δηλοῦσιν οὖν ὅτι πᾶς ὁ ἔχων τὴν τροφὴν, μαθήσεται τὰ γράμματα. ὁ δὲ μὴ ἔχων, ἑτέρᾳ τέχνῃ χρήσεται. ἀφ' οὗ καὶ ἡ παιδεία παρ' αὐτοῖς, σβὼ καλεῖται. ὅπερ ἐστὶν ἑρμηνευθὲν, πλήρης τροφή. ἱερογραμματέα δὲ, ἐπειδὴ ζωὴν καὶ θάνατον οὗτος διακρίνει. ἔστι δὲ παρὰ τοῖς ἱερογραμματεῦσι καὶ βίβλος, ἱερὰ καλουμένη ἀμβρής, δι' ἧς κρίνουσι τὸν κατακλιθέντα ἄρρωστον. πότερον ζώσιμός ἐστιν, ἢ οὔ. τοῦτο ἐκ τῆς κατακλίσεως τοῦ ἀρρώστου σημειούμενοι. πέρας δὲ, ἐπειδὴ μαθὼν γράμματα, εἰς ὅρμον ζωῆς εὔδιον ἐλήλυθεν, οὐκέτι πλανώμενος τοῖς τοῦ βίου κακοῖς.

Πῶς ἱερογραμματέα.

ερογραμματέα δὲ πάλιν, ἢ προφήτην, ἢ ἐνταφιαστὴν, ἢ σπλῆνα, ἢ
ι ὄσφρησιν, ἢ γέλωτα, ἢ πταρμὸν, ἢ ἀρχὴν, ἢ δικαστὴν βουλόμενοι γράφειν, κύνα ζωγραφοῦσιν. ἱερογραμματέα μὲν, ἐπειδὴ ὥσπερ ὁ βουλόμενος ἱερογραμματεὺς τέλειος γίνεσθαι, χρὴ πολλὰ μελετᾶν. ὑλακτεῖν τε συνεχῶς καὶ ἀπηγριῶσθαι μηδενὶ χαριζόμενος, ὥσπερ οἱ κύνες. προφήτην δὲ, ἐπειδὴ ὁ κύων ἀτενίζει παρὰ τὰ ἄλλα τῶν ζώων εἰς τὰ τῶν θεῶν εἴδωλα, καθάπερ προφήτης. ἐνταφιαστὴν δὲ τῶν ἱερῶν, ἐπειδὴ καὶ οὗτος γυμνὰ καὶ ἀνατετμημένα θεωρεῖ τὰ ὑπ' αὐτοῦ κηδευόμενα εἴδωλα. σπλῆνα δὲ, ἐπειδὴ τοῦτο τὸ ζῶον μόνον παρὰ τὰ ἕτερα, ἐλαφρότερον ἔχει, εἴτε θάνατος αὐτῷ, ἢ μανία περιπέσοι, ἀπὸ τοῦ σπληνὸς γίνεται. καὶ οἱ θεραπεύοντες δὲ τὸ ζῶον τοῦτο ἐν ταῖς κηδείαις, ἐπειδὰν μέλλωσι τελευτᾶν, ὡς ἐπὶ τὸ πλεῖστον σπληνικοὶ γίνονται. ὀσφραινόμενοι γοῦν τῆς τοῦ ἀνατεμνομένου κυνὸς ἀποφορᾶς, πάσχουσιν ὑπὸ τού-

του

του. ὄσφρησιν ἢ καὶ γέλωτα καὶ πταρμὸν, ἐπειδὴ οἱ τέλειοι σπληνικοὶ, οὔτε
ὀσφραίνεσθαι, οὔτε γελᾶν, οὔτε μὴν πτάρνυσθαι δύνανται.

Τίνι τρόπῳ δηλοῦσιν ἀρχὴν, ἢ δικαστήν.

ρχὴν δὲ, ἢ δικαστὴν ἐπὰν γράφωσι, προστιθέασι τῷ κυνὶ καὶ βασιλικὴν
α' στολὴν παρακειμένην σχῆμα γυμνὸν, διότι ὥσπερ ὁ κύων καθάπερ πρὸ προ-
σώπου εἰς τὰ τῶν θεῶν εἴδωλα ὀξυωπεῖ, οὕτω καὶ ὁ ἄρχων δικαστὴς
ὢν ἐν τοῖς παλαιοτέροις χρόνοις, γυμνὸς ἐθεώρει τὸν βασιλέα. διὸ καὶ ἐπὶ τού-
του προσανεχῆ ποιοῦσι τὴν βασιλικὴν στολήν.

Πῶς σημαίνουσι παστοφόρον.

π αστοφόρον δὲ σημαίνοντες, φύλακα οἰκίας ζωγραφοῦσι, διὰ τὸ ὑπὸ τού-
του φυλάττεσθαι τὸ ἱερόν.

Πῶς ἐμφαίνουσιν ὡροσκόπον.

ροσκόπον δὲ δηλοῦντες, ἄνθρωπον τὰς ὥρας ἐσθίοντα ζωγραφοῦ-
ά σιν. οὐχ ὅτι τὰς ὥρας ἐσθίει ὁ ἄνθρωπος. οὐ γὰρ δυνατὸν, ἀλλ' ἐπειδὴ
αἱ τροφαὶ τοῖς ἀνθρώποις ἀπὸ τῶν ὡρῶν πορίζονται.

Πῶς δηλοῦσιν ἁγνείαν.

β γνείαν δὲ γράφοντες, πῦρ καὶ ὕδωρ ζωγραφοῦσιν. ἐπεὶ διὰ τούτων τῶν
στοιχείων, πᾶς καθαρμὸς ἐκτελεῖται.

Πῶς αἰνίττονται ἀθέμιτον, ἢ καὶ μύσος.

θέμιτον δὲ δηλοῦντες, ἢ καὶ μύσος, ἰχθὺν ζωγραφοῦσι, διὰ τὸ τὴν
ά τούτων βρῶσιν μισεῖσθαι καὶ μεμιάνθαι ἐν τοῖς ἱεροῖς. κενοποιὸν γὰρ
ἰχθὺς πᾶς, καὶ ἀλληλοφάγον. Πῶς γράφουσι στόμα.

ε τόμα δὲ γράφοντες, ὄφιν ζωγραφοῦσιν. ἐπειδὴ ὁ ὄφις οὐδενὶ ἑτέρῳ τῶν
μελῶν ἰσχύει ἢ μὴ τῷ στόματι μόνον.

Πῶς ἀνδρεῖον μετὰ σωφροσύνης.

νδρεῖον δὲ μετὰ σωφροσύνης δηλοῦντες, ταῦρον ὑγιᾶ φύσιν ἔχοντα ζω-
ά γραφοῦσι. θερμαντικώτατον γὰρ ὑπάρχει τὸ ζῶον κατὰ τὰ μόρια. ὥστε
ἅπαξ εἰς θήλειαν φύσιν καθεὶς τὸ ἑαυτοῦ, καὶ δίχα πάσης κινήσεως,
σπερμοβολεῖ. ἐὰν δέ ποτε διαμάρτῃ τῆς φύσεως, καὶ εἰς ἕτερον τόπον τοῦ σώ-
ματος τῆς βοὸς ἐρείσῃ τὸ αἰδοῖον, τοτηνικαῦτα τῇ ὑπερβαλλούσῃ ἐντονίᾳ, τι-
τρώσκει τὴν θήλειαν. ἀλλὰ καὶ σώφρων ἐστὶ, διὰ τὸ μηδέποτε τοῦ θήλεος ἐπιβαίνειν
μετὰ τὴν σύλληψιν. Πῶς ἀκοήν.

κοὴν δὲ γράφοντες, ταύρου ὠτίον ζωγραφοῦσιν. ἐπειδὰν γὰρ
ά ἡ θήλεια ὀργῶσα πρὸς σύλληψιν ᾖ, ὀργᾷ δὲ οὐ πλεῖον ἢ ἐφ' ὥρας τρεῖς,
τότε μυκᾶται μέγιστον. ἐν αἷς μὴ παραγινομένου τοῦ ταύρου, συμμύει
τὴν φύσιν, μέχρι τῆς ἑτέρας συνόδου. ὃ δὴ σπανίως γίνεται. ἀκούει γὰρ ὁ
ταῦρος ἀπὸ πολλοῦ διαστήματος. συνιείς τε ὀργᾶν, διὰ δρόμου παραγίνεται
ἐν τῇ συνουσίᾳ τοῦτο μόνον παρὰ τὰ ἕτερα τῶν ζώων ποιῶν.

Πῶς αἰδοῖον, ἀνδρὸς πολυγόνου.

ἰδοῖον δὲ ἀνδρὸς πολυγόνου δηλοῦντες, τράγον ζωγραφοῦσιν. οὐκέτι δὲ
ά ταῦρον. ἐπειδὴ οὗτος μὲν μέχρις οὗ ἐνιαύσιος γένηται, οὐ βιβάζει.
τράγος δὲ ἑβδομαῖος μετὰ τὴν γένεσιν γενόμενος, ὀχεύει. ἄγονον μὲν καὶ
ἄσπορον ἀποκρινόμενος σπέρμα. βιβάζει δὲ ὅμως πρῶτον τῶν ἄλλων ζώων.

Πῶς δηλοῦσιν. ἀκαθαρσίαν.

καθαρσίαν δὲ γράφοντες, ὄρυγα ζωγραφοῦσιν. ἐπειδὴ ἐπ' ἀνατολὴν
κ ἐρχομένης τῆς σελήνης, ἀτενίζων εἰς τὴν θεὸν, κραυγὴν ποιεῖται. οὐκ

ἀλλοιοῦσιν αὐτήν· οὐδὲ εὐφημῶν· σημεῖον δὲ τούτου οὐκ ἀμφίβολον· τοῖς γὰρ ἐμπροσθίοις αὐτοῦ σκέλεσιν ἀνορύσσων τὴν γῆν, ζωγραφεῖ ἑαυτοῦ τὰ κέρατα ὥσπερ ἀγανακτῶν καὶ μὴ βουλόμενος ἰδεῖν τὴν τῆς θεοῦ ἀνατολήν· τὰ δὲ αὐτὰ
* ποιεῖ καὶ ἐπὶ τοῦ ἡλίου θείας ἀπὸ ἀνατολῆς. διόπερ οἱ ἀρχαῖοι βασιλεῖς, τοῦ ὡροσκόπου σημαίνοντος αὐτοῖς τὴν ἀνατολήν, ἐπικαθίσαντες τούτῳ τῷ ζώῳ· δι'
* μέσου αὐτοῦ ὡς τινων γνωμόνων, τὴν τῆς ἀνατολῆς ἀκρίβειαν ἀγνωρίζων· διὸ καὶ οἱ ἱερεῖς τοῦτο μόνον τῶν πτηνῶν, ἀσφράγιστον ἐσθίουσιν. ἐπειδὴ   τινὰ πρὸς τὴν θεὸν ἔχειν φαίνεται· καὶ ἔτι κατὰ τὴν ἐρημίαν, ἐὰν λάβηται ὕδατος καθαροῦ τόπου τινὸς, τοῖς χείλεσιν ἀναταράσσει, καὶ μιγνύει τῷ ὕδατι τὴν ὕλην· τοῖς δὲ ποσὶν εἰς αὐτὸ ἐπιπέμπει κόνιν· πρὸς τὸ μηδενὶ ἑτέρῳ ζώῳ, τοῦτο πότιμον ὑπάρξαι, οὕτω πονηρὰ καὶ ἀπεχθὴς ἡ τοῦ ὄρυγος ἀνομίαθη φύσις. οὐδὲ ἔτι οὐδὲ τοῦτο καθῆκον ἐργάζεται, τῆς θεοῦ αὐτῆς πάντα γεννώσης καὶ αὐξανούσης ὅσα κατὰ τὸν κόσμον εἶναι χρήσιμα.

Πῶς ἀφανισμόν.

α Ἀφανισμὸν δὲ δηλοῦντες, μῦν ζωγραφοῦσιν, ἐπειδὴ πάντα ἐσθίων, μιαίνει καὶ ἀχρηστοῖ. τῷ αὐτῷ δὲ σημείῳ χρῶνται καὶ κρίσιν θέλοντες γράψαι. πολλῶν γὰρ καὶ διαφόρων ἄρτων κειμένων, ὁ μῦς, τὸν καθαρώτατον αὐτῶν ἐκλεξάμενος ἐσθίει. διὸ καὶ τῶν ἀρτοκόπων κρίσις ἐν τοῖς μυσὶ δείκνυται.

Πῶς ἰταμότητα.

β Ἰταμότητα δὲ δηλοῦντες, μυῖαν ζωγραφοῦσιν, ὅτι συνεχῶς ἐκβαλλομένη, οὐδὲν ἧττον παραγίνεται.

Πῶς γνῶσιν ζωγραφοῦσι.

γ Γνῶσιν δὲ ζωγραφοῦντες, μύρμηκα ζωγραφοῦσιν. ὃ γὰρ ἂν ἀσφαλῶς κρύψῃ ἄνθρωπος, οὗτος γινώσκει, οὐ μόνον δὲ, ἀλλὰ καὶ ὅτι παρὰ τὰ ἕτερα τῶν ζώων, εἰς χειμῶνα πορίζόμενος ἑαυτῷ τροφὰς, οὐ διαμαρτάνει τοῦ τόπου, ἀλλ' ἀπταίστως εἰς αὐτὸν παραγίνεται.

Πῶς υἱὸν ζωγραφοῦσιν.

δ Οἱ δὲ βουλόμενοι γράψαι, χηναλώπεκα ζωγραφοῦσι· τοῦτο γὰρ τὸ ζῶον φιλοτεκνώτατον ὑπάρχει· καὶ γὰρ διωκόμενοι ποτὲ εἰς τὸ συλληφθῆναι σὺν τοῖς τέκνοις, ὅτε πατὴρ καὶ ἡ μήτηρ αὐτῶν αὐθαιρέτως διδόασιν ἑαυτοὺς τοῖς κυνηγοῖς, ὅπως τὰ τέκνα διασωθῇ. δι' ἣν περ αἰτίαν τοῖς αἰγυπτίοις ἔδοξε συμβάλλειν τὸ ζῶον.

Πῶς ἄνουν.

ε Πελεκᾶνα δὲ γράφοντες, ἄνουν τε, ἤδη καὶ ἄφρονα σημαίνουσιν. ἐπειδὴ δυνάμενος ἐν τοῖς ὑψηλοτέροις τόποις κατατίθεσθαι τὰ ἑαυτοῦ ᾠὰ, ὥσπερ καὶ τὰ λοιπὰ τῶν πετεινῶν, τοῦτο οὐ ποιεῖ. ἀλλὰ ἔτι καὶ ἀνορύξας γῆν, ἐκεῖ κατατίθεται τὰ γεννώμενα. ὅπερ ἐπιγνόντες ἄνθρωποι, τῷ τόπῳ βοὸς ἀφόδευμα ξηρὸν περιτιθέασιν, ᾧ καὶ πῦρ ὑποβάλλουσι. θεασάμενος δὲ ὁ πελεκὰν τὸν καπνὸν, τοῖς ἰδίοις πτεροῖς βουλόμενος ἀποσβέσαι τὸ πῦρ, ἐκ τῶν ἐναντίων κατὰ τὴν κίνησιν ὑφάπτει αὐτό. ὑφ' οὗ κατακαιόμενα τὰ ἑαυτοῦ πτερὰ, εὐσυλληπτότερος τοῖς κυνηγοῖς γίνεται. δι' ἣν αἰτίαν οὐκ ἐνομίσθη τοὺς ἱερέας ἐσθίειν αὐτὸν, ἐπειδὴ ἅπαξ ἁπλῶς ὑπὲρ τέκνων ποιεῖται τὸν ἀγῶνα. αἰγύπτιοι δὲ οἱ πολλοὶ ἐσθίουσι, λέγοντες ὅτι μὴ κατὰ νοῦν τὴν μάχην ὥσπερ οἱ χηναλώπεκες, ἀλλὰ κατὰ ἄνοιαν ὁ πελεκὰν ποιεῖται.

Πῶς εὐχαριστίαν δηλοῦσι.

ς Εὐχαριστίαν γράφοντες, κουκουφὰν ζωγραφοῦσι. διότι τοῦτο μόνον τῶν ἀλόγων ζώων ἐπειδὰν ὑπὸ τῶν γονέων ἐκτραφῇ, γηράσασιν αὐτοῖς, τὴν αὐτὴν ἀνταποδίδωσι χάριν. ἐν ᾧ γὰρ ἔτι ὑπ' αὐτῶν ἐξετράφη τόπῳ, νεοσσιὰν

αὐτοῖς

αὐτοῖς ποιήσας, τίλλει αὐτῶν τὰ πτερά· τροφάς τε χορηγεῖ, μέχρις οὗ πτε-
ροφυήσαντες οἱ γονεῖς, βοηθεῖν ἑαυτοῖς δυνηθῶσιν· ὅθεν καὶ τῶν θείων σκήπτρων
κουκουφὰ προτίμησίς ἐστι. Πῶς ἄδικον, καὶ ἀχάριστον.

Δικον δὲ καὶ ἀχάριστον ἱπποποτάμου ὄνυχας δύο, κάτω βλέποντας
ἀ γράφουσιν· οὗτος γὰρ ἐν ἡλικίᾳ γενόμενος, πειράζει τὸν πατέρα· πό-
τερον ἰσχύει μαχόμενος πρὸς αὐτόν· καὶ ἐὰν μὲν ὁ πατὴρ ἐκχω-
ρήσῃ, τόπον αὐτῷ μερίσας, οὗτος πρὸς τὴν ἑαυτοῦ μητέρα ἐπίγαμος ἥκει, καὶ
ἐᾷ τοῦτον ζῆν· εἰ δὲ μὴ ἐπιτρέψει αὐτῷ ποιήσασθαι πρὸς τὴν μητέρα γάμους,
ἀναιρεῖ αὐτόν, ἀνδρειότερος καὶ ἀκμαιότερος ὑπάρχων· εἰς δὲ τὸ κατώτατον
μέρος ὄνυχας δύο ἱπποποτάμου. ὅπως οἱ ἄνθρωποι τοῦτο ὁρῶντες, καὶ τὸν
ἐπὶ τούτου λόγον ἐπιγινώσκοντες, προθυμότεροι εἰς εὐεργεσίαν ὑπάρχωσι.

Πῶς ἀχάριστον πρὸς τοὺς ἑαυτοῦ εὐεργέτας.

Χάριστον καὶ μάχιμον τοῖς ἑαυτοῦ εὐεργέταις σημαίνοντες, περιστε-
ἀ ρὰν ζωγραφοῦσιν· ὁ γὰρ ἄρσην ἰσχυρότερος γενόμενος, διώκει τὸν ἑαυτοῦ
πατέρα ἀπὸ τῆς μητρός, καὶ οὕτως αὐτῇ πρὸς γάμον μίσγεται. καθα-
ρὸν δὲ τοῦτο τὸ ζῶον ὑπάρχειν δοκεῖ· ἐπειδὴ οὔσης λοιμώδους καταστάσεως, καὶ
παντὸς ἐμψύχου τε καὶ ἀψύχου νοσώδους διατιθεμένου, τοὺς ἐσθίοντας τοῦτο
μόνον οὐ μεταλαμβάνει τῆς τοιαύτης κακίας· διόπερ κατ' ἐκεῖνον τὸν και-
ρόν, οὐδὲν ἕτερον τῷ βασιλεῖ ἐν τροφῆς μέρει παρατίθεται, εἰ μὴ μόνον περι-
στερά. τὸ δὲ αὐτὸ τοῖς ἐν ἁγνείαις οὖσι· διὰ τὸ ὑπηρετεῖσθαι τοῖς θεοῖς. ἱστορεῖ-
ται δέ, ὅτι οὐ χολὴν ἔχει τοῦτο τὸ ζῶον. Πῶς τὸ ἀδύνατον γενέσθαι.

Δυνατον δὲ γενέσθαι σημαίνοντες πόδας ἀνθρώπου ἐν ὕδατι περιπα-
ἀ τοῦντας ζωγραφοῦσιν· ἢ καὶ ἄλλως βουλόμενοι τὸ αὐτὸ σημαίνειν, ἀκέ-
φαλον ἄνθρωπον περιπατοῦντα ζωγραφοῦσιν· ἀδύνατα δὲ ἀμφό-
τερα ὑπάρχοντα, ἐν λόγοις εἰς τοῦτο παρειλήφασι. Πῶς βασιλέα ἰσχυρόν.

Ασιλέα δὲ ἰσχυρὸν δηλοῦντες, ὄφιν ζωγραφοῦσι κοσμοειδῶς ἐσχηματισμέ-
β νον, οὗ τὴν οὐρὰν ἐν τῷ στόματι ποιοῦσι· τὸ δὲ ὄνομα τοῦ βασιλέως, ἐν μέσῳ
τῷ εἱλίγματι γράφουσιν, αἰνιττόμενοι γράφειν τὸν βασιλέα τοῦ κόσμου κρατεῖν.
τὸ δὲ ὄνομα τοῦ ὄφεως παρ' αἰγυπτίοις ἐστὶ μεισί. Πῶς βασιλέα φύλακα.

Τέρως δὲ βασιλέα φύλακα δηλοῦντες, τὸν μὲν ὄφιν ἐγρηγορότα ζωγρα-
ἐ φοῦσιν· ἀντὶ δὲ τοῦ ὀνόματος τοῦ βασιλέως, φύλακα ζωγραφοῦσιν·
οὗτος γὰρ φύλαξ ἐστὶ τοῦ παντὸς κόσμου· καὶ ἑκάστοτε τὸν βασιλέα, ἐ-
γρήγορον εἶναι. Πῶς μηνύουσι κοσμοκράτορα.

Αλιν δὲ τὸν βασιλέα κοσμοκράτορα νομίζοντες καὶ μηνύοντες, αὐτὸν
π μὲν ὄφιν ζωγραφοῦσιν· ἐν μέσῳ δὲ αὐτοῦ, οἶκον μέγαν δεικνύουσιν εὐ-
λόγως· ὁ γὰρ βασίλειος οἶκος, παρ' αὐτῷ ἐν τῷ κόσμῳ.

Πῶς λαὸν πειθήνιον βασιλεῖ.

Αὸν πρὸς βασιλέα πειθήνιον δηλοῦντες, μέλισσαν ζωγραφοῦσι· καὶ γὰρ
λ μόνον τῶν ἄλλων ζώων· βασιλέα ἔχει· ᾧ τὸ λοιπὸν τῶν μελισσῶν ἕπε-
ται πλῆθος· καθὸ καὶ οἱ λαοὶ πείθονται βασιλεῖ. αἰνίττονται δὲ ἐκ τοῦ
τοῦ μέλιτος ἐκ τῆς τοῦ κέντρου τοῦ ζώου δυνάμεως.
χρηστὸν ἅμα καὶ εὔτονον εἶναι πρὸς πρὸς διοίκησιν.

Πῶς βασιλέα μέρους κόσμου κρατοῦντα.

Ασιλέα δὲ οὐ τοῦ παντὸς κόσμου κρατοῦντα, μέρους δὲ βουλόμενοι σημῆναι,
β ἡμίτομον ὄφιν ζωγραφοῦσι, δηλοῦντες τὸν μὲν βασιλέα διὰ τοῦ ζώου. ἡ-
μίτομον δέ, ὅτι οὐ τοῦ παντὸς κόσμου.

Πῶς παντοκράτορα.

αντοκράτορα δὲ ἐκ τῆς τοῦ ζώου τελειώσεως σημαίνουσι. πάλιν τὸν ὁλό-
ϖ κληρον ὄφιν ζωγραφοῦντες, οὕτω παρ' αὐτοῖς τὸ τοῦ παντὸς κόσμου τὸ
διῆκον ἐστὶ πνεῦμα. Πῶς γναφέα.

γ ναφέα δὲ δηλοῦντες, δύο πόδας ἀνθρώπου ἐν ὕδατι ζωγραφοῦσι. τοῦτο
δέ, ἀπὸ τῆς τοῦ ἔργου ὁμοιότητος δηλοῦσι. Πῶς μῆνα

ῆνα δὲ γράφοντες, σελήνης σχῆμα καθὸ καὶ πρόκειται ἔχον εἴκοσι καὶ ὀκτὼ
μ ἡμέρας ἰσημερινὰς μόνας, ἐξ εἰκοσιτεσσάρων ὡρῶν τῆς ἡμέρας ὑπε-
ρχούσης ζωγραφοῦσι, καθ' ἃς καὶ ἀνατέλλει. ταῖς δὲ λοιπαῖς δύο, ἐν δύ-
σει ἐστί. Πῶς ἅρπαγα, ἢ πολύγονον. ἢ μαινόμενον.

ρπαγα δέ, ἢ πολύγονον, ἢ μαινόμενον βουλόμενοι σημῆναι, κροκόδειλον
ἁ ζωγραφοῦσι, διὰ τὸ πολύγονον, καὶ πολύτεκνον ὑπάρχειν καὶ μαινόμε-
νον. ἐπὰν γὰρ ἁρπάσαι τι βουλόμενος ἀποτύχῃ, θυμωθεὶς καθ' αὑτοῦ
μαίνεται. Πῶς ἀνατολήν.

ἀ νατολὴν δὲ λέγοντες, δύο ὀφθαλμοὺς κροκοδείλου ζωγραφοῦσιν.
ἐπειδὴ παρὰ παντὸς σώματος ζώου οἱ ὀφθαλμοὶ ἐκ τοῦ βυθοῦ ἀναφαί-
νονται. Πῶς δύσιν.

δ ύσιν δὲ λέγοντες, κροκόδειλον κεκυφότα ζωγραφοῦσι. αὐτὸ τοῦτο γὰρ
καὶ κατωφερὲς τὸ ζῶον. Πῶς σκιάζουσι σκότος.

κότος δὲ λέγοντες, κροκοδείλου οὐρὰν ζωγραφοῦσιν. ἐπειδὴ οὐκ ἄλλως
σ εἰς ἀφανισμὸν καὶ ἀπώλειαν φέρει ὁ κροκόδειλος οὗ ἐὰν λάβηται ζώου,
εἰ μὴ τῇ οὐρᾷ τῇ ἑαυτοῦ διαπληκτίσας ἄτονον παρασκευάσει. ἐν τούτῳ
γὰρ τῷ μέρει ἡ τοῦ κροκοδείλου ἰσχὺς καὶ ἀνδρεία ὑπάρχει. ἱκανῶν δὲ καὶ ἄλλων
ὑπαρχόντων σημείων, ἐν τῇ τῶν κροκοδείλων φύσει, αὐτάρκη τὰ δόξαντα ἐν τῷ
πρώτῳ συγγράμματι εἰπεῖν. Τέλος τοῦ πρώτου βιβλίου.

Ὥρου ἀπόλλωνος νειλώου, τῆς τῶν παρ' αἰγυπτίοις ἱερογλυφικῶν γραμμάτων
ἑρμηνείας, βιβλίον δεύτερον.

δ ιὰ δὲ τῆς δευτέρας πραγματείας, περὶ τῶν λοιπῶν τὸν λόγον ὑγιᾶ σοι
παραστήσομαι. ἃ δὲ καὶ ἐξ ἄλλων ἀντιγράφων, οὐκ ἔχοντα τινὰ ἐξήγη-
σιν, ἀναγκαίως ὑπέταξα. Τί ἀστέρα γράφοντες δηλοῦσιν.

ἀ στὴρ παρ' αἰγυπτίοις γραφόμενος, ποτὲ μὲν θεὸν σημαίνει, ποτὲ δὲ
νύκτα, ποτὲ δὲ χρόνον, ποτὲ δὲ ψυχὴν ἀνθρώπου ἄρρενος.

Τί ἀετοῦ νεοσσόν.

κ *αὶ ἀετοῦ νεοσσόν, ἀρρενογόνον καὶ κυκλωνσὸν σημαίνει. ἢ
σπέρμα ἀνθρώπου. Τί δύο πόδας συνηγμένους καὶ βεβηκότας.

δ ύο πόδες συνηγμένοι καὶ βεβηκότες, δρόμον ἡλίου τὸν ἐν ταῖς χειμερι-
ναῖς τροπαῖς σημαίνουσι.

Τί ἀνθρώπου καρδίαν φάρυγγος ἠρτημένην.

ἀ νθρώπου καρδία φάρυγγος ἠρτημένη, ἀγαθοῦ ἀνθρώπου στόμα σημαίνει.

Πῶς πολέμου στόμα.

π ολέμου στόμα δηλοῦσιν, ἀνθρώπου χεῖρες δύο ζωγραφούμεναι, ἡ μὲν ὅπλον κρα-
τοῦσα, ἡ δὲ τόξον. Τί δάκτυλοι.

ἀ νθρώπου στόμαχον δηλοῖ δάκτυλος

Τί αἰδοῖον χειρὶ κρατούμενον.

ἀ ἰδοῖον χειρὶ κρατούμενον, σωφροσύνην δηλοῖ ἀνθρώπου.

Πῶς νόσον

Πῶς νόσον δηλοῦσιν.

α Νθη δὲ ἀνεμώνης, νόσον αὐτοῦ σημαίνει. πῶς ὀσφὺν αὐτοῦ.
ο Σφὺν, ἢ στάσιν αὐτοῦ βουλόμενοι ζωγραφεῖν. τὸ νωτιαῖον ὀστοῦν γράφομεν. τινὲς γὰρ λέγουσι τὸ σπέρμα ἐκεῖθεν φέρεσθαι.

πῶς διαμονὴν καὶ ἀσφάλειαν σημαίνει.

ο Ρτυγος ὀστέον ζωγραφούμενον, διαμονὴν καὶ ἀσφάλειαν σημαίνει. διότι δυσαποσπαθὲς ἐστὶ τὸ τοῦ ζώου ὀστέον. πῶς ὁμόνοιαν.
α Νθρωποι δύο ἀξιούμενοι, ὁμόνοιαν δηλοῦσι. πῶς ὄχλον.
α Νθρωπος καθωπλισμένος, καὶ τοξεύων, ὄχλον σημαίνει.

πῶς ἀναμέτρησιν.

α Νθρώπου δάκτυλος, ἀναμέτρησιν σημαίνει. πῶς γυναῖκα ἔγγυον.
γ Υναῖκα ἔγγυον βουλόμενοι δηλῶσαι, ἡλίου κύκλον σὺν ἀστέρι μεγάλη λιθ
*δίσκου, δίχα τετμημένου σημαίνει. πῶς ἄνεμον.
τ Ην ἀνατολὴν ἱέραξ ὑπὸ μετέωρον θέων, ἀνέμους σημαίνει. ἔτι καὶ ἄλλως. ἱέραξ διατεταμένος τὰς πτέρυγας ἐν ἀέρι, οἷον πτέρυγας ἔχων, ἄνεμον σημαίνει. πῶς πῦρ.
κ Απνὸς εἰς οὐρανὸν ἀναβαίνων, πῦρ δηλοῖ. πῶς ἔργον.
τ Ο ἄρρενος κέρας γραφόμενον, ἔργον σημαίνει. πῶς ποινήν.
τ Ο δὲ θηλείας κέρας ζωγραφούμενον, ποινὴν σημαίνει. πῶς ἀνοσιότητα.
π Ροτομὴ σὺν μαχαίρα γραφομένη, ἀνοσιότητα δηλοῖ. πῶς ὥραν.
ϊ. ππος ποτάμιος γραφόμενος ὥραν δηλοῖ. πῶς πολυχρόνιον.
ε Λαφος κατ' ἐνιαυτὸν βλαστάνει κέρατα. ζωγραφουμένη δὲ, πολυχρόνιον σημαίνει. πῶς ἀποστροφήν.
λ Υκος, ἢ κύων ἀπεστραμμένος, ἀποστροφὴν δηλοῖ. πῶς μέλλον ἔργον.
α Κοὴ ζωγραφουμένη, μέλλον ἔργον σημαίνει. πῶς φονέα, ἢ αἷμα.
κ Ροκοδείλου σφὴξ ἀεροπετής, ἤτοι αἷμα κροκοδείλου βλαπτικὸν, ἢ φόνον σημαίνει. πῶς θάνατον.
υ Υκτικόραξ, θάνατον σημαίνει. ἄφνω γὰρ ἐπέρχεται τοῖς νεοσσοῖς κατὰ τὰς νύκτας ὡς ὁ θάνατος ἄφνω ἐπέρχεται. πῶς ἔρωτα.
π Αγὶς ἔρωτα ὡς θήραν τὸν ἀέρα σημαίνει. πῶς παλαιότατον.
λ Ογοὶ καὶ φύλλα, ἢ βιβλίον ἐσφραγισμένον, παλαιότατον δηλοῖ.

Πῶς ποιεῖ πολιορκίαν.

κ Λίμαξ, πολιορκίαν διὰ τὸ ἀνώμαλον. Πῶς ἄπειρον, ἢ μοῦσαν, ἢ μοῖραν.
π Ράγματα ἑπτὰ, ἐν δυσὶ δακτύλοις περιεχόμενα μοῦσαν, ἢ ἄπειρον, ἢ μοῖραν σημαίνει. τί συμαίνει γραμμὴ, ἐπικεκαμμένη ἑτέρα.
γ Ραμμὴ ὀρθὴ μία, ἅμα γραμμῇ ἐπικεκαμμένῃ, δέκα γραμμὰς ἐπιπέδους σημαίνουσι. τί δηλοῦσι χελιδόνα γράφοντες.
Ην ὁλοσχερῆ σημαίνειν βουλόμενοι κτῆσιν γονικὴν καταλειφθεῖσαν τοῖς υἱέ-
τ σιν, χελιδόνα ζωγραφοῦσιν. ἐκείνη γὰρ κυλύει ἑαυτὴν εἰς πηλὸν, καὶ κτίζει τοῖς νεοττοῖς φωλεὸν μέλλουσα τεθνάναι. τί μέλαιναν περιστεράν.
Υναῖκα χήραν ἐπιμείνασαν ἄχρι θανάτου θέλοντες σημῆναι, περιστερὰν
γ μέλαιναν ζωγραφοῦσιν. αὕτη γὰρ οὐ συμμίγνυται ἑτέρῳ ἀνδρὶ, ἕως οὗ χηρεύει. τί ἰχνεύμονα. 111
Νθρωπον ἀθενῆ, καὶ μὴ δυνηθέντα ἑαυτῷ βοηθῆσαι δι' ἑαυτοῦ, ἀλλὰ διὰ
α τῆς ἄλλων ἐπικουρίας θέλοντες δηλῶσαι, ἰχνεύμονα ζωγραφοῦσιν. ἐκείνη γὰρ ὅταν ἴδῃ ὄφιν, οὐ πρότερον ἐπιτίθεται αὐτῷ, ἀλλὰ βοῇ τοὺς ἄλλους ἐπικαλουμένη, τότε ἐναντιοῦται τῷ ὄφει.

Τί δηλοῦσιν ὄρυγα ἱερογλυφοῦντες.

λ Εἶδος μυρμήκων βουλόμενοι σημῆναι, ὄρυγα ἱερογλυφοῦσιν. αὕτη
γὰρ ποιεῖ λείπειν τοὺς μύρμηκας ἀποτιθεμένη ἐν τόπῳ ὁπόθεν ἐξέρ-
χονται. Τί σκορπίον, καὶ κροκόδειλον.

Νθρωπον ἐχθρὸν, ἑτέρῳ ἴσῳ ἀντιπαττόμενον σημῆναι θέλοντες, σκορπίον
α καὶ κροκόδειλον ζωγραφοῦσιν. ἑκάτερος γὰρ ἑκάτερον ἀναιρεῖ. εἰ δὲ
ἐναντίον καὶ ἀναιρετικὸν τοῦ ἑτέρου σημαίνουσι, κροκόδειλον ζωγραφοῦ-
σιν, ἢ σκορπίον. ἀλλ' εἰ μὲν ὀξέως ἀναιροῦντα, κροκόδειλον ζωγραφοῦσιν. εἰ δὲ
βραδέως ἀναιροῦντα, σκορπίον διὰ τὸ δυσκίνητον. Τί γαλῆν.

γ Υναῖκα ἀνδρὸς ἔργα πράττουσαν βουλόμενοι σημῆναι, γαλῆν ζωγραφοῦ-
σιν. αὕτη γὰρ ἄρρενος αἰδοῖον ἔχει, ὡς ὀστάριον. Τί χοῖρον.

δ Τι βούλονται ἄνθρωπον ἐξώλη σημῆναι, χοῖρον ζωγραφοῦσι, διὰ τὸ
τὴν φύσιν τοῦ χοίρου τοιαύτην εἶναι. Πῶς θυμὸν ἄμετρον.

Ι δὲ θυμὸν ἄμετρον, ὥστε καὶ ἐκ τούτου πυρέττειν τὸν θυμούμενον, λέ-
ε οντα γράφουσιν, ἐκστοίζοντα τοὺς ἰδίους σκύμνους. καὶ λέοντα μὲν,
διὰ τὸν θυμόν. τοὺς σκύμνους δὲ ἐκστοιζομένους. ἐπειδὴ τὰ ὀστᾶ τῶν
σκύμνων κοπτόμενα, πῦρ ἐκβάλλει. Πῶς γέροντα μουσικόν.

γ Ερόντα μουσικὸν βουλόμενοι σημῆναι, κύκνον ζωγραφοῦσιν. οὗτος γὰρ
ἥδιστον μέλος ᾄδει γηράσκων.

108 Πῶς ἄνδρα δηλοῦσι συγγινόμενον τῇ ἑαυτοῦ γυναικί.

Νδρα συγγινόμενον τῇ ἑαυτοῦ γυναικὶ κατὰ μίξιν βουλόμενοι σημῆ-
α ναι, δύο κορώνας γράφουσιν. αὗται γὰρ συμμίγνυνται ἀλλήλαις,
ὡς μίγνυται ἄνθρωπος κατὰ φύσιν.

109 Τί δηλοῦσι κάνθαρον τυφλὸν γράφοντες.

Νδρα ὑπὸ ἡλιακῆς ἀκτῖνος πυρέξαντα καὶ ἐντεῦθεν ἀποθανόντα βου-
α λόμενοι σημῆναι, κάνθαρον τυφλὸν γράφουσιν. οὗτος γὰρ ὑπὸ τοῦ ἡλίου
τυφλούμενος ἀποθνήσκει. Τί δηλοῦσιν ἡμίονον γράφοντες.

Υναῖκα στεῖραν βουλόμενοι σημῆναι, ἡμίονον γράφουσιν. αὕτη γὰρ διὰ
γ τοῦτο στεῖρά ἐστι, διὰ τὸ μὴ ἔχειν τὴν μήτραν ἐπ' εὐθείας.

Πῶς δηλοῦσι γυναῖκα γεννήσασαν θήλεα βρέφη.

Υναῖκα γεννήσασαν θήλεα βρέφη πρώτως βουλόμενοι σημῆναι, ταῦρον
γ πρὸς τὰ ἀριστερὰ νεύοντα ζωγραφοῦσιν. εἰ δὲ ἄρρενα, πάλιν ταῦρον εὐθὺ
τὰ δεξιὰ νεύοντα ζωγραφοῦσιν. ἐκεῖνος γὰρ ἀπὸ τῆς ὀχείας καταβάλ-
λων, εἰ μὲν πρὸς τὰ ἀριστερὰ κατέλθοι, θῆλυ γεννᾶσθαι σημαίνει. εἰ δὲ εὐθὺ τὰ δε-
ξιὰ κατέλθοι ἀπὸ τῆς ὀχείας, ἄρρεν τίκτεται. Πῶς δηλοῦσι σφῆκας.

σ φῆκας βουλόμενοι σημῆναι, νεκρὸν ἵππον ζωγραφοῦσιν. ἐκ γὰρ αὐτοῦ
ἀποθανόντος, πολλοὶ γίνονται σφῆκες.

Πῶς δηλοῦσι γυναῖκα ἐκτιτρώσκουσαν.

Υναῖκα ἐκτιτρώσκουσαν βουλόμενοι σημῆναι, ἵππον πατοῦσαν λύκον
γ ζωγραφοῦσιν. οὐ μόνον γὰρ πατοῦσα τὸν λύκον ἐκτιτρώσκει ἡ ἵππος,
ἀλλὰ καὶ τὸ ἴχνος ἐὰν πατήσῃ τοῦ λύκου, παραχρῆμα ἐκτιτρώσκει.

Πῶς ἄνθρωπον ἰατρεύοντα ἑαυτὸν ἀπὸ χρησμοῦ.

Νθρωπον ἀπὸ χρησμοῦ ἰατρεύοντα ἑαυτὸν βουλόμενοι σημῆναι, φάσσαν κρα-
α τοῦσαν φύλλον δάφνης ζωγραφοῦσιν. ἐκείνη γὰρ ὅτε ἀρρωστεῖ, φύλλον ἐπι-
τίθησι δάφνης εἰς τὴν νοσσιὰν ἑαυτῆς καὶ ὑγιαίνει. Πῶς κώνωπας πολλούς.

κ ώνωπας πολλοὺς ἐπιφοιτῶντας βουλόμενοι ζωγραφῆσαι, σκώληκας
γράφουσιν. ἐκ τούτων γὰρ γεννῶνται οἱ κώνωπες.

Πῶς ἄνδρα μὴ ἔχοντα χολήν, ἀλλ' ἀφ' ἑτέρου δεχόμενον.

Νδρα μὴ ἔχοντα χολὴν αὐτοφυῶς, ἀλλ' ἀφ' ἑτέρου δεχόμενον γράφον-
α τες, περιστερὰν ζωγραφοῦσιν, ἔχουσαν τὰ ὀπίσθια ὀρθά. ἐν ἐκείνοις γὰρ
τὴν χολὴν ἔχει. Πῶς ἄνθρωπον ἀσφαλῶς οἰκοῦντα πόλιν.

Νθρωπον ἀσφαλῶς οἰκοῦντα πόλιν σημῆναι βουλόμενοι, ἀετὸν λίθον
α βαστάζοντα ζωγραφοῦσιν. ἐκεῖνος γὰρ ἀπὸ θαλάττης, ἢ ἀπὸ γῆς λίθον
ἐπαίρει, καὶ τίθησιν εἰς τὴν ἰδίαν νοσσιάν. διὰ τὸ ἀσφαλῶς μένειν.

Πῶς ἄνθρωπον ἀσθενῶς ἔχοντα, καὶ ὑφ' ἑτέρου καταδιωκόμενον.

α Νθρωπον ἀσθενῶς ἔχοντα, καὶ καταδιωκόμενον ὑπὸ ἰσχυροτέρου βουλό-
μενοι σημῆναι, ὠτίδα καὶ ἵππον ζωγραφοῦσιν. αὕτη γὰρ φεύγει ὅταν ἴδῃ ἵππον.

Πῶς ἄνθρωπον δηλοῦσι προσφεύγοντα τῷ ἰδίῳ πάτρωνι καὶ μὴ βοηθούμενον.

Νθρωπον προσφεύγοντα τῷ ἰδίῳ πάτρωνι καὶ μὴ βοηθούμενον θέλοντες δηλῶ-
α σαι, στρουθὸν καὶ γλαῦκα ζωγραφοῦσιν. οὗτος γὰρ θηρευόμενος, πρὸς τὴν
γλαῦκα τρέχει, καὶ πρὸς αὐτῇ ὢν πιέζεται.

Πῶς ἄνθρωπον δηλοῦσιν ἀσθενῆ καὶ προπετευόμενον.

Νθρωπον ἀσθενῆ καὶ προπετευόμενον βουλόμενοι σημῆναι, νυκτερίδα ζω-
α γραφοῦσιν. ἐκείνη γὰρ μὴ ἔχουσα πτερά, ἵπταται.

Πῶς γυναῖκα θηλάζουσαν, καὶ καλῶς ἀναθρέφουσαν.

Υναῖκα θηλάζουσαν, καὶ καλῶς ἀναθρέφουσαν βουλόμενοι ζωγραφῆ-
γ σαι, τρυγόνα ζωγραφοῦσιν. αὕτη γὰρ μόνη τῶν ἄλλων πτηνῶν, ὀδόντας
καὶ μαστοὺς ἔχει. Πῶς ἄνθρωπον κηλούμενον ὀρχήσει.

Νθρωπον δι' ὀρχήσεως καὶ αὐλητικῆς κηλούμενον βουλόμενοι σημῆναι,
α τρυγόνα ζωγραφοῦσιν. αὕτη γὰρ ὑπὸ αὐλοῦ καὶ ὀρχήσεως ἁλίσκεται.

Πῶς ἄνθρωπον μυστικόν.

Νθρωπον δὲ μυστικόν, καὶ τελεστὴν βουλόμενοι σημῆναι, τέττιγα ζωγρα-
α φοῦσιν. οὗτος γὰρ διὰ τοῦ στόματος οὐ λαλεῖ, ἀλλὰ διὰ τῆς ῥάχεως φθεγ-
γόμενος, καλὸν μέλος ἀείδει.

Πῶς βασιλέα ἰδιάζοντα, καὶ μὴ ἐλεοῦντα τοῖς πταίσμασι.

Ασιλέα ἰδιάζοντα, καὶ μὴ ἐλεοῦντα ἐν τοῖς πταίσμασι βουλόμενοι ση-
β μῆναι, ἀετὸν ζωγραφοῦσιν. οὗτος γὰρ ἐν τοῖς ἐρήμοις τόποις ἔχει τὴν
νοσσιάν, καὶ ὑψηλότερον πάντων τῶν πετεινῶν ἵπταται.

Πῶς ἀποκατάστασιν πολυχρόνιον.

Ποκατάστασιν δὲ πολυχρόνιον βουλόμενοι σημῆναι, φοίνικα τὸ ὄρνεον
α ζωγραφοῦσιν. ἐκεῖνος γὰρ ὅτε γεννᾶται, ἀποκατάστασις γίνεται πραγ-
μάτων. γεννᾶται δὲ τοιούτῳ τρόπῳ. ὅταν μέλλῃ τελευτᾶν ὁ φοῖνιξ, ῥήσ-
σει ἑαυτὸν ἐπὶ τὴν γῆν. καὶ ὀπὴν ἐκ τοῦ ῥήγματος λαμβάνει. καὶ ἐκ τοῦ ἰχῶ-
ρος τοῦ καταῤῥέοντος ἄλλος γεννᾶται. οὗτος δὲ ἅμα τῇ πτεροφυήσει, σὺν
τῷ πατρὶ πορεύεται εἰς τὴν ἡλίου πόλιν τὴν ἐν αἰγύπτῳ. καὶ παραγενόμε-
νος ἐκεῖ, ἅμα τῇ ἡλίου ἀνατολῇ, ἐκεῖσε τελευτᾷ. καὶ μετὰ τὸν θάνατον τοῦ πα-
τρὸς, ὁ νεοσσὸς πάλιν, ἐπὶ τὴν ἰδίαν πατρίδα ἄπεισιν. οἱ δὲ ἱερεῖς τῆς αἰγύ-
πτου, θάπτουσι τὸν ἀποθανόντα φοίνικα. Πῶς φιλοπάτορα.

Ιλοπάτορα βουλόμενοι σημῆναι ἄνθρωπον, πελαργὸν ζωγραφοῦσιν.
φ ὑπὸ γὰρ τῶν γεννησάντων ἐκτραφεὶς, οὐ χωρίζεται τῶν ἰδίων πα-
τέρων, ἀλλὰ παραμένει αὐτοῖς ἄχρις ἐσχάτου γήρως, θεραπείαν αὐ-
τοῖς ἀπονέμων. Πῶς γυναῖκα μισοῦσαν τὸν ἑαυτῆς ἄνδρα.

Υναῖκα μισοῦσαν τὸν ἴδιον ἄνδρα, καὶ ἐπιβουλεύουσαν αὐτῷ εἰς θάνα-
γ τον, μόνον δὲ διὰ μίξιν κολακεύουσαν αὐτὸν βουλόμενοι σημῆναι, ἔχιν

ζωγραφοῦσιν. αὕτη γὰρ ὅταν συγγίνηται τῷ ἄρρενι, στόμα στόματι ἐμβάλλει. καὶ μετὰ τὸ ἀποζευχθῆναι, ἀποδάκνουσα τὴν κεφαλὴν τοῦ ἄρρενος ἀναιρεῖ.

πῶς τέκνα δηλοῦσιν ἐπιβουλεύοντα ταῖς μητράσιν.

Εκνα ἐπιβουλεύοντα ταῖς μητράσι σημῆναι βουλόμενοι, ἔχιδναν ζω-
τ γραφοῦσιν. αὕτη γὰρ ἐν τῇ οὐ τίκτεται, ἀλλ' ἐκβιβρώσκουσα τὴν γαστέρα τῆς μητρὸς ἐκπορεύεται.

πῶς ἄνθρωπον δηλοῦσιν ὑπὸ κατηγορίας λοιδορηθέντα καὶ ἀσθενήσαντα.

Νθρωπον ὑπὸ κατηγορίας λοιδορηθέντα καὶ ἀσθενήσαντα ἐντεῦθεν βου-
α λόμενοι σημῆναι, βασιλίσκον ζωγραφοῦσιν. ἐκεῖνος γὰρ τοὺς πλησιάζοντας τῷ ἑαυτοῦ φυσήματι φονεύει. πῶς ἄνθρωπον ὑπὸ πυρὸς καιόμενον.

Νθρωπον ὑπὸ πυρὸς καιόμενον βουλόμενοι σημῆναι, σαλαμάνδραν ζω-
α γραφοῦσιν. αὕτη γὰρ ἑκατέρᾳ τῇ κεφαλῇ ἀναιρεῖ.

πῶς ἄνθρωπον τυφλόν.

Νθρωπον τυφλὸν βουλόμενοι σημῆναι, ἀσπάλακα ζωγραφοῦσιν. ἐκεῖ-
α νο γὰρ ὀφθαλμοὺς οὐκ ἔχει, οὔτε ὁρᾷ. πῶς ἀπρόϊτον ἄνθρωπον.

Νθρωπον ἀπρόϊτον βουλόμενοι σημῆναι, μύρμηκα καὶ πτερὰ νυκτερί-
α δος ζωγραφοῦσι. διότι τιθεμένων τῶν πτερῶν εἰς τὴν νεοσσιὰν τῶν μυρμήκων, οὐ προέρχεταί τις. πῶς ἄνθρωπον διὰ τῆς οἰκείας ἀβουλίας βλαπτόμενον.

Νθρωπον διὰ τῆς ἰδίας ἀβουλίας βλαπτόμενον σημῆναι βουλόμενοι,
α κάστορα ζωγραφοῦσιν. ἐκεῖνος γὰρ καταδιωκόμενος, εἰς τὴν ἄγραν τοὺς ἰδίους διδύμους ἀποσπῶν ῥίπτει. πῶς ἄνθρωπον κληρονομηθέντα ὑπὸ μεμισημένου τέκνου.

Νθρωπον κληρονομηθέντα ὑπὸ μεμισημένου τέκνου βουλόμενοι σημῆναι,
α πίθηκον ἔχοντα ὀπίσω ἕτερον μικρὸν πίθηκον ζωγραφοῦσιν. ἐκεῖνος γὰρ γεννᾷ δύο πιθήκους. καὶ τὸν μὲν ἕνα αὐτῶν, φιλεῖ λίαν. τὸν δὲ ἕτερον μισεῖ. ὃν δὲ φιλεῖ ἔμπροσθεν βαστάζων φονεύει. ὃν δὲ μισεῖ. ὄπισθεν ἔχει, καὶ ἐκεῖνον ἐκτρέφει. πῶς ἄνθρωπον τὰ ἴδια ἐλαττώματα κρύπτοντα.

Νθρωπον τὰ ἴδια ἐλαττώματα κρύπτοντα βουλόμενοι σημῆναι, πίθη-
α κον οὐροῦντα ζωγραφοῦσιν. οὗτος γὰρ οὐρῶν, κρύπτει τὸν ἴδιον οὖρον.

πῶς τινὰ κατὰ τὸ μᾶλλον ἀκούοντα.

Ινὰ δὲ κατὰ τὸ μᾶλλον ἀκούοντα θέλοντες σημῆναι, αἶγα ζωγραφοῦσιν.
τ αὕτη γὰρ ἀναπνεῖ διὰ τῶν ῥωθώνων, καὶ τῶν ὤτων. πῶς ἄστατον.

Ινὰ δὲ ἄστατον καὶ μὴ μένοντα ἐν ταυτῷ, ἀλλ' ὅτε μὲν ἰσχυρὸν, θρασύν.
τ ὅτε δὲ ἀσθενῆ, δειλὸν βουλόμενοι σημῆναι, ὕαιναν ζωγραφοῦσιν. αὕτη γὰρ, ὅτε μὲν ἄρρην γίνεται, ὅτε δὲ θήλεια. πῶς ἄνθρωπον ὑπὸ ἐλαττόνων ἡττώμενον.

Νθρωπον δὲ ἡττώμενον ὑπὸ ἐλαττόνων βουλόμενοι σημῆναι, δύο δέρμα-
α τα ζωγραφοῦσιν, ὧν τὸ μὲν, ὑαίνης ἐστί. τὸ δὲ ἄλλο, παρδάλεως. ἐὰν γὰρ ὁμοῦ τεθῇ τὰ δύο ταῦτα δέρματα, τὸ μὲν τῆς παρδάλεως ἀποβάλλει τὰς τρίχας. τὸ δὲ ἄλλο, οὔ. πῶς ἄνθρωπον τοῦ ἰδίου ἐχθροῦ περιγενόμενον.

Νθρωπον τοῦ ἰδίου ἐχθροῦ περιγενόμενον δηλοῦντες, ὕαιναν εὐθὺ τὰ δε-
α ξιὰ στρεφομένην ζωγραφοῦσιν. ἐὰν δὲ νικώμενον, ἀνάπαλιν ἐπὶ τὰ ἀριστερὰ στρεφομένην ζωγραφοῦσιν. αὕτη γὰρ διωκομένη, ἐὰν εὐθὺ τὰ δεξιὰ στραφῇ, ἀναιρεῖ τὸν διώκοντα. ἐὰν δὲ ἐπὶ τὰ ἀριστερὰ, ἀναιρεῖται ὑπὸ τοῦ διώκοντος.

πῶς ἄνθρωπον παρελθόντα τὰς ἐπενεχθείσας αὐτῷ συμφορὰς ἀφόβως.

Νθρωπον παρελθόντα τὰς ἐπενεχθείσας αὐτῷ συμφορὰς ἀφόβως,
α ἄχρι θανάτου βουλόμενοι δηλῶσαι, δέρμα ὑαίνης ζωγραφοῦσιν. ἐὰν γάρ τις τὸ δέρμα τοῦτο περιβάλληται, καὶ παρέλθῃ διά τινων ἐχθρῶν, οὐ μὴ ἀδικηθήσεται ὑπό τινος, ἀλλὰ παρέρχεται ἀφόβως.

πῶς ἄνθρωπον διαυθέντα τοῖς ἰδίοις ἐχθροῖς.

νθρωπον διαυθέντα ὑπὸ τῶν ἰδίων ἐχθρῶν, καὶ κατὰ ζημίας μικρᾶς
α ἀπαλλαγέντα βουλόμενοι σημῆναι, λύκον ζωγραφοῦσιν, ἀπολέσαν-
τα τὸ ἄκρον τῆς οὐρᾶς. οὗτος μέλλων θηρεύεσθαι, ἀποβάλλει τὰς τρί-
χας, καὶ τὸ ἄκρον τῆς οὐρᾶς.

πῶς ἄνθρωπον φοβούμενον τὰ ἐπισυμβαίνοντα αὐτῷ ἐκ τοῦ ἀφανοῦς.

νθρωπον φοβούμενον τὰ ἐπισυμβαίνοντα αὐτῷ ἐκ τοῦ ἀφανοῦς βου-
α λόμενοι σημῆναι, λύκον καὶ λίθον ζωγραφοῦσιν. οὗτος γὰρ, οὔτε σίδηρον,
οὔτε ῥάβδον φοβεῖται, ἀλλὰ μόνον λίθον. ἀμέλει ἐάν τις προσρίψῃ
τούτῳ λίθον, εὑρίσκει αὐτὸν πτοούμενον. καὶ ὅπου ἂν πληγῇ τῷ λίθῳ ὁ λύκος,
σκώληκας ἐκ τῆς πληγῆς ἀναφέρει.

πῶς ἄνθρωπον ἐνθύμῳ σωφρονισθέντα ὑπὸ πυρός.

νθρωπον ὑπὸ πυρὸς σωφρονισθέντα, καὶ ἐνθύμῳ θέλοντες δηλῶσαι,
α λέοντας καὶ δᾷδας ζωγραφοῦσιν. οὐδὲν γὰρ, ἄλλο φοβεῖται ὁ λέων, ὡς
τὰς ἀνημμένας δᾷδας. καὶ ὑπ' οὐδενὸς δαμάζεται ὡς ὑπὸ τούτων.

πῶς ἄνθρωπον πυρέττοντα καὶ ὑφ' ἑαυτοῦ θεραπευθέντα.

νθρωπον πυρέττοντα καὶ ὑφ' ἑαυτοῦ θεραπευθέντα βουλόμενοι δηλῶ-
α σαι, λέοντα ζωγραφοῦσι πίθηκον τρώγοντα. ἐκεῖνος γὰρ ἐὰν πυρέξῃ, φα-
γὼν πίθηκον ὑγιαίνει. πῶς ἄνθρωπον σωφρονισθέντα ἀπὸ τῆς πρώην ἐξωλίας.

νθρωπον ἀπὸ ἐξωλίας τῆς πρώην ὕστερον σωφρονισθέντα βουλόμενοι
α δηλῶσαι, ταῦρον ζωγραφοῦσι περιδεδεμένον ἀγριοσυκέᾳ. οὗτος γὰρ
ὅταν ὀργᾷ, δεσμεῖται ἀγριοσυκῇ καὶ ἡμεροῦται.

πῶς ἄνθρωπον σωφροσύνην ἔχοντα ἀμετάβλητον.

νθρωπον σωφροσύνην ἔχοντα ἀμετάβλητον, καὶ μὴ σταθερὰν βουλό-
α μενοι σημῆναι, ταῦρον ζωγραφοῦσι, περιδεδεμένον τὸ δεξιὸν γόνυ. τοῦτον
γὰρ ἐὰν δήσῃς τῷ δεξιῷ γόνατι, καρποδέσμιον παρακολουθοῦντα εὑρή-
σεις. ἀεὶ δὲ ὁ ταῦρος εἰς σωφροσύνην παραλαμβάνεται. διότι οὐδέποτε τοῦ
θήλεος ἐπιβαίνει μετὰ τὴν σύλληψιν.

πῶς ἄνθρωπον προβάτων καὶ αἰγῶν φθοροποιόν.

νθρωπον προβάτων καὶ αἰγῶν φθοροποιὸν βουλόμενοι σημῆναι, αὐτὰ τὰ
α ζῷα γράφουσι τρώγοντα, κόνυζαν. ταῦτα γὰρ φαγόντα κόνυζαν, ἀπο-
θνήσκει δίψῃ κατασχεθέντα. πῶς ἄνθρωπον τρώγοντα δηλοῦσι.
νθρωπον τρώγοντα βουλόμενοι σημῆναι, κροκόδειλον ζωγραφοῦσιν, ἔ-
α χοντα τὸ στόμα ἀνεῳγμένον. οὗτος γὰρ,

πῶς ἅρπαγα ἄνθρωπον καὶ ἀνενέργητον σημαίνουσιν.

ρπαγα ἄνθρωπον καὶ ἀνενέργητον βουλόμενοι σημῆναι, κροκόδειλον ἔχοντα
α ἴβεως πτερὸν ἐπὶ τῆς κεφαλῆς ζωγραφοῦσι. τούτου γὰρ ἐὰν ἴβεως πτερῷ
θίγῃς, ἀκίνητον εὑρήσεις. πῶς γυναῖκα γεννήσασαν ἅπαξ.
γ υναῖκα γεννήσασαν ἅπαξ βουλόμενοι σημῆναι, λέαιναν ζωγραφοῦσιν.
αὕτη γὰρ δὶς οὐ κυΐσκει. πῶς ἄνθρωπον γεννηθέντα κατὰ τὴν ἀρχὴν ἄμορφον.
νθρωπον ἄμορφον γεννηθέντα κατὰ τὴν ἀρχὴν, ὕστερον δὲ μορφωθέντα
α βουλόμενοι σημῆναι. ἄρκτον ἐγκυμονοῦσαν ζωγραφοῦσιν. αὕτη γὰρ αἷμα
συνεστραμμένον καὶ πεπηγὸς τίκτει. ὕστερον δὲ τοῦτο θαλπόμενον ἐν τοῖς
ἰδίοις μηροῖς διατυποῦται. καὶ τῇ γλώττῃ λειχόμενον τελειοῦται.

πῶς ἄνθρωπον ἰσχυρὸν, καὶ τῶν συμφερόντων ὀσφραντικόν.

α νθρωπον ἰσχυρὸν, καὶ τῶν συμφερόντων ὀσφραντικὸν βουλόμενοι σημῆναι, ἐλέφαντα ζωγραφοῦσιν ἔχοντα τὴν προβοσκίδα. ἐκεῖνος γὰρ ταύτῃ ὀσφραίνεται, καὶ κρατεῖ τῶν προσπιπτόντων.

Πῶς ἄνθρωπον βασιλέα φεύγοντα μωρίαν καὶ ἀφροσύνην.

α Νθρωπον βασιλέα φεύγοντα μωρίαν καὶ ἀφροσύνην βουλόμενοι σημῆναι, ἐλέφαντα καὶ κριὸν ζωγραφοῦσιν. ἐκεῖνος γὰρ θεωρῶν τὸν κριὸν φεύγει.

Πῶς βασιλέα φεύγοντα φλύαρον ἄνθρωπον.

β Ασιλέα φεύγοντα φλύαρον ἄνθρωπον βουλόμενοι σημῆναι, ἐλέφαντα ζωγραφοῦσι μετὰ χοίρου. ἐκεῖνος γὰρ ἀκούων φωνῆς χοίρου, φεύγει.

Πῶς ἄνθρωπον ὀξὺν μὲν κατὰ τὴν κίνησιν, ἀσκέπτως δὲ καὶ ἀνοήτως κινούμενον.

α Νθρωπον ὀξὺν μὲν κατὰ τὴν κίνησιν, ἀσκέπτως δὲ καὶ ἀνοήτως κινούμενον βουλόμενοι σημῆναι, ἔλαφον καὶ ἔχιδναν ζωγραφοῦσιν. ἐκείνη γὰρ ὁρῶσα τὴν ἔχιδναν, φεύγει.

Πῶς ἄνθρωπον προνοούμενον τῆς ἰδίας ταφῆς.

α Νθρωπον προνοούμενον τῆς ἰδίας ταφῆς βουλόμενοι σημῆναι, ἐλέφαντα ζωγραφοῦσι κατορύττοντα τοὺς ἰδίους ὀδόντας. τούτους γὰρ πεσόντας, λαβὼν κατορύττει.

Πῶς ἄνθρωπον ζήσαντα τέλειον βίον.

α Νθρωπον ζήσαντα τέλειον βίον θέλοντες δηλῶσαι, κορώνην ἀποθανοῦσαν ζωγραφοῦσιν. αὕτη γὰρ ζῇ ἑκατὸν ἔτη κατ' αἰγυπτίους. τὸ δὲ ἔτος κατ' αἰγυπτίους τεττάρων ἐνιαυτῶν.

Πῶς ἄνθρωπον ἑαυτοῦ κρύπτοντα κακίαν.

α Νθρωπον ἐμφωλεύοντα ἑαυτῷ κακίαν, καὶ ἀποκρύπτοντα ἑαυτὸν, ὥστε μὴ γνωσθῆναι τοῖς ἰδίοις θέλοντες σημῆναι, πάρδαλιν ζωγραφοῦσιν. αὕτη γὰρ κρύφα τὰ ζῶα θηρεύει, μὴ συγχωροῦσα τὴν ἰδίαν ὁρμὴν ἀφιέναι καταδιωκτικὴν οὖσαν τῶν ἄλλων ζώων.

Πῶς ἄνθρωπον ἐξαπατώμενον διὰ κολακείας.

α Νθρωπον ἐξαπατώμενον διὰ κολακείας βουλόμενοι σημῆναι, ἔλαφον μετὰ αὐλητοῦ ἀνθρώπου ζωγραφοῦσιν. αὕτη γὰρ θηρεύεται ἀκούουσα ἡδέα συρίσματα ᾀδόντων, ὡς κατακηλεῖσθαι ὑπὸ τῆς ἡδονῆς.

Πῶς πρόγνωσιν εὐκαρπίας οἴνου.

π Ρόγνωσιν εὐκαρπίας οἴνου βουλόμενοι σημῆναι, ἔποπα ζωγραφοῦσιν. ἐκεῖνος γὰρ ἐὰν πρὸ τοῦ καιροῦ τῶν ἀμπέλων κράζῃ, εὐοινίαν σημαίνει.

Πῶς ἄνθρωπον, ὑπὸ σταφυλῆς βλαβέντα.

α Νθρωπον ὑπὸ σταφυλῆς βλαβέντα, καὶ ἑαυτὸν θεραπεύοντα βουλόμενοι σημῆναι, ἔποπα ζωγραφοῦσι, καὶ ἀδίαντον τὴν βοτάνην. οὗτος γὰρ βλαβεὶς ὑπὸ σταφυλῆς, ἀδίαντον ἀντιτιθέμενος εἰς τὸ ἑαυτοῦ στόμα θεραπεύεται.

Πῶς ἄνθρωπον ἑαυτὸν φυλάττοντα, ἀπὸ ἐπιβουλῆς ἐχθρῶν.

α Νθρωπον ἀπὸ ἐπιβουλῆς ἐχθρῶν ἑαυτὸν φυλάττοντα βουλόμενοι σημῆναι, γέρανον γρηγοροῦσαν ζωγραφοῦσιν. αὗται γὰρ ἑαυτὰς φυλάττουσι γρηγοροῦσαι κατ' ὄρδινον ἐν πάσῃ τῇ νυκτί.

Πῶς παιδεραστίαν.

π Αιδεραστίαν βουλόμενοι σημῆναι, δύο πέρδικας ζωγραφοῦσιν. ἐκεῖνοι γὰρ ἐπὰν χηρεύωσιν, ἑαυτοῖς ἀποκέχρηνται.

Πῶς γέροντα ὑπὸ λιμοῦ ἀποθανόντα.

γ Εροντα ὑπὸ λιμοῦ ἀποθανόντα θέλοντες δηλῶσαι, ἀετὸν ἐπικεκαμμένον ἔχοντα τὸ ῥάμφος ζωγραφοῦσιν. ἐκεῖνος γὰρ γηράσκων, ἀποκάμπτεται τὸ ῥάμφος αὐτοῦ, καὶ λιμῷ ἀποθνήσκει.

Πῶς ἄνθρωπον ἐν κινήσει καὶ θυμῷ διάγοντα.

α Νθρωπον ἀεὶ ἐν κινήσει καὶ θυμῷ διάγοντα, καὶ μήτε ἐν τῷ τρέφεσθαι ἡσυχάζοντα βουλόμενοι σημῆναι, κορώνης νεοσσοὺς ζωγραφοῦσιν. αὕτη γὰρ ἱπταμένη τρέφει τοὺς νεοσσούς.

Πῶς ἄνθρωπον εἰδότα τὰ μετέωρα.

α νθρωπον εἰδότα τὰ μετέωρα θέλοντες σημῆναι, γέρανον ἱπτάμενον ζωγραφοῦσιν· ἐκεῖνος γὰρ ὑψηλῶς πάνυ ἵπταται, ἵνα θεάσηται τὰ νέφη, μὴ ἄρα χειμάζῃ, ἵνα ἐν ἡσυχίᾳ διαμένῃ.

Πῶς ἄνθρωπον ἀποταξάμενον τὰ ἴδια τέκνα δι' ἀπορίαν.

α νθρωπον ἀποταξάμενον τὰ ἴδια τέκνα δι' ἀπορίαν βουλόμενοι σημῆναι, ἱέρακα ἐγκύμονα ζωγραφοῦσιν· ἐκεῖνος γὰρ τίκτων τρία ᾠά, τὸ ἓν μόνον ἐπιλέγεται καὶ τρέφει· τὰ δὲ ἄλλα δύο, κλᾷ· τοῦτο δὲ ποιεῖ, διὰ τὸ κατ' ἐκεῖνον τὸν χρόνον τοὺς ὄνυχας ἀπολύειν, καὶ ἐντεῦθεν μὴ δύνασθαι τὰ τρία βρέφη τρέφειν.

πῶς ἄνθρωπον ὀκνοῦντα τὴν διὰ τῶν ποδῶν κίνησιν ποιεῖσθαι.

α νθρωπον ὀκνοῦντα τὴν διὰ τῶν ποδῶν κίνησιν ποιεῖσθαι βουλόμενοι σημῆναι, κάμηλον γράφουσιν, ἐκείνη γὰρ μόνη τῶν ἄλλων ζώων τὸν μηρὸν κάμπτει, διὸ καὶ κάμηρος λέγεται.

πῶς ἄνθρωπον ἀναιδῆ καὶ κατὰ τὴν ὅρασιν ὀξύν.

α νθρωπον ἀναιδῆ, καὶ κατὰ τὴν ὅρασιν ὀξὺν θέλοντες δηλῶσαι, βάτραχον γράφουσιν· οὗτος γὰρ αἷμα οὐκ ἔχει, εἰ μὴ ἐν μόνοις τοῖς ὀφθαλμοῖς. τοὺς δὲ ἐκεῖ αἷμα ἔχοντας, ἀναιδεῖς καλοῦσιν, διὸ καὶ ὁ ποιητής· οἰνοβαρὲς· κυνὸς ὄμματ' ἔχων· κραδίην δ' ἐλάφοιο.

πῶς ἄνθρωπον μὴ δυνηθέντα κινεῖσθαι.

α νθρωπον πολὺν χρόνον μὴ δυνηθέντα κινεῖσθαι, ὕστερον δὲ κινηθέντα τοῖς ποσὶ βουλόμενοι σημῆναι, βάτραχον ἔχοντα τοὺς ὀπισθίους πόδας ζωγραφοῦσιν· ἐκεῖνος γὰρ γεννᾶται ἄπους· ὕστερον δὲ αὐξανόμενος, προσλαμβάνει τοὺς ὀπισθίους πόδας.

πῶς ἄνθρωπον πάντων ἐχθρόν.

α νθρωπον πάντων ἐχθρὸν καὶ ἀπεσχοινισμένον θέλοντες δηλῶσαι, ἔγχελυν ζωγραφοῦσιν· αὕτη γὰρ οὐδενὶ τῶν ἰχθύων συνευρίσκεται.

πῶς ἄνθρωπον σώζοντα πολλοὺς ἐν θαλάττῃ.

α νθρωπον σώζοντα πολλοὺς ἐν θαλάττῃ θέλοντες σημῆναι, νάρκην τὸν ἰχθὺν ζωγραφοῦσιν· αὕτη γὰρ ὅταν ἴδῃ τοὺς πολλοὺς τῶν ἰχθύων μὴ δυναμένους κολυμβᾶν, συλλαμβάνει πρὸς ἑαυτὴν καὶ σώζει.

πῶς ἄνθρωπον, τὰ χρήσιμα καὶ τὰ ἄχρηστα κακῶς ἀνηλωκότα.

α νθρωπον τὰ χρήσιμα καὶ τὰ ἄχρηστα κακῶς ἀνηλωκότα βουλόμενοι σημῆναι, πολύποδα ζωγραφοῦσιν· ἐκεῖνος γὰρ πολλὰ καὶ ἀσώτως ἐσθίων, παρατίθεται τὴν τροφὴν εἰς τοὺς θαλάμους· καὶ ὅταν ἀναλώσῃ τὰ χρήσιμα τότε καὶ ἄχρηστα ἐκβάλλει.

πῶς ἄνθρωπον τῶν ὁμοφύλων κρατήσαντα.

α νθρωπον τῶν ὁμοφύλων κρατήσαντα βουλόμενοι σημῆναι, κάραβον καὶ πολύποδα ζωγραφοῦσιν· οὗτος γὰρ τοὺς πολύποδας κρατεῖ, καὶ τὰ πρωτεῖα φέρει.

πῶς ἄνδρα συζυγέντα γυναικί.

α νδρα συζυγέντα γυναικὶ ἀπὸ πρώτης ἡλικίας ἐν ᾗ ἐτέχθη βουλόμενοι σημῆναι, πίννας ἐγκύους γράφουσιν· αὗται γὰρ γεννώμεναι ἐν τῷ κόγχῳ, μετὰ καιρὸν ὀλίγον συζεύγνυνται ἀλλήλαις ἔνδον τοῦ κόγχου.

πῶς ἄνθρωπον μὴ προνοούμενον ἑαυτοῦ.

π ατέρα, ἢ ἄνθρωπον μὴ προνοούμενον ἑαυτοῦ, ἀλλ' ὑπὸ τῶν οἰκείων προνοούμενον θέλοντες σημῆναι, πίνναν καὶ καρκίνον ζωγραφοῦσιν· οὗτος γὰρ ὁ καρκῖνος μένει κεκολλημένος τῇ σαρκὶ τῆς πίννης· καὶ καλεῖται πιννοφύλαξ ἀκολούθως τῷ ὀνόματι· ἡ οὖν πίννα διόλου κέχηνεν ἐν τῷ κόλχῳ πεινῶσα· ὅταν οὖν αὐτῆς κεχηνυίας παρεισέλθῃ ἰχθύδιόν τι, ὁ πιννοφύλαξ δάκνει τῇ χηλῇ τὴν πίνναν· ἡ δὲ αἰσθομένη καταμύει τὸν κόγχον, καὶ οὕτως κυνηγεῖ τὸ ἰχθύδιον.

πῶς ἄνθρωπον λάμιαν ἔχοντα.

Νθρωπον λάμιαν ἔχοντα βουλόμενοι σημῆναι, σκάρον ζωγραφοῦσιν. οὗτος γὰρ μόνος τῶν ἰχθύων μαρυκᾶται καὶ πάντα τὰ προσπίπτοντα ἰχθύδια ἐσθίει.

πῶς αὐτὸν τὴν ἑαυτοῦ τροφὴν ἐμοῦντα.

Νθρωπον ἐμοῦντα τὴν ἰδίαν τροφὴν, καὶ πάλιν ἀπλήστως ἐσθίοντα βουλόμενοι σημῆναι, ἄνυδρον γαλεὸν ζωγραφοῦσιν. οὗτος γὰρ κύει μὲν διὰ τοῦ στόματος. τικτόμενος δὲ καταπίνει τὸν γόνον.

πῶς ἄνθρωπον ἀλλοφύλων χρώμενον μίξει.

Νθρωπον ἀνθρώπων χρώμενον μίξει ἀλλοφύλων βουλόμενοι σημῆναι, μύραιναν ἰχθὺν ζωγραφοῦσιν. αὕτη γὰρ ἐκ θαλάττης ἀναβαίνουσα, τοῖς ἔχισι μίγνυται. καὶ εὐθέως εἰς τὴν θάλατταν ἐπιστρέφει.

πῶς αὐτὸν ἤδη φόνῳ κολασθέντα.

Νθρωπον ἤδη φόνῳ κολασθέντα, καὶ μεταμεληθέντα βουλόμενοι σημῆναι, ξυνόνα περιπλεγμένην ἀγκύστρῳ ζωγραφοῦσιν. αὕτη γὰρ καταχωθεῖσα. ῥίπτει τὴν ἐν τῇ οὐρᾷ ἄκανθαν.

πῶς ἄνθρωπον ἀφειδῶς κατεσθίοντα τὰ ἀλλότρια.

Νθρωπον ἀφειδῶς κατεσθίοντα τὰ ἀλλότρια, καὶ ὕστερον καταναλώσαντα τὰ ἴδια βουλόμενοι σημῆναι, πολύποδα ζωγραφοῦσιν. ἐκεῖνος γὰρ ἐὰν ἀπορήσῃ τροφῆς τῆς ἀπὸ ἄλλων, τὰς ἰδίας πλεκτάνας ἐσθίει.

πῶς ἄνθρωπον ἤδη κακῷ ὁρμήσαντα.

Νθρωπον ἤδη κακῷ ὁρμήσαντα, καὶ ἀντὶ τούτου κακῷ περιπεσόντα βουλόμενοι σημῆναι, σηπίαν ζωγραφοῦσιν. αὕτη γὰρ ἐὰν ἴδῃ τινὰ βουλόμενον αὐτὴν θηρᾶσαι, προΐεται εἰς τὸ ὕδωρ ἐκ τῆς κοιλίας τὸ μέλαν, ὥστε ἐκ τούτου μηκέτι αὐτὴν βλέπεσθαι, καὶ οὕτω φεύγει.

πῶς ἄνθρωπον γόνιμον.

Νθρωπον γόνιμον βουλόμενοι σημῆναι, στρουθίον πυργίτην ζωγραφοῦσιν. οὗτος γὰρ ὑπὸ ὀργῆς ἀκμάζων, καὶ πολυσπερμίας ὀχλούμενος, ἑπτάκις μίγνυται τῇ θηλείᾳ ἐν μιᾷ ὥρᾳ ἀθρόως σπερμαίνων.

πῶς ἄνθρωπον συνοχέα καὶ σιωτικόν.

Νθρωπον συνοχέα καὶ σιωτικὸν βουλόμενοι σημῆναι λύραν ζωγραφοῦσιν. αὕτη γὰρ συνέχειαν φυλάττει τῶν ἰδίων κρουσμάτων.

πῶς ἄνθρωπον πάλαι μὲν ἀποστάντα τῶν ἰδίων νοημάτων.
ὕστερον δὲ, γεγονότα τῆς ἑαυτοῦ φρονήσεως.

Νθρωπον πάλαι μὲν ἀποστάντα τῶν ἰδίων νοημάτων, ὕστερον δὲ τῆς ἑαυτοῦ γεγονότα φρονήσεως, καὶ τάξιν ἀπαγόντα τῇ ἑαυτῇ ζωῇ βουλόμενοι σημῆναι, σύριγγα γράφουσιν. αὕτη γὰρ ἐπιστρεπτική ἐστι καὶ ἀναμνηστικὴ τῶν κατὰ θυμὸν πεπραγμένων αὐτῷ. καὶ μάλιστα τεταγμένον ἐκτελοῦσα φθόγγον.

πῶς ἄνθρωπον ἴσον πᾶσι τὸ δίκαιον ἀπονέμοντα.

νθρωπον ἴσως πᾶσι τὸ δίκαιον ἀπονέμοντα βουλόμενοι σημῆναι, στρουθοκαμήλου πτερὸν γράφουσι. τοῦτο γὰρ τὸ ζῶον πανταχόθεν ἴσα ἔχει τὰ πτερυγώματα παρὰ τῶν ἄλλων.

πῶς ἄνθρωπον φιλοκτίστην.

νθρωπον φιλοκτίστην βουλόμενοι σημῆναι, χεῖρα ἀνθρώπου γράφουσιν. αὕτη γὰρ ποιεῖ πάντα τὰ κτίσματα.

ὥρου ἀπόλλωνος νειλώου, ἱερογλυφικῶν, τέλος.

ΣΥΝΑΓΩΓΗ ΤΩΝ ΤΑΡΡΑΙΟΥ, καὶ Διδύμου, καὶ τῶν παρὰ Σουίδα, καὶ ἄλλοις διαφόροις παροιμιῶν, συντεθεισῶν κατὰ στοιχεῖον.

α Βασάνιστος ἄνθρωπος ἐστί. ἀνεξέταστος, ἢ ἀγύμναστος, ἢ ἀδοκίμαστος. εἴρηται δὲ ἀπὸ τῆς βασάνου τῆς χρυσοχοϊκῆς λίθου, ἐν ᾗ δοκιμάζουσι τὸ χρυσίον. ἐχρήσατο δὲ Αἰλιανὸς ἐν τῷ περὶ προνοίας τῷ ἀβασάνιστος, ἀντὶ τοῦ, ἄνευ ὀδύνης.

Ἀβυδηνὸν ἐπιφόρημα· ἐπὶ τῶν ἀηδῶν τάττεται ἡ παροιμία. μέμνηται δὲ αὐτῆς Εὔδοξος ἐν Ὑποβολιμαίῳ. φασὶ δὲ ὅτι τοῖς Ἀβυδηνοῖς ἔθος ἦν μετὰ τὸ δεῖπνον, καὶ τὰς σπονδὰς, προσάγειν τοὺς παῖδας μετὰ τῶν τιτθῶν τοῖς εὐωχουμένοις· κεκραγότων δὲ τῶν παίδων, καὶ θορύβου γινομένου διὰ τὰς τίτθας, ἀηδία ἦν πολλὴ τοῖς δαιτυμόσιν. καὶ ἄλλως.

Ἀβυδηνὸν ἐπιφόρημα· ὅταν ἀκαίρως ἐπιφανέντος τινὸς ἀηδία τις ᾖ, εἰώθαμεν λέγειν ἀβυδηνὸν ἐπιφόρημα, διὰ τὸ τοὺς Ἀβυδηνούς, ὅταν τινὰ τῶν πολιτῶν, ἢ ξένων ἑστιῶσι μετὰ τὸ μύρον, καὶ τοὺς στεφάνους τὰ παιδία περιφέρειν φιληθησόμενα, τῶν τε τιθηνῶν θορυβουσῶν, τῶν τε παιδίων κεκραγότων ἐνοχλεῖσθαι τοὺς παρόντας, ὅθεν εἴθισται λέγειν τὸ προκείμενον.

Ἄβυδος πόλις· ἐπὶ συκοφάντου τάττεται, διὰ τὸ δοκεῖν συκοφάντας εἶναι τοὺς Ἀβυδηνούς. ὅθεν Ἀριστοφάνης τὸν συκοφάντην Ἀβυδηνοκόμην εἶπεν.

Ἄβρωνος βίος· ἐπὶ τῶν πολυτελῶν εἴρηται ἡ παροιμία. Ἄβρων γάρ τις ἐγένετο πλούσιος, ὅθεν καὶ ἁβροδίαιτος. δύναται δὲ καὶ ἀπὸ τοῦ ἁβροῦ τὸ ὄνομα γεγονέναι. καὶ ἄλλως.

Ἄβρωνος βίου βίον· ἐπὶ τῶν πολυτελέσι τραπέζαις χρωμένων, καὶ ἁβρῶς, καὶ ἀνειμένως ζώντων. ἐπὶ τούτων καὶ ἡ Σαρδαναπάλου τράπεζα, καὶ τὸ, Συβαριτῶν δίαιτας, καὶ τὸ, σμινδυρίδου ἁπαλώτερος. οὗτοι γὰρ ἅπαντες τρυφηλοί, καὶ ἁβροί, καὶ ἀσελγεῖς.

Ἁβροὶ μαλθακευνοίαις· ἐπὶ τῶν ὑπὸ τρυφῆς, καὶ ἁβρότητος διαρρεόντων.

Ἀγαθά, ἐπὶ τῶν πρὸς ἀπόλαυσιν, καὶ εὐωχίαν σιτίων, καὶ ποτῶν. ἐχρήσατο Ξενοφῶν τῇ λέξει. καὶ ἀγαθὰ Κιλλίκων; λείπει τὸ ἔχει. Κιλλίκων δὲ ὄνομα κύριον. εὔπορος δὲ ἦν. καὶ ἄλλως

Ἀγαθὰ Κιλλίκων. λείπει τὸ ἔχει. προδότης γὰρ γέγονεν οὗτος ὁ Κιλλίκων, Μιλήσιος τὸ γένος, ὃς προδοὺς Μίλητον, εὐπόρησεν.

Ἀγαθὸς ψάλτης, ἀγαθὸς ζωμοποιός· ὡς οὐδὲν διάφορον ἢ δι' ὀργάνων φωνὴ ἡδονὴν ποιεῖ, τῆς δι' ὄψων, καὶ ζωμοῦ σκευασίας. Ἀρχίδαμος γὰρ ὁ Ζευξίππου πρὸς τὸν συνιστάντα ψάλτην, καὶ λέγοντα, οὗτος ἀγαθὸς ψάλτης ἐστίν, εἶπε, παρ' ἡμῖν δέ γε οὗτος ἀγαθὸς ζωμοποιός. πρὸς δὲ τὸν ἐπαινοῦντα κιθαρῳδόν, καὶ θαυμάζοντα τὴν δύναμιν αὐτοῦ, ὦ λῷστε ἔφη, ποῖον γέρας παρὰ σοῦ τοῖς ἀγαθοῖς ἀνδράσιν ἔσται, ὅταν οὕτως ἐπαινῇς;

Ἀγαθοῦ δαίμονος, ἔθος εἶχον οἱ παλαιοὶ μετὰ τὸ δεῖπνον πίνειν ἀγαθοῦ δαίμονος, ἐπιρροφοῦντες ἄκρατον, καὶ τοῦτο λέγειν ἀγαθοῦ δαίμονος. ἄλλοι δέ φασι τὸ πρῶτον ποτήριον οὕτω λέγεσθαι. χωρίζεσθαι δὲ μέλλοντες, Διὸς σωτῆρος, καὶ ἡμέραν δὲ τὴν δευτέραν τοῦ μηνὸς οὕτως ἐκάλουν. καὶ ἐν Θήβαις δὲ ἦν ἡρῷον ἀγαθοῦ δαίμονος.

Ἀγαθοὶ δ' ἀριδάκρυες ἄνδρες· ἐπὶ τῶν σφόδρα πρὸς ἔλεον ῥεπόντων. καὶ ἄλλως.

Ἀγαθοὶ δ' ἀριδάκρυες ἄνδρες. ἐπὶ τῶν σφόδρα συμπαθῶν, καὶ πρὸς δάκρυα δι' οἶκτον κινουμένων.

Ἀγαθῶν θάλασσα, ἐπὶ πλήθους ἀγαθῶν εἴρηται.

Ἀγαθῶν σωρός. ἐπὶ πολλῆς εὐδαιμονίας εἴρηται.

Ἀγαθῶν μυρμηκιά. ἐπὶ πλήθους εὐδαιμονίας.

Ἀγαθῶν ἀγαθίδες, τάττεται ἡ παροιμία παρὰ τοῖς κωμικοῖς ἐπὶ τῶν πολλῶν ἀγαθῶν.

ἀγαθὴ καὶ μάζα μετ' ἄρτον. ἐπὶ τῶν τὰ δεύτερά τισι διδόντων. καὶ ἄλλως.

ἀγαθὴ καὶ μάζα μετὰ ἄρτον. ἐπὶ τῶν δι' ἀποτυχίαν τοῦ πρώτου καλοῦ τὸ δεύτερον ἐξ ἀνάγκης ἀσπαζομένων. ἐπὶ τούτου καὶ τὸ ἂν μὴ παρῇ κρέας στερκτέον τῷ ταρίχῳ.

ἀγαθῶν πηγή, καὶ σωρὸς ἀγαθῶν, καὶ ἀγαθῶν θάλασσα, ἐπὶ τῶν εὖ ποιούντων τοὺς ἐπιδεεῖς αὐτῶν, καὶ ἐπὶ τῶν εὐδαιμόνων ἀνδρῶν.

ἀγαθώνιος αὔλησις. ἡ μαλακή, καὶ μήτε πικρά, μήτε χαλαρά, ἀλλ' εὔκρατος, καὶ ἡδίστη. εἴρηται δὲ ἀπὸ ἀγάθωνος αὐλητοῦ. ὃς ἐπὶ μαλακίᾳ ἐκωμῳδεῖτο.

ἀγαμεμνόνεια φρέατα. ἐπὶ τῶν μεγάλων ἔργων. ἱστοροῦσι γὰρ τὸν ἀγαμέμνονα περὶ τὴν αὐλίδα, καὶ πολλαχοῦ τῆς ἑλλάδος φρέατα ὀρύξαι.

ἀγαμέμνονος θυσία. ἐπὶ τῶν δυσπειθῶν, καὶ σκληρῶν. ἀγαμέμνονος γὰρ θύοντος ἐν τροίᾳ, ἔφυγεν ὁ βοῦς, καὶ μόλις ληφθεὶς, ἤχθη.

ἀγέλαστος πέτρα. ἐπὶ τῶν λύπης προξένων πραγμάτων εἴρηται. ἔστι δὲ ἡ πέτρα αὕτη ἐν τῇ ἀττικῇ, ἐφ' ἧς ἐκαθέσθη ἡ δημήτηρ, ὅτε τὴν κόρην ἐζήτει. ἐρασθεὶς γὰρ περσεφόνης ὁ πλούτων, ἥρπασεν αὐτὴν κρύφα. ἡ μήτηρ δὲ μετὰ λαμπάδων νυκτός τε, καὶ ἡμέρας κατὰ πᾶσαν τὴν γῆν ζητοῦσα περιήρχετο. μαθοῦσα δὲ παρ' ἑρμιονέων, ὅτι πλούτων αὐτὴν ἥρπασεν, ὀργιζομένη θεοῖς, κατέλιπεν οὐρανόν, καὶ εἰκασθεῖσα γυναικί, ἧκεν εἰς ἐλευσῖνα, ἔνθα ἐπὶ πέτραν ἐκαθέσθη τὴν ἀπ' ἐκείνης κληθεῖσαν ἀγέλαστον.

ἀγναμπτότατος βάτος αὖος. ἐπὶ τῶν σκληρῶν, καὶ αὐθάδων τὸν τρόπον. καὶ ἄλλως.

ἀγναμπτότερος αὔου βάτου. ἐπὶ τῶν σφόδρα σκληρῶν. ξηραινομένη γὰρ ἡ βάτος σκληρὰ γίνεται.

ἀγνότερος πηδαλίου. ἐπὶ τῶν ἁγνῶς βεβιωκότων παρ' ὅσον ἐν θαλάσσῃ διαπαντός ἐστι τὸ πηδάλιον. καὶ ἄλλως.

ἀγνότερος πηδαλίου. ἐπὶ τῶν ἀσπίλων καὶ ἀμέμπτων. τὸ γὰρ πηδάλιον ἀεὶ ἐν τῇ θαλάσσῃ ὄν, οὐκ ἔχει ῥύπον.

ἀγορὰ κερκώπων. ἐπὶ τῶν πονηρῶν, καὶ κακοήθων λέγεται. κέρκωπες γὰρ ἀπατεῶνες ἐγένοντό τινες ἐν ἐφέσῳ, οἳ καὶ τὴν δίαιταν ἐξ ἀπατῶν ἐπορίζοντο. ἢ ἄλλως.

ἀγορὰ κερκώπων. ἐπὶ συμμορίας πονηρῶν, καὶ κακοήθων ἀνδρῶν. ἐγένοντο γάρ τινες ἐν ἐφέσῳ καὶ ἀθήναις ἀπατεῶνες καὶ πονηροὶ κέρκωπες καλούμενοι. ἐπὶ τούτων καὶ τὸ λύκου δεκάς. ἐν γὰρ ἀθήναις λύκος τις ἥρως ἵδρυτο, παρ' ᾧ διέτριβον οἱ κακοήθεις. κατὰ δέκα γινόμενοι ὁπηνίκα σκαιωρεῖν τι κατά τινος ἠβούλοντο. καὶ τὸ ἐξ αἰακείου. εἰς τὸ αἰάκειον γὰρ οἱ πονηροὶ συνελέγοντο, καὶ τὸ ἐκ στραγγίου. τόπος καὶ οὗτος τοῦ πειραιῶς, ἐν ᾧ οἱ κακοῦργοι ἐκρύπτοντο. ἢ ἄλλως.

ἀγορὰ κερκώπων. οὗτοι ἐν ἐφέσῳ ἦσαν οὓς ἔδησεν ἡρακλῆς ὀμφάλης κελευούσης. οὓς ἀποκτεῖναι ἠδέσθη τῆς μητρὸς δεηθείσης. ἡ δὲ παροιμία εἴρηται ἐπὶ τῶν κακοήθων, καὶ πονηρῶν ἀνθρώπων.

ἀγορὰ λύκιος. ἐπὶ τῶν ταχέως τι πιπρασκόντων τὰ ὤνια. αὕτη ἡ ἀγορὰ ἐν ἄργει ἦν ὀνομασθεῖσα ἀπὸ λυκείου ἀνδρός, ἐφ' ἧς διὰ τὸ πλῆθος τῶν συνερχομένων ἐπωλοῦντο τὰ ὤνια.

ἀγρίου βέβρωκας. οἱονεὶ ζώου ἀγρίου. εἰώθασι γὰρ οἱ βεβρωκότες, χασμᾶσθαι.

ἀγροίκου μὴ καταφρόνει ῥήτορος, ὅτι μηδὲ τῶν εὐτελῶν χρὴ καταφρονεῖν, παραινεῖ ἡ παροιμία.

ἀγρίππου ἀκαρπότερος, ἔστιν ἄγριππος ἡ ἀγρία ἐλαία.

ἀγρία μέλιττα. ἐπὶ τῶν σφόδρα πικρῶν καὶ ὠμῶν. αὕτη γὰρ πικρὰ τοῖς ἐντυγχάνουσιν.

ἀγρὸς ἡ πόλις ἐγένετο. ἐπὶ τῶν παρανομούντων. ἐν τοῖς ἀγροῖς γὰρ οὐ τοσοῦτον πολιτεύονται νόμοι, ὅσον ἐν πόλεσι διὰ τὸ ἄγροικον τῶν ἀγροίκων.

ἄγουσιν ἑορτὴν οἱ κλέπται. χαριεστάτη ἡ σύνταξις, καὶ ἱκανῶς πεπαιγμένη κατὰ τὴν κωμῳδικὴν χάριν. λέγεται ἐπὶ τῶν ἀδεῶς κλεπτόντων.

ἀγὼν οὐ δέχεται σκήψεις, ἐπὶ τῶν μηδὲν ὀνιναμένων εἰ σκήπτοιντο· καὶ ἀγὼν πρόφασιν οὐκ ἐπιδέχεται, οὔτε φιλία. ὁ μίλων ὁ παροιμιογράφος ἰβύκειον τὴν παροιμίαν ταύτην φησίν, ὡς πρώτου χρησαμένου τοῦ ἰβύκου.

ἀγροῦ πηγή· ἐπὶ τῶν λιπαρῶν καὶ ἐπιμόνως ᾡτινιοῦν ἔργῳ προσκαθημένων.

ἄδακρυς πόλεμος· ἐπὶ τῶν ἔξω παντὸς κινδύνου καὶ ῥᾷστα, καὶ παρ' ἐλπίδα τὰ πράγματα κατορθούντων, χρησμὸς γὰρ ἐδόθη λακεδαιμονίοις, ἄδακρυν μάχην νικῆσαι. ἢ ἄλλως.

ἄδακρυς πόλεμος· ἐπὶ τῶν ἔξω τινὸς χαλεποῦ πράγματος κατορθούντων. ὁ γὰρ δωδωναῖος προεῖπε λακεδαιμονίοις πολεμοῦσι πρὸς ἀρκάδας μάχην ἄδακρυν ἔσεσθαι· συμβαλόντες δὲ μετὰ ταῦτα ἐνίκησαν μηδενὸς ἀποθανόντος.

ἀδεὲς δέος δέδιας· ἐπὶ τῶν τὰ μὴ φοβερὰ φοβουμένων. καὶ ἄλλως.

ἀδεὲς δέδοικας δέος· ἐπὶ τῶν τὰ μὴ φοβερὰ φοβουμένων. ἐπὶ τούτων καὶ τὸ, λεχὼ δέδοικε λέαιναν· αὕτη γὰρ ἐν τῷ τίκτειν ἀκίνητός ἐστι, καὶ τὸ, δέδοικας δέος ὀπωρινόν· ἐν γὰρ τοῖς κήποις οἱ φυτευόμενοι, φόβητρα ἱστῶσι χειρότευκτα ἀνθρωπόμορφα, καὶ θηριόμορφα, καὶ ὀρνεόμορφα.

ᾄδειν πρὸς μυῤῥίνην. ἔθος ἦν τὸν μὴ δυνάμενον ἐν τοῖς συμποσίοις ᾆσαι, δάφνης κλῶνα, ἢ μυῤῥίνης λαβόντα πρὸς τοῦτον ᾄδειν.

ᾄδεις ἔχων, μάτην λέγων ληρεῖς.

ᾄδεις ὥσπερ εἰς δῆλον πλέων· ἐπὶ τῶν ἀφροντίστων, καὶ φιληδόνων. εὐχαρὴς γὰρ ὁ πρὸς τὴν δῆλον πλοῦς, καὶ οἱ ἐκεῖσε καταίροντες ἀφροντίστως πλέοντες ᾖδον.

ἀδμήτου μέλος· τὸ εἰς ἄδμητον μέλος ᾀδόμενον, πένθιμον. οὗτος δὲ ὁ ἄδμητος βασιλεὺς ἦν τῶν φερῶν, ᾧ τινι ἀπόλλων ἐθήτευσε δι' αἰτίαν τοιαύτην, ἀσκληπιὸς ὁ ἀπόλλωνος παῖς παρὰ χείρωνος τὴν ἰατρικὴν παιδευθεὶς, καὶ παρὰ ἀθηνᾶς λαβὼν τὸ ἐκ τῶν φλεβῶν τῆς γοργόνος ῥυὲν αἷμα, δι' αὐτοῦ πολλοὺς ἐθεράπευε. τῷ μὲν γὰρ ἐκ τῶν ἀριστερῶν φλεβῶν ῥυέντι, πρὸς φθορὰν ἀνθρώπων ἐχρῆτο, τῷ δ' ἐκ τῶν δεξιῶν πρὸς σωτηρίαν. ὅθεν καὶ τινὰς τεθνεῶτας ἀναστῆσαι μυθολογεῖται. δείσας γοῦν ζεὺς μὴ δόξαι τοῦτον παρ' ἀνθρώποις εἶναι θεὸν, ὁ ζεὺς ἐκεραύνωσεν. ἀπόλλων δὲ ὀργισθεὶς κτείνει κύκλωπας τοὺς τὸν κεραυνὸν κατασκευάσαντας τῷ διΐ. ζεὺς δὲ ἔμελλεν ἐμβαλεῖν αὐτὸν εἰς τάρταρον, ἀλλὰ δεηθείσης λητοῦς, ἐκέλευσεν αὐτῷ ἐνιαυτὸν ἀνδρὶ θητεῦσαι. ὁ δὲ παραγενόμενος εἰς φερὰς εἰς ἄδμητον, τούτῳ λατρεύων ἐποίμαινε, καὶ τὰς θηλείας βοῦς πάσας διδυματόκους ἐποίησε. φιλοφρονηθεὶς δὲ τὰ μέγιστα παρ' αὐτοῦ, ᾐτήσατο τὰς μοίρας, ἵν' ὅταν ἡ τελευτὴ τῷ ἀδμήτῳ ἐπικλωσθῇ, ἑτέρου τινὸς ἀντὶ τούτου θνήσκειν προαιρουμένου, τὸν ἄδμητον ἀπὸ τοῦ θανάτου ἀπολυθῆναι. ὡς δὲ ἦλθεν ἡ τοῦ θνήσκειν ἡμέρα, μήτε τοῦ πατρὸς, μήτε τῆς μητρὸς ὑπὲρ αὐτοῦ θνήσκειν θελόντων, ἄλκηστις ὑπεραπέθανεν ἡ τούτου γυνή. ἔκτοτε οὖν σκολιὰ, καὶ πενθήρη πρὸς τὸν ἄδμητον ᾖδον τὰ μέλη, μέχρις ἂν ἡ κόρη ἀνέπεμψεν ἄλκηστιν, ὡς δὲ λέγουσιν ἔνιοι, ἡρακλῆς πρὸς αὐτὸν, ἀνεκόμισε μαχεσάμενος ἅδῃ.

ἀδράστεια νέμεσις· ἀπὸ ἀδράστου. τάττεται δὲ ἐπὶ τῶν πρότερον μὲν εὐδαιμονησάντων, ὕστερον δὲ δυστυχησάντων. ἐτεοκλῆς γὰρ καὶ πολυνείκης μετὰ τὴν ἀπώλειαν τοῦ ἰδίου πατρὸς οἰδίποδος, τὴν βασιλείαν θηβῶν παραλαβόντες, περὶ ταύτης συντίθενται πρὸς ἀλλήλους, καὶ αὐτοῖς δοκεῖ τὸν ἕτερον παρ' ἐνιαυτὸν τὴν ἀρχὴν, καὶ οὕτως κατ' ἔτος τὴν βασιλείαν ἀμείβεσθαι. ἄρξαντος οὖν ἐτεοκλέους, καὶ μὴ βουλομένου τῷ ἀδελφῷ τὴν βασιλείαν παραδοῦναι μετὰ τὴν τοῦ χρόνου παρέλευσιν, πολυνείκης ἐφυγαδεύθη, καὶ πρὸς ἄργος ἀφικόμενος τοῖς τοῦ ἀδράστου βασιλείοις προσεπέλασε νύκτωρ, καὶ προστυχὼν ἐκεῖσε τῷ τυδεῖ φεύγοντι ἐκ καλυδῶνος, δι' ὃν εἰργάσατο φό νον. συνάπτει μάχην. γενομένης δὲ βοῆς, Ἄδραστος ἐπιφανεὶς, τούτους διέλυσε, καὶ λογίου τινὸς ἀναμνησθεὶς λέοντος αὐτῷ, κάπρῳ, καὶ λέοντι τὰς θυγατέρας συζεῦξαι, ἀμφοτέρους εἵλετο νυμφίους. εἶχον γὰρ ἐπὶ τῶν ἀσπίδων ὁ μὲν προτομὴν λέοντος, ὁ δὲ κάπρου, ὑπέσχετο οὖν καὶ ἀμφοτέρους εἰς τὰς ἰδίας ἀποκαταστῆσαι πατρίδας, καὶ πρῶτον ἐπὶ Θήβας στρατεύει. ἔνθα τῶν ἀρίστων ἀργείων πεσόντων, μόνος διέφυγεν Ἄδραστος. τοὺς δὲ νεκροὺς αὐτῶν ἀτάφους τῶν Θηβαίων εἰασάντων, καὶ μὴ διδόντων ταφῇ, οἱ τῶν ἀποθανόντων παῖδες πρὸς τὸν τοῦ ἐλέου καταφυγόντες βωμὸν, τοὺς νεκροὺς ἐζήτουν. ἀθηναίων δὲ στρατευσάντων, οἱ νεκροὶ δίδονται, ὅτε καὶ Εὐάδνη ἡ τοῦ Καπανέως γυνὴ, ἑαυτὴν τῇ πυρᾷ βαλοῦσα τοῦ ἀνδρὸς συγκατεκαύθη τῷ νεκρῷ. μετὰ δὲ χρόνους οἱ τῶν ἀπολομένων ἀργείων παῖδες ἐπὶ Θήβας μίαν νίκην ἰδίαν ἔσχον, ἀλλ᾽ οἱ μισθῷ ὑπὲρ ἀλλοτρίων ἐμάχοντο.

ἀδηφάγον ἅρμα. ἐπὶ τῶν γαστριμαργούντων, καὶ ἀδηφάγος τριήρης ἡ πολυτελής. καὶ ἀδηφάγος λύχνος.

ἀδύνατα θηρᾷς. ἐπὶ τοῦ ἐγχειροῦντος μείζοσιν, ἢ κατ᾽ ἑαυτόν.

ἄδων τὴν ἀποθεμὴν τοῦ βίου πρὸς ἄνηθον ἐπὶ τῶν γλίσχρων καὶ μικροψύχων.

ἀδώνιδος κῆπος, ἐπὶ τῶν ὀλιγοχρονίων, καὶ ἀώρων, καὶ μὴ ἐρριζωμένων.

ἀδώνιδος κῆποι ἐκ θριδάκων, καὶ μαράθρων ἅπερ κατέσπειρον ἐν ὀστρακίοις. χρῶνται δὲ αὐτῇ ἐπὶ τῶν ἐπιπολαίων, καὶ κούφων τῇ παροιμίᾳ. καὶ ἄλλως. ἀδώνιδος κῆποι. ἐπὶ τῶν πρὸ τῆς ὥρας ξηραινομένων, ἢ ἀπολλυμένων κήπων, ἢ γηδίων. τῷ Ἀδώνιδι ἐν κήποις τεχνητοὺς ἀνετίθουν ἄνθεσι κομῶντας, ἃ πρὸ τῆς ὥρας ἠφάνιζον. αἰνιττόμενοι τὸ ἄωρον τοῦ θανάτου αὐτοῦ.

ἀεὶ φέρει τι Λιβύη κακόν. ἐπὶ τῶν κακοτρόπων, καὶ ἀεὶ προσεξευρισκόντων νεώτερόν τι κακόν.

ἀεί με τοιοῦτοι πολέμιοι διώκοιεν. ἐπὶ τῶν ἀνάνδρων καὶ μηδενὸς ἀξίων.

ἀεὶ κολοιὸς παρὰ κολοιῷ ἱζάνει. ἐπὶ τῶν τοῖς ὁμοίοις προσομιλούντων. ἐπειδὴ οὐ μόνον ἐστὶ τὸ ζῷον φιλάλληλον, καὶ συνδυαστικὸν καὶ ἀγεληδὸν πετόμενον, ἀλλὰ καὶ ἁλίσκεται διὰ τὴν αὐτοῦ σκιὰν προσερχόμενον αὐτῇ καθ᾽ ὕδατος ὁραθείσῃ.

ἀεί τις ἐν Κύδωνος. ἐπὶ τῶν φιλοξένων καὶ πρὸς ὑποδοχὴν ἑτοίμων. παρόσον ὁ κορίνθιος Κύδων φιλοξενώτατος ἐγένετο. καὶ ἄλλως. ἀεὶ γεωργὸς εἰς νέωτα πλούσιος. ἐπὶ τῶν ἐπ᾽ ἐλπίδι μὲν ἀεὶ ζεφομένων ἀπαλλάττεσθαι τῶν δεινῶν, τοῖς αὐτοῖς δὲ πάλιν περιπιπτόντων. καὶ ἄλλως.

ἀεί τις ἐν Κύδωνος. ἐπὶ τῶν φιλοφρόνως καταδεχομένων τοὺς ξένους ἀπὸ Κύδωνος κορινθίου φιλοξένου διατεθέντος.

ἀεὶ γεωργὸς ἐς νέωτα πλούσιος. ἐπὶ τῶν ταῖς ἐλπίσι πλουτούντων καὶ ταύταις ἑαυτοὺς παρηγορούντων. οἱ γὰρ γεωργοὶ πλουτεῖν τῷ θέρει προσδοκῶσιν.

ἀεὶ γὰρ εὖ πίπτουσιν οἱ Διὸς κύβοι. ἐπὶ τῶν διὰ παντὸς εὐπραγούντων. καὶ ἄλλως.

ἀεὶ γὰρ εὖ πίπτουσιν οἱ Διὸς κύβοι. ἐπὶ τῶν εἰς πάντα εὐδαιμονούντων. οἱ δὲ ἐπὶ τῶν ἀξίως τιμωρουμένων.

ἀεὶ δὲ τὰ Τέλληνος. οὗτος ὁ Τέλλην ἐγένετο αὐλητὴς, καὶ μελῶν ἀνυποτάκτων ποιητής. μέμνηται αὐτοῦ Δίαρχος ὁ μεσσήνιος. καὶ ἄλλως.

ἀεὶ δὲ τὰ Τέλληνος. ἐπὶ τῶν σκωπτικῶν τίθεται ἡ παροιμία. Τέλλην γὰρ αὐλητὴς ἐγένετο, καὶ μελῶν ποιητὴς παίγνιά τε κατέλιπεν εὐρυθμότατα, καὶ χάριν ἔχοντα πλείστην, καὶ σκώμματα κομψότατα.

ἀέρα παίεις, καθ᾽ ὕδατος γράφεις. κατὰ ψάμμου κτίζεις, πλίνθον πλύνεις. κοσκίνῳ ἀντλεῖς. πάτταλον κρούεις. ἐπὶ τῶν ἀνοήτοις ἐπιχειρούντων.

ἀετὸν κάνθαρος μαιεύσομαι, ἐπὶ τῶν τιμωρουμένων τοὺς μείζονας προκατάρξαντας κακοῦ. λέγεται γὰρ τὰ ὠὰ τοῦ ἀετοῦ ἀφανίζειν ὁ κάνθαρος. ἐπεὶ οἱ ἀετοὶ τοὺς κανθάρους ἀναλέγουσιν.

ἀετοῦ γῆρας κορύδου νεότης. παρόσον καὶ γηράσκων ἀετὸς ἀμείνων ἐστὶ νεάζοντος ὄρνιθος. λέγεται δὲ τὸν βίον ἀετὸς καταστρέφειν

ταστρέφειν

παραστρέφεσθαι τῆς καμπτῆς τῶν αὐλωχείλων
πρὸς τὸ κάτω συγκαμψάσης. καὶ ἄλλως.
ἀετοῦ γῆρας κορυδοῦ νεότης. ἐπὶ τῶν κἂν τῇ
δυστυχίᾳ βιούντων ἄμεινον ἄλλων. ἢ καὶ τὸ
γῆρας τινῶν ἄμεινον ἰσχυόντων. ὁ ἀετὸς
γὰρ καὶ γηρῶν ἰσχυρότερός ἐστι κορυδοῦ.
ἀετὸν ἵπτασθαι διδάσκεις. ἐπὶ τῶν ἐγ-
χειρούντων διδάσκειν τινάς, ἃ ἐπίστανται
μᾶλλον τῶν θελόντων διδάσκειν. καὶ ἄλλως.
ἀετὸν ἵπτασθαι διδάσκεις. ἐπὶ τῶν ἐκεῖ-
νά τινας διδάσκειν ἐπιχειρούντων, ἃ οὗ-
τοι σαφῶς γινώσκουσιν.
ἀετὸς ἐν νεφέλαις ἱπτάμενος. ἔστι μὲν οὖν
χρησμός. εἴρηται δὲ ἐπὶ τῶν δυσαλώτων. πρό-
δηλον ὁ ἀετὸς ἐν νεφέλαις ὤν, οὐχ ἁλίσκεται.
ἀετὸς θρίπας ὁρῶν. ἐπὶ τοῦ ἀφροντίστου
καὶ καταφρονοῦντος τῶν μικρῶν.
ἀζανιαῖα κακά. ἐπὶ τῶν κακῶν πρὸς παλαιόντων.
ἀζανίαι γὰρ τόπος ἐστὶ τῆς ἀρκαδίας λεπτό-
γεως, σκληρός, καὶ ἄκαρπος, ὃν πονοῦν-
τες οἱ γεωργοί, οὐδὲν κομίζονται. καὶ ἄλλως.
ἀζανιαῖα κακά. ἐπὶ τῶν σκληρὰν γῆν, καὶ ἀ-
καρπον γεωργούντων. οἱ γὰρ τὴν ἀζάνην γεωρ-
γοῦντες, πολλὰ κάμνοντες, ὀλίγα ὠφελοῦν-
ται, διὰ τὸ αὐτὴν εἶναι σκληρὰν καὶ ἄγονον.
ἄδηλος πλοῦτος, ὅτι τυφλός. ἐπὶ τῶν κε-
κτημένων τι καλὸν ἄδηλον.
ἀθηνᾶ τὸν αἴλουρον. ἐπὶ τῶν κακῶν συγκρι-
νόντων τὰ κρείττονα τοῖς ἥττοσι διὰ σμι-
κρὰν ὁμοιότητα. ἡ παροιμία, εἴρηται ὡς
εἴ τις διὰ γλαυκότητα τῶν ὀφθαλμῶν
τὸν αἴλουρον τῇ ἀθηνᾷ συμβάλλοι.
ἀθύρωτον στόμα, ἐπὶ τῶν πολυλέσχων.
ἄθως καλύπτει πλευρὰ λημνίας βοός. πα-
ροιμία ἐπὶ τῶν τινας λυπούντων, ἢ βλαπτόν-
των. ἐπειδὴ τῇ βοῒ τῇ ἐν λήμνῳ λευκοῦ λί-
θου πεποιημένῃ, ὁ ἄθως τὸ ὄρος ἐπισκιάζει.
αἰάντειος γέλως. ἐπὶ τῶν παραφρόνως γελώντων. ὁ
αἴας γὰρ παραφροσύνην νοσήσας, καὶ μανεὶς
διὰ τὸ προτιμηθῆναι τὸν ὀδυσσέα, εἰς τὴν
τῶν ἀχιλλείων ὅπλων κατοχὴν κατὰ τῶν
ἑλλήνων ξιφήρης ὥρμησε, καὶ κατὰ τῶν βο-
σκημάτων προνοίᾳ θεοῦ τραπεὶς ὡς ἀχαιοὺς
ταῦτα φονεύει. δύο δὲ μεγίστους κριοὺς κα-
ταλαβὼν ὡς ἀγαμέμνονα καὶ μενέλαον δε-
σμεύσας ἐμάστιξε, καὶ κατεγέλα τούτων μαι-
νόμενος. ὕστερον δὲ σωφρονήσας ἑαυτὸν κτεί-
νει. καὶ ἄλλως.
αἰάντειος γέλως. ἐπὶ τῶν παραφρόνως γε-
λώντων. ἐκεῖνος γὰρ ὅτε ἐμάνη, τοὺς κριοὺς ἀ-
ποσφάζων καὶ αἰκιζόμενος, ἐκάγχαζεν
ὡς τοὺς ἡγεμόνας τῶν ἑλλήνων τιμωρούμενος.
αἰγιαλῷ λαλεῖς, καὶ ἀνέμῳ διαλέγῃ.
ἐπὶ τῶν ἀνηκούστων. καὶ ἄλλως.
αἰγιαλῷ λαλεῖς. ἀνέμῳ διαλέγῃ. παρὰ
κωφοῦ θύρας ἄδεις. κενὰ ψάλλεις. εἰς νεκροῦ
ὠτίον ἠχεῖς. παρ' ὄνῳ λυρίζεις. ἐπὶ τῶν
εἰς μάτην λαλούντων, τοῖς μὴ τῶν λεγομέ-
νων ὅλως ἐπιστρεφομένοις ἢ παισθανομέ-
νοις καὶ μηδὲν ἀνυόντων ἐπὶ τούτων, καὶ τὸ μά-
την ἀναλίσκεις ὕδωρ. οἱ ῥητορεύοντες γὰρ τὸ
πάλαι πρὸς ὕδωρ μεμετρημένον ἔλεγον.
αἰγιεῖς οὔτε τρίτοι, οὔτε τέταρτοι. ἐπὶ τῶν
εὐτελῶν, καὶ μηδενὸς ἀξίων. οἱ γὰρ αἰγιεῖς
οἱ ἐν ἀχαΐᾳ νικήσαντες αἰτωλούς, τὴν
πυθίαν ἐπηρώτων, τίνες εἰσὶ κρείττονες
τῶν ἑλλήνων, ἡ δὲ εἶπεν ὑμεῖς δ' αἰγιεῖς οὔ-
τε τρίτοι, οὔτε τέταρτοι. καὶ ἄλλως.
αἰγιεῖς οὔτε τρίτοι, οὔτε τέταρτοι. ἐπὶ τῶν εὐ-
τελῶν μὲν ὄντων, μεγάλων δὲ δοκούντων. τοῖς
αἰγιεῦσι γὰρ ὑπὸ ἐπάρσεως ἐρωτήσασι τὴν
πυθίαν. τίνες εἰσὶ τῶν ἑλλήνων κρείττους,
εἶπεν αὐτὴ οὕτως, ὑμεῖς μὲν αἰγιεῖς οὔτε τρί-
τοι, οὔτε τέταρτοι, ἀλλ' ἔσχατοι. δηλονότι
αἶγα πρὸς τὴν οὐρανίαν ἐπιτέλλουσαν ἐθε-
άσαντο, ἐπὶ τῶν τυχόντων ὧν ἐβούλοντο καὶ εὐτυ-
χησάντων. ἔλεγον γὰρ τοὺς ἰδόντας ἐπιτέλ-
λουσαν τὴν διὸς τροφὸν αἶγα, ἣν ἐν οὐρανῷ
κατηστέρισεν οὗτος, τυγχάνειν παντὸς ἀγα-
θοῦ. ἐπὶ τούτων καὶ τὸ τῆς ἀμαλθείας κέρας.
φασὶ γὰρ τὸν δία κεκοφότα τὸ δεξιὸν κέ-
ρας ταύτης τῆς αἰγός, παρασχεῖν τῇ ἀνα-
θρεψάσῃ τοῦτον, διὰ τῆς ῥηθείσης αἰγός.
ἔβλυζε δὲ τοῦτο πᾶν ἀγαθόν.
αἰγὸς τρόπον, ἐπὶ τῶν ἑαυτοῖς ἐπιφερόν-
των κακόν, ἀπὸ κορινθιακῆς παροιμί-
ας ἡ αἲξ δοῦσα τὴν μάχαιραν.
αἰγυπτιάζειν τὸ πανουργεῖν καὶ κακοτρο-
πεύεσθαι. τοιοῦτοι γὰρ οἱ αἰγύπτιοι. καὶ πα-
ροιμία, αἰγύπτιος πλινθοφόρος. οὗτοι
διαβάλλονται ὡς ἀεὶ ἀχθοφόροι ὄντες.
αἰγυπτίου πότμος. ἐπὶ τῶν ἀλυσιτελῶς γα-
μούντων. οὗτος γὰρ συζεύξας τοὺς υἱεῖς ταῖς
θυγατράσι τοῦ ἀδελφοῦ πάντας αὐτῇ νυ-

κτὶ ἄργει ἀπεσφαγμένους ὑπὸ τῶν λημνίων γυναικῶν πλὴν ἑνός.

ἄϊδος κυνῆ. πρὸς τοὺς ἐπικρύπτοντας ἑαυτοὺς διά τινων μηχανημάτων. τοιαύτη γὰρ ἦν ἡ ἄϊδου κυνῆ, ᾗ περσεὺς χρησάμενος, τὴν γοργόνα ἐδειροτόμησεν. ἡ δὲ ἱστορία ἔχει οὕτως. ἀκρισίῳ περὶ παίδων γενέσεως ἀρρένων χρηστηριαζομένῳ, ὁ θεὸς ἔφη γενέσθαι παῖδα ἐκ τῆς θυγατρὸς, ὃς αὐτὸν ἀποκτείνῃ. δείσας δὲ ὁ ἀκρίσιος, ὑπὸ γῆν θάλαμον χαλκοῦν κατασκευάσας, δανάην τὴν αὐτοῦ θυγατέρα ἐφρούρει. ταύτης ὁ ζεὺς ἐρασθεὶς, καὶ εἰς χρυσὸν μεταμορφωθεὶς, διὰ τοῦ ὀρόφους εἰς τοὺς αὐτῆς κόλπους ἐρρύη. αἰσθόμενος δὲ ὁ ἀκρίσιος ἐξ αὐτῆς γεγεννημένον περσέα, μετὰ τοῦ παιδὸς εἰς λάρνακα βαλὼν, ἔρριψεν αὐτὴν εἰς θάλασσαν. προσενεχθείσης δὲ τῆς λάρνακος ἐν σερίφῳ νήσῳ, δίκτυς ἄρας ἀνέτρεφε περσέα. βασιλεύων δὲ τῆς σερίφου πολυδέκτης ἀδελφὸς δίκτυος δανάης ἐρασθεὶς, καὶ ἠνδρωμένου περσέως μὴ δυνάμενος τελέσαι τὸν ἔρωτα, συνεκάλει τοὺς φίλους, μεθ᾽ ὧν καὶ περσέα, λέγων, ἔρανον συνάγειν ἐπὶ τοὺς ἱπποδαμείας τῆς οἰνομάου γάμους. τοῦ δὲ περσέως εἰπόντος, καὶ ἐπὶ τῇ κεφαλῇ τῆς γοργόνος οὐκ ἀντερεῖν, παρὰ μὲν τῶν ἄλλων ᾔτησεν ἵππους. ὁ δὲ ἑρμοῦ, καὶ ἀθηνᾶς προκαθηγουμένων, ἐπὶ τὰς φόρκου παραγίνεται θυγατέρας, ἐνυώ, μεμφρήδην, καὶ δεινώ. ἦσαν δὲ αὗται γραῖαι ἐκ γενετῆς· ἕνα τε ὀφθαλμὸν αἱ τρεῖς, καὶ ἕνα ὀδόντα εἶχον. καὶ ταῦτα παρὰ μέρος ἀλλήλαις ἤμειβον, ὧν κυριεύσας ὁ περσεὺς, ὡς ἀπῄτουν, ἔφη δώσειν, εἰ ὑφηγήσονται τὴν ὁδὸν τὴν ἐπὶ τὰς νύμφας φέρουσαν. αὗται δὲ αἱ νύμφαι πτηνὰ εἶχον πέδιλα καὶ τὴν κίβισιν, ἥν φασιν εἶναι πήραν. εἶχον δὲ καὶ τὴν ἄϊδος κυνῆν, ἣν ὁ ἔχων οὓς μὲν ἤθελεν, ἔβλεπεν· ὑπὸ ἄλλων δὲ οὐχ ὡρᾶτο. ἀπελθὼν οὖν ὁ περσεὺς, καὶ ἀναλαβόμενος ταῦτα, πτηνὸς διὰ τῶν πεδίλων πρὸς τὰς γοργόνας ἐφέρετο. ἦσαν δὲ αἱ γοργόνες ἀδελφαὶ τρεῖς, εὐρυάλη, σθενώ, μέδουσα, κεφαλὰς μὲν ἔχουσαι περιεσπειραμένας φολίσι δρακόντων· ὀδόντας δὲ μεγάλους ὡς συῶν, καὶ χεῖρας, καὶ πτέρυγας δι᾽ ὧν ἐφέροντο. τοὺς δὲ ἰδόντας λίθους ἐποίουν. μόνη δὲ τῶν τριῶν θνητὴ ἦν ἡ μέδουσα. πρὸς ταύτην ὁ περσεὺς ἀπεστραμμένος, καὶ βλέπων εἰς ἀσπίδα χαλκῆν δι᾽ ἧς τὴν εἰκόνα τῆς γοργόνος ἔβλεπε, τὴν χεῖρα ἔτεινεν, ἀθηνᾶς αὐτὴν κατευθυνούσης· καὶ καρατομηθείσης τῆς μεδούσης, αἱ ταύτης ἀδελφαὶ ἀναπτᾶσαι τὸν περσέα ἐδίωκον. συνιδεῖν δὲ αὐτὸν μὴ δυνάμεναι διὰ τὴν κυνῆν, ὑπέστρεψαν. περσεὺς δὲ παραγενόμενος εἰς σέριφον, καὶ καταλαβὼν πολυδέκτην συγκαλέσαντα τοὺς φίλους αὐτοῦ πρὸς βασιλείαν, ἀπεστραμμένος, τὴν κεφαλὴν τῆς γοργόνος ἔδειξε. τῶν δὲ ἰδόντων ἕκαστος ἀπελιθώθη. καὶ καταστήσας τῆς σερίφου βασιλέα δίκτυν, τὴν κεφαλὴν τῆς γοργόνος ἀθηνᾷ δίδωσι. τὴν δὲ κυνῆν ἑρμῇ. ὡσαύτως δὲ καὶ τὰ πέδιλα, καὶ τὴν κίβισιν. ὁ δὲ πάλιν ἀπέδωκε ταῖς νύμφαις. ἀναλαβόμενος οὖν περσεὺς τὴν μητέρα, πρὸς ἄργος ἔσπευδεν, ἵνα τὸν ἀκρίσιον θεάσηται. ὁ δὲ τοῦτο μαθὼν, καὶ δεδοικὼς τὸν χρησμὸν, ἀπολιπὼν ἄργος, εἰς λάρισσαν παραγίνεται. τοῦ δὲ τῶν λαρισσαίων βασιλέως γυμνικὸν ἀγῶνα διατιθέντος ἐπὶ τῷ κατοιχομένῳ παιδὶ παρεγένετο. καὶ ὁ περσεὺς ἀγωνίσασθαι θέλων, ἀγωνιζόμενος δὲ πένταθλον, δίσκον τῷ τοῦ ἀκρισίου ποδὶ βαλὼν, ἀπέκτεινεν αὐτὸν, καὶ οὕτω πέρας εἴληφεν ὁ χρησμός.

αἰδὼς ἐν ὀφθαλμοῖς ἡμῶν κεῖται, πρὸς δὲ καρδίαν, οὐ βέβηκεν. εἴρηται ἐπὶ τῶν τοὺς φίλους ὁρωμένους μὲν αἰδουμένων, μὴ ὁρωμένους δὲ μὴ σεβαζομένων. καὶ ἄλλως.

αἰδὼς δ᾽ οὐκ ἀγαθὴ κεχρημένῳ ἀνδρὶ προΐκτῃ. ἐπὶ τῶν δι᾽ ἐπιείκειαν βλαπτομένων. ὅμηρος, ἡσίοδος· αἰδὼς δ᾽ οὐκ ἀγαθὴ κεχρημένον ἄνδρα κομίζει, καὶ ἑτέρα παροιμία. αἰδὼς ἐν ὀφθαλμοῖς παρ᾽ ὅσον οἱ κεκακωμένοι τοὺς ὀφθαλμοὺς, οὐκ αἰδοῦνται, ἢ ὅτι τοὺς παρόντας αἰδοῦνται μᾶλλον οἱ ἄνθρωποι, ἢ τοὺς ἀπόντας.

αἰεὶ γέροντι νέαν ὑποβάλλεο κόρην. εἴρηται ἐπὶ τῶν πρεσβυτέρων μὲν, βουλομένων δὲ νέαις συνδυάζεσθαι.

αἰεὶ φέρει τι λιβύη καινόν. εἴρηται ἐπὶ τῶν καινούντων, καὶ ἀεί τι καινὸν ἐξευρισκόντων νεωτερον· παρόσον ἡ λιβύη πολυποικιλώτατα εἴωθε φέρειν θηρία.

ἀεὶ τὰ πέρυσι βελτίω. ἐπὶ τῶν εἰς τὰ κατόπιν χωρούντων πραγμάτων.

αἰθέρα νήνεμον ἐρέσσεις. ἐπὶ τῶν μάτην πονούντων.

αἴθ' ἐς ἐν πέπλῳ. ἐπὶ τῶν στάσεις ἐγειρόντων καὶ διαβολὰς ποιούντων. εἴρηται δέ, παρόσον ἡ δηιάνειρα πέπλον ἔπεμψεν ἡρακλεῖ, ὑφ' οὗ καυθεὶς ἐφθάρη. ἡρακλέους γὰρ τοὺς κενταύρους καταπολεμήσαντος, εἷς αὐτῶν νέσσος ὀνομαζόμενος διαφυγὼν, ἧκεν ἐπὶ τὸν ποταμὸν εὔηνον, ἐν ᾧ καθιζόμενος τοὺς παραπλέοντας διεπόρθμευεν. ἀπερχόμενος δὲ ἡρακλῆς πρὸς κήυκα εἰς τραχῖνα, ἦκε μεθ' ἑαυτοῦ καὶ δηιάνειραν. αὐτὸς μὲν οὖν ἡρακλῆς τὸν ποταμὸν διῄει, δηιανείρας δὲ μισθὸν αἰτηθεὶς, ἐκέλευσε νέσσῳ διακομίζειν. ὁ δὲ διαπορθμεύων, ἐπιχείρει βιάζεσθαι. τῆς δὲ ἀνακραγούσης αἰσθόμενος ἡρακλῆς ἐτόξευσε νέσσον εἰς τὴν καρδίαν. οὗτος δὲ μέλλων τελευτᾶν, προσκαλεσάμενος δηιάνειραν, εἶπεν, εἰ θέλοι φίλτρον πρὸς ἡρακλέα ἔχειν τὸ ῥυὲν ἐκ τοῦ τραύματος τῆς ἀκίδος αἷμα ἐκμάξασθαι. ἡ δὲ ποιήσασα τοῦτο, ἐφύλαττε παρ' ἑαυτῇ. ἀπελθὼν οὖν ἡρακλῆς εἰς τραχῖνα, κἀκεῖθεν στρατευσάμενος ἐπὶ τὴν οἰχαλίαν, τὴν πόλιν αἱρεῖ, καὶ ληίσας ταύτην ἦγεν ἰόλην αἰχμάλωτον. μέλλων δὲ τῷ διὶ χαριστήρια θύειν, ἔπεμψεν πρὸς δηιάνειραν λαμπρὰν ἐσθῆτα ζητῶν. μαθοῦσα δὲ δηιάνειρα τὰ περὶ τὴν ἰόλην, καὶ δείσασα μὴ ἐκείνην μᾶλλον ἀγαπήσῃ, νομίσασα ταῖς ἀληθείαις φίλτρον εἶναι τὸ ῥυὲν αἷμα νέσσου τούτου τὸν χιτῶνα ἔχρισεν. ἐνδυσάμενος οὖν ἡρακλῆς ἔθυεν. ὡς δὲ θερμανθέντος τοῦ χιτῶνος, ὁ τῆς ὕδρας ἰὸς τοῦ χρωτὸς καθήπτετο, τὸν χιτῶνα ἀπέσπα προσπεφυκότα τῷ σώματι, συναπεσπῶντο δὲ καὶ αἱ σάρκες αὐτοῦ. τοιαύτῃ συμφορᾷ κατασχεθεὶς ἡρακλῆς εἰς τραχῖνα πρὸς δηιάνειραν κομίζεται. αὕτη μὲν οὖν αἰσθομένη τὸ γεγονὸς ἑαυτὴν ἀνήρτησεν. ἡρακλῆς δὲ ἐντειλάμενος ὕλλῳ, ὃς ἦν ἐκ δηιανείρας αὐτῷ παῖς πρεσβύτερος ἰόλην γῆμαι παρεγένετο εἰς οἴτην ὄρος ἔνθα πυρὰν ἀνῆψεν, ἧς ἐπι-

βὰς, ὑφάπτειν ἐκέλευσε. μηδενὸς δὲ τῶν ἐκείνῳ τοῦτο πρᾶξαι ἐθέλοντος, ποίας παριὼν κατὰ ζήτησιν ποιμνίων τὴν πυρὰν ὑφῆψεν. καὶ τούτῳ τὰ τόξα ἡρακλῆς ἐδωρήσατο. καιομένης δὲ πυρᾶς λέγεται νέφος ὑποστὰν μετὰ βροντῆς αὐτὸν εἰς οὐρανὸν ἀναπέμψαι.

αἰθίοπα λευκαίνεις. ἐπὶ τῶν ἀμεταβλήτων.

αἰθίοπα σμήχων. ἐπὶ τῶν μάτην ἀνήνυτα ἐπιτελούντων. καὶ ἄλλως.

αἰθίοπα σμήχεις καὶ κεκλιμένον ὀρθὰ βαδίζειν διδάσκεις. ἐπὶ τῶν ἐπιχειρούντων μεταπείθειν τοὺς ἀμεταπείστους.

αἲξ εἰς τὴν ἑορτήν. ἐπὶ τῶν ἀκαίρως ἐπί τι ἀφικνουμένων.

αἲξ οὔπω τέτοκεν, ἔριφος δ' ἐπὶ δώματα παίζει. ἐπὶ τῶν ἀτελῶν ἔτι ὄντων, τελείαν δὲ πρᾶξιν ἐθελόντων, πρὸ τοῦ τελειῶσαι.

αἲξ οὔπω τέτοκεν· ἔριφος δ' ἐπὶ δώματος παίζει. ἐπὶ τῶν τὰ οὔπω τεχθέντα ὡς γεγονότα προλεγόντων.

αἲξ τὴν μάχαιραν. ἐπὶ τῶν ποιούντων τι καθ' ἑαυτῶν. αἰγὸς γὰρ θύεσθαι μελλούσης ἐπεὶ μάχαιραν οὐχ εὗρεν ὁ θῦσαι θέλων, σκαλεύσασα τοῖς ποσὶν αὕτη τὴν γῆν μάχαιραν ἀνέφηνε κεχωσμένην μεθ' ἧς ταύτην ἐσφαγίασαν. ἐπὶ τούτων καὶ τὸ, καθ' ἑαυτοῦ τὴν γραφὴν ὁ βελλεροφόντης. καὶ τὸ, σφηκίαν ἠρέθισας. καὶ τὸ, αὐτὸς αἴρει τὸ κακὸν τὴν πτύαν. καὶ τὸ, λυδῷ πρᾶγμ' οὐκ ἦν, ὁ δ' ἀπελθὼν ἐπρίατο. κροῖσος γὰρ ὁ λυδὸς καθ' ἑαυτοῦ τὸν κῦρον ἐκίνησε. καὶ τὸ, ἄτλας τὸν οὐρανόν, τοῦτον γὰρ ὥς φασιν ἄτλας ὑποδεξάμενος εἰς ξενίαν, καὶ φωραθεὶς ἐπιβουλεύων ἐρρίφη παρ' αὐτοῦ εἰς τὸ ἀτλαντικὸν πέλαγος, καὶ τὸ, οἰναῖοι τὴν χαράδραν. οἱ γὰρ τὴν καλουμένην οἰνόην οἰκοῦντες παροχετεύσαντες τὴν ἄνωθεν αὐτοῖς φερομένην χαράδραν, τὰς οἰκίας κατήρδευσαν παραδείσους. ὕδατος δὲ πολλοῦ ἐπιγεγονότος, πολλὰς τῶν οἰκιῶν ἀπώλεσε. καὶ τὸ, οἱ καρπάθιοι τὸν λαγών. οὗτοι γὰρ νῆσον οἰκοῦντες καὶ ἀμπέλων μόνων εὐποροῦντες μετεκομίσαντο λαγωοὺς εἰς τὴν νῆσον τέρψεως ἕνεκεν. οἳ δὲ πληθυνθέντες τὰς ἀμπέλους αὐτῶν ἔφθειραν, καὶ τὸ ἐφ' ἑαυτὴν αἲξ τὰ κέρατα. αἲξ γὰρ ὥς φασι τὸ ξίφβληθεῖσα, καὶ τὸ τόξον ἐνδῦσα, τοῦτο ἀρήκει· ὡς καθ' ἑαυτῆς τὰ κέρατα ἔφυσε. καὶ δ', κορώνη τὸν σκορπίον· αὕτη γὰρ τοῦτον ἁρπάσασα, καὶ παρ' αὐτοῦ τρωθεῖσα ἐθανατώθη, καὶ δ', ἀνάγυρον κινεῖς· τὸν γὰρ τάφον ἀναγύρου τοῦ ἥρωος οἱ γειτνιῶντες αὐτῷ κινήσαντες παμπολλὰ δεινὰ ὑπ' αὐτοῦ ὑπέστησαν. ἔστι δὲ ἀνάγυρος καὶ εἶδος δένδρου δυσώδους. ἡ αἲξ τὴν μάχαιραν· παροιμία ἐπὶ τῶν κακόν τι καθ' ἑαυτῶν ποιούντων, ἀπὸ ἱστορίας τοιαύτης. κορίνθιοι θυσίας τελοῦντες ἥρᾳ ἐνιαύσιον τῇ ὑπὸ μηδείας ἱδρυνθείσῃ, καὶ ἀκραίᾳ καλουμένῃ αἶγα τῇ θεῷ ἔθυον. τινὲς δὲ τῶν κομισάντων μισθωτῶν ἔκρυψαν τὴν μάχαιραν, καὶ σκηπτομένων ἔνθα ἀπέθεντο, ἡ αἲξ τοῖς ποσὶν ἀνασκαλεύσασα, ἀνέφηνε, καὶ τὴν μὲν σκῆψιν αὐτῶν διήλεγξεν, ἑαυτῇ δὲ τῆς σφαγῆς αἰτία ἐγένετο, ὅθεν ἡ παροιμία. ἢ οὕτω κορινθίων ἥρᾳ ἀκραίᾳ θυόντων, ἥν λέγεται ἱδρύσασθαι μήδειαν, οἱ ἐν τῇ παρόχῳ μεμισθωμένοι γῇ κρύψαντες τὴν μάχαιραν, ἐσκήπτοντο ἐπιλελῆσθαι. ἡ δὲ αἲξ αὐτὴν τοῖς ποσὶν ἀνεσκάλευσεν.

αἲξ οὐρανία· κρατῖνός φησι καθάπερ διὸς αἶγα ἀμαλθείαν, οὕτω καὶ τῶν δωροδοκούντων αἶγα οὐρανίαν. οἱ δὲ ταύτην εἰς τὸ ἀργυρίζεσθαί τισιν ἀφθόνως ἀφορμὰς παρέχοντας, ὥσπερ εἰώθασι λέγειν κωμῳδοῦντες· ἐπεὶ καὶ τῆς ἀμαλθείας κέρας ἔχων, πᾶν, ὅ,τι βούλεται ἔχειν.

αἲξ σκυρία· χρύσιππός φησιν ἐπὶ τῶν τὰς εὐεργεσίας ἀνατρεπόντων τετάχθαι τὴν παροιμίαν· ἐπειδὴ πολλάκις τὰ ἀγγεῖα ἀνατρέπει ἡ αἴξ. ἄλλοι δέ φασιν ἐπὶ τῶν ὀνησιφόρων λέγεσθαι, διὰ τὸ πολὺ γάλα φέρειν τὰς σκυρίας αἶγας. μέμνηται ταύτης πίνδαρος, καὶ ἀλκαῖος.

αἵματι κλαίειν, ἐφ' ὧν μὴ δύναιντο πεῖσαι πάντα πράττοντες, ὥσπερ ἔλεγον οἱ παλαιοί, οὐδ' ἂν πείσῃς αὐτὸν, οὐδ' αἵματι κλαίων. λέγουσι δὲ καὶ οὐδ' ἂν αἵματι στένων, πεί

αἱ ἰβύκου γέρανοι· ἐπὶ τῶν ἀπροσδο- (σφαγεν. κή πως, ἀφ' ὧν ἥμαρτον, κολασθέντων. ἴβυκος γὰρ ὑπὸ λῃστῶν ἀναιρούμενος, καὶ γεράνους ὑπεριπταμένας ἰδὼν, ἐμαρτύρατο· χρόνου δὲ προϊόντος, οἱ λῃσταὶ ἐν θεάτρῳ

θεώμενοι, γεράνους ἱπταμένας πρὸς ἀλλήλους ἔλεγον, αἱ ἰβύκου γέρανοι. ἔπειτα ἐκ τούτου ἁλόντες ἐκολάσθησαν.

αἱ οἰδίποδος ἀραί, ἐπὶ τῶν μεγάλως δυστυχούντων. ἢ αἱ οἰδίποδος ἀραί· ἐπὶ τῶν πικρῶν τισὶ καταρωμένων.

αἴρειν ἔξω πόδα πηλοῦ· ἐπὶ τῶν βουλομένων μὴ ἐν πράγμασιν εἶναι. λέγεται δὲ καὶ αἴρειν πόδα αἰτίας.

αἶξ μαγαίλην, ἐπὶ τῶν ὀρχουμένων ἀγροίκως.

αἱροῦντες ᾑρήμεθα· ἐπὶ τῶν ἐλπισάντων κρατήσειν τινῶν, εἶθ' ὑπ' ἐκείνων ἁλόντων.

αἰσώπειον αἷμα· ἐπὶ τῶν δυσαπονίπτοις ὀνείδεσι, καὶ κακοῖς συνεχομένων, ἐπειδὴ τοῖς ἀδίκως τὸν αἴσωπον ἀνελοῦσιν, ὠργίσθη τὸ δαιμόνιον, καὶ διὰ τοῦτο τὴν πυθίαν φασὶ ἀνῃρηκέναι αὐτοῖς ἱλάσκεσθαι τὸ τοῦ αἰσώπου μῖσος. οὕτω γὰρ θεοφιλὴς ἐγένετο ὁ αἴσωπος, ὡς μυθεύεσθαι αὐτὸν ἀναβιῶναι ὡς τυνδάρεων, καὶ ἡρακλῆν, καὶ γλαῦκον. ἢ αἰσώπειον αἷμα· ἐπὶ τῶν δυσαπολίπτοις ὀνείδεσι καὶ κακοῖς συνεχομένων. οἱ γὰρ δελφοὶ τοῦτον ἀνελόντες πολλαῖς δι' αὐτὸν θεομηνίαις ἐνέπεσον ἀεὶ τὸν τούτου φόνον ὀνειδιζόμενοι.

αἰτναῖος κάνθαρος, ἐπὶ τῶν μεγάλων, διὰ καὶ τὸ ὄρος μέγα ἀριστεῖον μόνον τῶν γιγάντων περισωθῆναί φασι, καὶ ὅτι πῦρ οὐράνιον ἐπ' αὐτὸν ἦλθεν, ὅτε αἴτνη πιέζει αὐτόν.

αἱ χάριτες γυμναί· ἤτοι ὅτι δεῖ τὴν δωρεὰν ἀφειδῶς, καὶ χαρίζεσθαι, ἢ ὅτι οἱ ἀχάριστοι τὸν ἑαυτῶν κόσμον ἀφῄρηνται. ἢ·

αἱ χάριτες γυμναί. ἐπὶ τῶν ἀντιχαρίτως προσαιτούντων. προστίθεται γὰρ τὰς χάριτας προῖκα παντελῶς καὶ ἄνευ τινὸς αἰτήσεως, εἴπερ κυρίως χάριτες εἶναι βούλονται.

αἱ χάρητος ὑποσχέσεις, ἐπὶ τῶν προχείρως ἐπαγγελλομένων πολλά. χάρης γὰρ ἐγένετο στρατηγὸς ἀθηναῖος προθύμως ἐπαγγελλόμενος.

ἄκαιρος εὔνοια οὐδὲν ἔχθρας διαφέρει. ταύτην φασὶν ἱππόλυτον εἰπεῖν πρὸς φαίδραν φάσκουσαν φιλεῖν τε, καὶ στέργειν αὐτὸν μάλιστα ὑπὲρ πάντας ἀνθρώπους.

ἀκαδημίηθεν ἥκεις, ἤτοι σοφὸς καὶ σπουδαῖος ὑπάρχεις. ἀκαδημία δὲ ἦν γυμνάσιον ἐν ἀθήναις προάστειον, ἀλσῶδες, ἐν ᾧ διέτριβε πλάτων, ἀπὸ ἑκαδήμου τινὸς ἥρωος ὀνομασθὲν, πρότερον δὲ διὰ τοῦ ε

ἑκαδημία

ἐκ ἀκαδημίας ἐκαλεῖτο. ἀριστοφάνης ἐν νεφέλαις· ἀλλ' εἰς ἀκαδημίαν κατιών, ὑπὸ ταῖς μορίαις ἀποθρέψῃ στεφανωσάμενος καλάμῳ λευκῷ μετὰ σώφρονος ἡλικιώτου, μίλακος ὄζων, καὶ ἀπραγμοσύνης, καὶ λεύκης φυλλοβολούσης, ἦρος ἐν ὥρᾳ χαίρων, ὁπόταν πλάτανος πτελέᾳ ψιθυρίζῃ. ἤ,

ἀκάνθινος τέττιξ. ἐπὶ τῶν ἀφώνων, καὶ ἀμούσων λέγεται, παρόσον οἱ ἀκάνθινοι τέττιγες οὐκ ᾄδουσιν.

ἀκανθίνος τέττιξ. ἐπὶ τῶν ἀμαθῶν καὶ ἀμούσων, καὶ διὰ τοῦτο ἀφώνων. οἱ γὰρ ἐν ἀκάνθῳ τῷ τόπῳ οὐκ ᾄδουσι. παρὰ τοῦτο καὶ τὸ ἀμουσότερος λειβηθρίων. ἔθνος δὲ οὗτοι πιερικόν, οἳ διὰ τὸν ὀρφέως θάνατον, εἰς ὑπερβολὴν ἄμουσοι εἶναι κατεδικάσθησαν. παρὰ τούτων καὶ τὸ, ἀφωνότερος κίχλης. καὶ τῶν ἰχθύων. καὶ τὸ, τέττιξ θήλεια. αὕτη γὰρ οὐκ ᾄδει. καὶ τὸ, ἕβδομος βοῦς ἐν ἀθήναις. οἱ γὰρ πένητες ἐξ ἔμψυχα θύοντες πρόβατον. ὗν. αἶγα. ὄρνιν. χῆνα. νῆσσαν. ἕβδομον ἐπέθυον πέμμα εἰς σχῆμα βοὸς πλασθέν· ὃ ἕβδομος ἐκαλεῖτο βοῦς. καὶ τὸ, σερίφιος βάτραχος. οἱ γὰρ ἐν σερίφῳ βάτραχοι ἄφωνοι.

ἀκαρπότερος ἀγρίππου. ἐπὶ τῶν πάνυ πενομένων καὶ μηδὲν κεκτημένων. τάττεται δὲ καὶ ἐπὶ τῶν ἀκάρπων. οἱ γὰρ λάκωνες τὴν ἀγριέλαιον ἀγρίππον καλοῦσι. καὶ τὸ, γυμνότερος λεβηρίδος, ὅ ἐστι τὸ τοῦ ὄφεως καὶ τέττιγος ἔνδυμα. καὶ τὸ, γυμνότερος ὑπέρου. ὅ ἐστι ξύλον μεθ' οὗ τρίβουσι πτισάνην. καὶ τὸ, πτωχότερος ἴρου, οὗ ὅμηρος ἐν ὀδυσσείᾳ μέμνηται. καὶ τὸ γυμνότερος πασσάλου. ἢ ἀκαρπότερος ἀδώνιδος κήπων. ἐπὶ τῶν μηδὲν γενναῖον τεκεῖν δυναμένων εἴρηται ἡ παροιμία. μέμνηται αὐτῆς πλάτων ἐν φαίδρῳ. γίνονται δὲ οὗτοι οἱ κῆποι τοῦ ἀδώνιδος εἰς ἀγγεῖα κεράμεια σπειρόμενοι. ἄχρι χλόης μόνον. ἐκφέρονται δὲ ἅμα τελευτῶντι τῷ θεῷ, καὶ ῥίπτονται εἰς κρήνας.

ἀκεσίας ἰάσατο. ἐπὶ τῶν ἐπὶ τὸ χεῖρον ἰωμένων. ὅλην δὲ ἀριστοφάνης ἐν τετραμέτροις ἐκφέρει, λέγων ἀκεσίας τὸν πρωκτὸν ἰάσατο. ἀκεσίας γάρ τις ἐγένετο ἰατρὸς ἀφυής, ὃς τὸν πόδα τινὸς ἀλγοῦντος κακῶς ἐθεράπευσεν.

ἀκέσεως, καὶ ἑλικῶνος ἔργα. ἐπὶ τῶν θαυμαστῶν ἀξίων. οὗτοι γὰρ πρῶτοι τὸν τῆς πολιάδος ἀθηνᾶς πέπλον ἐδημιούργησαν. ὁ μὲν ἀκεσεὺς γένος ὢν παταρεύς, ὁ δὲ ἑλικών, καρύστιος.

ἀκέφαλος μῦθος. ἐπὶ τῶν ἀτελῆ λεγόντων, πλάτων· ἐὰν μῦθον ἀκέφαλον ἀπὼν καταλίποιμι.

ἀκίνητα κινεῖς. ἐπὶ τῶν λίαν παράνομα ποιούντων καθ' ὑπερβολήν, ὅτι οὐ δεῖ κινεῖν μήτε βωμούς, μήτε τάφους, καὶ τύμβους. μήτε καὶ ὀροφήν.

ἀκκιζόμενος σκύθης τὸν ὄνον. ἐπὶ τῶν λίαν μὲν βδελυττομένων, ἔργῳ δὲ ἐφιεμένων, ἰδὼν γάρ τις ῥήτωρ ὄνον, ἔφη πρὸς σκύθην παρόντα, δεῖπνόν τι φῂς σκύθα. ὁ δὲ ἐμυσάξατο μέν, ὕστερον δὲ ἐπόνειτο. καὶ ἀκκισμοὺς προσποιήσεις. ἀκκισμὸς δὲ καὶ ἡ μωρία.

ἀκκώ. ἐπὶ τῶν μωραινόντων. ἡ γὰρ ἀκκὼ γυνὴ γέγονεν ἐπὶ μωρίᾳ διαβαλλομένη· φασὶν ἐνοπτριζομένην τῇ ἰδίᾳ εἰκόνι ὡς ἑτέρᾳ διαλέγεσθαι. ὅθεν καὶ τὸ ἀκκίζεσθαι. ταύτην φασὶ καὶ αὐτόπτῳ πάτταλον κρούειν.

ἀκλητὶ κωμάζουσιν ἐς φίλους φίλοι· καὶ αὐτόματοι δ' ἀγαθοὶ ἀγαθῶν ἐπὶ δαῖτας ἴασιν. ἐπὶ τῶν διὰ ἀγάπης ἐπὶ τὰς τῶν φίλων τραπέζας ἀκλητὶ παραγινομένων. ἢ αὐτομάτως ἐρχομένων ποι.

ἀκόνη σιτιζομένη. τῶν δαψιλῶς μὲν τρεφομένων, ἰσχνῶν δὲ λίαν ὄντων. ἡ ἀκόνη γὰρ τὸ ἔλαιον πίνουσα, οὐκ ἐπιδίδωσιν.

ἀκόνην σιτίζειν. ἐπὶ τῶν τροφῇ μὲν πολλῇ χρωμένων, μηδὲν δὲ εἰς τὸ σῶμα ἐπιδιδόντων.

ἄκουε τοῦ τὰ τέσσαρα ὦτα ἔχοντος. ἐπὶ τῶν ἀπειθούντων. χρησμὸς γὰρ ἐδόθη ἐν τίμῳ τῷ κρητί· καὶ ἀντιφήμῳ τῷ ῥοδίῳ φυλάξασθαι τὸν τετράωτον. ἦν δὲ οὗτος λῃστὴς φοῖνιξ. οἱ δὲ τοῦ χρησμοῦ ἀμελήσαντες ἀπώλοντο. ἢ ἐπὶ τοῦ πολλὰ ἰδόντος, καὶ πολλὰ ἀκούσαντος ὡς ἀριστοφάνης φησίν. ἄλλοι δὲ τὴν παροιμίαν παραγγέλλειν τοῦ ἀληθεύοντος ἀκούειν. οὐδεὶς γὰρ ἀψευδέστερος τοῦ ἀπόλλωνος, ὃν τετράχειρα, καὶ τετράωτον ἱδρύσαντο λακεδαιμόνιοι. ὥς φησι σωσίβιος. ὅτι τοιοῦτος ἐῤῥέθη τοῖς περὶ Ἀμύκλας μαχομένοις.

Ἄκουε τὰ ἀπὸ καρδίας. ἐπὶ τῶν ἀφρονοῦσι διεξιόντων ἐκ διαθέσεως.

Ἄκουε τοῦ τὰ τέσσαρα ὦτα ἔχοντος. παραγγέλλει τῶν ἀληθευόντων ἀκούειν. ὁ λέγει γὰρ ἀψευδέστερος τοῦ Ἀπόλλωνος. ὃν τετράχειρα καὶ τετράωτον ἱδρύσαντο Λακεδαιμόνιοι. τοιοῦτος γὰρ ὤφθη τοῖς περὶ Ἀμύκλας μαχομένοις.

Ἀκορινθίᾳ ἔοικας χοιροπωλήσειν. ἐπὶ τῶν παρ' ὥραν θρυπτομένων γυναικῶν· οἷον ἔοικας μισθαρνήσειν ἐν Κορίνθῳ. τὸ γὰρ γυναικεῖον μόριον χοῖρος λέγεται.

Ἄκρον λάβε, καὶ μέσον ἕξεις. ἐπὶ τῶν δυσφράστων, καὶ δυσνοήτων. οἱ γὰρ τὴν Αἴγιναν νικήσαντες πολέμῳ ἐκπεσόντες τῆς πατρίδος ἐχρήσαντο τῷ θεῷ. ὁ δὲ τὸ εἰρημένον αὐτοῖς ἀνεῖλεν. οἱ δὲ συμβαλόντες τὸν χρησμὸν ἀκρωτήριόν τι καταλαβόντες κατὰ μέσον ᾤκησαν. ἀπὸ δὲ ταύτης τῆς αἰτίας, ὅταν τι δυσνόητον θέλωμεν αἰνίττεσθαι χρώμεθα τῷ προειρημένῳ. καὶ ἄλλως.

Ἄκρον λάβε καὶ μέσον ἕξεις. οὕτω χρώμεθα, ὅταν τινὰ τὸ αἴνιγμα τὸ δοθὲν νοῆσαι προτρεπόμεθα. χρησμὸς γὰρ οὗτος ἐδόθη τοῖς Αἰγινήταις ἐκπεσοῦσι τῆς πατρίδος· οἱ συμβαλόντες τὸ ῥηθὲν καὶ ἀκρωτήριον καταλαβόντες μέσον ᾤκησαν.

Ἄκρῳ ἅψασθαι τῷ δακτύλῳ. ἐπὶ τῶν οὐκ ἀκριβῶς ἠσκημένων, οὐδὲ κατὰ τὴν παροιμίαν ἄκρῳ τῷ δακτύλῳ ἁψαμένων.

Ἀκρὶς δυσκίνητος χλωρά, ταύτης ταῖς κινήσεσιν οἱ ἄγροικοι προσέχουσι, καὶ μαντείας ἐξ αὐτῶν ποιοῦνται. τίθεται δὲ ἐπὶ τῶν φαύλως μαντευομένων.

Ἅλας, καὶ κύαμον. ἐπὶ τῶν εἰδέναι μέν τι προσποιουμένων, οὐκ εἰδότων δέ. ἐπεὶ οἱ μάντεις εἰώθασι τιθέναι τοὺς ἅλας, καὶ κύαμον πρὸ τῶν μαντευομένων. ὅθεν καὶ τοῖς τῶν ἀπορρήτων κοινωνοῦσι, κύαμον ἐτίθουν.

Ἅλας ἄγων καθεύδεις. ἐπὶ τῶν ἐν μεγάλῳ κινδύνῳ καθευδόντων, καὶ ῥᾳστωνευομένων. ἐμπόρου γάρ τινος τὴν ναῦν ἁλῶν πληρώσαντος, εἶτα καθεύδοντος, τὴν αὐτλίαν ἐπαναβῆναι συνέβη, καὶ ἐκτῆξαι τοὺς ἅλας.

Ἢ. Ἅλας ἄγων καθεύδεις. ἐπὶ τῶν ἐν μεγάλοις κινδύνοις ἀφροντίστως διακειμένων. οἱ γὰρ ἅλας ἄγοντες ναυτίλοι κίνδυνον ἄξιον δοκοῦντες καθεύδειν ὡς δεδιέναι τι. ἢ

Ἅλας ἄγων καθεύδεις. παροιμία ἐπὶ τῶν ἐν μεγάλῳ κινδύνῳ καθευδόντων καὶ ῥᾳστωνευομένων. ἐμπόρου γάρ τινος τὴν ναῦν ἁλῶν πληρώσαντος τὴν αὐτλίαν ἐπαναβῆναι συνέβη καὶ ἐκτῆξαι τοὺς ἅλας. ὅθεν καὶ ἡ παροιμία. ἁλῶν δὲ φόρτος ὅθεν ἦλθεν ἐνθ' ἔβη. καὶ ἑτέρα παροιμία. ἅλας ὕεις ἐπὶ τῆς ἄγαν εὐθηνίας.

Ἅλας καὶ τράπεζαν παραβαίνειν ἐπὶ τοῖς κοινωνήσασι τούτων φιλικῶς χρῆσθαι δεῖ.

Ἀλεκτρυόνων μέμφεσθαι κοιλίαν. ἐπὶ τῶν τὸν βίον πολυτελῶν, καὶ ἁβροδιαίτων.

Ἀληλεσμένον βίον, οἱ μὲν ἐπὶ τῶν βαλανίτῃ βίῳ χρωμένων ἐδέξαντο, οἱ δὲ, ἐπὶ τῶν ἀταλαιπώρως βιούντων, οἷον καὶ ἐξειργασμένον πρὸς τροφὴν ἕτοιμον. καὶ ἀληλεσμένος βίος, ἐπὶ τῶν ἐν ἀφθονίᾳ τῶν ἐπιτηδείων ὄντων. ἄλλη δὲ παροιμία φησίν. οὐ γὰρ ἄκαιρα, ἔοικε δὲ ὑπομιμνήσκειν τὴν τοῦ βίου μεταβολὴν ἀγρίου, καὶ ἀκανθώδους πρότερον ὄντος, πρὶν ἐπιμελεῖσθαι τῆς γῆς, καὶ σπερμάτων γενέσθαι. ὅθεν ἀπὸ τῆς ὕστερον ἐπιμελείας εὑρεθῆναι τὸν ἀληλεσμένον βίον.

Ἀληθέστερα τῶν ἐπὶ Σάγρᾳ. ταύτης μέμνηται Μένανδρος καὶ Σώφρων καὶ Ἄλεξις. λέγουσι δὲ ὅτι οἱ Λοκροὶ οἱ Ἐπιζεφύριοι πόλεμον ἔχοντες πρὸς Κροτωνιάτας καὶ ἔπεμψαν εἰς Λακεδαίμονα συμμαχίας δεόμενοι. οἱ δὲ ἀπεκρίναντο αὐτοῖς ὅτι δύναμιν μὲν οὐ δώσουσι, τοὺς δὲ Διοσκούρους αὐτοῖς συμπέμψουσιν. ἀναστρέψαντες δὲ οἱ Λοκροὶ μάχης γενομένης ἐνίκησαν τοὺς Κροτωνιάτας, τῶν Διοσκούρων συλλαβομένων. τὴν δὲ νίκην ἐκ τοῦ αὐτομάτου φήμη τις ἤνεγκεν εἰς Λακεδαίμονα μηδενὸς ἀφιγμένου ἀγγέλου. μετὰ δὲ ταῦτα ἐλθόντες τινὲς ἀπήγγειλαν τῇ αὐτῇ ἡμέρᾳ γεγενῆσθαι τὴν μάχην, καὶ τὴν νίκην. ἐπειδὴ οὖν τὰ παρὰ τῆς φήμης ἀγγελθέντα ὑπῆρχεν ἀληθῆ, ἡ παροιμία εἴρηται ἐπὶ τῶν πάνυ ἀληθῶν. Σάγρα δ' ἐστὶ τόπος, ἐν ᾧ τὴν μάχην ἐνίκησαν οἱ Λοκροί.

Ἀληθέστερα τῶν ἐπὶ Σάγρᾳ. ἀντὶ τῶν ἀληθινῶν λόγων. ἀντὶ τῷ ποταμῷ γὰρ τῷ Σάγρᾳ πολέμου γενομένου τοῖς τε Λοκροῖς, καὶ τοῖς Κροτωνιάταις, καὶ νικησάντων Λοκρῶν, αὐθημερὸν τὴν νίκην ἤκουσαν. οἱ Λακεδαιμόνιοι συμμαχοῦντες Λοκροῖς, μὴ πιστευόντων δὲ διὰ τὸ μήκοθεν εἶναι τὴν σάγραν, ὕστερον ἐλθόντες τινὲς ἐβεβαίωσαν οὕτως ἔχειν τὰ κατὰ τὸν πόλεμον, ὡς αὐτοὶ ἤκουσαν. καὶ ἄλλως.

Ἀληθέστερα τῶν ἐπὶ σάγρα. ἐπὶ τῶν ἀληθῶν μὲν, οὐ πιστευομένων δέ. σάγρα γὰρ τόπος τῆς Λοκρίδος. μέμνηται τῆς παροιμίας Μένανδρος ἐν ἀνατιθεμένῃ. Λοκροὺς δέ φασι τοὺς ἐπιζεφυρίους πόλεμον ἔχοντας πρὸς τοὺς πλησιοχώρους Κροτωνιάτας, αἰτῆσαι συμμαχίαν τοὺς Λακεδαιμονίους. τῶν δὲ στρατὸν μὲν οὐκ ἔχειν φησάντων, διδόναι δὲ αὐτοῖς τοὺς Διοσκόρους. τοὺς Λοκροὺς οἰωνισαμένους τὸ καρτερομυθέν, τήν τε ναῦν ἀποστεῖλαι, καὶ κληθῆναι τοὺς Διοσκόρους συμπλεῖν αὐτοῖς. νικησάντων δὲ αὐτῶν αὐθημερὸν, καὶ τῆς φήμης διαγγελθείσης εἰς Σπάρτην, τὸ μὲν πρῶτον ἀπιστηθῆναι. ἐπεὶ δὲ εὑρέθη ἀληθῆ, ἐπιλέγειν τοῖς ἀληθεστάτοις μὲν, οὐ πιστευομένοις δέ. ἀληθέστερα τῶν ἐπὶ σάγρα ἐπὶ τῶν πάνυ ἀληθευόντων. λέγεται γὰρ τὴν περὶ τῆς νίκης φήμην αὐθημερὸν ἀπὸ Ἰταλίας ἐλθεῖν εἰς τὴν Σπάρτην. ὅθεν καὶ εἰς τὴν παροιμίαν ἐξενεχθῆναι τὸν λόγον ἐπὶ τῶν ἀληθινῶν πραγμάτων.

Ἁλιεὺς πληγεὶς νοῦν οἴσει. ἐπὶ τῶν μετὰ πεῖραν εἰς γνῶσιν ἐλθόντων. αὕτη παραπλήσιόν τι λέγει τῷ, ῥεχθὲν δέ τε νήπιος ἔγνω. ἁλιεὺς γάρ, ὥς φησι, τοὺς ἁλισκομένους ἐν τῷ λίνῳ ἰχθῦς μετεχειρίζετο, καὶ πληγεὶς ὑπὸ σκορπίου, νοῦν οἴσω ἔφη, καὶ τοῖς χερσὶν οὐκέτι τῶν νεοθηρεύτων ἰχθύων ἥπτετο. μέμνηται δὲ αὐτοῦ Σοφοκλῆς. καὶ ἄλλως.

Ἁλιεὺς πληγεὶς νοῦν οἴσει. ἐπὶ τῶν ὑπό τινος περιστάσεως σωφρονισθέντων, καὶ προσεκτικωτέρων γενομένων. ἁλιεὺς γάρ τις τοὺς ἁλόντας τῶν ἰχθύων ἀφυλάκτως ταῖς χερσὶ κατεμάλασσε, πληγεὶς δὲ ὑπὸ σκορπίου, ἔκτοτε ἐφυλάττετο. ἐπὶ τούτου καὶ τό, παθὼν δέ τε νήπιος ἔγνω, καὶ τό, φρὺξ ἀνὴρ πληγεὶς ἀμείνων. νωθροὶ γὰρ οἱ Φρύγες. ἐπεὶ πόλεμός τις αὐτοῖς γενόμενος, ἄριστα μετέβαλεν ὑπὸ τῆς ἀνάγκης.

Ἄλις δρυός. ἐπὶ τῶν τῇ κακῇ διαίτῃ ταλαιπωρουμένων καὶ χρηστοτέρας γλιχομένων. οἱ γὰρ τὰς βαλάνους ἐσθίοντες κακουχούμενοι, τοῦτο ἔλεγον. καὶ ἄλλως.

Ἄλις δρυός. ἐπὶ τῶν ἐκ φαυλοτέρας διαίτης ἐρχομένων ἐπὶ βελτίονα εἴρηται ἡ παροιμία. ἐπειδὴ τὸ ἀρχαῖον οἱ ἄνθρωποι βαλάνοις δρυὸς τρεφόμενοι, ὕστερον εὑρεθεῖσι τοῖς Δήμητρος καρποῖς ἐχρήσαντο.

Ἀλιτήριος, ἁμαρτωλός. ἀλιτήριοι δὲ ἐντεῦθεν ἐκλήθησαν. λιμὸς κατέλαβέ ποτε τοὺς Ἀθηναίους, καὶ οἱ πένητες τὰ τῶν ἀλούντων ἄλευρα διήρπαζον. ἀπὸ γοῦν ἐκείνων καταχρηστικῶς τοὺς πονηροὺς ἀλιτηρίους ἐκάλουν. παρέτεινε δὲ τὸ ὄνομα καὶ ἐπὶ τῶν μετέπειτα πονηρῶν. ἀπὸ σιτοδείας τῆς κατὰ τὸν Αἰτωλικὸν πόλεμον γενομένης.

Ἄλλα μὲν Λεύκων, ἄλλα δὲ ὁ Λεύκωνος ὄνος φέρει. λέγεται μὲν ἐπὶ τῶν ἀσυμφώνους τοῖς ἔργοις τοὺς λόγους παρεχομένων. Λεύκων γάρ τις γεωργὸς μέλιτος ἀσκοὺς εἰς φορμὸν ἐμβαλὼν, ἐκόμιζεν Ἀθήναζε. κριθὰς οὖν τοῖς φορμοῖς ἐμβαλὼν, ὡς ὑπὲρ κριθῶν ὀλίγον εἰσπραχθησόμενος, τέλος ἐκόμιζε, τοῦ δὲ ὄνου πεσόντος, οἱ τελῶναι βοηθῆσαι βουλόμενοι, ἔμαθον ὅτι μέλι ἐστὶ, καὶ ἀπηνέγκαντο αὐτὸ ὡς ἀτελώνητον. καὶ ἄλλως.

Ἄλλα μὲν ὁ Λεύκων λέγει, ἄλλα δὲ ὁ τοῦ Λεύκωνος ὄνος φέρει. ἐπὶ τῶν ἀσυμφώνους τοὺς λόγους τοῖς ἰδίοις ἔργοις παρεχομένων. οὗτος μέλι τῷ ὄνῳ φορτώσας ἐξαπατῆσαι τοὺς τελώνας βουλόμενος, ἐπεί τι ἄγει ἐρωτηθεὶς, κριθὰς εἶπεν, ὁ ὄνος ὀλισθήσας τοὺς ἀσκοὺς τοῦ μέλιτος ἐφανέρωσεν.

Ἀλλὰ γὰρ ἀθυμοῦντες ἄνδρες οὔποτε τρόπαιον ἔστησαν. ἡ παροιμία ἐπὶ τῶν δι' ἀθυμίαν μηδὲν γενναῖον πράττειν δυναμένων.

Ἀλλ' ἣν δρυῦ βαλάνιζε. ἐπὶ τῶν συνεχῶς αἰτούντων, ἢ παρὰ τῶν αὐτῶν δανειζομένων εἴρηται ἡ παροιμία. ἐπεὶ βαλάνοις ἔζων τὸ πρὶν οἱ ἄνθρωποι. καὶ βαλανιστὰς ἐκάλουν τοὺς μισθῷ τὸν καρπὸν τοῦτον συλλέγοντας. πρὸς τοίνυν τοὺς τῆς συλλογῆς ἤδη πεπληρωμένης περισκοποῦντας εἴ τινος εἶεν ἐν τῇ δρυῒ βάλανοι οἱ παρόντες ἔλεγον σκώπτοντες· ἄλλην δρῦν βαλάνιζε.

Ἄλλην δρῦν βαλάνιζε· ἐπὶ τῶν ἐνδελεχῶς αἰτούντων τι, ἢ παρὰ τῶν αὐτῶν ἀεὶ δανειζομένων, καὶ ἑτέρα παροιμία, ἅλις δρυός. ἐπὶ τῶν δυσχερῶς μέν τι καὶ ἀηδῶς ἐσθιόντων, ἕτερον δὲ βέλτιον εὑρόντων.

Ἄλλην μὲν ἐξηντλοῦμεν, ἡ δ' ἐπεισρεῖ· ἐπὶ τῶν πονούντων, καὶ οὐδὲν πλέον ἀνυόντων. ἐπειδὰν γὰρ τῆς νεὼς ῥεούσης ἐξαντλῶσι τὸ ἐν τῇ ἀντλίᾳ ὕδωρ, καὶ πλέον εἰσρεῖ, μάτην πονεῖν οἱ ναῦται δοκοῦσιν.

Ἄλλοι κάμον, ἄλλοι ὤναντο. ἐπὶ τῶν παρ' ἐλπίδας τὰ τῶν ἄλλων κληρονομησάντων.

Ἄλλοι σπείρουσιν, ἄλλοι δ' ἀμήσονται· ἐπὶ τῶν τὰ ἀλλότρια ἐσθιόντων.

Ἄλλοισι μὲν γλῶττα, ἄλλοισι δὲ γόμφιοι· παρόσον οἱ μὲν λάλοι, οἱ δὲ ἀδηφάγοι.

Ἄλλος οὗτος Ἀρεοπαγίτης· ἐπὶ τῶν σκυθρωπῶν καὶ σιωπηλῶν, τοιοῦτοι γὰρ οἱ ἐκεῖσε βουλευταί. ἐπὶ τούτων καὶ τὸ εἰς Τροφωνίου μεμάντευται· φασὶ καὶ τοὺς εἰς τὸ σπήλαιον αὐτοῦ καταβαίνοντας σκυθρωπάζειν ἀεί. καὶ ἄλλως.

Ἄλλος οὗτος Ἡρακλῆς, ἐπὶ τῶν ἰσχυρῶν.

Ἄλλος οὗτος Ἡρακλῆς· ἐπὶ τῶν βίᾳ τι πραττόντων· παροιμιῶδες. ἐπὶ Θησεῖ λεχθὲν τὸ πρῶτον ἢ τῷ τῶν Ἰδαίων δακτύλων Ἡρακλεῖ, ἢ τῷ τῆς Ἀλκμήνης, διὰ τοὺς παλαιοτέρους. καὶ ἄλλως.

Ἄλλος οὗτος Ἡρακλῆς· ἐπὶ τῶν βίᾳ τι πραττόντων· οὗτος γὰρ ἅπαντας τοὺς ἄθλους βίᾳ κατεπράξατο. ἐπὶ τούτων καὶ τὸ ἀρῆς τύραννος.

Ἄλλος βίος, ἄλλη δίαιτα. παροιμία ἐπὶ τῶν εἰς ἀμείνονα βίον μεταβαλόντων.

Ἄλλο γλαῦξ, ἄλλο κορώνη φθέγγεται. ἐπὶ τῶν τοῖς κρείττοσιν ἐριζόντων, ἤτοι ἐπὶ τῶν ἄλλοις οὐ συμφωνούντων. καὶ ἄλλως.

Ἄλλο γλαῦξ, ἄλλο κορώνη φθέγγεται· παροιμία ἐπὶ τῶν ἀλλήλοις οὐ συμφωνούντων.

Ἄλλο γένος κώπης· ἐπὶ τῶν παραδόξους πράξεις καινουργούντων· φασὶ γὰρ Ἡρακλέα ἐπὶ τὰς Γηρυονείους βοῦς ἐν λέβητι περαιωθῆναι, ἱστῷ μὲν τῷ ῥοπάλῳ χρησάμενον, ἱστίῳ δὲ τῇ λεοντῇ· σχοίνοις δὲ τοῖς τῆς φαρέτρας ἱμᾶσι· κώπῃ δὲ τῷ τόξῳ. ὃν οἱ τηνικαῦτα ἰδόντες τὸ πρῶτον ἐπεφώνησαν.

Ἄλλοτε μητρυιὴ πέλει ἡμέρη, ἄλλοτε μήτηρ. ἐπὶ τῶν ποτὲ εὐημερούντων, ἄλλοτε δὲ δυσημερούντων. καὶ ἄλλως.

Ἄλλοτε μητρυιὴ πέλει ἡμέρη, ἄλλοτε μήτηρ· ἐπὶ τῶν ποτὲ μὲν δυσπραγούντων, ποτὲ δὲ εὐπραγούντων.

Ἀλλ' αὖ τέ πως τις ἐπ' ἄγκυραν θεός· ἐπὶ τῶν παρ' ἐλπίδας γενομένων· παρόσον οἱ ναῦται πολλάκις ἡγούμενοι ἄγκυραν βάλλειν, ἢ προσορμίσασθαι, εἰς τοὐπίσω ἔπλευσαν.

Ἀλλ' οὐδὲν δεῖ παρὰ τὸν βωμόν σε βουλεύσειν. ὅτι μὴ χρὴ ἐν αὐτοῖς τοῖς ἔργοις βουλεύεσθαι, ἀλλὰ πρὸ τῶν πραγμάτων, παρόσον καὶ οἱ τὰ ἱερεῖα προσάγοντες, πρὸ τοῦ καλλιερῆσαι βουλεύονται.

Ἀλλ' οὐ διὰ τὴν ἐν τῷ αὐλεῖν πρὸς τὴν λύραν ἁμαρτίαν· παροιμία ἐπὶ τῶν ὑπὲρ ἄλλων αἰτίαν ὀφειλόντων τιμωρίαν. ἢ ἐφ' οἷς αὐτοὶ προβάλλονται κατηγορούμενοι.

Ἀλλ' οὐ λαχοῦσ' ἔπινον ἐν τῷ γράμματι. Ἀριστοφάνης, ἀντὶ ἐδίκαζον. οἱ γὰρ Ἀθηναῖοι κατὰ γράμμα ἐκληροῦντο ἀπὸ τῶν δέκα φυλῶν· οἷον ἡ πρώτη τὸ α ἀρχὴ σημεῖον, ἡ δευτέρα τὸ β μέχρι τοῦ κ. δέκα γὰρ οὐσῶν φυλῶν, δέκα ἐγίνοντο δικασταί, ὁ οὖν λαχὼν τὸ α, πρῶτος ἐδίκαζε, καὶ οἱ ἄλλοι ὁμοίως. τάχα οὖν σὺ λαχοῦσά φησιν, οὐκ ἐδίκαζον, ἀλλ' ἔπινον.

Ἀλλ' οὐκ ἔστι συκοφάντου δήγματος, ἐπὶ τῶν ἀνηνύτων, λείπει δὲ τὸ φάρμακον, λέγει δὲ ἐν ἤθει ὁ θεράπων, ὅτι οὐκ ἔστι τις ἐν τῷ δακτυλίῳ ἐπῳδή. ὃ φάρμακον πρὸς δῆγμα συκοφάντου. εἰώθασι λέγειν οἱ τὰ περίαπτα πωλοῦντες, ὅτι χρησιμεύει τόδε πρὸς τόδε. ἄλλως. ἀλεξητήριον τῶν δηλητηρίων δείκνυσιν αὐτὸ καὶ βασκανίας ἀποτρεπτικὸν δακτύλιον, ὃν καλοῦσι φαρμακίτην. φησὶν οὖν, ὡς αὖ ἔχεις φαρμακίτην δακτύλιον, ἀλλ' οὐ πρὸς δῆγμα τοῦ συκοφάντου, ὡς τούτων χειρόνων ὄντων, καὶ θηρίων, πρὸς ἃ ὁ δακτύλιος πεποίηται.

Ἀλλ' οὐκ αὖθις ἀλώπηξ εἰς πάγην· καὶ ἅπαξ ἀλώπηξ εἰς πάγην. καὶ ἄλλως.

Ἀλλ' οὐκ αὖθις ἀλώπηξ πάσαις ἁλώσεται. λείπει παρόσον ἅπαξ διαφυγοῦται, πιέσας, δεύτερον οὐκ ἐμπεσεῖται. εἴρηται δὲ ἡ παροιμία ἐπὶ τῶν πονηρὸν συκοφάντην ἐκφυγόντων.

ἄλλοτε ἀλλοῖον τελέθειν, καὶ χώρᾳ ἕπεσθαι. ὅτι προσήκει ἕκαστον ἐξομοιοῦν ἑαυτὸν τούτοις, ἐν οἷς ἂν τόποις γένοιτο, ἐκ μεταφορᾶς δὲ τοῦ πολύποδος εἴρηται.

ἄλλως ἀλεῖς. ἐπὶ τῶν μάτην πονούντων.

ἄλλως ἀναλίσκεις ὕδωρ. ἐπὶ τῶν μάτην ἐν λόγοις πονούντων. μετήνεκται δὲ, ἀπὸ τῶν ἐν τοῖς δικαστηρίοις πρὸς ὕδωρ λεγόντων.

ἀλώπηξ οὐ δωροδοκεῖται. ἐπὶ τῶν μὴ ῥᾳδίως δώροις ἁλισκομένων. κρατῖνος νόμοις. ὑμῶν εἷς μὲν ἕκαστος, ἀλώπηξ οὐ δωροδοκεῖται.

ἀλωπεκίζειν πρὸς ἀλώπεκα. ἐπὶ τῶν πρὸς πανούργους πανουργευομένων.

ἀλωπεκίζεις πρὸς ἑτέραν ἀλώπεκα. ἐπὶ τῶν ἐξαπατᾶν ἐγχειρούντων τοὺς ὁμοίους. ἢ ἄλλως

ἀλώπηξ τὸν βοῦν ἐλαύνει. τάττεται ἡ παροιμία ἐπὶ τῶν μὴ κατὰ λόγον ἀποβαινόντων.

ἢ ἄλλως ἀλώπηξ τὸν βοῦν ἐλαύνει. ἐπὶ τῶν τοὺς μείζονας δόλῳ ὑποταττόντων.

ἀλώπηξ διαφυγοῦσα πάγας, αὖθις οὐχ ἁλώσεται. ἐπὶ τῶν πονηροὺς διαφυγόντων καὶ τοῦ λοιποῦ φυλαττομένων.

ἀλώνητον ἀνδράποδον, ἐπὶ τῶν οὐδενὸς λόγου ἀξίων. πρόσθεν οἱ ἔμποροι εἰς τὴν μεσόγειον ἀναβαίνοντες, ἐκόμιζον ἅλας, ἀνθ᾽ ὧν τοὺς οἰκέτας ἐλάμβανον. καὶ ἀλώνητος ὁμοίως βάρβαρος, οἱ γὰρ θρᾷκες ἀνδράποδα ἁλῶν ἀπεδίδοντο. ὅθεν καὶ ὁ κωμικός φησι, θρᾷξ ἀγεννὴς εἶ πρὸς ἅλας ἠγορασμένος. ἀλώνητον γὰρ τὸ ὑπὲρ ἁλῶν ἐωνημένον.

ἁλῶν δὲ φόρτος ὅθεν ἦλθεν ἐνθ᾽ ἔβη. ἐπεὶ δή τις ὥς φασιν ἔμπορος ἔπλει τὴν ναῦν ἁλῶν πληρώσας. ἀποκαθευδησάντων δὲ τῶν ναυτῶν ἐπεισελθοῦσα ἡ θάλασσα τούς τε ἅλας ἐξέτηξε, καὶ τὴν ναῦν κατεπόντισεν.

ἀλκυονίτιδες ἡμέρας ἄγεις. ἐπὶ τῶν ἀταράχων, καὶ ἀνεπηρεάστων.

ἀλκυονίδες ἡμέραι, αἱ εὐδιειναὶ περὶ τοῦ ἀριθμοῦ διαφέρονται. σιμωνίδης γοῦν ἐν πεντάθλοις ἕνδεκά φησιν αὐτάς, καὶ

ἀριστοτέλης ἐν τοῖς περὶ ζώων. δημαγόρας δὲ ὁ σάμιος ἑπτά, καὶ φιλόχορος, ἐννέα. τὸν δὲ ἐπ᾽ αὐταῖς μῦθον, ἡγήσανδρος ἐν τοῖς περὶ ὑπομνημάτων λέγει οὕτως. ἀλκυονέως τοῦ γίγαντος θυγατέρες ἦσαν, φωσθονία. ἄνθη. μεθώνη. ἀλκίππη. παλλήνη. δριμώ. ἀστερίη. αὗται μετὰ τὴν τοῦ πατρὸς τελευτὴν ἀπὸ καναστραίου, ὅ ἐστιν ἄκρον τῆς παλλήνης ἔρριψαν αὑτὰς εἰς τὴν θάλασσαν. ἀμφιτρίτη δὲ αὐτὰς ὄρνιθας ἐποίησεν, καὶ ἀπὸ τοῦ πατρὸς, ἀλκυόνες ἐκλήθησαν. αἱ δὲ νήνεμοι, καὶ γαλήνην ἔχουσαι ἡμέραι ἀλκυονίδες καλοῦνται.

ἀλκήστιδος ἀνδρεία. ἐπὶ τῶν καρτερικῶν, καὶ ἀλκήστιδος ἀναβίωσις, ἐπὶ τῶν ἀδυνάτων. καὶ ἀπίστων. λέγεται γὰρ μῦθος τραγικώδης, ὡς δὴ μέλλοντος ἀδμήτου θανεῖν, αὐτὴ εἵλετο ὑπὲρ αὐτοῦ θάνατον. καὶ ἡρακλῆς αὐτὴν διὰ τὴν εὐσέβειαν ἀφελόμενος, καὶ ἀναγαγὼν αὐτὴν ἐκ τοῦ ᾅδου, ἀπέδωκεν ἀδμήτῳ. ἄλλοι δὲ οὕτως ἐπειδὴ πελίαν ἀπέκτειναν αἱ θυγατέρες, καὶ ἄκαστος ὁ πελίου ἐδίωκεν αὐτάς, οὐ λαμβάνει μέν. ἄλκηστις δὲ καταφεύγει εἰς φερὰς πρὸς ἄδμητον ἀνεψιὸν αὐτῆς. καὶ καθεζόμενος ἐπὶ τῆς ἑστίας οὐκ ἐβούλετο ἄδμητος ἀκάστῳ ἔκδοτον ἐξαιτουμένῳ δοῦναι, ὁ δὲ πολλὴν στρατειὰν παρακαθίσας περὶ τὴν πόλιν, ἐνεπυρπόλει αὐτούς, ἐπεξιὼν δὲ ὁ ἄδμητος ἔχων λοχαγοὺς νύκτωρ συνελήφθη μὲν ζῶν, ἠπείλει δὲ ἄκαστος ἀποκτεῖναι αὐτόν, πυθομένη δὲ ἡ ἄλκηστις, ὅτι μέλλει ἀναιρεῖσθαι ἄδμητος δι᾽ αὐτήν, ἐξελθοῦσα ἑαυτὴν παρέδωκεν. τὸν οὖν ἄδμητον ἀφίησιν ὁ ἄκαστος, ἐκείνην δὲ συλλαμβάνει. ἔλεγον οὖν οἱ ἄνθρωποι, ἀνδρεία γε ἡ ἄλκηστις ἑκοῦσα ὑπεραπέθανεν ἀδμήτου. τοιοῦτο μέντοι οὐκ ἐγένετο ὡς ὁ μῦθός φησι. κατὰ τοῦτον τὸν καιρὸν ἡρακλῆς ἧκεν ἄγων ἔκ τινος τόπου τὰς διομήδους ἵππους. τοῦτον ἐκεῖσε πορευόμενον ἐξένισεν ἄδμητος, καὶ ὀδυρομένου τῆς ἀλκήστιδος συμφορὰν ἀγανακτησάμενος ἡρακλῆς, ἐπιτίθεται τῷ ἀκάστῳ, καὶ τὴν στρατιὰν αὐτοῦ διαφθείρει, καὶ τὰ μὲν λάφυρα τῇ αὐτοῦ στρατιᾷ διανέμει, τὴν δὲ ἄλκηστιν τῷ ἀδμήτῳ παραδίδωσιν. ἔλεγον οὖν οἱ ἄνθρωποι, ὡς ἐντυχὼν ἡρακλῆς ἐκ τοῦ θανάτου ἐρρύσατο τὴν ἄλκηστιν. τούτων γενομένων ὁ μῦθος ἀνεπλάσθη.

ἀλλ᾽ ὥσπερ ἥρως ἐν ἀσπίδι ξενίσαι σε βούλομαι. ἐπὶ τούτων εἴρηται, οἳ τοῖς αὐτῶν ἔργοις, ἢ τέχναις χρώμενοι, τοὺς φίλους εὐεργετοῦσι. πρόσθεν οἱ ἥρωες τὸ παλαιὸν ἔνοπλοι ὄντες ἐξένιζον.

ἅλμη οὐκ ἔνεστ᾽ αὐτῷ. ἐπὶ τοῦ ἀναλοῦς καὶ ἀηδοῦς κατ᾽ εἰρωνείαν εἴρηται.

ἀμαλθείας κέρας. ἡ παροιμία αὕτη ὁμοία ἐστὶ τῇ αἲξ οὐρανία. εἴρηται δὲ ἐντεῦθεν. ἡ ῥέα τὸν δία τεκοῦσα ἐν κρήτῃ δίδωσι τοῦτον τρέφεσθαι ταῖς μελισσέως παισὶ νύμφαις, ἀδραστείᾳ τε καὶ ἴδῃ. αὗται μὲν οὖν τὸν παῖδα ἔτρεφον τῷ τῆς ἀμαλθείας αἰγὸς γάλακτι. αὐξηθεὶς δὲ ὁ ζεὺς, τὴν μὲν αἶγα κατηστέρισεν. ὅθεν αἲξ οὐρανία λέγεται. θάτερον δὲ τῶν ταύτης κεράτων ταῖς νύμφαις δίδωσι δεδωκὼς αὐτῷ χάριν. ἵν᾽ ὅπερ αἱ νύμφαι θέλωσιν, αὐταῖς ἀναβλύζῃ. τοῦτο ὕστερον ἀχελῷος λαβὼν ἡρακλεῖ δέδωκεν ἀντίλυτρον περιάξαντι θάτερον τῶν κεράτων αὐτοῦ, ὅτε περὶ τοῦ γάμου τῆς δηιανείρας πρὸς ἀλλήλους ἐμάχοντο. εἴρηται οὖν ἡ παροιμία ἐπὶ τῶν ἀφθόνως τισὶ παρεχομένων τὰς τοῦ πλουτεῖν ἀφορμάς. ἐπεὶ καὶ ὁ τὸ κέρας τῆς ἀμαλθείας ἔχων, πᾶν, ὃ ἐβούλετο ἀφθόνως ἐλάμβανεν. καὶ ἄλλως.

ἀμαλθείας κέρας. ἐπὶ τῶν ἀφθόνως, καὶ εὐδαιμόνως ζώντων, καὶ εὐθηνούντων, καὶ εὐπραγούντων. ἔνθ᾽ ἵνα μοι βίος ἐστὶν ἀμαλθείας κέρας αἰγός. ὅτι τῇ τροφῷ αὐτοῦ ἀμαλθείᾳ ὁ ζεὺς ὑπὲρ αὐτὸς τρεφούσῃ αὐτὸν, παρέσχε κέρας αἰγὸς δι᾽ οὗ ἐπέβλυζεν αὐτῇ πᾶν, ὃ ἂν ᾐτήσατο, καὶ ἄλλως. λέγεται τὴν ῥέαν τεκοῦσαν τὸν δία, δεδωκέναι τῇ ἀμαλθείᾳ τρέφειν. ἡ δὲ μὴ ἔχουσα γάλα, αἰγὶ ὑπέβαλεν αὐτὸν, ὅθεν αἰγίοχος ἐκλήθη. ὁ

τοίνυν ζεὺς τὴν μὲν αἶγα κατηστέρισεν ἐν τῷ οὐρανῷ, τὸ δὲ ἕτερον τῶν κεράτων αὐτῆς ἀφελὼν, τῇ ἀμαλθείᾳ δέδωκε, παρασκευάσας αὐτῇ γενέσθαι πᾶν, ὅπερ αἰτήσει διὰ τοῦ κέρατος. ὅθεν τοὺς εὐδαίμονάς φασιν ἀμαλθείας κέρας ἔχειν. ὁ δὲ παλαίφατος περὶ ἀμαλθείας φησὶν, ὅτι ἡρακλῆς ἀποδημῶν κατὰ βοιωτίαν μετὰ ἰολάου τοῦ ἀδελφιδοῦ, καταλύει ἐν θεσπιαῖς ἐν ξενῶνι πανδοχεῖ, ἐν ᾧ ἦν τις γυνὴ καλουμένη ἀμάλθεια ὡραία, καὶ καλή. ὁ δὲ ἡρακλῆς ἡδόμενος αὐτῇ, πλείονα χρόνον ἐξενίζετο. ἰόλαος δὲ βαρέως φέρων, ἐπινοεῖ τὴν ἐμπολὴν τῆς ἀμαλθείας ἐν κέρατι κειμένην ἀνελέσθαι, ὥστε ἧς ἐμπολῆς εἴτι ἤθελεν ὠνεῖτο, καὶ τῷ ἡρακλεῖ. ἔλεγον οὖν οἱ συνέκδημοι. ἡρακλῆς τὸ κέρας ἔχει τῆς ἀμαλθείας, ὥστε οὗ ὠνεῖτο ὅσα βούλοιτο ἐπ᾽ αὐτῷ. ὅθεν ὁ μῦθος προσανεπλάσθη. καὶ ἄλλως.

ἀμαλθείας κέρας. ἐπὶ τῶν ἀφθόνως ζώντων καὶ εὐθηνούντων καὶ εὐπραγούντων. ἔνθ᾽ ἵνα μοι βίος ἐστὶν ἀμαλθείας κέρας αἰγός. ἀμάλθεια γὰρ ἡ τροφὸς τοῦ διὸς παρὰ τὸ μὴ μαλάσσεσθαι.

ἀμαῖα τὴν ἀζησίαν μετῆλθεν. ἐπὶ τῶν ἐπιχρονίοις ζητήσεσι χρωμένων. ἱστορεῖ δίδυμος. ὅτι ἀμαῖα μὲν ἡ δημήτηρ παρὰ τροιζηνίοις προσαγορεύεται, ἀζησία δὲ ἡ κόρη. ἀπὸ γοῦν τῆς ἱστορίας ἡ παροιμία προήχθη. πλούτωνος γὰρ περσεφόνην ἁρπάσαντος, ἡ δημήτηρ ἀνὰ πᾶσαν τὴν γῆν περιῄει ταύτην ζητοῦσα.

ἅμαξα τὸν βοῦν ἕλκει. ἐπὶ τῶν ἀντιστρόφων, καὶ ἀδυνάτων ἢ, ὅταν τὸ κρεῖττον ὑπὸ τοῦ χείρονος ἄγηται. καὶ ἄλλως.

ἅμαξα τὸν βοῦν ἐκφέρει. ἐπὶ τῶν τἀναντία τῶν δεόντων ποιούντων καὶ ὑποτιθέντων τῶν μειζόνων τὸ ἔλαττον, καὶ τάξιν ἀνατρεπόντων.

ἀμαξιαῖα ῥήματα. ἐπὶ τῶν μεγάλων λόγων.

ἅμα δίδου, καὶ λάμβανε, παροιμία ἐπὶ τῶν ἀγνωμόνων, καὶ ἀπίστων.

Ἀμαξ᾽ ἀπήτουν, οἱ δ᾽ ἀπηρνοῦντο σκάφας. παροιμία ἐπὶ τῶν ἄλλα μὲν αἰτούντων, ἄλλα δὲ τῶν αἰτουμένων ἔχειν ἀπαρνουμένων.

Ἀμαθέστερόν πως εἰπὲ, καὶ σαφέστερον παρὰ τὴν παροιμίαν.

Ἀμαθὴς ἀναξυρίδας περιθέμενος, πᾶσι ταύτην ἐδείκνυ. ἐπὶ τῶν εὑρόντων τύχην τινὰ, ὧν οὐκ ἦσαν ἄξιοι.

Ἀμάλη ὁ καρπὸς, καὶ παροιμία· αὐταῖς ἀμάλλαις. ἐπὶ τῶν πανωλεθρίᾳ διαφθειρομένων· οἱονεὶ αὐτοῖς βάθροις.

Ἀμ᾽ ἔπος ἅμ᾽ ἔργον. ἐπὶ τῶν ταχέως, καὶ ὀξέως ἀνυομένων. ἢ ἄλλως.

Ἀμ᾽ ἔπος ἅμ᾽ ἔργον ἐπὶ τῶν ταχέως ἀνυομένων. ἐφ᾽ ὧν καὶ τὸ ἀφύας ἐς πῦρ. τὸ γὰρ ἰχθύδιον τοῦτο ἅμα τῷ θίξαι πυρὸς ἕψεται καὶ τὸ Βάττου λόγος καὶ τὸ Βάττον ἢ Βούτης λείπει δὲ τὸ κατειργάσθαι. ἐν τῇ στοᾷ γὰρ διαφόρων εἰκόνων ἐζωγραφημένων, μία ἦν ἡ ἐπιγέγραπτο Βούτης. τούτου δὲ τὸ κράνος καὶ ὀφθαλμοὶ μόνοι ἐφαίνοντο, τὰ δὲ λοιπὰ ἐδόκει ὑπ᾽ ὄρους κρύπτεσθαι. διὰ γοῦν τὸ εἶναι τὴν τούτου εἰκόνα σύντομον εἰς τὸ ζωγραφεῖσθαι παροιμία ἐγένετο.

Ἀμήλειπται, καὶ τέθνηκεν ἡ χάρις. ἐπὶ τῶν ἀχαρίστων. οἱ τινὸς εὐεργετηθέντες παραχρῆμα τῆς χάριτος ἐπιλανθάνονται.

Ἁμαρτεῖν οὐκ ἔνεστι δὶς ἐν πολέμῳ. παρόσον οὐδ᾽ ἅπαξ ἁμαρτεῖν δεῖ, οὐχ ὅτι ἐν τῷδε, ἀλλὰ καὶ ἐν ἄλλοις.

Ἄμβρις μαίνεται. ἐπὶ τῶν συνετὸν μέν τι πραττόντων· μαίνεσθαι δὲ τοῖς ἀσυνέτοις δοκούντων. χρησμοῦ γὰρ δοθέντος Συβαρίταις ἀπολέσθαι πάντας, ὅταν θεοῦ βροτὸν προτιμήσωσιν. ἰδών ποτε Ἄμβρις ὁ σοφὸς οἰκέτην προσφυγόντα σηκῷ θεοῦ· καὶ ἐκεῖθεν ἀποσπασθέντα εἶτα πρὸς τοὺς τάφους τῶν τοῦ δεσπότου αὐτοῦ γεννητόρων καταφυγόντα, καὶ σωθέντα καὶ τοῦ χρησμοῦ μνησθεὶς ἐξαργυρισάμενος τὴν οὐσίαν αὐτοῦ ὑπεχώρησε τῆς Συβάρεως δόξαν μανίας τοῖς πολίταις παρασχών· οἱ δὲ μετ᾽ ὀλίγον πανωλεθρίᾳ διεφθάρησαν. καὶ ἄλλως.

Ἄμυρις μαίνεται. ἐπὶ τοῦ φρενήρους, θεωρὸς γὰρ ὑπὸ Συβαριτῶν πεμφθεὶς εἰς Δελφοὺς περὶ εὐδαιμονίας καὶ τοῦ θεοῦ χρήσαντος ἀπώλειαν Συβαριτῶν ἔσεσθαι τότε, ὅτ᾽ ἀνθρώπους θεῶν προτιμήσωσι· θεασάμενος δοῦλον πρὸς ἱερῷ μαστιγούμενον, καὶ προσφυγόντα τῷ ἱερῷ, καὶ μὴ ἀπολυόμενον, ὕστερον δὲ εἰς τὸ τοῦ μαστιγοῦντος πατρὸς μνῆμα καταφυγόντα ἀπολυθῆναι, συνεὶς τὸ λόγιον, ἐξαργυρισάμενος τὰ ἴδια ἀπῆρεν εἰς Πελοπόννησον, ἐγὼ οἶμαι λογισμῷ τι πεποίηκεν Ἄμυρις· τὸ τ᾽ εἰς μανίαν Συβαρῖται μετέστρεψαν ὁμοῦ. ὁ δὲ, τῷ χρόνῳ διὰ τὴν προσποίητον μανίαν ἐθαυμάσθη.

Ἀμμὲς πόθ᾽ ἦμες. Λακωνικὴ ἡ παροιμία. οἱ γὰρ πρεσβύτεροι ἐν Λακεδαίμονι χορεύοντες. τοῦτο ἔλεγον ἀμμὲς ποθ᾽ ἦμες· ἀντὶ τοῦ ἡμεῖς ποτὲ ἦμεν.

Ἀμελοῦς γωνία ἐπὶ τῶν ἀργῶς, καὶ ῥαθύμως καθημένων. ἔστι δὲ καὶ χωρίον Λιβύης ἀμελοῦς γωνία καλούμενον.

Ἀμεινόνων οἰωνῶν τυχεῖν. ἐπὶ τῶν ἐκ κακῶν εἰς ἀγαθὰ μεταβαινόντων.

Ἀμείνων ὡς ἔοικεν ἡ πάγη. ἐπὶ τῶν διὰ τῆς ἄλλης ἀπωλείας σωζομένων.

Ἀμουσότερος Λειβηθρίων. ἐπὶ τῶν ἀμούσων, καὶ ἀπαιδεύτων. Λειβήθριοι γὰρ ἔθνος Θρᾳκικὸν οὔτε μέλους ἁπλῶς, οὔτε ποιήματος ἔννοιαν λαμβάνον, λέγονται δὲ ἀμουσότατοι εἶναι. ἐπειδὴ παρ᾽ αὐτοῖς ὁ τοῦ Ὀρφέως ἐγένετο θάνατος,

Ἄμμον μετρεῖν. ἐπὶ τῶν ἀδυνάτων, καὶ ἀνεφίκτων.

Ἅμματα Περίκου. ἐπὶ τῶν σκολιῶν τρόπων. ἀπὸ τοῦ ἐν Κασίῳ Πηλουσιωτῶν, οἱ φυσικῇ τέχνῃ ἅμματα ἔπλεκον δοκοὺς ἐπὶ δοκοῖς συνάπτοντες.

Ἀμυστὶ πίνειν λέγεται ἐπὶ τῶν ἀπνευστὶ καὶ ἄνευ τοῦ ἀναπαύεσθαι πινόντων. οἱονεὶ μὴ διαμυσάντων τοῦ αὐτοῦ ἔχεται, καὶ τὸ ἐξαμυστῆσαι.

Ἀμφιδρομίαν ἄγειν τὴν πέμπτην ἄγουσιν. ἐπὶ τοῖς βρέφεσιν ἐν ᾗ ἀποκαθαίρονται τὰς χεῖρας αἱ συναψάμεναι τῆς μαιώ σεως. τὸ δὲ βρέφος παραφέρουσι, τὴν ἑστίαν τρέχοντες, καὶ δῶρα πέμπουσιν οἱ προσήκοντες, ὡς ἐπὶ τὸ πλεῖστον πολύποδας καὶ σηπίας. τῇ δεκάτῃ δὲ τοὔνομα τίθεται.

Ἀμφιθέτῳ ἐκπιεῖν, ἐπὶ τῶν ζωροποτούντων. ἀμφίθετος δέ ἐστι φιάλη ἡ κατὰ πᾶν μέρος αὐτῆς τιθεμένης, ἀπύθμενος. οὐ τὸ παρ' ἡμῖν ποτήριον, ἀλλὰ γένος λέβητος ἐκ παντὸς μέρους δυνάμενον ἕδραν ἔχειν.

Ἀμφιθαλὴς ἔρως ἐστὶν ἐν ἡμῖν. ὁ ἐν ἀμφοτέροις θάλλων, ἢ φίλοις, ἢ γονεῦσι, καὶ μηδενὸς ὠρφανισμένος.

Ἀνάγε ξένον ἐν χειμῶνι παροιμία ἐπὶ τῶν ὀχληρῶν.

Ἀνάγυρον κινεῖν. ἔστιν ὁ ἀνάγυρος δῆμος ἀττικός, ἔνθα δυσῶδες φυτὸν φύεται, οὕτω καλούμενον ἀνάγυρος. εἴρηται οὖν ἡ παροιμία ἐντεῦθεν, ἐπὶ τῶν κινούντων τινὰ ἐπὶ κακῷ ἑαυτῶν. τινὲς δὲ λέγουσιν, ὅτι ἀνάγυρος ἥρως γείτονα, ὅς τις τοὺς οἴκους τῶν γειτονούντων αὐτῷ ἐκ βάθρων ἀνέστρεψεν, ἐπειδὴ τὸ ἡρῷον αὐτοῦ ὑβρίσαι ἐπεχείρησαν. μέμνηται ταύτης ἀριστοφάνης ἐν λυσιστράτῃ.

Ἀνάγκῃ οὐδὲ θεοὶ μάχονται. ὅμοιον τῷ, ἂν μὴ παρῇ χρέα, ταείχῳ στερητέον. παραινεῖ, ὅτι δεῖ τοῖς παροῦσιν ἀρκεῖσθαι. καὶ ἄλλως.

Ἀνάγκῃ οὐδὲ θεοὶ μάχονται, ἐπὶ τῶν ἐξ ἀνάγκης τι πεποιηκότων, ἐφ' ὧν καὶ τὸ δεινῆς ἀνάγκης οὐδὲν δυνατώτερον.

Ἀναίσχυντος, καὶ σιδηροῦς ἄνθρωπος. ἐπὶ τῶν ἀπηρυθριακότων, καὶ μηδεμίαν μεταβολὴν τοῦ προσώπου ποιουμένων.

Ἀνδραποδώδης θρίξ, ἐπὶ τῶν ἠλιθίων πλάτων φησίν. ἔχων τὰς ἀνδραποδώδεις ἐπὶ τῆς ψυχῆς τρίχας, ὑπὸ ἀμουσίας. ἀνδραποδώδη τρίχα τὴν τῶν ἀνδραπόδων ἰδίως κουράν, ἣν ἀπελευθερωθέντες ἤλαυνον ἀθήνησιν οἱ δοῦλοι, καὶ ἦν ταῦτα ἀκούειν πολλῶν συνειλεγμένων ἀνδρῶν, οὐδὲ τὰ πάθη κατεσταλμένων, ἀλλ' ἔτι τὴν ἀνδραποδώδη τρίχα φασὶν ἐπιδεικνυμένων.

Ἀνδρὶ λυδῷ πράγματ' οὐκ ἦν, ἀλλ' ὁ δὲ

ἐξελθὼν ἐπρίατο. ἐπὶ τῶν κακὰ ἑαυτοῖς ἐπισπωμένων παρ' ὅσον κροῖσος πόλεμον ἑαυτῷ ἐπεσπάσατο κῦρον.

Ἀνδριάντα γαργαλίζειν. ἐπὶ τῶν ἀδυνάτων.

Ἀνὰ σοὶ τάδε πάντα λέπαργε. παροιμία. ἐπὶ τῶν οὐδὲ μετὰ κάματον ἀνιεμένων. ἐκ μεταφορᾶς τῶν βοῶν, ἐπειδὰν γὰρ ἀπολυθῶσι τοῦ ἔργου, εἰώθασιν οἱ γεωργοὶ τῷ δυνατωτέρῳ ἐπιτιθέναι τὸν ζυγόν, καὶ τὰ σκεύη.

Ἀναπολεῖ, ἀναπτύσσει, καὶ παροιμία ἀναπολεῖς τοὺς ὤμους ὕδωρ πίνων. ὁμοίως ὕδωρ μένει. ἐπὶ τῶν ἀνήνυτα πονούντων.

Ἀνδρὸς γέροντος αἱ γνάθοι βακτηρίαι. ἐπὶ τῶν πρὸς τὸ γῆρας πολλὰ ἐσθιόντων.

Ἀνδρὸς γέροντος ἀσταφὶς τὸ κρανίον ἀπὸ μέρους. ἐπὶ τῶν μηδὲ μὴ χρησιμευόντων παρ' ὅσον ὅλον τὸ σῶμα τῶν γερόντων ἀσθενές.

Ἀνδρὶς γέροντος μήποτ' εἰς πυγὴν ὁρᾶν. ἐπὶ τῶν πρὸς ἔνια μὴ χρησίμων.

Ἀνδρὸς κακῶς πράσσοντος, ἐκποδὼν φίλοι. ἐπὶ τῶν ἐν τοῖς κακοῖς μηδεμίαν εὑρισκόντων παρὰ τοῖς φίλοις ὠφέλειαν.

Ἀνδρώνιος ὄνος. ἐπὶ τῶν παμμεγέθη καὶ νωθρὰ σώματα ἐχόντων. ἢ διὰ τὸ ἐκεῖσε παμμεγέθεις, καὶ νωθροὺς ὄνους γίνεσθαι.

Ἀνέμῳ διαλέγῃ, ἐπὶ τῶν ἀνηκούστων.

Ἀνέμους γεωργεῖς. πρὸς τοὺς ποιοῦντας καὶ μηδενὸς μεταλαγχάνοντας. ἐπειδὴ ὁ ἄνεμος πάντα μὲν φύει, καὶ αὔξει, οὐδενὸς δὲ τυγχάνει, ἢ μόνον ἄχνην ἀποφέρεται.

Ἀνέμους θορεῖς. ἐπὶ τῶν ἀνοήτοις ἐπιχειρούντων.

Ἀνέμων στάσεις. ἐγχώριοι γὰρ οὐ μόνον τὰς τῶν ἀνέμων στάσεις κατὰ τὴν παροιμίαν, ἀλλὰ καὶ τὰ τῶν ἐγχωρίων ἀνθρώπων ἤθη κάλλιστα γινώσκουσιν.

Ἀνέμου πεδίον, ἐπὶ τῶν εὐμεταβόλων, καὶ κούφων.

Ἀνὰ ξύλου μὴ βάδιζε. περικλεομένους λέγει,

Αἴσξ, ὃς στρατιώτης ὢν Ἀθηναῖος, προσεποιεῖτο πρὸς τοῖς ἄλλοις κακοῖς, καὶ μανίαν ἔχειν, ὅτι μισεῖται παρὰ τῶν πολιτῶν. διὸ καὶ βακτηρίαν ἔχων περιῄει, δι' ἧς ἠμύνετο τοὺς ἐπερχομένους αὐτῷ.

Ἀναιδὴς ὁ θεός. ἐπὶ τῶν μηδενὸς δεομένων. παρ' ὅσον οὐδενὸς ἐπιδέεται ὁ θεός.

Ἀνέλπιστον βίον ζῆς. τὸν κάλλιστον εἰρήκασιν ἀττικοί, ἐν ᾧ οὐκ εἰς ἐλπίδας ἐπτόηνται, ἀλλὰ πάρεστιν ἤδη τὰ ἀγαθά. οὕτω Πίνδαρος.

Ἀνερρίφθω κύβος. ἐπὶ τῶν ἀνελπίστοις ἑαυτοὺς ἐπιρριπτόντων ὑπό τινος βίας συνωθουμένων.

Ἀνεῳγμέναι μουσῶν θύραι. ἐπὶ τῶν ἐξ ἑτοίμου μεταδιδόντων, ἢ λαμβανόντων τὰ κάλλιστα τῶν ἐν παιδείᾳ.

Ἀνερίναστος. παροιμία ἐπὶ τῶν ἅπερ ἂν λάβωσι μὴ διακρατούντων, καὶ ἀνερίναστος συκῆ, ᾗ μὴ προβέβληνται οἱ ἐρινεοί. ἐρινεὸς δέ ἐστι, τῆς ἀγρίας συκῆς ὁ καρπός, ὃν καὶ ἀπαρτῶσι ταῖς ἡμέροις, ὡς ἂν οἱ ἐξ αὐτῶν καλούμενοι ψῆνες, εἰς τοὺς ὀλύνθους μεταστάντες, τελεσφορηθῆναι τούτους παρασκευάσωσι. τοῦτο δὲ ἐρινάζειν λέγεται. καὶ ἄλλως.

Ἀνερίναστος εἶ. τάττεται ἡ παροιμία παρὰ Ἑρμίππῳ ἐν Στρατιώταις, φασὶ δὲ ὅτι ἐρινεοῦ τῆς ἐλωθηφόρου ἐν τῷ καρπῷ φύεται θηρία, ἃ προσαγορεύουσι ψῆνας. τούτων οἱ γεωργοὶ λαβόντες ἐφάπτουσι τῶν κλάδων ταῖς συκαῖς, ὅπως αὐτῶν ὁ καρπὸς μὴ ἀπορρέῃ. ἐνδυόμενον γὰρ εἰς τοὺς σφῆνας τὸ θηρίδιον, στερεοῖ τούτοις, καὶ πεπαίνει. διόπερ ἐπὶ τῶν ἅπερ ἂν λάβωσι, μὴ διακρατούντων εἰρῆσθαι τὴν παροιμίαν. ἢ,

Ἀνερίναστος εἶ. ἐπὶ τῶν ἅπερ ἂν λάβωσι, μὴ κρατούντων. ἐν γὰρ τοῦ ἐρινεοῦ τῷ καρπῷ ζωΰφια γίνεται, ἃ προσαγορεύουσι ψῆνας, τούτους οἱ γεωργοὶ λαβόντες ἅπτουσι τῶν κλάδων ταῖς συκαῖς, ὅπως αὐτῶν ὁ καρπὸς οὐκ ἀπορρέῃ.

Ἀνεπαρίασαν. ἐπὶ τῶν μεταγινωσκόντων, καὶ μεταζεπομένων εἴρηται ἡ παροιμία. ἐπειδὴ οἱ Πάριοι πολεμούμενοι ὑπὸ Ἀθηναίων, καὶ ἀνοχὰς παρ' αὐτῶν αἰτήσαντες καὶ τυχόντες ἐπὶ ὑποσχέσει τοῦ παραδώσειν τὴν πόλιν, ἄλλα προσδοκήσαντες συμμαχίαν ἔξωθεν ἔλυσαν τὰ ὁμολογούμενα.

Ἀνεπαρίασαν, ἐπὶ τῶν μεταγινωσκόντων καὶ μεταζεπόντων. οἱ γὰρ Πάριοι πολεμούμενοι ὑπ' Ἀθηναίων, καὶ ἀνοχὰς παρ' αὐτῶν αἰτήσαντες, καὶ τυχόντες ἐπὶ ὑποσχέσει τοῦ παραδώσειν τὴν πόλιν, εἶτα προσδοκήσαντες συμμαχίαν ἔχειν, ἔλυσαν τὰ ὡμολογημένα.

Ἀνὴρ δὲ φεύγων οὐ μένει λύρας κτύπον. παροιμία ἐπὶ τῶν ὀξέως ὀφειλόντων ἕκαστα πράττειν.

Ἀνὴρ ἔοικα ναῦς ἱκετεύειν πέτραν. παροιμία ἐπὶ τῶν ἀναισθήτων. ἀπὸ μεταφορᾶς τῆς ἐποκελλούσης νεὼς πρὸς τὴν πέτραν.

Ἄνθρακες ὁ θησαυρὸς ἦσαν. παροιμία ἐπὶ τῶν ἐλπιζόντων μὲν ἀγαθά, κακουμένων δὲ ἀφ' ὧν ἦν αὐτοῖς ἡ τῶν ἀγαθῶν ἐλπίς. ἢ

Ἄνθρακες ὁ θησαυρός. ἐπὶ τῶν ἐφ' οἷς ἤλπισαν διαψευσθέντων. μέμνηται αὐτῆς Λουκιανός. ὁ τοῦ λόγου ἐκείνου, ἄνθρακες ἡμῖν ὁ θησαυρὸς πέφυκε. καὶ πάλιν ἄνθρακάς μοι τὸν θησαυρὸν ἀπέφηνας.

Ἄνθρωπος κρίβανον. παροιμία ἐπὶ τῶν καινόν τι ἐφευρηκότων. ἄνθρωπος γὰρ αἰγύπτιος ἐς τὴν τῶν ἄρτων ὄπτησιν ἐπενόησε τὸν κρίβανον.

Ἀνθ' ὃς ἀνοῦ δαιμόνιον. παροιμία ἐπὶ τῶν ἀπροσδοκήτως ὑπὸ ἀνοῦ σωζομένων, καὶ δι' αὐτῶν εὐδοκιμούντων.

Ἄνθρωπος εὔριπος. τύχη εὔριπος. διάνοια εὔριπος. ἐπὶ τῶν ῥᾷστα μεταβαλλομένων, καὶ ἀσταθμήτων ἀνθρώπων.

Ἀνθ' Ἑρμιόνος. εἴρηται ἡ παροιμία ἐπὶ τῶν σωζόντων τοὺς οἰκέτας, ἐπειδὴ ἐν Ἑρμιόνῃ τῆς Πελοποννήσου ἱερὸν ἦν Κόρης, καὶ Δήμητρος ἀσφάλειαν παρέχον τοῖς καταφεύγουσιν. μέμνηται ταύτης Ἀριστοφάνης ἐν Βαβυλωνίοις. ἢ

Ἀνθ' Ἑρμιόνος. ἐπὶ τῶν ὁμοίως ἱερὰ διασωζόντων. Ἑρμιόνη γάρ ἐστιν ἐν Πελοποννήσῳ πόλις Κόρης, καὶ Δήμητρος ἄσυλος. ὥστε σκέπην παρέχειν τοῖς ἱκετεύουσιν.

Ἂν ἡ λεοντῆ μὴ ἐξίκηται, τὴν ἀλωπεκῆν πρόσαψον, ὁ νοῦς.

Ἀνίπτοις ποσὶν ἀναβαίνειν ἐπὶ τὸ τεῖχος. παροιμία ἐπὶ τῶν ἀμαθῶς ἐπί τινα ἔργα, καὶ πράξεις ἀφικνουμένων. Ὅμηρος, ἀνιπτόποδες χαμαιεῦναι. ἀνίπτοις ποσὶν, ἀντὶ τοῦ ἀνετοίμοις, καὶ χωρίς τινος παρασκευῆς.

Ἀνίπτοις χερσίν. ἐπὶ τῶν βεβήλοις χερσὶ τὰ ἱερὰ μεταχειριζομένων.

Ἂν οἶνον αἰτῇ, κόνδυλον αὐτῷ δίδου. ἐπὶ τῶν δεινὰ μὲν λαμβανόντων, ἀγαθὰ δὲ αἰτούντων. ἡ δὲ ἱστορία ἀπὸ τοῦ Κύκλωπος, παρ' ὅσον αἰτήσας οἶνον τὸν Ὀδυσσέα. τῶν ὀφθαλμῶν ἐστερήθη. Ὀδυσσέα γὰρ ἐν τῷ σπηλαίῳ κατασχὼν ὁ Κύκλωψ, καὶ τοὺς ἑταίρους αὐτοῦ ἀρξάμενος κατεσθίειν, οἶνον παρ' αὐτοῦ λαβὼν, ἔπιε, καὶ ταύτην αὐτῷ τὴν χάριν δίδωσιν, ὕστατον αὐτὸν καταφαγεῖν. μεθυσθεὶς δὲ μετὰ τὸ πιεῖν, καὶ ὑπνώττων, παρ' ἐκείνου ἐξετυφλώθη.

Ἄνους ὁ μακρὸς κατὰ τὴν παροιμίαν. ἧς ἐναντία, ἔνους ὁ μακρός. λῆρος ἡ παροιμία.

Ἀντ' ἀγαθῶν, ἀγαθίδες. παροιμία. ἐπὶ τῶν εὖ παθόντων ἀνθ' ὧν εὐηργέτησαν πρότερον.

Ἀντιπελαργεῖν. παροιμία ἐπὶ τῶν τὰς χάριτας ἀντιδιδόντων. καὶ ἀντιπελάργωσις. φησὶν Ἀριστοτέλης ἀληθῆ εἶναι τὸν περὶ τῶν πελαργῶν λόγον. ὁμοίως δὲ αὐτοῖς ποιεῖν φησι καὶ τοὺς ἀερόποδας. διὸ ἐν τοῖς σκήπτροις ἀνωτέρω μὲν, πελαργὸν τυποῦσι. κατωτέρω δὲ, ποτάμιον ἵππον, δηλοῦντες ὡς ὑποτέτακται ἡ βία τῇ δικαιοπραγίᾳ. οἱ γὰρ πελαργοὶ δικαιοπραγεῖς ὄντες, ἐπὶ τῶν πτερύγων βαστάζουσι τοὺς γεγηρακότας. οἱ δὲ ἱπποπόταμοι, ζῶον ἀδικώτατον. καὶ ἄλλως.

Ἀντιπελαργεῖν τὴν γραῦν, ἀντιδιδόναι χάριτας. λέγεται γὰρ τοὺς πελαργοὺς γεγηρακότας, τοὺς γονεῖς τρέφειν. Ἀριστοτέλης δέ φησι τὸν περὶ τῶν πελαργῶν λόγον, ἀληθῆ. ὁμοίως δὲ αὐτοῖς φησι ποιεῖν καὶ τοὺς ἀερόποδας. διὸ ἐν τοῖς σκήπτροις, ἀνωτέρω μὲν, πελαργὸν τυποῦσι. κατωτέρω δὲ, ἱπποπόταμον, δηλοῦντες ὡς ὑποτέτακται ἡ βία τῇ δικαιοπραγίᾳ. οἱ γὰρ πελαργοὶ δικαιοπραγεῖς ὄντες, ἐπὶ τῶν πτερύγων βαστάζουσι τοὺς γεγηρακότας γονεῖς. οἱ δὲ ἱπποπόταμοι, ζῶον ἀδικώτατον.

Ἀντὶ κακοῦ κακὸς σὺν ἀπαιτεῖς. ἐπὶ τῶν τὰ καλὰ ἀντὶ τῶν κακῶν ἀπαιτούντων.

Ἀντλεῖν ἀμφοτέραις. λείπει τὸ χερσίν. ἐπὶ τῶν σπουδῇ τι ποιούντων. ὁμοία τῇ, πάντα κάλων σείει.

Ἀντιόπης θρῆνος. ἐπὶ τῶν ἀδίκως πασχόντων. εἶτα τῶν δεινῶν ἀπαλλαγῆς τυχόντων. Ἀντιόπη θυγάτηρ Νυκτέως, ἣν ἔφθειρέ τις τῶν πολιτῶν. ὁ δὲ πατὴρ πέμπει αὐτὴν τῷ ἀδελφῷ κολάσαι. ὁ δὲ ἔγκυον αὐτὴν θεασάμενος, ᾤκτειρεν. ἡ δὲ, γεννᾷ Ζῆθον, καὶ Ἀμφίονα. οὓς εἰς ὄρος ἔρριψεν ὁ θεῖος. εἶχε δὲ γυναῖκα ὄνομα Δίρκην. ἥ τις ὑπονοήσασα τὸν ἑαυτῆς ἄνδρα λύκον φιλεῖν τὴν Ἀντιόπην, ἀνάγει αὐτὴν εἰς ὄρος, καὶ δήσασα αὐτὴν ἀπὸ τραχήλου ταύρου, καὶ ἀνάψασα δᾷδας ἀπὸ τῶν αὐτοῦ κεράτων, ἔμελλεν αὐτὴν ἀπολύειν. ἡ δὲ, ἐθρήνει. καὶ θορύβου γενομένου, ἠθροίσθη πλῆθος γεωργῶν. σὺν οἷς καὶ Ζῆθος, καὶ Ἀμφίων. καὶ γνωρίσαντες τὴν μητέρα αὐτῶν, ἐρρύσαντο αὐτήν. τὴν δὲ Δίρκην τῇ προκειμένῃ παρέδωκε τιμωρίᾳ. Ζῆθος δὲ, καὶ Ἀμφίων κτίζουσι Θήβας, καὶ βασιλεύουσι. καὶ τούτων οἱ ἀπόγονοι μέχρι Λαΐου, καὶ Ἰοκάστου, τοῦ μετακληθέντος Οἰδίποδος.

Ἀντὶ πέρκης, σκορπίον. ἐπὶ τῶν τὰ χείρω αἱρουμένων ἀντὶ τῶν βελτιόνων.

Ἀντ' εὐεργεσίης Ἀγαμέμνονα τίσαν Ἀχαιοί. ἡ παροιμία ἐπὶ τῶν τοὺς εὐεργέτας προπηλακιζόντων, ἢ ὑβριζόντων. ἤ.

Ἀντ' εὐεργεσίης Ἀγαμέμνονα δῆσαν Ἀχαιοί. αὕτη κατὰ τῶν ἀχαρίστων λέγεται. φασὶ δὲ αὐτὴν ὑπὸ Μίσωνος τοῦ Μεγαρέως πεποιῆσθαι.

Ἄντης ποτὸς, ἐπὶ τῶν ἄγαν ψυχρῶν. ψυχρὸς γὰρ οὗτός ἐστιν.

Ἄνω ποταμῶν χωροῦσι πηγαί. παροιμία

μία. εἴρηται ἐπὶ τῶν ὑπεναντίως λεγομένων, ἢ γινομένων, ὡς ὅταν ὁ πόρνος τὸν σώφρονα λέγῃ πόρνον. ἐπειδὴ οἱ ποταμοὶ ἄνωθεν κάτω ῥέουσιν, οὐ κάτωθεν ἄνω. τουτέστιν ἐπὶ τῶν τὰ ἑαυτοῖς προσόντα ἐλαττώματα, ἑτέροις προσανατιθεμένων. ἀνοινάριος, ὡς ἡ κοινὴ συνήθεια. καὶ παροιμία.

ἂν οἶνον αἰτῇ, κονδύλους αὐτῷ δίδου. ἐπὶ τῶν ἀγαθὰ μὲν αἰτούντων, κακὰ δὲ λαμβανόντων. φρύνιχος. ἡ ἱστορία ἀπὸ τοῦ κύκλωπος οἶνον αἰτήσαντος, καὶ τυφλωθέντος.

Ἀντὶ χαρίεντος ἰάμβου, καλὸς ποιητὴς καλεῖσθαι ἐπιθυμεῖς. ἐπὶ τῶν μὴ ταῖς ἰδίαις τέχναις ἀρκουμένων, ἀλλὰ καὶ περὶ ὧν οὐκ ἴσασι, δόξαν ἐφελκομένων προσποίητον. τρίανδρος γάρ τις ἰαμβὸς ἀξιόλογος κατὰ τέχνην ὤν, καὶ ἐπαινούμενος ἐς τὰ μάλιστα, φαῦλα ποιήματα ἔγραφεν.

ἂν τοὺς φίλους μισῶμεν, τί ποιήσομεν τοὺς μισοῦντας. ἐξ ἀποφθέγματος.

ἄννας κρίβανος. μυθεύεται, ὅτι τὴν ἄνναν αἰγυπτίαν οὖσαν, εἰς τὴν τῶν ἄρτων ὄπτησιν ἐπινοῆσαι τὸν κρίβανον.

ἀξία ἡ κύων τοῦ βρώματος. εἴρηται ἐπὶ τῶν κατ' ἀξίαν τινὸς τυγχανόντων.

ἄξιος τοῦ παντός. ἐπὶ τῶν σφόδρα τιμίων.

ἄξιος εἶ τῆς ἐν ἄργει ἀσπίδος. εἴρηται ἐπὶ τῶν αἰδημόνων, καὶ εὐγενῶν. πρόσσον οἱ ἐν ἄργει ἀνύβριστοι παῖδες, καὶ καθαροί, κατὰ τὸ νόμιμον, καὶ παλαιὸν γέρας τὰς ἀσπίδας φοροῦντες πομπεύουσιν.

ἄξιοι τριχός. ἐπὶ τῶν εὐτελῶν, καὶ τῶν τυχόντων, καὶ μηδενὸς ἀξίων. παρόσον ἡ θρὶξ οὐδενὸς ἀξία.

ἄξιος λαβεῖν ὁ μισθός. ἐπὶ τῶν εἰς κάλλος ἠσκημένων.

ἅπαντα τοῖς σοφοῖσιν εὔκολα. ἐπὶ τῶν διὰ φρονήσεως, καὶ τῶν δυσκόλων περιγινομένων.

ἅπαντα τόλμης πλέα, καὶ ἀναισχυντίας. εἴρηται ἐπὶ τῶν ἰταμῶν, καὶ ἀναιδῶν.

ἅπαντα γάρ τοι βρωτὰ πολιορκουμένοις. ἐπὶ τῶν ἀναγκαίων ὁ λόγος. οἱ γὰρ πολιορκούμενοι, πολλάκις καὶ ὧν οὐ δεῖ, ἅπτονται.

ἅπαξ πυρρός, καὶ δίκατον χλωρός. ἐπὶ τῶν δανειζόντων.

ἅπαξ ἀλώπηξ εἰς πάγην. ὁμοία τῇ, ἀλλ' οὐκ αὖθις ἀλώπηξ. λείπει δ' εἰς πάγην.

ἁπαλοῖ θερμολουσίαις, ἁβροὶ μαλθακευνίαις. ἐπὶ τῶν ὑπὸ τρυφῆς, καὶ ἁβρότητος διαρρεόντων.

ἄπαγέ με εἰς τὰς λατομίας. παροιμία ἐπὶ τῶν μὴ ὑποφερόντων τὰ ἀνάξια. φασὶ γὰρ ὅτι φιλόξενος ὁ διθυραμβοποιὸς διονυσίῳ τῷ τυράννῳ συνῆν. ἕωλα δὲ αὐτοῦ ποιήματα ἀναγινώσκοντος, οὐκ ἐπῄνει, ἐφ' οἷς ὀργισθεὶς, ἐκέλευσεν αὐτὸν ἀπαχθῆναι εἰς τὰς λατομίας. εἶτα πάλιν μετεκαλέσατο αὐτὸν νομίζων ἐπαινέσαι αὐτοῦ τὰ ποιήματα. ὁ δὲ μὴ ἐθέλων ἐπαινεῖν, ἔλεγε τὸ προκείμενον.

ἄπαγε μάθον ἀπὸ κώπης. παροιμία ἐπὶ τῶν ὀχληρῶν, καὶ παρὰ καιρὸν τοῖς ἀστειζουσιν ἐνοχλούντων.

ἅπανθ' ὅμοια, καὶ ῥοδῶπις ἡ καλή. σημαίνει, ὅτι ταῖς τύχαις ὁμοίως ὑποπεπτώκασιν οἱ θνητοί.

ἀπ' ἀκροφυσίων λόγους ἐνδεικνύναι, οἷον νέους καινούς, καὶ νεοποιήτους. ἀριστοφάνης. ῥήματά τε κομψά, καὶ παίγνια ἐπιδεικνύναι πάντα ἀπ' ἀκροφυσίων, καὶ τῶν ἀπὸ κινναβευμάτων. λέγει γὰρ διὰ μὲν τοῦ ἀπ' ἀκροφυσίων, καινῶς εἰργασμένα, καὶ οἷον ἐκ πυρός. διὰ δὲ τοῦ ἀπὸ κινναβευμάτων, οἷον καινῶς πεπλασμένα, καὶ διάθεσιν ἔχοντα. κίνναβος γὰρ τὸ εἴδωλον. πρὸς ὃ οἱ πλάσται, καὶ οἱ ζωγράφοι βλέποντες, διατίθενται πλάττοντες, καὶ γράφοντες. ἔστι δὲ εἴδωλον, σκιῶδες ὁμοίωμα, ἢ φαντασία σώματος ἀεροειδής τε σκιά. ὡς δὲ βακχυλίδης, μελεμβαφὲς εἴδωλον, ἀνδρὸς ἰθακησίου. καὶ ὁ ποιητὴς ἐπὶ τῆς ἀντικλείας. τρὶς δέ μοι ἐκ χειρῶν σκιῇ εἴκελον. αὐτὸς δὲ, ἡ ὑπόστασις ἡ ἀληθής.

ἅπας ἐχῖνος τραχύς. ἐπὶ τῶν δυσκόλων, καὶ δυστρόπων. ἐξαιρέτως δὲ, ἐπὶ κακῷ τινι, ἢ εὐνούχῳ.

ἅπασαν τὴν οὐσίαν ἠμφιέσθαι. ἐπὶ τῶν μηδ' ὁτιοῦν ἄλλο κεκτημένων, ἢ ὅπερ ἀμπέχονται.

ἀπαιδευτότερος φιλωνίδου τοῦ μελιτέως. οὗτος ὁ φιλωνίδης οὐ μόνον μέγας ἦν, ἀλλὰ καὶ ἀμαθής. καὶ ὑώδης. κωμῳδεῖ δὲ αὐτὸν ὁ ἀριστοφάνης ὡς παρασίτους ἔχοντα. καὶ διὰ τὴν λαΐδος ἔρωτα ἐν κορίνθῳ διάγοντα. συγκωμῳδεῖται δὲ καὶ ὡς συνώδης τοῖς ἑτέροις αὐτοῦ, οὓς κέκροψ εἶπε, τὴν δὲ λαΐδα νάρκην, ἐπεὶ τοὺς ἐραστὰς ἐφαρμάκευεν.

ἀπήντησεν κακοῦ βολὴ πρὸς ὑπερτάτην ἄτην. ἐπὶ τῶν παθόντων ἄξια, ὧν ἔδρασαν.

ἄπληστος πίθος. ἐπὶ τῶν πολλὰ ἐσθιόντων, καὶ γαστριμαργούντων. μετήνεκται δὲ ἀπὸ τοῦ μύθου τοῦ περὶ τὰς δαναΐδας, καὶ τοῦ πίθου, εἰς ὃν αἱ ἱμῶσαι ὕδωρ βάλλουσι. λέγεται γὰρ οὗτος ὁ πίθος ἐν ᾅδου εἶναι οὐδέποτε πληρούμενος. πάσχουσι δὲ περὶ αὐτὸν αἱ τῶν ἀμυήτων ψυχαί, καὶ κόραι, ἃς δαναΐδας λέγουσιν, αἳ πληροῦσαι ἐν κατεαγόσιν ἀγγείοις ὕδωρ, πρὸς αὐτὸν φέρουσι τετρημένον. δύναται δὲ ἡ παροιμία καὶ ἐπ' αὐτοῦ λέγεσθαι τοῦ ᾅδου, ὅτι πολλῶν πάντοτε θνησκόντων, οὐδέποτε πληροῦται. ἡ δὲ αἰτία, δι' ἣν αἱ δαναΐδες κατεκρίθησαν τὴν τιμωρίαν ταύτην, οὕτως ἔχει. αἴγυπτος, καὶ δαναὸς ἀδελφοὶ ὄντες, τῆς τῶν μελαμπόδων ἐκράτουν γῆς, ἥτις νῦν αἴγυπτος καλεῖται. ἔχοντος δὲ δαναοῦ θυγατέρας πεντήκοντα, καὶ αἰγύπτου υἱοὺς πεντήκοντα, δαναὸς τοὺς παῖδας τοῦ αἰγύπτου δεδοικὼς στασιάσαντας ἐπὶ τῆς ἀρχῆς, ἀναλαβόμενος τὰς θυγατέρας, εἰς ἄργος ἀφίκετο, κἀκεῖ κατῴκησεν. ὕστερον δὲ οἱ τοῦ αἰγύπτου παῖδες πρὸς δαναὸν ἐλθόντες, τῆς τε ἔχθρας παύσασθαι παρεκάλουν, καὶ τὰς θυγατέρας πρὸς γάμον λαβεῖν ἠξίουν. ὁ δὲ μνησικακῶν αὐτοῖς περὶ τῆς φυγῆς, ὁμολογεῖ τοὺς γάμους, καὶ διεκλήρου τὰς κόρας, ὡς δ' ἐκληρώσατο τοὺς γάμους ἑστιάσας, ἐγχειρίδια δίδωσι ταῖς θυγατράσιν, αἳ δὲ κοιμωμένους τοὺς νυμφίους ἀπέκτειναν, πλὴν ὑπερμνήστρας. αὕτη δὲ λυγκέα διέσωσε παρθένον αὐτὴν φυλάξαντα. λέγεται οὖν διὰ τοῦτο τὰς δαναΐδας ἄλλας ὑπὲρ μνήστρας ἐν ᾅδου κατακριθῆναι εἰς τετρημένον πίθον ὕδωρ ἀντλεῖν.

ἁπλοῦς ὁ μῦθος τῆς ἀληθείας ἔφυ. ἐπὶ τῶν τῇ ἀληθείᾳ χρωμένων.

ἀπίδων πανδαισία. ἐπὶ τῶν ἄγαν ξυφηλῶν. ἄπιδες δὲ, θεοὶ ἦσαν αἰγύπτιοι, τιμώμενοι παρ' αὐτοῖς, σημεῖον ἔχοντες παρὰ τὴν οὐρὰν καὶ τὴν γλῶτταν δηλοῦν εἶναι αὐτοὺς ἄπιδας, οἷς γενωμένοις διὰ χρόνου ὡς ἔλεγον ἐκ τοῦ σέλαος, τῆς σελήνης ἑορτὴν ἦγον μεγάλην, καὶ ἱερεῖς τινὲς παρὰ τὸν τεχθέντα ἱερὸν παρατιθέντες πανδαισίαν ὡς εὐωχοῦντες αὐτούς.

ἀπὸ βαλβῖδος, οἷον ἀρχῆς χρὴ ἀγαθὸν ἄρχειν. ἢ τεχνίτην ἢ κοινῶς ἐπὶ πάντων.

ἀπὸ βραδυσκελῶν ὄνων, ἵππος ὤρυσεν. ἐπὶ τῶν ἐξ εὐτελῶν ἐπὶ τὰ μείζω χωρούντων.

ἀπόγλωττος ὑπάρχεις. αἰτία τοῦ ναυτικοῦ. ἀπόγλωττοι δὲ κυρίως ἐκαλοῦντο οἱ ἀθηναῖοι, ἕνεκα τῆς ἐν τῷ κωπηλατεῖν συνεχοῦς καταφορᾶς. οἱ δὲ, διὰ τὸ, θησέα μετὰ πειρίθου καταβάντα εἰς ᾅδου, καὶ πρός τινα πέτραν ὑπὸ περσεφόνης ἐπικαθισθέντα σὺν τῷ πειρίθῳ, ἡρακλέους ἐπὶ τὸν κέρβερον κατελθόντος, παρὰ τῆς θεοῦ τε αὐτὸν ἐξαιτουμένου, καὶ τῆς πέτρας ἀποσπῶντος ἐγκαταλειφθῆναι, τὸ προσηνωμένον αὐτῇ τῆς γλουτοῦ μέρος. διὸ καὶ εἰς τιμὴν ἐκείνου καὶ τοὺς λοιποὺς ἀθηναίους οὕτως ἐπονομάζεσθαι.

Ἀπὸ γραμμῆς. οἷον ἀπ' ἀρχῆς, εἴρηται δὲ ἀπὸ τῆς τῶν δρομέων γραμμῆς, ἣν ἄφεσιν καὶ βαλβίδα καλοῦσιν. καὶ ἄλλως. ἀπὸ γραμμῆς καὶ ἀπὸ βαλβῖδος. ἤτοι ἀπ' ἀρχῆς καλὸν δεῖ εἶναι.

Ἀποδιοπομπεῖσθαι ἴσως μὲν ἐρρήθη ὅτι δῖον ἐκάλουν τὸ κώδιον τοῦ ἱερείου, ὅπερ ἐτίθουν τῷ μειλιχίῳ διῒ ἐν τοῖς καθαρμοῖς. τὸ δὲ πομπὸν μετὰ χεῖρας εἶχον. ὅπερ ἦν κηρύκειον σέβας ἑρμοῦ.

ἀπὸ καλοῦ ξύλου, καὶ ἀπάγξασθαι. θέλει οὖν λέγειν, βέλτιόν ἐστι χρῆσθαι τοῖς γενναίοις στρατηγοῖς καὶ δεδοκιμασμένοις, ἢ τοῖς φαύλοις. καὶ εἰ δέῃ παθεῖν, κρεῖτ τὸν ἀπὸ ἀγαθοῦ, ἢ φαύλου πάσχειν.

ἀπὸ λεπτοῦ μίτου τὸ ζῆν ἠρτῆσθαι. ἡ παροιμία ἐπὶ τῶν ἐν ἐσχάτοις κινδύνοις.

ἀπόλεμος. τίθεται ἐπὶ τῶν μηδεμίαν πρόφασιν ἐχόντων πολέμου. δρασάντων δὲ τὰ πολεμίων.

ἀπὸ λύκου θήρας. ἐπὶ τῶν ἀπράκτως εὐθὺς ἀπιόντων. οἱ δὲ ἐπὶ τῶν ἀπτηνῶν, καὶ ἀγρίων.

ἀπ' ὄνου καταπεσὼν ἐπὶ τῶν ἰδιωτικῇ ἐπιχειρούντων, μὴ δυναμένων δὲ, μὴ δὲ ὄνοις χρῆσθαι. ἀριστοφάνης νεφέλαις· τί δῆτα ληρεῖς, ὥσπερ ἀπ' ὄνου καταπεσών. ὁ δὲ πλάτων, ἀπ' ὄνου καταπεσὼν ἐν τοῖς νόμοις. καὶ μὴ καθάπερ ἀχάλινον στόμα, βίᾳ ὑπὸ τοῦ λόγου φερόμενον. ἢ ἄλλως. ἀπ' ὄνου καταπεσών. ἐπὶ τῶν μειζόνων καὶ ἀδυνάτων. ὡς ἀριστοφάνης, ἀπὸ τύμβου πεσὼν, καὶ εὔπολις ὥσπερ ἀπὸ χοὶς πεσών. καὶ ἄλλως.

ἀπ' ὄνου καταπεσών. παροιμία. ἐπὶ τῶν ἰδιωτικῇ ἐπιχειρούντων μὴ δυναμένων δὲ μὴ δὲ ὄνοις χρῆσθαι. ὁ δὲ φιλόσοφος πλάτων ὡς οὐκ ἀπὸ τοῦ ζώου τὴν παροιμίαν λέγεσθαι. ἀλλ' ἀπὸ τοῦ νοῦ. οὕτως καὶ μὴ καθάπερ ἀχάλινον κεκτημένον τὸ στόμα βίᾳ ὑπὸ τοῦ λόγου φερόμενον κατὰ τὴν παροιμίαν ἀπό τινος νοῦ καταπεσεῖν.

ἀπόλογος ἀλκίνου. ἐπὶ τῶν φλυαρούντων καὶ μακρὸν ἀποτείνοντων λόγον.

ἀπὸ νέμου τῆς ἀμάξης. τῶν δὲ ὄνων οὐδὲν μέλλει. παροιμία. ἐπὶ τῶν τὰ οἰκεῖα τημελούντων, τῶν δὲ ἀλλοτρίων ἀμελούντων. παρόσον οἱ ἰδίας ἔχοντες ἁμάξας. ὄνους δὲ μισθούμενοι, ἀμελοῦσιν αὐτῶν.

ἀπὸ ναννάκου. ἐπὶ τῶν σφόδρα παλαιῶν καὶ ἀρχαίων.

ἀπορία ψάλτου βήξ. ἐπὶ τῶν προσχηματιζομένων τι ἀδυνασίᾳ.

ἀποστολικὴν διάγεις πολιτείαν. ἐπὶ τῶν ἐναρέτως καὶ θεαρέστως βιούντων, ἔστι δὲ αὕτη. ὀφθαλμῶν ἀκρίβεια. γλώσσης ἐγκράτεια. σώματος δουλαγωγία. φρόνημα ταπεινόν. ἐννοίας καθαρότης, ὀργῆς ἀφανισμός. ἀγγαρευόμενος, προστίθει. ἀποστερούμενος μὴ δικάζου. μισούμενος ἀγάπα, διωκόμενος ἀνέχου. βλασφημούμενος παρακάλει. νεκρώθητι τῇ ἁμαρτίᾳ συσταυρώθητι τῷ χριστῷ. ὅλην τὴν ἀγάπην μετάθες ἐπὶ τὸν κύριον.

ἀπὸ μείζονος ἀνδρὸς ἄλευ. ἤγουν φυλάττου. ἔστι δὲ ἰωνικόν.

ἀπὸ μηχανῆς. ἐπὶ τῶν παραδόξων, καὶ παραλόγων. οἱ γὰρ τῶν τραγῳδιῶν ποιηταὶ ὅταν εἰσήγαγον εἰς τὴν σκηνὴν, ἢ τόλμας ὥστε συγχυθῆναι τοὺς θεατὰς πρὸς τὰ εἰρημένα, καὶ ἐλεεῖν τοὺς ἠτυχηκέναι δόξαντας ὡς ἀνάξια πεπονθότας. ἢ μισῆσαι τοὺς πεποιηκότας, ἢ παρανομήσαντας, εἰώθασι θεοὺς εἰσάγειν. οὐκ ἀπ' αὐτῆς τῆς σκηνῆς ἑρμωμένους. ἀλλ' ἐξ ὕψους ὑπό τινος μηχανῆς. ἣν ἔβλεπον μὲν πρότερον οἱ θεαταί, κατ' ἐκείνην δὲ τὴν ἡμέραν στρεφομένη ἐδείκνυε τὸ τοῦ θεοῦ πρόσωπον. καὶ ἐδόκει κατὰ στολὴν εἶναι τοῦ δράματος. ἐλέγετο δὲ θεὸς ἀπὸ μηχανῆς.

ἀπὸ πέντε ἄλλεσθαι τριταῖ ἐς κῦμα. ἐπὶ τῶν δι' ἃ πάσχουσιν αἱρουμένων μᾶλλον ἑαυτοὺς ἐμβάλλειν εἰς τινὰ δυσκολίαν.

ἀπορραγήσεται τεινόμενον τὸ καλώδιον. ἐπὶ τῶν βίᾳ τι καὶ ἀνάγκῃ ποιούντων.

ἀποτίσεις χοῖρε γίγαρτα. οἷον ὧν κατέφαγες ἀποδώσεις πλείονα. ἐπὶ τῶν μείζονα τιμωρίαν ὧν ἥμαρτον διδόντων.

ἀποφράδες ἡμέραι, αἱ ἀνεπιτήδειοι πρὸς πράξεις. ἐν αἷς καὶ τοῖς κατοιχομένοις χοὰς ἐπέφερον.

ἀπόλωλεν ἡ ὗς καὶ τὸ τάλαντον καὶ ἡ γνάθος. ἐπὶ τοῦ μὴ τυχόντος ὧν ἤλπισεν ἐπὶ γάμου δὲ ἐρρέθη μὴ γινομένου.

ἀπώλεσας τὸν οἶνον, ἐπιχέας ὕδωρ. ἐπὶ τῶν τὰ καλῶς πρότερον γενόμενα, ὕστερον μικροῦ τινος ἕνεκεν κακοῦ, ἀναστρεφόντων. καὶ ἄλλως.

ἀπώλεσας τὸν οἶνον, ἐπιχέας ὕδωρ. ἐν κύκλωπι δράματι πολύφημος οὕτως πρὸς ὀδυσσέα λέγει, ὅθεν εἰς παροιμίαν περιέστη. αὕτη γέγονεν ἐκ τοῦ ἀριστίου κύκλωπος ὥς φησι χαμαιλέων ἐν τῷ περὶ σατύρων.

Ἀράβιος ἄγγελος· μὴν ἀνδρὸς ἀναπιθέμενη, ἢ μεσηνία, παρὰ τὴν παροιμίαν· ἀράβιος αὐλητής. ἀρ' ἔτω κεκίνηκα αὐλόν. τίθεται δὲ ἐπὶ τῶν ἀπαύστως διαλεγομένων. τὸ παλαιὸν δέ φασι τοὺς ἐλευθέρους μὴ μανθάνειν αὐλεῖν, ἀλλὰ τὸ βάναυσον. τῶν δὲ ἀνδραπόδων τὰ πολλὰ εἶναι βάρβαρα, καὶ ἀράβια. ἐφ' ὧν ἐλέχθη ἡ παροιμία, δραχμῆς μὲν αὐλεῖ, τεττάρων δὲ παύεται. καὶ ἀράβιος αὐλητὴς ἐπὶ τῶν ἀκαταπαύστων, καὶ θάρος μηδεία, κιθαρῳδὸν ἐξηγείρατο ἀράβιον τὸν χορὸν ἔχων. καὶ ἄλλως.

Ἀράβιος αὐλητής. φασὶ τοὺς ἀραβίους ἐν ταῖς νυκτεριναῖς φυλακαῖς κεχρῆσθαι αὐλῷ ἐπιμήκει, τὸν δὲ αὐλὸν τοῦτον διαδέχεσθαι ἄλλον ἀπ' ἄλλου, καὶ αὐλεῖν πῦρ ἀνακαίοντας, ἄχρις ἂν γένηται ἡμέρα.

Ἀρᾶς ἱερὸν, ἐπὶ τῶν πολλὰ ἀρωμένων ἐπὶ χρηστοῖς, ἢ φαύλοις.

Ἀρβέλαι. πόλισμα σικελικὸν ἡ ἀρβέλη. οἱ δὲ ἐνοικοῦντες ἐκεῖσε, ἐδόκουν εὐεξαπάτητοι εἶναι. καὶ παροιμία, τίς γε νήσῃ τῶν ἐς ἀρβέλας.

Ἀργαλέον φρονέοντα παρ' ἄφροσι πολλ' ἀγορεύειν, εἰς ἅπαν λόγιος ἂν ῥυθείη.

Ἀργεῖοι φῶρες. ἐπὶ τῶν προδήλως πονηρῶν. οἱ γὰρ ἀργεῖοι ἐπὶ κλοπῇ κωμῳδοῦνται.

Ἀργείους ὁρᾷς. παροιμία. ἐπὶ τῶν ἀτενῶς καὶ καταπληκτικῶς ὁρώντων.

Ἀργεία φορά. ἐπὶ τῶν συκοφαντούντων ἐπί τι.

Ἀργυρέαις λόγχαισι μάχου, καὶ πάντα νικήσεις. παροιμία ἐπὶ τῶν δώροις τινὰ πείθειν πρὸς τὰ δυσκατόρθωτα παραινούντων. τοῦτον γὰρ τὸν χρησμὸν ἡ πυθία ἔχρησε φιλίππῳ αἰνιττομένη, διὰ προδοσίας περιέσεσθαι τῆς ἑλλάδος.

Ἀργύρου κρῆναι λαλοῦσιν. ἐπὶ τῶν ἀπειλούντων μὲν, διὰ δὲ πλούτου ὑπερβολὴν, παρρησιαζομένων, καὶ καταλαλούντων.

Ἀργούντων χορός. ἐπὶ τῶν κακὰ ποιούντων.

ἀρεοπαγίτης. παροιμία ἐπὶ τῶν σκυθρωπῶν, καὶ ὑπερσέμνων, καὶ σιωπηλῶν, καὶ ἀρείως νεοττός, καὶ ἀρείως παιδίον. ἐπὶ τῶν θρασυτάτων κέχρηται τῷ μὲν πρώτῳ πλάτων πεισάνδρῳ, τῷ δὲ δευτέρῳ ἀλεξανδρίδης πεισάνδρῳ.

ἀρείως νεοττόν. ἐπὶ τῶν φιλοπολέμων.

ἀρῆς τύραννος. ἐκ τῶν τιμοθέου περσῶν ἔχων, ὅτι διὰ τὴν ἐπὶ τὴν σωτηρίᾳ δὴ εὐημερίαν ἀθήνησιν ἐπαπολαύσασιν εἰς παροιμίαν περιέστη.

ἄριστα χωλὸς οἰφεῖ. αἱ ἀμαζόνες τοὺς γινομένους ἄρρενας ἐπήρουν, ἢ σκέλος ἢ χεῖρα περικλώμεναι, πολεμοῦντες δὲ πρὸς αὐτὰς, οἱ σκύθαι καὶ βουλόμενοι πρὸς αὐτὰς σπείσασθαι, ἔλεγον ὅτι συνέσονται τοῖς σκύθαις εἰς γάμον ἀπηρώτοις καὶ μὴ λελωβημένοις, ἀποκριναμένη δὲ πρὸς αὐτοὺς ἡ ἀντιάνειρα ἡγεμὼν τῶν ἀμαζόνων εἶπεν ἄριστα χωλὸς οἰφεῖ. ἢ ἄλλως ἄριστα χωλὸς ὑφεῖ. ἐπὶ τῶν τὰ οἰκεῖα κακὰ μᾶλλον αἱρουμένων, ἢ τὰ ἀλλότρια ἀγαθά.

ἀρείγνωτος σμάραγδος, ἐν μὲν τῷ φάει σκοτεινός. πρὸς τοὺς ἀποκρύπτοντας ἑαυτοὺς ὅπου οὐ χρή.

ἀρκάδας μιμούμενοι παροιμία. ἐπὶ τῶν ἑτέροις πονούντων. οἱ γὰρ ἀρκάδες μαχιμώτατοι ἑλλήνων γενόμενοι, ἰδίᾳ ἐνίκησαν μὲν οὐδένα, ἑτέροις δὲ συμμαχοῦντες, πολλούς. ταύτῃ δὲ τῇ παροιμίᾳ κέχρηται πλάτων πεισάνδρῳ. διὰ γοῦν τὸ τὰς κωμῳδίας αὐτὸς ποιῶν ἄλλοις παρέχειν διὰ πενίαν, ἀρκάδας μιμεῖσθαι ἔφη.

ἀρκάδιον βλάστημα κατεσπάρη. ἐπὶ τοῦ δειλοῦ.

ἄρκτου παρούσης, ἴχνη μὴ ζήτει. ἐπὶ τῶν δειλῶν κυνηγῶν εἴρηται ἡ παροιμία. μέμνηται δὲ αὐτῆς βακχυλίδης παιᾶσιν.

ἁρματόπος ἀττικῆς, καὶ παροιμία. ὅταν δι' ἅρματος ἀστράψῃ. ἐπὶ τῶν χρονίως γενομένων.

ἄρνα προβάλλειν. ἐπὶ τῶν πολεμεῖν αἱρουμένων. οἱ γὰρ πολεμεῖν βουλόμενοι κήρυκα ἔπεμπον, ἄρνα ἐπιφερόμενον, ὃς ἠφίει ἔνδον τὸν ἄρνα. μηλόβοτον τὴν πόλιν

λιν αὐτῶν ἐκ τούτου δεικνύων ἔσεσθαι.

Ἀρουραία μάντις. ἐπὶ τῶν νωθρῶν, καὶ ἀπράκτων. ἔστι δὲ ἀκρὶς δυσκίνητος χλωρὰ καλουμένη μάντις, ἥν τινες προσέχοντες ταῖς κινήσεσι μαντεύονται.

Ἀρότρῳ ἀκοντίζεις. ἐπὶ τῶν ἀδιασκέπτως τι ποιούντων καὶ ἄλλως.

Ἀρότρῳ ἀκοντίζεις. ἐπὶ τῶν καθ' αὐτῶν ἀκοντιζόντων.

Ἁρπαγὴ τὰ Κινάρου. ταύτης μὲν μέμνηται Καλλίμαχος ἐν ἰάμβοις. Τίμαιος δὲ ἔφη, ὅτι Κίναρος ἐγένετο πορνοβοσκὸς Σελινούσιος. πλουσιώτατος γοῦν ἐκ τῆς ἐργασίας γενόμενος, ζῶν μὲν ἐπηγγέλλετο τὴν οὐσίαν ἱερὰν τῇ Ἀφροδίτῃ καταλεῖψαι, τελευτῶν δὲ τὰ ὄντα προὔθηκεν εἰς ἁρπαγήν.

Ἁρπαγὰ Κοτυτίοις. Κοτύτις ἑορτή τίς ἐστι Σικελική, ἐν ᾗ περί τινας κλάδους ἐξάπτοντες πόπανα, καὶ ἀκρόδρυα ἐπίτρεπον ἁρπάζειν.

Ἁρπαγὰ τὰ Κοννίδα. Κοννίδας ἐγένετο πορνοβοσκός. πλουσιώτατος γοῦν ἐκ τῆς ἐργασίας γενόμενος, ὅς τις τελευτῶν διέθετο οὕτως ἁρπαγὰ τὰ Κοννίδα. ἀναγνωσθείσης δὲ τῆς διαθήκης, ὁ δῆμος τάς τε παιδίσκας, καὶ τὰ χρήματα διήρπασεν.

Ἄρτι μῦς πίττης γεύεται. ἐπὶ τῶν ὀψὲ εἰς αἴσθησιν ἐρχομένων, ἐν οἷς εἰσιν.

Ἀρχαιότερα τῆς διφθέρας λέγεις. ἐπὶ τῶν σαθρὰ διηγουμένων, ἡ γὰρ διφθέρα, ἐν ᾗ ὁ Ζεὺς ὑπεγράφετο τὰ γινόμενα παμπάλαιος ἦν. καὶ ἄλλως.

ἀρχαιότερα τῆς διφθέρας λέγεις. ἐπὶ τῶν σαθρὰ, καὶ παλαιὰ λεγόντων. ἡ γὰρ διφθέρα παμπάλαιον.

ἀρχὴ ἄνδρα δείκνυσιν. ἐπὶ τῶν πρὸ μὲν τῆς ἀρχῆς ἐπιεικῶν, ἐν αὐτῇ δὲ τῇ ἀρχῇ βιαίων γενομένων. Σόλωνος δὲ εἶναί φασιν αὐτὸ ἀπόφθεγμα, Ἀριστοτέλης δέ, καὶ Θεόφραστος, Βίαντος. καὶ ἄλλως.

ἀρχὴ ἄνδρα δείκνυσιν. ἐπὶ τῶν πρὸ μὲν τῆς ἀρχῆς ἐπιεικῶν δοκούντων, ἐν αὐτῇ δὲ κακῶν φαινομένων.

Ἀρχὴ ἥμισυ παντός. ἐπὶ τῶν τινὸς ἀρχομένων, καὶ προκοπτόντων.

ἀρχὴν ἰᾶσθαι πολὺ λῷον, ἢ τελευτήν. δηλοῖ δὲ ἡ παροιμία, ὡς ἀρχομένου τινὸς καὶ πάθους, καὶ ἄλλου τινὸς δεινοῦ, μᾶλλόν ἐστι κωλύειν, ἢ ἐνακμάσαντος, καὶ τελειωθέντος.

ἀρχὴ Σκυρία. ἐπὶ τῶν εὐτελῶν, καὶ μηδὲν λυσιτελὲς ἐχόντων. παρόσον πετρώδης καὶ λυπρά, καὶ διὰ τοῦτο πενιχρὰ ἡ Σκῦρος οὐδὲν φέρουσα λόγου ἄξιον. οἱ δὲ ἀπὸ Θησέως. ὅτι ἐπιδήμιος τῇ Λυκομήδους ἀρχῇ, καὶ πειρῶν τὴν γυναῖκα αὐτοῦ, κατακρημνισθείη, ὀστρακισθῆναι δὲ πρῶτον Ἀθήνησι Θησέα, ἱστορεῖ Θεόφραστος ἐν τοῖς πρώτοις καιροῖς.

ἀρχίλοχον πατεῖς. ἐπὶ τῶν κακηγόρων καὶ λοιδόρων.

ἀσκὸν τίλλειν. ἐπὶ τῶν ἀνηνύτων, καὶ μὴ ὄντων λέγεται ἡ παροιμία, ἀπὸ τῶν ἀττικῶν.

ἀσκὸν δαίρεις. ἐπὶ τῶν ἀνοήτως τι ποιούντων.

ἀσκῷ μορμολύττεσθαι. ἐπὶ τῶν ἀκῇ, καὶ διακενῆς δεδιττομένων.

ἀσκῷ φλαυρίζεις. οἷον ἐν κενῷ σώματι φλυαρεῖς.

ἀσπένδιος κιθαριστής. Ζήνων ὁ Μύνδιος ἐπὶ τῶν φιλοχρημάτων φησὶ τετάχθαι τὴν παροιμίαν, λέγων, καθάπερ οἱ ἀσπένδιοι τῶν κιθαριστῶν οὐδεμίαν ἔξω φέρουσι, πάσας δὲ ἐν τῷ ὀργάνῳ, οὕτως καὶ ὁ φιλοχρήματος οὐδὲν τῶν πέλας ἕνεκα οἰκονομεῖ, ἕλκει δὲ ἐφ' ἑαυτὸν πάντα.

ἀστραπὴ ἐκ πυέλου. ἐπὶ τῆς εὐθενείας. παρόσον οὐδὲν δεύονται αἱ ἐκ τῶν κρηνῶν, καὶ πυέλων μαρμαρυγαί.

ἄστροις τεκμαίρεσθαι. ἐπὶ τῶν μακρὰν, καὶ ἔρημον ὁδὸν πορευομένων, καὶ ἄστροις σημαινομένων τὰς θέσεις τῶν πατρίδων.

ἄτλας τὸν οὐρανόν, λείπει ὑπεδέξω. ἐπὶ τῶν μεγάλοις πράγμασιν ὑποβαλλομένων, καὶ κακοῖς περιπιπτόντων.

ἀτρέως ὄμματα οἱονεὶ ἄτρεπτα καὶ σκληρά. εἴρηται ἀπὸ τῆς Ἀτρέως παρανομῆς, ὃς ὑπονοήσας ἐκ διαβολῆς τὸν ἀδελφὸν Θυέστην μοιχεύειν Ἀερόπην γυναῖκα αὐτοῦ, τὰ τέκνα τοῦ Θυέστου συγκόψας, καὶ ἑψήσας, δειπνοῦντι παρέθηκε τῷ πατρί, αἴσθησιν παρασχὼν τῆς συμφορᾶς ἐκ τοῦ τελευταῖα τὰ ἄκρα παραθεῖναι.

Ἄτρωτος ὑπάρχεις ὡς ὁ Καινεύς. λέγουσι γὰρ ὅτι οὗτος ἄτρωτος ἦν. ὃς δ᾽ ὑπολαμβάνει ἄτρωτον ἀπὸ σιδήρου ἄνθρωπον, εὐήθης ἐστίν. ἡ δὲ ἀλήθεια ἔχει οὕτως. Καινεὺς ἦν Θετταλὸς τῷ γένει, ἀγαθὸς τὰ πολεμικά, καὶ ἐπιστήμων τοῦ μάχεσθαι. γενόμενος δὲ ἐν πολλαῖς μάχαις, οὐδέποτε ἐτρώθη, οὔτε Λαπίθαις συμμαχῶν πρὸς τῶν Κενταύρων, ἀπέθανεν, ἀλλὰ συλλαβόντες αὐτὸν μόνον, κατέχωσαν, καὶ οὕτως ἐτελεύτησεν. ἔλεγον οὖν οἱ Λαπίθαι ἀνελόμενοι τὸν νεκρὸν αὐτοῦ, καὶ εὑρόντες μὴ τετρωμένον τὸ σῶμα, Καινεὺς τόν γε ἄλλον βίον ἄτρωτος ἦν, καὶ ἀπέθανεν ἄτρωτος.

Ἀττικὸς εἰς λιμένα. ἐπὶ τῶν ἐν τοῖς λιμέσι τὴν ἀνδρείαν ἐπιδεικνυμένων. οἱ γὰρ Ἀττικοὶ ναῦται ὁπότε καταπλέοιεν οἴκαδε, προθυμότερον ἤλαυνον τοῖς οἰκείοις ἐπιδεικνύμενοι.

Ἀττικὸς πάροικος. Δοῦρις καὶ περὶ αὐτῶν λέγει. ὅτι ἐπειδὴ Ἀθηναῖοι τοὺς παροικοῦντας αὐτοῖς, καὶ γειτνιῶντας ἐξέβαλον, ἡ παροιμία ἐκράτησε. Κράτερος δὲ ἀπὸ τῶν εἰς Σάμον πεμφθέντων, Ἀθήνηθεν ἐποίει τὴν παροιμίαν εἰρῆσθαι. Ἀττικοὶ γὰρ μεταπεμφθέντες εἰς Σάμον, κἀκεῖ κατοικήσαντες, τοὺς ἐγχωρίους ἐξέωσαν.

Ἀττικοὶ τὰ Ἐλευσίνια. ἐλλείπει τὸ καθ᾽ ἑαυτούς, λέγει δὲ Δοῦρις, ὅτι ὅταν καθ᾽ ἑαυτοὺς συλλεγέντες τινὲς, πράττωσί τι, ἐπιλέγουσιν ἑαυτοῖς Ἀττικοὶ τὰ Ἐλευσίνια.

Αὐλητοῦ βίον ζῇς. ἐπὶ τῶν ἐξ ἀλλοτρίων βιούντων.

Αὖθις Πυθῶδε. ἐπὶ τῶν εἰς τὰ πρῶτα παλινδρομησάντων.

Αὕτη γε χρηστῶν ἐστιν ἀνδρῶν ἡ νόσος. ἐπὶ τῶν ἐν φόνου τάξει λεγόντων κατά τινος, ὅπερ ἐστὶν ἄξιον ἐπαινεῖσθαι.

Αὕτη μὲν ἡ μήρινθος οὐδὲν ἔσπασε. παροιμία ἐπὶ τῶν μηδενὸς τυγχανόντων. ἡ μεταφορὰ ἀπὸ τῶν ἁλιέων.

Αὐτίκα καὶ φυτὰ δῆλα ἃ μέλλει κάρπιμ᾽ ἔσεσθαι. ἐπὶ τῶν εὐθὺς ἀπὸ πρώτης ἀρχῆς πρὸς ἀγαθὸν τέλος ἀποβλεπόντων.

Αὐτὸν κέκρουκας τὴν βακτηρίαν τῆς θύρας. ἐπὶ τῶν ἀληθευόντων. οἷον ἐπ᾽ αὐτὴν ἐλήλυθας τὴν ἀλήθειαν.

Αὑτὸν οὐ τρέφων, κύνας τρέφεις. ἐπὶ τῶν ἀπορούντων μέν, ἑτέρους δὲ τρέφειν ἐπαγγελλομένων.

Αὐτὸν τὸν βοτῆρα ἔκρουε. ἐπὶ τῶν τυγχανόντων, οὗ ἐφίενται.

Αὐτὸς αὑτὸν αὐλεῖ. ἐπὶ τῶν ἑαυτοὺς διακυνόντων ἐν τοῖς πράγμασιν ὁποῖοί τινές εἰσιν.

Αὐτός τι νῦν δρῶν, εἶτα τοὺς θεοὺς κάλει. ὁμοία τῇ, σὺν Ἀθηνᾷ καὶ χεῖρα κίνει. ἐπὶ τοῦ μὴ χρῆναι ἐπὶ ταῖς τῶν θεῶν ἐλπίσι καθημένους ἀργεῖν. τίθεται δὲ ἐπὶ γυναικῶν, καὶ μάλιστα ὀφειλουσῶν ἐργάζεσθαι.

Αὐτὸς εὗρε τοῦ κακοῦ τὴν πιτύαν· ἢ ὡς τὴν πηγήν. ἐπὶ τῶν ἑαυτοῖς τὰ κακὰ ἐπισπωμένων.

Αὐτὸς ἔφα. ἐπὶ τῶν ἀναφερόντων τι ἐπί τινα τῶν ἀξιοπίστων.

Αὐτοῦ ῥόδος, αὐτοῦ πήδημα. ἐπὶ τῶν ἀλαζονευομένων ἐπί τινι ἀπὸ Ῥοδίου τινὸς ἀλαζονευομένου ἐπὶ τῷ ἅλλεσθαι.

Αὐτοὶ χελώνας ἐσθίετε. ἐπὶ τῶν λιτῶν. ἁλιεῖς γὰρ ἡλίευσαν μεγάλην χελώνην. καὶ ἀνασπάσαντες αὐτὴν, ἐμέριζον τὴν παροῦσαν. τὸν δὲ Ἑρμῆν παριόντα ἐπὶ τὴν ἑστίασιν ἐκάλουν. ὁ δὲ, τὸ προκείμενον εἶπεν.

Αὐτῷ κανῷ. αὕτη τάττεται κατὰ τῶν ἄρδην ὅπου λυμαινομένων, φησὶ γὰρ ὁ Δίδυμος ὅτι τὰ δεῖπνα ἐπὶ κανῶν ἐκόμιζον, καθάπερ ἐν Χρυσείοις λέγεται παρὰ Πλάτωνι, ἀνὴρ παναγὴς ἅπαξ ἅπαντα τὰ αὐτῷ κανῷ.

αὐτῷ μελητέον, ἀλλ' ἐπὶ τὸν οἶκον. μέμνηται αὐτῆς ἀριστοφάνης ἐν γεωργοῖς, καὶ πλάτων ὁ κωμικός. ἦν δὲ οὗτος ὁ οἶκος μέγας εἰς ὑποδοχὴν μισθουμένων.

αὐτόματοι δ' ἀγαθοὶ ἀγαθῶν ἐπὶ δαῖτας ἵενται. οὕτως ἡράκλειτος ἐχρήσατο τῇ παροιμίᾳ, ὡς ἡρακλέους ἐπιφοιτήσαντος ἐπὶ τὴν οἰκίαν κήϋκος τοῦ τραχινίου, καὶ οὕτως εἰπόντος. εὔπολις δὲ ἐν χρυσογένει ἑτέρως φησὶν ἔχειν τὴν παροιμίαν· αὐτόματοι δ' ἀγαθοὶ δειλῶν ἐπὶ δαῖτας ἴασιν, καὶ ὁ πλάτων ἐν τῷ συμποσίῳ οὕτως αὐτῇ ἐχρήσατο.

αὐτομάτως ὁ θεὸς ἀνίησι τὰ ἀγαθά. ἐπὶ τῶν ἀπραγμόνως εὐδαιμονούντων.

ἀφέντες τὴν ὑπέραν τὸν πόδα διώκουσιν. ἐπὶ τῶν τὰ ἀναγκαῖα μὲν παραλιμπανόντων, τὰ περιττὰ δὲ προτιμωμένων παρὰ ὑπερίδῃ.

ἀφ' ἑστίας, ἐπὶ τῶν ἐξ ἀρχῆς τι πραττόντων.

ἀφ' ἱερᾶς. παροιμία, κινήσω τὸν ἀφ' ἱερᾶς. λέγεται δέ τις παρὰ τοῖς πλείοσιν ἱερὰ γραμμή. οὕτως ἐπίχαρμος.

ἀφ' ἵππων ἐπ' ὄνους. τὴν παροιμίαν ταύτην ἐροῦμεν ἐπὶ τῶν ἀπὸ σεμνῶν ἐπὶ τὰ ἄσεμνα ἡκόντων, οἷον ἀπὸ γραμματικῶν ἐπὶ πραγματικά. ἢ εἰς ἄλλο τι τῶν ἀτιμοτάτων.

ἁ φιλοχρηματία σπάρταν ἕλοι, ἄλλο δὲ οὐδέν. αὕτη λέλεκται ἐπὶ τῶν ἐξ ἅπαντος κερδαίνειν προαιρουμένων. μετενήνεκται δὲ ἀπὸ χρησμοῦ δοθέντος λακεδαιμονίοις, ἐν ᾧ ἔχρησε τότε ὁ θεὸς ἀπολέσθαι τοὺς λακεδαιμονίους, ὅταν ἀργύριον καὶ χρυσίον τιμήσωσι. μέμνηται τοῦ χρησμοῦ ἀριστοτέλης ἐν τῇ λακεδαιμονίων πολιτείᾳ.

ἀφροδίσιον ἔργον ἀφροδίτης. λαμβάνεται δὲ, ἐπὶ τῶν λάγνων τῶν ἐρωτικῶς περὶ τὴν συνουσίαν, καὶ σφοδρῶς διακειμένων.

ἀφροδίσιος ὅρκος οὐκ ἐμποίνιμος. ἐπεὶ ἐν τοῖς ἐρωτικοῖς ἐπιορκούμενοι οἱ θεοὶ, οὐκ ὀργίζονται. ἐπὶ τῶν δι' ἔρωτα ὀμνυόντων

πολλάκις, καὶ ἐπιορκούντων.

ἀφροδίτη αὐτὴ τέθνηκεν, ἐπὶ τῶν ἀχαρίστων. τῇ γὰρ ἀφροδίτῃ ὗς οὐ θύεται διὰ τὸν ἄδωνιν.

ἀφύα πῦρ, ἐπὶ τῶν τὸ τέλος ὀξὺ λαμβανόντων ἡ παροιμία, παρόσον καὶ τὴν ἀφύαν τάχιστα ἕψεσθαι συμβαίνει, μόνον ἰδοῦσαν τὸ πῦρ.

ἀφ' ὑψηλοῦ μου καταγελᾷς. ἐπὶ τῶν ἐξ ὕψους διαλεγομένων, ὥσπερ ἐκ πολυμου καταφρονῆς.

ἄφωνος ἱππαρχίων. κατὰ τοὺς προπάτορας τῶν ἑλλήνων δύο κιθαρῳδοὶ ἐγένοντο διάσημοι ἱππαρχίων καὶ ῥουφῖνος. καὶ δὴ ἀγῶνος ἐνστάντος πενταετηρικοῦ ἀγομένου ἐν ἡλιοπόλει κατὰ τὸ ἔθος ὁ ἱππαρχίων ἀχανὴς ἔστη ταραχῇ τῇ περὶ τὸ θέατρον ἀποσιωπήσας.

ἀχθοφόρος αἰγύπτιος. ἐπὶ τῶν βαρέα βασταζόντων. πολλαχοῦ γὰρ οἱ ποιηταὶ ἀχθοφοροῦντας τοὺς αἰγυπτίους φασίν.

ἄχθομαι αὐτοῦ τῷ ῥύπῳ. ἀντὶ τοῦ τῇ ἀνελευθερίᾳ, καὶ μικρολογίᾳ. τὸν γὰρ ῥύπον ἐπὶ τῶν ἀνελευθέρων ἐτίθεσαν. οὕτω γοῦν ῥυποκονδύλους λέγουσι τοὺς τοιούτους.

ἀχρειόγελως ἄνθρωπος, ὁ ἐπὶ τοῖς ἀχρήστοις, καὶ σπουδαίοις γελῶν, καὶ χαίρων.

ἄχρι κόρου. ὅτι ἄχρι κόρου ἐκεῖνος ἀναίσθητός ἐστι. καὶ οὗτος ἄχρι κόρου ἐφενάκισεν.

ἀρχὴ τοῦ β. στοιχείου.

Βαβαὶ μύξος. ἐπὶ τῶν κομπαζόντων καὶ μεγαλαυχούντων. μύξος γὰρ ἐγένετο τῆς ἀρτέμιδος ἱερεὺς ἀσεβής τις καὶ μεγάλαυχος.

βάγας ἕστηκας, οὗτος ἕστηκεν οἷον ἀχανὴς καὶ παταγώδης, καὶ ὑπέρμωρος.

βαθεῖαν αὔλακα. ἐπὶ τῶν βαθείας φρένας καὶ κεκρυμμένας ἐχόντων.

βάκηλος εἶ. ἀντὶ τοῦ γυναικώδης καὶ ἄνανδρος. ὁ γὰρ βάκηλος, μέγας μὲν ἦν, ἀνόητος δὲ, καὶ γυναικώδης. καὶ ἄλλως.

βάκηλος εὐνοῦχος ἀπόκοπος. καὶ παροιμία

μία βάκηλος εἶ. κατὰ τῶν ἐκλύτων καὶ ἀνάνδρων. τοιοῦτοι γὰρ οἱ ἀπόκοποι.

βάκχης τρόπον. ἐπὶ τῶν ἀεὶ συννῶν, καὶ σιωπηλῶν παρ' ὅσον αἱ βάκχαι σιωπῶσιν.

βάκχυρις. ἐπὶ τῶν δικαιοτάτων. τοιοῦτος γὰρ οὗτος βασιλεὺς αἰγύπτου. καὶ ἄλλως.

βόκχυρις. ἐπὶ τῶν δικαιότατα, καὶ παραδόξως κρινόντων. οὗτος αἰγύπτιος ὢν ἐπὶ δικαιοσύνῃ, καὶ ἐπινοίᾳ κρίσεων διαμνημονεύεται.

βαλανεὺς εἶ. ἐπὶ τοῦ πολυπράγμονος. οὗτοι γὰρ σχολὴν ἄγοντες, πολυπράγμονές εἰσι.

βάλλ' ἐς μακαρίαν. οἱ μὲν κατὰ εὐφημισμὸν ἐδέξαντο λέγεσθαι, ἀντὶ τοῦ βάλλε εἰς ἀφλαιότητα. μακαρίαν γὰρ ἐν ᾅδου χωρίον διατυποῦσιν. οἱ δὲ τὴν μακαρίαν θυγατέρα φασὶν ἡρακλέους, καὶ κατὰ χρησμὸν εἰς ἑκούσιον θάνατον ἑαυτὴν ἐπιδοῦναι κατὰ τὴν εὐρυσθέως ἐπὶ τὰς ἀθήνας στρατείαν. μετὰ θάνατον γὰρ ἡρακλέους διώκοντος εὐρυσθέως τοὺς ἐκείνου παῖδας, καὶ πρὸς τὸν τοῦ ἐλέου βωμὸν τῶν ἡρακλειδῶν προσπεφευγότων, ἀθηναῖοι μὴ ἐκδιδόντες αὐτοὺς πρὸς εὐρυσθέα, πόλεμον ὑπέστησαν. χρησμοῦ δοθέντος ἀπαλλαγήσεσθαι τῆς εὐρυσθέως καταδρομῆς, εἴ τις τῶν ἡρακλειδῶν πρὸς θάνατον ἑκούσιον ἐκδῷ ἑαυτόν, ἡ μακαρία πρὸς θάνατον ἑαυτὴν ἐξέδωκε, καὶ συμβαλόντες ἀθηναῖοι, νικῶσιν εὐρυσθέα, καὶ πολλῶν πεσόντων, εὐρυσθέα ὕλλος ἀπέκτεινε παῖς ἡρακλέους, καὶ αὐτοῦ τὴν κεφαλὴν πρὸς ἀλκμήνην ἐκόμισεν. ἡ δὲ κερκίσι τοὺς ὀφθαλμοὺς ἐξώρυξεν αὐτοῦ. τὸν οὖν τάφον τῆς μακαρίας ἄνθεσι, καὶ στεφάνοις τιμῶντες οἱ ἀθηναῖοι, ἐπέλεγον, βάλλ' εἰς μακαρίαν. τὸ μὲν οὖν πρῶτον ἐπὶ τῶν κατ' ἀρετὴν διδόντων ἑαυτοὺς εἰς θάνατον ἡ παροιμία ἐλέγετο, ὕστερον δὲ ἐπὶ πάσης ἀφοσιώσεως. καὶ ἄλλως.

βάλλ' ἐς μακαρίαν, οἷον εἰς ᾅδου ἐπὶ τῶν ἑαυτοὺς εἰς κίνδυνον κατ' ἀρετὴν διδόντων. μακαρία γὰρ ἡ ἡρακλέους. ὁπηνίκα ἐπεστράτευσεν ὁ εὐρυσθεὺς τοῖς ἀθηναίοις, ἑαυτὴν ἐπέδωκε σφάγιον ὑπὲρ τῆς τῶν λοιπῶν σωτηρίας, δι' ἣν αὐτὸ τοῦτο καὶ οὕτω λέγουσιν εἰς μακαρίαν, καὶ ἐς μακαρίαν.

βάλλ' εἰς ἔχοντα τὴν ἐπιστήμην. ἐπὶ τῶν λοιδορούντων τοὺς ὁμοτέχνους.

βάλλ' ἐς κόρακας, τουτέστιν, ἄπιθι ἐς ἀπώλειαν, φθόρον. ἀπὸ ἱστορίας ἐν ταῖς παροιμίαις κειμένης, ἐπὶ τῶν ὀλέθρου ἀξίων.

βάλλ' εἰς ὕδωρ, ἐπὶ τῶν ὀλέθρου ἀξίων, οἷον καταπόντισον.

βάλλειν μήλοις. ἐπὶ τῶν τυγχανόντων, ὧν ἐρῶσι.

βάλλων φεύξεσθαι δεῖ. πρὸς τοὺς κακόν τι δράσαντας, καὶ οἰομένους φυγεῖν.

βάμμα σαρδωνικόν. ἀντὶ τοῦ μή σε ἐρυθρὸν ποιήσω. οἷον μή σε φοινίξω. νῆσος γάρ ἐστι μεγίστη ἡ σαρδὼ πρὸς τῇ ἰταλίᾳ. ἐν ᾗ γίνονται πορφύραι διάφοροι, καὶ ὀξύταται. βούλεται οὖν δηλοῦν ὅτι, ἵνα μή σοι πληγὰς ἐντρίψω.

βάμμα κυζικηνόν. τὸ καταισχημονεῖν ὑπὸ δέους. εἰς δειλίαν γὰρ καὶ κιναιδίαν, ἐκωμῳδοῦντο κυζικηνοί.

βάμμα κυζικηνόν. τὴν ἀκάθαρτον ἀσχημοσύνην οἱ ἀττικοὶ λέγουσι.

βάσανος λίθος. ἐπὶ τῶν ἐξεταζόντων ἐν λόγοις, ἢ ἔργοις. παρ' ὅσον ἡ λυδία λίθος, τὸν χρυσὸν δοκιμάζει. ὅτι οἱ ἔξω φασὶν ἡ ἀμφισβήτησις κρίσει ἀναρτάσθω, ἡ δὲ κρίσις τοὺς ἐλέγχους βασανιζέτω, ἡ δὲ βάσανος τὸ δέον ὁριζέτω. ὁ δ' ὅρος γεγράφθω, τὰ δὲ γεγραμμένα κυρούσθω. τὰ δὲ κυρωθέντα βεβαιούσθω τοῖς ἔργοις. καὶ πᾶσα ἀμφιμαχία οἰχέσθω, καὶ πάλιν φιλία χορευέτω καὶ οὐ δεῖ ἀποδρισκεῖ πῶς ποιεῖσθαι τὰς κρίσεις.

βασιλικὸν βοΐδιον. ἐπὶ πτολεμαίου τοῦ νέου διονύσου βασιλεύοντος βοῦς ἀπέτεκεν ἓξ βοΐδια. πρὸς ἀγαθοῦ δὲ οἰωνοῦ τὸ συμβεβηκὸς λαβὼν ὁ πτολεμαῖος, προσέταξεν ἐν τοῖς βασιλείοις μετὰ πάσης ἐπιμελείας πολυτελῶς αὐτὰ τρέφεσθαι.

βάτα κέρα. ἐπὶ τῶν παχέων, καὶ δυνατῶν.

βάτραχοι ἐκ σηρίφου· ἐπὶ τῶν ἀφώνων. παρόσον οἱ ἐν σηρίφῳ βάτραχοι κομισθέντες εἰς σκῦρον οὐκ ἐφθέγγοντο.

βατράχῳ ὕδωρ· ὡς γαλῇ στέαρ. ἐπὶ τῶν ταῦτα διδόντων, οἷς χαίρουσιν οἱ λαμβάνοντες. εἴρηται δὲ καὶ βοῦς εἰς ἀμητόν. ἐπὶ τῶν μέγα ὠφελουμένων. καὶ ἄλλως.

βατράχῳ ὕδωρ· ὡς γαλῇ στέαρ. ἐπὶ τῶν ταῦτα διδόντων οἷς χαίρουσιν οἱ λαμβάνοντες. καὶ βατράχοις οἰνοχοεῖς. ἐπὶ τῶν ταῦτα παρεχόντων, ὧν οὐ χρήζουσιν οἱ λαμβάνοντες.

βατταρίζειν κατὰ μίμησιν τῆς φωνῆς ὡς τὸ ποππύζειν. ἢ ἀπὸ βάττου τοῦ ἰσχνοφώνου.

βατράχοις οἰνοχοεῖς πρὸς τοὺς ταῦτα παρέχοντας, ὧν οὐ χρήζουσιν οἱ λαμβάνοντες.

βάττου σίλφιον. ἐπὶ τῶν πάνυ τιμὰς λαμβανόντων. οἱ γὰρ κυρηναῖοι ἐν τῇ βάττῳ ἐξαίρετον ἔδοσαν τὸ σίλφιον, καὶ τοῦ νομίσματος. ἐπὶ μὲν θατέρου, ἄμμωνα, ἐπὶ δὲ θατέρου, σίλφιον ἐτύπωσαν· οἱ δὲ ἐπὶ λιβύης ἀμπελιῶται εἰς δελφοὺς ἀνέθεσαν καυλὸν σιλφίου.

βελλεροφόντης τὰ γράμματα· βελλεροφόντης ἀνελὼν βέλλερον, ἢ ὥς τινές φασι, πείρην, εἰς τίρυνθα φυγὰς ἐξ ἄργους παραγίνεται πρὸς τὸν προῖτον, τούτου δ' ἐρῶσα ἴσχει ἀντεία ἡ τοῦ προίτου γυνή, τοῦ δὲ ἀπαρνουμένου, λέγει πρὸς τὸν προῖτον, ὅτι βελλεροφόντης ἐρωτικοὺς αὐτῇ προσεπέμψατο λόγους. προῖτος δὲ πιστεύσας ἔδωκεν αὐτῷ ἐπιστολὰς πρὸς ἰοβάτην κομίσαι, ἐν αἷς ἀνεγέγραπτο βελλεροφόντην ἀποκτεῖναι. ὁ δὲ ἀγνοῶν τὰ γεγραμμένα καθ' ἑαυτοῦ κομίζειν, ἰοβάτης δὲ ἀναγνοὺς, ἐπέταξεν αὐτῷ κτεῖναι τὴν πυρίπνουν χίμαιραν, νομίζων αὐτὸν ὑπὸ τοῦ θηρίου διαφθαρήσεσθαι. τριῶν γὰρ ζώων εἶχε φύσιν σύνθετον, προτομὴν μὲν λέοντος, οὐρὰν δράκοντος. καὶ τρίτην κεφαλὴν μέσην αἰγός. δι' ἧς πῦρ ἀνίει. ἀναβὰς οὖν ὁ βελλεροφόντης ἐπὶ τὸν πήγασον, ὃν εἶχεν ἵππον πτηνὸν κατετόξευσε τὴν χίμαιραν.

μετὰ δὲ τὸν ἀγῶνα τοῦτον ἀμαζόσιν ἐπέταξεν ἀγωνίσασθαι, ὡς δὲ καὶ ταύτας ἀπέκτεινε, τοὺς κατὰ ῥώμην νεότητος διαφέροντας ἐπιλέξας ἐπέταξεν ἀποκτεῖναι λοχήσαντας, ὡς δὲ καὶ τοῦτον ἐνίκησεν ἀγῶνα, θαυμάσας τὴν δύναμιν αὐτοῦ ὁ ἰοβάτης, τότε γράμματ' ἔδειξε, καὶ παρ' αὐτῷ μένειν ἠξίωσε, δοὺς δὲ αὐτῷ τὴν θυγατέρα, καὶ τὴν βασιλείαν τελευτῶν κατέλιπεν.

βέβληκ' ἀχιλλεὺς δύο κύβω καὶ τέτταρα. τοῦτο εὐριπίδου ἐστί, καὶ ἀριστόξενος δέ φησιν, ὅτι εὐριπίδης διορθῶν τὸν τήλεφον, ἐξέβαλε τὴν πεττείαν.

βὴξ ἀντὶ πορδῆς. ἐπὶ τῶν ἐν ἀπορίᾳ προσποιουμένων τί πράττειν, παρόσον οἱ πέρδοντες λανθάνειν πειρώμενοι προσποιοῦνται βήττειν. καὶ παροιμία νέα, ἀπορία ψάλτου βήξ.

βία πενήτων, πλουσίου παράκλησις. παρόσον οἱ μὲν πένητες ἀναγκάζονται οἱ δὲ πλούσιοι θρύπτονται.

βίαντος πριηνέως δίκη. οὗτος εἷς τῶν ἑπτὰ σοφῶν ἦν. λέγεται δὲ εἰς τὰς δίκας δεινὸς γεγονέναι.

βίος ποτὲ μὲν ἡ οὐσία τῶν κτημάτων, ποτὲ δὲ αὐτὸ τὸ ζῆν. καὶ παροιμία βίον μεμαγμένον. ἐπὶ τῶν εὐδαιμονιζόντων ἐπὶ πολυτελεῖ, καὶ ἡδεῖ βίῳ. καὶ παροιμία. βίον ἀληλεσμένον ἐπὶ τῶν ἐν ἀφθονίᾳ τῶν ἐπιτηδείων ὄντων.

βίος ἐξηυλημένος. ἐπὶ τῶν ἀχρήστων ἐκ μεταφορᾶς τῶν ἀχρείων αὐλῶν.

βίον μεμαγμένον· ἐπὶ τῶν εὐδαιμονιζόντων ἐπὶ πολυτελεῖ, καὶ ἡδεῖ βίῳ.

βίοι ἀνθρώπων καὶ φυτῶν σπέρματα. συνεξομοιοῦνται ταῖς χώραις.

βίον ἀκανθώδη. τὸν τραχὺν καὶ σκληρόν.

βλακὸς ἀχρηστότερος εἴρηται ἀπὸ ἰχθύος τινὸς ὁμοίου σιλούρῳ. ἀχρήστου δὲ οὕτως, ὡς μηδὲ κύνα αὐτῷ χρῆσθαι. οἱ δὲ, ἀπὸ τοῦ πρὸς τῇ κύμῃ χωρίου τῆς βλακείας, οὗ μέμνηται καὶ ἀριστοτέλης, καὶ ἐν ἀλεξανδρείᾳ δὲ τέλος τι βλακεννόμιον, ὃ οἱ ἀστρολόγοι τελοῦσι, διὰ τὸ τοὺς μωροὺς εἰσιέναι πρὸς αὐτούς.

βοιώτιος νόμος· ἐπὶ τῶν τὰς μὲν ἀρχὰς ἠρεμούντων, ὕστερον δὲ τοῖς κακοῖς ἐπιτεινόντων, ὥς φησι σοφοκλῆς· ὅταν τίς ᾄδῃ τὸν βοιώτιον νόμον. εἴρηται δὲ ἡ παροιμία παρόσον βοιωτοὶ πρότερον βίον ἄλυπον, καὶ ἤρεμον ἔχοντες, μετὰ τελευτὴν λαΐου πολλοῖς κακοῖς περιέπεσον.

βοιώτια αἰνίγματα· ἐπὶ τῶν ἀσυνέτων ἐκ μεταφορᾶς τῆς σφιγγὸς παρόσον θηβαίοις ἡ σφὶγξ αἰνίγματα προὔθηκεν τετράπουν, δίπουν καὶ πάλιν τρίπουν· ὅπερ ἐφευρὼν οἰδίπους τὴν τοῦ πατρὸς βασιλείαν εἴληφε. καὶ τὴν ἰδίαν μητέρα ἔγημεν ἀγνοῶν. λαΐῳ γὰρ τῷ θηβῶν βασιλεῖ χρηστηριαζομένῳ περὶ γενέσεως ἀρρένων παίδων ἀνεῖλεν ὁ θεός, λάϊε λαβδακίδη μὴ σπεῖρε τέκνων ἄλοκα δαιμόνων βίᾳ· κτενεῖ γάρ σ' ὁ φύς. ἐπιλαθόμενος δὲ τοῦ χρησμοῦ λάϊος συνῆλθε τῇ γυναικὶ αὐτοῦ ἰοκάστῃ. ὡς δὲ ᾔσθετο παιδίον ἄρρεν ἐξ αὐτῆς γεννηθέν, τὸν χρησμὸν ἐννοήσας, τὰ τούτου σφυρὰ διέτρησε, καὶ εἰς ὄρος ἐξέθετο. βουκόλος δέ τις παριὼν, καὶ τὸ βρέφος ἀνειληφὼς, τῇ ἰδίᾳ γυναικὶ ἀπεκόμισεν. ἡ δὲ τὰ σφυρὰ τοῦ παιδὸς θεραπεύσασα, οἰδίπουν αὐτὸν καλεῖ, τοῦτο θεμένη τὸ ὄνομα διὰ τὸ τοὺς πόδας ἀνοιδῆσαι, τελειωθεὶς δὲ οἰδίπους, καὶ τῶν ἡλίκων ὑπὲρ ῥώμῃ διαφέρων κατὰ φθόνον ὠνειδίζετο ὑπόβλητος εἶναι. ἀφικόμενος οὖν εἰς δελφοὺς περὶ τῶν ἰδίων ἐπυνθάνετο γονέων, καὶ χρήσαντος τοῦ θεοῦ πρὸς τὴν πατρίδα μὴ πορεύεσθαι. τὸν μὲν γὰρ πατέρα φονεύσειν, τῇ δὲ μητρὶ μιγήσεσθαι, νομίσας ἐξ ὧν ἔλεγε γεγεννῆσθαι πρὸς θήβας ἠπείγετο, καὶ συντυχὼν λαΐῳ ἐφ' ἅρματος ὀχουμένῳ κελεύοντος τοῦ κήρυκος κοιραίοις ἐκποδὼν μεθίστασθαι. μὴ πειθόμενος παρὰ τοῦ ἡνιοχοῦντος τῷ πατρὶ ἐτύφθη, ὀργισθεὶς δὲ καὶ τὸν ἡνίοχον, καὶ τὸν λάϊον ὑπερμαχοῦντα τοῦ ἡνιόχου ἀπέκτεινεν. ἐλθὼν δὲ εἰς θήβας, καὶ τὴν βασιλείαν ἐφευρὼν λαΐου γέρας προκειμένην σὺν τῇ γυναικὶ ἰοκάστῃ τῷ λύσοντι τὸ αἴνιγμα τῆς σφιγγὸς, τοῦτο λύσας τὴν τοῦ πατρὸς βασιλείαν παραλαμβάνει, καὶ τῇ μητρὶ προσομιλεῖ ἀγνοῶν, ἐξ ἧς ἐτεοκλέα, καὶ πολυνείκην ἐγέννησεν. ὕστερον δὲ παρὰ τῆς μητρὸς ἀναγνωρισθεὶς ἑαυτὸν ἐτύφλωσεν. ἰοκάστη δὲ τῶν τειχῶν τῆς πόλεως ἑαυτὴν ἀνήρτησεν.

βοιωτοῖς μαντεύσαιο. αὕτη καταρατική ἐστιν· ἡρακλείδης γάρ φησι μαντευομένοις τοῖς θηβαίοις περὶ τοῦ πολέμου ἀπεκρίνατο ἡ προφῆτις ἡ ἐν δωδώνῃ νίκην αὐτοῖς ἀσεβήσασιν ἔσεσθαι. εἷς δὲ τῶν θεωρῶν ἁρπάσας μυρτίλαν τὴν προφῆτιν ἐνέβαλεν εἰς θερμοῦ παρακείμενον λέβητα. ἄλλοι δέ φασιν, ὅτι θηβαίοις πολεμοῦσι βόμβος μάντις πολέμους ἔφη νικήσειν. εἰ προθύσαιεν τῶν ἡγεμόνων ἕνα. οἱ δὲ ἀποκτείναντες τὸν βόμβον ἐνίκησαν.

βοιώτιος νοῦς· ἐπὶ τῶν ἀπαιδεύτων, εἰς τοῦτο γὰρ ἐσκώπτοντο, οἱ βοιωτοί.

βομβύλιος ἄνθρωπος. ἐπὶ τοῦ ἀκάρπου. παρόσον ὁ βομβύλιος καρπὸν οὐ φέρει. ἔστι δὲ μελίττης εἶδος ἐκ πηλοῦ τὰ κηρία πλαττούσης.

βορβόρῳ ὕδωρ λαμπρὸν μιαίνων οὔποτε εὑρήσεις ποτόν. ἐπὶ τῶν τὰ κάλλιστα μιγνυόντων τοῖς αἰσχίστοις.

βότρυς πρὸς βότρυν πεπαίνεται. ἐπὶ τῶν ἐξισοῦσθαι φιλονεικούντων.

βουδόρῳ νόμῳ· ἐπὶ τῶν ἀξίων οὔπω δέρεσθαι ὡς οἱ βόες.

βοῦθος περιφοιτᾷ· ταύτης μέμνηται κρατῖνος ἐν χείροσι. τέτακται δὲ ἐπὶ τῶν εὐήθων, καὶ παχυφρόνων ἀπό τινος πυθιονίκου βούθου μετενεχθεῖσα. καὶ ἄλλως.

βοῦθος περιφοιτᾷ. ἐπὶ τῶν ἀσυνέτων καὶ παχυφρόνων εἴρηται καὶ βουθοίνας ὁ ἡρακλῆς. ὕλλου γὰρ τοῦ υἱοῦ αὐτοῦ πεινάσαντος, ἕνα τῶν ἀροτήρων βοῶν θειοδάμαντος θοινήσας ἔφαγεν.

βύνας δικάζει. αὕτη λέγεται. ἐπὶ τῶν τὰς κρίσεις ἀναβαλλομένων ἀεὶ, καὶ ὑπερτιθεμένων. βύνας γὰρ ἀθηναῖος ἐγένετο, ὥς φησι Μνασέας. τούτῳ δὲ ἠλεῖοι πρὸς καλυδωνίους διαφερόμενοι ἐπέτρεψαν τὴν δίκην νομίσαντες αἰαμένειν, ἕως ἂν ἀποφήνηται. γνοὺς δὲ βούνας ἴσον, ἤκουσε μὲν ἀμφοτέρων, ἀνεβάλλετο δὲ μέχρι τελευτῆς τὴν ἀπόφασιν.

βουλείας δικάζει. ἐπὶ τῶν τὰς κρίσεις ὑπερτιθεμένων δικαστῶν, ἀπὸ βουλείου τινὸς ἀθηναίου, ὃς ἐπὶ τοσοῦτον ἀνεβάλλετο τὴν δίκην, ὥστε φθάσαι τελευτῆσαι πρότερον, ἢ τὴν δίκην ἀποφήνασθαι.

βοῦν ἐν γνάθοις φέρει. ἐπὶ τῶν πολυφάγων.

βοῦς ἐπὶ γλώττης. παροιμία ἐπὶ τῶν μὴ δυναμένων παρρησιάζεσθαι, ἤτοι διὰ τὴν ἰσχὺν τοῦ ζώου, ἢ διὰ τὸ τῶν ἀθηναίων νόμισμα ἔχειν βοῦν ἐγκεχαραγμένον, ὅπερ ἐκτείνειν ἔδει τοὺς ὑπὲρ τοῦ δέοντος παρρησιαζομένους.

βοῦς ὁ μολοττῶν. αὕτη λέγεται ἐπὶ τῶν εἰς πολλὰ διαιρουμένων πράγματα, καὶ κατακοπτομένων. οἱ γὰρ μολοττοὶ ἐν τοῖς ὁρκωμοσίοις κατακόπτοντες εἰς μικρὰ τοὺς βοῦς, τὰς συνθήκας ἐποιοῦντο.

βοῦς ἐν αὐλίῳ κάθη. παροιμία ἐπὶ τῶν ἀχρήστων.

βοῦς ἐν πόλει. ἐπὶ τῶν θαυμαζομένων. λυσίας γὰρ ἐν ἀκροπόλει βοῦν ἔθηκε.

βοῦς ἕβδομος. πέμματα κέρατα ἔχοντα, κατὰ μίμησιν τῆς πρωτοφανοῦς σελήνης. ἐκάλουν δὲ αὐτὸ βοῦν προστιθέντες καὶ τὸ ἕβδομον, ὅτι μετὰ ἓξ ταῖς σελήναις ἐπεθύετο οὗτος ἕβδομος, ὡς ἀθηνοκλῆς ἐν ἀταλάντῃ. τάττεται δὲ, ἐπὶ τῶν ἄγαν ἀναισθήτων. οἱ δὲ, φασὶν ἕβδομον βοῦν, ὅτι οἱ πένητες ἔθυον ἔμψυχα ἕξ. πρόβατον. ὗν. αἶγα. ὄρνιν. πετεινόν. χῆνα. καὶ ἕβδομον βοῦν. καὶ ἄλλως.

βοῦς ἕβδομος. ἐπὶ τῶν ἀναισθήτων. οἱ γὰρ πένητες ἔμψυχον μὴ ἔχοντες θῦσαι, ἔπλαττον ἐξ ἀλεύρου. θυομένων δὲ τῶν ϛ΄. ἐμψύχων. προβάτου. ὑός. αἰγός. πετεινοῦ. ὄρνιθος. χηνός, ἐθύετο ὁ ἕβδομος ὁ ἐξ ἀλεύρου. καὶ διὰ τὸ εἶναι αὐτὸν ἄψυχον, ἐξεδόθη εἰς παροιμίαν.

βοῦς ἐφ᾽ ἑαυτῷ κονιεῖται. ἐπὶ τῶν εὐχερῶς ἐπὶ κακῷ σφῶν ἐρχομένων. οἱ γὰρ βό-

ες πρᾶοι ὄντες ῥᾳδίως τοῖς δεσμοῖς ὑπακούουσι. τινὲς δὲ ἐπὶ τῶν εἰς πρόϋπτον κίνδυνον ἑαυτοὺς ἐμβαλλόντων.

βοῦς ἀλλότριος τὰ πολλὰ ἔξω βλέπει. ἐπὶ τῶν ἀμελουμένων παρ᾽ ἀλλοτρίων. καὶ διὰ τοῦτο, πρὸς τοὺς ἰδίους δεσπότας, ὡς ἐπιμελουμένους ἀφορώντων.

βοῦς ἐπὶ σωρῷ. ἐπὶ τῶν ἡδυπαθούντων, ἢ ἀλοούντων, καὶ διὰ φιμοῦ ἐσθίειν κωλυομένων.

βοῦς εἰς ἄμητον. ἐπὶ τῶν μετὰ ὠφελείας καμνόντων.

βοῦς κύπριος. ἐπὶ τοῦ χυδαίου, καὶ ἀναισθήτου. φασὶ γὰρ τοὺς κυπρίους βόας κοπροφαγεῖν.

βοῦς ἐπὶ ζυγόν, ἐπὶ τῶν ἀεὶ μοχθούντων.

βοῦς ἐπέβη. ἐπὶ τῶν ἐξαίφνης γινομένων ἀφώνων, καὶ σιωπώντων εἴρηται. καὶ οἱ μέν φασιν, ὅτι τὸ ἀργύριον παρ᾽ ἀθηναίοις ἐπίσημον εἶχε βοῦν. οἱ γὰρ ἀργυρίῳ ζημιούμενοι ἠναγκάζοντο σιωπᾶν. οἱ δὲ λέγουσιν, ὅτι βοῦς ἐν τῇ παροιμίᾳ τὸ ζῶον εἴρηται. ἐπειδὴ μέγιστόν ἐστι τῶν βοσκημάτων ὁ βοῦς.

βύβλου δὲ καρπὸς οὐκ ἀντεῖ στάχυν μέγαν. ἐπὶ τῶν οὐ δυναμένων τοῖς ἰδίοις χρῆσθαι καλοῖς. παρ᾽ ὅσον ἀσθενὴς ἐστὶν ἡ βύβλος, οὐ δύναται μέγαν φέρειν καρπόν.

βυζίνη παρρησία. ἐπὶ τῶν σφόδρα πεπαρρησιασμένων, ἀπὸ βυζίνου τοῦ ποσειδῶνος μετὰ παρρησίας ἀεὶ διαλεγομένου. ἢ βύβλου δὲ καρπὸν οὐ κρατεῖ στάχυς. ἐπὶ τῶν οὐ δυναμένων τοῖς ἰδίοις χρῆσθαι καλοῖς. παρ᾽ ὅσον ἀσθενὴς ἡ πρὸς τὸ φέρειν σῖτον. στάχυας γὰρ ἀνατέλλουσα οὐκ ἐντρέφει.

βῶλος ἄρουρα. ἐπὶ τῶν μεγάλοις τὰ μικρὰ φιλοτιμουμένων. ὅμοιόν ἐστιν, εἴ τις θαλάττῃ ἐκ χαράδρας ὕδωρ ἐπεισάγει, καὶ χαρίζεσθαι δοκεῖ.

ἀρχὴ τοῦ. γ.

Γαλῆ χιτών. ἐπὶ τῶν ἀδίκων, καὶ μηδὲν αὐτοῖς ὅμοια ἐστί, τῇ, οὐ πρέπει γαλῇ κροκωτός. ἐπειδὴ γαλῇ κατὰ προὔνοιαν Ἀφροδίτης γυνὴ γενομένη, ἐν χιτῶνι κροκωτῷ οὖσα, ἐπισφαγῆ μυΐ. μέμνηται ταύτης Στράττις. καὶ ἄλλως.

γαλῇ χιτών· αὕτη ἐπὶ τῶν ἀλίκων τάσσεται, καὶ μηδὲν ἀπρεπόντων. ὁμοία δέ ἐστι τῇ, οὐ πρέπει γαλῇ κροκωτός.

γάλα ὀρνίθων, ἐπὶ τῶν λίαν εὐδαιμονούντων, καὶ πάντα κεκτημένων· τὸ γὰρ σπάνιον οἱ θέλοντες ἐπαινεῖν, καὶ τὸ ἐν ἄμασιν, τοῦτο ἔλεγον· ἄλλοι δὲ ἐπὶ τῶν σπανίων. καὶ ἄλλως.

γάλα ὀρνίθων. εἴρηται τῶν λίαν εὐδαιμονούντων, καὶ πάντα κεκτημένων. ἢ εἴρηται τῶν σπανίων. τὰ σπάνια δέ φησι, καὶ δυσεύρετα τῶν ἀγαθῶν παρέξομεν· ὥστε παρέσται κοπιᾶν ἡμῖν ὑπὸ τῶν ἀγαθῶν.

γαστρίδαμοι προφέρεις, κάλλιστον ὄνειδος ἁπάντων· ἡ πλήρης μὲν, ἐλαφροτέρη, κενὴ δὲ, ἡ βαρεῖα· εἴρηται τῶν γαστριμάργων.

γελοιότερον ἀποβράζει, τῶν τὰς κέγχρους ἀποτορνεύειν ἐπιχειρούντων. ἢ καθάπερ τῶν μυρμηκίδην αὐτὸ πραττόμενον τῇ φειδίου τέχνῃ. καὶ ἑτέρα παροιμία.

γελοιότερον Μελιτίδου· ἐπὶ τῶν ἐπὶ μωρίᾳ διαβεβλημένων. Μελιτίδης γὰρ ἀνὴρ κωμῳδούμενος ὑπὸ τῶν ποιητῶν ἐπὶ μωρίᾳ, καὶ ταῦτα τὰ περὶ Ἀμφιστείδην. τοῦτον δέ φασιν ἀριθμῆσαι μὲν πολλὰ μαθόντα μέχρι τῶν πέντε, καὶ πόρρω μηκέτι δύνασθαι, γήμαντα δὲ, τῆς νύμφης μὴ ἅψασθαι· φοβεῖσθαι γὰρ μὴ αὐτὸν ἡ παῖς τῇ μητρὶ διαβάλλῃ. ὁ δὲ Ἀμφιστείδης ἠγνόει ὑπὸ ὁποτέρου γονέων ἐτέχθη.

Γελλῶς παιδοφιλοτέρα· ἐπὶ τῶν ἀώρως τελευτησάντων, ἤτοι ἐπὶ τῶν φιλοτέκνων μὲν, τρυφῇ δὲ διαφθειρόντων αὐτά. Γελλὼ γάρ τις ἦν παρθένος, καὶ ἐπειδὴ ἀώρως ἐτελεύτησε, φασὶν οἱ Λέσβιοι αὐτῆς τὸ φάντασμα ἐπιφοιτᾶν ἐπὶ τὰ παιδία, καὶ τοὺς τῶν ἀώρων θανάτους αὐτῇ ἀνατιθέασι. μέμνηται ταύτης Σαπφώ.

γέλως συγκρούσιος· ἄκοσμος, καὶ ἄτακτος, παρόσον τινὲς γελῶντες, τὰς χεῖρας, ἢ τοὺς πόδας συγκρούουσι.

γέλως Ἰωνικός· ἐπὶ τῶν ἐκλελυμένων. εἰς τοῦτο γὰρ οἱ Ἴωνες διαβάλλονται.

γενναῖος εἶ ἐκ βαλαντίου· ἐπὶ τῶν διὰ τὸ πλοῦτον γενναίων εἶναι δοκούντων.

γέρανοι λίθους καταπεπωκυῖαι· ἐπὶ τῶν προνοητικῶς τι ποιούντων· αἱ γὰρ γέρανοι διὰ τὸ ἐν ὕψει πέτεσθαι, καὶ τῇ εἰς εὐθὺ ὁρμῇ τὴν ἐπὶ τὰ κάτω βίαν ἐμποδίζεσθαι λίθους βαστάζουσιν, ὅπως κάμνουσαι τῇ πτήσει ἀποπτύσωσι, καὶ αἴσθοιντο ὁπότερον ἐπὶ γῆς, ἢ θαλάττης φέρονται. καὶ εἰ μὲν ὑπὲρ θαλάττης ἧκε ὁ λίθος, ἀνύουσι τὴν ὁδόν. εἰ δὲ ἐπὶ γῆς, ἀναπαύονται. τοῦτό φησιν Ἀριστοφάνης. γέρανοι λίθους καταπεπωκυῖαι.

γεραιόδρυον μεταφυτεύειν. ἐπὶ τοῦ ἀδυνάτου· παρεγγυᾷ δὲ ὅτι μὴ δεῖ τοὺς παραβεβηκότας προάγειν εἰς τὰ τῶν ἀκμαζόντων ἔργα. ἔστι γὰρ γεραιόδρυον παλαιὸν φυτὸν, καὶ γεγηρακός. εἴρηται παρὰ τὴν δρῦν, ἥτις πρῶτον δοκεῖ φυτὸν γενέσθαι.

γεραίρειν· τιμᾶν δοξάζειν καὶ παροιμία. γέραιρε σαυτόν· ἀντὶ τοῦ εὔφραινε σαυτὸν μεγαλορρημονῶν.

γέροντι μηδὲν μή ποτε χρηστὸν ποίει· ἡ παροιμία παρεγγυᾷ μὴ ἀκρίτως εὐεργετεῖν.

γέρων ἀλώπηξ οὐχ ἁλίσκεται πάγῃ. ἐπὶ τῶν διὰ χρόνου πλῆθος ἐμπείρων, καὶ δυσαλώτων.

γέρων βοῦς ἀπινθήνος δόμοισιν. ἐπὶ τῶν καθ' ὥραν τελευτησάντων.

γέρων πίθηκος ἁλίσκεται μὲν, μετὰ χρόνον δ' ἁλίσκεται. ἐπὶ τῶν ἅπαξ δυστυχησάντων.

γηράσκω δ' αἰεὶ πολλὰ διδασκόμενος· ἐπὶ τῶν διὰ τὸ γῆρας ἐμπειροτέρων. εἴληπται μέντοι ἐκ τῶν Σόλωνος ἐλεγείων.

γῆν θαλάττῃ συναναμιγνύουσιν· ἐπὶ τῶν σφόδρα ὀργιζομένων ἡ παροιμία.

γῆς βάρος· ἐπὶ τῶν εἰς μηδὲν συντελούντων. καὶ ἑτέρα παροιμία.

γῆς ἔντερα· ἐπὶ τῶν μηδενὸς ἀξίων.

γιγάντων ἀπόνοια· ἐπὶ τῶν ἀθέων, καὶ ἀσεβῶν, παρόσον κἀκεῖνοι τοιοῦτοι.

γλαῦκα εἰς Ἀθήνας· ἐπὶ τῶν ἀχρήστως ἐμπορείας ἀγόντων. ἐπειδὴ τὸ ζῶον πάνυ ἐπιχωριάζει τοῖς ἀθηναίοις.

γλαῦκες λαυριωτικαί. ἐπὶ τῶν πολλὰ χρήματα ἐχόντων. παρόσον ἐν λαυρείῳ τῆς ἀττικῆς γίνονται χρύσεια μέταλλα. ἐνεχάραττον δὲ γλαῦκας ἐν τοῖς χρυσοῖς νομίσμασι. καὶ ἑτέρα παροιμία.

γλαῦκος πιὼν μέλι, ἀνέστη. ἐπὶ τῶν κηρυχθέντων ὅτι ἀπέθανον, εἶτα φανερωθέντων.

γλαῦκος φαγὼν πόαν, οἰκεῖ ἐν θαλάττῃ. ὁμοία τῇ προτέρᾳ. λέγεται, ὅτι γλαῦκος ὁ θαλάττιος φαγὼν πόαν, ἀθάνατος ἐγένετο, καὶ νῦν ἐν θαλάττῃ οἰκεῖ. τὸ δὲ τῆς πόας ταύτης μόνον γλαῦκον ἐντυχεῖν, καὶ λίαν ἐστί γε εὔηθες τόν γε ἄνθρωπον ἐν θαλάττῃ, ἢ ἄλλο τι τῶν χερσαίων ζῆν. ἔχει δὲ τὸ ἀληθὲς οὕτω. γλαῦκος ἦν ἀνὴρ ἁλιεὺς ἀνθηδόνιος. ἦν δὲ κολυμβητής. ἐν τούτῳ ὑπερφέρων πάντων κολυμβητῶν. κολυμβῶντα δὲ ἐν τῷ λιμένι ὁρώντων αὐτὸν τῶν πολιτῶν, αὐτὸς διακολυμβήσας εἰς τινα τόπον, καὶ μὴ ὀφθεὶς τοῖς οἰκείοις ἡμέρας ἱκανὰς, διακολυμβήσας, πάλιν ὤφθη αὐτοῖς. πυνθανομένων δὲ τῶν οἰκείων ποῦ διέτριβον, αὐτὸς ψευδόμενος ἔφη, ἐν τῇ θαλάττῃ, καὶ συγκλείων εἰς αὐτὸν ἰχθύας, ὁπότε χειμὼν γένοιτο. καὶ μηδεὶς τῶν ἄλλων ἁλιέων ἰχθῦς δυναμένου λαμβάνειν, ἔλεγε τοῖς πολίταις, τίνας βούλοιντο τῶν ἰχθύων ἀποκομισθῆναι αὐτοῖς. καὶ κομίζων ὅσους ἤθελον, γλαῦκος θαλάττιος ἐκλήθη. καὶ περιτυχὼν θηρίῳ θαλαττίῳ, ἀπώλετο. μὴ ἐλθόντος δὲ αὐτοῦ ἐκ τῆς θαλάττης, ἐμύθευσαν οἱ ἄνθρωποι, ὡς ἐν θαλάττῃ οἰκεῖ, κἀκεῖ μένει.

γλαύκου τέχνη. ἤγουν ἐπὶ τῶν ῥαδίως κατεργαζομένων, ἢ ἐπὶ τῶν πάνυ ἐπιμελῶς, καὶ ἐντέχνως εἰργασμένων. ἵππασος γάρ τις κατεσκεύασε χαλκοῦς τέτταρας δίσκους, οὕτω τὰς μὲν διαμέτρους αὐτῶν ἴσας ὑπάρχειν, τὸ δὲ τοῦ πρώτου δίσκου πάχος ἐπίτριτον μὲν τοῦ δευτέρου, ἡμιόλιον δὲ τοῦ τρίτου, διπλάσιον δὲ τοῦ τετάρτου. καὶ κρουομένους ἐπιτελεῖν συμφωνίαν τινά. καὶ λέγεται γλαύκον ἰδόντα τοὺς ἐπὶ τῶν δίσκων φθόγγους πρῶτον. καὶ ἄλλως,

γλαύκου τέχνη. ἐπὶ τῶν ῥαδίως κατεργαζομένων. ἀπὸ γλαύκου τινὸς σαμίου, ὃς πρῶτος σιδήρου κόλλησιν ἐξεῦρε.

γλαὺξ ἵπταται. ἡ πτῆσις τῆς γλαυκὸς, νίκης σύμβολον τοῖς ἀθηναίοις ἐνομίζετο.

γλυκεῖα ὀπώρα, φύλακος ἐκλελοιπότος. ἐπὶ τῶν ἄνευ μόχθου τ' ἀλλότρια καρπουμένων.

γλυκὺς ἀγκὼν, οὐ κατ' ἐναντίωσιν ἡ παροιμία, ἀλλὰ βουλόμενος εἰπεῖν, ὦ γλυκεῖα ἥβη. ἔστι δὲ παροιμιακῶς ἐπιφωνούμενοι, οὕτως ἐχρήσατο πλάτων ὁ κωμικὸς ἐν τῷ φάωνι, γέρων δ' αὐτῷ ὑπόκειται ἐρῶν αὐλητρίδος. ὦ χρυσοῦν ἀνάδημα. ὦ τοῖσιν ἐμοῖς ξυμφέρουσι τόποις. ὦ γλυκὺς ἀγκὼν, ὡς ἄν τις εἴποι, ὦ γλυκὺς πῆχυς. καὶ ἄλλως.

γλυκὺς ἀγκὼν. κατ' εὐφημισμὸν εἴρηται. ἀγκὼν γὰρ μέρος ἐστὶ τοῦ νείλου δύσπλουν πάνυ. καὶ καμάτους παρέχει τοῖς πλέουσι.

γλυκὺς ἀπείρῳ πόλεμος. ἐπὶ τῶν ὑπὸ ἀπειρίας πρὸς τὰ ἐπικίνδυνα προθυμουμένων.

γλῶσσα ποῖ πορεύῃ; πόλιν ὀρθώσουσα, καὶ πάλιν καταστρέψουσα; ἐπὶ τῶν διὰ λόγον, ἢ ὠφελούντων, ἢ βλαπτόντων.

γνῶθι σαυτὸν, ἐπὶ τῶν ὑπὲρ δύναμιν κομπαζόντων.

γόνυ κνήμης ἔγγιον. ἐπὶ τῶν ἑαυτοὺς μᾶλλον τῶν ἑτέρων ἀγαπώντων. φασὶ γὰρ οἱ ἐνωτοὶ κατὰ χρείαν πολέμου ἰδόντες τινὰ ἀνεψιὸν, καὶ ἀδελφὸν καταπονουμένους, ὑπερασπίσαι τὸν ἀδελφὸν εἰπόντα τὸ προκείμενον. καὶ ἄλλως,

γόνυ κνήμης ἔγγιον. ἐπὶ τῶν ἑαυτῶν μᾶλλον ἑτέρους ἀγαπόντων. ἔνιοι δὲ, ἐπὶ τῶν ὀφειλόντων παρέχειν τοῖς προσήκουσιν. ἐπεὶ ἐγγύτερον τὸ γόνυ.

γοργὸν βλέπει. ἐπὶ τῶν ἀγρίως βλεπόντων.

γοργόνας περσεὺς ἐχειρώσατο. ἐπὶ τῶν πάνυ τι γενναῖον κατωρθωκότων. φασὶ τὸν φόρκυνα τρεῖς ἐσχηκέναι θυγατέρας. αἵτινες ἕνα ὀφθαλμὸν ἔχουσαι, ἀνὰ μέρος ἐχρῶντο. τούτῳ δὲ ἡ χρωμένη, ἀντετίθει αὐτῆς εἰς τὴν κεφαλήν. καὶ οὕτως ἔβλεπε, καὶ μιᾶς αὐτὸν τῇ ἑτέρᾳ ἀποδιδούσης τὸν ὀφθαλμόν, ἔβλεπον πᾶσαι. ἐλθὼν δ' ὁ Περσεὺς ὄπισθεν αὐτῶν ἐν ἠρεμαίῳ βαδίσματι, κρατήσας τὸν ὀφθαλμὸν κατέχων καὶ ξίφος γεγυμνωμένον, φησὶ δεῖξαι αὐτῷ τὴν γοργόνα. ἐὰν δὲ μὴ φράσωσιν, ἀποκτεῖναι αὐτάς, αἱ φοβούμεναι, φράζουσιν, ὁ δὲ, ἀποτεμὼν τὴν κεφαλὴν τῆς γοργόνος, εἰς Σέριφον ἦλθε, καὶ δείξας ταύτην τῷ πολυδέκτῃ, λίθον αὐτὸν ἐποίησεν. τοῦτο δὲ γελοῖον, τὸ, ἄνδρα ζῶντα, νεκροῦ κεφαλὴν ἰδόντα, ἀπολιθωθῆναι. τίς γὰρ δύναμις τοῦ νεκροῦ; ἐγένετο δὲ, τοιοῦτόν τι. Φόρκυν ἦν ἀνὴρ κυρηναῖος, οἱ δὲ κυρηναῖοι, κατὰ γένος μέν εἰσιν αἰθίοπες, οἰκοῦσι δὲ νῆσον τὴν κυρήνην, ἔξω οὖσαν τῶν ἡρακλείων στηλῶν. ἀροῦσι δὲ λιβύην περὶ τὸν αὔνονα ποταμὸν κατὰ καρχηδόνα. εἰσὶ δὲ σφόδρα χρυσοῖ, ὃς φόρκυς ἐβασίλευσε τῶν ἡρακλείων στηλῶν. εἰσὶ δὲ τρεῖς, καὶ περιῆκε τετράπηχυ ἄγαλμα ἀθηνᾶς χρυσοῦν. καλοῦσι δὲ τὴν ἀθηνᾶν κυρηναῖοι γοργόνην, ὥσπερ τὴν ἄρτεμιν θρᾷκες βένδειαν, κρῆτες δὲ δικτύνναν, λακεδαιμόνιοι δὲ, οὖπιν. ὁ μὲν οὖν φόρκυς ἀποθνήσκει, πρὶν εἰς τὸ ἱερὸν ἀνατεθῆναι τὸ ἄγαλμα. κατέλιπε δὲ κόρας τρεῖς. σθενὼ. εὐρυάλην καὶ μέδουσαν. αὗται μὲν γήμασθαι οὐδενὶ ἠβουλήθησαν. διελόμεναι δὲ τὴν οὐσίαν, ἑκάστη μιᾶς ἦρχε νήσου, τὴν δὲ γοργόνην, οὔτε ἀνατεθῆναι τὸ ἱερὸν αὐταῖς ἔδοξεν, οὔτε διελεῖν, ἀλλ' ἐν μέρει κατετίθεντο ἐναλλὰξ θησαυρὸν ἑαυταῖς. ἦν δὲ τῷ φόρκυνι ἑταῖρος καλὸς, καὶ ἀγαθὸς ἀνήρ, καὶ αὐτῷ ἐν παντὶ πράγματι ἐχρῶντο, ὥσπερ ὀφθαλμῷ. Περσεὺς δ' ἀνὴρ φυγὰς ἐξ ἄργους, ἐλῄζετο τὰ κατὰ θάλατταν, ἔχων πλοῖα, καὶ ἰσχύν τινα περὶ αὐτόν, πυθόμενος δὲ ταύτην τὴν γοργόνα βασίλισσαν εἶναι γυναικῶν, καὶ πολύχρυσον μὲν, ὀλίγανδρον δὲ, πρῶτα μὲν ναυλοχεῖ ἐν τῷ πορθμῷ, καὶ μεταξὺ τῆς κυρήνης, καὶ τῆς σαρδέως.

διαπλέων, τὸν παρὰ τῆς ἑτέρας εἰς τὴν ἑτέραν τὸν ὀφθαλμὸν λαμβάνει, ὧν μία φράζει αὐτῷ, ὅτι ἄλλο μὲν οὐδὲν ἔχει λαβεῖν παρ' αὐτῶν, εἰ μὴ τὴν γοργόνα, μηνύει τε αὐτῷ τὸ πλῆθος τοῦ χρυσοῦ. αὗται οὖν αἱ κόραι, ἐπεὶ οὐκ εἶχον τὸν ὀφθαλμὸν ἐν τῷ μέρει κατὰ τὸν εἰρημένον λόγον, συνήεσαν ὁμόσε, καὶ ᾐτιῶντο ἑτέρα τὴν ἑτέραν. ὁπότε δὲ ἐπινοοῦντο μὴ ἔχειν, ἐθαύμαζον τί ἂν εἴη τὸ γεγονός. ἐν τούτῳ προσαπλεῖ αὐταῖς ὁ Περσεὺς, καὶ φράζει ὡς αὐτὸς ἔχει τὸν ὀφθαλμόν, καὶ φησὶ μὴ ἀποδοῦναι αὐταῖς, ἐὰν μὴ φράσωσιν ὅπου ἐστὶν ἡ γοργώ. ἐπηπείλει δὲ καὶ προσκατακτενεῖν μὴ εἰπούσας. ἡ μὲν οὖν μέδουσα, οὐ φάζει δεῖξαι. ἡ δ' σθενὼ, καὶ εὐρυάλη, ἔδειξαν. τὴν μὲν οὖν μέδουσαν ἀποκτείνει, ταῖς δ' ἄλλαις τὸν ὀφθαλμὸν ἀποδίδωσι. λαβὼν δὲ τὴν γοργόνα κατέκοψεν. ἀπαρτίσας δὲ τριήρη, ἐπέθηκε τῆς γοργόνος τὴν κεφαλὴν ἐπ' αὐτήν, καὶ τῇ νηὶ ὄνομα ἔθετο γοργών. ἐν ταύτῃ δὲ περιπλέων, χρήματα παρὰ τῶν νησιωτῶν εἰσεπράττετο, καὶ τοὺς μὴ διδόντας, ἀνῄρει, οὕτω δὴ καὶ τοὺς σερίφους ᾔτει προσαπλεύσας ἐκείνοις χρήματα. καὶ συναγαγόντων αὐτῶν, ὁ Περσεὺς ἧκε πάλιν εἰς τὴν ἀγοράν, οἱ καὶ ἐκλιπόντες τὴν σέριφον, ᾤχοντο. προσπλεύσας οὖν πάλιν ὁ Περσεὺς ἐπὶ τὴν ἀπαίτησιν τῶν χρημάτων, καὶ ἐλθὼν εἰς τὴν ἀγοράν, ἀνθρώπους μὲν οὐδένα εὗρε, λίθους δὲ ἀνδρομήκεις, τοῖς οὖν λοιποῖς τῶν νησιωτῶν ἔλεγεν ὁ Περσεὺς, ἐπειδὴ μὴ παρεῖχον τὰ χρήματα, ὁρᾶτε μὴ ὡς σερίφιοι τῆς γοργόνος θεασάμενοι τὴν κεφαλὴν ἀπελιθώθησαν, τοῦτο πάθητε καὶ ὑμεῖς.

γραῦς ἔριφος. ἀπολλόδωρός φησιν, ὅτι ἔστι τίς παροιμιώδης λεγομένη ἐριφία γραῦς, ἡ ἐν παρθενίᾳ γεγηρακυῖα. οἱ δὲ ἀπὸ τῆς ἀκρίδος. τὴν γὰρ ἀρουραίαν ἀκρίδα ὑπό τινων μάντιν λεγομένην κατὰ σικελίαν γραῦν ἔριφον καλεῖσθαι, ἢ γραῦν ἐρίφην. λέγουσι δὲ ὅτι ἐάν τινι ἐμβλέψῃ ζώῳ κακόν τι ἐκείνῳ γίνεται.

γραῦς ἀνακροτήσασα, πολὺν κονιορτὸν ἐγείρει. ἐπὶ τῶν δι' ἐμπειρίαν πολλὰ πράγματα κινούντων.

γραῦς, ὥσπερ ἵππος τὸ χαραδραῖον τάφον ἔξεισι. ἐπὶ τῶν ἀξίων τὰ ἔσχατα παθόντων. παρόσον οἱ γεγηρακότες ἵπποι, εἰς τὰς χαράδρας κρημνίζονται, καὶ ἐμβάλλονται.

γραῦς χορεύει. ἐπὶ τῶν παρ' ὥραν τι διαπραττομένων. ταῖς γὰρ νέαις πρέπει τὸ χορεύειν. καὶ γραῶν ὕθλον. ἡ παροιμία αὕτη τῶν μάτην ληρούντων.

γραφή τε, καὶ λεύκαιος οὐ ταυτόν. ἐπὶ τῶν ἀνόμοια γραφόντων.

γρύ, βραχύ. καὶ παροιμία. τὸ δίωνος γρύ. ἐπὶ τοῦ μικροῦ, καὶ τυχόντος.

Γύγου δακτύλιος. ἐπὶ τῶν πολυμηχάνων, καὶ πανούργων. γύγης γὰρ βουκόλος ὤν, τῆς γῆς ὑπὸ σεισμοῦ ῥαγείσης, νεκρὸν εὑρὼν φοροῦντα δακτύλιον, τοῦτον περιείλεν. ὁ δὲ εἶχε φύσιν, ὥστε κατὰ τὰς στροφὰς τῆς σφενδόνης ὁρᾶσθαι, καὶ μή. δι' αὐτοῦ κτείνας τὸν πρὸ αὐτοῦ, ἐβασίλευσε.

γύης, μέρος ἀρότρου. καὶ παροιμία γύης ἐπιδίεστ' αὐτῷ. ἐπὶ τῶν ἔν τινι ἀχρήστων. ἐκ μεταφορᾶς τοῦ ἀρότρου.

γυμνότερος λεβηρίδος. ἀριστοφάνης φησὶ τυφλότερος λεβηρίδος. λεβηρὶς δέ ἐστι τὸ σύφαρ, καὶ ἔνδυμα τοῦ ὄφεως, καὶ τοῦ τέττιγος. κυρίως δὲ λεβηρὶς ᾧ περιέχεται τὸ ἔμβρυον τοῦ βοὸς τελείως, ἔστι δὲ καὶ τοῦτο τυφλόν. τὰς γὰρ ὀπὰς μόνας ἔχει τῶν ὀφθαλμῶν. τάττουσι δὲ τὴν λέξιν καὶ ἐπὶ τέττιγος. καὶ συνόλως ἐπὶ τῶν ἀποδυομένων τὸ γῆρας. τριχῆ δὲ ἀναγράφουσι τὴν παροιμίαν. καὶ οἱ μὲν, τυφλότερος λεβηρίδος, οἱ δὲ, νεώτερος, οἱ δὲ, γυμνότερος.

γυμνότερος ἰαλέμου. δηλοῖ τὸν θρῆνον. τάσσεται δὲ ἐπὶ τῶν οἰκτρῶν.

γυμνότερος παττάλου. ἐπὶ τῶν σφόδρα ἀπορωτάτων.

γυμνῷ φυλακὴν ἐπιτάττεις. ἐπὶ τῶν ἀδυνάτως ἐχόντων τὰ προστεταγμένα πληροῦν, διὰ τὰ ἀναγκαῖα.

γυναικὸς ὄλεθρος. ἐπὶ τῶν οἰκτρῶς ἀναιρουμένων. παρόσον πολλοὶ δεινῶς ὑπὸ

γυναικῶν ἀπώλοντο. καὶ γυναικὸς τύχη ἐπὶ τῶν ἀργῶν. ἢ ὅτι χρὴ τὰς γυναῖκας οἴκοι μένειν.

γυπὸς σκιά. ἐπὶ τῶν μηδενὸς λόγου ἀξίων.

γύργαθον φυσᾷς. παροιμία ἐπὶ τῶν μάτην πονούντων. γύργαθος ἐστὶ κλίνη, ἐν ᾗ τοὺς παρέτους, καὶ δαιμονιῶντας στροβοῦσι.

ἀρχὴ τοῦ Δ.

Δ

Δαιδάλεια ποιήματα. οἱ μὲν, ἐπὶ τῶν παραδόξων ἔργων, οἱ δὲ, ἐπὶ τῶν ἀκριβούντων τὰς τέχνας φασὶν εἰρῆσθαι τὴν παροιμίαν. ἐπειδὴ τῶν παλαιῶν δημιουργῶν πλαττόντων τὰ ζῶα τυφλά, ὁ δαίδαλος καὶ τοὺς ὀφθαλμοὺς αὐτοῖς ἀνεπέτασεν, ὡς καὶ δόξαι καταχεῖν, ὅτι καὶ ἔμψυχά ἐστι, καὶ κινοῦνται, καὶ φθέγγονται. φασὶ γοῦν τινα τῶν δαιδαλουργῶν ἀνδριάντων δεδέσθαι τοῦ ποδὸς, ὡς μὴ ἀποδράσοι.

δακτύλου ἡμέρα. ἐπὶ τῶν εὐημερούντων. δάκτυλος γάρ τις ἀνὴρ γέγονεν ἀθηναῖος μεγίστων τυχὼν τιμῶν.

δαλὸς, λαμπάς. ἢ ξύλου ἀπόκαυμα. ἢ δαλίον ἡμίφλεκτον. καὶ παροιμία. δαλὸς εἰς πῦρ. ἐπὶ. *

δανάκη. εἴδους νομίσματός ἐστιν ὄνομα, ὃ τοῖς νεκροῖς συνέθαπτον, νεὼς ἀχερουσίας ὑπόβαθρον.

δάτος ἀγαθῶν. πόλεως ὄνομα, ἣν ἀπῴκησαν θάσιοι, ἐφ' ἣν καὶ παροιμία ἐλέχθη δάτος ἀγαθῶν, ὡς οὔσης καλλίστης. ἔστι δὲ καὶ χρύσεια μέταλλα, καὶ ἔστιν εὐδαίμων

δαυλίαν κορώνην. ἀντὶ τοῦ ἀηδόνα. δαυλία δὲ ἐλέχθη, διὰ τὸ τὰ περὶ τὸν τηρέα ἐν δαυλίδι τῆς φωκίδος συστῆναι. οἱ δέ, ὅτι περὶ τὴν δαυλίαν καταλαμβανόμεναι αἱ περὶ τὴν πρόκνην, μετέβαλον εἰς ὄρνιθας. ἔνιοι δὲ τὴν δασεῖαν ἀκούουσι. δαυλὸν γάρ ἐστι τὸ δασύ. τὰ δὲ περὶ τὸν τηρέα, καὶ τὴν πρόκνην οὕτως ἔχει. πανδίων θυγατέρας ἐσχηκὼς δύο, πρόκνην, καὶ φιλομήλην, ἠγάγετο νυμφίον αὐτῇ τῇ πρόκνῃ τὸν τηρέα. ὁ δὲ, τῆς φιλομήλης ἐρασθεὶς, καὶ βιασάμενος αὐτὴν, ἵνα μή τινι τὸ γεγονὸς ἐξείπῃ, τὴν γλῶτταν αὐτῆς ἀπέτεμεν. ἐκείνη δὲ πέπλῳ ὑφαίνασα γράμματα, διὰ τούτων ἐμήνυσε πρόκνῃ τὰς ἰδίας συμφοράς. μαθοῦσα τοίνυν ἡ πρόκνη τὰ συμβάντα τῇ φιλομήλῃ, ἴτυν ἀπέκτεινεν, ὃν εἶχε παῖδα ἐκ τηρέως, καὶ αὐτῷ παρατίθησι τὰ τοῦ παιδὸς μέλη εἰς βρῶσιν. γνοὺς δὲ τὸ γεγονὸς ὁ τηρεὺς, πρόκνην, καὶ φιλομήλην ἀπ᾽ αὐτοῦ φυγούσας ἐδίωκεν. αἱ δὲ καταλαμβανόμεναι, ηὔξαντο ἀφανεῖς γενέσθαι, καὶ μετεβλήθησαν πρόκνη μὲν εἰς ἀηδόνα, φιλομήλη δὲ εἰς χελιδόνα. ὅθεν ἔτι καὶ νῦν αἱ χελιδόνες τετμημένας τὰς γλώσσας ἔχουσι. τηρεὺς δὲ εἰς ἔποπα μεταβληθεὶς, ἴτυν εἰς δεῦρο θρηνεῖ.

Δαφνίνην φορῶ βακτηρίαν, τοῦτο λέγειν εἰώθασιν οἱ ὑπό τινων ἐπιβουλευόμενοι, παρόσον ἀλεξιφάρμακον ἡ δάφνη.

Δέδοται καὶ κακοῖς ἄγρα. ἐπὶ τῶν παρ᾽ ἀξίαν εὖ πραττόντων.

Δειλὸς ὁ πλοῦτος. παρόσον οἱ πλούσιοι τὰς οἰκίας ἀσφαλίζονται, καὶ κύνας τρέφουσι, καὶ πολλὰς ἑαυτῶν ποιοῦνται φυλακάς.

Δειλότερος εἶ τοῦ παρακύπτοντος. ἐπὶ τῶν σφόδρα δειλῶν. ἀνὴρ γάρ τις οὕτως ἐγένετο δειλὸς, ὥστε διὰ φόβον ἡρακλέους κατέδυ εἰς σπήλαιον, καὶ διὰ δειλίαν ἀπέθανε. παρακύψας δὲ ἐκ τοῦ σπηλαίου, καὶ ἰδὼν τὸν ἡρακλέα ἀπελιθώθη, καὶ διέμεινεν ἔτι καὶ νῦν ὁ λίθος ἀνθρωποειδὴς, τὴν κεφαλὴν ὑπερέχων τοῦ σπηλαίου.

Δειλότερος πεισάνδρου, ἔνθα καὶ πείσανδρος ἦλθε δεόμενος ψυχὴν ἰδεῖν, ἣ ζῶντα ἐκεῖνον προὔλιπε. δειλὸς δὲ ἦν καθ᾽ ὑπερβολήν.

Δεινῆς ἀνάγκης οὐδὲν ἰσχυρότερον. ἀνάγκη γὰρ καὶ θεοὺς βιάζεται. καὶ πλάτων φησὶν, ἀνάγκην δὲ οὐδὲ θεοὺς βιάζεσθαι.

Δεινοὶ πλέκειν τοι μηχανὰς αἰγύπτιοι. ἐπὶ τῶν σφόδρα κακουργοτάτων. τοιοῦτοι γὰρ οἱ αἰγύπτιοι.

Δελφῖνα νήχεσθαι διδάσκεις. ἐπὶ τῶν ἐν

ἐκείνοις τινὰ παιδοτριβούντων, ἐν οἷς ἤσκηνται. καὶ ἄλλως.

Δελφῖνα νήχεσθαι παιδεύεις. ἐπὶ τῶν ἐκεῖνα τινὰς διδάσκειν ἐπιχειρούντων, ἃ οὗτοι σαφῶς γινώσκουσιν.

Δελφῖνα πρὸς τοὐραῖον δεῖς. ἐπὶ τοῦ ἀδυνάτου διὰ τὸ εὐκίνητον εἶναι πρὸς τοὺς οὐ δυναμένους τηρεῖν τὰ διδόμενα, ἢ ἔχειν. καὶ ἄλλως.

Δελφῖνα πρὸς τὸ οὐραῖον δεῖς. ἐπὶ τῶν ἀδυνάτων. διὰ τὸ εὐκίνητον καὶ ὀλισθηρὸν εἶναι.

Δεξιὸν εἰς ὑπόδημα, ἀριστερὸν εἰς ποδόνιπτρον. ἐπὶ τῶν ἁρμοδίως τοῖς πράγμασι κεχρημένων.

Δευτέρων ἀμεινόνων. παροιμία ἐπὶ τῶν θυομένων ἐκ δευτέρου, ὅταν αὐτοῖς τὰ πρότερον ἱερὰ μὴ κατευθῇ, καὶ ἐπὶ δεύτερα ζαπῶσι. καὶ ἄλλως.

Δευτέρων ἀμεινόνων. ἐπὶ τῶν δευτέρᾳ μαντείᾳ χρωμένων, ἐπειδὰν μὴ αἴσια αὐτοῖς τὰ τῆς προτέρας μαντείας ἀποβῇ.

Δέχεται καὶ βῶλον ἀλήτης. ἐπὶ τῶν πάντα πρὸς τὸ κρεῖττον ἐκδεχομένων. ἀλήτην γάρ φασι φεύγοντα κατελθεῖν βουλόμενον εἰς κόρινθον, καὶ βουκόλου τινὸς ἀπαντήσαντος αἰτῆσαι τροφήν. οὐκ ἔχειν δὲ φάσκοντος ἐκείνου, ἄραντος δὲ βῶλον δοῦναι αὐτῷ, τὸν δὲ λαβόντα, φάναι, δέχεται καὶ βῶλον ἀλήτης. καὶ ἄλλως.

Δέχεται καὶ βῶλον ἀλήτης. ἐπὶ τῶν ἅπαντα πρὸς τὸ κρεῖττον ἐκδεχομένων, ἀλήτης δὲ ὥς φησι δοῦρις ἐκπεσὼν κορίνθου, κατὰ χρησμὸν τοῦ θεοῦ ἐπεφέρετο πάλιν κατελθεῖν ἐς τὴν χώραν. περιπεσὼν δέ τινι βουκόλῳ, ᾔτει τροφήν. ὁ δὲ βῶλον ἐκ τῆς πήρας ἀράμενος ἔδωκεν. ὁ δὲ ἀλήτης ἐδέξατο οἰωνισάμενος, καὶ εἰπὼν δέχεται καὶ βῶλον ἀλήτης.

Δηλίου κολυμβητοῦ. τοῦτο ἐρρήθη εἰς βίον ἡρακλείτου διὰ τὸ δυσνόητον. δηλίου τινὸς δεῖσθαι κολυμβητοῦ, ὃς οὐκ ἀποπνιγήσεται ἐν αὐτῷ. ἐπιγράφουσι δὲ αὐτὸ οἱ μὲν μούσας, οἱ δὲ, περὶ φύσεως. διόδοτος δὲ, ἀκριβὲς οἰάκισμα πρὸς στάθμην βίου. ἄλλοι γνώμην ἠθῶν, κόσμον τρόπων ἕνα τῶν ξυμπάντων. ἢ οὕτως, δηλίου κολυμβητοῦ, ἐπὶ τῶν ἄκρως νηχομένων.

ὑπεχομένων. σωκράτει γὰρ δόντος τοῦ εὐριπίδου ἡρακλείτου τοῦ σκοτεινοῦ σύγγραμμα, ἐρέσθαι τί δοκεῖ, τὸν δὲ φάναι, ἃ μὲν συνῆκα γενναῖα, οἶμαι δὲ καὶ ἃ μὴ συνῆκα, πλὴν δηλίου δεῖται κολυμβητοῦ εἰς τὸ μὴ ἀποπνιγῆναι ἐν αὐτῷ. καὶ παροιμία. δήλιος κολυμβητής. ἐπὶ τῶν πάνυ ἐμπείρων νήχεσθαι.

διαγόρας ὁ μήλιος. ἐπὶ τῶν ἀθέων, καὶ ἀπίστων, καὶ ἀσεβῶν. οὗτος δὲ μετὰ τὴν ἅλωσιν μήλου, ᾤκει ἐν ἀθήναις. τὰ δὲ μυστήρια οὕτως ηὐτέλιζεν, ὡς πολλοὺς ἐκτρέπειν τῆς τελετῆς. διὰ τοῦτο οὖν ἐκήρυξαν κατ' αὐτοῦ ἀθηναῖοι, καὶ ἐν χαλκῇ στήλῃ ἔγραψαν τῷ μὲν ἀποκτείναντι, τάλαντον λαμβάνειν, τῷ δὲ ἄγοντι δύο. ἐκηρύχθη δὲ τοῦτο διὰ τὸ ἀσεβὲς αὐτοῦ. ἐπεὶ τὰ μυστήρια πᾶσι διηγεῖτο κοινοποιῶν αὐτά, καὶ μικρὰ ποιῶν, καὶ τοὺς βουλομένους μυεῖσθαι ἀποτρέπων.

διὰ δακτυλίου δεῖ σε εἰσελκυσθῆναι. ἐπὶ τῶν διὰ νόσον, ἢ λύπην λεπτῶν, καὶ ἰσχνῶν γινομένων.

διαλλάττειν πρὸς ἡμᾶς ἀνδράσι λακωνικοῖς, οἷσι πιστὸν οὐδὲν, εἰ μὴ παρὰ λύκῳ κεχηνότι. ἡ παροιμία ἐπὶ τῶν τὰ ἀλλότρια διαρπαζόντων. ὃν γὰρ τρόπον λύκοις οὐκ ἔστι πίστις, οὐδὲ τούτοις. τὸ δὲ, κεχηνότι, ἀντὶ τῶν μάτην χαιρόντων.

διὰ μαχαιρῶν καὶ πρὸς πυρὸς εἰπεῖν δεῖ. ἐπὶ τῶν παραβαλλομένων, καὶ ἐπικίνδυνα ποιούντων.

διανοίᾳ εὔριπος, ἀντὶ τῶν ῥᾷστα μεταβαλλομένων, καὶ ἀσταθμήτων ἀνθρώπων.

διὰ τοῦ τοίχου λαλεῖν. ἀντὶ τῶν ἀναισθήτως τι διαπραττομένων.

διθυράμβων νοῦν ἔχεις ἐλάττονα. ἐπὶ τῶν ἀδιανοήτων.

δικάζεσθαι βίαντος τοῦ πριηνέως κρείσσων, καὶ πριηνὴ δίκη. ἐπὶ τῶν ἰσχὺν ἐχόντων ἐν τῷ δικάζεσθαι.

δικαιότερον σταχάνης. ἐπὶ τῶν τὰ δίκαια ἀγαπώντων. σταχάνην γὰρ οἱ δωριεῖς τὴν τρυτάνην καλοῦσιν, ἴσως παρὰ τὴν στάσιν. καὶ ἑτέρα παροιμία, δικαιότερος τρυτάνης.

δίκη δίκην ἔτικτε, καὶ βλάβη βλάβην

παροιμία ἐπὶ τῶν φιλοδίκων, καὶ συμφερόντων δίκας δίκαις, καὶ δίκην ὑφέξει.

δίκην ὑφέξει κἂν ὄνος δάκῃ κύνα. ἐπὶ τῶν ἐπὶ μακροῖς συκοφαντουμένων.

δίκης ὀφθαλμός. ὡς καὶ πάντας ἀνθρώπους ὁμολογῆσαι. διότι κατὰ τὴν παροιμίαν ἔστι δίκης ὀφθαλμὸς, ὃς μηδέποτε καταφρονεῖν ἀνθρώπους ὑπὲρ ζωνίας.

δίκτυον φυσᾷς. ἐπὶ τῶν ὁμοίως ἀνοήτων.

δικτύῳ ἄνεμον θηρᾷς. ἐπὶ τῶν μάτην, καὶ ἀνοήτως τι ποιούντων.

διομήδειος ἀνάγκη. ἐπὶ τῶν κατ' ἀνάγκην τι πραττόντων. μέμνηται αὐτῆς ἀριστοφάνης ἐν βατράχοις. ὅτε γὰρ λαβόντες τὸ παλλάδιον διομήδης, καὶ ὀδυσσεὺς, ἐκόμιζον ἐπὶ τὰς ναῦς. τότε βουλόμενος ὀδυσσεὺς αὐτοῦ μόνου τὴν φιλοτιμίαν γενέσθαι, ἐπεχείρησε φονεῦσαι τὸν διομήδην μετὰ τοῦ παλλαδίου προηγούμενον. προϊδὼν δὲ ἐκεῖνος ὡς ἐν κατόπτρῳ ἀντιστίλβον τὸ ξίφος, καὶ συλλαβὼν αὐτὸν, καὶ δήσας τὰς χεῖρας, πλατεῖ τῷ ξίφει ἀκολουθῶν ἔτυπτε. καὶ ἄλλως.

διομήδειος ἀνάγκη. φασὶ γὰρ διομήδη μετὰ ὀδυσσέως ἐπὶ τὰς ναῦς κομίζοντας τὸ παλλάδιον. ἐπεὶ προῄσθετο οὗτος ἐπιβουλευθῆναι ὑπὸ τοῦ ὀδυσσέως, ἵνα μόνος τὸ κατόρθωμα σφετερίσηται. τοῦ δὲ ξίφους στίλψαντος νοῆσαι τοῦτο τὸν διομήδη. καὶ συλλαβόντα τοῦτον δῆσαι, καὶ τῷ πλάτει τοῦ ξίφους τύπτοντα προηγεῖσθαι, καὶ μὴ βουλόμενον ἀναγκάζειν. καὶ ἄλλως.

διομήδειος ἀνάγκη. παροιμία. ἀπὸ τοῦ τυδέως, ἢ ἀπὸ τοῦ θρακὸς, ὃς ἠνάγκαζε τοὺς ξένους αἰσχραῖς οὔσαις ταῖς θυγατράσιν αὐτοῦ μίγνυσθαι, ἃς καὶ ἵππους ἀλληγορεῖ. εἶτα ἀνῄρει. οἱ δὲ, ὅτι διομήδης, καὶ ὀδυσσεὺς τὸ παλλάδιον κλέψαντες, νυκτὸς ἐπανῄεσαν. ἑπόμενος δὲ ὀδυσσεὺς, τὸν διομήδην ἐβουλήθη ἀποκτεῖναι. ἐν τῇ σελήνῃ δὲ ἰδὼν τὴν σκιὰν τοῦ ξίφους ὁ διομήδης, δήσας, τὸν ὀδυσσέα ἐποίησε προάγειν παίων αὐτοῦ τῷ ξίφει τὸ μετάφρενον. τάττεται δὲ ἀντὶ τῶν κατὰ ἀνάγκην τι πραττόντων. διὰ τοῦτο λέγεται.

ὅτι ἵππους ἀνθρωποφάγους εἶχεν ὁ Διομήδης. ὅστις γε εἰς τὸν ἀπόπλουν καταχθεὶς εἰς τὰ ἴδια, οὐκ ἐδέχθη, ἀλλὰ διωχθεὶς ἀπῆλθεν εἰς Καλαβρίαν, καὶ κτίζει πόλιν, ἣν ἐκάλεσεν Ἀργυρίππην, τὴν μετονομασθεῖσαν Βενεβέντον.

Διὸς ἐγκέφαλος. ἐπὶ τῶν ἡδυπαθούντων ἡ παροιμία τέτακται. Κλέαρχος δὲ ἐν τῷ πέμπτῳ περὶ βίων φησί, τὰ πολυτελῆ βρώματα παρὰ τοῖς Πέρσαις Διός, καὶ βασιλέως ἐγκέφαλος καλεῖσθαι.

Διὸς Κόρινθος. παροιμία ἐπὶ τὰ αὐτὰ λεγόντων. ἐρρέθη δὲ δι᾽ αἰτίαν τοιαύτην. Μεγαρεῖς ὑπακούοντες Κορινθίοις, ἐβαροῦντο τοῖς ἐπιτάγμασι, καὶ φανεροὶ δυσανασχετοῦντες ἦσαν ἐπὶ τούτῳ. Κορινθίων δὲ πρέσβεις ἦλθον εἰς τὰ Μέγαρα, καὶ τοῦ δήμου προσέχοντος αὐτοῖς, ἀγανακτοῦντες ἐβόων, οὐκ ἀνέξεται ταῦτα ὁ Διὸς Κόρινθος. φασὶν οὖν τοὺς Μεγαρεῖς ἐκβάλλοντας αὐτοὺς παίειν, καὶ λέγειν, παῖε τὸν Διὸς Κόρινθον.

Δι᾽ ὀξείας δραμεῖν. ἐπὶ τῶν διακινδυνευόντων. ὀξεῖα γὰρ ἡ λόγχη.

Διπλοῦς ἄνδρας. τὰ δισύλλαβα ἀνδρῶν ὀνόματα. ὅθεν ἐπίγραμμα, μισῶ τὸν ἄνδρα τὸν διπλοῦν πεφυκότα, χρηστὸν μὲν λόγοισι, πολέμιον δὲ τοῖς τρόποις.

Δὶς ἑπτὰ πληγαῖς πολύπους πιλούμενος. ἐπὶ τῶν κολάσεως ἀξίων. παρόσον ὁ πολύπους θηρευθεὶς τύπτεται πολλάκις πρὸς τὸ πίων γενέσθαι.

Δὶς, καὶ τρὶς τὸ καλόν. ὅτι χρὴ περὶ τῶν καλῶν πολλάκις λέγειν.

Δὶς παῖδες οἱ γέροντες. ἐπὶ τῶν πρὸς τὸ γῆρας ἀναισθητοτέρων εἶναι δοκούντων.

Δὶς πρὸς τὸν αὐτὸν αἰσχρὸν προσκρούειν λίθον. ἐπὶ τῶν ἐκ δευτέρου τοῖς αὐτοῖς ἁμαρτήμασι περιπιπτόντων.

Δίχολοι γνῶμαι. παρὰ τὸ διχῇ ἰδιότροποι κατὰ μετάληψιν. χόλος γὰρ ἡ ὀργή. ὀργὴ δὲ, τρόπος. Βακχυλίδης, ὀργαὶ μὲν ἀνθρώπων διακεκριμέναι μυρίαι.

Διωλύπιον κακόν. ἐπὶ τῶν μέγα τι, καὶ δεινὸν ὑφισταμένων. διωλύγιον γάρ ἐστι τὸ μέγα καὶ τὸ ἐπὶ πολὺ διῆκον. οὕτως Δνο

παλίζεις διωλύγιος φλυαρία. πλάτων δὲ, καὶ Δαμάσκιος ταῦτα οὐ διωλύγιος φλυαρία δόξειεν ἂν εἶναι, καὶ δικαίως οὐ κατὰ γραῶν ὕθλον λεγόμενον, ἀλλὰ πέρα τοῦ μεγίστου φληνάφου.

Δωδωναῖον χαλκεῖον. ἐπὶ τῶν μικρολογούντων. Δήμων γάρ φησιν, ὅτι τοῦ Διὸς μαντεῖον ἐν Δωδώνῃ, λέβησιν ἐν κύκλῳ περιείληπται. τούτους δὲ ψαύειν ἀλλήλοις. καὶ κρουσθέντος τοῦ ἑνός, ἠχεῖν ἐκ διαδοχῆς πάντας, ὡς διὰ πολλοῦ χρόνου γίνεσθαι τῆς ἠχῆς τὴν περίοδον. Ἀριστοτέλης δὲ ὡς πλάσμα διελέγχων, δύο φησὶ στύλους εἶναι, καὶ ἐπὶ μὲν τοῦ ἑτέρου λέβητα, ἐπὶ θατέρου δὲ, παῖδα κρατοῦντα μάστιγα, ἧς τοὺς ἱμάντας χαλκοῦς ὄντας σειομένους ὑπ᾽ ἀνέμου τῷ λέβητι προσκρούειν, τὸν δὲ τυπτόμενον ἠχεῖν. κέχρηται δὲ τῇ παροιμίᾳ Μένανδρος αὐλητρίδι πρὸς Δήμωνα. εἰ δὲ πολλοὶ ἦσαν, οὐκ ἂν ἑνικῶς ἐλέγετο ἡ παροιμία.

Δοίδυξ αὔξει. ἐπὶ τῶν μὴ αὐξανομένων φησὶν ὁ Χρύσιππος, ἀλλὰ καὶ μικρῶν μενόντων, ὅτι δοίδυξ μικρός ἐστι, καὶ στρογγύλος.

Δορκάς. καὶ παροιμία. μὴ πρὸς λέοντα δορκὰς ἅψωμαι μάχης. ἐπὶ τῶν τὴν ἰσχὺν ἀνίσων.

Δόρυ, κηρύκειον. ἐπὶ τῶν ἅμα παρακαλούντων, καὶ ἀπειλούντων. οἱ δὲ κατευθέντες εἰς Δελφοὺς ὑπ᾽ Ἀθηναίων Γεφυραῖοι λαβόντες χρησμὸν, ἄνδρα Γεφυραίῳ φίλος οἶκος, ἀκολουθοῦντες βουσὶν ἕως ἂν οὐ ἐκεῖνοι κοπιάσωσιν ὡς ὁ θεὸς αὐτοῖς ἔχρησεν, ὅπως ἐκεῖ καταμείνωσι, πολεμουμένων Ἀθηναίων ὑπὸ Εὐμόλπου ὑπὸ τὴν Ταναγρικὴν καλουμένην ὤδευσαν, δόντες μὲν τῷ προηγουμένῳ κηρύκειον, καθοπλίσαντες δὲ κατόπιν τοὺς νέους.

Δότε μοι λεκάνην. ἐπὶ τῶν ὀρεγομένων, καὶ προσποιουμένων ὑπὸ χολῆς ἐμεῖν.

Δουλότερος Μεσσήνης. ἐπειδὴ πολλάκις ἀποστάντας τοὺς Μεσσηνίους ἐδουλώσαντο οἱ Λακεδαιμόνιοι, καὶ ἐχρῶντο αὐτοῖς χαλεπώτερον, ἢ τοῖς ἄλλοις δούλοις. δοῦλον οὐκ ἄγω εἰ μὴ νεναυμάχηκε τὴν περὶ τῶν κρεῶν, ἐπὶ τῶν στρατευομένων περὶ τοῦ σώματος.

δοῦλος

Δοῦλος ὤν, κόμην ἔχεις. ἐπὶ τῶν παραλόγως τι πραττόντων· παρόσον ἐλευθέρων τὸ κομᾶν.

Δούλων πόλις, παροιμία. ἐν Λιβύῃ ἔφορος, ε. καὶ ἑτέρα ἱεροδούλων. ἐν ᾗ ἐλεύθερος οὐδείς. ἔστι δὲ καὶ ἐν Κρήτῃ Δουλόπολις, ὡς Σωσικράτης ἐν τῇ πρώτῃ τῶν Κρητικῶν. ἔστι δέ τις καὶ περὶ Θρᾴκην Πονηρόπολις, ἣν Φίλιππόν φασι συνοικίσαι τοὺς ἐπὶ πονηρίᾳ διαβαλλομένους αὐτόθι συναγαγόντα, συκοφάντας, ψευδομάρτυρας, καὶ τοὺς συνηγόρους, καὶ τοὺς ἄλλους πονηρούς, ὡς διχιλίους. ὡς Θεόπομπος ἐν τῇ ιϛ. τῶν Φιλιππικῶν φησιν.

Δῶρον δ' ὅ,τι δῷς τῆς ἐπαινεῖ. αὕτη κόμμα ἐστὶ χρησμοῦ τοῦ δοθέντος Μουσκέλλῳ τῷ Ῥυπεῖ· καθ' ὃν δὴ χρόνον Κρότωνα οὐκ ἐβούλετο οἰκίζειν, Σύβαριν, ὥς φησιν Ἵππυς ἐν τῷ περὶ χρόνων. φησὶ δὲ οὕτως ἔχειν τὸν χρησμόν· Μούσκελλε βραχύνωτε, παρὲκ θεὸν ἄλλα ματεύων, οὐκ ἀλλὰ θηρεύσειν, δῶρον δ' ὅ,τι δῷς τῆς ἐπαινεῖ.

ἀρχὴ τοῦ ε.

ε βδομον ἐπὶ βοῦν ἐπὶ τῶν ἀναισθήτων τὸν ἕβδομον βοῦν ἡ σοφὴ παροιμία.

Ἐγένετο καὶ Μάνδρωνι συκίνη ναῦς. ἐπὶ τῶν παρ' ἐλπίδα, καὶ ἀναξίως εὐπραγησάντων, εἶτα θρυπτομένων ἐπὶ τοῖς παροῦσι. ναύαρχος γὰρ ὁ Μάνδρων ἐχειροτονήθη πρὸς τὰ ἐν Ἑλλησπόντῳ ἀνάξιος ὤν. φασὶ δὲ συκίνης ἄρχειν νηός, τουτέστιν εὐτελεστάτης. τὰ γὰρ σύκινα ξύλα, εὐτελῆ, καὶ ἄχρηστα.

Ἐγχέλεις θηρώμενος. ἐπὶ τῶν διὰ κέρδος ἴδιον ταραχὰς ποιούντων. ὅταν γὰρ τὸ ὕδωρ καταστῇ, οὐδὲν λαμβάνουσιν. ὅτε δὲ ἄνω, καὶ κάτω τὸ ὕδωρ ταράξουσι, κινοῦσι, καὶ λαμβάνουσιν, οὕτω καὶ οὗτοι ταράττοντες τὴν πόλιν.

Ἐγὼ δὲ, καὶ σὺ τὸν αὐτὸν ἕλκομεν ζυγόν. ἐπὶ τῶν ὅμοια, καὶ παραπλήσια πασχόντων.

Ἐγὼ μὲν ἐκ τοῦ καλοῦ εἰς καλὸν μετήνεγκα. ἐκ τοῦ κιθαρῳδικοῦ καλοῦ οὗτος εἰς τὸ τραγικόν. ἐπὶ τῶν ὁμοίως τι πραττόντων.

Ἐγὼ ποιήσω πάντα κατὰ Νικόστρατον. ὁ Νικόστρατος οὗτος κωμῳδίας ἦν ὑποκριτής, δοκῶν κάλλιστα ὑποκεκρίσθαι.

Εἴη μοι τὰ μεταξὺ Κορίνθου, καὶ Σικυῶνος. ἐπὶ τῶν τὰ κάλλιστα, καὶ λυσιτελέστατα ἑαυτοῖς εὐχομένων. ἐπεὶ γάρ ἐστι τὰ μεταξὺ τούτων τῶν πόλεων εὐφορώτατα χωρία.

Εἰ δὲ φαύλως, ὡς τὸ εὗρον ἐκβάλοις τὴν ἔνθεσιν. ἐπὶ τῶν παρὰ προσδοκίαν εὐδοκιμησάντων. τὸ δὲ εὗρον, δηλοῖ τὸ καμάτῳ, καὶ πόνῳ περιγενέσθαι τινός. καὶ ἔστι τῆς τοῦ κάμνοντος γνώμης, καὶ προαιρέσεως ἔλεγχος. τὸ δὲ εὑρεῖν, ἁπλῶς τῆς παρατυχούσης τύχης, καὶ οὐ τῆς τοῦ εὑρόντος γνώμης, καὶ προαιρέσεως.

Ἂν καὶ λύκου ἐμνήσθης. τοῦτο λέγεται ἐπὶ τῶν ὧν ἂν μνησθῇ τις, καὶ εὐθὺς παραγινομένων.

Εἰκῇ, μάτην. καὶ παροιμία μὴ εἰκῇ τὴν ἄβυσσον. λείπει παραπλεῖν, ἢ διαφοιτᾶν. λέγεται δὲ, ἐπὶ τῶν διακινδυνευόντων.

Εἰκῇ τῷ Ἡρακλεῖ. ἐπὶ τῶν ἀνεπιλείπτως τὰ πράγματα ἐπιτελούντων. ἢ ἐπὶ τῶν ἀσυκοφαντήτως πάντα τελούντων. καὶ ἄλλως,

Εἰκῇ τῷ Ἡρακλεῖ. ἐπὶ τῶν ἀσυκοφαντήτως τὰ πράγματα ἐπιτελούντων. ἐπειδὴ ὁ Ἡρακλῆς ἦγε, καὶ ἔφερε τὰ ἀλλότρια.

Εἰ μὴ δύναιο βοῦν, ἔλαυνε δ' ὄνον. παροιμία ἐπὶ τῶν ὃ κατὰ δύναμιν ἔχουσι, πράττειν παραινούντων.

Εἴποις τὰ ἴδια πρὸ τῆς αὐλῆς. τοῖς ἐπὶ θάνατον ἀπαγομένοις τὴν παρρησίαν ταύτην ἐδίδουν, ὥς τε τροφῆς, καὶ οἴνου πληρωθεῖσι τὰ ἴδια λέγειν, ἃ βούλονται. μεθ' ἃ φιμωθέντες, ἀπήγοντο πρὸς τὴν κόλασιν. τὸ δὲ νῦν ἀρχεῖον λεγόμενον, αὐλὴ ἐκαλεῖτο, ὅπου ἀπήγοντο, καὶ τοὺς ἐν αὐτῷ διαιτωμένους, αὐλικοὺς ὠνόμαζον. ὡς ἐκ τούτου φανερὰν τὴν παροιμίαν εἶναι.

Εἰς ἀφάννας. Συβαρῖται νίκην τῶν θεῶν ᾔτουν τὸ κατὰ Κροτωνιατῶν, ἐπιόντων ἐκείνων. ἑνὸς δὲ τῶν Κροτωνιατῶν χλευάσαντος, καὶ ἐκπόντος, ὅτι τὴν λέξιν ταύτης ἐν ἀφάναις, τὴν προῤῥησιν τοῦ θεοῦ ἐθαύμασαν. λέγεται δὲ ἡ παροιμία ἐπὶ τῶν δοκούντων ἀνυποστάτων εἶναι.

εἰς ἀρχαίας φάτνας. ἐπὶ τῶν ἀπολαύσεώς τινος ἐκπεσόντων, πάλιν δὲ εἰς αὐτὴν ἐπανελθόντων λέγεται.

εἷς ἀνὴρ οὐδεὶς ἀνήρ. παρόσον ὑπὸ ἑνὸς οὐδὲν κατορθοῦται.

εἰς ἀσθενοῦντας ἀσθενῶν ἐλήλυθα. ἐπὶ τῶν ὅμοια, καὶ παραπλήσια παθόντων.

εἰς τὸ δέον. περικλῆς ὥς φασιν, ἔδωκε χρήματα τῷ βασιλεῖ τῶν λακεδαιμονίων ἀξυανάκτῃ, καὶ συνέπεισεν αὐτὸν ἀναχωρῆσαι ἐκ τῆς ἀττικῆς ἤδη πολέμῳ προαχθέντα. διδοὺς οὖν λόγους τῶν χρημάτων μετὰ ταῦτα τοῖς ἀθηναίοις, καὶ μὴ θελήσας φανερῶς λογίσασθαι, εἶπεν. εἰς τὸ δέον ἀνήλωσα τοσάδε τάλαντα. καὶ ἄλλως, εἰς δέον. ὅταν τις θέλῃ μὴ φανερῶς εἰπεῖν ὅπου τι πολλάκις ἀνάλωσε, λέγει εἰς δέον.

εἰς θεῶν ὦτα ἦλθεν. ἐπὶ τῶν οὐ λανθανόντων, ἐφ' οἷς ἔπραξαν.

εἰς κόρακας. βοιωτοῖς ἄρνην ποτὲ οἰκοῦσι προείρητο ὑπὸ τοῦ θεοῦ ἐκπεσεῖσθαι τῆς χώρας, λευκῶν κοράκων φανέντων. νεανίσκοι δέ ποτε μεθυσθέντες, καὶ συλλαβόντες κόρακας καὶ γυψώσαντες, ἀφῆκαν πέτεσθαι. ἰδόντες δὲ οἱ βοιωτοὶ ἐταράχθησαν ὡς τῆς μαντείας λαβούσης τὸ τέλος, καὶ φοβηθέντες οἱ νεανίσκοι τὸν θόρυβον φυγόντες, ᾤκησάν τινα τόπον, ὃν ἐκάλεσαν κόρακας.

εἰς κόπρον θυμιᾶς. ἐπὶ τῶν ἀνηνύτων, καὶ μὴ ὄντων λέγεται ὑπὸ τῶν ἀττικῶν.

εἰς κυνὸς πυγὴν ὁρᾶν. ἐπὶ τῶν λημώντων τοὺς ὀφθαλμούς, ἤτοι ὀφθαλμιώντων ἐπέλεγον, ἐς κυνὸς πυγὴν ὁρᾶν, καὶ ζῴων ἀλωπέκων.

εἰς μακάρων νήσους. ὁ ἡσίοδός φησι, μακάρων νήσους εἶναι περὶ τὸν ὠκεανόν. κἀκεῖ τοὺς εὐδαίμονας οἰκεῖν ὑπὸ κρόνου βασιλευομένους. ὅθεν ἐπὶ τῶν μακαρίων εἰρῆσθαι τὴν παροιμίαν.

εἰς μασσαλίαν πλεύσειας. οἱ μασσαλιῶται θηλύτερον ἔζων ἐν στολαῖς ποικίλαις, καὶ ποδήρεσιν, ἔτι δὲ καὶ τὰς κόμας μεμυρισμένας ἀναδεδεμένοι, καὶ διὰ ταύτην τὴν μαλακίαν ἀσχημονοῦντες.

εἰς μελίττας ἐκώμασας. ἐπὶ τῶν παρὰ δόξαν κακουμένων ἀθρέως.

εἰς νεκρὸν ὠθίον ἠχεῖς. ἐπὶ τῶν εἰς μάτην λαλούντων.

εἰς πάγας ὁ λύκος. αὐτὶ τοῦ εἰς ἠκονημένας μαχαίρας. ἐπὶ τῶν εἰς κίνδυνον προῦπτον ἡκόντων. ἢ ἐπὶ τῶν ἁρπαζόντων μέν, καταχωσθέντων δέ. καὶ ἄλλως ἐπὶ τῶν πονηρῶν, ὅταν εἰς προῦπτον ἐμπέσωσι κίνδυνον.

εἰς πρωκτὸν κυνὸς βλέπε. τοῦτο ἔλεγον τοῖς ὀφθαλμιῶσιν.

εἰς πῦρ ξαίνειν. παροιμιακόν. ἐπὶ τῶν καθ' αὑτῶν τι πραττόντων μάτην ἢ λεγόντων. ὁμοίως τῇ, κατὰ πέτρων σπείρειν.

εἰς τέφραν γράφειν. ἐπὶ τῶν ἀδυνάτων. ἐγὼ δὲ τοὺς ὅρκους αὐτοῦ τὸ τῆς παροιμίας οἶμαι δεῖν εἰς τέφραν γράφειν.

εἰς τὸν τετρημένον. λείπει πίθον ἀντλεῖν. τάττεται δὲ ἐπὶ τῶν εἰς κενὸν πονούντων. καὶ γὰρ μυθεύονται ἐν ᾅδου τοὺς ἀσεβεῖς εἰς πίθον τετρημένον ἀντλεῖν.

εἰς τροφωνίου μεμάντευται. ἐπὶ τῶν σκυθρωπῶν, καὶ ἀγελάστων ἡ παροιμία τάττεται. οἱ γὰρ καταβαίνοντες εἰς τροφωνίου, λέγονται τὸν ἑξῆς χρόνον ἀγέλαστοι εἶναι.

εἰς τὴν ἀκεσιλάου σελήνην. ἐπὶ τῶν εἰς χρόνον ἀναβαλλομένων. ἀκεσίλαος γὰρ κυβερνήτης ἐγένετο τοῦ νηλέως. ἔλεγε δὲ ἐκεῖνος ἀναμένειν τὴν σελήνην ἀεὶ πλήρη, ἵνα ἐν φωτὶ ὁ πλοῦς γένηται.

εἰς ὕδωρ σπείρειν. εἰς ὕδωρ γράφειν, ἐπὶ τῶν μάτην πονούντων.

εἴ τι κακόν, εἰς πύῤῥαν. φασὶν ὅτι οἱ πυῤῥαῖοι πρὸς τοὺς ὁμόρους πάντας ἀπεχθῶς εἶχον. ἐκεῖνοι οὖν τὰ συμβαίνοντα αὐτοῖς κακὰ ἀποτροπιαζόμενοι, καὶ ἐκβάλλοντες εἰς τὴν πυῤῥαίων, ἐπεφώνουν, εἴ τι κακὸν εἰς πύῤῥαν.

ται ἐφ' ὕδωρ κακός· ἐπὶ τοῦ δυσκληροῦντος. ἐν τοῖς δικαστηρίοις τὸ φαυλότατον τῶν ἔργων ἦν, ὕδωρ διαμετρεῖν τοῖς δικαζομένοις. ἐγένετο δὲ τοιοῦτος ὁ ἀπόκληρος.

ἄπισθ' ὀπίσω πάλιν αἰγὸς λέγεται. τοὺς ἀνέδην προϊόντας, καὶ πλανωμένους ἐπισκώπτον.

ἐκβάλοις τὴν ἔθεσιν. ἐπὶ τῶν παρὰ προσδοκίαν εὐδοκιμησάντων. τὸ δὲ εὗρεν, τὸ καμάτῳ, καὶ πόνῳ περιγενέσθαι τινός, τῆς τοῦ κάμνοντος γνώμης, καὶ προαιρέσεως ἐστὶν ἔλεγχος· τὸ δὲ εὑρεῖν ἁπλῶς τῆς παρασχούσης τύχης, καὶ τῆς τοῦ εὑρόντος γνώμης ἔργον, ὡς ἂν ἐκ προνοίας κατορθώσαντος ἃ διεπράξατο, ἀλλ' ἁπλῶς εὑρόντος τὸ εὕρεμα.

ἐκδεδαρμένον δέρεις. ἐπὶ τῶν μάτην πονούντων.

ἐκ δυεῖν βλέπεις. ἐπὶ τῶν διὰ γῆρας ἢ ἄλλο τι πάθος οὐκ ὀξυδορκούντων, οὐδὲ εἰλικρινεῖς ἐχόντων τὰς ὁράσεις.

ἕκητι συλοσῶντος εὐρυχωρία. συλοσῶν σάμιος, φίλος ἐγένετο δαρείῳ τῷ περσῶν βασιλεῖ. καὶ δι' αὐτοῦ τὴν ἐν σάμῳ δυναστείαν παρέλαβε, τελευτήσαντος πολυκράτους. ἐπεὶ δὲ πικρῶς, καὶ χαλεπῶς ἦρχεν, ἐκλιπόντες τὴν νῆσον οἱ πλείους μετῴκησαν. ὅθεν ἡ παροιμία.

ἐκκέκοφθ' ἡ μουσική. φασὶν ὅτι τῶν παλαιῶν ἐν τοῖς συμποσίοις φιλολόγῳ ζητήσει χρωμένων, οἱ ὕστερον τοὺς μουσουργούς, καὶ κιθαριστρίας, καὶ ὀρχηστρίας ἐπεισήγαγον. ὅθεν καὶ τὴν καινοτομίαν τινὲς αἰτιώμενοι, τῇ παροιμίᾳ ἐχρῶντο.

ἐκ λύκου στόματος. ἐπὶ τῶν ἀνελπίστως παρά τινων τι λαμβανόντων κατὰ τὸν μῦθον τοῦ λύκου, καὶ τῆς γεράνου.

ἐκ μασσαλίας ἥκεις. ἐπὶ τῶν θηλυδριῶν, καὶ τεθρυμμένων. παρόσον ἐκείνους φασὶ θηλύτερον στολίζεσθαι μεμυρισμένους, καὶ τὰς τρίχας ἀναδουμένους, καὶ διὰ ταύτην τὴν μαλακίαν ἀσχημονεῖν.

ἐκ παντὸς ξύλου κλῳὸς ἂν γένοιτο. αὕτη τάττεται ἐπὶ τῶν κατὰ μὲν τὸ εἶδος, εὐτελῶν, εἰς δὲ χρείας, ἀναγκαίων. μέμνηται δὲ αὐτῆς ἐπίχαρμος ἐν τρωσί.

καὶ ἄλλως.

ἐκ παντὸς ξύλου. ἐλλείπει τὸ, κύφων γένοιτο ἄν. λέγεται δὲ καὶ ἐπὶ τῶν ἐρασθῆναι μὲν εὐκαταφρονήτων, ἀναγκαίων δὲ οἴη, ἐπὶ τῶν δόξαν παρασχόντων ὡς ἀγαθῶν, εὑρεθέντων δὲ ἐπιτηδείων.

ἐκ πατροκλέους. ἐπὶ τῶν ῥυπώντων, καὶ αὐχμηρῶν. πατροκλῆς γὰρ ἐγένετο ἀθηναῖος, πλούσιος σφόδρα. ἄλλως δὲ κακόβιός τις, καὶ φιλοχρήματος, καὶ σκνιφός. ὥσπερ ἕνεκεν τῆς φειδωλείας οὐδὲν ἐᾶσαι προσίεσθαι, φυλακῆς ἕνεκα τῶν χρημάτων, καὶ γλίσχρου βίου.

ἐκποδὼν τὸ πρὸς ὀλίγον χρόνον ὑποστέλλεσθαι. ἀριστοφάνης, οὗτος οὗτος ὃν ζητοῦμεν. ἀλλὰ δεῦρο παῖς ἐκποδών. καὶ αὖθις, ἀργεῖοι, καὶ θηβαῖοι ἐκποδὼν ἔστησαν. καὶ παροιμία ἀνδρὸς κακῶς πράσσοντος ἐκποδὼν φίλοι.

ἐκ πολλῶν ἀχύρων ὀλίγον καρπὸν συνήγαγον. ἐπὶ τῶν πολλὰ μὲν πονούντων, ὀλίγα δὲ καρπουμένων.

ἐκτετριμμένης κύλικος πιεῖν. ἐπὶ τῶν διημαρτημένων τῇ πίστει.

ἐκ τοῦ πηλοῦ πόδας ἔχεις. ἐπὶ τοῦ ἔξω κινδύνου καθεστῶτος, οἷόν ἐστι καὶ τὸ, ἔξω βέλους.

ἐκ τοῦ γεύματος κνώσκω. ἐπὶ τῶν ἐκ μικροῦ πολλὰ καταλαμβανόντων.

ἐκ τριχὸς κρέμαται. παροιμία ἐπὶ τῶν σφόδρα κινδυνευόντων.

ἑκὼν ἀέκοντί γε θυμῷ.

ἐλάφειος ἀνήρ. ἐπὶ τοῦ δειλοῦ, ἐκ μεταφορᾶς τοῦ ζώου. δειλὸν γὰρ ἡ ἔλαφος.

ἐλέφαντα ἐκ μυίας ποιεῖν, ἐπὶ τῶν τὰ ἐλάχιστα ἐπαιρόντων τῷ λόγῳ, καὶ μεγαλοποιούντων. λουκιανὸς ἐν μυίας ἐγκωμίῳ, μὴ καὶ δόξω κατὰ τὴν παροιμίαν ἐλέφαντα ἐκ μυίας ποιεῖν.

ἐλέφαντος οὐδὲν διαφέρεις. ἐπὶ τῶν μεγάλων, καὶ ἀναισθήτων. πρόσεστι καὶ τὸ ζῷον τοιοῦτον. καὶ ἐλέφαντα ἐκ μυίας ποιεῖν, ἐπὶ τῶν τὰ ἐλάχιστα ἐπαιρόντων, καὶ μεγάλα ποιούντων. ὅτι σούκινοι καὶ ἐλεφάντινοι δακτύλιοι, γυναιξὶν εἰσὶ σύμφοροι. ἐλέφας μυὸς οὐκ ἀλεγίζει. ἐπὶ τῶν τὰ μικρά, καὶ φαῦλα ὑπερορώντων.

ἐλεύθεραι αἶγες ἀρότρων. ἐπὶ τῶν βάρους τινὸς, ἢ κακῶν ἀπηλλαγμένων.

ἐλευθερώτερος σπάρτης, διὰ τὸ ἀνυπότακτον, καὶ γενναῖον φρόνημα. διὸ οὐδὲ τείχη περιβάλλοντο νόμοις παιδευόμενοι, ἀλλ' οὐδὲ ἠθέλησαν ἐκ μάχης ἐπιτιμίοις ὑποστρέψαι, οὐδὲ ἐτυραννήθησαν.

ἕλκει μοιχὸς εἰς μοιχόν. παροιμία.

ἔλθοι ξένος ὅστις ὀνήσει. φίλιππος θεσσαλῶν καταστρεψάμενος πόλιν, καὶ τοὺς αὐτόθι ξένους πωλήσας, χλευάζων ἔλεγεν, ἔλθοι ξένος ὅστις ὀνήσει.

ἔμβαρός εἰμι. ἐπὶ τῶν παραπαιόντων, καὶ μαινομένων. καὶ ἄλλως,

ἔμβαρός εἰμι. ἦν πρότερον ὁ πειραιεὺς νῆσος, ὅθεν καὶ τοὔνομα εἴληφεν ἀπὸ τοῦ διαπερᾶν, οὗ τὰ ἄκρα μούνυχος κατασχὼν, μουνυχίας ἀρτέμιδος ἱερὸν ἱδρύσατο. ἄρκτου δὲ γενομένης ἐν αὐτῷ, καὶ ὑπὸ τῶν ἀθηναίων ἀναιρεθείσης, λιμὸς ἐπεγένετο, οὗ τὴν ἀπαλλαγὴν ὁ θεὸς ἔχρησεν, εἴ τις τὴν θυγατέρα θύσῃ τῷ θεῷ. ἔμβαρος δὲ μόνος ὑποσχόμενος ἐπὶ τῷ τὴν ἱερωσύνην αὐτοῦ τὸ γένος διὰ βίου ἔχειν, διακοσμήσας αὐτοῦ τὴν θυγατέρα, ἔθυσεν, ὅθεν καὶ εἰς παροιμίαν περιέστη. τάττεται δὲ ἐπὶ τῶν παραπαιόντων, καὶ μεμηνότων.

ἐμπεδοκλέους ἔχθρα. ἐπὶ τῶν ἐπιμόνως ἐχθροδοπούντων πρός τινας. λυσίας. ὦ μὴν δὲ ἔγωγε τοιαύτῃ φιλίᾳ συνηρμόσθαι, ὥστε μὴ δ' ἂν τὴν ἐμπεδοκλέους ἔχθραν ἐμποδὼν ἡμῖν γενέσθαι.

ἔμπορός εἰμι σκηπτόμενος, ἀριστοφάνης. ἐπὶ τῶν προφασιζομένων ψευδῆ διὰ δειλίαν. εἰσάγεται γάρ τις λέγων, ὅτι ὅτε πέμπομαι εἰς πόλεμον, σκήπτομαι ἔμπορος εἶναι, ὡς τῶν ἐμπόρων μὴ ἐξιόντων ἐπὶ τὰς στρατείας διὰ τὸ ἄχρηστον, τὰ πρὸς τροφὴν φέροντας.

ἐμαυτῷ βαλανεύσω. παροιμία οἱονεὶ ἐμαυτῷ διακονήσω. λέγεται δὲ ὅταν ὁ βαλανεὺς νωθρεύηται, καὶ ἑαυτῷ τις λαμβάνῃ τὴν ἀρύταιναν, καὶ διακονῇ. ἢ ἀπὸ τῶν τὰς βαλάνους ἐγκρυβόντων εἰς πῦρ.

ἐμοὶ μελήσει ταῦτα, καὶ λευκαῖς κόραις. βαρβάρων τινῶν στρατευόντων ἐπὶ δελφοὺς, ἐρωτώμενος ὁ θεὸς εἶπεν, ἐμοὶ μελήσει ταῦτα, καὶ λευκαῖς κόραις. ὕστερον δὲ ἐφάνη μετὰ ἀθηνᾶς, καὶ ἀρτέμιδος, ὧν καὶ ἱερά εἰσιν ἐν δελφοῖς.

ἐν ἅλῳ σφραγίζεις, τουτέστι κρύπτῃ. ἐπὶ τῶν μὴ δυναμένων λαθεῖν, παρόσον περίοπτός ἐστιν ἡ ἅλως. καὶ ἄλλως.

ἐν ἅλῳ σφραγίζεις. τουτέστι κρύπτῃ. ἐπὶ τῶν ἀδυνάτων.

ἐν ἀμούσοις καὶ κόρυδος φθέγγεται. ἐπὶ τῶν μὴ ἠκριβωμένως ἐν ἀπαιδεύτοις διαλεγομένων

ἐν γὰρ ἀμηχανίῃ καὶ καρκῖνος ἔμμορε τιμῆς. ἐπὶ τῶν εὐτελῶν τῶν διὰ περιπέτειαν τιμῆς ἀξιουμένων.

ἐν δὲ διχοστασίῃ καὶ ἀνδροκλείδης πολεμαρχεῖ. ἐπὶ τῶν εὐτελῶν τῶν διὰ περιπέτειάν τινα τιμῆς ἀξιουμένων. τοιαύτη δέ ἐστι καὶ ἡ λέγουσα, ἐν γὰρ ἀμηχανίῃ καὶ καρκῖνος ἔμμορε τιμῆς, ἐν δὲ διχοστασίῃ καὶ ὁ πάγκακος ἔμμορε τιμῆς, καὶ γὰρ ἐν ἀμούσοις καὶ κόρυδος φθέγγεται.

ἐνδύεταί μοι τὴν λεοντῆν. ἐπὶ τῶν μεγάλοις ἐπιχειρούντων πράγμασιν, ἐκ μεταφορᾶς τοῦ ἡρακλέους.

ἐνδυμίωνος ὕπνος. ἐπὶ τῶν πολλὰ κοιμωμένων. ἐνδυμίωνος γὰρ κάλλει διενεγκόντος ἠράσθη σελήνη, καὶ ζεὺς αὐτῷ δίδωσι ταύτης αἰτησαμένης, ὃ βούλεται ἑλέσθαι. ὁ δὲ αἱρεῖται κοιμᾶσθαι διαπαντὸς ἀθάνατος, καὶ ἀγήρως μένων, ἐκ τούτου τὴν παροιμίαν γενέσθαι φασί. καὶ ἄλλως.

ἐνδυμίωνος ὕπνον καθεύδεις. ἐπὶ τῶν ὑπνηλῶν εἴρηται ἡ παροιμία, διὰ τὸ τὸν ἐνδυμίωνα ὕπνου ἐρασθῆναι, καὶ ἔτι καθεύδειν, καὶ ζῆν αὐτῷ εἶναί φασι. καὶ ἄλλως.

ἐνδυμίωνος ἥδιον καθεύδει. ἐπὶ τῶν ὑπνηλῶν. ἐπεὶ ἔν τινι πόλει τῆς καρίας ὕπνος ἐρασθεὶς παιδὸς ἐνδυμίωνος καλουμένου, ἔτι καὶ νῦν κατέχει αὐτὸν κοιμώμενον. ὥσπερ καὶ ὁ ἐπιμενίδιος ὕπνος.

ἔνεισιν

[illegible]σιν ἐν δειλαῖσι καὶ ἄνανδροι λόγοι. ὅτι φησὶ καὶ οἱ λόγοι τὰς ψυχὰς σχηματίζονται, καὶ τυποῦνται.

ἔνεστι καὶ μύρμηκι χολή. παραινοῦσα μηδὲ τῶν μικρῶν καταφρονεῖν.

ἐν θέρει τὴν χλαῖναν κατατρίβεις, ἐπὶ τῶν μὴ καθ' ὥραν τοῖς ἀναγκαίοις χρωμένων.

ἔνθ' οὔτε μίμνειν ἄνεμος, οὔτ' ἐκπλεῖν ἐᾷ, ἐπὶ τῶν δυσχρήστοις περιπεσόντων πράγμασι λέγεται. φησὶ δὲ αὐτὸ παρ' Αἰσχύλῳ ὁ Φιλοκτήτης.

ἐν Καρὶ τὸν κίνδυνον. ἐπὶ τῶν εὐτελέσι τὰς πείρας ποιουμένων. Κᾶρες γὰρ ἐμισθοφόρησαν πρῶτοι. ἄλλοι τὴν παροιμίαν ἐπὶ τῶν εὐκαταφρονήτων. φασὶ γὰρ τοὺς Κᾶρας πρώτους ἀνθρώπων μισθοῦ στρατεύσασθαι. τοὺς οὖν τὸ ἀργύριον διδόντας προτάττειν τοὺς Κᾶρας ἑαυτῶν, ὡς μέλλοντας ἀποθνήσκειν ὑπὲρ τῶν μισθουμένων. εἴρηται οὖν ἐπὶ τούτων ἡ παροιμία.

ἐν κοτύλῃ φέρειν. παιδιᾶς εἶδος. ὁ γὰρ φέρων τινὰ ἐν κοτύλῃ, ἐποίει ὀπίσω τὰς χεῖρας, καὶ ὁ αἰρόμενος ἐνετίθει τὰ γόνατα, καὶ οὕτως ἐβαστάζετο.

ἐν Κέῳ τίς ἡμέρα. ἐπὶ τῶν δειπνιζόντων. ἔθος ἦν παρὰ τοῖς Κείοις τοὺς ἐπιβαίνοντας τῶν ἀρχῶν παρέχειν ἄριστον τῷ δήμῳ. εἴ ποτε οὖν πολλοὶ ἦσαν ἄρχοντες, διενέμοντο πρὸς αὐτοὺς ἡμέρας. ἠρώτων οὖν οἱ ἀπαντῶντες ἀλλήλους, τίς ἡμέρα.

ἐν κηρίον. ἐπὶ πολλῶν ὁμοφωνούντων, ἢ στασιαστῶν, ἢ συνωμοτῶν.

ἐν οἴνῳ ἀλήθεια. παροιμία παρόσον ὁ οἶνος τοὺς ἐμπιπλαμένους αὐτοῦ ὁποῖοί εἰσι παραδείκνυσιν.

ἐν ὅλμῳ εὐνάζω. οἱ μὲν, ὅλμον μάντιν φασίν. οἱ δὲ, τοὺς ἐν ὅλμῳ κοιμηθέντας μαντικοὺς γίνεσθαι, ὡς καὶ παροιμίαν γενέσθαι. καὶ Ἀριστοφάνης ὁ γραμματικός φησιν, ὡς οἱ ἐν ὅλμῳ κοιμηθέντες μαντικοί, καὶ τοὺς τρίποδας τοῦ Ἀπόλλωνος ὅλμους καλεῖσθαι, καὶ Ἀπόλλων ὑπὸ Σοφοκλέους ἔνολμος.

ἐν νυκτὶ βουλή. ἡ παροιμία οὕτως εἴρηται, ἐπειδὴ ἡσυχίαν ἔχει ἡ νύξ, καὶ δίδωσι κατὰ σχολὴν λογισμοὺς τοῖς περὶ τῶν ἀναγκαίων βουλευομένοις.

ἐν νυκτὶ πλοῖον. ἐπὶ τῶν μὴ ἀκριβῶς ποιούντων ὡς πλανοδρομούντων. ἡ γὰρ νὺξ τῆς ἡμέρας ἀκριβεστέρα διὰ τὰς τῶν ἄστρων σημειώσεις.

ἐν παντὶ μύθῳ καὶ τὸ Δαιδάλου μῦσος. Πασιφάην φασὶν ἐρασθεῖσαν ταύρου, Δαίδαλον πεῖσαι ξυλίνην βοῦν κατασκευάσαντα εἰς αὐτὴν ἐνθεῖναι, ἣν ἐπιβαίνων ὁ ταῦρος ὡς βοῦν, ἔγκυον ἐποίησεν. ἐξ ἧς ἐγεννήθη ὁ Μινώταυρος. καὶ ἄλλως.

ἐν παντὶ μύθῳ καὶ τὸ Δαιδάλου μῦσος. Πασιφάην φασὶν ἐρασθεῖσαν ταύρου, Δαίδαλον ἱκετεῦσαι ποιῆσαι ξυλίνην βοῦν καὶ κατασκευάσαντα αὐτὴν ἐνθεῖναι. ἣν ἐπιβαίνων ὡς βοῦν ὁ ταῦρος, ἐγκύμονα ἐποίησεν. ἐξ ἧς ἐγεννήθη ὁ Μινώταυρος. Μίνως δὲ διά τινας αἰτίας ὀργιζόμενος τοῖς Ἀθηναίοις, ἑπτὰ παρθένους, καὶ ἴσους νέους ἐξ αὐτῶν ἐδασμολόγει. οἳ παρεβάλλοντο τῷ θηρίῳ. εἰς Δαίδαλον οὖν ἀρχηγὸν τούτου τῶν κακῶν αἴτιον γενόμενον, καὶ μυσαχθέντα ἐξηνέχθη ἡ παροιμία.

ἐν πέντε κριτῶν γούνασι κεῖται. παροιμιῶδες, οἷον ἐν ἀλλοτρίᾳ ἐξουσίᾳ εἰσίν. εἴρηται δὲ ἡ παροιμία, παρόσον πέντε κριταὶ τοὺς κωμικοὺς ἔκρινον, ὥς φησιν Ἐπίχαρμος. σύγκειται οὖν παρὰ τὸ Ὁμηρικόν, θεῶν ἐν γούνασι κεῖται. ἐπειδὴ οἱ κριταὶ ἐν τοῖς γόνασιν εἶχον, ἃ νῦν εἰς γραμματεῖα γράφεται.

ἐν πίθῳ τὴν κεραμείαν μανθάνω. παροιμία ἐπὶ τῶν τὰς πρώτας μὲν μαθήσεις ὑπερβαινόντων, ἁπτομένων δὲ εὐθέως τῶν μειζόνων, τουτέστι τῶν παρειέντων τὰς πρώτας μαθήσεις, καὶ ἐφιεμένων τῶν τελευταίων, ὡς εἴ τις μανθάνων κεραμεύειν, πρὶν μαθεῖν, πίνακας, ἢ ἄλλο τι τῶν μικρῶν πλάττειν, πίθῳ ἐγχειροίη. Δικαίαρχος δέ φησιν ἕτερόν τι δηλοῦν τὴν παροιμίαν, οἱονεὶ τὴν μελέτην ἐν τοῖς ὁμοίοις ποιεῖσθαι, ὡς κυβερνήτης ἀντὶ τῆς τινός, καὶ νῦν ἴσχυε ἐπὶ τῶν ἴσων.

ἐν πυρὶ βέβηκας. τοῦτο ἐπιλέγειν χρὴ τοῖς ἐν ἐπισφαλέσι, καὶ ἐπικινδύνοις πράγμασιν ἐμφιλοχωρεῖν ἐθέλουσι. καὶ ὅτι χρὴ τὸν ἐν πυρί, ταχέως ἐκβαίνειν.

ἐν τῇ ἑβδόμῃ. ἀπείρητο Ἀθήνησι στρατείαν ἐξάγειν πρὸ τῆς τοῦ μηνὸς ἑβδόμης.

ἐν σκότῳ ὀρχεῖσθαι. ἐπὶ τῶν ἀμαρτύρως μοχθούντων, ὧν τὸ ἔργον ἀφανές.

ἐν τριόδῳ εἰμὶ λογισμῶν. ἐπὶ τῶν ἀδήλων, καὶ ἀμφιβόλων πραγμάτων. ἐπειδήπερ ὁ ἐν τριόδῳ γενόμενος, οὐκ οἶδε ποίᾳ χρήσεται ὁδῷ.

ἐν τῷ μέρει τις καὶ τὸ πῦρ σκαλευσάτω. παροιμία ἐπὶ τῶν εἰς κοινὸν μὴ τὰ ἴσα παρεχομένων. πλείονα δῶρα δοὺς, καὶ ἀντιλαβὼν ἐν τῷ μέρει.

ἐν φρέατι κυσὶ μάχεσθαι. ἐπὶ τῶν μοχθηρῶν τινι προσμαχομένων, καὶ ἀποφυγεῖν μὴ δυναμένων. τί δὲ ἄν τις ἔχοι ποιεῖν οὐκ ἐν φρέατι συνεχόμενος ὑπὸ τοῦ παροιμιαζομένου κυνός. ἀλλ' ἐν βάθει μέν τινι ζητήσεως ὑπὸ θαυμαστῆς οὐδὲν ἧττον ἀπορίας. οὐ μὴν ἐφεκτής γε οὐδενὶ ἀνθρώπων, πλὴν εἴ τῳ θεὸς αὐτὴν μηνύσειεν.

ἐξ ἄμμου σχοινίον πλέκεις. ἐπὶ τῶν ἀδυνάτων.

ἐξ αὐτῆς λεύσσω τοὐμὸν κακὸν ἄλλον ἔχοντα. τὸ ἐξ αὐτῆς τὸ νῦν ὑγιῆ δηλοῖ, καὶ τὸ ἔξω ἄτης, ὅ ἐστι βλάβης, ὡς Πλάτων φησίν.

ἐξ αὐτοῦ σχεδὸν τοσοῦτον ὅσον ἐκ Διονυσίων. ἔθος ἦν Ἀττικοῖς λέγειν τὰ ἔτη, καὶ τὸν ὑπερπίπτοντα ἀριθμὸν ἀπὸ τῶν Διονυσίων.

ἐξ ἑνὸς τὰ πάνθ' ὁρᾷ. ἐπὶ τῶν παρορώντων.

ἐξηκεστίδης. καὶ κλίνεται ἐξηκεστίδου. Ἀριστοφάνης, ἐπὶ τῶν ἀμηχάνων. τοῦτον γὰρ ὡς ξένον διαβάλλουσι, καὶ πλάνον. οἱ δὲ ξένοι μᾶλλον ἴσασι τὰς ὁδούς. ἐξαπορήσαντες ἔξω τῆς ὁδοῦ, καὶ ἀποπλανηθέντες, εἶπον. οὐδ' ἂν ἐξηκεστίδης εὕροι τὴν εὐθεῖαν ὁδόν. εἴρηται οὖν ἐπὶ τῶν ὁδοῦ ἀποπλανηθέντων.

ἔξω βελῶν καθῆσθαι. παροιμία παραινοῦσα μακρὰν ἑαυτὸν τῶν βελῶν τῶν ἐν-

αντίων ποιεῖν.

ἐοίκασι τοῖς ἐκ Πύλου ληφθεῖσι τοῖς Λακωνικοῖς. παροιμία ἐπὶ τῶν ὠχριώντων, καὶ ἰσχνῶν. Πύλος δὲ χωρίον τῆς Λακωνικῆς. ἔνθα Κλέων στρατηγήσας, τοὺς αἰχμαλώτους ἀπὸ Σφακτηρίας ἔλαβεν. εἰκὸς οὖν τούτους διὰ τὸν τοῦ αἰχμαλωτισμοῦ φόβον, καὶ διὰ τὸ πολλαῖς μὲν ἡμέραις πολιορκεῖσθαι ἐν ἐρήμῳ νήσῳ, καὶ ἀφ' ἧς οὐδὲν τῶν ἐπιτηδείων ἦν λαβεῖν, πολλῷ δὲ μετὰ τὴν ἅλωσιν συγκεκλεῖσθαι χρόνῳ δεδεμένους ἐν ξύλῳ, ὠχρούς τε, καὶ ἰσχνούς, καὶ δυσειδεῖς γεγονέναι.

ἑορτὴ πολλὰς ἔχουσα, ἐπὶ τῶν πολλὰ ἀνατιθεμένων φορτία. ἐπειδὴ οἱ πρὸς τὰς ἑορτὰς ἐπειγόμενοι, σκεύη πολλά, καὶ ἱμάτια, καὶ ἱερεῖα, καὶ ἄρτους ἐπεφέροντο ἵνα μὴ τῆς ἑορτῆς ὑστερήσωσιν.

ἐπακτὸς ὄρνις. οὐκ ἐγχώριος, ἀλλ' ἀπὸ ξένης ἐπηγμένος. ἢ ὃν ἕτερος ἐπάγει οὐκ αὐθαίρετος.

ἐπὶ βύρσης ἐκαθέζετο. τοῦτο παρὰ Σκύθαις ἐτελεῖτο, ἐπειδάν τις ἠδικεῖτο πρὸς ἑτέρου, ἀμύνασθαι δὲ βουλόμενος, ἑαυτὸν οὐκ ἀξιόμαχον μόνον ᾤετο, βοῦν ἱερεύσας, τὰ μὲν κρέα κατακόψας, ἧψει. αὐτὸς δὲ ἐκπετάσας χαμαὶ τὴν βύρσαν, ἐκάθητο ἐπ' αὐτῆς, εἰς τοὐπίσω περιαγαγὼν τὼ χεῖρε. καὶ τοῦτό ἐστι Σκύθαις ἡ μεγίστη ἱκετηρία. τῶν δὲ κρεῶν τοῦ βοὸς ὁ βουλόμενος μοῖραν λαμβάνων, καὶ ἐπιβαίνων τῇ βύρσῃ τὸν δεξιὸν πόδα, ὑπισχνεῖται κατὰ δύναμιν ἕκαστος συμμαχήσειν. καί ἐστιν αὐτοῖς τοῦτο ὅρκων ὁ βεβαιότατος.

ἐπὶ βωμούς. εἴρηται ἀπὸ τῶν θυομένων πρὸς τοῖς βωμοῖς.

ἐπειοῦ δειλότερος. οὕτως ἐλέγετο Κρατῖνος ὁ κωμικός. ἴσως διὰ τὸ ταξιαρχῆσαι τῆς Οἰνηίδος φυλῆς, καὶ δειλότερόν τε φανῆναι. καὶ γὰρ ὁ Ἐπειὸς δειλὸς ἦν.

ἐπειδὴ τὸν Ταντάλου λίθον τῆς κεφαλῆς ἀπετιναξάμεθα. λέγεται δὲ ἐπὶ κινδύνου τινὸς ἐπηρμένου, καὶ παρελθόντος, ἢ ἐπὶ τοῦ ἀρξαμένου τινὸς πράγματος. εἴτε ὀλιγωρήσαντος.

Ἐπὶ δελφινίῳ δικαστήριον ἀθήνησιν. ἐπὶ τῶν ὁμολογούντων μὲν διαπεπραχέναι φόνους, κατὰ νόμους δέ.

Ἐπὶ σάμβρῳ. ἐπὶ τῶν ἐπὶ τὸ χεῖρον ἐν τοῖς πράγμασι προβαινόντων, ἀεὶ πρὸς ὀπίσω βαίνειν.

Ἐπὶ σαυτῷ τὴν σελήνην καθελεῖς. αἱ τὴν σελήνην καθελοῦσαι θετταλίδες, λέγονται τῶν ὀφθαλμῶν, καὶ τῶν ποδῶν στερίσκεσθαι. ἐπὶ τῶν ἑαυτοῖς κακὰ ἐπισπωμένων.

Ἐπὶ τὰ μανδροβούλου. αὕτη τέτακται κατὰ τῶν ἐπὶ τὸ χεῖρον προκοπτόντων ἀεί. ὁ γὰρ μανδρόβουλος οὗτος εὑρών ποτε θησαυρὸν ἐν σάμῳ, πρόβατον χρυσοῦν ἀνέθηκε τῇ ἥρᾳ. τῷ δὲ δευτέρῳ ἔτει ἀργυροῦν, καὶ τῷ τρίτῳ χαλκοῦν. καὶ ἄλλως.

Ἐπὶ τὰ μανδροβούλου. ἐπὶ τῶν εἰς τὰ χείρονα τρεπομένων. ἀπὸ μανδροβούλου τινός, τοῦ ἐν σάμῳ γεωφάνιον εὑρόντος, καὶ πρῶτον μὲν κριὸν χρυσοῦν ἀναθέντος, ἔπειτα ἀργυροῦν, ἔπειτα χαλκοῦν ἐλάττονα, εἶτα οὐκέτι, ὡς ἔφορος.

Ἐπιπαρεῖραι χοινίον. ἐπὶ τῶν ἐν τοῖς αὐτοῖς πλεοναζόντων.

Ἐπιφυλλίδες ταῦτ' ἐστὶ καὶ στωμύλματα. αὕτη τῶν λάλων, καὶ πιθανολόγων. ἐπὶ τῶν δοκούντων εἶναι σοφῶν, ἢ ποιητῶν. ἐπιφυλλίδες δέ εἰσι τὰ ἐπικείμενα τοῖς μεγάλοις βότρυσι βοτρύδια. καλλίστρατος δὲ τὰ αὐτὰ καθ' ἑαυτὰ μικρά. κέκληται δὲ οὕτως, διὰ τὸ ἐπὶ τοῖς φύλλοις καλύπτεσθαι, ἢ τὰ πρὸς αὐτοῖς τοῖς φύλλοις.

Ἐπιφωνεῖν τι πρὸς τὸν διόνυσον. ἐπὶ τῶν μὴ τὰ προσήκοντα τοῖς ὑποκειμένοις φλυαρούντων.

Ἐρεβίνθειος διόνυσος. παροιμία ἐπὶ τῶν μηδενὸς ἀξίων.

Ἐρήμη δίκη. ὅταν μὴ ἀπαντήσας ὁ διωκόμενος ἐπὶ τὴν κρίσιν καταδικασθῇ.

Ἐριννύων ἀπορρὼξ. ἐπὶ τῶν ἀπροσώπων καὶ δυσειδῶν. ἆρ' οὐκ ἐριννὺς τοῦτ' ἐχάλκευσε ξίφος, ὥσπερ αἴαντός φησι.

Ἑρμώνιος χάρις. πελασγοί ποτε τὴν λῆμνον οἰκοῦντες, ἦλθον ἐν ναυσὶν εἰς βραυρῶνα τῆς ἀττικῆς, καὶ τὰς γυναῖκας ἐκεῖθεν ἥρπασαν. λοιμῷ δὲ περιπεσόντες, προσετάχθησαν δίκας διδόναι τοῖς ἀθηναίοις, καὶ οὕτως ἀπαλλαγήσεσθαι τοῦ λοιμοῦ. κελευόντων δὲ τῶν ἀθηναίων ἐκλιπεῖν τὴν λῆμνον, εἶπον οἱ πελασγοί, εἴ τις αὐθημερὸν ἀθήνηθεν βορέᾳ χρησάμενος καταπλεύσειεν εἰς τὴν λῆμνον, ἐκστήσονται τῆς χώρας αὐτῶν. ὕστερον δὲ δαρείου τοῦ περσῶν περὶ θρᾴκην ὄντος, καὶ πάντα χειρουμένου τὰ πέριξ, μιλτιάδης ἀθηναῖος ἐκ τῆς χερρονήσου ἀφεὶς εἰς τὸ πέλαγος, κατέλαβε τὴν λῆμνον. καὶ πρὸς τοὺς πελασγοὺς ἔφη βορέᾳ χρησάμενος αὐθημερὸν ἥκειν. ἕρμων δὲ βασιλεύων τῶν πελασγῶν ἐξέστη τῆς χώρας. τῇ μὲν ἀληθείᾳ τοῦ δαρείου τὴν δύναμιν φοβηθείς, προσποιησάμενος δὲ ἑκὼν διδόναι τοῖς ἀθηναίοις τὴν χάριν. εἴρηται οὖν ἡ παροιμία ἐπὶ τῶν κατὰ ἀνάγκην τινὰ προσποιουμένων χαρίζεσθαι. καὶ ἄλλως.

Ἑρμώνιος χάρις. ἡ κατ' ἀνάγκην διδομένη, οὐκ ἐκ διαθέσεως ψυχῆς, ἀλλ' ἐπιπολαίως, καὶ κατὰ προσποίησιν φιλίας, οὐ κατὰ ἀλήθειαν. ὁ γὰρ ἕρμων ὁ πελασγῶν βασιλεὺς δαρείου ἐπὶ θρᾴκην ἰόντος, καὶ πάντα χειρουμένου, παρεχώρησεν ἀθηναίοις τῆς λήμνου, τῷ μὲν δοκεῖν χαριζόμενος, τῇ δὲ ἀληθείᾳ δαρεῖον φοβηθείς.

Ἐσθλὸς ἐὼν, ἄλλου κρείττονος ἀντέτυχε. εἴρηται δέ φασι περὶ ὕλλου, τοῦ ἡρακλέους, καὶ ἐχέμου τοῦ αἰγεάτου. καὶ ἄλλως.

Ἐσθλὸς ἐὼν ἄλλου κρείττονος ἀντέτυχεν. ἔστι μὲν γὰρ ὅτε καὶ ταὐτόματον ἀντέπραξε ταῖς ἐπιβολαῖς τῶν ἀγαθῶν ἀνδρῶν. ἔστι δ' ὅτε πάλιν κατὰ τὴν παροιμίαν ἐσθλὸς ἐὼν ἄλλου κρείττονος ἀντέτυχεν.

Ἐς κόρακας. βοιωτοῖς ἀρνήν ποτε οἰκοῦσιν ἐρρήθη ὑπὸ τοῦ θεοῦ ἐκπεσεῖσθαι τῆς χώρας, λευκῶν κοράκων φανέντων. νέοι δὲ μεθυσθέντες ποτὲ, συλλαβόμενοι κόρακας, ἐγύψωσαν κατὰ παίγνιον, καὶ ἀφῆκαν πέτεσθαι. ἰδόντες δὲ οἱ βοιωτοὶ ἐταράχθησαν, ὡς τῆς μαντείας λαβούσης τέλος. καὶ φοβηθέντες οἱ νεανίσκοι τὸν θόρυβον, ἔφυγον, καὶ ᾤκησάν τινα τόπον, ὃν ἐκάλεσαν κόρακας. εἰς ὃν μετὰ ταῦτα οἱ τὴν βοιωτίαν οἰκοῦντες τοὺς ἁμαρτάνοντας ἔπεμπον. οἱ δὲ, ὡς τοῦ ζώου ἀναιδοῦς, καὶ δυσοιωνιστικοῦ τοῖς ἀνθρώποις ὄντος. ἀριστοτέλης δέ φησι λοιμοῦ κατασχόντος, καὶ κοράκων πολλῶν γενομένων, τοὺς ἀνθρώπους θηρεύοντας αὐτοὺς, καὶ περικαθαίροντας, ἐᾶν ζῶντας, καὶ ἐπιλέγειν τῷ λοιμῷ, φεῦγ' ἐς κόρακας. ὁ δὲ αἴσωπος μυθικῶς κολοιὸν μέγαν νομίσαντα τοῖς κόραξιν ἴσον εἶναι, πρὸς αὐτοὺς πορευθῆναι. ἡττηθέντα δὲ πάλιν, εἰς τοὺς κολοιοὺς ὑποστρέψαι. τοὺς δὲ ἀγανακτήσαντας παίειν αὐτὸν, λέγοντας. φεῦγ' ἐς κόρακας. ἀριστείδης δὲ ἀποδίδωσι διὰ τὸ ἐν τραχέσι τόποις, καὶ κρημνώδεσι νεοσσοτροφεῖσθαι, λέγειν ἡμᾶς, φεῦγ' ἐς κόρακας. τουτέστιν εἰς τὸ σκότος, εἰς ὄλεθρον.

Ἐς πῦρ ξαίνεις. ἐπὶ τῶν ἀνηνύτων.

Ἐς οὐρανὸν τοξεύειν, ἐπὶ τῶν διακενῆς κατὰ αἰθέρα δέ τι ποιούντων.

Ἐστρατήγησε μετ' ἐρασινάδου. ἐπὶ τῶν δυστυχῶν, ἐκ τῶν περὶ ἀργινούσας στρατηγησάντων δυστυχῶς. ἀπέθανον δὲ δημοσίᾳ οὗτός τε, καὶ οἱ ὑπομείναντες, θράσυλλος, περικλῆς, καὶ οἱ λοιποί. ἐγένετο δέ τι, καὶ περισσότερος τῷ ἐρασινάδῃ, τὸ καὶ κλοπῆς κατηγορηθῆναι τῶν περὶ ἑλλήσποντον χρημάτων.

Ἑστίᾳ θύεις. ἐπὶ τῶν μηδενὸς ῥᾳδίως μεταδιδόντων. δι' ἔθους γὰρ ἦν τοῖς παλαιοῖς ὁπότε ἔθυον ἑστίᾳ μηδενὶ μεταδιδόναι τῆς οὐσίας.

Ἐς τροιζῆνα βαδίζειν. ἐπὶ τῶν κακογενείων.

Ἐς πράγματα. ἐπὶ κακῷ χρῶνται τῇ λέξει οἱ παλαιοί. καὶ μένανδρος. ἐν πράγμασιν. ἐν μάχαις. καὶ παροιμία. ἀνδρὶ λυδῷ πράγματα οὐκ ἦν. ὁ δὲ ἐξελθὼν ἐπρίατο.

Ἐς τροφωνίου μεμάντευται. ἐπὶ τῶν σκυθρωπῶν, καὶ ἀγελάστων. οἱ γὰρ καταβαίνοντες ἐς τροφωνίου λέγονται τὸν ἑξῆς χρόνον ἀγέλαστοι εἶναι. ὁ γὰρ τροφώνιος ἔχων τὴν κεφαλὴν τοῦ ἀδελφοῦ αὐτοῦ ἀγαμήδους, καὶ διωκόμενος ὑπὸ τοῦ αὐγέου, εὐξάμενος, εἰς χάσμα ἐνέπεσεν. οὗ δὴ καὶ μαντεῖον ἐγένετο.

Ἐς ὕδωρ γράφεις. ἐπὶ τῶν μάτην πονούντων.

Ἔσχατος μυσῶν πλεῖν. ἕλλησι λοιμῷ κρατουμένοις ὁ θεὸς ἔχρησεν ἐπὶ τὸν ἔσχατον μυσῶν πλεῖν. οἱ δὲ, τὸ μὲν πρῶτον ἠπόρουν. αὖθις δὲ τὴν αἰολίδα παρὰ τοῖς ἐσχάτοις τῆς μυσίας εὗρον. ἄλλοι τὴν παροιμίαν τοῦ χρησμοῦ λέγουσι τηλέφῳ μαντευομένῳ γεγονέναι περὶ γονέων, ἐπί τινας τόπους ἐλθὼν, εὕροι τοὺς γονεῖς. τὸν δὲ θεὸν προστάξαι πλεῖν ἐπὶ τὸν ἔσχατον μυσῶν. ἀφικόμενον δ' εἰς τευθρανίαν, νέμεσθαι δὲ ταῦτα τὰ χωρία μυσοὺς, ἐπιτυχεῖν τῇ μητρὶ αὐτοῦ. τάττεται δὲ ἡ παροιμία ἐπὶ τῶν δυσχερῶν ἐπιταττομένων. ἔσχατος δὲ, παρὰ τὴν σχέσιν, καὶ κώλυσιν ὁ τελευταῖος, καὶ ὕστατος, καὶ ὅτι ὑπ' αὐτόν ἐστιν ἡ στάσις. καὶ οὐκ ἔτι προβῆναι δύναται, ἀλλ' ὕστερος εἰ στήκει, τοῦ πρώτου μὴ ἐόντος. καὶ τὸ, πύματος, ἀπὸ τοῦ πεπαῦσθαι. καὶ τέρμιον, τὸ ἔσχατον, ἀπὸ τοῦ τέρματος, ὅ ἐστι τέλους. καὶ ἄλλως.

Ἔσχατος μυσῶν. φασὶν ὅτι τήλεφος ἀποκτείνας τοὺς τῆς μητρὸς ἀδελφοὺς, πυθέσθαι τῆς πυθίας ποῖ δεῖ σταλῆναι. τὴν δὲ, εἰπεῖν πρὸς ἔσχατον μυσῶν. ἐλθὼν δὲ εἰς τευθρανίαν, ἥτις ἐστὶν ἐν τῷ τῆς μυσίας ἐσχάτῳ, τῆς χώρας ἐβασίλευσεν.

Ἔσχατα. ἔσχατον κακὸν διαπέπρακται. ὁμοία ἐστὶ τῇ, δεινότερα δεινίου, καὶ κακώτερα κακώπωνος. ἡ παροιμία ἐπὶ τῶν ἄκρων κακῶν.

Ἑτερομόλιος δίκη, εἰς ἣν οἱ ἀντίδικοι οὐκ ἦλθον.

Εὐδαίμων ὁ κόρινθος, ἐγὼ δ' εἴην τενεάτης. κώμη ἐστὶ πλησίον τῆς κορίνθου, τενέα, κατάφυτος. ὡς οὖν ἐν τῇ κώμῃ ὁμολογούντων μὲν κόρινθον εἶναι εὐδαίμονα, αἱρουμένων δὲ ἥττονα κώμην ἔχειν, οὕτως εἴρηται.

Εὐδαιμονέστερος τῶν Καρκίνου στροβίλων· ἀντὶ τοῦ κακοδαιμονέστερος ἐν εἰρωνείᾳ.

Εὖ γε τὰ Τέλληνος· ὁ Τέλλης ἐγένετο αὐλητής, καὶ μελῶν ἀνυποτάκτων ποιητής.

Εὕδει τῶν ἁλιευτικῶν κύρτων· εἴρηται ἡ παροιμία ἐπὶ τῶν ἄνευ πόνου κατεργαζομένων, ἐφ᾽ ἃ ἂν ὁρμήσωσιν· ἐπειδὴ κοιμωμένων τῶν ἁλιέων ὁ ἰχθὺς τῷ κύρτῳ εἰσδύεται.

Εὐμεταβολώτερος κοθόρνου· κόθορνός ἐστιν ὑπόδημα τὸ εἶδος ἐφαρμόζοντος καὶ δεξιῷ, καὶ ἀριστερῷ ποδί, ὅθεν καὶ Θηραμένην τὸν ἐπὶ τῶν τριάκοντα κόθορνον ἐκάλουν οἱ Ἀθηναῖοι. ἐπὶ τῶν οὖν συστρεφομένων συνεχῶς ἡ παροιμία εἴρηται.

Εὔνους ὁ σφάκτης· αὕτη ἡ παροιμία προηνέχθη ἀπὸ τοῦ Ὀρέστου, ὡς καὶ Ὅμηρος ἐδήλωσεν· ἀποκτείνας γὰρ τὴν μητέρα, περίδειπνον ἐποίησεν· ὁμοίως δὲ καὶ ἀπὸ Ἀντιγόνου τοῦ βασιλέως, ὃς Σεμέλην φονεύσας τὰ ὀστᾶ αὐτῆς μετὰ πολλῆς φροντίδος ἔπεμψε τῇ μητρί· ἔτι δὲ μᾶλλον ἀπὸ Πτολεμαίου τοῦ Φιλοπάτορος· τὴν γὰρ μητέρα Βερενίκην καθείρξας ἐν μεγάροις, καὶ παραδοὺς Σωσιβίῳ φυλάσσειν, ἡνίκα ἐκείνη οὐ φέρουσα τὴν κόλασιν, ἔπιε θανάσιμον βοτάνην· καὶ τὸ φάρμακον πιοῦσα, ἀπέθανε διὰ τὰς ἐπ᾽ αὐτῶν τῶν ὀνείρων ταραχάς· ἐν μέσῃ τῇ πόλει μνῆμα οἰκοδομήσας, ὃ νῦν σῆμα καλεῖται· πάντας ἐκεῖ τοὺς προπάτορας σὺν αὐτῇ κατέθετο, καὶ Ἀλέξανδρον τὸν Μακεδόνα, καὶ ἐπὶ τῶν αἰγιαλῶν ἱερὸν αὐτῇ ἱδρύσατο, ὃ ἐκάλουν Βερενίκης σωζούσης.

Εὐρύκλης· ἐπὶ τῶν ἑαυτοῖς τινα κακὰ μαντευομένων· Εὐρύκλης γάρ τις ἐγένετο μάντις ἐγγαστρίμυθος.

Εὔρυμνος· οὗτος πειρώμενος διαβάλλειν Κάστορα πρὸς τὸν Πολυδεύκην, ἔδωκεν αὐτοῖς τὴν μεγίστην δίκην.

Ἔφυγον κακόν, εὗρον ἄμεινον· αὕτη τάττεται ἐπὶ τῶν μεταβολὴν ἑαυτοῖς κρείττονα οἰωνιζομένων· Ἀθήνησι γὰρ ἐν τοῖς

γάμοις ἔθος ἦν ἀμφιθαλῆ παῖδα ἀκάνθας μετὰ δρυΐνων καρπῶν στέφεσθαι, καὶ λίκνον ἄρτων πλῆρες περιφέροντα λέγειν· ἔφυγον κακόν, εὗρον ἄμεινον. ἐσήμαινον δὲ ὡς ἀπώσαιντο μὲν τὴν ἀγρίαν, καὶ παλαιὰν δίαιταν, εὕροιεν δὲ τὴν ἥμερον τροφήν. καὶ ἄλλως,

Ἔφυγον κακόν, εὗρον ἄμεινον. ἐπὶ τῶν ἀπὸ κακοῦ εἰς κρεῖττον ἐλθόντων. ἔθος γὰρ Ἀθήνησιν ἐν γάμοις στέφεσθαι ἀμφιθαλῆ παῖδα ἀκάνθαις μετὰ δρυΐνων καρπῶν φέροντα, καὶ λίκνον πλῆρες ἄρτων λέγειν τὸ προκείμενον αἰνιττόμενον τὴν ἐπὶ τὸ κρεῖττον μεταβολήν· τὸ γὰρ ἐκ τῶν δρυῶν, καὶ ἀκανθῶν στέμμα κακὸν ἔλεγον.

Ἔχεις τι; ἐπὶ τῶν ἀγρευόντων ἤτοι ὄρνιν, ἢ ἰχθύν. λέγεται δὲ τὸ ἔχεις τι, ἀντὶ τοῦ εἴληφάς τι; συνεβούλευε γὰρ αὐτῷ ὁ Σωκράτης ὥσπερ ἀναπτῆναι τὴν διάνοιαν ἐάσαντι τὴν φροντίδα· τῇ τῶν ἀγρευόντων χρησάμενος λέξει. τοῖς γὰρ ἁλιεῦσι, καὶ τοῖς ὀρνιθοθήραις, οὕτω φασίν. ἔχεις τι; ὁ δὲ γέρων φησί, μὰ τὸν Δί᾽ οὐδὲν ἔγωγ᾽. οὐδὲν πάνυ; οὐδέν γε πλὴν ἢ τὸ πέος ἐν τῇ δεξιᾷ, τουτέστι τὸ αἰδοῖον, καὶ μεμῆσθαι τὸν διαμύλλοντα ἑαυτόν.

Ἐχθρῶν ἄδωρα δῶρα, κοὐκ ὀνήσιμα· μέμνηται τῆς παροιμίας ταύτης Σοφοκλῆς ἐν Αἴαντι μαστιγοφόρῳ· λέγει δὲ καὶ Εὐριπίδης ἐν τῇ Μηδείᾳ, κακοῦ ἀνδρὸς δῶρ᾽ ὄνησιν οὐκ ἔχει.

Ἐχῖνος τὸν τόκον ἀναβάλλει· λέγεται ἐφ᾽ ὧν τὸ ἀναβάλλεσθαι πρὸς χείρονος γίνεται· καὶ γὰρ οἱ χερσαῖοι ἐχῖνοι δοκοῦσι κεντούμενον ἀνέχειν τὸν τόκον· εἶθ᾽ ὕστερον ὑπὸ τραχυτέρων τῶν ἐμβρύων, κάκιον ἀπαλλάσσειν ἐν τῷ τόκῳ. ἐχῖνος δὲ καὶ τὸ ζῷον, καὶ ἡ γαστὴρ τοῦ βοός. ἐν ἐπιγράμματι, ὀξέσι λαχνήεντα δέμας κέντροισιν ἐχῖνον. καὶ αὖθις· κώμαυλος τὸν ἐχῖνον ἰδὼν ἐπὶ νῶτα φέροντα ῥᾶγας, ἀπέκτεινε τῷ δ᾽ ἐπὶ θειλαπίδῳ.

ζ Ζαλεύκου νόμος. ἐπὶ τῶν ἀποτόμων. Ζάλευκος γὰρ Λοκροῖς τοῖς Ἐπιζεφυρίοις ὠμότερον ἐνομοθέτησε.

Ζεῦ χύτρα, Ζεῦ φιλία. ἐπὶ τῶν διὰ δείπνου συνιόντων εἰς φιλίαν.

Ζεὺς κατεῖδε χρόνιος εἰς τὰς διφθέρας. ὅτι οὐκ ἀπρονόητα, καὶ βραδέως ἡ δίκη τοὺς πονηροὺς μέτεισι. φασὶ γὰρ τὸν Δία εἰς διφθέρας τινὰς ἀπογράφεσθαι τὰ πραττόμενα τοῖς ἀνθρώποις. καὶ ἄλλως.

Ζεὺς κατεῖδε χρόνιος εἰς τὰς διφθέρας. ἐπὶ τῶν ποτὲ ἀμειβομένων ὑπὲρ ὧν ἔπραττόν τι καλῶν, ἢ κακῶν. ὅτι οὐκ ἀπρονόητά φασι τὰ πάντα. ἀλλὰ τὸν Δία εἰς διφθέρας τινὰς ἀπογράφεσθαι, καὶ ποτὲ ἐπεξιέναι.

Ζῆ καῖε πῦρ. ἐπὶ τῶν μόλις γινομένων.

Ζήνωνος ἐγκρατέστερος. οὗτος γὰρ ἄκραν εἶχε δίαιταν, καὶ λιτήν, ὥστε καὶ εἰς παροιμίαν χωρῆσαι.

Ζητῶν γὰρ ὄψον, θοιμάτιον ἀπώλεσα. ἐπὶ τῶν ἀτυχεστάτων.

Ζωὴ πίθου. ἐπὶ τῶν ἐπιεικῶς, καὶ μετρίως ζώντων, ἀπὸ Διογένους τοῦ φιλοσόφου, ᾧ πίθος ἦν ἡ δίαιτα καταγωγή, καὶ διατριβή.

Ζῶμεν γὰρ οὐχ ὡς θέλομεν, ἀλλ' ὡς δυνάμεθα. ἐπὶ τῶν μὴ κατὰ προαίρεσιν ζώντων. κέχρηται αὐτῇ Πλάτων ἐν Ἱππείᾳ.

Ζωὸς γενήσῃ, κρομμύου μόνον λαβών. πρὸς τοὺς ἀπὸ μικρᾶς αἰτίας μεγάλην δόξαν καρπουμένους.

Ζωπύρου τάλαντα. Ζώπυρος ὁ Πέρσης τῷ βασιλεῖ χαριζόμενος, μαστιγώσας ἑαυτὸν καὶ τῆς ῥινὸς, καὶ τῶν ὤτων ἀφελόμενος, εἰσελθὼν εἰς Βαβυλῶνα, καὶ πιστευθεὶς τὰ περὶ τὸ σῶμα, προὔδωκε τὴν πόλιν. ἐκ μεταφορᾶς οὖν εἶπε τάλαντα, καὶ ζυγά, οἱονεὶ ἔργα, καὶ πράξεις.

η Αἲξ δοῦσα τὴν μάχαιραν. Κορινθίων γὰρ Ἥρᾳ Ἀκραίᾳ θυόντων, ἣν λέγεται ἱδρῦσαι Μήδεια, οἱ ἐν τῇ παρόχῳ μεμισθωμένοι γῇ κρύψαντες τὴν μάχαιραν, ἐσκήπτοντο ἐπιλελῆσθαι, ἡ δὲ αἲξ αὐτὴν τοῖς ποσὶν ἀνεσκάλευσεν.

Ἡ Ἀμαία τὴν Αὐξησίαν μετῆλθεν. ἐπὶ τῶν πολυχρονίαις ζητήσεσι χρωμένων. Ἀμαία γὰρ ἡ Δημήτηρ, Αὐξησία δὲ ἡ Κόρη.

Ἡ ἀφύα πῦρ. ἐπὶ τῶν ὀξὺ λαμβανόντων τέλος ἡ παροιμία εἴρηται, παρόσον ἡ ἀφύη ἰδοῦσα τὸ πῦρ μόνον, ἕψεται, οὔτις οὖσα ξυφερά. ἔστι δὲ ἰχθύς.

Ἡ γὰρ τυραννὶς ἀδικίας μήτηρ ἔφυ.

Ἢ δεῖ χελώνης κρέα φαγεῖν, ἢ μὴ φαγεῖν. τὰ χελώνης ὀλίγα κρέα βρωθέντα στρόφους ποιεῖ. πολλὰ δὲ καθαίρει. ὅθεν ἡ παροιμία. ἕτεροι δὲ ἐπὶ τῶν ἀρχομένων ἐρμᾶν ἐπί τι πρᾶγμα. στραγγευομένων δέ. φασὶ δὲ αὐτὴν Τερμίωνος εἶναι.

Ἠλιθιώτερος τοῦ Πραξίλλης Ἀδώνιδος. Πράξιλλα Σικυωνία μελοποιὸς ἐγένετο, ὥς φησι Πολέμων. αὕτη ἡ Πράξιλλα τὸν Ἄδωνιν ἐν τοῖς μέλεσιν εἰσάγει ἐρωτώμενον ὑπὸ τῶν κάτω, τί κάλλιστον καταλιπὼν ἥκει, ἀποκρίνασθαι· ἥλιον, καὶ σελήνην, καὶ σικύους, καὶ μῆλα. ὅθεν εἰς παροιμίαν προήχθη ὁ λόγος. ἠλίθιοι γὰρ τὸ τῷ ἡλίῳ παραβάλλειν τοὺς σικύους.

Ἡ κύων ἐν τῇ φάτνῃ. ἐπὶ τῶν μήτε ἑαυτοῖς χρωμένων, μήτε ἄλλους ἐώντων. παρόσον αὕτη κριθὴν οὐκ ἐσθίει, καὶ τὸν ἵππον κωλύει.

Ἢ κεῖνον, ἢ κολοκύντην. τὸ τῆς κολοκύντης ἄνθος καλεῖται κεῖνον. ἄδηλον δὲ εἰ οἴσει καρπόν. ἔταττον οὖν τὸ μὲν κεῖνον οἱ ἀρχαῖοι ἐπὶ τοῦ τεθνηκότος, τὴν δὲ κολοκύντην ἐπὶ τοῦ ὑγιοῦς. μέμνηται ταύτης Δίφιλος λέγων, ἐν ἡμέραισιν αὐτὸς ἑπτά σοι γέρον θέλω παρασχεῖν κολοκύντην, ἢ κεῖνον.

Ἧλιξ ἥλικα τέρπει.

Ἡ Περγαία Ἄρτεμις. ἐπὶ τῶν ἀγύρτων, καὶ

πλανίτων, παρ' ἴσον ἡ θεὸς αὕτη πα-
νομίζεται ἀγείρειν ἀεί, καὶ πλανᾶσθαι.
ἡρακλεία λίθος· ταύτην οἱ μὲν μαγνῆ-
τιν λέγουσι, τὴν ἐπισπωμένην τὸν σίδη-
ρον. οἱ δὲ ἑτέραν, παραπλήσιον ἀργύρῳ.
κέκληται δὲ οὕτως ἀπὸ ἡρακλείας τῆς
ἐν λυδίᾳ πόλεως.
ἡράκλειος νόσος· δικαίαρχός φησι τὴν ἱε-
ρὰν νόσον ἡράκλειον ὀνομάζεσθαι· εἰς ταύ-
την γὰρ ἐκ τῶν μακρῶν πόνων περιπε-
σεῖν φασι τὸν ἡρακλέα.
ἡράκλειος φορά, ἡ τῶν ἡρακλείων λουτρῶν
δεομένη πρὸς θεραπείαν. ἡ γὰρ ἀθηνᾶ τῷ
ἡρακλεῖ πολλαχοῦ ἀνῆκε θερμὰ λουτρά.
ἡρακλῆς ξενίζεται· παροιμία ἐπὶ τῶν
βραδυνόντων· οἱ γὰρ ὑποδεξάμενοι τὸν ἡρακλέα
βραδύνουσι· πολυφάγος γὰρ ὁ ἥρως.
ἡ ἐτυμολογία τῆς κλήσεως, ἀπό τινος χρησ-
μοῦ, ἡρακλῆν δέ σε φοῖβος ἐπώνυμον ἐξο-
νομάζει· ἥρα γὰρ ἀνθρώποισι φέρων, κλέος
ἄφθιτον ἕξεις.
ἡ σκυθῶν ῥῆσις· πρὸς δαρεῖον τὸν πέρσην
ἀπεκρίναντο οἱ σκύθαι κλαίειν αὐτόν,
ἐπὶ τῶν ἀποτόμως οἰμώζειν τινὰ λεγόντων.
ἡ συρακουσίων δεκάτη· ἐπὶ τῶν σφόδρα
πλουσίων.
ἤτοι τέθνηκεν, ἢ διδάσκει γράμματα· τῶν
μετὰ νικίου στρατευσαμένων εἰς σικελί-
αν, οἱ μέν, ἀπώλοντο· οἱ δέ, ἐλήφθησαν
αἰχμάλωτοι. καὶ τοὺς σικελιωτῶν παῖ-
δας ἐδίδασκον γράμματα. οἱ οὖν δια-
φυγόντες εἰς ἀθήνας, καὶ ἐρωτώμενοι περὶ
τῶν ἐν σικελίᾳ, ἔλεγον, ἢ τέθνηκεν, ἢ δι-
δάσκει γράμματα. καὶ οὕτως ὁ λόγος
παροιμιώδης ἐγένετο. εἴρηται δὲ ἐπὶ τῶν
ἀμφιβόλως λαλούντων.
ἢ τρὶς ἕξ, ἢ τρεῖς κύβοι· ἡ παροιμία παρὰ
φερεκράτει ἐν τοῖς μυρμηκανθρώποις.
κεῖται δὲ ἐπὶ τῶν ἀποκινδυνευόντων.
τὸ μὲν γὰρ τρὶς ἕξ, τὴν παντελῆ νίκην δη-
λοῖ· τὸ δὲ τρεῖς κύβοι, τὴν ἧτταν. πάλαι γὰρ
τρισὶν ἐχρῶντο πρὸς τὰς παιδιὰς κύ-
βοις, καὶ οὐχ ὡς οἱ νῦν δυσί. ἔστι δὲ ὁμω-
νυμία. κύβον γὰρ ἔλεγον ἰδίως αὐτοῦ
τὸν εἰ[illegible] μόνον ὅτε πλήρης ἐστί, καὶ μή.
τοὺς δὲ κύβους τοὺς τοιούτους οἱ ἴωνες

καλοῦσιν. διὸ καὶ τὴν παροιμίαν οὕ-
τως ἐκφέρουσιν· ἢ τρὶς ἕξ, ἢ τρεῖς κύβοι.
ἡ φαίδου θύρα· ὁ φαῖδος ὥς φασιν ἐγένετο
ὀβολοστάτης· ἄλλοι δέ, τυφλός. ὑπα-
νοίγοντος δὲ τοῦ παιδὸς αὐτοῦ τὰ τα-
μεῖα καὶ τὴν θύραν, ἣν ἐκεῖνος ἰσχυρὰν ἐ-
νόμιζεν εἶναι, τὴν παροιμίαν εἰρῆσθαι.
ἐπὶ τῶν μηδὲν ἀνυόντων ἐν τῷ φυλάτ-
τειν. καὶ ἄλλως.
ἡ φαίδου θύρα· τὸν φαῖδον φησὶ δήμων ὀ-
βολοστάτην εἶναι. ἄλλως δέ, τυφλόν.
ὑπανοιγομένης δὲ αὐτῷ τῆς τοῦ ταμείου
θύρας, κατασκευάσαι τοιαύτην, ἣν
οὐκ ἄν τις ἤνοιξε μὴ ψόφον ποιήσας. ἔνι-
οι δὲ λέγειν ὡς μοιχευομένης αὐτῷ
τῆς γυναικός, τὴν αὔλειον θύραν ἁρ-
μόσαι, ὡς μὴ ἄνευ ψόφου ἀνοίγεσθαι.
τὸν δὲ κατὰ τὸ εἰωθὸς δεχομένης τὸν μοιχόν,
χλευάζοντας τοὺς γείτονας λέγειν, ἡ φαίδου
θύρα. ἐκ τούτου παροιμιώδης ὁ λόγος,
ἐπὶ τῶν μηδὲν ἀνυόντων ἐν τῷ φυλάττειν.
ἢ φίλων πλατωνίζει, ἢ πλάτων φιλωνί-
ζει. φίλων ἰουδαῖος τεχθεὶς ἐν ἀλεξαν-
δρείᾳ γένους ἱερέων, φιλοσοφήσας δὲ τὰ
ἑλλήνων, εἰς μέγα προέβη, παιδείας ὡς
μετελθεῖν πᾶσαν ἑλληνικὴν παίδευσιν,
τήν τε τῶν ἐγκυκλίων καλουμένων, καὶ
τὰς λοιπὰς ἐπιστήμας, ζῆλον ἀκριβεῖ κα-
ταλήψει. ἐπλούτησε τὸν λόγον, παρό-
μοιον πλάτωνι, ὡς καὶ εἰς παροιμίαν
παρ' ἕλλησι τοῦτο χωρῆσαι. ἢ πλάτων
φιλωνίζει. ἢ φίλων πλατωνίζει. το-
σαύτη ἐστὶν ὁμοιότης τῆς γε διανοίας,
καὶ φράσεως τοῦ ἀνδρὸς πρὸς τὴν πλά-
τωνος.
ἡ ψελλὴ οὐ πιστεύω· παροιμία ἐπὶ τῶν
τὰ οἰκεῖα ἐλαττώματα πειρωμένων ἀ-
ποκρύπτειν.

ἀρχὴ τοῦ θ.

αλασσαν αἰτεῖς· ἐπὶ τῶν ἀ-
θ νηνύτοις ἐπιχειρούντων.
θάμυρις μαίνεται, ἐπὶ τῶν κα-
τὰ σύνεσιν παράλογα δοκούντων πράτ-
τειν εἴρηται ἡ παροιμία. ὁ θάμυρις πολ

λοὺς ἤδη καὶ ἄλλης διανοιῶν, ἤρξατο πρῶτον ἐρᾶν ἀρρένων. ἀσκήσας δὲ κιθαρῳδίαν ταῖς μούσαις ἤρισε, συνθέμενος πρότερον εἰ μὲν κρείττων εὑρεθῇ, πλησιάσαι πάσαις, εἰ δ᾽ ἡττηθῇ, στερηθήσεσθαι ὧν ἂν ἐκεῖναι θέλωσιν. ὑπέρτεραι δὲ αἱ μοῦσαι γενόμεναι, καὶ τῶν ὀμμάτων αὐτὸν καὶ τῆς κιθαρῳδίας ἐστέρησαν.

θᾶσσον ἀγαθῶν. ἐπὶ τὸν εὐδαίμονα, καὶ λαμπρὸν ἀποδεῖξαί τινα ἐπαγγελλομένων. καλλίστρατος γὰρ ὁ ῥήτωρ ἐκπεσὼν ἀθήνηθεν ἔπεισεν ἀθηναίους τὴν ἀντίπερα γῆν οἰκῆσαι. λέγων ὅτι καὶ χρυσᾶ μέταλλα ἔχει, καὶ γῆν ἄφθονον, καὶ ὕλην ἀρίστην, καὶ ὅλως θᾶσσον ἀγαθῶν τὸν τόπον ἐκάλει. καὶ ἄλλως.

θάσος ἀγαθῶν. ἐπὶ τῶν εὐδαίμονα, καὶ λαμπρὸν ἀποδεῖξαί τινα ἐπαγγελλομένων ἡ παροιμία ἐστί. καλλίστρατος γὰρ ὁ ῥήτωρ ἐκπεσὼν ἀθήνηθεν ἔπεισε τοὺς ἀθηναίους τὴν ἀντίπερα γῆν οἰκῆσαι λέγων ὅτι καὶ χρυσᾶ μέταλλα ἔχει. καὶ γῆν ἄφθονον, καὶ ὕλην ἀρίστην, καὶ ὅλως θάσον ἀγαθῶν τὸν τόπον ἐκάλει, ὅθεν ἡ παροιμία ἐκράτησε.

θᾶττον ὁ τόκος ἡρακλεῖ τῷ πειναίῳ τέχθη. ἡρακλέους δρομεὺς ἐγένετο θαυμαστὸς ἐπὶ τάχει. εἴρηται ἡ παροιμία ἐπὶ τῶν δανειζομένων. ὡς τοῦ τόκου θᾶττον τεχθέντος, ἢ ἡρακλέους ὁ δρομεύς. ἐξηλλαγμένως δὲ εἰρωνικῶς ἡρακλεῖ τῷ πειναίῳ, ἀντὶ τοῦ πειναίου.

θᾶττον ἢ βάτης. τῶν ἐπὶ τῇ στοᾷ μαχομένων, τις ἦν ᾧ ἐπιγέγραπτο βάτης, ὃ ἐφαίνετο τὸ κράνος, καὶ ὁ ὀφθαλμός. τὰ δὲ λοιπὰ μέρη ἐδόκει ὑπὸ τοῦ ὄρους, ἐφ᾽ οὗ ἐβεβήκει κρύπτεσθαι διὰ τὸ προκεῖσθαι αὐτοῦ. τάττεται οὖν ἡ παροιμία ἐπὶ τῶν ῥᾳδίως συντελουμένων. καὶ γὰρ ὁ βούτης ῥᾳδίως κατεσκεύαστο, ἅτε οὐχ ὅλου κλήρου τοῦ σώματος γεγραμμένου.

θεαγένους ἑκάτειον. παροιμία. οὗτος δειλὸς ἦν. εἶχε δὲ ἑκάτης ἄγαλμα, ὃ ἐπυνθάνετο πανταχοῦ ἀπιών, ὃς καὶ καπνὸς ἐκαλεῖτο.

θεαγένους χρήματα, τὰ τ᾽ αἰσχίνου. ἐπὶ τῶν πενήτων μὲν, ἀλαζονευομένων δέ. οὗτος γὰρ

πένης ὤν, ἔλεγεν ἑαυτὸν πλούσιον εἶναι. καὶ ὁ αἰσχίνης δὲ πένης θρυπτόμενος καὶ αὐτὸς ἤδη πλούτῳ, καὶ λέγων ἑαυτὸν πλούσιον. ἦν δ᾽ αἰσχίνης σέλλου. ἔλεγον ἐκ μεταφορᾶς τοὺς τοιούτους σέλλους, καὶ τὸ ἀλαζονεύεσθαι σελλίζειν.

θεὸς ἡ ἀναίδεια. καὶ ἱερὸν αὐτῆς ὡς ἴστρος ἐν ἀνακτέασι παρα. καὶ ἄλλως.

θεὸς ἡ ἀναίδεια. αὕτη τέτακται ἤδη ἐπὶ τῶν δι᾽ ἀναισχυντίαν τινὰ ὠφελουμένων. φησὶ θεόφραστος ἐν τῷ περὶ νόμων. ὕβρεως, καὶ ἀναιδείας παρὰ τοῖς ἀθηναίοις εἶναι βωμούς.

θερμὸν τοῦ ἐβελοῦ. ἐπὶ τὰ χείρονα. αἰρουμένων.

θετταλῶν σόφισμα. παροιμία ἐπὶ τῶν σοφιζομένων λεγομένη. διὰ τὸ τῷ θετταλῷ λόγιον ἐκπεσεῖν. φυλάττεσθαι μὴ ἕλωσιν αὐτὸν οἱ ὑπεναντίοι, εὐχῇ μείζονι, καὶ λαμπροτέρᾳ κατ᾽ αὐτοῦ χρησάμενοι. νοήσας οὖν τὸ λόγιον, καὶ πρὸς ὑπερβολὴν τρεπόμενος ἑκατόμβην ἀνδρῶν ηὔξατο θυσίαν ἀπόλλωνι καταιβασίῳ. κατελθὼν οὖν ἐκεῖ, καὶ διαταξάμενος ἐφ᾽ ἃ ὥρμησε, τὸ περὶ τὴν θυσίαν, καὶ τὴν εὐχὴν οὔτε ἱεροπρεπῆς εἶναι νομίσας, οὔτε ἄλλως εὐσεβεῖς, ὑπερέθετο. καὶ μέχρι νῦν θετταλοὶ τὴν θυσίαν ἀπόλλωνι ὑπισχνοῦνται δι᾽ ἔτους. καὶ ἄλλως,

θετταλῶν σόφισμα. ἐπὶ τῶν μὴ εὐθυμαχούντων ἐν ταῖς παρατάξεσιν, ἀλλὰ κακουργούντων. καὶ ἄλλως.

θετταλῶν νόμισμα παροιμιῶδες εἶναι ἐπὶ ἀπάτης ταττόμενον.

θετταλὴ γυνή. ἐπὶ τῶν φαρμακίδων. διαβάλλονται γὰρ οἱ θετταλοὶ ὡς γόητες. καὶ μέχρι καὶ νῦν φαρμακίδες αἱ θετταλαὶ καλοῦνται. φασὶ δὲ ὅτι ἡ μήδεια φεύγουσα κίστην ἐξέβαλλε φαρμάκων ἐκεῖ, καὶ ἀνέφυσαν.

θύρασ᾽ θύραζε κᾶρες οὐκ ἔτ᾽ ἀνθεστήρια. οἱ μὲν διὰ πλῆθος οἰκετῶν καρικῶν εἰρῆσθαί φασιν ὡς ἐν τοῖς ἀνθεστηρίοις εὐωχουμένων αὐτῶν, καὶ οὐκ ἐργαζομένων. τῆς οὖν ἑορτῆς τελεσθείσης λέγειν, ἤδη τὰ ἔργα ἐκπέμποντας αὐτούς. ἢ ἄλλως.

θύραζε

Θύραζε Κᾶρες οὐκέτ' Ἀνθεστήρια. τινὲς δὲ οὕτω τὴν παροιμίαν φασί· θύραζε κῆρες οὐκ ἔνι Ἀνθεστήρια, ὡς κατὰ τὴν πόλιν τοῖς Ἀνθεστηρίοις τῶν ψυχῶν περιερχομένων. ἢ οὕτω·

Θύραζε Κᾶρες οὐκέτ' Ἀνθεστήρια. οἱ μὲν, διὰ πλῆθος οἰκετῶν Καρικῶν εἰρῆσθαί φασιν ὡς ἐν τοῖς Ἀνθεστηρίοις εὐωχουμένων αὐτῶν, καὶ οὐκ ἐργαζομένων. τῆς οὖν ἑορτῆς τελεσθείσης, λέγειν ἐπὶ τὰ ἔργα ἐκπέμποντας αὐτούς, θύραζε Κᾶρες οὐκέτ' Ἀνθεστήρια. ἢ τινὲς δὲ οὕτω τὴν παροιμίαν φασὶν ὅτι οἱ Κᾶρες ποτὲ μέρος τῆς Ἀττικῆς κατέσχον, καὶ ὁπότε τὴν ἑορτὴν τῶν Ἀνθεστηρίων ἦγον οἱ Ἀθηναῖοι, σπονδῶν αὐτοῖς μετεδίδοσαν, καὶ ἐδέχοντο τῷ ἄστει, καὶ ταῖς οἰκίαις. μετὰ δὲ τὴν ἑορτὴν τινῶν ὑποβεβλημένων ἐν ταῖς Ἀθήναις, οἱ ἀπαντῶντες πρὸς τοὺς Κᾶρας παίζοντες ἔλεγον, θύραζε Κᾶρες οὐκέτ' Ἀνθεστήρια. εἴρηται δὲ ἡ παροιμία ἐπὶ τῶν τὰ αὐτὰ ἐπιζητούντων πάντοτε λαμβάνειν.

Θεῶν ἀγορά. παροιμία ἐπὶ τῶν τολμώντων τι λέγειν ἐπὶ τοῖς τοσοῦτον ὑπερέχουσιν, ὅσον οἱ θεοὶ τῶν ἀνθρώπων. καὶ τόπος Ἀθήνησι, ἀπὸ τοῦ συναγερθῆναι προσαγορευθείς.

Θολερῶς προσβαίνεις. μὴ καθισταμένην, καὶ ἀσφαλῆ πορείαν ἔχων, ἀλλὰ ἀστάτως, καὶ τεταραγμένως προϊών.

Θρᾷκες ὅρκια οὐκ ἐπίστανται. ταύτης μέμνηται Μένανδρος ἐν τῇ Προέδρῳ. λέγει γὰρ ὅτι ἐν ταύτῃ τῇ γῇ ὁ πρεσβύτατος ἀκοντισθεὶς, διὰ τοῦ στήθους ἀπώλετο. καὶ ἐντεῦθεν Ἴωσι, καὶ Αἰολεῦσιν αἴνιγμα γέγονε, Θρᾷκες ὅρκια οὐκ ἐπίστανται.

Θράκεια παρεύρεσις. φασὶ τοὺς Θρᾷκας ἡττηθέντας ὑπὸ Βοιωτῶν περὶ Κορώνειαν, καὶ σπεισαμένους σπονδὰς πενθημέρους, ἐπιθέσθαι νυκτὸς ἐπιγενομένης τοῖς Βοιωτοῖς, καὶ τοὺς μὲν, ἀποκτεῖναι, τοὺς δὲ, ζωγρῆσαι. ἀγανακτούντων δὲ τῶν Βοιωτῶν εἰπεῖν τοὺς Θρᾷκας ὅτι τὰς ἡμέρας οὐ τὰς νύκτας ἐσπείσαντο.

ἀρχὴ τοῦ ι.

ι Ἰαλέμου ψυχρότερος. παροιμία. ὡς εἴ τις εἴποι γυμνότερος τοῦ κακοδαίμονος ἢ ὅτι οἱ θρηνοῦντες τῷ ἰαλέμῳ χρῶνται, ἐπιλέγοντες αὐτό. ἔνθεν καὶ τὸ θρηνεῖν ἰαλεμίζειν λέγουσι. λέγουσι δὲ τινες ὅτι Ἰάλεμοι υἱὸν Καλλιόπης καθ' ὑπερβολὴν ψυχρὸν γεγονότα. ἢ οὕτως. Ἰάλεμος υἱὸς Καλλιόπης ὁ κακοδαίμων, καὶ οὐδενὸς ἄξιος. ὅθεν καὶ ἰαλέμου ᾠδὴ ψυχρὰ, καὶ οὐδενὸς ἀξία. καὶ παροιμία. ψυχρότερος ἰαλέμου, καὶ οἰκτρότερος ἰαλέμου, καὶ τὸ θρηνεῖν, ἰαλεμίζειν λέγεται.

Ἰδαμφύη πῦρ. παροιμία ἐπὶ τῶν ταχέως ἅμ' ἔπος ἅμ' ἔργον.

Ἱερὸν ἡ συμβουλή ἐστι. παροιμία ἐπὶ τῶν δεινῶν καθαρῶς συμβουλεύειν. μέμνηται ταύτης Ἐπίχαρμος.

Ἰλιὰς κακῶν. ἀπὸ παροιμίας τοῦτο ἐλέγετο ἐπὶ τῶν μεγάλων κακῶν. παρόσον Ἰλίῳ μυρία κακὰ συνέβη γενέσθαι.

Ἰνοῦς ἄχη. Ἰνὼ ἡ Κάδμου συνελθοῦσα Ἀθάμαντι, δύο ἐγέννησε παῖδας, Λέαρχον, καὶ Μελικέρτην, καὶ θυγατέρα Εὐρύκλειαν. οὗτοι ὑπὸ Ἀθάμαντος μανέντος κατετοξεύθησαν. μετὰ δὲ Μελικέρτου ἡ Ἰνὼ ἔρριψεν ἑαυτὴν εἰς τὴν πρὸς τῷ Μολουρίῳ θάλατταν, καὶ τὴν μὲν εἰς Μέγαρα προσβασθεῖσαν, Μεγαρεῖς ἀνελόμενοι, καὶ πολυτελῶς κηδεύσαντες, ἐκάλεσαν Λευκοθέαν, τὸν δὲ εἰς Κόρινθον Κορίνθιοι θάψαντες Μελικέρτην, ἄγουσιν ἐπ' αὐτῷ ἀγῶνα τὰ Ἴσθμια. διὰ δὴ ταῦτα εἴρηται Ἰνοῦς ἄχη. ἄχος γάρ ἐστιν ἡ λύπη, ἀχανεῖς ποιοῦσα τοὺς κακῶς παθόντας. ταῦτα δὲ δηλώσει καὶ Μενεκράτης ὁ Τύριος. πέπονθε δὲ οὕτως Ἰνὼ δι' αἰτίαν τήνδε. Ἀθάμας πρότερον γυναῖκα ἐσχηκὼς Νεφέλην, δύο παῖδας ἐκ ταύτης Ἕλλην, καὶ Φρίξον ἐγέννησεν. ἀποθανούσης δὲ τῆς Νεφέλης, δευτέραν ἠγάγετο γυναῖκα Ἰνώ, ἥτις ἐπιβουλεύσασα τοῖς τῆς Νεφέλης παισὶ, παρέπεισε τὰς τῶν ἐγχωρίων γυναῖκας φρύγειν τὰ σπέρμεται. ἡ γῆ δὲ πεφρυγμένον τὸν σπόρον δεχομένη, καρποὺς ἐτησίους οὐκ ἐνεδίδου. πέμψας οὖν εἰς δελφοὺς ὁ ἀθάμας περὶ τῆς ἀφορίας ἐπυνθάνετο. δώροις δὲ πείσασα ἰνὼ τοὺς πεμφθέντας, ὑπέθετο αὐτοῖς εἰπεῖν ὑποστρέψασιν, ὡς ἀνεῖλεν ὁ θεὸς ἕλλην, καὶ φρίξον σφαγιασθῆναι, εἰ θέλοιεν ἀπαλλαγὴν τῆς ἀφορίας ἔσεσθαι. πεισθεὶς οὖν ὁ ἀθάμας, ἕλλην, καὶ φρίξον τῷ βωμῷ παρέστησεν, ἀλλ' ἐκείνους μὲν κατοικτείραντες οἱ θεοὶ διὰ τοῦ χρυσομάλλου κριοῦ ἐναερίους ἀφήρπασαν. ὅθεν ἕλλη μὲν ἀντέχειν μὴ δυναμένη, εἰς τὸν ἀπ' ἐκείνης κληθέντα ἑλλήσποντον κατέπεσε. φρίξος δὲ εἰς τὴν κολχικὴν διασώζεται γῆν. ἀθάμαντι δὲ μανίαν ἐμβαλόντες, τὴν ἰνὼ τοιαῦτα παθεῖν παρεσκεύασαν.

ἱππάρχων πίναξ. ἐπεὶ παρὰ συρρακουσίοις οἱ ἵππαρχοι ἐν πίναξι τὰ ὀνόματα γράφοντες, τῶν ἀτακτούντων παρεσημειοῦντο.

ἱππεῖς μὲν ἐν θετταλίᾳ, καὶ θρᾴκῃ. τοξόται δὲ, καὶ τὰ κουφότερα τῶν ὅπλων ἐν ἰνδίᾳ, καὶ κρήτῃ, καὶ καρίᾳ.

ἵππῳ γηράσκοντι τὰ μείονα κύκλ' ἐπίβαλε. ταύτης μέμνηται κράτης ὁ κωμικὸς σαμίοις. τάττεται δὲ ἐπὶ τῶν δι' ἄκρας ῥᾳστώνης δεομένων τινὸς, καὶ ἀναπαύλης. εἴρηται δὲ ἀπὸ στρατιωτικῶν ἵππων, οἷς γηράσκουσιν ἐπέβαλλον τὸν καλούμενον τρισίππιον. ἔστι δὲ οὗτος σιδηροῦς τροχίσκος. οἱονεὶ δημόσιος ὡς χαρακτὴρ τροχίσκος, ὃν ἐκπυροῦντες ἐπέβαλον ταῖς σιαγόσι τῶν ἵππων.

ἶσα γὰρ ἀληθῶς φαίνεταί μοι ψεύδεσιν, ἐπὶ τῶν ἀμφιβόλων πραγμάτων, καὶ δυσελπίστων.

ἑστίᾳ θύεις. ἡ παροιμία τέτακται ἐπὶ τῶν μηδενὶ ῥᾳδίως μεταδιδόντων. δι' ἔθους γὰρ ἦν τοῖς παλαιοῖς, ὁπότε ἔθυον ἑστίᾳ μηδενὶ μεταδιδόναι τῆς θυσίας. μέμνηται ταύτης θεόπομπος ἐν καπήλοισιν.

ἴσθμια, πειζόμια, πεισδέρμια. λέγονται δὲ καὶ ἑορταὶ ἑλλήνων. καὶ παροιμία ἰσθμιάζειν. ἐπὶ τῶν κακῶς βιούντων. ἐπίνοσος γὰρ ὁ τῶν ἰσθμίων καιρός.

ἑστιοῖ ἑστίᾳ. εἴρηται ἡ παροιμία. κατὰ τῶν μηδενὶ ῥᾳδίως μεταδιδόντων. δι' ἔθους γὰρ ἦν τοῖς παλαιοῖς, ὁπότε ἔθυον ἑστίᾳ, μηδενὶ μεταδιδόναι τῆς θυσίας.

ἀρχὴ τοῦ κ.

κ Καδμεία νίκη. λέγεται ἐπὶ τῶν κακῶς νικώντων. οἱ μὲν λέγουσιν, ὅτι θηβαῖοι νικήσαντες, ὕστερον ἐπὶ τῶν ἐπιγόνων ἡττήθησαν. οἱ δὲ, ὅτι οἰδίπους τὸ αἴνιγμα λύσας, ἔπαθλον τὴν μητέρα ἔγημε. τίθεται δὲ ἐπὶ τῶν ἀλυσιτελῶν. ὡς γὰρ αὐτὸς ὁ τὰ περὶ τῶν θηβῶν συντάξας, ὅτι κάδμος ἀνελὼν τὸν τὴν ἀρείαν κρήνην τηροῦντα δράκοντα, ἐθήτευσεν ἀεὶ ὀκτὼ ἔτη. ἡ καδμεία νίκη. ἐπὶ ταύτης τῆς παροιμίας ἄλλοι ἄλλως λέγουσιν. ἀποδιδόασι δὲ ταύτην ἐπὶ τῆς ἀλυσιτελοῦς νίκης. οἱ μὲν ὅτι ἐπεὶ ἐτεοκλῆς, καὶ πολυνείκης μονομαχοῦντες ἀμφότεροι ἀπώλοντο. οἱ δὲ ὅτι καδμεῖοι νικήσαντες τοὺς ἀργείους τοὺς μετὰ ἀδράστου στρατεύσαντας, δίκην ἔδοσαν ἱκανὴν τοῖς ἀπογόνοις αὐτῶν. ἄλλοι ὅτι τὸ σφιγγὸς αἴνιγμα συνεὶς οἰδίπους, καὶ νικήσας αὐτὴν, ἀγνοῶν ἔγημε τὴν ἑαυτοῦ μητέρα. εἶτα ἐξετύφλωσεν ἑαυτόν. ὥστε μὴ λυσιτελῆσαι τὴν νίκην αὐτῷ. ἄλλοι δέ τινες ὅτι τὰ ἐκ φοινίκης γράμματα βουλόμενος διαδοθῆναι τοῖς ἕλλησι κάδμος, ἀνεῖλε λῖν) καὶ αὐτὸν ἴδια γράμματα ἐπιδεικνύμενον, ὃν ἀπεδίωξαν οἱ πολῖται. διὰ τὸ μὴ λυσιτελῆσαι τοίνυν αὐτῷ τὴν νίκην λέγεσθαι τὴν τοιαύτην παροιμίαν.

κάθαμμα λύεις. παροιμία ἐπὶ τῶν δυσλυτόν τι λύειν ἐπιχειρούντων. λόγιον γὰρ τοῖς φρυξὶν ἐπεπτώκει περὶ τῆς κειμένης τὸν μέσον ἁμάξης, εἴ τις ἐπιλύσειε τὸν δεσμὸν τοῦτον, τῆς ἀσίας ἄρξειν. ἀλέξανδρος δὲ ἔλυσε.

καθ' αὑτοῦ βελλεροφόντης. βελλεροφόντης ἀνελὼν πειρῆνα περὶ ἱερὸν, εἰς τίρυνθα φυγὰς ἐξ ἄργους παραγίνεται πρὸς τὸν προῖτον. προῖτος δὲ αὐτὸν διαβληθέντα

βληθέντα ὑπὸ τῆς γυναικὸς αὐτοῦ, εἰς Λυκίαν ἀποστέλλει πρὸς Ἀμφιάνακτα ἔχοντα γράμματα, ὥστε αὐτὸν ἀπολλύναι· ὁ δὲ ἀγνοῶν τὰ γεγραμμένα κατ' αὐτοῦ ἀπήνεγκε. καὶ ἄλλως.

καθ' αὑτοῦ Βελλεροφόντης. ἐπὶ τῶν ἑαυτοῖς κακὰ ἐπιφερόντων.

καθ' ὕδατος γράφεις. ἐπὶ τῶν ἀδυνάτοις ἐπιχειρούντων.

καὶ κέρχορος ἐν λαχάνοις. κέρχορον πελοποννήσιοί φασιν εἶναι λάχανόν τι τῶν εὐτελῶν. διὸ καὶ ἡ παροιμία.

καὶ σφάκελοι ποιοῦσιν ἀτέλειαν. Πεισίστρατος ὥς φασιν ὁ τύραννος δεκάτην τῶν γεωργουμένων ἀπῄτει τοὺς Ἀθηναίους. παριὼν δέ ποτε, καὶ ἰδὼν πρεσβύτην, πέτρας ἐργαζόμενον, καὶ τόπον λιθώδη, τὸν πρεσβύτην τίνας ἐκ τῶν τόπων κομίζοιτο τοὺς καρπούς. ὁ δὲ ἀπεκρίνατο ὀδύνας, καὶ σφακέλους, καὶ τούτων δεκάτην Πεισίστρατος φέρει. θαυμάσας δὲ ὁ Πεισίστρατος τὴν παρρησίαν αὐτοῦ, τῆς δεκάτης ἀτέλειαν ἔδωκε, καὶ ἐκ τούτου οἱ Ἀθηναῖοι τῇ παροιμίᾳ ἐχρήσαντο.

κακὴ πρόδοσις. ἐπὶ τῶν ἑρωμένων τῶν μετὰ τὴν μίξιν τὸν συγκείμενον οὐ κομιζομένων μισθόν.

καὶ δὴ λοιπὸν ἤδη, καὶ ἐν θεῶν ἀγορᾷ. ἐπὶ τῶν καθ' ὑπερβολὴν κατηγορούντων εἴρηται ἡ παροιμία. θεῶν δὲ ἀγορὰ τόπος ἐστὶν ἐν Ἐλευσῖνι.

κάκιον Βάβυς αὐλεῖ. τάττουσι ταύτην ἐπὶ τῶν κατὰ τὸ χεῖρον ἀσκούντων. φασὶ δὲ ὅτι ὁ Βάβυς ἀδελφὸς ἦν Μαρσύου, ὃν Ἀπόλλων ὑπερτενῆ κρεμάσας ἐκ πίτυος ἐξέδειρεν ἐρίσαντα αὐτῷ περὶ μουσικῆς. βουλόμενος δὲ καὶ τὸν Βάβυν ἀνελεῖν, Ἀθηνᾶς ὑποθεμένης ὡς ἀφυῶς τῷ αὐλῷ χρᾶται, ἀφῆκεν αὐτόν. ὅθεν εἰς παροιμίαν προήχθη, ὅτι κάκιον Βάβυς αὐλεῖ.

κακοὶ τῆς τρυγείας πίνουσι τὴν ὁμίχλην. ἐπὶ τῶν κατ' ἀξίαν τιμωρουμένων.

κακοῦ κόρακος κακὸν ᾠόν. τὴν παροιμίαν ταύτην οἱ μὲν ἀπὸ τοῦ πτηνοῦ ζῴου φασὶν εἰρῆσθαι, ὅτι οὔτε αὐτὸς βρωτός ἐστιν οὔτε τὸ ᾠόν, ὃ ἔχει. οἱ δὲ ἀπὸ Κόρακος τοῦ Συρρακουσίου ῥήτορος πρώτου διδάξαντος τὴν τέχνην ῥητορικήν. ὑπὸ γὰρ τούτου

ὥς φασι μαθητὴς Τισίας ὀνόματι μισθὸν ἀπαιτούμενος καὶ εἰσαγόμενος εἰς τὸ δικαστήριον εἶπε πρὸς τὸν Κόρακα, εἰ μέν με νικήσειας ὦ κόραξ οὐδὲν μεμάθηκα, καὶ οὐ λήψῃ τι, εἰ δὲ ἡττηθήσῃ, οὐ κομιεῖ τὸν μισθὸν ὡσαύτως. θαυμάσαντες οὖν οἱ δικασταὶ τὸ σόφισμα τοῦ νεανίσκου, ἐπεφώνησαν, κακοῦ κόρακος, κακὸν ᾠόν. εἴρηται δὲ ἡ παροιμία ἐπὶ τῶν πονηρῶν πονηρὰ ποιούντων.

Καλλικυρίων πλείους. οὕτως ἐν Συρακούσαις ἐκλήθησαν οἱ ὑπεισελθόντες γεώμοροι Καλλικύριοι, ὅθεν παροιμιωδῶς ἔλεγον, εἴ ποτε πλῆθος ἤθελον ἐμφῆναι ὅτι πλείους ἦσαν τῶν Καλλικυρίων. δοῦλοι δὲ ἦσαν οὗτοι καὶ τοὺς κυρίους ἐξέβαλον. ἡ δὲ αἰτία τῆς κλήσεως αὐτῶν διὰ τὸ παντοδαποὺς εἰς ταὐτὸ συνελθεῖν. ὥστε τοὺς κυρίους ἐξεῶσθαι.

Καλλιφαίνης ὁ παραβρύκοντος. ἐπὶ τῶν προσποιουμένων πολυμάθειαν. οὗτος γὰρ ἀρχὰς ποιημάτων πολλῶν καὶ λόγων συγγεγραμμένων ἄχρι δύο ἢ τεττάρων στίχων ἀποστέλλων, πολυμαθείας δόξαν προσεποιεῖτο.

Κάμπιος δρόμος. δρόμοι τινὲς ἦσαν κάμπιοι οὐκ εὐθεῖς καὶ ἁπλοῖ, ἀλλὰ καμπὰς ἔχοντες.

καὶ ἐν θεῶν ἀγορᾷ. ἐπὶ τῶν καθ' ὑπερβολὴν κατηγόρων. εἴρηται ὅτι καὶ ἐν θεῶν ἀγορᾷ δυσφημήσει. θεῶν ἀγορὰ τόπος ἐστὶν ἐν Ἐλευσῖνι ἐγγὺς τοῦ ἀνακτόρου. θύουσι δὲ εἰς αὐτὸν πάντες εὐφήμως.

Κανθάρου σοφώτερος. ἡ παροιμία εἴρηται ἐπὶ τῶν πονηρῶν, καὶ κακούργων. ἐπειδή τις Ἀθήνησι κάπηλος Κάνθαρος καλούμενος ἐπὶ πονηρίᾳ καὶ προδοσίᾳ θανάτῳ ἐζημιώθη.

Κανθάρου μελάντερος. παροιμία μέλανος ὅρος θησαυρῷ.

Καπνοῦ σκιά. ἐπὶ τῶν λίαν ἰσχνῶν.

Καρικὸν θῦμα. ἐπὶ τῶν ἄσαρκα ἢ ἄβρωτα μελλοθυόντων.

Καρπάθιος τὸν λαγών. παροιμία, Καρπάθιος τὸν λαγών. διὰ γὰρ τὸ μὴ εἶναι λαγὼς ἐν τῇ χώρᾳ ἐπηγάγοντο αὐτοί. καὶ τοσοῦτοι ἐγένοντο, ὥστε τὸν σῖτον, καὶ τὰς ἀμπέλους αὐτῶν ὑπ' αὐτῶν βλαβῆναι. ὁ γοῦν ἀρχίλοχος ταύτην τὴν παροιμίαν ἔφη.

κατ' αἶγας ἀγρίας. παροιμία λεγομένη ἐπὶ κατάρας, κατ' αἶγας ἀγρίας τρέπειν τὰ κακά.

κατὰ μήλην. μηλῶσαι καλοῦσιν οἱ ἰατροὶ τὸ μήλην καθεῖναί που. ἀφ' ἧς δὲ καὶ παροιμία τις, ἐπὶ τῶν τὰ ἄδηλα τεκμαιρομένων.

κατὰ ναῦν, κατὰ τάξιν. εἴρηται δὲ ἀπὸ τῆς παροιμίας, κατὰ ναῦν τὰ ἄρμενα.

κατὰ πῆχυν ἐπιδίδου, ἐπὶ τῶν ἐπὶ τὰ κρείττω προκοπτόντων.

κατὰ ποδὸς βάσιν. παροιμία ἐπὶ τοῦ κατὰ μικρόν τι πράττοντος, καὶ κατὰ τέχνην, καὶ μὴ ἀθρόως.

κατὰ φακῶν βολβῶν χύσαι. ἐπὶ τῶν λαγνιστάτων. ἐπιτήδειοι γὰρ εἰς τὴν συνουσίαν οἱ βολβοί. ἔστι δὲ εἶδος ὀσπρίου. ἢ καὶ κρομμύου.

κατὰ ψάμμου κτίζεις. ἐπὶ τῶν ἀνηνύτοις ἐπιχειρούντων.

κατ' ἔτος γ' ἐξηγρόμην, ἀντὶ τοῦ ἔπειτα ἐγὼ μετὰ ταῦτα ἐξηγέρθην. ἐπὶ τῶν ψευδομένων.

κέλμις ἐν σιδήρῳ, αὕτη τάττεται ἐπὶ τῶν σφόδρα ἑαυτοῖς πιστευσάντων, ὅτι ἰσχυροί, καὶ δυσχείρωτοι πεφύκασι. κέλμις γὰρ εἷς τῶν ἰδαίων δακτύλων τὴν μητέρα ῥέαν ὑβρίσας, καὶ μὴ ὑποδεξάμενος ὑπὸ τῶν ἀδελφῶν [illegible] ἐν τῇ ἴδῃ. ἀφ' οὗ ὁ στερεώτατος ἐγένετο σίδηρος. μέμνηται τῆς ἱστορίας σοφοκλῆς ἐν σατύροις.

κενὰ ψάλλεις, ἐπὶ τῶν μάτην λαλούντων.

κενοὶ κενὰ λογίζονται. παροιμία. ἀρχίας γὰρ κύπρον βουλόμενος προδοῦναι δημητρίῳ, καὶ φωραθείς, καλωδίῳ τῶν ἐκ τῆς αὐλαίας παραπεπετασμένων ἑαυτὸν ἀπεκρέμασε. τῷ γὰρ ὄντι διὰ τὰς ἐπιθυμίας, κενοὶ κενὰ λογίζονται. καὶ γὰρ ἐκεῖνος δόξας πεντακόσια τάλαντα προσλήψεσθαι, καὶ τὰ ὑπάρχοντα προσαπώλεσε.

κέρδος αἰσχύνης ἄμεινον ἕλκε μοιχὸν ἢ μυχόν. ταύτης μέμνηται καλλίας ἐν ἀταλάντῃ.

κερκυραία μάστιξ. πορπιστήν τινα κατα-

σκευὴν εἶχον αἱ κερκυραῖαι μάστιγες. διὸ καὶ εἰς παροιμίαν παρῆλθον. οἱ δὲ καὶ διπλᾶς αὐτὰς ἔφασαν εἶναι. εἶχον δὲ καὶ ἐλεφαντίνας κώπας. καὶ τῷ μεγέθει περιττῶς ἦσαν. ὑπερηφάνους γοῦν, διὰ πραγοῦντας τοὺς κερκυραίους φησὶν ἀριστοτέλης γενέσθαι.

κέρκουρος ἢ ἄμεινον κόρχορος ἐν λαχάνοις. παροιμία. ἔστι δὲ λάχανόν τι ἄγριον, καὶ εὐτελές. ἀφ' οὗ ἡ παροιμία.

κερκωπίζειν. ἡ παροιμία ἀπὸ τῶν προσσαινόντων τῇ κέρκῳ ζώων μετενήνεκται. ἄμεινον δὲ λέγειν αὐτὴν ἀπὸ τῶν κερκώπων, οὓς περὶ τὴν λυδίαν ἱστοροῦσιν ἀπατηλοὺς σφόδρα καὶ ἀνδρείους γενέσθαι. τοὺς δὲ καὶ ἀπολιθωθῆναι αὐτούς, καὶ ἡρακλεῖ ἐνοχλήσαντας, ὅτε παρ' ὀμφάλῃ ἦν κολασθῆναι.

κέσκον οἰκεῖς. πόλις παμφυλίας αὕτη. ὅθεν καὶ παροιμία γέγονε. πόλις κέσκος νοῦν οὐκ ἔχουσα. ἐπὶ τῶν νοῦν μὴ ἐχόντων.

κεστρεὺς νηστεύει. παροιμία ἐπὶ τῶν πάνυ λαιμάργων. τοιοῦτοι γὰρ ἦσαν ἄπληστοι ὁ κεστρεύς, ὡς ἐκ τούτου τοὺς κεχηνότας, καὶ πίνοντας κεστρεῖς ἔλεγον, ὡς λαιμάργους. ἄλλοι δέ φασι τὴν παροιμίαν ἐπὶ τῶν δικαιοπραγούντων μέν, οὐδὲν δὲ πλέον ἐκ τῆς δικαιοσύνης ὑποφερομένων. ὁ γὰρ κεστρεὺς τῶν ἄλλων ἰχθύων ἀλληλοφαγούντων μόνος ἀπέχεται τῆς σαρκοφαγίας. νέμεται δὲ τὴν ἰλὺν ταλαιπωρῶν, ὥς φησιν ἀριστοτέλης περὶ ζώων.

κενυθωνύμου κλέος, ἢ αἶσχος. ἐπὶ τῶν ἄχρειον κλέος ἐχόντων. ἢ ὧν ἄν ποτε ἐπικρύψαι τὸ ὄνομα. ἢ δυσωνύμων.

κηροῦ εὐπλαστότερος. ἐπὶ τῶν ῥᾳδίως τρεπόντων.

κίγκλος. ὄρνεον πολλὰ τὴν ὀσφὺν κινοῦν, ὃ τινὲς σεισοπυγίδα καλοῦσιν. ἔστι δὲ σφόδρα λεπτόν.

κιλίκιος ὄλεθρος. οἱ κίλικες ληστείαις χρώμενοι, ἐπ' ὠμότητι διεβέβληντο. καὶ οἱ ἀττικοὶ δὲ τὰς πικρὰς τιμωρίας κιλικίους καλοῦσι.

κίνδυνος ἡ ἐν πρώρᾳ σελίς, παροιμιακόν. οἱ γὰρ πολέμιοι τὴν πρῷραν εὐθέως ἐφαλλόμενοι κατέχουσι. σελὶς δέ, ἡ καθέδρα.

κινεῖς τὸν ἀνάγυρον. ἐπὶ τῶν ἐπισπωμέ-

νων

τῶν ἑαυτοῖς τὰ κακά. ἔστι δὲ φυτὸν ἀνάγυρος δυσώδης τριβόμενον, ἀλλὰ καὶ ἀλεξικάκον. ἄλλοι δὲ ὀνόγυρον τὸ τοιοῦτον φυτὸν ὀνομάζουσι.

κινήσω τὸν ἀφ' ἱερᾶς. ἐπὶ τῶν τὴν ἐσχάτην βοήθειαν κινούντων τέτακται. ἀπὸ μεταφορᾶς τῶν ναυτῶν, οἳ τὴν βοήθειαν εἰς τὴν ἱερὰν ἄγκυραν ἔχουσιν, ἢ ἀπὸ τῶν πεττευόντων. παρ' αὐτοῖς γὰρ κεῖται ψῆφος, οἷον ἱερά, καὶ ἀκίνητος θεῶν νομιζομένη.

κλαυσιμὺς κῷος. οὗτος ὢν πολυθρέμματος. τούτῳ φασὶν ἐγχελὺν ἐπιφαινομένην κατ' ἔτος τὸ κάλλιστον τῶν προβάτων ἁρπάζειν, καὶ τὸν κλαυσιμὺν ἀνελεῖν αὐτήν. φαινομένην δὲ αὐτῷ κατ' ὄναρ κελεῦσαι καταθάψαι αὐτήν, τὸν δὲ μὴ φροντίσαντα, πανγενεῆ ἀπολέσθαι.

κλαίει ὁ νικήσας, ὁ δὲ νικηθεὶς ἀπόλωλεν. αὕτη παρῆλθεν ἐκ χρησμοῦ σιβύλλης τῆς ἐρυθραϊκῆς. περὶ γὰρ φιλίππου μαντευομένη μετὰ τὴν ἐν χαιρωνείᾳ μάχην τὸ ἔπος εἶπεν. ἐπειδὴ οἱ μὲν ἀθηναῖοι καὶ οἱ θηβαῖοι ἡττηθέντες ἀπώλοντο, φίλιππος δὲ νικήσας μετὰ τὴν μάχην εὐθὺς ὑπὸ παυσανίου διεφθάρη.

κλεισθένην ὁρῶ. ἀριστοφάνης. οὗτος ἀεὶ ἐξυρᾶτο. λέγεται οὖν ἐπὶ τῶν ἀεὶ ξυρωμένων. ἦν δὲ σιβυρτίου, καὶ ἐδόκει ἑταιρεῖν διὰ τὸ νέος φαίνεσθαι ἀεί. τοῦτο ἑταιρεῖν τε καὶ στρατῶν.

κλειτοριάζεις, ἐπὶ τῶν παιδεραστούντων.

κλεόκριτος. οὗτος ἐκωμῳδεῖτο ὡς γυναικίας, καὶ κίναιδος, καὶ ξένος, καὶ δυσγενής, καὶ κυβέλης υἱός, ἐπεὶ ἐν τοῖς μυστηρίοις τῆς ῥέας, μαλακοὶ παρῆσαν. ἦν δὲ καὶ τὴν ὄψιν ὀρνιθώδης. εἴρηται δὲ ἐπὶ τῶν κιναίδων ἡ παροιμία.

κόγχην διελεῖν. ἐπὶ τῶν ῥᾳδίως τι ποιούντων. οἷον ταυτόν ἐστι τόδε τῷ, κόγχην διελεῖν.

κολάβου χοῖνιξ. παροιμία ἐπὶ τῶν μείζοσι μέτροις κεχρημένων.

κοινὰ τὰ φίλων. τίμαιός φησιν ὅτι προσιόντας πυθαγόρᾳ μαθητὰς περὶ τὴν ἰταλίαν, ἔπειθεν ὁ φιλόσοφος κοινὰς τὰς οὐσίας ποιεῖσθαι. ὅθεν εἰς παροι-

μίαν ἡ συμβουλὴ τοῦ πυθαγόρου ἦλθε.

κοινὸς ἑρμῆς. κλεπτίστατος ἑρμῆς γενόμενος, καταδεῖξαι κοινὰ εἶναι τὰ φώρια.

κολοκύντη, μακρίνη. καὶ παροιμία, κολοκύντης ὑγιέστερος.

κομήτης. παροιμία. οὐδεὶς κομήτης ὅστις οὐ ψηνίζεται.

κόννου ψῆφος. ἐπὶ τῶν μηδενὸς ἀξίων. ὁ δὲ κόννος λυρῳδὸς ἦν ὥς τινές φασι τῶν ἀφώνων. ὡς δέ τινες, κιθαρῳδός.

κόνος αὐτοξύη. παροιμία ἐπὶ τῶν αὐτοποδιδόντων.

κοντῷ πλεῖν. παροιμία, ἤγουν προσηκόντως ζῆν.

κόπαις μάξιμος. ἐπὶ τῶν ὑπὲρ τὸ δέον φρονηματιζομένων.

κόραξ ὑδρεύσει. παροιμία ἐπὶ τῶν δυσχερῶς τινος τυγχανόντων.

κορδύλης οὐκ ἄξιος. παροιμία. κορδύλη δὲ ποιὸν τὸ ἐξέχον, καὶ συνεστραμμένον, καὶ ὁ παρὰ τὸν ὦμον δεσμός.

κορύβου ἠλιθιώτερος. εὐήθης, καὶ μωρός. ἐπὶ γὰρ τοῦ μωραίνοντος ἔταττον τὸν κόρυβον ἀπό τινος κορύβου μωροῦ, ὃν δίονται τὸν μάγδυνος εἶναι παῖδα τοῦ φρυγὸς κατὰ τὰ ζωικὰ γενόμενον. τινὲς δὲ αὐτὸν ἀναίσθητόν φασι γεγονέναι, ὡς καὶ τὰ κύματα τῆς θαλάσσης ἀριθμεῖν.

κορυδέως εἰδεχθέστερος. οὗτος ὁ κορυδεὺς ἐπὶ δυσμορφίᾳ ἐκωμῳδεῖτο, καὶ οἱ παῖδες αὐτοῦ. ἕνα δὲ τῶν ἀρχαιοτάτων εἶναί φασι.

κόρχορος, ἄγριον λάχανον, εὐτελές. διὸ καὶ ἡ παροιμία, κόρχορος ἐν λαχάνοις. ἔνιοι ἰχθὺν ποιὸν τὸν κόρχορον ἀποδιδόασιν, ὡς τὸν ἵππουρον, καὶ ὡς εὐτελὲς ἔδεσμα. λέγεται δὲ ἐπὶ τῶν ἀναξίων ἡ παροιμία, καὶ εὐτελῶν, μεταποιουμένων δὲ τιμῆς ἢ καθ' ἑαυτοὺς μείζονος.

κορώνη τὸν σκορπίον. παροιμία ἐπὶ τῶν δυσχερέσι, καὶ βλαβεροῖς ἐπιχειρούντων. ἐλλειπτικὴ δέ ἐστι. λείπει γὰρ τὸ ἥρπασε. καὶ γὰρ ἁρπαχθεὶς ὁ σκορπίος, οὐκ ἔλαττον ἔδρασεν ἐμβαλὼν τῷ κέντρῳ τὸν ἰόν, ἢ ὅπερ ἔπαθε.

κοσκίνῳ ὕδωρ ἐπιφέρεις· παροιμία ἐπὶ τῶν ἀδυνάτων.

κουρήτων στόμα. ἐδόκουν γὰρ εἶναι οὗτοι μάντεις, οἷον θεσπιῳδὸν στόμα.

κράδης ῥαγείσης. κράδη νῦν οὐχ ὁ σύκινος κλάδος, ἀλλ' ἡ ἀγκυρίς, ἀφ' ἧς οἱ ὑποκριταὶ ἐν ταῖς τραγικαῖς σκηναῖς ἐξαρτῶνται θεοῦ μιμούμενοι ἐπιφάνειαν ζωστῆρι καὶ ταινίαις κατειλημμένοι. ἐπὶ τῶν προφανέντων αἰφνιδίως, καὶ ἀδημονησάντων.

κρατὴρ δικῶν· παροιμία ἀντὶ τοῦ δοχεῖον κακῶν.

κρητίζειν πρὸς κρῆτα. καὶ κρὴς πρὸς αἰγινήτην. ἐπὶ τῶν πρὸς πανούργους πανουργευομένων.

κριὸς τροφεῖα ἀπέτισεν. ἡ παροιμία ἐπὶ τῶν ἀχαρίστων. ἐπεὶ τὰς φάτνας ἀπολήγουσιν οἱ κριοί. λέγεται γὰρ ὡς εἴρηται ἐπὶ τῶν ἀχαρίστων τοῖς εὖ προσδιατεθεῖσι, κριὸς τὰ τροφεῖα. καὶ γὰρ τοὺς κριοὺς ἐκτραφέντας τύπτειν τοὺς θρέψαντας, καὶ ἔτι τρέφοντας. μέμνηται αὐτῆς μένανδρος.

κριοῦ διακονία. παρὰ τὴν παροιμίαν, κριὸς τὰ τροφεῖα. κορύπτει γὰρ τοὺς τρέφοντας.

κρωβύλου ζεῦγος. παροιμία ἐπὶ τοῖς ὑπερβαλλούσῃ πονηρίᾳ κεχρημένοις ταῖς γυναιξὶ. μετήνεκται δὲ ἀπὸ πορνοβοσκοῦ τινος κρωβύλου, ἑταίρας κτησαμένου δύο, ὡς μὴ μόνον ἐπὶ ταύταις πολλοὺς τῶν νέων λυμαίνεσθαι, ἀλλὰ καὶ ὑπὸ ὧν ἔκλεπτον ἐλυμαίνετο. τοὺς οὖν ἴσους τῇ ἐκείνου πονηρίᾳ ὡς δύνασθαι συζυγῆναι αὐτῷ, κρωβύλου ζεῦγος ἔλεγον. ἢ διὰ τὸ εἶναι δύο τὰς ἑταίρας.

κροκωτὸν ἱμάτιον διονυσιακόν. ἀριστοφάνης. ἀλλ' οὐχ οἷός τ' εἰμὶ ἀποσοβεῖν τὸν γέλων ὁρῶν λεοντῆν ἐπὶ κροκωτῷ κειμένην. ἐφόρει γὰρ κροκωτὸν καὶ λεοντῆν ὡς ἡρακλῆς. ἦν γὰρ φόρημα τοῦ ἡρακλέους. τάττεται δὲ ἡ παροιμία ἐπὶ τῶν ἀνομοίων. ἐφόρει δὲ τὴν λεοντῆν, ἵνα φοβερὸς ᾖ. καὶ παροιμία τὸν κροκωτὸν ἡ γαλῆ.

κύδος, λοιδορία, κακολογία. καὶ κυδάζειν τὸ λοιδορεῖν, καὶ κακολογεῖν. ἡ δὲ πρώτη συλλαβὴ βραχέως ἐκφέρεται. καὶ ὅταν λοιδορίαν ἐκτίσῃ τις ἐπὶ μηδενὶ ἀξίως συκοφαντουμένῳ, παροιμιωδῶς λέγεται κύδους ἐκτετικέναι.

κύδου δίκην ὀφείλειν, ἐπὶ τῶν συκοφαντησάντων.

κυζικηνοὶ στατῆρες. διεβεβόηντο οὗτοι ὡς εὖ κεχαραγμένοι. πρόσωπον δὲ ἦν γυναικεῖον, ὁ τύπος μηδὸς δεῶν. ἐπὶ δὲ θατέρῳ πρόσωπον λέοντος.

κυθνώδεις συμφοραί. ἐκ τούτου εἰς παροιμίαν ἦλθε διὰ τὰ κυθνίοις συμβάντα. φησὶ γὰρ ἀριστοτέλης οὕτω κακῶς αὐτοὺς διατεθῆναι ὑπὸ ἀμφιτρύονος, ὥστε τὰς μεγάλας συμφορὰς κυθνώδεις καλεῖσθαι.

κυθωνύμου αἶσχος. αἰσχρὸν κλέος ἔχοντος, ἢ οὐδ' ἄν τις ἐπικρύψῃ τὸ ὄνομα διὰ τὰς συμφοράς, καὶ τὰς πράξεις, ἢ δυσωνύμου, ἢ περιβοήτου διὰ τὰς πράξεις, ἢ ἀξίου κεκρύφθαι.

κυλλοῦ πήραν. ἐπὶ τῶν τὴν φύσιν βιαζομένων ὑπὸ ἐπιτεχνήσεως. λέγουσι γὰρ τόπον εἶναι ἐν τῇ ἀττικῇ οὕτω καλούμενον κυλλοῦ πήραν, καὶ κρήνην εἶναι αὐτόθι, ἀφ' ἧς τὰς στείρας πίνειν γυναῖκας, ἵνα συλλάβωσι.

κυνὰ δέρειν δεδαρμένην. τοῦ φερεκράτους. σχῆμα δὲ ἦν ἀκόλαστον εἰς τὸ αἰδοῖον. εἴρηται δὲ ἐπὶ τῶν ἄλλο παθόντων, ἐφ' οἷς πεπόνθασιν ἡ παροιμία.

κύρβεις κακῶν. παροιμία. σανίδες εἰσὶ παρ' ἀθηναίοις τετράγωνοι, ἐν αἷς τοὺς νόμους ἔγραφον, καὶ τὰς κατὰ τῶν ἀδικούντων τιμωρίας ἐποίουν. ἐπὶ τῶν τοίνυν σφόδρα πονηρῶν ἡ παροιμία.

κυρνία ἄτη. κύρνος νῆσος ἦν πάλαι ἄβατος τοῖς πλέουσι διὰ συνεχεῖς λῃστείας.

κυφόν. ἐκ παντὸς ξύλου κυφὸν ἂν γένοιτο. ἐπὶ τῶν κατὰ τὸ εἶδος ἀδιαφορούντων, χρησίμων δέ.

κύων ἐπὶ δεσμά. ἐπὶ τῶν ἑαυτοὺς εἰς κολάσεις ἐπιδιδόντων. ὁμοία τῇ, καὶ βοῦς ἐπὶ δεσμά.

κύων ἐπὶ φάτνῃ. παροιμία ἐπὶ τῶν μήτε χρωμένων, μήτε ἄλλους ἐώντων.

κύων παρ' ἐντέροις. παροιμία ἐπὶ τῶν μὴ δυναμένων ἀπολαύειν τῶν παρακειμένων

μένων, ἢ ἐπὶ τῶν ἀχρήστων σφόδρα, καὶ ἀνωφελῶν. δύσβρωτα γὰρ τῷ κυνί, καὶ δυσκατάποτα.

κῶος χίῳ. ὁ κῶος ἀστράγαλος ἠδύνατο ἕξ. παροιμία δέ ἐστι χῖος πρὸς κῷον. ὁ μὲν γὰρ χῖος ἠδύνατο ἕν, ὁ δὲ κῷος ἕξ.

κωρυκαῖος θεόν τινα παρεισάγουσιν οἱ κωμικοί, ἐπακροώμενον ἀπὸ παροιμίας τινός. κώρυκος γὰρ τῆς παμφυλίας ἀκρωτήριον, περὶ ὃ πόλις ἀττάλεια. ἐν ταύτῃ δὲ οἱ ἀπὸ τῆς πόλεως ἵνα μηδὲν αὐτοὶ κακῶς πάσχωσιν ἀπὸ τῶν ἐφορμούντων ἐπὶ τὴν ἄκραν λῃστῶν ὑπαλλαττόμενοι πρὸς τοὺς ἐν ἄλλοις λιμέσιν ὁρμῶντας κατηκροῶντο, καὶ τοῖς λῃσταῖς ἀπήγγελλον καὶ τίνες εἰσί, καὶ ποῖ πλέουσιν. ὅθεν ἡ παροιμία· τοῦ δ' ἄρα ὁ κωρυκαῖος ἠκροάζετο. οἱ δὲ κωρυκαῖον τὸν θεὸν εἰσάγουσιν οἱ κωμικοί.

κωρυκαῖος ἠκροάζετο. ταύτης μένανδρος μέμνηται ἐν τῷ ἐγχειριδίῳ. πειραταὶ γὰρ περὶ κώρυκον τῆς παμφυλίας ἦσαν. καί τινες τῶν ἐκ κωρύκου συμπράττοντες αὐτοῖς περιειργάζοντο τῶν πλεόντων τὰ φορτία, καὶ τὸν καιρὸν καθ' ὃν μέλλοιεν πλεῖν, καὶ τοῖς πειραταῖς ἐμήνυον. τοῦτο μαθόντες οἱ ἔμποροι, ἔκρυπτον τὰ πολλά. ἐπεὶ δὲ καὶ οὕτω τοῖς πειραταῖς ἐγεγόνει, ἐκράτησεν ἡ παροιμία ἐπὶ τῶν δοκούντων μὲν λάθρα πράττεσθαι, εἰς γνῶσιν δὲ ἐρχομένων.

κωφότερον τοῦ τορωναίου λιμένος. λιμήν ἐστιν ἐπὶ τορώνῃ τῆς θράκης. στενὰς δὲ ἔχει δύο μακρὰς τὰς ἀπὸ τοῦ πελάγους καταρρεύσεις ὡς μὴ ἀκούεσθαι τοὺς ἐν αὐτῷ τὸν τῆς θαλάττης ἦχον.

κωφότερος κέχλης. ταύτης εὔβουλος ἐν διονύσῳ μέμνηται. φασὶ γὰρ κωφεύειν τὸ ζῷον.

ἀρχὴ τοῦ λ.

Λάβραξ εἶδος ἰχθύος. καὶ παροιμία λάβρακας μιλησίους. τὴν δὲ προσηγορίαν πεποίηται, διὸ κέχηνεν αὐτοῦ τὸ στόμα, καὶ ἀθρόως, καὶ λάβρως τὸ δέλεαρ καταπίνει. ὅθεν καὶ εὐχερῶς ἁλίσκεται. ἐν μιλήτῳ δὲ τῆς ἀσίας, μέγιστοι γίνονται λάβρακες, καὶ πλεῖστοι. μίλητος δὲ πόλις ἀσίας. ἐνταῦθα πολλοὶ γίνονται λάβρακες διὰ τὴν ἐκδιδοῦσαν λίμνην εἰς τὴν θάλατταν. χαίροντες δὲ οἱ ἰχθύες τῷ γλυκεῖ ὕδατι, εἰς τὴν λίμνην ἀνατρέχουσιν ἐκ τῆς θαλάσσης, καὶ οὕτω πληθύουσι τοῖς μιλησίοις.

λαγὼς καθεύδων. ἐπὶ τῶν προσποιουμένων καθεύδειν.

λαγὼς περὶ τῶν κρεῶν παροιμία. δειλὸν δὲ τὸ ζῷον ὁ λαγώς. ὅθεν καὶ ὁ ῥήγινος λαγὼς ἐλέχθη. καὶ τοὺς ῥηγίνους ἐπὶ δειλίᾳ ἐκωμῴδουν. παροιμία δέ τις ἐστίν· ὁ λαγὼς τὴν περὶ τῶν κρεῶν τρέχει. ἐπὶ τῶν διακινδυνευόντων τῆς ψυχῆς, καὶ πρὸς τὸ καρτερῶς ἀγωνιζομένων τεταγμένη. καὶ παροιμία· ὁ καρπάθιος τὸν λαγών. ἐπὶ τῶν ἑαυτοὺς βλαπτόντων. οἱ γὰρ καρπάθιοι, νῆσον οἰκοῦντες, καὶ λαγωοὺς οὐκ ἔχοντες, ἐπηγάγοντο. οἳ πολλοὶ γενόμενοι ἐλυμαίνοντο τοὺς καρπούς.

λάμπων, ὄμνυσι τὸν χῆνα. ὅταν ἐξαπατᾶν τινα πρῶτοι σωκρατικοὶ ἐπετήδευσαν οὕτως ὀμνύναι. ῥαδάμανθυς δὲ πρῶτος οὐκ εἴα ὅρκους ποιεῖσθαι κατὰ θεῶν. ἀλλ' ὀμνύναι χῆνα, καὶ κύνα, καὶ κριόν. καὶ τὰ ὅμοια. ὁ δὲ λάμπων, θύτης ἦν χρησμολόγος καὶ μάντις, ᾧ καὶ τὴν εἰς σύβαριν ἀποικίαν ἀθηναίων περιάπτουσιν. ὤμνυε δὲ κατὰ τοῦ χηνὸς ὡς μαντικοῦ ὀρνέου. εἴρηται οὖν ἐπὶ τῶν μετὰ ὅρκου ἐξαπατώντων τινά.

λάρος κεχηνώς. ἐπὶ τῶν ἁρπακτικῶν καὶ κλεπτῶν. ἐπεὶ καὶ ὁ λάρος ὄρνεόν ἐστιν ἁρπακτικὸν καὶ ἀδηφάγον.

λάρος ἐν ἕλεσι παροιμία. ἐπὶ τῶν ταχὺ ἀποδιδόντων.

λέοντα ξυρεῖς. παροιμία λεγομένη ἐπὶ τῶν τὰ ἀδύνατα ἐπιχειρούντων.

λεπτὰ ξαίνεις. ἐπὶ τῶν πενιχρῶς διαγόντων τὸν βίον.

λεπτὴν πλέκει παροιμία λεγομένη ἐπὶ τῶν πενήτων. βίον ἀκριβῆ.

λεπτή τις ἐλπίς, ἐστ' ἐφ' ἧς ὀχούμεθα. ἐπὶ τῶν ἀμηχάνων εἴρηται ἡ παροιμία.

Λέρνη κακῶν· ἐπὶ τῶν ἄγαν ῥυπαινόντων λέγεται. Λέρνη πηγή ἐστιν ἐν Ἄργει τῆς Πελοποννήσου· καθ' ἣν Ἡρακλῆς τὴν ὕδραν κατειργάσατο. καὶ μετὰ ταῦτα ἐξεκάθαιρον τὰ ἐντόσθια τῶν ἱερείων ἐπ' αὐτῆς· ἀφ' ὧν καὶ συνέβαινε πάνυ τὸ ὕδωρ διεφθάρθαι τῇ κόπρῳ τῶν ἀποκαθαιρομένων, ὅθεν ἡ παροιμία.

Λεσβίων ἄξια. παροιμία ἐπὶ τῶν ἀπράκτων.

Λευκὴ στάθμη. ἐπὶ τῶν ἄδηλα ἀδήλοις σημειουμένων. ἢ ἐπὶ τῶν μηδὲν συνιέντων.

Λευκὴ ἡμέρα, ἡ ἀγαθή· ἀπὸ τῆς παροιμίας τῆς λεγούσης, τῶν εἰς φαρέτραν. Φύλαρχος γάρ φησι τοὺς μέλλοντας καθεύδειν, ἄγειν τὴν φαρέτραν. καὶ εἰ μὲν ἀλύπως τύχοιεν τὴν ἡμέραν ἐκείνην διαγαγόντες, καθιέναι εἰς τὴν φαρέτραν ψῆφον λευκήν. εἰ δὲ ὀχληρῶς, μέλαιναν. ἐπὶ τελευτῇ δὲ τῶν ἀποθνησκόντων ἐκφέρειν τὰς φαρέτρας, καὶ ἀριθμεῖν τὰς ψήφους. καὶ εἰ εὑρεθείησαν πολλαὶ λευκαί, εὐδαιμονίζειν τὸν ἀπογενόμενον. ὅθεν καὶ ἡ παροιμία.

Λευκὴν μάζαν φυρῶσι. παροιμία ἐπὶ τῶν μεγάλα ὑπισχνουμένων.

Λευκώλενον λῖνον κερδῶ γαμεῖς. ἐπὶ τῶν ἐπὶ κέρδει γαμούντων τὰς αἰσχρὰς γυναῖκας. ἢ τὰς γεγηρακυίας.

Λευτηπαχίας. Κλέαρχος ἐν τῷ περὶ βίων φησὶ συμβαίνειν τι ἐπὶ τὸ ἢ παρ' ἐπίξενων, ὃ δηλοῦσ' ποιεῖ. εἰρῆσθαι οὖν ἐπὶ τῶν τοιούτων τὴν παροιμίαν.

Λήθαργος κύων. ὁ προσσαίνων μὲν, λάθρα δὲ δάκνων. καὶ τῶν ἵππων οἱ νωθροὶ, λήθαργοι, καὶ πάθος τι ζωὸν πυρετῷ.

Λήθης πεδίον. ἐπὶ τῶν ἀδιαφόρων.

Λήμνιον κακόν. παροιμία. ἐκ γὰρ Ἀθηνῶν ἁρπάσαντες γυναῖκας οἱ Λήμνιοι, ἐτεκνοποίησαν μετ' αὐτῶν. αἱ δὲ, κατέσφαξαν αὐτοὺς μετὰ τῶν τέκνων. ἐπεὶ δὲ πάντας αἱ γυναῖκες τοὺς ἄνδρας, ὅτι αὐταῖς οὐ προσεῖχον, ἀνεῖλον, ἅμα ταῖς τῶν Θρακῶν γυναιξὶν ἐπὶ τῇ δυσωδίᾳ, ἣν Μυρτίλος μὲν διὰ τὸν Μηδείας ἐπὶ Ὑψιπύλῃ ζῆλον καταχεῖν, καυκασος δὲ, διὰ τὸ ὀλιγωρῆσαι τῆς Ἀφροδίτης τὰς Λημνίας. ὅθεν τὰ μεγάλα κακὰ, Λήμνια λέγεται. καὶ ἄλλως.

Λήμνιον κακόν. ἀπὸ τῶν ἐν Λήμνῳ γυναικῶν, αἳ τοὺς ἄνδρας αὐτῶν ἀπέκτειναν ἐγκαλοῦσαι, ὅτι αὐταῖς οὐκ ἐμίγνυντο φεύγοντες τὴν τῆς ὀσμῆς ἀηδίαν, ἣν προσέβαλεν αὐταῖς ἡ Ἀφροδίτη μισήσασα.

Λήμνιον κακόν. παροιμία, ἣν διαδοθῆναί φασιν ἀπὸ τῶν παρανομηθέντων εἰς τοὺς ἄνδρας ἐν Λήμνῳ ὑπὸ τῶν γυναικῶν. ἢ διὰ τὰς ἁρπαγείσας ὑπὸ Πελασγῶν ἐκ τῆς Ἀττικῆς γυναῖκας εἰς Λῆμνον ἀπαχθῆναι, ἃς ἀποτεκούσας τὸν τρόπον τε τῶν Ἀθηναίων διδάξαι τοὺς παῖδας, καὶ γλῶτταν, τούτους δὲ τιμωρεῖν ἀλλήλοις, καὶ τῶν ἐκ τῶν Θρᾳσσῶν γεγεννημένων ἐπικρατεῖν, τοὺς δὲ Πελασγοὺς ἐπὶ τούτῳ ἀχθομένους, κτεῖναι αὐτοὺς, καὶ τὰς μητέρας αὐτῶν. ἢ διὰ τὴν δυσωδίαν τῶν Λημνιάδων γυναικῶν τὴν παροιμίαν διαδοθῆναι.

Λημνία χειρὶ, ὠμῇ, καὶ παρανόμῳ ἀπὸ τῆς παροιμίας.

Λίθον ἕψεις. ἐπὶ τῶν ἀδυνάτων τι κατεργάζεσθαι πειρωμένων. οἷον, ἀδυνάτων ἐπιχειρεῖς.

Λιμὸς Μηλιαῖος. ἐπὶ τῶν χαλεπῶν. ἐν γὰρ τοῖς Πελοποννησιακοῖς κατὰ πάντων Νικίαν πέμψαντες Ἀθηναῖοι, ἐπὶ τοσοῦτον ἐπολιόρκησαν αὐτοὺς, ὥστε λιμῷ διαφθεῖραι. τῷ δὲ πρώτῳ ἔτει Νικίας Μῆλον παρεστήσατο, οὐ μόνον μηχανῶν προσαγωγῇ, ἀλλὰ καὶ λιμῷ διὰ τὸ ἀποστῆναι αὐτῶν πρώην ὑποτελεῖς ὄντας. ἢ αὐτί τοῦ μεγίστῳ. Μῆλος δὲ πόλις Θεσσαλίας. οἱ δὲ Μήλιοι πολιορκούμενοι λιμῷ ὑπὸ Ἀθηναίων, ἐπείσθησαν, καὶ προδεδώκασιν αὐτούς. καὶ λιμῷ Μηλίῳ. παροιμία. ἐπεὶ Ἀθηναῖοι ἐκάκωσαν Μηλίους πολιορκοῦντες λιμῷ, ὡς Θουκυδίδης ἐν τῇ πέμπτῃ.

Λιμοῦ πεδίον. αὕτη τάττεται ἐπὶ τῶν ὑπὸ λιμοῦ πιεζομένων πόλεων. τόπος γάρ ἐστιν οὕτω καλούμενος. καὶ λέγουσιν ὅτι λιμοῦ ποτὲ κατασχόντος, ἔχρησεν ὁ θεὸς ἱκετείαν δὲ ἱκετείαν θέσθαι, καὶ τὸν λιμὸν ἐξιλεώσασθαι. οἱ δὲ ἀθηναῖοι ἀνῆκαν αὐτῷ τὸ ὄπισθεν τοῦ πρυτανείου πεδίον.

λιμῷ δωριεῖς· σιτοδείας ποτὲ γενομένης ἐν πελοποννήσῳ, ἐφόδιά τινες λαβόντες, ἀπῆραν. πλανωμένους δὲ αὐτοὺς ὑπεδέξατο ἡ ἐν ῥόδῳ τρίπολις. ἐκλήθησαν δὲ διὰ τοῦτο λιμῷ δωριεῖς.

λιμῷ μηλίῳ· παροιμία. ἐπεὶ ἀθηναῖοι ἐκάκωσαν μηλίους πολιορκοῦντες ἐν λιμῷ, ὡς θουκυδίδης ἐν τῇ πέμπτῃ.

λίνδιοι τὴν θυσίαν· παροιμία ἐπὶ τῶν δυσφήμως ἱερουργούντων, ἀπὸ ἡρακλέους ἐν λίνδῳ βοῦν ἀποσφάξαντος γεωργοῦ, καὶ θοινησαμένου, τοῦ δὲ γεωργοῦ λοιδορουμένου αὐτόν. ὅθεν καὶ λίνδιοι κατὰ χρησμὸν οὕτω θύουσιν ἡρακλεῖ λοιδορούμενοι.

λίνον λίνῳ συνάπτεις· ἐπὶ τῶν τὰ ὅμοια ἐπιμιγνύντων, ἢ παρακρουομένων, καὶ ἀπατώντων.

λόγοισιν ἑρμόδωρος ἐμπορεύεται· ὁ ἑρμόδωρος ἀκροατὴς γέγονε πλάτωνος. καὶ τοὺς ὑπ' αὐτοῦ συντιθεμένους λόγους εἰς σικελίαν ἀπαγόμενος ἐπώλει. ἢ

λόγοισιν ἑρμόδωρος ἐμπορεύεται. ὁ ἑρμόδωρος ἀκροατὴς γέγονε πλάτωνος, καὶ τοὺς ὑπ' αὐτῷ συντιθεμένους λογισμοὺς κομίζων εἰς σικελίαν, ἐπώλει. εἴρηται οὖν διὰ τοῦτο ἡ παροιμία.

λοκρικὸς βοῦς· ἐπὶ τῶν εὐτελῶν ἡ παροιμία τέτακται. οἱ λοκροὶ γὰρ ἀποροῦντές ποτε, βοὸς πρὸς δημοτελῆ θυσίαν, σικύοις ἀποθέντες ξύλα μικρὰ, καὶ σχηματίσαντες βοῦν, οὕτω τὸ θεῖον ἐθεράπευσαν.

λοκροὶ τὰς συνθήκας· παρὰ λοκροῖς τοῖς ἐπιζεφυρίοις ὥς φασιν ἐγένετο ζάλευκος νομοθέτης, ὃς νόμον ἔθηκε, συγγραφὴν ἐπὶ τῶν δανεισμάτων μὴ γίνεσθαι. ὅθεν πολλῶν ἀρνουμένων τὰ συναλλάγματα, ἐπὶ τῶν ψευδομένων ἡ παροιμία ἐκράτησε.

λοκρῶν σύνθημα· παροιμία. τάττεται δὲ ἐπὶ τῶν παρακουομένων. λοκροὶ γὰρ τὰς συνθήκας πρὸς τοὺς πελοποννη

σίους προδόντες, μετὰ τῶν ἡρακλειδῶν ἐγένοντο. ἀναβιβάζει δὲ τοὺς χρόνους. οἱ δὲ, ὅτι τοὺς σικελοὺς ἠπάτησαν παραλογισάμενοι.

λούσαις τὴν πελίαν. ἢ δεῖ φαγεῖν χελώνης κρέα, ἢ μὴ φαγεῖν· ἐπὶ τῶν κατακόρως, καὶ ἀδιαφόρως πάντα ἐσθιόντων.

λοχμὴν πολλὴν φορεῖς, ἀντὶ τοῦ πληθύσει. οὗτος δὲ φορμίων τριχώδης ἦν καὶ πυγὰς μελαίνας εἶχε.

λυδοὺς καπηλεύειν· φασὶ κῦρον περιγενόμενον τῶν λυδῶν, προστάξαι αὐτοῖς καπηλεύειν, καὶ μὴ κεκτῆσθαι ὅπλον, ἀλλὰ ποδήρεις ἀμφιέννυσθαι χιτῶνας. καὶ οὕτως εἰς θῆλυ μᾶλλον μεταρρυθμισθέντας τοὺς λυδοὺς, ἀγοραίους γενέσθαι καπήλους.

λυδὸς τὴν θύραν ἔκλεισε· παροιμία ἐπὶ τῶν μωροκλεπτῶν.

λυδὸς ἐν μεσημβρίᾳ παίζει· ἐπὶ τῶν ἀκολάστων, ὡς ταύταις ταῖς ὥραις τῶν λυδῶν ἀκολασταινόντων. οἱ γὰρ λυδοὶ κωμῳδοῦνται ταῖς χερσὶν αὐτῶν πληροῦντες τὰ ἀφροδίσια. ἡ δὲ παροιμία. αὕτη, ὁμοία τῇ, αἰπόλος ἐν καύματι, ἐπειδὴ ἐν ταῖς τοιαύταις ὥραις οἱ αἰπόλοι ἀκολασταίνουσι.

λυδῶν καρύκας· παροιμία μήτε λυδῶν καρύκας, μήτε μασίτων ψόφους. ἔστι δὲ ἡ καρύκη βρῶμα λύδιον ἐκ πολλῶν ἡδυσμάτων, συνεστὼς καὶ αἵματος, ὡς φερεκράτης, ἀμυρτάκην τρίψαι τε, καὶ λυδίαν καρύκην.

λύκειον ποτόν· ἤτοι ἀπὸ κρήνης τῆς ἀπόλλωνος ἐτίθει, καὶ τὸ πῦ. προσπεριαστωμένως δέ· ἦσαν δὲ ἀναδοθεῖσαι κρῆναι, ἡ μὲν, οἴνου· ἡ δὲ, μέλιτος. ἐν αἷς συνέβαινε τὰ πτηνὰ προσίζειν, καὶ τοξεύεσθαι.

λύκος περὶ φρέαρ χορεύει· παροιμία ἐπὶ τῶν ἀπολλυμένων περί τι μάτην. καὶ γὰρ ὁ λύκος ἄπρακτος περίεισιν ὅταν διψήσῃ. μὴ δυνάμενος δὲ πιεῖν, τὸ φρέαρ περιέρχεται. ἀλλὰ καὶ διώκοντος αὐτοῦ τι· ἐὰν τὸ διωκόμενον ἐμπέσῃ εἰς φρέαρ περίεισι καὶ τηνικαῦτα τὸ φρέαρ μηδὲν ἀνύων.

Λύκος ἀεὶ ἐν φάραγγι, ἐπὶ τῶν ἀφύκτων.

Λύκος ἔχανεν· ἐπὶ τῶν ἐλπιζόντων τι ἕξειν, διαμαρτανόντων δὲ τῆς ἐλπίδος. λέγουσι δὲ τὸν λύκον, ἐπειδὰν ἀφαρπάσαι τι βούληται, κεχηνότα παραγίνεσθαι ἐπ' αὐτό· ὅταν οὖν μὴ λάβῃ ὃ προαιρεῖται, κατὰ κενὸν αὐτὸν χανεῖν φασιν. ἐπὶ οὖν τῶν συνελπιζόντων χρηματίσασθαι, διαμαρτανόντων δὲ λέγουσιν.

Λύκον εἶδεν, ἐπὶ τῶν αἰφνίδιον ἀχανῶν γινομένων.

Λύκος χανών. ἐπὶ τῶν ἀπράκτων.

Λύκου δεκάς. παροιμιῶδες ἐπειδὴ Λύκος ὁ ἥρως πρὸς τοῖς ἐν Ἀθηναίοις δικαστηρίοις ἵδρυτο τοῦ θηρίου τὴν μορφὴν ἔχων ἔνθα οἱ δωροδοκοῦντες οἱ συκοφάνται κατὰ δέκα γινόμενοι συνεστρέφοντο. ἀφώριστο δὲ αὐτῷ τριώβολον τῆς ἡμέρας.

Λύκου πτερά. ἐπὶ τῶν ἀδυνάτων· ὅταν μέχρι τῶν λόγων ὁ φόβος ᾖ; πῶς γὰρ ἂν πτηνός τις γένοιτο λύκος;

Λυσικράτης. παροιμία, Λυσικράτης δωροδοκῶν στρατηγὸς Ἀθηναίων. οὗτος γὰρ σιμὸς ἦν, καὶ αἰσχρὸς καὶ κλέπτης καὶ ἄσημος.

Λύχνον ἐν μεσημβρίᾳ ἅπτεις. ἐπὶ τῶν ἐν καιρῷ ἀνεπιτηδείῳ τι ποιούντων,

ἀρχὴ τοῦ μ.

ἄζαν μεμαχὼς τὴν ὑπ' ἐμοῦ με-
μ μαγμένην μάκελλα, δίκελλα.
Ἀριστοφάνης. ὦ μῶρε, μῶρε. μὴ θεῶν κίνει φρένας δικέλλαις. ὅπως μή σου γένος πανώλεθρον Διὸς,

Μακέλλῃ πᾶν ἀναστρέψει δίκη. ἐπὶ τῶν βλασφήμων εἴρηται.

Μαλθακόν. ἔκλυτον. μαλακόν. καὶ παροιμία. ἁπαλοὶ θερμολουσίαις ἁβροὶ μαλθακευνίαις. ἐπὶ τῶν ὑπὸ τρυφῆς καὶ ἁβρότητος διαρρεόντων.

Μᾶλλον ὁ Φρύξ. ἡ παροιμία ἐντεῦθεν. οἱ ζ. σοφοὶ ἐρωτώμενοι ὑπὸ Κροίσου, τίς τῶν ὄντων εὐδαιμονέστατος, οἱ μὲν ἀπεκρίναντο, τὰ ἄγρια ζῶα. ὑπὲρ γὰρ τῆς αὐτονομίας ἀποθνήσκει. οἱ δὲ πελαργούς.

δίχα γὰρ νόμου, τῇ φύσει τὸ δίκαιον ἔχουσι. Σόλων δὲ, οὐδένα πρὸ τῆς τελευταίας ἡμέρας. παρεστὼς δὲ Αἴσωπος ὁ Φρὺξ ὁ λογοποιὸς, τοσοῦτον εἶπεν ὑπερέχεις τῶν ἄλλων, ὅσον θάλαττα ποταμῶν. ἀκούσας δὲ Κροῖσος εἶπε, μᾶλλον ὁ Φρύξ.

Μανίας δ' εὐπαθοῦσιν ὁμοία. τῶν μανιῶν ὥς φησιν ὁ Πλάτων, αἱ μέν εἰσιν ἄτοποι· ὡς αἱ τῶν παραπαιόντων, αἱ δὲ ἀρεταί, αἳ καὶ εὐχῆς ἄξιαι. οἷαί εἰσιν αἱ τῶν ποιητῶν καὶ τῶν χρησμολόγων.

Μάρας. ἀπὸ Βεροίας τῆς ἐν Συρίᾳ πόλεως. ἀνὴρ τῶν πλουσιωτάτων. ἀλλ' ὅμως ὁ κόρος, οὐδεμίαν αὐτῷ ὕβριν ἐνέτεκεν. οὐδὲ γὰρ κόρος οὐδεὶς ἐφαίνετο τῶν χρημάτων. ἀλλὰ ταῦτα μὲν ὄργανα ἐποιεῖτο δικαιοσύνης τε καὶ φιλανθρωπίας. ἐπαρκῶν τε τοῖς δεομένοις καὶ φιλοτιμούμενος ἐν τοῖς πολιτεύμασιν, οὕτω παρεῖχεν ἑαυτὸν τοῖς πᾶσιν ἐπιεικῆ καὶ δίκαιον, ὥστε οὔτε τῶν πολιτῶν οὐδεὶς αὐτῷ ἐγκέκληκέ ποτε, οὔτε τῶν ξένων, οὔτε τῶν ἀστυγειτόνων, οὔτε τῶν ἐν ἀγροῖς ὁμορρούντων. οὐ μὴν ταῦτα δικαιοσύνης ἔργα ἀπελογίζετο, εἰ μηδένα ἀδικοίη τῶν πολιτευομένων. ἀλλ' ἐκεῖνα μᾶλλον εἰ μὴ καὶ μόνοι εὐεργετῶν. τοιγαροῦν οὐ τῶν ἑαυτοῦ μόνον ἐπεμελεῖτο πραγμάτων. ἀλλὰ καὶ τῶν ἀλλοτρίων. μάλιστα τῶν περικεκτημένων εἴτε τῷ ἄστει, καὶ κατ' ἀγρούς. μάλιστα δὲ τούτου τεκμήριον, εἴ τις ἢ βούλοιτό τι πωλεῖν, ἤ τις ὠνεῖσθαι τῶν πλησιαζόντων αὐτῷ, ὁ μὲν, προσαπῄτει, ὁ δὲ, προσετίθει τῷ τιμήματι τῆς ἄλλης ἀξίας. ὑπὲρ αὐτοῦ γέ τοι δήπουθεν, ὑπὲρ τοῦ κτήσασθαι ὅμορον καὶ γείτονα Μάραν τὸν πάντων ἀνθρώπων δικαιότερον. ὥστε ἐξενίκησεν εἰς παροιμίαν. ὁ Μάρας ἐπὶ δικαίᾳ χρήσει τῶν πέλας.

Μασχάλην αἴρειν. ἀντὶ τοῦ κωθωνίζεσθαι καὶ πίνειν. Κρατῖνος ὡς ἄνω τὴν μασχάλην αἴρειν κατὰ μωκωμένους ταῖς χερσὶν οἷόν ἐστι τὸ παρ' Ὁμήρῳ· χεῖρας ἀνασχόμενοι.

μάτην ἀναλίσκεις τὸ ὕδωρ. οἱ ῥήτορες ὁρίζοντες γὰρ τὸ παλαιὸν πρὸς ὕδωρ μεμετρημένον ἔλεγον. ἐπὶ τῶν εἰς μάτην λαλούντων.

μεγάλου ποιήματα. οἱ μὲν, ἐπὶ τῶν παραδόξων ἔργων, οἱ δὲ, ἐπὶ τῶν ἀκριβούντων τὰς τέχνας φασὶν εἰρῆσθαι. τῶν γὰρ παλαιῶν δημιουργῶν πλαττόντων τὰ ζῶα συμμεμυκότα τοὺς ὀφθαλμοὺς, καὶ οὐ διεστηκότα τοὺς πόδας, πρῶτος δαίδαλος, καὶ τοὺς ὀφθαλμοὺς ἀνεπέτασε, καὶ τοὺς πόδας διέστησε.

μεγαρέων δάκρυα. αὕτη τέτακται ἐπὶ τῶν πρὸς βίαν δακρυόντων, καὶ μὴ ἐπὶ οἰκείῳ πάθει. λέγουσι γὰρ βάκχιόν τινα κορίνθιον γῆμαι τὴν κλυτίου τοῦ μεγαρέων βασιλέως θυγατέρα. ἧς ἀποθανούσης, ἀναγκασθῆναι τοὺς μεγαρέας ὑπὸ τοῦ κλυτίου πέμπειν τοὺς ἠιθέους, καὶ ἠιθέας εἰς κόρινθον, τοὺς μέλλοντας αὐτῶν τὴν θυγατέρα καταθρηνήσειν. οἱ δέ φασιν, ὅτι πλεῖστα δοκεῖ φύεσθαι ἐν τῇ μεγαρέων σκόροδα. ὅθεν τὴν παροιμίαν εἰρῆσθαι ἐπὶ τῶν προσποιητῶς δακρυόντων. παρόσον οἱ ἐμπιπλάμενοι τῶν σκορόδων, ἀποδακρύουσι συνεχῶς ὑπὸ τῆς δριμύτητος. ὅθεν τὰ μὴ ἐκ παθῶν, μὴ δὲ ἐκ βάθους δάκρυα, ἀλλ' ἐξ ἐπιπολῆς, μεγαρέων δάκρυα ἔλεγον.

μέδιμνος. καὶ παροιμία. μεδίμνῳ ἀπομετρῶ παρὰ τοῦ παιδὸς ἀργύριον. ἐπὶ τῶν μεγάλην, καὶ ἀθρόαν προσδοκώντων ὠφέλειαν.

μελαμπύγῳ συνέτυχες. ὁ ἡρακλῆς καὶ λάσιος, καὶ μελάμπυγος ἐγένετο. λέγουσι δὲ ὅτι τῶν κερκώπων ἡ μήτηρ προὔλεγεν αὐτοῖς τὸν μελάμπυγον φυλάξασθαι. μετὰ δὲ ταῦτα συλληφθέντες ὑπὸ τοῦ ἡρακλέους, καὶ δεθέντες τοὺς πόδας πρὸς ἀλλήλους, ἐκ τῶν ὤμων αὐτοῦ τὰς κεφαλὰς κρεμαμένας εἶχον. ὁρῶντες δὲ αὐτὸν μελάμπυγον, ἐγέλασαν, καὶ ἐρωτηθέντες, τὴν τῆς μητρὸς πρόῤῥησιν εἶπον. καὶ οὕτω φιλανθρωπίας ἔτυχον.

μεμαγμένη μάζα. ἐπὶ τῶν ἑτοίμων ἀγαθῶν. μεμαγμένην, παρεσκευασμένην, καὶ ἐν ἑτοίμῳ γενομένην. ὅθεν καὶ παροιμία. μάζαν μεμαχὼς τὴν ὑπ' ἐμοῦ μεμαγμένην.

μέγα στόμα τοῦ ἐνιαυτοῦ, οἱονεὶ πολλὴ παρρησία πάντων εὐφορίας γενομένης.

μέγα φρονεῖ μᾶλλον ἢ πηλεὺς ἐπὶ τῇ μαχαίρᾳ. μέμνηται ταύτης ἀνακρέων, καὶ πίνδαρος ἐν νεμεονικαῖς. φασὶ γὰρ αὐτὴν ὑπὸ ἡφαίστου γενομένην, δῶρον πηλεῖ σωφροσύνης ἕνεκα παρὰ θεῶν δοθῆναι, ᾗ χρώμενος πάντα κατώρθου, καὶ ἐν ταῖς μάχαις, καὶ ἐν ταῖς θήραις.

μερὶς οὐ πνίγει. δικαίαρχός φησιν ἐν τοῖς περὶ τῆς ἑλλάδος ἐν τοῖς δείπνοις μὴ εἶναι συνήθεις τοῖς ἀρχαίοις διανέμειν μερίδας. ὕστερον δὲ προφάσεις τινὰς ἐνδεεστέρων γενομένων τῶν ἐδεσμάτων, κρατῆσαι τὸ ἔθος τῶν μερίδων, καὶ διὰ τοῦτο τὴν παροιμίαν εἰρῆσθαι. τῶν γὰρ ἐδεσμάτων κοινῇ, καὶ μὴ κατὰ μέρος τιθεμένων, τὸ πρότερον οἱ δυνατώτεροι τὰς τροφὰς τῶν ἀσθενῶν ἥρπαζον, καὶ συνέβαινε τούτους ἀποπνίγεσθαι, μὴ δυναμένους ἑαυτοῖς βοηθεῖν. διὰ τοῦτο οὖν ὁ μερισμὸς ἐπενοήθη.

μερὶς οὐ πνίγει. ἐπὶ τῶν δυνατωτέρων ἁρπαζόντων τὰς τροφὰς τῶν ἀσθενεστέρων, καὶ ἐπὶ τούτῳ ἐκείνων πνιγομένων ὅτι αὐτοῖς βοηθεῖν οὐκ ἠδύναντο, ἐπενοήθη ὁ διαμερισμὸς, καὶ ἕκαστος ἑκάστῳ τὸ ἴσον λαμβάνων ἐπεφώνει, μερὶς οὐ πνίγει.

μετὰ λέσβιον ᾠδόν. παροιμία ταττομένη ἐπὶ τοῖς τὰ δεύτερα φερομένοις ἐξ αἰτίας τοιᾶσδε. λακεδαιμόνιοι στασιάζοντες μετεπέμψαντο κατὰ χρησμὸν τοῦ θεοῦ ἐκ λέσβου τὸν μουσικὸν τέρπανδρον. ἐλθὼν δὲ ἐκεῖνος, καὶ τῇ μουσικῇ χρώμενος, ἥρμοσεν αὐτῶν τὰς ψυχάς, καὶ τὴν στάσιν ἔπαυσεν. εἴποτε οὖν μετὰ ταῦτα μουσικοῦ τινος ἤκουον οἱ λακεδαιμόνιοι, ἐπεφώνουν, μετὰ λέσβιον ᾠδόν. μέμνηται τῆς παροιμίας ταύτης κρατῖνος ἐν χείρωσι. καὶ ἄλλως.

μετὰ λέσβιον ᾠδόν. παροιμία λεγομένη ἐπὶ τῶν τὰ δεύτερα φερομένων. οἱ γὰρ λακεδαιμόνιοι τοὺς λεσβίους κιθαρῳδοὺς πρώτους προσεκαλοῦντο. ἀκαταστατούσης γὰρ τῆς πόλεως αὐτῶν, χρησμὸς ἐγένετο λέσβιον ᾠδὸν μεταπέμπεσθαι. οἱ δ' ἐξ ἀντίσσης τέρπανδρον ἐφ' αἵματι φεύγοντα μεταπεμψάμενοι, ἤκουον αὐτοῦ ἐν τοῖς συσσιτίοις, καὶ κατεστάλησαν. οἱ λακεδαιμόνιοι δὲ στασιάζοντες μετεπέμψαντο ἐκ λέσβου μουσικὸν τέρπανδρον, ὅς πω ἥρμοσεν αὐτῶν τὰς ψυχάς, καὶ τὴν στάσιν ἔπαυσεν. εἴ ποτε οὖν μετὰ ταῦτα μουσικοῦ τινος ἤκουον οἱ λακεδαιμόνιοι, ἔλεγον, μετὰ λέσβιον ᾠδόν.

μετὰ μουσῶν. ἐπὶ τοῦ πεπαιδευμένου. ἡ κοινὴ ἐπὶ τοῦ συνόντος ἀπαιδεύτου τοῖς πεπαιδευμένοις.

μεῖζω μὲν ὕδωρ πίνοντες, ἀμείνω δὲ μάζαν ἔδοντες. οὗτος ὁ στίχος εἰς παροιμίαν περιέστη ἔκ τινος χρησμοῦ. ὃν ἀνεῖλεν ὁ θεὸς συβαρίταις. ὑβρισταὶ γὰρ ὄντες, καὶ ἀμετροπόται, ἀπώλοντο ὑπὸ κροτωνιατῶν. τοῖς οὖν διαφυγοῦσιν αὐτῶν, οὕτως ἐχρήσθη.

μέχρι τῶν ἀμφωτίδων. ἐπὶ τῶν ἄγαν πεπληρωμένων. τὸ δὲ ἀμφωτίδων, μέχρι τῶν ὤτων.

μηδ' ἄκανθα ἀμύξῃ τοὺς ἀγαθούς. ἀμύξεις γὰρ, λυπήσεις. ξύσεις.

μὴ δὲ μέλι, μὴ δὲ μελίσσας. ἐπὶ τῶν μὴ βουλομένων παθεῖν τι φαῦλον μετ' ἀγαθοῦ.

μὴ κίνει καμάριναν. φασὶν εἶναι λίμνην τῇ πόλει τῇ καμαρίνῃ ὁμώνυμον ταύτην, ἣν οἱ καμαρῖνοι μετοχετεῦσαι εἰς τὸ πεδίον βουλόμενοι, ἐχρήσαντο τῷ θεῷ. ὁ δὲ, εἶπε, μὴ κίνει καμάριναν. οἱ δὲ, παρακούσαντες τοῦ χρησμοῦ, ἐβλάβησαν. κἀκεῖθεν ἡ παροιμία. εἴρηται ἐπὶ τῶν ἐπὶ βλάβῃ τι ποιεῖν ἑαυτοῖς μελλόντων. τινὲς δέ φασι φυτὸν δυσῶδες εἶναι τὴν καμάριναν, οὗ τοὺς κλάδους διασειομένους ἀηδέστερον ὄζειν.

μὴ κίνει κακὸν εὖ κείμενον. ἐπὶ τῶν ἑαυτοῖς ἐξ ἀγνοίας πράγματα ἐγειρόντων.

μηλιακὸν πλοῖον. ἐπὶ τῶν παλαιῶν, καὶ ἄγαν ἐκρεόντων πλοίων. ἱππότην γὰρ εἰς ἀποικίαν στελλόμενον, τοῖς μὴ βουληθεῖσιν αὐτῷ συμπλεῖν καταράσασθαι, μήτε πλοῖα στεγανὰ αὐτοῖς γενέσθαι ποτὲ, καὶ γυναικοκρατεῖσθαι.

μῆλον ἡρακλῆς. ἀπολλόδωρος ἐν τοῖς περὶ θεῶν ὅτι θύεται ἀθήνησιν ἡρακλεῖ ἀλεξικάκῳ ἰδιάζουσά τις θυσία. τῶν γὰρ βοῶν ποτε ἐκφυγόντων, ἔμελλον τῷ ἡρακλεῖ προσάξαι, μῆλον λαβόντας, καὶ ξυλάριους ὑποθέντας, τέσσαρας μὲν αὐτῷ σκελῶν, δύο δὲ αὐτῷ κεράτων, σχηματίσαι τὸν βοῦν, καὶ οὕτω τὴν θυσίαν ποιήσασθαι.

μήποτ' ἔλθῃς, ὅτ' ἐγὼ πράττω κακῶς. παροιμία ἐπὶ τῶν μὴ συνερχομένων τοῖς φίλοις ἐν κινδύνοις.

μήρινθος. αὕτη μὲν ἡ μήρινθος, οὐδὲν ἔσπασεν. ἐπὶ τῶν ἐπιχειρούντων, καὶ ἀποτυγχανόντων.

μή πω μέγ' εἴπῃς, πρὶν τελευτήσαντ' ἴδῃς. ἐπὶ τῶν θαυμαζόντων τοὺς τὰ μεγάλα ὑπισχνουμένους. οὐ γὰρ δεῖ πρὶν ἀποθανόντα ἴδῃς, ἀλλὰ πρὶν εἰς τέλος ἀγαγόντ' ἴδῃς, μὴ θαυμάσῃς τὸν μεγάλα καυχώμενον.

μή σύ γε μελαμπύγου τύχοις. μή τινος ἀνδρείου, καὶ ἰσχυροῦ τύχοις. παροιμία δέ ἐστιν ἐντεῦθεν. θείας τῆς ὠκεανοῦ θυγατρὸς ἐγένοντο παῖδες δύο. οὗτοι τοὺς παριόντας βιαζόμενοι, ἠδίκουν. ἡ δὲ μήτηρ αὐτοῖς παρῄνει μηδὲν ἄδικον ποιεῖν, ἵνα μή τινος μελαμπύγου τυχόντες, δίκην δώσοιεν. ἐφίσταται τὸν αὐτοῖς ἡρακλῆς, καὶ τοὺς πόδας αὐτῶν συνδήσας πρὸς ἀλλήλους, καὶ τῆς λεοντῆς ἐξαρτήσας κάτω, ἦρεν, ἐπέθηκε τοῖς ὤμοις αὐτῶν. οἱ δὲ, δασύτητα ὅλην τὴν πυγὴν τοῦ ἡρακλέους ὁρῶντες, ἐγέλων, ἀναμνησθέντες τῆς μητρός. πυθόμενος δὲ ἡρακλῆς τὴν αἰτίαν τοῦ γέλωτος, ἥσθη, καὶ ἀπέλυσεν αὐτούς.

μὴ τὴν τέφραν φεύγων εἰς ἀνθρακιὰν πέσῃς.

μία λόχμη οὐ τρέφει δύο ἐριθάκους. ἐπὶ τῶν ἐκ μικροῦ τινος κερδαίνειν σπουδαζόντων. ἐρίθακος δέ ἐστιν ὄρνεον μονῆρες καὶ μονόζωνοι.

μία μύκωνος. τηλεκλῆς προσέταξε τοῖς ἑαυτοῦ παισὶν ἡγήτορι, καὶ ἰσοκλεῖ τὰς νήσους καταστρέψασθαι. χειρωσαμένου δὲ πολλὰς τοῦ ἡγήτορος, ἰσοκλέους δὲ μίαν τὴν μύκωνον, βουλομένου δὲ πασῶν ἔχειν τὸ μέρος, πέμψαντες ἠρώτησαν κοινῇ τὸν θεόν, τίνος εἶεν τοῦ ἡγήτορος νῆσοι. ὁ δὲ, εἶπε μία μύκωνος.

μία χελιδὼν ἔαρ οὐ ποιεῖ. παροιμιωδῶς εἴρηται, ὅτι μία χελιδὼν ἔαρ οὐ ποιεῖ. βούλεται δὲ εἰπεῖν, ὅτι μία ἡμέρα οὐκ ἔστιν εἰς γνῶσιν ἐμβαλεῖν, ἢ εἰς ἀμαθίαν. καὶ ἄλλως, μία χελιδὼν, παροιμιῶδές ἐστι τό. ὅτι μία χελιδὼν ἔαρ οὐ ποιεῖ. βούλεται δέ τι εἰπεῖν, μία ἡμέρα οὐ ποιεῖ τὸν σοφὸν εἰς τελείωσιν ἐμβαλεῖν, καὶ δυσημερία μία, τὸν σοφὸν εἰς ἀμαθίαν.

μίδας. παροιμία. ὁ ἐν κύβοις εὐβουλότατος. ὁ γὰρ μίδας βόλου ἐστὶν ὄνομα. καὶ ἑτέρα παροιμία. μίδας ὦτα ὄνου ἔχει. μίδας ὁ φρυγῶν βασιλεὺς, ἤτοι ὅτι πολλοὺς ὠτακουστὰς εἶχεν. ἢ ὅτι κώμην φρυγιακὴν κατεῖχεν, ἥτις ὦτα ὄνου ἐλέγετο. λέγεται δὲ τούτῳ τὸν πακτωλὸν ποταμὸν χρυσὸν ῥεῦσαι καὶ ὅτι αὐτὸν εὔξασθαι, ὥστε πάντα, ὧν ἅψαιτο, χρυσὸν γενέσθαι. ἢ ὅτι ὁ ὄνος τῶν ἄλλων ζώων μᾶλλον ἀκούει, πλὴν μυός. καὶ ὁ μίδας οὕτως πολλοὺς ἀκουστὰς εἶχεν. οἱ δέ, φασιν ὅτι ψέξας ποτὲ τὸν διόνυσον ὁ μίδας, μετεβλήθη εἰς ὄνον. ἢ ὅτι τοὺς διονύσου παιδεύοντας ἠδίκησεν. ὅθεν ὀργισθεὶς, ὦτα ὄνου ἔχειν αὐτῷ περιῆψεν. ἢ ὅτι ὦτα μεγάλα εἶχε. λέγεται οὖν ἡ παροιμία ἐπὶ τῶν μηδὲν λανθανόντων.

μικρὸς, ἡλίκος μόλων. ἐπὶ τῶν πάνυ βραχέων.

μικρὸς ὁ σὸς ἀεὶ πῶλος. ἐπὶ τῶν διὰ βραχύτητα ἡλικίαν νεάζειν λεγόντων.

μισῶ μνήμονα συμπότην. ἐπὶ τῶν μὴ φυλασσόντων φίλων τὰ ἐν συμποσίοις λεγόμενα. ταῦτα γὰρ οὐ δεῖ προφέρειν, ἀλλ' οὐδὲ ὅλως μνημονεύειν.

μισθοφόρων. αὕτη λέγεται ἐπὶ τῶν ἐρασμίων διδασκάλων, καὶ ὑπερηφάνων, ὥς φασι, καὶ τὴν σοφίαν ἐρασθῆναι μὴ φέρουσαν δὲ τὸ πάθος, εἴψασθαι αὐτὴν κατὰ τῶν ἐν λαυμαλίαις τόπων.

μορμολύττεις ἀσκίῳ. ἐπὶ τῶν τὰ κενὰ δεδοικότων. ἐπεὶ κενὸς ὁ ἀσκός.

μόρυχος. παροιμία. μορύχου εὐηθέστερος. ἐπὶ τῶν εὐήθες τι διαπραττομένων. ἐπίθετον δέ ἐστι τοῦ διονύσου. ἀπὸ τοῦ μορύξαι, ὅ ἐστι μολῦναι. ἐπειδὰν τρυγῶσι τῶν βοτρύων τῷ γλεύκει, καὶ τοῖς χλωροῖς σύκοις.

μύας δάκρυον. διὰ τὴν θηβαίων παροιμίαν. εἰς τὸ ἐν δωδώνῃ μαντεῖον. ἀφ' οὗ εἴρηται καὶ τό, παρὰ βοιωτοῖς μαντεύσασθαι. ἠσέβησαν γὰρ καὶ οὗτοι εἰς τὴν ἱέρειαν, ἐμβαλόντες αὐτὴν εἰς τὸν ἐν δωδώνῃ λέβητα ἐρωτικῶς διατεθεῖσαν εἰς ἕνα τῶν θεωρῶν.

μυκώνιος γείτων. αὕτη τέτακται ἐπὶ τῶν διαβεβλημένων ἐπὶ σμικρότητι, καὶ μικροπρεπείᾳ, παρὰ τὴν σμικρότητα τῆς μυκώνου νήσου, καὶ εὐτέλειαν.

μῦλος πάντα ἀκούων. αὕτη τέτακται ἐπὶ τῶν κωφότητα προσποιουμένων, καὶ πάντα ἀκουόντων. μέμνηται αὐτῆς κρατῖνος ἐν κλεοβουλίναις. ἔστι δὲ καὶ κωμῳδιῶν ποιητὴς μῦλος.

μύξος. παροιμία ἐπὶ τῶν κομπαζόντων, καὶ μεγαλαυχούντων. μύξος γὰρ ἐγένετο τῆς ἀρτέμιδος ἱερεὺς ἀστεῖός τις, καὶ μεγάλαυχος.

μῦς ἄρτι πίττης γευόμενος. ἐπὶ τῶν πρῶτον μὲν τολμηρῶν, καὶ ἀναιδῶν, ἀθρόως δὲ δειλῶν ἀναφανέντων.

μυσὶ καταβαείς. ἐπὶ τῶν μηδενὸς ἀξίων.

μῦς λευκός. ἐπὶ τῶν ἀκρατῶν περὶ τὰ ἀφροδίσια. ἐπειδὴ οἱ κατοικίδιοι μύες, καὶ μάλιστα οἱ λευκοὶ περὶ τὰς ὀχείας κεκίνηνται.

μυσῶν λεία. παροιμία τίς ἐστι, λαβοῦσα τὴν ἀρχὴν ἀπὸ τῶν καταδρομῶν τῶν ἀστυγειτόνων, καὶ λῃστῶν τῆς μυσίας, κατὰ τὴν τηλέφου ἀποδημίαν. ἄλλως παροιμία ἐπὶ τῶν κακῶς διαρπαζομένων. οἱ γὰρ περίοικοι κατ' ἐκεῖνον τὸν χρόνον τοὺς μυσοὺς ἐλῄζοντο.

μωρύχου Διονύσου. καὶ μωρότερον εἶ μωρύχου Διονύσου, ὃς τ' ἔνδον ἀφεὶς ἔξω τῆς οἰκίας κάθηται. ἐπὶ τῶν εὐηθέστερον διαπεπραγμένων. μόρυχος δὲ ὁ Διόνυσος κατ' ἐπίθετον. ἀπὸ τοῦ τὸ πρόσωπον αὐτῆς μολύνεσθαι. ἐπειδὰν τρυγῶσι τῷ ἀπὸ τῶν βοτρύων γλεύκει, καὶ τοῖς χλωροῖς σύκοις. μορύξαι δὲ τὸ μολῦναι καὶ καταγνωσθῆναι δὲ αὐτὸν εὐήθειαν πρόσσον ἔξω τοῦ νεὼ τὸ ἄγαλμα αὐτόν ἐστι παρὰ τὴν εἴσοδον ἐν ὑπαίθρῳ.

μωρότερος εἶ μορύχου. αὕτη ἡ παροιμία λέγεται παρὰ τοῖς σικελιώταις ἐπὶ τῶν εὐηθές τι διαπραττομένων, ὥς φησι πολέμων ἐν τῇ πρὸς διόφυλον ἐπιστολῇ. λέγεται δὲ οὕτως μωρότερος εἶ μορύχου, ὃς τὰ ἔνδον ἀφεὶς ἔξω τῆς οἰκίας κάθηται. μόρυχος δὲ Διονύσου ἐπίθετον ἀπὸ τοῦ τὸ πρόσωπον αὐτοῦ μολύνεσθαι. ἐπειδὰν τρυγῶσι τῷ ἀπὸ τῶν βοτρύων γλεύκει καὶ τοῖς χλωροῖς σύκοις. μορύξαι γὰρ τὸ μολῦναι. καταγνωσθῆναι δὲ αὐτοῦ εὐήθειαν πρόσσον ἔξω τοῦ νεὼ τὸ ἄγαλμα αὐτοῦ ἐστι παρὰ τὴν εἴσοδον ἐν ὑπαίθρῳ. κατασκευάσθαι δὲ ἀπὸ φέλλα καλουμένου λίθου ὑπὸ σιμμίου τοῦ εὐπαλάμου.

ἀρχὴ τοῦ ν.

ν Νήρα, καὶ χαρμίνη. τούτων ἡ μὲν τῶν τριχῶν ἐπιμέλειαν ἐποιεῖτο κλεοπάτρας τῆς βασιλίσσης. ἡ δὲ τῶν ὀνύχων, παρέμειναν δὲ αὐτῇ καὶ μέχρι θανάτου. καὶ ἀποθανοῦσαι πολυτελοῦς ταφῆς ἠξιώθησαν καὶ τιμῆς ἔτυχον. κλεοπάτραν γὰρ καῖσαρ ὁ αὔγουστος χειρωσάμενος ἐβουλήθη τὸ βασιλικὸν αὐτῆς περιελεῖν διάδημα, καὶ θρίαμβον ἀγαγεῖν ἐπὶ μέσου τῆς πόλεως. ἡ δὲ κλεοπάτρα αἱρουμένη μᾶλλον ἐντίμως ἀποθανεῖν, ἢ ἐν ἰδιωτικῇ τάξει τὸ θεάτρον ἀτιμασθῆναι ἀνελεῖν ἑαυτὴν ἐμέλλησεν. ἀπόπειραν δὲ τῆς σκέψεως ποιουμένη ἐπέτρεψεν νηήρᾳ καὶ χαρμιόνῃ ἐχόμενοι, παρ' ἑκατέρωθεν μαζῶν ἐπι

θέσθαι. αἱ δὲ τοῦτο ποιήσασαι ἀνῃρέθησαν. ἡ οὕτως κλεοπάτρα βασιλικῶς ἑαυτὴν περιστείλασα, ἔχιδναν ἐπέθηκε τῷ μαζῷ, καὶ ὑπ' αὐτῷ ἀνῃρέθη. ἀνδριάντες δὲ χάλκεοι πρὸ τοῦ σήματος τῆς κλεοπάτρας, ὃ καλεῖται μαυσώλιον νηήρα, καὶ χαρμιόνη ἀνετέθησαν. διὰ τὸ καὶ μέχρι θανάτου αὐτῇ παραμεῖναι. εἴρηται δὲ ἡ παροιμία ἐπὶ τῶν μέχρι θανάτου τοῖς εὐεργέταις συγκινδυνευόντων.

Νάννακος ἀπὸ νανν άκου. παροιμία ἐπὶ τῶν σφόδρα παλαιῶν καὶ ἀρχαίων. ναννακος γὰρ παλαιὸς ἀνὴρ πρὸ δευκαλίωνος. τοῦτόν φασι βασιλέα γενέσθαι πρὸ τοῦ δευκαλίωνος, ὃς προειδὼς τὸν μέλλοντα κατακλυσμόν, συναγαγὼν πάντας εἰς τὸ ἱερόν, μετὰ δακρύων ἱκέτευσε.

Ναῦς ἱκεταίει πέτρας. ἐπὶ τῶν πάνυ ἀναισθήτων ἡ παροιμία.

Ναύσων ναυκράτει. ἐπὶ τῶν ὁμοίως ἀποδιδόντων ἀλλήλοις.

Νέα χελιδών. ἐπὶ τῶν ἐξαπατώντων τινάς.

Νεκρῷ λέγουσα μῦθον εἰς οὖς. ἐπὶ τῶν ἀναισθήτων, καὶ μὴ ἐπαϊόντων.

Νέμεσις. παροιμία. νέμεσις δέ γε παρὰ πόδας βαίνει. παρόσον μέτεισι ταχέως ἡ δίκη τοὺς ἡμαρτηκότας.

Νεφέλας ξαίνεις. ἐπὶ τῶν μάτην πονούντων, καὶ ἀδυνάτως. εἴληπται ἴσως τὸ ξαίνειν. ἐκ τοῦ ἐπιπόνως ἐοικέναι τὰς νεφέλας ἐρίοισιν ἀνεπτισμένοις.

Νικόστρατος. παροιμία. ἐγὼ ποιήσω πάντα κατὰ νικόστρατον. οὗτος κωμῳδίας ὑποκριτὴς ἦν δοκῶν κάλλιστα ὑποκρίνεσθαι.

Νόμος καὶ χώρα. ἡ παροιμία αὕτη λέγεται διὰ τὸ ἕκαστον ἔθνος ἰδίοις νόμοις χρῆσθαι. πέρσαι μὲν γὰρ μεθύοντες βουλεύονται, καὶ τοὺς βασιλεῖς ἑαυτῶν ὡς θεοὺς προσκυνοῦσι. καὶ οἱ μὲν ἴσοι ἀλλήλους καταφιλοῦσιν, οἱ δὲ ταπεινότεροι τῶν πρεσβυτέρων τῶν μειζόνων μόνων τυγχάνουσι. τὰ δὲ γεννηθέντα αὐτοῖς ται δία μέσα τὰ στρατεύματα βλέπουσι· καὶ ἄλλα ἐστὶ παρ' αὐτοῖς, οἷς μόνοι κατὰ ἴδιον ἔθος χρῶνται. γόρδιοι τὸν παχύτατον αὐτῶν βασιλέα αἱροῦνται. σύρρακοι τὸ διάδημα ἀκροτάτῳ διδόασιν, ὡς δέ τινές φασι τῷ μακροτάτην ἔχοντι τὴν κεφαλήν. συμφαλοὶ τιμῶσι γυναῖκα τὴν πλείοσιν ἀνδράσι προσομιλήσασαν. δόριοι μεσαιγέται ἐν ταῖς ὁδοῖς πλησιάζουσι. σαυρομάται πολλὰ σῖτον τὰς θυγατέρας πιπράσκουσι. μαζούσιοι δὲ γυναικὶ οὐ μίγνυνται, εἰ μὴ πολεμίαν ἕλῃ. τιβαρηνοὶ τῶν γυναικῶν τικτουσῶν αὐτοὶ τὰς κεφαλὰς δέονται, καὶ κατακλίνονται. παρὰ τοῖς κανκαρταίοις οἱ ἐργάται τὰ φορτία βαστάζουσιν ἄχρις οὗ τις αὐτὰ ὠνήσηται. οἱ σιδῶνες τοὺς γονεῖς ἐσθίουσι χωρὶς τῆς κεφαλῆς· τὴν δὲ κεφαλὴν χρυσοῦσι. καίσιοι ἐπὶ γεννωμένοις δακρύουσιν, ἐπειδὰν δὲ ἀποθνήσκουσι χαίρουσι. βακχέριοι ἐὰν ἀπὸ νόσου σωθῶσι, κυσὶν ἑαυτοὺς παραβάλλουσιν. ὀργέμπεοι οἰκίας οὐκ ἔχουσιν, οὐδὲ ἔμψυχόν τι σιτοῦνται. εἰ δὲ καὶ ζῶν γυναιξὶ φαλακροὶ διὰ φύσιν ὕδατος οὐ πίνουσι. θύουσι τοῖς θεοῖς τὰ ὀστᾶ θύσαντες αὐτοὶ τὰς σάρκας ἐσθίοντες. ταυροσκύθαι ἀνθρωποθυτοῦσι. βύζαντες μεσόγειοι βοῦς ἀμέλγοντες μόνῃ ταύτῃ τροφῇ χρῶνται. οἱ κατὰ τὴν ἡμετέραν οἰκουμένην ἴβηρες κυνῶν ἀγέλην τρέφουσιν ἀντὶ προβάτων. αἰθίοπες δὲ οἱ λεγόμενοι κολχοὶ ὑαίνας, διὰ ταῦτα ἡ παροιμία εἴρηται.

Νοῦν τὸν ξένον. ἐπὶ τῶν ὑφορωμένων τινά.

Νοῦς οὐκ ἔνι κενταύροισι. παροιμία ἐπὶ τῶν ἀδυνάτων καὶ ἀνοήτων ταττομένη.

Νυμφίου βίον. παροιμία. οἱ γὰρ γαμοῦντες, ἐστέφοντο σισυμβρίοις καὶ φυτοῖς τισι πρὸς τὰς τῶν γάμων ἡμέρας.

Νῦν ὀπωρείων ἄμητος. ἐπὶ τῶν καθ' ὥραν ἕκαστα πράττειν ὀφειλόντων.

Νῦν τοῦτ' ἐκεῖν' ἥκει τὸ Δάτιδος μέλος. ἐπὶ τῶν χαρμοσυνῶν. ὁ γὰρ Δᾶτις στρατηγὸς τῶν περσῶν, ὃς εὐδοκιμήσας κατὰ τὸν πόλεμον, ἑλληνίζειν βουλόμενος, εἶπεν. ἥδομαι, καὶ εὐφραίνομαι, καὶ χαίρομαι, καὶ ἐβαρβάρισε.

Νῷ πάθε. παροιμία ὁμοία τῇ, θεῷ πάθου, ὃ εἶπον.

ἀρχὴ τοῦ ξ.

Ξαίνεις εἰς πῦρ. λέγεται ἡ παροιμία αὕτη ἐπὶ τῶν μάτην κακοπαθούντων.

Ξένος ἔλθοι ὅστις ὀνήσει. ταύτην φησὶ θεόπομπος ὑπὸ φιλίππου πρῶτον λεχθῆναι. θετταλίαν γὰρ καταστρεψάμενος πόλιν, καὶ τοὺς αὐτόθι ξένους πωλήσας χλευάζων εἶπεν, ἔλθοι ξένος ὅστις ὀνήσει.

ἀρχὴ τοῦ ο.

Ο ἄπληστος πίθος. οὗτος λέγεται ἐν ᾅδου εἶναι οὐδέποτε πληρούμενος. πάσχουσι δὲ πολλὰ αὐτοῦ αἱ τῶν ἀμυήτων ψυχαί. καὶ αἱ κόραι αἱ δαναΐδες, αἳ πληροῦσαι ἐν κατεαγόσιν ἀγγείοις ὕδωρ πρὸς αὐτὸν φέρουσι τετρημένον. δύναται δὲ τοῦτο λέγεσθαι καὶ ἐπ' αὐτοῦ τοῦ ἄγους.

Ὁ ἀφθάς σοι λελάληκεν. ἦν δὲ χρησμολόγος. ἀφθὰς δὲ ὁ διόνυσος. τὸ δὲ ἐπιτατικόν, ὡς ἄσταχυς.

Ὁ βολβὸς εὗρε παρνοίτης. καλλιστράτης ἀθήνησι πολιτευσάμενος, ἐπικαλούμενος δὲ παρνοίτης, μισθὸν ἔταξε τοῖς δικασταῖς, καὶ τοῖς ἐκκλησιασταῖς, ὅθεν σκωπτόντων αὐτὸν τῶν κωμικῶν εἰς παροιμίαν ἐγένετο.

Ὁ δῖος κόρινθος. ἐπὶ τῶν ἐπ' οὐδενὶ τέλει ἀπειλούντων. μεγαρεῦσι γὰρ ὡρμημένοις ἀφίστασθαι, ἐπιλέγειν τὸν κόρινθον οὐκ ἀνέξεται ταῦτα ὁ δῖος κόρινθος. ἄλλοι δέ φασιν ἐπὶ τῶν σεμνυνομένων, κακῶς δὲ ἀπαλλαττόντων εἰρῆσθαι τὴν παροιμίαν.

Ὁ δύασφα, καὶ ὁ λύσαιος μηχανή. ἐπὶ τῶν πανούργων, καὶ παροιμία.

Ὁ ἴς τὴν μάχαιραν. ἐπὶ τῶν ἀλυσιτελῶς σφίσιν αὐτοῖς χρωμένων.

Ὁ ἐν τεμέσῃ ἥρως. ὅταν ἀπαιτῶν τις αὐ

τὸν ὕδρον προσοφείλων ἀνῃρέθη, ὁ ἐν Τεμέσῃ γείτονα ἥρωα.

Οἶδα σίμωνα, καὶ σίμων ἐμέ, τελχίνων φύσει βασκάνων ὄντων· καὶ γὰρ οὗτοι τῷ στυγὸς ὕδατι τὴν γῆν καταῤῥέοντες, ἄκαρπον ἐποίουν. δύο ἐγένοντο ἡγεμόνες σίμων, καὶ νίκων. ὑπερίσχυε δὲ ὁ σίμων κακοτροπώτατος ὤν, ὥστε τὴν τοῦ νίκων φήμην ἀπαλεῖψαι. διόπερ οἱ παροιμιαζόμενοι μόνον τὸν σίμωνα ὀνομάζουσι. λεχθείη δ' ἂν ἡ παροιμία ἐπὶ τῶν ἀλλήλους ἐπὶ κακίᾳ γινωσκόντων.

Οἶδε πυλαία ταῦτα τιτθυγίας. ὁ τιτθυγίας ἀνδραποδιστὴς ἦν, ἐπώλει δὲ ἐν τῇ πυλαίᾳ τὰ ἀλλότρια. τάττεται δὲ ἡ παροιμία κατὰ τῶν τὰ ἀλλότρια ἁρπαζόντων, καὶ πωλούντων.

Οἰδίποδος ἀρά. ταύτης μέμνηται αἰσχύλος ἐν τοῖς ἑπτὰ ἐπὶ θήβας. ἱστορεῖται δὲ ὅτι ἐτεοκλῆς, καὶ πολυνείκης, δι' ἔθους ἔχοντες πέμπειν τῷ οἰδίποδι ἑκάστου ἱερείου τὸν ὦμον ἐπιλαθόμενοι ἰσχίαν ἔπεμψαν. ὁ δὲ, νομίσας ὑβρίσθαι, κατηράσατο αὐτοῖς. ἄλλοι δὲ λέγουσιν ὅτι μετὰ τὸ ἀναγνωρισθῆναι οἰδίπουν τῇ μητρὶ αὐτοῦ ἰοκάστῃ, τὰς ἰδίας ὄψεις ἐτύφλωσε. γνόντων δὲ τῶν ἐγχωρίων τὸ γενόμενον μῦσος, καὶ τῶν θηβαίων οἰδίπουν ἐξελαυνόντων, τοῖς παισὶ κατηράσατο, ἐπεὶ διωκομένῳ τῆς πόλεως οὐκ ἐπήμυναν. διὰ τοῦτο καὶ ὑπ' ἀλλήλων ἀνῃρέθησαν.

Οἴκοθεν ὁ μάρτυς. ἐπὶ τῶν μετὰ τὸ ψεῦδος εἰπεῖν, ὁμολογούντων τὴν ἀλήθειαν.

Οἴκοι τὰ μιλήσια. ἡ παροιμία τέτακται ἐπὶ τῶν ὅπου μὴ προσήκει τὴν τρυφὴν ἐπιδεικνυμένων. ἀρισταγόρας γὰρ ὁ μιλήσιος ἐλθών ποτε εἰς λακεδαίμονα, ἠξίου βοηθεῖν τοῖς ἴωσι πολεμουμένοις ὑπὸ περσῶν. ἐδημηγόρει δὲ ἐσθῆτα ἔχων πολυτελῆ, καὶ τὴν ἄλλην τρυφὴν τὴν ἰωνικήν. εἶπεν οὖν τις πρὸς αὐτὸν τῶν ἐφόρων, οἴκοι τὰ μιλήσια.

Οἶκος φίλος, οἶκος ἄριστος. τινὲς τὴν παροιμίαν ἐπὶ τὸ γελοιότερον μεταφράζοντες, ἐπὶ τῆς χελώνης φασίν.

Οἱ κρῆτες τὴν θυσίαν. ἀγαμέμνων ὥς φασι χειμασθεὶς, κατηνέχθη εἰς κρήτην. καὶ ἀναβὰς εἰς τὸ πολυῤῥήνιον, θυσίαν ἐπετέλει. ἐν τούτῳ δὲ οἱ αἰχμάλωτοι τὰς ναῦς ἐνέπρησαν, οὗ ἀπαγγελθέντος αὐτῷ, μεσούσης τῆς θυσίας, τὸ μὲν καιόμενον ἱερεῖον καταλιπεῖν λέγεται, ἐλθεῖν δὲ πρὸς θάλασσαν, ταραχθέντα, καὶ μίαν μόλις εὑρόντα ναῦν, ἐπ' αὐτῆς ἀναχθῆναι, πολλὰ καταρασάμενον τοῖς τὴν χώραν οἰκοῦσιν. ὅθεν εἴ ποτε ταραχώδης θυσία γένοιτο, κρητικὴν καλεῖσθαι.

Οἱ μὲν γὰρ οὐκέτ' εἰσίν, οἱ δ' ὄντες κακοί. ἐπὶ τῶν διὰ σπάνιν ἐπιζητουμένων.

Οἰνόη τὴν χαράδραν. ἡ παροιμία αὕτη λέγεται ἐπὶ τῶν ἑαυτοῖς κακόν τι ἐφελκομένων. οἰνόη γὰρ δῆμός ἐστι τῆς ἀττικῆς. οἱ δὲ οἰκοῦντες αὐτόθι χαράδραν ὑπὲρ αὐτῶν φερομένην, παρέτρεψαν εἰς τὴν ἑαυτῶν χώραν. πολλὴ δὲ γενομένη χαράδρα, ἐλυμήνατο αὐτοῖς τὰ γεώργια, καὶ τὰς οἰκίας μετέβαλεν. ἢ οὕτως·

Οἰναῖοι τὴν χαράδραν, ἐπὶ τῶν ἐπ' ὠφελείᾳ παραγγελλομένων, βλαπτόντων δέ. τῶν γὰρ οἰναίων προχετευόντων τὴν χαράδραν, ἐπιῤῥαγὲν ὕδωρ πολὺ, κατέκλυσε πάντα.

Οἶνος ἄνευ παίδων. δύο παροιμίαι, ἡ μὲν, οἶνος, καὶ ἀλήθεια. ἡ δὲ, οἶνος, καὶ παῖδες ἀληθεῖς. λαμβάνεται ἐπὶ τῶν ἀπολογιζομένων, καὶ τὴν ἀλήθειαν λεγόντων.

Οἱ περὶ ἅλα, καὶ κύμινον. ἐπὶ τῶν ἀπορρήτου τινὸς κοινωνούντων. μετενήνεκται δὲ ἀπὸ τῶν μάντεων. προστιθέασι γὰρ οὗτοι τῶν μαντευομένων τὸν ἅλα, καὶ τὸ κύμινον.

Οἷς τὴν μάχαιραν. κατὰ τῶν ἀλυσιτελῶς σφίσιν αὐτοῖς χρωμένων.

Οἰταῖος δαίμων. κλέαρχός φησιν ὅτι δαίμων τις οἰταῖος ἐπωνομάσθη, ὃς ὕβριν, καὶ ὑπερηφανίαν πάνυ ἐμίσησεν.

Οἴμοι ὁ δαίμων τέρατι συγκαθεῖρξεν. ἐπὶ τῶν δυσανασχετούντων ἐπί τινι δυσχε-

ρεῖ

ρῷ πράγματι λέγεται ἡ παροιμία. κύκλωψ γάρ ἐστι δρᾶμα φιλοξένου τοῦ ποιητοῦ, ἐν ᾧ ὁ ὀδυσσεὺς περιεχθεὶς τῷ κύκλωπος σπηλαίῳ λέγει, οἵῳ μ' ὁ δαίμων τέρατι συγκαθεῖρξεν.

ὁ κερκυραῖος μαστιγούμενος ἅμα αὐτῇ ἠργολάβησεν. αἱ μάστιγες αἱ κερκυραῖαι, λέγονται διάφοροι εἶναι παρὰ τὰς ἄλλας.

ὁ κρὴς τὴν θάλατταν. ἐπὶ τῶν ἐν οἷς διαφέρουσι, ταῦτα φεύγειν προσποιουμένων ἡ παροιμία ἐστίν. ἐπειδὴ ναυτικώτατοι οἱ κρῆτες ἐγένοντο. μέμνηται ταύτης ἀλκαῖος.

ὁ λέσβιος πρύλις. αὕτη καθ' ὁμοίωσιν λέγεται, ὡσπερ λέσβιος πρύλις. οὗτος δὲ ὁ πρύλις ἑρμοῦ παῖς γενέσθαι, καὶ μάντις.

ὁ μῦς πύκτης ὢν ἐπὶ τοῖς ρ̄. ὀλυμπίασι μίαν ἐνίκησε.

ὁ νεβρὸς τὸν λέοντα. καὶ αὕτη ὁμοία τῇ ῥηθείσῃ ἀναστροφὴν φυσικῶν εἰσηγουμένη παρὰ τὸ προσῆκον πραγμάτων.

ὄνου παρακύψεως. μέμνηται ταύτης μένανδρος ἐν ἱερείᾳ. λέγουσι δὲ ὅτι κεραμεύς τις οἱ δὲ κοροπλάθος ἔτρεφε πολλὰς ὄρνιθας ἐν τῷ ἐργαστηρίῳ. ὄνος δὲ παριὼν ἀκολουθοῦντος ἀμελῶς τοῦ ὀνηλάτου παρακύψας διὰ τῆς θυρίδος ἀνέτρεψε τὰς ὄρνιθας, καὶ τὰ ἐν τῷ ἐργαστηρίῳ συνέτριψε σκεύη. ὁ τοίνυν κύριος τοῦ ἐργαστηρίου ἐπὶ κρίσιν ἤγαγε τὸν ὀνηλάτην. ἐρωτώμενος δὲ ἐκεῖνος ὑπὸ τῶν ἀπαντώντων τίνος κρίνοιτο, ἔλεγεν ὄνου παρακύψεως. ἐπὶ τῶν καταγελάστως τῶν συκοφαντουμένων εἴρηται ἡ παροιμία.

ὄνου πόκας ζητεῖς. ἐπὶ τῶν ἀνυπόστατα ζητούντων. παρόσον τὸν ὄνον οὔτε πέξαι τίς δύναται, οὔτε κείρασθαι. λέγεται δὲ καὶ ὄνον κείρεις ἐπὶ τῶν ἀνηνύτοις ἐπιχειρούντων.

ὄνῳ τις ἔλεγε μῦθον ὁ δὲ τὰ ὦτα ἐκίνει. εἰς ἀναισθησίαν τινῶν ἡ παροιμία εἴρηται κατ' ἀμφότερα. τότε γὰρ ζῷον νωχελὲς ἐπὶ τὰ ἔργα, καὶ τὰ ὦτα κινεῖ. οἷον εἰ πρὸ τοῦ τινὰ λαλῆσαι πάντα ἀκηκοέν. ὅπερ ἐστι καὶ αὐτὸ ἀναισθησίας. πῶς γὰρ δύναιτό τις ἐγνωκέναι τὰ μὴ λαληθέντα αὐτῷ, κἂν ὦτα μεγάλα ὡσπερ ὄνος ἔχῃ;

ὄνος ἄγων μυστήρια. ἐπὶ τῶν παρ' ἀξίαν πραττόντων. τοῖς γὰρ μυστηρίοις ἐξ ἄστεος εἰς ἐλευσῖνα διὰ τῶν ὄνων ἔφερον τὰ εἰς τὴν χρείαν. ὅθεν ἡ παροιμία. διὰ τὸ κακοπαθεῖν μάλιστα τοὺς ὄνους ἀχθοφοροῦντας ὡσὰν ὅμοια πάσχοντας τῷ ἐπικειμένῳ ἄχθει τὴν παροιμίαν μιγνύουσιν.

ὄνος δάκνει κώα. ἐπὶ τῶν ἐπὶ μακροῖς συκοφαντουμένων.

ὄνος εἰς ἄχυρα παροιμία ἐπὶ τῶν παρ' ἐλπίδας εἰς ἀγαθὰ ἐμπιπτόντων καὶ τούτοις ἀπολαυστικῶς χρωμένων.

ὄνος εἰς κυμαίους. ἐπὶ τῶν παραδόξων καὶ ἀσυνήθων. διότι παρὰ κυμαίοις ἐδόκει φοβερὸς εἶναι ὁ ὄνος, καὶ κατά τε τουσὶ τοὺς καιροὺς πάντες ἦσαν κυμαῖοι σεισμοῦ καὶ χαλάζης φοβερώτερον εἶναι τὸν ὄνον ἡγούμενοι.

ὄνος λύρας ἤκουε, καὶ σάλπιγγος ὗς. λέγεται ἐπὶ τῶν μὴ συγκατατιθεμένων, μὴ δὲ ἐπαινούντων.

ὄνος πρὸς αὐλὸν παροιμία. ἐπὶ τῶν μὴ συγκατατιθεμένων, μὴ δὲ ἐπαινούντων, διὰ τὸ παντελῶς ἀναίσθητον τοῦ ὄνου.

ὄνος ὕεται. ἐπὶ τῶν μὴ ἐπιστρεφομένων.

ὄνου θανάτους. ἐπὶ τῶν ἀλλόκοτα διηγουμένων.

ὄνου σκιᾶς. ἐπὶ τῆς οὐδενείας. φασὶ γὰρ ὅτι νεανίσκος ἀθήνηθεν εἰς δελφοὺς ὄνον ἐμισθώσατο, μεσημβρίας δὲ καταλαβούσης στήσας τὸν ὄνον ὑπέδυ τὴν σκιάν.

ὁ παῖς τὸ κρύσταλλον. ἐπὶ τῶν μήτε κατέχειν δυναμένων, μήτε μεταθῆναι βουλομένων ἡ παροιμία εἴρηται. μέμνηται αὐτῆς σοφοκλῆς ἀχιλλέως ἐρασταῖς ἤ.

ὁ παῖς τὸν κρύσταλλον. ἐπὶ τῶν μήτε κατέχειν δυναμένων, μήτε μαθεῖν βουλομένων.

ὅπου αἱ ἔλαφοι τὰ κέρατα ἀποβάλλουσιν. ὁ δήμων φησὶν ἐν τοῖς ζαχέσι, καὶ δυσβάτοις τόποις τὰς ἐλάφους προστρίβοντας τὰ κέρατα πρὸς τὰς θάμένους ἀποβάλλειν αὐτά. ὅθεν ἐπὶ τῶν ἐρωμέναις τὰς διατριβὰς ποιουμένων εἰρῆσθαι τὴν παροιμίαν.

ὀρέστης οὗτος προσποιούμενος μανίαν τοὺς παριόντας ἀπέδυεν. ἦν γὰρ λωποδύτης, καὶ παροιμία ὀρέστῃ χλαῖναν ὑφαίνειν.

Ὄρτυξ ἔσωσεν ἡρακλῆν τὸν καρτερόν. αὕτη παρ' οὐδενὶ τῶν ἀρχαίων ἐστί. λέγεται δὲ ἐπὶ τῶν σωζομένων, ἀφ' ὧν οὐκ ἤλπισαν. φησὶ δὲ εὔδοξος ἡρακλέα τὸν τύριον ὑπὸ τυφῶνος διαφθαρῆναι, τὸν ἰόλαον δὲ ἅπαντα πράττοντα διὰ τὸ ἀναστῆσαι τὸν ἡρακλέα, τὸν ὄρτυγα, ᾧ ἔχαιρεν ἡρακλῆς ζῶντα καῦσαι, ἐκ δὲ τῆς κνίσης μεταβιῶναι τὸν ἡρακλέα.

ὅσα μῦς ἐν πίσσῃ. αὕτη ἡ παροιμία εἴρηται ἐπὶ τῶν νενικηκότων τοὺς ἀνταγωνιστὰς διὰ πολλοῦ πόνου. μῦς γὰρ ταραντῖνος πύκτης ἐν πίσσῃ ἀγωνιζόμενος, καὶ πρὸς πολλοὺς ἔχων ἀντιμάχους πολλὰς πληγὰς λαβών, μόλις ἐνίκησεν.

ὁ σικελὸς τὴν θάλασσαν. σικελός φασιν ἔμπορος σῦκα ἄγων ἐναυάγησεν. εἶτα ἐπὶ τῆς πέτρας καθήμενος, καὶ ὁρῶν τὴν θάλασσαν ἐν γαλήνῃ ἔφη. οἶδα ὃ θέλει, σῦκα θέλει.

ὁ σκνὶψ ἐν χώρᾳ. ἐπὶ τῶν ταχέως μεταπηδώντων ἡ παροιμία εἴρηται. σκνὶψ γάρ ἐστι θηρίδιον ξυλοφάγον. ἀπὸ τοῦ τόπου εἰς τόπον μεταπηδῶν. μέμνηται ταύτης κράτης.

ὁ σκύθης τὸν ἵππον. ἐπὶ τῶν κρύφα τινὸς ἐφιεμένων, φανερῶς δὲ ἀπωθουμένων, καὶ διαπτυόντων αὐτό, εἴρηται ἡ παροιμία, μαρτυρεῖ δὲ καὶ πίνδαρος λέγων, ἀϊδρόδικοι τινὲς ἀγαζόμενοι σκύθαι, νεκρὸν ἵππον στυγέοισι λόγῳ κταμενον* ἐν φάει, κρύφα δὲ σκολιοὺς γένυσιν ἀναδέρουσι πόδας ἠδὲ κεφαλάς.

ὀστράκου περιστροφὴ παροιμία. ἐπὶ τῶν ταχέως τι ποιούντων λεγομένη.

ὅταν δι' ἅρματος ἀστράψῃ. εἴρηται ἐπὶ τῶν χρονίως γινομένων. ἐπειδὴ ἀθηναῖοι εἰώθασι πέμπειν εἰς δελφοὺς θυσίαν τηρήσαντες ἀστραπὴν ἀπό τινος τόπου φανεῖσαν, ἣν ἅρμα προσαγορεύουσιν.

ὁ ξύγοιπος ταῦτα ποιεῖτ' ἰάσεται. ἐπὶ τῶν χρηστὰ ἐπαγγελλομένων περί τινων ὑποθέσεων.

οὐ γὰρ ἐκκαίνεσθαι. λέγομεν ἐπὶ τῶν ὠφελίμων. ἀπὸ τῆς τοῦ βίου εἰς τὸ ἡμερώτερον μεταβολῆς.

οὐδὲ ἐγγὺς ἱππικοῦ δρόμου. ἐπὶ τῶν μεγάλα ἐπαγγελλομένων, οὐδὲν δὲ ποιούντων. ἐπειδὴ τὸν ἱππικὸν δρόμον τετράπωλον καθίστασιν τέτταρας καμπὰς ἔχοντα, τοὺς δὲ τὸν ἱππικὸν ζοχάζοντας τετράκις κάμπτοντας, ἀπ' ἐκείνων ἵππον ἐπωνόμασαν. ὕστερον δὲ μηκέτι σωζομένων τῶν ἴσων σταδίων, τοὺς ἐπὶ τὴν θέαν ἀπαντῶντας λέγειν ὅτι οὐδ' ἐγγὺς ἱππικοῦ δρόμου.

οὐδεὶς ἄρ' οἶδε τὸν θησαυρὸν τὸν ἐμόν. πλὴν εἴ τις ὄρνις. παροιμιακὸν στίχον. οὐδεὶς οἶδε τί ὡμίλησα, πλὴν εἴ τις ὄρνις. ἐπὶ τῶν ἀγνώστων.

οὐδεὶς κομήτης ὅς τις οὐ ψηνίζεται. ὅς τις. οὐ. τὸ δὲ ἀκροτελεύτιον. αὐτὸν συ πρὸς τὴν ἠχὼ τοῦ ζιμέζου συναρμόσον. οὐ γὰρ ἔγωγε φθέγξομαι τὸ δεινὸν ἐκεῖνο πρᾶγμα, καὶ ὄνομα.

οὐδὲν διοίσεις χαιρεφῶντος τὴν φύσιν. ἐπὶ τῶν ὠχρῶν, καὶ ἰσχνῶν. ἐπεὶ τοιοῦτος ὁ χαιρεφῶν τὴν φύσιν καὶ τὴν ἰδέαν ἀπὸ σοφίας συντετηκώς. ὅθεν καὶ νυκτερὶς ἐκαλεῖτο.

οὐδὲν ἱερὸν ὑπάρχεις. κλέαρχός φησιν ὅτι ἡρακλῆς ἰδὼν τὸν ἄδωνιν ἱδρυμένον ἔφη οὐδὲν ἱερόν. εἴρηται οὖν ἡ παροιμία ἐπὶ τῶν παντελῶς εὐτελῶν, καὶ ἀχρήστων.

οὐδ' ἐν σελίνοις. ἐπὶ τῶν μηδὲ τὴν ἀρχὴν πεφθακότων ἀπὸ τῶν εἰς τοὺς κήπους ἰόντων. ἐπὶ γὰρ τὰ ἄκρα τοὺς λεγομένους περικήπους, σέλινα καὶ πήγανα κατεφύτευον. βούλεται οὖν λέγειν ἡ παροιμία. οὔπω οὐδὲ ἀρχὴν ἔχεις τοῦ πράγματος. καθάπερ οὐδ' οἱ ἐν τοῖς κήποις εἰσιόντες ἐν τοῖς σελίνοις εἰσί.

Οὐδὲν πρὸς τὸν διόνυσον. ἐπὶ τῶν τὰ μὴ προσήκοντα τοῖς ὑποκειμένοις λεγόντων. ἐπειδὴ τῶν χορῶν ἐξ ἀρχῆς εἰθισμένων διθύραμβον ᾄδειν εἰς τὸν διόνυσον. οἱ ποι-

ηταὶ

ηταὶ ὕστερον ἐκβάντες τὴν συνήθειαν ταύτην, Αἴαντας, καὶ Κενταύρους γράφειν ἐπεχείρουν. ὅθεν οἱ θεώμενοι σκώπτοντες ἔλεγον οὐδὲν πρὸς τὸν Διόνυσον. διὰ γοῦν τοῦτο τοὺς σατύρους ὕστερον ἔδοξεν αὐτοῖς προεισάγειν, ἵνα μὴ δοκῶσιν ἐπιλανθάνεσθαι τοῦ θεοῦ.

Οὐδὲν λευκῶν ἀνδρῶν ὄφελος ἢ σκυτοτομεῖν. ἐπὶ τῶν εἰς μηδὲν λυσιτελούντων. παρόσον οἱ μέλανες τῶν λευκῶν λυσιτελέστεροι.

Οὐδὲν ἦν ἄρα τἄλλα πλὴν ὁ χρυσός. ἐπὶ τῶν αἱρουμένων τὰ χείρονα, ἀντὶ τῶν κρειττόνων. τὸ θερμὸν τοῦ ὀβελοῦ. ἐπὶ τῶν ἀπείρως δρασσομένων κατὰ τὸ θερμὸν τῶν ὀβελίσκων.

Οὐδὲ πυρφόρος ἐλείφθη. ἐπὶ τῶν μεγάλων κινδύνων εἴρηται ἡ παροιμία. ἐπειδὴ πάσης πολεμικῆς παρασκευῆς ἔδει τὸν μάντιν ἡγεῖσθαι δάφνης ἔχοντα κλάδους, καὶ στέμματα, καὶ λαμπάδας, καὶ τούτου νόμος ἦν μόνου φείδεσθαι τοὺς πολεμίους. ἐπὶ τοίνυν πανωλεθρίᾳ διεφθαρμένων, καιρὸν ἔχων ἡ παροιμία.

Οὐδ' ἐν πυλαίᾳ ταῦτα καὶ Τυττισίας. ὁ Τυττισίας ἀνδραποδιστὴς ἦν. ἐπώλει δὲ ἐν τῇ πυλαίᾳ τὰ ἀλλότρια. κατὰ τῶν τὰ ἀλλότρια ἁρπαζόντων, καὶ πωλούντων.

Οὐδ' ἐντὸς ἰωροῦ. καὶ ὁ νόμος παρ' Ἀθηναίοις ἐντὸς ἰωροῦ ἐκέλευεν εἶναι τοὺς ἀνδροφόνους. ἐπὶ τοίνυν τῶν ἀπειλούντων, καὶ σοβαρευομένων τῇ παροιμίᾳ κέχρηνται. ἰωρὸς γὰρ ὁ τυρωρός, φύλαξ.

Οὐδ' ἴκταρ βαλεῖ. τὸ ἴκταρ σημαίνει ἐγγύς. τουτέστιν οὐδὲ ἐγγύς ἐστιν. εἴρηται δὲ κατὰ γλῶτταν, ὥσπερ τὸ διωλύγιον κακὸν σημαίνει τὸ μέγα. μέμνηται δὲ ἀμφοτέρων ὁ Πλάτων, τοῦ μὲν διωλυγίου ἐν Θεαιτήτῳ, τοῦ δ' ἴκταρ βαλεῖ ἐν Πολιτείᾳ.

Οὐδὲ τὰ τρία Στησιχόρου γινώσκεις. ἐπὶ τῶν ἀπαιδεύτων, καὶ ἀμούσων εἴρηται ἡ παροιμία. ἐπειδὴ εὐδόκιμος ἦν.

Οὐδὲ τὸ Δίωνος γρῦ. οὗτος ὁ Δίων Ἀλεξανδρεὺς μὲν ἦν τὸ γένος, διαβόητος δὲ ἐπὶ φιλοσοφίᾳ, ἔχων ἀδελφὸν παλαιστὴν τὸ ψίλον ἐπικαλούμενον, λοιδορούμενος δὲ ὑπό τινος τῶν ἀνταγωνιστῶν αὐτοῦ, καὶ ἀκούων ῥητά, καὶ ἄρρητα, καίτοι πολλοῦ ὄχλου ἐπακολουθοῦντος, αὐτὸς μὲν οὐδὲν ἐφθέγξατο. κατεσταλμένον τὸ τῆς φιλοσοφίας παράγγελμα τηρῶν, εἶτα δὲ τοῦ Ἰλίου πυλῶνος γενόμενος, καὶ μηδὲν ὀργῆς ὑποφήνας, εἶπε πρὸς τὸν νεανίαν, ἀλλὰ γρῦ οὐδ' ἀθυμήσας ἐπήγξατο. εἴρηται δὲ καὶ παρὰ τοῖς Ἀττικοῖς τὸ γρῦ ἐπὶ τοῦ μικροῦ, καὶ τοῦ τυχόντος. καὶ γὰρ τὸν ἐν τοῖς ὄνυξι ῥύπον λέγουσι γρῦ. καὶ γρυτάρια τὰ κατὰ τὴν οἰκίαν λεπτὰ σκευάρια, καὶ γρυτοπώλην τὸν τὰ σκευάρια πωλοῦντα.

Οὐδ' Ἡρακλῆς πρὸς δύο. φασὶν Ἡρακλέα θέντα τὸν Ὀλυμπιακὸν ἀγῶνα, πιστεύσαντά τε τῇ ἑαυτοῦ δυνάμει τῇ δευτέρᾳ πενταετηρίδι πρὸς δύο πυκτεύσαντα ἡττηθῆναι. λέγουσι δὲ τούτους εἶναι οἱ μὲν Λάϊον, καὶ Φέρανδρον, οἱ δὲ Κτέατον, καὶ Εὔρυτον.

Οὐδ' ὅσον ἀηδόνες ὑπνώουσι. ἐπὶ τῶν ἀγρυπνούντων. παρόσον ἡ ἀηδὼν ἀγρυπνεῖ διὰ τὸν Ἴτυν, μᾶλλον δὲ διὰ λαλίαν.

Οὔθ' ὕεται, οὔθ' ἡλιοῦται. ἡ παροιμία εἴρηται ἐπὶ τῶν ἔξω πάσης φροντίδος ἑστώτων, τουτέστιν οὔτε βρέχεται, οὔτε ἡλιοβολεῖται.

Οὐκ ἄγω δοῦλον, εἰ μὴ νεναυμάχηκε τὴν περὶ τῶν κρεῶν. περὶ τῶν στρατευομένων δούλων, οἵτινες περὶ τοῦ σώματος μόνου μάχονται. λέγεται καὶ εἰ μὴ νεναυμάχηκε τὴν περὶ τῶν νεκρῶν. καί φασιν ἀπὸ τῶν ἐν Ἀργινούσσαις ναυμαχησάντων δούλων τὴν παροιμίαν εἰρῆσθαι, οἷς ἐλευθερίαν ἐψηφίσαντο οἱ Ἀθηναῖοι περὶ τῶν νεκρῶν ἀγωνισαμένοις. καὶ ἄλλως.

Οὐκ ἄγω δοῦλον εἰ μὴ νεναυμάχηκε τὴν περὶ τῶν χρεῶν. τὴν περὶ Ἀργινούσας φησὶ ναυμαχίαν. ἦσαν γὰρ οἱ δοῦλοι τότε ναυμαχήσαντες περὶ οὐδενὸς ἄλλου, ἢ περὶ τῶν ἰδίων κρεῶν, τουτέστι σωμάτων φησίν. οὐ γὰρ περὶ χρημάτων, καὶ παίδων, ἀλλὰ περὶ τοῦ ἰδίου σώματος. κρέας γὰρ τὸ σῶμα. φέρεται δὲ καὶ ἄλλη γραφή, τὴν περὶ τῶν νεκρῶν, εἴη δ' ἂν λέγων, περὶ τῆς ἐν ἀργινούσαις ναυμαχίας, ἐν ᾗ ἐνίκων μὲν οἱ ἀθηναῖοι, τοὺς δὲ νεκροὺς ἐκωλύθησαν ἀνελέσθαι ὑπὸ χειμῶνος, ἐξ οὗ καὶ τῶν δέκα στρατηγῶν ἀπώλοντο καταδικασθέντες οἱ ὑπομείναντες ἕξ, ἐπεὶ οὖν συνεναυμάχουν καὶ οἱ δοῦλοι, τοιοῦτό τι λέγει. δοῦλον οὐκ ἄγω, εἰ μὴ ἀνῄρηται τοὺς ἐκ τῆς θαλάσσης νεκρούς. οὐκ ἔχει δὲ νοῦν τὸ λεγόμενον. ναυμαχίας γὰρ οὐδεμιᾶς ἔδει πρὸς τὴν ἀναίρεσιν. χειμῶνι δὲ ἐκωλύθησαν. διά τι δὲ τὸν δοῦλον μόνον ἐκώλυσεν, ἀλλ' οὐχὶ καὶ τῶν ἐλευθέρων, εἴ τις μὴ ἀνῄρηται τοὺς νεκρούς. παρείησι γὰρ τὸν διόνυσον. ἢ εἴη ἂν λέγων νεκροὺς τοὺς ἀθηναίους διὰ τὸ ἐκλύτως τότε πράττειν. ὅτι δὲ καὶ κρέας τὸ σῶμα, καὶ παρὰ σοφοκλεῖ ἐν χρύσῃ, τοιοῦτος ὤν, ἄρξεις τοῦδε τοῦ κρέως, ἐνθάδε οὖν, εἰ μὴ νεναυμάχηκε περὶ τῆς ψυχῆς τῆς ἑαυτοῦ, ὡς ποτε τῶν ἀθηναίων ἐν περιστάσει γενομένων, καὶ ὑπὲρ τῶν ψυχῶν ἀγωνιζομένων προσλαβεῖν τοὺς δούλους καὶ ἴσορον ἐλευθερίας ἀξιῶσαι

Οὐκ ἄνευ γε θησέως. θησεὺς πολλοῖς ἀριστεῦσι συνηγωνίσατο. καὶ γὰρ μελεάγρῳ συνήργησε πρὸς τὴν τοῦ καλυδωνίου κάπρου θήραν. τῷ πειρίθῳ συνεμάχησε κατὰ τῶν κενταύρων, καὶ ἡρακλεῖ πρὸς τὰς ἀμαζόνας. ὅταν οὖν θαυμαστόν τι πραχθῇ οὐχ ὑπὸ μόνου τινός, εἰώθαμεν λέγειν αὐτῷ οὐκ ἄνευ γε θησέως. ἡ δὲ περὶ τοῦ μελεάγρου ἱστορία, καὶ τοῦ καλυδωνίου συὸς οὕτως ἔχει. μελεάγρου γεννηθέντος φασὶν μοίρας παραγενομένας εἰπεῖν, τότε τελευτήσει μελέαγρος, ὅταν ὁ καιόμενος ἐπὶ τῆς ἐσχάρας δαλὸς κατακαῇ. τοῦτο ἀκούσασα ἡ μήτηρ αὐτοῦ ἀλθαία τὸν δαλὸν ἀνείλετο, καὶ κατέθετο εἰς λάρνακα. μελέαγρος δὲ ἀ-

νὴρ γενναῖος γενόμενος τὸν δὲ βίον ἐτελεύτησεν. οἰνεὺς ὁ τούτου πατὴρ τὰς ἀπαρχὰς τῶν ἐτησίων καρπῶν τοῖς θεοῖς θύων, τῆς ἀρτέμιδος ἐπελάθετο. ἡ δὲ ὀργισθεῖσα κάπρον ἐφῆκεν ἄγριον μεγέθει τε, καὶ ῥώμῃ ἔξοχον, ὃς τὴν γῆν τῶν καλυδωνίων διέφθειρε, καὶ τοὺς καρποὺς ἐλυμαίνετο. ἐπὶ τοῦτον τὸν κάπρον τοὺς ἀρίστους ἐκ τῆς ἑλλάδος πάντας συνεκάλεσαν. καὶ τῷ κτείνοντι τὸ θηρίον τὴν δορὰν δώσειν ἀριστεῖον ἐπηγγείλατο. πολλῶν οὖν συνελθόντων, καὶ ὁ μελέαγρος ἐπὶ τὴν θήραν ἐξῆλθε σύμμαχον προσκαλεσάμενος τὸν θησέα. συνελθούσης δὲ μετὰ τῶν ἀριστέων καὶ ἀταλάντης τῆς θυγατρὸς τοῦ σχοινέως, κοινῇ τὸν κάπρον περιέστησαν ἅπαντες. πρώτη μὲν οὖν ἀταλάντη τὸν κάπρον εἰς τὰ νῶτα ἐτόξευσε. μελέαγρος δὲ κατὰ τοῦ κενεῶνος πλήξας ἀπέκτεινε. καὶ λαβὼν τὸ δέρας ἀταλάντῃ χαριζόμενος ἔδωκε. παρόντων δὲ ἐκεῖσε καὶ τῶν θεστίου παίδων τῶν ἀδελφῶν τῆς ἀλθαίας, καὶ ἀδοξούντων, εἰ τὰ ἀριστεῖα γυνὴ λήψεται, τὸ δέρας ἐξ ἀταλάντης ἀφείλοντο, λέγοντες κατὰ γένος αὐτοῖς διαφέρειν εἰ μελέαγρος λαμβάνειν μὴ προαιροῖτο. ὀργισθεὶς δὲ μελέαγρος τοὺς μὲν θεστίου παῖδας ἀπέκτεινε, τὸ δὲ δέρας ἀταλάντῃ δέδωκεν. ἀλθαία δὲ λυπηθεῖσα ἐπὶ τῇ τῶν ἀδελφῶν ἀπωλείᾳ, τὸν δαλὸν ἀνῆψεν, καὶ ὁ μελέαγρος ἐξαίφνης ἀπέθανε. συνεμάχησε δὲ τῷ πειρίθῳ θησεὺς ὅτε κατὰ τῶν κενταύρων συνεστήσατο πόλεμον. πειρίθους γὰρ ἱπποδάμειαν μνηστευόμενος, εἱστία κενταύρους ὡς συγγενεῖς ὄντας αὐτῷ, ἀσυνήθως δὲ ἔχοντες οἴνου ἀφειδῶς ἐμφορησάμενοι ἐμέθυον. καὶ εἰσαγομένην τὴν νύμφην, ἐπεχείρουν βιάζεσθαι. ὁ δὲ πειρίθους μετὰ θησέως καθοπλισάμενος μάχην συνῆψε, καὶ πολλοὺς ὁ θησεὺς ἀπ' αὐτῶν ἀνεῖλεν. ἀπῆλθε δὲ θησεὺς καὶ μετὰ ἡρακλέους πρὸς ἀμαζόνας. εὐρυσθέως γὰρ ἐπιτάξαντος ἡρακλεῖ κομίσαι τὸ ἱππολύτης ζωστῆρα ρα τῆς τῶν ἀμαζόνων βασιλίσσης, ἀπελθὼν ἡρακλῆς, ἐζήτει τοῦτον, τῆς δὲ συνθεμένης δοῦναι, ἥρα μανίαν φυλάττουσα πρὸς αὐτὸν, εἰκασθεῖσα μιᾷ τῶν ἀμαζόνων περιῄει πάσαις λέγουσα, ὅτι ὁ παραβαλὼν ξένος τὴν βασιλίδα βιάζεται, καὶ ταύτης τὸν ζωστῆρα, ὃν ὑπὸ ἄρεος εἰς δεῖγμα τῆς βασιλείας εἰλήφει, ἀφελέσθαι βούλεται. τοῦτο ἀκούσασαι ἀμαζόνες, ἀφωπλισμέναι κατὰ τοῦ ἡρακλέους ἐξῄεσαν. νομίσας δὲ ἡρακλῆς ἐκ δόλου τοῦτο γίνεσθαι, τὴν μὲν ἱππολύτην κτείνας, τὸν ζωστῆρα ἀφαιρεῖται, πρὸς δὲ τὰς λοιπὰς ἀγωνισάμενος, ἀπέπλει. διὰ τοῦτο ὕστερον βουλόμενος ἡρακλῆς ἀμαζόνας ἀμύνασθαι, ἐστράτευσε κατ' αὐτῶν συμπαραλαβὼν καὶ θησέα εἰς συμμαχίαν, ὃς καὶ κατεπολέμησε παρ' αὐτοῦ συμμαχούμενος.

Οὐκ εἰμὶ τούτων τῶν ἡρώων. αὕτη τέτακται ἐπὶ τῶν βουλομένων εὖ ποιεῖν. οἱ γὰρ ἥρωες κακοῦν ἕτοιμοι μᾶλλον, ἢ εὐεργετεῖν. ὥς φησι καὶ μένανδρος ἐν συνεφήβοις.

Οὐκ ἐπαινεθείης ἀλλ' ἐν περιδείπνῳ. ἐπὶ τῶν σφόδρα πονηρῶν ἡ παροιμία λέλεκται, καὶ μηδὲ τοῦ τυχόντος ἐπαίνου ἀξίων. εἰώθασι γὰρ οἱ παλαιοὶ ἐν τοῖς περιδείπνοις τὸν τελευτήσαντα ἐπαινεῖν, καὶ εἰ φαῦλος ἦν.

Οὐκ ἔστι συκοφάντου δήγματος, παροιμία ἐπὶ τῶν ἀνηνύτων.

Οὐκ ἔστι δούλων πόλις. διὰ τὸ ἀσύνιον εἴρηται.

Οὐκ οἶδα ὃ κρώζεις. ἐπὶ τῶν μάτην θρυλούντων, ὡς αἱ κορῶναι.

Οὐ μάλα κυνῆς. κατὰ τῶν μηδὲν ὄντων.

Οὐ νυκτὶ πλοεῖς. ἐπὶ τῶν μὴ ἀκριβῶς τι ποιούντων. ἡ γὰρ νὺξ ἀκριβεστέρα τῆς ἡμέρας τοῖς πελαγοδρομοῦσι, διὰ τὰς τῶν ἄστρων σημειώσεις. ὁ δὲ χρύσιππος ἀφελὼν τὴν οὐ ἀπόφασιν, νυκτὶ πλοεῖς εἶπεν.

Οὐ παντὸς ἀνδρὸς ἐς κόρινθον ἔσθ' ὁ πλοῦς. κόρινθος πολλὰς εἶχεν ἑταίρας, καὶ πολυτελεῖς, αἳ τοὺς ἀφικνουμένους τῶν ξένων ἐδασμολόγουν, τὰ ἐφόδια αὐτῶν ἀναλαμβάνουσαι. διὰ γοῦν τοῦτο, ἐπὶ τῶν ζυφαῖ βουλομένων εἰρῆσθαι τὴν παροιμίαν.

Οὐ πάνυ με ἡ τοῦ κύκλωπος εὐφραίνει δωρεά. ἐπὶ τῶν δῆθεν δωρουμένων αναβαλήν τινα καιροῦ, εἶτα πάλιν τὰ πρότερον δόξαντα πεπονθηκότων, ὁ γὰρ κύκλωψ εἰς ἀντίδοσιν τῆς ἐπὶ τῷ οἴνῳ εὐφροσύνης τὸν ὕστατον φαγεῖν τὸν ὀδυσσέα αὐτῷ διὰ τοῦτο ὑπισχνούμενος ἦν.

Οὐ πρέπει γαλῇ κροκωτός. παροιμία ἐστὶν ὁμοία, τῇ γαλῇ χιτών.

Οὐρανὸν τοξεύεις. ἐπὶ τῶν ἀνηνύτοις ἐπιχειρούντων.

Οὐ στήσομαι λέαινα ἐπὶ τυροκνήστιδος. αὐτὶ τοῦ, ὡς λέαινα, σχῆμα δέ ἐστιν ἀκόλαστον, καὶ ἑταιρικόν. τυρόκνηστις δὲ ἡ μάχαιρα. ἐπὶ δὲ ταῖς λαβαῖς τῶν μαχαιρῶν ἐλεφαντίνοις, καὶ λέοντες ἐγλύφοντο ὀκλάζοντες, ὅπως μὴ ἀποθραύοιντο αὐτῶν οἱ πόδες, εἰ ὀρθοὶ ἑστῶτες γλύφοιντο. λέγει οὖν ὅτι οὐκ ἐπ' ἀνδρὶ στήσομαι πορνεύουσα, ὡς λέαινα ἐπὶ τυροκνήστιδος.

Ὗς οὐκ ἂν ἄρειεν τὸ δ' εἶκας τὸν αἰγύπτιοι. πολλαχοῦ γὰρ ἀχθοφοροῦντας τοὺς αἰγυπτίους μέμνηνται.

Οὗτος ἄλλος ἡρακλῆς. κλέαρχος ἐξηγούμενος τὴν παροιμίαν φησὶ τὸν βριαρέω καλούμενον ἡρακλέα ἐλθεῖν εἰς δελφοὺς, καὶ λαβόντα τι τῶν ἐκεῖ κειμηλίων κατά τι παλαιὸν ἔθος ὁρμῆσαι ἐπὶ τὰς ἡρακλέους στήλας καλουμένας, καὶ τῶν ἐκεῖ περιγίνεσθαι. χρόνῳ δὲ ὕστερον τὸν τύριον ἡρακλέα ἐλθεῖν, εἰς δελφοὺς χρησόμενον τῷ μαντείῳ. τὸν θεὸν προσειπεῖν αὐτὸν ἄλλον ἡρακλέα. καὶ οὕτω τὴν παροιμίαν κρατῆσαι.

Οὐ ζέφει μία λόχμη δύο ἐριθακούς. ἐπὶ τῶν ἐκ μικροῦ τινος κερδαίνειν σπουδαζόντων. ἐριθακὸς δέ ἐστιν ὄρνεον μονήρεις, καὶ μονόζωπον.

Οὐ φροντὶς ἱπποκλείδῃ. ἱπποκλείδης

μετὰ καὶ ἄλλων πολλῶν ἐμνηστεύσατο τὴν κλεισθένους τοῦ σικυωνίου θυγατέρα. τοῦ δὲ κλεισθένους ἐν ἐνιαυτῷ ὅλῳ δοκιμάζοντος τοὺς μνηστῆρας ὁ ἱπποκλείδης ἐν συμποσίῳ ἐπὶ κεφαλὰς κυβιστήσας ἄνω περιῆγε τοὺς πόδας. τοῦ δὲ κλεισθένους εἰπόντος ἐξωρχήσω τὸν γάμον ὁ ἱπποκλείδης ἔφη, οὐ φροντὶς ἱπποκλείδῃ.

οὐ φροντὶς ἱπποκλείδῃ. παροιμία, ἧς μέμνηται ἕρμιππος ἐν δημόταις. ἱπποκλείδης ὁ τισάνδρου μέλλων γαμεῖν ἀγαρίστην τὴν ἀγαθοκλέους τοῦ σικυωνίου θυγατέρα τοῦ τυράννου, ἐν αὐτῇ τῇ τῶν γάμων ἡμέρᾳ, ἐπωρχήσατο περιττῶς. μεταβουλευσαμένου δὲ τοῦ κλεισθένους, καὶ μεγακλεῖ τῷ ἀλκμαίωνος τὴν θυγατέρα δόντος, πρὸς δὲ τὸν ἱπποκλείδην φανερῶς εἰπόντος, ὅτι ἀπώρχηται τὸν γάμον τὸν ἀγαρίστης, ὑποτυχὼν ἔφη· οὐ φροντὶς ἱπποκλείδῃ.

οὐ μέχρι σοροῦ πρίασθαι, τοῦτ᾽ ὀφλῶν ἀπέρχομαι. ἐπὶ γερόντων ἐν δίκαις ἀπαρεσκομένων.

οὐχ ἡ γλαύκου τέχνη. ἐπὶ τῶν εὖ εἰργασμένων, καὶ δυσκατανοήτων. γλαῦκος γάρ τις ἐγένετο σάμιος δημιουργός, ὃς πρῶτος σιδήρου κόλλησιν ἐξεῦρεν.

οὐχ ἱππολέκτας περιϊόντ᾽ ὀλβίους. ἐπὶ τῶν βραχέα κεκτημένων.

οὐ φθάς σοι λελάληκεν. μέμφεται τὸν ἥφαιστον φθὰν καλοῦσιν. ἔστι δὲ χρησμολόγος ὁ φθὰς παρ᾽ αὐτοῖς.

ὀφρῦς ἀνασπῶντες, καὶ γνάθους φυσῶντες. ἐπὶ τῶν ἀλαζόνων καὶ ὑπεροπτικῶν.

ἀρχὴ τοῦ π.

Παθὼν δέ τε νήπιος ἔγνω. ἐπὶ τῶν ὑπό τινος περιστάσεως σωφρονισθέντων, καὶ προσεκτικωτέρων γενομένων.

πάλαι ποτ᾽ ἦσαν ἄλκιμοι μιλήσιοι. φασὶ τοὺς κᾶρας πολεμουμένους ὑπὸ δαρείου τοῦ πέρσου κατά τινα παλαιὰν μαντείαν εἰρημένην αὐτοῖς τοὺς ἀλκίμους τούτους προσθέσθαι συμμάχους, ἐλθεῖν εἰς βραγχίδας, καὶ τὸν ἐκεῖ θεὸν ἐρωτῆσαι, εἰ μιλησίους προσθοῖντο συμμάχους. τὸν δὲ ἀποκρίνασθαι, πάλαι ποτ᾽ ἦσαν ἄλκιμοι μιλήσιοι. οὗτος δὲ ὁ στίχος εἴρηται τὸ πρότερον παρὰ ἀνακρέοντι, ὃς ἤκμασε μάλιστα κατὰ κῦρον τὸν πέρσην. τρίτος δὲ ἦν ἀπὸ κύρου δαρεῖος.

πανδελετίους γνώμας. τουτέστι δυστρόπους. ἐπεὶ πανδέλετος συκοφάντης ἦν φιλόδικος, καὶ γράφων ψηφίσματα, καὶ ἦν εἷς τῶν περὶ τὰ δικαστήρια διατριβόντων. μέμνηται αὐτοῦ κρατῖνος ἐν χείρωσι.

πάντ᾽ ἀγαθὰ ὡς ἔφη κιλλικῶν. ὕστερον μέντοι παρὰ θεαγένους τινὸς εἰσελθόντος ὠνησόμενος κρέα, κἀκεῖνος ὑποδεῖξαι ἐκέλευσε πόθεν κόψαι θέλει, προτείναντος δὲ τὴν χεῖρα ἀπέκοψε, καὶ εἶπε· ταύτῃ τῇ χειρὶ οὐ προδώσεις πάλιν ἑτέραν.

πάντα κάλων σείει. παροιμία ἐπὶ τῶν πάσῃ προθυμίᾳ χρωμένων· παρῆκται δὲ ἀπὸ τῶν τὰ ἄρμενα λαχόντων.

πάντα λίθον κίνει. παροιμία. ὅτε γὰρ ξέρξης ἐπὶ τοὺς ἕλληνας ἐστράτευσεν ἡττηθεὶς περὶ σαλαμῖνα, αὐτὸς μὲν ἀνέζευξε, μαρδόνιον δὲ κατέλιπε πολεμήσοντα τοῖς ἕλλησιν. ἡττηθέντος δὲ τούτου τὴν ἐν πλαταιαῖς μάχην, φήμη τις κατέσχεν ὡς ἐν τῷ περιβόλῳ τῆς σκηνῆς ὁ μαρδόνιος θησαυρὸν καταλέλοιπε. πριάμενος οὖν πολυκράτης ὁ θηβαῖος τὸν τόπον, χρόνον μὲν πολὺν ἐζήτει τὸν θησαυρόν. ὡς δ᾽ οὐδὲν ἐπέραινε, πέμψας εἰς δελφοὺς ἐπηρώτα πῶς ἂν εὕροι τὰ χρήματα. τὸν δὲ ἀπόλλωνα ἀποκρίνασθαί φασι, πάντα λίθον κίνει, ὅθεν ἡ παροιμία ἐκράτησεν.

πάντα μὴ βούλου κρατεῖν. ἐπὶ τῶν εἰς πάντα εὐδαιμονεῖν βουλομένων.

πάντα ὀκτώ. εὔανδρος ἔφη ὀκτὼ τοὺς πάντων εἶναι κρατοῦντας θεούς, πῦρ. ὕδωρ. γῆν. οὐρανόν. σελήνην. ἥλιον. μίθραν. νύκτα. ἄλλοι δέ φασιν ἐν ὀλυμ-

πίᾳ

πία τὰ πάντα εἶναι ἀγωνίσματα ὀκτώ· στάδιον· δίαυλον· ὁπλίτην· πυγμήν· παγκράτειον· καὶ τὰ λοιπά· ἀφ' οὗ εἰρῆσθαι πάντα ὀκτώ.

πάντα χρήματα. λέγουσι τὰ ἀποθραύματα τῶν ξύλων, καὶ σπλαγχνῶν. ἀλλ' οὐ πᾶν χρῆμα σημαίνει· οἷον πᾶν πρᾶγμα.

παραλύομαι. παροιμία, ἐπειδὴ εἰς τοὺς πλουσίους οἱ πένητες παραλύονται.

παραμορμύρουσιν. ἀριστοφάνης ταγηνισταῖς ἀπέδωκεν δέ, οἱ μὲν, παιδιᾶς εἶδος εἶναι, σωφρόνιος δὲ παροιμιωδῶς λέγεσθαι. ἐπὶ τῶν παρακελευομένων ταχέως ἥκειν ἢ ἀπαλλάττεσθαι.

παρὰ κάπνον εἶναι ἡγούμην. ἐπὶ τῶν εὐδαιμονῶν, καὶ οὐδενὸς ἀξίων.

παρὰ κωφῷ διαλέγῃ. ἐπὶ τῶν ἀδυνάτων.

πρὸς κωφὸν ἀποπαρδεῖν. πρόδηλος τῆς παροιμίας ἡ αἰτία. οὐ γὰρ ἀκούει ὁ κωφός. ἐπὶ τῶν ἀναισθήτων δὲ λέγεται.

παρεξηυλημένον. ὑπὸ γήρως τὸν νοῦν παρεξηυλημένον ἔχων ἀμυδρὸν ἢ διεφθορότα. μετενήνεκται δὲ ἀπὸ τῶν γλωσσιδίων, τῶν ἐν τοῖς αὐλοῖς. οἱ γὰρ κατατετριμμένοι ἐξηυλῆσθαι λέγονται.

παραλοῦμαι. παροιμιακῶς. εἰώθεσαν γὰρ πρότερον ἐν τοῖς βαλανείοις οἱ πλούσιοι παραλούειν τοὺς πένητας.

παρ' ὄνῳ λυρίζεις. ἐπὶ τῶν εἰς μάτην λαλούντων. τοῖς μὴ τῶν λεγομένων ὅλως ἐπιστρεφομένοις, ἐπαισθανομένοις δέ, καὶ μηδὲν ἀνυόντων ἐπὶ τούτων. καὶ τὸ, μάτην ἀναλίσκεις ὕδωρ. οἱ ῥητορεύοντες γὰρ τὸ παλαιὸν πρὸς ὕδωρ μεμετρημένον ἔλεγον.

παρὼν ἀποδημεῖ. ἐπὶ τῶν αἴσθησιν ἑαυτοῖς μηδεμίαν παρεχόντων.

πᾶσα γῆ πατρίς. τοῦτο μέρος ἐστὶ χρησμοῦ ὃν ἀνεῖλεν ὁ θεὸς μελεῷ τῷ πελασγῷ περὶ νικήσεως μαντευόμενος. μέμνηται τοῦ χρησμοῦ καὶ μνασέας, καὶ διονύσιος ὁ χαλκιδεύς.

πάσης τὸ ἡμιωβόλιον. ὁ δὲ πάσης οὗτος

μαλακὸς ἦν τὴν φύσιν, πάντων δὲ ἀνθρώπων ἐν μαγείᾳ διενήνοχεν. ὥστε ἐκ τῶν ἐπαοιδῶν αὐτοῦ καὶ δεῖπνα πολυτελῆ ὁρᾶσθαι, καὶ διακονουμένους τινάς. εἶχε δὲ καὶ ἡμιωβόλιον ἐκ μαγείας αὐτῷ πεποιημένον, ὃ διαδιδόμενον ὑπ' αὐτοῦ τοῖς πιπράσκουσι παρ' ὧν ἤθελεν ὠνεῖσθαι, εἰ ἐβούλετο πάλιν παρ' αὐτῷ ηὑρίσκετο, καὶ ἀπίων δὲ ὁ γραμματικὸς μνημονεύει αὐτοῦ ἐν τῷ περὶ μάγου.

πενίη δὲ σοφίην ἔλαχε. κομματικῶς εἴρηται ἐκ τῶν εὐριπίδου εἵλκυσται. παρόσον οἱ πένητες πολλὰς τέχνας ἐπιτηδεύουσιν.

περὶ τῆς ἐν δελφοῖς σκιᾶς. δημοσθένης φιλιππικοῖς. δίδυμός φησι τὴν περὶ ὄνου σκιᾶς παροιμίαν παραποιῆσθαι ὑπὸ τοῦ ῥήτορος λέγοντος περὶ τῆς ἐν δελφοῖς σκιᾶς. λέγεσθαι δὲ αὐτὴν ἐπὶ τοῖς περὶ τῶν μηδενὸς ἀξίων μαχομένοις.

πεύκης τρόπον. αὕτη τάττεται κατὰ τῶν πανωλεθρίᾳ ἀπολλυμένων. παρόσον ἡ πεύκη κοπεῖσα οὐκέτι φύεται. μέμνηται δὲ αὐτῆς στάφυλος ὁ ναυκράτης.

πίθηκος ἐν πορφύρᾳ. παροιμία. ὅτι οἱ φαῦλοι κἂν πολλοῖς περιβληθῶσιν, ὅμως δ' οὖν διαφαίνονται πονηροὶ ὄντες.

πιτάνη εἰμί. αὕτη παρ' ἀλκαίῳ κεῖται. λέγεται δὲ κατὰ τῶν πυκναῖς συμφοραῖς περιπιπτόντων, ἅμα καὶ εὐπραγίαις. παρόσον καὶ τῇ πιτάνῃ τοιαῦτα συνέβη πράγματα, ὧν καὶ ἑλλάνικος μέμνηται. φησὶ γὰρ αὐτὴν ὑπὸ πελασγῶν ἀνδραποδισθῆναι, καὶ πάλιν ὑπὸ ἐρυθραίων ἐλευθερωθῆναι.

παρακλαίεσθαι καὶ στέλλαιον. ἐπὶ τῶν μοιχῶν καὶ ἀξίων ὕβρεως. δῆμός ἐστι τῆς ἀττικῆς οἱ παρακλαίεσθαι, κἀκεῖ ῥαφανίδες μεγάλαι γίνονται. ταύταις χρῶνται κατὰ τῶν ληφθέντων μοιχῶν ἐφυβρίζοντες. εἰ δὲ μὴ παρῇ ἐν στελαίῳ τῷ ἐκ τῆς δικέλλης.

πλήκτρον. ὃ περιετίθεσαν τοῖς ἀλεκτρυόσι χαλκοῦν ἐν τῷ μάχεσθαι. καὶ παροιμία. αἶρε πλῆκτρον ἀμυντήριον.

πλίνθον πλύνεις. ἐπὶ τῶν ἀδυνάτων, καὶ ἀνηνύτων καὶ μὴ ὄντων λέγεται.

πολλ' ἰνδοῖς πλωύσαις · χαμαὶ ἀντλεῖς · φακὸν κόπτεις · ἐπὶ τῶν ἀδυνάτων, καὶ ἀνηνύτων, καὶ μὴ ὄντων λέγεται.

ποθεῖς · παροιμία · ποθεῖς τὸν οὐ παρόντα, καὶ μάτην καλεῖς.

πόλεις παίζομεν · μέμνηται ταύτης κρατῖνος ἐν δραπέτισιν · ἡ δὲ πόλις εἶδός ἐστι παιδιᾶς πεττευτικῆς · καὶ δοκεῖ μετενηνέχθαι ἀπὸ τῶν ταῖς ψήφοις παιζόντων ταῖς λεγομέναις νῦν χώραις, τότε δὲ πόλεσι.

πόλιν αἱ ὀρθώσουσαι, καὶ πόλιν καταστρέψουσαι · ἡ παροιμία · ἐπὶ τῶν διὰ λόγων ὠφελούντων, ἢ βλαπτόντων.

πολλὰ μεταξὺ πέλει κύλικος, καὶ χείλεος ἄκρου · παροιμία λεχθεῖσα ἐξ αἰτίας τοιαύτης · ἀγκαῖος παῖς ποσειδῶνος φυτεύων ἀμπελῶνα, βαρέως ἐπέκειτο τοῖς οἰκέταις, εἷς δὲ τῶν οἰκετῶν ἔφη, μὴ μεταλήψεσθαι τὸν δεσπότην τοῦ καρποῦ. ὁ δὲ ἀγκαῖος, ἐπειδὴ ὁ καρπὸς ἔφθανε καὶ χαίρων ἐτρύφα, καὶ τὸν οἰκέτην ἐκέλευσε κεράσαι αὐτῷ. μέλλων δὲ τὴν κύλικα προσφέρειν τῷ στόματι ὑπεμίμνησκεν αὐτὸν τοῦ λόγου. ὁ δὲ, ἔφη τὸν εἰρημένον στίχον. τούτων λεγομένων οἰκέτης ἦλθεν ἀπαγγέλλων, ὡς ὑπὸ μεγέθους σῦς τὸν ὄρχατον λυμαίνεται. ὁ δὲ ἀγκαῖος ἀποβαλὼν τὴν πόσιν, ἐπὶ τὸν σῦν ὥρμησε, καὶ πληγεὶς ὑπ' αὐτοῦ, ἐτελεύτησε. ὅθεν ἡ παροιμία. διονύσιος δέ φησιν εἰρῆσθαι αὐτὴν ἀπὸ τῆς ἀντινόου μνηστευσαμένου τὴν πηνελόπην συμφορᾶς. προσαγόμενος γὰρ τὸ ἔκπωμα, ἐτελεύτησε τοξευθεὶς παρὰ τοῦ ὀδυσσέως. καὶ ἄλλως.

πολλὰ μεταξὺ πέλει κύλικος. ταύτην φασὶν εἰρῆσθαι ἀπὸ τῆς συμφορᾶς τοῦ ἀντιγόνου μνηστευσαμένου τὴν πηνελόπην. προσαγόμενος γὰρ τὸ ἔκπωμα, ἐτελεύτησεν. ἄλλοι δὲ ἀγκαῖόν τινα σαμίων βασιλέα μέλλοντα πίνειν ἀκοῦσαί τινα κραυγὴν περὶ θύρας γινομένην, καὶ ἐξελθόντα συμπλακῆναι τῷ συὶ, καὶ ἀποθανεῖν.

πολλάκι ἐνδεής, ὅσος τὸν θεὸν ἐξαπατήσαις. παροιμία πρὸς τοὺς οἰομένους τὸ θεῖον καταπασοφίζεσθαι.

πολλοί τοι ναρθηκοφόροι. παῦροι δέ τε βάκχοι. παροιμία ἐπὶ τῶν ψευδῆ δόξαν ἐχόντων.

πολλοὶ θριοβόλοι, παῦροι δέ τε μάντιες ἄνδρες. φασὶ τὴν ἀθηνᾶν εὑρεῖν τὴν διὰ τὴν ψῆφον μαντικήν. ἧς εὐδοκιμούσης μᾶλλον τῶν δελφικῶν χρησμῶν τὸν δία χαριζόμενον τῷ ἀπόλλωνι, ψευδῆ καταστῆσαι τὴν διὰ τῶν ψήφων μαντείαν. πάλιν οὖν τῶν ἀνθρώπων ἐπὶ τοὺς δελφικοὺς ἐρχομένων χρησμοὺς, εἰπεῖν τὴν πυθίαν, πολλοὶ θριοβόλοι, παῦροι δέ τε μάντιες ἄνδρες. καλοῦνται δὲ αἱ μαντικαὶ ψῆφοι θρίαι. ἢ οὕτω,

πολλοὶ θριοβόλοι, παῦροι δέ τε μάντιες ἄνδρες. φιλόχωρός φησιν ὅτι νύμφαι κατεῖχον τὸν παρνασσὸν τροφοὶ ἀπόλλωνος τρεῖς, καλούμεναι θρίαι, ἀφ' ὧν αἱ μαντικαὶ ψῆφοι θρίαι καλοῦνται. ἄλλοι δὲ λέγουσι τὴν ἀθηνᾶν εὑρεῖν τὴν διὰ τῶν ψήφων μαντικήν. ἧς εὐδοκιμούσης, μᾶλλον τῶν δελφικῶν χρησμῶν τὸν δία χαριζόμενον τῷ ἀπόλλωνι, ψευδῆ καταστῆσαι τὴν διὰ τῶν ψήφων μαντικήν. πάλιν οὖν τῶν ἀνθρώπων ἐπὶ τοὺς δελφικοὺς ἐρχομένων χρησμοὺς, τὴν πυθίαν εἰπεῖν, πολλοὶ θριοβόλοι, παῦροι δέ τε μάντιες ἄνδρες.

πόλλ' οἶδ' ἀλώπηξ, ἀλλ' ἐχῖνος ἓν μέγα. μέμνηται ταύτης ἀρχίλοχος ἐν ἐπῳδῇ. γράφει δὲ καὶ ὅμηρος τὸν στίχον. φησὶ δὲ καὶ ἴων ὁ τραγικὸς ἀλλ' ἐν τῇ χέρσῳ τοὺς λέοντας ᾔνεσα, καὶ τοὺς ἐχίνους μᾶλλον οἰζυρὰς τέχνας, ὃς οὔτ' ἂν ἄλλων θηρίων ὀσμὴν λάθῃ. στρόβυλος ἀφ' ἄκανθαν ἑλίξας δέμας κεῖται γάθειν τε καὶ δακεῖν ἀμήχανος. λέγεται δὲ ἡ παροιμία ἐπὶ τῶν πανουργοτάτων.

πολυκράτης μητέρα νέμει. μέμνηται ταύτης δοῦρις. λέγει δὲ ὅτι πολυκράτης ὁ σάμιος τῶν ἐν τῷ πολέμῳ ἀποθανόντων τὰς μητέρας συναγαγὼν, δέδωκε τοῖς πλουσίοις τῶν πολιτῶν τρέφειν, πρὸς ἕκαστον λέγων ὅτι μητέρα σοι ταύτην διδώμι. ὅθεν ἡ παροιμία ἐκράτησεν.

ποικιλότερος ὕδρας. ἐπὶ τῶν δολερῶν θαυμαζομένων.

πόντος ἀγαθῶν. ἐπὶ τῶν πολλῶν ἀγαθῶν, καὶ μεγάλων. ὥσπερ ἀγαθῶν θάλασσα.

πράγματ᾽ ἐξ ἀπραξίας. ἐπὶ τῶν παρὰ δόξαν καὶ παρ᾽ ἐλπίδα συμβαινόντων.

πρεσβύτερος κόδρου. ἀντὶ τοῦ παλαιότερος. παροιμία ἐπὶ τῶν πάνυ παλαιῶν. ἀπὸ τοῦ βασιλεύσαντος ἀθήνησι κόδρου.

πρὶν ἢ πτίσαι τὰ ἄλφιτα. παροιμία. καὶ πρὶν τοὺς ἰχθῦς ἑλεῖν, σὺ ἅλμην κυκᾷς. ἐπὶ τῶν τοὺς καιροὺς προλαμβανόντων. καὶ πρὶν ἐσφάχθαι δέρεις.

πρὶν καὶ λύκος οἶν ποιμανεῖ. ἐπὶ τοῦ ἀδυνάτου. ἢ καὶ οὕτω, πρὶν οἶν λύκος ποιμανῇ.

προβαλόντες κυσὶν ἄρνας. ἐπὶ τῶν τοὺς ἀπράγμονας τοῖς συκοφάνταις παραδιδόντων.

προβατίου βίον ζῆν. ἐπὶ τῶν μωρῶν, καὶ ἀνοήτων. τὰ γὰρ πρόβατα οὐδὲν ἐργάζεται, καὶ ζῇ, ἢ διὰ τὸ ἀσθενές.

προβάτων οὐδὲν ὄφελος, ἐὰν ὁ ποιμὴν ἀπῇ. ἐπὶ τῶν ἀναγκαίων.

πρόκειται ἄκοντα. ἐπὶ τῶν πάντων τυγχανόντων. τοιοῦτον γὰρ ἔχουσιν ἡ πρόκεις πάντα ἐθήρα.

προμέρου κυνός. οὗτος βασιλικὸς οἰκέτης ὤν, ἐμίσησε καθ᾽ ὑπερβολὴν εὐριπίδην, τὸν τῶν τραγῳδιῶν ποιητήν. ἔκ τινων διαβολῆς τῶν πρὸς τὸν βασιλέα. ἀναλύοντι δ᾽ αὐτῷ ἐπαφῆκε κύνας ἀγρίους, οἳ τὸν εὐριπίδην κατεθοινήσαντο.

πρὸς δύο δ᾽ οὐδ᾽ ἡρακλῆς, παροιμία. ἤ, πρὸς δύο οὐδὲ ἡρακλῆς. οἱ μὲν ἐν ὀλυμπίᾳ φασὶ τὸν ἡρακλέα ὑπὸ λαίου καὶ φεραύδρου ἡττηθῆναι ἀγωνιζόμενον, οἱ δὲ ὑπὸ κτεάτου, καὶ εὐρύτου.

πρὸς κενὴν ἀλεῖς. πρὸς ἐρρωγυῖαν ἀλεῖς. ἐπὶ τοῦ μάτην πονοῦντος.

πρὸς κέντρα λακτίζειν. παροιμία ἧς μέμνηται εὐριπίδης. πρὸς κέντρα λακτίζοι θνητὸς ὢν θεῷ καὶ αἰσχύλος δὲ ταύτης μέμνηται.

πρὸς κρῆτα κρητίζων. παροιμία. ἐπὶ τῶν μάτην πονούντων. πολύβιος. ὁ δὲ ἠγνόει τὸ λεγόμενον πρὸς κρῆτα κρητίζων.

πρόσω τῆς χελιδόνος ὁ λαγὼς ἵνα τις ἐπείγῃ.

πρότερον χελώνη παραδραμεῖται τὴν δασύποδα. ἐπὶ τῶν ἀδυνάτων. καὶ πρότερον αἷμα ὕσει.

πρὸ τῆς νίκης τὸ ἐγκώμιον ᾄδεις. ἐπὶ τῶν τὰ πράγματα προλαμβανόντων.

πρωκτὸς λουτροῦ περιγίνη. παροιμία ὅτι αὐτίς μὴ δαπάνηται καὶ ἀπονίψασθαι, ἀλλὰ ἡ κοιλία ἐπιφέρηται. ἐπὶ τῶν ἀεὶ ὠφελούντων, καὶ ἀκῇ πραττομένων ἐλέγετο.

πτωχότερος κίγκλου. παροιμία, ἧς κέχρηται μένανδρος θαΐδι.

πτωχότερος ἴρου, οὗ ὅμηρος ἐν ὀδυσσείᾳ μέμνηται. καὶ τὸ γυμνότερος πατταλου.

πτωχοῦ πήρα οὐ πίμπλαται. εἴρηται παρὰ καλλιμάχῳ ἐπὶ τῶν ἀπλήστων εἴρηται πτωχῶν.

πυραύστου μόρος. ἐπὶ τῶν ἑαυτοῖς προξενούντων ἀπώλειαν σκωμματικόν. πυραύστην γάρ ἐστι ζωΰφιον, ὃ προσιπτάμενον τοῖς λύχνοις, καὶ δοκοῦν ἅπτεσθαι τοῦ πυρός, κατακαίεται.

πῦρ ἐπὶ πῦρ. παροιμία, ἧς μέμνηται πλάτων. καὶ κακὸν ἐπὶ κακῷ.

πυρὸς θερμότερος, καὶ λόπων ἐν πόλει τῶν ἀναιδῶν ἀναιδέστεροι. ἐπὶ τῶν καθ᾽ ὑπερβολὴν γινομένων.

ἀρχὴ τοῦ ρ.

ρ ᾿Ραδαμάνθυος κρίσις. ἐπὶ τῶν δικαιοσύνῃ μαρτυρουμένων.

ῥαδαμάνθυος ὅρκος. κρατῖνος φησὶν ὅτι ἐπὶ χηνί, καὶ κυνί, καὶ τοῖς τοιούτοις ὅρκον ῥαδαμάνθυι ἀνατιθέασιν, ὡς καὶ σωκράτης ἐν δευτέρῳ κτητικῶν, ἵνα μὴ θεοὺς ὀμνύωσιν.

ῥαμνουσία νέμεσις. ἐν ῥαμνοῦντι νεμέσεως ἵδρυται ἄγαλμα δεκάπηχυ. ὁλόλιθον. ἔργον φειδίου. ἔχει δὲ ἐν τῇ χειει μηλίας κλάδον. ἐξ οὗ φησιν Ἀντίγονος ὁ Καρύστιος πτύχιόν τι μικρὸν ἐξηρτῆσθαι τὴν ἐπιγραφὴν ἔχον ἀγορακρίτου πάριος ἐποίησεν, οὐ θαυμαστὸν δέ. καὶ ἄλλοι γὰρ πολλοὶ ἐπὶ τῶν οἰκείων ἔργων ἕτερον ἐπιγεγράφασιν ὄνομα. εἰκὸς οὖν καὶ τὸν φειδίαν τῷ ἀγορακρίτῳ συγκεχωρηκέναι. ἦν γὰρ αὐτοῦ ἐρώμενος. καὶ ἄλλως ἐπτόηται περὶ τὰ παιδικά.

ῥαχίας λαλίστερος. ἐπὶ τῶν ἀδολέσχων. παρόσον τῇ ῥαχίᾳ συνεχῶς ἐπιβάλλοντα τὰ κύματα, καὶ ψόφον ἀποτελεῖ.

ῥηγίνου δειλότερος. ἐπὶ τῶν καθ' ὑπερβολὴν δειλῶν. καὶ δειλότερος τοῦ παρακύπτοντος. ξέναρχος γὰρ ὁ σώφρονος τοῦ μιμογράφου υἱός, ἐκωμῴδει τοὺς ῥηγίνους ὡς δειλούς.

ῥήματα ἀντ' ἀλφίτων. ἐπὶ τῶν μηδέν τις δεῖται διδόντων, ἀλλὰ φωνὰς μόνας προϊεμένων.

ῥοδίων χρησμός. ῥόδιοι τῇ λινδίᾳ ἀθηνᾷ θύοντες καθ' ἑκάστην ἡμέραν διετέλουν τῷ ναῷ ἐνοχλούμενοι. οὐκ ἦν δὲ αὐτοῖς ἔθος ἀμίδα εἰσφέρειν. συγκατανεύσαντος τοῦ χρησμοῦ πάλιν ἀνεπυνθάνοντο χαλκῆν ἢ ὀστρακίνην. ὁ δέ, ὀργισθεὶς ἀπεφήνατο μηδὲ ἑτέραν. διὸ τὴν παροιμίαν τάσσεσθαι ἐπὶ τῶν περιεργότερον πυνθανομένων.

ῥόδον ἀνεμώνῃ συγκρίνεις. ἐπὶ τῶν ἀνόμοια συμβαλλόντων. καὶ ἑτέρα παροιμία. ῥόδα μ' εἴρηκας. ἀντὶ τοῦ ἐμοὶ τὰ παρὰ σοῦ εἰρημένα ῥόδα ἐστίν.

ἀρχὴ τοῦ σ.

σ Αἴνεις δάκνουσα, καὶ κύων λαίθαργος εἶ. παροιμία ἐπὶ τῶν ὑποκρινομένων δῆθεν εὐνοεῖν, ἐπιβουλευόντων δὲ λάθρα.

σαμίων ἄνθη. καὶ σαμιακὴ λαύρα. ἐπὶ τῶν ὑστάτοις ἡδοναῖς χρωμένων. ἡ σαμιακὴ λαύρα στενωπὸς ἦν παρὰ σαμίοις. ἐν ᾗ τὰ πέμματα ἐπιπράσκετο. τὰ δὲ σαμίων ἄνθη τόποι ἐν οἷς συνήεσαν αἱ γυναῖκες τοῖς ἀνδράσι συνοχηθησόμεναι. διὰ ταύτην τὴν τρυφὴν οἱ σάμιοι τοῖς πέρσαις ἐδουλώθησαν.

σαρδώνιος γέλως. αἰσχύλος ἐν τοῖς περὶ τῶν παροιμιῶν περὶ τούτου φησὶν οὕτως. οἱ τὴν σαρδὼ κατοικοῦντες καρχηδονίων ὄντες ἄποικοι, τοὺς ὑπὲρ τὰ ἑβδομήκοντα ἔτη γεγονότας τῷ κρόνῳ ἔθυον γελῶντες, καὶ ἀσπαζόμενοι ἀλλήλους. αἰσχρὸν γὰρ ἡγοῦντο δακρύειν, καὶ θρηνεῖν. τὸν οὖν προσποίητον γέλωτα σαρδώνιον κληθῆναι. τίμαιος δέ φησιν αὐτοὺς ἱστάντας τοὺς γονεῖς, ἐν οἷς μέλλουσι βάλλεσθαι βόθροις παρὰ ταῖς ἀξίναις, καὶ κατακρημνίζειν, φθειρομένους δὲ αὐτοὺς γελᾶν διὰ τὴν ἀπὸ τῶν τέκνων ἀδικίαν δόξαντας μακαρίως, καὶ καλῶς τελευτᾶν. τινὲς δὲ ἀπὸ σαρδοῦς τῆς νήσου. φύεται γάρ τις βοτάνη ἐνταῦθα, ἧς οἱ γευσάμενοι μετὰ σπασμοῦ, καὶ γέλωτος ἀποθνήσκουσιν, ἄλλοι δὲ τὸν καθ' ὑπόκρισιν γέλωτα γινόμενον σαρδώνιον καλεῖσθαι λέγουσιν ἀπὸ τοῦ σεσηρέναι τοῖς ὀδοῦσι. σιμωνίδης δέ φησι τὸν τάλω πρὸ τῆς εἰς κρήτην ἀφίξεως οἰκῆσαι τὴν σαρδώ. καὶ πολλοὺς τῶν ἐν ταύτῃ διαφθεῖραι, οὓς τελευτῶντας σεσηρέναι, καὶ ἐκ τούτου ὁ σαρδώνιος γέλως. περὶ δὲ τοῦ τάλω τοιόνδε μυθολογεῖται. φασὶν αὐτὸν τοῦ χαλκικοῦ γένους εἶναι, δοθῆναι δὲ μίνωι παρ' ἡφαίστου εἰς φυλακὴν τῆς νήσου κρήτης. οὗτος φλέβα μίαν εἶχεν ἀπὸ αὐχένος ἄχρι σφυρῶν κατατείνουσαν. κατὰ δὲ τὸ δέρμα τῆς φλεβὸς ἧλος διήρειστο χαλκοῦς. τρὶς δὲ ἑκάστης ἡμέρας τὴν νῆσον περιερχόμενος ὁ τάλως ἐτήρει. διὸ καὶ προσπλέουσαν τὴν ἀργὼ μετὰ ἰάσονος ὑποστρέφοντος ἀπὸ κόλχων ἐκώλυε τῇ νήσῳ προσορμισθῆναι. ἀπατηθεὶς δὲ ὑπὸ μηδείας ἀπέθανεν ὡς μὲν ἔνιοι λέγουσι διὰ φαρμάκων αὐτῆς μανίαν ἐμβαλούσης. ὡς δέ τινες ὑποσχομένης ποιήσειν ἀθάνατον. καὶ τὸν ἧλον ἐξελούσης διαρρυέντος τοῦ ἰχῶρος σὺν ὅλῳ τῷ αἵματι οὕτως αὐτὸν τεθνάναι. τινὲς δὲ αὐτὸν τελευτῆσαι λέγουσιν ὑπὸ ποίαντος εἰς τὸ σφυρὸν τοξευθέντες· καὶ ἄλλως.

σαρδώνιος γέλως· ἐπὶ τῶν μὴ ἐκ καθαρᾶς τῆς διανοίας, μὴ δὲ χαιρούσης γελώντων. ἐν γὰρ σαρδόνι γίνεται βοτάνη σελίνῳ παραπλησία, ἣν οἱ γευσάμενοι δοκοῦσι μὲν γελᾶν, σπασμῷ δὲ ἀποθνήσκουσιν. καὶ ἄλλως.

σαρδώνιος γέλως· παροιμία ἐπὶ τῶν ἐπ᾽ ὀλέθρῳ τῷ σφῶν αὐτῶν γελώντων, ἣν δήμων μὲν διαδοθῆναι, ὅτι οἱ σαρδόνα κατοικοῦντες, αἰχμαλώτους τοὺς καλλίστους τε, καὶ πρεσβυτέρους ὑπὲρ ό ἔτη τῷ χρόνῳ ἔθυον γελῶντας, ἕνεκα τοῦ, τὸ ἄνανδρον ἐμφῆναι, τουτέστιν ἀνδρεῖον. τίμαιος δὲ τοὺς ἱκανὸν βεβιωκότας χρόνον ἐν σαρδοῖ συνωθουμένους σχίζαις ὑπὸ τῶν υἱῶν, εἰς ὃν ἔμελλον θάπτεσθαι βόθρον, γελᾶν. οἱ δὲ ἀπὸ τοῦ σεσηρέναι μετὰ ἀηδίας. καί φασιν ἄλλοι τε καὶ κλείταρχος ἐν καρχηδόνι, ἐν ταῖς μεγάλαις εὐχαῖς, παῖδας ταῖς χερσὶ τοῦ κρόνου ἐπιτιθέντας. ἵδρυται δὲ χαλκοῦς προβεβλημένας ἔχων τὰς χεῖρας. ὑφ᾽ ᾧ κρίβανος. ἔπειτα ὑποκαίειν· τὸν δὲ συνελκόμενον ὑπὸ τοῦ πυρὸς, δοκεῖν γελᾶν. σιμωνίδης δὲ τάλων τὸν ἡφαιστότευκτον, σαρδονίους οὐ βουλομένους περαιῶσαι πρὸς μίνωα εἰς πῦρ καθαλλόμενον, ὡς ἂν χαλκοῦν προστερνιζόμενον, ἀναιρεῖν ἐπιχάσκοντας. σιμωνίδης δὲ ἐν τῷ δευτέρῳ τῶν περὶ συρακούσας, λάχανον εἶναι παρὰ σαρδονίοις ἡδὺ σελίνῳ ἐμφερὲς, οὗ τοὺς γευσαμένους, τάς τε σιαγόνας, καὶ τὰς σάρκας αὐτῶν ἀποδάκνειν. ἔνιοι δὲ τοὺς ἐπὶ κακῷ γελῶντας. καὶ ὀδυσσεύς φησιν ὅμηρος. μείδησε δὲ δῖος ὀδυσσεὺς σαρδώνιον. καὶ ἐν ἄλλοις. ἡδὺ γέλασε χείλεσιν· οὐδὲ μέτωπον ἐπ᾽ ὀφρύσι κυανέῃσιν ἰάνθη. σαρδὼ νῆσός ἐστι μεγίστη πρὸς τῇ ἰταλίᾳ, ἐν ᾗ γίνονται πορφύραι διάφοροι, καὶ ὀξύταται. καὶ παροιμία. βάμμα σαρδωνικὸν ἀντὶ τοῦ ἐρυθρὸν. φοινικοῦν.

σαρπηδονία ἀκτή. τόπος οὕτως θρᾴκης ἀεὶ κλύδωνας ἔχων καὶ κυματιζόμενος ἱερὸν ποσειδῶνος. ἔστι δὲ καὶ ἑτέρα σαρπηδονία περὶ κιλικίαν, καὶ ἄλλοι πρὸς τῷ ὠκεανῷ γοργόνων οἰκητήριον.

σαυτὴν ἐπαινεῖς. αὕτη τῶν κατ᾽ ἔλλειψιν λεγομένων ἐστί· τὸ δὲ πλῆρες ἔχει οὕτως. σαυτὴν ἐπαινεῖς ὥσπερ ἀστυδάμας γύναι. ἀστυδάμας γὰρ ὁ μορσίμου εὐημερήσας ἐν τῇ ὑποκρίσει παρθενοπαίου, ἐψηφίσθη εἰκόνος ἐν τῷ θεάτρῳ ἀξιωθῆναι. γράψας οὖν αὐτὸς ἐπίγραμμα ὁ ἀστυδάμας ἔχων ἀνήνεγκεν εἰς τὴν βουλήν. οἱ δὲ ἐψηφίσαντο ὡς ἐπαχθὲς αὐτὸ μηκέτι ἐπιγραφῆναι. διὸ καὶ σκώπτοντες αὐτὸν οἱ ποιηταὶ ἔλεγον. σαυτὴν ἐπαινεῖς ὥσπερ ἀστυδάμας γύναι. ἢ σαυτὴν ἐπαινεῖς, ὥσπερ ἀστυδάμας γύναι. ἀστυδάμας ὁ μορσίμου εὐημερήσας ἐν τῇ ὑποκρίσει ἐψηφίσθη εἰκόνος ἐν τῷ θεάτρῳ. γράψας οὖν αὐτὸς ἐπίγραμμα. ἔπαινον ἑαυτοῦ ἔχων ἀνήνεγκεν εἰς τὴν βουλήν, οἱ δὲ ἐψηφίσαντο ὡς ἐπαχθὲς μὴ ἐπιγραφῆναι, ὅθεν καὶ ἐσκώπτετο.

σειρὴν μὲν φίλον ἀπέλλει, ξεῖνον δὲ μέλισσα. σειρῆνα λέγει, οὐ τῶν ἀλίκων παρθένων μίαν, ἀλλὰ καὶ ζῶον ὑπόπτερον μελίσσῃ ἐοικὸς, ὥς φησιν ἀριστοτέλης.

σικελὸς ὀμφακίζεται. ἐπὶ τῶν τὰ μηδενὸς ἄξια κλεπτόντων λέγεται ἡ παροιμία. μετήνεκται δὲ ἀπὸ τῶν σικελῶν τοὺς ἀβρώτους ὄμφακας κλεπτόντων. μέμνηται ταύτης ἐπίχαρμος.

σικελὸς στρατιώτης. παροιμιῶδες· ἐπεὶ ξενίοις ἐχρῶντο στρατιώταις ὡς ἐπὶ τὸ πολὺ οἱ ὑπὸ ἱέρωνα.

σινωπίσαι ἐστὶ πεποίηται παρὰ τὴν ἑταίραν σινώπην. ἐκωμῳδεῖτο γὰρ ἐπὶ τῷ κατασχημονῆσαι, καθάπερ ἄλεξις ἔφη.

σιωπή. παροιμία, καὶ σιωπηλότερος ἔσομαι καὶ τῶν πυθαγόρα τελεσθέντων. ἐπὶ τῶν πάνυ σιγώντων. παρόσον οἱ πυθαγόρου φοιτηταὶ παράγγελμα εἶχον σιγὴν ἀσκεῖν πενταετῆ χρόνον.

σιωπηλότερος ἔσομαι τῶν πυθαγόρα τελεσθέντων παροιμία.

σκιὰ ὀνείρων. ἐπὶ τῶν ἀδήλων πραγμάτων.

σκινδαψ ἐκ χώρας· ἐπὶ τῶν ταχὺ μετακινούντων ἡ παροιμία· ἔστι γὰρ ὁ σκινδαψ ζῶον μικρὸν ξυλοφάγον.

σκύτη βλέπει· μέμνηται αὐτῆς Εὔπολις ἐν χρυσογενεῖ· φησὶ γὰρ ἀτεχνῶς μὲν οὖν τὸ λεγόμενον σκύτη βλέπει. εἴρηται ἐπὶ τοῖς ὑποψιαστικῶς διακειμένοις πρὸς τὰ μέλλοντα κακά.

σκύθης ὄνος· παροιμία, σκύθης τὸν ὄνον. ἐπὶ τῶν ἀκκιζομένων τῷ λόγῳ, ἔργῳ δὲ ἐφιεμένων. ἰδὼν γάρ τις νεκρὸν ὄνον ἔφη· δεῖπνόν τι ὦ σκύθα. ὁ δὲ, ἐμυσάξατο μὲν πρῶτα, αὖθις δὲ πολυπραγμονήσας, περὶ αὐτὸν ἐπονεῖτο.

σοφοὶ τύραννοι τῶν σοφῶν συνουσίᾳ· τοῦτο σοφοκλέους ἐστὶν ἐξ αἴαντος τοῦ λοκροῦ. πλάτων εὐριπίδου φησὶν εἶναι τὸ ἰαμβεῖον. καὶ οὐδὲν θαυμαστόν· συμπίπτουσι γὰρ ἀλλήλοις οἱ ποιηταί.

σταχάνη ἡ ζυγάνη· παρὰ μὲν στάσιν. καὶ παροιμία· δικαιότερος σταχάνης.

στιβάδιον φορμίωνος· ἐπὶ τῶν εὐτελῶν. στρατηγὸς δὲ, ἦν ὁ φορμίων. στιβάδιον δὲ ἐπεὶ οἱ στρατιῶται χαμαιευνοῦσι. λιτὸς δὲ ἦν, καὶ πολεμικός.

συβαρῖται διὰ πλατείας· παροιμία ἐπὶ τῶν σοβαρῶς πορευομένων. ἢ ἄλλως

συβαρίτης διὰ πλατείας· ἐπὶ τῶν σοβαρῶς διαπορευομένων. συβαρῖται γὰρ γάστριδες ἦσαν τρυφηταί. τοσοῦτος γὰρ ἦν ζῆλος παρ' αὐτοῖς τρυφῆς, ὥστε καὶ τῶν ἔξωθεν ἐθνῶν μάλιστα ἠγάπων ἴωνας καὶ τυρρηνούς. διότι συνέβαινεν αὐτοῖς τοὺς μὲν, τῶν ἑλλήνων, τοὺς δὲ, τῶν βαρβάρων προέχειν τῇ κατὰ τὸ ζῆν πολυτελείᾳ.

συβαριτικὴ τράπεζα· ἀντὶ τοῦ ἐν πολυτελείᾳ. τρυφηταὶ γὰρ οἱ συβαρῖται.

συκίνη μάχαιρα· ἀντὶ τοῦ συκοφάντης, καὶ ἑτέρα παροιμία· συκίνη ἐπικουρία· ἐπὶ τῶν ἀνωφελῶν. ἡμεῖς δὲ, οἱ καθήμενοι τὴν συκίνην ἐπικουρίαν τοὺς στρατιώτας προσδεξάμενοι.

σῦκον αἰτεῖς· αὕτη λέγεται κατὰ τῶν κολακευόντων. οἱ ἀθηναῖοι ἐκολάκευον τοὺς γεωργούς. βουλόμενοι παρ' αὐτῶν λαμβάνειν τὰ πρώϊμα σῦκα. οἰωνίζοντο γὰρ ἑαυτῶν καὶ πάλιν ἐλθεῖν εἰς νέωτα.

σῦκον ἐφ' ἑρμῇ· παροιμία ἐπὶ τῶν ἐκκειμένων ἐπ' ὠφέλειαν τοῖς βουλομένοις. εἴ ποτε γὰρ φανείη σῦκον τοῦτο τῷ ἑρμῇ ἀνατιθέασι. τοῦτο δὲ οἱ βουλόμενοι ἀνελάμβανον.

σὺν ἀθηνᾷ καὶ χεῖρα κίνει· παροιμία. ἀντὶ τοῦ μὴ χρῆναι ἐπὶ ταῖς τῶν θεῶν ἐλπίσι καθημένους ἀργεῖν. τίθεται ἡ παροιμία ἐπὶ γυναικῶν μάλιστα ὀφειλουσῶν ἐργάζεσθαι. ἡ γὰρ ἀθηνᾶ ἐργάνη. εἴρηται δὲ ἀπὸ ὀνηλάτου, οὗ ὁ μὲν ὄνος εἰς πηλὸν ἐπεπτώκει. ὁ δὲ δέον βοηθεῖν ἐπεκαλεῖτο τὸν ἡρακλέα, μέμνηται ταύτης τῆς παροιμίας εὐριπίδης. ἕτεροι δέ φασιν ὅτι μέλλων τις ἀγωνίσασθαι, χρησμὸν παρὰ τῆς ἀθηνᾶς εἴληφεν, ὅτι νικήσει. ἐστάντος δὲ τοῦ ἀγῶνος εἰσελθὼν εἰς τὸ θέατρον καὶ κάτω βαλὼν τὰς χεῖρας, ἑστήκει ἕως τυπτόμενος ὑπὸ τοῦ ἀνταγωνιστοῦ ἐνικήθη. ἢ οὕτω,

σὺν ἀθηνᾷ καὶ χεῖρα κίνει· ἐπὶ τῶν παρὰ τοῦ θείου προσδεχομένων βοήθειαν. καὶ διὰ τοῦτο ἀργούντων. ὀνηλάτος τις τὸν ὄνον βαλὼν εἰς βόθρον καὶ ἀφεὶς ταῖς χερσὶν ἀνέλκειν τὸν ὄνον τῷ ἡρακλεῖ προσηύξατο. ὁ δὲ ἡρακλῆς ἐκέλευσεν αὐτὸν τὴν χεῖρα προσφέροντα τὸν θεὸν καλεῖν.

σὺν δὲ θεοὶ μάκαρες· τοῦτο ἐπιλέγουσιν οἱ ῥαψῳδοί. ὡς καὶ οἱ κιθαρῳδοί, ἀλλ' ἄναξ μάλα χαῖρε.

σὺν δορὶ σὺν ἀσπίδι· ἐπὶ τῶν παντὶ τρόπῳ πρᾶξαί τι πειρωμένων.

συνέκοπτε δεῖ σοι καὶ τὴν ζύγα· ἐπὶ τοῦ ἀρξαμένου τινὸς πράγματος, εἶτα ὀλιγωρήσαντος.

συντομώτερος λυκήθου· οἱ γὰρ ἐπὶ βάθρον παρ' ἀθηναίοις τελοῦντες μέτοικοι λοιδορούμενοι ὑπὸ τῶν φύσει ἀθηναίων ἠνείχοντο οὐδὲ χάναι πρὸς τὴν λοιδορίαν δυνάμενοι.

συντομώτερος σκάφης· ἐπὶ τῶν μὴ δυναμένων παρρησίᾳ χρῆσθαι. οἱ γὰρ μέτοικοι σκάφας ἔφερον ἐν ταῖς πομπαῖς, παρρησίας δὲ οὐ μετεῖχον. ἢ οὕτω.

συντομώτερος σκάφης· παροιμία ἐπὶ τῶν τὰς σκάφας φερόντων μετοίκων διὰ τὸ ἀπαρρησίαστον, οἷς οὐδὲ χανεῖν ἐφεῖτο. τάττεται δὲ ἐπὶ τῶν μὴ δυναμένων παρρησιάζεσθαι· ἐπειδὴ οἱ μέτοικοι σκάφας ἔφερον ἐν ταῖς πομπαῖς. μέμνηται ταύτης μένανδρος ἐν τοῖς εὐνούχοις.

συρακουσία τράπεζα· ἡ πολυτελής. ἐδόκουν γὰρ οἱ σικελιῶται ἁβροδίαιτοι εἶναι μᾶλλον πάντων.

συρβήνη χορός· αὕτη τέτακται κατὰ τῶν ἀτάκτων χορῶν· ἀπὸ τοῦ τοῖς ὑσὶν ἐπιφωνουμένου. σύρβην δὲ τὸν τάραχον ἔλεγον.

σφάκελος· παροιμία, καὶ σφάκελοι ποιοῦσιν ἀτέλειαν. πεισίστρατος γὰρ ὁ τύραννος δεκάτην τῶν γεωργουμένων ἀπῄτει τοὺς ἀθηναίους. παριὼν δέ ποτε καὶ ἰδὼν πρεσβύτην πέτρας ἐργαζόμενον, καὶ τόπους λιθώδεις, ἤρετο τὸν πρεσβύτην, τίνας ἐκ τῶν τόπων κομίζοιτο τοὺς καρπούς. ὁ δὲ ἀπεκρίνατο, ὀδύνας, καὶ σφακέλους, καὶ τούτων δεκάτην πεισίστρατος φέρει. θαυμάσας δὲ ὁ πεισίστρατος τὴν παρρησίαν αὐτοῦ, τῆς δεκάτης ἀτέλειαν ἔδωκε, καὶ ἐκ τούτου οἱ ἀθηναῖοι τῇ παροιμίᾳ ἐχρήσαντο.

Σχῖνον διατρώγειν· εἰώθασι τὸν σχῖνον τρώγειν οἱ καλλωπιζόμενοι ἕνεκα τοῦ λευκοῦν τοὺς ὀδόντας, παρὸ καὶ τοὺς τοιούτους σχινοτρώκτας λέγουσιν.

ἀρχὴ τοῦ τ.

Τὰ ἀπὸ ναννάκου. ἐπὶ τῶν παλαιῶν ὅτη πι θαυμαζομένων. νάννακος γὰρ ἐγένετο φρυγῶν βασιλεὺς πρὸ τῶν τοῦ δευκαλίωνος χρόνων, ὃς προειδὼς τὸν μέλλοντα κατακλυσμόν, συνάγων πάντας εἰς τὰ ἱερά, μετὰ δακρύων ἱκέτευε.

τὰ ἀπὸ τρίποδος· παροιμία ἐπὶ τῶν ἀληθῶς λεγομένων. ἤτοι ἀπὸ τοῦ δελφικοῦ τρίποδος ἢ ἀπὸ τοῦ πυθαγορικοῦ. τινὶ γὰρ σαγηνεῖ χρωμένῳ πολλὰ ἄτοπα ὁ θεὸς ἀνεῖλε. καὶ τέλος ἐπεῖπε ταῦτά τοι ἐκ

τρίποδος δελφικοῦ ἐφράσατο φοῖβος.

τὰ δὲ μῆδος οὐ φυλάξει· δικαίαρχός φησιν ὅτι μελλούσης τῆς ξέρξου στρατείας γίνεσθαι, οἱ ἕλληνες ἀπογνόντες τῆς σωτηρίας, τὰς οὐσίας αὐτῶν ἀνήλισκον ἐπιλέγοντες, τὰ δὲ μῆδος οὐ φυλάξει. ἢ οὕτω.

τὰ δὲ μῆδος οὐ φυλάξει· κατὰ τὴν τοῦ ξέρξου ἔφοδον τοὺς ἕλληνας ἀπειρηκότας τὰ ἑαυτῶν ἀναλίσκειν, καὶ δαπανᾶν, ἐπιλέγοντας, τὰ δὲ μῆδος οὐ φυλάξει.

τὰ δ' ἐκ τοῦ τρίποδος· τίθεται ἐπὶ τῶν πάνυ ἀληθῶν. ἀριστοκλείᾳ γὰρ τῇ πυθίᾳ γινομένῃ μιχθῆναι τὸν ἀδελφόν, καὶ τῶν ὑπ' αὐτῆς μαντευμάτων παρασημαίνεσθαι ὅσα ἔχρασεν ὁ θεὸς γενόμενα, καὶ αὖθις ὡς ἀληθῆ παρασημειοῦσθαι, ὡς ἐκ τοῦ τρίποδος.

τὰ ἐκ παλαιᾶς· λείπει ἐνθάδε τῆς τύρου. τύρον γὰρ τὴν παλαιὰν ἀλέξανδρος ὁ μακεδὼν διέθηκε τὰ χαλεπώτατα, ὅθεν λέγεται ἐκ παλαιᾶς· ἤτοι ἐξ ὧν ἔπαθεν ἡ παλαιὰ τύρος.

τὰ ἐκ τῶν ἁμαξῶν σκώμματα· ἐπὶ τῶν ἀπαρακαλύπτως σκωπτόντων. ἀθήνησι γὰρ ἐν τῇ τῶν χοῶν ἑορτῇ οἱ κωμάζοντες ἐπὶ τῶν ἁμαξῶν τοὺς ἀπαντῶντας ἔσκωπτόν τε, καὶ ἐλοιδόρουν. τὸ δ' αὐτὸ καὶ τοῖς ληναίοις ὕστερον ἐποίουν. ἐπὶ τῆς ἁμάξης ὀχούμεναι αἱ γυναῖκες αἱ τῶν ἀθηναίων. ἐπὰν εἰς τὰ ἐλευσίνια ἐβάδιζον εἰς τὰ μεγάλα μυστήρια ἐλοιδόρουν ἀλλήλας ἐν τῇ ὁδῷ. τοῦτο γὰρ ἦν ἔθος αὐταῖς. ἢ οὕτω.

τὰ ἐκ τῶν ἁμαξῶν. ἐπὶ τῶν ἀσελγέστερα σκωπτόντων. ἀθήνησι γὰρ οἱ μεθυσθέντες κωμάζουσι μεθ' ἡμέραν ἐφ' ἁμαξῶν, καὶ τοὺς ἀπαντῶντας σκώπτουσιν.

ταινάριον κακόν· τὸ μέγα καὶ παρανομούμενον εἰς οἰκέτας. οἱ γὰρ λακεδαιμόνιοι τοὺς καταφυγόντας εἰς ταίναρον τῶν εἱλώτων ἀπαγαγόντες ἀπέκτειναν.

τάλαντα ταντάλου· διεβεβόητο ὁ τάνταλος ἐπὶ πλούτῳ ὡς καὶ εἰς παροιμίαν διαδοθῆναι. διπλῆν δὲ συμβέβηκεν εἶναι τὴν παροιμίαν, καὶ τὴν μὲν ταντάλου τάλαντα ταλαντίζεται, τὴν δὲ ταντάλου τάλαντα.

τὰ μαγνήτων κακά. ἐπὶ τῶν μεγίστων, καὶ ἀλγεινοτάτων κακῶν. παρόσον οὗτοι ἀσεβήσαντες εἰς θεὸν πολλῶν κακῶν ἐπειράθησαν.

τὰ μηδὲν πρὸς τὸν διόνυσον. τὴν κωμῳδίαν, καὶ τὴν τραγῳδίαν ἀπὸ γέλωτος εἰς βίον φασὶ παρελθεῖν, καὶ κατὰ καιρὸν τῆς συγκομιδῆς τῶν γεννημάτων παραγενομένους τινὰς ἐπὶ τοὺς ληνούς, καὶ τοῦ γλεύκους πίνοντας, ποιήματά τινα σκώπτειν, καὶ γράφειν διὰ τὸ πρότερον εἰς κωμῳδίαν καλεῖσθαι, ἤρχοντο δὲ καὶ συνεχέστερον εἰς τὰς κώμας τὰς ἀττικὰς γύψῳ τὰς ὄψεις κεχρισμένοι, καὶ ἔσκωπτον.

τὰ νάννακου εἴρηται ἡ παροιμία. ἐπὶ τῶν θαυμαζομένων ἐν παλαιότητι, ἢ ἐπὶ τῶν πολλὰ θρηνούντων. νάννακος γὰρ ἐγένετο φρυγῶν βασιλεύς, ὥς φησιν ἑρμογένης ἐν τοῖς φρυγίοις πρὸ τῶν δευκαλίωνος νόμων, ὃς προειδὼς τὸν μέλλοντα κατακλυσμὸν συναγαγὼν πάντας εἰς τὰ ἱερά, μετὰ δακρύων ἱκέτευεν. ἡρώδης δὲ ἰαμβοποιός φησιν ἵνα τὰ νάννακου κλαύσω.

ταντάλειοι τιμωρίαι. παροιμία ἐπὶ τῶν ἀγαθὰ μὲν ἐχόντων, μὴ συγχωρουμένων δὲ ἀπολαύειν.

ταντάλου τάλαντα. ἐπὶ τῶν πλουσίων ὡς τοῦ ταντάλου, καὶ θεοφιλοῦς γενομένου πλουσίου.

τὰ πρῶτα ἀρίστου παῖδας ἐγείνατο. ἐπὶ τῶν ἐν ἀρχῇ κοσμίων, μετὰ ταῦτα δὲ ἀσελγαινόντων.

τὰς ἐν τῇ φαρέτρᾳ ψηφῖδας. φύλαρχός φησι τοὺς σκύθας μέλλοντας καθεύδειν ἄγειν τὴν φαρέτραν, καὶ εἰ μὲν ἀλύπως τύχοιεν τὴν ἡμέραν ἐκείνην διάγοντες καθιέναι εἰς τὴν φαρέτραν ψηφῖδα λευκήν, εἰ δὲ ὀχληρῶς, μέλαιναν. ἐπὶ τοίνυν τῶν ἀποθνησκόντων ἐκφέρειν τὰς φαρέτρας, καὶ ἀριθμεῖν τὰς ψήφους. καὶ εἰ εὑρεθείησαν πλείους αἱ λευκαί, εὐδαι-

μονίζειν τὸν ἀπογενόμενον. ὅθεν παροιμιασθῆναι τὴν ἀγαθὴν ἡμῶν ἡμέραν λεγόντων ἐκ τῆς φαρέτρας εἶναι. καὶ μένανδρος δέ φησιν ἐν λευκαδίῳ τὴν ἀγαθὴν ἡμέραν λευκὴν καλεῖσθαι.

τὰς ἐν ᾅδου τριακάδας. ἐπὶ τῶν περιέργων, καὶ τοὺς ἀποκεκρυμμένα γινώσκειν ζητούντων. τιμᾶται ἡ τριακὰς ἐν ᾅδου διὰ τὴν ἑκάτην, ᾗ καὶ τρίγλα ἐπιθύεται. τὸ γοῦν μυστικὸν ἑκάτη πορσιφίνξα καλεῖται τῶν ὑποχθονίων δεσπότης. ὅθεν καὶ ἀφιδρύματα ἑκάτης πρὸς ταῖς τριόδοις εἰσίν.

τὰ σαμίων ὑποπτεύεις. ἐπὶ τῶν δεδιότων τινὰς ἀδικέσαντας καὶ προδοσίας. παρῆλθε δὲ ἀπὸ τῶν γενομένων ὑπὸ ἀθηναίους εἰς σαμίους αἰκισμῶν. ἑλόντες γὰρ αὐτοὺς οἱ ἀθηναῖοι, τοὺς μὲν ἀπέκτειναν, τοὺς δὲ ἔστιξαν τῇ καλουμένῃ σαμαίνῃ ἣ ἐστὶν εἶδος πλοίου σαμιακοῦ. ἀνθ᾽ ὧν καὶ οἱ σάμιοι μετὰ ταῦτα τοὺς ἁλόντας τῶν ἀθηναίων ἔστιξαν.

τὰ τρία τῶν εἰς τὸν θάνατον. μέμνηται ταύτης ἀλέξανδρος ἐν αἰπόλοις. ἀριστείδης μὲν οὖν φησιν ὅτι ὁ μαντευόμενος ἐν δελφοῖς σεσημασμένον ἐλάμβανε τὸν χρησμόν. καὶ προσείρηται αὐτῷ, εἰ λύσει πρὸ τῆς νενομισμένης, ἕξει μίαν τῶν τριῶν. ἢ γὰρ τῶν ὀφθαλμῶν αὐτῶν ἔδει στερηθῆναι, ἢ τῆς χειρός, ἢ τῆς γλώττης. ἄλλοι δέ φασιν ὅτι τῷ καταγινωσκομένῳ θάνατον τρία προσεφέρετο. ξίφος. βρόχος. κώνειον.

τὰ τῶν φόρων κρείττω. παροιμία ἐστὶ λεγομένη κατὰ τῶν πλείω φερομένων, ὧν ἠδίκησαν.

ταῦτά σοι καὶ πύθια, καὶ δήλια. ἡ παροιμία εἴρηται ἐπὶ τῶν ὕστατα, καὶ τελευταῖα ποιούντων. μέμνηται δὲ αὐτῆς μένανδρος. φασὶ δὲ ὅτι πολυκράτης ὁ σάμου τύραννος ῥήνειαν ἑλών, καὶ ἀναθεὶς τῷ ἀπόλλωνι αὐτήν, καὶ ἐν δήλῳ θεὶς ἀγῶνα κάλλιστον, ἠρώτα πέμψας εἰς δελφοὺς πῶς δεῖ καλεῖν τὸν ἀγῶνα δήλια, ἢ πύθια, ὁ δὲ χρησμὸς ἔφη, ταῦτά σοι καὶ δήλια, καὶ πύθια, σημαίνὼν ὅτι εὐθέως ἀποθανεῖται.

τενέδιος ἄνθρωπος. κύκνον τὸν ποσειδῶνος γενόμενον πατέρα ἡμιθέας καὶ τέννου, ἐπιγῆμαι τούτοις. καὶ κατηγορηθῆναι τὸν τέννην ὑπὸ τῆς μητρυιᾶς ὡς πειρῶντα αὐτήν. πεισθέντα δὲ κύκνον εἰς λάρνακα βαλεῖν τὸν νεανίαν. ἑλομένης δὲ τῆς ἡμιθέας συγκινδυνεύειν τῷ ἀδελφῷ, ἀμφοτέρους κατεπόντωσεν. ἡ δὲ λάρναξ ἠνέχθη ἐπὶ τὴν πρότερον καλουμένην λευκόφρυν. ὕστερον δὲ τένεδον ἀπ' ἐκείνου. ὃς καὶ βασιλεύσας τῆς τενέδου ὕστερον, ἐνομοθέτησε τοῖς τὰ ψευδῆ κατηγοροῦσιν ὄπισθεν παρεστάναι τὸν δήμιον πέλεκυν ἐπηρμένον. ὡς ἐλεγχθέντας παραχρῆμα ἀναιρεῖσθαι. ἀπὸ δὲ τοῦ φοβεροῦ θεάματος ἐκείνου, λέγεσθαι τενέδιος ἄνθρωπος. εἴρηται οὖν ἡ παροιμία, ἐπὶ τῶν φοβερῶν τὰς ὄψεις.

τενέδιος ξυνήγορος. ἀντὶ τοῦ ἀπότομος. δύο γὰρ πελέκεις ἐν ἀναθήματι τιμῶσιν οἱ τενέδιοι. καὶ παροιμία. τενέδιος πέλεκυς. ἀριστοτέλης μέν τοι ὅτι βασιλεύς τις τενέδιος μετὰ πελέκεως δικάζων τὸν ἀδικοῦντα εὐθέως ἀνῄρει. ἢ ὅτι ἀστερίνα τόπος ἐν τενέδῳ. ἔνθα ποταμίσκος, ἐν ᾧ καὶ καρκῖνοι τὰ χελώνια διηρθρωμένα ἐπὶ πλεῖον ἔχοντες, καὶ πελέκει ἐμφερῆ. ἢ ὅτι βασιλεύς τις νόμον θεὶς πελέκει τοὺς μοιχοὺς ἄμφω καρατομεῖν. καὶ ἐπὶ τοῦ υἱοῦ ἐτήρησε τοῦτο. καὶ διὸ καὶ ἐν τῷ νομίσματι ἐφ' οὗ μὲν πέλεκυς, ἐφ' οὗ δὲ δύο πρόσωπα ἐξ ἑνὸς αὐχένος. οἱ δὲ ὅτι γενναῖα ἔπαθεν ὑπὸ τῆς μητρυιᾶς. μετὰ πελέκεως τὰς φονικὰς ἔκρινε δίκας.

τερμέρεια κακά. τὰ μεγάλα, καὶ παροιμία ἐν τεύθει.

τετράδι γέγονας παροιμία. τὸν ἡρακλέα γάρ φησι τετράδι γεννηθῆναι. καὶ ἔνδοξον ὄντα καὶ ἐπιφανέστατον ἄλλοις ταλαιπωρεῖν. ἔστιν οὖν ἡ παροιμία ἐπὶ τῶν ἄλλοις πονούντων. μέμνηται ταύτης πλάτων ὁ κωμικός. φασὶ δὲ αὐτὸν καὶ τετράδι θεὸν νομισθῆναι.

τιθωνοῦ γῆρας. ἐπὶ τῶν πολυχρονίων καὶ ὑπεργήρων τάττεται. ἱστορεῖται

δὲ ὅτι τιθωνὸς κατ' εὐχὴν τὸ γῆρας ἀποθέμενος, τέττιξ ἐγένετο. ὥς φησι κλέαρχος ἐν τῷ περὶ βίων.

τί κοινὸν κυνὶ καὶ βαλανείῳ; παροιμία ἐπὶ τῶν ἀναρμοδίων.

τίς εἰς ὄνου πόκας. οὕτω λέγουσι τὸ ἄχρηστον. οὐδὲν γὰρ αἱ τοῦ ὄνου πόκαι χρησιμεύουσι. λέγεται δὲ ἡ παροιμία ἐπὶ τῶν ἀνηνύτων. ἐν τῷ ζωπύρῳ φαμὲν χύζαι ποικίλλεις.

τί οὐκ ἀπάγξω ἵνα θήβησιν ἥρως γένῃ. ταύτης πλάτων ἐν [illegible] μέμνηται. φασὶ δὲ ὅτι ἐν θήβαις οἱ ἑαυτοὺς ἀναιροῦντες οὐδεμιᾶς τιμῆς μετεῖχον. καὶ ἀριστοτέλης δέ φησι περὶ θηβαίων τὸ αὐτὸ τοῦτο. ὅτι τοὺς αὐτόχειρας ἑαυτῶν γινομένους οὐκ ἐτίμων. τὸ οὖν ἵνα ἥρως γένῃ κατ' εὐφημισμὸν εἴρηται.

τί οὐ γενήσῃ ἰὼν ἐς ἄρβιλας. ἄρβιλα δὲ πόλισμα σικελικόν. οἱ δὲ ἐνοικοῦντες ἐκεῖσε ἐδόκουν εὐεξαπάτητοι εἶναι. καὶ παροιμία. τί οὐ γενήσῃ ἰὼν ἐς ἄρβιλας;

τί σοι ἀπόλλων κεκιθάρικεν; τὸ κεκιθάρικεν οἷον ἐμαντεύσατο, ὥς φησιν αἰσχύλος ἐν αἴαντι λοκρῷ.

τίς ζόπος ἵππων; ἐπὶ τῶν παρηλλαγμένων τι, καὶ ἀλλόκοτον ποιούντων. ἢ τίς ζόπος ἵππων. παροιμία ἐπὶ τῶν ἀλλοκότων. μεταγένης θουριοπέρσαις. τίς ζόπος ἵππων; ὡς δ' ὀρχοῦνται τὸν βαρβαρικὸν ζόπον οὗτοι.

τὸ ἀρνίον σοι λελάληκεν. αἰγύπτιοι τοῦτο ἀναγράφουσιν ὡς ἀνθρωπείᾳ φωνῇ λαλῆσαι. εὑρέθη ἔχον βασίλειον δράκοντα πτερωτὸν ἐπὶ τῆς κεφαλῆς αὐτοῦ, καὶ τῶν βασιλέων τινὶ λελαληκὸς τὰ μέλλοντα.

τὸ δέ τοι κλέος ἐσσομένοισι. ἐπὶ τῶν δαιμονίων γίνεσθαι προδηλουμένων φήμῃ τινί.

τὸ δωδωναῖον χαλκεῖον. κεῖται παρὰ μενάνδρῳ ἐν ἀρρηφόρῳ. εἴρηται δὲ ἐπὶ τῶν πολλὰ λαλούντων, καὶ μὴ διαλειπόντων. φασὶ γὰρ ἐν δωδώνῃ χαλκεῖον ἐπὶ κίονος ἐν μετεώρῳ κεῖσθαι. ἐπὶ δὲ ἑτέρου πλησίον κίονος ἑστάναι τὸν παῖδα ἐξηρτημένον μάστιγα χαλκῆν. πνεύματος δὲ κινηθέντος μεγάλου τὴν μάστιγα πολλάκις εἰς τὸν λέβητα ἐκπίπτειν καὶ ἠχεῖν οὕτω τὸν λέβητα ἐπὶ χρόνον πολύν.

Τὸ θερμὸν τοῦ ὀβελοῦ. ἐπὶ τῶν αἱρουμένων τὰ χείρονα ἀντὶ τῶν κρειττόνων εἴρηται ἡ παροιμία. μετήνεκται δὲ ἀπὸ τῶν ἀπείρως δρασσομένων κατὰ τὸ πεπυρωμένων τῶν ὀβελίσκων. μέμνηται ταύτης σοφοκλῆς.

Τὸ θετταλῶν σόφισμα. ἐπὶ τῶν σοφιζομένων καὶ κακουργούντων.

Τὸ ἡσιόδειον γῆρας. ἐπὶ τῶν ὑπεργήρων. φέρεται γὰρ καὶ ἐπίγραμμα πινδάρου τοιοῦτον· χαῖρε δὶς ἡβήσας, καὶ δὶς τάφου ἀντιβολήσας, ἡσίοδ᾽ ἀνθρώποις μέτρον ἔχων σοφίης.

Τὸ ἱππάρχου τειχίον. ἵππαρχος ὁ πεισιστράτου περὶ τὴν ἀκαδημίαν τεῖχος ᾠκοδόμησε πολλὰ ἀναγκάσας ἀναλῶσαι τοὺς ἀθηναίους, ὅθεν καὶ ἐπὶ τῶν δαπανηρῶν πραγμάτων ἡ παροιμία εἴρηται.

Τὸ μηλιακὸν πλοῖον. ἐπὶ τῶν ἄγαν ῥεόντων πλοίων. εἴρηται τοῦτο ἀπὸ ἱστορίας τινός. φασὶ γὰρ ἀριστοτέλην ἱστορεῖν τὴν εἰς ἀποικίαν στελλόμενον τοῖς μὴ βουληθεῖσιν αὐτῷ συμπλεῖν καταράσασθαι. ἐπειδὴ γὰρ προφασιζόμενοι οἱ μὲν, τὰς γυναῖκας αὐτῶν ἀῤῥωστεῖν, οἱ δὲ τὰ πλοῖα ῥεῖν κατατέμνειν, καταράσατο μήτε πλοῖα στεγανὰ αὐτοῖς γενέσθαι ποτὲ, καὶ ὑπὸ τῶν γυναικῶν κρατεῖσθαι ἀεί.

Τὸν αὐλητὴν αὐλεῖ. αὐλητής τις ἐγένετο μὴ πάνυ τῇ αὐλητικῇ ἐμμένων, ἀλλὰ παρακινῶν.

Τὸν βάβυος χορόν. μαιάνδρου τοῦ ποταμοῦ δύο ἐγένοντο παῖδες. βάβυς καὶ μαρσύας. καὶ ὁ μὲν βάβυς ἐν ἑνὶ καλάμῳ ηὔλει. ὁ δὲ μαρσύας δυσὶ κατὰ νόμον τῶν φρυγῶν ἑκάστου δὲ αὐτοῦ ἴδιον χορὸν ἔχοντος καὶ τοῦ μὲν βάβυος ἀτακτότερον κρουομένου ὁ μαρσύας εἰς τοσοῦτον ἀπονοίας ἦλθεν ὡς καὶ τῷ ἀπόλλωνι περὶ αὐλητικῆς, φιλονικῆσαι. ἀγανακτήσαντος δὲ τοῦ θεοῦ, ἐν κελαιναῖς τῆς φρυγίας ἐξεδάρη. μέλλοντα δὲ καὶ τὸν βάβυν ὁμοίως κολάζεσθαι ἀθηνᾶ ἐπιφανεῖσα ἐξῃτήσατο ὅθεν ὁ χορὸς αὐτοῦ ὡς ἀφυὴς, καὶ φαῦλος ὀνομάζεται.

Τὸν ἐν σάμῳ κομήτην. σάμιός τις ἐγένετο πύκτης, ὃς ἐπὶ μαλακίᾳ σκωπτόμενος ἐπειδὴ κόμην εἶχεν ὑπὸ τῶν ἀνταγωνιστῶν συμβαλὼν αὐτοὺς ἐνίκησεν. λέγεται ἐπὶ τῶν αἱρουμένων ἀνταγωνιστὰς ἑαυτοῖς κρείττονας ἢ προσεδόκησαν. ὥσπερ τὸν ἀληλεσμένον βίον· οἱ μὲν, ἐπὶ τῶν βαλανίτῃ βίῳ χρωμένων προσεδέξαντο. οἱ δὲ ἐπὶ τῶν ἀταλαιπώρως βιούντων οἱονεὶ κατειργασμένον καὶ πρὸς τροφὴν ἕτοιμον.

Τὸν ἵππον ὁ σκύθης. ἐπὶ τῶν κρύφα τινὸς ἐφιεμένων, φανερῶς δὲ ἀπωθουμένων καὶ διαπτυόντων αὐτό.

Τὸν κολοφῶνα ἐπέθηκε. ἐκ τοῦ τοὺς κολοφωνίους πρὸς ἑαυτοὺς στασιάσαντας τινὰς τοῦ τῆς μοίρας ξενοικίσαι τοῖς σμυρναίοις. εἰς πόλεμον δέ ποτέ τινα ἀπελθόντων σμυρναίων τοὺς μὲν ὑπολειφθέντας κολοφωνίους κρατῆσαι αὐτῆς. ὡς τοὺς κολοφωνίους ἐκ τούτου δύο ἅμα πόλεις ἔχειν, τήν τε κολοφῶνα καὶ σμύρναν καὶ ἐν τῷ βουλεύεσθαι περί τινος σμυρναίους, οἱ ὑπελήφθησαν μετὰ τῶν κολοφωνίων ἐν σμύρνῃ, ὅτε ἴσαι ψῆφοι τούτοις ἐγένοντο. πρὸς τοὺς κολοφωνίους ἀναφέρειν αὐτοὺς καὶ ᾗ προσθοῖντο ταύτην κρατεῖν, καὶ οὕτω λέγεται ἐπὶ παντὸς τοῦ κυριωτάτου τὸν κολοφῶνα ἐπιτίθεσθαι τοῖς λοιποῖς. ὡς ἐπὶ τῶν ψήφων τῶν ιβ´ τῶν κολοφωνίων τῇ τούτων ἑτέρᾳ. +

Τὸν ξύοντα ἀντιξύειν. ἐπὶ τῶν βλαπτόντων τινὰς ἢ καὶ θεραπευόντων, ἡ δὲ μεταφορὰ ἀπὸ τῶν ὄνων. καθ᾽ ὅσον ἐκεῖνοι ὑπ᾽ ἀλλήλων κνήθονται καὶ ἀντικνήθουσι.

Τὸ πάρνου σκαφίον. ἐπὶ τῶν μικρὰ πολλάκις ζητούντων. πάρνος γὰρ ὁ κυβερνήτης σκάφος ἀπώλεσε. καὶ συνεχῶς ἠνώχλει.

Τὸ παρὸν εὖ ποιεῖν. παροιμία πλάτωνι ἐν γοργίᾳ. καὶ ὡς ἔοικεν ἀνάγκη μοι κατὰ τὸν παλαιὸν λόγον τὸ παράπαν

εὖ

δὲ ποιεῖν.

τὸ πάσητος ἡμιωβόλιον. ὅπερ ἔχων ὁ πάσης, ἐδίδου τοῖς πιπράσκουσι, παρ' ὧν ἤθελον ὠνεῖσθαι, καὶ πάλιν παρ' αὐτῷ ηὑρίσκετο. οὗτος ὁ πάσης μαλακὸς μὲν ἦν τὴν φύσιν, πάντων δὲ ἀνθρώπων ἐν μαγείᾳ διενήνοχε. ὥστε καὶ τὰ ἐκ παροψίδων αὐτοῦ καὶ δεῖπνα πολυτελῆ ὁρᾶσθαι καὶ διακονουμένους τινάς, καὶ πάλιν ἀφανῆ πάντα γίνεσθαι.

τὸ περδίκου σκέλος. ὁ πέρδιξ κάπηλος ἀθήνῃσι χωλός, καὶ κωμῳδούμενος ἐπὶ χωλότητι.

τὸ περὶ δρυῦ σκότος. ἀριστοτέλης φησὶν ἐν τῇ σαμίων πολιτείᾳ πριηνέας πολλοὺς ὑπὸ μιλησίων ἀναιρεθῆναι περὶ τὴν καλουμένην δρυῦ, ὅθεν καὶ τὰς πριηνέας γυναῖκας ὀμνύναι τὸ περὶ δρυῦ σκότος.

τὸ σκαμβὸν ξύλον οὐδέποτ' ὀρθόν. ἐπὶ τῶν πειρωμένων διεστραμμένα ξύλα κατευθύνειν.

τὸ σὸν ὄναρ σοι διηγούμενος. εἰ γὰρ ἐγώ σοι νῦν αὐτὸ τὸ γνωρίζω, πέπονθα τὸ τῆς παροιμίας, τὸ σὸν ὄναρ σοι διηγούμενος.

τὸ τοῦ δίωνος γρῦ. οὗτος ὁ δίων διαβόητος ἦν ἐπὶ σοφίᾳ. λοιδορούμενος δ' ὑπό τινος, καὶ ἀκούων ῥητὰ καὶ ἄρρητα, αὐτὸς μὲν οὐδὲν ἐφθέγξατο, κατεσταλμένον τὸ τῆς σοφίας παράγγελμα τηρῶν, ἐντὸς δὲ τοῦ ἰδίου πυλῶνος γενόμενος, καὶ μηδὲν ὀργῆς ὑποφήνας, εἶπε πρὸς τὸν νεανίαν οὐδὲ γρῦ. ὁ δὲ ἀθυμήσας, ἀπήγξατο. λέγεται δὲ τὸ γρῦ, καὶ ἐπὶ τοῦ μικροῦ, καὶ τοῦ τυχόντος, καὶ τὸν ἐν τοῖς ὄνυξι ῥύπον γρῦ λέγουσιν, καὶ γρυτάρια τὰ κατ' οἰκίαν σκευάρια μικρά, καὶ γρυπώλης ὁ ταῦτα πωλῶν.

τοῦ δ' ἄρα ὁ κωρυκαῖος ἠκροάζετο. ἐπὶ τῶν δοκούντων μὲν λανθάνειν, εἰς γνῶσιν δὲ ἐρχομένων. πειραταὶ γὰρ ὥς φασι, περὶ κώρυκον τῆς παμφυλίας ἦσαν, οἵτινες τῶν ἐν κωρύκῳ συμπράττοντες περιειργάζοντο τῶν πλεόντων τὰ φορτία, καὶ τὸν καιρὸν καθ' ὃν μέλλοιεν πλεῖν, τοῖς πειραταῖς ἐμήνυον. ὅθεν μαθόντες οἱ ἔμποροι ἔκρυπτον τὰ πολλά, ἐπεὶ δὲ καὶ οὕτω τοῖς πειραταῖς ἐδόκει ἐμηνύετο, ἐκράτησεν ἡ παροιμία.

τοῦ διὸς τὸ σκένδυλ). ὑπὲρ τοῦ ὡς μέγα δή τι.

τῶν ἀρκάδων μιμήσομαι. ἐπὶ τῶν μάτην πονούντων. οἱ γὰρ ἀρκάδες μισθοῦ στρατευόμενοι, ἄλλοις ἐνίκων.

τοῦ σελίνου δεῖται. ἐπὶ τῶν ἐπισφαλῶς νοσούντων. καὶ γὰρ εἰώθαμεν τὰ μνήματα στεφανοῦν σελίνοις, ὥς φησι πλούταρχος.

τῶν ἑταίρους ζαφελῶς ἀπωνιᾶται. παροιμία ἐπὶ τῶν ἁρμοζομένων, καὶ σεμνοποιούντων ἑαυτοὺς πρὸς τὰ ἐναντία, ὡς δίδυμος φησί.

τραγικὸς πίθηκος. ἐπὶ τῶν παρ' ἀξίαν σεμνυνομένων.

τρὶς ἕξ, νικητήριον βόλος, παροιμία ἢ τρὶς ἕξ, ἢ τρεῖς κύβοι.

τρίτη κεφαλῇ, καὶ τρίτῳ ἐγκεφάλῳ. ἐπὶ τῶν ἀχθοφορούντων οὐ μόνον κατὰ τῶν ὤμων, ἀλλὰ καὶ κατὰ τῆς κεφαλῆς.

τρυγόνα ψάλλειν. ἐπὶ τῶν φαύλως πραττόντων, ἴσως παρὰ τὸ τρύζειν. ὡς μή μοι τρύζητε. καὶ ἑτέρα παροιμία. τρυγόνος λαλίστερος. ἐπειδὴ αἱ τρυγόνες οὐ μόνον τῷ στόματι, ἀλλὰ καὶ τοῖς ὀπισθίοις μέρεσι λαλοῦσι. ἢ ἄλλως.

τρυγόνος λαλίστερος. μέμνηται ταύτης μένανδρος ἐν πλοκίῳ. ἐπειδὴ αἱ τρυγόνες οὐ μόνον τῷ στόματι, ἀλλὰ καὶ τοῖς ὀπισθίοις μέρεσιν ἠχοῦσι. τάττεται δὲ ἐπὶ τῶν πολλὰ λαλούντων.

τυδεὺς ἐκ συφορβοῦ. ἐπὶ τῶν ἀπαιδεύτων. τυδεὺς τὴν θυγατέρα ἱππονόου περίβοιαν ἐβιάσατο, γνοὺς δὲ αὐτὴν ἔγκυον οὖσαν ὁ πατήρ, συφορβῷ παρέδωκε μετὰ τοῦ γενομένου παιδίου τυδέως.

τὸ εἰς τὴν φαρέτραν. φασὶ τοὺς σκύθας μέλλοντας καθεύδειν ἄγειν τὴν φαρέτραν, καὶ εἰ μὲν ἀλύπως τύχοιεν τὴν ἡμέραν ἐκείνην διάγοντες, καθιέναι εἰς τὴν φαρέτραν ψῆφον λευκήν, εἰ δὲ ὀχληρῶς, μέλαιναν. ἐπὶ τέλει τῶν ἀποθνησκόντων ἐκφέρειν τὰς φαρέτρας, καὶ ἀριθμεῖν τὰς ψήφους, καὶ εἰ εὑρεθείησαν πλείους αἱ λευκαί, εὐδαιμονίζειν τὸν ἀπογινόμενον. ὅθεν τὴν ἀγαθὴν ἡμῶν ἡμέραν λέγειν ἐκ τῆς φαρέτρας, καὶ λευκὴν ἡμέραν.

ἀρχὴ τοῦ υ.

ὑ Ὑγιέστερος κρότωνος. ἐπὶ τῶν πάνυ ὑγιαινόντων ἡ παροιμία. ἀπὸ τοῦ ζώου τοῦ κρότωνος, λεῖον γάρ ἐστιν ὅλον, καὶ χωρὶς ἀμυχῆς, καὶ μηδὲν ἔχων σίνος. μέμνηται τούτου Μένανδρος ἐν Λοκροῖς.

Ὕδραν τέμνεις. ἐπὶ τῶν ἀμηχάνων εἴρηται ἡ παροιμία διὰ τὰς τῆς ὕδρας κεφαλάς, ἃς τέμνων ὁ Ἡρακλῆς, οὐδὲν μᾶλλον ἐκράτει τῆς ὕδρας ἀναδιδούσης ἄλλας ἀντὶ τῶν κοπτομένων κεφαλάς. ἡ δὲ ὕδρα θηρίον ἦν μέγιστον ἐν τῇ Λέρνῃ τρεφόμενον, κεφαλὰς ἔχουσα ὀκτὼ, μίαν μέσην ἀθάνατον, ταύτην κατ᾽ ἐπιταγὴν Εὐρυσθέως ὁ Ἡρακλῆς ἔκτεινεν. ἅρματι γὰρ ἐπιβὰς ἡνιοχοῦντος Ἰολάου παρεγένετο εἰς Λέρνην, ὅπου ὁ φωλεὸς αὐτῆς ὑπῆρχε. καὶ βάλλων βέλεσιν ἠνάγκασεν αὐτὴν ἐξελθεῖν, καὶ κρατήσας τὰς κεφαλὰς ἀπέτεμεν, ἀλλ᾽ οὐδὲν ἀνύειν ἠδύνατο. μιᾶς γὰρ κοπτομένης, δύο ἀνεφύοντο. προσκαλεσάμενος οὖν βοηθὸν τὸν Ἰόλαον, ἐπέταξεν αὐτῷ μέρος τι καταπρῆσαι τῆς ἐγγὺς ὕλης, καὶ τοῖς δαλοῖς ἐπικαίειν τοὺς τόπους τῶν τεμνομένων κεφαλῶν. καὶ οὕτω τὸν τόπον Ἰολάου κωλύοντος ἀναφυομένης, Ἡρακλῆς περιγίνεται, τὴν ἀθάνατον ἀποκόψας. τὸ σῶμα δὲ τῆς ὕδρας ἀνασχίσας, καὶ τῇ χολῇ ταύτης τοὺς ὀϊστοὺς βάψας, θανατηφόρους εἰργάσατο.

Ὕδωρ δὲ πίνων χρηστὸν οὐδὲν ἂν τέκοις. τοῦτο Δημητρίου τοῦ Ἁλικαρνασέως φασὶν εἶναι. λέγοντος οἶνος τοῦ χαρίεντί τι φέρειν ταχὺς ἵππος ἀοιδῶν. ὕδωρ δὲ πίνων χρηστὸν οὐδὲν ἂν τέκοις.

Ὕδωρ μένει. παροιμία. ἐπὶ τῶν ἀνήνυτα πονούντων.

Ὕδωρ παραῤῥεῖ. αὕτη τάττεται ἐπὶ τῶν

παντὸς ἔργου ἐπιτελλομένων ἢ καταπράξασθαι τὸ προκείμενον. μετήνεκται δὲ ἀπὸ τῶν ὑπὸ σπουδῆς εἰς ῥέοντα πλοῖα εἰσβαινόντων, καὶ παραβαλλομένων τὸν κίνδυνον. μέμνηται αὐτῆς Κρατῖνος ἐν Δραπέτισιν.

Ὕλαν κραυγάζειν. ἐπὶ τῶν μάτην βοώντων ἡ παροιμία εἴρηται. ἐπειδὴ τὸν Ὕλαν ἀφανῆ γενόμενον ὁ Ἡρακλῆς ἀποβὰς τῆς Ἀργοῦς, καὶ μετὰ κραυγῆς πολλὰ ζητήσας, οὐχ εὗρεν. ἱστορεῖται δὲ περὶ τοῦ Ὕλα, ὅτι ἡρπάγη παρὰ τῶν νηρηΐδων διὰ κάλλος. φασὶ γάρ τινες καὶ τὸν Ἡρακλέα σύμπλουν γενέσθαι τῷ Ἰάσονι μετὰ καὶ τοῦ Ὕλα. διὰ δὲ τὴν τούτου ἀπώλειαν λυπηθέντα τὸν Ἡρακλέα εἰς Μυσίαν ἀπολειφθῆναι. ἐκεῖσε γὰρ οἱ Ἀργοναῦται προσσχόντες τὸν Ὕλαν Ἡρακλέους ἐρώμενον πρὸς θήραν πέμπουσιν. ὁ δὲ διὰ κάλλος ὑπὸ νηρηΐδων ἁρπαγεὶς ἀνεβόησε. καὶ Πολύφημος ἀκούσας αὐτοῦ βοήσαντος σπασάμενος τὸ ξίφος ἐδίωκεν, ὑπὸ λῃστῶν ἄγεσθαι νομίζων, καὶ δηλοῖ περὶ τούτου Ἡρακλεῖ. ζητήσαντος δὲ πολλὰ τὸν Ὕλαν Ἡρακλέους, καὶ μὴ ὑποστρέψαντος διὰ λύπην, ἐπεὶ τὸν ζητούμενον οὐχ εὗρεν, ἡ ναῦς ἀνήχθη, καὶ Ἡρακλῆς πρὸς Ἄργος ὑπέστρεψεν. ἢ οὕτω

Ὕλαν κραυγάζειν. ἱστοροῦσιν Ὕλαν τὸν Θειοδάμαντος, καλὸν τὴν ὥραν, ἐρώμενον Ἡρακλέους, ὅτε συνέπλει τοῖς Ἀργοναύταις. γενομένων δὲ κατὰ Μυσίαν, ἐξελθεῖν ὑδρευσόμενον, ὑπὸ νυμφῶν δὲ ἀφανισθῆναι. τούτου δὲ ἐπὶ ζήτησιν Πολύφημον πεμφθέντα κεκραγέναι, καὶ ὀνομαστὶ ἀνακαλεῖν τὸν Ὕλαν μηδὲν περαίνοντα. διὸ καὶ τὴν παροιμίαν ἐπὶ τῶν μηδὲν ἀνυόντων λέγεσθαι.

Ὑπερβερεταῖα. ἐπὶ τῶν ὑπερχρονίων εἴρηται. παρὰ γὰρ Μακεδόσιν ὁ τελευταῖος μὴν τοῦ ἐνιαυτοῦ ὑπερβερεταῖος ἀναγράφη.

Ὑπὲρ ὄνου σκιᾶς. μέμνηται ταύτης ἐν τῷ Ἐγχειριδίῳ Μένανδρος. λέγουσι δὲ ὅτι Δημοσθένης ὁ ῥήτωρ ἀπολογούμενος ὑπέρ τινος κινδυνεύοντος οὐκ ἀνε-

χομένων

ζομένων τῶν δικαστῶν, εἶπεν· ἀκούσατε ὦ ἄνδρες διηγήματος τερπνοῦ· νεανίσκος ποτὲ ὄνον ἐμισθώσατο ἀθήνηθεν μεγάραδε· μεσημβρίας δὲ καταλαβούσης, καταλύσας τὸν γόμον, ἀπῆλθεν εἰς τὴν σκιὰν τοῦ ὄνου, ἐκβαλλόμενος δὲ ὑπὸ τοῦ ὀνηλάτου πρὸς βίαν διεφέρετο μεμισθωκέναι καὶ τὴν σκιὰν λέγων· ἀντιλέγοντος δὲ ὀνηλάτου, καὶ φάσκοντος τὸν ὄνον μεμισθωκέναι, εἰς δικαστήριον εἰσῆλθον ἀμφότεροι· εἰπὼν δὲ ταῦτα ὁ δημοσθένης κατέβαινεν ἐκ τοῦ βήματος· ἀξιούντων δὲ τῶν δικαστῶν τῆς δίκης τὸ τέλος μαθεῖν, εἶπεν ἀναβὰς πάλιν ἀπὸ τοῦ βήματος· ὑπὲρ μὲν ὄνου σκιᾶς ἀκούειν ὦ ἄνδρες ἐπιθυμεῖτε, ἀνθρώπου δὲ κινδυνεύοντος ὑπὲρ ψυχῆς οὐδὲ τῆς φωνῆς ἀνέχεσθε· ἄλλοι δὲ λέγουσιν ὅτι ἀθήνηθεν εἰς δελφοὺς τὸν ὄνον ἐμισθώσατο· ὅθεν φασὶ καὶ αὐτὸς ὁ δημοσθένης περὶ τῆς ἐν δελφοῖς σκιᾶς φησι· καὶ ὁ πλάτων δὲ καὶ ἄλλοι πολλοί, καὶ ἀρχίππῳ δὲ κωμῳδία γέγονεν ὄνου σκιά. τάττεται δὲ ἐπὶ τῶν περὶ μηδενὸς χρησίμου φιλοτιμουμένων.

ὑπέρου περιτροπή· ἐπὶ τῶν τὰ αὐτὰ ποιούντων καὶ μηδὲν περαινόντων. καὶ αὗται δ' αἱ παροιμίαι τὸ αὐτὸ δηλοῦσιν· ὁ δῖος κόρινθος· καὶ αὖθις ἁ πυθώδε ὁδός, καὶ ὁ τὴν δοκὸν φέρων· καὶ ὁ τυφλὸς ἀλλ' ἐξώρυκται. πλάτ' ἀδώνιδι, εἶτ' οὐχ ὑπέρου μοι περιτροπὴ γενήσεται.

ὑπὲρ τὰ ἐσκαμμένα πηδᾶν· ἐπὶ τῶν καθ' ὑπερβολήν τι πραττόντων. διότι ὁ φάϋλος ὑπὲρ τοὺς πεντήκοντα πόδας πηδήσας, ἐπηρώθη τὸ σκέλος. ἢ

ὑπὲρ τὰ ἐσκαμμένα πηδῶν· φάϋλος ἐγένετο πένταθλος ὁ πόντιος, ὃς ἐδόκει μέγιστα δισκεύειν, καὶ ἅλλεσθαι. ἐπειδὴ οὖν ὑπὲρ τὰ ἐσκαμμένα πεντήκοντα πόδας εἰς τὸ στερεὸν ἥλατο, τὸ συμβὰν εἰς παροιμίαν ἐξέβη.

ὑπὲρ τὰ καλλικράτους· κλέαρχός φησιν, ὅτι καλλικράτης τις ἐγένετο ἐν καρύστῳ πλουσιώτατος. εἴ ποτε οὖν ἐθαύμαζόν τινα οἱ καρύστιοι ἐπὶ πλούτῳ ὑπερβολικῶς ἔλεγον· ὑπὲρ τὰ καλλικρά-

τους. ἀριστοτέλης δέ φησιν ἐν τῇ ἀθηναίων πολιτείᾳ καλλικράτην τινὰ πρῶτον τῶν δικαστῶν τοὺς μισθοὺς εἰς ὑπερβολὴν αὐξῆσαι, ὅθεν καὶ τὴν παροιμίαν εἰρῆσθαι.

ὑπὲρ τὸν κατάλογον παροιμία· ἐπὶ τῶν γεγηρακότων.

ὕπνος δ' ὄπισθε γλυκύθυμος ὀμμάτων· ἡ παροιμία· ἐπὶ τῶν βουλομένων φιλοσοφεῖν. ὄναρ καθ' ὕπνους νήξεκας λαλεῖν τόδε.

ὑπὸ παντὶ λίθῳ σκορπίος· ἐλλείπει ὕπεστι. λέγεται ἐπὶ τῶν κακοήθων, καὶ ἐπὶ ἐριστικῶν. παραινεῖ μὴ προπετῶς λαλεῖν τοῦ μὴ δηχθῆναι.

ὗς ἐκώμασεν· ἐπὶ τῶν ἀκόσμως τι ποιούντων.

ὗς διὰ ῥόδων· ἐπὶ τῶν σκαιῶν καὶ ἀπαιδεύτων· κράτης ἐν γείτοσιν.

ὗς ὑπὸ ῥόπαλον· παροιμία παρὰ ἀρχιλόχῳ ἐπὶ τῶν ἑαυτοὺς εἰς ὄλεθρον ἐμβαλλόντων.

ἀρχὴ τοῦ φ.

Φακὸν κόπτεις· ἐπὶ τῶν ἀδιαιρέτων καὶ ἀνηνύτων, καὶ μὴ ὄντων λέγεται.

Φακοῦ τὸ ἕψημα τοῦ φακοῦ θηλυκῶς ἡ ἑψηθεῖσα, ἀρσενικῶς δὲ ἡ ἀνέψητος. καὶ παροιμία· ἐπεὶ τὰ πλουτεῖν οὐκ ἔθ' ἥδεται φακῇ. πρὸ τοῦ δ' ὑπὸ τῆς πενίας ἅπαντα κατήσθιεν. ἐπὶ τῶν πλουσίων γεγονότων ἀπὸ πενήτων.

φαλακρὸν τίλλεις· ἐπὶ τῶν μάτην πονούντων.

φασηλιτῶν θῦμα· ἐπὶ τῶν εὐτελῶν καὶ ἀναίμων τίθεται. φασηλίτας γὰρ ταρίχους τῷ καλλαβρῷ θύειν φησὶ καλλίμαχος ἐν βαρβαρικοῖς νομίμοις.

φασηλιτῶν θῦμα· ἐπὶ τῶν εὐτελῶν, καὶ ἀναίμων· φασὶ γὰρ τοὺς φασηλίτας ταρίχοις τοῖς θεοῖς θύειν.

φειδίας προσήκει εἰρήνη καθὸ τεχνίτης. ἦν γὰρ φειδίας ἀγαλματοποιός, ὃς ἐλεφαντίνης ἀθηνᾶς εἰκόνα ἐποίησε. περικλῆς δὲ ἐπὶ τοῖς ἀναλώμασι ταχθεὶς ἐνοσφίσατο πεντήκοντα τάλαντα, καὶ ἵνα μὴ δῷ τὰς εὐθύνας πόλεμον ἐκίνησε.

φθάς· ὁ ἥφαιστος παρὰ μεμφίταις, καὶ παροιμία· ὁ φθάς σοι λελάληκεν. οἱ δὲ, ἀφθάς φασιν· ὡς σταφὶς ἀσταφίς· στάχυς ἄσταχυς.

Φιλίππου ἀλεκτρυών. αὕτη τάττεται ἐπὶ τῶν ἐν μικροῖς κατορθώμασιν ἀλαζονευομένων. ἀλεκτρυὼν γάρ τις ἐγένετο Φιλίππου στρατηγός, ὃν ἀπέκτειναν ὥς φασι χάρης ὁ ἀθηναῖος. μέμνηται δὲ αὐτοῦ ἡρακλείδης ὁ κωμικός, καὶ ἀντιφάνης.

Φιλοξένου λόγου τέτυχεν. ἐπὶ τῶν ἑτέρως ἀρνουμένων Φιλόξενος γὰρ ὁ ποιητὴς μετακαλούμενος αὖθις ὑπὸ διονυσίου, οὐδὲν ἄλλο ἔγραψεν, ἢ οὔ.

Φίλων παροιμία. ἢ Φίλων πλατωνίζει, ἢ πλάτων φιλωνίζει. φίλων ἰουδαῖος τεχθεὶς ἐν ἀλεξανδρείᾳ, γένους ἱερέων, φιλοσοφήσας δὲ τὰ ἑλλήνων, εἰς μέγα προὔβη παιδείας, ὡς μετελθεῖν πᾶσαν ἑλληνικὴν παίδευσιν, τήν τε τῶν ἐγκυκλίων καλουμένων, καὶ τὰς λοιπὰς ἐπιστήμας ἣν ἀκριβεῖ κατελήψει. ἐπλούτησε τε λόγον παρόμοιον πλάτωνι, ὡς καὶ εἰς παροιμίαν παρ᾽ ἕλλησι τοῦτο χωρῆσαι, ἢ πλάτων φιλωνίζει, ἢ φίλων πλατωνίζει. τοσαύτη ἐστὶν ὁμοιότης τῆς γε διανοίας, καὶ φράσεως τοῦ ἀνδρὸς πρὸς τὴν πλάτωνος.

Φοινίκων συνθῆκαι. οἱ τὴν καρχηδόνα κτίσαντες φοίνικες ὅτε προσέπλευσαν τῇ λιβύῃ, ἐδεήθησαν τῶν ἐγχωρίων δέξασθαι αὐτοὺς νύκτα καὶ ἡμέραν. ἐπιτυχόντες δὲ τούτου οὐκ ἐβούλοντο ἀπαλλάσσεσθαι ὡς συντιθέμενοι νύκτας καὶ ἡμέρας μένειν. διὸ λέγεσθαι τοῦτο ἐπὶ τῶν ἐνεδρευτικῶς συντιθεμένων. τὰ δ᾽ ὅμοια δήμων ἐπὶ μεταποντίνων ἱστορεῖ.

Φόνου πτερόν. τὸν διὰ τῶν ὀϊστῶν πτερόεντα ἢ ταχύν. βέλτιον δὲ ἀκούειν περιφραστικῶς τὸν φόνον.

Φρουρεῖν ἢ πλουτεῖν. ἐπὶ τῶν ἀναλισκόντων ἐκ τῶν ἀλλοτρίων. ἀθηναῖοι γὰρ φρουρὰς διαλαβόντες τοὺς νησιώτας μισθοὺς ἔταξαν μεγάλους τοῖς φυλάττουσιν ὑπ᾽ αὐτῶν χορηγεῖσθαι τῶν νησιωτῶν.

Φρουρῆσαι ἐν ναυπάκτῳ. Φιλίππου ναύπακτον ἑλόντος ἀχαιοὶ ἀπέσφαξαν. καὶ πουσανίαν τὸν ἄρχοντα τῆς φρουρᾶς ἀπέκτειναν ὥς φησι θεόπομπος.

Φρὺξ ἀνὴρ πληγεὶς ἀμείνων. νωθροὶ γὰρ οἱ φρύγες. ἐπεὶ πόλεμός τις αὐτοῖς γενόμενος ἄριστα μετέβαλλον ὑπὸ τῆς ἀνάγκης.

Φωκαέων ἀρά. φωκαεῖς γὰρ καταλιπόντες τὴν πόλιν ἐν τῇ ὑπ᾽ ἁρπάγου πολιορκίᾳ, ὥρμησαν ἐπ᾽ ἰταλίας μύδρους εἰς τὴν θάλασσαν βαλόντες, καὶ ἐπαρασάμενοι μὴ πρότερον ὑποστρέψαι εἰς τὴν ἑαυτῶν, ἢ τούτους ἀνενεχθῆναι. μέμνηται ταύτης ἡρόδοτος ἐν τῇ α.

Φώκου ἔρανος. αὕτη λέγεται κατὰ τῶν εὐωχίας συναγόντων ἐπὶ τῷ ἑαυτῶν κακῷ. φῶκος γάρ τις θυγατέρα ἔχων ἐπὶ γάμου πολλῶν αὐτὴν μνηστευομένων ἐράνους συνῆγε, καὶ ἑστιῶν τοὺς μνηστῆρας ἀνεβάλλετο τὸν γάμον. ἐρασθέντες οὖν ἐκεῖνοι ἐν τῷ συμποσίῳ ἀπέκτειναν τὸν φῶκον.

ἀρχὴ τοῦ χ.

Χαῖρε φίλον φῶς. γραῦς θέλουσα ἀκολασταίνειν γυμνὴ ἵνα μὴ τὴν ῥυτίδωσιν τοῦ σώματος ἐλέγξῃ, ἀποσβέσασα τὸν λύχνον εἶπε, χαῖρε φίλον φῶς.

Χαλεπὰ τὰ καλά. πιττακὸν ἀποτιθέμενον τὴν ἀρχὴν πρὸς τοὺς ἀκμάζοντας εἰπεῖν. χαλεπὸν ἐσθλὸν ἔμμεναι. σόλωνα δὲ μαλακίαν αὐτοῦ καταγνόντα, φάναι χαλεπὰ τὰ καλά, δύο καὶ ἑκάτερα παροιμιασθῆναι. χαλεπὰ τὰ καλά. φασὶ περίανδρον τὸν κορίνθιον, κατ᾽ ἀρχὰς μὲν εἶναι δημοτικόν, ὕστερον δὲ τὴν προαίρεσιν μεταβαλόντα, τυραννικὸν γενέσθαι. ὅθεν ἡ παροιμία. οἱ δέ, τὸ χαλεπὰ ἀντὶ τοῦ ἀδύνατα τιθέασιν. ὡς μὴ ἐκείνου δυνηθέντος τὴν ἑαυτοῦ γνώμην. ἢ ἄλλως.

Χαλεπὰ τὰ καλά. παροιμία ἧς μέμνηται καὶ πλάτων. ἐλέχθη δὲ ἐντεῦθεν. περίανδρον τὸν κορίνθιον κατ᾽ ἀρχὰς μὲν εἶναι δημοτικόν. ὕστερον δὲ τὴν προαίρεσιν μεταβαλεῖν, καὶ τυραννικὸν ἀπὸ δημοτικοῦ γενέσθαι. καὶ ταῦτα πιττακὸν πυθόμενον μιτυληναῖον καὶ δείσαντα περὶ τῆς αὐτῆς γνώμης φυγεῖν τό τε τυραννοῦντα μιτυληναίων, ἀλλὰ πυνθανομένων δι' ἣν αἰτίαν ἀφίστατο τῆς ἐξουσίας εἰπεῖν τὸν πιττακόν, ὡς ἄρα χαλεπὸν ἐσθλὸν ἔμμεναι νομίσαντα διὰ τὰ συμβάντα τῷ περιάνδρῳ δυσχερέστατον εἶναι τηρῆσαι τὴν ἑαυτοῦ γνώμην. σόλωνα δὲ ταῦτα πυνθανόμενον εἰπεῖν χαλεπὰ τὰ καλά, καὶ ἐντεῦθεν εἰς παροιμίαν ἐλθεῖν. ἄλλοι δὲ τὸ χαλεπὸν ἀκούουσιν ἀντὶ τοῦ ἀδυνάτου. ἀδύνατον οὖν εἶναι ἐφ' ἅπαντα ἀγαθόν.

χαλεπὸν χόριον κύνα γεῦσαι. τὸ ἔλυτρον τοῦ ἐμβρύου χόριον καλεῖται. οἱ δὲ κύνες γευσάμενοι τούτοις, καὶ τοῖς ἐμβρύοις ἐπιβουλεύουσι διὰ τὸ λίχνον.

χαλκιδίζειν. ἢ χαλκιδεύεσθαι ἐπὶ τῶν γλισχρευομένων. οἱ γὰρ ἐν εὐβοίᾳ χαλκιδεῖς ἐπὶ φιλαργυρίᾳ ἐκωμῳδοῦντο.

χαμαὶ ἀντλεῖς. τὴν πλίνθον πλύνεις. φακὸν κόπτεις, αὗται πᾶσαι ἐπὶ τῶν τοῖς ἀδυνάτοις ἐπιχειρούντων εἴρηνται.

χάους ἀρχαιότερος, καὶ χρονίων ἐπὶ τῶν πάνυ παλαιῶν, καὶ ἴβυκος ποτᾶται δ' ἐν ἀλλοτρίῳ χάει. καὶ αὖθις. ὁ δὲ φλυαρεῖ, καὶ μάτην ἡμῶν λῆρον καταχεῖ τοῦ χάους ἀρχαιότερον, καὶ χρονίων ἀπόζοντα.

χαραδραῖος λέων. ὁ παρὰ ταῖς χαράδραις εἰ μὴ τὸν θεσπιακὸν λέγει, ὃν πρῶτον ἀνεῖλεν ἡρακλῆς ἐν θεσπίαις. χαράδρα δὲ καλεῖται ὁ τόπος.

χαραδριὸν μιμούμενος. ἐπὶ τῶν ἀποκρυπτομένων. οὕτως εὐφρόνιος. ἐπεί γε τοὺς ἰκτεριῶντας ὠφελεῖ ὁ χαραδριὸς ὀφθείς, καὶ διὰ τοῦτο οἱ περνῶντες κρύπτουσιν ἵνα μὴ πρὸ τοῦ ὠνήσασθαι ἰαθῇ τις περιέργως. ἔστι δὲ εἶδος ὀρνέου μεταβαλλόμενον εἰς τὰ προκείμενα. καὶ ἐπὶ μὲν τοῦ ὀρνέου ὀξύνεται, ἐπὶ δὲ τῆς χαράδρας βαρύνεται. ἐπεὶ καὶ αἱ χαράδραι τρόπον τινὰ διὰ τῶν ῥευμάτων μελῳδίαν ποιοῦσι. χαραδριὸν οὖν μιμούμενος, ἀντὶ τοῦ ἀποκρυπτόμενος, οἱ δέ φασιν οὐ τοὺς ἰδόντας τὸν χαραδριόν, ἀλλὰ τοὺς φαγόντας ἀπαλλάσσεσθαι τῆς νόσου.

χάραξ τὴν ἄμπελον παροιμία ὅταν ὑπὸ τοῦ σώζοντος τὸ σωζόμενον πάθῃ. ἀναγράφει δὲ αὐτὴν καλῶς ἀριστοφάνης, ἐξηπάτησεν ἡ χάραξ τὴν ἄμπελον.

χάρητος ὑποσχέσεις. χάρης δὲ ἦν στρατηγὸς ἀθηναίων εὐχερής τε, καὶ ἑτοιμότατος πρὸς τὰς ὑποσχέσεις γενόμενος, ὅθεν ἡ παροιμία. τάττεται ἐπὶ τῶν προχείρως ἐπαγγελλομένων.

χαρώνιος θύρα. μία τοῦ νομοφυλακίου θύρα δι' ἧς οἱ καταδίκοι τὴν ἐπὶ θανάτου ἐξάγονται.

χειροβρῶτι δεσμῷ. τοῖς ποντικοῖς ἅμμασι διὰ τὸ τὰς σάρκας διακόπτειν, καὶ ἀναλίσκειν. βέλτιον δεσμὸν ἀκούειν τὸν ἀποβιβρώσκοντα τὴν χεῖρα. ἐδέθη γὰρ ἐν τινὶ πεζαίῳ στοίχερος ἐναρχεῖν τῶν ἐπὶ πελίαν ἄθλων.

χειρώνειον ἕλκος τὸ ἀπὸ πολλῆς στάσεως ἐν τοῖς ποσὶ γινόμενον τραῦμα καὶ διηνεκῶς ἰχῶρας ἐκκρῖνον. τοξευθεὶς γὰρ ὑπὸ ἡρακλέους ὁ χείρων μάχην πρὸς κενταύρους ἐνστησαμένου ἀνίατον ἔσχεν ἕλκος περὶ τὸν πόδα, δι' οὗ καὶ ἀπέθανεν. ὅθεν ἡ παροιμία ἐπὶ τῶν ἀνιάτων προσήχθη τραυμάτων.

χαρινάδης ὄνομα κύριον. οὗτος νωθὴς ἦν. καὶ παροιμία κρείττων ἐστὶ σοῦ χαρινάδης βαδίζειν, ἐπὶ τῶν βραδυνόντων ἐν τῇ πορείᾳ.

χελώνης κρέα φαγεῖν. ζήτει ἐν τῷ, ἢ δεῖ χελώνης κρέα φαγεῖν.

χθόνια λουτρὰ τὰ τοῖς νεκροῖς ἐπιφερόμενα. ἐκομίζετο γὰρ ἐπὶ τοὺς τάφους λουτρά.

χρήματ' ἀνήρ. αὕτη ἀποφθεγματική ἐστιν ὡς τὰ παραγγέλματα τῶν ἑπτὰ σοφῶν. μέμνηται αὐτῆς πίνδαρος. ἀλκαῖος δὲ ὁ ποιητὴς ὑπὸ ἀριστοδήμου τοῦ λακεδαιμονίου εἰρῆσθαι ταύτην φησί.

χρυσὸς ὁ κολοφώνιος μέμνηται ταύτης ἀριστοφάνης ἐν κωκάλῳ. εἴρηται δὲ παρόσον οἱ κολοφώνιοι τὸν κάλλιστον χρυσὸν ἐργάζεσθαι νομίζονται. καὶ ἡρόδοτος δὲ κολοφώνιον καλεῖ τὸν ἄριστον χρυσόν.

χύτραις λημᾷν καὶ κολοκύνταις, ἐπὶ τῶν

ἀμβλυωπούντων.

χύσαι πικίλλην. ἐπὶ τῶν ἀλυσιτελῶν, καὶ ἀνηνύτων.

χύσαι ξέφαν. ἐπὶ τῶν τεττῶν ἐπίθεσιν, ὅπως μὴ προσέρχωνται αἱ γλαῦκες.

ἀρχὴ τοῦ. ψ.

ψ Ψαφὶ διονύσου ἄγοντες, ἡ παροιμία παρὰ κρατίνῳ. τὰ δὲ ψύρα, εὐτελὴς νῆσός ἐστι, καὶ μικρὰ πλησίον χίου. μὴ δυναμένη οἶνον ἐνεγκεῖν. λέγομεν οὖν τὴν παροιμίαν, ἐπὶ τῶν ἐν συμποσίῳ ἀνακειμένων καὶ μὴ πινόντων λέλεκται, καὶ ἐπὶ τῶν εὐτέλειαν σημαινόντων.

ψωλὸν γενέσθαι δεῖ σε μέχρι τοῦ μυῤῥίνου ἡ παροιμία. παρὰ ἀριστοφάνει ἐν ἱππεῦσιν. ἐλέχθη δὲ ἐπὶ τῶν μέχρι πολλοῦ διεσκυλμένων. παρὰ δὲ διφίλῳ ἐν τοῖς ἐναγίσμασι, παραπεποίηται ἄχρι τοῦ λάρυγγος.

ψώρα ἡράκλειος. ἡ τῶν ἡρακλείων λουτρῶν δεομένη πρὸς θεραπείαν. ἡ γὰρ ἀθηνᾶ τῷ ἡρακλεῖ ἀνῆκε πολλαχοῦ θερμὰ λουτρὰ πρὸς ἀνάπαυλαν τῶν πόνων. ὡς φησὶ καὶ πίνδαρος ὁ ποιητὴς ἐν τοῖς περὶ ἡρακλέους.

ἀρχὴ τοῦ. ω.

ω Κέπφε. ἀντὶ τοῦ, ὦ εὐτελέστατε, καὶ λάλε. φασὶ γὰρ τὸν κέπφον τοιοῦτον εἶναι. τάττεται δὲ ἡ παροιμία ἐπὶ τῶν ἀλογίστων ἀνδρῶν. ὁ γὰρ κέπφος ἀφρὸν ἐσθίει θαλάττιον. οἱ δὲ παῖδες τῶν ἁλιέων ῥίπτουσι τὸ πρῶτον πόῤῥωθεν, εἶτα ἐγγυτέρω, εἶτα εἰς τὴν χεῖρα τὸν ἀφρὸν καὶ εὐχερῶς ἀγρεύουσι.

ὦ ναῦ μὲν οὐδέσ. αὔειον δὲ ὑπὲρ μέγασ ἐπὶ τῶν παρ' ἐλπίδας τιμωμένων.

ὦ λακιάδαι. ἐπὶ τῶν μοιχῶν λέγεται. δῆμος γὰρ τῆς ἀττικῆς οἱ λακιάδαι. ἐν ᾧ ῥαφανῖδες πολλαί, αἷς ἐχρῶντο κατὰ τῶν ληφθέντων μοιχῶν ἐνυβρίζοντες, καὶ σπιλάσι δὲ ἐχρῶντο μὴ παρουσῶν τούτων ἀναβάσοις.

ὦ πλεῖον ἴλεως αἱ μύλης ἀλώπηκος παροιμία.

ὡς ἀγαθὰ συλλέξασ ἅπαντα σοι φέρω. ἐπὶ τῶν πολλὰ ἐπαγγελλομένων ἀγαθά.

ὡς οὐχ ὑπάρχων, ἀλλὰ τιμωρούμενος. ταύτης μέμνηται μένανδρος ἐν ὀλυνθίᾳ. καὶ ἄλλοι.

ὡς οὐχ ὑπάρχων, ἀλλὰ τιμωρούμενος. ὡς ὑπὲρ παροιμία. ὁ στίχος δέ ἐστι χαιρήμονος ἐκ θερσίτου.

ὡς ὑπὲρ χαλκιδικὴ τέτοκεν ἡμῖν γυνή. ταύτης πολύζηλος μέμνηται ἐν μουσῶν γοναῖς ἐπί τινος πολλὰς θυγατέρας ἀπογεννώσης. ἐπειδὴ χαλκίδα τῆς εὐβοίας πόλιν φασί ποτε ἐν θησαυδύρασί τε, καὶ πλήθει τεσσάρων ἁρμάτων. οἱ δέ φασιν οὐ τὴν πόλιν, ἀλλὰ τὴν ἡρωΐδα χαλκίδα εἰρῆσθαι. κομβὴν γάρ φασι τὴν ἐπικληθεῖσαν χαλκίδα. ἐπειδὴ ὅπλα χαλκᾶ ἐποιήσατο πρώτη, συνοικήσασαν ἀνδρὶ ἑκατὸν παίδων γενέσθαι μητέρα ὡς ἱστοροῦσιν οἱ τὰ εὐβοϊκὰ συγγράψαντες καὶ ἄρειστος ὁ σαλαμίνιος.

ὡς ὑπὲρ κογχύλην δηλοῖ. παροιμία ἐπὶ τῶν σφόδρα εὐτελῶν.

ὡς τὴν ἐν ἄργει ἀσπίδα καθελὼν σημαίνεται. οἱ μὲν ἱερὰν φασιν εἶναι ἐν ἄργει ἀσπίδα καθελουμένην ἐχυρὰν, καὶ δυσκαθαίρετον, οἱ δὲ λέγουσι φασὶν εἶναι ἐν ἄργει τῶν πάνυ ἀκμαζόντων νεανίσκων, ὃν ἀσπίδα καλεῖσθαι.

ΤΕΛΟΣ. ΚΑΙ ΘΕΩΙ ΔΟΞΑ.

Registrum cum græco & latino simul, ut uides, informandum curauimus. Sed non sis nescius Lector cariss. posse te latinum a græco commodissime se parare pro arbitrio tuo. Item in quaternione D d. in tribus ultimis chartis latinis, & semis, statim post iambos Gabriæ sequi latinũ. nec te pturbet, si Phurnuto insertæ, græcum a græco disiungunt. fieri enim aliter haud potuit. causam tu ipse cognosces perfacile. quod si minus placuerit, potes, ut dixi, latinas chartas extrahere tuo arbitratu. nos eas inseruimus propter literarum græcarum rudes, qui græco e regione latinum esse operæpretium ducunt, ut pagina paginæ respondeat, & uersui uersus. Vale.

A a
habentur
ex Aphthonii
ΑΙΣΩΠΟΥ
mendacia
λος ἔσται
stramenta
ποτε οὗτος
æstus esset
B b
Contemnere
τοῦ ξαίθου
& oratorem
βλημάτων.
sed etiam
μαί σοι
fertur
γεν ἀκούσαντε
AESOPI
c C
λαμβάνεται
uerbis
ὁ μῦθος
ait sistite
φύρετο
sus &
νεκε
eam
D d
Fabula
ἄνθρωπος
Cicada
ἀνάγκης

Gabrii
μέμφου
Affabulatio,
Ηρι ξον
e
δὲ ἀπὸ
γῆν καί.
ἔφασαν
νόντα
f
καί
τὰ ὄρη
ἰδία
ὁ ἀργύρων
g
ἐρίοις
μεγίστην
τους ἀγνοοῦ
κων τὸ
h
ῥία
τὸν βόρεον
πὼ ἀχιλ
καί παν
i
τοῦ ὅσφρη
αὐτοῖς
πῶς νόσον
κ
ΣΥΝΑΓΩΓΗ
ἀπὼν
τας ςρέφεσθαι
τερον.

λ
λέγει
μία
τον ἀπὸ
λιν αὐτῶν.
μ
γραυς
νηχομένων
δοῦλος
ἀπ' ἐφ'.
ν
θύραζε
βληθέντα
νων ἴαν
μένων
ξ
ρῶ
νται
ρα τῆς
πία
ο
δὲ ποιεῖν.
χομένων

A a B b c C D d e f g
h i κ λ μ ν ξ ο
quaterniones omnes. exceptis. i. ternione & . o. duernione.

Venetiis apud Aldum mẽse Octobri. M. D. V.

ALDVS MA.RO.

www.ingramcontent.com/pod-product-compliance
Lightning Source LLC
Chambersburg PA
CBHW071605170426
43196CB00033B/1864
9782012548459